Kommentar

zum

Deutschen Gerichtskostengesetz

in der Fassung der Bekanntmachung vom 5. Juli 1927

von

Dr. Adolf Friedlaender und Dr. Max Friedlaender

Landgerichtsrat in Limburg a. Lahn — Rechtsanwalt in München

1928

H. W. Müller

Berlin und München

Printed in Germany

Druck von Dr. F. P. Datterer & Cie., Freising-München

Vorwort.

Seitdem der große Kommentar von Rittmann veraltet ist und nicht mehr erscheint, fehlt eine ins einzelne gehende, umfassende Darstellung des Reichsgerichtskostenrechts. Das Bedürfnis nach einer solchen scheint uns auch neben den guten, kleineren und größeren Handausgaben, mit denen Wissenschaft und Praxis heute arbeiten, vorhanden zu sein. Die Bedeutung des Gerichtskostenrechts als Zweig des Prozeßrechts und seine Wichtigkeit für die praktische Anwendung desselben sind gewiß in den letzten 15 Jahren nicht geringer geworden. Auch diejenigen, welche diesem mit allen Einzelgebieten des Privat-, Straf- und Prozeßrechts verwandten und verwachsenen Zweige des Rechts theoretisches Interesse nicht abzugewinnen vermögen, sollten ihm, wenn sie praktisch mit dem Prozeßrecht in Berührung kommen, ihre lebhafteste Aufmerksamkeit zuwenden. Wer einen Rechtsstreit führt oder zu führen beabsichtigt, ohne seine unmittelbarsten ökonomischen Auswirkungen zu übersehen, gleicht einem Architekten, der nur seine Kunst versteht, aber die wirtschaftliche Seite des Bauens nicht beherrscht oder nicht beachtet.

Wir haben uns bemüht, durch systematische Behandlung des Stoffes allen auftauchenden Fragen möglichst auf den Grund zu gehen. Der Aufbau und die äußere Gestaltung des Buches entsprechen denen des Kommentars zur Rechtsanwaltsgebührenordnung von Walter-Joachim-Friedlaender. Da die Lehre vom Streitgegenstand und Streitwert in beiden Werken zu behandeln war, so haben wir die Ausführungen des erwähnten Buches zum Teil übernommen, natürlich unter Vornahme der gebotenen Änderungen und unter sorgfältiger Ausscheidung dessen, was für das Gerichtskostengesetz nicht in Betracht kommt oder nicht zutrifft.

Dem Kommentar folgt eine Darstellung des Übergangsrechts, soweit es heute noch von Interesse ist. In der Einleitung (§ 2) haben wir versucht eine kurze systematische Einführung in das Gerichtskostenrecht — eine Art Grundriß — zu geben. Das Recht des Vollmachtstempels ist in einem Anhang zu § 2 des Gesetzes für Preußen, Bayern und Sachsen kurz dargestellt worden. Von einigen mit dem Gerichtskostengesetz verwandten Gesetzen haben wir, um das Buch nicht allzu umfangreich werden zu lassen, nur den Text abgedruckt. Dagegen sind die Kostenbestimmungen des Arbeitsgerichtsgesetzes und einiger anderer Gesetze in systematischer Form ausführlich dargestellt worden.

Die Abschnitte I und II des Gesetzes sind von Dr. Max Friedlaender, die Abschnitte III bis VII von Dr. Adolf Friedlaender bearbeitet worden.

Im Sommer 1928.

Die Verfasser.

Inhaltsverzeichnis.

Abkürzungen.

Die Abkürzungen richten sich im allgemeinen nach den Vorschlägen des Deutschen Juristentags für die Art der Anführung von Rechtsquellen usw., 2. Ausgabe, Berlin 1910.

Sonstige Abkürzungen:

AnwBl. = Anwaltsblatt (Nachrichten für die Mitglieder des deutschen Anwaltvereins).

Bbl. = Bureaublatt für gerichtliche Beamte.

FrankfAK. = Zeitschrift der Anwaltskammer im Oberlandesgerichtsbezirk Frankfurt a. Main.

Rittmann = Das deutsche Gerichtskostengesetz, erl. von Otto Rittmann (großer Kommentar) 6. Aufl.

Willenbücher = Das Kostenfestsetzungsverfahren und die Gebührenordnung für Rechtsanwälte, erl. von Willenbücher, 10. Auflage, bearbeitet von Fischer und Kraemer.

Die Zahlen bei Zeitschriften (z. B. 13) bezeichnen die Ziffer des Bandes; die Jahreszahlen sind ohne Abkürzung angegeben (z. B. 1913). Die Randnoten des Kommentars werden als „Anmerkungen", die Fußnoten als solche bezeichnet.

Die Kommentare zum GKG. und zur RAGebO. und die bekanntesten sonstigen Erläuterungswerke sind nur mit den Namen der Verfasser bezeichnet. Hier und sonst sind stets die neuesten Auflagen angeführt. Bei Erwähnung früherer Auflagen ist hierauf besonders hingewiesen.

Benutzt sind insbesondere:

von Baumbach, Reichskostengesetze	die	2. Auflage
„ Rittmann-Wenz, GKG.	„	13. „
„ Sydow-Busch-Krieg, GKG.	„	11. „
„ Wochinger-Schwalb, GKG.	„	3. „
„ Jonas, GKG.	„	2. „
„ Merzbacher-Krakenberger, RAGebO.	„	5. „
„ Baumbach, ZPO.	„	3. „
„ Walter-Joachim-Friedlaender, RAGebO.	„	8. „
„ Stein-Jonas, ZPO.	„	13. „
„ Staudinger, BGB.	„	9. „

Berichtigungen:

Auf S. 59 Fußnote 12 Zeile 13 lies „für" statt „durch".

Auf S. 73 muß es im Text des § 10 Abs. 2 heißen: „auf den Betrag des einjährigen Bezugs".

Auf S. 79 Anm. 13 Zeile 1 lies „prinzipalen" statt „prinzipiellen".

Auf S. 318 lies im Text des § 39 Abs. 2: „sowie des § 4" statt „und des § 4".

Der Text der Gesetze.

1. Das Gerichtskostengesetz.

Erster Abschnitt.

Allgemeine Bestimmungen.

§ 1. In den vor die ordentlichen Gerichte gehörigen Rechtssachen, auf welche die Zivilprozeßordnung, die Strafprozeßordnung, die Konkursordnung oder das Gesetz über den Vergleich zur Abwendung des Konkurses Anwendung findet, werden Gebühren und Auslagen der Gerichte nur nach Maßgabe dieses Gesetzes erhoben.

§ 2. Eine Erhebung von Stempeln und anderen Abgaben neben den Gebühren findet nicht statt.

Urkunden, von denen im Verfahren Gebrauch gemacht wird, sind nur insoweit einem Stempel oder einer anderen Abgabe unterworfen, als sie es ohne diesen Gebrauch sein würden.

Urkunden, welche im Verfahren errichtet werden, bleiben, soweit ihr Inhalt über den Gegenstand des Verfahrens hinausgeht, den allgemeinen Vorschriften über Erhebung von Stempeln oder anderen Abgaben unterworfen.

§ 3. In einem weiteren Umfang, als die Prozeßordnungen und dieses Gesetz es gestatten, darf die Tätigkeit der Gerichte von der Sicherstellung oder Zahlung der Gebühren oder Auslagen nicht abhängig gemacht werden.

§ 4. Über Erinnerungen des Zahlungspflichtigen oder der Staatskasse gegen den Ansatz von Gebühren oder Auslagen entscheidet das Gericht der Instanz gebührenfrei. Die Entscheidung kann von dem Gerichte, welches dieselbe getroffen hat, sowie von dem Gerichte der höheren Instanz von Amts wegen geändert werden.

Gegen die Entscheidung findet Beschwerde nach Maßgabe des § 567 Abs. 3 und der §§ 568 bis 575 der Zivilprozeßordnung, in Strafsachen nach Maßgabe der §§ 304 bis 310 der Strafprozeßordnung statt.

Die Einlegung von Erinnerungen oder Beschwerden kann durch Erklärung zum Protokoll der Geschäftsstelle oder schriftlich ohne Mitwirkung eines Anwalts erfolgen.

§ 5. Eine Nachforderung von Gerichtskosten wegen irrigen Ansatzes ist nur zulässig, wenn der berichtigte Ansatz vor Ablauf des nächsten Kalenderjahrs nach rechtskräftiger oder endgültiger Erledigung des Verfahrens dem Zahlungspflichtigen eröffnet ist.

§ 6. Gebühren und Auslagen, die bei richtiger Behandlung der Sache nicht entstanden wären, sind niederzuschlagen. Das gleiche gilt von Auslagen, die durch eine von Amts wegen veranlaßte Verlegung eines Termins oder Vertagung einer Verhandlung oder durch eine für begründet befundene Beschwerde entstanden sind. Für abweisende Bescheide sowie im Falle der Zurücknahme eines Antrags kann Gebühren- und Auslagenfreiheit gewährt werden, wenn der Antrag auf nicht anzurechnender Unkenntnis der Verhältnisse oder auf Unwissenheit beruht.

Über die Ausübung der im Abs. 1 vorgesehenen Befugnisse entscheidet das Gericht. Solange nicht das Gericht entschieden hat, können die gleichen Anordnungen im

Verwaltungswege getroffen werden. Eine im Verwaltungswege getroffene Anordnung kann nur im Verwaltungswege geändert werden.

§ 7. Der Mindestbetrag einer Gebühr ist 0,50 Reichsmark.

Pfennigbeträge sind auf volle 10 Reichspfennig aufzurunden.

Zweiter Abschnitt.

Gebühren in bürgerlichen Rechtsstreitigkeiten.

§ 8. In bürgerlichen Rechtsstreitigkeiten werden die Gebühren nach dem Werte des Streitgegenstandes erhoben.

Die volle Gebühr beträgt bei Gegenständen im Werte

bis zu 20 Reichsmark einschließlich	1 Reichsmark,
von mehr als 20 bis zu 60 Reichsmark einschließlich . . .	2 Reichsmark.

Bei Gegenständen mit höherem Streitwert beträgt die volle Gebühr von dem Werte

bis zu 1000 Reichsmark einschließlich	3 vom Hundert,
von dem Mehrbetrage bis zu 2000 Reichsmark einschließlich	2 vom Hundert,
von dem Mehrbetrage bis zu 10 000 Reichsmark einschließlich	1 vom Hundert,
von dem Mehrbetrage	½ vom Hundert.

Dabei ist der Wert auf die nächsthöheren 100 Reichsmark, bei Gegenständen mit einem Streitwert von mehr als 20 000 Reichsmark auf die nächsthöheren 1000 Reichsmark aufzurunden.

§ 9. Für die Wertberechnung sind die Vorschriften der Zivilprozeßordnung §§ 3 bis 9 und der Konkursordnung § 148 mit den nachstehenden Bestimmungen maßgebend.

Ist der Wert des Streitgegenstandes bei dem Erlasse des Urteils oder der anderweitigen Beendigung der Instanz höher als im Zeitpunkt der Erhebung der Klage oder der Einlegung des Rechtsmittels, so ist den in der Instanz entstandenen Gebühren der höhere Wert zugrunde zu legen. In der Zwangsvollstreckung ist für die Wertberechnung der Zeitpunkt der die Zwangsvollstreckung einleitenden Prozeßhandlung entscheidend.

§ 10. Ist das Bestehen oder die Dauer eines Pacht- oder Mietverhältnisses für einen längeren als einjährigen Zeitraum streitig, so wird der Wert auf den Betrag des einjährigen Zinses berechnet.

Bei Ansprüchen auf Erfüllung einer auf gesetzlicher Vorschrift beruhenden Unterhaltspflicht wird der Wert des Rechtes auf die wiederkehrenden Leistungen, falls nicht der Gesamtbetrag der geforderten Leistungen geringer ist, auf den Betrag des einjährigen Bezugs berechnet.

Bei Ansprüchen auf Entrichtung einer Geldrente, die nach den §§ 843, 844 BGB. (RGBl. 1896 S. 195), den §§ 3, 3a, 7 des Gesetzes, betr. die Verbindlichkeit zum Schadensersatze für die bei dem Betriebe von Eisenbahnen, Bergwerken usw. herbeigeführten Tötungen und Körperverletzungen (RGBl. 1871 S. 207, 1896 S. 616), den §§ 10, 11, 13 des Gesetzes über den Verkehr mit Kraftfahrzeugen (RGBl. 1909 S. 437) oder den §§ 21, 22, 24 des Luftverkehrsgesetzes (RGBl. 1922 I S. 681) erhoben werden, wird der Wert des Rechtes auf die wiederkehrenden Leistungen, falls nicht der Gesamtbetrag der geforderten Leistungen geringer ist, auf den fünffachen Betrag des einjährigen Bezugs berechnet. Das gleiche gilt für die Berechnung des Wertes bei Geltendmachung der Ansprüche auf wiederkehrende Leistungen aus dem Beamten- und Arbeitsverhältnis.

Ist für die Dauer des Rechtsstreits, welcher eine Ehesache betrifft, über die Unterhaltspflicht der Ehegatten zu entscheiden, so wird der Wert des Rechtes auf Entrichtung einer Geldrente auf den halbjährigen Betrag derselben berechnet.

§ 11. Bei nichtvermögensrechtlichen Ansprüchen wird der Wert des Streitgegenstandes auf 2000 Reichsmark, ausnahmsweise niedriger oder höher, jedoch nicht unter 500 Reichsmark und nicht über 50 000 Reichsmark angenommen.

Ist mit einem nichtvermögensrechtlichen Anspruch ein aus ihm hergeleiteter vermögensrechtlicher verbunden, so ist nur ein Anspruch, und zwar der höhere, maßgebend.

§ 12. Im Falle des § 254 der ZPO. ist für die Wertberechnung nur einer der verbundenen Ansprüche, und zwar der höhere, maßgebend.

§ 13. Soweit Klage und Widerklage, welche nicht in getrennten Prozessen verhandelt werden, denselben Streitgegenstand betreffen, sind die Gebühren nach dem einfachen Werte dieses Gegenstandes zu berechnen. Soweit beide Klagen nicht denselben Streitgegenstand betreffen, sind die Gegenstände zusammenzurechnen.

Das gleiche gilt für wechselseitig eingelegte Rechtsmittel, welche nicht in getrennten Prozessen verhandelt werden.

§ 14. Für Akte, welche einen Teil des Streitgegenstandes betreffen, sind die Gebühren nur nach dem Werte dieses Teiles zu berechnen.

Sind von einzelnen Wertsteilen in derselben Instanz für gleiche Akte Gebühren zu berechnen, so darf nicht mehr erhoben werden, als wenn die Gebühr von dem Gesamtbetrage der Wertsteile zu berechnen wäre; treten für die Akte verschiedene Gebührensätze ein, so ist der höchste Satz maßgebend.

§ 15. Für Akte, welche Früchte, Nutzungen, Zinsen oder Kosten als Nebenforderungen ohne den Hauptanspruch betreffen, ist der Wert der Nebenforderungen insoweit maßgebend, als er den Wert des Hauptanspruchs nicht übersteigt.

Für Akte der Zwangsvollstreckung wegen einer Geldforderung werden die einzuziehenden Zinsen mitberechnet.

Für Akte, welche die Kosten des Rechtsstreits ohne den Hauptanspruch betreffen, ist der Betrag der Kosten maßgebend.

§ 16. Bei jedem Antrag ist der Wert des Streitgegenstandes, sofern derselbe nicht in einer bestimmten Geldsumme besteht oder aus früheren Anträgen erhellt, und auf Erfordern auch der Wert eines Teiles desselben schriftlich oder zu Protokoll der Geschäftsstelle anzugeben.

Die Angabe kann jederzeit berichtigt werden.

§ 17. Die zum Zwecke der Entscheidung über die Zuständigkeit des Prozeßgerichts oder die Zulässigkeit des Rechtsmittels erfolgte Festsetzung des Wertes ist, unbeschadet der Vorschriften der §§ 10, 13, für die Berechnung der Gebühren maßgebend.

§ 18. Soweit eine Entscheidung gemäß § 17 nicht stattfindet, setzt das Prozeßgericht den Wert durch Beschluß fest, falls dies eine Partei beantragt oder das Gericht für angemessen erachtet. Auf den Antrag findet § 4 Abs. 3 entsprechende Anwendung. Bei der Zwangsvollstreckung tritt an die Stelle des Prozeßgerichts das Vollstreckungsgericht. Die Festsetzung kann von dem Gerichte, das sie getroffen hat, sowie von dem Gerichte der höheren Instanz im Laufe des Verfahrens auch von Amts wegen geändert werden.

Gegen den Beschluß findet Beschwerde nach Maßgabe des § 567 Abs. 3 und der §§ 568 bis 576 der ZPO. sowie des § 4 Abs. 3 dieses Gesetzes statt.

§ 19. Wird eine Abschätzung durch Sachverständige erforderlich, so ist in dem Beschlusse, durch welchen der Wert festgesetzt wird (§ 18), über die Kosten der Abschätzung zu entscheiden. Dieselben können ganz oder teilweise der Partei zur Last gelegt werden, welche durch Unterlassung der ihr obliegenden Wertangabe oder durch unrichtige Wertangabe, unbegründetes Bestreiten der Wertangabe oder unbegründete Beschwerde die Abschätzung veranlaßt hat.

§ 20. Im Prozeßverfahren wird die volle Gebühr (§ 8) erhoben:

1. für das Verfahren im allgemeinen (Prozeßgebühr),
2. für die Anordnung einer Beweisaufnahme (Beweisgebühr),
3. für ein auf Grund streitiger Verhandlung ergehendes End- oder Zwischenurteil (Urteilsgebühr).

§ 21. Die Urteilsgebühr wird auch für Urteile erhoben, die nach Lage der Akten erlassen werden (ZPO. §§ 251a, 331a), sowie für Urteile, die in Ehesachen, in

Rechtsstreitigkeiten, welche die Feststellung des Rechtsverhältnisses zwischen Eltern und Kindern zum Gegenstande haben, in den vor die Landgerichte gehörigen Entmündigungssachen und in dem Verfahren über die gegen eine Todeserklärung erhobene Anfechtungsklage auf Grund nichtstreitiger Verhandlung ergehen, sofern der Kläger verhandelt hat.

§ 22. Die Zwischenurteile gemäß §§ 135 und 387 der ZPO. gelten nicht als Urteile im Sinne des § 20 Nr. 3.

§ 23. Wird ein Rechtsstreit durch einen vor Gericht abgeschlossenen oder dem Gerichte mitgeteilten Vergleich erledigt, so fällt eine bereits entstandene Beweisgebühr fort.

§ 24. Für eine auf Grund des § 272 b der ZPO. getroffene Anordnung des Gerichts wird die Beweisgebühr nur dann erhoben, wenn auf Grund der Anordnung vor der mündlichen Verhandlung eine Beweisaufnahme stattgefunden hat.

§ 25. Jede der im § 20 bezeichneten Gebühren wird in jeder Instanz rücksichtlich eines jeden Teiles des Streitgegenstandes nur einmal erhoben.

Ist ein Urteil unter Vorbehalt der Entscheidung über die Aufrechnung (ZPO. § 302) oder im Urkunden- oder Wechselprozeß unter Vorbehalt der Rechte des Beklagten (ZPO. § 599) erlassen worden, so wird durch die Gebühr für diese Entscheidung eine weitere Urteilsgebühr in derselben Instanz nicht ausgeschlossen.

Für Zwischenurteile gemäß § 71 der ZPO. wird die Urteilsgebühr besonders erhoben.

§ 26. Wird die Ergänzung eines Urteils beantragt (ZPO. § 321), so findet, soweit der Antrag nicht zurückgewiesen wird, die Bestimmung des § 14 Anwendung; soweit der Antrag zurückgewiesen wird, wird die volle Gebühr (§ 8) erhoben.

§ 27. Wird ein Rechtsstreit an ein anderes Gericht verwiesen, so bildet das weitere Verfahren vor dem anderen Gerichte mit dem bisherigen Verfahren im Sinne des § 25 Abs. 1 eine Instanz.

Wird eine Sache zur anderweitigen Verhandlung an das Gericht der unteren Instanz zurückverwiesen, so bildet das weitere Verfahren mit dem früheren Verfahren vor diesem Gericht im Sinne des § 25 Abs. 1 eine Instanz.

§ 28. In der Berufungsinstanz erhöhen sich die im § 20 bestimmten Gebühren um die Hälfte, in der Revisionsinstanz auf das Doppelte.

§ 29. Die Prozeßgebühr wird nicht erhoben, wenn die Klage vor Bestimmung des Termins zur mündlichen Verhandlung zurückgenommen wird.

Sie ermäßigt sich auf ein Viertel der Gebühr, wenn die Klage nach diesem Zeitpunkt, jedoch vor Stellung eines Sachantrags in der mündlichen Verhandlung zurückgenommen wird.

§ 30. Wird die Berufung oder die Revision durch Beschluß als unzulässig verworfen, so ermäßigt sich die Prozeßgebühr für die Rechtsmittelinstanz auf die Hälfte der im § 8 bestimmten Gebühr. Das gleiche gilt, wenn das Rechtsmittel vor Bestimmung des Termins zur mündlichen Verhandlung zurückgenommen wird.

§ 30 a. Für die Niederlegung eines Schiedsspruchs oder eines von einem Schiedsgerichte vermittelten Vergleichs bei der Geschäftsstelle (ZPO. §§ 1039, 1044 a) wird ein Viertel der Gebühr (§ 8), höchstens jedoch ein Betrag von 300 Reichsmark erhoben.

Für das Verfahren über Anträge auf Vollstreckbarerklärung eines Schiedsspruchs oder eines von einem Schiedsgerichte vermittelten Vergleichs (ZPO. §§ 1042, 1044 a) wird die volle Gebühr (§ 8) erhoben, auf welche die im Abs. 1 bestimmte Gebühr anzurechnen ist. Die Gebühr wird nicht erhoben, wenn der Antrag vor Anordnung der Anhörung des Gegners oder vor Bestimmung eines Termins zur mündlichen Verhandlung zurückgenommen wird.

§ 31. Für das Mahnverfahren wird die Hälfte der Gebühr (§ 8) erhoben. Die Gebühr wird nicht erhoben, wenn der Antrag auf Erlaß des Zahlungsbefehls vor dessen Erlaß zurückgenommen wird.

Wird im Falle der Erhebung des Widerspruchs die Bestimmung eines Termins zur mündlichen Verhandlung beantragt oder gegen einen Vollstreckungsbefehl Einspruch eingelegt, so wird die Prozeßgebühr (§ 20 Nr. 1) nur zur Hälfte erhoben. Das gleiche gilt, wenn in einem im Urkunden- oder Wechselmahnverfahren ergangenen Vollstreckungsbefehle dem Beklagten die Ausführung seiner Rechte vorbehalten war. Wird der Antrag oder der Einspruch vor Bestimmung des Termins zurückgenommen, so wird die Prozeßgebühr nicht erhoben.

§ 31 a. Für das Güteverfahren wird die Hälfte der Gebühr (§ 8) erhoben. § 29 findet entsprechende Anwendung.

Das Verfahren bleibt gebührenfrei, wenn ein Mahnverfahren vorausgegangen ist.

Für das dem Güteverfahren nachfolgende Prozeßverfahren wird, unbeschadet der Vorschriften im § 29, die Prozeßgebühr (§ 20 Nr. 1) nur zur Hälfte erhoben.

§ 32. Die Hälfte der Gebühr (§ 8) wird erhoben für das Verfahren über Anträge auf Anordnung eines Arrestes oder einer einstweiligen Verfügung. Die Gebühr erhöht sich auf die volle Gebühr, wenn durch Urteil entschieden wird (ZPO. § 922 Abs. 1, §§ 925, 936). Die Gebühr wird nicht erhoben, wenn der Antrag vor Anordnung des Arrestes oder der einstweiligen Verfügung, vor Zurückweisung des Antrags oder vor Anordnung einer vorgängigen Sicherheitsleistung oder vor Anordnung der mündlichen Verhandlung zurückgenommen wird.

Die im Abs. 1 bestimmten Gebühren werden auch erhoben für das Verfahren über Anträge auf Abänderung oder Aufhebung eines Arrestes oder einer einstweiligen Verfügung gemäß § 926 Abs. 2, §§ 927, 936 der ZPO. Die Gebühr wird nicht erhoben, wenn der Antrag vor Bestimmung des Termins zur mündlichen Verhandlung zurückgenommen wird.

Im Falle des § 942 der ZPO. gilt das Verfahren vor dem Amtsgericht und dem Gerichte der Hauptsache als ein Rechtsstreit.

In der Berufungsinstanz erhöhen sich die Gebühren um die Hälfte.

§ 33. Die Hälfte der Gebühr (§ 8) wird erhoben:
1. für das Verfahren über Anträge auf Sicherung des Beweises;
2. für das Verfahren über Anträge auf Entmündigung oder auf Wiederaufhebung einer Entmündigung, soweit die Amtsgerichte zuständig sind;
3. für das Verteilungsverfahren;
4. für das Verfahren der Zwangsvollstreckung zur Erwirkung von Handlungen und Unterlassungen gemäß §§ 887, 888, 890 der ZPO.;
5. für das Verfahren über Anträge auf Abnahme des Offenbarungseides einschließlich der Anträge auf Erzwingung der Eidesleistung;
6. für das Aufgebotsverfahren sowie für das Verfahren über Anträge auf Anordnung der Zahlungssperre gemäß § 1020 der ZPO.;
7. für das Verfahren bei Ernennung oder Ablehnung eines Schiedsrichters, bei Erlöschen eines Schiedsvertrags oder bei Anordnung der von den Schiedsrichtern für erforderlich erachteten richterlichen Handlungen.

Die Gebühr wird nicht erhoben, wenn der das Verfahren einleitende Antrag vor einer gerichtlichen Verfügung zurückgenommen wird.

§ 34. Ein Viertel der Gebühr (§ 8) wird erhoben:
1. für das Verfahren über Anträge auf vorläufige Einstellung, Beschränkung oder Aufhebung einer Zwangsvollstreckung gemäß §§ 707, 719, 769, 771 Abs. 3, §§ 785, 786, 805 Abs. 4, § 810 Abs. 2 der ZPO.;
2. für das Verfahren über Anträge auf gerichtliche Handlungen der Zwangsvollstreckung gemäß §§ 791, 822, 823, 825, 829 Abs. 1, §§ 835, 839, 844, 846 bis 848, 857, 858, 885 Abs. 4, §§ 886, 930 Abs. 3, § 934 der ZPO.;
3. für das Verfahren über Anträge auf Erteilung der Vollstreckungsklausel bei Vergleichen, die vor einer Gütestelle der im § 495 a Abs. 1 Nr. 1 der ZPO. bezeichneten Art geschlossen sind (§ 797 a der ZPO.).

Die Gebühr wird nicht erhoben, wenn der das Verfahren einleitende Antrag vor einer gerichtlichen Verfügung zurückgenommen wird.

§ 35. Jedes Verfahren der in den §§ 32, 33, 34 bezeichneten Art gilt für die Gebührenerhebung als besonderer Rechtsstreit.

Betreffen jedoch mehrere Verfahren der im § 34 Nr. 2 bezeichneten Art denselben Anspruch und denselben Gegenstand, so wird die Gebühr nur einmal erhoben.

§ 36. Wird in einem Rechtsstreit ein Vergleich vor dem Gerichte geschlossen, so wird ein Viertel der Gebühr (§ 8) erhoben, insoweit der Wert des Vergleichsgegenstandes den Wert des Streitgegenstandes übersteigt.

§ 37. Für das durch die Geschäftsstelle an die Post gerichtete Ersuchen um Bewirkung einer Zustellung (ZPO. § 196) ist die einem Gerichtsvollzieher für den gleichen Akt zustehende Gebühr als Gerichtsgebühr zu erheben, sofern nicht die Zustellung von Amts wegen bewirkt wird.

§ 38. Für das Verfahren über Beschwerden gemäß § 71 Abs. 2, § 99 Abs. 3 der ZPO. wird die volle Gebühr (§ 8) erhoben. Das gleiche gilt für Beschwerden über die Zurückweisung eines Antrags auf Anordnung eines Arrestes oder einer einstweiligen Verfügung.

Im übrigen wird für das Verfahren in der Beschwerdeinstanz die im Abs. 1 bestimmte Gebühr nur erhoben, soweit die Beschwerde als unzulässig verworfen oder zurückgewiesen wird.

§ 39. Ist außer dem Falle des § 335 der ZPO. durch Verschulden einer Partei oder eines Parteivertreters die Vertagung einer mündlichen Verhandlung oder die Anberaumung eines neuen Termins zur mündlichen Verhandlung veranlaßt, oder ist durch nachträgliches Vorbringen von Angriffs- oder Verteidigungsmitteln, Beweismitteln oder Beweiseinreden, welches zeitiger erfolgen konnte, die Erledigung des Rechtsstreits verzögert worden, so kann das Gericht der Partei von Amts wegen eine besondere Gebühr in Höhe der vollen Gebühr (§ 8) auferlegen. Die Gebühr kann bis zu einem Viertel ermäßigt werden.

Gegen den Beschluß findet Beschwerde nach Maßgabe des § 567 Abs. 3 und der §§ 568 bis 575 der ZPO. sowie des § 4 Abs. 3 dieses Gesetzes statt.

Dritter Abschnitt.

Gebühren im Konkursverfahren und im Vergleichsverfahren zur Abwendung des Konkurses.

§ 40. Auf die Gebühren im Konkursverfahren und im Vergleichsverfahren zur Abwendung des Konkurses finden die Vorschriften des § 8 über die Wertklassen und den Gebührensatz, sowie der §§ 16, 18, 19 dieses Gesetzes und des § 3 der ZPO. über die Wertfestsetzung entsprechende Anwendung.

§ 41. Für das Verfahren über den Antrag auf Eröffnung des Konkurses wird die Hälfte der Gebühr (§ 8) erhoben.

§ 42. Für die Durchführung des Konkursverfahrens wird die dreifache Gebühr (§ 8) erhoben.

Sie ermäßigt sich auf die einfache Gebühr, wenn das Verfahren vor dem Ablauf der Anmeldefrist, und auf die zweifache Gebühr, wenn das Verfahren nach diesem Zeitpunkt gemäß §§ 202, 204 der KO. eingestellt wird.

Ist das Verfahren auf Antrag des Gemeinschuldners eröffnet worden, so kommt die im § 41 bestimmte Gebühr zur Anrechnung.

§ 43. Die in den §§ 41, 42 bestimmten Gebühren werden nach dem Betrage der Aktivmasse erhoben. Massekosten, mit Ausnahme der gerichtlichen Kosten des gemeinschaftlichen Verfahrens und der Gebühren des Konkursverwalters und des Gläubigerausschusses, sowie Masseschulden werden abgesetzt. Gegenstände, welche zur abgesonderten Befriedigung dienen, werden nur in Höhe des für diese nicht erforderlichen Betrags angesetzt.

Ist die Aktivmasse höher als die Schuldenmasse, so wird die Gebühr nach dem Betrage der letzteren erhoben.

Für die Berechnung der Masse ist die Zeit der Beendigung des Verfahrens maßgebend.

Ist der Antrag auf Eröffnung des Konkursverfahrens von einem Gläubiger gestellt, so wird die im § 41 bestimmte Gebühr nach dem Betrage seiner Forderung, sofern jedoch der Betrag der Aktivmasse geringer ist, nach diesem erhoben.

§ 44. Für die Anberaumung eines besonderen Prüfungstermins (KO. § 142) wird nach dem Betrage der einzelnen Forderungen, zu deren Prüfung der Termin bestimmt ist, die halbe Gebühr (§ 8) erhoben. Auf die Wertberechnung findet die Vorschrift des § 148 der KO. entsprechende Anwendung.

§ 45. Für die auf Betreiben des Konkursverwalters erfolgende Zwangsverwaltung oder Zwangsversteigerung eines zur Konkursmasse gehörigen Gegenstandes (KO. §§ 126, 127) wird die Gebühr nach den Vorschriften über die Gebührenerhebung für Zwangsvollstreckungen besonders erhoben.

§ 46. Für das Verfahren zur Abnahme des Offenbarungseides gemäß § 125 der KO., einschließlich des Verfahrens über Anträge auf Erzwingung der Eidesleistung (ZPO. § 901), werden besondere Gebühren nicht erhoben.

§ 47. Für das Verfahren in der Beschwerdeinstanz gilt, wenn sich die Beschwerde gegen den Beschluß über Eröffnung des Konkursverfahrens (KO. § 109) richtet, § 38 Abs. 1, im übrigen § 38 Abs. 2 entsprechend.

Bei der Beschwerde des Gemeinschuldners gegen den Beschluß über Eröffnung des Konkursverfahrens (KO. § 109) oder den Beschluß über Bestätigung des Zwangsvergleichs (KO. §§ 189, 230 Abs. 2, § 236) gelten die Vorschriften des § 43 Abs. 1 bis 3. Bei der Beschwerde eines sonstigen Antragstellers gegen die Abweisung des Eröffnungsantrags gilt § 43 Abs. 4. Bei der Beschwerde eines Konkursgläubigers gegen den Beschluß über die Bestätigung des Zwangsvergleichs bestimmt sich der Wert nach dem Betrage der Forderung unter Berücksichtigung des Verhältnisses der Teilungs- zur Schuldenmasse.

§ 48. Auf die Wiederaufnahme des Konkursverfahrens (KO. § 198) finden die Vorschriften der §§ 41 bis 47 mit der Maßgabe entsprechende Anwendung, daß für die Durchführung des wiederaufgenommenen Verfahrens die volle Gebühr (§ 8) erhoben wird.

Wird vor der Wiederaufnahme die Anordnung von Sicherheitsmaßregeln beantragt (KO. § 197 Abs. 2), so wird die Gebühr in Gemäßheit des § 34 nach dem Werte des Gegenstandes, durch welchen die Sicherung erfolgen soll, besonders erhoben.

Die Gebühr für die Anordnung einer Sicherheitsmaßregel wird im Falle der Wiederaufnahme auf die im ersten Absatz bezeichnete Gebühr angerechnet.

§ 48a. Für das Vergleichsverfahren zur Abwendung des Konkurses wird die volle Gebühr (§ 8) erhoben. Die Gebühr ermäßigt sich auf die Hälfte, wenn das Verfahren sich ohne Anberaumung eines Vergleichstermins erledigt.

Wird das Vergleichsverfahren in das Konkursverfahren übergeleitet (§ 82 des Gesetzes über den Vergleich zur Abwendung des Konkurses), so wird die im Vergleichsverfahren gemäß Abs. 1 entstandene Gebühr auf die im § 42 bestimmte Gebühr angerechnet. Wird bei Beendigung des Vergleichsverfahrens die Eröffnung des Konkursverfahrens abgelehnt, so wird die Gebühr des § 41 nicht erhoben.

Für das Verfahren zur Abnahme des Offenbarungseides gemäß § 61 Abs. 3 des Gesetzes über den Vergleich zur Abwendung des Konkurses wird eine Gebühr nicht erhoben.

§ 48b. Die in dem § 48a Abs. 1 bestimmten Gebühren werden nach dem Werte der Aktiven (§ 18 des Gesetzes über den Vergleich zur Abwendung des Konkurses) zur Zeit der Stellung des Antrags auf Eröffnung des Vergleichsverfahrens erhoben. Übersteigt der Wert der Aktiven den Gesamtbetrag der Forderungen der am Verfahren beteiligten Gläubiger, so ist der letztere maßgebend.

§ 48c. Für das Verfahren in der Beschwerdeinstanz findet § 38 Abs. 2 mit der Maßgabe entsprechende Anwendung, daß nur die halbe Gebühr erhoben wird.

Vierter Abschnitt.
Gebühren in Strafsachen.

§ 49. In Strafsachen gibt die rechtskräftig erkannte Strafe den Maßstab für die Höhe der Gerichtsgebühren aller Instanzen.

Ist auf Geldstrafe und für den Fall, daß sie nicht beigetrieben werden kann, auf Freiheitsstrafe erkannt, so bestimmt sich die Gebühr nach der Höhe der ersteren. Ist in Anwendung des § 27b des Strafgesetzbuchs (RGBl. 1924 I S. 44) auf Geldstrafe an Stelle der verwirkten Freiheitsstrafe erkannt, so bestimmt sich die Gebühr nach der Geldstrafe.

Ist neben einer Freiheitsstrafe auf Geldstrafe erkannt, so wird die Gebühr von jeder Strafe besonders berechnet.

Ist auf Einziehung, Verfallserklärung oder Unbrauchbarmachung erkannt, so ist der Wert der Gegenstände, auf die sich die Entscheidung bezieht, im Sinne dieser Vorschrift als Geldstrafe anzusehen. Besteht der Gegenstand nicht in einem Geldbetrage, so setzt das Gericht den Wert fest. Der Wert ist nach dem Zeitpunkt der Verurteilung zu bestimmen.

§ 50. Im Falle des § 79 des StGB. bestimmt sich die Gebühr für das neue Verfahren durch den Betrag, um welchen die Gesamtstrafe die früher erkannte Strafe übersteigt.

Im Falle des § 460 der StPO. ist eine besondere Gebühr nicht zu erheben.

§ 51. Betrifft eine Strafsache mehrere Angeschuldigte, so ist die Gebühr von jedem Verurteilten besonders nach Maßgabe der gegen ihn erkannten Strafe zu erheben.

§ 52. Für das Verfahren in erster Instanz werden erhoben:

im Falle einer Freiheitsstrafe bis zu einer Woche einschließlich	5 Reichsmark,
von mehr als einer Woche bis zu zwei Wochen einschließlich	10 Reichsmark,
von mehr als zwei Wochen bis zu einem Monat einschließlich	20 Reichsmark,
von mehr als einem Monat bis zu sechs Monaten einschließlich	50 Reichsmark,
von mehr als sechs Monaten bis zu einem Jahre einschließlich	80 Reichsmark,
von mehr als einem Jahre bis zu zwei Jahren einschließlich	100 Reichsmark,
von mehr als zwei Jahren bis zu fünf Jahren einschließlich	200 Reichsmark,
im Falle einer schwereren Strafe	300 Reichsmark.

Ist auf eine Geldstrafe erkannt, so werden 10 vom Hundert des Betrags der erkannten Strafe, mindestens 5 Reichsmark, erhoben; die Gebühr darf jedoch die Summe von 10000 Reichsmark und den Betrag der erkannten Strafe nicht übersteigen.

Ist der zur Kostentragung verurteilte Beschuldigte für straffrei erklärt, so beträgt die Gebühr 5 Reichsmark, und ist ausschließlich auf Verlust der bürgerlichen Ehrenrechte überhaupt oder einzelner bürgerlicher Ehrenrechte erkannt, so beträgt die Gebühr 75 Reichsmark.

§ 53. In dem Verfahren bei amtsrichterlichen Strafbefehlen wird die Hälfte der Sätze des § 52 erhoben. Im Falle einer Geldstrafe wird mindestens ein Betrag von 2,50 Reichsmark erhoben; die Gebühr darf jedoch den Betrag der erkannten Strafe nicht übersteigen.

Hat gemäß § 411 Abs. 1 der StPO. eine Hauptverhandlung stattgefunden oder wird der gegen den Strafbefehl erhobene Einspruch wegen Ausbleibens des Angeklagten in der Hauptverhandlung durch Urteil verworfen (StPO. § 412), so erhöht sich die Gebühr auf die vollen Sätze des § 52.

§ 54. Im Falle des § 212 der Strafprozeßordnung wird die Hälfte der Sätze des § 52 erhoben. Die Vorschrift in § 53 Abs. 1 Satz 2 gilt entsprechend.

§ 55. Die Sätze des § 52 werden für die Berufungsinstanz sowie für die Revisionsinstanz erhoben, wenn in der Instanz eine Hauptverhandlung stattgefunden hat.

Wird das Rechtsmittel vor Beginn der Hauptverhandlung zurückgenommen oder durch Beschluß verworfen (StPO. §§ 319, 322, 346, 349), so wird ein Viertel der Gebühr erhoben.

Wird das Rechtsmittel nach Beginn der Hauptverhandlung zurückgenommen, oder wird die Berufung wegen Ausbleibens des Angeklagten in der Hauptverhandlung verworfen (StPO. § 329), so wird die Hälfte der Gebühr erhoben. —

§ 56. Wird ein Antrag auf Wiederaufnahme des Verfahrens als unzulässig oder unbegründet verworfen oder abgelehnt, so wird die Hälfte der im § 52 bestimmten Gebühr erhoben.

Wird die Wiederaufnahme des Verfahrens angeordnet (StPO. § 370), so wird, wenn das frühere Urteil aufrechterhalten wird, die volle im § 52 bestimmte Gebühr erhoben. Führt die Wiederaufnahme zu einer Aufhebung des früheren Urteils, so gilt für die Gebührenerhebung das neue Verfahren mit dem früheren Verfahren zusammen als eine Instanz.

§ 57. Werden in den Fällen der §§ 174 und 175 der StPO. nach Maßgabe der §§ 177 und 472 derselben dem Antragsteller die Kosten auferlegt, so beträgt die Gebühr:

wenn es sich um eine Übertretung handelt . . . 10 Reichsmark,
wenn es sich um ein Vergehen handelt . . . . 20 Reichsmark,
wenn es sich um ein Verbrechen handelt . . . 40 Reichsmark.

Das gleiche gilt im Falle des § 469 der StPO.

Im Falle des § 176 Abs. 2 der StPO. ist die Hälfte der vorstehenden Sätze zu erheben.

§ 58. Wird das Verfahren nach Eröffnung des Hauptverfahrens infolge Zurücknahme des Antrags, durch den es bedingt war, eingestellt, so wird die im § 57 Abs. 1 bestimmte Gebühr erhoben. Das Gericht kann sie bis zu einem Viertel ermäßigen oder beschließen, daß von der Erhebung einer Gebühr abgesehen werde.

§ 59. Für das Verfahren auf erhobene Privatklage gelten, sofern der Beschuldigte zu einer Strafe verurteilt wird, unbeschadet der Vorschriften des § 60 Abs. 2 und des § 63 die §§ 49 bis 52, 55, 56.

§ 60. Wird in dem Verfahren auf erhobene Privatklage der Beschuldigte freigesprochen oder für straffrei erklärt, so wird für das Verfahren in jeder Instanz eine Gebühr von 30 Reichsmark erhoben.

Die im Abs. 1 bestimmte Gebühr kommt für die Berufungsinstanz sowie für die Revisionsinstanz auch dann zur Erhebung, wenn das von dem Privatkläger eingelegte Rechtsmittel auf Grund einer Hauptverhandlung verworfen wird. Wird das Rechtsmittel vor Beginn der Hauptverhandlung zurückgenommen oder durch Beschluß verworfen (StPO. §§ 319, 322, 346, 349, 384), so wird eine Gebühr von 8 Reichsmark erhoben. Wird das Rechtsmittel nach Beginn der Hauptverhandlung zurückgenommen oder die Berufung gemäß § 391 Abs. 3 der StPO. verworfen, so wird eine Gebühr von 15 Reichsmark erhoben.

§ 61. Wird die Privatklage zurückgewiesen oder erledigt sich das Verfahren vor Beginn der Hauptverhandlung durch Zurücknahme der Klage oder Einstellung, so wird eine Gebühr von 8 Reichsmark erhoben. Tritt die Erledigung erst nach Beginn der Hauptverhandlung ein, so beträgt die Gebühr 15 Reichsmark.

Tritt die Erledigung in der Berufungs- oder Revisionsinstanz ein, so kommen für diese Instanz die im Abs. 1 bestimmte Gebühr und für jede der voraufgegangenen Instanzen eine Gebühr von 15 Reichsmark zur Erhebung.

§ 62. Die in den §§ 60, 61 bestimmten Gebühren werden für das Verfahren auf erhobene Widerklage nur erhoben, wenn es nach Zurücknahme der Privatklage oder Einstellung des Verfahrens über die Privatklage selbständig fortgesetzt wird. Das gleiche gilt, wenn ausschließlich gegen die auf die Widerklage ergangene Entscheidung von dem Widerkläger Berufung oder Revision eingelegt ist.

§ 63. Wird die Wiederaufnahme eines Privatklageverfahrens von dem Privatkläger beantragt, so wird, wenn der Antrag als unzulässig oder unbegründet verworfen wird, eine Gebühr von 15 Reichsmark erhoben.

Wird die Wiederaufnahme des Verfahrens auf Antrag des Privatklägers angeordnet, so findet, sofern auf eine höhere Strafe erkannt wird, die Vorschrift des § 56 Abs. 2 Satz 2 Anwendung, anderenfalls wird eine Gebühr von 30 Reichsmark erhoben.

§ 64. Sind in einem Privatklageverfahren mehrere Personen als Beschuldigte beteiligt, so werden hinsichtlich einer jeden die in den §§ 60 bis 63 bestimmten Gebühren besonders, jedoch für jede Instanz höchstens der dreifache Betrag der im § 60 Abs. 1 bestimmten Gebühr erhoben.

§ 65. Die von der Verwaltungsbehörde erhobene Klage (StPO. § 424) ist nicht als Privatklage im Sinne dieses Gesetzes zu erachten.

§ 66. Werden dem Nebenkläger Kosten auferlegt, so sind die Sätze zu erheben, welche nach Maßgabe der §§ 60, 61, 63, 64 zu erheben sein würden, wenn er als Privatkläger das Rechtsmittel eingelegt oder die Wiederaufnahme des Verfahrens beantragt hätte.

§ 67. Für das Verfahren in den Fällen der §§ 430 bis 432 der StPO. beträgt die Gebühr in jeder Instanz 30 Reichsmark.

§ 68. Die in den §§ 60 bis 63, 67 bestimmten Gebühren kann das Gericht bis auf 2 Reichsmark herabsetzen oder bis auf das Zwanzigfache erhöhen.

§ 69. Für die Zurückweisung einer Beschwerde wird, sofern sie sich gegen eine Entscheidung der im § 56 Abs. 1 oder im § 63 Abs. 1 bezeichneten Art richtet, die dort bestimmte Gebühr, im übrigen eine Gebühr von 1 Reichsmark erhoben.

Die Gebühr wird von dem Beschuldigten nur erhoben, wenn er rechtskräftig zu einer Strafe verurteilt ist.

§ 70. Für das Verfahren zur Vollstreckung einer über eine Vermögensstrafe, eine Buße oder über Erstattung von Kosten ergangenen Entscheidung (StPO. §§ 463, 464) werden Gebühren nach Maßgabe der Vorschriften des zweiten Abschnitts besonders erhoben.

Fünfter Abschnitt.
Auslagen.

§ 71. Schreibgebühren werden für solche Ausfertigungen und Abschriften erhoben, die nur auf Antrag erteilt werden, oder die angefertigt werden, weil die Partei es unterläßt, einem von Amts wegen zuzustellenden Schriftsatz die erforderliche Zahl von Abschriften beizufügen, sowie für Ausfertigungen und Abschriften aller Art in den Fällen der persönlichen oder sachlichen Gebührenfreiheit.

Die Schreibgebühren bleiben jedoch außer Ansatz bei Erteilung von

1. Ausfertigungen von Urteilen, die unter Weglassung des Tatbestandes und der Entscheidungsgründe erfolgen, sowie solchen, die gemäß § 317 Abs. 4 der ZPO. unter Benutzung einer dem Gerichte vorgelegten beglaubigten Abschrift der Klage oder des Zahlungsbefehls gefertigt werden;
2. Ausfertigungen vor Gericht abgeschlossener Vergleiche.

Der Abs. 2 kommt bei Erteilung einer zweiten oder weiteren von derselben Partei beantragten Ausfertigung oder Abschrift nicht zur Anwendung.

Die Schreibgebühr beträgt für die Seite, welche zweiunddreißig Zeilen von durchschnittlich fünfzehn Silben enthält, 0,30 Reichsmark, auch wenn die Herstellung auf mechanischem Wege stattgefunden hat. Jede angefangene Seite wird als voll berechnet. Für Schriftstücke, die in fremden Sprachen abgefaßt sind, für Schriftstücke in tabellarischer Form sowie für Verzeichnisse, Listen, Rechnungen, Handzeichnungen und dergleichen kann die Höhe der Schreibgebühr von der Landesjustizverwaltung anderweit bestimmt werden.

§ 72. An baren Auslagen werden ferner erhoben:

1. Postgebühren:
   a) für die Übersendung der auf Antrag erteilten Ausfertigungen und Abschriften,
   b) für Ladungen von Zeugen und Sachverständigen;

2. Telegraphengebühren und die im Fernverkehre zu entrichtenden Fernsprechgebühren;
3. die durch Einrückung einer Bekanntmachung in öffentliche Blätter entstehenden Kosten;
4. die an Zeugen und Sachverständige zu zahlenden Gebühren;
5. die bei Geschäften außerhalb der Gerichtsstelle den Gerichtsbeamten und den nicht beamteten Beisitzern zustehenden Tagegelder und Reisekosten sowie die Kosten für die Bereitstellung von Geschäftsräumen;
6. die an andere Behörden oder Beamte oder an Rechtsanwälte für deren Tätigkeit zu zahlenden Beträge;
7. die Kosten eines Transports von Personen sowie die Beträge, die mittellosen Beschuldigten für die Reise zum Orte der Vernehmung oder Hauptverhandlung und für die Rückreise gewährt werden, ferner die Kosten eines Transports von Tieren und Sachen sowie der Verwahrung von Sachen und der Verwahrung und Fütterung von Tieren;
8. die Haftkosten nach Maßgabe der für die Strafhaft geltenden landesgesetzlichen Vorschriften.

§ 73. Für die von Amts wegen bewirkten Zustellungen werden unbeschadet der Vorschrift im § 72 Nr. 1 b nur diejenigen baren Auslagen erhoben, welche durch die Zustellung im Ausland oder bei der öffentlichen Zustellung durch Bekanntmachung in öffentlichen Blättern entstehen.

Wird ein Zeuge oder Sachverständiger ohne Inanspruchnahme der Post geladen, so wird als Auslagen der Betrag der Postgebühren erhoben, der entstanden sein würde, wenn durch die Post zugestellt worden wäre.

Sechster Abschnitt.

Kostenzahlung und Kostenvorschuß.

§ 74. In bürgerlichen Rechtsstreitigkeiten, im Vergleichsverfahren zur Abwendung des Konkurses und im Konkursverfahren wird die Gebühr mit Stellung des Antrags fällig, durch den das Verfahren bedingt ist; soweit die Gebühr eine Entscheidung oder sonstige gerichtliche Handlung voraussetzt, wird sie mit dieser fällig.

Der Termin zur mündlichen Verhandlung soll auf Grund der Klage erst nach Zahlung der erforderten Prozeßgebühr bestimmt werden. Das gleiche gilt im Mahnverfahren bei dem Antrag des Gläubigers auf Bestimmung eines Termins zur mündlichen Verhandlung nach Erhebung des Widerspruchs oder nach Erlaß eines Vollstreckungsbefehls unter Vorbehalt der Ausführung der Rechte des Beklagten. Im Falle der Erweiterung des Klageantrags soll vor Zahlung der erforderten Prozeßgebühr keine gerichtliche Handlung vorgenommen werden.

Der Zahlungsbefehl soll erst nach Zahlung der im § 31 Abs. 1 bestimmten Gebühr erlassen werden.

Die Vorschriften der Abs. 2, 3 finden keine Anwendung, soweit dem Kläger das Armenrecht bewilligt ist oder wenn ihm Gebührenfreiheit zusteht, ferner wenn glaubhaft gemacht wird, daß ihm die alsbaldige Zahlung der Gebühr mit Rücksicht auf seine Vermögenslage Schwierigkeiten bereiten würde. Das gleiche gilt, wenn glaubhaft gemacht wird, daß eine Verzögerung dem Kläger einen nicht oder nur schwer zu ersetzenden Schaden bringen würde; zur Glaubhaftmachung genügt in diesem Falle die Erklärung des zum Prozeßbevollmächtigten bestellten Rechtsanwalts.

§ 74 a. Der Termin zur Güteverhandlung soll, sofern nicht dem Antragsteller Gebührenfreiheit zusteht oder die Voraussetzungen für die Bewilligung des Armenrechts vorliegen, erst nach Zahlung der erforderten Gebühr bestimmt werden, es sei denn, daß glaubhaft gemacht wird, daß dem Antragsteller die alsbaldige Zahlung der Gebühr mit Rücksicht auf seine Vermögenslage Schwierigkeiten bereiten würde. § 74 Abs. 2 Satz 2 gilt entsprechend.

Der Eintritt in das Streitverfahren oder die Anberaumung eines Termins hierzu ist erst nach Zahlung der erforderten Prozeßgebühr zulässig. Dies gilt nicht, wenn der Antrag auf Eintritt in das Streitverfahren oder auf Anberaumung eines Termins hierzu von dem Antragsgegner gestellt ist.

§ 74b. Die im § 30a Abs. 1 bestimmte Gebühr wird mit der Niederlegung des Schiedsspruchs oder des von einem Schiedsgerichte vermittelten Vergleichs fällig.

§ 75. Im übrigen werden die Gebühren sowie die Auslagen fällig, sobald eine unbedingte Entscheidung über die Kosten ergangen ist oder das Verfahren oder die Instanz durch Vergleich, Zurücknahme oder anderweitige Erledigung beendigt ist.

In Strafsachen werden die Gebühren und Auslagen, die dem verurteilten Beschuldigten zur Last fallen, erst mit der Rechtskraft des Urteils fällig.

§ 76. Die Schreibgebühren sowie die Postgebühren für die Übersendung auf Antrag erteilter Ausfertigungen und Abschriften werden sofort nach Aushändigung oder Absendung der Schriftstücke fällig.

Die Anfertigung kann von der vorherigen Zahlung eines die Kosten deckenden Betrags abhängig gemacht werden.

§ 77. In bürgerlichen Rechtsstreitigkeiten ist Schuldner der Gebühren und Auslagen derjenige, der das Verfahren der Instanz beantragt hat.

In den Fällen des § 30a Abs. 1 ist Schuldner der Gebühren derjenige, auf dessen Betreiben das schiedsrichterliche Verfahren eingeleitet worden ist.

§ 78. Im Konkursverfahren ist Schuldner der in den §§ 41, 48 Abs. 2 bestimmten Gebühren sowie im Falle der Abweisung oder Zurücknahme des Antrags auf Eröffnung oder Wiederaufnahme des Verfahrens auch der in dem Verfahren entstandenen Auslagen der Antragsteller, im übrigen der Gemeinschuldner.

§ 78a. Im Vergleichsverfahren zur Abwendung des Konkurses ist Schuldner der Gebühren und Auslagen der Vergleichsschuldner.

§ 79. Schuldner der Gebühren und Auslagen ist ferner derjenige, dem durch eine unbedingte gerichtliche Entscheidung die Kosten des Verfahrens auferlegt sind, oder der sie durch eine vor dem Gericht abgegebene oder ihm mitgeteilte Erklärung übernommen hat.

§ 79a. Der Beschuldigte, der den Antrag auf gerichtliche Entscheidung gegen eine polizeiliche Strafverfügung oder einen Strafbescheid einer Verwaltungsbehörde zurücknimmt, ist Schuldner der entstandenen Auslagen.

§ 80. Schuldner der Schreibgebühren sowie der Postgebühren für die Übersendung auf Antrag erteilter Ausfertigungen und Abschriften ist der Antragsteller oder die Partei, die es unterlassen hat, einem von Amts wegen zuzustellenden Schriftsatz die erforderliche Zahl von Abschriften beizufügen.

§ 81. Die durch gerichtliche Entscheidung begründete Verpflichtung zur Zahlung von Gebühren und Auslagen erlischt, soweit die Entscheidung aufgehoben oder abgeändert wird.

Bereits gezahlte Beträge werden, soweit der Kostenansatz bestehen bleibt, nicht zurückgezahlt.

§ 82. Mehrere Kostenschuldner haften als Gesamtschuldner.

Soweit einer Partei die Kosten durch gerichtliche Entscheidung auferlegt oder von ihr durch eine vor dem Gericht abgegebene oder ihm mitgeteilte Erklärung übernommen sind, soll die Haftung der anderen Partei nur geltend gemacht werden, wenn eine Zwangsvollstreckung in das bewegliche Vermögen der ersteren erfolglos geblieben ist oder aussichtslos erscheint.

§ 83. In Strafsachen hat der Privatkläger oder derjenige, der als Privatkläger oder Nebenkläger eine Berufung oder eine Revision einlegt oder eine Wiederaufnahme des Verfahrens beantragt, einen Gebührenvorschuß in Höhe der halben im § 60 Abs. 1 bestimmten Gebühr für die Instanz zu zahlen. Der § 64 findet entsprechende Anwendung. Der Widerkläger ist zur Zahlung eines Gebührenvorschusses nicht verpflichtet.

Der gleiche Gebührenvorschuß ist im Falle des § 67 zu zahlen.

Sofern nicht dem Privatkläger das Armenrecht bewilligt ist oder Gebührenfreiheit zusteht, soll auf Grund der erhobenen Privatklage vor Zahlung des Gebührenvorschusses keine gerichtliche Handlung vorgenommen werden, es sei denn, daß glaubhaft gemacht wird, daß die Verzögerung dem Privatkläger einen nicht oder nur schwer zu ersetzenden Nachteil bringen würde.

§ 84. Bei jedem Antrag auf Vornahme einer Handlung, mit der bare Auslagen verbunden sind, hat der Antragsteller einen zu ihrer Deckung ausreichenden Vorschuß zu zahlen. Das Gericht kann die Vornahme der Handlung von der vorherigen Zahlung des Vorschusses abhängig machen.

Diese Vorschußpflicht besteht in Strafsachen nur für den Privatkläger, den Widerkläger sowie für den Nebenkläger, der Berufung oder Revision eingelegt hat.

§ 85. Ausländer, die als Kläger auftreten, haben unbeschadet der Verpflichtung zur Zahlung der Prozeßgebühr in erster Instanz sowie in der Berufungsinstanz einen Vorschuß in Höhe der doppelten Gebühr, in der Revisionsinstanz einen solchen in Höhe der einfachen Gebühr zu leisten.

Diese Verpflichtung tritt nicht ein:

1. wenn in dem Staate, dem der Kläger angehört, ein Deutscher im gleichen Falle in bezug auf Vorauszahlung oder Sicherstellung der Gerichtskosten einem Inländer gleichgestellt ist;
2. bei Klagen im Urkunden- und Wechselprozesse;
3. bei Widerklagen;
4. bei Klagen, die infolge einer öffentlichen Aufforderung erhoben werden;
5. bei Klagen aus Rechten, die im Grundbuch eingetragen sind;
6. wenn dem Kläger das Armenrecht bewilligt ist.

Die Verpflichtung besteht auch dann, wenn im Laufe des Rechtsstreits der Kläger die Eigenschaft eines Deutschen verliert oder die Voraussetzung, unter welcher der Kläger von der Verpflichtung befreit war, wegfällt.

Unter den gleichen Voraussetzungen hat ein Ausländer, der als Privatkläger auftritt oder als Nebenkläger Berufung oder Revision einlegt, den doppelten Gebührenvorschuß (§ 83) zu zahlen.

Vor Zahlung des gemäß Abs. 1, 3, 4 zu erhebenden Vorschusses soll der Ausländer zur Verhandlung nicht zugelassen werden, sofern nicht glaubhaft gemacht wird, daß die Verzögerung dem Ausländer einen nicht zu ersetzenden Nachteil bringen würde.

§ 86. Die Verpflichtung zur Zahlung der vorzuschießenden Beträge bleibt bestehen, auch wenn die Kosten des Verfahrens einem anderen auferlegt oder von einem anderen übernommen sind. Die Vorschrift des § 82 Abs. 2 findet entsprechende Anwendung.

§ 87. Besteht eine Partei aus mehreren Personen, so haften sie in Ermangelung einer gerichtlichen Entscheidung über die Kostenverteilung als Gesamtschuldner.

§ 88. Durch die §§ 74 bis 87 wird eine nach den Vorschriften des bürgerlichen Rechtes oder den Vorschriften der ZPO. § 100 Abs. 4, § 788, der KO. §§ 57 bis 60, 142 oder der StPO. § 466 Abs. 2, § 471 Abs. 4, § 472 begründete Verpflichtung zur Zahlung entstandener Gebühren und Auslagen nicht berührt.

§ 89. Die Landesjustizverwaltung kann anordnen, daß die Entrichtung von Kosten durch Marken zu erfolgen hat.

Siebenter Abschnitt.

Schlußbestimmungen.

§ 90. Von Zahlung der Gebühren sind befreit:
das Reich in dem Verfahren vor den Landesgerichten,
die Länder in dem Verfahren vor dem Reichsgerichte.

Die landesgesetzlichen Vorschriften, welche für gewisse Rechtssachen oder gewisse Personen in dem Verfahren vor den Landesgerichten Gebührenfreiheit gewähren, werden durch dieses Gesetz nicht berührt.

Für das Verfahren vor dem Reichsgerichte kann die Befreiung von Gebühren durch Verordnung der Reichsregierung mit Zustimmung des Reichsrats gewährt werden.

Soweit demjenigen, welchem die Gebührenfreiheit zusteht, Kosten des Verfahrens auferlegt oder von ihm übernommen werden, sind Gebühren überhaupt nicht zu erheben und erhobene zurückzuzahlen.

§ 91. Die Behörden haben einander zum Zwecke der Einziehung von Gebühren und Auslagen nach näherer Bestimmung der von der Reichsregierung mit Zustimmung des Reichsrats zu erlassenden Anweisung Beistand zu leisten.

---

2. Die Gebührenordnung für Gerichtsvollzieher.*)

§ 1. In den vor die ordentlichen Gerichte gehörigen Rechtssachen, auf welche die Zivilprozeßordnung, die Strafprozeßordnung oder die Konkursordnung Anwendung findet, werden Gebühren und Auslagen des Gerichtsvollziehers nur nach Maßgabe der folgenden Bestimmungen erhoben.

§ 2. Die Gebühr für eine Zustellung durch Aufgabe zur Post (Zivilprozeßordnung § 175), für das an die Post gerichtete Ersuchen um Bewirkung einer Zustellung (Zivilprozeßordnung § 194) sowie für die im Auftrag eines Anwalts an den Gegenanwalt bewirkte Zustellung beträgt 0,40 Reichsmark.

Stellt der Gerichtsvollzieher persönlich ohne Inanspruchnahme der Post zu, so erhöht sich die Gebühr um den Betrag der Postgebühren, der entstanden sein würde, wenn durch die Post zugestellt worden wäre.

Ist mit der Zustellung eine Aufforderung gemäß § 840 der Zivilprozeßordnung oder bei der Ladung von Zeugen oder Sachverständigen das Darbieten einer Entschädigung (Strafprozeßordnung § 220 Abs. 2) verbunden, oder ist dem Empfänger zugleich mit der Zustellung eine Urkunde vorzulegen, so erhöht sich die Gebühr um weitere 0,20 Reichsmark.

Ist die versuchte persönliche Zustellung ohne Erfolg geblieben, weil die Wohnung des Empfängers nicht zu ermitteln war, so erhält der Gerichtsvollzieher die Hälfte der Gebühr.

Für die Beglaubigung eines ihm zum Zwecke der Zustellung übergebenen Schriftstücks erhält der Gerichtsvollzieher außerdem eine Gebühr von 0,05 Reichsmark für die Seite. Eine angefangene Seite wird als voll berechnet.

Wird der Zustellungsauftrag vor seiner Erledigung zurückgenommen, so erhält der Gerichtsvollzieher unbeschadet der Gebühr für eine bereits vorgenommene Beglaubigung 0,20 Reichsmark.

Die Zustellung an den Zustellungsbevollmächtigten mehrerer Beteiligter (Zivilprozeßordnung § 189 Abs. 2) gilt als eine Zustellung.

§ 3. Die Gebühr für die Pfändung von beweglichen körperlichen Sachen (Zivilprozeßordnung §§ 808, 809), von Früchten, welche von dem Boden noch nicht getrennt sind (Zivilprozeßordnung § 810), sowie von Forderungen aus Wechseln oder anderen Papieren, welche durch Indossament übertragen werden können (Zivilprozeßordnung § 831), beträgt von dem auf 10 Reichsmark aufgerundeten Betrage der beizutreibenden Forderung

bis zu 100 Reichsmark einschließlich	2 v. Hundert,
von dem Mehrbetrage bis zu 500 Reichsmark einschließlich . . .	1 „ „
von dem Mehrbetrage	½ „ „

mindestens jedoch 1 Reichsmark.

*) Vom 14. Dezember 1922 (RGBl. I 917) mit späteren Änderungen.

Erfolgt die Pfändung zur Vollziehung eines Arrestes, so ist der in dem Arrestbefehle nach § 923 der Zivilprozeßordnung festgestellte Geldbetrag maßgebend. Bei der Pfändung eines im Schiffsregister eingetragenen Schiffes (Zivilprozeßordnung § 931) ist der Mindestbetrag der Gebühr 3 Reichsmark.

Nimmt die Pfändung mehr als eine Stunde in Anspruch, so erhöht sich die Gebühr für jede angefangene weitere Stunde um die Hälfte, jedoch höchstens um je 3 Reichsmark.

Ist eine versuchte Pfändung ohne Erfolg geblieben, weil nach Inhalt des Protokolls pfändbare Gegenstände nicht vorhanden waren oder die Pfändung nach § 803 Abs. 2, § 812 der Zivilprozeßordnung zu unterbleiben hatte, so erhält der Gerichtsvollzieher die Hälfte der Gebühr.

§ 4. Für die Übernahme beweglicher Sachen zum Zwecke der Verwertung in den Fällen der §§ 790, 847, 854 der Zivilprozeßordnung sowie im Falle des Ausscheidens des Gerichtsvollziehers, welcher die Pfändung vorgenommen hat, erhält der Gerichtsvollzieher die Hälfte der im § 3 bestimmten Gebühr.

§ 5. Werden Pfandstücke, die im Gewahrsam des Schuldners belassen sind, zum Zwecke der Versteigerung oder aus einem anderen Grunde aus dem Gewahrsam des Schuldners entfernt, so erhält der Gerichtsvollzieher eine Gebühr von 1 Reichsmark.

Nimmt das Geschäft mehr als eine Stunde in Anspruch, so erhöht sich die Gebühr für jede angefangene weitere Stunde um den gleichen Betrag.

§ 6. Wird der Vollstreckungsauftrag zurückgenommen, ehe sich der Gerichtsvollzieher zwecks Vornahme der in den §§ 3, 4 bezeichneten Handlungen an Ort und Stelle begeben hat, so erhält er ein Viertel der Gebühr.

Hat eine Vollstreckungshandlung der in den §§ 3, 4, 5 bezeichneten Art, nachdem sich der Gerichtsvollzieher an Ort und Stelle begeben hat, infolge Zurücknahme des Auftrags, infolge Leistung an den Gerichtsvollzieher oder zufolge der Vorschrift des § 775 der Zivilprozeßordnung oder, weil im Falle des § 5 die Pfandstücke nicht mehr vorgefunden wurden, nicht stattgefunden, so erhält der Gerichtsvollzieher die Hälfte der Gebühr. Das gleiche gilt, wenn die Vollstreckungshandlung deshalb unterblieben ist, weil die Wohnung des Schuldners oder des Dritten, bei dem die Vollstreckungshandlung erfolgen sollte, nicht zu ermitteln war oder weil sich der Dritte zur Herausgabe nicht bereit erklärt hat.

Betreffen die in Abs. 1, 2 bezeichneten Voraussetzungen Teile der beizutreibenden Forderung, so sind die Gebühren von jedem Teile besonders zu berechnen. Es darf jedoch nicht mehr erhoben werden, als wenn die Gebühr von dem Gesamtbetrage der Forderung unter Zugrundelegung der höchsten zum Ansatz kommenden Gebühr erhoben würde.

§ 7. Für die Versteigerung oder den Verkauf aus freier Hand von beweglichen Sachen, Früchten, die von dem Boden noch nicht getrennt sind, Forderungen oder anderen Vermögensrechten erhält der Gerichtsvollzieher von dem auf volle 10 Reichsmark aufgerundeten Betrage des Erlöses

bis zu 100 Reichsmark einschließlich	5	v. Hundert,
von dem Mehrbetrage bis zu 300 Reichsmark einschließlich	3	„
„ „ „ „ „ 1000 „ „	2	„
„ „ „ „ „ 5000 „ „	1	„
„ „ „	½	„

mindestens jedoch 1 Reichsmark.

Ist ein zum Zuschlag führendes Gebot nicht abgegeben, so beträgt die Gebühr 1 Reichsmark.

Ist die Versteigerung oder der Verkauf, nachdem sich der Gerichtsvollzieher an Ort und Stelle begeben hat, infolge Zurücknahme des Vollstreckungsauftrags, auf Antrag des Gläubigers, infolge Leistung an den Gerichtsvollzieher oder zufolge der Vorschrift des § 775 der Zivilprozeßordnung oder, weil die Pfandstücke nicht mehr vorhanden waren, unterblieben, so beträgt die Gebühr 1 Reichsmark.

Hat der Versteigerungstermin auf Antrag des Gläubigers oder zufolge der Vorschrift des § 775 der Zivilprozeßordnung nicht stattgefunden, oder ist der Versteigerungstermin infolge ungenügender Gebote erfolglos geblieben, so erhält der Gerichtsvollzieher für die Anberaumung eines neuen Versteigerungstermins eine Gebühr von 0,50 Reichsmark.

§ 8. Der Gerichtsvollzieher erhält für die Wegnahme beweglicher Sachen einschließlich der Übergabe derselben (Zivilprozeßordnung § 883) eine Gebühr von 2 Reichsmark. Die Gebühr wird auch dann erhoben, wenn der Schuldner an den zur Vornahme der Vollstreckungshandlung erschienenen Gerichtsvollzieher freiwillig leistet.

Nimmt das Geschäft mehr als eine Stunde in Anspruch, so erhält der Gerichtsvollzieher für jede angefangene weitere Stunde 1 Reichsmark.

Ist eine versuchte Wegnahme ohne Erfolg geblieben, weil nach Inhalt des Protokolls die herauszugebenden Sachen nicht aufzufinden waren, so erhält der Gerichtsvollzieher die Hälfte der Gebühr.

§ 9. Die Vorschriften des § 8 finden auf die Wegnahme einer Person mit der Maßgabe entsprechende Anwendung, daß die doppelten Gebührensätze erhoben werden.

§ 10. Der Gerichtsvollzieher erhält

1. für die Entsetzung aus dem Besitz unbeweglicher Sachen oder bewohnter Schiffe und die Einweisung in denselben (Zivilprozeßordnung § 885),
2. im Falle der Zuziehung zur Beseitigung des Widerstandes des Schuldners gegen die Vornahme einer Handlung (Zivilprozeßordnung § 892)

eine Gebühr von 3 Reichsmark von dem Erscheinen an Ort und Stelle bis zur Beendigung seiner Tätigkeit.

Nimmt das Geschäft mehr als eine Stunde in Anspruch, so erhält der Gerichtsvollzieher für jede angefangene weitere Stunde 1 Reichsmark.

In die Dauer der unter Nr. 1 erwähnten Vollstreckungshandlungen ist auch die Zeit einzurechnen, welche der Gerichtsvollzieher zu verwenden hat, um bewegliche Sachen, welche nicht Gegenstand der Zwangsvollstreckung sind, wegzuschaffen, zu übergeben oder in Verwahrung zu bringen.

§ 11. Wird der Vollstreckungsauftrag zurückgenommen, ehe sich der Gerichtsvollzieher zwecks Vornahme der in den §§ 8, 9, 10 bezeichneten Handlungen an Ort und Stelle begeben hat, so erhält er eine Gebühr von 0,50 Reichsmark.

Ist die Vollstreckungshandlung, nachdem sich der Gerichtsvollzieher an Ort und Stelle begeben hat, infolge Zurücknahme des Auftrags, zufolge der Vorschrift des § 775 der Zivilprozeßordnung oder deshalb unterblieben, weil die Wohnung des Schuldners oder der Ort, an dem die Handlung vorzunehmen war, nicht zu ermitteln war, so erhält der Gerichtsvollzieher eine Gebühr von 1 Reichsmark.

§ 12. Der Gerichtsvollzieher erhält für die Verhaftung einer Person, einschließlich der Ablieferung derselben zur Haft, und für die zwangsweise Vorführung einer Person eine Gebühr von 10 Reichsmark, für die Nachverhaftung einer bereits verhafteten Person 2 Reichsmark.

Konnte eine unternommene Verhaftung nicht ausgeführt werden, weil nach Inhalt des Protokolls sich bei derselben das Vorhandensein eines der in den §§ 904, 906 der Zivilprozeßordnung aufgeführten Gründe herausgestellt hat, so erhält der Gerichtsvollzieher eine Gebühr von 3 Reichsmark.

Die Vorschriften im § 6 Abs. 1, 2 gelten mit der Maßgabe entsprechend, daß im Falle des Abs. 1 dieser Vorschrift eine Gebühr von 1 Reichsmark und im Falle des Abs. 2 eine Gebühr von 2 Reichsmark erhoben wird.

§ 13. Leistet der Schuldner oder für ihn ein Dritter an den Gerichtsvollzieher eine Zahlung, so beträgt die Gebühr, unbeschadet einer weiteren Gebühr gemäß § 6 Abs. 2, § 7 Abs. 3 oder § 12 Abs. 3 von dem auf volle 10 Reichsmark aufgerundeten Betrage

bis zu 100 Reichsmark einschließlich ½ vom Hundert,
von dem Mehrbetrag ¼ „ „
mindestens jedoch 0,20 Reichsmark.

§ 14. Die in den §§ 3 bis 13 bestimmten Gebühren umfassen die gesamte Tätigkeit des Gerichtsvollziehers bei der Zwangsvollstreckung, insbesondere
1. die Nachsuchung der Unterstützung der polizeilichen Vollzugsorgane und die Zuziehung der Zeugen und Sachverständigen (Zivilprozeßordnung §§ 758, 759, 813, 814);
2. die zu den Vollstreckungshandlungen gehörenden Mitteilungen, Aufforderungen, Zustellungen und Postsendungen;
3. die Umschreibung eines auf den Namen lautenden Wertpapiers auf den Namen des Käufers und die Wiederinkurssetzung eines gepfändeten Inhaberpapiers (Zivilprozeßordnung §§ 822, 823);
4. die Annahme und Quittierung, Ablieferung oder Hinterlegung der schuldigen Leistungen sowie des gepfändeten oder erlösten Geldes und die Zurückgabe gepfändeter Gegenstände;
5. die Bekanntmachung der Versteigerung.

§ 15. Wird die Zustellung oder eine Vollstreckungshandlung auf Antrag zur Nachtzeit oder an einem Sonn- oder Feiertage vorgenommen oder versucht, so wird die doppelte Gebühr erhoben.

§ 16. An baren Auslagen werden dem Gerichtsvollzieher vergütet:
1. die Schreibgebühren;
2. die Post-, Telegraphen- und Fernsprechgebühren (sowie die Kosten für Postvordrucke);*)
3. die durch öffentliche Bekanntmachungen, insbesondere durch Einrückung in öffentliche Blätter entstandenen Kosten;
4. die an Zeugen und Sachverständige zu zahlenden Beträge;
5. die Entschädigung der zum Öffnen von Türen und Behältnissen sowie zur Durchsuchung weiblicher Schuldner zugezogenen Personen;
6. die für Umschreibung eines auf Namen lautenden Wertpapiers oder für Wiederinkurssetzung eines Inhaberpapiers zu zahlenden Beträge;
7. die Kosten eines Transports von Personen oder Sachen, die Kosten der Verwahrung und Beaufsichtigung von Gegenständen, die Kosten der Aberntung von Früchten sowie der Erhaltung von Tieren;
8. die Reisekosten;
9. die für Auskünfte über die Wohnung von Beteiligten an polizeiliche Meldestellen zu zahlenden Beträge.

Art. II Nr. 10 VO. v. 13. 12. 23 (RGBl. I 1189):

Zu den gemäß § 16 zu vergütenden baren Auslagen gehören die Kosten für die bei Erledigung des Auftrags verwandten Vordrucke aller Art, insoweit dem Gerichtsvollzieher nicht Schreibgebühren zustehen.

Die Vordrucke sind mit je 1 Reichspfennig und, soweit sie mehr als zwei Bogenseiten umfassen, mit 2 Reichspfennig in Rechnung zu stellen.

§ 17. Schreibgebühren werden dem Gerichtsvollzieher nach Maßgabe des § 80**) des Gerichtskostengesetzes vergütet:
1. für alle nach gesetzlicher Vorschrift oder auf Antrag erteilten Abschriften der von demselben aufgenommenen Urkunden und Protokolle, mit Ausnahme der nach gesetzlicher Vorschrift zu erteilenden Abschrift der Zustellungsurkunde; im Falle des § 2 Abs. 7 wird ihm jedoch für jede Abschrift der Zustellungsurkunde die Schreibgebühr vergütet;
2. für die bei einer Hinterlegung zu erstattende Anzeige an das Vollstreckungsgericht (Zivilprozeßordnung §§ 827, 854);

---

*) Die eingeklammerten Worte sind gegenstandslos durch die oben abgedruckte VO. vom 13. Dezember 1923.

**) Jetzt § 71 Abs. 4 GKG.

3. für die Aufnahme der von dem Drittschuldner nach Zustellung eines Pfändungsbeschlusses abgegebenen Erklärungen (Zivilprozeßordnung § 840);
4. für die vor der Verhaftung erforderliche Anzeige an die vorgesetzte Dienstbehörde des zu Verhaftenden (Zivilprozeßordnung § 910).

§ 18. Den zu einer Vollstreckungshandlung in Gemäßheit des § 759 der Zivilprozeßordnung zugezogenen Zeugen ist auf Verlangen eine angemessene Entschädigung für Zeitversäumnis zu zahlen.

§ 19. Dem in den Fällen der §§ 813, 814 der Zivilprozeßordnung zugezogenen Sachverständigen kann eine Vergütung nach dem ortsüblichen Preise einer solchen Leistung gewährt werden.

§ 20.*) Muß der Gerichtsvollzieher zur Vornahme einer Amtshandlung einen Hinweg und einen Rückweg von je 2 Kilometer oder mehr außerhalb seines dienstlichen Wohnsitzes zurücklegen, so erhält er an Reisekosten für jedes angefangene Kilometer des Hinwegs und des Rückwegs eine Entschädigung von 0,15 Reichsmark.

Nimmt der Gerichtsvollzieher mehrere Geschäfte auf derselben Reise vor, so erhält er für jedes derselben die volle nach der Entfernung des Ortes von seinem dienstlichen Wohnsitz zu berechnende Entschädigung. Jedoch steht dem Gerichtsvollzieher für mehrere Geschäfte, welche für denselben Auftraggeber an demselben Orte vorgenommen werden und sich auf dieselbe Rechtsangelegenheit beziehen oder welche für mehrere Auftraggeber kraft eines oder mehrerer Schuldtitel gegen denselben Schuldner gleichzeitig vorgenommen werden, die Entschädigung nur einmal zu; in diesem Falle ist sie auf die mehreren Aufträge nach ihrer Zahl umzulegen.

Für einzelne Ortschaften oder Gruppen benachbarter Ortschaften kann die Landesjustizverwaltung darüber Bestimmung treffen, ob und in welchem Umfang dem Gerichtsvollzieher für Wege, die er zur Vornahme einer Amtshandlung innerhalb dieser Ortschaften oder außerhalb derselben in einem Umkreis von weniger als 2 Kilometer zurücklegen muß, eine Entschädigung für Reisekosten zu gewähren ist.

§ 21. Der Gerichtsvollzieher kann die Übernahme eines Geschäfts von der Zahlung eines zur Deckung der baren Auslagen und des vermutlichen Betrags der Gebühren hinreichenden Vorschusses abhängig machen, sofern nicht das Geschäft von Amts wegen angeordnet oder für eine zum Armenrechte zugelassene Person auszuführen ist.

§ 22. Schuldner der Gebühren und Auslagen des Gerichtsvollziehers ist bei Geschäften, welche von Amts wegen angeordnet werden, die Staatskasse, bei sonstigen Geschäften der Auftraggeber.

§ 23. Die Gebühren und Auslagen sind, unbeschadet der Bestimmung des § 788 der Zivilprozeßordnung, fällig, sobald der Auftrag erledigt ist. Der Gerichtsvollzieher ist berechtigt, dieselben von dem Auftraggeber durch Postnachnahme zu erheben.

§ 24. Im Falle der Bewilligung des Armenrechts werden dem für die arme Partei bestellten Gerichtsvollzieher die baren Auslagen von der Staatskasse ersetzt, falls nicht dieselben von dem Ersatzpflichtigen beigetrieben werden können (Zivilprozeßordnung §§ 124, 788).

§ 25. Bei Erinnerungen gegen den Ansatz von Gebühren oder Auslagen des Gerichtsvollziehers findet, soweit nicht § 766 Abs. 2 der Zivilprozeßordnung Platz greift, § 4 des Gerichtskostengesetzes entsprechende Anwendung.

§ 26. Die Gerichtsvollzieher sind verpflichtet, unter den Urschriften und Abschriften ihrer Akte eine Berechnung der Gebühren und Auslagen aufzustellen und bei Geschäften, welche nach Verhältnis der verwendeten Zeit vergütet werden, in dem Protokolle die Dauer der letzteren anzugeben. Ist die Zeitangabe unterblieben, so darf nur die für die geringste Zeitdauer bestimmte Gebühr berechnet werden.

---

*) Dieser Text des § 20 rührt aus dem Gesetze vom 14. Juli 1928 (RGBl. I 197) her.

§ 27. Den einzelnen Ländern bleibt vorbehalten,
1. für Zustellungen, für deren Nachweis auf Grund des § 39 der Strafprozeßordnung einfachere Formen zugelassen sind, abweichend von den Vorschriften dieses Gesetzes geringere Gebühren zu bestimmen;
2. an Stelle von Gebühren und Auslagen, welche die Gerichtsvollzieher auf Grund dieses Gesetzes zu beanspruchen haben, denselben eine anderweite Vergütung zu gewähren.

Für die von den ersatzpflichtigen Personen zu erhebenden Beträge bleiben im Falle der Nr. 2 die Bestimmungen dieses Gesetzes maßgebend.

§ 28. Den einzelnen Ländern bleibt die Feststellung der Vergütungen überlassen, wenn den Gerichtsvollziehern in Sachen, auf welche die Zivilprozeßordnung, die Strafprozeßordnung oder die Konkursordnung Anwendung findet, Geschäfte übertragen werden, welche denselben in jenen Gesetzen nicht ausdrücklich zugewiesen sind.

---

3. Die Gebührenordnung für Zeugen und Sachverständige.*)

§ 1. In den vor die ordentlichen Gerichte gehörigen Rechtssachen, auf welche die Zivilprozeßordnung, die Strafprozeßordnung oder die Konkursordnung Anwendung findet, erhalten die Zeugen und Sachverständigen Gebühren nach Maßgabe der folgenden Bestimmungen.

§ 2. Der Zeuge erhält eine Entschädigung für die erforderliche Zeitversäumnis im Betrage von 20 Reichspfennig bis zu 1.50 Reichsmark für jede angefangene Stunde.

Die Entschädigung ist unter Berücksichtigung des von dem Zeugen versäumten Erwerbes zu bemessen und für jeden Tag auf nicht mehr als zehn Stunden zu gewähren. Ob eine Erwerbsversäumnis stattgefunden hat, ist nach freiem Ermessen unter Berücksichtigung der Lebensverhältnisse und der regelmäßigen Erwerbstätigkeit des Zeugen zu beurteilen. Bis zu der im Abs. 1 bestimmten Höchstgrenze ist der volle Verdienstausfall zu ersetzen.

Personen, welche durch einfache Handarbeit, Handwerksarbeit oder geringeren Gewerbebetrieb ihren Unterhalt suchen oder sich in gleichen Verhältnissen mit solchen Personen befinden, erhalten die nach dem geringsten Satze zu bemessende Entschädigung auch dann, wenn die Versäumnis eines Erwerbs nicht stattgefunden hat.

§ 3. Der Sachverständige erhält für seine Leistung eine Vergütung nach Maßgabe der erforderlichen Zeitversäumnis im Betrage bis zu 3 Reichsmark für jede angefangene Stunde. Ist die Leistung besonders schwierig, so darf der Betrag bis zu 6 Reichsmark für jede angefangene Stunde erhöht werden.

Die Vergütung ist unter Berücksichtigung der Erwerbsverhältnisse des Sachverständigen zu bemessen.

Außerdem sind dem Sachverständigen die auf die Vorbereitung des Gutachtens verwendeten Kosten sowie die für eine Untersuchung verbrauchten Stoffe und Werkzeuge zu vergüten.

§ 4. Besteht für die aufgetragene Leistung ein üblicher Preis, so ist dem Sachverständigen auf Verlangen dieser und für die außerdem stattfindende Teilnahme an Terminen die im § 3 Abs. 1 Satz 1 und Abs. 2 geregelte Vergütung zu gewähren.

Beschränkt sich die Tätigkeit des Sachverständigen auf die Teilnahme an Terminen, so erhält er lediglich die im § 3 bestimmte Vergütung.

§ 5. Haben in bürgerlichen Rechtsstreitigkeiten die Parteien sich dem Gerichte gegenüber mit einer bestimmten Vergütung für die Leistung des Sachverständigen einverstanden erklärt, so ist diese Vergütung zu gewähren, sofern ein zu ihrer Deckung ausreichender Betrag an die Staatskasse gezahlt ist.

---

*) Vom 21. Dezember 1925 (RGBl. I 471).

§ 6. Als versäumt gilt für den Zeugen oder Sachverständigen auch die Zeit, während welcher er seine gewöhnliche Beschäftigung nicht wieder aufnehmen kann.

§ 7. Mußte der Zeuge oder Sachverständige außerhalb seines Aufenthaltsorts einen Weg bis zur Entfernung von mehr als zwei Kilometer zurücklegen, so ist ihm außer den nach §§ 2 bis 6 zu bestimmenden Beträgen eine Entschädigung für die Reise und für den durch die Abwesenheit von dem Aufenthaltsorte verursachten Aufwand nach Maßgabe der folgenden Bestimmungen zu gewähren.

§ 8. Soweit nach den persönlichen Verhältnissen des Zeugen oder Sachverständigen oder nach äußeren Umständen die Benutzung von Transportmitteln für angemessen zu erachten ist, sind als Reiseentschädigung die nach billigem Ermessen in dem einzelnen Falle erforderlichen Kosten zu gewähren. In anderen Fällen beträgt die Reiseentschädigung für jedes angefangene Kilometer des Hinwegs und des Rückwegs 10 Reichspfennig.

§ 9. Die Entschädigung für den durch Abwesenheit von dem Aufenthaltsorte verursachten Aufwand ist nach den persönlichen Verhältnissen des Zeugen oder Sachverständigen zu bemessen, soll jedoch den Satz, der den Reichsbeamten der Stufe III (§ 2 Abs. 2 der Reisekostenverordnung für die Reichsbeamten [Reichsgesetzbl. 1921 S. 1345, 1923 I S. 981] als Tagegeld zusteht, nicht überschreiten). Die Vorschriften der genannten Verordnung, nach denen bei Reisen, die an demselben Kalendertag angetreten und beendet werden, sich das Tagegeld vermindert oder nicht gewährt wird, gelten entsprechend. War der Zeuge oder Sachverständige genötigt, außerhalb seines Aufenthaltsorts ein Nachtquartier zu nehmen, so erhält er den angemessenen Betrag, der glaubhaft gemacht ist.

§ 10. Mußte der Zeuge oder Sachverständige innerhalb seines Aufenthaltsorts einen Weg bis zu einer Entfernung von mehr als zwei Kilometer zurücklegen, so ist ihm für den ganzen zurückgelegten Weg eine Reiseentschädigung nach den Vorschriften des § 8 zu gewähren.

§ 11. Konnte der Zeuge oder Sachverständige den erforderlichen Weg ohne Benutzung von Transportmitteln nicht zurücklegen, so sind die nach billigem Ermessen erforderlichen Kosten auch außer den in den §§ 7, 10 bestimmten Fällen zu gewähren.

§ 12. Abgaben für die erforderliche Benutzung eines Weges sind in jedem Falle zu erstatten.

§ 13. Bedarf der Zeuge wegen jugendlichen Alters oder wegen Gebrechen eines Begleiters, so sind die Entschädigungen für beide zu gewähren.

§ 14. Notwendige bare Auslagen, soweit sie nicht den durch den Aufenthalt außerhalb der Wohnung verursachten Aufwand betreffen, können dem Zeugen oder Sachverständigen nach billigem Ermessen erstattet werden. Dies gilt namentlich von den Kosten für eine notwendige Vertretung.

§ 15. Die dem Zeugen oder Sachverständigen zu zahlende Gesamtvergütung wird auf volle 5 Reichspfennig aufgerundet.

§ 16. Soweit für gewisse Arten von Sachverständigen besondere Taxvorschriften bestehen, welche an dem Orte des Gerichts, vor welches die Ladung erfolgt, und an dem Aufenthaltsorte des Sachverständigen gelten, kommen lediglich diese Vorschriften in Anwendung. Gelten solche Taxvorschriften nur an einem dieser Orte, oder gelten an demselben verschiedene Taxvorschriften, so kann der Sachverständige die Anwendung der ihm günstigeren Bestimmungen verlangen.

In den Fällen des Abs. 1 kann der Sachverständige, wenn er nicht öffentlicher Beamter ist, an Stelle der Gesamtvergütung nach den Taxvorschriften die Berechnung der Gesamtvergütung nach den Vorschriften dieses Gesetzes beanspruchen.

Dolmetscher erhalten Entschädigung als Sachverständige nach den Vorschriften dieses Gesetzes, sofern nicht ihre Leistungen zu den Pflichten eines von ihnen versehenen Amtes gehören.

§ 17. Öffentliche Beamte erhalten Tagegelder und Reisekosten nach Maßgabe der für Dienstreisen geltenden Vorschriften, falls sie zugezogen werden:

1. als Zeugen über Umstände, von denen sie in Ausübung ihres Amtes Kenntnis erhalten haben;
2. als Sachverständige, wenn sie aus Veranlassung ihres Amtes zugezogen werden und die Ausübung der Wissenschaft, der Kunst oder des Gewerbes, deren Kenntnis Voraussetzung der Begutachtung ist, zu den Pflichten des von ihnen versehenen Amtes gehört.

Soweit allgemeine Vorschriften für Dienstreisen nicht erlassen sind, kann die oberste Verwaltungsbehörde über die Gewährung der den öffentlichen Beamten in den Fällen des Abs. 1 den Gerichten gegenüber zustehenden Tagegelder und Reisekosten besondere Vorschriften erlassen.

Werden nach den Vorschriften dieses Paragraphen Tagegelder und Reisekosten gewährt, so findet eine weitere Vergütung an den Zeugen oder Sachverständigen nicht statt.

Die vorstehenden Bestimmungen finden auf Personen des Soldatenstandes entsprechende Anwendung.

Auf Beamte der Gemeinden (Gemeindeverbände) finden die allgemeinen Vorschriften für Dienstreisen insoweit keine Anwendung, als die oberste Verwaltungsbehörde Bestimmungen über die Höhe der ihnen den Gerichten gegenüber zustehenden Tagegelder und Reisekosten erlassen hat.

Die oberste Verwaltungsbehörde kann die ihr durch Abs. 2 und Abs. 5 gegebene Befugnis zum Erlasse der bezeichneten Bestimmungen auf andere Behörden übertragen.

§ 18. Ist ein Sachverständiger für die Erstattung von Gutachten im allgemeinen beeidigt, so können die Gebühren für die bei bestimmten Gerichten vorkommenden Geschäfte durch Übereinkommen bestimmt werden.

§ 19. Die Gebühren der Zeugen und Sachverständigen werden nur auf Verlangen derselben gewährt. Der Anspruch erlischt, wenn das Verlangen binnen drei Monaten nach Beendigung der Zuziehung oder Abgabe des Gutachtens bei dem zuständigen Gerichte nicht angebracht wird.

§ 20. Die einem Zeugen oder Sachverständigen zu gewährenden Beträge werden durch gerichtlichen Beschluß festgesetzt, wenn der Zeuge oder Sachverständige oder die Staatskasse eine richterliche Festsetzung beantragt oder das Gericht sie für angemessen hält. Der Ansatz kann von Amts wegen berichtigt werden, wenn die Beträge aus der Staatskasse gezahlt und dieser nicht erstattet sind. Für die Festsetzung und die Berichtigung ist das Gericht oder der Richter zuständig, vor welchem die Verhandlung stattgefunden hat, und für die Berichtigung auch das Gericht der höheren Instanz.

Gegen die richterliche Entscheidung findet Beschwerde nach Maßgabe des § 567 Abs. 3, der §§ 568 bis 575 der Zivilprozeßordnung sowie des § 4 Abs. 3 des Gerichtskostengesetzes, in Strafsachen nach Maßgabe der §§ 304 bis 310 der Strafprozeßordnung statt.

§ 21. Im Falle einer wesentlichen Änderung der wirtschaftlichen Verhältnisse kann die Reichsregierung mit Zustimmung des Reichsrats die Gebühren für Zeugen und Sachverständige anderweitig festsetzen.

4. Reisekostenverordnung für die Reichsbeamten.*)

§ 1. Die Reichsbeamten erhalten bei Dienstreisen Tage- und Übernachtungsgelder sowie Ersatz der verauslagten Fahrkosten.

§ 2. (1) Das volle Tagegeld beträgt für die Beamten

	bei Dienstreisen nach besonders teuren Orten **)	anderen Orten
a) der Stufe I	7.— RM.	4.50 RM.
b) „ „ II	9.— „	7.— „
c) „ „ III	12.— „	10.— „
d) „ „ IV	14.— „	12.— „
e) „ „ V	16.— „	14.— „

(2) Es gehören

zur Stufe	die Beamten			Soldaten
	denen Grundgehalt gewährt wird nach der Besoldungsordnung			
	A	A Anlage	B	C
	aus Besoldungsgruppe			
1	2	3	4	5
I	8 bis 12	5 bis 8	—	13, 14, 15, soweit nicht in Stufe II, 16 bis 22
II	4 a, soweit nicht in Stufe III, 4 c, 4 d, 5 bis 7	4	—	8, 9, soweit nicht in Stufe III, 10 bis 12 und aus 15, soweit sie Unterärzte oder Unterveterinäre sind
III	2, 3, aus 4 a, soweit sie Oberinspektoren sind, und 4 b	1 bis 3	—	5 bis 7 und aus 9, soweit sie Oberärzte oder Oberveterinäre sind
IV	1	—	4 bis 8	2 bis 4
V	—	—	1 bis 3	1

Die außerplanmäßigen Beamten gehören zu derselben Stufe wie die Beamten der Besoldungsgruppe, in der sie ihre erste planmäßige Anstellung finden ***).

*) Vom 14. Oktober 1921 (RGBl. 1345) mit späteren Änderungen.

**) Als besonders teure Orte im Sinne dieser Verordnung gelten: die Städte Aachen, Altona, Augsburg, Barmen, Berlin, Bochum, Braunschweig, Bremen, Breslau, Cassel, Chemnitz, Coblenz, Crefeld, Cuxhafen, Dortmund, Dresden, Duisburg, Düsseldorf, Elberfeld, Emden, Erfurt, Essen, Flensburg, Frankenthal (Pfalz), Frankfurt a. M., Fürth, Gelsenkirchen, Hagen (Westf.), Halle (Saale), Hamborn, Hamburg, Hannover, Kaiserslautern, Karlsruhe, Kiel, Köln, Königsberg (Pr.), Konstanz, Landau (Pfalz), Leipzig, Lübeck, Ludwigshafen, Magdeburg, Mainz, Mannheim, Mülheim (Ruhr), München, München-Gladbach, Münster, Neustadt (Haardt), Nürnberg, Oberhausen, Offenbach, Pirmasens, Plauen, Rheydt (Bez. Düsseldorf), Saarbrücken, Speyer, Stettin, Stuttgart, Trier, Wandsbeck, Wiesbaden, Wilhelmshaven-Rüstringen und Zweibrücken; ferner die Nordseeinseln Amrum, Borkum, Föhr, Helgoland, Hooge, Juist, Langenees, Neuwerk, Norderney, Sylt, Wangerooge.

***) Die jetzige Fassung des Abs. 2 stammt aus der VO. zur Abänderung der Reisekostenverordnung für die Reichsbeamten vom 29. Dez. 1927 (RBesoldBl. 1927, 205). Sie ist in Kraft seit 19. Dez. 1927. Vgl. auch Besoldungsgesetz vom 16. Dez. 1927 (RGBl. I 349) §§ 38 Abs. 3, 44 Abs. 2.

(3) Bei Dienstreisen, die an demselben Kalendertag angetreten und beendet werden und nicht mehr als 3 Stunden dauern, wird ein Tagegeld nicht gewährt. Dauert eine solche Dienstreise mehr als 3, jedoch nicht über 6 Stunden, so werden drei Zehntel, dauert sie mehr als 6, jedoch nicht über 8 Stunden, so werden fünf Zehntel des vollen Tagegeldes gezahlt. Für Reisen, die an demselben Kalendertag angetreten und beendet werden und über 8 Stunden dauern, aber eine anschließende auswärtige Übernachtung nicht erfordern, beträgt das Tagegeld acht Zehntel des vollen Tagegeldes.

(4) Erstreckt sich die Dienstreise auf zwei oder mehrere Tage, so ist das Tagegeld für den Hin- und Rückreisetag nach den Bestimmungen des 1. und 2. Satzes des vorstehenden Absatzes je besonders zu berechnen. Dabei ist auch bei längerer als achtstündiger Reisedauer an dem betreffenden Tage nicht mehr als fünf Zehntel des vollen Tagegeldes zu gewähren; wird jedoch die Hinreise vor 2 Uhr nachmittags angetreten oder die Rückreise nach 2 Uhr nachmittags beendet, so ist für den Hin- oder den Rückreisetag das volle Tagegeld zu gewähren.

(5) Bei mehreren Reisen an einem Kalendertage wird jede Reise für sich entschädigt. Es darf jedoch für einen Kalendertag nicht mehr als ein volles Tagegeld und, wenn die Reisen zusammen nicht über 8 Stunden gedauert haben, nicht mehr als die Hälfte des Tagegeldes gezahlt werden.

(6) Für Versetzungsreisen erhalten alle Beamten mindestens ein volles Tagegeld.

§ 3. (1) Für jedes auswärtige Nachtquartier bei Dienstreisen wird den Beamten ein Übernachtungsgeld*) in Höhe der Hälfte der im § 2 Abs. 1 vorgesehenen Tagegelder gewährt.

(2) Entsprechendes gilt auch für Nächte, die der Beamte, ohne ein Nachtquartier zu nehmen, zur Reise selbst verwendet, sofern die Hinreise vor 3 Uhr morgens angetreten oder die Rückreise nach 2 Uhr morgens beendet wird. Das Übernachtungsgeld wird nicht gewährt, wenn die Reise lediglich zur Vornahme von Dienstgeschäften während der Nacht ausgeführt wird.

(3) Das Übernachtungsgeld nach Abs. 2 entfällt, wenn den Beamten die infolge Benutzung des Schlafwagens entstandenen Kosten erstattet werden.

(4) Wird den Beamten bei auswärtigen Dienstgeschäften ein Nachtquartier von Amts wegen zur Verfügung gestellt, so bestimmt die oberste Reichsbehörde im Benehmen mit dem Reichsminister der Finanzen, inwieweit eine Kürzung des Übernachtungsgeldes einzutreten hat.

(5) Bei Versetzungsreisen ist den Beamten für den Tag der Ankunft am neuen Dienstort ein nach Abs. 1 zu bemessendes Übernachtungsgeld zu gewähren.

§ 4. (1) Für Wegestrecken, die bei Dienstreisen auf Eisenbahnen, Schiffen oder sonstigen öffentlichen regelmäßigen Verkehrsmitteln zurückgelegt werden, sind den Beamten an Fahrkosten die wirklich erwachsenen Auslagen einschließlich der Kosten für Beförderung und Versicherung des notwendigen Gepäcks zu erstatten.

(2) Es sind berechtigt zu benutzen:

a) die II. Schiffs- oder III. Wagenklasse:
die Beamten der Stufen I und II;

---

*) Nach der Bek. d. RFinMin. v. 29. Nov. 1924, RBesoldBl. 361 beträgt das Übernachtungsgeld mit Wirkung vom 1. Dezember 1924 ab:

	bei Dienstreisen nach besonders teuren Orten	anderen Orten
für Stufe I	4.50 RM.	3.50 RM.
„ „ II	6.— „	4.50 „
„ „ III	9.— „	5.— „
„ „ IV	10.— „	6.— „
„ „ V	12.— „	8.— „

b) die I. Schiffs- oder II. Wagenklasse*):
die Beamten der Stufe III und aus Stufe IV die Beamten der Besoldungsgruppen A 1, B 8 und C 4,

c) die I. Schiffs- oder I. Wagenklasse: die übrigen Beamten.

(3) Sind an einem auswärtigen Dienstgeschäfte mehrere Beamte beteiligt und ist ihr Zusammenreisen in einer Schiffs- oder Wagenklasse aus dienstlichen Gründen veranlaßt, so dürfen auch die Beamten, die sich einer niedrigeren Schiffs- oder Wagenklasse zu bedienen hätten, die höhere Schiffs- oder Wagenklasse benutzen. Außerdem kann für weite und besonders anstrengende Reisen die Benutzung einer höheren Wagenklasse im einzelnen Falle von der vorgesetzten Behörde genehmigt werden.

(4) Für Wegestrecken, die nicht auf Eisenbahnen, Schiffen oder sonstigen öffentlichen regelmäßigen Verkehrsmitteln zurückgelegt werden können, wird für jedes angefangene Kilometer des Hin- und Rückwegs ein Betrag von 0,20 RM. gewährt. War der Beamte durch besondere Umstände genötigt, sich eines Fuhrwerkes zu bedienen, so werden ihm in angemessenen Grenzen die Unkosten ersetzt.

(5) Weitere Nebenkosten, insbesondere beim Zu- und Abgang zu und von der Eisenbahn, werden in angemessenen Grenzen erstattet.

(6) Der Nachweis über die Höhe der entstandenen Auslagen wird im allgemeinen durch die pflichtgemäße Versicherung des Beamten geführt.

§ 5. Die Benutzung eines Kraftwagens sowie eines Luftverkehrsmittels richtet sich nach den vom Reichsminister der Finanzen zu erlassenden Bestimmungen.

§ 6. Erfordert eine einzelne Dienstreise einen Aufwand, der durch die Tage- und Übernachtungsgelder nicht gedeckt werden kann, oder einen sonstigen außergewöhnlichen Aufwand, so kann die oberste Reichsbehörde einen Zuschuß oder eine Pauschvergütung bewilligen.

§ 7. Bei Dienstgeschäften am dienstlichen Wohnsitz sowie außerhalb in geringerer Entfernung als 2 Kilometer von dessen Ortsgrenze werden lediglich die wirklichen Auslagen erstattet, wenn sie durch außergewöhnliche Umstände gerechtfertigt sind.

§ 8. (1) Für Beamte, denen ein Amtsbezirk überwiesen ist oder die durch die Art ihrer Dienstgeschäfte zu häufigen Dienstreisen genötigt werden, können an Stelle der in §§ 2 bis 4 vorgesehenen Vergütungen anderweitige Beträge durch die oberste Reichsbehörde im Benehmen mit dem Reichsminister der Finanzen festgesetzt werden.

(2) Keine Vergütung nach § 2 wird gewährt bei auswärtigen Dienstgeschäften, die zur regelmäßigen Dienstaufgabe des Beamten gehören. Ist der Beamte genötigt, an auswärtigen Orten ein Nachtquartier zu nehmen, so kann ihm ein Übernachtungsgeld bis zu dem im § 3 bezeichneten Betrage gewährt werden.

§ 9. Beamte, die für Dienstreisen innerhalb ihres Amtsbezirkes neben oder in ihrem Einkommen eine Pauschsumme für Tagegelder oder Fahrkosten oder für die Unterhaltung von Fahrzeug oder Pferden beziehen, erhalten Tagegelder oder Fahrkosten nur dann, wenn sie außerhalb ihres Amtsbezirkes Dienstgeschäfte erledigen und der Ort des Dienstgeschäfts nicht weniger als 2 Kilometer von der Grenze des Amtsbezirkes entfernt ist.

§ 10. Werden Beamte, die nach den §§ 8 und 9 eine Pauschsumme beziehen, wegen Urlaubs oder sonstiger Verhinderung vertreten, so bestimmt die vorgesetzte Behörde, ob eine Kürzung der Pauschsumme zu erfolgen hat und inwieweit die Entschädigung für die Stellvertreter aus dem Betrag, um den die Pauschsumme gekürzt wird, zu bestreiten ist.

§ 11. Für Dienstreisen von Beamten, welche sich im Vorbereitungsdienste befinden, werden Tage- und Übernachtungsgelder sowie Fahrkosten dann nicht gewährt, wenn die Reisen lediglich zum Zwecke der Ausbildung dieser Beamten erfolgen. Ol

*) Die geltende Fassung stammt aus der VO. vom 29. Dez. 1927; siehe RBesoldBl 1927, 205 und oben die Fußnote zu § 2 Abs. 2.

letzteres der Fall ist, entscheidet die Behörde, von welcher der Auftrag zur Reise erteilt wird. Im übrigen können ihnen Reisekosten nach Maßgabe der näheren Bestimmungen des Reichsministers der Finanzen gewährt werden.

§ 12. (1) Planmäßige Reichsbeamte, die vorübergehend außerhalb ihres dienstlichen Wohnsitzes bei einer Behörde beschäftigt werden, oder die sich sonst zu auswärtigen Dienstgeschäften an demselben Orte voraussichtlich länger als 4 Wochen aufhalten, erhalten neben ihrer Besoldung eine Vergütung, deren Höhe der Reichsminister der Finanzen in Anlehnung an die Sätze des § 2 festsetzt.

(2) Für außerplanmäßige Reichsbeamte bestimmt in den Fällen des Abs. 1 die oberste Reichsbehörde im Benehmen mit dem Reichsminister der Finanzen die Höhe der Tagegelder.

(3) Für die Dauer der Hin- und Rückreise erhalten die Beamten die in §§ 2 und 3 für Versetzungsreisen festgesetzten Tage- und Übernachtungsgelder.

(4) Im übrigen findet für den Beschäftigungsort § 7 sinngemäße Anwendung.

§ 13. Die Vorschriften dieser Verordnung finden auf die vorübergehend im Reichsdienst beschäftigten Beamten der Länder, Gemeinden und anderer öffentlich-rechtlicher Körperschaften entsprechende Anwendung.

§ 14. (1) Die §§ 1 bis 6 der Verordnung finden auch auf die Dienstreisen der Soldaten der Wehrmacht so lange sinngemäße Anwendung, bis für diese eine neue Reiseordnung erlassen ist. Der Begriff der Dienstreise bestimmt sich nach den bisher für die Wehrmacht geltenden Vorschriften.

(2) Nehmen Soldaten bei Dienstreisen an der Heeresverpflegung teil, so regelt sich die Abfindung mit Tagegeld nach den vom Reichswehrminister und dem Reichsminister der Finanzen im Benehmen mit dem Reichsrat zu treffenden besonderen Bestimmungen.

§ 15. (1) Der Reichsminister der Finanzen wird ermächtigt, im Einvernehmen mit dem Reichsrat Bestimmungen zur Ausführung dieser Verordnung zu erlassen, die Beträge der §§ 2, 3 und 4 den jeweiligen wirtschaftlichen Verhältnissen anzupassen, sowie sonstige ergänzende Anordnungen zu treffen. Für die Vornahme von Dienstreisen nach nahegelegenen Orten, nach besonders teuren Orten oder nach Orten außerhalb des Reichsgebiets kann der Reichsminister der Finanzen mit Zustimmung des Reichsrats eine anderweite Regelung vornehmen.

(2) Die auf Grund des Abs. 1 erlassenen Bestimmungen sind für die Ansprüche der Reichsbeamten gleicherweise maßgebend wie diese Verordnung.

§ 16. (1) Das Inkrafttreten dieser Verordnung bestimmt der Reichsminister der Finanzen.

(2) Gleichzeitig werden die §§ 1 bis 16 der Verordnung, betreffend die Tagegelder, die Fuhrkosten und die Umzugskosten der Reichsbeamten vom 8. September 1910 (Reichs-Gesetzbl. S. 993) aufgehoben.

(3) Soweit in bestehenden Vorschriften auf Vorschriften der Verordnung vom 25. Juni 1901 (Reichs-Gesetzbl. S. 241) oder vom 8. September 1910 (Reichs-Gesetzbl. S. 993) verwiesen ist, treten die entsprechenden Vorschriften dieser Verordnung und die dazu erlassenen Ausführungsbestimmungen an deren Stelle.

Einleitung.

§ 1. Die Entstehungsgeschichte des Gerichtskostengesetzes.

1. Bei Schaffung der Reichsjustizgesetze bestand zunächst bei den Regierungen die Absicht, das Gerichtskostenwesen nur für das Reichsgericht einheitlich zu regeln. Dem wurde jedoch in der Kommission des Reichstages lebhafter Widerspruch entgegengesetzt; die Schaffung eines Gerichtskostengesetzes für das ganze Gebiet der künftigen Reichsjustizgesetze wurde allgemein verlangt und so kam es zur Ausarbeitung des Entwurfes eines Deutschen Gerichtskostengesetzes, der ohne besondere Schwierigkeiten[1]) zu dem Gesetze vom 18. Juni 1878 (RGBl. 141) führte. Dieses Gesetz trat gleichzeitig mit den Reichsjustizgesetzen und verschiedenen Nebengesetzen, insbesondere auch der im Aufbau und System verwandten Gebührenordnung für Rechtsanwälte, am 1. Oktober 1879 in Kraft. 1

2. Schon nach kurzer Zeit[2]) erfuhr das GKG. verschiedene Änderungen — insbesondere Ermäßigung einzelner Gebühren und Auslagen — durch das Gesetz vom 29. Juni 1881 (RGBl. 178). 2

3. Die mit der Einführung des BGB. im Zusammenhang stehenden Änderungen der Reichsjustizgesetze machten auch solche des GKG. erforderlich. So kam es zu einer neuen Fassung dieses Gesetzes in der Bekanntmachung des Reichskanzlers vom 20. Mai 1898 (RGBl. 659); das Gesetz trat am 1. Januar 1900 in Kraft. Als wesentlichste Neuerung desselben ist die Einführung des § 9 a — der dem jetzigen § 10 entspricht — hervorzuheben. 3

4. Das Gesetz vom 1. Juni 1909 (RGBl. 475) — in Kraft seit 1. April 1910 — brachte insbesondere die Einführung der sogenannten Auslagenpauschsätze (Ersatz für den größten Teil der Schreib- und Postgebühren), die durch Gesetz vom 8. November 1916 (RGBl. 1236) erhöht und durch Gesetz vom 29. Juni 1921 (RGBl. 797) wieder abgeschafft, d. h. nunmehr in die Gebühren „eingerechnet" wurden. 4

5. Das Gesetz vom 22. Mai 1910 (RGBl. 767) erhöhte die Gebühren für die Revisionsinstanz. 5

Die nächste wichtige Änderung erfolgte durch die den Vergleich begünstigenden Vorschriften der Kriegsverordnung über die gerichtliche Bewilligung von Zahlungsfristen vom 7. August 1914, 20. Mai 1915 und 8. Juni 1916 (vgl. den Kommentar § 23 Anm. 2). Diese Bestimmungen erfuhren wieder eine wesentliche Abschwächung durch das bereits erwähnte Gesetz vom 29. Juni 1921 (RGBl. 797).

6. Das Gerichtsentlastungsgesetz vom 8. Juli 1922 (RGBl. 569) brachte insbesondere durch seinen Artikel II Nr. 1 eine wichtige Änderung des § 4 Abs. 1 ZPO. und damit 6

[1]) Vgl. den Entwurf nebst amtlicher Begründung RT. II. Session 1878, Bd. 3 S. 564 ff., dann Verh. des Deutschen RT. II. Session 1878 Bd. 4 S. 1453, III. Legislaturperiode Bd. 2 S. 1344, 1476, 1480.

[2]) Es werden im folgenden nur die wichtigsten Änderungen angeführt.

den Beginn einer Reform der Streitwertbestimmungen (bis dahin war der Streitwert bei Klageerhebung für den ganzen Rechtsstreit maßgebend; nunmehr wurde für die Berufungs- und Revisionsinstanz der Zeitpunkt der Einlegung des Rechtsmittels als entscheidend bezeichnet).

7 7. Eine wichtige Umgestaltung erfuhr das GKG. durch die Novelle vom 21. Dezember 1922 (RGBl. 1923 I 1), welche die Grundlage des heutigen Rechtszustandes bildet. Sie trat am 15. Februar 1923 in der im RGBl. 1923 I 13 veröffentlichten Fassung in Kraft[3]).

In der Inflationszeit sind dann auf Grund des Art. VII des Gesetzes vom 21. Dezember 1922 zahlreiche Verordnungen ergangen, die heute keine Bedeutung mehr haben.

8 8. Aus der Folgezeit sind zu erwähnen:

a) das Jugendgerichtsgesetz vom 16. Februar 1923 (RGBl. I 135) mit seinen §§ 41 und 48;

b) das Gesetz vom 18. August 1923 (RGBl. I 813)[4]), das den wichtigen § 9 Abs. 2 sowie einige andere Änderungen einführte (mit späteren, hier nicht mehr interessierenden Verordnungen);

c) die weitere Verordnung zur Entlastung der Gerichte und über die Gerichtskosten vom 13. Dezember 1923 (RGBl. I 1186), in Kraft seit 1. Januar 1924, das im wesentlichen die Goldrechnung auch für die Gerichtskosten einführte.

9 9. Die Verordnung über das Verfahren in bürgerlichen Rechtsstreitigkeiten vom 13. Februar 1924 (RGBl. I 135) brachte durch seinen Artikel V verschiedene wichtige Änderungen und Zusätze, die insbesondere mit der Neuordnung des Zivilprozesses zusammenhingen (Einführung des Güteverfahrens, des Beschlußverfahrens bei Vollstreckbarerklärung von Schiedssprüchen usw.). Die mit VO. vom 27. Juni 1924 (RGBl. I 662) erfolgte Erhöhung der Schreibgebühren auf 20 RPf. pro Seite ist schon wieder überholt durch die nachfolgende Gesetzgebung.

10 10. Das Gesetz über die Gerichtskosten und die Gebühren der Rechtsanwälte vom 28. Januar 1927 (RGBl. I 53)[5]) brachte, außer einer Herabsetzung des Tarifs in § 8, eine Reihe von bedeutsamen Änderungen des Gesetzes. Die Novelle trat am 1. April 1927 in Kraft.

Die Vergleichsordnung vom 5. Juli 1927 (RGBl. I 139) — in Kraft seit 1. Oktober 1927 — fügte dem Gesetz die §§ 48a—48c und den § 78a ein und brachte einige weitere Änderungen. Unter Berücksichtigung derselben erfolgte dann — ebenfalls unter dem 5. Juli 1927 — im RGBl. I 152 die Bekanntmachung der geltenden Fassung des Gerichtskostengesetzes.

§ 2. Kurze Einführung in das Gerichtskostenrecht.

(Systematischer Grundriß.)

I. Allgemeine Grundsätze und Geltungsgebiet des GKG.

1 1. Die Gerichtskosten sind eine besondere Art von Abgaben, also Hebungen öffentlich-rechtlicher Natur; sie werden von denjenigen geschuldet, welche gewisse Einrichtungen der Rechtspflege benützen oder einen Anlaß zur gerichtlichen Tätigkeit geben.

---

[3]) Vgl. hiezu die Begründung zum Entwurf dieses Gesetzes, Drucks. des RT. 1920/22 I Nr. 5301, ferner Nr. 5433 (mündl. Bericht des 22. Ausschusses).

[4]) Vgl. den Entwurf mit Begr. in den Nachrichten des Deutschen Anwaltvereins 1923, 156.

[5]) Vgl. hiezu RTDrucksachen 1924/26 Nr. 2722.

2. Die Gerichtskosten sind Abgaben für die Tätigkeit der Gerichte, nicht anderer Behörden, wenn auch die Aufwendungen für deren Tätigkeit dadurch, daß sie in gewissem Umfange den Gerichten obliegen, mittelbar Aufwendungen der Gerichte darstellen können, die dann als Gerichtskosten erhoben werden. 2

3. Man unterscheidet bei den Gerichtskosten Gebühren und Auslagen. Die Gebühren sind Pauschalabgaben, die für gewisse Verfahrensabschnitte oder Tätigkeitsgruppen erhoben werden, die also durch die eigentliche Tätigkeit der Gerichte ausgelöst werden (wenn sie auch nicht eine privatrechtliche Gegenleistung für die Tätigkeit des Staates, wie die Gebühren der Rechtsanwälte für deren Wirksamkeit, sind). Die Auslagen sind Hebungen für spezielle Aufwendungen der Gerichte (Barauslagen an Zeugen, Telegraphengebühren, Schreibwerk [„Schreibgebühren"] usw.). 3

4. Das GKG. regelt nur die Gerichtskostenerhebung in den vor die ordentlichen Gerichte (Amts-, Land-, Oberlandesgericht, Reichsgericht und bayer. Oberstes Landesgericht) gehörigen Rechtssachen, auf welche die ZPO., die StPO., KO. oder VglO. Anwendung findet, d. h. soweit diese Gesetze (im wesentlichen) für das betreffende Verfahren gelten, mag diese Geltung nun auf Reichs- oder Landesrecht beruhen (§ 1 GKG.). Wenn also z. B. ein Strafverfahren sich zunächst vor einer Verwaltungsbehörde abspielt, so findet das GKG. keine Anwendung; wird es aber dann durch einen Widerspruch an das Amtsgericht gebracht und findet hier die StPO. Anwendung, so gilt von nun ab (nämlich für das Verfahren vor dem ordentlichen Gericht) auch das GKG. 4

Wird eine Rechtssache vor die ordentlichen Gerichte gebracht, um dort in den Formen der ZPO. usw. behandelt zu werden, so gilt für dieses Verfahren das GKG., auch wenn das ordentliche Gericht sich schließlich für unzuständig erklären muß.

Durch § 1 GKG. ist bestimmt, daß Gerichtskosten ohne gesetzliche Grundlage nicht erhoben werden dürfen; die Rechtslage ist also umgekehrt wie im Anwaltsrecht, wo der (privatrechtliche) Grundsatz gilt: im Zweifel keine Arbeit ohne Entgelt. 5

Ferner bestimmt § 1, daß das GKG. innerhalb seines Geltungsgebietes das Gerichtskostenrecht allein regelt, daß also landesrechtliche Sonderregelung daneben ausgeschlossen ist. Auch Stempel- und andere Abgaben dürfen für prozessuale Vorgänge nicht erhoben werden (§ 2 GKG.). Diese Einschränkung gilt nicht, soweit der Inhalt von Urkunden, die im Verfahren errichtet werden, über den Gegenstand des Verfahrens hinausgeht. Urkunden, von denen im Verfahren Gebrauch gemacht wird, dürfen landesrechtlich einer Abgabe nur ohne Rücksicht auf den Gebrauch bei Gericht unterworfen werden: daher ist der landesrechtliche Vollmachtsstempel zulässig, soweit er bei Errichtung der Vollmacht anfällt, unzulässig dagegen, soweit das Landesgesetz die Stempelpflicht erst an die Überreichung der Vollmacht bei Gericht knüpft.

5. Das Gerichtskostengesetz steht in engstem Zusammenhang mit dem Prozeßrecht. Es muß daher auch seine Begriffe vorwiegend diesem Rechtsgebiete entlehnen und angleichen. Gleichwohl gewinnen manche Begriffe mit Rücksicht auf das Wesen des Gerichtskostenrechts, das hauptsächlich die Rechtsverhältnisse zwischen Staat und Parteien regelt, während im Prozeßrecht vielfach das Verhältnis von Partei zu Partei zu berücksichtigen ist, eine andere Bedeutung als im Prozeßrecht. Dem muß die Auslegung Rechnung tragen (z. B. bei den Begriffen: Klagezurücknahme, Klageerhebung usw.). Siehe Kommentar § 1 Anm. 23; § 29 Anm. 4 usw. 6

6. Grundsätzlich dürfen die Gerichte ihre Tätigkeit nicht von der Zahlung oder Sicherstellung der Gebühren oder Auslagen abhängig machen (§ 3). Ausnahmen gelten nur, wo das Reichsgesetz sie ausdrücklich zuläßt. Aber diese Ausnahmen sind 7

in neuerer Zeit so zahlreich geworden (vgl. insbes. die §§ 74, 74a GKG., 519 Abs. 6 ZPO.), daß die oben genannte Regel fast in ihr Gegenteil verkehrt wurde.

8 7. Der Ansatz der Gerichtskosten, d. h. ihre Berechnung und Anforderung, erfolgt durch die Geschäftsstelle des Instanzgerichts, u. z. für jede Instanz gesondert. Diese Verwaltungstätigkeit der Geschäftsstelle steht einerseits unter der Kontrolle der Dienstaufsicht, anderseits aber unter der Rechtskontrolle des Gerichts, das durch Erinnerungen sowohl von dem als zahlungspflichtig in Anspruch Genommenen als auch von der Staatskasse (im gegenteiligen Interesse) angerufen werden kann. Hilft die Geschäftsstelle nicht selbst ab, so entscheidet das Gericht gebührenfrei über die Erinnerungen, deren Gegenstand übrigens nur Verletzungen des eigentlichen Gerichtskostenrechts bilden können. Soweit dieser Rechtsbehelf gegeben ist, findet anderseits der ordentliche Prozeß (Klage, Mahnverfahren usw.) nicht statt. Die Entscheidung kann von dem Gerichte selbst, unter Umständen auch von dem höheren Gerichte, von Amts wegen geändert werden.

Gegen die Entscheidung des Gerichts (auch gegen die Abänderungsentscheidung, die von Amts wegen erging) eröffnet § 4 GKG. die Beschwerde nach Maßgabe der ZPO. bzw. StPO., also auch nur im Rahmen dieser Gesetze (d. h. z. B. keine Beschwerde gegen Beschlüsse der Oberlandesgerichte, keine weitere Beschwerde, auch im Zivilprozeß, weil Prozeßkostenentscheidung usw.). Das Beschwerdeverfahren ist nicht gebührenfrei, wenn die Beschwerde erfolglos blieb (§ 38 GKG.).

9 8. Hat ein Zahlungspflichtiger bereits eine Aufforderung zur Kostenzahlung erhalten, so kann eine Nachforderung wegen (objektiv) unrichtigen Ansatzes der Kosten ihm gegenüber nicht mehr erfolgen, wenn ihm die Berichtigung nicht vor Ablauf des nächsten Kalenderjahres nach rechtskräftiger Entscheidung oder endgültiger Erledigung des Verfahrens eröffnet wurde. Die Frist läuft für jeden Zahlungspflichtigen gesondert. Unberührt durch diese Vorschrift gelten auch die landesrechtlichen Verjährungsbestimmungen.

10 9. § 6 gewährt dem Gerichte ein weitgehendes Recht der Niederschlagung von Gerichtskosten. Solange das Gericht nicht entschieden hat, können die gleichen Anordnungen im Verwaltungswege getroffen werden.

Obligatorisch ist die Niederschlagung solcher Gebühren und Auslagen, die bei richtiger Sachbehandlung durch die Gerichtsbehörde nicht entstanden wären; gemeint sind nur offensichtliche Verstöße (Versehen), nicht unrichtige Entscheidungen ernst zu nehmender Streitfragen. Obligatorisch ist ferner die Niederschlagung von Auslagen (nicht Gebühren), die durch eine von Amts wegen veranlaßte Terminsverlegung oder durch eine erfolgreiche Beschwerde entstanden sind.

11 Fakultativ ist die Niederschlagung von Gebühren und Auslagen, die durch abgewiesene oder zurückgenommene Anträge entstanden sind, wenn der Antrag auf nicht anzurechnender Unkenntnis der (tatsächlichen) Verhältnisse oder auf Unwissenheit (z. B. Rechtsunkenntnis, ohne Rücksicht auf Verschulden) beruht.

Die gerichtliche Niederschlagung erfolgt in prozessualer Beziehung in Anlehnung an die Bestimmungen des § 4 GKG. (oben Anm. 8).

Sonstige Möglichkeiten der Niederschlagung von Kosten (insbes. im Gnadenwege) werden durch § 6 nicht berührt.

12 10. Der Mindestbetrag jeder einzelnen Gebühr ist 50 Reichspfennige. Pfennigbeträge sind auf 10 RPf. aufzurunden. Diese Vorschriften gelten nicht für Auslagen.

II. Die Gebühren in bürgerlichen Rechtsstreitigkeiten.

A. Streitgegenstand und Streitwert.

Die Grundlage der Gebührenberechnung in bürgerlichen Rechtsstreitigkeiten bildet der Wert des Streitgegenstandes. 13

1. Streitgegenstand ist der — durch Klage, Vollstreckungsantrag, Arrestgesuch usw. — geltend gemachte Anspruch, begrenzt durch den gestellten Antrag. Der Ausdruck „Streitgegenstand" ist irreführend; er bedeutet: Gegenstand des Prozesses, nicht Gegenstand einer Bestreitung. Ob der Anspruch bestritten ist, läßt sich häufig im voraus gar nicht erkennen und Streitgegenstand ist auch der unbestrittene Gegenstand des Rechtsstreits. Werden Einwendungen erhoben, so sind sie grundsätzlich belanglos für die Bestimmung des Streitgegenstandes.

Anderseits ist nur der wirklich geltend gemachte, nicht der vorbehaltene Teil des Anspruchs Streitgegenstand. Soweit sich die Rechtskraft der nachgesuchten Entscheidung erstreckt, so weit erstreckt sich auch der Gegenstand des Rechtsstreits. Daher kommt die angebotene Gegenleistung von dem Anspruch, den der Kläger geltend macht, nicht in Abzug. Bei Eventualanträgen und alternativen Forderungen entscheidet der höhere der geltend gemachten Ansprüche.

2. Der Wert des Streitgegenstandes bestimmt sich nach den §§ 3—9 ZPO. und § 148 KO., deren Regeln aber durch die Normen des GKG. (§§ 9—15) z. T. für die Kostenberechnung geändert sind. 14

Nach § 3 ZPO. wird der Streitwert grundsätzlich nach freiem Ermessen des Gerichts u. z. in vermögensrechtlichen Streitigkeiten nach dem Interesse des Klägers bzw. Rechtsmittelklägers, festgesetzt. Dieser Grundsatz ist aber durch wichtige Ausnahmen durchbrochen, die hauptsächlich in den §§ 4—9 ZPO., 10 GKG. enthalten sind und feste Regeln enthalten, nach denen der Streitwert bestimmt werden muß. So ist bei Klagen auf eine bestimmte Geldsumme nur deren Betrag, bei Ansprüchen auf Herausgabe oder Lieferung von Sachen nur deren Wert maßgebend, ohne daß etwa das Interesse des Klägers nach der Zahlungsfähigkeit des Beklagten oder der Belastung der herauszugebenden Sache bemessen werden darf.

In nicht vermögensrechtlichen Streitigkeiten beträgt der Streitwert nach § 11 GKG. normalerweise 2000 RM., ausnahmsweise weniger oder mehr, jedoch nicht unter 500 und nicht über 50000 RM.

3. Der Zeitpunkt, nach dem sich der Streitwert bemißt, ist die Erhebung (für das Kostenrecht: die Einreichung) der Klage oder Widerklage, in höherer Instanz die Einlegung des Rechtsmittels, im Arrestverfahren die Einreichung des Arrestgesuchs usw. Ist der Wert am Ende der Instanz (Urteilserlassung, Abschluß des gerichtlichen Vergleichs, Klagezurücknahme usw.) höher, so ist der höhere Wert für alle Gebühren der Instanz maßgebend (§ 9 Abs. 2). Hier handelt es sich also nur um die Änderung des Wertes eines an sich gleich bleibenden Streitgegenstandes. Aber auch dieser selbst kann während des Rechtsstreits wechseln: z. B. wenn ein Teil des Anspruchs sich durch Zahlung erledigt oder wenn geforderte Schäden (z. B. Lagerkosten) während des Prozesses anwachsen; dann kann auch ein Teil des Rechtsstreits oder der Instanz unter diesem, ein anderer unter jenem Streitwert stehen. 15

Aber auch ohne daß der Streitgegenstand überhaupt sich ändert, kann es vorkommen, daß einzelne Prozeßabschnitte nur je einen Teil der Streitsumme betreffen (z. B. es wird zunächst nur über 500 RM., dann über weitere 1000 RM. Endurteil erlassen). Dann dürfen auch die Gebühren nur nach dem ausscheidbaren Teile des Streitgegenstandes berechnet werden. Sind so von einzelnen Teilen des Streitgegen- 16 standes in derselben Instanz für gleiche Akte Gebühren zu berechnen, so darf ihre Summe nicht höher sein, als wenn die Berechnung aus dem Gesamtbetrage der Wertsteile erfolgte (in obigem Beispiele: nicht höher als die Urteilsgebühr aus 1500 RM.); sind die einzelnen Gebührensätze (½, ¼ usw.) verschieden, so ist der höhere Satz maßgebend (§ 14 Abs. 2).

17 Es gibt Abschnitte des Verfahrens, in denen ein vom Hauptanspruch verschiedener „Anspruch" geltend gemacht wird; hierher gehört z. B. das Kostenfestsetzungsverfahren, in dem es sich nur um die Kostenerstattung handelt, und das dazugehörige Beschwerdeverfahren. Hier kommt natürlich als Streitgegenstand nur der Anspruch auf Kostenerstattung und als Streitwert dessen Wert in Betracht. Dagegen ist es nicht zulässig, den Streitwert willkürlich nach dem Interesse an einzelnen Prozeßhandlungen (etwa an der Ablehnung eines Richters, wenn es sich nur um diese handelt) zu bemessen; Streitgegenstand bleibt auch hier das geltend gemachte Recht selbst und *dieses* ist zu bewerten, nicht das Interesse des Klägers am Prozeß oder gar an einzelnen Prozeßhandlungen.

4. Auf die Einzelheiten der ausgedehnten Lehre vom Streitwert kann hier nicht eingegangen werden. Siehe hiezu den Kommentar §§ 9—15.

18 5. Die *Festsetzung* des Streitwerts erfolgt *einmal* zum Zwecke der Entscheidung über die Zuständigkeit (z. B. des Amtsgerichts) oder die Zulässigkeit eines Rechtsmittels (z. B. der Revision), u. z. in den Gründen einer richterlichen Entscheidung, z. B. eines Beschlusses auf Verweisung an ein anderes Gericht wegen sachlicher Unzuständigkeit. Diese Festsetzung des Streitwertes ist auch für die Kostenberechnung maßgebend und bindend, soweit sich nicht aus der Abweichung der Vorschriften über den Streitwert im Kostenrecht von denen der ZPO. oder aus der Verschiedenheit der *Zeitpunkte*, für welche die Kostenfestsetzung erfolgt, etwas anderes ergibt.

19 Im übrigen berechnet *zunächst* die *Geschäftsstelle* den Streitwert als Grundlage des Kostenansatzes. Nur wenn eine Partei es beantragt oder das Gericht es für angemessen erachtet, setzt dieses den Streitwert durch einen förmlichen *Wertfestsetzungsbeschluß* im Sinne des § 18 GKG. fest. Der Beschluß kann von Amts wegen — unter Umständen auch von dem Gericht höherer Instanz — abgeändert und ferner von den Parteien, auch der Staatskasse und von einem beteiligten Rechtsanwalt (für dessen Kostenberechnung die gerichtliche Wertfestsetzung nach § 11 RA.-GebO. bindend ist) durch Beschwerde angefochten werden.

20 Zur Vorbereitung der Wertfestsetzung schreibt § 16 vor, daß jeder Antrag, der ein kostenpflichtiges Verfahren einleitet, die nötigen Wertangaben enthalten soll; die Unterlassung kann nach § 19 kostenrechtliche Folgen haben.

21 B. Der Gebührentarif.

Wenn nun der Streitwert nach den erwähnten Grundsätzen berechnet und gefunden ist, so erfolgt hieraus die Gebührenberechnung nach dem Tarif, den § 8 des Gesetzes aufstellt. Die *volle* Gebühr beträgt bei Streitwerten bis zu 20 RM. 1 RM., bei mehr als 20 bis 60 RM. einschließlich 2 RM. Von da ab wird der Streitwert auf die nächsten 100 RM., ab 20000 RM. auf die nächsten 1000 RM. aufgerundet, und dann erfolgt die Berechnung der vollen Gebühr auf Grund einer einfachen Prozentrechnung mit Durchstaffelung. Sie beträgt

bei Streitwerten von 60 bis 1000 RM. 3%
„ „ „ mehr als 1000 bis 2000 RM. 2% + 10 RM.
„ „ „ „ „ 2000 „ 10000 „ 1% + 30 „
„ „ „ „ „ 10000 RM. . . . ½% + 80 „

Ob im einzelnen Falle dann die volle Gebühr zum Ansatz kommt oder nur ein Bruchteil derselben (½, ¼), bestimmen die Einzelvorschriften der §§ 20ff. des Gesetzes.

C. Die Gebühren im Prozeßverfahren. 22

1. Im Prozeßverfahren, d. h. in dem regelmäßig durch Klage eingeleiteten, durch Urteil beendigten Prozeß, wozu auch der Wechselprozeß, der aus Mahn- oder Güteverfahren übergeleitete Rechtsstreit, nicht aber das Arrestverfahren, Mahn- und Güteverfahren selbst, Zwangsvollstreckungs-, Beschwerdeverfahren usw. gehören, werden die Geschäfte des Gerichts in mehrere Gruppen geteilt, für deren jede eine besondere Gebührenart eingeführt ist.

Es wird nämlich für das Verfahren im allgemeinen eine Prozeßgebühr, für die Anordnung einer Beweisaufnahme die Beweisgebühr und für die Erlassung eines auf Grund streitiger Verhandlung ergehenden End- oder Zwischenurteils die Urteilsgebühr erhoben (§ 20). Daneben gibt es auch noch die Vergleichsgebühr, die aber nur erhoben wird, soweit bei einem gerichtlichen Vergleiche der Vergleichsgegenstand (d. h. der Gegenstand, über den sich die Parteien vergleichen) den Streitgegenstand übersteigt (§ 36).

Die drei Gebühren des § 20 entstehen als volle Gebühren, die Vergleichsgebühr in Höhe eines Viertels der Sätze des § 8.

Neben diesen Gebührenarten kommt im Prozeßverfahren nur noch die Gebühr des § 39 (Verzögerungsgebühr) vor.

2. Die Gebühren des § 20 sind sämtlich Pauschgebühren, d. h. jede der- 23
selben erwächst nicht für einzelne Handlungen, sondern für Tätigkeitsgruppen und grundsätzlich in jeder Instanz hinsichtlich jeden Teils des Streitgegenstandes nur einmal. Wird also über denselben Teil des Anspruchs in gleicher Instanz dreimal Beweis angeordnet, so entsteht nur eine Beweisgebühr. Ergeht ein Teilurteil über 1000 RM. und ein weiteres Urteil über 2000 RM., so entstehen zwei Urteilsgebühren aus 1000 und 2000 RM., die aber zusammen nicht mehr betragen dürfen als eine Urteilsgebühr aus 3000 RM. (§ 14 Abs. 2 des Gesetzes, oben Anm. 16).

3. Die Prozeßgebühr entsteht mit Einreichung der Klage und des die 24
Widerklage oder Klageerweiterung enthaltenden Schriftsatzes (obwohl die Rechtshängigkeit hier erst mit der Zustellung eintritt); ferner mit Einreichung der Berufung oder Revision; nach vorausgegangenem Güteverfahren mit dem Antrag auf Eintritt ins Prozeßverfahren; nach vorausgegangenem Mahnverfahren mit bestimmten Zeitpunkten, die § 31 GKG. anführt. In den beiden letzteren Fällen entsteht nur eine halbe Prozeßgebühr, da schon im Güte- oder Mahnverfahren eine halbe Gebühr angefallen ist.

Als Streitwert für die Berechnung der Prozeßgebühr ist die Summe der Ansprüche maßgebend, die während des ganzen Verlaufs der Instanz als Streitgegenstand in Betracht kommen.

4. Die Beweisgebühr entsteht mit Anordnung einer Beweisaufnahme; Be- 25
weisaufnahme ist eine Tätigkeit des Gerichts, deren Ziel es ist, mittels der im Gesetz zugelassenen Beweismittel (Augenschein, Zeugen, Sachverständige, Parteieid, Urkunden und Erholung amtlicher Auskünfte) eine Klärung der Grundlagen für die zu erlassende Entscheidung herbeizuführen. Ob prozessual eine Beweisanordnung erfolgen sollte oder durfte, ist kostenrechtlich belanglos. Ein förmlicher Beweisbeschluß ist nicht erforderlich. Wird der Beweis ohne ausdrückliche Anordnung erhoben, so ist er eben stillschweigend angeordnet worden.

26 Betrifft die Beweisanordnung nur einen ausscheidbaren Teil des Anspruchs, so berechnet sich auch die Beweisgebühr nur nach diesem. Beziehen sich mehrere Beweisanordnungen auf verschiedene Ansprüche oder Anspruchsteile, so findet Sonderberechnung unter Berücksichtigung des § 14 Abs. 2 GKG. statt (oben Anm. 16).

27 5. Die Urteilsgebühr entsteht mit Verkündung eines auf Grund streitiger Verhandlung ergangenen Zwischen- oder Endurteils; an Stelle der Verkündung tritt im Falle des § 7 EntlVO. die Zustellung an sämtliche Parteien. Dem Urteil muß also nicht nur eine streitige Verhandlung (im Sinne des Prozeßrechts) irgend einmal vorausgegangen sein, sondern es muß auch auf dieser beruhen. Soweit das Urteil ein „nicht kontradiktorisches" ist, entsteht auch keine Urteilsgebühr. Hinsichtlich des Streitwerts gilt das zu Anm. 26 Gesagte entsprechend.

28 Zu den „kontradiktorischen Urteilen", die eine Urteilsgebühr auslösen, gehören laut positiver Vorschrift des § 21 auch die Urteile, die nach Lage der Akten ergehen (ZPO. §§ 251 a, 331 a); ferner Urteile in Ehe-, Entmündigungssachen und gewissen anderen Streitigkeiten, sofern nur der Kläger (bzw. Rechtsmittelkläger) verhandelt. Anderseits begründen Zwischenurteile nach §§ 135 und 387 ZPO. nicht die Urteilsgebühr (§ 22).

29 6. Eine bereits entstandene Beweisgebühr kommt in Wegfall, soweit der Rechtsstreit durch einen — zivilrechtlich gültigen — gerichtlichen oder dem Gerichte mitgeteilten außergerichtlichen Vergleich erledigt wird (§ 23). Abschluß und Mitteilung müssen vor Beendigung der Instanz, in der die Beweisgebühr anfiel, erfolgt sein.

30 7. Für die vorbereitenden Anordnungen des § 272 b ZPO. wird die Beweisgebühr nur dann erhoben, wenn auf Grund derselben vor der mündlichen Verhandlung eine Beweisaufnahme stattfand (§ 24).

31 8. Im Verfahren mit Schiedsurteil, insbesondere also im amtsgerichtlichen Bagatellverfahren nach § 20 EntlVO., gelten die gebührenrechtlichen Normen des Prozeßverfahrens entsprechend, jedoch mit der Maßgabe, daß die Gerichtsgebühren mit Ausnahme der Prozeßgebühr nur zur Hälfte erhoben werden.

32 9. In der Berufungsinstanz erhöhen sich die im § 20 bestimmten Gebühren (nicht die Vergleichsgebühr) um die Hälfte, in der Revisionsinstanz auf das Doppelte.

33 10. Wird die Klage vor der Terminsbestimmung zurückgenommen, so wird die Prozeßgebühr nicht erhoben bzw. zurückvergütet. Sie ermäßigt sich auf 1/4, wenn sie nach diesem Zeitpunkt, aber ehe in der mündlichen Verhandlung ein Sachantrag gestellt wurde, zurückgenommen wird (§ 29). Die Zurücknahme erfolgt im kostenrechtlichen Sinne schon durch die bloße Anzeige bei Gericht. „Sachanträge" sind auch Anträge, die sich auf Prozeßvoraussetzungen beziehen (z. B. auf die Zuständigkeit), nicht aber solche, die nur die Prozeß- oder Sachleitung betreffen (Vertagungs-, Aussetzungsanträge usw.).

34 Wird die Berufung oder die Revision durch Beschluß als unzulässig verworfen, so ermäßigt sich die Prozeßgebühr für die Rechtsmittelinstanz auf die Hälfte der Sätze des § 8. Dasselbe gilt, wenn das Rechtsmittel vor der Terminsbestimmung zurückgenommen wird (§ 30). Für die Zurücknahme genügt auch hier die Mitteilung an das Gericht.

35 11. Der schon oben (Anm. 23) hervorgehobene Grundsatz des Pauschalsystems wird in § 25 Abs. 1 formuliert: jede der im § 20 angeführten Gebühren darf in jeder Instanz rücksichtlich eines jeden Teiles des Streitgegenstandes nur einmal erhoben werden. Der Begriff der Instanz ist der des Zivilprozesses mit einigen kostenrechtlichen Modifikationen (so beginnt die Instanz schon mit Einreichung der

Klage, sie endigt mit Verkündung des Schlußurteils usw.). § 27 stellt klar, daß Verweisung an ein anderes Gericht und Rückverweisung an das untere Gericht die Einheit der Instanz nicht berühren.

§ 25 Abs. 2 und 3 enthält die Ausnahmebestimmung, daß in derselben Instanz in gewissen Fällen die Urteilsgebühr wiederholt erwachsen kann; der wichtigste dieser Fälle ist der des Nachverfahrens nach dem Urkunden-, Wechsel- oder Scheckprozesse. Eine weitere Ausnahme enthält § 6 Abs. 5 des Mieterschutzgesetzes. 36

D. Besondere Verfahrensarten und Verfahrensabschnitte. 37

Das Gesetz behandelt im Anschluß an das Prozeßverfahren in den §§ 30a bis 35 und 38 eine Reihe von besonderen Verfahrensarten und -Abschnitten, deren gebührenrechtliche Eigentümlichkeit darin besteht, daß sie mit einer Einheitsgebühr belegt sind, die regelmäßig, d. h. mit einer Modifikation, das ganze Verfahren abgilt. Daneben kann auch in diesen Verfahrensarten die Vergleichsgebühr des § 36 (oben Anm. 22) anfallen. Es handelt sich um folgende Fälle:

1. Für die Niederlegung eines Schiedsspruchs oder schiedsgerichtlichen Vergleichs bei der Geschäftsstelle wird eine Gebühr in Höhe von 1/4 der Sätze des § 8, höchstens aber 300 RM. erhoben (§ 30a Abs. 1). 38

Für das Verfahren über Anträge auf Vollstreckbarerklärung eines Schiedsspruchs oder schiedsgerichtlichen Vergleichs wird die volle Gebühr als Einheitsgebühr erhoben; die Gebühr für die Hinterlegung ist hierauf anzurechnen. Die erstere Gebühr wird nicht erhoben, wenn der Antrag auf Vollstreckbarerklärung vor Anordnung der Anhörung des Gegners oder Bestimmung eines Verhandlungstermins zurückgenommen wird (§ 30a Abs. 2).

2. Im Mahnverfahren wird eine halbe Gebühr erhoben, die in Wegfall kommt, wenn der Antrag auf Erlaß des Zahlungsbefehls vor dessen Erlaß zurückgenommen wird (§ 31 Abs. 1). 39

Geht das Mahnverfahren dann ins Güteverfahren über, so bleibt dieses gebührenfrei (§ 31a Abs. 2). Das dem Mahnverfahren nachfolgende Prozeßverfahren wird wie sonst behandelt; die Prozeßgebühr beträgt aber nur die Hälfte der Sätze des § 8, da ja schon eine halbe Gebühr als Mahngebühr erhoben wurde, die beim Übergang ins Güte- oder Prozeßverfahren in ihrer vollen Höhe bestehen bleibt. Die halbe Prozeßgebühr kann bei Zurücknahme der Klage oder des Einspruchs gegen den Vollstreckungsbefehl wegfallen oder sich mindern.

3. Im Güteverfahren wird, sofern nicht ein Mahnverfahren vorausging (Anm. 39) oder der Güteantrag vor der Terminsbestimmung zurückgenommen wird, eine halbe Gebühr als Einheitsgebühr erhoben. Im nachfolgenden Prozeßverfahren fällt (wie im Mahnverfahren) nur eine halbe Prozeßgebühr an, die übrigen Gebühren sind die regelmäßigen der §§ 20 und 36. Bei Zurücknahme kann auch hier Minderung oder Wegfall eintreten. 40

4. Im Verfahren wegen Arrests und einstweiliger Verfügung (Vorsichtsverfahren) wird eine halbe Gebühr als Einheitsgebühr für das ganze Anordnungsverfahren einschließlich des Widerspruchs- und Rechtfertigungsverfahrens (§ 942 ZPO.) erhoben. Sie erhöht sich auf die volle Gebühr, wenn ein Urteil (sei es auch nur ein Versäumnisurteil) ergeht. 41

Im sogenannten Arrestaufhebungsverfahren (§§ 926 Abs. 2, 927, 936 ZPO. — nicht in anderen Fällen) werden die erwähnten Gebühren von neuem und unter den gleichen Voraussetzungen erhoben.

In der Berufungsinstanz gilt das gleiche; doch erhöhen sich die Gebühren um die Hälfte.

Unter gewissen Voraussetzungen (§ 32 Abs. 1 Satz 3, Abs. 2 Satz 2) bewirkt Antragszurücknahme Gebührenfreiheit.

42 5. Für bestimmte in § 33 des Gesetzes angeführte Verfahrensarten und Abschnitte wird eine Einheitsgebühr von je *der Hälfte* der Sätze des § 8 erhoben (z. B. Offenbarungseidesverfahren, Beweissicherung, Aufgebotsverfahren); für andere nach § 34 eine *Viertelgebühr* (z. B. Einstellungsverfahren, Forderungspfändungen usw.). Zurücknahme vor Erlaß irgendeiner gerichtlichen Verfügung bewirkt Gebührenfreiheit.

43 6. § 35 enthält über die Abgrenzung der „Instanzen" in den Fällen der §§ 32 bis 34 wichtige Grundsätze, hinsichtlich derer auf den Kommentar zu verweisen ist (insbes. Vorb. zu den §§ 32—35).

44 7. Das *Beschwerdeverfahren* ist in § 38 geregelt. Es bildet stets eine eigene Instanz. Aber eine Gebühr (u. zw. eine *volle* Gebühr) wird regelmäßig *nur* erhoben, soweit die Beschwerde als unzulässig verworfen oder zurückgewiesen wird, nicht also bei erfolgreicher Beschwerde oder Zurücknahme des Rechtsmittels. Nur in wenigen Fällen, die § 38 Abs. 1 aufführt, insbesondere bei Beschwerden über Abweisung eines Arrestgesuchs, wird die Gebühr *stets* erhoben.

45 E. *Verzögerungsgebühr.*

§ 39 sieht für gewisse Fälle eine besondere *Verzögerungsgebühr* vor, die bis jetzt praktisch keine wesentliche Rolle gespielt hat. Sie kann auch außerhalb des Prozeßverfahrens vorkommen.

46 **III. Die Gebühren im Konkursverfahren und im Vergleichsverfahren zur Abwendung des Konkurses.**

1. Im Konkurs- und im Vergleichsverfahren gelten die Vorschriften des § 8 über die *Wertklassen* und den *Gebührensatz*, ebenso die Bestimmungen über die *Wertfestsetzung*, dagegen nicht § 4 ZPO., insbesondere betreffs der *Nebenforderungen*.

47 2. *Konkursverfahren.*

a) *Für das Verfahren über den Antrag auf Eröffnung des Konkurses* wird die halbe Gebühr erhoben (§ 41). Sie berechnet sich, wenn der Konkursantrag von dem Gemeinschuldner gestellt ist, nach dem Betrage der Aktivmasse oder nach dem geringeren Betrage der Schuldenmasse; ist ein Gläubiger Antragsteller, so ist der Betrag seiner Forderung oder der geringere Betrag der Aktivmasse maßgebend. Wird das Verfahren auf Antrag des Gemeinschuldners eröffnet, so wird die Eröffnungsgebühr des § 41 auf die Durchführungsgebühr des § 42 angerechnet.

48 b) Kommt es zur Eröffnung des Konkursverfahrens, so wird *für dessen Durchführung* die Gebühr des § 42 erhoben. Sie beträgt das Dreifache der Sätze des § 8, ermäßigt sich aber auf das Einfache, wenn das Verfahren vor dem Ablaufe der Anmeldefrist, und auf das Zweifache, wenn das Verfahren nach diesem Zeitpunkte gemäß §§ 202, 204 KO. eingestellt wird. Die Durchführungsgebühr gilt auch die Tätigkeit aus Anlaß einer Nachtragsverteilung und die Einträge und Löschungen ab, die aus Anlaß der Konkurseröffnung und -beendigung im Grundbuch und im Genossenschaftsregister zu erfolgen haben. Sie wird nach dem Betrage der Aktivmasse oder dem geringeren Betrage der Schuldenmasse berechnet.

49 c) Werden Konkursforderungen nach Ablauf der Anmeldefrist angemeldet und sind der Verwalter oder ein Konkursgläubiger nicht damit einverstanden, daß die Prüfung im allgemeinen Prüfungstermin erfolgt, so wird ein *besonderer Prü-*

fungstermin bestimmt. Für dessen Anberaumung kommt die halbe Gebühr nach § 44 zur Erhebung. Sie berechnet sich nach dem Betrage der einzelnen Forderungen, zu deren Prüfung der Termin bestimmt ist, und zwar ist nicht der Nennbetrag maßgebend, sondern der Wert ist mit Rücksicht auf das Verhältnis der Teilungs- zur Schuldenmasse nach freiem Ermessen festzusetzen. Die Gebühr ist eine besondere Gebühr, die bezüglich jeder Forderung getrennt zum Ansatze kommt.

d) Betreibt der Verwalter nach § 126 KO. die Zwangsverwaltung oder 50
Zwangsversteigerung der zur Masse gehörigen unbeweglichen Gegenstände, so kommen dafür die besonderen Gebühren nach Landesrecht in Ansatz; betreibt er gemäß § 127 KO. die Verwertung eines mit einem Pfandrecht oder gleichartigen Rechte belasteten beweglichen Gegenstandes der Masse, so wird dafür die Gebühr des § 34 Z. 2 GKG. besonders erhoben (§ 45). Dagegen werden für das Verfahren zur Abnahme des Offenbarungseides nach § 125 KO. keine besonderen Gebühren erhoben, dieses Verfahren wird vielmehr durch die Durchführungsgebühr mitabgegolten (§ 46).

e) Als besondere Instanzen kommen nur das Beschwerdeverfahren und die 51
Wiederaufnahme des Konkursverfahrens in Frage.

α) Beschwerdeinstanz (§ 47). Richtet sich die Beschwerde gegen den Beschluß 52
über Eröffnung des Konkursverfahrens, so kommt die Beschwerdegebühr stets, in allen anderen Fällen nur in Ansatz, wenn die Beschwerde als unzulässig verworfen oder zurückgewiesen wird. Die Gebühr ist die volle Gebühr. Bei der ersten Gruppe der Beschwerden ist, wenn der Gemeinschuldner Beschwerdeführer ist, der Betrag der Aktivmasse oder der geringere Betrag der Schuldenmasse, wenn ein Gläubiger Beschwerde führt, der Betrag seiner Forderung oder der geringere Betrag der Aktivmasse maßgebend. Bei der zweiten Gruppe der Beschwerden bestehen Vorschriften nur für die Beschwerde gegen den Beschluß über die Bestätigung des Zwangsvergleichs: ist der Gemeinschuldner Beschwerdeführer, so entscheidet wieder der Betrag der Aktivmasse oder der geringere Wert der Schuldenmasse; ist ein Gläubiger Beschwerdeführer, so kommt die auf seine Forderung voraussichtlich entfallende Konkursdividende in Betracht. Für andere Fälle bestimmt sich der Beschwerdegegenstand nach dem Interesse des Beschwerdeführers z. B. bei der Beschwerde des Konkursverwalters gegen die ihm auferlegte Ordnungsstrafe nach deren Betrag.

β) Die Wiederaufnahme des Konkursverfahrens (§ 48) kommt in 53
Frage, wenn nach vorausgegangenem Zwangsvergleiche der Gemeinschuldner rechtskräftig wegen betrügerischen Bankerotts verurteilt wird und genügende Masse vorhanden ist. Die Eröffnungsgebühr des § 41 kommt stets besonders in Ansatz, da Antragsteller nur ein Konkursgläubiger sein kann. Die Durchführungsgebühr beträgt hier nur das Einfache der vollen Gebühr. Für die anderen bisher erwähnten Gebühren gilt nichts Abweichendes. Schon vor der gedachten rechtskräftigen Verurteilung des Gemeinschuldners kann das Konkursgericht auf Antrag eines Gläubigers Sicherheitsmaßregeln gegen den Gemeinschuldner ergreifen. Für dieses Verfahren wird die Gebühr nach § 34 besonders erhoben.

3. Vergleichsverfahren. 54

a) Das gesamte Verfahren mit Ausnahme der Beschwerdeinstanz wird durch eine Gebühr abgegolten und zwar regelmäßig durch die volle Gebühr; erledigt sich das Verfahren ohne Anberaumung eines Vergleichstermins, so wird nur die halbe Gebühr erhoben (§ 48a). Maßgebend ist der Wert der Aktiven zur Zeit der Stellung des Antrags auf Eröffnung des Vergleichsverfahrens oder der geringere Gesamtbetrag der Forderungen der am Verfahren beteiligten Gläubiger (§ 48b).

55 b) Kommt es bei Überleitung des Vergleichsverfahrens in das Konkursverfahren zur Eröffnung des Konkurses, so wird die zu a gedachte Gebühr auf die Durchführungsgebühr — eine Eröffnungsgebühr entfällt — angerechnet.

56 c) Für das Verfahren in der Beschwerdeinstanz (§ 48c) wird als Beschwerdegebühr die halbe Gebühr erhoben, jedoch nur wenn die Beschwerde als unzulässig verworfen oder zurückgewiesen wird.

57 IV. Die Gebühren in Strafsachen.

1. Strafsachen sind nur Verfahren, die auf Festsetzung einer kriminellen Strafe gerichtet sind. Verfahren betreffend Ordnungsstrafen oder Zwangsmaßnahmen gegen Zeugen, Sachverständige, Schöffen, Geschworene usw., die in einer Strafsache vorkommen, sind bezüglich der Beschwerden als Teil der betreffenden Strafsache anzusehen. Als Strafsache wird auch das sog. objektive Verfahren behandelt.

58 2. Abgesehen von gewissen Ausnahmefällen gibt die rechtskräftig erkannte Strafe den Maßstab für die Höhe der Gerichtsgebühren aller Instanzen (§ 49). In Betracht kommen nur die Hauptstrafen u. z. nur die primär erkannten Strafen. Wird statt der an sich verwirkten Freiheitsstrafe auf Geldstrafe erkannt, so ist diese, nicht jene maßgebend. Einziehung, Verfallserklärung oder Unbrauchbarmachung werden nach Maßgabe des Wertes der betroffenen Gegenstände der Geldstrafe gleichbehandelt, ebenso der die Einziehung ersetzende Wertersatz. Bei Freiheitsstrafen ist die Gesamtstrafe — nicht die Einsatzstrafen — maßgebend. Ungleichartige Freiheitsstrafen werden ihrer Dauer nach, mehrere Geldstrafen ihrem Betrage nach zusammengerechnet. Ist neben Freiheitsstrafe auf Geldstrafe erkannt, so wird die Gebühr von jeder Strafe besonders berechnet. Anrechnung von Untersuchungshaft, gnadenweiser Erlaß oder Umwandlung von Strafen bleiben außer Betracht, ebenso die Entscheidung über Bußen, Erziehungsmaßnahmen, Kosten.

59 Wenn der Beschuldigte freigesprochen oder außer Verfolgung gesetzt oder wenn das Verfahren eingestellt wird, kommt keine Gebühr in Ansatz.

60 Wird gemäß § 79 StGB. eine nachträgliche Gesamtstrafe ausgesprochen, so wird für dieses Verfahren nur der Betrag berücksichtigt, um den die jetzige Gesamtstrafe die frühere Einzelstrafe oder Gesamtstrafe übersteigt.

61 Bei jedem Angeklagten wird die Gebühr aus der ihn treffenden Strafe gesondert berechnet (§ 51).

62 3. Für die erste Instanz wird ein Gebührensatz nach § 52 erhoben. Die erste Instanz umfaßt auch das Vorverfahren und die Entscheidungen nach Rechtskraft des Urteils. Zurückverweisung an die Vorinstanz und Verweisung an das zuständige Gericht begründen keine neue erste Instanz.

63 Bei Freiheitsstrafen gibt § 52 Abs. 1 einen nach der Dauer der Strafe gestaffelten Gebührentarif. Von Geldstrafen werden 10 vom Hundert der Strafe, mindestens 5 RM., höchstens 10 000 RM. und nicht mehr als der Betrag der Strafe als Gebühr erhoben. Wird der Beschuldigte für straffrei erklärt, aber in die Kosten verurteilt, so verfällt eine feste Gebühr von 5 RM., dagegen steht das Absehen von Strafe nach dem Jugendgerichtsgesetz hinsichtlich der Gebühren nicht der Verurteilung zu einer Strafe gleich. Wird im Falle des § 37 StGB. auf gänzlichen oder teilweisen Verlust der bürgerlichen Ehrenrechte erkannt, so beträgt die Gebühr 75 RM.

64 4. In dem Verfahren bei amtsrichterlichen Strafbefehlen (§ 53) wird die Hälfte der Sätze des § 52 erhoben. Kommt es infolge des Einspruchs des Ange-

klagten in der Hauptverhandlung zur rechtskräftigen Freisprechung oder Einstellung, so entfällt jede Gebühr auch für das vorangegangene Verfahren; weicht das Urteil vom Strafbefehl im Strafmaße ab, so ist dieses — Rechtskräftigwerden vorausgesetzt — für die Bemessung der Gebühr entscheidend, die sich auf die vollen Sätze des § 52 erhöht. Die Verwerfung des Einspruchs wegen Ausbleibens des Angeklagten steht der Verurteilung zu der im Strafbefehle ausgeworfenen Strafe gleich. Ergreift der Strafbefehl mehrere selbständige Straftaten und betrifft der Einspruch nur einzelne derselben, so kommt der volle Satz des § 52 nur insoweit in Frage, als der Gegenstand der Verurteilung oder des verworfenen Einspruchs reicht.

5. Berufungs- und Revisionsinstanz (§ 55). 65

a) Eine neue Rechtsmittelinstanz liegt nicht vor, wenn nach Zurückverweisung gegen das ergehende Urteil wieder Berufung oder Revision erhoben wird, selbst wenn das Rechtsmittel an ein anderes Gericht geht.

b) Maßgebend für die Gebühren ist nur der angefochtene Teil des Urteils. Endet die Strafsache ohne Verurteilung zu Strafe oder Straffreierklärung oder betrifft das Rechtsmittel nur andere Teile eines verurteilenden Erkenntnisses als die oben zu 2 gedachten, für die Gebührenbemessung maßgebenden Aussprüche, so wird für die Berufungs- oder Revisionsinstanz eine Gebühr nicht erhoben. 66

c) Ein Viertel der Gebührensätze des § 52 kommt in Ansatz, wenn das Rechtsmittel vor dem nach der StPO. sich richtenden Beginne der Hauptverhandlung zurückgenommen oder vor dem gleichen Zeitpunkte vom Unter- oder vom Obergerichte durch Beschluß verworfen wird. 67

d) Die Hälfte der Sätze des § 52 wird erhoben, wenn das Rechtsmittel nach Beginn der Hauptverhandlung zurückgenommen oder die Berufung wegen Ausbleibens des Angeklagten in der Hauptverhandlung durch Urteil verworfen wird. 68

e) Führt die Hauptverhandlung zu einem anderen Urteile als dem eben gedachten, so gilt die volle Gebühr als Pauschgebühr das gesamte Berufungs- oder Revisionsverfahren ab. 69

6. Wiederaufnahme des Verfahrens (§ 56). 70

a) Kommt es nicht zur Anordnung der Wiederaufnahme, wird vielmehr der Wiederaufnahmeantrag als unzulässig oder als unbegründet verworfen oder abgelehnt, so kommt die Hälfte der Gebühr des § 52 besonders in Ansatz.

b) Erfolgt die Anordnung der Wiederaufnahme, so ist zu unterscheiden: Wird das frühere Urteil aufrechterhalten, so gilt das neue Verfahren als besondere Instanz, für das die volle Gebühr des § 52 erhoben wird. Wird das frühere Urteil aufgehoben, so gilt das neue Verfahren mit dem früheren als eine Instanz. Im Falle der Verurteilung zur Strafe gibt diese den Maßstab für die Gebühr ab, auch hinsichtlich der höheren Instanzen des früheren Verfahrens; im Falle der Freisprechung oder Einstellung entfällt die Gebühr für das gesamte frühere Verfahren, und für das neue Verfahren kommt auch keine Gebühr in Ansatz. 71

c) Auch hier ist für den Gebührenansatz nur der mit dem Wiederaufnahmeantrag angegriffene Teil maßgebend. 72

7. Besondere Gebühren in Höhe von festen Beträgen sehen §§ 57, 58 vor für den Fall, daß 73

a) der Antrag des Verletzten auf Anordnung der Anklageerhebung, weil sich kein genügender Anlaß zur Erhebung der öffentlichen Klage ergibt, verworfen oder mangels Leistung der erforderten Sicherheit für zurückgenommen erklärt wird,

b) nach Anordnung der Anklageerhebung der Angeschuldigte außer Verfolgung gesetzt oder freigesprochen oder das Verfahren eingestellt wird,

c) bei frivolen Anzeigen der Anzeiger mit den Kosten belastet,

d) bei Einstellung des Verfahrens wegen Zurücknahme des Strafantrags der Antragsteller in die Kosten des Verfahrens verurteilt wird.

74 8. Im Privatklageverfahren gelten die bisher dargestellten Bestimmungen, soweit der Angeklagte oder der Widerbeklagte zu Strafe verurteilt wird. Im übrigen greifen die besonderen Bestimmungen der §§ 60—64 ein.

75 a) Die Straffreierklärung wird hier nicht als Bestrafung gewertet, vielmehr der Freisprechung gleich behandelt.

76 b) Werden der Angeklagte und der Widerbeklagte zu Strafe verurteilt, so wird für jeden aus der gegen ihn verhängten Strafe eine gesonderte Gebühr erhoben.

77 c) Wird nur der Angeklagte bestraft, so kommt bezüglich seiner die Gebühr des § 52 in Ansatz, eine Gebühr hinsichtlich der Widerklage verfällt aber nur unter den Voraussetzungen des § 62 (s. unter f).

78 d) Führt die Privatklage zu keiner Bestrafung, während der Widerbeklagte verurteilt wird, so kommen wegen der Verurteilung die Gebühr des § 52, hinsichtlich der Privatklage diejenigen der §§ 60, 61 in Frage.

79 e) § 60 sieht Gebühren für die Fälle vor, daß der Angeklagte freigesprochen oder für straffrei erklärt oder die Berufung oder Revision des Privatklägers verworfen oder zurückgenommen wird, während § 61 die Fälle der Zurückweisung oder Zurücknahme der Klage und der Einstellung des Verfahrens regelt. In diesen Fällen werden als Gebühren Festbeträge erhoben, die seitens des Gerichts ermäßigt und erhöht werden können. Gegen welche Teile des Urteils sich die Rechtsmittel des Privatklägers wenden, ist ohne Bedeutung. Führen seine Berufung oder Revision zur Verurteilung des Angeklagten, so verfällt die Gebühr des § 52. Für die Rechtsmittel des Angeklagten und Widerbeklagten gelten die im Offizialverfahren maßgebenden Bestimmungen.

80 f) Bezüglich der Widerklage (§ 62) werden die Gebühren der §§ 60, 61 nur erhoben, wenn das Verfahren über die Widerklage nach Zurücknahme der Privatklage oder Einstellung des diese betreffenden Verfahrens selbständig fortgesetzt wird oder der Widerkläger ausschließlich wegen der Entscheidung über die Widerklage Berufung oder Revision einlegt.

81 g) Für Wiederaufnahmeanträge des Angeklagten oder Widerbeklagten gilt das unter 6 Gesagte; kommt es im wiederaufgenommenen Verfahren zur Freisprechung oder Straffreierklärung, so wird vom Privatkläger die Gebühr des § 60 erhoben. Bei Wiederaufnahmeanträgen des Privatklägers kommt das unter 6 b Ausgeführte nur zur Anwendung, wenn auf eine höhere Strafe erkannt wird. Andernfalls werden nach § 63 als Gebühren Festbeträge erhoben, deren Ermäßigung oder Erhöhung im Ermessen des Gerichts steht.

82 h) Die Gebühren nach §§ 60—63 werden bei mehreren Angeklagten oder Widerbeklagten für jeden besonders, jedoch nicht über 90 RM. hinaus, erhoben.

83 9. Den Nebenkläger treffen Gebühren nur, wenn er erfolglos Berufung oder Revision erhebt oder Wiederaufnahme des Verfahrens beantragt und in die bezüglichen Kosten verurteilt wird. Es kommen die Gebühren in Ansatz, die im gleichen Falle bei einem Privatkläger in Ansatz kämen.

84 10. Für das objektive Verfahren (§ 67) wird eine Instanzgebühr von 30 RM. erhoben, falls der Privatkläger, der Nebenkläger oder ein Einziehungsbeteiligter mit Kosten belastet wird. Die Gebühr kann ermäßigt oder erhöht werden.

85 11. Für das Beschwerdeverfahren (§ 69) wird nur im Falle der Zurückweisung von Beschwerden eine Gebühr erhoben. Sie entspricht bei Beschwerden gegen

die Verwerfung oder Ablehnung von Wiederaufnahmeanträgen den für diese Entscheidungen maßgebenden Sätzen (s. unter 8 g), sonst beträgt sie 1 RM. Vom Beschuldigten wird die Beschwerdegebühr nur erhoben, wenn er rechtskräftig zu einer Strafe verurteilt wird.

12. Für die gerichtliche Tätigkeit bei der Vollstreckung von Vermögensstrafen, Bußen und Kostenfestsetzungsbeschlüssen kommen Gebühren nach Maßgabe des 2. Abschnitts des GKG. zur Anwendung. Das gilt auch für Beschwerden. 86

V. Auslagen. 87

1. Nur die in den §§ 71—73 gedachten Auslagen dürfen angesetzt werden.

2. Das Schreibwerk ist im allgemeinen als durch die Gebühren abgegolten 88
anzusehen. Schreibgebühren kommen nur in Ansatz:

a) für Ausfertigungen und Abschriften, die nur auf Antrag erteilt werden, z. B. von Urteilen, Beweisbeschlüssen, Sitzungsprotokollen;

b) für Ausfertigungen und Abschriften, die angefertigt werden, weil die Partei es unterläßt, einem von Amts wegen zuzustellenden Schriftsatze die erforderliche Zahl von Abschriften beizufügen, man denke an das amtsgerichtliche Verfahren, die Zustellung der Einspruchs- und Rechtsmittelschriften, die Zustellung der dem Kostenfestsetzungsbeschlusse beizufügenden Abschrift der Kostenrechnung;

c) für Ausfertigungen und Abschriften aller Art in den Fällen der persönlichen und sachlichen Gebührenfreiheit. Für diesen letzten Fall wird die bestrittene Frage wesentlich, ob der Begriff der Ausfertigung das Vorhandensein einer Urschrift voraussetzt oder stets gegeben ist, wenn ein vom Richter oder Urkundsbeamten der Geschäftsstelle unterzeichnetes, zur Hinausgabe bestimmtes Schriftstück mit urkundlichem Charakter in Frage steht, das keine Urschrift ist.

Schreibgebührenfrei ist für jede Partei die Erteilung einer abgekürzten Urteils- 89
ausfertigung und einer Ausfertigung des gerichtlichen Vergleichs.

Die Schreibgebühren betragen z. Zt. 0,30 RM. für die Seite. 90

3. Postgebühren werden nur für Übersendung der auf Antrag erteilten Aus- 91
fertigungen und Abschriften sowie für Ladung von Zeugen und Sachverständigen erhoben. Geschieht solche Ladung ohne Inanspruchnahme der Post, so kommt derselbe Betrag wie bei postalischer Zustellung als Auslage in Ansatz. Telegraphengebühren und die im Fernverkehre zu entrichtenden Fernsprechgebühren werden stets erhoben.

4. Weitere ersetzbare Auslagen bilden die Einrückungskosten, die Ge- 92
bühren der Zeugen und Sachverständigen, die Tagegelder und Reisekosten der Gerichtsbeamten, Schöffen, Geschworenen, Mietschöffen bei auswärtigen Terminen, die Zahlungen an andere Behörden oder Beamte oder an Rechtsanwälte (nicht die dem Armenanwalt aus der Staatskasse erstatteten Kosten), die Transport- und Verwahrungskosten, die dem mittellosen Beschuldigten vorgeschossenen Reisekosten, die Haftkosten.

5. Für Zustellungen von Amts wegen werden außer den Postgebühren 93
bei Ladung von Zeugen und Sachverständigen nur die baren Auslagen erhoben, die durch die Zustellung im Auslande oder bei öffentlicher Zustellung durch Einrückungskosten entstehen.

VI. Kostenzahlung und Kostenvorschuß. 94

1. Fälligkeit der Kosten.

a) Mit Stellung des Antrags, durch den das Verfahren bedingt ist, werden fällig:

α) in bürgerlichen Rechtsstreitigkeiten die Prozeßgebühr mit Einreichung der Klage, der Rechtsmittelschrift, des Antrags auf Bestimmung des Termins zur Verhandlung im Streitverfahren nach vorausgegangenem Zahlungsbefehle usw., die Gebühr für das Verfahren auf Vollstreckbarerklärung von Schiedssprüchen usw. (§ 30a), die Mahngebühr (§ 31 Abs. 1), die Gebühr für das Güteverfahren (§ 31a Abs. 1), die gewöhnliche Arrestgebühr (§ 32), die Gebühren nach §§ 33 Z. 1, 2, 4—7, 34, die Beschwerdegebühr im Falle des § 38 Abs. 1,

95 β) im Konkursverfahren die Eröffnungsgebühr (§§ 41, 48) und die Beschwerdegebühr im Falle des § 47 Abs. 1 bzw. der §§ 47 Abs. 1, 48 Abs. 1,

96 γ) im Vergleichsverfahren die Gebühr des § 48a.

97 b) Mit einer Entscheidung werden fällig:

α) in bürgerlichen Rechtsstreitigkeiten die Beweisgebühr mit der Beweisanordnung (im Falle des § 272b ZPO. muß die Beweisaufnahme begonnen haben), die Urteilsgebühr mit dem Erlasse des Urteils, die Gebühr für das Verfahren über Urteilsergänzung (§ 26) mit dem Erlasse der Entscheidung, die erhöhte Arrestgebühr (§ 32 Abs. 1 Satz 2) mit Erlaß des Urteils, die Beschwerdegebühr im Falle des § 38 Abs. 2 mit der Beschwerdeentscheidung, die Verzögerungsgebühr (§ 39) mit ihrer Auferlegung,

98 β) im Konkursverfahren die Durchführungsgebühr (§ 42) mit dem Eröffnungs- oder Wiederaufnahmebeschluß, die Beschwerdegebühr in den Fällen des § 47 Abs. 2 mit der Beschwerdeentscheidung,

99 γ) im Vergleichsverfahren die Beschwerdegebühr (§ 48c) mit der Beschwerdeentscheidung.

100 c) Die Fälligkeit tritt mit einer sonstigen gerichtlichen Handlung ein: bei der Vergleichsgebühr (§ 36) mit der Aufnahme des Vergleichs in die Sitzungsniederschrift, bei dem Verteilungsverfahren (§ 33 Z. 3) mit dessen Einleitung.

101 d) Eine besondere Regelung der Fälligkeit enthält § 74b hinsichtlich der Gebühr für Niederlegung eines Schiedsspruchs usw.

102 e) Die Auslagen werden in bürgerlichen Rechtsstreitigkeiten, im Konkurs- und im Vergleichsverfahren fällig mit einer unbedingten Entscheidung über die Kosten (Rechtskraft nicht erforderlich, auch nicht Beendigung des Verfahrens oder der Instanz), ferner, wenn das Verfahren oder die Instanz durch Vergleich, Zurücknahme (Anzeige genügt zunächst) oder anderweitige Erledigung (Zurückverweisung ohne Kostenentscheidung, endgültiges Nichtweiterbetreiben des Prozesses usw.) beendet ist.

103 f) Strafsachen.

α) Gegenüber dem verurteilten Beschuldigten (nicht auch gegenüber dem mit gewissen Kosten belasteten freigesprochenen oder außer Verfolgung gesetzten Beschuldigten oder dem rechtskräftig Verurteilten, dessen Wiederaufnahme- oder Wiedereinsetzungsantrag kostenpflichtig verworfen wird) werden Gebühren und Auslagen erst mit der Rechtskraft des Urteils fällig.

104 β) Anderen Kostenschuldnern gegenüber (z. B. dem Privatkläger, Nebenkläger) werden Gebühren und Auslagen bereits mit dem Ergehen der Kostenentscheidung fällig.

105 g) Die Schreibgebühren für die auf Antrag erteilten Ausfertigungen und Abschriften und die Postgebühren für deren Übersendung werden mit Aushändigung oder Absendung fällig.

2. Vorwegleistung von Gebühren. 106

a) Der Termin zur mündlichen Verhandlung soll auf Grund der Klage erst nach Zahlung der erforderten Prozeßgebühr bestimmt werden. Das gilt für alle Klagen, aber nur für Klagen, nicht z. B. für Arrest und einstweilige Verfügung. Für Berufung und Revision sind §§ 519 Abs. 6, 554 Abs. 7 ZPO. maßgebend. Nur die von dem Urkundsbeamten der Geschäftsstelle erforderte Prozeßgebühr kommt in Betracht, eine nach deren Bezahlung erfolgende gerichtliche Höherbemessung des Streitwertes berechtigt nicht zu weiterer Abhängigmachung der Terminsanberaumung von Nachzahlung des Gebührenmehrbetrags. Nur die Ansetzung des ersten Termins ist abhängig von der Vorauszahlung. Ist, wenn auch versehentlich, ein Termin bestimmt, so ist fernere Abhängigmachung unzulässig.

b) Was von der Klage gilt, trifft auch zu, wenn nach Erhebung des Widerspruchs 107 gegen den Zahlungsbefehl oder nach Erlaß eines Vollstreckungsbefehls unter Vorbehalt der Ausführung der Rechte des Beklagten der Gläubiger Antrag auf Termin zur mündlichen Verhandlung stellt.

c) Bei Erweiterung des Klageantrags soll vor Zahlung des erforderten Be- 108 trags, um den die Prozeßgebühr sich erhöht, keine gerichtliche Handlung vorgenommen werden. Streitig ist, ob Handlungen betreffs der Klageerweiterung nur zugunsten des Antragstellers oder allgemein nicht erfolgen sollen.

d) Der Zahlungsbefehl soll erst nach Zahlung der Mahngebühr erlassen wer- 109 den. Ablehnung ist auch ohne Vorauszahlung statthaft.

e) Der Termin zur Güteverhandlung soll erst nach Zahlung der erforderten Ge- 110 bühr bestimmt werden. Im Falle des § 500 ZPO. gilt nichts Entsprechendes.

f) Der Eintritt in das Streitverfahren oder die Anberaumung eines Termins 111 hierzu nach vorangegangenem Güteverfahren ist, falls all dies nur vom Antragsteller beantragt wird, erst nach Zahlung der erforderten Prozeßgebühr zulässig.

g) Die Vorwegleistung entfällt, wenn dem Kläger oder Antragsteller Gebühren- 112 freiheit zusteht oder das Armenrecht bewilligt ist bzw. im Falle zu e die Voraussetzungen dafür gegeben sind, in den Fällen zu a—e auch, wenn glaubhaft gemacht wird, daß dem Kläger (Antragsteller) die alsbaldige Zahlung der Gebühr mit Rücksicht auf seine Vermögenslage Schwierigkeiten bereiten oder (§ 74 Abs. 4 Satz 2) ihm eine Verzögerung einen nicht oder nur schwer zu ersetzenden Schaden bringen würde. Im letzten Falle genügt bei a—d die nicht noch durch Tatsachen zu belegende Erklärung des zum Prozeßbevollmächtigten bestellten RA.; ob der Fall des § 74 Abs. 4 Satz 2 auch für e in Betracht kommt, ist bestritten.

3. Kostenschuldner. 113

a) In bürgerlichen Rechtsstreitigkeiten ist Schuldner der Gebühren und Auslagen derjenige, der das Verfahren der Instanz [Begriff nach GKG.] beantragt hat (§ 77), also haftet, wer den Güteantrag gestellt hat, für die Kosten des Güteverfahrens, wer die Erlassung des Zahlungsbefehls beantragt hat, für die Kosten des Mahnverfahrens usw. Der Kläger haftet auch für die durch den Einspruch des Beklagten oder durch das vom Beklagten betriebene Nachverfahren, der Arrestkläger für die durch den Widerspruch des Gegners entstandenen Kosten. Die Widerklage, der Anschluß an ein Rechtsmittel eröffnen im Sinne des § 77 eine besondere Instanz. Streitgenossen, die am Gesamtstreitwerte nur anteilsweise beteiligt sind, haften grundsätzlich ein jeder für die Gebühren, die ohne Verbindung für jeden verfallen wären. Entsprechendes gilt, wenn Klage und Widerklage verschiedenen Streitwert aufweisen.

114 b) Im Konkursverfahren ist Schuldner der Eröffnungsgebühr der Antragsteller u. z., wenn der Eröffnungsantrag erfolglos ist, allein (nebst den Auslagen). wenn es zur Eröffnung kommt, auch der Gemeinschuldner, bezüglich der Auslagen (von Beschwerden abgesehen) allein. Schuldner der Durchführungsgebühr ist der Gemeinschuldner, Schuldner der Gebühr für den besonderen Prüfungstermin nebst den Auslagen der säumige Gläubiger.

115 c) Im Vergleichsverfahren ist Schuldner der Gebühr des § 48a der Vergleichsschuldner, ebenso bezüglich der Auslagen, soweit nicht eine Beschwerde in Frage kommt.

116 d) Schuldner der Gebühren und Auslagen ist ferner derjenige, dem durch eine unbedingte gerichtliche Entscheidung die Kosten des Verfahrens auferlegt sind, oder der sie durch eine vor dem Gericht abgegebene oder ihm mitgeteilte Erklärung übernommen hat (§ 79). Tritt neben einen Kostenschuldner nach § 77 ein solcher nach § 79, so wird jener zum Zweitschuldner, während dieser als Erstschuldner haftet (§ 81). In Strafsachen bestimmt sich der Kostenschuldner grundsätzlich nach der ergangenen gerichtlichen Entscheidung, eine Übernahmeerklärung kommt nur neben der Entscheidung in Betracht.

117 4. Kostenvorschüsse haben jetzt keine große Bedeutung mehr.

a) In Strafsachen liegt (§ 83) dem Privatkläger in der ersten Instanz, ferner demjenigen, der als Privatkläger oder Nebenkläger Berufung oder Revision einlegt oder Wiederaufnahmeantrag stellt, die Pflicht zur Leistung eines Gebührenvorschusses in Höhe der halben Gebühr des § 60 Abs. 1 ob. Vor dessen Leistung soll keine gerichtliche Handlung vorgenommen werden. Befreiungsgründe sind ähnlich wie bei § 74 vorgesehen.

118 b) In bürgerlichen Rechtsstreitigkeiten ist vom Antragsteller ein Auslagenvorschuß (§ 84) bei jedem Antrag auf Vornahme einer Handlung zu zahlen, mit der bare Auslagen verbunden sind (Antrag auf öffentliche Zustellung, Antrag auf Vernehmung von Zeugen und Sachverständigen). Die Vornahme der Handlung kann von vorheriger Zahlung des Vorschusses abhängig gemacht werden. In Strafsachen sind nur der Privatkläger, der Widerkläger sowie der Nebenkläger, der Berufung oder Revision eingelegt hat, auslagenvorschußpflichtig.

119 c) Die besondere Vorschußpflicht der Ausländer spielt in bürgerlichen Rechtsstreitigkeiten nur noch bei Staatenlosen und bei Angehörigen weniger außereuropäischer Staaten eine Rolle. Den Ausländervorschuß haben zu leisten in bürgerlichen Rechtsstreitigkeiten — abgesehen von bestimmten Verfahrensarten — Kläger, denen nicht das Armenrecht bewilligt ist, in Strafsachen Ausländer, die als Privatkläger auftreten, oder als Nebenkläger Berufung oder Revision einlegen, vorbehaltlich auch hier derselben Ausnahmen. Vor Zahlung des besonderen Ausländervorschusses soll der Ausländer nicht zur Verhandlung zugelassen werden, es sei denn daß glaubhaft gemacht wird, die Verzögerung würde dem Ausländer einen nicht zu ersetzenden Nachteil bringen. Ist dieser Ausnahmefall nicht gegeben, so ergeht in bürgerlichen Rechtsstreitigkeiten auf Antrag Versäumnisurteil gegen den Ausländer, während in Strafsachen, wenn nur der gewöhnliche Vorschuß (s. Anm. 117) gezahlt ist. § 391 Abs. 2 StPO. anwendbar ist.

VII. Übergangsrecht und andere Kostengesetze.

120 1. Das GKG. ist seit seiner Geltung oft geändert worden, besonders in den letzten Jahren. Die geltende Fassung beruht auf dem Gesetz vom 28. Januar 1927 (in Kraft seit 1. April 1927) und der Bekanntmachung vom 5. Juli 1927. Bei Inkrafttreten

eines neuen Gesetzes ergeben sich in schwebenden Prozessen naturgemäß Übergangsfragen, die nach allgemeinen Grundsätzen gelöst werden müssen (natürliches Übergangsrecht), soweit das Gesetz nicht positive Übergangsvorschriften gibt (gesetzliches Übergangsrecht). Die neuen Gesetze, so auch das geltende, enthalten regelmäßig die Bestimmung, daß sie auf schwebende Sachen (rückwirkend) Anwendung finden, soweit nicht die Instanz vor Geltung des neuen Gesetzes beendigt war. Die „Instanz" endigt im Zivilprozeß im Urteilsverfahren mit Verkündung des Urteils; im übrigen knüpfen sich an den Begriff der Instanzbeendigung zahlreiche Streitfragen. Vgl. im einzelnen Teil II des Kommentars (Übergangsrecht).

2. Wir haben oben (Anm. 4) gesehen, daß das GKG. an sich nur auf einem be- 121
schränkten Gebiet des Prozeßrechts Anwendung findet. Das schließt natürlich nicht aus, daß andere Reichs- oder Landesgesetze es auf andere Verfahrensarten, deren Regelung ihnen freigegeben ist, ganz oder teilweise für anwendbar erklären. So hat das Arbeitsgerichtsgesetz zwar für sein Gebiet eine besondere Kostenregelung getroffen, aber, soweit dies nicht geschehen ist, das GKG. für anwendbar erklärt (§ 12 ArbGG.). Näheres hiezu im Teil III des Kommentars. Auf Rechtsgebieten wie dem der freiwilligen Gerichtsbarkeit, des Grundbuchverkehrs und der Immobiliarzwangsvollstreckung werden landesrechtliche Kosten erhoben.

I.

Das Gerichtskostengesetz

vom 18. Juni 1878

(Fassung der Bekanntmachung vom 5. Juli 1927, RGBl. I 139).

Erster Abschnitt.

Allgemeine Bestimmungen.

Vorbemerkung.

§ 1 des Gesetzes regelt das Geltungsgebiet des GKG., außerdem mit § 2 sein Verhältnis zu anderen Gesetzen; § 3 enthält das grundlegende Prinzip über die Abhängigmachung gerichtlicher Tätigkeit von der Gerichtskostenzahlung; die §§ 4 und 5 regeln das Kostenansatzverfahren; § 6 das Recht der Niederschlagung von Gerichtskosten; § 7 gibt Vorschriften über die Mindestgebühr und die Aufrundung.

§ 1.

In den vor die ordentlichen Gerichte gehörigen Rechtssachen, auf welche die Zivilprozeßordnung, die Strafprozeßordnung, die Konkursordnung oder das Gesetz über den Vergleich zur Abwendung des Konkurses Anwendung findet, werden Gebühren und Auslagen der Gerichte nur nach Maßgabe dieses Gesetzes erhoben.

Vorbemerkung.

§ 1 umgrenzt das Geltungsgebiet des GKG. und betont seine ausschließliche Geltung auf diesem Gebiete.

Übersicht.

2. Das Verfahren findet teilweise vor den ord. Gerichten statt (10).
3. Die ZPO. usw. finden nur teilweise Anwendung (11).
4. Die ZPO. (12—14).
5. Die StPO. (15—17).
6. KO. und VglO. (18).
7. Beschwerden (19).

III. Gerichtskosten werden nur nach Maßgabe dieses Gesetzes erhoben (20—23).

I. Wesen, Begriff und Arten der Gerichtskosten.

1 1. Die Gerichtskosten („Gebühren und Auslagen der Gerichte") sind ihrem Wesen nach öffentlichrechtliche Abgaben. Der Staat erhebt sie von denjenigen, die gewisse Einrichtungen der Rechtspflege benützen oder einen Anlaß zur gerichtlichen Tätigkeit geben[1]). Sie stellen keineswegs ein Entgelt für die Tätigkeit des Staates dar, das irgendwie nach dem privatrechtlichen Grundsatz von Leistung und Gegenleistung behandelt werden dürfte, wie die Vergütung des Rechtsanwalts. Die Inanspruchnahme der Tätigkeit des Gerichts bildet nur den Anlaß zur Erhebung der Abgabe. Grundsätzlich darf daher auch das Gericht seine Tätigkeit nicht von der Zahlung oder Sicherstellung der Gerichtskosten abhängig machen (§ 3 GKG.). Es bedarf dazu einer besonderen gesetzlichen Ermächtigung. Wenn diese auch nach dem neuen GKG. und der ZPO. jetzt in wichtigen Fällen erteilt ist, so folgt doch aus der Aufrechterhaltung des im § 3 niedergelegten Prinzips, daß von einem Synallagma keine Rede sein kann; denn sonst würde sich die Abhängigkeit von Leistung und Gegenleistung von selbst verstehen und die Ausnahmen bedürften der gesetzlichen Regelung.

2 2. Das Gerichtskostengesetz betrifft, wie schon sein Name andeutet, nur Abgaben für die Tätigkeit und die Aufwendungen der Gerichte. § 1 bringt dies durch die Worte „Gebühren und Auslagen der Gerichte" ebenfalls zum Ausdruck. Das Wort „Gerichte" wird regelmäßig insofern weiter ausgelegt, als darunter auch die den Gerichten angegliederte Staatsanwaltschaft verstanden werden soll. Dem kann, wie unten noch darzulegen ist, nicht beigepflichtet werden (s. u. Anm. 7); noch weniger wäre es zutreffend, als gerichtliche Tätigkeit diejenige zu erachten, die bei anderen Behörden und Beamten aus Veranlassung gerichtlicher Ersuchen entsteht. Wenn dies daraus gefolgert wird, daß § 72 Nr. 6 (früher § 79 Nr. 6) „die an andere Behörden oder Beamte für deren Tätigkeit zu zahlenden Beträge" zu den Auslagen im Sinne des GKG. zählt[2]), so ist diese Schlußfolgerung irrig. Daraus folgt nur, daß diese Auslagen als Gerichtskosten von den Parteien besonders erhoben werden dürfen; keineswegs aber, daß die Bestimmung der bei jenen anderen Behörden entwickelten Tätigkeit der Regelung des GKG. und nur dieser Regelung unterstände[3]). Dies ist im Gegenteil durchaus nicht der Fall: das GKG. enthält z. B. keine Bestimmungen über die Gebührenerhebung bei Polizeibehörden und deren landesrechtliche Regelung ist durch das GKG. keineswegs verboten. Auch die Zeugengebühren, die § 72 Nr. 4 unter den Auslagen anführt, regelt ja nicht das GKG., sondern die GebO. für Zeugen und Sachverständige.

3 3. Das Gesetz unterscheidet zwischen Gebühren und Auslagen. Die Gebühren im Sinne des GKG. sind Pauschalabgaben, die für gewisse Verfahrensabschnitte oder Tätigkeitsgruppen erhoben werden. Ihre Entstehung wie ihre Höhe sind unabhängig von den dem Staate durch das betreffende Verfahren erwachsenden Aufwendungen. Sollen für die Aufwendungen der Staatskasse besondere Gerichtskosten erhoben werden, so bedarf es hiezu einer speziellen gesetzlichen Regelung. Diese Regelung ist in den §§ 71 bis 73 GKG. für einzelne Fälle von Aufwendungen erfolgt; die dort zugelassenen Abgaben nennt das Gesetz „Auslagen". Alle Aufwendungen, die nicht im Gesetze besonders genannt sind, bleiben hiernach abgabenfrei[4]). Vgl. hiezu auch die Erl. zu § 2.

---

[1]) So schon Begründung zum Entwurf eines GKG. (RT. II. Session 1878 Bd. 3 S. 573). Aus neuester Zeit vgl. RG. LZ. 1927, 1402[9]; aus früherer Zeit RGZ. 28, 87.

[2]) So Rittmann § 1 Anm. 6; vgl. auch Rittmann-Wenz § 1 Anm. 2.

[3]) Richtig: Baumbach § 1 Anm. 2.

[4]) Jonas § 1 Anm. 6.

II. Die Abgrenzung des Geltungsgebietes.

Das GKG. gilt unmittelbar (nämlich kraft seiner eigenen Vorschriften) nur in den vor die ordentlichen Gerichte gehörigen Rechtssachen, auf welche die ZPO., die StPO., die KO. oder die VglO. Anwendung finden. Es müssen also zwei Voraussetzungen nebeneinander vorliegen: die Rechtssache muß vor die ordentlichen Gerichte gehören *und* es muß eines der genannten Gesetze Anwendung finden. Liegt auch nur eine dieser beiden Voraussetzungen nicht vor, so kommt das GKG. nicht zur Anwendung, es sei denn, daß eine andere — reichs- oder landesrechtliche — Norm das GKG. auch auf andere Verfahrensarten ganz oder teilweise für anwendbar erklärt (was mehrfach geschehen ist; so in § 289 RAbgO., § 12 Abs. 6 ArbGG., §§ 19, 73 KonsGG. usw.).

5 A. *Die vor die ordentlichen Gerichte gehörigen Rechtssachen.*

1. Die *ordentlichen Gerichte* sind: die Amts- und Landgerichte, die Oberlandesgerichte, das (bayerische) oberste Landesgericht und das Reichsgericht. Es ist gleichgültig, in welcher Erscheinungsform diese Gerichte tätig werden, ob der Amtsrichter als Einzelrichter oder das Amtsgericht als Schöffengericht, ob das Landgericht als große Strafkammer oder als Zivilkammer, durch den Einzelrichter im Zivilprozeß oder in der Zusammensetzung nach § 19 EntlVO. (Verfahren mit schiedsrichterlichen Beisitzern) in die Erscheinung tritt. Es ist auch für die Frage, ob die *erste* Voraussetzung des § 1 vorliegt, belanglos, ob das ordentliche Gericht kraft Reichs- oder kraft Landesrechts zuständig ist: das Amtsgericht bleibt stets ein ordentliches Gericht, auch wenn ihm irgendwelche Funktionen zugeteilt werden, die mit der eigentlichen Rechtspflege nichts zu tun haben; ist dann auch die zweite Voraussetzung des § 1 erfüllt, so findet das GKG. Anwendung. Wenn also das Gesetz etwa den Amtsgerichten eine verwaltungsgerichtliche Tätigkeit überträgt und bestimmt, daß die ZPO. auf das Verfahren Anwendung finde, so gilt auch das GKG. für dieses Verfahren.

Insbesondere trifft dies zu für diejenigen Rechtssachen, für die besondere Gerichte reichsrechtlich zugelassen sind (vgl. § 14 GVG.), die jedoch auf Grund des § 3 Abs. 1 EGGVG. den ordentlichen Gerichten durch die Landesgesetzgebung übertragen sind, soweit nicht ein von der ZPO. oder der StPO. abweichendes Verfahren eingeführt ist (§ 3 Abs. 2 EGZPO., § 3 Abs. 2 EGStPO.).

Findet aber das Verfahren vor Sondergerichten (den Konsulargerichten, dem Reichswirtschafts-, Kartellgericht, den Arbeitsgerichten, den Auseinandersetzungsbehörden usw.) statt, so gilt für dieses Verfahren das GKG. nicht[4a]), soweit es nicht durch Sondergesetz für anwendbar erklärt ist.

6 2. Es kommt vor, daß ein *Teil des Verfahrens* sich vor anderen Behörden und Gerichten, ein anderer Teil vor den ordentlichen Gerichten abspielt. Dann gilt für den letzteren Teil das GKG., vorausgesetzt, daß auf diesen auch die ZPO., die StPO., die KO. oder die VglO. Anwendung findet. Dies trifft z. B. zu, wenn nach § 124 SeemannsO. vom 2. Juni 1902 (RGBl. 175) Antrag auf gerichtliche Entscheidung

---

[4a]) Für das *Reichswirtschaftsgericht* gilt eine besondere VO. vom 13. Febr. 1924 (RGBl. I 155), ebenso für das Kartellgericht (vgl. VO. vom 2. Nov. 1923, RGBl. I 1071). Hinsichtlich der *Arbeitsgerichte* vgl. § 12 ArbGG. und unten Teil III. Bei den *Bordkriegsgerichten* herrscht Gebührenfreiheit (§ 469 MilStGO. vom 1. Dez. 1898 mit Gesetz vom 7. August 1920, RGBl. 1579).

Hinsichtlich der reichsrechtlich eingerichteten Verwaltungsbehörden und Verwaltungsgerichte sind an *reichsrechtlichen* Kostenbestimmungen zu erwähnen: für die *Versicherungsbehörden*: §§ 137, 138, 1802, 1803 RVersO. und GebO. für das RVers.-Amt vom 22. April 1924 (RGBl. I 419), für die *Finanzbehörden* und *Finanzgerichte*: §§ 205 Abs. 3, 206 Abs. 2, 216, 289 ff., 315, 419 ff. RAbgO. mit VO. vom 5. November 1925 (RGBl. I 387). Bei den *Versorgungsbehörden* gilt Gebührenfreiheit (RGBl. 1928 I 117 § 142).

gestellt wurde; für das gerichtliche Verfahren gilt die StPO., also auch das GKG. Ebenso bei polizeilichen Strafverfügungen [4b]); nach früherem Recht bei Berufungen gegen die Urteile der Gewerbe- und Kaufmannsgerichte. Ähnlich bei Berufungen gegen Urteile der Konsulargerichte: bei diesen gelten gemäß Sondervorschrift des § 73 KonsGG. die doppelten Sätze des GKG., beim RG. als Berufungsinstanz gilt das GKG. unmittelbar.

3. Zu dem gerichtlichen Verfahren zählen die Kommentare regelmäßig auch das 7
Strafverfahren, soweit es sich — insbesondere im Ermittelungsverfahren — *bei der Staatsanwaltschaft* abspielt. Das geschieht teils ohne weitere Begründung, also wohl rein gefühlsmäßig [5]), teils mit mehr oder weniger unzureichenden Gründen [6]). Es kann nach den Bestimmungen des GKG. keinem Zweifel unterliegen, daß die Staatsanwaltschaft weder ein Gericht noch ein Bestandteil des Gerichts ist. Die Gerichte und die Staatsanwaltschaft sind vielmehr durchaus selbständige, voneinander unabhängige und einander gleichgeordnete Behörden (vgl. §§ 141 ff., namentlich §§ 147, 148, 150, 151 GVG.). § 1 GKG. betont nicht nur ausdrücklich, daß dieses Gesetz nur auf die vor die ordentlichen Gerichte gehörigen (d. h. bei diesen anhängigen) Rechtssachen Anwendung finde, sondern es spricht auch nochmals aus, daß seine Regelung die Gebühren und Auslagen *der Gerichte* betreffe. Bezöge sich § 1 wirklich auch auf die Staatsanwaltschaft und behandelte sie diese als Bestandteil des Gerichts, so müßten auch diejenigen Vorschriften des GKG., die nicht durch ihren Wortlaut erkennen lassen, daß sie sich nur auf Entscheidungen *der Gerichte*, deren Anfechtung usw. beziehen, auf die Entscheidungen der Staatsanwaltschaft mit angewendet werden: z. B. die Vorschrift des § 69 GKG. auch auf die Beschwerde des Verletzten an den vorgesetzten Beamten der Staatsanwaltschaft nach § 172 Abs. 1 StPO., was wohl noch nie in Schrifttum und Rechtsprechung angenommen worden ist (vgl. auch § 57 GKG.). Übrigens ist die Staatsanwaltschaft nicht nur im Strafprozeß, sondern auch im Zivilprozeß (in Ehe- und Entmündigungssachen usw.) tätig und es fehlt auch hier jede Möglichkeit, ihre Tätigkeit (die ja eine — wenn auch eigenartige — Parteitätigkeit ist) als eine Tätigkeit „der Gerichte" zu betrachten.

Es ergibt sich also, daß § 1 GKG. das staatsanwaltschaftliche Verfahren nicht umfaßt. Daraus darf und wird freilich noch lange nicht der Schluß gezogen werden, daß nun die Gebühren- und Auslagenerhebung für die Tätigkeit der Staatsanwaltschaft von Reichs wegen freigegeben und daß diese Tätigkeit einer beliebigen Bestimmung durch die Länder überlassen wäre. Hiezu ist vielmehr kurz folgendes zu sagen:

Nach § 465 Abs. 1 StPO. hat der zu Strafe verurteilte Angeklagte die Kosten 7a
„mit Einschluß der durch die Vorbereitung der öffentlichen Klage und die Strafvoll-

---

[4b]) Auch der Sühneversuch nach § 380 StPO. gehört hierher; daher können *für diesen* landesrechtlich Gebühren erfordert werden; vgl. z. B. BayBek. vom 6. März 1928 Nr. 9 (GVBl. 158).

[5]) So bei *Rittmann-Wenz* § 1 Anm. 2; *Baumbach* § 1 Anm. 2; *Wochinger-Schwalb* § 1 Anm. 2.

[6]) *Jonas* sagt (§ 49 Anm. 1 b), das Strafverfahren umfasse auch das staatsanwaltschaftliche Ermittelungsverfahren. „Bereits in diesem Stadium des Verfahrens handelt es sich um eine Angelegenheit, die vor die ordentlichen Gerichte gehört i. S. des § 1, für die also Gebühren und Auslagen nur nach Maßgabe des GKG. erhoben werden können." Hier wird also das Wort „gehören" in einem anderen Sinne aufgefaßt, als es bei § 1 selbst nach der herrschenden Meinung geschieht (s. u. Anm. 8; *Rittmann-Wenz* § 1 Anm. 1 a. E.), nämlich im Sinne der objektiven Zuständigkeit der ordentlichen Gerichte, statt im Sinne ihres Befaßtseins mit der Rechtssache. Folgt man der Beweisführung von *Jonas*, so muß § 1 auch für alle anderen Behörden gelten, bei denen eine Sache im Vorbereitungsstadium vor ihrer Anhängigkeit bei Gericht schwebt. Auch übersieht *Jonas*, daß § 1 nicht nur von den „vor die ord. Gerichte gehörigen Rechtssachen" spricht, sondern auch nur die „Gebühren und Auslagen *der Gerichte*" regeln will. Das BayObLG. weist in seiner Entsch. JW. 1917, 612 [1] (= BayZ. 1917, 57) auch auf den Fall des früheren § 78 Nr. 2 c GKG. hin, der sehr häufig gerade im Vorverfahren eintrete. Allein diese Bestimmung ist durch das neue GKG. beseitigt.

streckung entstandenen" zu tragen. Die Kosten der Strafvollstreckung bemessen sich, soweit nicht die Gerichte tätig werden, ausschließlich nach Landesrecht, wie sich z. B. aus § 72 Nr. 8 GKG. ergibt. Hinsichtlich der Kosten im staatsanwaltschaftlichen Ermittelungsverfahren fehlt eine ausdrückliche Vorschrift; ebenso hinsichtlich der sonstigen Tätigkeit der Staatsanwaltschaft. Nun ist der deutsche Strafprozeß als Parteiprozeß gestaltet, in dem die Staatsanwaltschaft den Staat als Strafanspruchsberechtigten vertritt; im Zivilprozeß gibt es Fälle, in denen der durch sie vertretene Staat oder die Staatsanwaltschaft „kraft Amtes" Partei ist (z. B. im Falle der §§ 632, 634, 666 ZPO.), und andere Fälle, in denen die Staatsanwaltschaft ohne Parteistellung tätig wird (§§ 607, 652 ZPO. usw.); vgl. §§ 637, 673, 677 ZPO. Nun kann der Natur der Sache nach der Staat als Prozeßpartei, wenn er als Sieger aus dem Streit hervorgeht, für die Tätigkeit seiner Organe kein Entgelt verlangen, es sei denn, daß ihm der das Verfahren regelnde Gesetzgeber (also hier das Reich) dieses Recht (durch eine Gebührenordnung) ausdrücklich verleiht. Auch im Zivilprozeß gewährt § 91 ZPO. der obsiegenden Partei grundsätzlich nur Auslagenersatz[7]); ein Entgelt für ihre Tätigkeit kann sie nicht verlangen. Die Bestimmung des § 7 RAGebO., die dem als Partei auftretenden Rechtsanwalt auch Gebühren zubilligt, ist eine (reichsgesetzliche) Ausnahmevorschrift; sonst erscheinen auch die Anwaltsgebühren im Rahmen der Kostenerstattungspflicht nach §§ 91 ff. ZPO. begrifflich als Auslagen der Partei. Was im Zivilprozeß für sonstige Parteien gilt, muß aber sicherlich auch für die das öffentliche Interesse vertretende Staatsanwaltschaft als Partei gelten; derselbe Grundsatz muß dann erst recht im Strafprozeß Anwendung finden. Soweit die Staatsanwaltschaft im Zivilprozeß nicht als Partei tätig wird, handelt es sich um Tätigkeiten, die das Gesetz nicht für erforderlich hält. Kommen für die notwendige Tätigkeit der Staatsanwaltschaft keine Gebühren in Ansatz, so gewiß nicht für diejenige Tätigkeit, die nicht als nötig erachtet wird.

Auslagen darf die Staatsanwaltschaft als Partei im Strafprozeß erheben; man wird aber nicht fehl gehen, es als Willen des Gesetzes zu betrachten, daß auch hier die Staatsanwaltschaft (deren Tätigkeit im GVG. und in der StPO. neben der des Gerichts im organischen Zusammenhang mit dieser geregelt ist) an die Bestimmungen gebunden sein soll, die für die Erhebung von Auslagen seitens der Gerichte bestehen[8]). Gleiches gilt für die Parteitätigkeit der Staatsanwaltschaft im Zivilprozesse. Soweit sie nicht Partei ist, kommt auch Auslagenersatz nicht in Frage (arg. § 91 ZPO.). Das gleiche gilt im Privatklageverfahren, solange die Staatsanwaltschaft die Verfolgung nicht übernimmt (§ 471 StPO.).

8 4. Rechtssachen, die vor die ordentlichen Gerichte gehören, sind solche, die vor die ordentlichen Gerichte gebracht werden, um nach der ZPO. usw. behandelt zu werden. Es kommt also nicht etwa, wie man nach dem ungenauen Wortlaut des Gesetzes meinen könnte, darauf an, ob die Zuständigkeit der ordentlichen Gerichte objektiv gegeben ist. Niemand wird im Ernste die Ansicht vertreten, daß der Zivilprozeß, in dem die Klage wegen Unzulässigkeit des Rechtswegs — also deshalb, weil sie nicht vor die ordentlichen Gerichte „gehört" — abgewiesen wird, gerichtskostenfrei sei. Sobald eine Sache vor die ordentlichen Gerichte gebracht wird, damit eine Entscheidung nach Maßgabe der ZPO., StPO. usw. herbeigeführt werde, findet das GKG. Anwendung[9]).

---

[7]) Eine etwaige Pauschalierung schließt den Auslagenbegriff nicht aus.

[8]) So die allgemeine Meinung.

[9]) Zustimmend die allgemeine Meinung; s. auch RGZ. 52, 248; RGZ. 22, 415; JW. 1902, 547[15] (das RG. erhob die Beschwerdegebühren nach dem GKG. a. F., obwohl es zu Unrecht in den Formen des Zivilprozesses in einer Sache der freiwilligen Gerichtsbarkeit als Beschwerdeinstanz angerufen wurde). — Nach Sydow-Busch-Krieg[11] § 1 Anm. 5 soll es darauf ankommen, ob dem Parteiantrage Behauptungen über die Zuständigkeit des Gerichts zugrundeliegen, die, wenn sie richtig wären, die Anwendung des GKG. rechtfertigen würden. Das ist zweifellos zu eng gefaßt. Auch wenn die Behauptungen die Zuständigkeit nicht rechtfertigen, gilt das GKG.

B. Rechtssachen, auf welche die ZPO., StPO., KO. oder VglO. Anwendung findet.

1. Auch bei der zweiten Voraussetzung des § 1 ist es belanglos, ob eines der 9
Reichsjustizgesetze kraft Reichsrechts oder kraft Landesrechts Anwendung findet. S. a. Anm. 19.

2. Findet nur ein Teil des Verfahrens vor den ordentlichen 10
Gerichten statt, so kommt es darauf an, ob auf diesen Teil die ZPO., StPO., KO. oder VglO. Anwendung findet. Ist dies der Fall, so ist auf diesen Teil auch das GKG. anwendbar. S. o. Anm. 6.

3. Anwendung finden die Reichsjustizgesetze auch dann, wenn sie nur in 11
ihren wesentlichen Teilen zur Anwendung kommen, wenn sie also den Gesamtcharakter des Verfahrens bestimmen, mögen auch einzelne ihrer Vorschriften von der Anwendung ausgeschlossen sein. Die Lösung der Frage, wo hier die Grenze liegt, kann nur im einzelnen Anwendungsfalle erfolgen. Es ist dabei besonders auf die Anwendung derjenigen Vorschriften der Reichsjustizgesetze Gewicht zu legen, welche gerade für die kostenrechtliche Gliederung des Verfahrens bestimmend sind.

4. Kraft Reichsrechts findet die Zivilprozeßordnung auf alle bür- 12
gerlichen Rechtsstreitigkeiten Anwendung, welche vor die ordentlichen Gerichte gehören (§ 3 Abs. 1 EGZPO.).

Bürgerliche Rechtsstreitigkeiten sind an sich Streitigkeiten über privatrechtliche Verhältnisse, und vor die ordentlichen Gerichte gehören an sich nach der eigenartigen, negativen Regelung in § 13 GVG. alle bürgerlichen Rechtsstreitigkeiten, für die nicht entweder die Zuständigkeit von Verwaltungsbehörden oder Verwaltungsgerichten begründet ist oder reichsgesetzlich besondere Gerichte bestellt oder zugelassen sind. Allein die ungeheuer verwickelten Verhältnisse und Fragen, welche sich aus dieser gesetzlichen Abgrenzung ergeben, brauchen uns hier nicht zu beschäftigen. Denn bezüglich der Anwendbarkeit des GKG. liegen die Dinge erheblich einfacher als bezüglich der Zulässigkeit des Rechtsweges, für deren Prüfung § 13 GVG. die Hauptnorm bildet. Sobald nämlich ein Verfahren in den Formen der ZPO. anhängig gemacht wird, muß das Gericht auf seine Erledigung, wie wir oben bereits gesehen haben, die ZPO. anwenden, sei es auch nur, um die sachliche Entscheidung zu verweigern, insbesondere die Zulässigkeit des Rechtswegs zu verneinen.

a) Auch soweit die ZPO. Rechtsgebiete regelt, die systematisch eigentlich einer 12a
anderen Rechtsordnung angehören, wie das amtsgerichtliche Entmündigungsverfahren, das zur freiwilligen Gerichtsbarkeit gehört, oder das Aufgebotsverfahren, findet das GKG. Anwendung. Es gilt ebenso unzweifelhaft für das Güteverfahren, das Arrestverfahren und die gesamte Zwangsvollstreckung in das bewegliche Vermögen, soweit sie sich vor den ordentlichen Gerichten abspielt und in der ZPO. oder anderweitig nach ihren Normen geregelt ist. Daher findet das GKG. auch Anwendung auf das Beschwerdeverfahren in Vereinssachen gemäß §§ 60, 73 BGB., das zwar systematisch keine bürgerliche Rechtsstreitigkeit ist, aber vom Gesetze auf Grund positiver Bestimmung als solche behandelt wird[10]). Näheres bei § 38 Anm. 5.

Dagegen findet das GKG. nach § 1 keine Anwendung auf das Verfahren 13
der freiwilligen Gerichtsbarkeit und das Verfahren vor den Aufwertungsstellen, weil für dieses nicht die ZPO., sondern das FGG. gilt (das nur einzelne Bestimmungen der ZPO. für anwendbar erklärt)[11]); auf das Verfahren vor den Mieteinigungsämtern und Beschwerdestellen des MSchG., vor den Pachteinigungsämtern und Einigungsämtern für Altenteilsansprüche usw.; auf die Zwangsvollstreckung in das unbewegliche Vermögen, weil die Zwangsversteigerung und Zwangsverwaltung durch ein besonderes Gesetz mit eigenen Normen geregelt ist (§ 869 ZPO., ZVG. vom 24. März 1897), das Verfahren bei Eintragung einer Sicherungshypothek aber zur freiwilligen Gerichtsbarkeit gehört und durch

[10]) A. A.: Rittmann-Wenz § 1 Anm. 1; Jonas § 1 Anm. 3a; KGJ. 36 B 38.
[11]) Siehe jedoch unten Anm. 19 ff.

die GBO. geregelt ist (wenn auch die prozessualen Voraussetzungen in der ZPO. — §§ 866 ff. — normiert sind). Das schiedsrichterliche Verfahren (§§ 1025 ff. ZPO.) spielt sich nicht vor den ordentlichen Gerichten, sondern vor den Schiedsgerichten ab, die überhaupt keine staatlichen Behörden sind, und das Verfahren richtet sich im allgemeinen nach der Parteivereinbarung oder dem Ermessen der Schiedsrichter (§ 1034 Abs. 2 ZPO.). Daher findet auch das GKG. keine Anwendung. Soweit aber die ordentlichen Gerichte mit dem schiedsrichterlichen Verfahren auf Grund der ZPO. befaßt sind, kommt auch das GKG. zur Anwendung (vgl. insbes. § 33 Nr. 7 GKG.).

14 b) Nach § 14 GVG. sind reichsrechtlich die folgenden besonderen Gerichte zugelassen:

1. Rhein- und Elbschiffahrtsgerichte für die in Staatsverträgen bezeichneten Angelegenheiten der Schiffahrt auf Rhein und Elbe;
2. die sogenannten Agrargerichte (§ 14 Nr. 2 GVG.[12]);
3. die Gemeindegerichte (§ 14 Nr. 3)[13])[14]).

Soweit solche besonderen Gerichte eingerichtet sind, findet das GKG. nach § 1 keine Anwendung, weil das Verfahren nicht vor den ordentlichen Gerichten stattfindet. Soweit die Gerichtsbarkeit in bürgerlichen Rechtsstreitigkeiten, für welche besondere Gerichte zugelassen sind, durch die Landesgesetzgebung den ordentlichen Gerichten übertragen wird, kann diese nach § 3 Abs. 2 EGZPO. ein von der ZPO. abweichendes Verfahren gestatten. Weicht dieses Verfahren in wesentlichen Punkten von der ZPO. ab, so kommt auch das GKG. kraft Reichsrechts nicht zur Anwendung.

15 5. Die Strafprozeßordnung findet kraft Reichsrechts (§ 3 Abs. 1 EGStPO.) auf alle Strafsachen Anwendung, die vor die ordentlichen Gerichte gehören, soweit nicht § 3 Abs. 2 und 3 EGStPO. Ausnahmen zuläßt. Strafsachen sind nur solche Verfahren, deren Zweck die Entscheidung über die Anwendung strafrechtlicher Normen ist: „strafrechtlich" im Sinne der kriminellen Strafbarkeit, unter Einschluß der Polizeistrafen, Steuerstrafen usw., aber unter Ausschluß der Disziplinarstrafrechts und der Ehrengerichtsbarkeit[15]).

16 Von den Ausnahmen des § 3 Abs. 2 und 3 EGStPO. sind von besonderer Wichtigkeit die Forst- und Feldrügesachen, die nach landesgesetzlicher Bestimmung den Amtsgerichten zur Behandlung in einem besonderen, von der StPO. abweichenden Verfahren überwiesen werden können. Ist dies der Fall und weicht das Verfahren in wesentlichen Punkten von dem der StPO. ab (s. o. Anm. 11), so findet kraft Reichsrecht das GKG. keine Anwendung; es kann aber natürlich landesrechtlich wieder für anwendbar erklärt werden[16]).

17 Die Vorschrift des § 6 Abs. 2 Nr. 3 EGStPO., wonach die landesgesetzlichen Bestimmungen über das Verfahren im Verwaltungswege bei polizeilichen Strafverfügungen und bei Zuwiderhandlungen gegen die Vorschriften über die Erhebung

---

[12]) „Gerichte, welchen die Entscheidung von bürgerlichen Rechtsstreitigkeiten bei der Ablösung von Gerechtigkeiten oder Reallasten, bei Separationen, Konsolidationen, Verkoppelungen, gutsherrlich-bäuerlichen Auseinandersetzungen und dergleichen obliegt."

[13]) „Gemeindegerichte, insoweit ihnen die Entscheidung über vermögensrechtliche Ansprüche obliegt, deren Gegenstand in Geld oder Geldeswert die Summe von 60 RM. nicht übersteigt, jedoch mit der Maßgabe, daß gegen die Entscheidung der Gemeindegerichte innerhalb einer gesetzlich zu bestimmenden Frist sowohl dem Kläger wie dem Beklagten die Berufung auf den ordentlichen Rechtsweg zusteht, und daß der Gerichtsbarkeit des Gemeindegerichts, als Kläger oder Beklagter, nur Personen unterworfen werden dürfen, welche in der Gemeinde den Wohnsitz, eine Niederlassung oder im Sinne der §§ 16, 20 ZPO. den Aufenthalt haben."

[14]) Ziffer 4 („Gewerbegerichte") ist durch § 110 Nr. 2 ArbGerGes. beseitigt.

[15]) Jonas § 1 Anm. 3b. Über Ordnungsstrafen vgl. Vorb. zum IV. Abschnitt Anm. 2 und 3.

[16]) So in Bayern (jedoch mit einigen, besonderen Abweichungen) durch Art. 24—28 des Kostengesetzes vom 16. Febr. 1921 (GVBl. 134).

öffentlicher Abgaben und Gefälle unberührt bleiben, soweit nicht die §§ 413—415, 419—423 StPO. abändernde Bestimmungen treffen, ist praktisch für die Anwendbarkeit des GKG. nicht von Bedeutung, weil sich ja dieses Verwaltungsstrafverfahren eben nicht vor den ordentlichen Gerichten abspielt. Sobald das Verfahren in das gerichtliche Verfahren übergeleitet ist, finden in diesem die Vorschriften der StPO. und damit auch die des GKG. Anwendung (oben Anm. 6).

6. Die Konkursordnung findet kraft Reichsrechts auf das Konkursverfahren 18
Anwendung; dieses spielt sich bei den ordentlichen Gerichten ab und untersteht daher auch dem GKG. Gleiches gilt von dem Verfahren nach der Vergleichsordnung. — Der Umstand, daß für einzelne Arten von Konkursen in besonderen Reichsgesetzen[17]) eine ergänzende Regelung des Verfahrens stattgefunden hat — so besonders ausführlich in dem Genossenschaftsges. (Fassung vom 20. Mai 1898) §§ 98 ff., 121 ff., hindert die Anwendung des GKG. nicht, da das Verfahren selbst sich auch hier im wesentlichen nach der KO. richtet.

Nach § 5 Nr. 1 EGKO. bleiben von der reichsrechtlichen Regelung unberührt: die landesgesetzlichen Vorschriften, welche die Lehen, Stammgüter und Familienfideikommisse betreffen. Und § 52 KO. bestimmt: „Die Befriedigung der Lehen-, Stammguts- oder Familienfideikommißgläubiger erfolgt abgesondert aus dem Lehen, Stammgute oder Familienfideikommisse nach den Vorschriften der Landesgesetze."

Soweit hienach die landesrechtlichen Vorschriften gelten und ein von der KO. abweichendes Verfahren anordnen, oder soweit das Verfahren nicht vor den ordentlichen Gerichten stattfindet, kommt das GKG. nicht zur Anwendung.

7. Wir haben oben schon gesehen, daß die im § 1 genannten Gesetze auch auf 19
einen kostenrechtlich selbständigen Teil eines Verfahrens Anwendung finden können, das sonst nach anderen Normen geregelt ist. Diese Erscheinung zeigt sich namentlich im Beschwerdeverfahren, das vielfach nach der ZPO. behandelt wird ohne Rücksicht darauf, ob dies auch für die übrigen Abschnitte des betreffenden Verfahrens gilt. So findet § 38 GKG. Anwendung: bei Beschwerden im Armenrechtsverfahren der freiwilligen Gerichtsbarkeit (§ 14 FGG.); bei Beschwerden im Zahlungsfristenverfahren (§§ 3, 4 VO. vom 7. August 1914 RGBl. 1915, 290; 1916, 451 mit § 6 EntlVO.); im Falle des § 25 GebO. f. Gerichtsvollzieher usw. Vgl. im einzelnen[18]) § 38 Anm. 3 ff., § 70 Anm. 1.

Auch die im GKG. selbst behandelten Beschwerden folgen diesem Grundsatz: so die Beschwerden nach §§ 4, 18, 39 GKG., auf deren Behandlung die ZPO. oder die StPO. Anwendung findet (§ 4 Abs. 2, § 18 Abs. 2, § 39 Abs. 2).

Fraglich ist dagegen die kostenrechtliche Behandlung derjenigen Beschwerden, die ausschließlich im Gerichtsverfassungsgesetze geregelt sind: §§ 159, 174, 181 GVG.[19]). Das GVG. ist eine Ergänzung der übrigen Reichsjustizgesetze, mit denen es in unmittelbarem inneren Zusammenhange steht. Es enthält eine Reihe von Materien, die gar nicht die Gerichtsverfassung betreffen, sondern nur einheitlich für die drei Prozeßordnungen geregelt werden sollten und deshalb ihre Behandlung im GVG. gefunden haben. Sowohl die Regelung des Ordnungsstrafverfahrens (§ 180 GKG.) als auch die des Beschwerdeverfahrens bei Auferlegung der Schweigepflicht gemäß § 174 Abs. 2 GVG. und bei Rechtshilfeentscheidungen (§ 159 GVG.) stellen solche prozessuale Ergänzungen des ordentlichen Prozesses dar, die formell nur aus Gründen der Vereinfachung eine zusammenfassende, einmalige Behandlung im GVG. — statt zwei- oder dreimaliger Behandlung in den einzelnen Prozeßgesetzen — gefunden haben. Diese Verfahrensabschnitte (Beschwerdeinstanzen) unterstehen daher dem GKG., ohne daß es einer Untersuchung der Frage bedarf, ob die besonderen prozessualen Vorschriften der erwähnten Bestimmungen des GVG. von denen der Prozeßordnungen so

---

[17]) Vgl. GmbHGes. (20. Mai 1898), GenGes. (20. Mai 1898), HypBankGes. (13. Juli 1899) usw.

[18]) Stein-Jonas, vor § 567 Anm. V.

[19]) Im Falle des § 56 GVG. findet „Beschwerde nach der StPO." statt. Hier gilt also zweifellos § 69 GKG.

wesentlich abweichen, daß man hienach eine Anwendbarkeit der ZPO. oder der StPO. verneinen müßte [20]).

20 **III. Gerichtskosten werden nur nach Maßgabe dieses Gesetzes erhoben.**

Der Leitsatz des § 1, daß innerhalb des unter II abgegrenzten Geltungsgebietes die Gebühren und Auslagen der Gerichte nur nach Maßgabe dieses Gesetzes erhoben werden, hat eine doppelte Bedeutung. Einmal die, daß Gebühren und Auslagen innerhalb dieses Geltungsgebietes nur für solche Tätigkeiten erhoben werden dürfen, die das Gesetz selbst für abgabepflichtig erklärt, und für diese nur nach Maßgabe des Gesetzes. Ferner besagt die Bestimmung, daß — soweit das GKG. gemäß § 1 gilt — für eine landesrechtliche Erhebung von Gebühren und Auslagen kein Raum ist.

1. Während im Anwaltsgebührenrecht der dem Wesen des privatrechtlichen Arbeitsvertrages entsprechende Grundsatz gilt, daß keine Tätigkeit des RA. ohne Entgelt bleiben soll, auch wenn das Gesetz nicht ausdrücklich eine Vergütung vorsieht, enthält das GKG. den umgekehrten, dem Abgabenrechte entsprechenden Grundsatz, daß Gebühren und Auslagen nur insoweit und in der Weise erhoben werden dürfen, als das Gesetz es gestattet. Eine dem § 89 RAGebO. entsprechende Bestimmung (Anwendung der Analogie auf Tätigkeiten, für die das Gesetz keine Gebühr vorsieht) ist daher im GKG. nicht vorhanden. Wenn also das Gesetz z. B. für das Kostenfestsetzungsverfahren keine Gebühr mehr vorsieht, so kann nicht etwa auf dem Wege der Analogie irgendeine Vergütung hiefür erhoben werden. Und wenn das Gesetz nur bestimmte Auslagen für vergütungsfähig erklärt, so sind alle anderen Aufwendungen des Staates von der Erstattung ausgeschlossen.

Ebenso ist die Frage, wer für die Gebühren und Auslagen dem Staat gegenüber aufzukommen hat, nur nach Maßgabe des Gesetzes zu entscheiden, während die Art der Einziehung der landesrechtlichen Regelung überlassen ist.

21 Selbstverständlich kann aus dem Wortlaut des § 1 nicht die Folgerung gezogen werden, daß nur der formale Inhalt des GKG. für die Regelung des Gerichtskostenwesens maßgebend sei. Das GKG. kann durch andere Reichsgesetze geändert werden und die Frage, ob dies der Fall ist, sowie die weitere Frage, ob das GKG. selbst andere Reichsgesetze unberührt läßt, ist nach allgemeinen staatsrechtlichen Grundsätzen zu entscheiden. Wenn also z. B. § 88 GKG. unter den Bestimmungen der ZPO., welche für die Verpflichtung zur Gerichtskostentragung gegenüber dem Staat neben den Vorschriften der §§ 74—87 gelten sollen, den § 92 ZPO. nicht erwähnt, so unterliegt es doch keinem Zweifel, daß der Staat auf Grund eines Urteils oder gerichtlichen Vergleichs, wonach „die Kosten gegeneinander aufgehoben werden" die Hälfte der Gerichtskosten von jeder der Prozeßparteien einfordern darf. Diese Vorschrift des § 92 Abs. 1 Satz 2 ZPO. soll nach dem Willen des Gesetzes auch für das Gerichtskostenrecht, für das Verhältnis der Parteien zum Staat, maßgebend sein [21]). — Ebenso ist es längst herrschende Meinung, daß die Vorschriften der ZPO. über das Armenrecht neben den Bestimmungen über die Zahlungspflicht der Parteien gegenüber dem Staate gelten und diese z. T. durchbrechen [22]).

22 2. Der Leitsatz des § 1 bedeutet ferner, daß innerhalb des Geltungsgebietes des GKG. für eine landesrechtliche Erhebung von Gebühren und Auslagen kein Raum ist. Diese Besteuerung des Prozesses ist im GKG. erschöpfend geregelt. Der Grundsatz wird im § 2 des Gesetzes noch dahin erläutert und ergänzt, daß auch Stempel- und sonstige Abgaben für den Prozeß grundsätzlich

---

[20]) Uns. M. (im Ergebnis): Baumbach § 38 Anm. 1; Rittmann-Wenz § 38 Anm. 1; Stein-Jonas, vor § 567 Anm. V (dieser bezüglich der Beschwerde nach § 174 Abs. 2 GVG.). A. M.: Jonas § 38 Anm. 1; Stein-Jonas vor § 567 Anm. V (beide bezüglich der Beschwerden nach §§ 159, 181 GVG.); OLG. 31, 208 (Frankfurt a. M.) bezüglich der Beschwerde nach § 181 GVG.

[21]) So OLG. Augsburg BayZ. 1926, 358 Nr. II (gegen die Ausführungen der Beschwerdeschrift, die sich zu Unrecht auf § 1 GKG. berief).

[22]) Vgl. z. B. Rittmann-Wenz § 1 Anm. 3; derselbe, Einl. zum VI. Abschnitt; RGZ. 23, 352.

nicht erhoben werden dürfen (im einzelnen vgl. hierüber und über die Ausnahmefälle die Anmerkungen zu § 2).

Im allgemeinen werden sich Zweifel über die Zulässigkeit oder Unzulässigkeit der Erhebung landesrechtlicher Gerichtskosten nicht ergeben, da in der Regel der Umfang des Prozesses im Sinne des § 1 klar liegt. Schwierigkeiten können aber da entstehen, wo in mehr oder weniger enger Verbindung mit dem Prozeß ein Verfahren vor anderen (nicht gerichtlichen) Behörden einherläuft. Hier entsteht dann die Frage, ob für dieses Stadium des Verfahrens landesrechtliche Gebühren und Auslagen erhoben werden können. So, wenn es sich um die Hinterlegung von Prozeßkautionen bei der gerichtlichen Hinterlegungsstelle oder um die Herausgabe derselben handelt. Hier kommt es darauf an, ob ein besonderes behördliches Verfahren vorliegt, das nicht mehr einen Bestandteil des Prozesses bildet und auch nicht selbst die Erfordernisse des § 1 erfüllt. Das Hinterlegungsverfahren ist landesrechtlich selbständig geregelt; daher können hier auch landesrechtliche Gebühren und Auslagen erhoben werden[22a]). Handelt es sich aber z. B. um Freigabebeschlüsse nach § 109 oder nach § 715 ZPO., so können für diese Beschlüsse landesrechtliche Gerichtskosten nicht erhoben werden (s. u. § 20 Anm. 9). —

Hinsichtlich des staatsanwaltschaftlichen Verfahrens ist bereits oben dargetan worden, daß zwar § 1 GKG. auf dasselbe formell keine Anwendung findet, daß aber auch aus anderen Gründen eine landesrechtliche Erhebung von Gebühren nicht in Frage kommt und daß auch die Auslagenerhebung an bestimmte Schranken gebunden ist (vgl. oben Anm. 7 und 7 a).

In diesem Zusammenhang ist auch eine Spezialfrage zu behandeln, die in der 22a
Praxis eine Rolle spielt: kann das Landesrecht Gebühren für die Bewilligung der Akteneinsicht oder der Erteilung von Abschriften aus den Akten an dritte Personen erheben?[23])

Die Frage kann nur entschieden werden, wenn man sich über den Begriff der „Rechtssache“ i. S. des § 1 klar ist. Eine Rechtssache, auf welche die ZPO. Anwendung findet, ist ein Prozeß, der in den Formen der ZPO. anhängig gemacht wird. Prozeß heißt Fortgang, Vorwärtsschreiten[24]). § 1 verbietet (ergänzt durch § 2) die Besteuerung des Prozesses nach anderen Normen als denen des GKG. Zum Prozeß gehören aber nicht solche Handlungen, welche mit dem Fortgang dieses Verfahrens nichts zu tun haben, sondern nur für ein anderes Verfahren von Bedeutung sein können. Dies trifft regelmäßig dann zu, wenn dritte Personen Akteneinsicht verlangen (§ 299 Abs. 2 ZPO.) oder um Abschriften aus den Akten bitten (deren Erteilung nicht verboten ist, sondern von der Justizverwaltung gestattet werden kann: Stein-Jonas § 299 Anm. III). In diesen Fällen steht § 1 GKG. einer landesrechtlichen Gebührenerhebung für die Bewilligung nicht entgegen: denn sie gehört in keiner Weise zu dem Verfahren, in dem die Akten erwachsen sind; mit seinem Fortgang hat sie nicht das Geringste zu tun. Das gilt auch im Offenbarungseidesverfahren. Denn verfahrensrechtlich und vor allem auch kostenrechtlich begründet eine neue Ladung zum Offenbarungseide ein gesondertes, neues Verfahren. Der „Zusammenhang“ mit dem früheren Verfahren ist ein sachlicher, etwa wie der zwischen einem inhaltlich präjudi-

---

[22a]) Vgl. auch Irmler JW. 1924, 955 (gegen Basch daselbst): Zulässigkeit der Erhebung einer landesrechtlichen Gebühr für Prüfung von Auslandsersuchen durch die Verwaltungsbehörde.

[23]) Die bayerische Praxis bejaht die Frage vorwiegend: OLG. Nürnberg JW. 1927, 867[32]; BayObLG. SeuffBl. 77, 369; Lehmer BayZ. 1928, 105; OLG. München BayZ. 1928, 144. OLG. Zweibrücken BayZ. 1928, 105 verneint sie (unter Berufung auf § 1 GKG. und Konze DJZ. 1909, 487) für das Protokoll und Vermögensverzeichnis bei Eidesleistung im Offenbarungseidesverfahren, weil hier das Verfahren, das ein neuer Gläubiger einleitet, mit dem früheren Verfahren in notwendigem Zusammenhange stehe, so daß nur eine Rechtssache vorliege, auf welche die ZPO. Anwendung finde. — Für Preußen siehe PrVerwGebO. vom 30. Dez. 1926 (GS. 327) Tarifstelle 1a und 48n und Allg. Verf. vom 9. Mai 1914 JMBl. 512.

[24]) Vgl. Walter-Joachim-Friedlaender, RAGebO. § 13 Anm. 12.

ziellen und einem späteren Prozeß, aber kein förmlicher, die Einheit des Verfahrens bedingender. Daher kann der Unterscheidung des OLG. Zweibrücken (Fußnote 23), so beachtlich sie de lege ferenda auch ist, nach geltendem Recht nicht zugestimmt worden. Vgl. auch unten § 76 Anm. 9.

Dagegen sind die Parteien des Prozesses auch nach rechtskräftiger Entscheidung derselben von weiterer Prozeßbesteuerung stets befreit; sie bleiben Prozeßparteien, insbes. auch im Sinne des § 299 Abs. 1 ZPO.[25]). Dies ergibt sich schon daraus, daß auch nach Rechtskraft des Urteils das Verfahren noch nicht zu Ende sein muß: es können Wertfestsetzungen, Kostenfestsetzungen usw. erfolgen, ja es kann das eigentliche Hauptverfahren mit der Behauptung, die Rechtskraft sei noch nicht eingetreten, fortgesetzt werden (und dadurch können sogar Dritte nachträglich zu Parteien werden; vgl. unten Teil II, Übergangsrecht Fußnote 4a). Gleichwohl unterstehen auch diese Akte dem § 1, was z. B. im Falle des § 18 GKG. allgemein anerkannt ist, obwohl dieser im Gegensatz zum früheren Recht die Gebührenfreiheit des Wertfestsetzungsverfahrens nicht mehr besonders betont. Mithin dürfen auch Gesuche der Parteien um Akteneinsicht und Erteilung von Abschriften usw. landesrechtlich nicht besteuert werden. Das Gleiche muß gelten, wenn dritte Personen solche Anträge stellen, weil sie beabsichtigen dem betreffenden Verfahren als Parteien (etwa als Nebenintervenienten) beizutreten; denn dann dient der Antrag dem Fortgang dieses Verfahrens und er muß als zu ihm gehörig angesehen werden.

23 3. Dem Satze, daß Gebühren und Auslagen nur nach Maßgabe des GKG. erhoben werden, wird noch eine dritte Bedeutung beigelegt, nämlich die, daß gewisse Vorschriften der Prozeßgesetze (z. B. die über die Form der Klagezurücknahme: § 29 GKG.) hinter denen des GKG. zurückzutreten haben, daß dieses also gewisse Fachausdrücke in anderem Sinne gebrauche als die Prozeßordnungen. Wir glauben nicht, daß dieser Satz wirklich aus den erwähnten Worten des § 1 gefolgert werden kann; tut man es, so kommt man in anderer Beziehung zu unhaltbaren Folgerungen (s. o. Anm. 21). Wohl aber ergibt sich aus dem Wesen des Gerichtskostenrechts, daß manche Begriffe hier eine etwas andere Bedeutung haben müssen als im Prozeßrecht. Insbesondere ist im Gerichtskostenrecht regelmäßig von dem zweiseitigen Verhältnis zwischen Antragsteller und Gericht auszugehen (die Einreichung der Klage begründet bereits die Prozeßgebühr, die Einreichung der Zurücknahme gilt bereits als solche), während das entsprechende prozessuale Rechtsverhältnis sich erst dadurch vollendet, daß auch der Gegner in dasselbe einbezogen wird (durch Zustellung der Klage, der Zurücknahmeerklärung usw.). M. a. W.: das Gerichtskostenrecht knüpft zwar überall an die prozeßrechtlichen Normen und an die prozessuale Gestaltung des Verfahrens an; es folgt aber doch zuweilen seinen eigenen Grundsätzen und es muß stets die Frage gestellt und beantwortet werden, ob nicht das Wesen des Gerichtskostenrechts auch eine besondere Auslegung prozeßrechtlicher Fachausdrücke erfordert. Vgl. hiezu § 23 Anm. 12, § 29 Anm. 4ff.

§ 2.

Eine Erhebung von Stempeln und anderen Abgaben neben den Gebühren findet nicht statt.

Urkunden, von denen im Verfahren Gebrauch gemacht wird, sind nur insoweit einem Stempel oder einer anderen Abgabe unterworfen, als sie es ohne diesen Gebrauch sein würden.

Urkunden, welche im Verfahren errichtet werden, bleiben, soweit ihr Inhalt über den Gegenstand des Verfahrens hinausgeht, den allgemeinen Vorschriften über Erhebung von Stempeln oder anderen Abgaben unterworfen.

---

[25]) A. M.: OLG. 25, 96 (Colmar); Stein-Jonas § 299 Fußn. 19; Lehmer a. a. O.

Vorbemerkung.

§ 2 handelt von der Frage, inwieweit eine Besteuerung des Rechtsstreits außerhalb des GKG. zulässig ist.

Übersicht.

I. Die Bedeutung der Bestimmung. 1

Wir haben in den Erläuterungen zu § 1 gesehen, daß das GKG. die Belegung des Zivil- und Strafprozesses, des Konkurs- und Vergleichsverfahrens mit Gebühren und Auslagen ausschließlich regeln will. Diese Absicht führt zu der den § 1 ergänzenden Vorschrift des § 2, dessen Hauptgrundsatz im ersten Absatz niedergelegt ist und dahin zusammengefaßt werden kann, daß der Prozeß selbst auch jeder anderen Besteuerung (mag sie unter dem Titel von Stempeln oder sonstigen Abgaben erscheinen) entzogen sein soll. Zu der so ausgeschlossenen Besteuerung gehört nicht nur die unmittelbare Besteuerung des Verfahrens (in Gestalt von Abgaben für Prozeßhandlungen, Prozeßschriften usw.), sondern auch die mittelbare Besteuerung, die darin liegt, daß Urkunden, die außerhalb des Rechtsstreits errichtet werden, der Stempelpflicht deshalb verfallen sollen, weil sie im Prozeß dem Gericht vorgelegt werden. Auf diese Fälle bezieht sich § 2 Abs. 2, dessen Bedeutung namentlich für das landesrechtliche Vollmachtsstempelrecht eine große ist. Anderseits soll die Steuerfreiheit des Prozesses (außerhalb der Vorschriften des GKG.) nicht dazu führen, daß der Prozeß als Mittel zur Umgehung der Steuergesetze mißbraucht wird; daraus erklärt sich der Vorbehalt des Abs. 3, der namentlich für die gerichtlichen Vergleiche von Bedeutung ist.

II. Der Grundsatz des § 2. 2

1. Der im ersten Absatz des § 2 niedergelegte Hauptgrundsatz versteht sich eigentlich schon nach dem Inhalt des § 1 GKG. von selbst. Was als Gebühr oder Auslage des Gerichts nicht erhoben werden darf, soll dem Staat auch nicht unter einem anderen Namen (als Stempel oder sonstige Abgabe) zufließen. Auch wenn dies nicht im Gesetze stände, könnte man zu keinem anderen Ergebnisse gelangen. Wenn also ein Landesgesetz etwa einen Stempel für gerichtliche Vergleiche, für Schriftsätze usw. einführen wollte, so wäre dieses Gesetz ungültig.

2. Der zweite Absatz des § 2 stellt klar, daß auch die sogenannte mittelbare 3
Besteuerung des Rechtsstreits untersagt sei; gleichzeitig grenzt er diese mittelbare Besteuerung von denjenigen Fällen ab, in denen es sich tatsächlich nur um eine ganz außerhalb des Rechtsstreits entstandene Abgabenpflicht handelt, die mit der unzulässigen Besteuerung des Prozesses nicht verwechselt werden soll.

a) Es handelt sich um die Besteuerung von Urkunden, die im Prozeß — also in einem unter § 1 GKG. fallenden Verfahren — vorgelegt werden (Urkundenstempel). Wenn eine solche Urkunde schon unabhängig von ihrem Gebrauch im gerichtlichen Verfahren stempelpflichtig ist, so bleibt diese Stempelpflicht auch dann durch § 2 Abs. 2 GKG. unberührt, wenn die Urkunde im Prozeß dem Gerichte vorgelegt wird. Das gilt z. B. von Wechseln, Schecks, Aktien, Frachturkunden, Verträgen, Testamenten, Schuldscheinen, die schon mit der Errichtung, Ausstellung oder jedenfalls unabhängig von ihrer Einreichung bei Gericht steuerpflichtig sind. Es gilt auch regelmäßig von Prozeßvollmachten[1]. Denn wo ein landesrechtlicher Vollmachtsstempel besteht, wird die Stempelpflicht meist durch die Errichtung der Vollmachtsurkunde begründet. Es gibt aber auch Fälle, in denen beim Vollmachtsstempel § 2

[1] Vgl. hiezu die grundlegende Entsch. in RGZ. 17, 427, die auch auf die Vorgeschichte des (älteren) GKG. zurückgeht, insbes. auf das preuß. GKG. vom 10. Mai 1851.

Abs. 2 GKG. eingreift: insbesondere, wenn das betreffende Stempelgesetz die im Ausland errichteten Vollmachten erst mit dem Gebrauch gegenüber den inländischen Behörden für steuerpflichtig erklärt. Eine solche Bestimmung kann im Geltungsgebiet des § 1 GKG. für Prozeßvollmachten keine Anwendung finden, weil es sich hier um Urkunden handelt, die ohne den Gebrauch im gerichtlichen Verfahren nicht stempelpflichtig sein würden: hier läge also eine mittelbare Besteuerung des Rechtsstreits vor, die § 2 Abs. 2 GKG. verbietet[2]). Vgl. z. B. Art. 2 Abs. 3 (letzter Satz) des bay. Stempelgesetzes vom 16. Febr. 1921 (GVBl. 182).

4 b) Zu besonderen Zweifeln hat eine Bestimmung des bayerischen Stempelgesetzes vom 21. August 1914/16 Febr. 1921 Veranlassung gegeben, nämlich die Nummer 40 (früher 43) Abs. VII des Tarifs, welche lautet:

> Die erstmalige Anzeige des Bevollmächtigten an das Gericht oder die Behörde, daß er im Namen seines Auftraggebers handle, wird, wenn ihr eine schriftliche Vollmacht nicht zugrunde liegt, einer schriftlichen Vollmacht gleichgeachtet.

Die Vorschrift ist hauptsächlich für die Fälle des Anwaltsprozesses geschaffen worden, in denen es einer Vollmachtsvorlage gemäß § 88 Abs. 2 ZPO. in der Regel nicht bedarf und daher häufig eine schriftliche Vollmacht überhaupt nicht ausgestellt wird. Hier soll nun die sogenannte Anwaltsbestellung, also die schriftliche Vertretungsanzeige, an Stelle der Vollmachtsurkunde treten und dem Vollmachtsstempel unterliegen. Es ist klar, daß diese Vorschrift gerade für das Gebiet, für das sie in erster Linie geschaffen wurde, nämlich für den Anwaltsprozeß vor den ordentlichen Zivilgerichten, der Gültigkeit entbehrt. Denn auch hier wird eine Urkunde (die Vertretungsanzeige) besteuert und ihre Steuerpflicht soll erst mit der Einreichung bei Gericht — also mit dem Gebrauch im Verfahren — eintreten. Kommt es gar nicht zur Einreichung der Anzeige, so ist die vorher mündlich erteilte Vollmacht stempelfrei: es ist nicht ersichtlich, wie man in dieser Steuer etwas anderes als eine nach § 2 Abs. 2 GKG. unzulässige Besteuerung des Rechtsstreits erblicken kann[3]).

Der Fall ist für die Auslegung des § 2 bedeutsam und wurde daher, obwohl er zunächst Landesrecht betrifft, hier kurz besprochen.

5 c) Nicht minder lehrreich für die richtige Auffassung des § 2 Abs. 2 GKG. als das zu b Gesagte, ist die Auslegung, die das BayObLG. unter der Geltung des bay. Stempelgesetzes vom 21. August 1914 unserer Gesetzesbestimmung gegeben hatte. Das erwähnte bayerische Gesetz belegte in Tarifstelle 43 mit dem Stempel „Vollmachten zur Vornahme von Geschäften rechtlicher Natur bei Gericht oder Behörden." Das BayObLG. wollte nun aus der Entstehungsgeschichte des bayerischen Gesetzes und aus den Worten „bei Gericht oder Behörden" folgern, daß in Bayern nicht eine Besteuerung des Rechtsgeschäfts (der Vollmachtserrichtung) beabsichtigt gewesen, sondern das sogenannte Produktionsprinzip gewählt worden sei (Prinzip der Besteuerung von Privaturkunden, die bei einer Behörde eingereicht werden). Damit haben aber die bayerischen Gesetzgeber eine Besteuerung des Rechtsstreits versucht, die eben durch § 2 Abs. 2 GKG. verboten sei. Alle Prozeßvollmachten, — so schloß das ObLG. weiter — die erst nach Beginn des gerichtlichen Verfahrens ausgestellt werden, sind hiernach stempelfrei, während vor Beginn des Prozesses erteilte Vollmachten (also insbesondere regelmäßig die Vollmacht des Klägers) trotz § 2 Abs. 2 GKG. der Stempelpflicht unterliegen[4]).

---

[2]) RGZ. 46, 274; 54, 426; JW. 1925, 1044.

[3]) Das hat auch das bayer. Finanzministerium selbst bereits im Jahre 1915 mehrfach anerkannt; so in der Vollzugsbekanntmachung vom 20. Juni 1915 (GVBl. 317) Ziff. 64 Abs. II und FinMinEntschl. vom 24. Okt. 1915. Trotzdem hat das BayObLG. in ständiger Praxis die Vorschrift des Stempeltarifs auch für das Geltungsgebiet des § 1 GKG. für gültig erklärt: vgl. BayJMBl. 1915 Beiblatt S. 347 = BayObLGZ. 16, 74; 1916 Beibl. S. 115; BayZ. 1916, 266 = JW. 1916, 1348; JW. 1917, 612 (mit Anmerkung Heinitz) = BayZ. 1917, 57; BayObLGZ. 22 A, 76 usw. Im einzelnen vgl. hiezu: Max Friedlaender, Der bayerische Vollmachtsstempel, J. Schweitzer Verlag 1915; derselbe BayZ. 1921, 225 ff.

Die Ansicht des ObLG. ist weder mit dem früheren bayerischen Recht noch mit dem Reichsrecht (§ 2 Abs. 2 GKG.) vereinbar. Schon der Wortlaut der Tarifstelle 43 ergibt, daß nicht der Gebrauch bei Gericht und Behörden, sondern die Zweckbestimmung der Vollmacht zu diesem Gebrauch für die Stempelpflicht maßgebend sein sollte; diese entstand mit der Ausstellung (Art. 7 bayer. StempGes.), nicht erst mit der Erfüllung des Zweckes, der wirklichen Vorlage bei Gericht oder Behörden[5]). Nichts spricht dafür, daß in einem solchen Falle § 2 Abs. 2 GKG. Anwendung fände oder daß gar die Worte dieser Vorschrift: „im Verfahren", wie es das ObLG. anscheinend tut, rein zeitlich aufgefaßt werden dürften. Die Streitfrage selbst ist heute erledigt, da das neue bayerische Stempelgesetz vom 16. Febr. 1921 die Worte „bei Gericht und Behörden" gestrichen und damit die Nichtanwendbarkeit des § 2 Abs. 2 GKG. für die Regelfälle klargestellt hat. Grundsätzlich bleibt aber der für Bayern erledigte Streit bedeutsam.

d) Es ist noch zu erörtern, was das Gesetz unter „Gebrauchmachen" im Verfahren versteht. Regelmäßig geschieht dieser Gebrauch durch Einreichung der Urkunde zu den Akten oder doch durch Vorlage bei Gericht. Die Motive zum GKG. scheinen denn auch nur diese Möglichkeit im Auge gehabt zu haben[6]) und sie wird in der Tat stempelrechtlich regelmäßig allein in Betracht kommen. Trotzdem muß hervorgehoben werden, daß ein Gebrauchmachen auch in der Bezugnahme auf eine bis dahin bloß eingereichte — oder selbst auf eine noch nicht eingereichte[7]) — Urkunde zu erblicken ist. Wenn also z. B. Art. 3 Abs. III des bayerischen Mantelgesetzes vom 21. Aug. 1914 bestimmt, daß die vor dem 1. Januar 1915 ausgestellten Vollmachten stempelpflichtig werden, wenn von ihnen nach diesem Tage Gebrauch gemacht wird, so war diese Bestimmung unbestrittenermaßen ungültig, soweit sie sich auf das Geltungsgebiet des § 1 GKG. bezog. Auch die nach dem 1. Januar 1915 erfolgte Bezugnahme auf eine schon früher eingereichte Vollmacht konnte also eine Stempelpflicht nicht begründen (§ 2 Abs. 2 GKG.). 6

e) Dem Wortlaut und Zweck des § 2 Abs. 2 entspricht die Auslegung, daß auch eine ohne den Gebrauch bei Gericht in geringerem Betrage steuerpflichtige Urkunde nicht mit Rücksicht auf den Gebrauch höher besteuert werden darf[8]). 7

III. Urkunden, welche im Verfahren errichtet werden. 8

1. Urkunden, welche in einem unter § 1 GKG. fallenden Verfahren errichtet werden, sind nach dem Grundsatz des § 2 Abs. 1 frei von Stempeln und sonstigen Abgaben. Wenn also eine Prozeßvollmacht zu Protokoll der Geschäftsstelle erklärt wird, so ist sie von der Stempelpflicht frei, weil die Urkunde im Prozeß selbst errichtet wurde[9]). Ein Vergleich, der zur Beilegung des Rechtsstreits bei Gericht abgeschlossen wird, kann grundsätzlich nicht landesrechtlich besteuert werden. Die Bürgschaft, die im Konkurs- oder Vergleichsverfahren zwecks Ermöglichung eines Zwangsvergleichs erklärt wird, ist stempelfrei[10]).

2. Der Gesetzgeber befürchtete aber, daß der unter 1 erwähnte Grundsatz zu einer Umgehung von Steuern auf Rechtsgeschäfte führen könne, die zu diesem Zwecke in Form von Prozeßhandlungen vorgenommen werden. Wenn etwa in Form von Schriftsätzen ein Vertrag geschlossen würde, der gar nicht Gegenstand des Rechtsstreits war, so bestand kein Grund, diese nur äußerlich „im Prozeß errichtete Urkunde" vor beson- 8a

---

[4]) BayObLGZ. 18 B 139; 20 A 260 u. a. Das BayObLG. erörtert in JW. 1917, 612 (= BayZ. 1917, 57) mit Rücksicht auf diese Auffassung auch die Frage, ob eine während des staatsanwaltschaftlichen Ermittlungsverfahrens ausgestellte Strafprozeßvollmacht stempelpflichtig sei; vgl. hiezu § 1 Anm. 7a.

[5]) Vgl. RGZ. 17, 427.

[6]) Ebenso Then JW. 1915, 441.

[7]) Ebenso Emnet BayNotZ. 1915, 174.

[8]) Ebenso RGZ. 17, 428.

[9]) RGZ. 17, 429; LG. Bamberg JW. 1915, 606.

[10]) Rittmann-Wenz § 1 Anm. 3; preuß. JMBl. 1893, 142; Jonas § 2 Anm. 3; Kollat § 2 Anm. 3a.

deren Abgaben zu sichern. Das Kriterium für die Freigabe dieser Urkunden an den Steuergesetzgeber sollte daher nach § 2 Abs. 3 GKG. darin bestehen, daß „ihr Inhalt über den Gegenstand des Verfahrens hinausgeht." Den Gegenstand des Verfahrens bildet der der richterlichen Entscheidung unterbreitete Anspruch im weitesten Sinne; im Zivilprozesse — u. z. auch in anderen Verfahrensarten [11]) als im eigentlichen Prozeßverfahren — ist der Begriff identisch mit dem des Streitgegenstandes, und jener Ausdruck ist sogar sprachlich genauer als dieser, da ja der „Streitgegenstand" in Wirklichkeit auch den unbestrittenen Anspruch mit umfaßt (vgl. §§ 9—15 Anm. 4). Im Strafprozeß, der hier kaum eine Rolle spielt, sowie im Konkurs- und Vergleichsverfahren wird ein Zweifel darüber, was den Gegenstand des Verfahrens im Sinne unserer Vorschrift bildet, schwerlich entstehen können.

9 Im Zivilprozeß geht der Inhalt der Urkunde über den Gegenstand des Verfahrens (Streitgegenstand) hinaus, wenn sie ein Rechtsverhältnis betrifft, das gar nicht Gegenstand dieses Verfahrens war. Das ist z. B. der Fall, wenn in einem Darlehensprozesse in Prozeßschriften ein Kaufvertrag abgeschlossen, die Kündigung einer Miete ausgesprochen, eine Bürgschaft (sei es auch für das eingeklagte Darlehen — denn die Bürgschaft ist nicht Streitgegenstand) übernommen wird. Den Hauptanwendungsfall des § 2 Abs. 2 GKG. bildete bis zum 15. Februar 1923 der gerichtliche Vergleich, in dem entweder ein in dem betreffenden Prozesse gar nicht anhängiger Anspruch mitverglichen wurde (1000 M. sind von einer 10000 M. betragenden Forderung eingeklagt; es wird über die ganze Forderung ein Vergleich auf Zahlung von 6000 M. geschlossen) oder zur Erledigung des Streitgegenstandes selbst neue Rechtsverhältnisse begründet, bestehende Rechtsverhältnisse zeitlich oder gegenständlich erweitert werden (geklagt ist auf Aufwertung eines Pachtzinses; im Vergleich kommt ein neuer Pachtvertrag auf 10 Jahre zustande). In allen diesen Fällen lag nach § 2 Abs. 3 GKG. früher zweifellos eine Überschreitung des Streitgegenstandes vor, die einerseits eine Erhöhung der (bis 15. Febr. 1923) in Geltung gewesenen Vergleichsgebühr [12]) nicht rechtfertigte [13]), anderseits die landesrechtliche Besteuerung hinsichtlich des Mehrbetrages zuließ [14]). Nun hat aber der § 36 GKG. neuer Fassung eine besondere Vergleichsgebühr für den Fall eingeführt, daß bei einem gerichtlichen Vergleich der Wert des „Vergleichsgegenstandes den des Streitgegenstandes" übersteigt. In einem solchen Falle ist es der Landesgesetzgebung untersagt, neben der reichsgesetzlichen Gebühr noch eine landesrechtliche Gebühr für die Beurkundung des Vergleichs zu erheben. Das folgt aus § 1 GKG. [15]) Ob und inwieweit es aber trotzdem auch jetzt noch gestattet sein soll, für den Vergleich, soweit sein Gegenstand über den Streitgegenstand hinausgeht, landesrechtliche „Stempel und sonstige Abgaben" zu erheben, ist zweifelhaft. Allerdings betrifft der Vergleich insoweit nicht den „Gegenstand des Verfahrens" im Sinne des § 2 Abs. 3; aber der Sinn des Gesetzes ist doch der, daß, soweit eine Prozeßhandlung durch das GKG. gebührenrechtlich geregelt oder gar mit einer Gebühr belegt ist, auch andere Abgaben für diese Prozeßhandlung nicht erhoben werden sollen. Seit Einführung des § 36 muß also der Vergleichsgegenstand dem Streitgegenstand im Sinne des § 2 Abs. 3 gleichgeachtet werden [16]).

---

[11]) Vgl. § 20 Anm. 1 ff.; dann unten § 2 Anm. 10.

[12]) Sie hieß in der Gesetzessprache „Entscheidungsgebühr" und betrug $^3/_{10}$ (§ 23 Abs. 2 GKG. älterer Fassung).

[13]) Vgl. z. B. Rittmann-Wenz[5] (1921) § 23 Anm. 2; Rittmann § 23 Anm. 6.

[14]) Eine Ergänzung des § 2 Abs. 3 bildete die Vorschrift des § 101 GKG. ä. F., der lautete: „Beträgt die Gebühr für die Aufnahme eines Vergleichs oder die auf Grund eines Anerkenntnisses oder Verzichts erlassene Entscheidung (§§ 23, 41) weniger als die Gebühr oder Abgabe, welche nach den Landesgesetzen für einen außerhalb des Rechtsstreits abgeschlossenen Vergleich zur Staatskasse zu erheben sein würde, so ist der Mehrbetrag der letzteren neben der Entscheidungsgebühr zu erheben." Diese Bestimmung ist durch die Novelle vom 21. Dez. 1922 aufgehoben worden.

[15]) Ebenso Jonas § 2 Anm. 3; Rittmann-Wenz § 2 Anm. 3; Wochinger-Schwalb § 2 Anm. 3; Kollat § 2 Anm. 3.

[16]) A. M.: Rittmann-Wenz § 2 Anm. 3; Jonas § 2 Anm. 3 (eine über-

Wenn daher neben der eingeklagten Darlehensforderung zu 10000 M. auch eine weitere zu 20000 M. gerichtlich verglichen wird, so kann das Landesrecht aus diesen 20000 M. weder eine Beurkundungs-Gebühr noch einen Stempel (als Rechtsgeschäftsbesteuerung) erheben. Wenn aber der Vergleich zugleich die Begründung eines neuen Rechtsgeschäftes enthält, so kann dieses auch jetzt noch dem landesrechtlichen Stempel gemäß § 2 Abs. 3 GKG. unterliegen, weil ja dieses Rechtsgeschäft sich weder als Streitgegenstand (d. h. Gegenstand des Verfahrens) noch als Vergleichsgegenstand (d. i. der Anspruch, **über** den ein Vergleich geschlossen wird) darstellt. Dasselbe gilt, wenn ein Rechtsverhältnis, das nicht selbst als Streitgegenstand erscheint, durch den Vergleich erweitert oder verlängert wird[17]).

Wird im **Armenrechtsverfahren** gemäß § 118a ZPO. ein Vergleich ge- 10
schlossen, so ist dieser nach dem GKG. gebührenfrei, soweit er den Streitgegenstand, d. h. den Anspruch betrifft, für den das Armenrecht nachgesucht wird. Soweit der Wert des Vergleichsgegenstandes den des „Streitgegenstandes“ übersteigt, kommt § 36 zur Anwendung. Es gilt also insoweit das oben (Anm. 9) Gesagte[18]). Ebenso, wenn im Arrestverfahren, im Beweissicherungsverfahren, im Offenbarungseidesverfahren usw. ein Vergleich über den Hauptanspruch geschlossen wird, dessen Wert den des Streitgegenstandes in jenem Verfahren übersteigt.

Anhang zu § 2.

Der Vollmachtsstempel.

Übersicht.

Soweit in den deutschen Ländern das Institut des Vollmachtsstempels eingeführt 1
wurde, hat meist oder überall das **preußische** Stempelsteuergesetz als Vorbild gedient. Preußen selbst hat allerdings in neuester Zeit durch Beseitigung des Stempels für **Prozeßvollmachten** die Bedeutung des Vollmachtsstempels für sein Gebiet stark eingeschränkt. Von den größeren Ländern haben **Württemberg** und **Baden** bis heute den Vollmachtsstempel **nicht** eingeführt.

Im folgenden sollen die wichtigsten Grundsätze des Vollmachtsstempelrechts in **Preußen, Bayern** und **Sachsen** kurz dargestellt werden, soweit sie für das Gebiet des GKG. von Bedeutung sind. Eine erschöpfende Darstellung ist nicht beabsichtigt*).

---

zeugende Begründung findet sich nirgends). Vgl. hiezu auch OLG. Frankfurt a. M. JW. 1926, 2589[9].

[17]) Vgl. hiezu **Walter-Joachim-Friedlaender** § 1 Fußnote 69a; **A. Friedlaender** BuschsZ. 53, 22[1].

[18]) Anders **Jonas** § 2 Anm. 3, der sogar bezüglich des Anspruchs, der den Gegenstand des Armenrechtsgesuchs bildet, den Landesstempel zuläßt, da der Vergleich auch insoweit über den Gegenstand des Verfahrens hinausgeht (ebenso PrJM. JMBl. 1926, 272). Zu dieser Folgerung gelangt **Jonas**, weil er als „Gegenstand des Verfahrens“ im Falle des § 118a ZPO. nur die Bewilligung des Armenrechts, nicht aber den Anspruch selbst ansieht. Vgl. hiezu §§ 9—15 Anm. 3, 16.

*) Hierüber vgl. die Kommentare, an deren Spitze immer noch der große Kommentar zum preuß. Stempelsteuergesetz von **Heinitz** (5. Aufl.) steht; allerdings ist seit seinem Erscheinen das Gesetz mehrfach geändert worden. Vgl. ferner die Kommentare zum gleichen Gesetz von **Hummel-Specht**, **Loeck**, **Messerschmidt-Kollat** (4. Aufl.), **Deiter** (6. Aufl.), **Weinbach** und (1928) **Carl Becher**. Für **Bayern** vgl. **Schmitt**, Die bayer. Kosten- und Stempelgesetzgebung (2. Aufl.) 1922, **M. Friedlaender**, Der bayerische Vollmachtsstempel (J. Schweitzer Verlag, München 1915) und **derselbe** BayZ. 1921, 225 ff. Für **Sachsen** vgl. **Lorey**, Sächs. StStG., Leipzig, Roßbergsche Verlagsbuchhandlung 1925.

A. Preußen.

2 1. Maßgebend ist das preuß. Stempelsteuergesetz in der Fassung vom 27. Oktober 1924. Dazu ist eine gemeinschaftliche Verfügung des Justizministers und des Finanzministers vom 19. Januar 1926 (pr. JMBl. 1926, 17 ff.) ergangen[1]); ferner eine Ausführungsbest. vom gleichen Tage[2]).

3 2. Nach Tarifnummer 19 des Stempeltarifes sind stempelpflichtig: Vollmachten zur Vornahme von Geschäften rechtlicher Natur für den Vollmachtgeber. Den Gegensatz von Geschäften rechtlicher Natur bilden rein tatsächliche Dienstleistungen (wie die lediglich auf Akteneinsicht beschränkte Vollmacht[2a])). Gemeint ist nur die gewillkürte, nicht die gesetzliche Vollmacht (wie die des Testamentsvollstreckers, Konkursverwalters, Vorstandes einer AG.); nur bei der ersteren sind ja der Vollmachtgeber und der Vertretene identisch, wie das Gesetz es verlangt[3]).

4 3. Stempelpflichtig ist die Vollmachtsurkunde, die der Vollmachtgeber dem Bevollmächtigten ausstellt. Schriftstücke, in denen einem Dritten gegenüber die Bevollmächtigung mitgeteilt wird, sind nur dann stempelpflichtig, wenn eine Vollmacht in solchen Fällen üblich ist und das Schriftstück die förmliche Vollmacht ersetzen soll (TSt. 19 Abs. 4). Für die hier in Betracht kommenden Fragen spielt diese zur Verhütung von Umgehungen geschaffene Vorschrift kaum eine Rolle.

5 Die Stempelpflicht entsteht mit der Vollendung und Weitergabe der Vollmachtsurkunde[4]). Blankovollmachten (also auch solche, in denen „der Betreff" in keiner Weise ersichtlich ist[4a]) sind stempelfrei. Auch Untervollmachten sind nicht stempelpflichtig[5]). Über die Erfordernisse der Unterzeichnung der Urkunde siehe § 1 Abs. 2 StStG. „Die Stempelpflichtigkeit einer Urkunde richtet sich nach ihrem Inhalte"[5a]) (§ 3 Abs. 1 StStG.).

6 4. Von dem Stempel befreit sind u. a. Vollmachten in allen durch die StPO. und die ZPO. geregelten Angelegenheiten (TSt.. 19 Abs. 7 a). Auch die Vollmachten, die zur Vertretung im Konkurs-[5b]) und Vergleichsverfahren bestimmt sind, fallen mit Rücksicht auf § 72 KO. und § 8 VerglO. unter die Befreiungsvorschrift[5c]).

Wenn jedoch derartige Prozeßvollmachten inhaltlich über den gesetzlichen Rahmen der betreffenden Prozeßvollmacht hinausgehen, so kann insoweit die Stempelpflicht eintreten: so wenn der Anwalt ermächtigt wird, den Streitgegenstand oder hinterlegte Gelder in Empfang zu nehmen[6]).

7 5. Der Stempel beträgt $^1/_{10}$ v. H. des Gegenstandswertes, höchstens aber 1000 RM.

Steht der Bevollmächtigte in einem Dienstverhältnisse[7]) zum Vollmachtgeber und wird ihm die Vollmacht mit Rücksicht auf dieses Verhältnis erteilt oder ist er der Ehegatte des Vollmachtgebers oder mit ihm in gerader Linie verwandt oder teilt

---

[1]) Abgedruckt bei Becher a. a. O. S. 161 ff.

[2]) Becher S. 125 ff.

[2a]) KGJ. 32 B 64.

[3]) Becher, Tarifstelle 19 Anm. 2.

[4]) Becher § 1 Anm. 18. — § 3 Abs. 2 Satz 2 StStG. bestimmt: „Für die Stempelpflichtigkeit ist die Hinzufügung von Bedingungen, die Wiederaufhebung und die unterbliebene Ausführung des Geschäfts sowie die Vernichtung der Urkunde ohne Bedeutung." Vgl. hiezu Becher § 3 Anm. 4—6.

[4a]) Anders BayObLGZ. 21 A 301.

[5]) KGJ. 29 B 56; Becher TSt. 19 Anm. 3.

[5a]) Über die Bedeutung dieser Bestimmung s. Becher § 3 Anm. 1—3.

[5b]) Ebenso JMVerf. PrJMBl. 1924, 417, Sydow-Busch-Krieg § 2 Anm. 2.

[5c]) Ebenso für das Aufwertungsverfahren: Erl. d. FinMin. vom 3. 11. 1925 (Pr. JMBl. 397).

[6]) Becher TSt. 19 Anm. 7.

[7]) Zum Begriff des „Dienstverhältnisses" s. einerseits Heinitz TSt. 73 Anm. 4; anderseits KGPräs. JW. 1928, 731[1]. An letzterer Stelle ist auch dargetan, daß es genügt, wenn das Dienstverhältnis gleichzeitig mit der Vollmachtserteilung begründet wird; es braucht nicht vorher zu bestehen.

er als Familienangehöriger dessen Hausstand[8]), so beträgt der Stempel nur 1/4 der vorstehenden Sätze.

Ist der Wert der Vollmacht nicht schätzbar[9]) (was insbes. bei Vollmachten zur Ausübung des Stimmrechts in Gesellschaften aller Art zutrifft), so beträgt der Stempel nur 1,50 RM.

Vollmachten, die einen Wert von nicht mehr als 150 RM. betreffen, sind stempelfrei, u. z. auch dann, wenn der Wert aus dem Inhalt der Vollmacht nicht ersichtlich ist (§ 4 Abs. 1 lit. a, Abs. 2 StStG.).

Der einzelne Stempel beträgt mindestens 0,50 RM. Dann steigt der Betrag jeweils um 50 Rpf. *Überschießende* Beträge von nicht mehr als 25 Rpf. bleiben unberücksichtigt, höhere Beträge werden auf die nächsten 50 Rpf. aufgerundet (§ 11 StStG.).

6. Es ist besonders zu beachten, daß *der Wert* des Gegenstandes im Stempel- 8
recht nicht nach den Bestimmungen der ZPO., sondern nach den Spezialvorschriften des § 6 StStG. zu bemessen ist. Läßt er sich nach diesen Vorschriften nicht mit Sicherheit ermitteln, so liegt ein in Geld nicht schätzbarer Gegenstand vor (siehe Fußnote 9). Die Einzelheiten können hier nicht besprochen werden.

7. Erteilt eine Person mehreren Bevollmächtigten bezüglich desselben Tätigkeits- 9
kreises Vollmacht, so erwächst der Stempel nur einmal. Erteilen mehrere Personen einer Person Vollmacht, so ist der Stempel so oft zu erheben, als Vollmachtgeber vorhanden sind; anders, wenn die Vollmachtgeber (bezüglich des Gegenstandes der Bevollmächtigung) in einer Erb- oder sonstigen Rechtsgemeinschaft stehen.

8. Schuldner des Vollmachtsstempels ist der Aussteller (Vollmachtgeber) — bei 10
notariellen Vollmachten auch jeder, der die Aufnahme der Urkunde veranlaßt hat: § 12 Abs. 1 lit. a StStG.; daneben *haftet* aber für den Stempel „jeder Inhaber oder Vorzeiger einer mit dem gesetzlichen Stempel nicht oder nicht ausreichend versehenen Urkunde, welcher ein rechtliches Interesse an dem Gegenstande derselben hat", *also insbesondere der Bevollmächtigte selbst*[10]) [11]).

9. Die Erfüllung der *Stempelpflicht* erfolgt beim Vollmachtsstempel durch 11
Verwendung von Stempelzeichen (Stempelmarken) oder durch Vereinnahmung zu den Gerichtskosten. Die Stempelmarken lauten auf Wertbeträge von 1/2 RM., 1 RM., 1 1/2, 2, 3, 5, 10, 20, 50, 100, 300 und 500 RM.[12]).

Über die Entwertung der Stempelmarken enthalten die Ziffern 16 ff. der AusführBest. vom 19. Januar 1926 eingehende Vorschriften. Hervorzuheben ist, daß zur Verwendung und Entwertung von Stempelmarken ohne amtliche Überwachung auch die Rechtsanwälte für die von ihnen und für sie ausgestellten Vollmachten befugt sind, sofern die Urkunde keinen höheren Stempel als 100 RM. erfordert (im einzelnen vgl. Ziffer 21 Abs. 6 der AusfBest.). *Die Einziehung des Vollmachtsstempels als Gerichtskosten* erfolgt, wenn zum Gebrauche bei Gericht bestimmte Vollmachten ohne den vorgeschriebenen Stempel bei Gericht eingereicht werden (§ 2 Nr. 1 c der gemeinsch. Verf. v. 19. Januar 1926 JMBl. 17 ff.). Die Berechnung und Einziehung dieser Stempelbeträge erfolgt gleich der Berechnung und Einziehung der Gerichtskosten nach den Vorschriften der Kassenordnung (§ 3 der gemeinsch. Verf.). Über die Einzelheiten der Erhebung, über Erinnerungen und Beschwerden sowie das sonstige Verfahren vgl. §§ 5 ff. der gemeinsch. Verf.

---

[8]) Die Vollmachtsurkunde selbst braucht diese Beziehungen nicht zu ergeben. Vgl. JW. 1928, 731[1] und PrJMBl. 1918, 144.

[9]) Der Begriff der Unschätzbarkeit ist im Stempelrecht ein sehr weiter. Kann der Wert nicht nach den Spezialvorschriften des § 6 StStG. in sicherer Weise ermittelt werden, so liegt ein in Geld nicht schätzbarer Gegenstand vor (RGZ. 42, 193; KGJ. 38 B 73; *Becher* § 4 Anm. 1 Nr. 2).

[10]) *Becher* § 13 Anm. 4.

[11]) Über die Haftung von Aktiengesellschaften usw. für die von ihren gesetzlichen Vertretern „in ihrem Auftrag oder Namen errichteten Verhandlungen" vgl. § 13 Abs. 1 lit. a und *Becher* § 13 Anm. 2.

[12]) AusfBest. vom 19. Jan. 1916 Nr. 12 Abs. 3.

12 10. Über die Zeit, in welcher die Stempelpflicht zu erfüllen ist, vgl. § 15 ff. StStG., über Stempelerstattung und Verjährung die §§ 25 und 27 StStG., über sachliche und persönliche Stempelbefreiungen die §§ 4 und 5 StStG. und über die Versteuerung mehrerer, über denselben Gegenstand ausgestellter Vollmachtsurkunden (Duplikate, Nebenexemplare) vgl. § 9 StStG.

13 11. Eine im Inland (Preußen)[13]) ausgestellte Vollmacht ist auch dann stempelpflichtig, wenn sie im Ausland (z. B. in Bayern) benützt werden soll. Ebenso eine im Ausland errichtete Vollmacht für ein Geschäft, welches im Inland befindliche Gegenstände betrifft oder im Inland zu erfüllen ist[14]) (§ 2 Abs. 1 StStG.). Die Stempelpflicht solcher Urkunden kommt jedoch erst dann zur Entstehung, wenn der Inländer[15]), der sie ausgestellt hat, ins Inland zurückkehrt oder wenn der Gebrauch im Inland erfolgt (§ 16 Abs. 1 lit. c StStG., RGZ. 46, 274).

14 Zur Beseitigung der Doppelbesteuerung kann einmal in den Fällen des § 2 Abs. 1 StStG. der in einem anderen Lande entrichtete Vollmachtsstempel angerechnet werden, wenn dieses Land Preußen gegenüber die gleiche Rücksicht übt (über die Zulässigkeit dieser Anrechnung entscheidet der Finanzminister); ferner bestehen Verträge zur Beseitigung der Doppelbesteuerung zwischen Preußen und Sachsen (20. Mai 1910), Preußen und Bayern (2. Mai 1922)[16]) und Preußen und Lübeck (pr. JMBl. 1926, 386).

15 12. Die Frage der Ungültigkeit von Vorschriften über den Vollmachtsstempel gemäß § 2 Abs. 2 GKG. (oben § 2 Anm. 3 ff.) kommt infolge der Steuerfreiheit der Prozeßvollmachten für Preußen nicht mehr in Betracht, auch nicht im Falle der im Ausland errichteten Vollmachten (oben § 2 Anm. 3).

B. Bayern.

16 1. Der Vollmachtsstempel wurde in Bayern durch das am 1. Januar 1915 in Kraft getretene Gesetz vom 21. August 1914 zuerst eingeführt; das Gesetz vom 16. Februar 1921 (GVBl. 182) hat dann wichtige Änderungen gebracht. Die Vollzugsverordnungen vom 28. Dezember 1914 (GVBl. 684) und 20. Juni 1915 (GVBl. 156) sind hauptsächlich ergänzt worden durch die Vollzugsbekanntmachung vom 2. April 1921 (GVBl. 241) und die Bekanntmachung vom 4. Januar 1924 (GVBl. 7).

17 2. Nach Tarif Nr. 40 des Tarifs zum bayer. Stempelgesetz (StG.) sind stempelpflichtig: Vollmachten, Ermächtigungen und Aufträge zur Vornahme von Geschäften rechtlicher Natur. Über diesen Begriff s. o. Anm. 3.

18 3. Stempelpflichtig ist die Vollmachtsurkunde. Eine ähnliche Vorschrift wie die der preuß. Tarifstelle 19 Abs. 4 (oben Anm. 4) enthält die bayerische TSt. 40 Abs. VI. Außerdem bestimmt TSt. 40 Abs. VII:

„Die erstmalige Anzeige des Bevollmächtigten an das Gericht oder die Behörde; daß er im Namen seines Auftraggebers handle, wird, wenn ihr eine schriftliche Vollmacht nicht zugrunde liegt, einer schriftlichen Vollmacht gleichgeachtet."

Daß diese Vorschrift, soweit sie das Gebiet des GKG. betrifft, nach § 2 Abs. 2 GKG. ungültig ist (anders die Praxis), wurde bereits oben (§ 2 Anm. 4) ausführlich dargetan.

19 4. Hinsichtlich der Entstehung der Stempelpflicht ist im wesentlichen auf Anm. 5 zu verweisen[16a]). Dem § 1 Abs. 2 pr. StStG. entspricht Art. 5 bay. StG.

---

[13]) Mit Ausnahme von Hohenzollern und Helgoland (§ 2 Abs. 2 und § 34 Abs. 3 StStG.). Das Saargebiet gilt als Inland (Becher § 2 Anm. 2).

[14]) Becher § 2 Anm. 5—7.

[15]) Ob jemand Inländer oder Ausländer ist, entscheidet sich hier nach dem Wohnsitz, nicht nach der Staatsangehörigkeit (Becher § 2 Anm. 8; RGZ. 64, 346).

[16]) Vgl. auch bayr. GVBl. 1922, 330.

[16a]) Friedlaender, Der bayer. Vollmachtsstempel S. 4 ff. (im folgenden nur mit Friedlaender zitiert).

Untervollmachten sind steuerfrei, sofern die ursprüngliche Vollmacht versteuert oder stempelfrei ist und ein entsprechender Vermerk hierüber sich auf der Untervollmacht befindet (TSt. 40 Abs. IX Nr. 3)[16b]).

5. Der Stempel beträgt bei einem Gegenstandswerte[16c]) von 20

mehr als	150 RM., aber nicht mehr als	600 RM.:	0,50 RM.
„ „	600 „ „ „ „ „	1000 „	1,00 „
„ „	1000 „ „ „ „ „	3000 „	1,50 „
„ „	3000 „ „ „ „ „	6000 „	3,00 „
„ „	6000 „ „ „ „ „	10000 „	5,00 „
„ „	10000 „ „ „ „ „	15000 „	7,50 „
„ „	15000 „		10,00 „

Bei Generalvollmachten (zu diesem Begriffe siehe TSt. 40 Abs. I b)[16d]) erhöht sich der Stempel bei einem Gegenstandswert von mehr als 15000 RM. bis zu 100000 RM. inkl. auf 15 RM., bei mehr als 100000 RM. auf 20 RM.

Ermächtigt die Vollmacht nur zu Geschäften außerhalb Bayerns, so wird nur der halbe Stempel erhoben[16e]).

Wenn der Bevollmächtigte in einem Dienst-, Anstellungs- oder Gesellschaftsverhältnis zum Vollmachtgeber steht und die Vollmacht mit Rücksicht hierauf erteilt wird oder wenn der Ehegatte des Vollmachtgebers oder mit ihm in gerader Linie verwandt ist oder als Familienangehöriger den Hausstand des Vollmachtgebers teilt, so beträgt der Stempel höchstens 1,50 RM.[16e]). 21

Ist der Wert des Gegenstandes nicht schätzbar[16f]) oder handelt es sich um eine Vollmacht zur Vertretung in Strafsachen, so beträgt der Stempel 2 RM.

Bei Prozeßvollmachten betragen die Steuersätze in den drei ersten oben genannten Klassen ebensoviel wie sonst, in den weiteren 4 Klassen dagegen nur: 2, 3, 4 und 5 RM. Geht die Vollmacht inhaltlich über den Rahmen der Prozeßvollmacht hinaus, so kommen insoweit die privilegierten Sätze nicht zur Anwendung[16g]). Zu den Prozeßvollmachten gehören auch Vollmachten für das Konkurs- und Vergleichsverfahren[16h]). 22

Über Stempelbefreiungen siehe TSt. 40 Abs. IX[16i]), ferner § 2 Abs. 3 GKG.

5. Bezüglich des Wertes, aus dem der Stempel zu berechnen ist, gelten auch in Bayern besondere Vorschriften (jetzt Art. 23 ff. StG.). Wegen der „unschätzbaren Gegenstände" vgl. Art. 24 und oben Fußnote 9[16k]). 23

6. Wenn mehrere Personen in einer Vollmachtsurkunde einen Bevollmächtigten bestellen, so wird der Stempel so oft erhoben, als Vollmachtgeber vorhanden sind. Nur wenn die Vollmachtgeber bezüglich des Gegenstandes der Vollmacht in einer Erben- oder sonstigen Rechtsgemeinschaft oder in einem Gesellschaftsverhältnis stehen, gilt die Vollmacht als eine stempelpflichtige Urkunde[17]). Erteilt eine Person mehreren Bevollmächtigten bezüglich desselben Tätigkeitsbereiches in einer Urkunde Vollmacht, so erwächst der Stempel nur einmal[18]). 24

16b) Näheres bei Friedlaender BayZ. 1921, 226 und bayer. Vollmachtsstempel 13, 17 ff.

16c) Über notarielle und notariell beglaubigte Vollmachten siehe Friedlaender 38, auch JW. 1916, 594[17].

16d) Friedlaender 12.

16e) Hiezu siehe im einzelnen oben Anm. 7 und Fußnote 7 und 8, ferner Friedlaender 37.

16f) Über den Begriff der Unschätzbarkeit s. Fußnote 9 und Friedlaender 34 ff.

16g) Vgl. Friedlaender 20, 30, 35 und BayZ. 1921, 226.

16h) § 72 KO., § 8 VglO.; Friedlaender BayZ. 228; oben Anm. 6.

16i) Vgl. ferner Friedlaender 19 ff., 22; hinsichtlich der Armensachen: Friedlaender 20 ff.

16k) Friedlaender 33 ff.

17) Friedlaender 26; RGZ. 70, 7.

18) Friedlaender 27/28.

25 7. Schuldner des Stempels ist der Aussteller, bei notariell beurkundeten Rechtsgeschäften diejenige Person, auf deren Veranlassung die Beurkundung erfolgte (Art. 12 StG.). Daneben haftet für den Stempel, wer von der stempelpflichtigen Vollmacht in Bayern Gebrauch macht, insbes. also (unter dieser Voraussetzung) der Bevollmächtigte (Art. 14 Z. 4 StG.).

26 8. Die Steuerentrichtung erfolgt beim Vollmachtsstempel durch Verwendung von Stempelmarken [19]) oder durch Erhebung zu den Gerichtskosten: ist eine Vollmacht dazu bestimmt, bei Gericht eingereicht zu werden, so kann die Partei von der Verwendung der Stempelmarken absehen und die Stempelerhebung der Geschäftsstelle überlassen [20]) [21]).

Bei der Verwendung von Stempelmarken sind dieselben zu entwerten; auch für Nichtanwälte ist hier eine behördliche Überwachung nicht (wie in Preußen) angeordnet [22]).

27 9. Über die Zeit, in welcher die Stempelpflicht zu erfüllen ist, vgl. Art. 18 StG., über Stempelerstattung und Verjährung: Art. 38 StG. und Art. 124 bayer. AGBGB. [23]) und über die Versteuerung von mehreren, über denselben Gegenstand ausgestellten Vollmachtsurkunden (Duplikate, Nebenexemplare) vgl. Art. 11 StG.

28 10. Die in Bayern ausgestellte Vollmacht ist stempelpflichtig, auch wenn sie zum Gebrauch außerhalb Bayerns bestimmt ist (s. o. Anm. 20 letzter Satz). Außerhalb Bayerns ausgestellte Vollmachten unterliegen dem Stempel, wenn von ihnen in Bayern Gebrauch gemacht wird (Art. 2 Abs. III Satz 2 StG.). Diese Vorschrift ist für das Gebiet des GKG. ungültig (§ 2 Abs. 2 GKG.) [24]).

29 11. Zur Beseitigung der Doppelbesteuerung bestehen Verträge zwischen Bayern und Preußen (2. Mai 1922, GVBl. 330 mit Bek. vom 12. Nov. 1922 GVBl. 637), zwischen Bayern und Sachsen (16./18. Mai 1923, GVBl. 232) sowie zwischen Bayern und Hamburg (23. März 1928, Bek. vom 17. April 1928, GVBl. 202).

C. Sachsen.

30 1. Das sächsische Stempelsteuergesetz stammt vom 12. Januar 1909 (GVBl. 1). Wesentliche Änderungen traten durch das Ges. vom 15. Dez. 1911 (GVBl. 217) und das Ges. vom 28. Juni 1923 (GBl. 165) ein. Zu beachten ist ferner die letzte (7te) Verordnung vom 7. Dezember 1923 (GBl. 536), durch welche die Goldumstellung erfolgte und welche — mit einer geringfügigen Abänderung (§ 4 der VO. vom 15. Januar 1924, GBl. 19) heute noch gilt. Die Ausführungsverordnung (AV.) stammt vom 3. Juli 1923 (GBl. 202).

31 2. Nach Tarif Nr. 33 sind stempelpflichtig Vollmachten zur Vertretung in rechtlichen Angelegenheiten. Über den Begriff s. v. Anm. 3.

32 3. Stempelpflichtig ist die Vollmachtsurkunde, die der Vollmachtgeber dem Bevollmächtigten ausstellt. Eine Kundgebung der in § 171 BGB. bezeichneten Art, der keine stempelpflichtige Vollmacht zugrunde liegt, ist wie eine solche zu ver-

---

[19]) Sie werden von den Postanstalten ausgegeben und lauten auf Beträge von 10, 20, 30, 40, 50 Reichspfennige; 1, 2, 3, 4, 5, 10 und 20 Reichsmark (Friedlaender 41; VollzBek. 20. 6. 1915, GVBl. 317, Nr. 90 Abs. V und Nr. 101).

[20]) Näheres bei Friedlaender 40 ff.; BayZ. 1921, 228.

[21]) Bei notariellen Vollmachten erhebt der (bayerische) Notar den Stempel; ebenso, wenn bei ihm nicht oder nicht genügend versteuerte Vollmachten beglaubigt werden (Art. 15 Nr. 2, Art. 16 Abs. 1 StG.). Über sonstige bei Behörden errichtete oder ihnen vorgelegte Vollmachten s. Friedlaender 40.

[22]) Über die Art der Entwertung s. Friedlaender 41 (VollzBek. 20. Juni 1915 Nr. 90).

[23]) Vgl. Friedlaender 47, 42.

[24]) Friedlaender 50; anerkannt auch in der VollzBek. vom 20. Juni 1915 Nr. 11 Abs. III. Anders: BayObLGZ. 18 B 139.

steuern, wenn sie dazu bestimmt ist, die Ausstellung einer Vollmachtsurkunde im Verkehr zu ersetzen [25]).

4. Die Stempelpflicht entsteht mit der Vollendung und Weitergabe der Vollmachtsurkunde (§ 5 StStG.). 33

Im einzelnen wird auch hier das oben zu Anm. 5 Gesagte zu gelten haben. Untervollmachten (Nachvollmachten) sind stempelfrei [26]); ebenso Vollmachten, die lediglich zur Entgegennahme von Ladungen, Zustellungen und Schriftstücken für den Vollmachtgeber ermächtigen [26a]).

5. Der Stempel beträgt bei Gegenständen im Werte von mehr als 150 bis 1500 RM.: 1,50 RM.; bei mehr als 1500—2500 RM.: 2,50 RM.; bei mehr als 2500 RM.: für je 2500 RM. oder einen Bruchteil dieses Betrages 3 RM. [27]) (bei Generalvollmachten: je 6 RM.; TSt. 33 Abs. II). Vollmachten über Gegenstände, deren Wert den Betrag von 150 RM. ausschließlich etwaiger Zinsen nicht übersteigt, sind stempelfrei, auch wenn der Wert nicht aus der Urkunde ersichtlich ist (§ 3 Abs. 2 Nr. 1 StStG.). 34

Steht der Bevollmächtigte in einem Dienst-, Anstellungs- oder Gesellschaftsverhältnisse zum Vollmachtgeber und ist die Vollmacht mit Rücksicht auf dieses Verhältnis erteilt worden oder handelt es sich um eine Verwandtenvollmacht (oben Anm. 7; TSt. 33 Abs. III), so ist die Vollmacht nur dann stempelpflichtig, wenn sie zur Vertretung in einem Verfahren vor einem Gericht oder einer Verwaltungsbehörde ermächtigt [28]). In diesem Falle beträgt der Stempel bei einem Werte von mehr als 150 bis 2500 RM.: 1,50 RM.; bei mehr als 2500 RM. für je 2500 RM. oder einen Bruchteil dieses Betrages: 2,50 RM. Die in dieser Anm. (35) erwähnten Grundsätze gelten nicht für Generalvollmachten. 35

Ist der Wert des Gegenstandes der Vollmacht nicht schätzbar, so ist die Vollmacht stempelfrei. Ermächtigt sie aber zur Vertretung in einem Verfahren vor Gericht oder einer Verwaltungsbehörde, so wird ein Fixstempel von 1,50 RM. erhoben. 36

6. Über die Wertermittelung gelten auch in Sachsen besondere Vorschriften [28a]), ähnlich wie in Preußen und Bayern (vgl. §§ 11—19 StStG.). S. o. Anm. 8, 23. 37

7. Wird in einer Urkunde von mehreren, nicht in einer Erben- oder sonstigen Rechtsgemeinschaft oder in einem Gesellschaftsverhältnisse stehenden Personen ein Bevollmächtigter bestellt, so gilt die Erklärung jedes einzelnen Vollmachtgebers als Vollmacht im Sinne der Tarifstelle 33 [29]). Erteilt eine Person mehreren in einer Urkunde Vollmacht bezüglich desselben Tätigkeitskreises (z. B. Prozeßvollmacht an mehrere Anwälte), so wird der Stempel nur einmal anzusetzen sein [30]). 38

8. Schuldner des Vollmachtsstempels ist bei der privatschriftlichen Vollmacht der Aussteller (§ 21 Nr. 6 StStG.); im übrigen siehe § 21 Nr. 1 StStG. Daneben haften aber die im § 22 StStG. bezeichneten Personen, insbesondere die durch die Vollmacht Bevollmächtigten sowie Personen, die außerhalb Sachsens ausgestellte Vollmachten zum Zwecke des Gebrauchs nach Sachsen einführen (§ 22 Nr. 4 StStG.). 39

9. Die Erfüllung der Stempelpflicht erfolgt in den hier interessierenden Fällen teils durch Verwendung und Entwertung von Stempelmarken, teils durch Barzahlung mit den Gerichtskosten (vgl. im einzelnen, auch über die Entwertung: §§ 11 ff., 23 StStG., §§ 28—32 AB.). Die Marken lauten auf Beträge von 10, 20, 50 Rpf., 1, 1½, 2, 5, 10, 20, 50, 100 und 500 RM. 40

10. Über die Zeit, in welcher die Stempelpflicht zu erfüllen ist, vgl. § 24 StStG., 41

---

25) TSt. 33 Anm. 1; Lorey 42, 103.
26) TSt. 33 Anm. 3 b; Lorey 44.
26a) TSt. 33 Anm. 3 e; Lorey 105.
27) Vgl. die vom Justizrechnungsamt hergestellte Tafel (5. Sept. 1924), Lorey 127.
28) TSt. 33 Anm. 3 c; Lorey 104, 43.
28a) SächsOVG. und Wünschmann JW. 1926, 1618 [1].
29) TSt. 33 Anm. 2; Lorey 104.
30) Das folgt per arg. e contrario aus § 10 StStG. S. oben Anm. 9.

über Stempelerstattung und Verjährung: §§ 26, 31 StStG., über sachliche und persönliche Steuerbefreiungen: §§ 3, 4 StStG., über Duplikate usw.: § 6 Abs. 3 StStG. und § 2 AV.

42 11. In Sachsen errichtete Vollmachten sind auch dann steuerpflichtig, wenn sie im Ausland benützt werden sollen. Außerhalb Sachsens ausgestellte Vollmachten unterliegen der Stempelsteuer, wenn sie zum Zweck des Gebrauchs nach Sachsen eingeführt werden (§ 2 Abs. 2 StStG.); also nicht erst mit dem Gebrauch selbst. Daher liegt hier für das Gebiet des GKG. keine Nichtigkeit der Steuervorschrift nach § 2 Abs. 2 GKG. vor (im Gegensatz zu Bayern: oben Anm. 28).

43 12. Hinsichtlich der Doppelbesteuerung s. o. Anm. 14 und 29.

§ 3.

In einem weiteren Umfang, als die Prozeßordnungen und dieses Gesetz es gestatten, darf die Tätigkeit der Gerichte von der Sicherstellung oder Zahlung der Gebühren oder Auslagen nicht abhängig gemacht werden.

Vorbemerkung.

§ 3 spricht den Grundsatz aus, daß die Gerichte ihre Tätigkeit von der Sicherstellung oder Vorauszahlung der Gerichtskosten nur insoweit abhängig machen dürfen, als die Prozeßordnungen oder das GKG. es gestatten.

Übersicht.

1 **I. Allgemeines.**

Der Grundsatz, den § 3 aufstellt, entspricht dem Wesen der Gerichtskosten, wie es bereits in Anm. 1 zu § 1 gekennzeichnet wurde: es besteht zwischen der staatlichen Rechtspflege und der Kostenpflicht der Parteien gegenüber dem Staat nicht das Verhältnis von privatrechtlicher Leistung und Gegenleistung, wie zwischen dem Rechtsanwalt und seinem Klienten. Der Leitsatz des § 3 bildet daher geradezu einen Grundpfeiler des Gerichtskostenrechts, wie es — sein soll (und bis zum 15. Februar 1923 war). Die Novelle vom 21. Dezember 1922 hat aber die Zahl und Bedeutung der Ausnahmen von dem Grundsatz des § 3 so erhöht, daß er praktisch eine außerordentlich starke Abschwächung erfahren hat. Die Vorschriften der §§ 74, 74a GKG., 519 Abs. 6 ZPO. bilden denn auch seit ihrer Geltung einen ständigen Gegenstand des Kampfes um ihre Beseitigung — im Interesse des Ansehens der Rechtspflege. Bis jetzt hat dieser Kampf lediglich zu einer von dem Reichstag gefaßten Entschließung geführt, die anläßlich der Verabschiedung des Gesetzes über die Gerichtskosten und die Gebühren der Rechtsanwälte vom 28. Januar 1927 erging und folgenden Wortlaut hat:

> „Die Bestimmungen über die Vorwegerhebung der Gerichtskosten — §§ 74, 74a GKG., § 519 Abs. 6 ZPO. — bedeuten eine Erschwerung der Rechtsverfolgung für die Rechtsuchenden, deren Aufhebung anzustreben ist.
>
> In Erkenntnis der Auswirkungen, die der sofortige Wegfall der Vorwegerhebungen der Gerichtskosten auf die Finanzen der Länder haben würde, sieht der Reichstag davon ab, schon jetzt die genannten Bestimmungen aufzuheben, ersucht aber die Reichsregierung, eine entsprechende Vorlage so rechtzeitig einzubringen, daß die Aufhebung mit dem 1. Januar 1929 in Kraft treten kann, und für die Zwischenzeit die Möglichkeit von Mil-

derungen, besonders hinsichtlich der zwingenden Vorschriften im Rechtsmittelverfahren, zu prüfen [1]."

Was an dieser Entschließung befremdet, ist die ausschließliche Betonung der „Erschwerung der Rechtsverfolgung" auf der einen, der Finanznot auf der anderen Seite, während der ideelle Gesichtspunkt, die Wahrung des Grundsatzes, daß die Rechtspflege eine hohe Staatsaufgabe und nicht ein „Kassageschäft" ist, völlig unerwähnt bleibt.

II. Der Inhalt der Vorschrift im einzelnen. 2

1. Die Tätigkeit der Gerichte darf, abgesehen von den gesetzlichen Ausnahmefällen, nicht von der Sicherstellung oder Zahlung der Gerichtskosten abhängig gemacht werden. Entsprechend dem Geltungsgebiet des GKG. kommt auch hier nur die Tätigkeit der ordentlichen Gerichte in Rechtssachen in Frage, auf welche die ZPO., die StPO., KO. oder die VglO. Anwendung findet. Schon deshalb war das ZVG. nicht gehindert, die Fortführung eines Zwangsverwaltungsverfahrens von einer Vorschußleistung abhängig zu machen (§ 161 Abs. 3 ZVG.) und die GebO. für Gerichtsvollzieher konnte in § 21 dem Gerichtsvollzieher gestatten, die Übernahme eines Geschäfts abzulehnen, solange nicht ein hinreichender Kostenvorschuß erlegt wird.

2. Die Prozeßordnungen (einschließlich der Vergleichsordnung [2]) und das Gerichtskostengesetz sind die Gesetze, in denen naturgemäß die Ausnahmen von dem Grundsatz des § 3 ihren Platz zu finden haben. Mit ihrer Hervorhebung soll aber natürlich nicht gesagt sein, daß nicht auch in anderen Reichsgesetzen, die formell weder zu den Prozeßordnungen gehören, noch einen Bestandteil oder eine Ergänzung des GKG. bilden, Ausnahmen von dem Grundsatz des § 3 begründet werden könnten. Nur bleibt bei solchen Vorschriften zu prüfen, ob sie wirklich dazu bestimmt waren, auch für das Gebiet des GKG. Geltung zu erlangen oder ob sie von der Regel des § 3 keine Ausnahme schaffen wollten. So enthält der § 5 (früher 4 a) GebO. f. Zeugen und Sachverständige zweifellos eine Bestimmung, die neben dem GKG. gilt und zu den in § 3 vorgesehenen Ausnahmevorschriften gehört. 3

3. Die Ausnahmen, die § 3 zuläßt, sind als solche streng auszulegen. Sie dürfen nicht durch Analogie auf andere Fälle ausgedehnt werden. 4

Es darf also nicht etwa im Zivilprozeß die von Amts wegen erfolgende Erhebung von Beweisen zwecks Aufrechterhaltung der Ehe von einer Vorschußzahlung abhängig gemacht werden; ebensowenig die Offizial-Ermittelung ausländischen Rechts (§ 293 ZPO.), die von Amts wegen angeordnete Einnahme eines Augenscheins oder Vernehmung eines Sachverständigen [3]) (§ 144 ZPO.) usw.

III. Die Ausnahmefälle des geltenden Rechts. 5

Zur Zeit gelten folgende Ausnahmen von dem Grundsatz des § 3:

A. Auf Grund des Gerichtskostengesetzes selbst.

1. § 74 Abs. 2 bis 4 nebst § 74 a (Abhängigmachung der Terminsbestimmung, der Erlassung des Zahlungsbefehls und weiterer gerichtlicher Handlungen von der Zahlung der Prozeßgebühr oder der Gebühr für das Mahn- oder Güteverfahren). Siehe die Anmerkungen zu diesen §§.

2. Nach § 76 Abs. 2 kann die Anfertigung von Ausfertigungen und Abschriften in gewissen Fällen von der vorherigen Zahlung eines die Kosten, d. h. die Schreib- und Postgebühren — nicht sonstige Auslagen oder gar Gebühren — deckenden Betrages abhängig gemacht werden. Vgl. § 76. 6

---

[1]) RTDrucks. III Wahlperiode 1924/26 Nr. 2722.

[2]) Daß zu den „Prozeßordnungen" im Sinne des § 3 jetzt auch die VglO. gehört (ebenso wie früher schon die KO.), ist nicht zu bezweifeln. Die Frage ist übrigens nach den Ausführungen in Anm. 3 belanglos.

[3]) Baumbach ZPO.[3] § 144 Anm. 1; RGZ. 109, 67. Vgl. § 379 ZPO. Ebenso: Rittmann-Wenz § 3 Anm. 3; Rittmann § 84 Anm. 7; Kollat § 3 Anm. 1a.

7 3. § 83 regelt die Vorschußpflicht des Privat- und Nebenklägers und die Abhängigmachung der Vornahme gerichtlicher Handlungen von der Einzahlung des Vorschusses. Im einzelnen vgl. § 83.

8 4. § 84 ordnet an, daß bei jedem Antrag auf Vornahme einer Handlung, mit der bare Auslagen verbunden sind, von dem Antragsteller ein zu ihrer Deckung ausreichender Vorschuß zu zahlen sei. „Das Gericht kann die Vornahme der Handlung von der vorherigen Zahlung des Vorschusses abhängig machen." Für das Gebiet der Strafsachen schränkt § 84 Abs. 2 diese Vorschrift ein. Über die Tragweite und den näheren Inhalt des § 84 vgl. die Anm. zu diesem Paragraphen.

9 5. § 85 regelt den Ausländervorschuß, Abs. 5 daselbst enthält die hier interessierenden Ausnahmen von dem Grundsatze des § 3.

10 B. Auf Grund der Prozeßordnungen und anderer Gesetze.

1. § 379 ZPO.: Abhängigmachung der auf Parteiantrag erfolgenden Zeugenladung von der Vorschußleistung. Ebenso bei Ladung von Sachverständigen, wenn der Beweis auf Parteiantrag erhoben wird (§ 402 ZPO.). Seit Geltung des § 84 in jetziger Fassung bilden die eben genannten Vorschriften nur noch Sonderfälle dieser allgemeinen Bestimmung [4]).

2. § 519 Abs. 6 ZPO. enthält die wichtige Vorschrift über den fristgemäßen Nachweis der Einzahlung der Prozeßgebühr in der Berufungsinstanz und die Folgen der Fristversäumung.

12 3. § 554 Abs. 7 ZPO. gibt die entsprechende Vorschrift für die Revisionsinstanz.

13 4. § 911 ZPO.: Abhängigmachung der Aufnahme des Offenbarungseidesschuldners in das Gefängnis von Vorschießung der Haftkosten. Dasselbe gilt nach § 933 ZPO. beim persönlichen Sicherheitsarrest.

14 5. § 176 StPO. gestattet im Falle des § 172 dem OLG. bzw. RG., von dem Antragsteller eine Kostensicherheit zu verlangen, bei deren Nichtleistung der Antrag des Verletzten für zurückgenommen erklärt wird.

15 6. Nach § 107 KO. kann die Abweisung des Konkurseröffnungsantrags erfolgen, wenn eine den Kosten des Verfahrens entsprechende Masse nicht vorhanden ist. Die Abweisung unterbleibt, wenn ein zur Deckung der im § 58 Nr. 1, 2 KO. bezeichneten Massekosten ausreichender Geldbetrag vorgeschossen wird. Im Vergleichsverfahren gilt eine entsprechende Vorschrift nach § 22 Nr. 5 VglO.

16 7. Hierher gehört auch der oben schon erwähnte § 5 (früher 4 a) GebO. f. Zeugen und Sachverst., der nur für den Zivilprozeß gilt und bestimmt, daß die Parteien sich dem Gericht gegenüber mit einer bestimmten Vergütung für die Leistung eines Sachverständigen einverstanden erklären können und daß in solchen Fällen diese Vergütung zu gewähren ist, sofern ein zu ihrer Deckung ausreichender Betrag an die Staatskasse gezahlt ist.

17 8. Nach § 19 Abs. 5 EntlVO. haben die Parteien im Schiedsurteilsverfahren einen zur Deckung der Vergütung der Beisitzer ausreichenden Vorschuß an die Staatskasse zu zahlen. Wird dieser Vorschuß innerhalb einer von dem Gerichte bzw. dem Vorsitzenden zu setzenden Frist nicht bezahlt, so weist das Gericht den Antrag auf Entscheidung durch Schiedsurteil zurück.

18 9. Daß die hier angeführten Ausnahmen ihrerseits wieder durch die Normen über das Armenrecht von Ausnahmen durchbrochen werden können, sei nur der Vollständigkeit halber erwähnt.

§ 4.

Über Erinnerungen des Zahlungspflichtigen oder der Staatskasse gegen den Ansatz von Gebühren oder Auslagen entscheidet das Gericht der Instanz gebührenfrei. Die Entscheidung kann von dem Gerichte, welches dieselbe getroffen

[4]) Jonas § 3 Anm. 2 f; unten § 84 Anm. 20.

hat, sowie von dem Gerichte der höheren Instanz von Amts wegen geändert werden.

Gegen die Entscheidung findet Beschwerde nach Maßgabe des § 567 Abs. 3 und der §§ 568 bis 575 der Zivilprozeßordnung, in Strafsachen nach Maßgabe der §§ 304 bis 310 der Strafprozeßordnung statt.

Die Einlegung von Erinnerungen oder Beschwerden kann durch Erklärung zum Protokoll der Geschäftsstelle oder schriftlich ohne Mitwirkung eines Anwalts erfolgen.

Vorbemerkung.

§ 4 behandelt die Rechtsbehelfe gegen den Kostenansatz (Erinnerungen, Beschwerden) und die Möglichkeiten seiner Abänderung von Amts wegen.

Übersicht.

I. Entstehungsgeschichte und Bedeutung der Vorschrift. 1

Die Bestimmung des § 4 ist seit Geltung des GKG. bis in die neueste Zeit hinein nicht geändert worden. Auch die Anführung des § 567 Abs. 2 ZPO. war im § 4 Abs. 2 stehen geblieben, obwohl an Stelle des § 567 Abs. 2 seit der Novelle vom 13. Februar 1924 der jetzige Abs. 3 (Satz 1) getreten ist, der die Beschwerden gegen Beschlüsse des OLG. ausschließt[1]). Erst die Neutextierung vom 5. Juli 1927 hat diese Unstimmigkeit beseitigt. Im letzten Absatz hat die VO. vom 30. November 1927 (RGBl. I 334) durch ihren Art. I Nr. I a eine formelle Änderung gebracht.

§ 4 ist eine Vorschrift von großer praktischer Bedeutung, die sehr häufig zur Anwendung gelangt. Er regelt das Verfahren bei Erinnerungen gegen den Ansatz von Gerichtskosten und das Verfahren wegen Änderung der hierüber ergehenden Entscheidungen, sei es von Amts wegen, sei es auf Beschwerde. Die in § 4 enthaltenen Rechtsregeln werden auch in anderen Gesetzen für anwendbar erklärt: so in § 3 Satz 4 des Ges. über die Erstattung von Rechtsanwaltsgebühren in Armensachen vom 6. Februar 1923, in § 25 GebO. f. Gerichtsvollzieher vom 14. Dez. 1922 u. a.

[1]) Vgl. OLG. München und Kraemer BuschsZ. 52, 107.

2 **II. Der Ansatz von Gerichtskosten.**

1. Unter Ansatz von Gebühren oder Auslagen versteht man die Rechnungsaufstellung der Geschäftsstelle, die der Befriedigung oder Sicherstellung der Staatskasse für ihre Gerichtskostenansprüche dient[2]). Dieser Kostenansatz muß begriffsnotwendig die Angabe der Sache, den Betrag der geforderten Kosten und die Bezeichnung des Zahlungspflichtigen als solchen enthalten[2a]). Diese notwendigen Bestandteile brauchen aber nicht formell in einer „Urkunde" enthalten zu sein. Fragt z. B. eine Partei nach ihrer Kostenschuld bei der Geschäftsstelle an, so kann sich aus der Adresse der Rückäußerung, aus dem Zusammenhang von Frage und Antwort alles Erforderliche ergeben. Zweckmäßigerweise wird in dem Kostenansatz auch ein Hinweis auf die gesetzlichen Vorschriften, die zur Anwendung gelangten, und eine nähere Bezeichnung der betreffenden Kostenart (Beweisgebühr, Urteilsgebühr, Zeugengebühr usw.) erfolgen, gegebenenfalls auch der Grund der Haftung angegeben werden[3]) usw. Auch bloße Vorschüsse können Gegenstand des Gerichtskostenansatzes sein. Dem Zahlungspflichtigen ist der Kostenansatz schriftlich bekanntzugeben[4]).

3 2. Die rechtliche Stellung der Geschäftsstelle bei Aufstellung des Kostenansatzes ist bestritten. Meist wird die Meinung vertreten, daß sie auch hier selbständiges Organ des Gerichts, daher nicht der Aufsichtsbeschwerde unterworfen sei; soweit aber — wie in Preußen — dem Rechnungsrevisor das Recht verliehen sei, aus eigener Machtvollkommenheit die Nacherhebung zu wenig angesetzter und die Rückerstattung zu viel erhobener Beträge anzuordnen, sei dieser bei dem Ansatz der Kosten „beteiligt"[5]). Darin liegt unſ. E. ein Widerspruch: wenn die vorgesetzte Verwaltungsbehörde aus eigener Machtvollkommenheit statt der Geschäftsstelle tätig werden darf, so ist die Selbständigkeit der Geschäftsstelle durchbrochen. Nach richtiger Ansicht liegt bei Aufstellung des Kostenansatzes überhaupt keine entscheidende, sondern eine Verwaltungs-Tätigkeit vor[6]). Das Gesetz hat nicht einmal ausdrücklich bestimmt, daß gerade die Geschäftsstelle hiefür zuständig sei (was bei der Auslegung des § 4 regelmäßig übersehen wird); das Landesrecht kann die Zuständigkeit selbständig regeln[7]), und auch die Umgrenzung der Machtbefugnisse vorgesetzter Behörden untersteht den Landesgesetzen. Kann aber der zur Aufstellung des Kostenansatzes berufene Beamte von Amts wegen angewiesen werden, den Ansatz zu ändern, so kann auch durch Dienstaufsichtsbeschwerde hiezu die Anregung gegeben werden. Über die Rechtslage nach Erlaß einer gerichtlichen Entscheidung (auf Erinnerungen hin) s. u. Anm. 19.

4 3. Der Kostenansatz geschieht für jede Instanz gesondert[8]). Der Begriff der Instanz ist der des GKG., der bekanntlich von dem Instanzbegriff der Prozeßordnungen und dem der RAGebO. mehrfach abweicht. Es bildet also insbesondere nicht nur jedes Rechtsmittelverfahren gegenüber dem erstinstanziellen eine eigene Instanz, sofern darin besondere Kosten entstehen, sondern auch jedes Verfahren nach §§ 33, 34 GKG., jedes Arrestverfahren usw. Näheres s. zu §§ 25 ff.; Vorb. zu §§ 32—35.

4a 4. Zuständig zur Aufstellung des Kostenansatzes ist die Geschäftsstelle des Gerichtes der Instanz. Was ist darunter zu verstehen? Der Ausdruck kommt auch in § 3 des Gesetzes vom 6. Februar 1923 vor und bezeichnet dort das Gericht, bei dem die Sache anhängig ist oder das in dem betreffenden Rechtszuge entschieden

---

[2]) Allgemeine Meinung. Vgl. dazu OLG. 22, 276 (München); Jonas § 4 Anm. 1.

[2a]) Siehe aber auch § 81 Anm. 11.

[3]) Vgl. Rittmann § 4 Anm. 1.

[4]) Ebenso: Baumbach § 5 Anm. 4.

[5]) Rittmann § 4 Anm. 1. Ähnlich: Jonas § 4 Anm. 2. Rittmann-Wenz hält die preußische Praxis (vgl. Allg. Verf. vom 28. Febr. 1885, pr. JMBl. 90) anscheinend mit dem Reichsrecht nicht für vereinbar (§ 4 Anm. 2); vgl. auch Wochinger-Schwalb § 4 Anm. 3.

[6]) Richtig: Baumbach § 4 Anm. 1; Kollat § 4 Anm. 5 b.

[7]) Dies ist klar gesagt in der Plenarentsch. des RG. RGZ. 16, 304.

[8]) Rittmann-Wenz § 4 Anm. 1.

hat[9]). Von dieser Begriffsbestimmung müssen wir auch bei Auslegung des § 4 GKG. ausgehen. Gemeint ist also vor allem im Prozeßverfahren des Zivilprozesses das Prozeßgericht im Gegensatz zum beauftragten oder ersuchten Richter[10]): das Gericht, das zur Sachentscheidung berufen ist oder sie erlassen hat. Wechselt das Prozeßgericht während der Instanz (etwa bei Verweisung vom Amtsgericht ans Landgericht oder von Landgericht zu Landgericht gemäß § 276 ZPO.), so ist von da ab das Gericht, bei dem das Verfahren seinen Fortgang nimmt, „das Gericht der Instanz". In anderen Verfahrensarten als im „Prozeßverfahren" tritt an die Stelle des Prozeßgerichts das Gericht, das die betreffende Angelegenheit in diesem Verfahren zu entscheiden oder zu behandeln hat: das Gericht, das die Beweissicherung zu beschließen hat (§ 33 Nr. 1 GKG.), das Verteilungsgericht (§ 33 Nr. 3), das Vollstreckungsgericht (§ 33 Nr. 5, § 34 Nr. 1 und 2), das Arrestgericht (§ 32) usw.

In Strafsachen gelten die entsprechenden Grundsätze, deren Anwendung meist keine Schwierigkeiten bereiten wird. Im Ermittelungsverfahren ist der Amtsrichter, in der Voruntersuchung der Untersuchungsrichter „das Gericht der Instanz". Deren Geschäftsstellen sind also für den Kostenansatz zuständig, bei dem es sich übrigens nur um Auslagen handeln kann, die einem Dritten zur Last fallen (§ 75 GKG.).

5. Der Kostenansatz der Instanz bildet in sich eine Einheit[11]). Auch wenn er 5
aus mehreren einzelnen Posten besteht, so kommt es doch nur darauf an, ob er als Ganzes richtig oder unzutreffend ist. Wird bei einem Einzelposten zu viel, bei einem anderen zu wenig gefordert, so kann — bei Richtigkeit des Gesamtresultates — eine Änderung nicht verlangt werden. Dieser Grundsatz ist auch wichtig für die Auslegung des § 5 GKG.

Anderseits kann in einer Instanz der Kostenansatz in zeitlich getrennten Teilabschnitten folgen, was wegen der nach und nach eintretenden Fälligkeit sogar meist der Fall ist.

III. Die Erinnerungen gegen den Kostenansatz. 6

1. Gegen den Kostenansatz sind Erinnerungen zulässig. Also nur gegen die Aufstellung der Gebühren und Auslagen und den dadurch geltend gemachten Anspruch auf eine bestimmte Summe gegen einen bestimmten Kostenschuldner. Dagegen können sich die Erinnerungen nicht richten gegen die Art und Weise der Gerichtskostenerhebung. Diese ist durch das GKG. nicht geregelt und erfolgt nach Landesrecht[12]), das auch für die den Beteiligten zustehenden Rechtsmittel maßgebend ist. Auch der Ansatz von Stempeln (Vollmachtsstempel!) unterliegt nicht der Erinnerung, sondern dem landesrechtlich eingeführten Rechtsmittel, mag auch die Erhebung des Stempels sonst nach Art der Gerichtskostenerhebung erfolgen[13]).

2. Die Erinnerungen stehen den als Zahlungspflichtige in Anspruch 7
genommenen Personen und der Staatskasse zu (§ 4 Abs. 1 Satz 1). Zu den ersteren gehören auch solche Personen, die als Zweitschuldner oder auf Grund des § 88 GKG. in Anspruch genommen werden[14]). Die „Staatskasse" ist der Fiskus desjenigen Staates, dem die geltend gemachte Kostenforderung zustehen würde[14a]). Kann die Staatskasse auch zugunsten des Zahlungspflichtigen Erinnerungen erheben? Die Frage wurde neuerdings mit der Begründung bejaht, daß der Staat ein Interesse daran haben könne, eine Rechtsfrage richterlich entscheiden zu lassen oder einer späteren Rückforderung zuvorzukommen, wenn er selbst den Kostenansatz für zu hoch halte usw.

---

[9]) Baumbach ArmErstGes. § 3 Anm. 2 (S. 187).

[10]) Vgl. dagegen ZSGebO. § 20 Abs. 1 Satz 3.

[11]) Jonas § 4 Anm. 1; Baumbach § 4 Anm. 4; Rittmann-Wenz § 5 Anm. 1.

[12]) Baumbach § 4 Anm. 2; Jonas § 4 Anm. 4b u. a.

[13]) Baumbach § 4 Anm. 2; Rittmann-Wenz § 4 Anm. 7; Friedlaender, Der bayer. Vollmachtsstempel (1915) 46; Wochinger-Schwalb § 4 Anm. 10.

[14]) Baumbach § 4 Anm. 2; RGZ. 16, 291 (VerZS.); OLG. Kiel SchlHolstAnz. 1908, 142 und KG. KGBl. 22, 113.

[14a]) Wer die Staatskasse vertritt, bestimmt das Landesrecht. Beim RG. hat die Rechte der Reichskasse der Bürodirektor wahrzunehmen (Jonas § 4 Anm. 3b); für Preußen s. Jonas § 4 Anm. 10.

Allein mit derselben Begründung könnte auch der Zahlungspflichtige gegen einen zu niedrigen Ansatz Erinnerungen erheben, um sich vor Nachforderungen zu schützen. Die Staatskasse ist in unserem Falle Partei, rein vermögensrechtlich interessierte Partei, nicht — wie die Staatsanwaltschaft im Strafprozeß — zugleich Hüterin der objektiven Gerechtigkeit. Es führt auch weiterhin (insbes. im Beschwerdeverfahren) zu unannehmbaren Konsequenzen, wenn man der gegnerischen Meinung folgt. Die Staatskasse hat andere Mittel, um einen ihr ungerecht erscheinenden Kostenansatz zur Abänderung zu bringen (s. o. Anm. 3); auf richterliche Entscheidung hat nur Anspruch, wer selbst durch den Kostenansatz beschwert ist[15]).

8 Dritte Personen, die sich für Zahlungspflichtige halten (z. B. der Ehemann einer zahlungspflichtigen Frau), ohne daß sie in dem Kostenansatz als solche benannt sind oder aus demselben in Anspruch genommen werden, können aus eigenem Recht keine Erinnerungen erheben. Wird aber ein Dritter als Zahlungspflichtiger in dem Kostenansatz bezeichnet, so liegt hierin bereits eine Inanspruchnahme, die den Betroffenen zur Erhebung von Erinnerungen berechtigt. Nur muß natürlich der Kostenansatz bereits nach außen wirksam geworden sein; dazu genügt die Mitteilung an einen Beteiligten.

9 3. Nach dem Gesetz über die Erstattung von RAGeb. in Armensachen vom 6. Februar 1923 geht der Kostenanspruch des Armenanwalts gegen seine Partei oder gegen den ersatzpflichtigen Gegner mit der Erstattung auf die Staatskasse über. Auf die Geltendmachung dieses Anspruchs finden die Vorschriften über die Erhebung von Gerichtskosten entsprechende Anwendung (§ 4 Satz 2 ArmErstGes.). Der Anspruch verändert — wie jetzt fast allgemein anerkannt ist — durch den Übergang auf den Staat seine rechtliche Natur nicht; er bleibt ein Anspruch auf Erstattung von Anwaltskosten und wird nicht etwa zu einem Gerichtskostenanspruch. Nur seine Geltendmachung findet in derselben Weise statt wie die der Gerichtskosten. Zur Geltendmachung gehört aber auch bereits der Kostenansatz seitens der Geschäftsstelle gegenüber dem Zahlungspflichtigen. Dieser kann daher auch Erinnerungen erheben (und z. B. geltend machen, daß die Kosten des Armenanwalts zu hoch festgesetzt worden seien) — obwohl der Kostenschuldner in dem eigentlichen Festsetzungsverfahren nach § 3 ArmErstGes. nicht gehört wird und dort auch kein Erinnerungs- oder Beschwerderecht besitzt[16]).

10 Zu den Auslagen, die in den Kostenansatz aufzunehmen sind, gehören auch die „an Rechtsanwälte für deren Tätigkeit zu zahlenden Beträge" (§ 72 Nr. 6 GKG.) sowie die an Zeugen und Sachverständige zu zahlenden Gebühren (§ 72 Nr. 4 GKG.). Während die Regelung der Kosten des Armenanwalts durch §§ 3, 4 ArmErstGes. erfolgt ist, fällt die Vergütung des Rechtsanwalts als Amtsverteidiger zweifellos unter § 72 Nr. 6 GKG. Diese Vergütung ist dem Verteidiger nach Maßgabe der GebO. aus der Staatskasse zu bezahlen; der Rückgriff an den in die Kosten verurteilten Angeklagten bleibt vorbehalten (§ 150 StPO.). Der gegen die Staatskasse gerichtete Gebührenansatz kann nach dem Wortlaute des § 4 GKG. nur von der Staatskasse mit Erinnerungen angefochten werden, weil diese zugleich die Kostenschuldnerin ist. Allein der Verteidiger selbst steht ihr nun in ähnlicher Weise gegenüber, wie sonst die Staatskasse dem Zahlungspflichtigen. Er ist der Forderungsberechtigte, der ein unmittelbares rechtliches Interesse an der richtigen Festsetzung der Kosten hat. In Ermangelung einer Spezialvorschrift, wie sie

[15]) Gl. M.: OLG. 19, 245 (Braunschweig) = BraunschwZ. 56, 145; OLG. Colmar ElsLothZ. 6, 365; Rittmann § 4 Anm. 4; derselbe ZDJustAmtm. 1911, 189; Wochinger-Schwalb § 4 Anm. 3; OLG. Darmstadt HessRspr. 17, 173; 1927, 147; OLG. Stuttgart WürttZ. Spruchbeilage 1925, 6 (dort wurde die unzulässige Beschwerde als Anregung zur Abänderung von Amts wegen ausgelegt).

A. M.: Jonas § 4 Anm. 3 b; Baumbach § 4 Anm. 3.

[16]) Richtig: Rittmann-Wenz 383 (ArmErstGes. § 4 Anm. 1). Anderseits kann der Armenanwalt gegen den Ansatz nach § 3 des ArmErstGes. Erinnerungen erheben, nicht aber gegen den Ansatz, der gemäß § 4 gegenüber der Partei erfolgt. Auch gegenüber dem Kostenfestsetzungsbeschluß nach § 104 ZPO. kann die Partei keine Erinnerungen gemäß § 4 GKG. erheben.

§ 17 GebO. für Zeugen und Sachv. zugunsten dieser Personen und § 3 ArmErstGes. zugunsten des Armenanwalts enthält, muß man daher im Wege der Analogie auch dem Amtsverteidiger das Recht der Erinnerungen und dann der Beschwerde einräumen[17]). Nimmt der Staat Regreß gegen den zu Strafe verurteilten Angeklagten oder etwa den gemäß § 469 StPO. in die Kosten verurteilten Anzeiger, so können auch diese Personen ihrerseits Erinnerungen erheben — entsprechend wie die arme Partei oder der Gegner in dem vorhin besprochenen Falle des ArmErstGesetzes.

4. Die Erinnerungen sind an keine Frist gebunden. Sie können vor Zustellung an denjenigen, der sie erhebt, erfolgen, sofern nur der Kostenansatz mit Wirksamkeit nach außen schon erfolgt, also mindestens einem Beteiligten, wenn auch formlos, bekannt gegeben ist. Sie sind auch zulässig nach Zahlung der Kostenschuld[18]). 11

5. Die Einlegung der Erinnerungen erfolgt entweder zu Protokoll der Geschäftsstelle oder schriftlich ohne Anwaltszwang. Irgendeine sonstige Form ist nicht vorgeschrieben. Werden die Erinnerungen nicht als solche, sondern z. B. als Beschwerde bezeichnet, so sind sie doch als Erinnerungen zu behandeln[19]). 12

6. Da die Erinnerungen nur gegenüber dem Kostenansatz zulässig sind, so dürfen sie auch inhaltlich nur diejenigen Fragen betreffen, die durch den Kostenansatz geregelt werden. Es kann also geltend gemacht werden, daß die Gebühr überhaupt nicht oder nicht in der betreffenden Höhe angesetzt werden durfte, daß sie (etwa wenn der Staat Erinnerungen erhebt) zu niedrig angesetzt sei, daß ein Teil der Gebühr (z. B. nach § 29 GKG.) wieder in Wegfall gekommen sei; daß die in Ansatz gebrachten Auslagen nicht gerechtfertigt oder zu hoch bzw. zu niedrig berechnet seien; z. B. die Zeugen- oder Sachverständigengebühren nach § 72 Nr. 4 GKG. mit §§ 1 ff. ZSGebO.[20]), die zu zahlenden Gerichtsvollzieherkosten, die Reisekosten der Beamten nach § 72 Nr. 6 GKG. mit GerVollzGebO. und BReisKVO. usw. (über Ausnahmen siehe unten Anm. 16); daß die in Anspruch genommene Person, welche die Erinnerungen erhob, gar nicht oder nur zum Teil zahlungspflichtig oder zurzeit nicht zahlungspflichtig sei[21]) (mangelnde Fälligkeit, mangelnde Vorschußpflicht, Verletzung der nach dem GKG. vorgeschriebenen Reihenfolge oder Inanspruchnahme mehrerer Kostenschuldner: §§ 82 Abs. 2, 86 usw., Gebührenfreiheit nach § 90 GKG.[22]), Teilhaftung statt Gesamthaftung nach § 87 GKG. u. a.) oder, daß die Niederschlagung der Kosten nach § 6 GKG. geboten sei. Immer handelt es sich um Geltendmachung von Verletzungen des GKG. oder der in ihm oder in den Prozeßordnungen als Bestandteile des Gerichtskostenrechts bezeichneten sonstigen Vorschriften[23]) (§ 88, § 72 Nr. 4 GKG. usw.). Die Vorschriften über das Armenrecht enthalten zweifellos Modifikationen des Gerichtskostenrechts und gehören deshalb hierher. 13

Dagegen können die Erinnerungen nicht gestützt werden auf solche Bestimmungen des Zivilrechts, die im GKG. nicht erwähnt sind: z. B. auf den Einwand der Zah- 14

---

[17]) Ebenso: OLG. Augsburg und A. Friedlaender JW. 1924, 1625[1]; Baumbach § 4 Anm. 1; Jonas § 72 Anm. 16; § 4 Anm. 3a.

[18]) OLG. 21, 125 (Breslau). — Wenn z. B. die Gerichtskosten von der obsiegenden Partei bezahlt sind und dann im Wege der Kostenfestsetzung vom Gegner eingefordert werden, dieser aber gemäß § 104 ZPO. Erinnerungen erhebt und dabei die Höhe der Gerichtskosten erfolgreich beanstandet, so muß die im Prozeß obsiegende Partei den zu viel bezahlten Betrag durch Erinnerungen gemäß § 4 GKG. vom Staat zurückfordern (RG. JW. 1899, 139).

[19]) Rittmann § 4 Anm. 17 und die allg. Meinung; auch RGZ. 16, 291.

[20]) RGZ. 55, 312. Die Beschwerde nach § 17 Abs. 2 ZSGebO. steht, wie in derselben Entscheidung ausgeführt wird, dem Zahlungspflichtigen nicht zu.

[21]) OLG. Frankfurt a. M. JW. 1926, 70 (mit Anm. Kraemer); RGZ. 97, 175; OLG. Dresden SächsOLG. 28, 73.

[22]) Auch im Falle des § 90 Abs. 2. Vgl. Rittmann § 4 Anm. 10; KG. KGJ. 4, 213.

[23]) Das ist aus der Stellung des § 4 im System des Gerichtskostenrechts ausführlich abgeleitet in der Plenarentsch. des RG. in RGZ. 16, 291 ff. Ebenso RGZ. 97, 175.

lung, des Zwangsvergleichs, der Haftungsbeschränkung des Erben[24]), der Verjährung (wobei es uns folgewidrig erscheint, zwischen der nach dem Kostenansatz und der vorher eingetretenen Verjährung unterscheiden und im letzteren Falle die Geltendmachung im Wege der Erinnerungen zuzulassen[25]).

15 Die Erinnerungen können ferner nicht auf die Behauptung gestützt werden, daß die gerichtliche Entscheidung, durch welche die Kostenlast der in Anspruch genommenen Person festgestellt oder verneint wurde, unrichtig sei (hier kann nur gegebenenfalls diese Entscheidung angefochten werden)[26]); daß dem in Anspruch Genommenen zu Unrecht das Armenrecht bewilligt oder entzogen worden sei (hier gelten die §§ 126, 127 ZPO.) oder daß der Streitwert vom Gerichte gemäß § 18 GKG. unrichtig festgesetzt worden sei (hier ist nur die Beschwerde gegen diesen Beschluß zulässig)[27]). Dagegen kann die Streitwertfrage inzidenter auch im Erinnerungsverfahren nach § 4 GKG. ausgetragen werden, wenn kein Wertfestsetzungsbeschluß vorliegt[28]). In den vorher (in diesem Absatz) erwähnten Fällen ergibt sich die Unzulässigkeit der Rüge im Wege der Erinnerungen aus der allgemeinen Verteilung der Kompetenzen: Vorfragen, die nicht den bloßen Kostenansatz betreffen, werden von den kraft Gesetzes zuständigen Stellen entschieden, teils ausschließlich teils jedenfalls mit präjudizieller Wirkung. Aus denselben Erwägungen kann im Erinnerungsverfahren niemals die Notwendigkeit einer Beweiserhebung, die Brauchbarkeit eines Beweismittels[29]) nachgeprüft werden.

16 Unter den Auslagen des § 72 GKG. finden sich verschiedene, deren Bemessung sich nach besonderen, auch nicht zu Bestandteilen des GKG. gewordenen Normen richtet, deren Nachprüfung den Gerichten nicht obliegt. Dies gilt z. B. von Zeugengebühren, die ein ausländisches Gericht bezahlt hat, und von sonstigen durch Ersuchen einer ausländischen Behörde entstandenen Auslagen[30])[31]).

17 Endlich kann, wie schon oben erwähnt wurde, die Art und Weise der Einziehung von Gerichtskosten nicht den Gegenstand des Erinnerungsverfahrens bilden[32]) Wegen der durch die Beitreibung erwachsenden Kosten gibt es keine Erinnerungen[33]).

18 7. Kann der als Zahlungspflichtiger in Anspruch Genommene, statt Erinnerungen zu erheben, den ordentlichen Rechtsweg beschreiten oder die bezahlten Kosten mit Klage zurückfordern? Die Frage wird mit Recht fast einhellig verneint[34]). Es folgt aus allgemeinen prozessualen Grundsätzen, daß neben ein gesetzlich geordnetes Beschlußverfahren nicht beliebig der ordentliche Rechtsweg gestellt werden kann, sofern er nicht ausdrücklich zugelassen ist. Eine Unterscheidung, je nachdem die Zahlungs-

---

[24]) So die allgemeine Meinung. Die Frage, wie diese Einwendungen geltend zu machen sind, entscheidet sich nach dem maßgebenden Landesverwaltungsrecht. Es ist also nicht ganz richtig, wenn in den Kommentaren gesagt wird, daß die Einwendungen gemäß § 767 ZPO. durch Klage geltend zu machen seien. Vgl. z. B. Baumbach § 4 Anm. 2. Richtig: Jonas § 4 Anm. 5 b.

[25]) Die Unterscheidung findet sich (ohne oder ohne einleuchtende Begründung) bei Jonas § 4 Anm. 4 b; KG. KGJ. 12, 145; Rittmann § 4 Anm. 6, 10.

[26]) Jonas § 4 Anm. 4 b.

[27]) OLG. 31, 200 (Hamburg).

[28]) Jonas § 4 Anm. 4 a.

[29]) OLG. Breslau Recht 1913 Nr. 1603 (Brauchbarkeit eines Gutachtens betreffend).

[30]) RG. JW. 1899, 492; RGZ. 44, 389.

[31]) Wegen des nicht unmittelbar hierher gehörigen § 20 des Lebensmittelgesetzes vom 5. Juli 1927 (RGBl. I 134) und ähnlicher Gesetzesbestimmungen (auf welche § 4 GKG. überhaupt keine Anwendung findet, weil es sich nicht um Gerichtskosten handelt) s. § 72 Anm. 18.

[32]) Ebenso die allgemeine Meinung (vgl. etwa KG. KGBl. 1911, 50; OLG. Hamburg HansGZ. 1911 B. 27). Über das Verfahren in Preußen s. Jonas § 4 Anm. 5 b.

[33]) RG. Warneyer 1916 Nr. 139 (die Partei muß sich hiewegen an die Beitreibungsbehörde wenden).

[34]) Rittmann § 4 Anm. 3; OLG. 17, 250 (Kiel); 21, 101 (KG.); Baumbach § 4 Anm. 1; RG. JW. 1895, 521; RG. JW. 1927, 2138[44] (keine Klage auf Rückzahlung von Gerichtskostenvorschüssen).

pflicht unmittelbar auf die Vorschriften des GKG. bzw. die in § 88 genannten Bestimmungen der Prozeßordnungen oder auf die dort angezogenen Vorschriften des bürgerlichen Rechts gegründet wird[35]), scheint uns nicht gerechtfertigt.

Da die Erinnerungen auch auf diese Vorschriften gestützt werden können, so ist auch hinsichtlich der Konkurrenz der Rechtsbehelfe eine unterschiedliche Behandlung — mangels positiver Vorschriften — nicht zulässig. Soweit das Erinnerungsverfahren nicht zulässig ist, richtet sich die Frage, welche Rechtsbehelfe zulässig sind — auch die Frage der Zulässigkeit des Rechtswegs — nach Landesrecht.

IV. Die Entscheidung über die Erinnerungen. 19

1. Die Geschäftsstelle, die den Kostenansatz aufgestellt hat, ist selbst berechtigt, ihn wieder aufzuheben (s. o. Anm. 3). Sie kann es daher auch auf erhobene Erinnerungen hin tun[36]). Die gleiche Befugnis gewährt die Praxis ständig der Geschäftsstelle sogar bei Erinnerungen im Kostenfestsetzungsverfahren[37]), in dem sie eine entscheidende Tätigkeit ausübt und richterliche Aufgaben erfüllt.

Die Befugnis der Geschäftsstelle, ihren Kostenansatz zu ändern, hört auf, sobald das Gericht eine Entscheidung erlassen hat. Allerdings kann wegen veränderter Umstände auch späterhin eine Abänderung des Kostenansatzes veranlaßt und geboten sein: so, wenn der Streitwert neu festgesetzt wird, wenn ein anderer Kostenschuldner hinzugekommen ist oder neu herangezogen wird, wenn sich durch einen Vergleich die Kosten gemindert haben usw. In solchen Fällen kann auch die Zuständigkeit der Geschäftsstelle sich inzwischen geändert haben (z. B. durch Verweisung an ein anderes Landgericht); dann darf und muß die nunmehr zuständige Geschäftsstelle den neuen Kostenansatz vornehmen. Sie hat hierbei die bereits früher erlassene, gerichtliche Entscheidung zu beachten. Eine zeitliche Begrenzung des Selbstabänderungsrechts ergibt sich ferner aus § 5 GKG.

Hilft die Geschäftsstelle selbst auf die Erinnerungen hin ab, so ist die Sache erledigt und das Gericht braucht nicht zu entscheiden.

2. Zuständig zur Entscheidung über die Erinnerungen ist das Gericht, dessen Ge- 20
schäftsstelle den Gebührenansatz vorgenommen hat[38]). War die Geschäftsstelle hiefür in Wirklichkeit nicht zuständig, so wird das angerufene Gericht auf die Erinnerungen hin den Gebührenansatz wegen Unzuständigkeit der Geschäftsstelle aufzuheben haben.

Das „Gericht" ist im Zivilprozeß an sich das Kollegium, nicht der Ein- 20a
zelrichter[39]). Eine Ausnahme muß gelten, wenn der Einzelrichter im Einverständnisse der Parteien die Sache selbst entscheiden darf und entscheidet (s. u. § 18 Anm. 15).

3. Die Entscheidung lautet auf Zurückweisung der Erinnerungen als unzulässig oder 21
unbegründet oder auf Aufhebung des Kostenansatzes, eventuell verbunden mit Abänderung desselben oder mit der Anweisung zur Abänderung bzw. anderweiten Berechnung.

Kann das Gericht in der auf die Erinnerungen ergehenden Entscheidung auch eine reformatio in peius vornehmen? Die Frage ist zu verneinen: das Gericht entscheidet nur über die Erinnerungen, nicht über den Kostenansatz, soweit er nicht angefochten ist. Die gerichtliche Entscheidung kann aber natürlich, wenn sie auch nur die Zurückweisung der Erinnerungen des Zahlungspflichtigen enthält, eine Erhöhung des

---

[35]) So Rittmann-Wenz § 4 Anm. 5; er will im letzteren Falle das Landesrecht entscheiden lassen. Dazu Wenz ZDJustAmtm. 1913, 154. Vgl. auch (für Preußen) Jonas § 4 Anm. 4b; es ist nicht ganz klar, ob er die dort getroffene Regelung, die dem nach bürgerlichem Recht in Anspruch genommenen Schuldner u. U. ein Wahlrecht zwischen Rechtsweg und Aufsichtsbeschwerde gibt, für rechtsgültig erachtet. Nach unserer Meinung ist sie es nicht.

[36]) Allgemeine Meinung.

[37]) Vgl. z. B. Baumbach ZPO.[3] § 104 Anm. 6.

[38]) Richtig: Baumbach § 4 Anm. 5; Jonas § 4 Anm. 6. Auch das Revisionsgericht kann Prozeßgericht sein: RG. Warneyer 1916 Nr. 139.

[39]) Jonas § 4 Anm. 6.

Ansatzes durch die Geschäftsstelle zur tatsächlichen Folge haben; gegen diesen Ansatz sind dann von neuem Erinnerungen zulässig.

Enthalten die Erinnerungen einen bestimmten Antrag, was nicht unbedingt notwendig ist, so darf das Gericht über denselben der Höhe nach nicht hinausgehen. Ergibt die Begründung der Erinnerungen nicht genau, welche Änderung sie anstreben, so ist die weitestgehende Änderung, wenn sie sachlich begründet erscheint, auch zulässig. Von der hier behandelten Frage ist das oben in Anm. 5 Gesagte zu unterscheiden.

22 4. Die Entscheidung erfolgt gebührenfrei (§ 4 Abs. 1 Satz 1). Von etwaigen Auslagen, die nach § 72 erhoben werden können, gewährt dagegen das Gesetz keine Befreiung. Sie bilden einen Teil der Gerichtskosten und fallen demjenigen zur Last, der nach §§ 77, 79 GKG. usw. zahlungspflichtig ist[40]) Eine Entscheidung über die Kosten des Erinnerungsverfahrens ergeht in dem Beschlusse nicht. Denn ein unterliegender Gegner, dem die Erstattungspflicht obläge, ist in dem Verfahren nicht vorhanden. Auch der Staatskasse kann ein Kostenersatz an den Gegner nicht auferlegt werden[41]).

Das ist wichtig, wenn durch die Erinnerungen der Partei Auslagen (z. B. Anwaltskosten) entstanden sind.

23 5. Die Entscheidung des Gerichts ergeht durch Beschluß, dem im Zivilprozeß eine mündliche Verhandlung vorausgehen kann[42]); praktisch kommt eine solche kaum vor[42a]).

Die Bekanntmachung der Entscheidung erfolgt nach den Regeln und Formen der betreffenden Prozeßart, also im Zivilprozeß regelmäßig durch Zustellung, im amtsgerichtlichen Verfahren gemäß § 496 ZPO. usw. Die Bekanntmachung geschieht nur an diejenige Partei, von der die Erinnerungen erhoben wurden, nicht an den Gegner (z. B. die Staatskasse), weil ein Gegner im Rechtssinne nicht vorhanden ist[43]). Ist aber der Kostenansatz zuungunsten des Zahlungspflichtigen geändert, so muß sie ihm auch bekannt gemacht werden.

23a 6. Der Beschluß wirkt für und gegen alle Beteiligten. Ist daher eine Frage einmal von einer Partei zum Gegenstande der Erinnerungen gemacht und darüber entschieden worden, so kann ein anderer Beteiligter nicht von neuem dieselbe Frage (in der gleichen Instanz) durch Erinnerungen zum Austrag bringen. Er muß vielmehr den Weg der Beschwerde beschreiten, wenn eine solche gegeben ist[43a]).

24 V. **Abänderung und Anfechtung des Gerichtsbeschlusses.**

1. Der Gerichtsbeschluß kann von dem Gerichte, das ihn erlassen hat, sowie von dem Gerichte der höheren Instanz von Amts wegen geändert werden (§ 4 Abs. 1 Satz 2). Zu dieser Änderung können die Beteiligten die Anregung geben. Eine Ablehnung derselben ist aber keine prozessuale Entscheidung, die der Anfechtung unter-

---

[40]) Rittmann § 4 Anm. 2; OLG. 21, 396; Jonas § 4 Anm. 77. A. M.: Baumbach § 4 Anm. 6.

[41]) OLG. 19, 241 (Kiel); 21, 126 (KG.); Rittmann § 4 Anm. 2; Baumbach § 4 Anm. 6; Jonas § 4 Anm. 7. — Legt das Gericht entgegen dem obigen Grundsatze der Staatskasse im Zivilprozesse dennoch Kosten auf, so kann diese sich nur durch Anfechtung des Beschlusses selbst (nicht der Kostenentscheidung allein: § 99 Abs. 1 ZPO.) helfen.

[42]) Jonas § 4 Anm. 7. A. M.: Baumbach § 4 Anm. 7; Kollat § 4 Anm. 6.

[42a]) Ist das Erinnerungsverfahren nebst Abänderungs- und Beschwerdeverfahren Feriensache? Die Frage scheint nirgends erörtert zu sein (im Gegensatz zu der gleichen Frage beim Wertfestsetzungsverfahren, vgl. § 18 Anm. 18, 25). Sie ist zweifellos zu bejahen, wenn das Verfahren, um dessen Kostenersatz es sich handelt, selbst Feriensache ist (z. B. eine Strafsache oder eine Wechselsache). Im übrigen aber wird sich die Frage allgemein nicht bejahen lassen, wenn man bedenkt, daß auch Armenrechtsgesuche nach der Praxis nicht von Gesetzes wegen Feriensachen sind. Da aber häufig ein Bedürfnis besteht, das Verfahren nach § 4 auch in den Ferien zu erledigen (man denke an die Fälle der Vorauszahlungspflicht nach § 74 GKG.), so wird das Gericht nötigenfalls (wie bei Armenrechtsgesuchen zwecks Rechtsmitteleinlegung) mit der Annahme eines stillschweigenden Gesuchs um Erklärung als Feriensache helfen oder die Nachbringung eines solchen Gesuchs veranlassen. Vgl. auch A. Friedlaender ArchZivPrax. 97, 441 ff.

[43]) Baumbach § 4 Anm. 7.

[43a]) OLG. Nürnberg Recht 1913 Nr. 1810.

läge. Andernfalls könnten sich Personen, denen sonst ein Beschwerderecht nicht zusteht, ein solches auf diesem Umwege verschaffen (vgl. § 18 Anm. 26)[43b]).

a) Das Gericht, das die Entscheidung erlassen hat, ist jederzeit zur Änderung von Amts wegen befugt. Ob der Prozeß noch schwebt oder beendigt ist, ist belanglos; die endgültige Gerichtskostenregelung spielt sich ja meist erst nach Beendigung des Rechtsstreits oder der Instanz ab.

Eine Einschränkung erleidet der zweite Satz des Abs. 1 durch das Instanzenverhältnis: ändert die höhere Instanz einen Beschluß ab, so kann das Untergericht ihn nicht entgegen der Abänderung wiederherstellen. Wenn aber z. B. die Abänderung durch das Obergericht erfolgte, weil zu Unrecht eine Minderung der Prozeßgebühr gemäß § 29 Abs. 2 GKG. nicht vorgenommen worden sei, und wenn demgemäß der Ansatz von 100 RM. auf 25 RM. herabgesetzt wurde, so kann doch das untere Gericht den Ansatz wieder auf 100 RM. erhöhen, weil inzwischen der Streitwert auf einen höheren Betrag festgesetzt wurde; die Anwendbarkeit des § 29 Abs. 2 GKG. darf das Untergericht nicht neuerdings prüfen.

Das Beschwerdegericht als solches hat nicht die Befugnis, seine eigene Beschwerdeentscheidung von Amts wegen zu ändern, es sei denn, daß es als „Gericht der höheren Instanz" hiezu die Befugnis erlangt (unten Anm. 26 ff.). Vgl. § 18 Anm. 22 a.

Hat das „Gericht der Instanz" gewechselt, wie im Falle der Verweisung nach § 276 ZPO., so darf das nunmehr zuständige Gericht in denselben Grenzen, in denen dies vor der Verweisung dem bisherigen Instanzgerichte erlaubt wäre, den Beschluß abändern[44]). 25

Eine zeitliche Einschränkung der Abänderungsbefugnis ergibt sich aus § 5 GKG. Vgl. die Erläuterungen hiezu.

b) Die Entscheidung des beschließenden Gerichts kann auch von „dem Gerichte der höheren Instanz" von Amts wegen geändert werden. Darüber, daß mit dem Gerichte der höheren Instanz nicht einfach das zunächst übergeordnete Gericht — ohne Rücksicht darauf, ob und wie es mit der Angelegenheit befaßt wurde — gemeint sein könne, scheint Einigkeit zu herrschen. Sonst könnte z. B. in Zivilsachen das Reichsgericht in den Kostenansatz jedes Oberlandesgerichts eingreifen, ohne daß es jemals irgend etwas mit der Angelegenheit zu tun gehabt hätte; daneben wäre in Bayern auch das oberste Landesgericht hiezu befugt, ohne daß eine Abgrenzung der Zuständigkeiten gegeben wäre; nicht einmal auf die Möglichkeit, daß das betreffende Gericht in concreto jemals mit der Sache befaßt würde, käme es an und diese Möglichkeit ließe sich oft nicht einmal im voraus bestimmen. 26

Ein Gericht wird also erst dann zum Gerichte höherer Instanz im Sinne des § 4 GKG., wenn die Sache bei ihm in höherer Instanz tatsächlich anhängig geworden ist. Das ist aber wiederum bei ungezwungener Auslegung der betreffenden Worte nur dann der Fall, wenn diejenige Instanz, deren Kostenansatz in Frage steht, sachlich in den höheren Rechtszug erwachsen ist. Das „Gericht der höheren Instanz" entspricht dem „Gericht der Instanz" und da dieses, wie wir oben (Anm. 4 a) gesehen haben, immer das sachlich zur Entscheidung berufene Gericht, im Zivilprozeß das „Prozeßgericht" ist, so gilt das Entsprechende auch von dem Gericht der höheren Instanz. Handelt es sich also um die Kosten des abgewiesenen Arrestgesuchs beim Landgericht, so kann das Oberlandesgericht, an das die Beschwerde gelangt ist, auch den landgerichtlichen, nach § 4 über die Arrestkosten ergangenen Beschluß abändern. Ebenso das Oberlandesgericht als Berufungsgericht, wenn der Arrest vom Landgericht durch Urteil erlassen wurde. Dagegen ist das OLG. nicht zuständig, den Kostenansatz im landgerichtlichen Prozeßverfahren abzuändern, wenn es nur mit einer Beschwerde gegen einen Richter- oder Sachverständigen-Ablehnungsbeschluß befaßt wurde. Das Gleiche gilt, wenn nur eine Kostenfestsetzungsbeschwerde an das Obergericht gelangte[45]) oder

---

[43b]) RG. JW. 1898, 359[34].
[44]) Vgl. Walter-Joachim-Friedlaender RAGebO. §§ 11, 12 Anm. 18.
[45]) A. M.: Rittmann-Wenz § 4 Anm. 3.

wenn dieses nur durch eine Beschwerde nach § 4 Abs. 2 GKG. mit der Angelegenheit befaßt wurde[46]) [47]).

27 Ist das Gericht der höheren Instanz als solches nur zu erachten, sobald es tatsächlich als Obergericht mit der Sache selbst befaßt ist, so muß diese Eigenschaft als erloschen angesehen werden, sobald die Sache selbst beim Obergericht erledigt ist. Daher kann z. B. das Revisionsgericht nach Erlassung seines Urteils nicht mehr von Amts wegen eine Änderung der vorinstanziellen Entscheidung vornehmen (vgl. auch § 18 Anm. 23 insbesondere Fußnote 26 b).

28 Höhere Instanz ist nicht gleichbedeutend mit „nächsthöhere Instanz". Das RG. kann daher auch eine Entscheidung des Landgerichts abändern, selbst wenn es sich nicht um eine Sprungrevision handelt[48]).

29 Nicht erforderlich ist, daß das Obergericht auf Grund eines zulässigerweise eingelegten Rechtsmittels mit der Sache befaßt wurde. Die Sache selbst ist (zwecks Nachprüfung der Entscheidung der unteren Instanz) auch dann beim Obergericht anhängig, wenn das Rechtsmittel schließlich als unzulässig verworfen wird[49]).

29a c) Die Abänderungsentscheidung ergeht ebenfalls gebührenfrei. Sie ist denselben Personen mitzuteilen, denen eine auf die Erinnerungen ergehende Entscheidung mitzuteilen wäre (s. o. Anm. 23). Die Formen der Mitteilung bestimmen sich nach der Prozeßart, der die Entscheidung zugehört (Strafprozeß, Zivilprozeß usw.).

Hinsichtlich der Wirkungen des Beschlusses vgl. oben Anm. 23 a.

30 2. Gegen die Entscheidung des Gerichts, das über die Erinnerungen erkannt hat, sowie gegen den Abänderungsbeschluß, der von Amts wegen erging, findet Beschwerde nach Maßgabe des § 567 Abs. 3 Satz 1 und der §§ 568 bis 575 ZPO., in Strafsachen nach Maßgabe der §§ 304 bis 310 StPO. statt. Hinsichtlich der Wirkungen des Beschwerdebeschlusses s. Anm. 23 a.

30a a) Zivilprozeß.

Im Gesetze war bis zur Neutextierung vom 5. Juli 1927 auf § 567 Abs. 2 ZPO. verwiesen. Gemeint war die Bestimmung des jetzigen § 567 Abs. 3 Satz 1, wonach gegen Entscheidungen der Oberlandesgerichte eine Beschwerde nicht zulässig ist[50]). Dies ist jetzt auch im Texte richtig gestellt.

31 Die weitere Beschwerde ist auch gegen landgerichtliche Beschlüsse ausgeschlossen, da es sich um eine Entscheidung „in betreff der Prozeßkosten" handelt (§ 568 Abs. 3 ZPO.).

32 Die Beschwerde ist die einfache und es gelten für sie alle Regeln der §§ 569 bis 575 ZPO.[50a]). Eine Beschwerdesumme besteht nicht[51]). Die Einlegung der Beschwerde kann zu Protokoll der Geschäftsstelle oder schriftlich ohne Mitwirkung eines Anwalts erfolgen. Daraus ergibt sich sinngemäß, daß auch sonst für die Beschwerdeinstanz kein Anwaltszwang herrscht; auch weitere Eingaben können also von den Parteien selbst eingereicht werden. Beschwerdeberechtigt sind dieselben Personen, welche

---

[46]) Ebenso: Rittmann-Wenz § 4 Anm. 3.

[47]) Hier gilt auch das, was RGZ. 14, 354 zu § 18 GKG. (früher § 16) ausführt: Die Beschwerde wird ja erst durch den zweiten Absatz des § 18 (und ebenso des § 4) in das Gesetz eingeführt; sie kann also nicht selbst die Zuständigkeit für die bereits im Abs. 1 festgelegte Abänderungsbefugnis begründen. Das Verbot der reformatio in peius, das durch die gegenteilige Meinung im Wertfestsetzungsverfahren und im Verfahren nach § 4 beseitigt würde, gilt in Wirklichkeit auch im Beschwerdeverfahren nach diesen Paragraphen. Vgl. auch § 18 Anm. 23. Im wesentlichen wie hier: Rittmann-Wenz § 4 Anm. 3; Wochinger-Schwalb § 4 Anm. 9; OLG. Stuttgart WürttZ. 58, 203; WürttJ. 27, 233. A. M.: Jonas § 18 Anm. 8; Kollat § 4 Anm. 10; Baumbach § 4 Anm. 9; OLG. Colmar ElsLothZ. 35, 590.

[48]) So spricht auch RGZ. 71, 321 von den Entscheidungen „der Vorinstanzen".

[49]) A. M.: Jonas § 4 Anm. 8; § 18 Anm. 8; OLG. 25, 279 (Naumburg).

[50]) Ebenso OLG. München BuschsZ. 52, 107 und Kraemer daselbst.

[50a]) Vor Erlassung des Beschlusses ist Beschwerde nicht zulässig: RG. JW. 1907, 678.

[51]) OLG. Frankfurt a. M. ZDJustAmtm. 1926, 528.

erinnerungsberechtigt wären, also auch die Staatskasse, aber diese auch hier nicht zugunsten des Zahlungspflichtigen[52]) (s. o. Anm. 7).

Gebührenfreiheit besteht im Beschwerdeverfahren nicht. Es gilt vielmehr § 38 GKG., wonach eine volle Gebühr (§ 8) erhoben wird, soweit die Beschwerde als unzulässig verworfen oder zurückgewiesen wird. Dringt die Beschwerde durch, so wird insoweit eine Gebühr nicht erhoben. Der Streitwert bestimmt sich nach dem Gerichtskostenbetrag, gegen den die Beschwerde sich richtet. 33

Auslagen können auch im Beschwerdeverfahren vorkommen. Sie fallen an sich stets dem Beschwerdeführer nach § 77 GKG. zur Last. Wenn aber die Beschwerde Erfolg hat, so sind sie zwar nicht der Staatskasse (die auch hier nicht erstattungspflichtiger Gegner ist) aufzuerlegen, wohl aber nach § 6 GKG. niederzuschlagen[53]). 34

Über das Verbot der reformatio in peius s. o. Anm. 26, Fußnote 47. 35

Die Bekanntmachung (Zustellung) der Beschwerdeentscheidung erfolgt an sich nur an den Beschwerdeführer, weil ein „Gegner" nicht vorhanden ist. Wenn aber zuungunsten des Zahlungspflichtigen eine Abänderung erfolgt, so ist ihm dieselbe bekanntzugeben.

b) Konkurs- und Vergleichsverfahren. 36

Für das Konkurs- und Vergleichsverfahren sollen hier dieselben Beschwerdenormen gelten wie für den Zivilprozeß. Die Zulässigkeit der Beschwerde unterliegt daher trotz der Vorschrift in § 14 VglO. keinem Zweifel: § 4 Abs. 2 stellt eben die Norm dar, durch welche die Beschwerde ausdrücklich zugelassen ist. Die Beschwerde ist auch im Konkursverfahren die einfache, nicht die sofortige nach § 73 Abs. 3 KO. usw. Im einzelnen ist auf die Anmerkungen 30a—35 zu verweisen[54]).

c) Strafprozeß. 37

Das Gesetz nannte hier bis zur Neuredaktion vom 5. Juli 1927 die §§ 346 bis 352 StPO. Gemeint waren seit der Neufassung vom 22. März 1924 die §§ 304 bis 310 StPO. Das ist jetzt auch im Text berichtigt worden.

Auch im Strafprozeß sind Entscheidungen des OLG. unanfechtbar. Die weitere Beschwerde ist durch § 310 StPO. ausgeschlossen. Im übrigen richtet sich das Verfahren nach den §§ 306—309 StPO. Anwaltszwang kommt hier ohnedies nicht in Frage.

Hinsichtlich der Gebühren gilt § 69. Es kommt also nur eine Gebühr von 1 RM. bei Zurückweisung der Beschwerde (als unbegründet oder unzulässig) in Frage, bei Beschwerden des Beschuldigten mit der Einschränkung aus § 69 Abs. 2. Auch Auslagen können bei erfolgloser Beschwerde den Beschwerdeführer treffen. Dringt der Beschwerdeführer mit seinem Rechtsmittel durch, so bilden die Auslagen einen Teil der Kosten des Verfahrens, über die vom Gerichte in der Schlußentscheidung befunden wird. Die Pflicht zur Niederschlagung (§ 6 Abs. 1 Satz 2) gilt auch hier (s. o. Anm. 34). 38

Über das Verbot der reformatio in peius s. o. Anm. 26, Fußnote 47. 39

Die Bekanntmachung der Beschwerde-Entscheidung erfolgt nach den Regeln des Strafprozesses und auch hier an sich nur an den Beschwerdeführer. Es gilt jedoch gleichfalls das oben zu Anm. 35 Gesagte.

§ 5.

Eine Nachforderung von Gerichtskosten wegen irrigen Ansatzes ist nur zulässig, wenn der berichtigte Ansatz vor Ablauf des nächsten Kalenderjahres nach rechtskräftiger oder endgültiger Erledigung des Verfahrens dem Zahlungspflichtigen eröffnet ist.

---

[52]) Gl. M.: OLG. Hamburg HansGZ. 1922 B. 75.

[53]) Baumbach § 4 Anm. 9 spricht daher bei erfolgreicher Beschwerde von Auslagenfreiheit. Das ist im praktischen Ergebnis zutreffend.

[54]) Wegen Unzulässigkeit der weiteren Beschwerde s. auch OLG. Nürnberg und Krakenberger JW. 1928, 1321[12].

Vorbemerkung.

§ 5 enthält eine zeitliche Begrenzung für die Nachforderung von Gerichtskosten.

Übersicht.

1 **I. Entstehungsgeschichte und Bedeutung der Vorschrift.**

§ 5 ist bei Beratung des alten GKG. erst von der Reichstagskommission eingefügt worden[1]).

Sein Grundgedanke ist nach dem Kommissionsbericht[2]) der, daß eine Partei, welche die ihr zugegangene Kostenrechnung beglichen hat, nicht noch nach Jahresfrist mit Nachforderungen behelligt werden soll. Dieser Gedanke ist allerdings im Gesetze nur teilweise zum Ausdruck gelangt: von Begleichung der ursprünglichen Kostenrechnung steht im Gesetze nichts und sie bildet keine Voraussetzung des Fristenlaufes.

Die in der Praxis wenig bekannte Bestimmung ist wichtig, wenn auch ihr Anwendungsgebiet durch die etwas verklausulierte Fassung des Gesetzes stark eingeschränkt ist.

2 **II. Der Inhalt der Vorschrift im einzelnen.**

1. Eine Nachforderung von Gerichtskosten (Gebühren oder Auslagen; Stempelabgaben gehören nicht hierher) liegt nur dann vor, wenn bereits eine Einforderung vorausgegangen war. Es muß also dem Zahlungspflichtigen, u. z. demselben Zahlungspflichtigen, bereits früher ein Kostenansatz mit geringerem Gesamtbetrag zugegangen sein. War dies nicht der Fall, so findet die Befristung des § 5 keine Anwendung.

3 2. Eine weitere Voraussetzung des § 5 ist ein „irriger Ansatz" in der früheren, demselben Zahlungspflichtigen erteilten Kostenrechnung. Da der Kostenansatz, wie wir in Anm. 5 zu § 4 gesehen haben, als Einheit gedacht ist, so liegt auch im Sinne des § 5 ein zu niedriger Ansatz nur dann vor, wenn der Gesamtbetrag zu niedrig ist. Dabei ist auch hier nach Instanzen (im Sinne des GKG.) zu rechnen; vgl. § 4 Anm. 4. Erweist sich also ein Teilbetrag als zu niedrig angesetzt, ein anderer Teilbetrag der für die gleiche Instanz aufgestellten Rechnung aber als zu hoch, so liegt eine Nachforderung im Sinne des § 5 nur vor, soweit der neue Gesamtbetrag etwa den früheren übersteigt; bis zu dieser Grenze kann der Anspruch auch nach Ablauf der Frist geltend gemacht werden[3]).

„Irriger Ansatz" ist im übrigen jede im Gesamtergebnis objektiv unrichtige Anforderung: es kommt nicht darauf an, ob diesem Ergebnis Rechenfehler, sonstige Versehen oder veränderte Verhältnisse (etwa eine Änderung des Streitwertes oder der Wertfestsetzung) zugrunde liegen[4]).

4 3. Schon oben wurde darauf hingewiesen, daß jeder als Zahlungspflichtiger in Anspruch Genommene gesondert zu behandeln ist. Wenn A. früher eine Kostenrechnung über 100 M. erhielt, B. eine solche über 60 M. (die einen Teilbetrag jener 100 M.

[1]) RTVerh. 1878 II. Session Bd. IV S. 1453.

[2]) Jonas § 5 Anm. 1.

[3]) So die herrschende Meinung: KGJ. 9, 8; Jonas § 5 Anm. 1; Rittmann-Wenz § 5 Anm. 1; § 4 Anm. 1 u. a. Daß der Begriff der Einheit nur für die Instanz gilt, wird meist nicht oder nicht deutlich hervorgehoben.

[4]) Wochinger-Schwalb § 5 Anm. 4; Jonas § 5 Anm. 1; RG. JW. 1888, 234; OLG. Düsseldorf Recht 1922 Nr. 1628 u. a.

bilden), so kann B., wenn nur dem A. vor Ablauf der Frist eine berichtigte Kostenrechnung über 130 M. zugeht, nach Ablauf der Frist die Nachzahlung der ganzen Differenz zu 70 M. verweigern[5]).

4. Die Frist des § 5 endigt mit Ablauf des nächsten Kalender- 5
jahres nach rechtskräftiger oder endgültiger Erledigung des Verfahrens.

Was ist unter „dem Verfahren" zu verstehen? Daß nicht schlechthin die Instanz im prozessualen (also regelmäßig zugleich im kostenrechtlichen Sinne: erste Instanz, Berufungsinstanz usw.) gemeint ist, ergibt sich schon daraus, daß von „rechtskräftiger" Erledigung des Verfahrens die Rede ist; vgl. auch § 75 GKG., der im Gegensatz zu § 5 von Beendigung des Verfahrens oder der Instanz spricht. Wenn also im ersten Rechtszuge des Prozeßverfahrens Endurteil ergangen ist, so ist für den Beginn der Frist, wenn das Urteil angefochten wurde, nicht etwa die Beendigung des ersten Rechtszuges maßgebend, da ja die rechtskräftige oder endgültige Erledigung des Verfahrens erfordert wird. Anderseits muß in den Fällen, in denen gebührenrechtlich ein gesonderter Rechtsstreit, ein selbständiges Verfahren eigener Art vorliegt, das Verfahren auch im Sinne des § 5 gesondert betrachtet werden. Es ist z. B. durchaus unmöglich, das Arrestverfahren als fortdauernd zu behandeln, weil ein dazu gehöriger Hauptprozeß noch schwebt; damit würde man angesichts der vollständigen gebührenrechtlichen Sonderung gegen Wortlaut und Zweck des Gesetzes verstoßen. Dasselbe gilt in den Fällen des § 35 GKG.[6]). Auch Mahn- und Güteverfahren sind gesondert zu behandeln. Das Beschwerdeverfahren ist ebenfalls gebührenrechtlich selbständig; für die in ihm erwachsenden Kosten bestimmt sich also die Frist nach seiner rechtskräftigen oder endgültigen Erledigung; anderseits kann die Existenz dieses Verfahrens selbst den Beginn der Frist für die vorinstanziellen Kosten hindern: wenn nämlich die rechtskräftige Erledigung der Vorinstanz von der Beendigung des Beschwerdeverfahrens abhängt; so im Falle des § 99 Abs. 3 ZPO. (Beschwerde gegen ein reines Kostenurteil nach Erledigung der Hauptsache) oder bei der Beschwerde gegen die Entscheidung in einem der Fälle des § 35 GKG. (vorläufige Einstellung des Verfahrens usw.), des § 30a Abs. 2 GKG. usw. Die rechtskräftige oder endgültige Erledigung des Verfahrens bedeutet die vollständige Erledigung des in ihm befangenen Stoffes, einschließlich des Kostenpunktes durch Entscheidung oder auf andere Weise. Dagegen gehört die Durchführung der das Verfahren (z. B. das Prozeßverfahren) beendigenden Entscheidung (z. B. die Kostenfestsetzung) nicht mehr zur Erledigung des Verfahrens im Sinne des § 5; ebensowenig z. B. die Streitwertfestsetzung, die Entscheidung über Erinnerungen gegen den Gebührenansatz gemäß § 4 GKG. usw.

„Rechtskräftige" Erledigung ist Erledigung durch rechtskräftige Entscheidung. 6
Daneben erwähnt das Gesetz die endgültige, das kann nur bedeuten die anderweitige endgültige Erledigung, da ja die rechtskräftige Entscheidung auch eine endgültige Erledigung bedeutet. Wegen des Begriffes der anderweitigen Erledigung ist § 75 Abs. 1 GKG. zu vergleichen. Dort ist außer der Erledigung durch Entscheidung bereits die Erledigung durch Vergleich[7]) und Zurücknahme erwähnt, ehe von „anderweitiger" Erledigung gesprochen wird. Vergleich und Zurücknahme sind denn auch bei § 5 als die hauptsächlichsten Anwendungsfälle der anderweitigen endgültigen Erledigung zu erachten. Auch durch tatsächlichen Stillstand kann das Verfahren sich

[5]) Ebenso: Rittmann-Wenz § 5 Anm. 3; Jonas § 5 Anm. 1; KG. KGJ. 13, 202. — Rittmann-Wenz macht (§ 5 Anm. 3 Abs. 2) eine Ausnahme für die Fälle des § 88 GKG. Dem Dritten gegenüber, der für die Zahlung in Anspruch genommen werde, entscheide die dem eigentlichen Schuldner mitgeteilte Kostenrechnung und deren Berichtigung. Diese Unterscheidung wird weder dem Zwecke des Gesetzes noch dessen Wortlaut gerecht; wir halten sie nicht für zutreffend.

[6]) Richtig: Baumbach § 5 Anm. 3; Jonas § 5 Anm. 2. A. M.: Rittmann-Wenz § 5 Anm. 2.

[7]) Ist der Vergleich ein außergerichtlicher, so beendet er zwar prozessual das Verfahren nicht. Seine Mitteilung an das Gericht bewirkt aber kostenrechtlich, daß es als erledigt gilt, sofern sich nicht nachträglich etwas anderes ergibt.

endgültig erledigen, wenn nämlich damit die Absicht der Parteien, es dauernd ruhen zu lassen, verbunden ist. Ob dies der Fall ist, muß eventuell durch Rückfrage bei den Parteien festgestellt werden; die Antwort (z. B. wenn sie unbestimmt lautet) oder das Schweigen der Parteien sind nötigenfalls frei zu würdigen. Der für die Beendigung maßgebende Zeitpunkt ist der der letzten Prozeßhandlung vor Beginn des Ruhens.

In den zuletzt erwähnten Fällen, wie auch sonst, kann es vorkommen, daß die Beendigung des Verfahrens nur scheinbar eine endgültige war. Das ruhende Verfahren wird wider Erwarten von einer Partei aufgenommen; nach Rechtskraft des bedingten Endurteils erfolgt nach längerer Pause plötzlich eine Ladung im Läuterungsverfahren; der mitgeteilte außergerichtliche Vergleich erweist sich als nicht oder nicht unbedingt zustandegekommen; der gerichtliche Vergleich wird angefochten, der Prozeß im gleichen Verfahren wieder aufgenommen. Hieher gehört auch der Fall, daß die Klagezurücknahme eingereicht wird, daß aber keine Zustellung erfolgt und dann das Verfahren fortgesetzt wird oder daß längere Zeit nach der Zurücknahme wegen Erledigung des Kostenpunktes neu geladen wird. Auch die Wiedereinsetzung in den vorigen Stand kann eine Fortsetzung des scheinbar beendigten Verfahrens herbeiführen.

7 Die Wiederaufnahme des Verfahrens ist im Zivilprozeß wie im Strafverfahren zunächst kostenrechtlich ein gesonderter Prozeß. Wird im Strafverfahren die Wiederaufnahme als unzulässig oder unbegründet abgelehnt, so kann von einem Neuaufleben des früheren Prozesses keine Rede sein. Wird im Strafverfahren gemäß § 370 Abs. 2 StPO. die Wiederaufnahme des Verfahrens (rechtskräftig: § 372) angeordnet, so ist nun in der Sache selbst neu zu erkennen; begrifflich liegt eine Aufhebung des früheren und der Erlaß eines neuen Urteils auch dann vor, wenn im neuen Verfahren schließlich materiell genau ebenso erkannt wird, wie im früheren. Trotzdem möchten wir ein Wiederaufleben des früheren Verfahrens nur dann annehmen, wenn es (rechtskräftig) zu einer Aufhebung des früheren Urteils führt. Nur dann findet ja auch endgültig eine Beseitigung des früheren Urteils einschließlich seiner Kostenentscheidung statt. In diesem Falle kommt allerdings das frühere Urteil als Grundlage eines Kostenansatzes nicht mehr in Frage (sondern nur das neue, rechtskräftige Urteil), so daß hier § 5 keine praktische Bedeutung gewinnt.

Im Zivilprozeß kommt ein Wiederaufleben des früheren Verfahrens ebenfalls nicht in Frage, wenn über Zulässigkeit oder Grund der Wiederaufnahme vorab entschieden und die Klage endgültig als unzulässig oder unbegründet abgewiesen wird. Wird aber in das iudicium rescissorium eingetreten, so ist zu unterscheiden, ob es endgültig zu einer Aufhebung des früheren Urteils kommt oder nicht. Nur im ersten Falle lebt das frühere, rechtskräftig abgeschlossene Verfahren wieder auf[8]),

Auch die Wiederaufnahme des Konkursverfahrens ist, da sie eine Erneuerung und Fortsetzung desselben bedeutet, trotz der kostenrechtlichen Trennung nach § 48 GKG., im Sinne des § 5 als ein Wiederaufleben des scheinbar beendigten Verfahrens zu betrachten.

Wird das Vergleichsverfahren gemäß § 82 ff. VglO. in das Konkursverfahren übergeleitet, so beginnt die Frist erst von endgültiger Erledigung des Konkursverfahrens ab zu laufen.

8 5. Die Frist des § 5 wird unterbrochen durch „Eröffnung" des berichtigten Ansatzes gegenüber dem Zahlungspflichtigen. Unter Eröffnung wird man die schriftliche, aber sonst formlose Mitteilung zu verstehen haben[9]). Auch für den Inhalt des berichtigten Ansatzes bestehen die gleichen Erfordernisse wie für den Kostenansatz selbst: er muß die Sache, den Betrag der nunmehr geforderten Kosten und den Zahlungspflichtigen bezeichnen; wer als solcher in Anspruch genommen wird, ergibt sich allerdings im Zweifel aus der Adresse, an die sich die Aufforderung richtet[10]).

---

[8]) Vgl. hiezu Stein-Jonas § 590 Anm. I, IV, Vorb. zum IV. Buch Anm. III, 1, 2.

[9]) Baumbach § 5 Anm. 4.

[10]) Rittmann-Wenz § 5 Anm. 4 betrachtet auch den Hinweis auf die angewandte Gesetzesvorschrift als Voraussetzung der Gültigkeit. Dieser Hinweis ist wünschenswert; aber zur rechtlichen Gültigkeit ist er hier so wenig wie beim ursprünglichen Ansatz erforderlich. S. o. § 4 Anm. 2.

Der berichtigte Kostenansatz kann neuerdings einer Berichtigung unterliegen. Dann gelten dieselben Regeln, wie sie § 5 für den ursprünglichen Ansatz aufstellt.

6. Ist die Frist des § 5 abgelaufen, ohne daß die „Eröffnung" eines berichtigten Ansatzes an den betreffenden Zahlungspflichtigen erfolgt wäre, so ist die Nachforderung unzulässig. Erhebt die Staatskasse nunmehr Erinnerungen gegen den früheren Kostenansatz, so sind diese zurückzuweisen. Hat sie die Erinnerungen oder die Beschwerde schon vor Ablauf der Frist erhoben und hat der Schuldner hievon Kenntnis erhalten, so muß auch hierin eine fristunterbrechende Nachforderung erblickt werden, da sonst die Staatskasse machtlos wäre, wenn die Verbescheidung der Erinnerungen oder der Beschwerde sich über die Frist hinaus verzögerte[11]). 9

7. Neben der Vorschrift des § 5 kommen eventuell die landesrechtlichen Vorschriften über die Verjährung in Betracht. Vgl. für Preußen § 115 mit § 13 pr. GKG.[12]); für Bayern: Art. 124 AGBGB.[13]). 10

---

[11]) Die Kommentare erwähnen nur den Fall, daß der Kostenansatz auf Erinnerung des Schuldners herabgesetzt, dann aber auf Beschwerde der Staatskasse wieder in seinem ursprünglichen Betrage hergestellt wurde; dieser Fall sei von § 5 nicht getroffen (so: Rittmann-Wenz § 5 Anm. 6 d; Jonas § 5 Anm. 1; OLG. 19, 235 [Colmar]). Uns. E. kann es auch in diesem Falle nur darauf ankommen, wann die Beschwerde der Staatskasse eingelegt wurde und der Schuldner hievon Kenntnis erhielt: ist der Kostenansatz durch das Gericht herabgesetzt, so existiert er in der früheren Höhe nicht mehr. Wird er wieder erhöht, so ist dies ein berichtigter Ansatz. Für die Berichtigung gegenüber einem durch Gerichtsbeschluß erfolgten Ansatz die Frist nicht gelten zu lassen, die gegenüber dem Ansatz der Geschäftsstelle gilt, wäre sinnwidrig.

[12]) § 13 pr. GKG. in der Fassung vom 12. April 1923 lautet:

„Der Anspruch auf Zahlung von Gerichtskosten verjährt in vier Jahren.

Auf die Verjährung finden die Vorschriften des Bürgerlichen Gesetzbuchs mit folgenden Maßgaben Anwendung:

Die Verjährung beginnt mit dem Schlusse des Jahres, in welchem die Kostenforderung fällig wird.

Die Verjährung wird auch unterbrochen durch eine an den Zahlungspflichtigen erlassene Aufforderung zur Zahlung und durch die Bewilligung einer von ihm nachgesuchten Stundung. Ist der Aufenthalt des Zahlungspflichtigen unbekannt, so kann die Zahlungsaufforderung durch Anheftung an die Gerichtstafel erfolgen. Die Zustellung gilt als bewirkt, wenn seit der Anheftung zwei Wochen verstrichen sind. Wird die Verjährung unterbrochen, so beginnt eine neue Verjährung nicht vor dem Schlusse des Jahres, in welchem der durch die Beendigung der Unterbrechung maßgebende Zeitpunkt eintritt, und im Falle der Bewilligung einer Stundung nicht vor dem Schlusse des Jahres, in welchem die bewilligte Frist abläuft. Handlungen, welche zur Unterbrechung der Verjährung im allgemeinen geeignet sind, haben diese Wirkung nicht, wenn sie sich auf einen Kostenbetrag unter 1000 Mark beziehen."

(Der letztere Betrag ist ein Papiermarkbetrag; vgl. jedoch Jonas § 5 Anm. 3.)

[13]) Art. 124 BayAGBGB. 9. Juni 1899 lautet:

„Die aus Rechtsverhältnissen des öffentlichen Rechtes entstandenen Ansprüche des Staates, einer Gemeinde oder eines anderen Kommunalverbandes auf eine Geldzahlung erlöschen, soweit nicht ein Anderes vorgeschrieben ist, mit dem Ablaufe von drei Jahren, wenn die Tatsachen festgestellt sind, auf welchen der Anspruch beruht. Die Frist beginnt mit dem Schlusse des Kalenderjahrs, in welchem der Zeitpunkt eintritt, von dem an die Leistung auf Grund der festgestellten Tatsachen gefordert werden kann. Die Vorschriften über die Hemmung und die Unterbrechung der Verjährung finden entsprechende Anwendung.

Der Lauf der Frist wird auch durch die im Beitreibungsverfahren an den Pflichtigen gerichtete Aufforderung zur Zahlung unterbrochen.

Besteht für den Anspruch ein Pfandrecht oder eine Hypothek, so wird durch das Erlöschen des Anspruchs die Geltendmachung des Rechtes, Befriedigung aus dem verhafteten Gegenstande zu suchen, nicht gehindert".

§ 6.

Gebühren und Auslagen, die bei richtiger Behandlung der Sache nicht entstanden wären, sind niederzuschlagen. Das gleiche gilt von Auslagen, die durch eine von Amts wegen veranlaßte Verlegung eines Termins oder Vertagung einer Verhandlung oder durch eine für begründet befundene Beschwerde entstanden sind. Für abweisende Bescheide sowie im Falle der Zurücknahme eines Antrags kann Gebühren- und Auslagenfreiheit gewährt werden, wenn der Antrag auf nicht anzurechnender Unkenntnis der Verhältnisse oder auf Unwissenheit beruht.

Über die Ausübung der im Abs. 1 vorgesehenen Befugnisse entscheidet das Gericht. Solange nicht das Gericht entschieden hat, können die gleichen Anordnungen im Verwaltungswege getroffen werden. Eine im Verwaltungswege getroffene Anordnung kann nur im Verwaltungswege geändert werden.

Vorbemerkung.

§ 6 behandelt das Recht der Niederschlagung von Gebühren und Auslagen.

Übersicht.

1 **I. Entstehungsgeschichte.**

Der wichtige § 6, der das Niederschlagungsrecht behandelt, lautete vor der Novelle vom 21. Dezember 1922 folgendermaßen:

„Die Gerichte sind befugt, Gebühren, welche durch eine unrichtige Behandlung der Sache ohne Schuld der Beteiligten entstanden sind, niederzuschlagen, und für abweisende Bescheide, wenn der Antrag auf nicht anzurechnender Unkenntnis der Verhältnisse oder auf Unwissenheit beruht, Gebührenfreiheit zu gewähren."

Die Änderung durch die Novelle betrifft also sehr wesentliche Punkte: Ausdehnung der Niederschlagungsbefugnis auf die Auslagen, Einführung der obligatorischen Niederschlagung in gewissen Fällen, Erweiterung der Niederschlagungsgründe und Einführung der Niederschlagung im Verwaltungswege.

Der Entwurf von 1922 unterschied sich von der endgültigen Fassung — abgesehen von einer redaktionellen Abweichung[1]) in Abs. 1 Satz 2 — nur dadurch, daß es in Absatz 1 Satz 1 hieß: „können niedergeschlagen werden". Die obligatorische Niederschlagung hat also erst der Reichstag eingeführt.

2 **II. Die obligatorische Niederschlagung von Gerichtskosten.**

1. Die beiden ersten Sätze des § 6 beziehen sich auf Fälle, in denen die Nieder-

[1]) Die Worte „oder Vertagung einer Verhandlung" fehlten im Entwurf. Warum sie beigefügt wurden, ist nicht ersichtlich.

schlagung von Gerichtskosten[2]) erfolgen muß. Es hängt also hier nicht vom freien Ermessen der Behörde ab, ob sie die Niederschlagung bewilligen will oder nicht, und es wäre einfacher und klarer gewesen, wenn das Gesetz in diesen Fällen bestimmt hätte: die Kosten sind nicht zu erheben.

Da ein Recht auf Befreiung von den erwähnten Kostenbeträgen besteht, so ist auch die nach § 6 Abs. 2 zuständige Aufsichtsbehörde nicht nur berechtigt, sondern verpflichtet, die Niederschlagung zu verfügen. Das Wort „können" in § 6 Abs. 2 Satz 2 ändert hieran nichts: es enthält nur den umfassenderen und allgemeinen Ausdruck.

2. Gebühren und Auslagen, die bei richtiger Behandlung der Sache nicht entstanden wären, sind niederzuschlagen. 3

a) Die Bestimmung bezieht sich nicht mehr, wie früher, nur auf Gebühren, sondern auch auf Auslagen. Sie bezieht sich auch jetzt nicht auf Stempelsteuern und sonstige Abgaben (s. u. Anm. 29).

b) Die Gebühren und Auslagen müssen durch eine unrichtige Sachbehandlung entstanden sein. Gemeint ist natürlich, da es sich um die Niederschlagung von Gerichtskosten handelt, die Behandlung, die der Sache bei Gericht, d. h. durch den Beamtenorganismus der Behörde[3]), zuteil geworden ist, mag dies nun der Richter, die Urkundsperson der Geschäftsstelle oder das Kanzleipersonal[4]) gewesen sein. Ein mitwirkendes Verschulden der Parteien oder ihrer Vertreter schließt die Niederschlagungspflicht an sich nicht aus (im Gegensatz zum früheren Recht, das eine Entstehung der Kosten durch unrichtige Sachbehandlung „ohne Schuld der Parteien" verlangte); aber das Verhalten der Partei kann gleichwohl auch heute bewirken, daß eine unrichtige Behandlung seitens der Behörde nicht anzunehmen ist: so wenn die Maßnahme des Gerichts auf einer unrichtigen Angabe der Partei beruhte, zu deren Nachprüfung kein Anlaß oder keine rechtliche Möglichkeit bestand. Oder wenn der Anwalt des Klägers auftragswidrig Versäumnisurteil erwirkte, der richtig geladene Beklagte den Verhandlungstermin versäumte[5]).

c) Bei der Frage der unrichtigen Sachbehandlung unterscheidet das Gesetz nicht, ob es sich um eine Verletzung formellen oder materiellen Rechts oder um einen Irrtum bei der Tatsachenfeststellung handelt. Der Ausdruck „Behandlung der Sache" zwingt zu keiner Einschränkung und umfaßt alle hier erwähnten Fälle. Anderseits muß man sich den Zweck der Bestimmung vor Augen halten, der keineswegs darin besteht, eine neue Rechtsmittelinstanz zur allgemeinen Nachprüfung der Richtigkeit von Entscheidungen zu schaffen; sie soll nur verhindern, daß die Parteien durch offenbare tatsächliche, materiellrechtliche oder prozessuale Versehen kostenrechtliche Nachteile erleiden. Dadurch, daß sich das Gericht einer Meinung anschließt, die vertretbar ist, die aber bei nochmaliger Nachprüfung zugunsten einer anderen Ansicht aufgegeben wird, hat es sich noch keiner „unrichtigen Sachbehandlung" schuldig gemacht; sonst wäre z. B. in jedem Falle, in dem die Revisionsinstanz das Berufungsurteil wegen unrichtiger Anwendung prozessualer Normen aufhebt, die Niederschlagung der hierdurch erwachsenen Mehrkosten notwendig. Gerade die Einführung der obligatorischen Niederschlagung für diese Fälle zeigt klar, daß die hier abgelehnte Auslegung nicht richtig sein kann[6]). 4

Als Beispiele für den Fall des § 6 Abs. 1 Satz 1 seien angeführt: Das Gericht liest fortgesetzt eine Null zuviel und geht von einer Klagesumme zu 1 Million Mark

---

[2]) § 6 ist nicht anwendbar auf Gerichtsvollzieherkosten: RGZ. 62, 353; JW. 1925, 2343[12] (OLG. Breslau) mit Anm. A. Friedlaender.

[3]) So auch ausdrücklich die Motive zum älteren GKG. (Rittmann zu § 6). Die frühere Fassung unterschied ja auch ausdrücklich „unrichtige Behandlung der Sache" (sc. durch die Behörde) und „Schuld der Beteiligten".

[4]) OLG. 23, 259 (Hamburg).

[5]) OLG. 23, 259 (Fußnote: Celle und Hamburg).

[6]) Uns. M.: BayObLG. Recht 1910 Nr. 4172; OLG. 19, 236 (Naumburg); 35, 206 (Rostock); RG. BolzeP r. 9 Nr. 660, 661; RG. Recht 1914 Sp. 275; Warneyer 1916 Nr. 259; OLG. 33, 172 (Frankfurt a. M.); Sydow-Busch-Krieg § 6 Anm. 2 (mit weiteren Zitaten).

aus, während es sich nur um 100 000 M. handelt: die hiedurch entstehenden Mehrkosten sind niederzuschlagen. Oder ein offensichtlicher Rechenfehler führt im Schadensersatzprozeß zu einem summenmäßig ganz falschen Urteil; die Strafe lautet auf einen höheren als den gesetzlich zulässigen Betrag; eine klare gesetzliche Bestimmung ist vom Gericht einfach übersehen worden (vielleicht weil sie eben erst in Kraft getreten war) usw. Wenn dagegen das Gericht in einer Rechtsfrage einen bestimmten, vertretbaren Standpunkt einnimmt, ohne hiebei von einem offenbaren Übersehen beeinflußt zu sein, oder wenn das Gericht Tatsachen oder Beweise, die man verschieden beurteilen kann, in einer bestimmten Weise würdigt, so kann eine solche rechtliche oder tatsächliche Beurteilung nicht später auf dem Wege des § 6 korrigiert werden. Ebenso bildet bloße Unzweckmäßigkeit einer gerichtlichen Maßnahme (Ladung von Zeugen, die sich später als unnötig erweist) keinen Grund zur Niederschlagung nach § 6 Satz 1 [7]).

5 Nicht anders liegt es im formellen Recht: hat das Gericht z. B. ein Urteil mit entsprechender Begründung als sogenanntes kontradiktorisches Urteil (§ 20 Nr. 3 GKG.) erlassen, so kann die Niederschlagung der Urteilsgebühr [8]) nicht erfolgen, auch wenn sich später die Einsicht durchringt, daß in Wahrheit ein Versäumnisurteil hätte erlassen werden müssen, es sei denn, daß der Fehler des Gerichts unzweifelhaft ist und offen zutage liegt [8a]).

6 d) Nur solche Gebühren und Auslagen sind niederzuschlagen, die bei richtiger Sachbehandlung nicht entstanden wären. Wenn also eine Berufung wegen eines Formmangels oder wegen Nichteinzahlung der Prozeßgebühr verworfen wurde und nachträglich geltend gemacht wird, das Gericht habe sich bei Würdigung der formellen Fragen in rechtlicher oder tatsächlicher Beziehung geirrt, so ist für eine Niederschlagung nach § 6 Abs. 1 Satz 1 GKG. jedenfalls dann kein Raum, wenn auch bei richtiger Sachbehandlung das Rechtsmittel keinen Erfolg gehabt hätte. Hätte es Erfolg gehabt, so wäre allerdings die Prozeßgebühr auch entstanden (sogar in höherem Betrage als bei der Verwerfung durch Beschluß: § 30 GKG.). Aber der Rechtsmittelkläger hätte dann einen Kostenersatzanspruch gegen die unterliegende Partei gehabt und jedenfalls wäre diese Kostenschuld gegenüber dem Staate wirtschaftlich nicht als gleichwertig mit der endgültigen Schuld bei Verwerfung des Rechtsmittels als unzulässig zu erachten. Nur bei solcher Betrachtungsweise erfüllt die Vorschrift des § 6 Satz 1 ihren Zweck.

Die Kosten der Rechtsmittelinstanz sind z. B. auch niederzuschlagen, wenn die Partei durch unrichtige Behandlung seitens der Vorinstanz zur Beschreitung der höheren Instanz genötigt war [9]). Wie die fehlerhafte Behandlung nicht in derjenigen Instanz

---

[7]) Ebenso: Jonas § 6 Anm. 2.

[8]) Vgl. § 20 Anm. 40.

[8a]) Die Praxis bejaht das Vorliegen der Voraussetzungen des § 6 Abs. 1 Satz 1 in folgenden Fällen:

1. Nichtausübung der Vertagungsbefugnis nach § 337 ZPO.: KGBl. 1920, 79 = OLG. 40, 441 Anmerkung (KG.) — bedenklich!

2. Behandlung eines Gesuchs, das offensichtlich keine Beschwerde darstellt, als solche: OLG. 25, 280 (Colmar).

3. Unterlassung der Aussetzung nach § 148 ZPO.: OLG. Frankfurt a. M. Frankf. Rundsch. 50, 71 (1916). Also Niederschlagung, trotzdem hier freies Ermessen herrscht!

4. Revision wurde wegen Mangels bei Unterzeichnung des Berufungsurteils verworfen. Kosten der Revisionsinstanz wurden niedergeschlagen: RG. Recht 1922 Nr. 1243.

5. Anwendung des § 6 in einem Falle, in dem das Gericht ein Armenrechtsgesuch der Partei übersehen hat. Das Armenrecht wäre z. T. bewilligt worden: OLG. Celle Recht 1928 Nr. 405.

6. Der Vorsitzende des Berufungsgerichts unterließ es, die Nachholung der fehlenden Unterschrift des Berufungsanwalts zu veranlassen; Berufung hätte Erfolg gehabt (bedenklich): OLG. Frankfurt a. M. JW. 1926, 2589, dem Geiershöfer im Ergebnis zustimmt.

Vgl. ferner OLG. 35, 206 (Rostock).

[9]) RG. JW. 1897, 547; Recht 1914 Nr. 2549; OLG. (Stettin) 29, 101; BayObLG. Recht 1920 Nr. 2068; RG. Warneyer 1914 Nr. 263; 1916 Nr. 256; Jonas § 6 Anm. 5; OLG. Rostock MecklZ. 35, 390 (selbst bei Erfolglosigkeit des Rechtsmittels).

erfolgt zu sein braucht, deren Kosten niedergeschlagen werden, so braucht sie auch nicht in demselben formellen Verfahren vorgekommen zu sein: ist z. B. die Erwirkung einer neuen einstweiligen Verfügung nötig geworden, weil in einem früheren Vorsichtsverfahren ein Fehler des Gerichts vorkam, so kann § 6 in dem neuen Verfahren Anwendung finden[9a]).

3. *Niederzuschlagen sind ferner Auslagen, die durch eine von 7
Amts wegen veranlaßte Terminsverlegung oder durch eine für begründet befundene Beschwerde entstanden sind.*

a) In dem hier zu besprechenden zweiten Falle der obligatorischen Niederschlagung von Kosten handelt es sich nicht um Gebühren, sondern nur um Auslagen (nicht auch um *Stempelsteuern* usw.). *Gebühren* werden für die hier einschlägigen Terminsverlegungen (Vertagungen) ohnedies nicht erhoben; ebenso regelmäßig bei erfolgreichen Beschwerden. *Soweit aber in letzterer Beziehung Ausnahmen gelten* (§ 38: Beschwerden nach § 71 Abs. 2, § 99 Abs. 3 ZPO., Beschwerden gegen Zurückweisung eines Antrags auf Anordnung eines Arrests oder einer einstweiligen Verfügung; ferner § 47: Beschwerde gegen den Beschluß über Eröffnung des Konkursverfahrens) findet § 6 Abs. 1 Satz 2 GKG. keine Anwendung; denn es kann nicht die Absicht des Gesetzes sein, Auslagenfreiheit zu gewähren, wenn sogar Gebühren erhoben werden[10]).

b) Die Niederschlagung der Auslagen (Zeugen- und Sachverständigengebühren, 8
Reisekosten der Gerichtsbeamten, Auslagen für Zeugenladungen usw.) setzt in dem einen Falle voraus, daß die Terminsverlegung (Vertagung) *von Amts wegen veranlaßt* war. „Von Amts wegen veranlaßt" steht im Gegensatz zu: verschuldet von den Beteiligten. Unter die Vorschrift fällt jede Terminsverlegung, die ihren Grund hat in den Verhältnissen der Behörden oder in den Verhältnissen Beteiligter, ohne daß die Möglichkeit besteht, die letzteren wegen Verschuldens mit den Kosten der Terminsverlegung zu belasten. Erkrankt der Richter oder ein Gerichtsbeamter, wird das Gericht vom Verkehr abgeschnitten, erkrankt der Zeuge, eine Partei oder ihr Vertreter und erfolgt deshalb — sei es auch auf Anregung der Parteien oder der Zeugen — die Vertagung, so sind die Auslagen niederzuschlagen. Dagegen hat die Niederschlagung nach dem durch den Wortlaut gedeckten Sinn des Gesetzes nicht zu erfolgen, wenn der Zeuge die Terminsverlegung in einer Weise verschuldet hat, daß er in die Kosten der Verlegung verurteilt werden kann. Entsprechendes gilt, wenn einer Partei oder einem Parteivertreter die durch die Terminsverlegung erwachsenen Kosten wegen Verschuldens besonders auferlegt werden können (§§ 95, 102 ZPO. usw.).

c) Die Niederschlagung der Auslagen hat ferner zu erfolgen, *soweit sie durch* 9
eine für begründet befundene Beschwerde entstanden sind. — Das Wort „Beschwerde" ist im technischen Sinn der Reichsjustizgesetze, nicht etwa als ein allgemeinerer Ausdruck für „Rechtsmittel" zu verstehen. Das folgt schon aus der Entstehungszeit des neuen Satzes, in der auf diesem Gebiete der Sprachgebrauch längst ein präziser war. —

Es ist schon oben (Anm. 7) dargetan worden, daß in den Fällen, in denen die erfolgreiche Beschwerde gebührenpflichtig ist, auch die Auslagenfreiheit entfällt. Das Gleiche muß nach Sinn und Zweck des Gesetzes gelten, *wenn die Kosten der erfolgreichen Beschwerde einem Gegner zur Last gelegt werden*; die Vorschrift des § 6 Abs. 1 Satz 2 ist als Billigkeitsvorschrift gedacht: der erfolgreiche Beschwerdeführer soll, soweit er nicht gebührenpflichtig ist, auch mit Auslagen nicht beschwert werden. Warum aber der erstattungspflichtige Gegner geschont werden sollte, ist nicht einzusehen[11]).

Wird der Beschwerde nur teilweise stattgegeben und sind im Beschwerdeverfahren 10

[9a]) A. M.: KG. Bbl. 1926, 145.

[10]) Ebenso: *Baumbach* § 6 Anm. 4; *Jonas* § 6 Anm. 3; *Rittmann-Wenz* § 6 Anm. 2; *Kollat* § 6 Anm. 6.

[11]) Ebenso: *Jonas* § 6 Anm. 3; *Baumbach* § 6 Anm. 4. A. M.: *Rittmann-Wenz* § 6 Anm. 2.

Auslagen (z. B. Zeugengebühren, Reisediäten) entstanden, so kann der Fall so liegen, daß die Auslagen ersichtlich auf denjenigen Teil der Beschwerde entfielen, der Erfolg hatte (die Zeugenaussage bezog sich nur auf einen einzelnen Beschwerdepunkt und mit diesem drang der Beschwerdeführer durch). Meist aber wird diese Ausscheidung nicht möglich sein. Dann ist das Gesetz dahin auszulegen, daß dem Erfolg entsprechend ein Teil der Auslagen niederzuschlagen ist. Siegt also der Beschwerdeführer zu 3/4 ob (den Maßstab bietet der Streitwert des Beschwerdeverfahrens), so sind 3/4 der Auslagen niederzuschlagen. Bei teilweiser Ausscheidbarkeit sind Kombinationen beider Systeme möglich.

11 **III. Die fakultative Niederschlagung von Gerichtskosten.**

1. § 6 Abs. 2 Satz 3 regelt im Gegensatz zu den die obligatorische Niederschlagung betreffenden ersten beiden Sätzen die fakultative Niederschlagung von Gerichtskosten. Er nennt sie hier Gewährung von „Gebühren- und Auslagenfreiheit". Die Bestimmung entspricht dem zweiten Halbsatz des früheren § 6, ohne sich ganz mit ihm zu decken; sie nennt, anders als das frühere Recht, neben den „abweisenden Bescheiden" auch die „Zurücknahme eines Antrags", neben den Gebühren auch die Auslagen. (Stempel usw. kommen auch hier nicht in Betracht). Die Worte „wenn der Antrag auf nicht anzurechnender Unkenntnis der Verhältnisse oder auf Unwissenheit beruht" finden sich dagegen in beiden Fassungen, was für die Benützung der älteren Literatur und Rechtsprechung wichtig ist.

12 2. Die erste Voraussetzung der fakultativen Niederschlagung besteht darin, daß ein „Antrag" abschlägig verbeschieden oder zurückgenommen wird. Unter Antrag ist jedes an die Gerichtsbehörde gestellte Gesuch, das irgendwelche Gerichtskosten verursachen kann, zu verstehen: es kann eine Klage, ein Rechtsmittel, ein Pfändungsgesuch oder ein sonstiger Antrag sein. Ebenso kann der zurückweisende Bescheid ein Beschluß, eine Verfügung oder ein Urteil sein. Der allgemeine Ausdruck „Bescheid" weist gerade auf die weiteste Auslegung hin[12]). Die Zurücknahme kommt schon dann in Betracht, wenn sie gebührenrechtlich wirksam ist (vgl. § 1 Anm. 23); würde sie als prozessual unbeachtlich behandelt und das Verfahren seinen Fortgang nehmen, so könnte auch die Niederschlagung nachträglich (im Erinnerungs- und Beschwerdeverfahren) wieder korrigiert werden.

13 3. Der Antrag muß auf nicht anzurechnender Unkenntnis der Verhältnisse oder auf Unwissenheit beruhen.

Die Unkenntnis der Verhältnisse bezieht sich, wie dieses Wort ergibt, nur auf Tatsachen[13]). Daß aber dabei nur die formelle Seite des Antrags (z. B. ein Irrtum über die Grenzen der Gerichtsbezirke), nicht auch der materielle Inhalt des Antrags in Betracht kommen könne[14]), ist aus dem Gesetz nicht ersichtlich. Wenn z. B. der Kläger, irre geführt durch unwahre Angaben des Beklagten oder eines Dritten, eine materiell unbegründete Klage gestellt hat, die er wieder zurückziehen muß, so kann es der Billigkeit entsprechen, die Kosten niederzuschlagen. Die Unkenntnis von Tatsachen kommt aber nur in Betracht, wenn sie dem Antragsteller nicht anzurechnen, wenn sie also unverschuldet ist. Dabei sind alle Umstände des Falles, insbesondere die Persönlichkeit des Antragstellers, dessen Bildungsgrad usw. zu berücksichtigen. Ging Belehrung voraus (was z. B. bei Rechtsmitteln meist der Fall ist; die Belehrung geschieht hier durch die angefochtene Entscheidung), so entfällt regelmäßig die Entschuldbarkeit. Ist die Unkenntnis der Verhältnisse dem Ver-

---

[12]) Baumbach § 6 Anm. 5 will nur Beschlüsse darunter verstehen, keine Urteile. Aber warum soll z. B. für die Verwerfung der Berufung durch Beschluß etwas anderes gelten als für die Verwerfung durch Urteil? Schon nach altem Recht legte die Praxis (vgl. z. B. RG. JW. 1897, 131 [3]) das Wort „Bescheid" im weitesten Sinne aus und in Kenntnis dieser Praxis hat das Gesetz den Ausdruck beibehalten. Uns. M.: Rittmann § 6 Anm. 5; Rittmann-Wenz § 6 Anm. 3; Jonas § 6 Anm. 4; Kollat § 6 Anm. 7.

[13]) Richtig: Baumbach § 6 Anm. 6; Jonas § 6 Anm. 5b.

[14]) So: Rittmann § 6 Anm. 6; Rittmann-Wenz § 6 Anm. 3; LG. Metz 18. Juli 1889 (zitiert bei Rittmann a. a. O.).

treter, insbesondere dem Prozeßbevollmächtigten, der den Antrag stellt, zuzurechnen, so gilt dies im Geltungsgebiet der ZPO. nach § 85 ZPO. auch der vertretenen Partei gegenüber. Im übrigen ist aber ein allgemeines Prinzip der prozessualen Haftung für den Vertreter nicht anzuerkennen[15]).

Unwissenheit ist im Gegensatz zu der Unkenntnis (spezieller) Tatsachen die Unkenntnis in Bezug auf allgemeines Wissen. Rechtsunkenntnis[16]) gehört als wichtigster Fall hierher, erschöpft aber den Begriff der Unwissenheit nicht vollständig. Auch die Unkenntnis allgemeiner Erfahrungstatsachen („Weltfremdheit") oder die Unerfahrenheit auf anderen Gebieten der Wissenschaft fällt unter unsere Bestimmung. 14

Die Unwissenheit braucht im Gegensatze zu der Unkenntnis von Tatsachen keine unverschuldete zu sein. Da aber die Niederschlagung Ermessenssache ist, so kann und wird es doch häufig für die Entscheidung der Billigkeitsfrage von Wichtigkeit sein, ob die Behörde ein Verschulden oder welchen Grad des Verschuldens sie annimmt. Wirkliche Leichtfertigkeit soll natürlich keine Unterstützung finden; anderseits kann bei Unwissenheit eines Vertreters gerade, wenn sie besonders kraß ist, die Niederschlagung der Kosten, die der schuldlosen Partei entstanden sind, in hohem Grade der Billigkeit entsprechen.

4. Die Gewährung der Gebühren- und Auslagenfreiheit unterliegt in den Fällen der fakultativen Niederschlagung dem billigen Ermessen der zuständigen Behörde[16a]). Daß auch teilweise Niederschlagung möglich ist, daß Gebühren- oder Auslagenfreiheit gewährt werden kann, ist nicht zu bezweifeln. Erlassen werden können aber nur die Kosten, welche durch den abgewiesenen oder zurückgenommenen Antrag verursacht wurden. 15

IV. Das Verfahren. 16

Die Niederschlagung erfolgt regelmäßig durch das Gericht. Mit der gerichtlichen Zuständigkeit konkurriert aber nach der neuen Fassung des Gesetzes u. U. die der Aufsichtsbehörde. Beiden Verfahrensarten ist (mit einer Ausnahme) gemeinsam die zeitliche Unbeschränktheit der Niederschlagungsmöglichkeit. Auch nach beendigtem Verfahren, nach rechtskräftiger Entscheidung[17]) oder nach Zahlung der Kosten kann die Niederschlagung erfolgen. Beiden Verfahrensarten ist ferner gemeinsam, daß sie von Amts wegen oder auf Antrag eingeleitet werden können.

1. Das gerichtliche Verfahren. 17

a) Zuständig zur Entscheidung über die Niederschlagung ist „das Gericht", d. h. auch hier das Gericht der Instanz (s. o. § 4 Anm. 4 a) sowie (auf Grund von Erinnerungen) das Gericht, dessen Geschäftsstelle den betreffenden Kostenansatz vorgenommen hat. Wird ein Rechtsmittel zurückgenommen (§ 6 Abs. 2 Satz 3), so entscheidet über die Kosten der Rechtsmittelinstanz das Gericht, das über das Rechtsmittel selbst zu befinden hätte; also das Berufungs- oder Revisionsgericht[18]); bei Beschwerden: wenn Abhilfe durch das

---

[15]) Vgl. M. Friedlaender JW. 1928, 430[20]; BayObLG. JW. 1928, 914[2]. Für den Zivilprozeß vgl. OLG. 15, 266 (Celle); OLG. 23, 259 (Celle); OLG. 31, 200 (München) [weil der Prozeßbevollmächtigte zu den „Beteiligten" gehöre; früherer Wortlaut des Gesetzes: „ohne Schuld der Beteiligten."].

[16]) RG. JW. 1892, 164; Protokolle der RTKommission vom 23. März 1878, Rittmann § 6 Anm. 7. Die Rechtsunkenntnis kann sich natürlich ebensowohl auf materielles wie auf formelles Recht beziehen; ebenso Jonas § 6 Anm. 4 b. Beispiele: OLG. 15, 177 (Colmar).

[16a]) Daher keine Gesetzesverletzung, wenn das Gericht von diesem Ermessen keinen Gebrauch macht: DJZ. 1911, 1563 (BayObLG.); OLG. 31, 201 (BayObLG.).

[17]) RGZ. 28, 421 und die Kommentare; LG. Kiel SchlHolstAnz. 1912, 27. In dem vom RG. entschiedenen Falle war die Beschwerde kostenfällig und rechtskräftig zurückgewiesen. Trotzdem wurde die Niederschlagung durch das Beschwerdegericht für zulässig erklärt. Nicht zu verwechseln hiemit ist die Frage, ob nach rechtskräftiger Ablehnung der Niederschlagung selbst eine solche noch möglich ist. Diese Frage ist zu verneinen.

[18]) In Bayern das oberste Landesgericht, wenn es sich bereits für zuständig erklärt hat; oder bei Zurücknahme vor Erlassung des Zuständigkeitsbeschlusses, wenn es sich für zuständig hält; sonst das Reichsgericht.

Untergericht nicht zulässig oder wenn sie schon verweigert ist, das Beschwerdegericht; sonst das Untergericht, da hier das Beschwerdegericht noch gar nicht mit der Sache befaßt war. — Der Einzelrichter kann über die Niederschlagung nur entscheiden, wenn er nach § 349 ZPO. auch zur Sachentscheidung berufen ist (vgl. § 4 Anm. 21; § 18 Anm. 15); dagegen ist der ersuchte oder beauftragte Richter niemals zuständig[19].

18 b) Der Antrag auf Niederschlagung stellt sich in den Fällen, in denen bereits ein Kostenansatz des Gerichtsschreibers vorlag, als Erinnerung im Sinne des § 4 dar; aber auch sonst sind die prozessualen Rechte der Beteiligten (Zahlungspflichtige und Staatskasse) nach § 4 zu behandeln, der eine allgemeine Norm für diejenigen Fälle darstellt, in denen die Verletzung von Bestimmungen des GKG. geltend gemacht wird[20]. Daraus folgt, daß die betroffene Partei auch dann Beschwerde gegen die Versagung der Niederschlagung einlegen kann, wenn diese nicht auf Grund eines von ihr gestellten Antrages erfolgte[20a]; daß die Staatskasse gegen eine von Amts wegen oder auf Antrag erfolgte Niederschlagung im Rahmen des § 4 Abs. 2 Beschwerde einlegen kann[20b] usw.

19 Es ist zu beachten, daß die gerichtliche Entscheidung über die Niederschlagung zuweilen äußerlich nicht in Beschlußform, sondern im Tenor eines Urteils erscheint. Der Beschlußcharakter der Entscheidung wird aber hiedurch nicht berührt. Sie unterliegt also gegebenenfalls (§ 4 Abs. 2) der Beschwerde[21] und nicht dem sonst gegen das Urteil zulässigen Rechtsmittel.

20 c) Die Entscheidung des Gerichts über die Niederschlagung kann auch von diesem selbst oder von dem Gerichte höherer Instanz von Amts wegen geändert werden: § 4 Abs. 1 Satz 2. Das Gericht höherer Instanz kann diese Änderung jedoch nur vornehmen, wenn und solange es mit der Hauptsache befaßt ist, vgl. im einzelnen § 4 Anm. 26 ff. Nur mit der gleichen Einschränkung kann auch die Niederschlagung der in der unteren Instanz entstandenen Kosten durch das Gericht höherer Instanz erfolgen, wenn schon ein Gerichtsbeschluß der unteren Instanz über den Kostenansatz gemäß § 4 GKG. vorlag.

Daß die Änderung von Amts wegen ebenso wie die Beschwerde auch in denjenigen Fällen zulässig ist, in denen die Niederschlagung Ermessenssache ist, unterliegt keinem Zweifel; auch sonst unterliegen ja reine Ermessensfragen der Nachprüfung im Instanzenzuge[22], z. B. die Festsetzung des Streitwertes nach § 3 ZPO.

21 2. Die Niederschlagung im Verwaltungswege.

Das Gesetz vom 21. Dez. 1922 hat die Möglichkeit einer Niederschlagung im Verwaltungswege vorgesehen, hauptsächlich, um den Geschäftsgang zu vereinfachen: „die Aufsichtsbehörde, die eine Kostenniederschlagung für geboten hält, soll nicht mehr genötigt sein, dieserhalb erst einen Beschluß des Gerichts herbeizuführen"[23].

a) Die Niederschlagung im Verwaltungswege darf nur erfolgen, „solange nicht das Gericht entschieden hat". Der Umstand, daß die Sache bereits bei Gericht anhängig ist (z. B. infolge einer Erinnerung des Zahlungspflichtigen) hindert die Niederschlagung im Verwaltungswege nicht; sie kann sogar zweckmäßig sein, da sie dem Gerichte die Entscheidung erspart. Sobald sie bekannt wird, hat das Gericht seine Tätigkeit einzustellen und die Sache für erledigt zu erklären, da ja nach § 6 Abs. 2 Satz 3 eine im Verwaltungswege getroffene Anordnung nur im Verwaltungswege geändert werden kann. Sollte das Gericht etwa — mangels Kenntnis der Nieder-

---

[19] Auch nicht, wenn er z. B. Zeugengebühren festsetzen darf oder festsetzt (§ 17 GebO. f. Z. u. S.; Stein-Jonas § 401 Anm. III). Zur Niederschlagung dieser Zeugengebühren ist das Prozeßgericht zuständig.

[20] RGZ. 28, 421; 16, 291; Rittmann § 6 Anm. 11; Rittmann-Wenz § 6 Anm. 5; Jonas § 6 Anm. 6.

[20a] BayObLGZ. 15, 357.

[20b] A. M.: OLG. Hamburg HansGZ. 34 B. 104 = OLG. 27, 222 (das der Staatskasse die Beschwerde versagt).

[21] RGZ. 28, 421; Rittmann § 6 Anm. 11.

[22] So ausdrücklich: RGZ. 28, 421.

[23] Begründung zu Art. I Nr. 1 (§ 6) des Entwurfs von 1922.

schlagung im Verwaltungswege — bereits eine Entscheidung erlassen haben, so ist dieselbe als gegenstandslos wieder aufzuheben (§ 4 Abs. 1 Satz 2 GKG.). — Unter der Entscheidung des Gerichts ist jede, auch die erstinstanzielle Entscheidung über die Niederschlagung selbst (nicht über Vorfragen, nicht bloße Erhebungen usw.) zu verstehen.

b) Unter der Anordnung im Verwaltungswege versteht das Gesetz die Nieder- 22
schlagung durch die der Geschäftsstelle vorgesetzte Aufsichtsbehörde, nicht durch die Geschäftsstelle selbst, die sonst möglicherweise in die Lage käme, an etwaigen Fehlern des Gerichts Kritik zu üben.

c) Verfügt die Aufsichtsbehörde eine Niederschlagung von Gerichtskosten, obwohl das Gericht schon vorher die Niederschlagung abgelehnt hatte, so ist ihre Verfügung nicht zu beachten.

d) Eine rechtsgültig, also unter Beachtung des § 6 Abs. 2 Satz 2 erlassene Nie- 23
derschlagungsverfügung der Aufsichtsbehörde kann dagegen nur im Verwaltungswege, also nicht durch das Gericht geändert werden. Erfolgt ihre Änderung im Verwaltungswege, so kann nunmehr wieder das Gericht von amts wegen oder auf Anruf tätig werden.

Einer ablehnenden Verfügung der Verwaltungsbehörde kommt auch sonst keinerlei endgültige Wirkung zu; sie steht einem gerichtlichen Verfahren nicht entgegen [24]).

e) Die Zuständigkeit der Verwaltungsbehörden richtet sich nach Landesrecht. Für 24
Preußen vgl. Allg. Verf. vom 17. August 1910 (JMBl. 325) Nr. 1, dazu allg. Verf. vom 31. Januar 1923 (JMBl. 73) Nr. IV.

V. Sonstige Möglichkeiten der Niederschlagung. 25

1. Die Motive zur Novelle von 1922 sagen: „Die gnadenweise Niederschlagung von Kosten wie überhaupt die Ausübung des Gnadenrechts in Kostensachen wird durch die Bestimmungen des Entwurfs in keiner Weise berührt". Dieser Satz war auch schon früher allgemein anerkannt. Die Zuständigkeit für die Ausübung des Gnadenrechtes bemißt sich nach den Verfassungen der Länder. Im Reich sieht § 54 der Reichshaushaltsordnung v. 31. Dez. 1922 (RGBl. 1923 II 17) einen Beschluß der Reichsregierung vor.

2. Manche Länder kennen auch eine Niederschlagung wegen Armut, die 26
ebenfalls durch die Bestimmungen des GKG. nicht berührt wird. Der Staat als Gläubiger des Kostenanspruches ist nicht gehindert, in besonderen Fällen auf seine Geltendmachung zu verzichten, wie er ja auch tatsächlich sehr oft genötigt ist, von weiteren Beitreibungsversuchen abzustehen.

Für Preußen kommen hier folgende Vorschriften in Betracht:

a) **Preußisches Gerichtskostengesetz** vom 28. Oktober 1922, GS. 363.

Erster Teil.

Angelegenheiten der freiwilligen Gerichtsbarkeit.

§ 17. (1.) Ein nach den Vorschriften der Zivilprozeßordnung (§ 118 Abs. 2) für den Schuldner eines Kostenbetrags ausgestelltes Zeugnis soll in der Regel ausreichen, um die völlige oder teilweise Niederschlagung oder die Stundung des Kostenbetrags wegen Armut zu begründen. Der Schuldner ist jedoch verpflichtet, auf Verlangen der Kassenverwaltung nach den Vorschriften des § 807 der Zivilprozeßordnung sein Vermögen anzugeben und den Offenbarungseid zu leisten.

(2.) Durch die Niederschlagung der Kosten wird deren spätere Einziehung innerhalb der Verjährungsfrist nicht ausgeschlossen.

(3.) Über Beschwerden wegen verweigerter Niederschlagung oder Stundung wird im Aufsichtsweg entschieden.

---

[24]) Jonas § 6 Anm. 6; Mügel-Ehm, Die preuß. Kostengesetze [7] (1916) § 10 Anm. 2.

Zweiter Teil.

Angelegenheiten der streitigen Gerichtsbarkeit.

§ 115. (1.) Die Vorschriften der §§ .... 17 .... finden auch in den Angelegenheiten der streitigen Gerichtsbarkeit Anwendung.

b) **Preußische KassenO.** vom 28. März 1907 mit den späteren Änderungen.

§ 20. (1.) ... Auch wenn das Armenrecht nicht bewilligt ist, soll durch die Beitreibung einer Kostenschuld der für den Kostenschuldner und seine Familie notwendige Unterhalt nicht beeinträchtigt werden. Würde eine solche Beeinträchtigung eintreten, so soll, vorausgesetzt, daß nicht auf eine für die Kostenschuld mitverhaftete Person zurückzugreifen ist oder die Kosten zu stunden sind (§ 31), eine völlige oder teilweise Niederschlagung erfolgen. In der Regel soll zur Begründung der Stundung oder Niederschlagung ein nach den Vorschriften der Zivilprozeßordnung (§ 118 Ab. 2) ausgestelltes Zeugnis ausreichen (§§ [17, 115] PrGKG.). .....

(2.) Besteht Grund zu der Annahme, daß in absehbarer Zeit der Schuldner zur Zahlung der Kosten imstande sein wird, so ist nur eine Stundung zu bewilligen, andernfalls sind die Kosten ganz oder teilweise niederzuschlagen.

(3.) Die Niederschlagung erfolgt nur als vorläufige, wenn eine Sicherung für die Kostenschuld vorhanden ist oder wenn eine spätere Besserung der Vermögenslage des Schuldners nicht unwahrscheinlich ist. Andernfalls erfolgt die Niederschlagung als endgültige, wodurch jedoch eine Wiedereinforderung der Kostenschuld innerhalb der Verjährungsfrist nicht ausgeschlossen wird, falls Umstände bekannt werden, nach denen der Schuldner zahlungsfähig ist oder voraussichtlich zahlungsfähig werden wird.

§ 53. (1.) Registrierte Kosten, deren Einziehung sich als unzulässig oder unmöglich erweist oder von deren Einziehung nach den bestehenden Vorschriften abgesehen werden darf, werden ... niedergeschlagen ...

(2.) ....

(3.) Die endgültige Niederschlagung ist zu verfügen:

a) wenn Kosten irrig in Ansatz gebracht, versehentlich doppelt gebucht, verjährt oder einer Person, welche nicht oder nicht mehr in Höhe der erforderten Kosten und Vorschüsse zahlungspflichtig ist, in Rechnung gestellt sind;

b) wenn das Unvermögen des Zahlungspflichtigen erwiesen oder wenn der Schuldner nicht zu ermitteln oder nicht zu erreichen ist und feststeht, daß die Kosten weder zur Zeit noch auch künftig einziehbar sein werden, auch eine Sicherheit für die Kosten nicht zu erlangen ist;

c) wenn auf einen Kostenbetrag wegen Geringfügigkeit nach Maßgabe der hierüber ergehenden allgemeinen Bestimmungen des Justizministers verzichtet werden soll;

d) wenn Kosten der Einnahme entzogen sind (Kostenfehlbeträge);

e) aus Anlaß der Bewilligung des Armenrechts (§§ 115, 120 ZPO., § 14 RFGG.) in Ansehung der noch rückständigen Kosten (§ 19 Abs. 3).

c) Nach der Rundverfügung d. JM. vom 23. Juni 1924 I 6926 werden Beträge von weniger als 0,50 RM. für sich allein in der Regel nicht eingefordert. Bei Beträgen von nicht mehr als 1 RM. wird in der Regel von Ermittelungen und Vollstreckungsmaßnahmen abgesehen.

27 **Für das Reichsgericht kommt § 2 der Dienstanweisung über Einziehung und Verrechnung der für die Geschäfte des RG. in Ansatz kommenden Kosten vom 31. März 1922 (preuß. MBl. 189; Zentralblatt f. d. DR. 155) in Betracht, welcher lautet:**

§ 1. Die Vereinnahmung der für die Geschäfte des Reichsgerichts in Ansatz kommenden Kosten erfolgt vom 1. April 1922 ab durch die beim Reichsgericht zu errichtende Kasse nach Maßgabe der von dem Reichsminister der Justiz zu erlassenden Kassenordnung.

§ 2 (Abs. 1) .....

(Abs. 2) .....

(Abs. 3). Über die Stundung, einschließlich der Zulassung von Teilzahlungen, und über die Niederschlagung von Kosten beschließt das Reichsgericht nach der Kassenordnung. Solange die Landesbehörde mit der Zwangsvollstreckung befaßt ist, hat sie über die Stundung und Zulassung von Teilzahlungen zu befinden.

28 **3. Die Niederschlagungsbefugnis des Gerichts kommt auch in anderen Reichsgesetzen vor: insbes. in § 11 der dritten Steuernotverordnung vom 14. Febr.**

1924 (RGBl. I 74), in § 82 des Aufwertungsgesetzes vom 16. Juli 1925 (RGBl. I 117) und § 18 des Gesetzes über die Verzinsung aufgewerteter Hypotheken usw. vom 9. Juli 1927 (RGBl. I 171). Die hier genannten Vorschriften bestimmen, daß unter gewissen Voraussetzungen in der Endentscheidung eines Prozesses die Gerichtskosten des Verfahrens niederzuschlagen seien. Diese Niederschlagung ist hier nicht zu behandeln. Vgl. dazu insbes. die Kommentare zum Aufwertungsgesetz § 82.

4. Für die Niederschlagung von Stempelbeträgen gilt § 6 kraft Reichs- 29
rechts nicht. Das Landesrecht kann ihn aber für anwendbar erklären, wie dies in Preußen durch die §§ 29, 10 pr. GKG. geschehen ist.

§ 7.

Der Mindestbetrag einer Gebühr ist 0,50 Reichsmark.

Pfennigbeträge sind auf volle 10 Reichspfennig aufzurunden.

Vorbemerkung.

§ 7 regelt den Mindestbetrag und die Aufrundung für die Gebühren.

Übersicht.

I. Entstehungsgeschichte. 1

1. Die Vorschrift lautete früher:

„Der Mindestbetrag einer Gebühr ist zwanzig Pfennig.

Pfennigbeträge, welche ohne Bruch nicht durch zehn teilbar sind, werden auf den nächst höheren, durch zehn teilbaren Betrag abgerundet."

2. Durch das RGes. vom 29. Juni 1921 (RGBl. 797) erhielt § 7 Abs. 1 fol- 2
gende Fassung:

„Der Mindestbetrag einer Gebühr ist, unbeschadet der Vorschrift des § 59 Abs. 3 Satz 2[1]), drei Mark."

3. Der Entwurf des Gesetzes vom 21. Dez. 1922 lautete im ersten Absatz: „Der 3
Mindestbetrag einer Gebühr ist in bürgerlichen Rechtsstreitigkeiten und im Konkursverfahren zwanzig Mark." Entsprechend dem in dem bisherigen § 59 Abs. 3 Satz 2 zum Ausdruck gebrachten Grundsatz, daß die Gebühr den Betrag der erkannten Geldstrafe nicht übersteigen darf, wollte also der Entwurf eine Mindestgebühr für Strafsachen überhaupt nicht festsetzen (Motive zu § 7 des Entwurfs).

Das endgültige Gesetz lautete aber dann:

„Der Mindestbetrag einer Gebühr ist 100 Mark.

Pfennigbeträge sind auf den nächst höheren Markbetrag abzurunden."

4. Die ziffernmäßigen Änderungen der weiteren Inflationszeit interessieren hier 4
nicht. Sie fanden ihren Abschluß durch Art. III A Nr. 1 der VO. vom 13. Dez. 1923 (RGBl. I 1186), dem sachlich die gegenwärtige Fassung entspricht. Nur spricht die VO. noch von Goldmark und Goldpfennigen, was auf Grund des Münzgesetzes vom 30. Aug. 1924 mit § 2 VO. vom 12. Dez. 1924 (RGBl. II 254, 383; I 775) in Reichsmark und Reichspfennige umzudeuten war. Formell erhielt § 7 seine jetzige Fassung[2]) durch die Bek. vom 5. Juli 1927.

II. Mindestgebühr. 5

1. § 7 bezieht sich nur auf Gebühren, nicht auf Auslagen; ebensowenig auf andere

[1]) § 59 Abs. 3 lautete: „Ist nur auf Geldstrafe und für den Fall, daß dieselbe nicht beigetrieben werden kann, auf Freiheitsstrafe erkannt, so bestimmt sich die Gebühr nach der Höhe der ersteren. In diesem Falle, sowie wenn nur auf Geldstrafe erkannt ist, darf die Gebühr den Betrag der Geldstrafe nicht übersteigen." Durch die Novelle vom 21. Dez. 1922 wurde diese Bestimmung wieder beseitigt.

[2]) Bei Jonas lautet versehentlich der erste Absatz: „Die Mindestgebühr beträgt 0,50 Reichsmark."

Hebungen, wie Stempelgebühren usw. Auf den Fall des § 37 GKG. findet § 7 keine Anwendung (vgl. § 37 Anm. 8).

6 2. Die Bestimmung bezieht sich auf alle Gebühren, auch auf die in Strafsachen (s. o. Anm. 2, 3). Der Grundsatz, daß die Gebühr nicht höher sein dürfe als die erkannte Geldstrafe, gilt zwar auch nach geltendem Recht gemäß §§ 52 Abs. 2, 53 Abs. 1 Satz 2, 54 Satz 2 GKG., aber gemäß § 7 Abs. 1 mit der Einschränkung, daß die Mindestgebühr stets 50 Reichspfennige beträgt. Praktisch kommt dies kaum in Betracht[3]).

7 3. Nicht die Gesamtheit der Gebühren, sondern jede einzelne Gebühr beträgt mindestens 50 Reichspfennige.

8 4. Für die Frage, in welcher Höhe eine Gebühr tatsächlich zur Erhebung gelangt, ist die Vorschrift des § 7 belanglos. Wenn also infolge Bewilligung des Bruchteilsarmenrechts (§ 115 Abs. 2 ZPO.) nur die Hälfte der Gerichtsgebühren vom Kläger erhoben wird, so kann dieser Betrag bei der einzelnen Gebühr auch weniger als 50 Reichspfennige ausmachen. Desgleichen kann von einzelnen Gebührenschuldnern, von denen jeder 1/4 der Gebühr zu bezahlen hat, je ein Bruchteil von 50 Pfennigen erhoben werden.

9 **III. Aufrundung.**

Auch die Aufrundungsvorschrift des § 7 Abs. 2 bezieht sich, wie der Zusammenhang mit Abs. 1 ergibt, nur auf Gebühren, nicht auf Auslagen, auch nicht auf Stempelgebühren usw. Auslagen, die in Gold- oder Reichsmark entstanden sind, werden also nicht aufgerundet.

Anders solche Auslagen, die in Papiermark entstanden waren und deren Umrechnung in Gold einen durch 10 nicht teilbaren Goldpfennigbetrag ergibt. Sie sind auf volle 10 Gold-(Reichs-)pfennige aufzurunden (Art. III Nr. 9 der VO. vom 13. Dez. 1923, RGBl. I 1186). Vgl. ferner Art. V Abs. 4 dieser VO.

Zweiter Abschnitt.

Gebühren in bürgerlichen Rechtsstreitigkeiten.

Vorbemerkung.

Der zweite Abschnitt regelt als erster des speziellen Teils des Gesetzes die Gebühren in bürgerlichen Rechtsstreitigkeiten. § 8 enthält den Gebührentarif, die §§ 9—15 die Normen über Berechnung des Streitwerts, die §§ 16—19 die Vorschriften über seine Festsetzung. Die §§ 20—30 regeln die Gebühren im Prozeßverfahren; es folgen dann die Gebühren in besonderen Verfahrensarten (§§ 30 a—35), eine Vorschrift über die sog. Vergleichsgebühr (§ 36), eine Spezialbestimmung über Zustellungskosten (§ 37), die Norm für das Beschwerdeverfahren (§ 38) und die Regelung der Verzögerungsgebühr in § 39.

§ 8.

In bürgerlichen Rechtsstreitigkeiten werden die Gebühren nach dem Werte des Streitgegenstandes erhoben.

Die volle Gebühr beträgt bei Gegenständen im Werte

bis zu 20 Reichsmark einschließlich . . . . 1 Reichsmark,

von mehr als 20 bis zu 60 Reichsmark einschließlich . . 2 Reichsmark.

---

[3]) Jonas, der die gleiche Meinung vertritt, weist (§ 7 Anm. 1) darauf hin, daß nach landesrechtlicher Vorschrift Geldstrafen unter 50 Reichspfennigen vorkommen können. Rittmann-Wenz § 7 Anm. 1 scheint anzunehmen, daß die Vorschriften des § 52 Abs. 2 usw. dem § 7 Abs. 1 vorgehen.

Bei Gegenständen mit höherem Streitwert beträgt die volle Gebühr von dem Werte

bis zu 1000 Reichsmark einschließlich . . . . 3 vom Hundert,
von dem Mehrbetrage bis zu 2000 Reichsmark einschließlich 2 vom Hundert,
von dem Mehrbetrage bis zu 10000 Reichsmark einschließlich 1 vom Hundert,
von dem Mehrbetrage . . . . 1/2 vom Hundert.

Dabei ist der Wert auf die nächsthöheren 100 Reichsmark, bei Gegenständen mit einem Streitwert von mehr als 20000 Reichsmark auf die nächsthöheren 1000 Reichsmark aufzurunden.

Vorbemerkung.

§ 8 bestimmt die Grundlage für die Gebührenberechnung und den Tarif.

Übersicht.

I. Der Grundsatz des Abs. 1 (1). | II. Der Gebührentarif (2—5).

I. In bürgerlichen Rechtsstreitigkeiten werden die Gebühren nach dem Werte des Streitgegenstandes erhoben. 1

Dieser Satz schafft die Grundlage für die ganze Gebührenberechnung [1]) im Zivilprozesse. Er kehrt wörtlich ebenso in § 9 Abs. 1 RAGebO. wieder.

Die Erläuterung des eben erwähnten Satzes erfolgt im Zusammenhange bei den §§ 9—15 GKG.

Erst wenn der Streitwert berechnet ist, kann die Gebührenberechnung nach dem in den weiteren Absätzen des § 8 enthaltenen Gebührentarif erfolgen.

II. Der Gebührentarif. 2

1. Der Tarif des § 8 GKG. hat naturgemäß sehr oft gewechselt, besonders seit Beginn der Geldentwertung. Seine heutige Gestalt verdankt er der Novelle vom 28. Januar 1927. Seit dem Jahre 1923 gilt auch im Gerichtskostenrecht — ebenso wie nach der RAGebO. — abgesehen von den untersten Wertklassen die Prozentrechnung [1a]), welche das Gebührenwesen außerordentlich vereinfacht hat und geeignet ist, die Benützung von Tabellen entbehrlich zu machen [1b]).

2. Der Tarif geht von der sogenannten vollen Gebühr aus, die z. B. in § 20 GKG. mehrfach in die Erscheinung tritt. Andere Bestimmungen ordnen dann nur die Erhebung von Bruchteilen der „vollen Gebühr" (1/2, 1/4) an, wie die §§ 32, 33, 34 GKG. Die im älteren GKG. eingeführte Berechnung nach Zehnteilen ist durch das Gesetz vom 21. Dezember 1922 beseitigt worden. Die Absicht des Gesetzgebers, kleinere Bruchteile als 1/4 der vollen Gebühr nicht zuzulassen, ist allerdings nicht ganz zur Durchführung gelangt [2]). 3

3. Bei Gegenständen im Werte bis 20 RM. beträgt die volle Gebühr 1 RM., bei Werten von mehr als 20 bis 60 RM. beträgt sie 2 RM. 4

Dann erst beginnen die Wertstaffeln mit Prozentrechnung. Sie werden dadurch gebildet, daß zunächst der Wert auf die nächsten 100 RM., ab 20000 RM. auf die nächsten 1000 RM. aufgerundet wird. Dann beträgt die volle Gebühr

bei einem Werte von mehr als 60 RM. bis	1000	RM.	einschl.:	3%,
von dem Mehrbetrage bis	2000	„	„	2%,
„ „ „ „	10000	„	„	1%,
„ „ „				1/2%.

[1]) Über den nicht hierher gehörigen Fall des § 37 GKG. vgl. § 37 Anm. 3 und 8.

[1a]) Die Prozentrechnung erscheint für das Gerichtskostenrecht zum ersten Mal in der VO. vom 23. Juli 1923 (RGBl. I 744), für die RAGebO. in dem Gesetz vom 18. Aug. 1923 (RGBl. I 813).

[1b]) Gleichwohl enthält Teil IV dieses Buches zur Erleichterung der Berechnung für den Praktiker einige Tabellen.

[2]) Vgl. § 31a Anm. 10; § 31 Anm. 15; aber auch Jonas § 31 Anm. 4e.

5 Mithin berechnet sich die Gebühr bei einem Streitwert von 600 RM. auf 18 RM. (3% von 600 RM.); bei 1000 RM. auf 30 RM. (3% von 1000 RM.). Bei 2000 RM. berechnet sie sich folgendermaßen:

1. bei 1000 RM. beträgt sie: 30 RM.
2. von dem Mehrbetrage (2000—1000 = 1000 RM.) sind 2% zu berechnen = 20 RM.
Summa: 50 RM.

Oder anders ausgedrückt: die Gebühr beträgt 2% aus 2000 RM. + 10 RM. Das Gleiche gilt von sonstigen Streitwerten zwischen 1000 und 2000 RM.; bei 1500 RM. beträgt z. B. die Gebühr: 2% (30 RM.) + 10 = 40 RM.

In der nächsten Wertstaffel (über 2000 bis 10 000 RM.) ist auszugehen von der bei 2000 RM. errechneten Gebühr (50 RM.). Soll nun die Gebühr für einen Wert von 10 000 RM. gefunden werden, so ergibt sich folgende Berechnung:

1. bei 2000 RM. beträgt die Gebühr: 50 RM.
2. von dem Mehrbetrage (10 000—2000 = 8000 RM.) ist 1% zu berechnen = 80 RM.
Summa 130 RM.

Die Gebühr beträgt also 1% + 30 RM.

In der letzten Staffel beträgt sie, ebenso berechnet, ½% + 80 RM.

6 4. Das Ergebnis ist also folgendes:

a) Bis 60 RM. findet keine Prozentrechnung statt. Die Gebühren betragen 1 bzw. 2 RM.

b) Von 60—1000 RM. werden 3% des auf die nächsten 100 RM. aufgerundeten Wertes berechnet.

c) Bei mehr als 1000 RM. bis einschl. 2000 RM. beträgt die Gebühr 2% des auf 100 RM. aufgerundeten Wertes + 10 RM.

d) Bei mehr als 2000 RM. bis einschl. 10 000 RM. beträgt die Gebühr 1% des auf 100 RM. aufgerundeten Wertes + 30 RM.

e) Bei mehr als 10 000 RM. beträgt die Gebühr ½% des auf 100 RM. (ab 20 000 RM. auf 1000 RM.) aufgerundeten Wertes + 80 RM.

Beispiel:

α) Streitwert 8765 RM. Aufrundung: 8800 RM. Gebühr (nach d): 1% (= 88 RM.) + 30 RM. = 118 RM.

β) Streitwert 47 463 RM. Aufrundung: 48 000 RM. Gebühr (nach e): ½% (= 240 RM.) + 80 RM. = 320 RM.

§ 9.

Für die Wertberechnung sind die Vorschriften der Zivilprozeßordnung §§ 3 bis 9 und der Konkursordnung § 148 mit den nachstehenden Bestimmungen maßgebend.*)

---

*) Die hier angeführten Vorschriften lauten:

ZPO. § 3. Der Wert des Streitgegenstandes wird von dem Gerichte nach freiem Ermessen festgesetzt; dasselbe kann eine beantragte Beweisaufnahme sowie von Amts wegen die Einnahme des Augenscheins und die Begutachtung durch Sachverständige anordnen.

§ 4. Für die Wertberechnung ist der Zeitpunkt der Erhebung der Klage, in der Berufungs- und Revisionsinstanz der Zeitpunkt der Einlegung des Rechtsmittels entscheidend; Früchte, Nutzungen, Zinsen und Kosten bleiben unberücksichtigt, wenn sie als Nebenforderungen geltend gemacht werden.

Bei Ansprüchen aus Wechseln im Sinne der Wechselordnung sind Zinsen, Kosten und Provision, welche außer der Wechselsumme gefordert werden, als Nebenforderungen anzusehen.

§ 5. Mehrere in einer Klage geltend gemachte Ansprüche werden zusammengerechnet; eine Zusammenrechnung des Gegenstandes der Klage und der Widerklage findet nicht statt.

§ 6. Der Wert des Streitgegenstandes wird bestimmt: durch den Wert einer Sache,

Ist der Wert des Streitgegenstandes bei dem Erlasse des Urteils oder der anderweitigen Beendigung der Instanz höher als im Zeitpunkt der Erhebung der Klage oder der Einlegung des Rechtsmittels, so ist den in der Instanz entstandenen Gebühren der höhere Wert zugrunde zu legen. In der Zwangsvollstreckung ist für die Wertberechnung der Zeitpunkt der die Zwangsvollstreckung einleitenden Prozeßhandlung entscheidend.

§ 10.

Ist das Bestehen oder die Dauer eines Pacht- oder Mietverhältnisses für einen längeren als einjährigen Zeitraum streitig, so wird der Wert auf den Betrag des einjährigen Zinses berechnet.

Bei Ansprüchen auf Erfüllung einer auf gesetzlicher Vorschrift beruhenden Unterhaltspflicht wird der Wert des Rechtes auf die wiederkehrenden Leistungen, falls nicht der Gesamtbetrag der geforderten Leistungen geringer ist, auf den einjährigen Betrag berechnet.

Bei Ansprüchen auf Entrichtung einer Geldrente, die nach den §§ 843, 844 des Bürgerlichen Gesetzbuchs (Reichsgesetzbl. 1896 S. 195), den §§ 3, 3a, 7 des Gesetzes, betreffend die Verbindlichkeit zum Schadensersatze für die bei dem Betriebe von Eisenbahnen, Bergwerken usw. herbeigeführten Tötungen und Körperverletzungen (Reichsgesetzbl. 1871 S. 207, 1896 S. 616), den §§ 10, 11, 13 des Gesetzes über den Verkehr mit Kraftfahrzeugen (Reichsgesetzbl. 1909, S. 437) oder den §§ 21, 22, 24 des Luftverkehrsgesetzes (Reichsgesetzbl. 1922 I, S. 681) erhoben werden, wird der Wert des Rechtes auf die wiederkehrenden Leistungen, falls nicht der Gesamtbetrag der geforderten Leistungen geringer ist, auf den fünffachen Betrag des einjährigen Bezugs berechnet. Das gleiche gilt für die Berechnung des Wertes bei Geltendmachung der Ansprüche auf wiederkehrende Leistungen aus dem Beamten- und Arbeitsverhältnis.

---

wenn deren Besitz, und durch den Betrag einer Forderung, wenn deren Sicherstellung oder ein Pfandrecht Gegenstand des Streits ist. Hat der Gegenstand des Pfandrechts einen geringeren Wert, so ist dieser maßgebend.

§ 7. Der Wert einer Grunddienstbarkeit wird durch den Wert, welchen dieselbe für das herrschende Grundstück hat, und wenn der Betrag, um welchen sich der Wert des dienenden Grundstücks durch die Dienstbarkeit mindert, größer ist, durch diesen Betrag bestimmt.

§ 8. Ist das Bestehen oder die Dauer eines Pacht- oder Mietverhältnisses streitig, so ist der Betrag des auf die gesamte streitige Zeit fallenden Zinses und, wenn der fünfundzwanzigfache Betrag des einjährigen Zinses geringer ist, dieser Betrag für die Wertberechnung entscheidend.

§ 9. Der Wert des Rechts auf wiederkehrende Nutzungen oder Leistungen wird nach dem Werte des einjährigen Bezugs berechnet und zwar:

auf den zwölfundeinhalbfachen Betrag, wenn der künftige Wegfall des Bezugsrechts gewiß, die Zeit des Wegfalls aber ungewiß ist,

auf den fünfundzwanzigfachen Betrag bei unbeschränkter oder bestimmter Dauer des Bezugsrechts. Bei bestimmter Dauer des Bezugsrechts ist der Gesamtbetrag der künftigen Bezüge maßgebend, wenn er der geringere ist.

KO. § 148. Der Wert des Streitgegenstandes eines Prozesses über die Richtigkeit oder das Vorrecht einer Forderung ist mit Rücksicht auf das Verhältnis der Teilungs- zur Schuldenmasse von dem Prozeßgerichte nach freiem Ermessen festzusetzen.

Gesetz, betreffend die Erstattung von Rechtsanwaltsgebühren in Armensachen und Änderung des Gerichtskostengesetzes.

Vom 20. Dezember 1928 (RGBl. I S. 411).

§ 6. Der § 11 Abs. 1 des Gerichtskostengesetzes in der Fassung der Bekanntmachung vom 5. Juli 1927 (Reichsgesetzbl. I S. 152) erhält folgende Fassung:

Bei nichtvermögensrechtlichen Streitigkeiten beträgt der Wert des Streitgegenstandes regelmäßig 2000 Reichsmark. Er kann nach Lage des Falles auf einen höheren Betrag, jedoch nicht über eine Million Reichsmark, oder, mit Ausnahme von Ehesachen (§ 606 der Zivilprozeßordnung), auf einen niedrigeren Betrag, jedoch nicht unter 500 Reichsmark, angenommen werden.

nur einer der verbundenen Ansprüche, und zwar der höhere, maßgebend.

§ 13.

Soweit Klage und Widerklage, welche nicht in getrennten Prozessen verhandelt werden, denselben Streitgegenstand betreffen, sind die Gebühren nach dem einfachen Werte dieses Gegenstandes zu berechnen. Soweit beide Klagen nicht denselben Streitgegenstand betreffen, sind die Gegenstände zusammenzurechnen.

Das gleiche gilt für wechselseitig eingelegte Rechtsmittel, welche nicht in getrennten Prozessen verhandelt werden.

§ 14.

Für Akte, welche einen Teil des Streitgegenstandes betreffen, sind die Gebühren nur nach dem Werte dieses Teiles zu berechnen.

Sind von einzelnen Wertsteilen in derselben Instanz für gleiche Akte Gebühren zu berechnen, so darf nicht mehr erhoben werden, als wenn die Gebühr von dem Gesamtbetrage der Wertsteile zu berechnen wäre; treten für die Akte verschiedene Gebührensätze ein, so ist der höchste Satz maßgebend.

§ 15.

Für Akte, welche Früchte, Nutzungen, Zinsen oder Kosten als Nebenforderungen ohne den Hauptanspruch betreffen, ist der Wert der Nebenforderungen insoweit maßgebend, als er den Wert des Hauptanspruchs nicht übersteigt.

Für Akte der Zwangsvollstreckung wegen einer Geldforderung werden die einzuziehenden Zinsen mitberechnet.

Für Akte, welche die Kosten des Rechtsstreits ohne den Hauptanspruch betreffen, ist der Betrag der Kosten maßgebend.

Vorbemerkung.

Die §§ 9—15 enthalten zusammen mit den in § 9 angeführten Bestimmungen der ZPO. und KO. die Lehre vom Werte des Streitgegenstandes.

Übersicht.

1 **Einleitung.** Wir haben bei § 8 die Erläuterung des ersten Absatzes

„In bürgerlichen Rechtsstreitigkeiten werden die Gebühren nach dem Werte des Streitgegenstandes erhoben"

zurückgestellt, um ihn hier im Zusammenhange zu besprechen. Dieser Satz, der wörtlich mit § 9 Abs. 1 RAGebO. übereinstimmt, bildet die Grundlage jeder Gebührenberechnung im Zivilprozeß und es ist notwendig, über seinen allgemeinen Inhalt Klarheit zu gewinnen, ehe man an die Einzelheiten der Lehre vom Streitwert herangeht. Anderseits erfordert eine systematische Behandlung der ganzen Materie die Zusammenfassung der §§ 9—15 nebst den dazu gehörigen Vorschriften der Prozeßordnungen.

A. Der Streitgegenstand.

2 **I. Der Begriff des Streitgegenstandes** ist nirgends im Gesetz ausdrücklich bestimmt. Der Name verführt leicht zu der Annahme, als ob es sich um den Gegenstand handelte, der bestritten ist; nähere Überlegung und die Vergleichung der einzelnen Bestimmungen der ZPO. und des GKG.[1] zeigen jedoch, daß der „Streit" hier nicht das Streitigsein, sondern einfach den Rechtsstreit bedeutet, der Streitgegenstand also den Gegenstand des Rechtsstreits, u. z. im weitesten Sinne der ZPO. Wäre es anders, so würde sehr oft im Anfangsstadium des Prozesses, solange es noch unbestimmt ist, ob der geltend gemachte Anspruch bestritten werden wird, ein Streitgegenstand nicht festzustellen sein; es würde dauernd an einem solchen fehlen, wenn es zur Bestreitung nicht käme (z. B. im Falle des Versäumnis- oder Anerkenntnisurteils) und gerade in demjenigen Stadium, in dem die sachliche Zuständigkeit des Gerichts bestimmt werden muß, würde ihre wichtigste gesetzliche Grundlage, der Wert des Streitgegenstandes, sich häufig der Feststellung entziehen (vgl. §§ 2 ff. ZPO.). In allen Fällen endlich, in denen von bestrittenen Ansprüchen nach dem Wesen des betreffenden Verfahrens überhaupt nicht die Rede sein kann, die aber doch kraft Gesetzes zu den „bürgerlichen Rechtsstreitigkeiten" gehören (Aufgebotsverfahren, amtsgerichtliches Entmündigungsverfahren usw.), würde trotz § 8 Abs. 1 GKG. und § 9 Abs. 1 RAGebO. eine Grundlage der Kostenberechnung überhaupt fehlen.

Als herrschende und theoretisch unangefochtene Meinung darf daher heute der Satz gelten, daß Streitgegenstand der Gegenstand des Rechtsstreites (im weitesten Sinne) ist. Gegenstand des Rechtsstreits ist aber im Klage- oder Prozeßverfahren[2] des eigentlichen Zivilprozesses im engeren Sinne die der richterlichen Entscheidung unterbreitete Rechtsfolge eines materiellrechtlichen Tatbestandes in der durch den Klageantrag gegebenen Begrenzung. Bei der Leistungsklage ist diese Rechtsfolge identisch mit dem Anspruch, bei der Feststellungsklage mit dem festzustellenden Rechtsverhältnis, bei der Rechtsgestaltungsklage mit der Rechtsänderung, die bewirkt werden soll. Der Streitgegenstand erstreckt sich in allen diesen Fällen soweit, wie die Rechtskraft der zu erlassenden Entscheidung[3].

3 In den übrigen in der ZPO. geregelten Fällen, die nicht zum eigentlichen Prozeßverfahren gehören, muß in tunlichst enger Anlehnung an die eben erwähnten Sätze festgestellt werden, was als Gegenstand des betreffenden Verfahrens anzusehen ist.

Im einzelnen ergeben sich aus der obigen Begriffsbestimmung nachstehende Folgerungen:

4 a) Da nur maßgebend ist, was der Kläger begehrt, so ist es grundsätzlich belanglos was der Beklagte einwendet. Ist auf Zahlung von 1000 RM. geklagt, so bildet dieser Anspruch den Streitgegenstand, mag der Beklagte ihn ganz

---

[1]) Vgl. hiezu Walter-Joachim-Friedlaender § 9 Anm. 4; besonders sei aber auch auf § 23 GVG. hingewiesen, der im Eingangssatz vom Wert des Streitgegenstandes spricht und in Ziffer 1 „Streitigkeiten über vermögensrechtliche Ansprüche" erwähnt, deren „Gegenstand" an Geld ... die Summe von 500 RM. nicht übersteigt.

[2]) Vgl. § 20 Anm. 1.

[3]) Vgl. Stein-Jonas § 3 Anm. I; Vorb. zu § 253 Anm. II; § 322 Anm. IV; Wach 1, 368 ff.

oder teilweise anerkennen[4]) oder nur die Fälligkeit bestreiten[5]) oder etwa eine prozeßhindernde Einrede vorbringen[6]). Ist z. B. über die letztere ein Zwischenurteil ergangen und handelt es sich daher in der Berufungsinstanz nur um ihre Würdigung, so ist und bleibt doch der Klageanspruch und nicht etwa die Einrede Streitgegenstand.

Es kann allerdings vorkommen, daß das Vorbringen des Beklagten Aus- 5
legungsmaterial für die Bestimmung des Streitgegenstandes bildet, z. B. bei negativen Feststellungsklagen, bei denen das Rechtsverhältnis, dessen Feststellung begehrt wird, sich aus dem Klagevorbringen allein nicht bestimmen oder umgrenzen läßt (der Kläger verlangt Feststellung, daß dem Beklagten kein Anspruch gegen ihn zustehe; wie hoch der Anspruch ist, dessen sich der Beklagte berühmt, muß ermittelt werden; den besten Anhalt hiefür bietet oft das Prozeßvorbringen des Beklagten[7]).

b) Ohne Bedeutung für den Umfang des Streitgegenstandes ist es ferner, 6
daß die verlangte Leistung von einer Gegenleistung abhängig ist[8]), auch wenn dies in der Klage betont, also etwa auf Lieferung Zug um Zug gegen Zahlung geklagt wird. Streitgegenstand und Gegenstand der rechtskräftigen Entscheidung ist immer nur die begehrte Leistung. Es findet daher weder eine Zusammenrechnung der Werte von Leistung und Gegenleistung noch ein Abzug dieser von der verlangten Leistung statt.

c) Bei der Feststellungsklage bildet das festzustellende Rechtsverhältnis den 7
Streitgegenstand. Dieser deckt sich bei der positiven Feststellungsklage regelmäßig mit dem der entsprechenden Leistungsklage[9]): bei der Feststellung, daß der Beklagte am 1. Januar 1930 an Kläger 10000 RM. zu bezahlen habe, ist der Streitgegenstand ebenso zu bewerten wie bei der Klage auf künftige Leistung der gleichen Summe, nämlich nach dem Nennbetrage der Forderung. Aber es gibt bei der Feststellungsklage auch Fälle, in denen diese Identität nicht vorliegt: wenn z. B. die Feststellung begehrt wird, daß der Kläger seine Schuld erst am 1. Januar 1930 zu bezahlen brauche, so bildet das Rechtsverhältnis, kraft dessen er diese Stundung geltend machen kann, den Gegenstand des Rechtsstreits und der Wert dieses Rechtsverhältnisses (also hier das Interesse an der Stundung) den Streitwert[10]). Der Wert des Rechtsver-

---

[4]) RGZ. 3, 392, 420; RG. JW. 1886, 71[1]; 1892, 361[1]; 1900, 47[2]; OLG. 2, 430 (Stuttgart) und viele andere.

[5]) OLG. 2, 430 (Stuttgart); HansGZ. Beibl. 1909, 226 (OLG. Hamburg).

[6]) RGZ. 40, 416; RG. JW. 1898, 141[10], 657[1]; Willenbücher § 9 Anm. 4.

[7]) RGZ. 12, 361; 71, 69; JW. 1883, 194 Nr. 2; 1885, 121 Nr. 2; 1886, 38 Nr. 3 und 293 Nr. 1; 1887, 415 Nr. 1; 1889, 401 Nr. 1; 1895, 197 Nr. 1; 1905, 401 Nr. 29; 1911, 816 Nr. 27; OLG. Dresden SächsOLG. 29, 123; GruchotsBeitr. 46, 1042; OLG. 41, 239 (Breslau). Vgl. auch RG. JW. 1906, 755. Lehrreich ist folgender Fall: Kläger hat 1921 von einer angeblichen Forderung zu 400000 Papiermark 200000 eingeklagt. Bekl. erhebt Widerklage auf Feststellung, daß Kläger nichts zu fordern habe. Im Dez. 1923 wird die Sache verglichen: kein Teil hat vom andern etwas zu fordern. Eines Aufwertungsanspruchs hat sich Kl. noch nicht ausdrücklich „berühmt". Aber von dem Zeitpunkt an, in dem die Aufwertung akut wurde, war es selbstverständlich, daß die frühere Berühmung des Papiermarkanspruchs sich nun auch auf die Aufwertung bezog. Durch die Widerklage sollte von nun ab auch festgestellt werden, daß kein Aufwertungsanspruch bestand. Es war daher derjenige AufwAnspruch zu schätzen, den der Kläger vermutlich geltend machen wollte (nicht der möglicherweise geringere Betrag, der etwa im Urteil festgesetzt worden wäre). Grundsätzlich ebenso: KG. 16. März 1926 20 W. 1383/26.

[8]) RGZ. 45, 404 (VerZS.); OLG. Rostock SeuffA. 71, 245; RGZ. 5, 408; 12, 155; 46, 422; JW. 1881, 155; 1886, 38 Nr. 3; 71 Nr. 1; 313 Nr. 2; 1893, 467 Nr. 5; 1894, 180 Nr. 7; 1895, 597 Nr. 1; 1897, 190 Nr. 15; 267 Nr. 1; 400 Nr. 1; 1899, 71 Nr. 1; 1900, 520 Nr. 3; 747 Nr. 3; 827 Nr. 3; Willenbücher § 10 Anm. 4; Sachs JW. 1922, 1383; Rittmann-Wenz 63 (§ 9 Anm. 2); Stein-Jonas § 3 Anm. I 2; RG. JW. 1891, 411 Nr. 2; vgl. jedoch auch RG. JW. 1893, 382 und 1900, 747 Nr. 3. (Interesse.)

[9]) RG. JW. 1885, 193 Nr. 2; 1886, 313 Nr. 2; 1891, 305 Nr. 2; 1892, 11 Nr. 1; BolzePr. 1 Nr. 334; GruchotsBeitr. 29, 1047; 46, 1043; OLG. Frankfurt a. M. Frankf.-Rundsch. 44, 70. Vgl. hierzu insbesondere RGZ. 57, 411.

[10]) RG. JW. 1898, 197 Nr. 1; Stein-Jonas § 3 Anm. I; Petersen-Anger § 3 Anm. 7; Meyer-Irmler § 10 Anm. 3i; RG. GruchotsBeitr. 46, 146; RGZ. 40,

hältnisses darf aber nicht verwechselt werden mit dem Wert der (alsbaldigen gerichtlichen) Feststellung selbst. Das prozessuale Interesse, das Interesse an der richterlichen Feststellung, ist hier so wenig für den Streitwert entscheidend wie bei der Leistungsklage die größere oder geringere Wahrscheinlichkeit der Befriedigung des Klägers (Zahlungsfähigkeit des Schuldners usw.).

Daß besonders bei der negativen Feststellungsklage das festzustellende Rechtsverhältnis sich zuweilen erst nach dem Vorbringen des Beklagten näher umgrenzen läßt, ist oben in Anm. 5 bereits erwähnt worden. Speziell bei der Inzidentfeststellungswiderklage kommt es vor, daß der Kläger den Betrag der vorbehaltenen Forderung gar nicht genannt hat und auch im Laufe des Rechtsstreits nicht nennt, z. B. bei Aufwertungsansprüchen, die auch der Höhe nach nicht vor die Aufwertungsstelle gehören. Hier muß der Richter eventuell schätzen, in welcher Höhe der Kläger einen Anspruch erheben wollte[11]).

8 d) Den Streitgegenstand bildet der Anspruch usw. in seiner Begrenzung durch den Klageantrag. Dieser ist daher von maßgebender Bedeutung. Die äußere Formulierung des Antrags ist aber zuweilen irreführend: so wenn der Kläger Feststellung begehrt, daß er keine 10000 M. schuldig sei, aus der Klagebegründung aber klar hervorgeht, daß er 2000 M. gar nicht bestreitet; hier wird Feststellung in Wahrheit nur wegen der Differenz zu 8000 M. begehrt. Dieses Rechtsverhältnis bildet also den Streitgegenstand. Ebenso liegt es bei der Abänderungsklage nach § 323 ZPO.: beantragt der Kläger (gegenüber einem auf 100 M. monatlichen Unterhalt lautenden rechtskräftigen Urteil) einen solchen von 150 M. zuzusprechen, so bildet nur der Unterschied den Streitgegenstand[12]). Nicht anders bei sonstigen rechtsmittelähnlichen Klagen, wie der Klage des Enteigneten[13]), der mit dem im Enteignungsverfahren festgesetzten Entschädigungsbetrag nicht zufrieden ist, formell aber die ganze Summe, auch den zugesprochenen Betrag, in den Antrag aufnimmt.

9 Neben den hier erwähnten Ungenauigkeiten des Klageantrags kommen auch Unrichtigkeiten vor, die teils unschädlich teils belangreich sein können. Unschädlich ist es, wenn etwa der Klageantrag auf 100000 M. lautet, die Begründung aber zweifelsfrei ergibt, daß die Zahl 10000 heißen soll[14]). Der Streitwert beträgt 10000 M. Wenn dagegen der gestellte Antrag lediglich durch eine unrichtige Berechnung zustande gekommen ist, so bestimmt er trotzdem bis zur Berichtigung den Streitgegenstand: denn der Kläger wollte das beantragen, was er erklärt hat, wenn auch auf Grund einer irrtümlichen Berechnung. Wieder anders kann der Fall gelagert sein, wenn absichtlich, jedoch erkennbar nur zum Schein, ein ziffernmäßig falscher Antrag gestellt wurde; wenn z. B. zur Ermöglichung der Revision die Freigabe eines Depots von 5000 RM. verlangt wurde, obwohl feststeht, daß nur 3500 RM. hinterliegen; hier beträgt der Streitgegenstand nur 3500 RM., weil der Kläger tatsächlich nur diese Summe verlangt[15]). Kein Scheinantrag liegt dagegen vor, wenn der Kläger — sei es auch zu lediglich prozessualen oder prozeßtaktischen Zwecken — wirklich einen zu hohen Betrag (etwa 10000 M. Schadensersatz bei erheblich geringerem Schaden) verlangt.

407; JW. 1894, 572; 1898, 197; 1899, 27, 87, 276, 482; 1900, 179; 1901, 57; 1902, 253; GruchotsBeitr. 46, 1042; Recht 1901, 124 (OLG. Dresden); ZDJustSekr. 19, 134 (OLG. Colmar); SächsOLG. 35, 409; MecklZ. 33, 343 (OLG. Rostock); SeuffA. 70, 332 (OLG. München); Rittmann-Wenz § 9 Anm. 3; OLG. München JW. 1927, 1500[14].

11) S. Fußnote 7.

12) Richtig: Rittmann-Wenz § 9 Anm. 4; Wolf JW. 1922, 1504. Nicht zutreffend: Kröger JW. 1924, 1579 (vgl. im einzelnen: Walter-Joachim-Friedlaender § 9 Fußnote 14). Vgl. auch unten Fußnote 37a.

13) RGZ. 4, 388; Bucerius und OLG. Düsseldorf DJZ. 1909, 200. Vgl. jedoch OLG. 2, 431 (KG.).

14) Vgl. OLG. Darmstadt HessRspr. 6, 115; DJZ. 1906, 324; JurRundsch. 1925 Beil. Nr. 1053.

15) Vgl. JW. 1902, 94 Nr. 20. Etwas zu weitgehend: RG. DJZ. 1920, 233.

Im einzelnen ist zur Begrenzung des Streitgegenstandes durch den Klageantrag noch folgendes zu bemerken:

1. Nur der wirklich geltend gemachte Anspruch, nur der wirklich gestellte Klage- 10
antrag ist maßgebend; nur über ihn wird ja auch vom Gerichte mit Rechtskraftwirkung entschieden. Welche tatsächliche und wirtschaftliche Reflexwirkung diese Entscheidung etwa auf andere Rechtsverhältnisse oder Ansprüche hat, über welche Rechte etwa das Gericht in den Gründen seines Urteils mit entscheiden muß, das alles ist für die Umgrenzung des Streitgegenstandes belanglos[16]). Wenn daher nur der Teil eines Anspruchs eingeklagt wird, so ist nur dieser Teil Gegenstand des Rechtsstreits[17]), mag auch das Gericht genötigt sein, den ganzen Anspruch auf seinen Bestand nachzuprüfen. Bringt der Kläger Gegenansprüche des Beklagten selbst an seiner Gesamtforderung in Abzug, so ist nur der eingeklagte Rest Streitgegenstand[18]), auch wenn die Aufrechnungsposten in allen Einzelheiten im Prozeß mit zur Erörterung gelangen müssen.

Der Streitgegenstand wird auch nicht dadurch in seinem Umfang berührt, 11
daß ein im Prozeß abgeschlossener Vergleich Ansprüche und Rechtsverhältnisse mit erledigt, die nicht den Gegenstand der ursprünglichen oder erweiterten Klage (oder Widerklage s. u. Anm. 16) bildeten. Im Gegensatz zum Streitgegenstand bezeichnet man den Gegenstand des Vergleichs (d. h. den Gegenstand, über den ein Vergleich geschlossen wird) als Vergleichsgegenstand; vgl. § 36 GKG.

2. Der Klageantrag kann auch alternativ gestellt werden: der Beklagte soll 12
eine Sache herausgeben oder x RM. bezahlen (§ 262 BGB.). Den Gegenstand des Rechtsstreits bildet hier, solange die Wahl nicht getroffen ist, jeder der beiden Ansprüche; über beide soll eine Entscheidung getroffen werden; freilich in dem Sinne, daß die Erfüllung der Ansprüche nicht nebeneinander, sondern nur alternativ verlangt werden kann. Sind die beiden Ansprüche nicht gleichwertig, so ist also auch der höherwertige Gegenstand des Rechtsstreits; dieser und nur dieser bestimmt den Streitwert. Wem schließlich das Wahlrecht zusteht, ob dem Gläubiger oder dem Schuldner, ist belanglos[19]). Wird der Antrag infolge Ausübung des Wahlrechts auf einen der Ansprüche beschränkt, so bildet von da ab dieser allein den Streitgegenstand. Die sogenannte facultas alternativa, d. h. die bloße Berechtigung des Schuldners, sich von der geschuldeten Leistung durch eine andere, nicht geschuldete, zu befreien, berührt den Streitgegenstand überhaupt nicht[20]).

3. Wird neben dem prinzipiellen Klageantrag für den Fall seiner Abweisung 13
oder Undurchführbarkeit auch ein Eventualantrag gestellt, so bildet auch dieser den Gegenstand des Rechtsstreits. Aber auch hier ist nur einer oder der andere Antrag für den Streitwert maßgebend u. z. der höhere[21]). Wird später nur einer der Anträge aufrechterhalten, so bestimmt er von da ab allein den Streitgegenstand.

---

16) RG. JW. 1881, 155; 1882, 138; RGZ. 12, 151; JW. 1886, 313; RGZ. 17, 376; JW. 1889, 499[1], 514[1]; GruchotsBeitr. 34, 1136; 1893, 467[5]; 1894, 180[7]; 1896, 2[3], 248[12]; 1898, 109[3]; 1900, 520[3]; EGH. JW. 1893, 195.

17) RG. JW. 1891, 411[3]; JW. 1896, 248[12]; 1898, 109[3].

18) Eccius GruchotsBeitr. 30, 467; RG. JW. 1887, 37. A. M.: Wach 1, 374; Kohler ArchZivPrax. 70, 224 und BuschsZ. 20, 20; Muskat BuschsZ. 12, 342.

19) Ebenso: Fürst-Roth § 9 Anm. 4; Hellwig 2, 195; Rittmann-Wenz 64 (§ 9 Anm. 5).

A. M. (bei Wahlrecht des Schuldners entscheide der geringere Betrag): Merzbacher-Krakenberger § 9 Anm. 1h; RGZ. 55, 81; Warneyer 1908 Nr. 153; OLG. Kiel SchlHolstAnz. 1909, 304; Förster-Kann 1, 62; RG. JW. 1890, 24 Nr. 1; 1897, 145 Nr. 1; 1899, 71 Nr. 1; OLG. Stettin Bbl. 1920, 39; OLG. Naumburg Bbl. 1926, 22.

20) Vgl. Stein-Jonas § 3 Anm. I 4; RG. BolzePr. 3 Nr. 305; RGZ. 20, 199.

21) Wach 1, 382; RG. in SeuffA. 42, 467 u. 43, 223; JW. 1886, 38 Nr. 3: 1891, 305 Nr. 2; 465 Nr. 2; 1895, 4 Nr. 2; 1897, 190 Nr. 15; 1900, 10 Nr. 1; 1901, 717 Nr. 2; GruchotsBeitr. 45, 647; OLG. 39, 29 (Hamburg); Schönfeld Recht 1913, 710; OLG. Kassel JW. 1925, 2370[36]. A. M.: RG. ElsLothZ. 1918, 227. OLG. Hamm Bbl. 1928, 7 berücksichtigt den Hilfsantrag überhaupt nicht, wenn „er nur zur Stützung des Hauptantrags" dient. (?)

14 4. Wird ein Anspruch in unbestimmter Höhe geltend gemacht (Zahlung des Schadens salva liquidatione, Aufwertung einer Papiermarkforderung nach richterlichem Ermessen usw.), so bestimmt sich der Umfang des Streitgegenstandes nach dem zu ermittelnden Willen des Klägers. Der vom Richter ermittelte Betrag des wirklich bestehenden Anspruchs bildet das Minimum des Streitgegenstandes; darüber hinaus muß eventuell richterliche Schätzung dessen erfolgen, was Kläger mit seinem Antrag verlangen wollte. Dafür werden oft Anhaltspunkte in gerichtlichen oder außergerichtlichen Erklärungen und Äußerungen der klagenden Partei zu finden sein: so, wenn auf Feststellung des Aufwertungsrechts geklagt wird und der Kläger bei der Aufwertungsstelle, die das Verfahren über die Höhe der Aufwertung bis zur Erledigung des Feststellungsprozesses ausgesetzt hat, bereits angegeben hatte, daß er eine 100%ige Aufwertung verlange. Hier ist, wenn nicht vor Klagestellung eine andere Erklärung abgegeben wurde, bei Bestimmung des Streitgegenstandes von dem Verlangen einer 100%igen Aufwertung auszugehen[22]). Hat der Kläger selbst im Antrag einen bestimmten Betrag als Minimum seiner Forderung genannt, so bestimmt dieser den Mindestumfang des Streitgegenstandes[23]).

Wird ein bestimmter Betrag eingeklagt, jedoch unter Vorbehalt richterlicher Herabsetzung, so ist dieser Zusatz für die Bestimmung des Streitgegenstandes völlig belanglos[24]).

15 5. Wird durch den Klageantrag zum Ausdruck gebracht, daß nur eine sachlich beschränkte Haftung des Beklagten in Anspruch genommen werde (Klage auf Duldung der Zwangsvollstreckung in das eingebrachte Gut der Ehefrau[25]) oder in ein Grundstück[26]) oder in eine bestimmte Vermögensmasse), so bedeutet diese Einschränkung tatsächlich eine Qualifikation des Anspruchs selbst, und es fragt sich, ob sie auch den Umfang des Streitgegenstandes beschränkt, so daß der Wert des Haftungsobjekts, wenn er geringer ist als der Betrag des Anspruchs, den Streitwert bestimmt. Die Verneinung dieser Frage ergibt sich aus der positiven Sonderbestimmung des § 6 ZPO.; hierüber vgl. unten Anm. 152 ff.

Wird die Haftung des Erben mit dem Nachlasse durch Klage geltend gemacht, so kommt die beschränkte Haftung schon deshalb für den Streitgegenstand nicht in Betracht, weil sie erst in der Zwangsvollstreckung zur Geltung gelangt (§ 781 ZPO.). Auch hier ist also der ganze geltend gemachte Anspruch maßgebend[27]).

---

[22]) Gut: OLG. München BuschsZ. 52, 303 (mit Anm. Emmerich); v. d. Trenck JW. 1928, 521; KG. BuschsZ. 52, 302; OLG. München JW. 1927, 1500[14] (mit Anm. Geiershöfer). Etwas abweichend: Weigert JW. 1927, 893[4]. A. M.: OLG. München LZ. 1927, 409[1]; OLG. Königsberg JW. 1927, 865[30] (Anwendung des § 3 ZPO. wie bei präparatorischen Klagen; unten Anm. 219. Aber mit diesen hat der Fall gar keine Ähnlichkeit; viel eher mit einer Instanz, in der nur über den Grund des Anspruchs entschieden werden soll). Vgl. ferner Berolzheimer BayZ. 1926, 265 und Walter-Joachim-Friedlaender § 9 Fußnote 11. Wie Königsberg auch KG. (7. Senat) 12. Okt. 1927. Dagegen KG. 19. Senat 19. Jan. 1928 und Graßhof DJZ. 1928, 442.

[23]) A. M.: RG. Warneyer 1912, 251; 20. Dez. 1906 VI 165/06; 22. Okt. 1908 VI 556/07 (wonach solche Klagen dahin auszulegen seien, daß der Kläger zunächst nur die als Mindestbetrag angegebene Summe fordere, sich aber etwaige Mehransprüche vorbehalte — eine Auslegung, die weder dem Wortlaut noch dem klar erkennbaren Willen des Klägers und seines juristisch gebildeten Vertreters entspricht; dieser will vielmehr das angegebene Minimum durch Leistungsklage fordern und den etwaigen höheren Schaden festgestellt wissen).

[24]) § 546 ZPO.; RGZ. 33, 427; 47, 423; JW. 1894, 542 Nr. 1; 1895, 181 Nr. 2, 537 Nr. 1; 1896, 1 Nr. 1; 74 Nr. 26; 1897, 57 Nr. 27 u. 287 Nr. 9; 1900, 47 Nr. 2; DJZ. 1901, 259; RG. GruchotsBeitr. 53, 1093; RG. MarkschWettbew. 9, 258. Vgl. jedoch auch Hergenhahn in BuschsZ. 18, 267. Wegen Nichteinrechnung der Kosten früherer Instanzen vgl. RGZ. 39, 386.

[25]) Gl. M.: Kraemer KGBl. 1918, 39, der auch mit Recht darauf hinweist, daß der gegenwärtige Bestand des eingebrachten Gutes gar nicht maßgebend sein kann; Willenbücher § 10 Anm. 60. A. M.: Eckstein KGBl. 1918, 11.

[26]) A. M.: RG. JW. 1903, 180 Nr. 26; BolzePr. 4 Nr. 1070; OLG. 39, 30 (KG.).

[27]) Stein-Jonas § 6 Anm. III 3; RGZ. 54, 411; SächsOLG. 24, 450.

e) Das von dem Streitgegenstand der Klage im Vorstehenden Gesagte gilt selbstverständlich ebenso von dem der Widerklage. Wie die Berechnung des Streitwerts der Widerklage erfolgt, wird bei § 13 GKG. erörtert werden. 16

Was den Streitgegenstand bei Verfahrensarten anbelangt, die nicht zum Prozeßverfahren gehören, so ist schon oben gesagt worden, daß seine Bestimmung tunlichst nach denselben Grundsätzen zu erfolgen hat wie beim Prozeßverfahren. Es kommen hier in Betracht: Güteverfahren, Mahnverfahren, Verfahren wegen Arrests und einstweiliger Verfügung, Zwangsvollstreckung, Beweissicherungsverfahren, Aufgebots-, Verteilungs-, Entmündigungsverfahren usw. Die hierauf bezüglichen Erläuterungen werden im Zusammenhang mit den betreffenden Ausführungen über den Streitwert und bei Besprechung der einzelnen Verfahrensarten (zu den betreffenden Paragraphen) gegeben werden.

f) Wie in erster Instanz der Streitgegenstand bestimmt wird durch den Antrag der Klage oder Widerklage, so bestimmt in den höheren Instanzen der Sachantrag des Rechtsmittelklägers den Streitgegenstand: zum Streitgegenstand wird hier der Beschwerdegegenstand[28]). Solange ein Rechtsmittelantrag noch nicht gestellt ist, bildet den Beschwerdegegenstand der ganze in der angefochtenen Entscheidung zu- oder aberkannte Anspruch, soweit in der Vorinstanz gegen den Antrag des Rechtsmittelklägers entschieden wurde[29]). Im übrigen gelten hier dieselben Grundsätze wie in der ersten Instanz. Insbesondere hat die bloße Möglichkeit einer Antragserweiterung, solange diese nicht erfolgt ist, keine Bedeutung; aber auch die spätere Einschränkung des Rechtsmittelantrags nach unbeschränkter Einlegung des Rechtsmittels kann den Umfang des Beschwerdegegenstandes nicht rückwirkend, sondern nur für die Zukunft beeinflussen[30]). Betrifft die höhere Instanz bloß eine gegen den Klageanspruch erhobene (prozeßhindernde) Einrede oder einen einzelnen Streitpunkt wie den Grund des Anspruchs — im Gegensatz zu einem quantitativ ausscheidbaren Teil des Anspruchs wie etwa beim Teilurteil — so bildet den Beschwerdegegenstand immer der ganze Klageanspruch[31]). 17

[28]) RGZ. 33, 427; 47, 423; RG. GruchotsBeitr. 53, 1093 und viele andere. Vgl. Walter-Joachim-Friedlaender § 9 Fußnote 25.

[29]) Vgl. RGZ. 17, 374; 25, 380; JW. 1896, 302 Nr. 18; 1897, 185 Nr. 1; 1898, 144 Nr. 15; 1900, 149 Nr. 1; OLG. (Hamburg) 7, 225. Das RG. hat (JW. 1923, 991 Nr. 13) in einem Falle, in dem zur Abwendung der Vollstreckung aus dem Urteil der Vorinstanz bezahlt wurde (u. z. ein Frankenbetrag in deutscher Papiermarkwährung nach dem Kurse des Zahlungstages) und in dem in der höheren Instanz Klageabweisung und Rückzahlung beantragt wurde, angenommen, daß nur noch der Rückzahlungsanspruch (auf die Papiermarksumme) Streitgegenstand sei. Das ist, wie Kraemer a. a. O. dargetan hat, unrichtig, steht auch in Widerspruch zu RGZ. 63, 330.

[30]) Nicht zu billigen ist die Entscheidung des RG. JW. 1900, 149 Nr. 1, wonach die spätere Erklärung, daß die Berufung nur wegen Zinsen und Kosten habe eingelegt werden sollen, bei Bemessung des Streitwerts zu berücksichtigen ist. Unrichtig auch KG. JW. 1922, 500 Nr. 8 (dagegen Kraemer ebenda und Sachs JW. 1922, 1383); RG. JW. 1920, 558. Auch die neuerdings wieder — im Gegensatze zu älteren Entsch. — vom RG. gebilligte Ansicht, daß es für die Erwachsenheitssumme auf den Zeitpunkt der mündlichen Verhandlung ankomme, wenn der Streitwert sich inzwischen durch Handlungen der Parteien oder von ihnen unabhängige Umstände verringert habe, ist unhaltbar. Vgl. insbes. RG. JW. 1926, 2084 [2] = RGZ. 113, 246, eine Entsch., deren Unrichtigkeit schon daraus erhellt, daß die Frage, ob der Klageantrag hätte reduziert werden sollen, durchaus bestreitbar war; er war ausdrücklich in voller Höhe aufrecht erhalten worden und das RG. wies erst in langen Ausführungen nach, daß der Gläubiger in concreto vom Zwangsvergleich im Geschäftsaufsichtsverfahren mit betroffen sei. Deshalb also, weil das RG. diese durchaus zweifelhafte Rechtsfrage zuungunsten des Klägers entschied, soll der Streitwert von vornherein nur einen Teil dessen betragen haben, was der Kläger forderte. Das ist ein grundsätzliches und begriffliches Mißverständnis. Unzutreffend auch RG. Recht 1927 Nr. 2525; DRZ. 1927 Nr. 893.

[31]) RG. JW. 1896, 596 [2]; 1898, 385 [1]; RGZ. 40, 416. Vgl. dagegen JW. 1894, 98. Rittmann-Wenz 66 (§ 9 Anm. 7 f) nimmt an, daß, wenn die Berufung gegen ein die Klage abweisendes Urteil nur die Erlassung eines Verweisungsbeschlusses nach § 276

Festzuhalten ist, daß der Umfang des Beschwerdegegenstandes nie größer sein kann als der Umfang des ursprünglichen oder im Laufe des Rechtsstreits erhöhten Streitgegenstandes. Inwieweit der entsprechende Satz auch für den Wert des gleichbleibenden Streitgegenstandes gilt, ist später zu erörtern; vgl. Anm. 24.

18 g) Durchaus unzulässig ist es, einzelne Prozeßhandlungen willkürlich aus dem Prozeßverfahren herauszunehmen und als gesonderte Streitgegenstände zu behandeln, einer gesonderten Bewertung zu unterwerfen. Wenn beispielsweise ein Richter abgelehnt wird, wenn es sich um die Zulässigkeit einer Nebenintervention oder um eine Zeugnisverweigerung handelt, so gibt es nicht für diese Verfahrensabschnitte einen besonderen Streitgegenstand; Streitgegenstand ist und bleibt der Anspruch oder die sonstige in dem Verfahren zur Entscheidung gestellte Rechtsfolge eines Tatbestandes, nicht eine einzelne Prozeßhandlung als solche[32]). Das Interesse an dieser Prozeßhandlung kann daher so wenig den Streitwert bestimmen, wie sonst das prozessuale Interesse (z. B. das Interesse an einer Beweiserhebung) gleich dem Werte des Streitgegenstandes ist (s. o. Anm. 7). Es gibt allerdings Fälle, in denen es sich in einem kostenrechtlich selbständigen Verfahrensabschnitt um einen besonderen, vom eigentlichen Streitgegenstand verschiedenen Anspruch handelt. Dann bildet dieser den Streitgegenstand der betreffenden kostenrechtlichen Instanz.

19 Für das geltende Gerichtskostenrecht (im Gegensatz zu dem früheren und dem Anwaltsgebührenrecht) kommen diese Gesichtspunkte praktisch fast nur noch hinsichtlich des Beschwerdeverfahrens in Betracht. Hier ist grundsätzlich der Streitgegenstand kein anderer, als der der angefochtenen Entscheidung, d. h. der des Prozeßverfahrens, in dem die angefochtene Entscheidung erlassen wurde, sofern sich diese nicht nur auf einen quantitativ ausscheidbaren Teil des Hauptanspruchs oder die Beschwerde nur auf einen Teil der Entscheidung bezog. Wenn also die Ablehnung eines Sachverständigen für unbegründet erklärt oder ein Armenrechtsgesuch zurückgewiesen und gegen den Beschluß von der Partei Beschwerde eingelegt wurde, so hat diese Beschwerde keinen anderen Streitgegenstand als der Hauptprozeß), und der Streitwert ist nicht etwa gleich dem Interesse an der Ablehnung des Sachverständigen oder dem bloßen Kosteninteresse an der Bewilligung des Armenrechts[33]).

Wenn dagegen Beschwerde gegen einen Kostenfestsetzungsbeschluß eingelegt wird, so ist hier ausschließlich ein Kostenanspruch Gegenstand dieses gebührenrechtlich gesonderten Verfahrens; er bestimmt also den Beschwerdegegenstand. Ebenso bei der Beschwerde gegen den Streitwertfestsetzungsbeschluß, der ja auch nur für einen Kostenanspruch in Betracht kommt. Auch bei Beschwerden dritter Personen, die nicht selbst Prozeßparteien sind, steht immer ein besonderer „Anspruch" in Frage, der für den Streitgegenstand bestimmend ist: so im Falle des § 102 ZPO., bei Beschwerden von Zeugen im Falle des § 387 Abs. 3 ZPO. usw. Vgl. hiezu § 38 Anm. 45ff.

20 **II. Änderung des Streitgegenstandes im Laufe des Prozesses.**

Daß der Streitgegenstand nicht im Laufe des ganzen Prozesses der nämliche zu sein braucht, ist selbstverständlich und wurde bei den bisherigen Erörterungen schon mehrfach stillschweigend vorausgesetzt. Der Klageantrag kann erhöht oder vermindert, der Rechtsmittelantrag auf einen Teil der Vorentscheidung beschränkt werden

---

ZPO. bezwecke, der Beschwerdegegenstand nur durch die Kosten der Vorinstanz, abzüglich der „Mehrkosten" (nach § 276 letzter Satz), bestimmt werde. Damit wird die einzelne Prozeßhandlung zum Streitgegenstand, das Interesse daran zum Streitwert erhoben. S. unten Anm. 18.

[32]) A. M.: RG. JW. 1889, 480[10]; 1897, 348[22]; RG. ZDJustAmtm. 1926, 48; Bbl. 1926, 221; RGZ. 111, 410; OLG. 25, 63 (KG.); 25, 108 (München); 31, 59 (Colmar); KG. JW. 1926, 859[9] (dagegen Fürst ebenda); OLG. München BayZ. 1925, 201 (Streitwert bei Beschwerden wegen Versagung des Armenrechts bestimmt sich nur nach dem Kosteninteresse); OLG. Cassel BuschsZ. 18, 267[9] (dagegen: Hergenhahn a. a. O.). Richtig: Rothbarth LZ. 1919, 314; Fürst-Roth § 23 Anm. 7c; v. d. Trenck JW. 1928, 521.

[33]) S. oben Fußnote 32 und § 38 Anm. 44ff.

usw. Es können sich ferner gewisse Prozeßhandlungen oder Prozeßabschnitte bloß auf einen quantitativ ausscheidbaren Teil des Streitgegenstandes beziehen; wenn diese Abschnitte oder Prozeßhandlungen einer besonderen Gebührenkategorie entsprechen, so wird die Gebühr nur aus dem betreffenden Teil des Streitgegenstandes berechnet. Das Gesetz (§ 14 Abs. 1) drückt diesen Gedanken mit den Worten aus: „Für Akte, welche einen Teil des Streitgegenstandes betreffen, sind die Gebühren nur nach dem Werte dieses Teiles zu berechnen.“ Aus diesem Satz ist zugleich der grundsätzliche Standpunkt des Gesetzes zu entnehmen: der Streitgegenstand ist eine Größe, die quantitativ teilbar, aber nicht sonst beliebig zerlegbar ist; vgl. die Ausführungen in Anm. 18.

Einen besonderen Anwendungsfall der Änderung des Streitgegenstandes inner- 21
halb des Rechtsstreits bilden die Ansprüche, die „den Grund des Wachsens in sich selber tragen“[34]); das sind Ansprüche auf fortlaufende Beträge, insbes. Auslagen, wie Lagerkosten, Futtergelder usw. Bei ihnen bestimmt sich der Umfang des Streitgegenstandes nach den Beträgen, die bis zum Ende des betreffenden, durch die Gebühr abgegoltenen „Aktes“ aufgelaufen sind — vorbehaltlich einzelner für die Streitwertbestimmung gegebener Spezialvorschriften (Nichtberücksichtigung gewisser Nebenforderungen nach § 4 ZPO. usw.).

B. Der Wert des Streitgegenstandes. 22

Der Begriff des Streitgegenstandes und sein Umfang mußten festgestellt werden, um die Grundlage für die Bestimmung des Streitwertes zu gewinnen. Jetzt ist zu untersuchen, nach welchen Grundsätzen dieser Wert gefunden wird. § 9 Abs. 1 GKG. erklärt zunächst die Vorschriften der §§ 3 bis 9 ZPO. und des § 148 KO. für anwendbar nebst den Modifikationen, denen diese Bestimmungen für das Kostenrecht unterliegen. Die ZPO. hat die erwähnten Vorschriften in erster Linie für diejenigen Fälle gegeben, in denen die sachliche Zuständigkeit der Gerichte nach dem GVG. von der Überschreitung oder Nichtüberschreitung eines bestimmten Streitwertes abhängig ist. Die gleichen Regeln kommen dann für diejenigen Fälle in Betracht, in denen gewisse Rechtsmittel (Berufung, Beschwerde, Revision) nur bei Vorhandensein von Erwachsenheitssummen zulässig oder Urteile nur bis zu bestimmten Streitwerten für vorläufig vollstreckbar zu erklären sind. Diese Regeln sollen nun ebenso wie § 148 KO. auch für die Gerichtskostenberechnung (und grundsätzlich gemäß § 10 RAGebO. auch für die Berechnung der Anwaltskosten) gelten, soweit nicht die Vorschriften der §§ 11 bis 15 GKG. für das Kostenrecht abweichende Normen aufgestellt haben. Die erwähnten Bestimmungen der ZPO. und des GKG. gelten, soweit ihr Inhalt dem nicht entgegensteht, auch für nicht vermögensrechtliche Streitigkeiten.

Als Wert des Streitgegenstandes ist prinzipiell (bei vermögensrecht- 23
lichen Streitigkeiten) der nach allgemeinen Grundsätzen abzuschätzende wirtschaftliche Wert, d. h. der gemeine Verkehrswert des Streitgegenstandes maßgebend; allenfalls kann auch der höhere außerordentliche Wert in Betracht kommen, den der Streitgegenstand unter den besonderen sachlichen Verhältnissen des Falles für jedermann hat[35]). Dagegen scheidet der rein subjektive Wert (das sogenannte Affektionsinteresse) aus: der Umstand, daß es dem Kläger „ein Vermögen wert ist“ wenn er dem Beklagten einen Gegenstand im Werte von 1000 RM. abnehmen kann, vermag niemals den Streitwert über den Betrag von 1000 RM. zu erhöhen. Wenn allerdings der Kläger einen bestimmten, hohen Geldbetrag etwa mit der Begründung verlangt, daß sein Affektionsinteresse bei Bemessung seiner Schadensersatzforderung zu berücksichtigen sei, so richtet sich der Streitwert trotz dieser, materiell vielleicht fehlerhaften Begründung nach dem Geldbetrag, weil hier jede Schätzung (wie wir noch sehen werden) ausgeschlossen ist; begehrt aber der Kläger ausdrücklich Feststellung

[34]) S. unten Anm. 44.

[35]) Stein-Jonas (§ 3 Anm. IV) nennt als Beispiel den Rückkaufswert einer Lebensversicherungspolice.

seines Affektionsinteresses und Verurteilung des Beklagten zum Ersatz desselben, so muß eine Schätzung dieses Interesses für die Wertbestimmung erfolgen, weil es hiebei nicht auf das ankommt, was der Kläger zu fordern **hat**, sondern auf das, was er fordert und fordern will. Der Affektionswert kann also dann in Betracht kommen, wenn er ausdrücklich vom Kläger begehrt wird.

Daß der Streitwert grundsätzlich verschieden ist von dem Interesse des Klägers am Prozeß, insbes. am Urteil, daß ferner die Reflexwirkungen eines Rechtsstreits auf andere Rechtsverhältnisse für den Streitwert ohne Belang sind, wurde bereits hervorgehoben (Anm. 7, 18).

24 Da Streitgegenstand der vom **Kläger** erhobene Anspruch ist, so bildet der Wert **dieses** Anspruchs den Wert des Streitgegenstandes. **Der Wert** bemißt sich folglich nach dem, **was der Kläger haben oder erreichen will**, und es ist **nicht maßgebend, welches Interesse der Beklagte daran hat, den Anspruch des Klägers nicht zu befriedigen**[36]).

In den **Rechtsmittelinstanzen**[37]) bestimmt der Antrag des Rechtsmittelklägers den Beschwerdegegenstand (Anm. 17)[37a]). Für die Bestimmung seines Wertes ist demnach ebenfalls von dem Antrag des Rechtsmittelklägers auszugehen, mag dies auch der Beklagte sein. Bis zum Inkrafttreten des Gesetzes vom 8. Juli 1922 (RGBl. 569) galt jedoch der Grundsatz, daß der Wert des Beschwerdegegenstandes nie höher sein könne als der des unveränderten Streitgegenstandes. Mit diesem Gesetz, das den § 4 ZPO. umgestaltete und für die Bestimmung des Streitwerts in der Berufungs- und Revisionsinstanz nicht mehr den Zeitpunkt der Klageerhebung, sondern den der Einlegung des Rechtsmittels für maßgebend erklärte, ist der erwähnte Grundsatz insofern aufgegeben worden, als nunmehr der Wert des Streitgegenstandes (z. B. der mit Klage geforderten Sache) bei Einlegung des Rechtsmittels ein höherer sein kann als bei Klageerhebung, so daß dann auch der Wert des Beschwerdegegenstandes den des Streitgegenstandes in erster Instanz übersteigt. Für das Kostenrecht ergeben sich aus § 9 Abs. 2 GKG. weitere Möglichkeiten einer Steigerung des Beschwerdegegenstandswertes. Allein durch diese Vorschriften verschiebt sich bei näherer Betrachtung nur **der Zeitpunkt**, in dem die Vergleichung zwischen Beschwerde- und Streitgegenstand stattzufinden hat: höher als der **Streitgegenstand in dem nunmehr maßgebenden Zeitpunkt** ist oder sein würde, kann auch der Beschwerdegegenstand **in diesem Zeitpunkt** nicht sein. Dieser Satz ist eine begriffliche Notwendigkeit. Er bedarf keiner Begründung, wenn und soweit der Kläger zugleich Rechtsmittelkläger ist, weil dann Streit- und Beschwerdegegenstand identisch sind. Letzteres ist ferner stets der Fall, wenn die Bewertung nach festen gesetzlichen Merkmalen erfolgt (wie bei Ansprüchen auf bestimmte Geldsummen, in den Fällen der §§ 6—9 ZPO. usw.). Wenn aber in den Fällen des § 3 ZPO. der Beklagte als Rechtsmittelkläger erscheint, so kann allerdings das materielle Interesse des Beklagten an der Befreiung von dem zuerkannten Anspruch niedriger sein, als das Interesse des Klägers an seinem Anspruch, und dann ist auch der Wert des Beschwerdegegenstandes niedriger, als der Streitwert im Zeitpunkt der Rechtsmitteleinlegung wäre; denn hier ist der Beschwerdeführer der „angreifende Teil" und es ist ein Gebot **der Billigkeit**, die für die Ausübung des freien Ermessens nach § 3 ZPO. maßgebend ist, daß der Wert nicht höher festgesetzt wird, als **seinem** Interesse an der Abwehr des zuerkannten Anspruchs entspricht; ist jedoch im gleichen Zeitpunkte das Interesse des Rechtsmittelklägers **höher** (die Unterlassung der Urheberrechtsbeeinträch-

[36]) RGZ. 47, 423; JW. 1897, 399 Nr. 11.

[37]) Im Sinne der obigen Ausführungen ist auch die Wiederaufnahme des Verfahrens einem Rechtsmittel gleich zu behandeln: OLG. München LZ. 1927, 412[4]; Warneyer 1909, 544.

[37a]) Interessant RG. JW. 1927, 2129[28]: die Berufungsinstanz hatte nur auf **zukünftige** Leistung verurteilt. Kläger beantragte mit der Revision Verurteilung zur sofortigen Zahlung. RG. bestimmte zutreffend den Streitwert nur nach dem Interesse an der sofortigen Zahlung. (Zustimmend: **Geiershöfer** ebenda.) Vgl. auch oben Anm. 8.

tigung verursacht z. B. dem Beklagten weit höheren Schaden als sie dem Kläger Nutzen bringt), so bleibt doch zu bedenken, daß der Beklagte als solcher auch in der Rechtsmittelinstanz nicht mehr als die Abwehr eines Anspruchs anstrebt, und daß nicht ein neuer, ihm zustehender Anspruch als Gegenstand des Rechtsstreits eingeführt worden ist. Daher entspricht es der Logik, daß im Falle des § 3 ZPO. das Interesse des Klägers, wie es im maßgebenden Zeitpunkt zu bewerten ist, den Höchstbetrag des Beschwerdegegenstandswertes bestimmt[38]).

I. Vermögensrechtliche und nichtvermögensrechtliche Ansprüche. 25

Entscheidend für die Frage, ob eine Rechtsstreitigkeit über einen vermögensrechtlichen Anspruch vorliegt, ist die Natur desjenigen Rechts, für welches die Klagepartei richterlichen Schutz verlangt; ist dieses ein Vermögensrecht, so ist es ohne Einfluß, ob der Beklagte die Handlungen, in denen der Eingriff in das Vermögensrecht gefunden wird, zur Wahrung von nichtvermögensrechtlichen Interessen vorgenommen hat[39]).

1. Der Begriff „vermögensrechtliche Ansprüche“, welcher in den Reichs- 26
justizgesetzen als technischer Ausdruck wiederholt vorkommt (ZPO. §§ 20, 23, 40 Abs. 2, 511 a Abs. 1, 546 Abs. 1, 709 Ziff. 4; GVG. § 23 Ziff. 1), ist nirgends vom Gesetze näher erläutert. Man hat darunter solche Ansprüche zu verstehen, deren Gegenstand ein vermögensrechtlicher ist, die also in Geld geschätzt, in einen Geldanspruch umgesetzt werden können. Jede Klage auf eine Leistung (Tun oder Unterlassen), welche einen Vermögenswert hat, oder auf Feststellung des Rechts, eine solche Leistung von einem anderen zu fordern[40]), enthält einen vermögensrechtlichen Anspruch, gleichviel wie der Rechtsgrund beschaffen ist, auf welchem der Klageanspruch beruht. Hierher gehören also nicht bloß alle Klagen aus dinglichen und Forderungsrechten, sondern auch gewisse Ansprüche, welche im Personen- oder Familienrechte wurzeln, aber eine vermögenswerte Leistung zum Gegenstande haben, wie z. B. der Anspruch auf Unterhalt, auf Aussteuer usw. Andererseits gilt als wesentliches Begriffsmerkmal, daß jeder Anspruch vermögensrechtlicher Natur nach Geld abgeschätzt, in einen Geldwert umgesetzt werden kann; denn jedes Vermögensrecht betrifft einen gewissen Anteil, der dem einzelnen an den der menschlichen Wirtschaft dienenden Objekten der Außenwelt zusteht; diese Objekte aber, einschließlich der Ansprüche gegen andere auf Leistung solcher Vermögensobjekte, gewinnen nur durch die Möglichkeit ihrer Verwendbarkeit im Haushalte der Menschheit rechtliche Bedeutung; sie müssen im letzten Grunde einer Zurückführung auf den Wertmesser aller Dinge, auf einen bestimmten Geldbetrag, zugänglich sein[41]). Daher sind vermögensrechtliche Ansprüche u. a. diejenigen, welche nach

---

[38]) Ebenso Stein-Jonas § 4 Anm. I 2; Jonas § 9 Anm. 2, 3 b. Vgl. ferner aus früherer Zeit: RGZ. 47, 422; RG. JW. 1902, 269 Nr. 2; 1903, 26 Nr. 19; 1906, 476 Nr. 39; 1907, 54 Nr. 18; OLG. 27, 13 (BayObLG.); RG. GruchotsBeitr. 54, 168; Förster-Kann 1, 50 u. a.

A. M.: M. Friedlaender JW. 1922, 1366. Die dort vertretene Ansicht, daß auf Grund des neuen Rechts auch der zur Zahlung von 5000 M. an fünf Erben auf die Klage eines Miterben nach § 2039 BGB. verurteilte Beklagte Revision einlegen könne, weil der Beschwerdewert jedenfalls 5000 M. betrage, auch wenn der Streitwert erster Instanz nur auf 1000 M. zu bemessen sei, kann nicht aufrechterhalten werden. Die in JW. 1922, 1366 bekämpfte Praxis des RG. in JW. 1917, 720; 1918, 559[14] und Warneyer 1917 Nr. 184 a und b ist zwar unrichtig, aber aus anderen Gründen. Vgl. hiezu unten Anm. 233; Smoschewer JW. 1918, 165; Herzfelder JW. 1918, 559.

[39]) RGZ. 61, 91; JW. 1908, 456 Nr. 25; 1909, 499 Nr. 25.

[40]) Zwischen Feststellungs- und Leistungsklagen ist hier nicht zu unterscheiden. Vermögensrechtlicher Anspruch ist jede Urteilsbitte, die eine Entscheidung über ein Vermögensrecht verlangt (Merzbacher-Krakenberger § 10 S. 83, Anm. 2 zu § 11 GKG.).

[41]) „Unschätzbare Gegenstände“ gibt es auf dem Gebiete des Vermögensrechts grundsätzlich nicht. Wenn das Stempelrecht diesen Begriff z. T. auch für vermögensrechtliche Ansprüche verwendet, so meint es damit, daß der Anspruch nicht unter die positiven Schätzungs-Normen des Stempelrechts fällt (vgl. M. Friedlaender, Der bayer. Vollmachtsstempel, München 1915, S. 34 ff. und oben Anhang zu § 2 Fußnote 9, 16 f usw.).

ihrer Bestimmung den Erwerbsinteressen dienen sollen, wie die Ansprüche aus dem Patentgesetz, den Musterschutzgesetzen, dem Warenzeichengesetz, dem Gesetz zur Bekämpfung des unlauteren Wettbewerbs[42]) (einschließlich der Unterlassungsklage)[43]), der Anspruch auf Erteilung eines Zeugnisses nach § 73 HGB.[44]) und der Anspruch auf Unterlassung des unbefugten Gebrauchs einer kaufmännischen Firma (§ 37 HGB.)[45]). Vermögensrechtlicher Natur ist auch der Anspruch der Ehefrau auf Aufhebung der Verwaltung und Nutznießung nach § 1418 BGB.; denn wenn dieser auch aus dem Familienrecht entspringt, so ist er doch nur auf vermögensrechtliche Ziele gerichtet und in Geld schätzbar[46]).

27 2. Im Gegensatz hierzu sind als „nichtvermögensrechtliche Ansprüche" diejenigen anzusehen, die nicht in Geld aufzulösen oder umzusetzen sind. Es gehören hierher diejenigen Ansprüche, welche den Personenstand, die Familienverhältnisse, die Ehrenrechte und Standesverhältnisse einer Person zum Gegenstande haben, im einzelnen

a) alle Statusklagen, insbesondere

α) die Klagen im Entmündigungsverfahren (§§ 645—687 ZPO.),

β) die Klagen in Ehesachen (§§ 606—639 ZPO.),

γ) die Klagen auf Feststellung des Bestehens oder Nichtbestehens eines Eltern- und Kindesverhältnisses oder auf Feststellung des Bestehens oder Nichtbestehens der elterlichen Gewalt (§§ 640—643 ZPO.),

δ) die Klagen auf Feststellung des Bestehens oder Nichtbestehens der unehelichen Vaterschaft (§ 644 ZPO.), sofern es sich hierbei ausnahmsweise wirklich um die Feststellung der Abstammung, nicht nur um die sogenannte Zahlvaterschaft handelt[47]),

b) die Klage auf Herausgabe von Kindern,

---

[42]) RGZ. 40, 412; OLG. München Recht 1919 Nr. 617.

[43]) Vgl. hiezu Rosenthal JW. 1925, 575; ders. Wettbewerbsgesetz[6] 71 ff.

[44]) RG. JW. 1902, 362.

[45]) RG. JW. 1901, 652.

[46]) Ebenso: Stein-Jonas § 1 Anm. II, 1; Pfafferoth § 10 Anm. 2h; RG. JW. 1905, 24 Nr. 27 u. a.; Günzer BayZ. 1925, 228. A. M.: (ausführlich und mit weiteren Belegstellen) OLG. München BayZ. 1925, 13.

[47]) § 1717 BGB. sagt ausdrücklich, daß „als Vater des unehelichen Kindes im Sinne der §§ 1708 bis 1716 gilt", wer der Mutter innerhalb der Empfängniszeit (des § 1717 Abs. 2) beigewohnt hat usw. Diese sogenannte „Zahlvaterschaft" (Prestele BayZ. 1917, 269) hat nur Bedeutung für die Unterhaltspflicht, ja sie ist identisch mit derselben, stellt also eine rein vermögensrechtliche Verpflichtung dar. Sie braucht keineswegs zusammenzufallen mit der Vaterschaft, von der in den §§ 1310 (Eheverbot), 1719 (Legitimation durch nachfolgende Ehe) und 1723 BGB. (Ehelichkeitserklärung) die Rede ist; dieser Begriff der Vaterschaft betrifft die Abstammung und ist nicht vermögensrechtlicher Natur. Eine Klage auf Feststellung der Abstammung des unehelichen Kindes kann vorkommen, aber ihre Voraussetzungen und ihre Ziele sind ganz andere als die der Vaterschaftsklage nach § 1717 BGB., die ebenso häufig ist wie jene selten vorkommt. Vgl. hiezu RGRKomm. § 1717 Anm. 1; Niethammer BayZ. 1920, 235; BayObLG. SeuffA. 61, 244; OLG. München JW. 1916, 975; OLG. Augsburg BayZ. 1927, 111; OLG. Nürnberg Bbl. 1928, 32. A. M.: JW. 1902, 485; Merzbacher-Krakenberger § 11 GKG. Anm. 2 (S. 84); OLG. München JW. 1917, 57 Nr. 9; LZ. 1919, 1151 Nr. 5; BayZ. 1925, 202. Vgl. auch Prestele BayZ. 1927, 138. Richtig: OLG. Hamburg JW. 1928, 1524[29].

Die Vaterschaftsklage nach § 1717 BGB. enthält also immer einen rein vermögensrechtlichen Anspruch; nämlich einen Anspruch auf Feststellung der Unterhaltspflicht. Als solcher hat er große praktische Bedeutung, um zukünftige Einreden, etwa im Falle des § 1708 Abs. 2 BGB. (Unterhalt über das 16. Lebensjahr hinaus), abzuschneiden. (Unrichtig: JW. 1902, 61.) Er ist nach freiem Ermessen (§ 3 ZPO.) zu bewerten; wird er neben einem Leistungsanspruch auf Unterhalt geltend gemacht, so hat er selbständige Bedeutung nur bezüglich derjenigen Rechte, die nicht bereits Inhalt des Leistungsanspruches sind; nur insoweit ist er daher gesondert zu bewerten. Die beiden Streitwerte sind nach § 5 ZPO. zusammenzurechnen. Ebenso: Willenbücher § 10 Anm. 75; Cohn KGBl. 1902, 11; LG. Görlitz JW. 1902, 244 u. a.

c) das Recht zum Gebrauche eines Namens (§ 12 BGB.)[48]); hier kann jedoch, wenn der wirtschaftliche Gesichtspunkt im Vordergrunde steht, auch ein Vermögensrecht vorliegen; das ist in weitem Umfang der Fall, seitdem § 12 BGB. auch auf den Schutz des Handelsnamens bezogen wird[48a]).

d) das Recht der Zugehörigkeit zu einem Idealvereine[49]); da indessen die Mitgliedschaft bei einem Vereine, dessen Zweck nicht auf einen wirtschaftlichen Geschäftsbetrieb gerichtet ist, auch vermögensrechtliche Ansprüche erzeugt, so kann der Anspruch ausnahmsweise auch vermögensrechtlichen Charakter haben (nämlich wenn erkennbar neben dem ideellen das vermögensrechtliche Ziel der Klage hervortritt). Kostenrechtlich wird in solchen Fällen regelmäßig § 11 Abs. 2 GKG. zur Anwendung kommen, vgl. unten Anm. 30ff.

e) der Anspruch auf Feststellung oder Gewährung von Ehrenrechten, wie des Patronats und der damit verbundenen Rechte[50]), von Ehrenrechten innerhalb eines Vereins[51]), Gewährung eines ehrlichen Begräbnisses „in der Reihe"[52]),

f) der Anspruch auf Aufhebung einer polizeilichen Verfügung[53]).

g) Der Unterlassungsanspruch aus § 823 Abs. 2 BGB. verbunden mit §§ 185, 186 StGB., also gestützt auf Ehrverletzung, ist nicht vermögensrechtlicher Natur; wohl aber in der Regel der Anspruch aus § 824 BGB., nämlich immer dann, wenn er nur auf Beeinträchtigung des wirtschaftlichen Fortkommens gestützt wird[54]).

h) Der Erblasser, der auf Feststellung der Berechtigung zur Entziehung des Pflichtteils klagt, macht einen nicht vermögensrechtlichen Anspruch geltend[55]).

3. An die außerhalb des Vermögensrechts stehenden Rechte können sich ver- 28
mögensrechtliche Wirkungen knüpfen, z. B. an die eheliche Vaterschaft die Unterhaltspflicht; umgekehrt können sich auch an die vermögensrechtlichen Ansprüche solche ideeller Natur knüpfen, z. B. an das Recht zur Benutzung einer käuflich erworbenen Grabstelle. Maßgebend für die Beurteilung bleibt aber allein, welche Seite des Verhältnisses mit der Klage geltend gemacht wird, auch wenn zur Entscheidung über die Klage die Entscheidung der der anderen Seite angehörenden Vorfrage erforderlich ist. Macht z. B. ein Kind nur seinen Anspruch auf Unterhalt geltend mit der Begründung, daß der Beklagte sein ehelicher Vater sei, so handelt es sich lediglich um einen vermögensrechtlichen Anspruch, wenn auch im Prozesse die Vaterschaft bestritten wird und in dem Urteil zur Erörterung kommt. Wird dagegen z. B. eine einstweilige Verfügung aus § 627 ZPO. auf Gestattung des Getrenntlebens und auf Unterhaltsgewährung beantragt, so liegt die Häufung eines nicht vermögensrechtlichen mit einem vermögensrechtlichen Anspruch vor[56]) (hierzu vgl. Anm. 30ff.).

---

[48]) Vgl. hierzu Rambohr GruchotsBeitr. 43, 1.

[48a]) Vgl. z. B. Rosenthal, Wettbewerbsgesetz[6] § 16 Note 50ff.

[49]) Vgl. RG. JW. 1897, 531 Nr. 9; RGZ. 88, 332, aber auch Heinsheimer, „Ausschließung und Mitgliedschaft" 9ff. und Anm. zu JW. 1927, 690[29]. Bei wirtschaftlichen Vereinigungen (z. B. Erwerbs- und Wirtschaftsgenossenschaften) liegt stets, wenn um die Mitgliedschaft gestritten wird, eine vermögensrechtliche Streitigkeit vor; vgl. RG. JW. 1927, 690[29]; OLG. Celle Recht 1927, 49 (Nr. 164); RGZ. 88, 334; OLG. Jena JW. 1928, 1525[31]. Allerdings kann es sich auch hier daneben ausnahmsweise um das Persönlichkeitsrecht handeln; dann liegt entweder eine Häufung von Ansprüchen im Sinne des § 5 ZPO. oder ein Fall des § 11 Abs. 2 GKG. vor.

[50]) Für Preußen s. §§ 577, 588, 590—593 ALR. II, 11; Striethorst Archiv 93, 243.

[51]) OLG. Dresden in SächsArch. 8, 432.

[52]) RGZ. 12, 280ff. Nicht vermögensrechtlicher Natur ist auch der Streit um die Art der Bestattung einer Leiche zwischen Verwandten; vgl. Warneyer 1912 Nr. 219. Dagegen ist der Anspruch auf eine bestimmte käuflich erworbene Grabstelle vermögensrechtlicher Natur: JW. 1890, 150 Nr. 2.

[53]) RG. JW. 1897, 167 Nr. 11.

[54]) RG. JW. 1914, 208 Nr. 24; MarkschWettbew. 13, 322.

[55]) OLG. Karlsruhe BadRpr. 10, 221.

[56]) RG. JW. 1900, 601 u. 853 Nr. 5; RGZ. 46, 382.

II. Die Wertberechnung bei nicht vermögensrechtlichen und gemischten Ansprüchen.

29 **A. Bei Streitigkeiten über nichtvermögensrechtliche Ansprüche soll nach der Vorschrift des § 11 GKG. der Wertsatz von 2000 RM. die Regel bilden. Nur ausnahmsweise darf der Streitwert höher oder niedriger, jedoch nicht unter 500 und nicht über 50000 RM. angenommen werden[57]. Dabei sind alle Umstände des Falles zu berücksichtigen[58]: so in Ehesachen die Vermögens- und Einkommensverhältnisse der Parteien[59], ihre soziale Stellung, der besondere Umfang des Rechtsstreites[60]. Das ideelle und materielle Interesse des Beklagten (an Aufrechterhaltung der Ehe) kann hier — anders als bei vermögensrechtlichen Streitigkeiten — ebenso berücksichtigt werden, wie das Interesse der Klagepartei an der Trennung. Es kommen also insbesondere auch die Folgen des Prozesses für die sonstige Lebenslage der Parteien und der Familie in Betracht[61].**

---

57) Vom 1. Januar 1924 bis zum 1. April 1927 betrug der Normalstreitwert 1000, der Mindeststreitwert 100 RM. (Art. III A 3 der VO. vom 13. Dez. 1923 (RGBl. I 1186), § 11 Abs. 1 GKG. früherer Fassung). Für den Übergang s. Friedlaender LZ. 1927, 277.

58) S. Rittmann, Wert des Streitgegenstandes (1913) 318; OLG. Naumburg NaumbAK. 1889, 85 Ziff. 3; 1890, 22, 23; KG. KGBl. 1898, 74; RG. JW. 1890, 332 Nr. 2; NaumbAK. 1891, 88, 89 Ziff. 5; RG. JW. 1893, 488 Nr. 12; 1895, 537 Nr. 2; 1896, 373 Nr. 19; OLG. 13, 72 (Karlsruhe); 15, 171 (Hamburg); 21, 134 (Hamburg); 25, 124 (Braunschweig); OLG. 40, 442 (KG.); 443 (Hamburg). Auch die Schwierigkeit der Sache selbst infolge späterer Gestaltung derselben (§ 9 Abs. 2 GKG.) ist zu berücksichtigen; a. M.: OLG. München BayZ. 1925, 265 VII.

59) A. M. OLG. 33, 18 (Braunschweig).

60) OLG. 31, 204 (Braunschweig); OLG. München 25. Juni 1927 1295/26 III.

61) Über das Verhältnis des Streitwerts im Eheprozeß zu dem des Unterhaltsanspruchs (§ 10 Abs. 4 GKG.) vgl. Willenbücher § 10 Anm. 29; Kraemer JW. 1920, 915 Nr. 21 (gegen OLG. Stuttgart daselbst). Mit Recht wird an diesen Stellen die Meinung vertreten, daß es nicht angehe, den Eheprozeß niedriger zu bewerten als den für die Dauer dieses Prozesses laufenden Unterhaltsstreit, da jener doch der wichtigere sei. Seitdem jedoch der Streitwert für den gedachten Unterhaltsanspruch auf den halbjährigen Betrag der Rente herabgesetzt ist (§ 10 Abs. 4 GKG.), kann auch mit diesem Gesichtspunkte in den meisten Fällen praktisch kein brauchbares Ergebnis mehr gewonnen werden. Man sollte sich nur immer vor Augen halten, daß § 11 GKG. alle nicht vermögensrechtlichen Streitigkeiten betrifft, unter denen es gewiß manche gibt, die gering zu bewerten sind; daß aber Ehesachen schon aus ethischen Gründen stets zu den wichtigeren gehören und daß es ihrer allgemeinen Bedeutung und der Würde der Rechtspflege nicht entspricht, diese Sachen mit Beträgen von einigen hundert Mark zu bewerten. Vgl. auch Merzbacher-Krakenberger 85 (§ 11 GKG. Anm. 3); Hüster Recht 1920, 110; Breme ebenda 162; OLG. Nürnberg JW. 1922, 1731 6 und Magnus ebenda. Nach OLG. 43, 123 (KG.) liegt der Normalfall in Ehesachen vor, wenn die wirtschaftlichen Verhältnisse der Parteien derartige sind, daß sie ungefähr der Leistungsfähigkeit der Durchschnittsmasse des Volkes entsprechen, nach JW. 1924, 982 (KG.) trifft es zu bei einem Einkommen, das zur Bestreitung der standesgemäßen Lebenshaltung einer Familie des mittleren Bürgerstandes ausreicht, während JW. 1923, 56/7 den Normalwert in Beziehung setzt zu dem normalen Jahreseinkommen von Personen, die in bescheidenen, doch gesicherten Verhältnissen leben (selbständige Handwerker, kleine Kaufleute, mittlere Beamte usw.). Mit Recht weist von Hodenberg JW. 1925, 2152 3 darauf hin, daß bei der allgemeinen Verarmung auch ein geringes Einkommen den Normalfall bildet. Ähnlich KG. ebenda (Normalstreitwert bei einem Monatseinkommen von 160 RM.); KG. JW. 1925, 2157 5; OLG. Frankfurt a. M. JW. 1925, 2153 7. Gut: OLG. Königsberg JW. 1925, 2154 12.

Auf Grund der Novelle von 1927 sprach KG. JW. 1927, 2584 3 aus, daß der Normalstreitwert von 2000 RM. „bei der breiten Mittelschicht, der auch die Arbeiter angehören", zu gelten habe, während OLG. Dresden JW. 1927, 2585 6 und 2640 7a sowie Sächs. ThürArch. 1928, 33 regelmäßig 1000 RM. für angemessen erachtet, wenn die Parteien dem kleinen Bürger- oder Arbeiterstande angehören; auf 500 RM. sei nur in alleräußersten, selten vorkommenden Fällen herabzugehen. Vgl. ferner OLG. München BayZ. 1927, 276 XII; OLG. Frankfurt a. M. FrankfAK. 1, 61 5; OLG. Cassel JW. 1927, 2159 23. Nicht dem Gesetze entspricht dagegen die Praxis der Breslauer Gerichte (BreslauAK. 1928, 138), welche — wie die Schriftleitung (S. 140) richtig bemerkt — praktisch dahin führt, daß der Normalsatz von 2000 RM. nur bei besonderer Wohlhabenheit oder höherem

Da von dem Normalstreitwerte zu 2000 RM. nur ausnahmsweise abgewichen werden darf, so müssen besondere Gründe für die Annahme außergewöhnlicher Verhältnisse vorliegen und angeführt werden[62]). Es ist insbesondere unzulässig, grundsätzlich in Armensachen (die heute einen großen Teil der Eheprozesse darstellen) den Streitwert auf einen geringeren Betrag festzusetzen[63]).

B. Ist mit einem nichtvermögensrechtlichen Anspruche ein aus ihm hergeleiteter vermögensrechtlicher verbunden, so soll nach § 11 Abs. 2 GKG. nur ein Anspruch, und zwar der höhere, maßgebend sein. 30

1. Zur Anwendung des § 11 Abs. 2 GKG. wird vorausgesetzt, daß der geltend gemachte vermögensrechtliche Anspruch aus dem geltend gemachten nichtvermögensrechtlichen Anspruche hergeleitet wird. Wo dieser Zusammenhang fehlt[63a]), ist § 11 Abs. 2 GKG. nicht anwendbar. Würde z. B. eine geschiedene Frau gegen den allein für schuldig erklärten Mann auf Herausgabe eines Kindes und in derselben Klage auf Gewährung von Unterhalt für sich selbst klagen, so würde § 11 Abs. 2 nicht zur Anwendung kommen, es müßte vielmehr der Wert der beiden Ansprüche zusammengerechnet werden (§ 5 ZPO.). Das Gleiche gilt, wenn in prozessual unzulässiger Weise z. B. mit einer Klage aus § 640 Abs. 1 ZPO. ein vermögensrechtlicher Anspruch verbunden wird; eine solche dem Gesetz nicht entsprechende Verbindung verdient nicht die Begünstigung, die § 11 Abs. 2 gewähren will[63b]). Da die Klage auf Feststellung der außerehelichen Vaterschaft (Zahlvaterschaft) und auf Unterhaltsbezahlung nach den Ausführungen in Fußnote 47 nicht hierhergehört, so ist das praktische Anwendungsgebiet des § 11 Abs. 2 kein großes. Es fällt darunter z. B. die Verbindung der einstweil. Verf. auf Getrenntleben mit der auf Unterhalt (§ 627 ZPO.); s. auch oben Anm. 27 u. Fußnote 49.

2. Im Falle des § 11 Abs. 2 GKG. wird eine doppelte Schätzung, sowohl des Werts des vermögensrechtlichen als auch des nichtvermögensrechtlichen Anspruchs, erforderlich, da erst nach Feststellung beider Werte ermittelt werden kann, welches der höhere Anspruch ist. Da aber der geringste Wertansatz bei nichtvermögensrechtlichen Ansprüchen 500 RM. beträgt, so kann im Falle des § 11 Abs. 2 GKG. der Wert des Streitgegenstandes niemals geringer sein als 500 RM. 31

C. Wie schon in Anm. 3 erwähnt wurde, finden die Streitwertbestimmungen, die für vermögensrechtliche Ansprüche gelten, z. T. auch für nichtvermögensrechtliche Ansprüche Anwendung, nämlich soweit der Inhalt der betr. Vorschriften dies zuläßt. Dies gilt z. B. von § 13 GKG. u. a. Das Nähere ergibt sich aus den Einzelerörterungen in Anm. 33 ff. 32

Einkommen zugrundegelegt wird. Selbst bei festem Monatseinkommen von 400 RM. eines in leitender Stellung befindlichen Geschäftsführers setzte das OLG. Breslau den Streitwert nur auf 1000 RM. fest. Abwegig ist auch die a. a. O. vertretene Ansicht, der Streitwert müsse so festgesetzt werden, daß der Mann noch, wenn auch mit Mühe, die Prozeßkosten bezahlen könne. „Sonst müßte ihm das Armenrecht bewilligt werden, das ihm mit Rücksicht darauf, daß er die Kosten noch bestreiten könne, versagt worden ist!" Wenn man diesen Gedankengängen folgt, so kommt man offenbar zu den seltsamsten Folgerungen: mit jeder höheren Instanz muß der Streitwert sinken, weil der Mann „die Kosten nicht mehr bezahlen kann" usw. Ähnlich wie Breslau: Preiser JW. 1928, 872. Sehr beachtlich die Zusammenstellung der neuesten Rechtsprechung und die Ausführungen bei v. Hodenberg JW. 1928, 874 ff. Vgl. auch Mittag AnwBl. 1928, 184.

62) OLG. 31, 204 (Braunschweig).

63) Unrichtig: OLG. Naumburg SächsThürArch. 1 (1924), 113; OLG. Kassel JW. 1926, 1612 [8]; OLG. Frankfurt a. M. JurRundsch. 1926, 425 Nr. 520.

63a) Das Gesetz verlangt, daß der Anspruch aus dem anderen „hergeleitet wird"; damit ist aber nicht gemeint, daß diese Ableitung vom Kläger geltendgemacht sein muß oder daß es genügt, wenn der rechtliche Zusammenhang behauptet wird, ohne vorhanden zu sein. Daß rechtliche Qualifikationen, welche die Parteien vornehmen, für den Streitwert bestimmend seien, ist nicht anzunehmen. A. M.: A. Friedlaender BuschsZ. 53, 315; nicht ganz deutlich die Entsch. des KG. dortselbst (betr. einstw. Verfügung auf Übertragung des Sorgerechts für das Kind und Zahlung einer Unterhaltsrente an die Mutter für das Kind).

63b) Rittmann § 10 Anm. 4.

33 **III. Die Wertberechnung bei vermögensrechtlichen Ansprüchen.**

A. Der allgemeine Grundsatz der Wertberechnung nach freiem Ermessen (§ 3 ZPO.).

Für die Berechnung des Werts vermögensrechtlicher Ansprüche enthält die grundlegende Bestimmung der § 3 ZPO., demzufolge der Wert des Streitgegenstandes von dem Gericht nach freiem Ermessen festgesetzt wird.

34 1. Ausübung des freien Ermessens. Diese ist trotz der anscheinend kategorischen Vorschrift des § 3 ZPO. keineswegs eine völlig schrankenlose, vielmehr findet sie folgende Einschränkungen:

a) Die Anwendung des richterlichen Ermessens gemäß § 3 ZPO. ist dann ausgeschlossen, wenn der Streitgegenstand in einer bestimmten Geldsumme besteht[64][65]. Dies ergibt sich aus der Natur der Sache und folgt überdies zwingend aus § 6 ZPO., der selbst dann das freie Ermessen ausschließt, wenn es sich nur um die Sicherstellung einer Geldforderung handelt[66]. Das Gesagte gilt gleichviel, ob die Verurteilung des Beklagten zur Zahlung des ziffermäßig bestimmten Betrages oder zur Befreiung von einer Schuld der bezeichneten Art verlangt wird[67], ob es sich um eine Forderungsklage oder um eine positive oder negative Feststellungsklage handelt[68], und ohne Unterschied ob die Zahlung an die Klagepartei selbst oder an einen von ihr bezeichneten Dritten erfolgen soll[69]. Auch die Klage auf Duldung der Zwangsvollstreckung gegen den Ehemann ist nach der Klageforderung zu bemessen[70], und zwar selbst dann, wenn der Wert des eingebrachten Gutes ein geringerer ist[71].

---

[64]) RG. bei Fenner-Mecke 3, 168; JW. 1882, 90; 1896, 596 Nr. 2; 1898, 385 Nr. 1; Förster-Kann 1, 53 (dort auch weitere Rechtsprechung). Zahlungsfähigkeit des Schuldners ist belanglos. Auch wenn derselbe sich im Vergleichsverfahren nach der VglO. befindet, darf nicht etwa § 148 KO. analog herangezogen werden: OLG. Nürnberg BayZ. 1926, 31 (Geschäftsaufsicht betreffend). Auch bei Geldansprüchen im Aufwertungsprozeß darf nicht der Wert des Anspruchs (der mit Rücksicht auf seine spätere Fälligkeit geringer ist als der Nominalwert), sondern nur der Betrag der Forderung berücksichtigt werden: Berolzheimer BayZ. 1926, 265; OLG. München JW. 1927, 1500 [14] = BayZ. 1927, 395 III; RG. JW. 1928, 105 [9]. Unrichtig: OLG. Celle Bbl. 1926, 23; OLG. Nürnberg JW. 1927, 1436 [5]; BayZ. 1927, 245 I; KG. KGBl. 1928, 19.

[65]) Die (selbstverständliche und daher rechtlich belanglose) Erklärung des Klägers, daß er die Herabsetzung des geforderten bestimmten Geldbetrages in das Ermessen des Gerichts stelle, bewirkt keine Minderung des Streitwertes; eine Anwendung des § 3 ZPO. ist ausgeschlossen: OLG. Nürnberg Bbl. 1927, 45. S. o. Anm. 14.

[66]) Gut: OLG. München JW. 1927, 1500 [14] mit Anm. Geiershöfer; RG. Recht 1928 Nr. 130 (kein Abzug von Zwischenzinsen bei Streit über den Bestand einer erst später fällig werdenden Aufwertungsforderung). A. M.: KG. JW. 1927, 2941. Abwegig: KG. KGBl. 1928, 28 (bei Klagen auf Feststellung der Aufwertung gelte der vom Kläger genannte Betrag nicht, wenn die nachgesuchte Feststellung nicht auch die ziffermäßige Bestimmung betreffe, diese vielmehr der AufwStelle obliege; hiegegen: KG. KGBl. 1928, 19. Vgl. auch oben Fußnote 22.

[67]) RG. JW. 1889, 499 Nr. 1; Bbl. 1890, 64; OLG. 35, 163 (Braunschweig). Warum hier etwas anderes gelten sollte, wenn der persönliche Schuldner einer Hypothek auf Schuldbefreiung klagt, ist nicht ersichtlich. Das RG. (LZ. 1914, 478 Nr. 15) und ebenso das OLG. Breslau BreslauAK. 1909, 65 sowie das KG. KGBl. 1913, 20 erklären hier das Interesse des Schuldners an der Schuldbefreiung für maßgebend und schlagen dieses geringer an, wenn die Hypothek gut ist. Allein im Prozeß handelt es sich doch nur um die Zahlungspflicht des Schuldners, die nicht einmal eine subsidiäre ist. Die Frage, ob er nach erfolgter Zahlung wieder eine Deckung in dem Grundstücke findet, kann für den Schuldbefreiungsprozeß so wenig wertbestimmend sein, wie die Frage der persönlichen Zahlungsfähigkeit des Schuldners.

[68]) OLG. Frankfurt a. M. FrankfRundsch. 44, 70 (1910); Förster-Kann 1, 55.

[69]) OLG. Colmar ElsLothZ. 16, 162.

[70]) OLG. Breslau BreslauAK. 23, 50 (1910); Stein-Jonas § 6 Anm. III 3 (dort weitere Literatur); Willenbücher § 10 Anm. 60. Etwas abweichend: OLG. 3, 160 (Dresden); SächsOLG. 22, 268. Unrichtig: OLG. Stettin JW. 1926, 868 [30] (maßgebend

Ebenso gilt die Vollstreckungsgegenklage gegen ein auf Geld lautendes Urteil als Klage mit fester Streitsumme; maßgebend ist überhaupt in den Fällen des § 767 ZPO. der Streitwert des Vorprozesses[72]). Bei der Klage auf Erlassung eines Vollstreckungsurteils ist die Summe, wegen derer das Urteil beantragt wird, (oder der sonstige Gegenstand des ausländischen Urteils) Streitgegenstand.

b) Die §§ 6 bis 9 ZPO. sollen nach den Motiven zur ZPO. (Hahn, Mat. S. 148) nicht im Widerspruche mit dem durch § 3 daselbst für entscheidend erklärten freien Ermessen des Gerichts stehen, „sie geben die leitenden Grundsätze für die Wertberechnung in einzelnen besonderen Fällen, welche in der Praxis oft vorkommen und in welchen die Feststellung des Wertes des Streitgegenstandes erfahrungsgemäß nach verschiedenen Grundsätzen geschieht. Eine solche verschiedenartige Praxis ist aber unerwünscht; es sollen daher die §§ 6 bis 9 ZPO. auf die Herbeiführung eines übereinstimmenden Verfahrens der Gerichte wirken und gleichzeitig für die Parteien bei der Beurteilung der Zuständigkeit des anzugehenden Gerichts als Anhalt dienen." Durch § 3 ZPO. wird aber nicht etwa ein höheres Prinzip aufgestellt, demzufolge sich das Gericht nach freiem Befinden der Anwendung der in den §§ 6 bis 9 ZPO. ausgesprochenen Grundsätze entschlagen könnte; vielmehr lassen der Zweck und die bestimmte Fassung der §§ 6 bis 9 ZPO. keinen Zweifel darüber, daß durch die hier enthaltenen Regeln über die Wertermittlung das freie Ermessen des Gerichts in der Festsetzung des Wertes eingeschränkt werden sollte. Die §§ 6 bis 9 ZPO. sind daher nicht etwa bloße Geschäftsanweisungen, sie binden vielmehr den Richter in vollem Umfange; ihre Verletzung ist Gesetzesverletzung[73]). Das Gleiche gilt von den besonderen Streitwertbestimmungen des GKG. und der KO. sowie von den §§ 4, 5 ZPO. 35

c) Eine weitere Einschränkung des freien Ermessens findet sich in einigen besonderen Gesetzen, wie im Mieterschutzges. (§ 13 Abs. 5, § 1o Abs. 3) und einigen Bestimmungen aus der Kriegszeit[74]), ferner in Art. 24 des deutsch-schweizerischen Zusatzabkommens über Goldhypotheken vom 25. März 1923, RGBl. II, 286[75]). 36

d) Befindet sich ein Rechtsstreit im Laufe, in dem eine bestimmte Summe Geldes in Papiermark (frühere „Reichswährung") den Streitgegenstand bildet, so muß nach Art. IV GerEntlVO. vom 13. Dez. 1923 der Streitwert in Gold umgerechnet werden. Hierbei ist das freie Ermessen des Gerichts ausgeschaltet und die Umrechnung 37

---

sei das Interesse an der Duldung; liege tatsächlich Gütertrennung vor, so sei auch die Vorstellung des Klägers von der Erheblichkeit des Urteils zu berücksichtigen).

[71]) Vgl. oben Anm. 15. Uns. M.: Kraemer KGBl. 1918, 39; Willenbücher § 10 Anm. 60. A. M.; OLG. Rostock MecklZ. 28, 55; OLG. Colmar ElsLothZ. 38, 187.

[72]) Förster-Kann 1, 53; RG. JW. 1895, 197 Nr. 1; LG. Elberfeld JW. 1920, 456.

[73]) RG. 10. 9. 1880 (Pfafferoth RAGebO. 27). Ebenso OLG. Colmar ElsLothZ. 5, 165; OLG. Frankfurt a. M. FrankfRundsch. 44, 70 und die gesamte, seit Jahrzehnten herrschende Praxis.

[74]) Vgl. Walter-Joachim-Friedlaender § 91 Anm. 36ff.

[75]) Diese Bestimmung lautet:

Bei anhängigen Rechtsstreitigkeiten über Goldhypotheken, die durch das Zusatzabkommen ihre Erledigung finden, wird für die Berechnung der Kosten der Streitwert nach dem Nennbetrage der Mark festgesetzt. Schweizerfranken sind in diesem Falle zum Kurse von 100 Franken = 81 Mark umzurechnen. Gerichtliche Gebühren und Auslagen werden nicht erhoben. Die außergerichtlichen Kosten trägt jede Partei für sich; auf Anwaltsgebühren entrichtete Kostenvorschüsse werden nicht zurückerstattet.

Anhängige Vollstreckungsverfahren sind einzustellen; gerichtliche Gebühren und Auslagen werden nicht erhoben. Jede Partei hat die ihr entstandenen außergerichtlichen Kosten zu tragen.

Soweit nach Inkrafttreten des Zusatzabkommens Rechtsstreitigkeiten anhängig werden, wird der Streitwert nach den bestehenden Vorschriften berechnet. Er darf jedoch nicht höher festgesetzt werden, als nach dem Werte, den der Klageanspruch in dem für die Kostenberechnung maßgebenden Zeitpunkt hat, und nicht höher als auf $^{5}/_{8}$, in den Fällen des Artikel 7 Abs. 2 lit. a als auf $^{10}/_{11}$ des Steuerwerts des Grundstücks.

nach Art. V Abs. 3 GerEntlVO. vorgeschrieben[76]). Der Fall wird heute nicht mehr vorkommen.

38 e) Die erwähnten Einschränkungen des freien Ermessens gelten auch in Aufwertungsprozessen. Dies muß aus folgenden Gründen hervorgehoben werden: § 76 Abs. 2 AufwGes. gibt der Reichsregierung die Ermächtigung, über die „in Aufwertungssachen" erwachsenden Gebühren und Kosten weitere Vorschriften zu erlassen. Obwohl diese Vorschrift im Abschnitt „Verfahren vor der Aufwertungsstelle" steht, also sich offenbar nur auf dieses bezieht, nehmen manche Schriftsteller an, daß die Ermächtigung sich auf „alle Angelegenheiten der Aufwertung", also auch auf Prozesse beziehe[77]). Auch wenn diese Meinung richtig wäre, so bestände doch kein Zweifel, daß Art. 129 DurchfVO. zum AufwG., wonach der Wert des Streitgegenstandes von der Aufwertungsstelle „unter Berücksichtigung der gestellten Anträge nach freiem Ermessen festgesetzt" wird, sich nur auf das „Aufwertungsverfahren", d. h. auf das Verfahren vor der Aufwertungsstelle nebst den Beschwerdeinstanzen bezieht, daß also die Reichsregierung von einer ihr etwa erteilten weitergehenden Ermächtigung keinen Gebrauch gemacht hat.

39 Abgesehen von den erwähnten Einschränkungen ist das richterliche Ermessen gemäß § 3 ZPO. unbeengt. Dies ist um so bedeutungsvoller, als bei vermögensrechtlichen Ansprüchen durch die ZPO. der Begriff der Unschätzbarkeit im früheren Sinne und im Sinne der Stempelgesetze ganz beseitigt ist, und bei vorhandener Schwierigkeit der Abschätzung nicht etwa auf § 11 GKG. zurückgegriffen werden darf, der nur für den Wertansatz bei nicht vermögensrechtlichen Ansprüchen gilt[78]). Bei Ausübung des freien Ermessens kann das Gericht geeignetenfalls die in den §§ 65, 66, 69, 70 KO. aufgestellten Bestimmungen über die Berechnung betagter und bedingter Ansprüche sowie wiederkehrender Hebungen sich als passende Anhaltspunkte dienen lassen, ist aber daran nicht gebunden; ebenso kann das Gericht die Bestimmungen der §§ 6 bis 9 ZPO. als Vorbild für die Schätzung in verwandten Fällen benutzen (aber nur mit Vorsicht und soweit sie sich in concreto dazu eignen), auch aus dem Verhalten der Parteien z. B. bei einem Vergleiche Anhaltspunkte gewinnen[79]).

40 2. Beschaffung der Grundlagen für die Ausübung des freien Ermessens.

a) Es steht in der freien Beurteilung des Gerichts, ob zum Zwecke der Wertfeststellung eine Beweisaufnahme erforderlich sei. Fehlt es dem Gerichte an den notwendigen Grundlagen für die Wertfeststellung, so „kann" es sowohl eine von den Parteien beantragte Beweisaufnahme als auch — in Anwendung der allgemeinen Vorschrift des § 144 ZPO. — von Amts wegen die Einnahme des Augenscheins und die Begutachtung durch Sachverständige anordnen. (S. Mot. z. ZPO. bei Hahn Mat. 2, 147.) Eine Pflicht hierzu besteht indessen selbst im Falle des übereinstimmenden Antrags beider Parteien nicht[80]). Einer Beweisaufnahme bedarf es insbesondere nicht, wenn das Gericht die Angaben des Klägers über die Höhe des Wertes für glaubhaft erachtet[81]).

Eine etwaige Beweisaufnahme erfolgt nach den Vorschriften des fünften bis elften Titels im ersten Abschnitte des zweiten Buches der ZPO. Alle Beweismittel sind zuzulassen, auch der Eid, soweit Tatsachen als Unterlagen zur Wertschätzung in Frage stehen; der Wert als solcher kann freilich nicht Gegenstand des Eides sein (§ 445). Der § 287 findet hier keine entsprechende Anwendung; auch die Vorschriften

---

[76]) Unzutreffend: KG. JW. 1924, 1255 und OLG. Darmstadt ebenda 1264, die eine Papiermarkforderung einfach nach Ermessen aufwerten, obwohl Aufwertung im Prozeß nicht geltend gemacht war. Richtig: OLG. Jena SächsThürArch. 1 (1924), 241.

[77]) Quassowski AufwGes.[4] § 76 Anm. IV; Schlegelberger-Harmening AufwGes. § 76 Anm. 5. Richtig: OLG. Königsberg JW. 1927, 407[21].

[78]) RGZ. 10, 322 und oben Fußnote 41. A. M.: BayObLG. in SeuffBl. 63, 336.

[79]) Vgl. RG. JW. 1897, 572 Nr. 33; 1898, 153 Nr. 1; Stein-Jonas § 3 Anm. III.

[80]) RG. JW. 1893, 252[10].

[81]) RG. NaumbAK. 1889, 53 Ziff. 1.

über die Glaubhaftmachung (§ 294) sind bei der Wertermittlung zum Zwecke der Kostenberechnung für ausgeschlossen zu erachten (anders in den Fällen der §§ 511a Abs. 3 und 546 Abs. 3 ZPO.).

Wegen der Kosten einer solchen Beweisaufnahme bzw. der Abschätzung durch Sachverständige zum Zwecke der Wertfestsetzung s. u. § 19.

b) Um der richterlichen Würdigung Anhaltspunkte zu geben, ist instruktionell vorgeschrieben, daß einerseits in der Klageschrift, andererseits in der Berufungs- und Revisionsschrift der Wert des nicht in einer bestimmten Geldsumme bestehenden Streitgegenstandes oder Beschwerdegegenstandes angegeben werden soll, wenn die Zuständigkeit des Gerichts oder die Zulässigkeit des Rechtsmittels von diesem Werte abhängt (§§ 253 Abs. 3, 495, 519 Abs. 4, 554 ZPO.). Diese instruktionelle Anweisung ist für die Gebührenerhebung im § 16 GKG. wiederholt und auf andere bei Gericht gestellte Anträge ausgedehnt. Vgl. die Erl. zu § 16. 41

B. Die Einschränkungen des freien Ermessens.

Es ist hier nur von den Einschränkungen die Rede, welche in den §§ 4—9 ZPO., §§ 9—15 GKG. und § 148 KO. enthalten sind, während einige andere Ausnahmen bereits oben in Anm. 34, 36—38 behandelt wurden. 42

Bei der Betrachtung der das freie Ermessen einschränkenden Bestimmungen zeigt sich, daß sie sowohl allgemeine, auf alle Rechtsfälle anzuwendende Grundsätze enthalten als auch Anweisungen zur Wertberechnung in bestimmt gearteten Einzelfällen.

AA. Grundsätze allgemeiner Natur.

Hierher gehören die Bestimmungen der §§ 4, 5 ZPO. und §§ 9 Abs. 2, 12 bis 15 GKG.

1. Der für die Wertberechnung entscheidende Zeitpunkt (§ 4 ZPO.; § 9 Abs. 2 GKG.).

I. **Rechtsentwickelung.** § 4 ZPO. bestimmte in seiner ursprünglichen Fassung, daß für die Berechnung des Streitwerts der Zeitpunkt der Klageerhebung entscheidend sei. Änderte sich der Wert (nicht der Streitgegenstand selbst) nach diesem Zeitpunkt, so hatte dies auf die Wertberechnung keinen Einfluß. Das GerEntlG. vom 8. Juli 1922 bestimmte dann, daß für die Berufungs- und Revisionsinstanz der Zeitpunkt der Einlegung des Rechtsmittels maßgebend sein sollte. Diese Bestimmungen waren für die Fragen, auf die sie sich zunächst bezogen — nämlich die Fragen der Berufungs- oder Revisionssumme — durchaus sachgemäß, dagegen für die Kostenberechnung, auf die sie nach § 9 GKG. und § 10 RAGebO. Anwendung fanden, ganz unzureichend. Die Klage auf Lieferung von Waren, die im Jahre 1920 bei einem Streitwerte von 500000 Papiermark erhoben wurde, betraf im Jahre 1923 ein Milliardenobjekt und doch sollten Gericht und Anwalt weiter ihre Gebühren aus 500000 Papiermark berechnen, weil dies der Wert der Waren bei Klageerhebung war. Dieser Rechtszustand ist durch das Gesetz vom 18. Aug. 1923 beseitigt worden, das den neuen § 9 Abs. 2 GKG. einführte. Danach kommt außer den erwähnten Zeitpunkten (Klageerhebung oder Rechtsmitteleinlegung) auch das Ende der Instanz für die Streitwertberechnung in Betracht; die beiden Werte sind miteinander zu vergleichen und der höhere Wert ist für die Kostenberechnung der ganzen Instanz maßgebend. Dagegen darf der veränderte Wert der Zwischenzeit nicht berücksichtigt werden[81a]). Über den Begriff „Klageerhebung" s. u. Anm. 48. Folgerichtig knüpft die neue Vorschrift nicht an § 4 ZPO., sondern an § 9 GKG. an. Denn nur für das Kostenrecht, nicht z. B. für die Zulässigkeit der Revision, soll sie gelten. 43

II. **Die Anwendungsfälle der Vorschriften über Änderung des Streitwerts innerhalb des Prozesses oder der Instanz.** 44

1. Die Bestimmung des § 9 Abs. 2 GKG. (und ebenso die neue Fassung des § 4 ZPO.) bezieht sich nur auf den Fall, daß der Wert des Streitgegenstandes

[81a]) Vgl. etwa OLG. Hamburg HansGZ. 1923 B. 132 (keine neue Wertfestsetzung nach Zurückverweisung gemäß § 27 Abs. 2 GKG.).

sich innerhalb des Prozesses bzw. innerhalb der Instanz ändert, nicht aber auf den Fall, daß der Streitgegenstand selbst ein anderer wird[82]). Dies trifft z. B. zu bei fortlaufenden Auslagen, wie Lagergebühren, Kurkosten, Futtergeld usw., die den „Grund des Wachsens in sich selbst tragen" und daher — soweit sie nicht etwa unter die Nebenforderungen des § 4 fallen — den Streitgegenstand fortgesetzt verändern. Hier gilt für jeden Akt die Summe der Streitgegenstände, die während dieses Aktes in Betracht kamen, für die Prozeßgebühr also die Summe der Streitgegenstände der Instanz (vgl. § 20 Anm. 14, 15), und die Berechnung erfolgt bis zum Erlaß des Urteils, sofern nicht der Lauf der Auslagen oder die Instanz schon früher ein Ende genommen hat[83]). Auch der Fall, daß es sich nach Erledigung der Hauptsache nur noch um die Kosten handelt, gehört begrifflich zu den Fällen, in denen der Streitgegenstand selbst (nicht dessen Wert) sich ändert. Hiezu s. unten Anm. 129ff.

45 Allerdings kann auch eine Verbindung der beiden Fälle — Änderung des Streitgegenstandes und Änderung des Wertes — vorkommen: es wird z. B. auf Lieferung von 1000 Stück einer Ware und 500 Stück einer anderen Ware geklagt. Der Wert der ersten Warenart erhöht sich bis zum Ende der Instanz von 2 Mk. auf 3 Mk. pro Stück; der Wert der anderen Art bleibt = 1 Mk. pro Stück. Wird nun z. B. lediglich über die 1000 Stück ein Beweis angeordnet, so erwächst die Beweisgebühr aus einem Streitwert von 3000 Mk.; die Prozeßgebühr aus 3500 Mk. Oder: über die 1000 Stück ergeht nach streitiger Verhandlung Teilurteil; bis zu dessen Verkündung hat sich der Wert auf 3 Mk. erhöht. Der Wert der weiteren 500 Stück, über die nach Beweisaufnahme und streitiger Schlußverhandlung Endurteil ergeht, wächst bis dahin auf 2 Mk. pro Stück. Hier entstehen: Prozeßgebühr aus 4000 Mk., Beweisgebühr aus 1000 Mk., Urteilsgebühr aus 3000 Mk. und aus 1000 Mk., insgesamt aber nicht mehr als eine Urteilsgebühr aus 4000 Mk.

46 2. Das Hauptanwendungsgebiet des § 9 Abs. 2 GKG. wie der durch das Gesetz vom 8. Juli 1922 eingeführten Änderungen des § 4 ZPO. sind die Klagen auf Herausgabe von Sachen und Lieferung von Waren und die sogenannten Valutaklagen (Klagen auf Zahlung in ausländischer Währung)[84]). Solange der Geldwert schwankte, war natürlich die Bedeutung der neuen Bestimmungen eine ungleich größere, als seit der Stabilisierung. Trotzdem ist ihr praktisches Anwendungsgebiet — bei Änderung der Waren-, Grundstückspreise usw. und beim Wechsel der für die Bewertung eines Anspruchs maßgebenden wirtschaftlichen Verhältnisse — noch groß genug[85]).

Es beschränkt sich auch keineswegs auf vermögensrechtliche Ansprüche. Auch in den Fällen des § 11 GKG. können die hier erörterten Vorschriften zur Anwendung kommen: so wenn in Ehesachen die Vermögensverhältnisse berücksichtigt werden und diese bei Beginn der Instanz ganz andere sind als am Schlusse derselben.

47 3. Sowohl im § 4 ZPO. als auch im § 9 Abs. 2 GKG. ist zunächst nur an die Fälle des eigentlichen Prozeßverfahrens (§ 20 GKG.) und bei diesen wieder nur an die Fälle der Klagestellung und der Rechtsmitteleinlegung (Berufung und Revision) gedacht. Es kann aber nicht zweifelhaft sein, daß die Bestimmungen auch entsprechende Anwendung finden müssen: einmal auf die Fälle, in denen Widerklage erhoben, Anschlußberufung eingelegt wird usw. und dann auf die Fälle, in denen ein gebührenrechtlich abgeschlossenes Verfahren gar nicht mit Klagestellung beginnt, wie das Arrestverfahren, das Beweissicherungsverfahren, das Verfahren wegen Vollstreckbarerklärung eines Schiedsspruchs usw. Von dem Verfahren der gerichtlichen Zwangsvollstreckung ist wegen der Bestimmung des § 9 Abs. 2 Satz 2 GKG. besonders zu sprechen.

---

[82]) Verkannt von KG. JW. 1925, 1661[3] (dazu M. Friedlaender ebenda).

[83]) RGZ. 15, 75; 23, 363; Bolze 7 Nr. 842; JW. 1898, 353 Nr. 17; OLG. Breslau BreslauAK. 1894, 38ff. Anders: RGZ. 11, 387.

[84]) Über die Valutaklagen s. Walter-Joachim-Friedlaender § 10 Fußnote 33.

[85]) Über die Bedeutung des § 9 Abs. 2 bei Widerspruchsklagen s. OLG. Königsberg JW. 1925, 2371[40] und Fürst ebenda. Daß § 9 Abs. 2 auch nach Festigung unserer Währung gilt, ist selbstverständlich; vgl. KG. BuschZ. 52, 362 und Kraemer ebenda.

III. Der Anfangszeitpunkt. 48

1. Im Prozeßverfahren ist zunächst der Streitwert nach dem Zeitpunkt der Klageerhebung, in der Berufungs- und Revisionsinstanz nach dem Zeitpunkt der Rechtsmitteleinlegung zu bestimmen.

Die „Klageerhebung" erfolgt prozessual nicht durch die Einreichung, sondern erst durch die Zustellung der Klage (§ 253 ZPO.). Das gilt auch für die amtsgerichtliche Klage[86]), obwohl hier die Zustellung von Amts wegen erfolgt und obwohl die Einreichung schon gewisse Rechtswirkungen hat (§§ 498 Abs. 3, 496 Abs. 3 ZPO.). Bei Beratung der Novelle von 1898 war beantragt worden, statt der Erhebung der Klage ihre Einreichung bei Gericht als maßgebenden Zeitpunkt im Sinne des § 4 ZPO. aufzustellen. Dieser in erster Lesung angenommene Antrag wurde jedoch in zweiter Lesung mit Rücksicht auf den damals noch ausschließlich herrschenden Parteibetrieb bei der Klagezustellung und im Hinblick auf § 263 ZPO. abgelehnt (Hahn, Materialien VIII S. 281). Auch § 9 Abs. 2 GKG. spricht von „Erhebung", nicht von Einreichung der Klage.

Trotzdem ist für das Kostenrecht als maßgebender Anfangszeitpunkt nicht die prozessuale Erhebung der Klage, sondern schon ihre Einreichung anzusehen[87]). Mit Einreichung der Klage ist die gerichtliche Prozeßgebühr angefallen und fällig geworden (§ 74 Abs. 1 GKG.); sie kann nur aus dem Streitwert im Zeitpunkte der Einreichung, nicht in einem unbekannten Zeitpunkte der zukünftigen Zustellung, berechnet werden. Daß eine Berichtigung dieser Berechnung stattzufinden hätte, wenn sich ergibt, daß bei Zustellung der Klage der Wert des Streitgegenstandes ein anderer[88]) (also auch ein niedrigerer!) war, kann nicht im Sinne des auf Vereinfachung bedachten Gesetzes liegen. Wir haben es hier vielmehr mit einem jener Fälle zu tun, in denen die kostenrechtlichen Begriffe mit den prozeßrechtlichen nicht genau übereinstimmen. Kostenrechtlich ist die Klage mit der Einreichung „erhoben"; sie begründet die Prozeßgebühr und die Möglichkeit der „Klagezurücknahme" im kostenrechtlichen Sinn (§ 29 Abs. 1), die ohne kostenrechtliche Klageerhebung nicht denkbar wäre. Die GerEntlVO. vom 13. Dez. 1923 hat ferner in Art. IV Abs. 2 für die Umrechnung des Streitwerts in Gold bei Papiermarkforderungen den Tag der Klageeinreichung als Stichtag bestimmt[89]), eine Vorschrift, die auf demselben Gedankengange beruht wie die vorstehenden Ausführungen. Es darf noch beigefügt werden, daß die im Jahre 1898 geäußerten Bedenken keinen Bezug auf die Streitwertfestsetzung als Grundlage der Kostenberechnung hatten; der Gegensatz wurde sogar ausdrücklich hervorgehoben.

Die Einlegung der Berufung und Revision erfolgt durch die Einreichung der Rechtsmittelschrift bei Gericht (§§ 518, 553 ZPO.).

2. Was von der Klageerhebung gilt, muß entsprechend von der Klageerweiterung und der Widerklage gelten. Sie werden zwar erst rechtshängig durch Zustellung eines den Erfordernissen des § 253 Abs. 2 Nr. 2 entsprechenden Schriftsatzes (auch durch Mitteilung eines solchen Schriftsatzes gemäß § 496 Abs. 4 ZPO.) oder durch Geltendmachung in der mündlichen Verhandlung (§ 281 ZPO.). Als Anfangszeitpunkt für die Gebührenberechnung gilt aber schon die Einreichung des die Klageerweiterung oder Widerklage enthaltenden Schriftsatzes[89a]). 49

Der Einlegung von Berufung und Revision entspricht die der Anschlußberufung und Anschlußrevision; beide erfolgen durch Einreichung einer Anschlußschrift bei dem Rechtsmittelgerichte (§§ 522a, 556 Abs. 2 ZPO.).

3. Bei Verfahrensarten, bei denen die Einleitung des Prozesses nicht durch Klageerhebung erfolgt, finden die Bestimmungen des § 9 Abs. 2 entsprechende Anwendung. Der Instanzbegriff ist der des GKG. (vgl. hiezu die Erl. 50

[86]) Im Falle des § 500 ZPO. erfolgt die Klageerhebung durch mündlichen Vortrag.

[87]) Gl. M.: Rittmann-Wenz 68 (§ 9 GKG. Anm. 11); a. M.: Jonas § 9 Anm. II 3 a (S. 78); vgl. aber auch denselben § 25 Anm. 1 a.

[88]) So Jonas § 9 Anm. II 3 a (S. 78).

[89]) Vgl. auch § 20 Abs. 1 EntlVO.

[89a]) BuschsZ. 53, 317 (OLG. Hamm und Kraemer).

zu § 25). **Das Verfahren wegen Arrests und einstw. Verfügung** bildet stets mit dem Rechtfertigungs- und Widerspruchsverfahren (§§ 924, 942 ZPO.) eine Instanz, nicht aber mit dem Hauptsacheprozeß und nicht mit dem Aufhebungsverfahren in den Fällen des § 32 Abs. 2 GKG. Natürlich gibt es auch im Arrestverfahren mehrere Rechtszüge (erste Instanz und Berufungsinstanz). Anfangszeitpunkt ist beim Arrestverfahren die Einreichung des Arrestgesuchs, beim Aufhebungsverfahren (§ 32 Abs. 2) mit Einreichung des Aufhebungsantrags.

51 Das **Beweissicherungsverfahren** gilt als gesonderte Streitwertinstanz; es beginnt mit Einreichung des Antrags. Jedes gebührenrechtlich selbständige Beweissicherungsverfahren (vgl. § 33 Anm. 7) ist auch für die Anwendung des § 9 Abs. 2 selbständig zu behandeln.

52 **Das Verfahren wegen Einstellung usw. der Zwangsvollstreckung** bildet ebenfalls eine Streitwertinstanz (die mit der Antragstellung beginnt; § 34 Nr. 1 GKG.). Im **Mahnverfahren**, in dem ja auch Ansprüche auf Leistung vertretbarer Sachen geltend gemacht werden können, gilt als Anfangszeitpunkt die Einreichung des Antrags auf Erlassung des Zahlungsbefehls. Wird das Mahnverfahren in das ordentliche Streitverfahren übergeleitet, so beginnt eine neue Instanz; es kommt also auch ein neuer Anfangszeitpunkt in Betracht.

Für das (ohne Mahnverfahren begonnene) **Güteverfahren** gilt als Anfangszeitpunkt die Einreichung des Güteantrags bei Gericht; wird es ins Prozeßverfahren übergeleitet, so beginnt eine neue Instanz.

53 In den das schiedsrichterliche Verfahren betreffenden Fällen des § 33 Nr. 7 GKG. ist Anfangszeitpunkt der Beginn des **gerichtlichen** Verfahrens (Eintreffen des Antrags oder Ersuchens), nicht der Beginn eines etwaigen schiedsrichterlichen Verfahrens. Dasselbe gilt im Falle des § 30a Abs. 2 bei Anträgen auf Vollstreckbarerklärung eines Schiedsspruches usw.

54 Das **Beschwerdeverfahren** bildet stets eine besondere Streitwert-Instanz. Anfangszeitpunkt ist die Einlegung der Beschwerde[89b]).

Über die Zwangsvollstreckung s. u. Anm. 61 ff.

IV. Der Endzeitpunkt.

55 1. § 9 Abs. 2 GKG. spricht von dem „**Erlaß des Urteils oder der anderweitigen Beendigung der Instanz**". Auch hier ist in erster Linie an das **Prozeßverfahren** gedacht. Schließt in diesem die Instanz mit einem Urteil ab, so bestimmt dessen **Erlassung** den Endzeitpunkt für die Wertberechnung.

Die **Erlassung** des Urteils erfolgt mit dessen Verkündung; im Falle des § 7 EntlVO. mit der Zustellung der Urteilsformel an sämtliche Parteien.

Gemeint ist im § 9 Abs. 2 GKG. das Schlußurteil, mit dem die Instanz im prozessualen Sinne vollständig endet. Das Verfahren vor demselben Gerichte nach Erlaß des bedingten Urteils oder eines Zwischenurteils gehört mithin zur Instanz.

56 2. „Anderweitige Beendigung" der Instanz kann erfolgen durch Vergleich (gerichtlichen Vergleich oder Mitteilung des außergerichtlichen), durch Zurücknahme der Klage oder des Rechtsmittels, durch tatsächliches Aufhören des Verfahrens (freie Würdigung, eventuell nach Anfrage bei den Parteien über den Grund des Stillstands; maßgebend ist die letzte Prozeßhandlung des Gerichts oder einer Partei gegenüber dem Gericht)[90]) usw. Die Beendigung kann hier zunächst eine scheinbare sein: der Vergleich wird angefochten und der gleiche Prozeß wieder aufgenommen (wobei es kostenrechtlich natürlich belanglos ist, ob man dieses Verfahren für **prozessual zulässig** erachtet); der Berufungsbeklagte erwirkt Urteil auf Verlusterklärung (§ 515 III ZPO.); das in Stillstand geratene Verfahren wird wieder aufgenommen. In allen diesen Fällen muß nötigenfalls eine nochmalige (dritte, vielleicht auch weitere) Festsetzung des Streitwerts erfolgen. Dabei ist zu beachten, daß die spätere Festsetzung auch zu einem geringeren Werte führen kann als die frühere.

[89b]) Vgl. hiezu: OLG. Kiel JW. 1928, 1320 [8].

[90]) **Jonas** 324 (unter 2a).

Wie ist es zu halten, wenn z. B. ein selbständig anfechtbares Zwischenurteil oder ein bedingtes Endurteil ergangen und angefochten ist? Wird das Zwischenurteil bestätigt, so nimmt das Verfahren vor dem Untergericht seinen Fortgang; wird aber das Zwischenurteil aufgehoben und die Klage abgewiesen, so ist das Verfahren auch vor dem Untergerichte beendigt. Ähnlich beim bedingten Endurteile; hier kann aber auch bei Bestätigung des Urteils das Berufungsgericht selbst die Erledigung des bedingten Endurteils übernehmen (§ 537 ZPO.), so daß ein neues Verfahren vor dem Untergerichte gar nicht stattfindet. Die letztere Folge tritt auch ein, wenn der Prozeß in der Berufungsinstanz verglichen oder sonst erledigt wird. 57

In allen diesen Fällen ist die Instanz bei Erlaß des Zwischenurteils oder bedingten Endurteils noch nicht beendigt. Sie hört erst mit dem Zeitpunkte auf, in dem endgültig feststeht oder doch durch ein in höherer Instanz verkündetes Endurteil unbedingt ausgesprochen ist, daß das Verfahren in der Vorinstanz keinen Fortgang nimmt. Die Rechtskraft dieses auf Klageabweisung lautenden Endurteils braucht nicht abgewartet zu werden. Denn wenn im ersten Rechtszug auf Klageabweisung erkannt worden wäre, so wäre die Streitwert-Instanz ohne Zweifel sofort beendigt gewesen; nichts anderes kann gelten, wenn die Berufungsinstanz das klageabweisende Urteil an die Stelle eines Zwischenurteils über den Grund des Anspruchs setzt; mit Verkündung dieses Endurteils ist auch die erste Streitwertinstanz beendet.

In den hier behandelten Fällen, in denen die Instanz zwar noch nicht beendet ist, in denen aber mit der Erlassung einer Entscheidung die gerichtliche Tätigkeit in diesem Rechtszuge zunächst ruht, muß man, wenn dieser Stillstand ein dauernder bleibt (also ein Fortgang des Verfahrens in diesem Rechtszug nicht stattfindet: die Sache wird z. B. in der Berufungsinstanz verglichen) annehmen, daß die Instanz, in der das Zwischenurteil oder bedingte Endurteil ergangen ist, nachträglich mit der Erlassung dieser Urteile als beendet gilt. Es ist entsprechend wie bei tatsächlichem Stillstand; dieser gilt mit der letzten Prozeßhandlung als eingetreten, wenn auch der Stillstand selbst erst viel später festgestellt wird (s. o. Anm. 56). Der Streitwert ist also dann für den Zeitpunkt des Erlasses des Zwischenurteils neu festzusetzen. Das ist für die Gerichtskosten das einzig sinngemäße, da ja das Gericht mit der Urteilserlassung seine Tätigkeit in diesem Rechtszuge tatsächlich beendigt hatte[91]).

Auch Versäumnisurteile beenden die gerichtliche Streitwertinstanz nicht. Werden sie aber rechtskräftig oder findet längere Zeit keine Anfechtung statt, und ermittelt das Gericht den Stillstand des Verfahrens, so gilt die Instanz nachträglich mit der Verkündung als beendet. Entsprechendes gilt z. B. im Fall einer Aussetzung des Verfahrens. 58

3. Endigt die Instanz mit Erlassung eines Endurteils, so ergibt sich schon aus der positiven Bestimmung des § 9 Abs. 2, daß weitere Prozeßhandlungen (wie Tatbestandsberichtigungen, Kostenfestsetzungsanträge usw.) auf den Endzeitpunkt im Sinne unserer Vorschrift ohne Einfluß sind. Aber auch in anderen Fällen (z. B. bei Erlassung eines Zwischenurteils) kommen für die Beantwortung der Frage, ob noch eine Prozeßhandlung in der Instanz vorgenommen wurde, nur solche Handlungen des Gerichts oder gegenüber dem Gerichte in Betracht, welche den nach § 9 maßgebenden Streitgegenstand, also den Gegenstand der richterlichen Entscheidung betreffen, nicht z. B. Streitwertfestsetzungen, Kostenfestsetzungsanträge usw. Außerdem ist bei Urteilen und anderen urteilsähnlichen Entscheidungen (wie Arresten) der Grundsatz des § 9 Abs. 2 GKG. tunlichst analog anzuwenden, also die Erlassung der Entscheidung zunächst als Ende der Instanz zu betrachten ohne Rücksicht auf etwa nachfolgende Ergänzungshandlungen (wie Tatbestandsberichtigungen usw.). 59

4. Außerhalb des eigentlichen Prozeßverfahrens bestimmt sich das Ende der Streitwertinstanz nach entsprechenden Grundsätzen wie in diesem. So endigt das Arrestverfahren zunächst mit Erlassung des Arrests (oder der Ablehnung 60

[91]) Anders im Anwaltsrechte: der Anwalt muß auch nach Erlassung des Zwischenurteils usw. die Sache im Auge behalten, solange sein Auftrag nicht erledigt ist. Vgl. Walter-Joachim-Friedlaender § 10 Anm. 35.

desselben); wird aber Widerspruch eingelegt, so lebt das Verfahren wieder auf. Das Beweissicherungsverfahren endigt regelmäßig mit Erledigung der Beweisaufnahme oder der Zurücknahme des Antrags; das Beschwerdeverfahren mit Erlassung der Beschwerdeentscheidung oder der Zurücknahme des Rechtsmittels usw.

V. Die Zwangsvollstreckung im besonderen.

61 1. In der Inflationszeit kam es häufig vor, daß den Gegenstand der Zwangsvollstreckung eine Sache bildete, deren zu Beginn des Prozesses festgestellter Papiermarkwert bei Beginn der Vollstreckung nur mehr einen kleinen Bruchteil des jetzigen Wertes darstellte, so daß Anwalt und Gericht buchstäblich umsonst arbeiteten, wenn bei Anwendung des § 4 ZPO. die Vollstreckungsinstanz nicht als besondere Streitwertinstanz aufgefaßt wurde; vgl. z. B. LG. Stuttgart JW. 1923, 704 Nr. 10. Nach richtiger Meinung (die das LG. München I in einem nicht mehr zur Veröffentlichung gelangten Beschluß vom Jahre 1923 vertrat und begründete; ebenso Rittmann-Wenz[9] § 9 Anm. 11) war aber die Vollstreckungsinstanz schon vor Einführung des § 9 Abs. 2 GKG. als eine selbständige Streitwertinstanz zu betrachten. Durch den zweiten Satz dieser Vorschrift sollte dies außer Zweifel gestellt werden.

62 2. Nach dem Wortlaut des § 9 Abs. 2 Satz 2 GKG. kann man zweifeln, ob diese Bestimmung nur den Anfangszeitpunkt im Sinne der Ausführungen in Anm. 48 ff. bezeichnen, daneben also die Erhöhung des Streitwertes innerhalb der einzelnen Vollstreckungsinstanz gemäß § 9 Abs. 2 Satz 1 GKG. zulassen wollte oder ob diese Erhöhung in der Vollstreckungsinstanz ausgeschlossen sein sollte. Wir haben oben (Anm. 61) gesehen, welches die Veranlassung der Gesetzesbestimmung war. Sicherlich lag es nach der ganzen Tendenz des Gesetzes seinem Verfasser fern, Gericht und Anwälte in der Vollstreckungsinstanz *schlechter* stellen zu wollen als in sonstigen Verfahrensarten. Er hat nur offenbar an die Möglichkeit einer Wertsteigerung innerhalb der Vollstreckungsinstanz so wenig gedacht wie an das gleiche Problem, das sich sonst außerhalb des gewöhnlichen Prozeßverfahrens und in besonderen kostenrechtlichen Instanzen ergab (oben Anm. 50 ff.). Seine Absicht war, die Selbständigkeit der Zwangsvollstreckung als Streitwertinstanz zu betonen; da nun in dem vom LG. München I entschiedenen Falle (oben Anm. 61), der bei den Vorberatungen im RJustizministerium (Juni 1923) erörtert wurde, als maßgebender Zeitpunkt nur die Einleitung der Zwangsvollstreckung in Betracht kam — damals galt ja noch ausschließlich die Analogie des § 4 ZPO. — so gedachte auch der daraufhin gefertigte Entwurf des Gesetzes nur dieses Anfangszeitpunktes; die korrekte und klare Ausdrucksweise hätte lauten müssen: „In der Zwangsvollstreckung tritt für die Wertberechnung an Stelle des Zeitpunktes der Klageerhebung der Zeitpunkt der die ZwV. einleitenden Prozeßhandlung.“

In diesem Sinne werden wir das Gesetz anzuwenden haben.

63 3. Jede einzelne ZVInstanz ist gesondert zu behandeln. Bei Beginn einer jeden kann sich für sie ein neuer Streitwert ergeben. Die Abgrenzung der einzelnen Instanzen gegeneinander erfolgt nach § 35 GKG. (vgl. hiezu Vorb. zu §§ 32—35).

Unter der die Zwangsvollstreckung einleitenden Prozeßhandlung ist hier regelmäßig die Einreichung des Antrags bei Gericht (§ 33 Nr. 4, 5; § 34 Nr. 2 GKG.) zu verstehen, im Verteilungsverfahren (§ 33 Nr. 3) die Einleitung des Verfahrens durch das Gericht.

Den Endzeitpunkt bildet die Beendigung des betreffenden *gerichtlichen* Verfahrens.

64 **VI. Berichtigung der Streitwertbestimmung auf Grund der tatsächlichen Entwickelung.** In diesem Zusammenhang ist eine Frage zu behandeln, die in der Praxis oft auftaucht, wissenschaftlich aber noch wenig geklärt ist: wie es zu halten sei, wenn der für einen bestimmten Zeitpunkt zu berechnende Streitwert infolge der späteren Entwickelung der Tatsachen und Erkenntnisquellen auf einen anderen Betrag festzusetzen wäre; der Kläger beantragt z. B. festzustellen, daß der Beklagte ihm allen Schaden zu ersetzen habe, der dem Kläger aus einem Unfall entsteht. Bei Klageerhebung oder Urteilserlassung nimmt das Gericht an, daß dieser Schaden etwa 3000 RM. betrage und setzt demgemäß den Streitwert fest. Die spätere

Entwickelung ergibt aber, daß der Schaden 10000 RM. beträgt. Es wird deshalb auch in der Berufungsinstanz der Streitwert gleich auf 10000 RM. festgesetzt. Daraus ergibt sich aber, daß der (zukünftige) Schaden auch in erster Instanz schon 10000 RM. betrug. Der Streitwert hat sich nicht erhöht (wie im Falle des § 4 ZPO. oder des § 9 Abs. 2 GKG.); er ist nur nachträglich als höher erkannt worden. Hier muß die Wirklichkeit der Schätzung vorgehen, d. h. der Betrag der Schätzung ist auf den wirklichen Betrag des Schadens zu berichtigen[92]). Dieselbe Frage ergibt sich z. B. bei Anwendung des § 148 KO. Danach ist in Prozessen über die Richtigkeit oder das Vorrecht einer Konkursforderung der Streitwert mit Rücksicht auf das Verhältnis der Teilungs- zur Schuldenmasse nach freiem Ermessen festzusetzen. Vor Beendigung des Konkurses kann es sich auch hier nur um eine Schätzung handeln. Diese Schätzung wird sehr häufig bei Beendigung des Konkurses der Berichtigung bedürfen[93]).

Die Frage, ob eine anderweitige Festsetzung des Streitwertes aus besonderen Gründen etwa prozessualen Bedenken unterliegt (z. B. wegen der bindenden Kraft der zum Zwecke der Entscheidung über die Zuständigkeit oder Zulässigkeit des Rechtsmittels erfolgten Festsetzung gemäß § 17 GKG.), ist an dieser Stelle nicht zu behandeln (vgl. dazu § 17 Anm. 6 ff.). Hier war nur festzustellen, daß Streitwertfestsetzungen, die auf einer Schätzung beruhen, grundsätzlich und vorbehaltlich der prozessualen Zulässigkeit, nach dem wirklichen Wert, wie er sich später für den maßgebenden Zeitpunkt darstellt, zu berichtigen sind. In der Praxis freilich gilt hier der Satz: ohne Kläger kein Richter. Wenn niemand die Berichtigung anregt, so wird sie in der Mehrzahl der Fälle unterbleiben, und die Gerichtsbeamten werden es sich auch nicht zur Aufgabe machen, solchen Berichtigungen nachzuspüren. Ist ein Prozeß sachlich beendigt, so ist es wünschenswert, daß er auch kostenrechtlich möglichst bald seine Erledigung findet und daß praktisch auch die Streitwertfrage begraben und wenigstens nicht durch Offizialermittelungen verewigt wird.

2. Klage und Widerklage. Wechselseitig eingelegte Rechtsmittel. (§ 13 GKG.)

Abweichend von der für die Regelung der Zuständigkeit maßgebenden Vorschrift 65
des § 5 Satz 2 ZPO. bestimmt für die Gebührenerhebung der § 13 Abs. 1 GKG., daß, soweit Klage und Widerklage, welche nicht in getrennten Prozessen verhandelt werden, denselben Streitgegenstand betreffen, die Gebühren nach dem einfachen Werte dieses Gegenstandes zu berechnen, soweit aber beide Klagen nicht denselben Streitgegenstand betreffen, die Gegenstände zusammenzurechnen sind. Das gleiche soll auch von wechselseitig eingelegten Rechtsmitteln gelten.

Die Anwendung der Bestimmung des § 13 GKG. führt zu folgenden Ergebnissen:

A. Klage und Widerklage.

a) Die Anwendung des § 13 hat zur Voraussetzung, daß Klage und Widerklage 66
nicht in getrennten Prozessen, sondern in einem Prozesse verhandelt werden. Neben dem Zusammentreffen von Klage und Widerklage durch Bestimmung der Parteien kann aber auch ein Zusammentreffen durch richterliche Anordnung erfolgen. Wenn nämlich gemäß § 147 ZPO. das Gericht die Verbindung mehrerer bei ihm anhängiger Prozesse derselben Parteien zum Zwecke der gleichzeitigen Verhandlung und Entscheidung anordnet, so werden, wenn in dem einen Prozesse die eine Partei, in dem anderen die andere Partei klagend aufgetreten ist, die beiden Klagen nach der Verbindung zu einer Klage und einer Widerklage. Die Verbindung hat bezüglich der vorher in den Einzelprozessen schon erwachsenen Gebühren keine rückwirkende Kraft[94]).

[92]) Vgl. hiezu § 16 GKG. Anm. 6 und Rittmann § 14 Anm. 5.

[93]) S. unten Anm. 137.

[94]) Beispiel: Es sind 2 Klagen erhoben mit Streitwerten von 20000 und 10000 RM. Die Prozeßgebühren betragen 180 und 130 RM. Diese bleiben nach der Verbindung bestehen. War in der ersten Sache Beweis angeordnet und wurde nach der Verbindung nochmals Beweis über den ganzen, nach § 13 zusammenzurechnenden Streitgegenstand

Gemäß § 145 Abs. 2 ZPO. kann anderseits das Gericht anordnen, daß Klage und Widerklage in getrennten Prozessen verhandelt werden, wenn der Gegenanspruch mit dem in der Klage geltend gemachten Anspruch nicht in rechtlichem Zusammenhange steht. Durch den Trennungsbeschluß wird bewirkt, daß der ursprünglich einheitliche Prozeß in eine Mehrheit von Prozessen zerlegt wird, von denen jeder nach besonderer Verhandlung durch besonderes Urteil zu erledigen ist, gleichwie wenn von vornherein zwei selbständige Klagen erhoben wären. Hat man es nunmehr mit zwei selbständigen Prozessen zu tun, so hat auch die Gebührenberechnung von nun ab für jeden Prozeß selbständig zu erfolgen.

„Getrennte Prozesse" liegen aber nicht vor, wenn nach § 302 ZPO. zunächst über die Klageforderung entschieden wird; denn nach § 302 Abs. 4 bleibt „in betreff der Aufrechnung der Rechtsstreit anhängig"; es soll mithin auch das Nachverfahren Bestandteil des Rechtsstreits bleiben.

67 b) Für die Gebührenfrage kommt es natürlich nur darauf an, daß Widerklage erhoben ist, nicht aber darauf, ob sie zulässig war. Die eventuelle Erhebung einer Widerklage für den Fall, daß die Klage nicht abgewiesen wird, ist vom Reichsgericht in Übereinstimmung mit fast allen Kommentatoren der ZPO. für unzulässig erklärt [95]). Nichtsdestoweniger ist eine solche Widerklage gebührenrechtlich zu berücksichtigen; es fällt also eine Prozeßgebühr; wenn über die Widerklage (zu Unrecht) Beweis angeordnet wurde: eine Beweisgebühr an [96]) usw.

68 c) Ob Klage und Widerklage denselben Gegenstand betreffen oder nicht, ist Tatfrage. Bei der Würdigung ist davon auszugehen, daß es lediglich auf die Verschiedenheit des Streitgegenstandes, nicht etwa auf Verschiedenheit des Rechtsgrundes oder auf Verschiedenheit der in Klage und Widerklage gestellten Anträge ankommt [97]). Verschiedenheit der Streitgegenstände liegt vor, wenn die beiderseitigen Ansprüche nebeneinander bestehen können [98]), dagegen Identität, wenn die Zuerkennung des einen Anspruchs die Geltendmachung des anderen ausschließt. Dagegen bedingt der Umstand, daß Klage und Widerklage abgewiesen werden können, noch nicht notwendig Verschiedenheit des Streitgegenstandes [99]).

Zum Verständnis wird hier die Mitteilung einer Reihe von Fällen aus der Rechtsprechung führen können.

69 α) Identität des Streitgegenstandes und deshalb nur Ansatz des einfachen Werts ist angenommen:

αα) wenn mit der Klage Leistung aus einem Vertrage, mit der Widerklage Feststellung des Nichtbestehens des Vertragsverhältnisses begehrt wird, oder umgekehrt [100]); ebenso, wenn mit der Klage Herausgabe der zur Sicherheit übereigneten

---

erhoben, so fällt zuerst eine Beweisgebühr in Höhe von 180 RM., dann in Höhe von 230 — 180 = 50 RM. an (§ 14 Abs. 2 GKG.).

[95]) Vgl. RGZ. 40, 331; JW. 1899, 226 Nr. 84; Stein-Jonas § 281 Anm. III.

[96]) Vgl. RG. JW. 1887, 115 Nr. 19; 1892, 214 Nr. 3; Jonas § 13 Anm. 2c.

[97]) Vgl. RG. JW. 1896, 358 Nr. 21; 1897, 205 Nr. 1; 1898, 433 Nr. 1; OLG. 7, 218 (Rostock); 21, 62 (München).

[98]) OLG. Jena ThürBl. 46, 101; Willenbücher § 10 Anm. 51; Jonas § 13 Anm. 3 u. a.

[99]) Uns. E. nicht zutreffend: Gerhard JW. 1920, 58. Dieser behandelt einen Fall, in dem Klage auf Zahlung des Versicherungsschadens, Widerklage auf Feststellung der Nichtigkeit des Vertrages gestellt war. Er erwägt, daß die Klage auch aus anderen Gründen als wegen Nichtigkeit des Versicherungsvertrages hinfällig sein könne und daß deshalb Zusammenrechnung der Streitgegenstände in Frage komme. Wenn das richtig wäre, so würde Identität des Streitgegenstandes kaum jemals vorliegen: die Möglichkeit, daß eine der beiden Klagen aus einem Grunde abgewiesen wird, der die Abweisung der Gegenklage nicht hindert, ist meist vorhanden (z. B. Abweisung der Hypotheklöschungsklage, weil die Forderung besteht; Abweisung der Leistungsgegenklage, weil keine Fälligkeit gegeben usw.).

[100]) RG. bei Bolze Bd. 1 Nr. 1512; Bd. 2 Nr. 1417; Bd. 7 Nr. 85a; Bd. 8 Nr. 705; JW. 1886, 38 Nr. 3; 1892, 213 Nr. 2; 1898, 433 Nr. 1; OLG. 19, 236 (KG.). Nach dieser Entscheidung soll aber Zusammenrechnung erfolgen, wenn mit der Klage Feststellung der Nichtigkeit des Pachtvertrages, mit der Widerklage teilweise Erfüllung desselben be-

Sachen, mit der Widerklage Feststellung der Nichtigkeit der Übereignung begehrt wird[101]);

ββ) wenn der Kläger auf Löschung eines dinglichen Rechts klagt, mit der Widerklage aber die Leistung begehrt wird[102]);

γγ) wenn mit der Klage die Herausgabe einer Sicherheit verlangt wird, mit der Widerklage aber Gegenansprüche geltend gemacht werden, für welche die Sicherheit haftet[103]);

δδ) wenn Kläger auf Unterlassung der Musterschutzverletzung klagt, der Beklagte Widerklage auf Löschung erhebt;

εε) wenn Kläger auf Herstellung der häuslichen Gemeinschaft klagt, Beklagter Widerklage auf Ehescheidung erhebt[104]).

β) Verschiedenheit des Streitgegenstandes liegt vor und deshalb findet Zusammenrechnung statt: 70

αα) wenn gegenüber der Klage auf Zahlung die Abweisung und daneben Verurteilung zur Zahlung nach dem Widerklageantrag verlangt wird[105]);

ββ) wenn Kläger auf Auflassung des verkauften Grundstücks klagt, Beklagter Widerklage auf Zahlung des Kaufpreises erhebt[106]).

γγ) wenn Kläger Schadensersatz begehrt, Beklagter Widerklage auf Feststellung des Nichtbestehens weiterer Ersatzansprüche erhebt[107]).

Wenn Klage und Widerklage auf Ehescheidung gestellt werden, 71 so fragt es sich, ob Identität des Streitgegenstandes vorliegt. An sich findet § 13 GKG. auf nicht vermögensrechtliche Streitigkeiten Anwendung (s. Fußnote 104). Dann muß aber auch nach der oben gegebenen, allgemein anerkannten Bestimmung des Begriffes der Identität des Streitgegenstandes diese Gleichheit im vorliegenden Falle verneint werden; wenn man demgegenüber sagt[108]): den einheitlichen Streitgegenstand bilde hier das eheliche Verhältnis, so läßt man damit ein ganz anderes Kriterium gelten als sonst; das Obsiegen des Klageteils bedeutet hier nicht die Abweisung der Widerklage und der Anspruch auf Scheidung wegen Verschuldens der Beklagten ist nach Inhalt und Rechtsfolgen durchaus verschieden von dem Anspruch auf Scheidung aus Verschulden des Klägers.

B. Wechselseitig eingelegte Rechtsmittel. 72

Über den Streitgegenstand und seinen Wert bei Einlegung von Rechtsmitteln vgl. oben Anm. 17, 24. Den Streitgegenstand bildet hier der Beschwerdegegenstand.

a) Wechselseitig eingelegte Rechtsmittel liegen nicht nur dann vor, wenn die Rechtsmittel von beiden Seiten selbständig eingelegt sind, sondern auch, wenn nur die eine Partei das Rechtsmittel einlegt, die andere Partei sich aber dem Rechtsmittel angeschlossen hat. §§ 521, 556 ZPO.[109]).

b) Der Umstand, daß gegen das gleiche Urteil von beiden Seiten Berufung 73 eingelegt wird, zieht keineswegs die Folge nach sich, daß dadurch zwei „getrennte

---

gehrt wird. Das kann aber doch u. E. nicht der Sinn des Gesetzes sein; in diesem Fall liegt vielmehr Identität des ganzen Widerklageanspruchs mit einem Teil des Klageanspruchs vor; der höhere Anspruch bestimmt den Streitwert. Vgl. auch OLG. 23, 75 (Hamburg).

[101]) OLG. 21, 63 (München).

[102]) RG. JW. 1891, 297 Nr. 1; 1906, 202 Nr. 22; 1909, 727 Nr. 24, OLG. 23, 69 (BayObLG.); 23, 75 (Hamburg); RG. Warneyer 1908 Nr. 565; Bolze 7 Nr. 838.

[103]) RGZ. 31, 387; RG. JW. 1884, 260 Nr. 1; 1897, 322 Nr. 1.

[104]) OLG. 4, 265 (KG.).

[105]) RGZ. 5, 408; JW. 1888, 431 Nr. 1; 1890, 369 Nr. 1; 1900, 11 Nr. 3.

[106]) RG. JW. 1897, 190 Nr. 15.

[107]) RG. JW. 1899, 256.

[108]) So: die herrschende Meinung; vgl. Jonas § 13 Anm. 3; Rittmann, Wert des Streitgegenstandes (1913) 361; OLG. Dresden DJZ. 1898, 456; OLG. Colmar ElsLothZ. 32, 124; OLG. Karlsruhe BadRpr. 10, 246; OLG. München BayZ. 1925, 265 VII (betr. zwei verbundene Ehesachen). Zutreffend: AG. Frankfurt a. M. FrankfAK. 1, 22 (26. Aug. 1927).

[109]) RG. im Bbl. 1883, 129; JW. 1892, 97 Nr. 13; RGZ. 29, 349.

Prozesse" entstehen, deren einheitliche Verhandlung nur durch Verbindung gemäß § 147 ZPO. herbeigeführt werden könnte. Infolge der Berufung wird der ganze Rechtsstreit innerhalb der durch die Anträge der Parteien bestimmten Grenzen vor dem Berufungsgericht von neuem verhandelt; auch der Berufungsbeklagte kann dem vom Gegner angefochtenen Urteile gegenüber seine darin nicht berücksichtigten Ansprüche geltend machen und sich der Berufung anschließen. Die Verhandlung wie die Entscheidung in der Berufungsinstanz erstrecken sich deshalb auch auf alle einen zuerkannten oder aberkannten Anspruch betreffenden Streitpunkte, bezüglich deren in Gemäßheit der Parteianträge eine solche erforderlich ist. (§§ 521, 537 ZPO.)[110]). Nur wenn das Gericht von den ihm in den §§ 145, 146 ZPO. eingeräumten Befugnissen Gebrauch macht, findet eine Verhandlung „in getrennten Prozessen" statt. Soweit dies nicht geschieht, liegt eine einheitliche Streitsache mit einem einzigen Streitgegenstande für beide Rechtsmittel vor. Darum ist auch der Anspruch auf mehrere selbständige Prozeßgebühren unbegründet[111]).

74 Anders dagegen liegt der Fall, wenn in erster Instanz zunächst ein Teilurteil oder ein Zwischenurteil ergeht, gegen das von einer Seite Berufung eingelegt wird, sodann ein Endurteil, gegen das die andere Partei Berufung einlegt. Hier liegen zwei getrennte Berufungsverfahren vor, die solange getrennt bleiben, bis sie durch einen Verbindungsbeschluß gemäß § 147 ZPO. verbunden werden; bis dahin kann man auch von „wechselseitig" eingelegten Rechtsmitteln nicht sprechen[112]).

75 c) Bezüglich der Trennung und Verbindung gilt dasselbe wie bei Klage und Widerklage. Vgl. Anm. 66.

d) Auch bezüglich der Identität oder Verschiedenheit des Gegenstandes der beiden Rechtsmittel ist auf die Ausführungen in Anm. 68—71 zu verweisen.

76 C. Analog der Widerklage müssen die **Inzidentanträge** nach den §§ 302 Abs. 4, 600 Abs. 2, 717 Abs. 2 und 3 ZPO. behandelt werden. Näheres hierüber in Anm. 84.

3. Häufung mehrerer Ansprüche. (§ 5 ZPO.)

77 Nach § 5 ZPO. sollen für die Wertberechnung mehrere in einer Klage geltend gemachte Ansprüche zusammengerechnet werden.

a) Nach § 260 ZPO. können mehrere Ansprüche des Klägers gegen denselben Beklagten, auch wenn sie auf verschiedenen Gründen beruhen, in einer Klage verbunden werden, wenn für sämtliche Ansprüche das Prozeßgericht zuständig und dieselbe Prozeßart zulässig ist. Zu einer solchen Verbindung kann es aber auch dadurch kommen, daß

---

110) Wechselseitige Rechtsmittel liegen auch dann vor, wenn der Kläger zwei Schuldner verklagt, gegen A obsiegt, gegen B unterliegt, und wenn dann der Kläger und A gegen dasselbe Urteil Berufung einlegen. Auch wenn es sich hier nicht, wie im Falle der Gesamtschuld (unten Anm. 81) um einen einheitlichen Anspruch handelt, so bleibt doch infolge der Einheit des Urteils auch die Einheit des Prozesses bestehen, was sich besonders im Kostenpunkt ausprägt, bezüglich dessen der Zusammenhang — vor allem hinsichtlich der Gerichtskosten — unverkennbar ist.

111) Vgl. die ausführliche Begründung des RG. in JW. 1892, 97 Nr. 13; RGZ. 29, 349, ferner RG. JW. 1928, 1296[13].

112) Vgl. OLG. Posen in PosMSchr. 1899, 133; Fürst-Roth § 10 Anm. 4g; RGZ. 13, 352; 17, 45; JW. 1891, 223 Nr. 6; 1889, 423 Nr. 2; 1888, 13 Nr. 18; 1903, 179. A. M. jedoch RG. JW. 1884, 9 Nr. 11. Vgl. hierzu § 25 Anm. 9. Auch das KG. in BuschsZ. 31, 339 will bei mehreren Berufungen gegen mehrere Teilurteile, wenn über sie zusammen verhandelt und entschieden wird, nur eine Instanz annehmen. Ebenso OLG. Hamburg HansGZ. 1921, 604. Das trifft nicht zu. Die Prozeßgebühren sind stets getrennt zu berechnen. Ebenso liegt der Fall, wenn Teilurteil wegen der Hauptsache erlassen und angefochten, dann Schlußurteil nur im Kostenpunkt ergangen und ebenfalls angefochten ist; oder wenn das Teilurteil den Hauptanspruch, das Schlußurteil einen Nebenanspruch im Sinne des § 4 ZPO., § 15 GKG. betrifft. Erst von der Verbindung ab entfällt hier eine besondere Bewertung der Nebenforderungen. Über den Fall, daß dieselbe Partei nacheinander gegen dasselbe Urteil mehrere Berufungen einlegt (z. B. wegen Unzulässigkeit der ersten) vgl. § 25 Anm. 9.

das Gericht gemäß § 147 ZPO. die Verbindung mehrerer bei ihm anhängiger Prozesse zur gleichzeitigen Verhandlung und Entscheidung anordnet. In diesem Falle bildet vom Zeitpunkt der Verbindung ab der Gesamtbetrag der einzelnen Streitgegenstände den neuen Streitgegenstand[113]). Rückwirkende Kraft ist jedoch der Verbindung nicht beigelegt; die vor der Verbindung entstandenen Gebühren (vor allem die Prozeßgebühr) sind also für jeden Prozeß selbständig zu berechnen.

Natürlich bildet der Prozeß nach der Verbindung mit den vorausgehenden Einzelprozessen eine Instanz. Wenn also in selbständigen Prozessen zunächst 1000 und 1200 RM. eingeklagt wurden, so entstehen 2 selbständige Prozeßgebühren zu 30 und 34 RM. Nach der Verbindung bleiben diese in voller Höhe bestehen; es wird aber nicht etwa eine neue Prozeßgebühr aus 2200 RM. (= 52 RM.) erhoben. Wird die Klage nach der Verbindung auf 3000 RM. erhöht, so unterbleibt nicht etwa eine Erhöhung der Prozeßgebühr (weil schon 64 RM. erhoben sind und die Gebühr aus 3000 RM. nur 60 RM. beträgt), sondern es ist zunächst die Gebühr aus 800 RM. selbständig zu berechnen (= 24 RM.); dann die Gebühr aus 2200 RM. = 52 RM. Diese dürfen aber zusammen nicht mehr als die Gebühr aus 3000 RM. (= 60 RM.) betragen: § 14 Abs. 2 GKG. Dazu kommt dann noch die Differenz zwischen 30 + 34 = 64 RM. und 52 RM. = 12 RM. Die Prozeßgebühren betragen daher insgesamt 60 + 12 = 72 RM.[114]).

b) Die Streitwerte der einzelnen Ansprüche sind zunächst gesondert zu berechnen 78
und dann erst zusammenzuzählen. Wenn also mehrere Gläubiger bei demselben Schuldner gepfändet haben (A. wegen 1000 RM. Gegenstände im Werte von 800 RM., B. wegen 700 RM. andere Gegenstände im Werte von 900 RM. und C. wegen 400 RM. Sachen im Werte von 300 RM., so sind, wenn ein Dritter Widerspruchsklage erhebt, nicht etwa die Summen der Forderungen (2100 RM.) mit den Summen der Sachwerte (2000 RM.) zu vergleichen, so daß nach § 6 ZPO. der Streitwert 2000 RM. betrüge; sondern es sind zunächst die Einzelansprüche zu bewerten (A. = 800, B. = 700, C. = 300 RM.) und dann die Werte zusammenzuzählen: 800 + 700 + 300 = 1800 RM.[114a]).

c) Was von der Klage gilt, ist auch auf die Widerklage anzuwenden; auch hier 79
sind mehrere in einer Widerklage geltend gemachte Ansprüche zusammenzurechnen[115]).

Entsprechende Anwendung findet die Vorschrift des § 5, wenn es sich um Geltendmachung mehrerer Ansprüche in einem Güte- oder Mahnverfahren oder einem Verfahren wegen Arrests oder einstweiliger Verfügung handelt[116]). Über das Verhältnis des Arrestverfahrens zum Hauptprozeß, auch in Fällen förmlicher Verbindung vgl. Vorb. zu §§ 32—35 Anm. 3.

d) Die Vorschrift des § 5 setzt eine Mehrheit von Ansprüchen voraus. 80
Unter „Anspruch" ist hier lediglich das Klagebegehren zu verstehen[117]). Wie nun ein einziges Klagebegehren auf verschiedene Rechtsgründe gestützt werden kann, ohne die Einheitlichkeit zu verlieren (arg. § 146 ZPO.), so können andererseits verschiedene Klagebegehren sowohl auf demselben Grunde wie auf verschiedenen Gründen beruhen, wie sich insbesondere aus § 260 ZPO. ergibt. Ebenso können aber auch die verschiedenen Ansprüche sowohl von einem als auch von mehreren Klägern geltend gemacht und gegen einen oder mehrere Beklagte gerichtet sein (arg. § 147 ZPO.).

Immerhin aber muß es sich um mehrere selbständige Klagebegehren 81
handeln. Dies ist nicht oder nur scheinbar der Fall,

---

113) RGZ. 5, 354; 6, 416; 44, 419; JW. 1881, 211; 1896, 687; 1897, 236; 1898, 74 Nr. 30; 1899, 90 Nr. 9.

114) Vgl. hiezu § 25 Anm. 5.

114a) Ebenso OLG. München BayZ. 1927, 329.

115) Ebenso Stein-Jonas § 5 Anm. III.

116) Petersen-Anger § 260 Anm. 3; Seuffert ZPO.[11] § 260 Anm. 3b; Wilmowski-Levy § 232 Anm. 3.

117) Petersen-Anger § 5 Anm. 1; Stein-Jonas § 260 Anm. II.

a) wenn die Klagebegehren nur auf eine einheitliche Leistung (im wirtschaftlichen Sinne) gerichtet sind, so bei der Klage gegen mehrere Gesamtschuldner (§§ 421, 428, 431, 432 BGB.)[118]), bei der Klage des Konkursgläubigers gegen die widersprechenden Gläubiger (§ 146 KO.) oder der Klage des dem Verteilungsplan widersprechenden Gläubigers gegen die beteiligten Gläubiger (§ 878 ZPO.)[119]).

Hierher gehört ferner der mit dem Antrage auf Leistung verbundene Antrag auf Duldung der Zwangsvollstreckung gegen den Ehemann, Nießbraucher usw. (§§ 737, 739, 743, 745, 748 ZPO.)[120]); die Verbindung der Pfandklage mit der persönlichen Klage, der Klage auf Feststellung des Nichtbestehens einer persönlichen Forderung mit der Hypotheklöschungsklage[121]), ferner des Leistungsanspruchs mit dem Anspruch auf Sicherstellung[122]). Hierher gehören ferner die Klagen auf Zahlung des Kaufpreises und Abnahme der Ware[123]), auf Rücknahme der Ware und Rückzahlung des Kaufpreises.

82 Dagegen dürfen nicht hierher die Fälle gerechnet werden, in denen die geforderte Leistung wirtschaftlich nur scheinbar eine einheitliche ist. Als Hauptbeispiel kommt hier die Widerspruchsklage gegen mehrere Gläubiger in Betracht, die denselben Gegenstand gepfändet haben: A., B. und C. haben je 300 M. zu fordern und jeder hat dieselbe Maschine im Werte von 600 M. gepfändet. Scheinbar bildet hier das Pfandrecht an dieser Maschine in allen Fällen den Streitgegenstand, so daß man annehmen könnte, der Streitwert sei insgesamt keinesfalls höher als 600 M. Aber in Wahrheit sind es ganz verschiedene Pfandrechte, die den Gegenstand des Streites bilden und wenn nur das eine beseitigt (der Anspruch also insoweit erfüllt) ist, so zeigt sich, daß wirtschaftlich die anderen Pfandrechte völlig selbständig fortbestehen; es liegen also wirtschaftlich durchaus selbständige Ansprüche vor; nicht anders wie bei der Löschungsklage gegen mehrere Hypothekengläubiger. Da der Streitwert eines jeden Anspruchs gesondert zu berechnen ist (s. o. Anm. 78), so beträgt er in obigem Beispielsfalle 3×300 = 900 M. (§ 6 ZPO.) Betrügen die Forderungen 300, 700 und 800 M., so berechnete sich der Streitwert auf 300 + 600 + 600 = 1500 M.

83 Bei mehreren nicht vermögensrechtlichen Ansprüchen, die miteinander verbunden werden, entscheidet — da der wirtschaftliche Gesichtspunkt hier nicht in Betracht kommt — lediglich die Frage, ob wirklich eine Häufung mehrerer Klagebegehren (Anträge) vorliegt. Alternative und eventuelle Anträge begründen also keine Klagenhäufung (s. u. Anm. 87). Wenn aber einstw. Verfügung auf Gestattung des Getrenntlebens der Ehegatten und auf Übertragung der Sorge für die Person des Kindes an die Mutter beantragt wird, so beträgt der Streitwert nach § 11 mindestens 500 + 500 = 1000 RM.[123a]).

84 In diesem Zusammenhange werden regelmäßig auch die Fälle besprochen, in denen im anhängigen Prozeß Schadensersatz wegen Vollstreckung eines Urteils oder einer zu ihrer Abwendung gemachten Leistung verlangt wird (§§ 302 Abs. 4, 600

---

[118]) Vgl. Petersen-Anger § 5 Anm. 2; Stein-Jonas § 5 Anm. I; Seuffert ZPO. § 5 Anm. 1; Wach 1, 381; SeuffertBl. 51, 172; BuschsZ. 6, 475.

[119]) Wach 1, 381 N. 42; Stein-Jonas § 5 Anm. I; Jonas § 9 Anm. I 3. Vgl. auch Hahn Materialien z. ZPO. 1, 528.

[120]) Stein-Jonas § 5 Anm. I; OLG. 27, 45; Jonas § 9 Anm. I 3. A. M.: KGBl. 1913, 102 (KG.), wonach hier Zusammenrechnung stattfinden soll.

[121]) RG. BayZ. 1, 470.

[122]) RG. JW. 1892, 372 Nr. 10; 1896, 270 Nr. 2; Bolze 22, 702. OLG. Frankfurt a. M. Recht 1925 Nr. 1425 lehnte Zusammenrechnung ab bei Klage auf Zahlung des Kaufpreises und Herausgabe des unter Eigentumsvorbehalt verkauften Gegenstandes; der Herausgabeanspruch sei nur als Sicherung für die Geldforderung von der Klagepartei aufgefaßt worden. — Häufung mehrerer Ansprüche ist mit Recht angenommen worden, wenn Kläger die hinterlegte Vollstreckungskaution herausverlangt und außerdem Schadensersatz wegen Nichtbefolgung des Urteils fordert (JW. 1896, 68 Nr. 2) oder wenn wegen Verletzung des Urheberrechts Schadensersatz gefordert und außerdem Vernichtung der vorhandenen Exemplare verlangt wird: OLG. 21, 62 (München).

[123]) Ebenso: OLG. Bamberg DRZ. 1926 Nr. 942.

[123a]) A. M.: KG. (erscheint in BuschsZ.) das hier nur einen Anspruch annehmen will.

Abs. 2, 717 Abs. 2 ZPO.), ferner die Fälle, in denen nur Rückzahlung des Geleisteten bzw. der Bereicherung gefordert wird (vgl. § 717 Abs. 3 ZPO.). Allein in allen diesen Fällen wird entweder eine förmliche Widerklage erhoben (dann gilt § 13 GKG.) oder es wird ein Inzidentantrag nach Maßgabe der angeführten Bestimmungen gestellt. Da dieser Antrag die Rechtshängigkeit des Schadensersatz- oder Rückforderungsanspruchs begründet und da über diese Ansprüche mit Rechtskraftwirkung entschieden wird, so ist nicht einzusehen, warum sie für die Bestimmung des Streitgegenstandes nicht in Betracht kommen sollten: sie bilden doch tatsächlich den Gegenstand des Rechtsstreits und der rechtskräftigen Entscheidung. Ihre wirtschaftliche Selbständigkeit ist nicht zu bestreiten. Man denke nur, um sich die Sache klar zu machen, an einen Fall, in dem 10000 RM. eingeklagt waren, durch Vollstreckung des Urteils aber ein Schaden von 50000 RM. entstanden ist: soll hier der „Inzidentantrag" auf 60000 RM. bei Bestimmung des Streitwerts unbeachtet bleiben, obwohl er rechtshängig wird (§ 717 Abs. 2 letzter Satz) und obwohl rechtskräftige Entscheidung über ihn ergeht? Das wäre unverständlich. Nimmt man aber mit uns grundsätzlich an, daß diese inzidenter erhobenen Ansprüche den Streitwert mit bestimmen[124]), so muß im Verhältnis zum Klageanspruch § 13 GKG. analog angewendet werden; soweit Klage und Inzidentanspruch denselben Streitgegenstand betreffen, ist der einfache Wert dieses Gegenstandes maßgebend; im übrigen erfolgt Zusammenrechnung. Praktisch bedeutet dies regelmäßig, daß die Höhe des Schadensersatz- oder Bereicherungsanspruchs von seiner Erhebung ab den Streitwert bestimmt. Über die Behandlung der Zinsen und Kosten in diesen Fällen siehe Anm. 108.

Der Antrag auf Fristsetzung — § 255 ZPO. — hat neben dem Haupt- 85
anspruche keine selbständige Bedeutung und kommt für die Bewertung nicht in Betracht[125]).

β) Keine Klagehäufung liegt ferner vor, wenn der eine Antrag in Wirklichkeit 86
in dem anderen enthalten ist oder nur zur Charakterisierung des Hauptanspruches eine Feststellung begehrt, die als solche offensichtlich gar nicht gewollt ist, so daß ein selbständiges Klagebegehren nicht vorliegt. Hieher gehört der (überflüssige) Antrag auf Feststellung des Eigentums bei der Widerspruchsklage oder der negatorischen Klage, der Antrag auf Wandelung neben dem Antrag auf Rückgewähr, der Antrag auf Feststellung der Nichtigkeit des Vertrages neben dem auf Rückgewähr des Geleisteten.

γ) Keine Klagenhäufung liegt endlich vor, wenn die Klagebegehren nicht neben- 87
einander erfüllt werden können, sondern sich gegenseitig ausschließen.

Hierher gehören die alternativen Ansprüche. Bei ihnen wird tatsächlich nur eine Leistung verlangt, ihre Bestimmung liegt in der Wahl einer der beiden Parteien (s. o. Anm. 12).

Hierher gehört ferner die Stellung eines Eventualantrags neben dem Prinzipalantrage. Hier begehrt der Kläger gar nicht ein Mehrfaches; er stellt den zweiten Antrag nur für den Fall, daß er mit dem ersten ganz oder teilweise nicht durchdringen sollte (vgl. oben Anm. 13).

e) Die Verbindung mehrerer in einer Klage geltend gemachter Ansprüche kann 88
auch wieder getrennt werden. Dann tritt von da ab wieder eine gesonderte Berechnung der Streitwerte ein. Legt von mehreren Streitgenossen nur einer Berufung oder Revision ein, so liegt zwar noch keine Trennung der Ansprüche vor, aber für sein Rechtsmittel ist der Streitwert gesondert zu berechnen. Legen dann auch die anderen Streitgenossen gesondert Rechtsmittel ein, so ist für das weitere Verfahren wieder die Häufung der Ansprüche zu berücksichtigen. Legen mehrere Streitgenossen gemeinsam das Rechtsmittel ein, so werden die Werte — wenn eine Mehrheit von Ansprüchen vorliegt — zusammengerechnet[126]).

---

[124]) Die herrschende Meinung unterscheidet gleichwohl immer noch die Inzidentanträge streng von der Widerklage und läßt jene für den Streitwert als belanglos gelten. So: RGZ. 9, 410; 23, 350; 31, 379; 63, 367; OLG. 15, 157 (Hamburg); SeuffA. 71, 414 (OLG. Frankfurt a. M.) u. a.

[125]) Vgl. Stein-Jonas § 5 Anm. I.

[126]) JW. 1911, 817 Nr. 31.

89 f) Von der Regel der Zusammenrechnung mehrerer Ansprüche sind zwei **Ausnahmen** gemacht
α) im Falle des § 254 ZPO. durch § 12 GKG.,
β) beim Zusammentreffen von Haupt- und Nebenforderung durch § 4 ZPO.
Diese beiden Fälle werden im folgenden besonders behandelt.

4. Klageverbindung gemäß § 254 ZPO. (§ 12 GKG.).

90 Nach der Vorschrift des § 12 GKG. soll im Falle des § 254 ZPO. für die Wertberechnung **nur einer** der verbundenen Ansprüche, und zwar der **höhere**, maßgebend sein.

a) Nach § 254 ZPO. kann mit der Klage auf **Rechnungslegung**, auf **Vorlegung eines Vermögensverzeichnisses** oder auf **Leistung des Offenbarungseides** die Klage auf **Herausgabe** desjenigen verbunden werden, was der Beklagte aus dem zugrunde liegenden Rechtsverhältnis schuldet; in diesem Falle kann die bestimmte Angabe der Leistungen, welche der Kläger beansprucht, vorbehalten werden, bis die Rechnung mitgeteilt, das Vermögensverzeichnis vorgelegt oder der Offenbarungseid geleistet ist.

Es handelt sich hier in erster Reihe um Geltendmachung der Ansprüche aus §§ 259, 260, 1890 ff., 2027, 2028 BGB. Solche Ansprüche hat der Auftraggeber gegen den Beauftragten (§ 666 BGB.), der Geschäftsherr gegen den Geschäftsführer ohne Auftrag (§ 681 BGB.), der Gesellschafter gegen den geschäftsführenden Gesellschafter (§ 713), der Verpfänder gegen den antichretischen Pfandgläubiger (§ 1214), die Ehefrau gegen den Ehemann (§§ 1421, 1546), das Kind gegen den Inhaber der elterlichen Gewalt (§ 1681), der Mündel gegen Vormund und Pfleger (§§ 1890, 1915), der Erbe gegen den Erbschaftsbesitzer (§§ 2027, 2028), der Nachlaßgläubiger gegen den Erben (§§ 1978, 1990—1992), der Nacherbe gegen den Vorerben (§ 2130), der Erbe gegen den Testamentsvollstrecker (§ 2218); die Verpflichtung aus § 260 liegt u. a. dem Pächter (§ 581) und dem Nießbraucher (§§ 1035, 1048, 1055) ob. Erst nach Erfüllung der Verpflichtungen aus §§ 259, 260 BGB. ist der Kläger in der Lage, seine Ansprüche aus den vorbezeichneten Rechtsverhältnissen genau zu bestimmen; trotzdem ist ihm durch § 254 ZPO. die Möglichkeit eröffnet, auch diesen zweiten Anspruch **zusammen** mit dem ersten klagend geltend zu machen. Solchenfalls ist zunächst durch Teilurteil über die Verpflichtung des Beklagten zur Rechnungslegung usw. zu entscheiden und erst, nachdem dieses Urteil, nötigenfalls durch Zwangsvollstreckung (§§ 888, 889 ZPO.), zur Ausführung gebracht ist, über den Anspruch auf Herausgabe der nunmehr bestimmt zu bezeichnenden Gegenstände oder auf Zahlung der bestimmt anzugebenden Beträge zu verhandeln[127]).

91 b) Die Bestimmung des § 12 (früher 10 a) GKG. ist bei Gelegenheit der Novelle zur ZPO. von 1898 und aus Veranlassung der Einfügung des § 230 a (jetzt § 254) ZPO. gegeben und damit begründet worden, die Fassung des § 230 a lasse den Schluß zu, daß es sich hier um die Geltendmachung zweier Ansprüche handle, die gemäß § 5 ZPO. und § 9 GKG. zusammenzurechnen wären. Tatsächlich seien aber die Rechnungslegung, die Vorlegung des Vermögensverzeichnisses, die Leistung des Offenbarungseides nur vorbereitender Natur, und das Interesse des Klägers an dem ganzen Prozesse beschränke sich in der Regel auf den Wert der Leistungen, die er als Ergebnis jener Feststellungen beanspruche. In Berücksichtigung dieser Sachlage wurde im Anschluß an die ähnliche Vorschrift des § 10 (jetzt § 11) Abs. 2 GKG. bestimmt, daß in dem fraglichen Falle für die Wertberechnung nur der höhere Anspruch maßgebend sei[128]) [129]).

---

[127]) Vgl. Begr. zu § 230 a der Zivilprozeßnovelle (1898) S. 102; Prot. z. BGB. 2, 792 ff.; **Stein-Jonas** § 254 Anm. I.

[128]) Vgl. Begr. S. 208.

[129]) KG. JW. 1927, 1388¹ wendet § 12 auf den Fall an, daß von vorneherein auch ein bestimmter Teilleistungsantrag gestellt wurde, dessen Ermittelung die Rechnungslegung ebenfalls dienen sollte. Der Entsch. ist beizupflichten.

c) Hinsichtlich der Anwendung des § 12 GKG. ist folgendes zu sagen: 92
Da der höhere Wert maßgebend sein soll, muß der Wert für jeden Anspruch besonders ermittelt werden. Der Wert des Anspruchs auf Rechnungslegung, auf Vorlegung eines Vermögensverzeichnisses und auf Leistung des Offenbarungseides ist lediglich nach freiem Ermessen (§ 3 ZPO.) unter Berücksichtigung der Angaben der Parteien zu schätzen. Maßgebend ist zunächst das Interesse an der Rechnungslegung usw. im Zeitpunkt der Klagestellung; doch ist jetzt § 9 Abs. 2 GKG. zu beachten. Der Wert des Anspruchs auf Herausgabe deckt sich mit dem Wert der geforderten Gegenstände oder dem verlangten Geldbetrage. Er wird aber regelmäßig erst ermittelt werden können, wenn die bestimmte Angabe der herauszugebenden Gegenstände usw. erfolgt ist, also meist erst nach Erledigung des Prozesses über den ersten Anspruch. Auch hier ist der Zeitpunkt der Klage maßgebend; ist aber bei Beendigung der Instanz der Wert ein höherer, so ist dieser entscheidend (§ 9 Abs. 2 GKG.). Beispiel: Das Interesse an der Vorlegung des Verzeichnisses wird auf 2000 M. geschätzt. Es ergeht Teilurteil auf Vorlage ohne vorherige Beweisaufnahme. Dann ergibt sich, daß der Wert der herauszugebenden Sachen bei Klageeinreichung 4000 M. betrug. Nun gibt der Beklagte Sachen im Werte von 1000 M. heraus, und nach Beweiserhebung ergeht Urteil auf Herausgabe des Restes der Gegenstände, deren Wert jedoch jetzt auf 3500 M. geschätzt wird. Dann wird die Prozeßgebühr aus 4500 M., die Beweis- und Urteilsgebühr aus 3500 M. berechnet (vgl. oben Anm. 45).

5. Haupt- und Nebenforderung. (§ 4 ZPO., § 15 GKG.)

93 Gleichfalls eine Ausnahme von der Regel, daß mehrere in einer Klage geltend gemachte Ansprüche zusammengerechnet werden, bildet die Vorschrift des zweiten Satzes des § 4 ZPO., nach welcher Früchte, Nutzungen, Zinsen und Kosten, wenn sie als Nebenforderungen geltend gemacht werden, von der Berücksichtigung bei der Wertberechnung ausgeschlossen sein sollen. Bis zum Inkrafttreten des Gesetzes vom 18. August 1923 fand sich im § 4 ZPO. (und ebenso im § 15 GKG.) auch noch das Wort „Schäden", dessen Streichung das genannte Gesetz verfügte.

Die Motive zu § 4 ZPO. rechtfertigen die Außerachtlassung der in ihm erwähnten Nebenforderungen bei der Wertberechnung mit Zweckmäßigkeitsrücksichten; der entgegengesetzte Grundsatz würde besonders bei der Bestimmung der Zuständigkeit zu Schwierigkeiten und unnötigen Weiterungen, verwickelten Ermittelungen usw. führen.

Im einzelnen gilt folgendes:

a) Nicht alle Nebenforderungen sollen für die Wertberechnung unberücksichtigt bleiben, sondern nur die in § 4 ZPO. ausdrücklich bezeichneten vier Kategorien von Nebenforderungen, nämlich „Früchte", „Nutzungen", „Zinsen" und „Kosten". Diese Aufzählung ist nicht bloß beispielsweise zu nehmen, sondern erschöpft den Inhalt der Vorschrift des § 4, welche als Ausnahmevorschrift keine ausdehnende Anwendung auf andere verwandte Gattungen von Ansprüchen zuläßt[130]). Durch die ausdrückliche spätere Streichung des Wortes „Schäden" (oben Anm. 93) wird die Richtigkeit dieser Ansicht aufs Neue bestätigt. Es ist daher die analoge Ausdehnung der Vorschrift auf andere Nebenansprüche, wie auf Zuwachs (§ 946 BGB.), Zubehör (§§ 97 ff. BGB.), die Nebenleistungen der §§ 507, 1115 BGB., nicht zulässig. 94

Wesen und Umfang der namentlich aufgeführten vier Arten von Nebenansprüchen sind aus dem Bürgerlichen Recht zu bestimmen.

α) Früchte sind — nach § 99 BGB. — die Erzeugnisse einer Sache und die sonstige Ausbeute, welche aus der Sache ihrer Bestimmung gemäß gewonnen wird; Früchte eines Rechts sind die Erträge, welche das Recht seiner Bestimmung gemäß gewährt, insbesondere bei einem Recht auf Gewinnung von Bodenbestandteilen die 95

[130]) RGZ. 13, 396; Stein-Jonas § 4 Anm. II; Petersen-Anger § 4 Anm. 5.

gewonnenen Bestandteile; Früchte sind auch die Erträge, welche eine Sache oder ein Recht vermöge eines Rechtsverhältnisses gewährt. Für die Anwendung des § 4 ZPO. kommt es nicht darauf an, ob die Früchte noch vorhanden oder bereits verzehrt sind, und ob sie schon bezogen wurden oder nicht, wenn sie nur schon von der fruchttragenden Sache getrennt sind und deren Herausgabe oder Ersatz neben der Hauptsache verlangt wird. Würde dagegen die Herausgabe einer Sache in dem Zustande, in dem sie sich befindet, verlangt, so würde, wenn die Früchte vor ihr noch nicht abgetrennt sind, der Wert der Früchte, soweit er den Wert der Sache erhöht, in Betracht kommen; denn hier werden gar nicht die Früchte neben der Sache geltend gemacht[131]).

96 β) Nutzungen sind nach § 100 BGB. die Früchte einer Sache oder eines Rechts sowie die Vorteile, die der Gebrauch der Sache oder des Rechts gewährt. In den „Nutzungen" sind demnach die „Früchte" enthalten. Hierzu gehören die Dividendenscheine der Aktien[132]), nicht aber die dem Aktionär als solchem zustehenden Bezugsrechte[133]); hierher gehören ferner die auf Grund eines Miet- oder Pachtvertrages zu entrichtenden Miet- oder Pachtgelder, die man als fructus civiles im Gegensatz zu den fructus naturales bezeichnet. Zu den Nutzungen gehören endlich auch die Renten, welche auf Grund eines dauernden Bezugsrechts (§ 9 ZPO.) beansprucht werden. Darüber, ob sie als Nebenforderungen anzusehen sind, vgl. Anm. 198.

97 γ) Zinsen sind die Entschädigung für die Nutzung eines Kapitals. Nach dem Sprachgebrauch des BGB. sind unter „Zinsen" eines Kapitals nur Geldzinsen zu verstehen; andersartige Entschädigungen fallen unter den Begriff der Nutzungen. Auf den Rechtsgrund der Zinsen kommt es nicht an, der § 4 bezieht sich daher sowohl auf die rechtsgeschäftlichen wie auf die gesetzlichen Zinsen, insbesondere auch auf die Verzugszinsen[134]). (§§ 246 ff., 288 ff., 291 BGB.)

Auch Zinskupons (Zinsscheine) gehören hierher; denn die Natur der Zinsen wird dadurch nicht geändert, daß das Zinsversprechen in Form von Inhaberpapieren ausgestellt ist; bei Ermittlung des Streitwertes eines auf Herausgabe von Wertpapieren nebst Kupons gerichteten Anspruches bleibt deshalb der Wertbetrag der Zinsscheine außer Berücksichtigung[135]). Auch Zinsen aus einem uneigentlichen Kontokorrentverhältnisse fallen unter § 4[136]). Dagegen gehören nicht zu den Zinsen oder sonstigen im § 4 genannten Nebenleistungen: die Amortisationsbeträge (Annuitäten) der Hypothekforderungen und die Nebenleistungen des § 1115 BGB.[137]).

98 Wenn der Gläubiger unter dem Titel von „Zinsen" oder „Verzugszinsen" höhere als die gesetzlichen Zinsen verlangt, so kommt es für die Beurteilung der Frage, ob es sich wirklich um Zinsen oder um Schadensforderungen (ohne Zinscharakter) handelt, auf die Begründung des Anspruchs an. Es gibt nur gesetzliche oder rechtsgeschäftliche Zinsen[137a]). Fordert der Gläubiger 10% Verzugszinsen, weil er so viel nach Vertrag zu

---

[131]) Vgl. Petersen-Anger § 4 Anm. 7; Meyer-Irmler zu § 10 S. 27 Anm. 3 a.

[132]) RG. JW. 1893, 535 Nr. 1.

[133]) OLG. München SeuffA. 72, 198; RGRKomm.[6] § 1068 Anm. 3; Staub HGB.[13] § 282 Anm. 11; OLG. 24, 140 (KG.); Planck BGB.[4] § 100 Anm. 1; § 99 Anm. 3 (a. M. derselbe[4] § 1081 Anm. 2); Stein-Jonas § 4 Anm. II; Staudinger[9] § 1082 Anm. 6 (mit weiteren Nachweisen); vor allem: Herold GruchotsBeitr. 56, 386 (mit ausführlicher Begr.). A. M.: Wolff LZ. 1921, 697, 729; Affolter Fruchtrecht 146, 219.

[134]) RG. JW. 1896, 247 Nr. 1.

[135]) RG. JW. 1893, 535 Nr. 1.

[136]) RG. JW. 1908, 720; Warneyer 1909 Nr. 163. Nicht aber die Zinsen bei Saldierung aus einem echten Kontokorrentverhältnis (Stein-Jonas § 4 Anm. II, 2), weil die Zinsen hier ihren Zinscharakter verloren haben und der Saldo eine einheitliche Forderung darstellt.

[137]) KGJ. 24 A, 246; BayObLGZ. 9, 497.

[137a]) RGRKomm.[6] § 246 Anm. 2.

fordern habe und dieser Satz daher nach § 288 Abs. 1 Satz 2 BGB. fortzuentrichten sei, so sind dies wirkliche Verzugszinsen, die den Streitwert nicht erhöhen. Wenn er aber gar keine Vereinbarung behauptet und aus dem Gesichtspunkte des Verzuges 10% Zinsen verlangt, weil er selbst diesen Zinssatz aufwenden müsse oder weil ihm dieser Satz entgehe, so ist dies ein Schadensersatzanspruch nach § 288 Abs. 2 BGB., nicht aber ein gesetzlicher oder vertraglicher Zins. Ebenso liegt der Fall, wenn der Gläubiger vom Verzuge ab 10% als üblichen Zinsfuß verlangt. Denn das bedeutet nur, daß er eine besondere Beweisführung für den Schaden ablehnt; an der Natur des Schadensanspruchs ändert diese Fassung nichts (vgl. Staub HGB.[13] § 352 Anm. 8; Lindemann-Sörgel BGB.[2] § 288 Anm. 1). In solchen — jetzt sehr häufigen Fällen — ist also der den gesetzlichen Zinsfuß übersteigende Betrag dem Streitwert hinzuzurechnen und gleich anderen, während des Prozesses steigenden Leistungen zu behandeln (Anm. 44)[138]).

d) Kosten im Sinne des § 4 ZPO. sind nicht die Kosten des Rechtsstreits, 99
um den es sich handelt; hierüber vgl. unten Anm. 127. Es sind aber auch nicht alle Arten von Auslagen, wie man sie nach dem allgemeinen Sprachgebrauch unter den Begriff der „Kosten" bringen könnte (wie Lagerkosten, Kurkosten usw.); vielmehr ist zu beachten, daß nur Kosten als Nebenforderungen eines bestimmten Anspruchs in Frage kommen. Gemeint sind daher die — bereits bezahlten oder noch geschuldeten — Kosten, die vor Erhebung der Klage auf die Verwirklichung des den Gegenstand des Prozesses bildenden Anspruchs verwendet wurden; dies können außergerichtliche Kosten oder Kosten eines früheren Prozesses[139]), auch eines sonstigen Verfahrens sein. Zu den Kosten im Sinne des § 4 ZPO. gehören z. B. Kosten der Kündigung, der Untersuchung im Falle des § 438 Abs. 4 HGB., Mahnbriefkosten, Aufwendungen für notwendige Gänge[140]) und Gutachten[141]), (soweit sie nicht Prozeßkosten in dem Hauptprozeß darstellen), Protestkosten usw.

---

[138]) Richtig: OLG. Nürnberg und v. d. Trenck JW. 1925, 390[24]; OLG. Breslau JW. 1925, 813[24]; KG. JW. 1925, 2638[2]; KG. 7 U. 713/26; KGBl. 1925, 125; OLG. Kassel JW. 1926, 1627[7] (Berechnung nicht nach § 9 ZPO., sondern nach § 3 unter Schätzung der Prozeßdauer inkl. Vollstreckung); OLG. Nürnberg JW. 1926, 2480[19]; Rittmann-Wenz § 9 Anm. 15; Jonas § 9 Anm. II 2 a.

A. M.: OLG. Nürnberg JW. 1925, 2374[46]; Kraemer ebenda; Willenbücher § 10 Anm. 32; OLG. München JW. 1925, 832[61]; BayZ. 1925, 217; OLG. Stettin JW. 1925, 2638[4] und Reinberger ebenda (dagegen M. Friedlaender ebenda); OLG. Königsberg LZ. 1926, 1213[3]; KG. KGBl. 1926, 38; OLG. Dresden SächsThürArch. 1926, 196; OLG. Breslau JW. 1926, 2113[5]; OLG. Frankfurt a. M. ZDJustAmtm. 1925, 126; RG. (6. Senat) ZDJustAmtm. 1926, 443; OLG. Nürnberg Bbl. 1927, 70; OLG. Köln DRZ. 1926 Nr. 306; OLG. Stuttgart WürttZ. 1925, 326; OLG. Breslau ZDJustAmtm. 1928, 39; RG. ebenda (= JW. 1927, 2129[28]); RG. (3. Senat) JW. 1927, 1308[1] (hier wird aus der Begründung des Ges. vom 18. Aug. 1923, die nur Geldentwertungsschäden und keine Zinsen erwähnt, geschlossen, daß „der Gesetzgeber von 1923 für die Wertberechnung fortan nur diejenigen Schäden als berücksichtigungsfähig gelten lassen wollte, deren Ersatz nicht im Gewande eines Zinsanspruchs, sondern unter einem anderen Titel verlangt wird". Dann aber wird weiter untersucht, ob der Kläger behauptet habe, daß er wegen des Verzuges habe Kredit aufnehmen und mit dem geforderten Zinssatze verzinsen müssen, oder ob er nur den Entgang der höheren Zinsen habe behaupten wollen. Im ersteren Falle hätte das RG. wohl eine Hauptforderung auf Schadensersatz angenommen; im letzteren nahm es nur eine Zinsforderung als Nebenforderung an. Die Unterscheidung wird schwerlich überzeugen); vgl. jedoch Fürst JW. 1927, 1481. OLG. Nürnberg Bbl. 1928, 32 läßt Zinsen dann als „Schäden" gelten, wenn sie „unter dem Gesichtspunkte eines Schadensersatzes nach § 288 Abs. II BGB. verlangt und begründet werden".

[139]) Hierher gehören auch die Kosten des Prozesses gegen den Hauptschuldner im Rechtsstreit gegen den Bürgen: RGZ. 56, 256; OLG. Colmar ElsLothZ. 23, 38. S. auch RG. GruchotsBeitr. 49, 1007.

[140]) OLG. Karlsruhe BadRpr. 1906, 355.

[141]) RGZ. 1, 229; JW. 1893, 12 Nr. 1; 1894, 364 Nr. 16; 1897, 210 Nr. 22; PosMSchr. 1, 105; BadRpr. 1911, 151 (OLG. Karlsruhe).

„Kosten, die aus Anlaß des der Klage zugrunde liegenden Rechtsgeschäftes entstanden sind", werden dagegen mit Unrecht hierher gerechnet[142]).

Hier ist zu beachten, daß die Rechtsprechung aus der Zeit vor Geltung des Gesetzes vom 18. Aug. 1923 nur mit großer Vorsicht angewendet werden darf. Bei manchen Nebenforderungen konnte man mit Sicherheit feststellen, daß sie *entweder* „Kosten" *oder* „*Schäden*" seien; die Unterscheidung war nicht notwendig und durfte dahingestellt bleiben. *Jetzt ist sie erforderlich.* Nur Kosten im Sinne der obigen Begriffsbestimmung dürfen außer Betracht bleiben, nicht Schadensersatzforderungen anderer Art.

Daher gehören nicht mehr zu den Nebenforderungen im Sinne des § 4 ZPO.: die eigene Provision des Verkäufers bei Vornahme des Selbsthilfeverkaufes nach § 354 HGB.[143]), Lagergelder (z. B. bei Klage auf Abnahme der Ware)[144]), Zoll- und Frachtauslagen oder Futterkosten (bei der Wandelungsklage)[145]), Leihgebühren bei der Klage auf Rückgabe von Fässern[146]) usw. Auch die Kosten des Vorprozesses bei der Eviktionsklage gehören hierher: das RG. bezeichnet sie ausdrücklich als Gegenstand des Schadensersatzes (RGZ. 55, 80); diese Kosten erhöhen nach dem Gesagten jetzt den Streitwert.

100 a) Wie schon mehrfach erwähnt wurde, ist durch die Streichung des Wortes „Schäden" eine große Anzahl von Streitfragen und Unbilligkeiten der bisherigen Praxis beseitigt worden. Vgl. z. B. RG. Bbl. 1890, 137 (Schadensersatz wegen verspäteter Erfüllung); RGZ. 66, 310 (Vertragsstrafe als Nebenforderung); OLG. München BayZ. 1909, 135 (Schadensersatz neben der Unterlassungsklage aus UnlWG. als Nebenforderung) usw.

101 b) Die Nichtberücksichtigung bei der Wertberechnung ist an die Voraussetzung geknüpft, daß die betreffenden Ansprüche *als Nebenforderungen geltend gemacht werden.*

Von einer Nebenforderung könnte im weitesten Sinne die Rede sein, wenn sie überhaupt nur *neben* einer anderen Forderung zugleich mit dieser geltend gemacht wird. Daß in dieser Ausdehnung das Wort Nebenforderung im § 4 nicht verstanden werden kann, ergibt sich sofort aus der Bestimmung des § 5 ZPO., welcher verordnet, daß mehrere in einer Klage, also *nebeneinander*, geltend gemachte Ansprüche zusammengerechnet werden sollen. Es kann demnach der Begriff der *Neben*forderung hier nur gedacht werden im Gegensatze zu einer *Haupt*forderung, *durch welche sie bedingt ist und mit welcher sie zusammen erhoben wird.* Diese Auffassung entspricht auch einerseits derjenigen der ZPO. im § 268 Ziff. 2 und im § 321 Abs. 1, wie andererseits dem allgemeinen Sprachgebrauche[147]). Als *Nebenforderung im Sinne des § 4 ZPO.* gilt mithin derjenige Anspruch, welcher *unter mehreren gleichzeitig geltend gemachten Ansprüchen* seinem Wesen und Bestande nach in einem rechtlichen *Abhängigkeitsverhältnisse* zu einem anderen dieser Ansprüche steht, während dieser letztere im Verhältnisse zu jenem als *Hauptforderung* erscheint[148]).

---

142) Richtig: *Rittmann-Wenz* § 9 Anm. 15; *Willenbücher* § 10 Anm. 32. A. M.: *Stein-Jonas* § 4 Anm. II.

143) Vgl. RG. JW. 1894, 432 Nr. 36; RGZ. 33, 408.

144) Vgl. RG. JW. 1897, 2.

145) Vgl. nach früherem Recht RGZ. 42, 388; 52, 166; RG. JW. 1902, 543; 1904, 530; OLG. Rostock DJZ. 1902, 324; SeuffA. 71, 245; OLG. 13, 67 (Kiel); anderseits: KG. KGBl. 1901, 105; OLG. Hamburg HansGZ. 1903 Beibl. 76; RGZ. 13, 396. Richtig (nach neuem Recht): OLG. Rostock MecklZ. 1925/26, 246; OLG. Kiel HöchstrRspr. 1928 Nr. 678; OLG. Düsseldorf JW. 1928, 1522[25].

146) RG. JW. 1906, 116. Vgl. hiezu *Stein-Jonas* § 4 Anm. II; *Rittmann-Wenz* § 9 Anm. 15.

147) Vgl. RGZ. 19, 419.

148) Vgl. *Wach* 1, 384 Anm. 14; RGZ. 18, 373; JW. 1899, 167 Nr. 1; 1898, 3 Nr. 2; 353 Nr. 17; 1909, 691 Nr. 21; SeuffA. 43 Nr. 241; BuschsZ. 13, 353; OLG. Karlsruhe Recht 1928 Nr. 386.

Es müssen sonach immer *zwei* Voraussetzungen vorliegen, *gleichzeitige Geltendmachung* und *Abhängigkeitsverhältnis*:

a) Demgemäß *bleiben* die aus der Zeit vor Erhebung der Klage herrührenden 102
Forderungen an Früchten, Nutzungen, Zinsen und Kosten bei der Wertberechnung *nur dann außer Betracht*, wenn sie *zusammen mit dem Hauptanspruche* den Gegenstand der Klage bilden und also in dem vorerörterten Sinne *als Nebenforderungen geltend gemacht* sind[149]). Werden dagegen solche Forderungen *selbständig* eingeklagt, so daß sie *für sich allein* den Gegenstand der Klage ausmachen, so stellt *der bis zum Tage der Klageerhebung, eventuell des Urteils*[150]), *aufgelaufene Betrag* derselben den Wert des Streitgegenstandes dar. Besteht demnach der Klageanspruch z. B. lediglich in Verzugszinsen für ein überhaupt nicht eingeklagtes, sondern freiwillig gezahltes Kapital aus der Zeit vor der erfolgten Zahlung, so bilden diese Zinsen ausschließlich den Streitgegenstand[151]). Das gleiche gilt, wenn z. B. 10000 M. nebst 4% Zinsen aus 16000 M. eingeklagt sind, hinsichtlich der Zinsen aus den nicht eingeklagten, bereits früher bezahlten 6000 M. Sie sind Hauptforderung. Sie *werden* aber auch Hauptforderung, wenn zunächst 16000 M. nebst 4% Zinsen hieraus eingeklagt sind und dann auf die Hauptsache 6000 M. bezahlt wurden[152]). Dagegen liegt dann eine außer Betracht bleibende Nebenforderung vor, wenn etwa der Kläger Zinsen eines Kapitals fordert, welches Gegenstand der Widerklage ist[153]).

Ist zwar mit der Klage eine Haupt- und eine Nebenforderung geltend gemacht, 103
so daß letztere für die Wertberechnung nicht in Betracht kommt, erledigt sich aber im Laufe des Rechtsstreits die Hauptforderung vollständig, so daß sie nicht mehr Gegenstand des Rechtsstreits ist, so verliert die Nebenforderung ihr Wesen als solche und wird selbständige Forderung[154]). Wird ein *Rechtsmittel nur* bezüglich der Nebenforderung eingelegt, so ist für die Rechtsmittelinstanz die frühere Nebenforderung zu einem selbständigen Anspruche geworden, der den Beschwerdegegenstand allein bestimmt; von einer Nebenforderung im Sinne des § 4 ZPO. kann nicht mehr die Rede sein, wenn daneben überhaupt nichts geltend gemacht wird[155]). Dies kann zu einem eigentümlichen Ergebnis führen, wenn neben einer 4000 RM. nicht übersteigenden Hauptforderung zugleich eine mehr als 4000 RM. betragende Nebenforderung zu- oder aberkannt ist; hier ist die Revision unzulässig, wenn sie Haupt- *und* Nebensache, dagegen zulässig, wenn sie nur die Nebensache betrifft. Zweifelhafter ist die Berechnung des Beschwerdegegenstandes, wenn die eine Partei wegen der zu- oder aberkannten Nebenforderung, die andere Partei wegen der ab- oder zuerkannten Hauptforderung ein Rechtsmittel eingelegt hat. In einem Beschlusse vom 29. März 1890 hatte der fünfte ZS. des Reichsgerichts[156]) ausgesprochen, daß eine an sich als

---

149) KG. (BuschsZ. 44, 125) behandelt folgenden Fall: Geklagt ist auf 1000 M. nebst 4% Zinsen seit 1. April 1907 abzüglich am 1. Oktober 1910 bezahlter 150 M. Am 1. Oktober 1910 waren fällig: 1000 M.; 4% Zinsen vom 1. April 1907 bis 1. Oktober 1910 = 140 M. Kläger hatte also am 1. Oktober 1910 noch zu fordern: 990 M. Kapital; diese bilden den Streitwert.

150) Vgl. oben Anm. 44.

151) Vgl. RGZ. 9, 415; 10, 345; 39, 386; 60, 114; GruchotsBeitr. 31, 1141; 40, 699; JW. 1894, 504 Nr. 1; 1896, 371 Nr. 12 und 398 Nr. 11; OLG. 23, 69 (KG.).

152) Ebenso: OLG. 23, 69 (KG.); *Warneyer* 1909 Nr. 163; RG. SeuffA. 43, 468; OLG. München Bbl. 1927, 131. Anders: RG. ZDJustAmtm. 1928, 39 = Bbl. 1927, 236 = JW. 1927, 2129 [28] (mit Anm. *Geiershöfer*). Hier wird unterschieden, ob die Zinsen aus einer einheitlichen Forderung stammen oder aus einem selbständigen, erledigten Anspruch. Nur in letzterem Falle sollen sie die Eigenschaft als Nebenforderung verlieren.

153) RG. JW. 1896, 410 Nr. 4.

154) Vgl. RGZ. 9, 415; JW. 1894, 84 Nr. 14; GruchotsBeitr. 38, 1192 und 41, 703. Vgl. auch unten Anm. 125. Die *Kosten* werden erst dann zur selbständigen Forderung, wenn *auch die Zinsen erledigt* sind. Vgl. RG. JW. 1894, 504 Nr. 1; SeuffA. 52 Nr. 190 sowie unten Anm. 129.

155) RGZ. 47, 259; JW. 1903, 97 Nr. 1; 1905, 342.

156) Bbl. 1890, 113.

Nebenforderung anzusehende Zinsforderung dadurch, daß sie zum Gegenstande eines besonderen Rechtsmittels gemacht worden sei, die Bedeutung einer selbständigen Forderung erlange, und daß diese Bedeutung ihr durch die nachträglich vom Gegner bezüglich der Hauptforderung eingelegte Revision nicht mehr entzogen werde. Das ist, soweit die Zulässigkeit der Revision in Frage steht, u. E. richtig, da für diese nur der Zeitpunkt der Revisionseinlegung in Betracht kommt. *Kostenrechtlich ist jedoch anders zu entscheiden.* Solange die frühere Nebenforderung allein in der Rechtsmittelinstanz schwebt, ist sie selbständig und zu berücksichtigen; sobald und soweit aber durch die Rechtsmittelanträge einer der beiden Parteien auch die frühere Hauptforderung der richterlichen Entscheidung unterbreitet wird, liegt wiederum, wie in der unteren Instanz, die gleichzeitige Geltendmachung von Haupt- und Nebenforderung in einem einheitlichen Verfahren vor; von nun an ist daher die Hauptforderung allein für den Streitwert maßgebend[157]).

104 β) Die zweite Voraussetzung ist das *rechtliche Abhängigkeitsverhältnis* der beiden Forderungen. Als Nebenforderungen hat man solche Forderungen anzusehen, deren Entstehung abhängig ist von der Existenz einer anderen, nämlich der Hauptforderung[158]). Die Nebenforderung muß aber auch als eine von der Hauptforderung *abhängige*, als ein accessorium, *geltend gemacht sein.* Daher ist der Anspruch auf rückständige Leistungen gegenüber dem Rechte auf die zukünftigen Leistungen nicht als Nebenforderung anzusehen, weil beide Ansprüche einander gleichgeordnet sind[159]). Dagegen ist *nicht entscheidend*, ob die beiden Forderungen auf *demselben Rechtsgrunde* beruhen oder nicht. So hat das Reichsgericht in einem Falle, in dem der Kläger mit der Eigentumsklage die Zurückgabe eines Ackers und daneben den Ersatz von Früchten für die Jahre 1884 bis 1891 gefordert hatte, angenommen, der Anspruch auf die Früchte bzw. auf Geldersatz sei abhängig von dem Anspruch auf Herausgabe des Ackers und stehe zu ihm im Verhältnis einer Nebenforderung zum Hauptanspruche; *der Umstand, daß die Ersatzforderung für die Früchte einen weiteren selbständigen Entstehungsgrund — Unredlichkeit des Besitzes — zur Voraussetzung habe, ändere an diesem Verhältnisse nichts*; ebenso sei unerheblich, daß Kläger die Ersatzforderung zeitlich und demgemäß ziffernmäßig fixiert habe[160]).

105 Hiernach liegt eine Nebenforderung im Sinne des § 4 ZPO. nicht vor, wenn erstens auf Minderung des Kaufpreises, zweitens auf Feststellung geklagt wird, daß die Verzinsungspflicht erst mit der Rechtskraft des Urteils beginne. Hier ist der zweite Anspruch unabhängig von dem ersten und daher nicht als Nebenforderung anzusehen[161]).

Andererseits kann der Umstand, daß von den gleichzeitig mit dem Kapital geltendgemachten Zinsen fernere Zinsen (Zinseszinsen) gefordert werden, die Natur der Zinsen als Nebenforderung im Sinne des § 4 ZPO. nicht ändern[162]). Anders dagegen würde es sich verhalten, wenn die Zinsen *durch besondere Vereinbarung* zum Kapital geschlagen sind (*Novation*)[163]). Hier haben die Zinsen ihre Zinsnatur verloren. Vgl. auch Anm. 108. An der Natur der Zinsen als Nebenforderung wird auch dadurch nichts geändert, daß im Klageantrage Kapital und Zinsen zusammen-

---

157) Vgl. RG. JW. 1897, 301 Nr. 1; *Pfafferoth* 60.

158) RG. JW. 1893, 469 Nr. 12; RGZ. 55, 81.

159) RGZ. 19, 416. Die meisten hierher gehörigen Beispiele aus der Praxis sind gegenstandslos, weil sie Schadensersatzforderungen betreffen; vgl. RG. JW. 1898, 219 Nr. 8; 353 Nr. 17; *Sörgel* Rspr. 1906, 456; *Stein-Jonas* § 4 Anm. III.

160) RG. JW. 1893, 469 Nr. 12; 1902, 392 Nr. 5; *Förster-Kann* 1, 57; *Willenbücher* § 10 Anm. 33. Vgl. auch RG. JW. 1898, 3 Nr. 2.

161) RG. JW. 1897, 54 Nr. 16.

162) RG. JW. 1889, 452 Nr. 1; RGZ. 32, 379.

163) RGZ. 32, 378. Die Zinsen bleiben also Nebenforderungen beim uneigentlichen Kontokorrent: *Warneyer* 1909 Nr. 163; nicht aber beim Saldo des eigentlichen Kontokorrents: oben Fußnote 136.

gerechnet sind: hier ist trotzdem nur der Kapitalsbetrag zu berücksichtigen[164]), weil die Zinsen hierdurch nicht aufhören, Nebenforderung zu sein.

c) Für die Anwendbarkeit des § 4 ZPO. macht es keinen Unterschied, ob es 106
sich um eine Leistungsklage oder um eine Feststellungsklage handelt, ob ferner die Leistung selbst oder nur eine Sicherstellung, ein Vorzugs- oder Pfandrecht für die Haupt- und Nebenforderung den Gegenstand des Rechtsstreits bilden[165]).

Demnach bleiben insbesondere die Zinsen und Kosten außer Betracht 107
α) bei Streitigkeiten über die vorzugsweise Befriedigung aus den Erlösen von Pfandstücken[166]);

β) in den Widerspruchsprozessen gemäß § 771 ZPO. Hier handelt es sich um die Wirksamkeit des Pfandrechts; ebenso wie der § 4 zur Anwendung kommt in den Prozessen, in denen der Pfandgläubiger mit dem Schuldner selbst über das Pfandrecht streitet (Anm. 156), muß dies auch da gelten, wo der Gläubiger sein Pfandrecht einem Dritten gegenüber verfolgt oder verteidigt[167]);

γ) bei Klagen aus § 767 ZPO. (Vollstreckungsgegenklagen). Diese bilden nach der Auffassung des Gesetzgebers im Grunde nur eine Fortsetzung des früheren Prozesses, nicht sog. Akte der Zwangsvollstreckung im Sinne des § 15 Abs. 2 GKG.; sie gehen auf Beseitigung des der Zwangsvollstreckung zugrunde liegenden Schuldtitels, wenn auch der Klageantrag zugleich auf Aufhebung der erwirkten Zwangsvollstreckung gerichtet ist[168]). Gleiches muß bei Klagen auf Aufhebung eines Schiedsspruches (§§ 1041 ff. ZPO. gelten[168a]);

δ) in Prozessen um ein Absonderungsrecht im Konkurse auf Grund einer vorausgegangenen Pfändung[169]);

ε) bei der Anordnung eines Arrestes und dem Streit über die Rechtmäßigkeit desselben (Zinsen- und Kosten-Pauschquantum!). Hier kann insbesondere auch die Vorschrift des § 15 Abs. 2 GKG. nicht in Betracht kommen, da es sich nicht um einen Akt der Zwangsvollstreckung, nicht um die Vollziehung des Arrestes handelt[170]);

ζ) bei Hypothekenklagen und Klagen auf Löschung einer Hypothek[171]).

In den bisher erörterten Fällen bildet die Hauptsumme nebst den Zinsen und 108
Kosten usw. immerhin den unmittelbaren Gegenstand des Rechtsstreits. Anders dagegen verhält es sich, wenn die ursprüngliche Hauptforderung und die dazu gehörigen Nebenforderungen durch rechnerische oder juristische Operationen vor Erhebung der Klage zu einem neuen selbständigen, einheitlichen Gesamtanspruche

[164]) RGZ. 32, 378; RG. JW. 1893, 535 Nr. 2; 1896, 300 Nr. 2; 1897, 205 Nr. 1; 1905, 620; 1908, 720 Nr. 19; Warneyer 1909 Nr. 163.

[165]) RGZ. 4, 367; 7, 327; 10, 344 und 394; 18, 373; 26, 412; 28, 429; JW. 1900, 292 Nr. 1.

[166]) RGZ. 4, 366; 18, 373; JW. 1900, 292 Nr. 1.

[167]) RGZ. 10, 394; RG. JW. 1890, 41 Nr. 2; 1891, 130 Nr. 5; 1893, 233 Nr. 1; 381 Nr. 2; 1899, 423 Nr. 2; RG. Recht 1902, 325; JW. 1902, 358 Nr. 2; 1910, 114 Nr. 18; OLG. Köln RheinA. 1890 S. 1, 290; Wach 1, 384; Stein-Jonas § 4 Anm. III. A. M.: OLG. Naumburg NaumbAK. 1893, 38. Richtet sich die Widerspruchsklage auf Freigabe einer gepfändeten Forderung, so sind deren Zinsen und Kosten nicht Nebenforderung: BayObLG. SeuffA. 52, 362.

[168]) RG. Bolze Bd. 10 Nr. 700; RGZ. 28, 429; RG. Recht 1902, 462; OLG. Rostock MecklZ. 32, 331; Förster-Kann 1, 58.

[168a]) A. M.: OLG. München BayZ. 1927, 296 I.

[169]) RGZ. 7, 327; JW. 1884, 109 Nr. 1; RGZ. 10, 393; 26, 412; RG. JW. 1899, 423 Nr. 2; RG. LZ. 1910, 226 Nr. 2.

[170]) RGZ. 26, 412. Dagegen ist das Kosten- und Zinsen-Pauschquantum zu berücksichtigen, wenn es sich um die Zwangsvollstreckung handelt, etwa um eine Forderungspfändung, die gleichzeitig mit dem Arrest selbst beantragt wird: KG. JW. 1928, 738[10] und unten Anm. 116 Fußnote 187.

[171]) RGZ. 10, 334; JW. 1884, 8 Nr. 1 und 109 Nr. 1; 1892, 158 Nr. 3.

umgestaltet worden sind, so daß die Nebenforderungen ihren akzessorischen Charakter abgestreift haben und die Einzelbeträge nur noch als gleichberechtigte Faktoren jenes einheitlichen Gesamtanspruchs erscheinen, für welchen sie den Berechnungsmaßstab abgeben. Als Fälle dieser Art, in welchen demgemäß die Vorschrift des § 4 nicht anwendbar ist und die Zinsen und Kosten usw. für die Wertberechnung zu berücksichtigen sind, seien hier hervorgehoben:

α) der schon (Anm. 105) behandelte Fall, daß Zinsen durch ausdrückliche Vereinbarung (Novation) mit der Kapitalforderung zu einem einheitlichen Ganzen verschmolzen wurden, oder daß ein bestehendes Kontokorrentverhältnis die Verschmelzung herbeiführt[172];

β) die Anfechtung von Rechtshandlungen außerhalb des Konkurses, welche zugunsten der Hauptforderung nebst Zinsen und Kosten geltend gemacht wird[173];

γ) die condictio indebiti (§§ 812 ff. BGB.)[174], z. B. die Klage auf Rückforderung von Hauptsache, Zinsen und Kosten, die an den Gerichtsvollzieher zwecks Abwendung einer Pfändung ausgehändigt wurden[175];

δ) die Widerklage oder der Inzidentanspruch auf Schadensersatz oder Bereicherung in den Fällen der §§ 302 Abs. 4, 600 Abs. 2, 717 Abs. 2 und 3 ZPO. Beide Ansprüche sind einheitlicher Natur; die Unterscheidung zwischen Widerklage und Inzidentanspruch ist hinsichtlich der hier interessierenden Frage nicht gerechtfertigt. Vgl. hiezu oben Anm. 84. Abgesehen vom Falle des § 717 Abs. 3 ZPO. handelt es sich übrigens um eine einheitliche Schadensersatzforderung[175a], aber auch bei dem Bereicherungsanspruch nach § 717 Abs. 3 sind die zurückverlangten Zinsen und Kosten miteinzurechnen[176];

ε) die Regreß- und Gewährleistungsklagen[177], so wenn der Bürge dasjenige, was er infolge seiner Verurteilung an den Gläubiger hat zahlen müssen, d. h. die aus Kapital, Zinsen und Kosten zusammengesetzte Gesamtforderung, im Regreßwege vom Hauptschuldner zurückverlangt[178]. Auch Regreßklagen gegen einen Anwalt oder Notar gehören hierher[178a].

109 Infolge der hier vertretenen Auffassung hatte die Praxis bei Wechselklagen angenommen, daß die eigene Provision stets Nebenforderung, bezüglich der übrigen Forderungen aber zu unterscheiden sei, ob es sich um die Wechselklage gegen den Akzeptanten oder um die Regreßklage nach Art. 51 WO. handle, bei welcher die gezahlte Summe als Einheit zu behandeln sei[179]. Zur Beseitigung der aus dieser Rechtsprechung in der Praxis entstandenen Unzuträglichkeiten ist in der Reichstagskommission zur Beratung der Zivilprozeßnovelle von 1898 der Abs. 2 des § 4 ZPO. beantragt und sodann zum Gesetz erhoben worden[180]. Danach sind bei An-

---

[172] RG. JW. 1893, 535 Nr. 2; 1897, 205 Nr. 1; RGZ. 32, 377.

[173] RG. bei Bolze Bd. 1 Nr. 1115; Bd. 2 Nr. 1415; Bd. 4 Nr. 1077; JW. 1887, 311 Nr. 1; 1892, 460 Nr. 1; 1896, 172 Nr. 14; 1899, 423 Nr. 2; 1900, 437 Nr. 2; 1909, 691 Nr. 21; 1910, 114 Nr. 18; LZ. 1910, 226 Nr. 3; RGZ. 26, 413; Stein-Jonas § 4 Anm. III; Jonas § 9 Anm. II 2.

[174] RG. bei Bolze Bd. 22 Nr. 691; JW. 1896, 300 Nr. 2.

[175] BayObLG. SeuffA. 61, 419.

[175a] Stein-Jonas § 717 Anm. II, 4.

[176] Anders die herrschende Meinung, die nur bei der Widerklage, nicht bei dem Inzidentantrag so verfährt. Vgl. oben Fußnote 124. Richtig: Jonas § 9 Anm. II, 2.

[177] RGZ. 8, 365; 10, 345; 32, 75; GruchotsBeitr. 41, 1100; RG. JW. 1909, 691 Nr. 21; Rittmann-Wenz § 9 Anm. 16.

[178] Siehe hiezu auch oben Anm. 99 (Eviktionsklage). RG. SeuffA. 60, 166 erachtet bei einer Klage auf Schadensersatz aus der Garantieübernahme für das Nichtbestehen einer fremden Forderung die Zinsen von dieser und die Kosten des Vorprozesses als Nebenforderung. Dies erscheint uns nicht folgerichtig. Sicherlich trifft es bezüglich der „Kosten" nicht zu (s. oben Anm. 99).

[178a] Jonas § 9 Anm. II, 2.

[179] RGZ. 29, 332 und 32, 75.

[180] Reichst.-Drucks. 1897/98 Nr. 340 S. 26; StenB. S. 9095.

sprüchen aus Wechseln im Sinne der Wechselordnung die Zinsen, Kosten und Provisionen, welche außer der Wechselsumme gefordert werden, stets als Nebenforderungen anzusehen, also auch im Falle der Regreßklage nach Art. 51 WO. Diese Ausnahmebestimmung ist als solche streng auszulegen; sie kommt deshalb nicht zur Anwendung, wenn es sich nicht um einen Anspruch aus dem Wechsel, sondern um einen Anspruch auf Schadensersatz gegen den Nachmann oder um den Bereicherungsanspruch gegen Aussteller oder Akzeptanten des präjudizierten oder verjährten Wechsels oder um einen Anspruch des Wechselinhabers gegen einen zivilrechtlichen Bürgen handelt[181]). Dagegen ist die sinngemäße Anwendung auf den völlig gleichgelagerten Fall der Regreßforderung nach § 17 Scheckges. geboten[182]).

d) Von den erörterten Grundsätzen werden durch § 15 GKG. einige Ausnahmen gemacht: 109a

α) In einem Prozesse über Haupt- und Nebenforderung kann es vorkommen, daß gewisse Akte, z. B. eine Beweisanordnung, ein Urteil auf Grund streitiger Verhandlung, lediglich die Nebenforderung ohne die Hauptforderung betreffen. Da nach § 4 ZPO. die Nebenforderung für die Wertberechnung nicht in Betracht kommt, mußte für diesen Fall — den die nur für die Zuständigkeitsabgrenzung bestimmten Vorschriften der ZPO. nicht berührten — im GKG. eine ergänzende Vorschrift getroffen werden. Dies ist im § 15 Abs. 1 dahin geschehen, daß für Akte, welche Früchte, Nutzungen, Zinsen[183]) oder Kosten als Nebenforderungen ohne den Hauptanspruch betreffen, der Wert der Nebenforderungen insoweit maßgebend ist, als er den Wert des Hauptanspruchs nicht übersteigt. Vgl. die Erläuterungen in Anm. 124ff.

β) Abweichend von der Regel des § 4 bestimmt § 15 Abs. 2 GKG., daß für 110 Akte der Zwangsvollstreckung wegen einer Geldforderung die einzuziehenden Zinsen mitzuberechnen sind.

αα) Die Vorschrift des § 15 Abs. 2 GKG. will nur bestimmen, wie der Wert einer einzuziehenden Geldforderung zu berechnen ist; für die Berechnung des „Streitwerts" kommt sie daher nur dort in Betracht, wo der Streitwert durch die beizutreibende Geldforderung bestimmt wird.

ββ) Was „Akte der Zwangsvollstreckung" sind, ergibt sich im allge- 111 meinen aus dem achten Buche der ZPO. Den Gegenstand des betreffenden Verfahrens muß jedoch eine Maßregel der Zwangsvollstreckung selbst bilden, nicht bloß die Voraussetzung einer solchen; zu den Akten der Zwangsvollstreckung gehören daher nicht die Erwirkung des Vollstreckungsbefehls oder der Vollstreckungsklausel im Falle des § 34 Nr. 3 GKG. Wohl aber gehören hieher die Verfahren nach § 33 Nr. 5, § 34 Nr. 2. Wegen der Fälle des § 34 Nr. 1 vgl. § 34 Anm. 17.

Bei dem ebenfalls im achten Buch der ZPO. behandelten Verfahren wegen 112 Arrests und einstweiliger Verfügung hat man zwischen der „Anordnung" und der „Vollziehung" zu unterscheiden. Die Arrestanordnung schafft in dem Arrestbefehle nur den Titel für die Vollziehung des Arrestes, analog dem Urteile als dem Titel zur Zwangsvollstreckung; die Arrestanordnung ist demnach noch nicht ein Akt der Zwangsvollstreckung[184]). Ebensowenig gehört der Streit über die Rechtmäßigkeit des Arrestes zur Zwangsvollstreckung. Erst bei den Vorschriften über die „Vollziehung" des Arrestes wird in § 926 ZPO. bestimmt, daß auf die Vollziehung des Arrestes die Vorschriften

---

[181]) Vgl. Stein-Jonas § 4 Anm. IV; OLG. 21, 63 (KG.). Klagt ein Wechselgläubiger gegen einen Wechselschuldner (etwa den Akzeptanten) auf Erstattung der Diskontspesen aus besonderer Abrede oder aus Handelsübung, so sind diese Spesen nicht Nebenforderungen im Sinne des § 4 ZPO., einmal weil dieser Anspruch nicht aus dem Wechsel herrührt, dann weil es sich nicht um eine der im § 4 genannten Arten von Nebenforderungen handelt.

[182]) Stein-Jonas § 4 Anm. IV; Jonas § 9 Anm. II 2.

[183]) Bis zum Ges. vom 18. Aug. 1923 folgte auch hier noch das Wort „Schäden".

[184]) RGZ. 26, 414.

über die Zwangsvollstreckung entsprechende Anwendung finden. Die Vollzugsmaßregeln sind demnach als Akte der Zwangsvollstreckung zu behandeln.

113 Auch die ebenfalls im achten Buche der ZPO. behandelten Klagen aus §§ 771 und 767 (Widerspruchsprozesse und Vollstreckungsgegenklagen) gehören **nicht** zur Zwangsvollstreckung[185]); ebensowenig die dazu gehörigen Anträge auf vorläufige Einstellung (§ 34 Anm. 17).

Bei Klagen auf Zulässigkeit der Zwangsvollstreckung aus einem ausländischen Urteil und bei Anträgen auf Vollstreckbarkeitserklärung eines Schiedsspruchs usw. (§§ 722, 1042, 1044a ZPO.) sind Zinsen (und Kosten) dem Hauptanspruch **nicht** hinzuzurechnen[186]).

114 γγ) Mitzurechnen, d. h. der Kapitalforderung zuzuschlagen sind die „einzuziehenden Zinsen", d. h. alle Zinsen, welche neben dem Kapitale eingezogen werden sollen, also **die bis zur Einziehung laufenden Zinsen.** Diese Zinsen werden zunächst bis zu dem das Verfahren einleitenden Antrag angesetzt; sie können später bis zur Beendigung des Verfahrens (oder der früheren Kapitalszahlung) hinzugerechnet werden, was aber in der Praxis wohl selten geschieht.

115 e) Soweit die Nebenforderungen bei der Wertberechnung überhaupt nicht in Betracht kommen, kann die Frage unerörtert bleiben, ob die **nach Erhebung der Klage entstandenen** Nebenforderungen Berücksichtigung finden. Anders jedoch, sobald die Nebenforderung für die Wertberechnung in Betracht kommt, sei es, daß sich die Hauptforderung erledigt hat (Anm. 103), oder daß es sich um Akte handelt, welche die Nebenforderung ohne den Hauptanspruch betreffen (Anm. 124 ff.). Hier liegen nun Ansprüche vor, die „den Grund des Wachsens in sich selbst tragen"; der **Streitgegenstand** selbst ändert sich fortwährend und es gilt das oben zu Anm. 44 Gesagte.

116 f) **Die Kosten in der Zwangsvollstreckung.**

Bezüglich der Rolle, welche die Kosten bei Bestimmung des „Streitwerts" in der Zwangsvollstreckung spielen, ergeben sich zwei Probleme, die hier zu erörtern sind: einmal die Frage, ob die Kosten, die im Prozesse Nebenforderungen waren, diesen Charakter beibehalten, wenn sie auf Grund eines Kostenfestsetzungsbeschlusses neben dem Hauptanspruch beigetrieben werden sollen, und dann die Frage, ob das gleiche gilt, wenn die Kosten der Zwangsvollstreckung selbst, sei es die einer früheren, sei es die der in Frage stehenden, einzuziehen sind.

α) Schon die Motive zu § 13 (jetzt 15) GKG. bemerken: „Für die Zwangsvollstreckung wegen Geldforderungen kann der Unterscheidung zwischen Haupt- und Nebenforderung keine praktische Bedeutung beigemessen werden und muß daher § 4 der ZPO. außer Anwendung bleiben". In der Tat ist die Entstehung der vollstreckbaren Forderung und des Vollstreckungstitels völlig belanglos; die Kosten werden einfach nach dem Rechte, das verwirklicht werden soll, berechnet und es ist müßig danach zu fragen, ob ein Teil dieses Rechts früher einmal von einem anderen Teile abhängig war oder nicht. Aus dem oben angeführten Satz der Motive folgt zugleich, daß der Gesetzgeber den 2. Absatz des § 15 GKG. nicht eingefügt hat, um hinsichtlich der Zinsen eine Ausnahme festzusetzen, daß er vielmehr die Hinfälligkeit des Begriffes „Nebenforderung" im Sinne des § 4 ZPO., § 15 Abs. 1 GKG. in der Zwangsvollstreckung für selbstverständlich gehalten hat und diesen gesetzgeberischen Gedanken der Deutlichkeit halber zum Ausdruck bringen wollte, aber nur für die Zinsen besonders zum Ausdruck gebracht **hat.** § 15 Abs. 2 bietet also kein arg. e contrario, sondern einen Beweis für die allgemeine Geltung des Grundsatzes, den die Motive hervor-

---

185) RGZ. 28, 429.

186) OLG. 40, 342 (KG.); RG. JW. 1925, 2005 = LZ. 1925, 1076[13]; **Stein-Jonas** § 1042 Anm. V, 4; OLG. Karlsruhe BadRpr. 1926, 53. A. M.: **Willenbücher** § 10 Anm. 8; BayObLG. Recht 1915 Nr. 908. **Stein-Jonas** (§ 4 Anm. III) macht beim Vollstreckungsurteil nach § 722 ZPO. eine Ausnahme, soweit das ausländische Urteil die **bezifferten Kosten** mit der Hauptsumme zusammenfaßt; s. o. Anm. 104.

heben. Mithin sind die Kosten des der Vollstreckung vorausgehenden Prozesses und die etwa früher erwachsenen Vollstreckungskosten dem Streitwert hinzuzurechnen[187].

β) Anders liegt die Frage hinsichtlich der Kosten des betreffenden Vollstreckungs- 117
verfahrens selbst. Sie entsprechen den Kosten des Rechtsstreits im Prozeßverfahren. Hier greift die Analogie des § 15 Abs. 3 GKG. durch: solange noch ein Teil des zur Vollstreckung bestimmten Anspruchs — außer den Kosten dieses Vollstreckungsverfahrens selbst — unerledigt ist, bleiben die zuletzt erwähnten Kosten bei der Wertberechnung außer Betracht (s. u. Anm. 129)[188].

6. Wertbestimmung für Teilakte. Insbesondere für Akte betr. Nebenforderungen und Prozeßkosten. (§§ 14, 15 GKG.)

Bei der allgemeinen Besprechung des Streitgegenstandes ist schon hervorgehoben 118
worden (oben Anm. 20), daß dieser nicht während aller Prozeßabschnitte der gleiche zu sein braucht. Diesem Umstande wird durch die Bestimmungen des § 14 GKG. Rechnung getragen, nach welchem für Akte, die nur einen Teil des Streitgegenstandes betreffen, die Gebühren nur nach dem Werte dieses Teils zu berechnen sind. Sind von einzelnen Wertsteilen in derselben Instanz für gleiche Akte Gebühren zu berechnen, so darf nicht mehr erhoben werden, als wenn die Gebühr von dem Gesamtbetrage der Wertsteile zu berechnen wäre; treten für die Akte verschiedene Gebührensätze ein, so ist der höchste Satz maßgebend.

a) Der Ausdruck „Akte" bezeichnet die in den §§ 20 ff. GKG. aufgeführten, 119
als Grundlage für die Gebührenerhebung dienenden Hauptabschnitte des Prozeßverfahrens bzw. die innerhalb dieser Prozeßabschnitte als ein Ganzes zusammengefaßten Tätigkeitsgruppen. Als solche kommen für die Gerichtskosten in Betracht: der allgemeine Prozeßbetrieb[189], dem die Prozeßgebühr entspricht; die Anordnung einer Beweisaufnahme (Beweisgebühr) und die Erlassung eines Urteils auf Grund streitiger Verhandlung (Urteilsgebühr). Über die „Vergleichsgebühr", die aber nie einen Teil des Streitgegenstandes, sondern nur einen Gegenstand, der nicht Streitgegenstand ist, betreffen kann, vgl. § 36.

b) Über den Begriff der „Instanz" im Sinne des GKG. vgl. §§ 25 ff. und die 120
Erläuterungen dazu.

c) Wenn die zur Berechnung kommenden Akte nur einen Teil des Streitgegen- 121
standes betreffen (Fall des Abs. 1 des § 14 GKG.), so ist die Berechnung eine einfache. Wenn also die Klage auf Zahlung von 900 RM. erhoben, dann nach der Verhandlung, aber vor Beweisanordnung auf 600 RM. ermäßigt, hierauf nach Zahlung weiterer 300 RM. über 300 RM. streitig verhandelt und Urteil erlassen wurde, so entstehen an Gerichtskosten:

eine Prozeßgebühr aus 900 RM.,
eine Beweisgebühr aus 600 RM.,
eine Urteilsgebühr aus 300 RM.

Das entspricht der Billigkeit. Zu einem unbilligen Ergebnis, nämlich einer höheren Liquidation infolge der Teilberechnungen, könnte man aber gelangen, wenn

---

[187]) Gl. M.: Rittmann-Wenz § 15 Anm. 5; Jonas § 15 Anm. 2; OLG. München BayZ. 1925, 138; KG. JW. 1928, 738[10] (diese beiden Entscheidungen betreffen das Zinsen- und Kostenaversum beim Arrestvollzug, insbesondere bei der Forderungspfändung; hier wird das Aversum zum Streitwert des Hauptanspruchs hinzugerechnet, während es im Anordnungsverfahren außer Betracht bleibt; das gilt auch dann, wenn Anordnung und Pfändung verbunden sind); OLG. München BayZ. 1927, 397 = BuschsZ. 53, 315 (mit Anm. Hagemann). Vgl. auch RGZ. 28, 430. A. M.: OLG. München JW. 1923, 856 Nr. 40; BayZ. 1925, 187.

[188]) Gl. M.: OLG. 29, 11 (München); Rittmann-Wenz § 15 Anm. 5; Willenbücher § 10 Anm. 45; Jonas § 15 Anm. 2. A. M.: LG. Dresden JW. 1923, 620 Nr. 2 und Friedlaender ebenda; OLG. Karlsruhe Recht 1902, 616 Nr. 2855.

[189]) Ebenso: Jonas § 14 Anm. 1. Rittmann-Wenz Vorb. zu §§ 20—30 Anm. 3 nimmt zu Unrecht die Prozeßgebühr von den „Aktgebühren" aus.

die Gebühren des § 20 mehrfach für einzelne Wertsteile zu liquidieren (Fall des § 14 Abs. 2 Satz 1) oder für die mehrfach anzusetzenden Gebühren verschiedene Sätze zu berechnen sind (Fall des § 14 Abs. 2 Satz 2). Um dies zu vermeiden, gibt der § 14 Abs. 2 folgende Vorschriften:

122 α) Wenn von einzelnen Wertsteilen für gleiche Akte Gebühren zu berechnen sind, so bildet die Gebühr vom Gesamtbetrage für den betreffenden Akt die Höchstgrenze. Es muß daher hier eine doppelte Berechnung, nach den einzelnen Wertsteilen und nach dem Gesamtwert, aufgestellt werden; die dem Zahlungspflichtigen günstigere entscheidet. Wenn z. B. in einem Rechtsstreit über 3000 RM. zunächst über einen Teilbetrag von 2000 RM. Beweis angeordnet ist und später über den Restbetrag von 1000 RM., so würde die Beweisgebühr an sich von 2000 RM. = 50 RM. und von 1000 RM. = 30 RM., zusammen 80 RM. betragen; da aber die Beweisgebühr von 3000 RM. nur 60 RM. beträgt, so ist die Gebühr auf diesen Betrag zu ermäßigen.

123 β) Wenn von einzelnen Wertsteilen für gleiche Akte Gebühren zu berechnen sind, für diese Akte aber verschiedene Gebührensätze eintreten, so soll der höchste Satz maßgebend sein, d. h. (nach der authentischen Erklärung in der Reichstagskommission) der nicht zu überschreitende Gesamtbetrag soll nach dem höchsten Gebührensatz, welcher für den Gesamtbetrag der Wertsteile anzusetzen wäre, berechnet werden[190]. Auch hier ist eine doppelte Berechnung anzustellen, eine solche nach den einzelnen Wertsteilen mit den verschiedenen Gebührensätzen und eine solche nach dem Gesamtwert und dem höchsten Gebührensatz; die dem Zahlungspflichtigen günstigere entscheidet. Wenn also z. B. über einen Arrestantrag auf 3000 RM. über 200 RM. durch Beschluß, über 2800 RM. durch Urteil entschieden wird, so dürfen die Einzelgebühren (½ aus 200 = 3 RM. + 10/10 aus 2800 = 58 RM.) die volle Gebühr aus 3000 RM. (60 RM.) nicht übersteigen. Die Summe von 61 RM. ist also auf 60 RM. zu reduzieren (vgl. § 32 Anm. 6). Seit Geltung des neuen GKG. von 1922 kommt der Vorschrift des § 14 Abs. 2 Satz 2 keine große praktische Bedeutung mehr zu.

124 d) Als eine **besondere Anwendung** der Vorschrift des § 14 GKG. ist die Bestimmung des § 15 Abs. 1 GKG. anzusehen. Die Nebenforderungen sind Teile der Gesamtforderung; wenn sie auch nach § 4 ZPO. für die Wertberechnung zunächst nicht in Betracht kommen, so bedurfte es doch einer Bestimmung für den Fall, daß sie ohne den Hauptanspruch den Gegenstand eines Aktes bilden. Es bestimmt deshalb § 15 Abs. 1 GKG., daß für Akte, welche Früchte, Nutzungen, Zinsen oder Kosten als Nebenforderungen ohne den Hauptanspruch betreffen, der Wert der Nebenforderungen insoweit maßgebend sein soll, als er den Wert des Hauptanspruches nicht übersteigt.

125 α) Voraussetzung für die Anwendung des § 15 GKG. ist, daß Nebenforderungen ohne den Hauptanspruch, d. h. ohne ihre Eigenschaft als Nebenforderung verloren zu haben, Gegenstand eines Aktes werden[191]. Haben sie diese Eigenschaft bereits verloren, weil der Hauptanspruch weggefallen ist, so sind sie nicht mehr Nebenforderung, sondern Hauptforderung; es fällt dann also insbesondere die Beschränkung auf den Wert des Hauptanspruchs fort[192].

126 β) Eine weitere Voraussetzung der Anwendbarkeit des § 15 Abs. 1 besteht darin, daß in derselben Instanz nicht etwa für einen gleichartigen, den Hauptanspruch betreffenden Akt Gebühren zu berechnen sind. Ist letzteres der Fall, hat also z. B. in getrennten Akten je eine Beweisanordnung stattgefunden, zunächst über die Kapitalforderung und dann über die zugehörigen Zinsen, so bleibt § 15 Abs. 1 außer Anwendung; es gelangen dann für den die Zinsen betreffenden Beweiserhebungsakt überhaupt keine Gebühren zum Ansatze, weil die Beweisgebühr durch den die Hauptforderung betreffenden Beweisanordnungsakt bereits vollständig absorbiert und eine weitere Beweisgebühr in derselben Instanz nach dem Grundsatze des § 25 GKG. ausgeschlossen ist. Hat sich jedoch der erste Beweisanordnungsakt nur auf einen

---

190) KommB. S. 73; ebenso: RG. JW. 1883, 142; 1894, 264 Nr. 13.
191) Vgl. RG. JW. 1894, 504 Nr. 1; BayObLGZ. 16, 302.
192) Vgl. Anm. 102.

Teil der Hauptforderung, der zweite dagegen auf den ganzen Zinsenanspruch erstreckt, so bildet für letzteren der Betrag derjenigen Zinsen, welche zu dem von der Beweisanordnung nicht betroffenen Teile der Hauptforderung gehören, den Streitgegenstandswert. Für diesen Fall ist aber beim Ansatze der Beweisgebühren die Vorschrift in § 14 Abs. 2 GKG. zu beachten, wonach die Summe der mehreren Teilgebühren für gleiche Akte den Betrag der nach dem ganzen Streitobjekte zu berechnenden vollen Gebühr nicht übersteigen darf.

e) Schließlich kann auch der Fall eintreten, daß einzelne Akte nur die Kosten des Rechtsstreits betreffen; diese sind an sich kein Teil des Streitgegenstandes; nur, wo sie isoliert in Betracht kommen, müssen sie gebührenrechtlich als solcher angesehen werden. Es bestimmt nun der § 15 Abs. 3 GKG., daß für Akte, welche die Kosten des Rechtsstreits ohne den Hauptanspruch betreffen, der Betrag der Kosten maßgebend sein soll. 127

α) Die im ersten Absatze des § 15 GKG. erwähnten „Kosten" sind mit den im dritten Absatze daselbst bezeichneten „Kosten des Rechtsstreites" nicht identisch; zwischen den beiden Arten von „Kosten" ist vielmehr streng zu unterscheiden. Denn der Absatz 1 bezieht sich lediglich auf Kosten als „Nebenforderungen" der Partei, welche diese schon in der Klage bzw. in der Widerklage zusammen mit dem Hauptanspruch gegen ihren Gegner geltend gemacht hat, und welche dann ausschließlich den Gegenstand eines besonderen Aktes bilden. Unter diesen Begriff können jedoch diejenigen Kosten nicht gerechnet werden, welche erst durch den schwebenden Prozeß selbst verursacht werden. Dies zeigt schon die verschiedene prozessuale Behandlung; während Nebenforderungen ohne Antrag nicht zugesprochen werden können (§ 308 Abs. 1 Satz 2 ZPO.), ist die Entscheidung über die Kosten von einem Antrage unabhängig (§ 308 Abs. 2 ZPO.). Auch die Motive zu § 13 (jetzt 15) GKG. bezeichnen den Kostenpunkt (§ 15 Abs. 3) als einen Streitpunkt, welcher weder mit dem Gegenstande der Klage noch mit einem Teile desselben identisch ist[193]). 128

β) Schon hieraus folgt, daß die Bezeichnung „Hauptanspruch" im § 15 Abs. 3 GKG. nicht dieselbe Bedeutung haben kann wie im Abs. 1. Während im Abs. 1 den Gegensatz zum „Hauptanspruch" die Nebenforderungen bilden, sind es im Abs. 3 die Kosten des Rechtsstreites, welche dem Hauptanspruch gegenübergestellt werden: „Hauptanspruch" ist deshalb hier gleichbedeutend mit „Hauptsache" im Sinne des § 99 ZPO., wo zwischen „Kostenpunkt" und „Hauptsache" unterschieden wird. Dann ist aber Hauptsache alles, was nicht den Kostenpunkt betrifft, also sowohl die Hauptforderung wie die etwaigen Nebenforderungen. Hieraus ergibt sich, daß die im dritten Absatze erwähnten, erst durch den Rechtsstreit selbst erwachsenden Kosten als der für die Gebührenberechnung zugrunde zu legende Wert des Streitgegenstandes immer nur dann in Betracht kommen können, wenn der Hauptanspruch bereits vollständig, d. h. mit allen seinen Nebenforderungen, also auch einschließlich etwaiger Zinsen und Kosten im Sinne des ersten Absatzes, durch Anerkenntnis, Verzicht, Zurücknahme oder auf andere Weise beseitigt bzw. erledigt ist und also der ursprüngliche Streitgegenstand für den betreffenden Gebührenansatz[194]) gar nicht mehr in Frage steht. Wird also nur über Zinsen und Kosten gestritten, so bestimmt lediglich der Betrag der Zinsen den Streitwert[195]). Die Zinsen sind hier gegenüber den Prozeßkosten „Hauptanspruch". Auch wenn z. B. die Klageforderung in der Hauptsache erledigt, aber noch eine Widerklage anhängig ist, kommen die Kosten der Klage für die Wertberechnung nicht in Betracht[196]). 129

---

[193]) Vgl. die ausführliche Erörterung in JW. 1883, 170/172.

[194]) Diese Einschränkung ist zu beachten. Wird z. B. die Hauptsache anerkannt, über die Kosten aber streitig verhandelt und Urteil erlassen, so ist die Prozeßgebühr aus der Hauptsache, die Urteilsgebühr aus den Kosten zu berechnen.

[195]) RG. JW. 1885, 94 Nr. 18; 1893, 266 Nr. 5; 1894, 366 Nr. 20; 430 Nr. 31; 504 Nr. 1; 1897, 210 Nr. 22; RGZ. 39, 388; Gruchots Beitr. 38, 1192; OLG. Breslau JW. 1916, 976 Nr. 7.

[196]) Das Entsprechende gilt z. B. bei der Anfechtung des Kostenfestsetzungsbeschlusses.

180 γ) Im Falle des § 15 Abs. 3 GKG. bildet die Summe der Gerichtskosten und der sog. außergerichtlichen Kosten beider Parteien, welche bis zur Erledigung des Hauptanspruches aufgelaufen sind, den für die weiteren Akte der Instanz maßgeblichen Streitwert (auch wenn ihre Summe höher ist als der Streitwert der Hauptsache[196a]), während demgegenüber die ferneren, erst durch diese Akte selbst erwachsenden Kosten gewissermaßen als Nebenforderung erscheinen und daher unberücksichtigt bleiben müssen[197]).

181 δ) Die Hauptanwendungsfälle des § 15 Abs. 3 ergeben sich, wenn die Klage oder der Einspruch zurückgezogen, der Anspruch anerkannt oder von beiden Parteien für erledigt erklärt und der Streit bezüglich der Prozeßkosten fortgesetzt wird. Der § 15 Abs. 3 findet ferner Anwendung, wenn ein Rechtsmittel wegen des Kostenpunktes allein eingelegt wird. Hier bilden die Kosten der Vorinstanz den Streitwert[198]).

7. Konkursforderungen. (§ 148 KO.)

182 § 148 KO. stellt die Regel auf, daß in Prozessen über die Richtigkeit oder das Vorrecht einer Forderung der Streitwert mit Rücksicht auf das Verhältnis der Teilungs- zur Schuldenmasse nach freiem Ermessen festzusetzen ist[199]).

183 a) Aus der Stellung des § 148 im zweiten Buch, vierten Titel „Schuldenmasse" sowie aus dem Zusammenhange des § 148 mit den vorangehenden §§ 138 ff. ergibt sich, daß es sich um Konkursforderungen handeln muß, welche nach Betrag und Grund, sowie unter Angabe des beanspruchten Vorrechts anzumelden (§ 139) und im Prüfungstermine ihrem Betrage und ihrem Vorrechte nach zu erörtern sind (§ 141), deren Feststellung sodann entweder mangels Widerspruchs des Verwalters oder eines Konkursgläubigers ohne weiteres erfolgt (§ 144) oder gegen die Bestreitenden im besonderen Prozesse betrieben wurden muß (§ 146).

184 Hieraus folgt, daß der § 148 keine Anwendung findet

α) wenn es sich nicht um „Konkursforderungen" im Sinne der §§ 61 ff. handelt, sondern um Masseforderungen (§§ 57 ff.), um Ansprüche auf Aussonderung (§§ 43 ff.) oder um Ansprüche auf abgesonderte Befriedigung (§§ 47 ff.)[200]),

β) wenn es sich nicht um einen Prozeß gegen den Konkursverwalter oder bestreitenden Gläubiger, sondern um einen solchen gegen den bestreitenden Gemeinschuldner handelt (§ 144 Abs. 2)[201]).

Hier werden die Kosten des Festsetzungsverf. (Anwaltskosten) bei der Wertbestimmung im Beschwerdeverfahren nicht mitgerechnet: RG. JW. 1902, 181 Nr. 1; Willenbücher 152, 170; vgl. auch OLG. Düsseldorf Bbl. 1924, 59. Ebenso gelten bei Beschwerden nach § 99 Abs. 3 ZPO. die Kostenfestsetzungsgebühren des Anwalts als Nebensache: RG. JW. 1900, 647 Nr. 2; 1901, 329 Nr. 10. Vgl. ferner RGZ. 23, 351 (Kosten des Urkundenprozesses im Nachverfahren; wegen der Inzidentanträge vgl. jedoch oben Anm. 84).

[196a]) OLG. Celle Recht 1928 Nr. 933.

[197]) Gl. M.: OLG. Hamburg SeuffA. 43, 454; OLG. Jena ThürBl. 33, 367 = SeuffA. 42, 212; RG. JW. 1897, 3 Nr. 4; RGZ. 50, 368; OLG. 33, 174 (Braunschweig); OLG. Rostock MecklZ. 43, 104; OLG. Stuttgart HöchstrRspr. 1928 Nr. 475. Fürst-Roth bezeichnet (§ 10 Anm. 9) als Wert des Streitgegenstandes den ganzen Betrag der bis zur Beendigung der Instanz voraussichtlich aufzuwendenden Kosten. Diese Anschauung wird den oben wiedergegebenen Erwägungen nicht gerecht und ist außerdem praktisch schwer zu handhaben.

[198]) OLG. Jena BuschsZ. 38, 552. Siehe auch Fußnote 196.

[199]) Keine analoge Anwendung auf andere Fälle, so früher auf den Fall, daß der Schuldner unter Geschäftsaufsicht stand: OLG. Nürnberg BayZ. 1926, 31.

[200]) RG. JW. 1896, 281 Nr. 1. Bei Anmeldung „für den Ausfall" vgl. OLG. 4, 267 (Kiel). Auch analoge Anwendung des § 148 auf Masseforderungen ist nicht zulässig: OLG. Frankfurt a. M. LZ. 1915, 1837 Nr. 13. Nicht zutreffend: RG. JW. 1927, 517[7] (dagegen: Dispeker ebenda; Cromwell JW. 1927, 1153[17] und Bley BuschsZ. 52, 329). — Bei Klagen auf Feststellung des Rechts auf abgesonderte Befriedigung aus einem Pfandrecht findet § 6 ZPO. Anwendung; die Konkurrenz anderer Pfandrechte mindert den Streitwert nicht: OLG. München BayZ. 1927, 166 (s. a. Anm. 169).

[201]) RGZ. 24, 405; RG. SeuffA. 46, 371; OLG. 15, 50 (Karlsruhe). Hier ist der

b) Der Prozeß über die Richtigkeit der Forderung d. h. der Feststellungsprozeß 135
kann entweder durch Erhebung der Klage begonnen (§ 146 Abs. 2) oder durch Aufnahme des zur Zeit der Konkurseröffnung bereits anhängigen Rechtsstreits verfolgt werden (§ 146 Abs. 3). Im letzteren Falle bleibt der bisherige Streitwert für die Berechnung der bereits vor der Aufnahme entstandenen Kosten maßgebend und nur für die Berechnung der künftig entstehenden Kosten entscheidet der neue Streitwert aus § 148 KO.[202]).

c) In Prozessen über Richtigkeit oder Vorrecht einer Konkursforderung soll das 136
Verhältnis der Teilungs- zur Schuldenmasse, d. h. die zu erwartende Dividende den Streitwert bestimmen.

Unter der „Teilungsmasse" ist dasjenige zu verstehen, was nach Befriedigung der Absonderungsberechtigten sowie nach Deckung der Masseschulden und Massekosten, wozu auch die gerichtlichen Kosten des Konkursverfahrens gehören, zur Verteilung an die Konkursgläubiger, d. h. zur Deckung der Schuldenmasse übrig bleibt (§§ 57, 58, 59 KO.).

Die „Schuldenmasse" ist der Gesamtbetrag der den bevorrechteten und nicht bevorrechteten Konkursgläubigern zustehenden Forderungen.

Das Verhältnis der beiden Massen ergibt die Dividende, welche der Konkursgläubiger zu erwarten hat. Um diese richtig berechnen zu können, muß zunächst auch die in Streit befangene Forderung selbst als zur Schuldenmasse gehörig angesetzt werden[203]). Aber weiterhin müssen auch andere bestrittene Forderungen mit einer der Wahrscheinlichkeit einigermaßen entsprechenden Teilquote in die Berechnung der Schuldenmasse eingestellt werden[204]).

Streitig ist, welcher Zeitpunkt für die Bestimmung des Verhältnisses der 137
Teilungs- zur Schuldenmasse maßgebend ist. Das Reichsgericht, 4. Senat, hatte in seiner Entscheidung vom 12. Februar 1894[205]) den Zeitpunkt der Konkursbeendigung für maßgebend erachtet, „da unter der Teilungsmasse im Sinne des (alten) § 136 KO. nur diejenige Masse verstanden werden kann, welche nach Abzug aller Kosten wirklich zur Verteilung zu bringen ist". Dagegen hat das Reichsgericht, 6. Senat, in der Entscheidung vom 6. April 1899[206]) „gemäß den Vorschriften der durch § 136 KO. ergänzten §§ 3, 4 ZPO. für die Bestimmung des Wertes die Berechnung zur Zeit der Klageerhebung" für maßgebend erklärt. Später ist das RG. wieder zu der ersteren Ansicht zurückgekehrt[207]). Die Frage ist grundsätzlich bereits oben in Anm. 64 behandelt worden. Demnach geht die Wirklichkeit der Schätzung vor; eine objektiv unrichtige Schätzung der Teilungs- oder Schuldenmasse und ihres Verhältnisses zueinander ist bei Beendigung des Konkurses richtig zu stellen.

---

volle Betrag der Forderung maßgebend, auch wenn der Gemeinschuldner allein verklagt wird; in diesem Falle die mutmaßliche Konkursdividende am Forderungsbetrage abzuziehen (wie Willenbücher § 10 Anm. 28 will) ist nicht angängig. Die begehrte Feststellung betrifft die ganze Forderung. Ebenso: Rittmann-Wenz § 9 Anm. 24.

[202]) RG. JW. 1893, 126 Nr. 8; 114 Nr. 7. RG. SeuffA. 62, 472 will den Streitwert eines aufgenommenen Verfahrens auch dann nach § 148 KO. bemessen, wenn entgegen dieser Bestimmung der auf Zahlung lautende ursprüngliche Klageantrag aufrecht erhalten wird. Das ist nicht folgerichtig.

[203]) RG. JW. 1896, 602 Nr. 22.

[204]) RG. JW. 1899, 228 Nr. 17.

[205]) GruchotsBeitr. 38, 1180.

[206]) GruchotsBeitr. 43, 1217.

[207]) RG. LZ. 1912, 473 Nr. 6; Willenbücher § 10 Anm. 28. Anders Jonas § 9 Anm. III 2 f, der nur eine Schätzung nach den Zeitpunkten zuläßt, die nach § 9 Abs. 2 GKG. und § 4 ZPO. maßgebend sind. Das ist aber nicht zutreffend. Es kommt nicht darauf an, wie hoch der Wert in den betreffenden Zeitpunkten geschätzt werden kann, sondern darauf, wie hoch er in diesen Zeitpunkten wirklich ist. In unserem Falle liegt aber gar keine Verschiedenheit der Werte vor, sondern nur eine Verschiedenheit der Erkenntnismöglichkeiten.

138 d) Im Prozesse über ein **Vorrecht** ist Streitwert die Differenz zwischen der aus dem Verhältnis der Teilungs- zur Schuldenmasse zu ermittelnden Konkursdividende und dem Betrage, den der Gläubiger bei Erstreitung des Vorrechts erhalten würde[208]). Ist die Richtigkeit **und** das Vorrecht im Streit, so bildet den Streitwert der Betrag, den der Gläubiger bei Anerkennung seines Vorrechts erhalten würde.

139 e) Da nach § 62 KO. mit der Kapitalsforderung die vorkonkurslichen Kosten, die Vertragsstrafen und die bis zur Konkurseröffnung laufenden Zinsen angesetzt und berücksichtigt werden, so ist die Dividende von der Gesamtforderung, ohne Unterscheidung von Haupt- und Nebenforderungen, zu berechnen.

BB. Grundsätze für bestimmte Einzelfälle.

140 Außer den Grundsätzen allgemeiner Natur, welche überall zur Anwendung kommen, hat die ZPO. Sonderbestimmungen für die Wertberechnung in gewissen Einzelfällen gegeben. Hierher gehören: die Vorschrift des § 6 ZPO., welche die Fälle behandelt, daß Streitgegenstand der Besitz einer Sache, die Sicherstellung einer Forderung oder ein Pfandrecht ist; die Vorschrift des § 7 ZPO. über den Wert einer Grunddienstbarkeit; die Vorschrift des § 8 ZPO. betr. das Bestehen oder die Dauer eines Pacht- oder Mietverhältnisses als Streitgegenstand, welche indessen durch § 10 GKG. und durch das MSchG. für das Kostenrecht geändert ist; die Vorschrift des § 9 ZPO. über den Wert des Rechts auf wiederkehrende Nutzungen und Leistungen, welche ebenfalls durch § 10 GKG. Änderungen erfahren hat.

1. Besitz einer Sache. (§ 6 ZPO.)

141 Nach § 6 ZPO. wird der Wert des Streitgegenstandes bestimmt durch den **Wert einer Sache**, wenn deren „**Besitz**" Gegenstand des Streites ist[209]).

a) Der **Begriff „Besitz"** ist hier im weitesten Sinne gemeint, in dem er auch den Gewahrsam umfaßt[210]), Besitz ist die tatsächliche Gewalt über eine Sache (§§ 854 ff. BGB.). Gleichgültig ist, ob es sich um unmittelbaren oder mittelbaren Besitz (§ 858 BGB.), Eigenbesitz (§ 872 BGB.) oder Fremdbesitz handelt.

Da als „Sachen" nach § 90 BGB. nur die körperlichen Gegenstände anzusehen sind, so ist § 6 ZPO. jedenfalls nicht unmittelbar auf den Rechtsbesitz anwendbar; soweit dieser vom BGB. überhaupt anerkannt wird oder soweit er nach Landesrecht noch vorkommt[211]), wird, wo es sich nicht um den Besitz einer Grunddienstbarkeit handelt und deshalb § 7 ZPO. maßgebend ist, eine analoge Anwendung des § 6 ZPO. zulässig sein[212]). Wird darüber gestritten, ob eine **Forderung** dem Kläger oder dem Beklagten zusteht, so findet § 6 formell keine Anwendung. Maßgebend ist aber nach § 3 ZPO. das Interesse des Klägers, das sich regelmäßig mit dem wirklichen Wert der Forderung decken wird, nicht immer mit ihrem Nennwert (z. B. wenn es sich um eine Masseforderung im Konkurs handelt und die Masse zur Befriedigung nicht hinreicht[213]) [214]).

142 b) Der **Besitz** einer Sache bildet den **Streitgegenstand**, wenn das Klage-

---

[208]) Ebenso: RG. JW. 1927, 848 [14].

[209]) Vgl. hierzu: Gerlach, Einiges über den Wert des Streitgegenstandes, in GruchotsBeitr. 31, 44 ff.

[210]) RGZ. 61, 92.

[211]) Die Entsch. RG. JW. 1897, 71, welche § 6 auch auf den Rechtsbesitz (Besitz an unkörperlichen Sachen) anwendet, beruht auf dem PrALR.

[212]) Wach 1, 385 Anm. 52; Stein-Jonas § 6 Anm. I; Petersen-Anger § 6 Anm. 1.

[213]) A. M.: OLG. Frankfurt a. M. LZ. 1915, 1337 Nr. 13.

[214]) Ähnlich bei Aktien und GmbH.-Anteilen, bei denen der wirkliche (also gegebenenfalls der Kurs-)Wert, nicht der Nennwert, entscheidet: OLG. Hamburg HansGZ. 10 B. 174. Auch bei der Anfechtungsklage des Konkursverwalters auf Rückgewähr von Außenständen kommt deren wirklicher Wert, nicht ihr Nennwert, in Betracht. Insoweit zutreffend: OLG. München BayZ. 1926, 210 = BuschsZ. 51, 274.

verlangen auf Erlangung oder Wiedererlangung des Besitzes gerichtet ist[215]).

Dies ist aber nicht der Fall, 143

α) wenn Kläger lediglich die Vorzeigung oder Vorlegung einer Sache oder die Vorlegung einer Urkunde verlangt (§§ 809, 810 BGB.), und ebensowenig bei Klagen auf Legung einer Rechnung oder eines Inventars[216]);

β) bei Negatorienklagen, weil hier nicht die Erlangung einer Sache den Streitgegenstand bildet, sondern die Freiheit eines Sachenrechts[217]). Dasselbe ist auch bei konfessorischen Klagen anzunehmen[218]); insbesondere findet § 6 ZPO. keine Anwendung auf die Klage wegen Störung des Besitzes aus § 862 BGB.[219]);

γ) wenn das Klageverlangen nicht auf Erlangung, sondern gerade auf Erledigung des Besitzes gerichtet ist[220]). Dies ist namentlich der Fall bei der Klage auf Abnahme gekaufter Sachen[221]) sowie bei der Klage des Verkäufers auf Entgegennahme der Auflassung[222]).

In allen diesen Fällen (α—γ) kommt daher nicht der § 6, sondern § 3 ZPO. zur Anwendung, der Wert ist nach freiem richterlichen Ermessen zu schätzen.

Dagegen ist, wenn nur die Klage auf Erlangung des Besitzes gerichtet ist, der Rechtsgrund der Klage belanglos; der § 6 findet deshalb nicht nur Anwendung bei den eigentlichen Besitzklagen, sondern bei allen Klagen, durch welche ein Recht auf den Besitz geltend gemacht wird, mag dieser Anspruch auch rein schuldrechtlicher Natur sein. 144

Diese Ansicht, die sich auf Wortlaut und Zweck des Gesetzes stützt, war früher bestritten[223]), ist aber längst allgemein anerkannt[224]). Hinzuzufügen ist hier, 145

---

215) RGZ. 57, 400; Willenbücher § 10 Anm. 53. Auch die Klage auf Herausgabe an einen Dritten gehört hierher; s. o. Anm. 34. — OLG. 19, 50 (Hamburg) will den § 6 nicht anwenden, wenn nur einstweilige Überlassung zur Verwahrung zwecks Sicherung vor Schaden verlangt wird. Aber auch in diesem Fall wird Besitzeinräumung begehrt. Uns. M.: Stein-Jonas § 6 Anm. I Daher ist § 6 auch bei einstw. Verfügungen auf Herausgabe von Sachen stets anwendbar. Vgl. OLG. 4, 266 (KG.) und unten Anm. 155.

216) Vgl. Petersen-Anger § 6 Anm. 3; Stein-Jonas § 6 Anm. I; RG. JW. 1895, 181 Nr. 2; SeuffA. 51, 86; Bolze Bd. 4 Nr. 1079; Bd. 5 Nr. 958; GruchotsBeitr. 33, 1130.

217) Vgl. RGZ. 3, 390; SeuffA. 45, 396; RG. JW. 1896, 1 Nr. 2; 1897, 71; SeuffA. 62, 243. Ebenso (bei Abwehr übermäßigen Lärms und von Immissionen): RG. Recht 1907 Nr. 2099; 1909 Nr. 2969.

218) RG. JW. 1897, 71 Nr. 71; SeuffA. 62, 243.

219) Vgl. Stein-Jonas § 6 Anm. I; Petersen-Anger § 6 Anm. 4.

220) RG. JW. 1890, 235 Nr. 1; GruchotsBeitr. 34, 1138; Bolze Bd. 9 Nr. 644 b; JW. 1906, 688 Nr. 8; SeuffA. 62, 81.

221) Ebenso RGZ. 57, 401 und GruchotsBeitr. 51, 400; LZ. 1915, 357 Nr. 11; RG. SeuffA. 62, 81. Für die Schätzung ist maßgebend das Interesse des Klägers, daß sein Lagerraum frei oder daß Lagergeld gespart wird. In der Praxis bilden diese Ansprüche häufig nur ein accessorium des auf Zahlung gerichteten Hauptanspruchs. Für diese Fälle vgl. auch oben Anm. 81; auch OLG. Naumburg Bbl. 1925, 128.

222) Die frühere Ansicht des RG. (Bbl. 1889, 181; Bolze Bd. 7 Nr. 837), daß auch in diesem Falle den Gegenstand des Streites der Besitz des Grundstücks bilde, ist nicht zu billigen. In seiner Entscheidung vom 21. 9. 1901 (Recht 1901, 541 Nr. 2242) hat der V. Senat d. RG. diese Ansicht verlassen, und nicht § 6, sondern § 3 ZPO. für anwendbar erklärt. Ebenso RG. JW. 1899, 739 Nr. 1; 1901, 718 Nr. 4; 1902, 630 Nr. 1; 1905, 24 Nr. 28; 1906, 688 Nr. 8; RGZ. 57, 400; OLG. 19, 48 (Kiel); 21, 61 (KG. und München); OLG. Breslau BreslauAK. 1909, 65; OLG. 39, 27 Fußnote 1 (Rostock).

Für den Streitwert zu berücksichtigen ist dabei das wirtschaftliche Interesse, das Kläger an der Auflassung hat, insbesondere durch Befreiung von laufenden Lasten: OLG. (Breslau) 6, 371.

223) Wach Handbuch 1, 286; OLG. Braunschweig SeuffA. 37 Nr. 247.

224) Vgl. Stein-Jonas § 6 Anm. I; Petersen-Anger § 6 Anm. 3; Wilmowski-Levy § 6 Anm. 2; Seuffert § 6 Anm. 2; Struckmann-Koch § 6 Anm. 1;

daß bei Klagen, deren Gegenstand die Erlangung oder Feststellung des **Eigentums** bildet, der Wert der Sache ebenfalls für den Streitwert maßgebend ist. Das hat der Gesetzgeber als selbstverständlich vorausgesetzt und daher im § 6 ZPO. nicht besonders hervorgehoben[225]).

§ 6 gilt hienach — außer bei den eigentlichen Besitzklagen — insbesondere:

α) bei Eigentumsklagen (Vindikation, Publizianische Klage), z. B. bei der Klage des Eigentümers auf Räumung der Sache oder Besitzübertragung[226]);

β) bei persönlichen Klagen auf Herausgabe, z. B. Klagen aus einem Leihvertrage, Kaufvertrage[227]), Verwahrungsvertrage[228]), aus Vorkaufs- und Wiederkaufsrechten[229]). Hierher gehören auch die wichtigen Klagen auf Lieferung von Waren[230]) (bei denen also nicht der vereinbarte Kaufpreis, sondern der Wert im maßgebenden Zeitpunkt — § 4 ZPO., § 9 Abs. 2 GKG. — entscheidet) und die Klagen auf Zahlung in ausländischer Währung[231]), die während der Inflationszeit eine große Rolle spielten. Wegen der Miet- und Pachtverträge s. u. Anm. 178ff.

146 γ) Auch bei Klagen aus ungerechtfertigter Bereicherung (Rückgewähr wegen Nichtigkeit des Vertrages) ist § 6 anwendbar[232]). Dasselbe muß auch von den Anfechtungsklagen des **Konkursverwalters** auf Rückgewähr von Sachen gelten, wobei hier die Frage außer Betracht bleibt, inwieweit schlechthin Rückgewähr verlangt werden darf[233]).

RG. JW. 1881, 4; 1886, 71 Nr. 1; 1890, 235 Nr. 1; 1893, 467 Nr. 5; 1896, 355 Nr. 1; 1897, 267 Nr. 1; 1899, 694 Nr. 1; GruchotsBeitr. 34, 1138; Bolze Bd. 22 Nr. 686; OLG. 25, 46 (Hamburg); 35, 188 (Breslau).

[225]) Stein-Jonas § 6 Anm. I.

[226]) RG. JW. 1893, 73 Nr. 1; 1896, 355 Nr. 1; 1899, 423 Nr. 1; 1904, 94; 1905, 372; OLG. 13, 69 (Dresden). Wenn dagegen die Feststellung des Eigentums klar ersichtlich nur zur Begründung eines Schadensersatzanspruchs begehrt wird, so kommt der Feststellungsanspruch nach Recht 1909 Nr. 3795 für den Streitwert überhaupt nicht in Betracht; s. oben Anm. 86.

[227]) BGB. §§ 598, 604; RG. JW. 1881, 4 Nr. 1.

[228]) BGB. § 695; RG. JW. 1886, 21.

[229]) RG. JW. 1886, 71 Nr. 1; 1902, 181 Nr. 1; OLG. Hamburg LZ. 1918, 527; OLG. Braunschweig BraunschwZ. 1923, 15. A. M.: RG. Recht 1909 Nr. 2811.

[230]) KG. DJZ. 1920, 593; OLG. Hamm JW. 1920, 914; JW. 1921, 42; OLG. Augsburg JW. 1921, 249; OLG. Nürnberg JW. 1924, 1271; München JW. 1920, 1043; Dresden JW. 1920, 1042; OLG. 41, 240 (Königsberg). Bei Klage einer Genossenschaft gegen einen Genossen auf Feststellung, daß er der Genossenschaft Milch zu liefern habe, entschied OLG. 41, 240 (Rostock), daß das Interesse der Klägerin — nach dem Interesse ihrer Genossen — frei zu schätzen sei. Das ist unrichtig. Streitgegenstand ist der Anspruch auf Lieferung der Milch; deren Wert entscheidet. Unrichtig ferner OLG. Zweibrücken LZ. 1921, 318 Nr. 3 (maßgebend sei der Preis, um den Kläger die Ware unter Berücksichtigung der PreistreibVO. hätte weiterverkaufen dürfen!).

[231]) Vgl. Pick JW. 1922, 1666; RGZ. 98, 55; OLG. Hamburg JW. 1923, 524 Nr. 8; Hamm ebenda 525[9]; Düsseldorf 524[7]; OLG. 41, 239 (KG.); OLG. Hamm JW. 1922, 171[6]; Nußbaum JW. 1920, 16; RGZ. 101, 312 u. a.

[232]) RG. JW. 1897, 541 Nr. 1.

[233]) Ebenso Meyer-Irmler S. 29 Anm. 2acc; OLG. Rostock MecklZ. 32, 82. A. M.: RGZ. 34, 404; JW. 1901, 79 Nr. 1; OLG. Jena ThürBl. 49, 62; GruchotsBeitr. 45, 367 (RG.); OLG. 19, 48 (Naumburg). Diese Urteile wollen irrtümlich den wirtschaftlichen „Zweck" der Klage, gerichtet auf Beseitigung der für die Konkursmasse aus der angefochtenen Handlung entstandenen Nachteile, entscheiden lassen und deshalb § 3 ZPO. anwenden; entscheidend ist aber immer nur das Klagebegehren (oben Anm. 10) selbst. Ist dieses auf Rückübertragung gerichtet, so scheiden alle anderen Erwägungen aus. Nicht zutreffend Jaeger, der (KO.[5] § 37 Anm. 37) zunächst richtig ausführt, es komme nur darauf an, was verlangt wird; nicht darauf, was verlangt werden könne; fordere also der Konkursverwalter Übertragung eines lastenfreien Grundstücks, so werde der Streitwert durch den ganzen Wert des Grundstücks bestimmt. Verlange er aber das Grundstück mit den unangefochtenen Belastungen, so seien diese abzuziehen. Das scheint uns nicht folgerichtig zu sein. Vgl. auch Stein-Jonas § 6 Anm. III 2; Förster-Kann 1, 66.

§ 6 ist ferner anwendbar bei Klagen auf Auflassung des gekauften Grundstücks, 147
mag auch seine Übergabe bereits erfolgt sein[234])[235]). Hier handelt es sich, wenn auch nicht um Erlangung des Besitzes, so doch um Erlangung des Eigentums an dem Grundstücke (s. o. Anm. 145). Hinsichtlich der Klage auf Entgegennahme der Auflassung vgl. dagegen oben Anm. 143 γ.

c) Über die Berechnung des Werts der Sache vgl. die Erläuterungen in 148
Anm. 23. Hier ist noch folgendes hervorzuheben:

α) Der Wert einer Sache ist gemäß § 3 ZPO. nach freiem Ermessen zu schätzen. Der Wert ist der Verkehrswert[236]), den die Sache im maßgebenden Zeitpunkte (§ 4 ZPO., § 9 Abs. 2 GKG.) hat, nicht der Kaufpreis, der in dem konkreten, den Gegenstand des Rechtsstreits bildenden Fall vereinbart wurde. Immerhin mag dieser in normalen Zeiten, in denen Preisschwankungen nicht oder nur in geringem Umfange vorkommen, den Maßstab für die Bewertung bilden. Bei stark schwankenden Preisen ist aber letzteres nicht der Fall. Die Sache ist lediglich nach ihrem Verkehrswert zu schätzen; deshalb sind niemals in Abzug zu bringen die etwa auf der Sache ruhenden Lasten und Schulden[237]). Ebensowenig vermag eine angebotene Gegenleistung den Streitgegenstand und dessen Wert zu verändern, der sich vielmehr lediglich nach der vom Kläger geforderten Leistung richtet[238]). Wird

---

Richtet sich die Anfechtungsklage des Konkursverwalters gegen eine Pfändung, so wird sie wie eine Widerspruchsklage bewertet; Gegenstand des Rechtsstreits ist ein Pfandrecht (s. u. Anm. 154). Über die Anfechtung außerhalb des Konkurses s. Anm. 108, 154, 161.

[234]) RG. JW. 1893, 467 Nr. 5; 1899, 694 Nr. 1; 1900, 10 Nr. 2; 1902, 630 Nr. 1; Bolze Bd. 3 Nr. 1025; Bd. 7 Nr. 837; GruchotsBeitr. 44, 1146; OLG. Naumburg NaumbAK. 1907, 16; OLG. Breslau JW. 1920, 394 Nr. 4; Förster-Kann 1, 64; BadRpr. 1907, 336; OLG. Kiel JW. 1923, 774; OLG. 40, 343 (Königsberg). Gegen das RG.: OLG. 39, 27 (Rostock). Unrichtig: OLG. 41, 241 (Rostock). Ist das Inventar mit einem Anwesen verkauft und bereits übergeben, so daß § 926 BGB. nicht in Betracht kommt, so ist bei der Klage auf Erteilung der Auflassung der Wert des Inventars nicht mitzurechnen: OLG. 40, 343 (Breslau). Unzutreffend: OLG. München BayZ. 1927, 146 (Bemessung des Streitwerts nach der dem Auflassungsanspruch entgegengesetzten Einrede).

[235]) Bei Klagen auf Grundbuchberichtigung kommt es nach Stein-Jonas § 6 Anm. I 1; OLG. 13, 69 darauf an, ob die Klage „eine Feststellung des streitigen Eigentums bezweckt". Ebenso: KG. KGBl. 1926, 70; Jonas § 9 Anm. III 2a. Allein maßgebend ist nicht der mit der Klage verfolgte Zweck, sondern der geltend gemachte und der Rechtskraft unterliegende Anspruch. Es kommt also darauf an, ob auch auf Feststellung des Eigentums geklagt, d. h. Antrag gestellt ist. Sonst entscheidet bei solchen Klagen § 3 ZPO. Richtig: KG. Bbl. 1926, 148.

[236]) Die „Einheitswertbescheide" stellen nur fiktive Steuerwerte dar, die den Steuerschuldnern gewisse Erleichterungen gewähren; sie sind daher nach § 6 ZPO. nicht maßgebend: KG. JW. 1927, 406[16].

[237]) RG. JW. 1886, 89 Nr. 2; 1888, 405 Nr. 2; 1890, 370 Nr. 1; 1896, 2 Nr. 3; OLG. 40, 344 (Königsberg). Aktivrechte, die mit dem Grundstück verbunden sind (wenn auch nur tatsächlich), können wertsteigernd wirken: OLG. Breslau JW. 1920, 394. Ebenso erhöht die Luxussteuer, die in den Kaufpreis einzurechnen ist und nicht gesondert berechnet werden darf, den Verkehrswert: OLG. 43, 124 (Stuttgart).

[238]) RGZ. 5, 410; 12, 155; 22, 388; JW. 1893, 467 Nr. 5; 1895, 597 Nr. 21; 1897, 267 Nr. 1; 400 Nr. 1; Wach 1 § 31 Anm. 13; Stein-Jonas § 3 Anm. I, 2; RG. Recht 1920 Nr. 2468; 1922 Nr. 88; RG. LZ. 1921, 572 Nr. 8.

A. M.: Weisbecker LZ. 1924, 791. Gegen ihn: KG. LZ. 1925, 269; JW. 1926, 843[4]; BuschsZ. 50, 128 (dagegen wieder Weisbecker BuschsZ. 50, 130. Hiezu vgl. auch RG. JW. 1926, 1146[3]). Bedenklich: RG. JW. 1926, 806[1], dessen Tatbestand jedoch nicht ganz klar ist (vgl. Lemberg ebenda): es war auf Lieferung von Holz geklagt; die Lieferung wurde an sich nicht verweigert; nur über die Aufwertung des Kaufpreises bestand Streit. Hier wendete RG. den § 3 ZPO. an, weil schon in der Berufungsinstanz klar gewesen sei, daß nur über die Aufwertung gestritten werde. Lemberg meint, das sei richtig, wenn schon in der zweiten Instanz durch den Antrag klar ausgedrückt war, daß das erste Urteil nur wegen der Höhe der Aufwertung angefochten werde. Das ist zutreffend; es müßte dann wohl ein Feststellungsantrag gestellt worden sein, der sich nur auf den Kaufpreis

daher die Herausgabe eines Grundstücks im Werte von 300000 Mark, welches mit Hypotheken in Höhe von 200000 M. belastet ist, unter dem Erbieten zur Leistung des verabredeten Kaufpreises verlangt, so ist der Wert des Streitgegenstandes trotzdem 300000 M.

149 β) Für die Bestimmung des Streitwerts macht es auch keinen Unterschied, zu welchen Zwecken und für welche Zeitdauer der Besitz in Anspruch genommen wird. Verlangt also der Entleiher vom Verleiher oder einem Dritten die Herausgabe der Leihsache, z. B. eines Pferdes, so ist der Streitwert immer der Wert des Pferdes, gleichgültig, ob das Pferd nur noch einen Tag oder ein Jahr im Leihbesitz des Klägers verbleiben wird [239]). Mit Recht hat ferner das Reichsgericht [240]) in einem Falle, in welchem darüber gestritten wurde, ob der auf Herausgabe des Mündelvermögens verklagte Vormund schon jetzt oder erst nach Volljährigkeit des Mündels zur Herausgabe verpflichtet sei, angenommen, daß als Streitgegenstand das ganze Vermögen — nicht, wie Beklagter wollte, bloß das Interesse des Klägers an der früheren Herausgabe desselben vor der Volljährigkeit des Mündels — anzusehen sei, da der Streit den Besitz des Vermögens betroffen habe [241]) [242]).

150 γ) Bei der Klage auf Herausgabe von Urkunden kommt es darauf an, ob die Urkunde Träger des Rechts ist oder nicht. Im ersteren Falle wird der Wert der Urkunde regelmäßig nach dem Werte der Forderung oder des sonstigen Rechts zu bemessen sein; denn die Urkunde repräsentiert diesen Wert. Dies gilt nicht nur von Inhaberpapieren, sondern auch von Namenspapieren, z. B. Namensaktien, und indossablen Papieren, wenn sie nur als Wertträger anzusehen sind [243]). Wird dagegen die Herausgabe einer Beweisurkunde, einer Legitimationsurkunde oder einer sonstigen Urkunde verlangt, die nicht Wertträger ist (z. B. eines Vollstreckungstitels), so ist nicht ohne weiteres der Wert der bescheinigten Forderung maßgebend, sondern der Wert der Urkunde nach Lage des einzelnen Falles gemäß dem Interesse des Klägers an der Herausgabe frei zu schätzen; dabei muß der Wert der Forderung die Grenze nach obenhin bilden [244]).

---

bezog. Trifft diese Annahme nicht zu, so hätte das RG. ganz gegen seine bisherige Praxis den Begriff des Streitgegenstandes verkannt und ihn mit dem, was streitig, d. h. bestritten ist, verwechselt. — Gut: RG. JW. 1926, 2568 [3] (ein Urteil, das zur Hypotheklöschung Zug um Zug gegen Zahlung von 10000 RM. verurteilt, schafft bezüglich des Anspruchs auf diese Gegenleistung keine Rechtskraft). Im Resultat richtig (in den Gründen z. T. abwegig): OLG. Hamburg HansGZ. 1927 Beibl. 153.

[239]) Stein-Jonas § 6 Anm. I; NaumbAK. 1890, 55.

[240]) RG. JW. 1881, 4.

[241]) Unrichtig ist deshalb die Entsch. des OLG. Naumburg in NaumbAK. 1896, 131, welche bei der Klage des Ehemanns auf Herausgabe des eingebrachten Vermögens der Frau zur ehemännlichen Verwaltung nicht § 6, sondern § 3 ZPO. zur Anwendung brachte.

[242]) Bei einer Klage auf Räumung eines Bordellgrundstücks muß die Benutzung des Hauses zu Bordellzwecken als wertbestimmender Umstand ausscheiden: OLG. Kiel SeuffA. 65, 372.

[243]) Bei der Klage auf Herausgabe von Aktien ist der Anspruch auf die Dividendenscheine Nebenforderung, nicht aber der Anspruch auf das Bezugsrecht: OLG. München SeuffA. 72, 198. S. o. Anm. 96.

[244]) Über die Grundsätze bei der Schätzung ist Willenbücher § 10 Anm. 54 und folgende Rechtsprechung zu vergleichen:

a) bei Wechseln: GruchotsBeitr. 29, 418; JW. 1884, 298 Nr. 11; 1891, 384 Nr. 2; 1899, 276 Nr. 2; 1905, 113; OLG. 15, 46 (Hamburg). Beim Anspruch auf Hergabe einer Wechselunterschrift ist maßgebend das Interesse, das Kläger an dem Empfang der Wechselunterschrift des Beklagten hat: OLG. Jena ThürBl. 50, 206.

b) bei Hypotheken- und Grundschuldbriefen: GruchotsBeitr. 30, 1100; JW. 1894, 239 Nr. 1; 1897, 446 Nr. 2; KGBl. 1898, 95 (KG.); OLG. 14, 115 (Braunschweig); 15, 48 (Karlsruhe); 25, 124 (Braunschweig); RG. LZ. 1910, 929 Nr. 25; Warneyer 1910 Nr. 397; OLG. Rostock MecklZ. 33, 344; RG. Recht 1909 Nr. 300; LZ. 1917, 1072 Nr. 16; RG. LZ. 1927, 1338 [16] (bei Klage auf Herausgabe von Papiermark-Hypothekenbriefen bilden 25% des Goldmarkbetrages die obere Grenze des Streitwerts).

δ) Ist nur der Besitz eines Teiles der Sache oder nur der Mitbesitz Streitgegenstand, so entscheidet der Wert der Sache nur zu dem entsprechenden Teilbetrage[245]; wird Feststellung über die Höhe des Anteils, z. B. darüber begehrt, ob an dem Teile Alleinbesitz oder Mitbesitz besteht, so entscheidet der Wertunterschied in der beiderseitigen Behauptung[246]). Klagt aber ein Miterbe auf Herausgabe einer Sache an alle Erben, so geht der Klageantrag auf Herausgabe der ganzen Sache, und der Streitwert ist daher nach dem ganzen Wert zu bemessen[247]). Klagt ein Miteigentümer bloß auf Feststellung seines Miteigentums, so ist der Streitwert nach dem Werte seines Anteils zu bestimmen[248]). 151

2. Sicherstellung einer Forderung und Pfandrecht. (§ 6 ZPO.)

Nach § 6 ZPO. wird der Wert des Streitgegenstandes bestimmt durch den Betrag einer Forderung, wenn deren Sicherstellung oder ein Pfandrecht Gegenstand des Streites ist. Hat der Gegenstand des Pfandrechts einen geringeren Wert, so ist dieser maßgebend. 152

A. Sicherstellung.

Ist die Sicherstellung einer Forderung Gegenstand des Rechtsstreits, so bestimmt sich der Wert stets nach dem Betrag der zu sichernden Forderung. 153

a) In Betracht kommen hier lediglich Klagen, welche auf die Sicherstellung einer Forderung, d. h. die Erlangung einer zu leistenden Sicherheit, gerichtet sind, nicht auch solche, welche die Realisierung der Sicherheit (z. B. Übergabe der Faustpfandsache) oder die Rückgabe einer bestellten Sicherheit anstreben. Auf den Rechtsgrund der verlangten Sicherstellung (Vertrag, Gesetz) kommt es jedoch hierbei ebensowenig an, wie auf die Mittel der Sicherstellung, z. B. Bürgschaftsleistung, Pfandbestellung, Abtretung einer Forderung[249]), Eintragung einer Vormerkung aus § 883 BGB.[250]). Gleichgültig ist auch, ob es sich um eine Leistungsklage oder um eine

---

c) bei Schuldscheinen: JW. 1894, 193 Nr. 2.
d) bei Sparkassenbüchern: RG. JW. 1902, 358 Nr. 1; LG. Halle NaumbAK. 1893, 77; LG. Leipzig bei Wengler 1, 560; OLG. Kiel SchlHolstAnz. 1907, 157 (besonderer Fall!).
e) bei Lebensversicherungspolizen: RGZ. 22, 411; 28, 182; 37, 415; OLG. 6, 374 und 9, 50 (Hamburg); 15, 47 (Braunschweig); 23, 73 (München); RG. Recht 1909 Nr. 3573 = LZ. 1910, 146 Nr. 46; ZDJustSekr. 25, 40 (Streitwert identisch mit der Versicherungssumme, wenn die Vers. auch auf den nahen Erlebensfall lautet und bereits prämienfrei ist).
f) bei Anteilscheinen einer G.m.b.H.: JW. 1898, 3 Nr. 3.
g) bei vollstreckbaren Ausfertigungen: GruchotsBeitr. 41, 1151; OLG. 15, 4 (Hamburg); SächsOLG. 32, 35.
h) bei Depotscheinen: OLG. Posen in PosMSchr. 1901, 142.
i) bei Herausgabe von Geschäftsbüchern: OLG. Colmar im Recht 1904, 554.
k) bei Testamentsurkunden: OLG. 15, 47 (KG.).
l) bei Erbscheinen (Klage auf Herausgabe eines unrichtigen Erbscheines an das Nachlaßgericht nach § 2362 Abs. 1 BGB.): JW. 1911, 813 Nr. 22.
m) bei Klagen auf Herausgabe einer Vollmacht: OLG. 21, 59 (Naumburg).
n) bei Patenturkunden: Recht 1909 Nr. 3593.

245) Vgl. RG. bei Bolze Bd. 6 Nr. 854; Bd. 22 Nr. 685 und 686; JW. 1896, 130 Nr. 1; 355 Nr. 1; 1897, 106 Nr. 3; 1900, 735 Nr. 1; Warneyer 1912 Nr. 450; OLG. 27, 12.

246) Vgl. RG. JW. 1896, 270 Nr. 3.

247) A. M.: das Reichsgericht. Näheres unten Anm. 233.

248) RG. Warneyer 1912 Nr. 450.

249) NaumbAK. 1898, 53.

250) RGZ. 35, 393; JW. 1898, 657 Nr. 2; 1899, 138 Nr. 1. Wo es sich dagegen darum handelt, der Gefährdung der für eine Forderung bereits durch Eintragung im Grundbuche bestehenden Sicherheit abzuhelfen oder Einhalt zu tun, ist § 6 nicht anwendbar; vgl. RG. JW. 1899, 138 Nr. 1.

Feststellungsklage handelt; der § 6 ist daher auch anwendbar bei der Klage auf Feststellung einer Bürgschaftsverbindlichkeit [251]).

154 Als Sicherstellung ist namentlich auch anzusehen die Pfändung von Forderungen und anderen Vermögensrechten (ZPO. §§ 828ff.). Der Wert des Streitgegenstandes ist also hier lediglich nach dem Betrage der Forderung des pfändenden Gläubigers und ohne Rücksicht auf den Betrag und Wert der zu pfändenden Forderung seines Schuldners zu bemessen [252]). Das Gleiche muß aber auch für die **Anfechtung außerhalb des Konkurses gelten**, soweit sie auf Duldung der Zwangsvollstreckung oder (was dasselbe ist) auf Herausgabe zum Zwecke der Zwangsvollstreckung gerichtet ist [253]). Vgl. oben Anm. 15. Richtet sich die Anfechtung gegen ein Pfandrecht (Widerspruchsklage), so ist dieses Gegenstand des Rechtsstreits und der Wert des Pfandes ist entscheidend, wenn er niedriger ist als der Wert der Forderung. S. unten Anm. 161. Der Streitwert des Anspruchs auf Sicherstellung kann naturgemäß nicht höher sein als der Streitwert des Anspruchs, um dessen Sicherung es sich handelt. Dies ist z. B. wichtig bei den Ansprüchen nach § 10 Abs. 2 u. 3 GKG. [254]).

155 Streitig ist die Anwendbarkeit der hier besprochenen Vorschrift des § 6 ZPO. **auf das Verfahren betreffend die Anordnung von Arresten und einstweiligen Verfügungen.** In Wirklichkeit kann es keinem Zweifel unterliegen, daß es sich bei der Erwirkung eines Arrests um die Sicherstellung einer Forderung handelt. Bestimmt doch § 916 ZPO. wörtlich: „Der Arrest findet zur Sicherung der Zwangsvollstreckung . . . wegen einer Geldforderung oder eines Anspruchs statt, welcher in eine Geldforderung übergehen kann." § 920 ZPO. trifft die weitere Anordnung, daß im Arrestgesuche der Anspruch unter Angabe des Geldbetrages oder des Geldwertes zu bezeichnen und glaubhaft zu machen sei.

Das Arrestverfahren ist prozessual und gebührenrechtlich (§ 35 GKG., § 28 RAGebO.) ein gesonderter Prozeß, dessen Gegenstand der prozessuale Anspruch auf Sicherstellung einer Forderung bildet. Diese Sicherstellung ist also im Arrestverfahren Streitgegenstand und § 6 ZPO. findet Anwendung: der Betrag der zu sichernden Forderung, d. h. des Arrestanspruchs, bestimmt den Streitwert [255]). Dasselbe muß bei einstweiligen Verfügungen gelten, soweit sie die Sicherstellung eines Anspruchs bezwecken, also regelmäßig in den Fällen des § 935 ZPO. Für einstweilige Verfügungen, bei denen die gedachte Voraussetzung nicht zutrifft, gilt in erster Linie eine etwa vorhandene Spezialbestimmung; z. B. bei einer einstw. Verfügung auf Herausgabe von Sachen: § 6 ZPO. erster Halbsatz (maßgebend der Wert der herauszugebenden Sache) [256]), mangels einer Spezialbestimmung aber § 3 ZPO. (Schätzung des Interesses nach freiem Ermessen).

Die abweichende Meinung, welche insbesondere bei einstweiligen Verfügungen, z. T. aber auch bei Arresten, ausschließlich den § 3 ZPO. anwenden, also das Interesse an der Sicherstellung, d. h. den Wert des Vorsichts-Verfahrens, entscheiden

---

[251]) RGZ. 25, 366; JW. 1898, 3 Nr. 4.

[252]) LG. Chemnitz bei Wengler 2, 807 und Wallmann VI 1882, 605.

[253]) A. M. (der geringere Wert des anfechtbar Veräußerten sei maßgebend): RG. Recht 1920 Nr. 695; JW. 1903, 128; LZ. 1913, 781 Nr. 11; OLG. 40, 342 (Hamburg).

[254]) Ebenso: KG. JW. 1927, 1169 [10] und Fürst ebenda. S. u. Fußnote 255.

[255]) Der Streitwert des Arrestverfahrens kann jedoch regelmäßig nicht höher sein als der des entsprechenden Hauptprozesses. So im Falle des § 10 Abs. 2 GKG. (Arrest für eine Unterhaltsforderung). Ebenso OLG. München JW. 1925, 2154 [13]; Willenbücher § 10 Anm. 53; KG. KGBl. 1926, 120. Die Verschiedenheit des Stichtages für die Berechnung der Rückstände (Anm. 198) kann jedoch auch einen höheren Streitwert bedingen.

[256]) Wie oben (Anm. 149) gezeigt wurde, ist es auch sonst belanglos, ob es sich um den dauernden oder nur um den vorübergehenden Besitz der Sache handelt: OLG. 4, 266 (KG.). Anders: Willenbücher § 10 Anm. 53; OLG. 37, 84 (Hamburg); 40, 341 (Hamburg); KG. Recht 1920 Nr. 1308; KGBl. 1920, 17; OLG. Braunschweig BraunschwZ. 21, 86; KG. KGBl. 1926, 120; JW. 1927, 856 [6].

lassen will[257]), vermag hiefür eine wirkliche Begründung nicht anzuführen[258]). Solange man nicht zu widerlegen vermag, daß in den von uns bezeichneten Fällen den Gegenstand des Vorsichtsverfahrens die Sicherstellung eines Anspruchs bildet, ist die Anwendung des § 6 ZPO. nicht zu umgehen. Denn wie wir oben Anm. 35 gesehen haben, bildet § 6 eine Ausnahme von dem in § 3 zugelassenen freien Ermessen, das also bei Vorliegen der Voraussetzungen des § 6 nicht willkürlich wieder eingeführt werden darf. Die Praxis ist denn auch im einzelnen nicht konsequent: so hat das RG. im Verfahren wegen einstw. Verf. auf Eintragung einer Vormerkung nach §§ 648, 883, 885 BGB. den § 6 ZPO. glatt angewendet[259]) und in einem anderen Falle, in dem zu Unrecht § 3 Anwendung fand, ausgesprochen, wenn etwa durch die einstw. Verfügung über den Besitz der Grundstücke eine Bestimmung getroffen worden wäre, so wäre nach der ersten Vorschrift des § 6 ZPO. allerdings allein der Wert der Grundstücke maßgebend gewesen[260]). Dieser Satz ist beachtlich. Er zeigt, daß die Praxis nicht umhin kann, die allgemeinen Streitwertbestimmungen der §§ 3 ff. ZPO. auch auf das Verfahren wegen Arrests und einstw. Verfügung anzuwenden; dann ist es aber auch nicht zulässig, einzelne dieser Bestimmungen willkürlich auszuschalten.

Auf einen weiteren Gesichtspunkt sei noch besonders hingewiesen: wenn ein Arrest auf 100 000 RM. erlassen, der Streitwert aber nur auf 5000 RM. festgesetzt wurde, so erhält der Staat die Gebühr für einen Antrag auf Forderungspfändung, also für den Vollzug des Arrests ohne Zweifel aus der Summe, wegen deren der Vollstreckungsantrag gestellt wurde[261]). Diese Gebühr für ein Verfahren, in dem es sich um eine rein mechanische Tätigkeit handelt, würde erheblich höher sein als die Gebühr für das verantwortungsvolle, oft überaus schwierige Arrestverfahren (die, wenn es zu keinem Urteil kommt, selbst bei langwierigster Verhandlung und Beweisaufnahme nur $\frac{5}{10}$ beträgt): dort $\frac{1}{4}$ Gebühr aus 100 000 RM. nach § 34 Nr. 2 = 145 RM.; hier $\frac{1}{2}$ Gebühr aus 5000 RM. = 40 RM. Dieses Mißverhältnis wirkt besonders kraß, wenn Arrestgesuch und Pfändungsantrag verbunden werden. Es zeigt, daß die hier bekämpfte Ansicht nicht richtig sein kann[262]).

---

257) RGZ. 15, 434; 16, 333; 22, 425; 35, 394; JW. 1890, 7 Nr. 1; 1891, 551 Nr. 2; 1893, 93 Nr. 1; 1896, 74 Nr. 26; 1897, Nr. 1; 131 Nr. 1; 206 Nr. 3; 417 Nr. 2; 1899, 138 Nr. 1; 175 Nr. 1; 739 Nr. 2; 1903, 125[10]; Recht 1905, 19; RG. BayZ. 2, 442; OLG. 27, 11 (München); 33, 135 (Rostock); 39, 28 (Rostock); 37, 85 (Hamburg); 41, 240 (Braunschweig); OLG. Düsseldorf JW. 1922, 508 Nr. 29; OLG. Braunschweig JW. 1921, 1253 Nr. 7; OLG. Frankfurt a. M. JW. 1923, 87 Nr. 12; SeuffA. 74, 99 (OLG. Hamburg); Petersen-Anger § 6 Anm. 22; Reinke § 6 b Abs. 4; Fürst-Roth § 28 Anm. 7; OLG. Rostock MecklZ. 39, 304; OLG. Naumburg Bbl. 1924, 172. Die meisten dieser Entsch. beziehen sich speziell auf einstw. Verfügungen. Bei Arresten wandte die tägliche Praxis bis vor kurzem überwiegend den § 6 an; so auch RGZ. 26, 412; JW. 1897, 572; Stein-Jonas § 6 Anm. II 1; Pfafferoth § 6 ZPO. Anm. 5; OLG. Stuttgart WürttZ. 1920, 218.

Anders auch hier: OLG. Naumburg DRZ. 1925 Nr. 69, JW. 1925, 2373[45] (dagegen Geiershöfer daselbst); OLG. Nürnberg JW. 1925, 1147[25]; JW. 1926, 855[32] (dagegen Kraemer ebenda); JW. 1927, 1599[7]; OLG. München BayZ. 1926, 214[III]; Recht 1926 Nr. 1998; ZDJustAmtm. 1927, 226; DRZ. 1928 Nr. 146; OLG. Frankfurt a. M. Jur.-Rundsch. 1927 Nr. 742; OLG. Düsseldorf JW. 1928; 740[15]; Nürnberg JW. 1928, 1159[27].

Uns. M.: OLG. München SeuffA. 69, 247; Wach 1, 391; Meyer-Irmler § 6 II 2; Quednau § 10 Anm. 71, 72; Hübner JW. 1923, 676 (gegen OLG. Frankfurt a. M. ebenda 87); Kraemer JW. 1923, 87; M. Friedlaender JW. 1922, 508; Silberschmidt JW. 1926, 243; Friedlaender JW. 1926, 270[6]; Baumbach § 6 ZPO. Anm. 2 (S. 23); OLG. Hamburg SeuffA. 78, 338; OLG. Düsseldorf Bbl. 1925, 168; KG. Bbl. 1926, 205; KG. JW. 1927, 406[15] (mit treffender Begründung); Jonas § 9 Anm. III 2 b; § 32 Anm. 9; OLG. Düsseldorf JW. 1927, 2641[8] (mit Anm. M. Friedlaender); KG. JW. 1927, 2150[2]; OLG. München JW. 1928, 1526[36].

258) Siehe ausführlicher bei M. Friedlaender JW. 1922, 508.

259) RGZ. 35, 394. Ebenso: LG. Dresden JW. 1925, 2387[2].

260) RGZ. 22, 425.

261) Vgl. OLG. Nürnberg JW. 1926, 855[32].

262) Zu erwähnen ist hier, daß auch da, wo ausnahmsweise bei einstw. Verfügungen

156 b) Der Streitwert bestimmt sich nach dem Betrage der zu sichernden Forderung.

α) Die Berechnung des Forderungsbetrages ist nach §§ 9—15 GKG. und §§ 3—9 ZPO. vorzunehmen. Danach bleiben insbesondere die in § 4 ZPO. bezeichneten Nebenforderungen, wie Zinsen und etwaige Kosten (der Kündigung, einer bereits erfolgten Vorklage, der fruchtlos versuchten Beitreibung usw.) außer Berücksichtigung[263]). Vgl. Anm. 93ff., 106, 107. Das Reichsgericht[264]) will bei ungeteilter Erbengemeinschaft die Forderung eines Miterben, für die Sicherung verlangt war, nicht nach dem Nennwerte des Kapitals, sondern nach dem Anteile des Miterben bewerten. Das ist dann unzutreffend, wenn der Anspruch, für den Sicherung begehrt wird, z. B. in der Forderung eines Miterben auf Zahlung an alle Erben (§ 2039 BGB.) besteht. Vgl. hiezu unten Anm. 233.

157 Daß bei gleichzeitiger Geltendmachung von Forderung und Sicherstellung in einem Rechtsstreit nur der einfache Betrag der Forderung maßgebend ist, ergibt sich aus § 5 ZPO. Vgl. insbesondere Anm. 81. Auch wenn für eine Forderung mehrere Sicherstellungen in einer Klage oder in einem Antrage verlangt werden (z. B. Arrest und einstw. Verfügung für einen Anspruch), so ist nur der einfache Betrag des zu sichernden Anspruchs maßgebend. Dagegen gelten Haupt- und Arrestprozeß stets als getrennte Rechtsstreitigkeiten.

158 β) Gleichgültig ist die Höhe des Betrages, mit welchem Sicherheit geleistet werden soll[265]), mag dieser höher oder geringer als die Forderung sein. Wenn z. B. die Pfändung einer bestimmten Sache verlangt wird, deren Wert geringer als die sicherzustellende Forderung ist, so richtet sich der Streitwert ausschließlich nach dem Werte der Forderung. Das ergibt sich klar aus § 6 ZPO., der bei der Sicherstellung niemals den Wert des Gegenstandes der Sicherstellung entscheiden läßt, während im zweiten Falle des § 6, nämlich wenn ein Pfandrecht den Gegenstand des Streites bildet, unter Umständen der Wert des Pfandobjektes den Ausschlag gibt.

159

B. Pfandrecht.

Ebenso wie bei der Sicherstellung soll nach § 6 ZPO. der Wert des Streitgegenstandes durch den Betrag der Forderung bestimmt werden, wenn ein Pfandrecht Gegenstand des Streites ist; hat der Gegenstand des Pfandrechts jedoch einen geringeren Wert, so ist dieser maßgebend.

Bei der Auslegung dieser Vorschrift müssen wir uns besonders daran erinnern, daß „Gegenstand des Streites" nichts anderes bedeutet als Streitgegenstand (oben Anm. 2ff.), daß die Worte aber nichts mit der Frage zu tun haben, was im Prozesse vom Beklagten bestritten wird; denn dies weiß man oft im voraus nicht und es gibt auch Prozesse, die ohne Bestreitung enden[266]).

---

§ 3 Anwendung findet, in erster Instanz immer das Interesse des Antragstellers, nicht das des Widerspruch einlegenden Antragsgegners maßgebend ist: RGZ. 20, 383; GruchotsBeitr. 28, 1174; 34, 942; OLG. Braunschweig JW. 1921, 1253 Nr. 7. A. M.: OLG. 29, 10 (Colmar).

263) RGZ. 7, 327; 10, 346 u. 394; 26, 412; JW. 1893, 381 Nr. 2; 1899, 423 Nr. 2; Stein-Jonas § 4 Anm. III.

264) RG. JW. 1898, 474 Nr. 2; a. M. Meyer-Irmler § 6 II, 3.

265) RG. JW. 1889, 283 Nr. 2 und Bbl. 1890, 18. A. M. Meyer-Irmler § 6 II, Anm. 3 Abs. 2; KG. und Striemer JW. 1928, 1518 7 (beide grundsätzlich verfehlt).

266) Auf der hier bekämpften Anschauung, die wirtschaftlich de lege ferenda manches für sich hat, aber nicht die des geltenden Gesetzes ist, beruhen die Ausführungen von Rumpf JW. 1923, 1017. Man darf nicht unter „Streitgegenstand" bald den der richterlichen Entscheidung unterstellten Anspruch, bald nur den Gegenstand der Meinungsverschiedenheiten verstehen, welche den einzigen oder wesentlichen Anlaß zu Beginn oder Fortsetzung des Prozesses gegeben haben. Damit verläßt man den Boden des positiven Rechts, das die Wertberechnung in gewissen Fällen nach äußeren Merkmalen möglichst vereinfachen wollte. Vgl. auch unten Fußnote 273.

a) Voraussetzung der Anwendung des § 6 ist hier, daß **ein schon be-** 160
stehendes Pfandrecht den Streitgegenstand bildet.

α) Ein (schon bestehendes) **Pfandrecht** ist Gegenstand des Streites: bei der Klage auf Verwirklichung des Pfandrechts (actio hypothecaria), bei Klagen auf Feststellung des Bestehens oder Nichtbestehens eines Pfandrechts oder eines Absonderungsrechts im Konkurse[267]), bei Klagen des Eigentümers auf Anerkennung oder Feststellung der Freiheit seines Eigentums von Pfandrechten sowie auf Aufhebung eines Pfandrechts, daher auch bei Klagen, mit welchen der Eigentümer der Pfandsache nach erfolgter Tilgung der Pfandschuld Löschungsbewilligung oder Erteilung einer löschungsfähigen Quittung fordert[268]). Über die Löschungsklage bei Papiermarkhypotheken und in ähnlichen Fällen s. ü. Anm. 170.

Verlangt derjenige, dem eine Hypothek oder Grundschuld durch Übergabe des Briefs und schriftlichen Vertrag verpfändet ist, die öffentliche Beglaubigung der Verpfändung (§§ 1154 Abs. 1 Satz 2, 1192, 1274 BGB.), so wird auch hiermit das bereits erworbene Pfandrecht geltend gemacht. Es findet daher § 6, nicht § 3 ZPO. Anwendung[269]).

Einen Hauptanwendungsfall dieser Vorschrift bilden die **Widerspruchs-** 161
(Interventions-) Prozesse auf Grund der §§ 771, 805 ZPO. einschließlich des vorausgehenden oder nebenher laufenden Verfahrens über Anträge auf Einstellung, Beschränkung oder Aufhebung der Zwangsvollstreckung[270]); denn in diesen Sachen bildet **nicht das Eigentum** an den gepfändeten Gegenständen, sondern ihre Befreiung von dem Pfändungspfandrechte des Gläubigers, also die rechtliche Wirksamkeit oder Unwirksamkeit dieses Pfandrechts, den Streitgegenstand[271]). Hierher gehört auch die Anfechtungsklage des Konkursverwalters oder eines Gläubigers gegenüber dem Pfändungspfandgläubiger[272]). Wenn aber der Eigentümer einer Sache von dem Vermieter auf Grund seines Eigentums die Herausgabe der Sache fordert, so ist — auch wenn der Vermieter einredeweise sein gesetzliches Pfandrecht geltend macht — nicht das Pfandrecht, sondern das Eigentum Streitgegenstand; daher ist ausschließlich der Wert der Sache maßgebend[273]).

---

[267]) RGZ. 22, 388; JW. 1896, 281 Nr. 1; OLG. Colmar ElsLothZ. 1900, 265. Also auch bei Klagen des Konkursverwalters auf Löschung der von ihm angefochtenen Hypothek. A. M. OLG. Celle Recht 1927 Nr. 2046, das hier zu Unrecht den § 3 ZPO. anwendet.

[268]) RG. **Bolze** Bd. 22 Nr. 688; JW. 1893, 125 Nr. 3; 1896, 170 Nr. 1; 1898, 348 Nr. 2; 433 Nr. 1; 1900, 827 Nr. 2; OLG. 6, 373 (Braunschweig); OLG. 13, 70 (Karlsruhe); Sächs. OLG. 29, 121. Bei Kautionshypotheken (Sicherungshypotheken) entscheidet der eingetragene Höchstbetrag: RG. GruchotsBeitr. 34, 1195; JW. 1892, 330 Nr. 2.

[269]) Unzutreffend: OLG. München BayZ. 1926, 360 Nr. III. — Die Klage auf Löschung eines Widerspruchs gegen die Löschung einer Hypothek (speziell einer Papiermarkhypothek gemäß § 16 Abs. 2 AufwGes.) hat das Pfandrecht nicht unmittelbar zum Gegenstande; sie ist daher nicht nach § 6, sondern nach § 3 ZPO. — gemäß dem Interesse des Klägers an der Beseitigung des Widerspruchs — zu bewerten. Ebenso (im Ergebnis): OLG. Königsberg JW. 1927, 407[21]; **Abraham** JW. 1927, 2161.

[270]) Das KG. will (OLG. 14, 160) für das Verfahren wegen vorläufiger Einstellung der Zwangsvollstreckung Schätzung des Interesses nach § 3 ZPO. eintreten lassen. Das ist ebenso unrichtig wie die oben (Anm. 155) bekämpfte Anschauung des RG. hinsichtlich der Arreste und einstw. Verfügungen, die einem Sicherungszwecke dienen. Auch für das Einstellungsverfahren gilt die Sondervorschrift des § 6, die als Ausnahmebestimmung die Geltung des § 3 ausschließt. Richtig **Quednau** § 10 Anm. 72; OLG. Nürnberg Bbl. 1928, 9.

[271]) Vgl. OLG. Dresden bei **Wallmann** 6, 623; RGZ. 10, 394; Bbl. 1889, 65; JW. 1888, 269 Nr. 1; 1890, 333 Nr. 7; 1893, 381 Nr. 2; OLG. Kiel SchlHolstAnz. 1911, 315; RG. JW. 1906, 769 (Pfändung von Mieten). Vgl. hierzu **Begemann** in BuschsZ. 26, 519 ff.

[272]) JW. 1899, 423 Nr. 2; RGZ. 10, 393; 26, 412; RG. LZ. 1910, 226 Nr. 3.

[273]) RG. GruchotsBeitr. 49, 1008. Über das Pfandrecht wird auch hier, wie RG. ausführt, gar nicht entschieden. Ebenso: RG. JW. 1894, 260 Nr. 2; OLG. 23, 71 (München). Zutreffend auch **Kraemer** (gegen KG.) BuschsZ. 49, 220. Unrichtig: OLG. Frankfurt a. M. JurRundsch. 1926, 931 Nr. 1178.

162 β) Das Pfandrecht ist nicht Streitgegenstand: einmal in den Fällen des vorausgehenden Satzes (Eigentumsklage auf Herausgabe); ferner, wenn lediglich die Rückgabe der Pfandsache nach unbestrittener Beendigung des Pfandrechts[274]) begehrt wird (es genügt, daß vom Kläger die Unstrittigkeit der Beendigung behauptet wird); endlich bei der persönlichen Forderungsklage gegen den Pfandschuldner; in den beiden ersten Fällen betrifft der Rechtsstreit ausschließlich den Besitz der Pfandsache und ist demgemäß lediglich der Wert der Sache bestimmend, letzterenfalls ist stets der Betrag der Forderung maßgebend. — Wird die persönliche Forderungsklage mit der Pfandklage oder die Klage auf Feststellung des Nichtbestehens der Forderung mit der Löschungsklage verbunden, so ist ebenfalls stets der Betrag der Forderung entscheidend, aber auch nur dieser, ohne daß eine Zusammenrechnung der Werte beider Klagen gemäß § 5 ZPO. stattfindet. Dagegen kommt in diesem Falle der Vorbehalt im zweiten Satze des § 6 nicht zur Anwendung, weil, wenn auch der Gegenstand des Pfandrechtes einen geringeren Wert hat, wegen der persönlichen Klage doch der ganze Betrag der Forderung Streitgegenstand ist; der Wertberechnung eines Pfandrechtes, welches neben der persönlichen Forderung geltend gemacht wird, ist demgemäß eine selbständige Bedeutung nicht beizumessen[275]).

163 Ebensowenig bildet ein Pfandrecht den Streitgegenstand, wenn ein Zurückbehaltungsrecht eingewendet wird. Hier ist ausschließlich der Wert der verlangten Sachen maßgebend. Streitgegenstand ist der Besitz oder das Eigentum. Die Einwendungen des Beklagten sind für die Bestimmung des Streitgegenstandes ohne Belang, auch wenn sie allein die Klageerhebung veranlaßt haben[276]).

164 Auch bei Prioritätsstreitigkeiten mehrerer Pfandgläubiger, d. h. beim Streit, wer von ihnen im Vorrang vor dem anderen den Pfandgegenstand zu beanspruchen habe oder aus dem Erlöse desselben zu befriedigen sei, also auch bei Anfechtung eines Teilungsplanes, bildet nicht das Pfandrecht den Streitgegenstand. Der § 6 ist deshalb jedenfalls nicht unmittelbar anwendbar, doch wird sich ein entsprechendes Resultat regelmäßig aus § 3 ZPO. ergeben[277]).

165 γ) Für bedenklich erachten wir es auch, bei Klagen des Gläubigers auf Herausgabe der ihm zur Sicherheit übereigneten Sachen die hier besprochenen Grundsätze des § 6 ZPO. anzuwenden[278]). Das fiduziarische Eigentum ist eben doch kein Pfandrecht, und zu welchem Zwecke der Kläger die Herausgabe verlangt, ist an sich für den Streitwert belanglos. S. o. Fußnote 215.

166 δ) Das Pfandrecht, um das es sich handelt, braucht sich nicht auf bewegliche oder unbewegliche Sachen, es kann sich auch auf Forderungen[278a]) oder andere Rechte beziehen.

167 b) Ist ein Pfandrecht Gegenstand des Streites, so kommt es für die Wertberechnung darauf an, ob der Betrag der Forderung oder der Gegenstand des Pfandrechts geringwertiger ist; der geringere Betrag stellt dann den Wert des Streitgegenstandes dar. Betrifft also z. B. der Rechtsstreit die Entlassung mitverpfändeter Parzellen aus der Mithaft, so bestimmt sich der Streitgegenstandswert bald durch den Betrag der eingetragenen Forderung, bald durch den Wert des zu entlassenden Trennstückes, je nachdem der Wert des letzteren den Forderungsbetrag übersteigt oder nicht.

---

[274]) RG. JW. 1900, 437.

[275]) RGZ. 5, 410; JW. 1886, 313 Nr. 2; A. Friedlaender BuschsZ. 52, 67.

[276]) RGZ. 12, 155; JW. 1893, 382 Nr. 3; 1894, 260 Nr. 2; 1899, 424 Nr. 3; OLG. Karlsruhe BadRpr. 1908, 270; s. dagegen OLG. Dresden SächsArch. 2, 787.

[277]) RGZ. 4, 366; 7, 327; 10, 346; 18, 372; 26, 412; Bolze 5 Nr. 965; JW. 1900, 292 Nr. 1; OLG. Colmar ElsLothZ. 32, 29; OLG. 23, 74 (München). Als Streitgegenstand ist dann stets nur der Betrag der kleineren der konkurrierenden Forderungen anzusehen, wenn nicht etwa der Wert des Befriedigungsobjekts noch geringer ist: OLG. 13, 70 (Celle).

[278]) So: OLG. Köln DJZ. 1913, 1083; OLG. 33, 16 (München). Vgl. auch RGZ. 98, 221.

[278a]) Vgl. hiezu § 34 Anm. 32.

Die Berechnung beider Werte erfolgt auch hier für den maßgebenden Zeitpunkt (Klageeinreichung oder Beendigung der Instanz)[278b].

α) Ist hiernach der (geringere) Betrag der Pfandforderung maßgebend, so 168 gilt für die Berechnung das in Anm. 156 Ausgeführte, u. a. sind Zinsen und Kosten als Nebenforderungen zu behandeln und demgemäß nach § 4 ZPO. außer Betracht zu lassen[279].

β) Als der nach dem zweiten Satze des § 6 maßgebliche Wert des Pfandrechts- 169 gegenstandes kommt auch hier lediglich der allgemeine Tausch- oder Verkehrswert in Betracht, und zwar ohne Rücksicht darauf, ob er sich für den Kläger durch anderweitige Belastung oder sonstige Verschlechterung des Pfandes verringert[280] [281] (vgl. Anm. 148). Der Wert des „Pfandrechts" selbst kommt niemals in Betracht.

γ) Besonderer Betrachtung bedürfen die Fälle, in denen ein Pfandrecht den Streit- 170 gegenstand bildet, ohne daß jedoch der Betrag der Forderung feststände, für welchen oder bis zu welchem das Pfand haften sollte. Diese Fälle sind erst durch die Geldentwertung praktisch geworden. Es klagt z. B. ein Anwesensbesitzer auf Löschung einer Hypothek zu 100 000 M. mit der Behauptung, er habe diese im Jahre 1913 begründete, in alter Währung eingetragene Hypothek im Jahre 1922 in Papiermark zum Nominalbetrage bezahlt, mithin getilgt. Solche Klagen waren vor Geltung der 3. Steuernotverordnung vom 14. Februar 1924 sehr häufig. Anfangs hat man in solchen Fällen den Streitwert einfach nach dem eingetragenen Papiermarkbetrage berechnet, da dieser stets geringer war als der Wert des Pfandobjektes, und der Wortlaut des § 6 ZPO. schien dies zu rechtfertigen[282]; damit sank meist der Streitwert in diesen höchst belangreichen Prozessen — zumal unter Anwendung des Übergangsrechts der GerEntlVO. vom 13. Dez. 1923 — auf ein Minimum (den Bruchteil eines Pfennigs) herab. Der Beklagte konnte allerdings durch Widerklage die Feststellung seiner höheren Goldmarkforderung beantragen; aber wenn er dies in erster Instanz versäumte, so war es nicht nachzuholen, und wenn die Löschungsklage durchdrang, so war nach der erwähnten Rechtsanschauung meist nicht einmal die Berufungssumme gegeben. Die erwähnte Anschauung ist aber nicht zutreffend. Seitdem das Geldentwertungsproblem erkannt worden ist, wissen wir, daß Papiermarkforderungen de facto Forderungen mit unbestimmtem Nennbetrage sind, d. h. Forderungen, deren wirkliche Höhe aus ihrem Nennwert nicht ohne weiteres erkennbar ist. Setzen wir nun einmal den Fall,

---

[278b]) Jonas § 9 Anm. III 2 b.

[279]) RG. JW. 1900, 292 Nr. 1. — Bei Klagen auf Löschung einer Hypothek entscheidet also nur der zu löschende Kapitalbetrag.

[280]) RGZ. 22, 388; JW. 1896, 2 und 281 Nr. 1; OLG. Dresden SächsArch. 2, 785; OLG. 4, 267 (Rostock); OLG. Karlsruhe BadRpr. 1909, 61; Stein-Jonas § 6 Anm. II 2 und Struckmann-Koch ZPO. S. 7 in Note 2 zu § 6; OLG. München BayZ. 1927, 166 V. — A. M.: Wach Bd. 1 § 31 Anm. 57 S. 386, Seuffert ZPO. § 6 Anm. 4, sowie RG. in GruchotsBeitr. 35, 1177, welche den Wert des Pfandgegenstandes nur unter Abrechnung des durch vorhergehende Pfandrechte in Anspruch genommenen Wertes als maßgebend anerkennen, weil nur der Überschuß Deckung für den nachstehenden Pfandgläubiger biete und die Deckung, wenn sie hinter der Forderung zurückbleibt, das Entscheidende sei. Diese Auffassung ist jedoch weder mit dem Wortlaut des § 6, nach welchem nicht unterschieden wird, noch mit dem Grundsatze vereinbar, daß die rechtlichen Qualifikationen bei der Feststellung des Sachwertes nicht in Betracht kommen, sowie daß das Pfand in allen seinen Teilen für die Schuld haftet. Endlich würde die Durchführung dieser Anschauung bezüglich der richtigen Ermittelung des Deckungswertes Schwierigkeiten verursachen, welche die besondere Bestimmung des § 6 gerade vermeiden will.

[281]) Maßgebend ist bei Sachpfändungen zwar zunächst der Wertanschlag des Gerichtsvollziehers, nicht der spätere Versteigerungserlös: BadRpr. 1907, 336. Doch kann die Höhe des Erlöses Anlaß zu einer Berichtigung der früheren Schätzung geben. Insbes. ist jetzt zu beachten, daß nach § 9 Abs. 2 GKG. auch wirkliche Wertveränderungen bis zum Schlusse des Vollstreckungsverfahrens zu berücksichtigen sind. Vgl. Anm. 62, 64.

[282]) So: Sonntag in „Die Geldentwertung" (1923) I S. 72; KG. JW. 1923, 1039 Nr. 2 (dazu aber Lesser ebenda). Dagegen (im wesentlichen uns. M.): LG. Dessau JW. 1924, 858; KG. JW. 1924, 469.

der Kläger habe dem Beklagten ein Faustpfand gegeben für alle Ansprüche, die diesem gegen den Kläger bis zu einem bestimmten Zeitpunkte erwachsen werden; mit der Klage wird — nach Eintritt dieses Zeitpunktes — Feststellung begehrt, daß ein Pfandrecht nicht mehr bestehe; zur Begründung wird angeführt, der Beklagte habe keine Forderungen mehr. Man weiß nicht, welche Forderungen dieser geltend machen will; die Sache wird durch Versäumnisurteil erledigt. Wie ist der Streitwert festzusetzen? Die Antwort lautet: der höchste Wert, der in Frage kommen kann, ist der Wert des Faustpfandes. Die Forderung bestimmt den Streitwert, wenn sie niedriger ist als dieser Wert. Das Gericht wird nach Anfrage bei beiden Parteien versuchen, den Wert zu schätzen, den die höchstenfalls in Betracht kommende Forderung hatte; fehlen alle Anhaltspunkte, so wird man den Höchstbetrag nach dem Werte der Sache festsetzen und abwarten, ob die Parteien im Beschwerdewege sich rühren.

Bei der **Klage auf Löschung der Papiermarkhypothek** liegt der Fall ähnlich. Auch hier steht nicht ohne weiteres fest, für welche Forderung das Pfand höchstenfalls beansprucht werden kann. Der Richter muß also diesen Betrag schätzen. Vor Geltung der 3. Steuernotverordnung konnte diese Schätzung möglicherweise bis zum Nominalbetrage der Hypothek (1 Goldmark = 1 Papiermark) gehen. Seit Geltung der 3. StNVO. bildeten 15% des Goldmarkwertes den Höchstbetrag der Hypothek. Durch das AufwGes. vom 16. Juli 1925 wurde der Höchstbetrag auf 25% heraufgesetzt. Dieser Betrag wird daher jetzt regelmäßig zugrunde zu legen sein[283]).

Zu beachten ist, daß das Gericht — entsprechend wie bei der negativen Feststellungsklage — den Betrag der Forderung (§ 6 ZPO.), nicht den Wert derselben zu schätzen hat. Daher ist auch nicht zu berücksichtigen, daß die Hypothek nach dem AufwGes. erst nach Jahren (1932) fällig wäre, ihr gegenwärtiger Verkehrswert, also geringer anzusetzen ist als mit 25% des Goldbetrages zur Zeit des Erwerbs[284]) [285]).

[283]) Über die Höhe der Aufwertung der Hypothek entscheidet die Aufwertungsstelle. Ist eine Klage auf Löschung anhängig und entscheidet die Aufwertungsstelle — etwa nach Aussetzung des gerichtlichen Verfahrens — rechtskräftig, daß nur 15% des Goldmarkbetrages zu bezahlen seien, so ist der gerichtl. Streitwert auf diesen Betrag festzusetzen; denn er stellt den Betrag dar, der objektiv höchstenfalls verlangt werden konnte. Die Erklärungen des Beklagten über das, was er verlange, dienen nur zur Schätzung des wirklich eingetragenen Betrages. Denn wenn 100000 Goldmark eingetragen sind und der Beklagte erklärt, 20000 seien bereits bezahlt, so ist der Streitwert der Löschungsklage doch 100000 GM. (RG. JW. 1896, 170; 1898, 348, 433; Willenbücher § 10 Anm. 56 u. a.); maßgebend ist nicht die Forderung, welche tatsächlich besteht, sondern die Forderung, für die das Pfand bestellt wurde (RG. SeuffA. 49, 87; OLG. Kiel 16. Juni 1926 2 W 167/26). Daher nicht zutreffend: KG. JW. 1924, 983 Nr. 17 (geklagt und in erster Instanz verurteilt war auf Löschung der Papiermarkhypothek zu 24000 M. gegen Zahlung von 1200 GM. Beklagter legte Berufung ein und beantragte Klageabweisung, event. Verurteilung gegen Zahlung von 2400 GM. KG. hat den Streitwert f. d. Berufungsinstanz nur auf 1200 GM. festgesetzt, weil Bekl. bisher nur 10% verlangt und 5% schon zugesprochen erhalten hatte. Das ist belanglos. Der Streitwert betrug 3600 GM. [15% nach der dritten SteuerNotVO.]. Übrigens beantragte ja Bekl. primär Klageabweisung). Unrichtig auch OLG. Stuttgart JW. 1927, 2161[28] (dagegen Abraham daselbst). OLG. Kiel JurRundsch. 1925 Beil. Nr. 928 bemißt den Streitwert der Löschungsklage nach dem Betrage der vom Beklagten verlangten Aufwertung. Ebenso: OLG. Stuttgart WürttZ. 1924, Spruchbeilage 164. Interessante Übergangsfragen bezüglich des Streitwerts (bei Erledigung nach § 82 AufwGes.) behandelt OLG. Königsberg JW. 1925, 2627[7] u. 1926, 854[29].

[284]) A. M.: Lesser JW. 1924, 525; OLG. Breslau JW. 1925, 649[19] (Abzug der Zwischenzinsen). Dazu Kraemer ebenda. Richtig: KG. und Fürst JW. 1925, 1799[2]; RG. JW. 1925, 2323[3] = SeuffA. 79, 348 (wo auch betont wird, daß die Höhe der persönlichen Forderung belanglos sei, solange nicht Widerklage erhoben ist. Ähnlich: RG. DJZ. 1926, 450). RG. DJustAmtm. 1927, 329; RG. LZ. 1927, 1529[5]; RG. Recht 1928 Nr. 130 (s. o. Fußnote 66); OLG. Königsberg JW. 1925, 1146[23]; 1926, 854[29]; OLG. Kiel ZDJustAmtm. 1925, 53; JW. 1926, 2476[9] (abwegig Haasen ebenda); KG. KGBl. 1925, 82; RG. JurRundsch. 1926, 679 Nr. 843; 680 Nr. 844; RG. JW. 1927, 982[16]; OLG. München BayZ. 1927, 165. Vgl. auch KG., OLG. München und Emmerich BuschsZ. 52, 301, 303.

[285]) Allgemein über den Streitwert in Aufwertungssachen s. Berolzheimer BayZ. 1926, 265 ff.

Auch die Klage des Gläubigers auf Wiedereintragung der gelöschten Hypothek (§ 20 AufwG.) fällt unter § 6 ZPO.

3. Grunddienstbarkeiten. (§ 7 ZPO.)

Nach der Vorschrift des § 7 ZPO. wird der Wert einer Grunddienst- 171
barkeit durch den Wert, welchen diese für das herrschende Grundstück hat, und wenn der Betrag, um welchen sich der Wert des dienenden Grundstücks durch die Dienstbarkeit mindert, größer ist, durch diesen Betrag bestimmt.

a) Nach dem Zusammenhange des § 7 ZPO. mit den §§ 3 ff. ZPO. hat die Anwendung des § 7 zur Voraussetzung, daß eine Grunddienstbarkeit den Streitgegenstand bildet. Dies ist nicht nur bei den dinglichen Klagen der Fall, sondern auch bei den obligatorischen Klagen auf Bestellung oder Einräumung einer Grunddienstbarkeit[286]). Ebenso ist die Form, in welcher sich der Rechtsstreit bewegt, gleichgültig: es macht keinen Unterschied, ob der Eigentümer des herrschenden oder dienenden Grundstücks als Kläger auftritt. Den Hauptanwendungsfall wird allerdings die actio confessoria (§ 1027 BGB.) bilden; indessen auch Fälle der negatoria (§ 1004 BGB.) sind nicht ausgeschlossen, insofern diese unmittelbar auf Aberkennung einer behaupteten Grunddienstbarkeit gerichtet ist oder die Zurückweisung eines solchen Eingriffs in das Eigentum, welcher als Ausübung einer Grunddienstbarkeit erscheint, zum Ziele hat, wenn also schon aus dem Vorbringen des Klägers sich ergibt, daß die Freiheit von der Grunddienstbarkeit den Streitgegenstand bildet. (Vgl. Nordd. Prot. S. 87.) Denn wenngleich als Rechtsgrund der actio negatoria das Eigentum erscheint, so ist doch für die Bemessung des Streitwerts nicht der Rechtsgrund, sondern nur der Gegenstand der Klage entscheidend[287]). Anders liegt es, wenn die Störung des Eigentums sich nach dem Vortrage des Klägers nicht als Ausübung einer Dienstbarkeit darstellt, und die Klage auf Feststellung des Eigentums selbst gerichtet ist; dann bildet das Eigentum nicht nur den Rechtsgrund, sondern auch den Streitgegenstand[288]).

Voraussetzung der Anwendung des § 7 ist aber ferner, daß es sich um einen 172
Streit über die Grunddienstbarkeit zwischen den Eigentümern des herrschenden[289]) und des dienenden Grundstücks handelt; wenn andere Personen die Prozeßparteien bilden, so ist der Wert nach § 3 ZPO. zu bestimmen[290]). Ein Rechtsstreit über die Grunddienstbarkeit liegt aber auch dann vor, wenn die Beseitigung der Beeinträchtigung einer an sich unbestrittenen Servitut den Gegenstand der Klage bildet[291]). Ebenso, wenn der Umfang einer Grunddienstbarkeit zum Gegenstand der Klage gemacht ist[292]).

b) Was unter einer „Grunddienstbarkeit" zu verstehen sei, bestimmt das bür- 173
gerliche Recht. Nach § 1018 BGB. liegt eine Grunddienstbarkeit vor, wenn ein Grundstück zugunsten des jeweiligen Eigentümers eines anderen Grundstücks in der Weise belastet ist, daß dieser das Grundstück in einzelnen Beziehungen benutzen darf, oder daß auf dem Grundstücke gewisse Handlungen nicht vor-

---

286) Dagegen fällt die Geltendmachung rein obligatorischer Rechte auf Duldung einer Handlung, ohne Behauptung des Tatbestandes einer Grunddienstbarkeit, nicht unter § 7: Warneyer 1911 Nr. 300; OLG. 4, 263 (Oldenburg).

287) Vgl. Stein-Jonas § 7 Anm. I; Petersen-Anger § 7 Anm. 5; Förster-Kann 1, 67; RGZ. 3, 390; JW. 1896, 3 Nr. 9; OLG. Dresden BuschsZ. 6, 476.

288) RG. JW. 1895, 143 Nr. 1; 1899, 482 Nr. 3; OLG. 23, 159 (Nürnberg); Warneyer 1911 Nr. 300 (die Klage war lediglich auf Beseitigung eines Rohrstranges gerichtet; Beklagter wendete Servitut ein. Ebenso bei Klage auf Beseitigung elektrischer Leitungen im Lichtraum: OLG. Hamburg Hans.GZ. Beibl. 27, 229).

289) Diesem steht ein Zessionar gleich: RG. Warneyer 1910 Nr. 169.

290) RG. Bolze, 6 Nr. 866; JW. 1895, 189 Nr. 2; Förster-Kann 1, 67; Recht 1912 Nr. 1045 (OLG. Colmar).

291) Vgl. RG. JW. 1906, 311 Nr. 17 = RGZ. 63, 98; OLG. 33, 73 (RG.); nicht widersprechend: RG. Warneyer 1909 Nr. 374.

292) Ebenso: RG. JW. 1908, 277 Nr. 15; Warneyer 1910 Nr. 169.

genommen werden dürfen oder daß die Ausübung eines Rechts ausgeschlossen ist, das sich aus dem Eigentum an dem belasteten Grundstücke dem anderen Grundstücke gegenüber ergibt. Dasselbe wie bei Grundstücken gilt auch bei Erbbaurechten.

174 Ausgeschlossen sind dagegen:

α) die beschränkten persönlichen Dienstbarkeiten, § 1090 BGB.;

β) die Reallasten, wenn sie auch zugunsten des jeweiligen Eigentümers eines anderen Grundstücks bestellt sind, § 1105 Abs. 2 BGB.

Dagegen wird eine analoge Anwendung des § 7 nicht ausgeschlossen sein bei Rechtsverhältnissen, die der Grunddienstbarkeit ähnlich sind (wie gewissen Baubeschränkungen[293]), Überbau[294]), Notweg[295])) oder bei den Rechtsverhältnissen des Nachbarrechts (§§ 906 ff. BGB.), z. B. der Klage auf Unterlassung schädlicher Immissionen[296]). Die entsprechende Anwendung setzt aber voraus, daß nicht nur ein dienendes, sondern auch ein herrschendes Grundstück vorhanden ist, so daß Wertminderung und Werterhöhung verglichen werden können[297]).

175 Soweit es sich um solche Rechte handelt, welche durch Art. 184 EGBGB. aufrecht erhalten sind, kommen hier in Betracht alle Arten von Prädialservituten (servitutes rusticae und urbanae, continuae und discontinuae, apparentes und non apparentes), mögen sie die Eigentümer des dienenden Grundstücks zu einem Dulden oder zu einem Unterlassen verpflichten oder sogar mit einer persönlichen Leistung des Besitzers verbunden sein, insbesondere auch die sog. Notservituten (servitutes necessariae), d. h. diejenigen notwendigen Einschränkungen des Eigentums, ohne welche ein anderes Grundstück ganz oder zum Teil völlig unbrauchbar sein würde, und welche daher ein jeder Grundbesitzer sich gefallen lassen muß (§§ 3—10 preuß. ALR. I, 22), sowie die sog. Legalservituten, d. h. diejenigen Einschränkungen des Eigentums, welche die Gesetze zum Besten des gemeinen Wesens bzw. des Nachbarn vorschreiben (§§ 33 ff., 97, 99, 102 ff. preuß. ALR. I, 8)[298]).

176 c) Der Wert einer zugunsten eines Grundstückes bestehenden oder erst zu bestellenden Dienstbarkeit kann von zwei entgegengesetzten Gesichtspunkten aus gemessen werden:

α) positiv oder aktiv, d. h. vom Standpunkte des herrschenden Grundstückes aus, als Werterhöhung;

β) negativ oder passiv, d. h. vom Standpunkte des dienenden Grundstückes aus, als Wertminderung.

Beide Gesichtspunkte sind nach der Vorschrift des § 7 ZPO. bei der Ermittlung und Berechnung des Streitgegenstandswertes zu berücksichtigen, und, falls die beiden Messungsergebnisse (der Mehrwert des herrschenden und der Minderwert des dienenden Grundstückes) sich nicht decken, sondern voneinander abweichen, ist hier der höhere Betrag entscheidend. Insofern enthält § 7 eine Ausnahme von der Regel, daß immer nur das Interesse des Klägers entscheidet; auf die Parteirolle kommt es hier gar nicht an[299]).

---

293) RGZ. 29, 406; Hellwig Lehrb. 2, 261. A. M.: Stein-Jonas § 7 Anm. II. S. auch Fußnote 217.

294) RG. JW. 1894, 100 Nr. 7; 420 Nr. 2 und die meisten Kommentare zu § 7 ZPO. A. M.: Förster-Kann 1, 67; Stein-Jonas § 7 Anm. II. Vgl. auch RG. SeuffA. 49, 49.

295) RG. LZ. 1910, 76 Nr. 21.

296) RG. JW. 1898, 153 Nr. 1; RGZ. 67, 79; Stein-Jonas § 7 Anm. II; Skonietzki-Gelpcke § 7 Anm. 1; Förster-Kann 1, 67.

297) RG. LZ. 1916, 610 Nr. 18. Vgl. auch RG. LZ. 1918, 399 Nr. 28. Bei Baubeschränkungen kann diese Voraussetzung vorliegen; es braucht aber nicht der Fall zu sein. — Nicht anwendbar ist § 7 bei selbständigen Fischereirechten: BayObLG. DJZ. 1911, 1223. Gegen jede analoge Anwendung des § 7: Warneyer 1910 Nr. 293.

298) Vgl. RG. JW. 1887, 431 Nr. 2; RGZ. 8, 307; Förster-Kann 1, 66.

299) Daß der Wert des Beschwerdegegenstandes hier stets höher sein kann als das Interesse des Klägers in erster Instanz (weil es nach § 7 ZPO. überhaupt nicht auf die Parteirolle ankommt) wurde stets in der Rechtsprechung betont. Vgl. z. B. RGZ. 16, 342; 63, 100; 67, 81; RG. LZ. 1921, 146 Nr. 11 und viele andere. Dagegen erscheint uns die

Die Berechnung der Werterhöhung oder Wertminderung erfolgt gemäß § 3 177
ZPO. nach freiem Ermessen[300]). Dabei ist zu beachten, daß die Vorschrift des § 11 GKG. hier keine Anwendung findet, da die Grunddienstbarkeit zu den Vermögensrechten gehört[301]). Für die Schätzung des Mehrwerts des herrschenden Grundstückes sind die persönlichen Verhältnisse des Eigentümers des herrschenden Grundstücks gleichgültig; insbes. kommt es nicht auf einen etwaigen Mehrwert anderer Grundstücke desselben Eigentümers an[302]). Anzuwenden ist auch hier § 9 Abs. 2 GKG. Natürlich kann eine Vergleichung der Werte immer nur für denselben Zeitpunkt stattfinden.

4. Pacht- und Mietverhältnisse. (§ 8 ZPO., § 10 GKG.)

I. Falls das Bestehen oder die Dauer eines Pacht- oder Miet- 178
verhältnisses streitig ist, soll nach § 8 ZPO. der Betrag des auf die gesamte streitige Zeit fallenden Zinses entscheiden. § 8 ZPO. hatte dann weiter als Höchstgrenze den fünfundzwanzigfachen Betrag des einjährigen Zinses festgesetzt. Dabei ist es zwar für die Ermittelung der Zuständigkeit geblieben; für die Gebührenberechnung hat jedoch, hiervon abweichend, der durch die Zivilprozeßnovelle von 1898 eingefügte § 9a Abs. 1 GKG. (jetzt § 10 Abs. 1) eine Höchstgrenze im Betrage des einjährigen Zinses geschaffen.

Der § 9a GKG. verdankt seine Entstehung einem Beschlusse der Reichstagskommission für die Zivilprozeßnovelle, der mit dem Hinweis darauf gerechtfertigt wurde, daß die Wertberechnung nach Maßgabe des § 8 ZPO. bei den bezeichneten Streitigkeiten, insbesondere bei den sog. Exmissionsklagen, sehr häufig außerordentlich hohe Summen ergebe und dadurch ganz unverhältnismäßige Kosten veranlasse; ein entsprechender Vorschlag sei von den verbündeten Regierungen selbst zum GKG. in einem im Jahre 1887 dem Reichstage vorgelegten, aber nicht zur Verabschiedung gelangten Gesetzentwurfe (Reichst.-Druckf. 1887 Nr. 54) gemacht worden[303]).

a) Die Vorschrift des § 8 ZPO., deren Redewendung „Ist — streitig" mit 179
„Betrifft der Streitgegenstand" für gleichbedeutend zu erachten ist, hat zur Voraussetzung, daß der Bestand (Fortbestand) oder die Dauer eines Pacht- oder Mietverhältnisses den Gegenstand des Rechtsstreites bildet[304]). Die Bestimmung des § 8 findet daher keine Anwendung auf Klagen, in welchen auf Grund eines Pacht- oder Mietverhältnisses lediglich Geldansprüche[305]) erhoben oder sonstige Leistungen geltend gemacht werden, also z. B. Zahlung des Zinses, Erfüllung einer Reparaturpflicht, ordnungsmäßige Bewirtschaftung u. dgl. begehrt wird. Das gleiche gilt von Klagen, durch welche Feststellung des Bestehens oder Nichtbestehens solcher Geldansprüche usw. verlangt wird; ferner von Klagen, durch welche nur Fest-

---

Praxis des RG., wonach das Interesse des Revisionsklägers entscheidet, wenn es geringer ist als der nach § 7 zu berechnende Betrag, bedenklich. § 7 ist eine Ausnahme von § 3 und auch in der Revisionsinstanz ohne Rücksicht auf das besondere Interesse des Revisionsklägers strikte anzuwenden, ebenso wie z. B. § 6 ZPO., wonach im Besitzstreit nur der Wert der Sache entscheidet (so — ebenfalls für die Revisionsinstanz: RG. LZ. 1921, 572[8]). Vgl. oben Anm. 24.

300) RG. Bolze Bd. 2 Nr. 1407; Bd. 6 Nr. 857. Kasuistik hierzu: RG. Recht 1907 Nr. 3540; Soergel Rspr. 1907, 539 Nr. 1; Recht 1909 Nr. 701/2.

301) RGZ. 10, 322.

302) RG. Recht 1901, 542 Nr. 2246. Vgl. auch RG. JW. 1902, 395.

303) KommBer. S. 26, Reichst.-Druchsachen 1897/98 Nr. 240.

304) RG. JW. 1887, 37 Nr. 1; vgl. auch RG. Bbl. 1889, 162, 163 und Rassow in Gruchots Beitr. 33, 889.

305) Unbestritten. Vgl. z. B. LG. Berlin I KGBl. 1926, 70. Mietzinsansprüche können unter § 9 ZPO. fallen. S. u. Anm. 201. Nicht zutreffend: OLG. Breslau JW. 1927, 858[10]: dort wurde über die Höhe des Mietzinses bei einem auf unbestimmte Zeit geschlossenen Mietvertrage gestritten. Der Beklagte erhob negative Inzident-Feststellungswiderklage. Das OLG. berechnete den Streitwert so, als ob zum nächsten zulässigen Termin gekündigt wäre. In Wirklichkeit war § 9 ZPO. anzuwenden. Ebenso: Geiershöfer JW. 1927, 858.

stellung des Inhalts eines in seinem Bestande und seiner Dauer unbestrittenen Miet- oder Pachtvertrages begehrt wird[306]). Ebensowenig bezieht sich der § 8 nach dem Sprachgebrauche des BGB. auf die Dienstmiete (Dienstvertrag)[307]); bei Klagen auf Leistung von Diensten ist vielmehr der Wert der Dienste mit Rücksicht auf ihre Natur und auf ihre durch die vertrags- oder gesetzmäßige Kündigungsfrist begrenzte Dauer nach der Regel des § 3 ZPO. — also auch hier ohne Abzug der Gegenleistung — zu veranschlagen[308]). Das Entsprechende gilt von der Werkverdingung (Werkvertrag), nur mit dem Unterschiede, daß hier die Zeitdauer als Maßstab für die Schätzung ausscheidet. Auch auf Nutzungsrechte, die auf Grund Nießbrauchs oder einer beschränkten persönlichen Dienstbarkeit (Wohnungsrecht) geltend gemacht werden, findet § 8 keine Anwendung[309]).

180 § 8 ist nicht bloß auf die (positive und negative) Feststellungsklage[310]), sondern auf Klagen aller Art anwendbar, welche die Einräumung (Einweisung) oder Räumung des Pacht- bzw. Mietbesitzes bezwecken (sog. Immissions- und Exmissionsprozesse)[311]), da auch in diesen Fällen der Gegenstand des Rechtsstreites die Entscheidung der Frage betrifft, ob ein Pacht- oder Mietverhältnis zwischen den Parteien schon oder noch zu Recht besteht und weiter dauert bzw. fortzusetzen ist, oder ob es zufolge Ablaufs der vertragsmäßigen Zeitdauer als aufgehoben gilt. Auch hier bildet das Bestehen des Pacht- oder Mietverhältnisses den Streitgegenstand, der auch von der Rechtskraft der Entscheidung mit umfaßt wird[312]).

Aus den Vorarbeiten (Hann. Prot. 372, 385, 4770 und Preuß. Entw. § 51) ergibt sich übrigens, daß man bei der vorliegenden, dem Hann. und Preuß. Entwurfe entsprechenden Fassung, welche auch die Reichstagskommission beibehalten hat, — zum Unterschiede von § 23 Ziffer 2 Abs. 1 GVG. und § 709 Ziff. 1 ZPO., welche unter Berücksichtigung des Bundesrats-Entwurfs die entsprechende redaktionelle Änderung erfuhren, — gerade die Klagen auf Überlassung und Räumung der gepachteten bzw. gemieteten Sachen vor Augen gehabt hat und davon ausgegangen ist, daß hierbei der Streitwert auch durch die einer Räumungsklage gegenüber aufgestellte Behauptung einer längeren Dauer des Pacht- oder Mietverhältnisses bestimmt werden könne, niemals aber der Streitwert nach dem Werte der Sache (§ 6 ZPO.) zu bemessen sei. Mit Recht hat späterhin die Plenarentscheidung des Reichsgerichts vom 4. Juni 1894 (RGZ. 33, 1) den § 8 für anwendbar erklärt bei Räumungsklagen, sofern die Klage damit begründet ist, daß ein Pacht- oder Mietvertrag von einer über den geltend gemachten Räumungszeitpunkt hinausgehenden Dauer nicht rechtsverbindlich zustande gekommen oder vor Ablauf jener Dauer wieder hinfällig geworden sei[313]). Es muß

---

306) In letzterem Falle gilt § 3 ZPO.: RG. JurRundsch. 1926, 421 Nr. 514 (Jagdpachtvertrag betr.).

307) RGZ. 4, 399; JW. 1881, 91. Siehe auch unten Fußnote 315.

308) Vgl. OLG. Cöln RheinArch. 85 Abt. I S. 234. Bei Klagen des Angestellten auf Feststellung des Dienstverhältnisses ist sein Interesse am Bestehen des Vertrages maßgebend: OLG. Colmar BuschsZ. 46, 6.

309) Förster-Kann 1, 68.

310) Nur diese rechnen hierher unter Ausschließung der Anwendbarkeit des § 8 auf eigentliche Räumungsklagen: Warmuth BuschsZ. 5, 501 ff.; Hellmann ZPO. I, 60 ff. in Anm. 1 und 2 zu § 8; sowie vereinzelt und unbestimmt: RGZ. 26, 431.

311) § 8 ist auch anwendbar, wenn die Klage die Rechtsgültigkeit des Rücktrittsrechts von einem Mietvertrage betrifft: RG. Bbl. 1907, 76. — Bei einem Streit über das Bestehen eines Vormiet- oder Vorpachtrechts wendet OLG. Colmar (ElsLothZ. 35, 241) und ebenso RG. (Recht 1909 Nr. 2811) den § 3 ZPO. an, jedoch unter Beachtung der Schranke des § 10 GKG. Diese Einschränkung ist nicht folgerichtig. Vgl. unten Fußnote 316.

312) RGZ. 33, 4; Stein-Jonas § 8 Anm. I; Jonas § 10 Anm. 1a.

313) Gl. A. fast sämtliche Kommentatoren der ZPO., wie Stein-Jonas § 8 Anm. I; Petersen-Anger § 8 Anm. 7; ferner das Reichsgericht RGZ. 17, 376; 33, 1 (VZS.); JW. 1887, 64 Nr. 1; 1898, 348 Nr. 1; 1899, 1 Nr. 2; OLG. 4, 262 (Cöln); BayObLG. Recht 1906, 248; OLG. Stettin JW. 1927, 408[25]. — KG. wendet (BuschsZ. 49, 220) § 10 GKG. auch auf folgenden Fall an: der Vermieter verlangt Herausgabe seiner Sachen, die er dem Mieter aus Gefälligkeit nur für kurze Zeit überlassen habe. Der Beklagte

also eine Entscheidung über den Bestand oder die Dauer des Miet- oder Pachtverhältnisses angestrebt werden. Maßgebend ist, für welche Zeit nach dem Inhalt des Klagevortrags Streit über das Bestehen oder Nichtbestehen des Mietvertrages herrscht[314]).

Betrifft dagegen der Streit lediglich die Räumungspflicht, unabhängig 181
von dem Bestande und der Dauer des betreffenden Pacht- oder Mietvertrages, sei es, daß der Ablauf desselben nach dem Klagevorbringen gar nicht streitig, sei es, daß mit der Klage überhaupt nicht eine Entscheidung über den Ablauf oder das Nichtbestehen eines Miet- oder Pachtvertrages, sondern etwa über das Eigentum begehrt wird, so ist bei Berechnung des Streitgegenstandswertes nicht nach § 8, sondern nach § 6 ZPO. zu verfahren. Mit Unrecht wird hier regelmäßig auf § 3 ZPO. verwiesen[315]): den Streitgegenstand bildet bei solchen Räumungsansprüchen der Besitz der Sache, also ist § 6 maßgebend.

Schließlich ist noch daran festzuhalten, daß § 8 nur anwendbar ist bei Klagen zwischen Mieter und Vermieter (Pächter oder Verpächter) aus dem Miet- oder Pachtverhältnis[316]), nicht bei einem Streite zwischen anderen Personen. In

---

behauptet aber, das Zimmer möbliert gemietet zu haben und verweigert Herausgabe. Kl. gibt zu, daß ursprünglich möbliert gemietet war. Hier ist das Mietverhältnis gar nicht Streitgegenstand, sondern der Besitz der Sachen (ebenso Kraemer ebenda; s. o. Fußnote 273). Unrichtig auch: OLG. Frankfurt a. M. JurRundsch. 1926, 931 Nr. 1178.

[314]) OLG. Kiel SchlHolstAnz. 1914, 313; RGZ. 33, 1; LG. Stettin JW. 1925, 2386[14]. — Ist Räumungsklage auf Grund Kündigung erhoben, wendet aber Beklagter ein, daß nur Aufhebungsklage nach dem MSchG. zulässig sei, so findet § 10 Anwendung. A. M.: OLG. Jena JurRundsch. 3 (1927) Nr. 2230 (das § 3 ZPO. anwendet).

[315]) So RGZ. 30, 373; SächsArch. 2, 789 (OLG. Dresden); LG. Bonn JW. 1923, 779; RG. Recht 1920 Nr. 3410; OLG. München BayZ. 1925, 347.

Richtig: LG. München I BeschwReg. 122/1920; Förster-Kann 1, 68; Jonas § 10 Anm. 1a; SeuffA. 71, 167 (Dresden); OLG. 25, 46 (Hamburg); OLG. Frankfurt a. M. JW. 1923, 773 Nr. 22; Kraemer JW. 1923, 784 (gegen LG. München I); M. Friedlaender ebenda 779 (gegen LG. Bonn); KG. JW. 1924, 848 = KGBl. 1924, 67; OLG. Rostock MecklZ. 1926, 103; OLG. Hamburg, Einigungsamt und Mietschöffengericht 1926, 491 (Klage eines Tauschpartners auf Einräumung der Tauschwohnung; Streitwert = Wert der Räume). Mit Recht schätzt OLG. Frankfurt a. M. in dem von ihm entschiedenen Falle den Verkehrswert der Wohnung (ausgehend von dem Hauswerte).

Unzutreffend dagegen OLG. Karlsruhe Recht 1922 Nr. 1182; OLG. 43, 122 (der Beklagte wollte nur so lange wohnen bleiben, bis er eine andere Wohnung fände; er machte also „einen dem Mietbesitz ähnlichen Fremdbesitz geltend". Deshalb Berechnung nach §§ 8 ZPO., 10 GKG. nach einjährigem Nutzungswert der Räume. Hier wird nicht nur die Einrede des Beklagten statt des Klageanspruchs bewertet, sondern auch von einem Mietverhältnis ausgegangen, das nicht einmal der Beklagte behauptet hat). Unzutreffend auch KG. JW. 1923, 771 Nr. 14 (Beklagter bestritt nicht den Ablauf der Miete, er beantragte und erreichte aber beim MEA. Verlängerung des Vertrages, so daß sich der Prozeß von da ab auf die Kosten beschränkte; KG. wandte den § 3 statt des § 6 ZPO. an); LG. Frankfurt a. M. JW. 1925, 2387[3] (Anwendung des § 3 ZPO., da es sich nicht um Dauerbesitz handle; dagegen: Kraemer ebenda).

Zutreffend: OLG. Kiel ZDJustAmtm. 36 (1925), 210 (Klage auf Räumung einer Deputatwohnung, die Kläger seinem landwirtschaftlichen Arbeiter auf Grund Dienstvertrags zur Verfügung stellt. Mietverhältnis stand also nicht in Frage. Daher § 6 ZPO. anwendbar); OLG. Kiel ZDJustAmtm. 1925, 70.

[316]) RGZ. 3, 424; Rassow GruchotsBeitr. 33, 889; Warneyer 1913 Nr. 116; LZ. 1913, 219 Nr. 26. Ein Mietverhältnis besteht auch zwischen Mieter und Untermieter (Anm. 182).

§ 8 ist dagegen nicht anwendbar bei der Räumungsklage des Vermieters gegen den Untermieter: RG. GruchotsBeitr. 51, 401; LG. Frankfurt a. M. JW. 1926, 881[14]; a. M. Stein-Jonas § 8 Anm. I; OLG. Braunschweig BraunschwZ. 55, 184; KG. und Kraemer BuschsZ. 49, 219;

bei der Klage gegen den Bürgen des Mieters: OLG. 25, 46 (KG.); a. M.: OLG. 13, 71 (KG.); OLG. Königsberg JW. 1926, 2477[12] (dagegen M. Friedlaender daselbst); Jonas § 10 Anm. 1a;

ferner beim Streit zweier Parteien darüber, welche von beiden die Rechte des Pächters

diesem mag der Bestand oder Nichtbestand des Mietverhältnisses usw. den Klagegrund darstellen; den Streitgegenstand (oben Anm. 2) bildet er nicht.

182 b) Was Gegenstand eines Pacht- oder Mietvertrages sein kann, ob insbesondere auch Rechte den Inhalt eines Pacht- oder Mietverhältnisses bilden können, bestimmt sich nach dem bürgerlichen Rechte. Die grundlegenden Begriffsbestimmungen gibt für die Miete der § 535 BGB., für die Pacht der § 581 BGB. Danach können Gegenstand eines Mietvertrages nur Sachen, d. h. nach § 90 BGB. nur körperliche Sachen, also bewegliche Sachen und Grundstücke sein, u. a. z. B. auch ein Platz an der Mauer, in der Straßenbahn, im Schaufenster zu Reklamezwecken, ein Sitz im Theater. Dagegen ist nach § 581 die Pacht an „Gegenständen" jeder Art möglich, d. h. nicht nur an Sachen, sondern auch an Rechten[317]). Gegenstand des Pachtvertrags können daher auch nutzbare Rechte sein, z. B. Bergwerke, Patentrechte, Jagdrecht[318]), Fischereirecht, Schankgerechtigkeit, Fährgerechtigkeit, Recht auf Erhebung eines Wege- und Brückenzolls[319]), Rechte auf Gewinnung von Bodenbestandteilen, wie Torf, Sand, Marmor usw.[320]). Auch ein Handelsgeschäft kann Gegenstand eines Pachtvertrages sein (§ 22 Abs. 2 HGB.) und zwar auch das eines Minderkaufmanns, z. B. eine Gastwirtschaft[321]); ebenso der Inseratenteil einer Zeitung[322]). Nicht dagegen eine Anwaltspraxis[323]). Verträge, die auf den Verbrauch einer Sache gerichtet sind, fallen nicht unter § 8, auch nicht Verträge über Lieferung unkörperlicher Sachen (z. B. elektrischer Kraft)[324]).

Zu den Miet- und Pachtverhältnissen gehört auch die Weitervermietung oder Weiterverpachtung im Sinne des § 549 BGB. Wenn die Dauer oder der Bestand eines solchen Verhältnisses zwischen Mieter und Untermieter, Pächter und Unterpächter streitig ist, so findet ebenfalls die Berechnung nach § 8 ZPO. statt[325]).

183 Nach dem bürgerlichen Rechte richtet sich auch die Bedeutung des Wortes „Zins"; dieser kann nicht bloß in Geld bestehen, sondern auch in Naturalien (Anteil am Ertrage), in Diensten oder in sonstigen Gegenleistungen, deren Wert nach erfolgter Umrechnung in Geld dann dem Barzinse hinzuzuzählen ist[326]). Dagegen liegt bei der Einräumung eines unentgeltlichen Wohnungsrechts ein Mietverhältnis nicht vor[327]), da die Miete Entgeltlichkeit voraussetzt (§ 535 BGB.).

184 c) Zu beachten sind hier auch die häufigen Fälle gemischter Verträge: Kombination von Miet- und Dienstverträgen, z. B. Aufnahme in eine Pension, in ein

---

habe; dann ist es aber auch nicht zulässig, neben der Schätzung nach § 3 die §§ 8 ZPO. und 10 GKG. anzuwenden. Vgl. unten Fußnote 388. A. M.: RG. Warneyer 1910 Nr. 381. Siehe auch oben Fußnote 311.

Beim Streit über die Geltung des Pachtvertrages gegenüber dem Erwerber des Anwesens (§ 571 BGB.) wendet OLG. 39, 100 (Posen) § 10 GKG. an.

317) Bei der Erteilung einer territorial begrenzten, ausschließlichen Lizenz für ein Patent nehmen RGZ. 57, 38; JW. 1907, 136 Nr. 17 kein Pachtverhältnis, sondern Kauf an; ebenso Merzbacher-Krakenberger § 8 ZPO. Anm. 3d (S. 70); etwas unbestimmt: RGZ. 75, 404. Vgl. auch Sächs. OLG. 39, 165. Sehr beachtlich über die rechtliche Natur eines Vertrages über die Aufführung eines Bühnenwerks, in dem die Aufführungspflicht eine wesentliche Gegenleistung darstellt (kein Pachtvertrag, sondern Vertrag eigener Art): RG. JW. 1927, 97[3].

318) RG. JW. 1898, 188 Nr. 90; Recht 1909 Nr. 1000; JW. 1910, 991 Nr. 27; Warneyer 1910 Nr. 381; RGZ. 70, 70. Vgl. auch § 835 Abs. 2 Satz 2 BGB. und Art. 71 Z. 6 EGBGB.

319) Oertmann, Recht der Schuldverhältnisse[4] Vorb. 4 vor § 581.

320) Ebenso: Merzbacher-Krakenberger § 8 ZPO. Anm. 3f. (S. 70); RGZ. 96, 220.

321) RG. JW. 1895, 537 Nr. 3.

322) RGZ. 70, 20.

323) RG. BayZ. 1925, 65 = JW. 1925, 472[14].

324) Ebenso Förster-Kann 1, 68 (§ 8).

325) Vgl. Petersen-Anger § 8 Anm. 3.

326) OLG. 40, 442 (Rostock).

327) RG. JW. 1899, 1 Nr. 1.

Hotel, Anstellung eines Hausmeisters mit Portierwohnung usw. Hier kommt es darauf an, welches Rechtsverhältnis den Hauptinhalt des Geschäftes bildet; beim Hotel z. B. der Mietvertrag, beim Hausmeister der Dienstvertrag[328]). Der Miet- oder Pachtvertrag enthält aber auch oft Bestimmungen, die einem anderen Rechtsgebiete angehören und sich nicht nur als für den Streitwert unbeachtliche Nebenbestimmungen darstellen, ohne doch ihrerseits allein für den Vertragstypus ausschlaggebend zu sein. Der notariell geschlossene, langfristige Pachtvertrag enthält z. B. eine Verkaufsverpflichtung des Verpächters. Der Pächter klagt auf Feststellung des „Pachtvertrages". Hier ist in Wirklichkeit auf Feststellung des ganzen, mit dem Namen „Pachtvertrag" bezeichneten Rechtsverhältnisses (wobei vielleicht die Verkaufsverpflichtung im Vordergrunde des Interesses steht) geklagt. Daher muß der ganze Streitgegenstand bewertet werden, das Pachtverhältnis nach § 10 GKG., die Verkaufsverpflichtung nach § 3 oder 6 ZPO., unter Zusammenrechnung gemäß § 5 ZPO.[329]).

d) Der Ausdruck „gesamte streitige Zeit" geht wohl zunächst von der Vorstellung 185 aus, daß in der Klage eine bestimmte Dauer des Pacht- oder Mietverhältnisses behauptet oder bestritten werde. § 8 findet aber auch auf Pacht- oder Mietverhältnisse von unbestimmter Dauer Anwendung. Ist in einem auf ungewisse Zeit ohne Bestimmung einer Endfrist abgeschlossenen Pacht- oder Mietvertrage eine Kündigungsbefugnis durch Vereinbarung oder Gesetz (§§ 564, 565, 595 BGB.) gegeben, so wird in dem den Bestand oder die Dauer dieses Vertragsverhältnisses betreffenden Prozesse der Streitgegenstand durch den zunächst bevorstehenden, noch wahrnehmbaren oder bereits wahrgenommenen Kündigungstermin begrenzt[330]). Ist keine Kündigung vorgesehen und die künftige Beendigung an sich zwar gewiß, aber ihr Zeitpunkt unbestimmbar, wie z. B. bei einem auf Lebenszeit des Pächters oder Verpächters eingegangenen Pachtvertrage, so ist „die streitige Zeit" bezüglich ihres Umfangs nach freiem Ermessen zu schätzen[331]).

Der Anfangstermin der „streitigen Zeit", deren Zins nach § 8 ZPO. der 186 Berechnung des Streitgegenstandswertes bei Räumungsklagen zugrunde zu legen ist, bestimmt sich regelmäßig nach dem Zeitpunkte der Klageerhebung (= Klageeinreichung), jedenfalls nicht nach einem früheren Zeitpunkte[332]). Ist auf zukünftige Räumung geklagt, so beginnt die streitige Zeit erst mit dem Zeitpunkt, in dem nach der Klagebehauptung der Vertrag sein Ende findet.

e) Wenn die gesamte streitige Zeit ein Jahr oder weniger beträgt, so 187 bestimmt der auf sie entfallende Mietzins den Streitwert. Ist die streitige Zeitdauer eine längere, so ist für die Berechnung der Gerichtskosten und Anwaltsgebühren nach § 10 Abs. 1 GKG. der Wert auf den Betrag des einjährigen Zinses zu berechnen. Als Miet- oder Pachtzins kommt der für das Vertragsverhältnis tatsächlich maßgebende in Betracht; denn es handelt sich um die Bewertung des Rechtsverhältnisses nach der dem Mieter obliegenden, als äquivalent zu vermutenden Gegenleistung. In

---

[328]) RG. JW. 1907, 705 Nr. 8; Förster-Kann 1, 68 (§ 8); OLG. 40, 345 (Hamm).

[329]) So jetzt auch das KG. in einer noch ungedruckten Entsch. vom 31. Jan. 1927 17 U. 5571/26.

[330]) RG. JW. 1895, 537 Nr. 3; 1898, 500 Nr. 3; SchlHolstAnz. 1905, 214 (Kiel); OLG. 13, 71 (Kiel); OLG. Frankfurt a. M. FrankfAK. 1, 61[6].

[331]) Vgl. RG. JurRundsch. 1927 Nr. 853. Ähnlich in den Fällen, in denen das Mieteinigungsamt die Kündigung genehmigen mußte, so daß man die Dauer des Mietvertrags nur schätzen konnte: OLG. Hamm JW. 1919, 1001 Nr. 9; OLG. 40, 388 (Rostock). OLG. 40, 388 (Braunschweig) wendet hier § 3 an. Ebenso jetzt in den Fällen, in denen keine Kündigung nach dem BGB. zulässig ist, sondern nur Mietaufhebungsklage nach dem MSchG. oder Kündigung nach der Novelle zum MSchG. vom 13. Februar 1928. Durchaus unzulässig ist die analoge Anwendung des § 13 Abs. 5 MSchG. auf solche Fälle (z. B. Prozesse über den Bestand eines derartigen Mietvertrages). A. M.: OLG. München BayZ. 1927, 81. Diese Ausnahmebestimmung paßt gerade auf solche Fälle am allerwenigsten. Vgl. auch Anm. 192.

[332]) Anders: KG. BuschsZ. 14, 256. Vgl. auch NaumbAK. 1895, 111 (OLG. Naumburg).

normalen Zeiten ist dies der vereinbarte Zins. Wenn dieser jedoch infolge der Geldentwertung nicht mehr maßgebend sein kann, oder wenn an Stelle des vereinbarten Zinses nach der Gesetzgebung (Reichsmietengesetz) ein gesetzlicher Zins tritt, so ist die Ersatzgröße (aufgewerteter Papiermarkzins, gesetzliche Miete usw.) zugrunde zu legen[333]). Ist die Höhe des Zinses streitig (ohne daß der Zins „Streitgegenstand" ist; in diesem Falle wäre der Streit über den Zins besonders zu bewerten; s. unten Anm. 190), so wird dem Streitwert ein angemessener Zins zugrunde zu legen sein: so wenn der Verpächter behauptet, es seien 3000 M. Pachtzins vereinbart, es seien nur 2000 M. bezahlt und deshalb habe er mit Recht außerordentlich gekündigt; gegenüber der Räumungsklage wendet der Pächter ein, es seien nur 2000 M. vereinbart und diese habe er bezahlt. Hier wird das Gericht den Streitwert von 2000 bis höchstens 3000 M. festzusetzen haben. Erhebt aber der Beklagte Widerklage mit dem Antrage festzustellen, daß er nur 2000 M., nicht 3000 M. zu bezahlen habe, so ist dies ein neuer Streitgegenstand neben dem Streit über die Dauer oder den Bestand des Pachtverhältnisses, und dieser Streitgegenstand ist besonders zu bewerten.

188 Ist bei einem Miet- oder Pachtvertrage der Zins ein wechselnder, steigert sich z. B. bei der Pachtung eines Rittergutes der Pachtzins mit jedem Jahre, so dürfte es nicht zutreffend sein, das für die Berechnung maßgebende Jahr mit der Erhebung der Klage beginnen zu lassen[334]). Man muß bedenken, daß § 10 Abs. 1 sich seiner Entstehungsgeschichte nach an den § 8 ZPO. anschließt, daß also eigentlich der für die ganze Dauer des streitigen Mietverhältnisses zu berechnende Mietzins auf den Betrag eines einjährigen Mietzinses reduziert werden soll. Streitig ist nicht nur das eine Jahr, sondern die ganze Mietsdauer. Man könnte nun (vgl. unten Anm. 204) daran denken, einen Durchschnittsbetrag aus den verschiedenen Mietzinsen des strittigen Zeitraums anzusetzen[335]). Dann ergäbe sich aber die merkwürdige und unannehmbare Folge, daß z. B. beim Streit über das Bestehen eines einjährigen Pachtvertrages mit einem Jahreszins von 3000 M. der Streitwert höher wäre als bei einem Streit über das Bestehen eines fünfjährigen Pachtvertrages, wenn der Zins in vier Jahren 3000 M., in einem Jahr nur 2000 M. beträgt. Man wird daher bei wechselndem Zins dasjenige Jahr der strittigen Zeit zugrunde legen müssen, in welchem der höchste Zins bezahlt wird.

189 Das ist grundsätzlich festzuhalten. Eine Ausnahme muß aber gemacht werden für die Fälle, in denen der zukünftige Mietzins unbestimmt ist. Dies trifft in den Fällen, für welche das Reichsmietengesetz vom 14. März 1922 (Fassung vom 20. Febr. 1928, RGBl. I 38) gilt, regelmäßig zu, weil hier der Vermieter wie der Mieter jederzeit verlangen können, daß an Stelle der vereinbarten die gesetzliche Miete trete (§§ 1, 19 des Ges.) und weil von diesem Recht meist Gebrauch gemacht wird, wenn nicht von vornherein die gesetzliche Miete vereinbart ist. Infolgedessen läßt sich im voraus gar nicht feststellen, in welchem Mietjahr der höchste Mietzins zu zahlen sei.

In diesen Fällen muß man daher annehmen, daß zunächst der bei Klageerhebung bzw. Rechtsmitteleinlegung beginnende Zeitraum zugrunde zu legen sei (dessen Mieten im voraus auch nur geschätzt werden können). Ist auf zukünftige Räumung geklagt, so beginnt der Zeitraum erst mit dem behaupteten Endtermin des Vertrages. Wenn aber am Ende der Instanz (§ 9 Abs. 2 GKG.) der Streitwert höher ist, so gilt dieser[336]). Maßgebend für die Vergleichung ist das beim Ende der Instanz laufende Mietjahr[337]).

---

333) Über die Berechnung bei Papiermarkpachtzinsen vgl. KG. JW. 1923, 1043 Nr. 10. Zum RMietengesetz uns. M.: Günther JW. 1923, 739; LG. Frankfurt a. M. JW. 1923, 780 Nr. 10. Vgl. ferner OLG. 43, 121 (Hamburg).

334) So: OLG. Frankfurt a. M. FrankfRundsch. 1901, 43.

335) So: OLG. Frankfurt a. M. (1916) SeuffA. 71, 414; Willenbücher § 10 Anm. 66. Vgl. auch KGBl. 1915, 64.

336) Vgl. OLG. Köln JW. 1926, 1041[13].

337) Über den Begriff „gesetzliche Miete" und das, was hiezu gerechnet wird (Zuschlag für große Instandsetzungsarbeiten? usw.) vgl. Kiefersauer Grundstücksmiete[3] § 3 Anm. 3; OLG. Köln JW. 1926, 1041[13].

f) Wird neben der Räumungsklage zugleich auf Zahlung des Mietzinses geklagt, 190
so ist letzterer nicht als Nebenforderung zu behandeln; die Mietzinsforderung ist selbständig neben dem Räumungsanspruch geltend gemacht und nicht ein accessorium des letzteren [338]). Wenn auch der Räumungsanspruch nach dem Mietzinsanspruch bewertet wird, so ist er doch keineswegs mit ihm identisch. Es sind daher auch nicht etwa Mietzinse, die in „den einjährigen Zeitraum" oder in die Zeit des ersten Jahres nach der Klagestellung fallen, von der Zusammenrechnung auszuschließen, weil sie in dem Streitgegenstand der Räumungsklage mit enthalten wären [339]).

II. **Das Gesetz über Mieterschutz und Mieteinigungsämter** vom 1. Juni 1923 191
(RGBl. I, 353; Fassung vom 17. Febr. 1928, RGBl. I 25) bestimmt in § 13 Abs. 5 für die sogenannte Aufhebungsklage und gemäß § 1 o Abs. 3 auch für das sogenannte Kündigungsverfahren (§§ 1 b—1 m des Gesetzes), daß für die Streitwertberechnung „der Betrag des für die Dauer eines Vierteljahrs zu entrichtenden Mietzinses maßgebend" sei. Diese Bestimmung enthält also eine Ausnahme von § 10 Abs. 1 GKG.

a) Die Vorschrift des § 13 Abs. 5 gilt zunächst nur für die Aufhebungsklage, die in den §§ 1 p—18 des Gesetzes geregelt ist. Nach § 1 des Ges. können Mietverhältnisse (nicht Pachtverhältnisse) über Gebäude oder Gebäudeteile — vorbehaltlich der gesetzlichen Ausnahmen — auf Verlangen des Vermieters [340]) außer durch Kündigung oder Zeitablauf (Unterabschnitt a) nur aus den in den §§ 2—4 des Ges. bezeichneten Gründen aufgehoben werden. Die Aufhebung erfolgt durch Rechtsgestaltungsurteil für einen bestimmten Zeitpunkt (§ 5 des Ges.). Die Klage, durch welche dieses Urteil angestrebt wird, heißt Aufhebungsklage; zuständig ist das Amtsgericht (das regelmäßig unter Mitwirkung von Beisitzern — Mietschöffen — entscheidet).

Bei sonstigen Mieträumungsklagen, z. B. auf Grund freiwilliger Auflösung des Vertrages oder Kündigung seitens des Mieters, bei Klagen des Vermieters gegen den Untermieter usw., kommt § 13 Abs. 5 nicht zur Anwendung; dies ergibt sich klar aus § 27 des Ges., das nur einzelne Bestimmungen über die Aufhebungsklage auf solche Fälle für anwendbar erklärt [341]); vgl. ferner § 52 c des Gesetzes.

Wird mit der Aufhebungsklage ein anderer Anspruch verbunden (§ 15 des Ges.), so sind die Streitwerte zunächst gesondert zu berechnen und dann ist nach den allgemeinen Bestimmungen über Klagenverbindung zu verfahren. Ebenso bei der Widerklage.

b) Im Gegensatz zu § 8 ZPO. und § 10 Abs. 1 GKG. läßt § 13 Abs. 5 des 192
Ges. keinen Zweifel darüber aufkommen, auf welche Art von Klagen er sich bezieht. Er betrifft nur die Aufhebungsklage als Rechtsgestaltungsklage, nicht eine Feststellungsklage mit anderem Inhalt [342]) oder sonstige Klagen [343]), abgesehen von dem noch zu besprechenden Kündigungsverfahren. Nur eine Klage mit dem Antrage festzustellen, daß dem Beklagten kein Recht zustehe, Aufhebungsklage zu einem bestimmten Termin zu stellen, muß sinngemäß ebenso bewertet werden wie die Aufhebungsklage selbst.

Es ist zweifelhaft, ob § 13 Abs. 5, wie es nach seinem Wortlaut den Anschein hat, die Materie ganz selbständig regeln oder nur den § 10 Abs. 1 GKG. ergänzen und abändern wollte. Letzteres ist anzunehmen, da alle Bestimmungen des Prozeß- und Kostenrechts, die nicht besonders außer Kraft gesetzt sind, auch für die Auf-

[338]) KG. BuschsZ. 14, 256. Ebenso Fuchs JW. 1912, 62 gegen KG. daselbst.

[339]) So: OLG. 27, 13 (Karlsruhe). Vgl. hierzu auch Anm. 187.

[340]) Dem Vermieter steht gleich, wer nach Abschluß des Mietvertrages das Eigentum an dem Grundstück erwirbt (§ 1 Abs. 1 S. 2, § 1 p Satz 3 des Ges.).

[341]) Vgl. z. B. Kiefersauer Grundstücksmiete [3] § 27 Anm. 1; § 13 Anm. 7. Gl. M.: OLG. Düsseldorf JW. 1924, 2040 Nr. 18; Nußbaum daselbst; OLG. München BayZ. 1925, 347; AG. Stendal JW. 1925, 2394 [3]; OLG. Jena ZDJustAmtm. 1928, 181. Auch analoge Anwendung der Ausnahmebestimmung des § 13 Abs. 5 auf solche Klagen ist nicht zulässig. Anders: OLG. Stettin Bbl. 1926, 270.

[342]) OLG. Augsburg BayZ. 1927, 27.

[343]) Daß er auch in der Berufungsinstanz Anwendung findet, ist selbstverständlich: OLG. Düsseldorf JW. 1924, 2040 Nr. 18; Kiefersauer Grundstücksmiete [3] § 13 Anm. 7.

hebungsklage gelten[344]); diesen Grundsatz setzt das Mieterschutzgesetz voraus. Daraus ergibt sich:

193 α) Der vierteljährliche Zeitraum tritt einfach an die Stelle des einjährigen Zeitraums nach § 10 Abs. 1 GKG. Sollte ausnahmsweise die „streitige Zeit" weniger als ein Vierteljahr umfassen, so wäre der kleinere Zeitraum maßgebend; so, wenn der Beklagte nach der Klagebehauptung zwei Monate nach dem Termin, zu welchem die Aufhebung begehrt wird, ausziehen will. Das Gesetz wollte die Kosten ermäßigen, nicht erhöhen.

194 β) Leider hat der Gesetzgeber auch bei der Streitwertbestimmung für die Aufhebungsklage, wo es gewiß geboten gewesen wäre, das RMietengesetz nicht berücksichtigt und es entsteht hier wie bei § 10 Abs. 1 GKG. die Frage, welches Vierteljahr der Berechnung zugrunde zu legen sei. Auch hier ist eine restlos befriedigende Lösung nicht möglich. Wir werden entsprechend dem allgemeinen, oben (Anm. 188, 189) aufgestellten Grundsatz dieselbe Lösung gelten lassen müssen wie dort. Dabei ist der besonderen Natur der Rechtsgestaltungsklage und dem § 5 des Gesetzes Rechnung zu tragen.

Maßgebend ist hienach das Quartal, welches in dem Zeitpunkt beginnt, für welchen die Aufhebung begehrt wird; das ist frühestens der Zeitpunkt der Klageerhebung. Ist am Ende der Instanz der Streitwert höher, so gilt dieser. In der Berufungsinstanz kommt das bei Beginn oder Beendigung derselben laufende Quartal in Betracht[345]) [346]).

195 c) § 13 Abs. 5 gilt auch für das sogenannte Kündigungsverfahren. Nach § 1 MietSchG. können Mietverhältnisse über Gebäude oder Gebäudeteile vom Vermieter[346a]) unter den Voraussetzungen, unter denen nach den §§ 2—4 die Aufhebungsklage gegeben ist, gekündigt werden. Die Beendigung des gekündigten Mietverhältnisses richtet sich nach dem für die Aufhebungsklage geltenden Zeitpunkt (§ 5 Abs. 1 des Ges.). Die „Kündigung" erfolgt in einem besonderen, dem Mahnverfahren nachgebildeten gerichtlichen Verfahren, das durch Einreichung und Zustellung eines Kündigungsschreibens eingeleitet wird und des Näheren in den §§ 1 a—1 m geregelt ist. Hinsichtlich des Ablaufs eines für bestimmte Zeit eingegangenen Mietverhältnisses tritt an die Stelle der Kündigung des Vermieters dessen Berufung auf die Beendigung des Mietverhältnisses, die unter denselben Voraussetzungen, mit derselben Frist und im selben Verfahren erfolgt wie die Kündigung (§ 1 n).

---

[344]) Kiefersauer Grundstücksmiete[3] § 13 Anm. 1; Kraemer JW. 1924, 2037; OLG. Düsseldorf JW. 1924, 2037 Nr. 11.

[345]) Die Meinungen sind sehr geteilt. Kiefersauer Grundstücksmiete[3] § 13 Anm. 7 erachtet als maßgebend das Quartal, das „dem nach § 5 MSchG. festzustellenden Zeitpunkte der Aufhebung vorausgeht". Wie aber, wenn die Klage abgewiesen, zurückgenommen wird usw.? Und warum der vorausgehende und nicht vielmehr der folgende Zeitraum, da doch jener keinesfalls „streitig" ist? KG. JW. 1924, 2037 Nr. 11 = OLG. 44, 2 bezeichnet das erste Vierteljahr nach der vom Kläger verlangten Aufhebung des Vertrages als maßgebend; seine Ansicht deckt sich also mit der unsrigen; doch ist § 9 Abs. 2 GKG. nicht erwähnt. Anscheinend uns. M.: Merzbacher-Krakenberger S. 72; ähnlich OLG. Köln JW. 1926, 1041. Wie KG.: Kraemer JW. 1924, 2037; Hertel Mieterschutz § 13 Anm. 3: maßgebend Mietzins bei Klageerhebung; Nußbaum JW. 1924, 2040 Nr. 18: maßgebend Quartal, das bei Klageerhebung bzw. Berufungseinlegung lief. — Bei der Auslegung des § 46 MSchG., der den Streitwert für das Verf. vor dem MEA. und der Beschwerdestelle regelt und verordnet, daß der Berechnung der Gerichtskosten kein höherer Wert zugrunde gelegt werden dürfe als „der Jahresbetrag der gesetzlichen Miete", ergeben sich dieselben Schwierigkeiten. Hierzu sagt die preuß. AusfVO. vom 22. Okt. 1923 (GS. 485) § 2: im Verf. vor den Beschwerdestellen sei der Jahresbetrag auf Grund des Monatsbetrags zu ermitteln, der für den der Entsch. der Beschwerdestelle vorhergehenden Monat Geltung hatte. Vgl. hierzu Ring KGJ. ErgBd. 2 (1924), 146; KG. JW. 1924, 2036[10].

[346]) Über den Begriff der ges. Miete vgl. Kiefersauer a. a. O. § 3 Anm. 3; Hertel Mieterschutz § 13 Anm. 3.

[346a]) Dem Vermieter steht auch hier gleich, wer das Eigentum an dem Grundstück nach dem Abschluß des Mietvertrags erworben hat (§ 1 Abs. 1 Satz 2 des Ges.).

Die in Anm. 191—194 gegebenen Ausführungen finden auf das Kündigungsverfahren entsprechende Anwendung, aber grundsätzlich auch nur auf dieses und die Klage auf Feststellung, daß der Vermieter nicht berechtigt sei, zu einem bestimmten Termin gemäß § 1 zu kündigen oder gemäß § 1 n sich auf die Beendigung des Mietverhältnisses zu berufen (oben Anm. 192 Abs. 1 a. E.).

195a **III. Güteverfahren nach § 9 des Mieterschutzgesetzes.** § 9 des Mieterschutzgesetzes enthält folgende Vorschrift: „Die Bestimmung eines Termins zur Güteverhandlung kann auch vom Mieter beantragt werden, der eine Aufhebungsklage befürchtet." Es handelt sich hier also weder um einen Aufhebungsprozeß noch um eine Feststellungsklage; der Mieter macht überhaupt keinen „Anspruch" geltend [347]). Er übt nur das besonders geartete Recht aus, die Einleitung eines Güteverfahrens über eine ihm drohende Klage zu verlangen. Den Streitwert wird man hier so berechnen müssen, wie wenn die Aufhebungsklage, deren Erhebung der Mieter nach seinen Angaben befürchtet, im Zeitpunkt der Einreichung des Antrags erhoben würde (oben Anm. 191—194). Nimmt der Vermieter den Anspruch auf Aufhebung im Güteverfahren auf, so ist nun das Verfahren nach § 9 auch bezüglich des Streitwertes seiner Besonderheiten entkleidet.

5. Recht auf wiederkehrende Nutzungen oder Leistungen. Insbesondere Unterhalts- und Rentenansprüche. (§ 9 ZPO., § 10 Abs. 2—4 GKG.)

196 a) Der Wert eines Rechts auf wiederkehrende Nutzungen oder Leistungen soll gemäß § 9 ZPO. nach dem Werte des einjährigen Bezuges berechnet werden und zwar

auf den zwölfeinhalbfachen Betrag, wenn der künftige Wegfall des Bezugsrechts gewiß, die Zeit des Wegfalls aber ungewiß ist;

auf den fünfundzwanzigfachen Betrag bei unbeschränkter oder bestimmter Dauer; im letzteren Falle ist der Gesamtbetrag der künftigen Bezüge maßgebend, wenn er geringer als der fünfundzwanzigfache Jahresbetrag ist.

Zu dieser für die Bestimmung der Zuständigkeit maßgebend gebliebenen Vorschrift des § 9 ZPO. hat der § 9a Abs. 2 und 3 des früheren GKG. für die Gebührenerhebung die Modifikation geschaffen, daß

1. bei gesetzlichen Unterhaltsansprüchen der Wert höchstens auf den fünffachen Betrag des einjährigen Bezuges,
2. in Ehesachen der Wert des Rechts auf Entrichtung einer Geldrente während der Dauer des Prozesses auf den einjährigen Betrag der Rente zu berechnen sei.

Der fünfjährige Betrag sollte auch für Ansprüche auf Entrichtung einer Geldrente aus §§ 843, 844 BGB. und §§ 3, 3a, 7 HaftpflichtGes. gelten.

Als Grund für die Einführung des § 9a war in der RTKommission (RT.-Drucksachen 1897/98 Nr. 240) angeführt worden, daß sich bei Anwendung des § 9 ZPO. auf Unterhaltsforderungen die gleichen Mißstände ergeben hätten wie bezüglich der Räumungsklagen nach § 8 ZPO. Das treffe auch für die bezeichneten Rentenansprüche zu, welche wirtschaftlich den Unterhaltsansprüchen naheständen und auch rechtlich in manchen Beziehungen diesen Ansprüchen gleich behandelt würden.

Der Entwurf zum GKG. von 1922 wollte nun aus den gleichen Erwägungen den Höchstbetrag nochmals, und zwar auf den einjährigen Betrag herabsetzen. Er wollte es — wie die Motive bekunden — für Unterhalts- und Rentenansprüche in gleicher Weise tun, da sonst die Geldentwertung zu unangemessen hohen Streitwerten und einer zu großen Kostenbelastung der Parteien führe. Daß dieses Argument hinfällig ist, wird heute niemand mehr bezweifeln; denn die Geldentwertung schuf in Wahrheit nicht höhere, sondern regelmäßig niedrigere Streitwerte.

Der Verfasser des Entwurfes hat denn auch seine Absicht nur teilweise ausgeführt, indem er lediglich die Unterhaltsansprüche im neuen § 10 erwähnte, in der Meinung, mit diesem Ausdruck auch jene Rentenansprüche zu decken. Diese Meinung

---

[347]) Vgl. Schanz LZ. 1927, 16, der die ganze Materie behandelt, ohne jedoch die Streitwertfrage zu berühren. Dort auch Literatur.

war aber irrig. Denn die Rentenansprüche auf Grund unerlaubter Handlung nach dem Haftpflicht- oder Kraftfahrzeug-Gesetz usw. sind Schadensersatzansprüche, die nach Voraussetzungen und Zielen rechtlich wesentlich verschieden sind von den gesetzlichen Unterhaltsansprüchen. Insbesondere setzen sie in keiner Weise Bedürftigkeit des Berechtigten voraus. Die Gesetzessprache unterscheidet die beiden Arten von Ansprüchen streng, wie nicht nur der frühere § 9a, sondern auch z. B. § 850 Abs. 1 Nr. 2, Abs. 3 ZPO. beweist. Maßgebend für die Auslegung kann bei so eindeutiger Ausdrucksweise nur das Gesetz, nicht die Absicht des Verfassers einer Vorlage sein. Was die gesetzgebenden Faktoren sich „gedacht" haben, ist nicht zu ergründen; es wäre auch belanglos. Jedenfalls kann nicht angenommen werden, daß sie das Gegenteil dessen wollten, was sie klar ausgedrückt haben.

Es ergibt sich also, daß § 10 Abs. 2 in der Fassung, in der er bis 1. April 1927 galt, sich nur auf gesetzliche Unterhaltsansprüche bezog, während auf die erwähnten Rentenansprüche wieder — wie vor 1900 — § 9 ZPO. Anwendung finden mußte[348]). Für die Ehesachen setzte das GKG. von 1922 den einjährigen Betrag auf den halbjährigen herab.

197 Durch das Gesetz vom 28. Januar 1927 ist der Streit über die Auslegung des bisherigen § 10 Abs. 2 GKG. beseitigt worden. Ein neuer § 10 Abs. 3 behandelte jetzt die Rentenansprüche gesondert und führte die Berechnung nach dem fünfjährigen Betrage vom 1. April 1927 ab wieder ein, indem er sie zugleich auf Ansprüche aus dem Beamten- und Arbeitsverhältnis ausdehnte. Die oben behandelte Streitfrage behielt nur noch für die Übergangszeit Bedeutung.

198 b) Die Vorschrift des § 9 ZPO. bezieht sich nur auf Klagen, mittels welcher das Recht auf wiederkehrende Nutzungen (hier unterschiedlich von der Bedeutung nach § 4 ZPO. stets im Sinne „selbständiger" Rechte) oder Leistungen geltend gemacht wird, sei es allein oder in Verbindung mit dem Anspruche auf bereits verfallene Bezüge, nicht aber auf solche Klagen, mittels derer lediglich die Einforderung einzelner Rückstände betrieben wird. Werden solche, bis zur Klageerhebung fällig gewordene Rückstände[349]) zugleich mit und neben dem Rechte auf die künftigen Bezüge geltend gemacht, so ist deren Forderung nicht als Nebenforderung, sondern als ein besonderer Anspruch anzusehen, durch welchen die nach § 9 vorzunehmende Wertschätzung des Rechtes selbst in keiner Weise beeinflußt wird, die vielmehr gemäß § 5

---

348) Ebenso: RG. JW. 1923, 504 = RGZ. 106, 411; RG. JW. 1924, 1988 Nr. 22; OLG. Nürnberg BayZ. 1924, 263; KG. JW. 1924, 411, 1051; KGBl. 1924, 86; OLG. Naumburg JW. 1924, 1542; 1925, 389[23] (mit Anm. Kraemer); Biermann JW. 1923, 674; Wolf LZ. 1924, 731; Kraemer u. Axhausen JW. 1923, 504; Kraemer JW. 1924, 104; OLG. Kiel ZDJustAmtm. 1924, 102; Seligsohn JW. 1925, 76; Schweitzer AVNachr. 1923, 79; OLG. Frankfurt a. M. JW. 1925, 384[16]; OLG. Hamburg II. Senat JW. 1925, 385[18] (mit Anm. Brandis u. Friedlaender); Silberschmidt JW. 1925, 743; Calé ebenda 745; OLG. Hamm ebenda 825[46]; OLG. Zweibrücken JW. 1925, 1533[13]; OLG. Karlsruhe JW. 1925, 2154[10]; OLG. Celle JW. 1927, 860[15] mit Anm. Martin Goldschmidt; KG. JW. 1926, 1610[1]; Kraemer BuschsZ. 1925, 368; KG. JW. 1927, 527[2] (hier wird die richtige Ansicht auch nach der Schwenkung des RG. in RGZ. 113, 63 vertreten).

A. M.: OLGe. Hamm JW. 1924, 104; Stuttgart JW. 1923, 1003; 1924, 994; 1925, 76; München BayZ. 1924, 262; JW. 1924, 106 Nr. 7; 1925, 389[22] (dagegen: Lemberg daselbst); Dresden JW. 1924, 986; Köln JW. 1924, 992; KG. JW. 1923, 520 Nr. 3a u. b; Jonas § 10 Anm. 2; LG. Leipzig JW. 1924, 1631[8]; OLG. Hamburg I. Senat JW. 1925, 385[18]; OLG. Düsseldorf Recht 1925 Nr. 753; OLG. Stuttgart SeuffA. 80, 59; OLG. München BayZ. 1926, 31, 179; OLG. Celle Recht 1926 Nr. 2274; **RG. JW. 1926, 1555[1] = RGZ. 113, 63**; Recht 1926 Nr. 2014; BayObLG. Recht 1926 Nr. 2015; Küster BuschsZ. 1925, 363; OLG. Darmstadt JW. 1925, 2365[19]; OLG. Köln JW. 1925, 2371[39]; OLG. Celle Bbl. 1926, 81. Eine mittlere Ansicht vertritt Schmidt-Ernsthausen JW. 1924, 953 (für den Anspruch des Verletzten nach § 843 BGB. gelte § 9 ZPO., für den Anspruch der Hinterbliebenen nach § 844 BGB. gelte § 10 Abs. 2 GKG.).

349) Vgl. RGZ. 23, 360; JW. 1891, 221 Nr. 1; 1894, 117 Nr. 2; 420 Nr. 1.

ZPO. neben der Bewertung des Bezugsrechts zu erfolgen hat[350]). Bilden einzelne Rückstände allein den Gegenstand des Rechtsstreites, ohne daß zugleich das Recht selbst Gegenstand der Entscheidung wird (vgl. § 280 ZPO.), so kommt für die Wertberechnung der § 9 überhaupt nicht in Betracht.

Hat der Kläger ursprünglich auf Feststellung des ihm durch einen Unfall in Zukunft noch entstehenden Schadens geklagt und ging er im Laufe des Rechtsstreits zur Leistungsklage auf Zahlung von Renten über, so sind die Renten für die Zeit bis zum Übergang zur Leistungsklage selbständig in Ansatz zu bringen[351]). Ebenso sind seit dem GerEntlGes. vom 8. Juli 1922 in der Berufungs- und Revisionsinstanz die bis zur Einlegung des Rechtsmittels rückständigen Beträge dem Streitwert hinzuzurechnen[352]). Für das Kostenrecht kommt aber auch § 9 Abs. 2 GKG. zur Anwendung, da es sich ja auch hier nicht um eine Änderung des Anspruchs, sondern nur um eine verschiedene Bewertung nach verschiedenen Zeitpunkten handelt. Also sind die Rückstände bis zum Ende der Instanz gesondert zu berechnen[353]).

Was Gegenstand der Nutzungen oder Leistungen ist, ob Geld oder Naturalien[354]), 199
ist für die Anwendbarkeit des § 9 ebenso unerheblich wie einerseits der Rechtsgrund, andererseits die dingliche oder persönliche Natur dieser Rechte. Auch die Form, in welcher der Anspruch geltend gemacht wird, ob mittels einer Leistungsklage oder einer Feststellungsklage, begründet keinen Unterschied[355]).

a) Wiederkehrende Leistungen oder Nutzungen sind solche, die sich in größeren 200
oder kleineren, regelmäßigen oder unregelmäßigen (nicht notwendig alljährlichen) Zeitabschnitten als einheitliche Folgen eines Rechtsverhältnisses wiederholt ergeben, mögen sie im einzelnen auch nicht gleich sein[356]). Der § 9 findet deshalb weder Anwendung auf Nutzungen von ununterbrochener Dauer, deren Unterlage der dauernde Besitz einer Sache ist, wie Nießbrauch oder Wohnungsrechte[357]), noch auch auf einmalige Leistungen, wenn sich auch deren Höhe (wie bei Lagergeld, Kurkosten,

---

350) RGZ. 19, 416 (VZS.). Dasselbe gilt auch im Falle des § 10 GKG. Vgl. Bischofswerder JW. 1903, 205; RG. JW. 1904, 473 Nr. 15; RGZ. 58, 294; OLG. 4, 262 (KG.); OLG. Karlsruhe BadRpr. 1902, 340; Recht 1903, 46. A. M.: LG. Tilsit PosMSchr. 1902, 26; LG. I Berlin KGBl. 1904, 5.

351) RGZ. 77, 324; OLG. Augsburg JW. 1921, 1250.

352) Ebenso: OLG. Dresden und Kraemer JW. 1925, 382[13]; OLG. Dresden SächsThürArch. 1926, 197; OLG. Kiel JW. 1927, 1328[19].

A. M.: OLG. Breslau JW. 1925, 381[10] (uns. M.: Förster daselbst); OLG. Hamm JW. 1925, 2153[9]; Recht 1925 Nr. 752; OLG. Königsberg JW. 1925, 2154[11] (uns. M.: Kraemer ebenda); OLG. Düsseldorf Bbl. 1925, 238; OLG. Celle Bbl. 1926, 96; RGZ. 114, 274; RG. ZDJustAmtm. 1926, 190, 283 (= Recht 1926 Nr. 2014); OLG. München BayZ. 1926, 324; DRZ. 1926 Nr. 951; RG. JW. 1927, 842[3]; OLG. Hamburg JW. 1927, 1169[12]; OLG. Hamm JW. 1927, 1327[17] (dagegen Kraemer dortselbst); OLG. Darmstadt HessRspr. 1926, 112; OLG. Köln JW. 1928, 126[16]; RG. Höchste Rspr. 1928 Nr. 679 = ZDJustAmtm. 1928, 181.

353) Gut: LG. I Berlin KGBl. 1926, 70. A. M.: OLG München BayZ. 1926, 324; LZ. 1927, 413[5]; OLG. Kiel JW. 1927, 1328[19] (dagegen M. Friedlaender daselbst).

354) OLG. 21, 216 (München); OLG. Bamberg DRZ. 1926, 306 Nr. 1057 (Nutzungsrecht an einem Gemeindewald); OLG. 41, 243 (Breslau) wendet bei einem Recht auf Lieferung von Butter und Milch wegen des schwankenden Wertes § 3 ZPO. an und vervielfacht den Durchschnittswert mit 12½. Hiezu vgl. unten Anm. 200, 204. Das Ergebnis der Entsch. wird regelmäßig richtig sein, da sich hier der Wert der Leistung für die Zukunft nur schätzen läßt.

355) RG. JW. 1884, 169 Nr. 3; Geiershöfer JW. 1927, 858[10].

356) Stein-Jonas § 9 Anm. I verlangt „annähernde" Gleichheit (ein Begriff, der kaum faßbar ist); völlige Gleichheit verlangen: RG. JW. 1900, 48 Nr. 4; SeuffA. 43, 96; Förster-Kann 1, 70 (§ 9); SächsAnn. 21, 445; PosMSchr. 1908, 107 (Posen), während RGZ. 36, 416 und JW. 1896, 583 Nr. 2 von der — wenigstens analogen — Anwendung des § 9 bei ungleichen Beträgen ausgehen.

357) RG. SeuffA. 54, 210; JW. 1899, 1 Nr. 1; OLG. 13, 72 (Celle); Förster-Kann 1, 68. Siehe dagegen: JW. 1897, 305 Nr. 12; OLG. Naumburg NaumbAK. 1896, 131.

Futterkosten) nach einem für bestimmte Zeitabschnitte festgesetzten Einheitssatze berechnet[358]). Kapitalabfindungen fallen niemals unter die Bestimmung[359]). Desgleichen findet § 9 keine Anwendung auf Anträge, welche lediglich die bedingte Feststellung künftiger (noch nicht absehbarer) Rentenansprüche zum Gegenstande haben[360]). Es erscheint nicht zulässig, den § 9 auf einen solchen Fall anzuwenden, in welchem es erst von einem nach Jahren eintretenden ungewissen Ereignisse abhängt, ob es überhaupt zu der streitigen Leistung kommen wird, und den Wert einer bedingten und jedenfalls erst nach langer Zeit anfangenden jährlichen Leistung ebenso hoch zu bestimmen, wie den Wert einer gegenwärtigen, unbedingten Jahresleistung; vielmehr ist in solchem Falle gemäß § 3 ZPO. der Wert des Streitgegenstandes nach freiem richterlichen Ermessen festzusetzen[361]). Ebenso ist zu entscheiden bei einer Klage auf Feststellung eines ziffermäßig noch nicht bestimmten Anspruchs mit Teilleistungen, deren Umfang von wechselnden Verhältnissen abhängt und die sich längere Zeit in die Zukunft erstrecken (z. B. Feststellung, daß Bekl. allen durch einen Unfall erlittenen Schaden zu ersetzen habe)[362]). Hierher gehört auch die Klage auf Feststellung des Anspruchs auf zukünftigen Mietzins, sofern die Höhe desselben wegen Geltung des Reichsmietengesetzes ungewiß ist[363]).

201 β) Der Berechnung nach § 9 unterliegen insbesondere: die Unterhaltsansprüche der Ehegatten und Verwandten sowie anderer Personen ohne Unterschied des Verpflichtungsgrundes, die Reallasten, soweit sie noch nicht zur Ablösung gelangt sind (§§ 1195 ff. BGB.); der Altenteil (Austrag, Altsitz, Leibzucht, Leibgedinge)[364]); Leibrenten (§§ 759 ff. BGB.); Patronatslasten; Renten aus den §§ 843, 844 BGB., aus dem Haftpflicht-, dem Kraftfahrzeug- und dem Luftverkehrsgesetze; die Überbaurente (§§ 912 ff. BGB.), die Notwegrente (§ 917 BGB.), die Rente aus der Schenkung des § 520 BGB.; Miet- und Pachtzinsen[365]); Invalidenrenten[366]), endlich Gehälter und Pensionen.

202 γ) Der § 9 hat, wie aus den für die Wertberechnung aufgestellten Normen gefolgert werden muß, ausschließlich Rechte auf wiederkehrende Nutzungen oder Leistungen von längerem, andauerndem Bestande im Auge. § 9 kommt also nicht zur Anwendung, wenn sicher oder mit einer an Sicherheit grenzenden Wahrscheinlichkeit anzunehmen ist, daß das Recht vor Ablauf von 12½ Jahren in Wegfall kommt[367]). Deshalb wurde auch vom Reichsgericht die Anwendung des § 9 bei Rechten von vorübergehendem Bestande abgelehnt, so — schon vor Geltung des § 9a Abs. 3 (jetzt § 10 Abs. 4) GKG. — bei Klagen und einstweiligen Verfügungen auf Alimentation der Ehefrau während des Scheidungsprozesses[368]).

203 c) Die Zeit des Wegfalls ist im Sinne des Gesetzes stets ungewiß, sofern nicht der äußerste Endtermin kalendermäßig feststeht oder doch für einen bestimmten

---

358) RG. JW. 1884, 86 Nr. 2; 1889, 230 Nr. 2; Bolze Bd. 7 Nr. 842.

359) Wird auf Kapitalabfindung, ev. auf Rente geklagt, so ist der höhere Betrag maßgebend: RG. JW. 1904, 473 Nr. 15; RGZ. 58, 295.

360) RG. JW. 1890, 177 Nr. 2; 1898, 197 Nr. 1.

361) RG. JW. 1890, 235 Nr. 2; 1894, 117 Nr. 2; RGZ. 26, 409; RG. JW. 1907, 535 Nr. 27; 1908, 13 Nr. 15; 44 Nr. 19; 1909, 663 Nr. 13.

362) RGZ. 66, 424; JW. 1911, 817 Nr. 32; 947 Nr. 18; 1912, 41 Nr. 34; OLG 15, 45 (Karlsruhe); 23, 78 (Marienwerder). A. M.: eine frühere Entsch. des RG. (RGZ. 57, 412).

363) RG. JW. 1927, 1931[12].

364) Gewährt ein Altenteil Recht auf Wohnung und auf wiederkehrende Leistungen, so ist teils §§ 6 oder 3, teils § 9 anzuwenden: OLG. 13, 72 (Celle). Vgl. auch Fußnote 357.

365) Kraemer JW. 1924, 2043 Nr. 23 (gegen OLG. Stettin ebenda) mit zutreffender Begründung; LG. I Berlin KGBl. 1926, 70.

366) OLG. 33, 74 (München).

367) OLG. Karlsruhe BadRpr. 1911, 266; 1915, 83; RGZ. 24, 373 (VZS.); Förster-Kann 1, 70; LG. Fürth JW. 1922, 1422; OLG. Hamburg JurRundsch. 1926, 931 Nr. 1179.

368) RGZ. 24, 373; 37, 382 u. a.; Warneyer 1909 Nr. 374.

Kalendertag im voraus zu berechnen ist. Dies trifft namentlich zu bei allen Rechten, welche auf Lebenszeit währen[369]). Dasselbe ist auch anzunehmen beim Unterhaltsanspruch des unehelichen Kindes aus § 1708 BGB., weil die Möglichkeit des Wegfalls vor dem sechzehnten Lebensjahre vorhanden ist[370]). — Der Umstand, daß das Rechtsverhältnis, aus dem geklagt wird, kündbar ist, schließt die Ungewißheit des Zeitpunktes, in dem die Leistungen wegfallen, an sich nicht aus. In der Praxis wird aber, wenn z. B. aus einem Dienstverhältnis auf zukünftigen Gehalt bis zum Ablauf des Vertrages geklagt ist, meist mit größter an Sicherheit grenzender Wahrscheinlichkeit anzunehmen sein, daß dieses Verhältnis zum nächsten, zulässigen Termin gekündigt wird; bei solcher Sachlage kommt das oben zu Anm. 202 Gesagte in Betracht[371]).

d) Kehren die Nutzungen oder Leistungen in größeren als einjährigen Zwischen- 204
räumen wieder, so ist der einjährige Bezug auszumitteln und dann nach den Vorschriften des § 9 weiter zu verfahren. Kehren die Nutzungen oder Leistungen in regelmäßigen Perioden, aber in wechselnder Größe wieder, so ist nach einer weit verbreiteten Meinung der Jahresbetrag nach einem Durchschnittsmaßstabe festzustellen und dann der Berechnung nach § 9 zugrunde zu legen[372]). Dasselbe soll gelten, wenn die Nutzungen oder Leistungen in unregelmäßigen Perioden und in wechselnder Größe wiederkehren, wie z. B. bei Kirchenbaulasten, bei dem Rechte auf freien Bezug von Bauholz usw.[373]). Allein hier erheben sich dieselben Bedenken, wie sie oben in Anm. 188 geltend gemacht wurden. Es könnte nämlich auch hier durch Geltendmachung eines höheren Anspruchs der Streitwert niedriger werden[374]). Ein solches Resultat muß vermieden werden. Dies kann geschehen, wenn man den höchsten Jahresbetrag der strittigen Periode, soweit er auf unbestimmte Zeit oder mindestens für den im § 9 bezeichneten Zeitraum (12½ oder 25 Jahre) gefordert wird, zugrunde legt[375]). Beläuft sich also der Jahresbetrag in einem Jahre auf 3000 M., in zwei Jahren auf 4000 M. und im übrigen für unbestimmte Zeit auf 5000 M., so ist letzterer Betrag maßgebend und z. B. mit 12½ zu multiplizieren. Würde der Jahresbetrag in einem Jahre 5000 M., in zwei Jahren 4000 M. und im übrigen 3000 M. betragen, so würde die entsprechende Berechnung nach § 9 so zu erfolgen haben: $5000 + 2 \times 4000 + 9\frac{1}{2} \times 3000 = 41\,500$ M. Wird die Rente bis zu einem bestimmten Zeitpunkt verlangt, also 4000 M. auf 2 Jahre, 5000 M. auf 1 Jahr und 6000 M. auf 25 Jahre, so ist der Streitwert 25×6000 M.; werden die 6000 M. nur für 14 Jahre begehrt, so beträgt er $2 \times 4000 + 5000 + 14 \times 6000$ M. usw.

e) Während nach § 9 im allgemeinen der zwölfeinhalbfache bzw. fünfundzwanzig- 205
fache Jahresbetrag den Wert des Bezugsrechts bildet, macht der § 10 GKG. drei **Ausnahmen:**

---

369) RG. JW. 1894, 117 Nr. 2; Bolze Bd. 7 Nr. 825; Stein-Jonas § 9 Anm. II 1. Ebenso: Kraemer gegen OLG. Frankfurt a. M. JW. 1926, 70[4] (hier nahm das Gericht in einem Fall, in dem der Rentenberechtigte 89 Jahre alt war, an, daß er höchstens noch 3 Jahre lebe. Das ist unzulässig; denn hier liegt echte Ungewißheit vor. Anders vielleicht, wenn der Berechtigte so schwer krank ist, daß die Ärzte seinen baldigen Tod als sicher voraussagen. Auch dann muß natürlich Korrektur eintreten, wenn sich nachträglich ergibt, daß sie sich geirrt haben).

370) RG. JW. 1893, 196 Nr. 1; 1894, 117 Nr. 2 Vgl. auch OLG. 4, 264 (Zweibrücken).

371) Vgl. Jonas JW. 1927, 502.

372) RG. JW. 1904, 473; OLG. 21, 133 (Hamburg); 23, 78 (desgl.); Axhausen JW. 1900, 844; OLG. Breslau JW. 1923, 615[4] (dagegen gut: Förster ebenda); KG. JW. 1923, 614 Nr. 3; Fürst JW. 1923, 92; OLG. Bamberg DRZ. 1926 Nr. 941.

373) Stein-Jonas § 9 Anm. I, 1; Struckmann-Koch § 9 Anm. 2; v. Wilmowsky-Levy § 9 Anm. 1. A. M.: Förster-Kann § 9 Anm. 1 (1, 70); Hellmann ZPO. 1, 62 Anm. 3.

374) Vgl. Thiel DRAZ. 1920, 43/4.

375) Zustimmend: Förster JW. 1923, 615. Etwas abweichend: LG. Köslin JW. 1923, 92; Kraemer ebenda.

α) der einfache Jahresbetrag soll, sofern nicht der Gesamtbetrag der geforderten Leistungen geringer und dann maßgebend ist, als Wert des Rechts zugrunde gelegt werden bei Ansprüchen auf Erfüllung einer auf gesetzlicher Vorschrift beruhenden Unterhaltspflicht.

Die Bestimmung bezieht sich sonach nicht auf Unterhaltsansprüche, welche auf Vertrag[376]) oder letztwilliger Verfügung beruhen, z. B. auf Unterhaltsansprüche aus einem Altenteilsvertrage. Hier findet also § 9 ZPO. Anwendung[377]). Anwendbar ist dagegen § 10 Abs. 2 bei der Unterhaltspflicht der Ehegatten während der Ehe (abgesehen vom Eheprozeß) nach §§ 1360, 1361, 1386, 1389, 1608 BGB., ferner nach vollzogener Scheidung aus §§ 1578 ff., 1585, aus nichtigen Ehen nach § 1345 und nach der Todeserklärung des früheren Ehegatten im Falle des § 1351 BGB. Anwendbar ist § 10 ferner bei der Unterhaltspflicht der Verwandten in gerader Linie nach §§ 1601 ff., 1703, 1739 BGB. einschließlich der angenommenen Kinder nach §§ 1757, 1762 bis 1766 BGB., bei der Unterhaltspflicht des unehelichen Vaters und seines Erben gegenüber dem unehelichen Kinde aus §§ 1708 bis 1713[378]); ferner bei der Unterhaltspflicht des Beschenkten gegenüber dem bedürftigen Schenker und dessen Unterhaltsberechtigten aus § 528 BGB. Keine Unterhaltsansprüche sind die Ansprüche der Beamten auf Gehalt und Pension[379]) [380]); ihre Voraussetzungen sind ganz andere, insbesondere wird bei ihnen keine Bedürftigkeit erfordert. Sie fallen jetzt unter § 10 Abs. 3 (womit auch die frühere Streitfrage erledigt ist). § 10 Abs. 2 GKG. ist ferner nicht anwendbar auf die in Art. 103 EGBGB. bezeichneten Ersatzansprüche, da es sich hier nicht um Unterhaltsansprüche handelt[381]). Nicht unter § 10 Abs. 2 fallen endlich die Ansprüche gegen den Bürgen des Unterhaltspflichtigen[381a]).

206 β) Der fünffache Jahresbetrag gilt, sofern nicht der Gesamtbetrag der

---

376) OLG. 23, 260 (Breslau); OLG. Frankfurt a. M. JW. 1926, 70[4]. Ist nur die Erfüllungspflicht durch Vergleich geregelt, so findet § 10 Abs. 2 Anwendung: OLG. 7, 217 (Stuttgart); 19, 243 (KG. und Hamburg); 25, 125 (Dresden); 27, 14 (Hamm); OLG. Köln LZ. 1926, 1351[2] = DRZ. 1927 Nr. 223 = Recht 1926 Nr. 2552 (wo aber in concreto zu Unrecht überhaupt ein gesetzlicher Unterhaltsanspruch angenommen wurde). In manchen Fällen wird die Unterscheidung nicht ganz leicht sein. Haben die Ehegatten sich freiwillig getrennt, ohne daß ein Ehescheidungsgrund oder eine Berechtigung zum Getrenntleben vorliegt, und hat sich der Mann verpflichtet, für die Dauer der Trennung einen bestimmten Unterhaltsbetrag zu leisten, so wird, wenn aus dieser Vereinbarung geklagt wird, § 10 Abs. 2 regelmäßig nicht zur Anwendung kommen. Ist die Klage auf Vertrag, event. auf die ges. Unterhaltspflicht gestützt, so ist, wenn der Vertrag wirklich einen selbständigen Verpflichtungsgrund bildet, der höhere Betrag maßgebend (RG. zitiert in JW. 1917, 231 Nr. 20; OLG. 33, 74 [Karlsruhe]; BadRpr. 1916, 56; KG. u. Geiershöfer JW. 1927, 855[1]).

377) Richtig: OLG. Celle Recht 1926 Nr. 2273.

378) Vgl. hiezu (Vaterschaftsklage) oben Fußnote 47. Macht die uneheliche Mutter aus § 825 BGB. den Vater ihres Kindes für dessen Unterhalt haftbar, so ist für diesen Schadensersatzanspruch nicht § 10 Abs. 2 GKG. maßgebend; a. M.: OLG. Stuttgart WürttZR. 1925, 46. Das Gleiche gilt für den Regreßanspruch desjenigen, der Unterhaltsleistungen für den Pflichtigen ausgelegt hat. Zu § 1709 Abs. 2 BGB. gl. M.: Staudinger[9] § 1709 Anm. 5e mit Nachweisen.

379) Gl. M.: RG. JW. 1924, 1988 Nr. 22; OLG. Naumburg JW. 1924, 1542; RG. JW. 1927, 842[3]. A. M.: OLG. München Recht 1924 Nr. 1079.

380) Keine Unterhaltsansprüche sind die Versorgungsgebührnisse der aus dem Dienst geschiedenen Militärpersonen nach OffPensG. und MannschVersG.: OLG. 19, 242; auch nicht die Ansprüche aus dem früheren InvVersGes.; erst recht nicht die Schadensansprüche, die geltend gemacht werden, weil keine Beiträge entrichtet wurden: OLG. Nürnberg BayZ. 1927, 313.

381) Keine Unterhaltsansprüche sind die Ersatzansprüche wegen Entziehung des Unterhalts durch Erschleichung eines Scheidungsurteils: OLG. 39, 31 (Dresden).

381a) Näheres hiezu bei M. Friedlaender JW. 1926, 2477[12] gegen OLG. Königsberg daselbst.

geforderten Leistungen ein geringerer ist, nach § 10 Abs. 3 GKG. (neuester Fassung) bei Ansprüchen auf Entrichtung einer Geldrente, welche:

1. aus §§ 843, 844 BGB. erhoben werden. Wenn infolge der Verletzung des Körpers oder der Gesundheit die Erwerbsfähigkeit des Verletzten aufgehoben oder vermindert wird oder eine Vermehrung seiner Bedürfnisse eintritt, so ist nach § 843 BGB. dem Verletzten durch Entrichtung einer Geldrente Schadensersatz zu leisten. Im Falle der Tötung ist nach § 844 BGB. auch denjenigen Personen, welchen der Getötete unterhaltspflichtig war, in gleicher Weise Schadensersatz zu leisten. Auch für diesen Fall gilt § 10 Abs. 3[382]). Nicht anwendbar ist dagegen § 10 Abs. 3 auf die an den Dienstberechtigten zu zahlende Rente aus § 845 BGB. Das Gesetz bezeichnet die Fälle seiner Anwendbarkeit in ganz spezialisierter Weise, weshalb die Nichtanführung des § 845 neben den §§ 843, 844 BGB. klaren Beweis für seine Absicht erbringt[383]). Nicht anwendbar ist § 10 Abs. 3 aus dem gleichen Grunde auf solche Geldrenten, die aus dem vor 1900 geltend gewesenen Rechte gefordert werden[384]), ferner falls die Klage bloß auf § 823 BGB. oder soweit sie (z. B. bei Verletzung durch ärztliche Behandlung) auf Vertrag gestützt ist[385]).

Hinsichtlich der Klage gegen den Bürgen des nach §§ 843, 844 Verpflichteten (Vertragsklage!) vgl. oben Anm. 205 letzter Satz.

Nicht unter § 10 Abs. 3 fallen ferner Regreßansprüche des zur Zahlung einer Rente Verpflichteten gegen Dritte[386]).

Soweit § 10 Abs. 3 GKG. unanwendbar ist, gilt § 9 ZPO.

§ 10 Abs. 3 gilt ferner:

2. für Ansprüche auf wiederkehrende Leistungen, die aus den §§ 3, 3a und 7 207
des Reichshaftpflichtgesetzes (RGBl. 1871, 207; 1896, 616), den §§ 10, 11, 13 des Kraftfahrzeuggesetzes (RGBl. 1909, 437) oder den §§ 21, 22, 24 des Luftverkehrgesetzes (RGBl. 1922, 681) erhoben werden; auch hier ist eine Ausdehnung auf andere Fälle nicht zulässig;

3. für Ansprüche auf wiederkehrende Leistungen aus dem Beamten- oder Arbeits- 208
verhältnisse. Diese Vorschrift wurde im Rechtsausschuß des Reichstags hinzugefügt, offenbar aus sozialen Erwägungen, um derartige Prozesse der Beamten und Privatangestellten aller Art zu verbilligen. Ansprüche aus dem Beamtenverhältnis sind Ansprüche aus einem Rechtsverhältnis, das sich nach dem maßgebenden Staatsrecht als (öffentlichrechtliches) Beamtenverhältnis darstellt. Hierher gehören vor allem die Ansprüche der Beamten und ihrer Hinterbliebenen auf Gehalt und Pension. Siehe hiezu auch oben Anm. 201, 203. Das „Arbeitsverhältnis" ist — wie die Zusammenstellung mit dem Beamtenverhältnis und der soziale Zweck der Vorschrift beweisen — nicht identisch mit dem einzelnen Arbeitsvertrag; es bezeichnet vielmehr ein Anstellungsverhältnis, das die fortgesetzte Verrichtung gleichartiger Arbeit zum Gegenstande hat[387]). Hierher gehört der Anstellungsvertrag des Arbeiters, des Lehrlings, der höheren Angestellten (Privatbeamten, Krankenhausärzte, Syndizi usw.); nicht aber z. B. der Vertrag der im § 5 Abs. 1 Satz 2 ArbGerGes. bezeichneten Personen, der einzelne Vertrag des Anwalts mit seinem Klienten, des Arztes mit dem Patienten usw.

---

382) A. M.: Warneyer 1913 Nr. 142.

383) Ebenso: RG. Bbl. 1912, 91; Recht 1909 Nr. 1604; Rittmann, Wert des Streitgegenstandes § 151 S. 308; OLG. Marienwerder LZ. 1919, 926[14]; OLG. München DRZ. 1926 Nr. 951; OLG. Stuttgart JW. 1927, 868[35] (mit Anm. Geiershöfer: für das neueste Recht).

384) RG. GruchotsBeitr. 45, 383; JW. 1901, 458[6]; 724[18]; 1903, 27[26].

385) Recht 1909 Nr. 1604. Unrichtig: OLG. Köln LZ. 1926, 1351[2].

386) OLG. 11, 168 (Karlsruhe); OLG. Nürnberg LZ. 1910, 797 Nr. 6; RG. 16. 5. 28 VI 418/27 (erscheint in BuschsZ) Abweichend (für die Unfallversicherung): OLG. Braunschweig BraunschwZ. 57, 186; OLG. Darmstadt HessRspr 15, 293. — Im Falle des § 1542 RVO. behält der auf den Versicherungsträger übergegangene Anspruch seinen Charakter bei; daher kann hier § 10 Abs. 3 Anwendung finden. Ebenso: OLG. Celle Recht 1927 Nr. 1794.

387) Vgl. Jaeger KO. § 22 Anm. 1; M. Friedlaender LZ. 1927, 275/6.

Nach dem Wortlaut des Gesetzes fallen alle Ansprüche auf wiederkehrende Leistungen[388]) aus dem Beamten- und Arbeitsverhältnisse unter § 10 Abs. 3 GKG. Es darf also nicht mehr gefragt werden, ob solche Ansprüche sich rechtlich als gesetzliche Unterhaltsansprüche darstellen (was übrigens schon nach bisherigem Recht nicht zutraf). Anderseits fällt eine Klage, die nur auf § 618 Abs. 3 mit § 845 BGB. gestützt wird, unter § 10 Abs. 3, während außerhalb eines Arbeitsverhältnisses entstehende Ansprüche aus § 845 BGB. nicht hierher gehören (oben Anm. 206).

209 4. Unter § 10 Abs. 3 fallen auch diejenigen Ansprüche, die ursprünglich auf einem der dort behandelten Rechtsverhältnisse beruhen, aber hinsichtlich der Erfüllungspflicht durch Vergleich oder eine andere Vereinbarung geregelt wurden[389]).

5. Sind die in Betracht kommenden Jahresleistungen verschieden hoch, so ist das oben Anm. 204 Gesagte zu beachten.

210 γ) Auf den halbjährigen Betrag der Geldrente wird der Wert des Bezugsrechts geschätzt, wenn für die Dauer des Rechtsstreits, welcher eine Ehesache betrifft, über die Unterhaltspflicht der Ehegatten zu entscheiden ist (§ 10 Abs. 4 GKG.).

Die Vorschrift bildet augenscheinlich die Festlegung der mit der Plenarentscheidung des Reichsgerichts vom 8. 7. 1889 (RGZ. 24, 373) begründeten Praxis, daß auf Alimente, die nur vorübergehend, z. B. für die Dauer eines Prozesses, geltend gemacht werden, der § 9 ZPO. keine Anwendung findet, sondern der Wert gemäß § 3 ZPO. frei zu schätzen ist. Das freie Ermessen wird hier aber noch insofern eingeschränkt, als der halbjährige Betrag immer maßgebend ist, gleichgültig, ob die Beendigung des Eheprozesses in weniger oder mehr als einem halben Jahre zu erwarten ist.

211 αα) Voraussetzung ist, daß der Rechtsstreit, für dessen Dauer die Geldrente zu entrichten ist, eine Ehesache betrifft. Ehesachen sind nach § 606 ZPO. die Rechtsstreitigkeiten, welche die Scheidung, Nichtigkeit oder Anfechtung einer Ehe oder die Feststellung des Bestehens oder Nichtbestehens einer Ehe zwischen den Parteien oder die Herstellung des ehelichen Lebens zum Gegenstande haben. Hat der Rechtsstreit die Scheidung, Nichtigkeit oder Anfechtung einer Ehe zum Gegenstande, so kann gemäß § 627 ZPO. durch einstweilige Verfügung für die Dauer des Rechtsstreits die gegenseitige Unterhaltspflicht der Ehegatten geregelt werden. Dies ist der gewöhnliche Fall der Anwendung des § 10 Abs. 4 GKG.[390]), während eine besondere Klage auf Gewährung des Unterhalts während der Dauer des Eheprozesses zu den Seltenheiten gehört[391]).

212 ββ) Im Falle des § 627 ZPO. kann auch die „Unterhaltspflicht der Ehegatten den Kindern gegenüber im Verhältnisse der Ehegatten zueinander" geregelt werden; auch auf diese Regelung ist der Abs. 4 des § 10 GKG. nach Wortlaut und Sinn anwendbar. Bei einer Klage des Kindes selbst gilt dagegen § 10 Abs. 2 GKG.

213 γγ) Werden Alimente „bis zur Wiederherstellung des ehelichen Zusammenlebens", also für die Dauer einer bloß tatsächlichen Trennung von unbestimmter zeitlicher Ausdehnung, gefordert, so ist nicht § 10 Abs. 4, sondern Abs. 2 anwendbar[392]).

---

[388]) Nicht aber Klagen auf Feststellung des Bestehens oder Nichtbestehens eines Beamten- oder Arbeitsverhältnisses. Hier gilt § 3 ZPO. Die mutmaßliche Dauer des Vertrages ist vom Richter zu schätzen. Jonas § 10 Anm. 5 will dabei § 10 Abs. 3 Satz 2 bei der Schätzung heranziehen. Das ist nicht richtig, da diese Vorschrift keine Vermutung hinsichtlich der Dauer begründen will.

[389]) OLG. Köln LZ. 1926, 1351² und oben Fußnote 376.

[390]) Hier ist also nicht etwa § 3 ZPO. anwendbar (s. o. Anm. 155): OLG. Karlsruhe BadRpr. 1909, 62. Es ist also nicht zulässig, die Spezialvorschrift des § 10 Abs. 4 außer acht zu lassen und den Streitwert der einstw. Verfügung etwa nach einem geringeren als dem halbjährigen Zeitraum zu bestimmen. Die Vorschrift ist ja vom Gesetzgeber hauptsächlich für den Fall der einstw. Verfügung geschaffen worden. A. M.: OLG. Hamburg SeuffArch. 73, 30 (Streitwert nach der voraussichtlichen Dauer des Hauptprozesses).

[391]) RG. JW. 1900, 826 Nr. 1.

[392]) RG. JW. 1900, 180 Nr. 2.

δδ) Sind die verlangten Unterhaltsbeiträge verschieden hoch, so ist das oben Anm. 204 Gesagte zu beachten[393]). 214

εε) Über die Berechnung des Gesamtwerts der einstweiligen Verfügungen aus § 627 ZPO. vgl. die Erl. in Anm. 30, 31, 83. 215

C. Kasuistik zu § 3 ZPO.

Aus den bisher entwickelten Grundsätzen ergibt sich, in welchen Fällen die Wertfestsetzung gemäß § 3 ZPO. nach freiem richterlichen Ermessen geschieht, nämlich in allen Fällen, in denen nicht die Einschränkung des richterlichen Ermessens durch bestimmte, in Anm. 42—215 dargestellte, gesetzliche Vorschriften (§§ 4—9 ZPO., §§ 9—15 GKG. usw.) geschehen ist. 216

I. Das freie richterliche Ermessen kann natürlich niemals in richterliche Willkür übergehen. Vielmehr hat der Richter in erster Reihe die aus dem Begriffe des Streitgegenstandes und seines Werts sich ergebenden, in Anm. 2—24 dargestellten Grundsätze zu berücksichtigen. Aber auch innerhalb dieser Grenzen bleibt für das richterliche Ermessen noch ein weiter Spielraum. 217

Es ist nicht durchaus unzulässig, die Vorschriften der §§ 6—9 ZPO. usw. als Vorbild für die Schätzung in verwandten Fällen zu benutzen[394]). Dabei ist jedoch große Vorsicht geboten; das Gericht muß sich stets des Ausnahmecharakters der meisten dieser Vorschriften bewußt sein; insbesondere ist immer zu beachten, ob nicht der „verwandte Fall" unter eine andere Spezialbestimmung fällt, die dann natürlich vorgeht. Auch das Verhalten der Parteien im Prozesse wird oft Anhaltspunkte für die Schätzung bieten[395]). Zulässig ist es, daß der Richter ein Minimum oder Maximum als Streitwert ansetzt[396]) („Streitwert über 500 Mark"); doch ist damit für die Gebührenberechnung meist nichts gewonnen[396a]).

II. Für die Art und Weise, in der das richterliche Ermessen ausgeübt worden ist, bietet die Praxis ein reiches Material. Sie hat für große Gruppen von Rechtsstreitigkeiten gewisse Schätzungsgrundsätze und Anhaltspunkte festgelegt, die auch für verwandte Fälle zu verwerten sind. 218

Ein großer Teil der Rechtsprechung über die Anwendung des § 3 ZPO. ist bereits bei der Feststellung der Fälle, in denen das freie Ermessen durch gesetzliche Bestimmungen eingeschränkt ist (Anm. 42—215), behandelt worden. Indem auf diese Ausführungen verwiesen wird, soll hier noch die Praxis bezüglich einiger Hauptgruppen zusammengestellt werden.

1. Bei vorbereitenden Klagen, d. h. solchen, welche erst die Geltendmachung eines Leistungsanspruchs vorbereiten sollen, ist der Streitwert an sich keineswegs dem Streitwerte des Hauptanspruchs gleich; letzterer bildet nur die Höchstgrenze[397]). Hierher gehören die actio ad exhibendum, die Klage auf Rechnungslegung oder Vorlegung eines (eidlich zu erhärtenden) Inventars, ebenso die Klagen, welche ein rechtliches Beweisinteresse verfolgen, wie die Klage auf Ausstellung einer Urkunde, Herausgabe, Vorlegung derselben[398]). Hierher gehören ferner die Streitigkeiten über das Bestehen eines Schiedsvertrages. 219

a) Die Klage auf Rechnungslegung[398a]). Der Anspruch auf Rechnungs- 220

---

393) Vgl. die in Fußnoten 372 und 375 angeführte Rechtsprechung und Literatur.

394) Vgl. RG. JW. 1898, 153 Nr. 1, wo die Immission nach dem Vorbilde des § 7 ZPO. eingeschätzt ist.

395) Vgl. RG. bei Bolze Bd. 6 Nr. 846; JW. 1897, 572 Nr. 33, wo ein zwischen den Parteien geschlossener Vergleich bei der Wertfestsetzung herangezogen ist.

396) KommProt. z. GVG. 175; RG. JW. 1889, 279 Nr. 10.

396a) Brauchbar ist dagegen eine den Wertstufen des § 8 angepaßte Begrenzung (etwa: 300—400, 50 000—51 000 RM.).

397) RG. JW. 1889, 283 Nr. 1; 1890, 409 Nr. 1.

398) Wach, Handbuch I § 31 S. 390; Warneyer 1908 Nr. 86, 421; 1909 Nr. 41; OLG. Nürnberg Bbl. 1928, 32.

398a) Vgl. hiezu Cahn BuschsZ. 52, 186.

legung hat an sich keinen erkennbaren Wert; er erhält einen solchen erst im Hinblick auf den Wert des Anspruchs, welcher auf sie gestützt werden soll. Sein Wert kann daher den Wert dieses Anspruchs nicht übersteigen. Gibt der Kläger den Wert des Anspruchs, den er zu haben glaubt, an, so wird zunächst von diesem auszugehen sein [399]). Der Wert des Anspruchs auf Rechnungslegung ist aber nicht allgemein dem Werte desjenigen Anspruchs gleich, zu dessen künftiger Verwirklichung die Rechnungslegung begehrt wird; dieser Wert ist vielmehr in jedem Falle selbständig gemäß § 3 ZPO. nach freiem richterlichen Ermessen zu schätzen [400]). Dasselbe gilt von der Klage auf Leistung des Offenbarungseides gemäß bürgerlichen Rechts, z. B. aus § 2028 BGB. [401]). Für das Interesse des Klägers kommen hier nicht die bereits in das Nachlaßverzeichnis aufgenommenen, sondern die angeblich fehlenden Gegenstände in Betracht [402]).

221 b) Die Klage auf Inventarlegung. Der Wert einer Inventarlegung bleibt regelmäßig weit hinter dem Werte der Gegenstände des Inventars zurück und kann nur nach freiem Ermessen bestimmt werden [403]).

222 c) Die Klage auf Herausgabe eines Nachlaßverzeichnisses. Bei dieser kann nicht schlechthin der Wert des Streitgegenstandes dem Betrage der auf den Antragsteller entfallenden Erbquote gleichgerechnet werden, zumal wenn etwa der Schuldenstand die Masse übersteigt; es kann jedoch bei der Wertbestimmung immerhin der Umfang der betreffenden Hinterlassenschaft in aktiver und passiver Hinsicht mitbenutzt werden [404]).

223 d) Die Klage auf Vorlegung der Geschäftsbücher oder Erteilung eines Buchauszuges. Das Interesse, welches Kläger an der von ihm geforderten Vorlegung der Geschäftsbücher oder der Erteilung des Buchauszuges hat, kommt nicht unbedingt dem Werte der Forderung gleich, für welche sie beweiserheblich sind, und ist nach freiem Ermessen zu schätzen [405]).

224 e) Bei einem Streit über die Frage, ob die Zuständigkeit des Schiedsgerichts

---

399) RG. JW. 1882, 174.

400) RG. JW. 1889, 283 Nr. 1; GruchotsBeitr. 33, 1129. Ebenso RG. JW. 1890, 409 Nr. 1; 1894, 542 Nr. 2; OLG. 6, 372 (Kiel); OLG. 13, 67 (Karlsruhe); RG. LZ. 1916, 1557 Nr. 11 (maßgebend ist nur das Interesse des Klägers an der Erleichterung der Begründung seines Zahlungsanspruchs durch Vorlage der verlangten Bilanz usw.); RG. Warneyer 1909 Nr. 41; OLG. Nürnberg JW. 1927, 532 [15]. Vgl. auch OLG. Jena ThürBl. 38, 262, wo folgendes ausgeführt ist: Eine Klage auf Rechnungslegung setzt eine Vermögensverwaltung oder Geschäftsführung voraus, und es besteht das Interesse desjenigen, welcher die Rechnungslegung zu fordern befugt ist, darin, eine genaue Einsicht in die einzelnen, die Vermögensverwaltung oder Geschäftsführung umfassenden Handlungen des Verwalters oder Geschäftsführers einschließlich der Belege zu erhalten, um die Richtigkeit des Gesamtergebnisses der Verwaltung oder Geschäftsführung kontrollieren zu können. Der Vermögenswert dieses Interesses nun deckt sich offenbar nicht immer mit der Summe der vom Geschäftsführer oder Verwalter erzielten Einnahmen, ist vielmehr ganz nach den konkreten Umständen des einzelnen Falles zu bemessen. Die Klage kann lediglich zu dem Zwecke angestellt sein, um die Vermögensverwaltung oder Geschäftsführung zum ordnungsmäßigen Abschlusse zu bringen; dann würde der Wert dieses Interesses den Wert des Streitgegenstandes bilden.

401) OLG. (Bamberg) 4, 266; BayObLGZ. 3, 10; BuschsZ. 38, 552; OLG. Marienwerder LZ. 1919, 548.

402) OLG. Kiel SchlHolstAnz. 1914, 313.

403) RG. JW. 1891, 509 Nr. 2; 1898, 279 Nr. 10; OLG. 23, 68 (Marienwerder); 27, 12 (KG.); OLG. Stuttgart WürttZ. 1921, 42.

404) OLG. Dresden SächsAnn. 4, 65; OLG. Marienwerder LZ. 1921, 151.

405) RG. JW. 1895, 2 Nr. 2; Warneyer 1908 Nr. 86; RG. JW. 1921, 744 (nicht nur Berücksichtigung der Kosten des Buchauszugs, sondern auch des Umstandes, daß Verurteilung in concreto gleichzeitig Feststellung des bestrittenen Fortbestandes des Agenturverhältnisses bedeutete. Das erscheint uns, da der Buchauszug nur auf bestimmte Zeit verlangt wurde, bedenklich. Der Fall liegt ähnlich wie bei einer Teilklage).

begründet sei (Feststellungsklage), ist der Streitwert nach § 3 ZPO. zu bemessen[406]). Streitigkeiten über Ablehnung oder Ernennung eines Schiedsrichters spielen sich nicht mehr als Prozesse, sondern in den Formen des § 1045 ZPO. ab. Über den Streitwert in diesem Verfahren vgl. § 33 Anm. 52 ff.[407]). Bei der Klage auf Erlassung des Vollstreckungsurteils, jetzt dem Antrag nach § 1042 ZPO. (§ 30a Abs. 2 GKG.), ist der Streitgegenstand regelmäßig identisch mit dem des Schiedsspruchs[408]). Es kann aber auch vorkommen, daß nur ein Teil des den Gegenstand des Schiedsspruchs bildenden Anspruchs den Gegenstand des Verfahrens wegen Vollstreckbarerklärung bildet: so wenn die auf Zahlung von 15000 M. gerichtete Klage im schiedsgerichtlichen Verfahren abgewiesen und auf die Widerklage der Kläger zur Zahlung von 1000 M. verurteilt wird. Hier handelt es sich im Nachverfahren regelmäßig nur um die Vollstreckbarerklärung wegen 1000 M. und diese bilden jetzt den Streitwert. Das Gericht befindet ja jetzt im Beschlußverfahren nicht mehr über die Rechtswirksamkeit und Unanfechtbarkeit des Schiedsspruchs, sondern nur noch über seine Vollstreckbarkeit[409]).

2. Bezüglich der Klagen auf Herausgabe von Urkunden wird auf die Darstellung in Anm. 150 und insbesondere auf die in Fußnote 244 mitgeteilten Schätzungsgrundsätze verwiesen. 225

3. Einstweilige Verfügungen nach § 940 ZPO.[410]), die keinem Sicherungszwecke dienen, haben zum Streitwert meist das Interesse, das der Antragsteller an der Verhinderung der Störung oder an der Regelung des einstweiligen Zustandes hat[411]). Dabei bildet der Wert der Hauptsache regelmäßig die Höchstgrenze, über welche nicht hinausgegangen werden kann[411a]). § 3 ZPO. kommt jedoch nicht zur Anwendung, insoweit einer der Fälle der §§ 6—9 ZPO., § 10 GKG. usw. vorliegt, da diese in jedem Verfahren Geltung haben; wenn also z. B. eine einstweilige Verfügung auf Herausgabe von Sachen beantragt ist, so handelt es sich um den Besitz der Sachen und deren Wert ist nach § 6 ZPO. allein maßgebend[412]). Vgl. ferner oben Fußnote 390 (einstw. Verf. nach § 627 ZPO.). 226

Die Meinung, daß, wenn der Beklagte Aufhebung der erlassenen einstw. Verfügung wegen veränderter Umstände beantrage, sich der Streitwert nach seinem Interesse an der Aufhebung bemesse[413]), ist nicht zutreffend. Der Antrag auf Aufhebung der einstw. Verfügung ist kein Rechtsmittel. Vgl. im einzelnen § 32 Anm. 18. Maßgebend ist daher der Streitwert, der für die einstw. Verfügung selbst in Betracht kommt, es sei denn, daß die Aufhebung nur einen Teil der einstw. Verfügung be- 227

[406]) RG. JW. 1909, 313 Nr. 26.

[407]) Vgl. hierzu RGZ. 41, 362; JW. 1898, 200 Nr. 12; OLG. 19, 166 (Kiel).

[408]) RG. JW. 1896, 685 Nr. 2. Offenbar nicht widersprechend: RG. LZ. 1910, 773 Nr. 26.

[409]) Ebenso: KG. und A. Friedlaender BuschsZ. 52, 361 (mit näheren Einzelheiten). „Vollstreckbarkeit" ist im weitesten Sinne zu verstehen (vgl. Stein-Jonas § 1042 Anm. II; vor § 704 Anm. III). Wird aber hinsichtlich eines bloß feststellenden, z. B. auf Klageabweisung lautenden, also nicht „vollstreckbaren" Schiedsspruch Vollstreckbarerklärung ausdrücklich beantragt, z. B. weil die Frist des § 1044 Abs. 2 Satz 2 ZPO. in Lauf gesetzt werden soll (Stein-Jonas § 1042 Anm. II), so richtet sich — ohne daß die Zulässigkeit des Antrags kostenrechtlich zu prüfen ist — der Streitwert wiederum nach dem Werte des Anspruchs, wegen dessen Vollstreckbarkeit begehrt wird. Im einzelnen vgl. § 33 Anm. 11 ff.

[410]) Nur solche kommen hier in Betracht. Bei anderen einstweiligen Verfügungen, insbes. solchen aus § 935 ZPO., ist ebenso wie bei Arresten der Betrag der Forderung maßgebend. Vgl. die Ausführungen in Anm. 155 und die dort angeführten gegenteiligen Entscheidungen des Reichsgerichts.

[411]) RG. JW. 1891, 551 Nr. 2; 1896, 1 Nr. 1; 1897, 417 Nr. 2; 1900, 150 Nr. 2.

[411a]) RGZ. 7, 395; 34, 405; JW. 1897, 105 Nr. 1.

[412]) OLG. 4, 266 (KG.). Unrichtig: OLG. Hamburg SeuffA. 74, 99; OLG. 37, 83; 40, 341; KGBl. 1920, 17.

[413]) RG. JW. 1903, 174 Nr. 3; RGZ. 39, 394; JW. 1900, 150 Nr. 2; 1905, 113 Nr. 10; 233 Nr. 13; 500 Nr. 29; Warneyer 1908 Nr. 433.

trifft; aber auch dann ist der Streitwert immer vom Standpunkt des ursprünglichen Antragstellers aus zu bestimmen. Das Gesagte gilt natürlich erst recht, wenn es sich nur um den Widerspruch gegen eine einstw. Verfügung handelt. Anders in den höheren Instanzen. Hier entscheidet das Interesse des Rechtsmittelklägers, soweit § 3 ZPO. in Betracht kommt (also nicht z. B. wenn es sich um Herausgabe einer Sache handelt; oben Anm. 226)[414]).

228 4. Der Wert bedingter Ansprüche, z. B. einer Rente bei später möglicherweise eintretender dauernder Erwerbsunfähigkeit, ist unter Berücksichtigung der Wahrscheinlichkeit des Eintritts der Bedingung zu schätzen[415]).

229 5. Bezieht sich der Klageantrag lediglich auf die Art, die Zeit oder den Ort der Erfüllung eines (an sich nicht bestrittenen) Anspruchs, so ist nur das Interesse des Klägers an der beanspruchten Erfüllungsweise maßgebend[416]). Daher ist bei der Bemessung des Streitwerts der Klage auf Feststellung der Ungültigkeit einer Darlehenskündigung als Interesse des Klägers nur anzusehen die Beeinträchtigung, die sein Vermögen dadurch erfahren würde, daß der Rückzahlungsanspruch schon jetzt und nicht erst später geltend gemacht werden könnte[417]). Bei der Klage auf vorzeitige Annahme einer Hypothekrückzahlung wird der Streitwert meist dem Zinsunterschied entsprechen[418]); er kann aber auch höher sein.

230 6. Bezüglich des Streitwerts bei Feststellungsklagen vgl. die Erläuterungen in Anm. 7. Hier ist jedoch hervorzuheben:

Handelt es sich um Feststellung des Bestehens oder Nichtbestehens eines Rechtsverhältnisses, so muß als Unterlage für das Ermessen des Gerichts das Interesse des Klägers an der Aufrechterhaltung oder Aufhebung des Rechtsverhältnisses dienen[419]). Nach diesem Grundsatze ist bei einer Klage auf Aufhebung eines gegenseitigen Vertrages wegen Betruges angenommen worden, daß die Nachteile, von denen der Kläger durch Aufhebung des Vertrages, nach welchem er noch auf 8½ Jahre dem Beklagten täglich 3000 kg Zellulose gegen eine Vergütung von 18 M. pro 100 kg zu liefern hätte, loszukommen sucht, weder in dem Werte der von ihm zu machenden Leistungen bestehen, weil er eine Gegenleistung erhält; noch in der Gegenleistung, weil ihm diese zugute kommt; sondern in dem Selbstkostenpreise seiner Leistung vermindert um den Betrag der Gegenleistung[420]). Ebenso bildet bei der Klage auf Feststellung der Unverbindlichkeit eines Vertrages die Rückgängigmachung des Vertrages den Gegenstand des Rechtsstreits, und es ist der Streitwert gemäß § 3 ZPO. nach freiem Ermessen nach dem Interesse zu bestimmen, welches der Kläger an der Rückgängigmachung des Vertrages hat. Dieses deckt sich, soweit der Vertrag noch unerfüllt ist, also Restitution nicht statt-

---

[414]) Vgl. oben Anm. 24.

[415]) RG. JW. 1896, 187 Nr. 1.

[416]) RG. JW. 1893, 466 Nr. 2. Vgl. auch JW. 1894, 193 Nr. 3. War dagegen der Klageantrag direkt auf Erfüllung, z. B. Zahlung gestellt, und erhebt sich ein Streit über Art oder Zeit der Zahlung, so ist der ganze, im Klageantrage geltend gemachte Anspruch maßgebend, da die Einwendungen des Beklagten auf die Bemessung des Streitwerts einflußlos sind. Vgl. oben Anm. 4.

[417]) OLG. 4, 264 (KG.).

[418]) Recht 1909 Nr. 3386. Ähnlich (bei Warenkredit): OLG. Kiel SchlHolstAnz. 1907, 102.

[419]) Bei Prozessen über Gültigkeit eines Feuerversicherungsvertrages: Schätzung des Interesses nach § 3, Höchstwert ist der einfache Betrag der Versicherungssumme: OLG. Köln JW. 1920, 58 und Gerhard daselbst. Bei Klage auf Feststellung der Unwirksamkeit der Kündigung eines Gesellschaftsvertrages ist der Streitwert regelmäßig geringer als der dem Kläger zustehende Anteil am Gesellschaftsvermögen: OLG. Karlsruhe BadRpr. 1921, 6. — Klagt einer von mehreren Gesellschaftern auf Feststellung des Fortbestandes der Gesellschaft, so ist nur sein Interesse für den Streitwert maßgebend, nicht das der Gesellschafter, die nicht mit geklagt haben: OLG. Nürnberg Bbl. 1927, 45.

[420]) RGZ. 40, 407. Vgl. auch RG. JW. 1898, 597 Nr. 2; 1900, 179 Nr. 1; 339 Nr. 1; KG. BuschsZ. 17, 387.

findet, weder mit dem Werte der Sache, die der Käufer nicht erwerben, noch mit dem Kaufpreise, den er nicht zahlen will, kann vielmehr nur unter Gegenüberstellung beider bemessen werden[421]).

7. Bei der Klage nach § 767 ZPO. (Vollstreckungsgegenklage) ist der 231
Streitwert derselbe wie im Vorprozeß; richtet sich die Klage nur gegen einen Teil des Streitgegenstandes, so ist nur dieser entscheidend[422]). Über Zinsen und Kosten vgl. oben Anm. 107. Wird nach Zahlung der Hauptsache nur auf Herausgabe des Vollstreckungstitels geklagt, so ist der Streitwert nach freiem Ermessen zu schätzen[423]). Vgl. oben Anm. 150.

8. Bei Klagen auf Teilung bzw. Aufhebung einer Gemeinschaft, 232
z. B. einer ehelichen Gütergemeinschaft, bestimmt sich der Streitwert nicht nach der Höhe der Teilungsmasse, sondern nach dem Interesse des Klägers an der Aufhebung der Gemeinschaft[424]). Den Streitgegenstand bildet deshalb derjenige Betrag, den der Kläger durch die Klage erlangen will, z. B. bei der Erbteilung der Betrag des Erbteils[425]).

Nach demselben Grundsatze ist auch bei der Klage auf Nichtigkeitserklärung eines Testaments zu verfahren; auch hier entscheidet der Betrag, den der Kläger als Erbteil erlangen will[426]).

---

[421]) RGZ. 52, 428; JW. 1902, 248 Nr. 1; 253 Nr. 17; 630 Nr. 1; 1903, 3 Nr. 1; OLG. Colmar ElsLothZ. 39, 79; OLG. Karlsruhe BadRpr. 1912, 111; OLG. Königsberg PosMSchr. 9, 147; RG. GruchotsBeitr. 49, 1005; OLG. 2, 432 (Karlsruhe); 11, 166 (Braunschweig); 17, 75 (desgl.); 19, 48 (Darmstadt); 21, 60 (München); 23, 66 (desgl.); 27, 10 (Rostock und Dresden); RGZ. 66, 330; RG. SeuffA. 62, 333; OLG. Cöln JW. 1920, 58 Nr. 3. Bei einer Klage auf Rückgängigmachung des Kaufvertrages wegen eines Mangels und Rückgabe der Anzahlung berechnet sich der Streitwert regelmäßig aus der durch den Mangel bedingten Wertminderung plus zurückverlangter Anzahlung: OLG. Posen PosMSchr. 1907, 95; RG. SeuffA. 62, 333. Vgl. aber auch OLG. München BayZ. 3, 69. — Wird bei der Wandlungsklage auf Rückzahlung des Kaufpreises gegen Rückgewähr der Sache geklagt (Leistungsklage), so bleibt der Wert der Sache bei Bemessung des Streitwerts außer Betracht: OLG. München SeuffA. 70, 332; OLG. Bamberg SeuffA. 65, 473; OLG. Rostock SeuffA. 71, 245. — Vgl. ferner OLG. Karlsruhe BadRpr. 1909, 187; OLG. Cöln RheinArch. n. F. 5 I, 323; Förster-Kann 1, 52; OLG. Rostock SeuffA. 75, 345; OLG. Stettin LZ. 1925, 557[3] und oben Anm. 8, 148.

[422]) RG. JW. 1895, 197 Nr. 1; OLG. 15, 4 (Hamburg); 23, 159 (KG.); KGBl. 1913, 61 (KG.). A. M.: KGBl. 1913, 20 (KG.), wenn lediglich geltend gemacht wird, daß die Forderung nicht fällig sei.

Betrifft der Vorprozeß einen Fall des § 10 Abs. 2 GKG., so ist auch der Streitwert der Vollstreckungsgegenklage nach dieser Vorschrift zu bestimmen (OLG. Frankfurt a. M. JurRundsch. 1925 Beil. Nr. 948). Ebenso in entsprechenden Fällen mit gesetzlich vermindertem Streitwert, z. B. bei einer Mietaufhebungsklage: OLG. München DRZ. 18 (1926) Nr. 720. — Nicht anders liegt der Fall bei einer negativen Feststellungsklage, gerichtet auf Feststellung des Nichtbestehens einer gesetzlichen Unterhaltspflicht: OLG. Nürnberg BayZ. 1926, 262. A. M. OLG. München LZ. 1927, 1046[10], das bei Klage des außerehelichen Vaters auf Freistellung von der Unterhaltspflicht den § 10 Abs. 2 nicht anwendet, da es sich nicht um Geltendmachung des Anspruchs auf Erfüllung der gesetzlichen Unterhaltspflicht handle; für den sozialen Zweck, den das Gesetz verfolgt, seien die Verhältnisse des Unterhaltsberechtigten maßgebend.

[423]) OLG. 15, 4 (Hamburg); GruchotsBeitr. 41, 1151.

[424]) Bei Klage einer Ehefrau auf Aufhebung der ehemännlichen Verwaltung und Nutznießung sind nicht die Wertziffern der einzelnen Bestandteile des Vermögens der Ehefrau maßgebend, sondern das Interesse der Ehefrau an der beantragten Maßregel: RG. JW. 1905, 24; GruchotsBeitr. 49, 655; OLG. München u. A. Friedlaender BuschsZ. 52, 302.

[425]) RG. JW. 1895, 537 Nr. 1; OLG. 15, 52 (Karlsruhe); OLG. Rostock MecklZ. 25, 41. Vgl. auch RG. LZ. 1920, 49 (Klage des Miterben auf Feststellung, daß Bekl. sich einen bestimmten Betrag anrechnen lassen müsse).

[426]) RG. JW. 1895, 537 Nr. 1. — In einem Fall, in dem von einer Miterbin (die zu $^1/_{20}$ gesetzliche Erbin wäre) auf Feststellung der Nichtigkeit des Testaments geklagt war, erhob der beklagte Testamentserbe Widerklage auf Feststellung, daß er Alleinerbe sei.

Ebenso ist, wenn unter Miterben darüber gestritten wird, ob einer der Miterben den Wert einer bestimmten Sache, eventuell die Sache selbst zur Teilung zu bringen habe, von den klagenden Miterben lediglich die Realisierung ihres Anspruchs auf Teilung der Nachlaßmasse und auf Befriedigung ihrer Erbquoten mit Bezug auf ein einzelnes Nachlaßobjekt verfolgt; darum bestimmt lediglich der Betrag dieser Erbquoten den Streitwert[427]).

Bei der Klage auf Auflösung einer Gesellschaft m. b. H. gibt für das vom Kläger verfolgte Interesse die Höhe seiner gesellschaftlichen Beteiligung einen Anhaltspunkt, ist aber nicht ohne weiteres mit diesem Interesse identisch. Die Festsetzung des Streitwerts auf den vollen Betrag der Stammeinlage würde nur dann angezeigt sein, wenn die Auflösung zu dem Zwecke erstrebt wird, daß der totale Verlust der bisher unversehrten Einlage verhütet werde[428]).

233 9. Fraglich ist die Höhe des Streitwerts bei Geltendmachung gemeinschaftlicher Rechte. Nach der neueren Anschauung des Reichsgerichts entscheidet hier nur die dem Kläger zustehende Quote. Wenn daher einer der Miterben auf Zahlung an alle Erben gemäß § 2039 BGB. oder auf Hinterlegung klagt, so kann nach der Meinung des RG. der Streitwert nur entsprechend der Erbquote des Klägers und seinem danach zu berechnenden Anteile an der Forderung angenommen werden, wobei es unwesentlich sein soll, daß ihm ein bestimmter Anteil an der Forderung vor der Teilung nicht zusteht[429]). Diese Anschauung kann nicht als richtig anerkannt werden. Klagt der Erbe auf Bezahlung einer bestimmten Summe — sei es auch an alle Erben — oder auf Hinterlegung, so ist Streitgegenstand die Zahlung dieser bestimmten Summe, also der ganze Betrag; über diesen entscheidet das Gericht mit Rechtskraftwirkung und für eine Schätzung des klägerischen Interesses nach § 3 ZPO. bleibt kein Raum[430]).

Hat jemand ein Grundstück von mehreren in Erbengemeinschaft befindlichen Miterben gekauft und klagt er nun gegen einen derselben auf Herausgabe, so ist der ganze Wert maßgebend, nicht bloß der Wert des Anteils des beklagten Miterben[431]).

Streitwert der Widerklage ist nur $1/_{20}$ der Erbschaft, weil nur insoweit die Feststellung Rechtskraftwirkung hätte.

[427]) RGZ. 33, 427; JW. 1896, 412 Nr. 23; 583 Nr. 3; 1898, 474 Nr. 2; 1899, 672 Nr. 2; 700 Nr. 12; 1900, 47 Nr. 2; 1901, 717 Nr. 3; 1902, 362 Nr. 17; 1903, 26 Nr. 19; GruchotsBeitr. 43, 1215; 44, 1144.

[428]) RG. JW. 1901, 395 Nr. 2; GruchotsBeitr. 47, 1148; OLG. 9, 50 (Hamburg).

[429]) RGZ. 33, 427; 38, 421; JW. 1898, 474 Nr. 2; 1901, 717 Nr. 3; 1902, 362 Nr. 17; 1903, 26 Nr. 19; GruchotsBeitr. 48, 1083; Warneyer 1908 Nr. 661; 1912 Nr. 274; 1917 Nr. 184a u. b; JW. 1917, 720; 1918, 559 Nr. 14; LZ. 1918, 207 Nr. 6; RG. SächsArch. 1908, 142; OLG. Oldenburg OldZ. 33, 229; BayObLG. LZ. 1917, 212; OLG. 35, 20 (Hamm); OLG. Karlsruhe BadRpr. 1917, 92; RG. Recht 1927 Nr. 1496. A. M.: RG. bei Bolze Bd. 2 Nr. 1399; Bd. 3 Nr. 1018. Vgl. hiezu ferner: Herzfelder JW. 1918, 559.

[430]) Richtig mit ausführlicher Begründung: Smoschewer JW. 1918, 165. Gegen seine Begründung bringt das RG. (JW. 1918, 559 Nr. 14) nichts Stichhaltiges vor. Daß der Anspruch auf Zahlung einer bestimmten Geldsumme oder auf Herausgabe einer Sache stets nach dem Betrage der Forderung oder dem Werte der Sache zu bemessen ist, kann doch keinem Zweifel unterliegen. Dies ist ja nach § 6 ZPO. sogar dann der Fall, wenn nur die Sicherstellung des erwähnten Anspruchs den Gegenstand des Rechtsstreits bildet. Auch wenn der Kläger auf Zahlung einer bestimmten Geldsumme an einen Dritten klagt, bildet diese Geldsumme den Streitgegenstand (vgl. OLG. Colmar ElsLothZ. 16, 162; oben Anm. 34). Warum sollte es anders sein, wenn er auf Zahlung an sich selbst und seine Miterben klagt? In beiden Fällen tritt auch volle Rechtskraftwirkung bezüglich des ganzen Betrags gegenüber dem Kläger ein (Smoschewer a. a. O.).

[431]) Zutreffend: OLG. 15, 46 (Breslau). A. M.: OLG. 17, 78 (Königsberg); 23, 67 (Nürnberg u. München); 25, 42 (Naumburg). Der Einwand, daß mit der Klage gegen einen Miterben die Herausgabe des ganzen Grundstücks noch nicht erreicht werde, schlägt nicht durch. Für den Streitwert kommt es nur darauf an, daß der Antrag sich auf

Klagt der Grundstückseigentümer gegen einen Miterben auf Löschung einer zur Erbengemeinschaft gehörigen Hypothek, so bildet das *ganze* Pfandrecht den Streitgegenstand (§ 6 ZPO.)[432]. Wenn dagegen ein Miterbe den anderen auf Feststellung verklagt, daß dem Kläger eine Forderung gegen den Nachlaß zustehe, so wird das Interesse des Klägers, das hier nach § 3 ZPO. entscheidet, durch den Anteil des Beklagten begrenzt[433]). Ebenso wenn ein Miterbe den anderen auf Mitwirkung zur Löschung einer zum Nachlaß gehörigen Hypothek verklagt, weil hier das Pfandrecht nicht Streitgegenstand ist, also § 3 Anwendung findet[434]).

10. Besondere Schwierigkeiten ergeben sich bei den Klagen aus *gewerblichen* 234
Rechtsschutzverhältnissen wie *Patent*, *Musterschutz*, *unlauterem Wettbewerb*. Hier kommt zunächst der Schätzungsmodus des § 11 GKG. nicht in Betracht, da es sich um vermögensrechtliche Angelegenheiten handelt[435]). Im einzelnen sind folgende Entscheidungen hervorzuheben:

a) Die Klage ist auf *Löschung* des für den Beklagten eingetragenen *Gebrauchsmusters* gerichtet und darauf gegründet, daß dieses Gebrauchsmuster mit dem für den Kläger früher eingetragenen identisch sei. Die Klage hat die Natur der Negatorienklage. Es ist deshalb anzunehmen, daß das für die Wertbemessung entscheidende Interesse des Klägers in der Beseitigung der Konkurrenz des Beklagten liege, und dieses Interesse ist nicht nach dem Gewinn zu bemessen, den der Beklagte aus seinem Gebrauchsmuster zieht, sondern nach der Bedeutung, welche die Konkurrenz und deren Beseitigung für den Kläger hat[436]).

b) Bei Unterlassungsklagen aus § 1 UnlWG. darf für die Bemessung des Streitwerts nicht berücksichtigt werden, zu welchen außerhalb des Rechtsstreits liegenden Zwecken die Tatsache der Verurteilung möglicherweise verwertet werden kann (Reklameinteresse)[437]).

c) Bei dem von einem Verbande zur Förderung gewerblicher Interessen auf Grund des Gesetzes über den *unlauteren Wettbewerb* erhobenen Anspruch auf Unterlassung gewisser Ankündigungen ist davon auszugehen, daß die Klage das Interesse aller betroffenen Gewerbetreibenden wahrnimmt[438]).

Herausgabe des ganzen Grundstücks richtet und richten muß (was auch die zitierten Entsch. anerkennen). Vgl. ferner RG. ZDJustAmtm. 1927, 274 = Recht 1927 Nr. 762 (Kläger hat als Miterbe mit den übrigen Erben einen Kaufvertrag geschlossen, durch den er ein Nachlaßgrundstück erwarb. Er verklagte sie auf Einwilligung in die Auflassung. RG. setzte den Streitwert nur nach dem den Erbteilen der Beklagten entsprechenden Teil des Grundstückswertes fest). Richtig: OLG. München BayZ. 1925, 119.

432) Ebenso: OLG. Hamburg SeuffA. 79, 251.

433) RG. JW. 1921, 383 Nr. 8 (= Recht 1921 Nr. 2811) u. *Herzfelder* ebenda.

434) RG. JW. 1891, 551; 1899, 334 Nr. 1; 1900, 47 Nr. 2. Ähnlich RG. LZ. 1919, 1254 Nr. 28.

435) Für die Klagen wegen unlauteren Wettbewerbs vgl. RG. in ElsLothZ. 23, 80; JW. 1898, 120 Nr. 19; *Rosenthal* Wettbewerbsgesetz[6] 71 ff. (mit eingehenden Ausführungen).

436) RG. JW. 1896, 1 Nr. 2; 1902, 309 Nr. 1, 2; 1906, 30 Nr. 39. Anders (speziell für den unlauteren Wettbewerb): *Rosenthal* Wettbewerbsgesetz[6] 71, der das Interesse des Beklagten an der Abweisung der Klage mitberücksichtigen will, weil der Beklagte die Unterlassungsklage nicht abzuwarten braucht, sondern auf Feststellung der Berechtigung seiner Handlungsweise klagen kann. Dieses Feststellungsinteresse sei oft höher, als das Interesse des Klägers an der Unterlassung. Allein dieser Umstand kann doch nicht bewirken, daß hier entgegen der sonstigen Regel das Interesse des Beklagten, des Schuldners, für den Streitwert maßgebend ist. — Bei den *Popularklagen* des Patentrechts und Gebrauchsmusterschutzes ist nach RG. JW. 1902, 131 Nr. 34; LZ. 1913, 473 Nr. 37; 219 Nr. 25; MarkschWettbewerb 12, 555 nicht das Interesse des materiell uninteressierten Klägers maßgebend, sondern der Wert, den das Patent oder Gebrauchsmuster allgemein in der Hand eines Gewerbetreibenden hat. Diese Praxis ist zutreffend.

437) RG. SächsArch. 1909, 191.

438) RG. JW. 1902, 169 Nr. 26; *Förster-Kann* 1, 51; *Rosenthal* Wettbewerbsgesetz[6] 72.

235 11. Bei Klagen eines Aktionärs auf Anfechtung eines Generalversammlungsbeschlusses gemäß § 271 HGB. ist, trotz der weitergehenden Wirkung der rechtskräftigen Ungültigkeitserklärung (§ 273 HGB.), der Streitwert nur nach dem Interesse des klagenden Aktionärs, welches den Wert seines Aktienbesitzes nicht übersteigt, zu bemessen; weder die Wirkung der Aufhebung für die beklagte Aktiengesellschaft noch auch das Interesse der an der Klage nicht beteiligten Aktionäre, für und gegen welche das rechtskräftige Urteil wirkt, kommen in Betracht[439]). Ebenso ist bei der Klage eines Gewerken auf Aufhebung eines Gewerkschaftsbeschlusses nur das Interesse des klagenden Gewerken, welches über den Wert seiner gewerkschaftlichen Beteiligung nicht hinausgehen kann, maßgebend, und weder das Interesse der Gesamtheit noch die Wirkung der Aufrechterhaltung oder Aufhebung des Beschlusses zu berücksichtigen[440]). Entsprechendes gilt bei der Klage einer Innung oder eines eingetragenen Vereins hinsichtlich der Interessen der Mitglieder[441]).

236 12. Bei der Klage auf Befreiung von einer persönlichen Schuld (z. B. von der persönlichen Haftung für eine Hypothek oder der Haftung des Bürgen) ist der Betrag der Haftungssumme maßgebend; die Wahrscheinlichkeit der Inanspruchnahme des Klägers und seine Zahlungsfähigkeit sind nicht zu berücksichtigen[442]). S. o. Fußnote 67.

237 13. Bei Klagen auf Anerkennung des Erbrechts sind die Nachlaßschulden und Pflichtteilsrechte abzuziehen[443]).

238 14. Über die Bewertung von gemischten Verträgen vgl. oben Anm. 184.

239 15. Über die Bewertung von positiven Feststellungs- und Schadensersatzklagen mit unbestimmter Summe (namentlich Klagen auf Feststellung der Aufwertung dem Grunde nach) s. oben Anm. 14.

§ 16.

Bei jedem Antrag ist der Wert des Streitgegenstandes, sofern derselbe nicht in einer bestimmten Geldsumme besteht oder aus früheren Anträgen erhellt, und auf Erfordern auch der Wert eines Teiles desselben schriftlich oder zu Protokoll der Geschäftsstelle anzugeben.

Die Angabe kann jederzeit berichtigt werden.

Vorbemerkung.

Die Bestimmung dient der Vorbereitung der Wertfestsetzung.

Übersicht:

1. Zweck der Vorschrift (1).
2. Wen trifft die Pflicht aus § 16? (2).
3. Ausnahmen (3).
4. Angaben über Teile des Wertes (4).
5. Form der Angabe (5).
6. Berichtigung der Angabe (6).
7. Keine bindende Kraft der Angabe (7).
8. Folgen der Unterlassung (8).

1 1. § 16 — im früheren GKG.: § 14 — stellt eine Ergänzung des § 253 Abs. 3 Z. 2 ZPO. dar, der bestimmt, daß die Klageschrift den Wert des Streitgegenstandes angeben soll, wenn hievon die Zuständigkeit des Gerichts abhängt und der Streitgegenstand nicht in einer bestimmten Geldsumme besteht. § 16 GKG. dient nicht der Bestimmung der Zuständigkeit, sondern der Vorbereitung des Kostenansatzes und der hiefür präjudiziellen Wertfestsetzung.

[439]) RGZ. 24, 427; JW. 1892, 461 Nr. 2; 1894, 193 Nr. 3; KG. JW. 1924, 1181. Vgl. auch Hachenburg DJZ. 1925, 1098.

[440]) RG. JW. 1901, 204 Nr. 1; RGZ. 48, 381.

[441]) Recht 1909 Nr. 2983.

[442]) GruchotsBeitr. 34, 1137; OLG. 15, 53 (Hamburg).

[443]) OLG. Düsseldorf RheinArch. 103 I 119.

2. Jeder Antrag, der ein gebührenrechtlich selbständiges Verfahren einleitet, hat die Angabe des Streitwertes zu enthalten, also nicht nur die Klage, die Widerklage, das Rechtsmittel, sondern auch das Arrestgesuch, der Vollstreckungsantrag [1]), die Offenbarungseidesladung, der Beweissicherungsantrag usw. Die Verpflichtung aus § 16 liegt immer nur dem Antragsteller, nicht seinem Gegner ob; auch dann nicht, wenn dieser vom Gericht wegen des Streitwerts zur Äußerung aufgefordert wird; sein Schweigen kann also auch kostenrechtlich keine Folgen haben. 2

3. Die Verpflichtung des Antragstellers entfällt, wenn der Streitgegenstand in einer bestimmten Geldsumme besteht. Hierher gehören alle Klagen auf Leistung einer bestimmten Summe in geltender Reichswährung, sei es an den Kläger, sei es an einen Dritten, ebenso die positiven Feststellungsklagen, die sich auf Feststellung einer bestimmten Geldschuld richten, Vollstreckungsgegenklagen gegen ein Urteil, das eine Geldforderung zuspricht, kurzum alle Fälle, in denen das freie Ermessen nach § 3 ZPO. ausscheidet, weil eine bestimmte Geldsumme den Streitgegenstand bildet (vgl. §§ 9—15 Anm. 34). Die Verpflichtung aus § 16 entfällt ferner, wenn der Streitwert aus früheren Anträgen erhellt; ob dies in genügendem Maße der Fall war, ist eventuell im Verfahren nach § 19 GKG. zu entscheiden. 3

4. Während die Angabe des ganzen Streitwerts bei jedem der gedachten Anträge von selbst zu erfolgen hat, braucht die Angabe des Wertes von Teilen des betreffenden Streitgegenstandes nur auf Erfordern der zur Festsetzung berufenen Stelle zu geschehen. Teile des Streitgegenstandes sind immer nur quantitativ ausscheidbare Teile, die sich zu einer besonderen Bewertung eignen, nicht z. B. einzelne Prozeßhandlungen (wie die Ablehnung eines Richters u. ä.: vgl. §§ 9—15 Anm. 18, 19). 4

5. Die Angabe des Streitwerts hat, soweit sie verlangt werden kann, schriftlich oder zu Protokoll der Geschäftsstelle zu erfolgen. Daher unterliegt sie nicht dem Anwaltszwange [2]). 5

6. Die Angabe kann nach § 16 Abs. 2 jederzeit berichtigt werden. Damit ist nicht gesagt, daß diese Berichtigung „jederzeit" noch berücksichtigt werden kann; das hängt von der prozessualen Lage ab (s. u. § 18 Anm. 20 ff., 28 ff.). Die Berichtigungsbefugnis bedeutet nur, daß die Partei grundsätzlich an ihre eigene Angabe nicht gebunden ist. Natürlich kann die „Berichtigung" auch als unglaubhaft erachtet werden. Die Befugnis nach § 16 Abs. 2 ist besonders wichtig, wenn das Gericht die Höhe des Anspruchs zunächst nur geschätzt hat und nun positive Wertgrundlagen gegeben werden können [3]). 6

7. Das Gericht und die Geschäftsstelle sind an die im § 16 vorgeschriebenen Angaben in keiner Weise gebunden. Auch übereinstimmende Angaben der Parteien haben keine bindende Kraft [4]). 7

Die Nichtbefolgung der Vorschrift des § 16 kann für die betreffende Partei Kostennachteile herbeiführen, wenn die Voraussetzungen des § 19 GKG. (siehe diesen) vorliegen. Sonst hat die Nichtbeachtung keine Folgen. Die Erfüllung der Verpflichtung aus § 16 ist auch nicht erzwingbar. 8

§ 17.

Die zum Zwecke der Entscheidung über die Zuständigkeit des Prozeßgerichts oder die Zulässigkeit des Rechtsmittels erfolgte Festsetzung des Wertes ist, unbeschadet der Vorschriften der §§ 10, 13, für die Berechnung der Gebühren maßgebend.

---

[1]) RG. GruchotsBeitr. 30, 1103.

[2]) Rittmann-Wenz § 16 Anm. 3.

[3]) Rittmann-Wenz § 16 Anm. 4; Rittmann § 14 Anm. 5; oben §§ 9—15 Anm. 64.

[4]) RG. JW. 1895, 480 [17]; 1897, 57 [27]; Baumbach § 16 Anm. 2.

Vorbemerkung.

§ 17 (früher § 15) verleiht der für die Zuständigkeit und die Zulässigkeit eines Rechtsmittels erfolgten Wertfestsetzung für die Kostenberechnung in gewissem Umfange bindende Kraft.

Übersicht.

1 **I. Die Fälle und das Verfahren des § 17.**

1. Die zum Zwecke der Entscheidung über die Zuständigkeit oder die Zulässigkeit des Rechtsmittels erfolgende Wertfestsetzung ist eine Entscheidung, die als solche äußerlich keinen selbständigen Charakter hat, sondern in den Gründen[1]) der betreffenden Zuständigkeitsentscheidung oder einer Entscheidung enthalten ist, die sich über die Zulässigkeit eines Rechtsmittels im Tenor oder inzidenter ausspricht: z. B. in den Gründen des Beschlusses, durch welchen die Sache gemäß § 276 ZPO. vom Amts- an das Landgericht verwiesen wird, weil der Streitwert 800 RM. betrage, oder des Urteils, durch welches die Revision als unzulässig verworfen wird, weil der Beschwerdegegenstand nur 2000 RM. betrage; aber auch des amtsgerichtlichen Urteils, durch das Sachentscheidung erfolgt und das in den Gründen die Feststellung enthält, das Gericht sei zuständig, da der Streitwert nur 300 RM. betrage.

2 2. Die Zuständigkeit des Gerichts (erster Instanz) ist vom Wert des Streitgegenstandes insofern abhängig gemacht, als die Amtsgerichte für vermögensrechtliche Streitigkeiten zuständig sind, deren Streitwert die Summe von 500 RM. nicht übersteigt, während die höheren Streitwerte zur Zuständigkeit der Landgerichte gehören, soweit nicht Amts- oder Landgerichte ohne Rücksicht auf den Streitwert zuständig sind (§§ 23, 71 GVG.). Da aber in den hier einschlägigen Fällen auch das unzuständige Gericht durch ausdrückliche oder stillschweigende Vereinbarung der Parteien zuständig wird (§§ 38, 39 ZPO.), so kann eine Entscheidung im Sinne des § 17 nur bei Geltendmachung der Unzuständigkeit, nicht von Amts wegen ergehen (sofern sie nicht unter Verletzung des Prozeßrechts erfolgt, was allerdings den Eintritt der kostenrechtlichen Folgen nicht hindern würde).

3 3. Die Zulässigkeit des Rechtsmittels hängt von einem bestimmten Streitwert ab:

a) bei der Revision, deren Zulässigkeit nach § 546 ZPO. in Rechtsstreitigkeiten über vermögensrechtliche Ansprüche durch einen Wert des Beschwerdegegenstandes bedingt ist, der den vom Reichsjustizminister mit Zustimmung des Reichsrats und nach Anhörung eines RTAusschusses festzusetzenden Grenzbetrag (Revisionssumme) übersteigt. Diese Summe beträgt zurzeit 4000 RM. Ausnahmen in § 547 ZPO.;

b) bei Berufungen in vermögensrechtlichen Prozessen[2]). Auch hier ist eine Berufungssumme vorgesehen (§ 511 a ZPO.), die zurzeit 50 RM. beträgt. Ausnahmen in § 511 a Abs. 4 ZPO. und § 14 MSchG. in der Fassung vom 17. Februar 1928, RGBl. I 25;

c) bei der Beschwerde im Falle des § 99 Abs. 3 ZPO. Die hiefür im § 567 Abs. 2 vorgesehene Beschwerdesumme beträgt zurzeit dreißig RM. Eine feste Beschwerdesumme von 30 RM. gilt ferner in dem Falle des § 13 Abs. 4 MSchG., Fassung vom 17. Februar 1928; ebenso in dem kaum mehr praktischen Falle des § 6 EntlVO.

4 4. Hinsichtlich des Verfahrens bei Festsetzung des Streitwerts in den Fällen des § 17 ist hier auf §§ 3, 511 a Abs. 2 und 3, 546 Abs. 2 und 3 ZPO. sowie oben

---

[1]) Jonas § 17 Anm. 3.

[2]) Vgl. auch § 43 KonsGG. 7. April 1900 mit VO. vom 18. Juni 1926 (RGBl. I 274): Berufungssumme 300 RM.

auf §§ 9—15 Anm. 40 zu verweisen. Die unten zu besprechende Bestimmung des § 19 GKG. findet in den Fällen des § 17 keine Anwendung [2a]).

II. Anfechtung und Wirkung der Entscheidungen nach § 17. 5

1. Aus der Natur der Entscheidung nach § 17, wie sie oben in Anm. 1 gekennzeichnet wurde, folgt, daß ihre Anfechtung nur zugleich mit der Entscheidung erfolgen kann, deren Bestandteil sie bildet [3]). Denn wir haben es ja hier nur mit einem Ausspruch in den Gründen zu tun, der ausnahmsweise selbständige Wirkung ausübt. Handelt es sich also z. B. um eine Verweisung nach § 276 ZPO., so kann eine Anfechtung überhaupt nicht erfolgen. Wird dagegen die Berufung vom OLG. wegen Mangels der Berufungssumme mit der Begründung verworfen, daß diese nur 40 RM. betrage, so kann das Urteil mit Revision, der Beschluß mit Beschwerde angefochten und nunmehr auch die Berufungssumme vom Revisions- oder Beschwerdegericht im Rahmen der verfahrensrechtlichen Vorschriften nachgeprüft werden (§§ 547 Nr. 1, 519b Abs. 2 ZPO.).

2. Die in den Gründen enthaltene Entscheidung im Sinne des § 17 ist für die 6
Gebührenberechnung maßgebend.

a) Die erste Voraussetzung dieser eigenartigen Wirkung ist, daß die Entscheidung sich auch wirklich über die Höhe des Wertes ausspricht. Geht das Gericht über die Wertfrage vollständig hinweg, wird also z. B. das Vorliegen der Erwachsenheitssumme in der Revisionsentscheidung mit keinem Worte angedeutet — etwa weil die Zulässigkeit der Revision außer Zweifel zu stehen schien — so liegt auch keine Entscheidung im Sinne des § 17 vor [4]). Wenn dagegen auch nur gesagt ist, daß die Revisionssumme gegeben sei oder nicht, so steht fest, daß der Streitwert mehr als 4000 RM. oder höchstens 4000 RM. beträgt; und wenn das AG. wegen sachlicher Unzuständigkeit den Prozeß an das LG. verweist, ohne daß ein Fall des § 71 Abs. 2, 3 GVG. in Frage käme, so steht fest, daß der Streitwert den Betrag von 500 RM. übersteigt. Eine feste Ziffer braucht also nicht genannt zu sein; aber es muß sich aus der Entscheidung mindestens ergeben, daß das Gericht die Überschreitung oder Nichtüberschreitung der Grenzsumme erwogen hat und feststellen wollte.

b) Die Wirkung der Entscheidung im Sinne des § 17 äußert sich darin, daß 7
die Festsetzung des Streitwerts auch für die Berechnung der Gebühren maßgebend ist. Der Umfang dieser Wirkung richtet sich naturgemäß zunächst nach dem Inhalt der Entscheidung. Lautet sie auf eine bestimmte Summe, so ist auch der Streitwert fixiert. Lautet sie auf Überschreitung oder Nichtüberschreitung einer Grenzsumme, so steht lediglich fest, daß auch für die Gebührenberechnung die Grenzsumme überschritten werden muß oder nicht überschritten werden darf; jenseits dieser Grenzen ist dann die Streitwertfestsetzung von weiteren Fesseln frei. Zu diesen Fesseln gehören auch etwaige Gründe der Streitwertbestimmung: wenn z. B. in dem Urteil gesagt ist, bei Bestimmung des Streitwerts haben von dem Wert der herauszugebenden Sache die angebotene Gegenleistung in Abzug zu kommen, gleichwohl betrage der Streitwert über 4000 RM., so darf und muß für die Kostenberechnung der richtige Wert unter richtiger Anwendung des § 6 ZPO., also ohne Abzug der Gegenleistung, festgesetzt werden; er muß nur mehr als 4000 RM. betragen. Die „Gründe der Gründe" erwachsen also auch im Falle des § 17 nicht in Rechtskraft.

c) Die Wirkung der Entscheidung nach § 17 beschränkt sich auf die Instanz, in 8
der sie, besser, für die sie ergangen ist [5]). Das Revisionsurteil, das das Vorliegen der Revisionssumme bejaht oder verneint, wirkt also nur für die Revisionsinstanz, während anderseits der Verweisungsbeschluß nach § 276 ZPO. auch für das Gericht

---

[2a]) Vgl. Jonas § 19 Anm. 2; unten § 19 Anm. 1.

[3]) So die allg. Meinung; vgl. Rittmann § 15 Anm. 1; Jonas § 17 Anm. 3 u. a. Das selbständige Anfechtungsrecht des RA. gemäß § 12 RAGebO. kann daher gegenüber der Entsch. nach § 17 niemals in Frage kommen. Es betrifft nur die Entsch. nach § 18 GKG.: RG. Bbl. 1893, 123; Rittmann § 15 Anm. 1.

[4]) RG. LZ. 1912, 473 [6].

[5]) Vgl. RG. Bbl. 1905, 26; ferner § 4 ZPO. und Stein-Jonas § 3 Anm. II.

wirkt, an das verwiesen wurde, weil das Verfahren vor diesem zur gleichen Instanz gehört[6]). Wenn aber das Rechtsmittelgericht die Entscheidung der Vorinstanz eben mit Rücksicht auf die betreffende Grenzsumme abändert (das Revisionsgericht hebt das Berufungsurteil, in der das Vorliegen der Berufungssumme verneint wurde, auf und stellt fest, daß diese mindestens 200 RM. betrage), so wirkt es auch nach § 17 für die Vorinstanz, für die ja seine Wertfeststellung ergangen ist. — Die Abgrenzung der Instanzen voneinander ist im einzelnen die des GKG. Daher wirkt die Festsetzung des Streitwerts für den Hauptprozeß nicht für das Arrestverfahren und umgekehrt usw.

9 d) Nur diejenige Wertfestsetzung kann die Wirkung des § 17 ausüben, auf welcher die betreffende Zuständigkeits- oder Zulässigkeitsentscheidung beruht, d. h. welche als Begründung für die Entscheidung ausdrücklich oder stillschweigend angeführt wird. Denn nur dann erfolgt die Festsetzung zum Zwecke der Entscheidung über die Zuständigkeit usw. Wenn z. B. in dem Urteile des AG. gesagt ist, der Streitwert betrage zwar 900 RM., aber der Beklagte habe die Unzuständigkeit nicht gerügt, so liegt keine bindende Wertfestsetzung vor.

10 e) Eine Ausnahme von dem Grundsatz des § 17 muß in denjenigen Fällen gelten, in denen sich die Wertberechnung für die Kosten nach anderen Grundsätzen bestimmt als die Wertberechnung zur Ermittelung der Zuständigkeit oder der Zulässigkeit des Rechtsmittels. Das Gesetz nennt ausdrücklich die §§ 10, 13 GKG., deren Normen von denen der ZPO. (§§ 8, 9, 5 Satz 2) abweichen. Eine weitere Abweichung ergibt sich aus § 12 GKG., der ebenfalls eine Ausnahme von § 5 ZPO. darstellt[6a]).

11 Die Streitwertfestsetzung nach § 17 kann ferner unmöglich kostenrechtlich bindend sein, soweit das Kostenrecht von einem anderen Zeitpunkt für die Streitwertbestimmung ausgeht als die Entscheidung nach § 17. Dies kann nach § 9 Abs. 2 GKG. der Fall sein: einmal bezüglich des Beginnes der Instanz (für die sachliche Zuständigkeit entscheidet stets die Zustellung der Klage, für das Kostenrecht schon die Einreichung: unten § 20 Anm. 10), vor allem aber, wenn der Wert des (gleichbleibenden) Streitgegenstandes am Ende der Instanz höher ist als im Anfangszeitpunkte. Im letzteren Falle richten sich die Gebühren der ganzen Instanz nach dem erhöhten Werte, mag auch für den Beginn der Instanz eine Entscheidung nach § 17 vorliegen. Grundsätzlich gilt dasselbe in den seltenen Fällen, in denen zwischen dem Werte im Zeitpunkt der Klageeinreichung und dem im Zeitpunkt der Klagezustellung eine Verschiebung eintritt.

12 Auch in den Fällen des § 9 Abs. 2 kann die oben (Anm. 6) erwähnte Frage praktisch werden, ob „die Gründe der Gründe" Rechtskraftswirkung haben: wenn z. B. bei Klageerhebung der Wert der herausverlangten Wertpapiere auf 1000 RM. geschätzt und (rechtsirrtümlich) der Wert der Gegenleistung mit 600 RM. in Abzug gebracht, der Streitwert also im Urteil zum Zweck der Zuständigkeitsbestimmung auf 400 RM. festgesetzt wird; wenn dann am Ende der Instanz die Papiere 2000 RM. wert sind, so fragt es sich, ob bei der neuen Streitwertfestsetzung zum Zwecke der Kostenberechnung der Wert auf 2000 — 600 = 1400 RM. festgesetzt, der Rechtsirrtum des Gerichts also wiederholt werden muß oder ob das Gericht nunmehr in richtiger Anwendung des § 6 ZPO. den Streitwert auf 2000 RM. festzusetzen hat. Nur die zweite Alternative kann befriedigen. Eine Bindung an die Gründe der ersten Festsetzung ist nicht anzunehmen. Darf der Richter den Streitwert neu festsetzen, so muß er auch in der Findung des richtigen Rechts wieder frei sein.

13 f) Von den eben erörterten Fällen sind diejenigen zu unterscheiden, in denen der

---

[6]) Rittmann § 15 Anm. 3 läßt den Verweisungsbeschluß auch für die höhere Instanz wirken. Aber deren Zuständigkeit richtet sich gar nicht nach dem Streitwert; sie ist einfach das Berufungsgericht des LG. usw. Es besteht kein Anlaß, die Bindung nach § 17 mehr als notwendig auszudehnen.

[6a]) Es ist zu beachten, daß die frühere Fassung des § 17 (früher § 15) nur den § 9a GKG. (jetzt § 10) als Ausnahme nannte. Trotzdem wurde mit Recht auch im Falle des § 13 (früher 11) die Anwendbarkeit des § 17 (früher 15) verneint: Rittmann § 15 Anm. 5.

Streitgegenstand selbst während der Instanz wächst oder sich ändert. Im ersteren Falle kann sich die Wirkung nach § 17 nur auf den bisherigen Streitgegenstand, nicht auf die Erhöhung beziehen, im zweiten Falle wird sie regelmäßig gegenstandslos sein. Auch der Fall des über den Streitgegenstand hinausgehenden Vergleichsgegenstandes (§ 36 GKG.) gehört in diesen Zusammenhang.

3. Schiedsverfahren. Im amtsgerichtlichen Verfahren ist bei Streitigkeiten 14
über vermögensrechtliche Ansprüche, sofern der Streitwert z. Z. der Klageeinreichung 50 RM. nicht übersteigt, nach den Grundsätzen des § 18 EntlVO. zu verfahren, d. h. das Gericht in der Gestaltung des Verfahrens von den meisten Fesseln des Prozeßrechts befreit. Entscheidet nun das AG. durch Schiedsurteil über den Streitwert zwecks Bestimmung der erwähnten Grenzsumme, also der Zulässigkeit des Verfahrens, so fragt es sich, ob diese Festsetzung des Wertes ebenso wirkt wie in den Fällen des § 17. Die Frage ist zu verneinen[1]). Die Ausdehnung einer so ungewöhnlichen Vorschrift wie der des § 17 auf andere Fälle ist nicht zulässig; sie darf z. B. auch auf den Fall des § 709 Nr. 4 ZPO. nicht erfolgen, was wohl unbestritten ist.

§ 18.

Soweit eine Entscheidung gemäß § 17 nicht stattfindet, setzt das Prozeßgericht den Wert durch Beschluß fest, falls dies eine Partei beantragt oder das Gericht für angemessen erachtet. Auf den Antrag findet § 4 Abs. 3 entsprechende Anwendung. Bei der Zwangsvollstreckung tritt an die Stelle des Prozeßgerichts das Vollstreckungsgericht. Die Festsetzung kann von dem Gerichte, das sie getroffen hat, sowie von dem Gerichte der höheren Instanz im Laufe des Verfahrens auch von Amts wegen geändert werden.

Gegen den Beschluß findet Beschwerde nach Maßgabe des § 567 Abs. 3 und der §§ 568 bis 576 der Zivilprozeßordnung sowie des § 4 Abs. 3 dieses Gesetzes statt.

Vorbemerkung.

§ 18 regelt das Wertfestsetzungsverfahren in den Fällen, in denen § 17 nicht eingreift.

Übersicht.

[1]) A. M.: Stein-Jonas § 3 Anm. II.

1. Beschwerdeberechtigte (30—32).
2. Form der Beschwerde (33).
3. Beschwerdesumme? (34).
4. Feriensache? (34).

VI. Die Wirkungen der Wertfestsetzung (35—37).

VII. Die Kosten des Wertfestsetzungs- und Beschwerdeverfahrens (38).

1 **I. Einleitung.**

1. § 18 (früher § 16) hat durch die Novelle vom 21. Dez. 1922 einige nicht unwesentliche Änderungen erfahren. Während es früher im ersten Satz hieß: „oder nach der Natur des Streitgegenstandes erforderlich wird" sind statt dessen die Worte „oder das Gericht für angemessen erachtet" gewählt worden, um die Befugnis der Geschäftsstelle zur selbständigen Bestimmung des Wertes (im Gegensatz zur gerichtlichen Festsetzung) möglichst unbeschränkt zuzulassen (s. u. Anm. 9). Der zweite Satz wurde eingefügt, um die Befreiung des Antrags vom Anwaltszwang klarzustellen. Auch der dritte Satz (Zuständigkeit des Vollstreckungsgerichts betr.) enthält eine sachliche Änderung des früheren Rechts [1]).

Im übrigen hat die Vorschrift nur formelle Änderungen ohne sachliche Bedeutung erfahren. Durch die Neutextierung vom 5. Juli 1927 wurde in § 18 Abs. 2 das nicht mehr passende Zitat „§ 567 Abs. 2" in „Abs. 3" geändert.

2 2. § 18 behandelt das eigentliche beschlußmäßige Wertfestsetzungsverfahren, das nur eingeleitet werden darf, soweit eine Entscheidung gemäß § 17 nicht stattfindet [1a]). Da die Entscheidung nach § 17 nicht ausnahmslos bindende Kraft für die Berechnung der Gebühren hat (§ 17 Anm. 10ff.), so kann der Eingangssatz des § 18 nur bedeuten: soweit eine kostenrechtlich bindende Entscheidung nach § 17 nicht ergangen ist. Wenn also wegen eines Rentenanspruchs die Revision für zulässig erklärt und der Streitwert zu diesem Zwecke nach § 9 ZPO. auf 125000 RM. festgesetzt wurde, so ist gleichwohl Raum für einen Beschluß nach § 18, weil hier § 10 Abs. 3 GKG. eingreift, der eine abweichende Festsetzung bedingt. Ist der Wert für den ursprünglichen Klageanspruch in der Zuständigkeitsentscheidung auf 300 RM. festgesetzt, so kann bei Erhöhung des Klageanspruchs eine Festsetzung des Mehrbetrags nach § 18 erfolgen.

3 **II. Die Voraussetzungen des Wertfestsetzungsverfahrens.**

1. Die Ermittelung des Streitwerts zum Zwecke der Kostenberechnung erfolgt regelmäßig zunächst durch die Geschäftsstelle. Sie hebt die Prozeßgebühr nach Einreichung der Klage ein und muß schon zu diesem Zwecke einen Streitwert zugrundelegen; dasselbe gilt bei der Kostenfestsetzung, bei Aufstellung späterer Kostenansätze usw. Solange nicht eine Entscheidung nach § 17 vorliegt oder ein Beschluß nach § 18 ergangen ist, sind der Streitwertbestimmung durch die Geschäftsstelle, auch in schwierigen Sachen, keine anderen Grenzen gezogen als sonst dem Richter. Diese Streitwertbestimmung durch die Geschäftsstelle ist aber nicht zu verwechseln mit der Wertfestsetzung nach § 18, die grundsätzlich eine richterliche ist (s. u. Anm. 11).

Diese richterliche Festsetzung findet in zwei Fällen statt: falls eine Partei es beantragt und falls das Gericht es von Amts wegen für angemessen erachtet.

4 2. Eine weitere Voraussetzung des Wertfestsetzungsverfahrens ergibt sich aus seinem Zweck: die Grundlage der Gerichtskostenberechnung zu bilden. Kommt eine Gerichtsgebühr, deren Höhe vom Streitwerte abhängt, gar nicht in Frage, so hat die

---

[1]) § 16 lautete früher: „Soweit eine Entsch. in Gemäßheit des § 15 nicht stattfindet und nach der Natur des Streitgegenstandes oder durch den Antrag einer Partei die Festsetzung des Werts erforderlich wird, erfolgt dieselbe gebührenfrei durch Beschluß des Prozeßgerichts, bei der Zwangsvollstreckung, falls der Wert noch nicht festgesetzt ist, durch Beschluß des Vollstreckungsgerichts. Die Festsetzung kann von dem Gericht, welches dieselbe getroffen hat, sowie von dem Gerichte der höheren Instanz im Laufe des Verfahrens von Amts wegen geändert werden.

Gegen den Beschluß findet Beschwerde nach Maßgabe des § 567 Abs. 2 und der §§ 568—575 ZPO. sowie des § 4 Abs. 3 dieses Gesetzes statt."

[1a]) Vgl. Freymuth BuschZ. 47, 351ff.

Wertfestsetzung zu unterbleiben: so bezüglich der Beschwerdeinstanz, wenn der Beschwerde stattgegeben wurde und eine Gerichtsgebühr deshalb gar nicht anfällt (§ 38 Abs. 2 GKG.)[1]). Auch dann darf eine Festsetzung nicht erfolgen, wenn sie nur für die Berechnung von Anwaltsgebühren Bedeutung hätte; allerdings ist grundsätzlich die gerichtliche Streitwertfestsetzung auch für den Anwalt bindend (§ 11 RAGebO.); aber dabei handelt es sich nur um eine (übrigens von Ausnahmen durchbrochene) Reflexwirkung der Festsetzung, nicht um ihren unmittelbaren Zweck[2]). Würde in solchen Fällen eine Festsetzung gleichwohl erfolgen, so fehlte ihr die bindende Kraft nach § 11 RAGebO.

Dagegen kann die Festsetzung sich in den Fällen des § 36 GKG. auch auf den Vergleichsgegenstand erstrecken, wenn ein gerichtlicher Vergleich abgeschlossen wurde und der Wert des Vergleichsgegenstandes den des Streitgegenstandes übersteigt. Diese Festsetzung ist auch nach § 11 RAGebO. für den Anwalt bindend[3]).

3. Die Festsetzung des Streitwerts hat unter den genannten Voraussetzungen 5
zu erfolgen, wenn eine Partei es beantragt.

a) Jede Partei kann den Antrag stellen, ohne daß sie ein besonderes Interesse darzutun braucht, also auch die arme Partei[4]) und ihr Gegner[4a]). Dagegen hat der Anwalt als solcher im eigenen Namen kein Antragsrecht[5]); § 12 RAGebO. verleiht ihm nur das Recht der Beschwerde gegen den Gerichtsbeschluß.

Der Staatskasse steht das Antragsrecht zu; da sie nach § 4 Satz 1 GKG. das Recht der Erinnerungen gegen den Gebührenansatz hat, welchem eine Streitwertberechnung zugrunde liegen muß, so kann ihr das beschränktere Recht, nur Streitwertfestsetzung zu verlangen, nicht versagt sein[6]).

b) Es wurde schon erwähnt, daß ein besonderes Interesse der den Antrag stellen- 6
den Partei nicht dargetan zu werden braucht. Ebensowenig kann die Streitwertfestsetzung nach der klaren Vorschrift des § 18 vom Gerichte abgelehnt werden, weil der Streitwert unzweifelhaft feststehe[7]). Ist dies nach Ansicht des Gerichts der Fall, so macht es auch keine Mühe, die Ziffer festzusetzen.

c) Die Antragstellung kann schriftlich oder zu Protokoll der Geschäftsstelle erfol- 7
gen; sie ist also frei vom Anwaltszwange. Früher war dies streitig[8]). Jetzt[8a]) ist es durch § 18 Abs. 1 Satz 2 klargestellt.

d) Der Antrag ist weder an eine Frist noch an ein bestimmtes Prozeßstadium ge- 8
bunden. Er kann auch nach Rechtskraft des Urteils gestellt werden. Gelangt die Sache in eine neue Instanz, so ist auch für diese Instanz ein neuer Antrag zulässig[9]). — Für welchen Zeitpunkt die Festsetzung des Wertes erfolgt, kann natürlich der Antrag-

---

[1]) OLG. 19, 264 (RG.); RG. JW. 1926, 859[9]; OLG. Stettin JW. 1926, 868[29] (ebenso Lemberg daselbst); Baumbach § 18 Anm. 4.

[2]) Ebenso Walter-Joachim-Friedlaender §§ 11, 12 Anm. 4; RG. Bolze 21, 363; JW. 1895, 10[28]; 1898, 348[2], GruchotsBeitr. 42, 1166; JW. 1899, 540[30]; 1903, 9; OLG. Nürnberg BayZ. 1927, 129; Jonas § 18 Anm. 4; OLG. Stettin JW. 1926, 868[29] (mit Anm. Lenberg).

[3]) Walter-Joachim-Friedlaender §§ 11, 12 Anm. 4 und Fußnote 3a.

[4]) Ebenso: Rittmann § 16 Anm. 5; Jonas § 18 Anm. 4; RG. JW. 1902, 391.

[4a]) RG. JW. 1900, 149[22].

[5]) BayObLG. SeuffBl. 1900, 150; RG. Warneyer 1915 Nr. 221.

[6]) Rittmann § 16 Anm. 7; Jonas § 18 Anm. 3b; OLG. Hamm JW. 1927, 862.

[7]) Jonas § 18 Anm. 4. A. M.: Baumbach § 18 Anm. 4.

[8]) Vgl. Rittmann § 16 Anm. 8.

[8a]) OLG. Dresden JW. 1921, 536[8] nahm das Vorliegen eines „Antrags" in einem Falle an, in dem unter Bemängelung des Streitwerts Erinnerungen gegen einen Kostenfestsetzungsbeschluß erhoben waren (dazu Anm. Fürst ebenda).

[9]) RG. JW. 1902, 391; Jonas § 18 Anm. 6; Rittmann § 16 Anm. 6. Für die Staatskasse kann sich aus § 5 GKG. eine zeitliche Beschränkung auch hinsichtlich des Antrags auf Streitwertfestsetzung ergeben (vgl. die Erl. zu § 5; Rittmann § 16 Anm. 6; Jonas § 5 Anm. 1).

steller nicht bestimmen; hiefür ist ausschließlich das Gesetz (§ 4 ZPO., § 9 Abs. 2 GKG.) maßgebend.

9 4. Die Festsetzung des Streitwertes erfolgt ferner unter den in Anm. 2—4 angeführten Voraussetzungen von Amts wegen, soweit das Gericht sie für erforderlich hält. Das wird regelmäßig nur der Fall sein, wenn die Festsetzung ein tieferes Eindringen in den Prozeßstoff erfordert[10]). Ob die Parteien über den Wert streiten oder nicht, ist an sich belanglos.

Der Zweck der Änderung des früheren § 16, der die Wertfestsetzung vorschrieb, wenn sie „nach der Natur des Streitgegenstandes erforderlich" erschien, bestand wesentlich darin, dem Urkundsbeamten der Geschäftsstelle größere Selbständigkeit zu gewähren, auch wenn die Festsetzung Schwierigkeiten bereitet. Daher wurde z. B. nach neuem Recht die gerichtliche Festsetzung für entbehrlich erachtet, wenn nur die Umrechnung einer fremden Währung in Frage stand[11]).

10 Die Festsetzung von Amts wegen kann natürlich auch von nicht antragsberechtigten Personen angeregt werden; z. B. von den Rechtsanwälten in eigenem Namen oder von der Geschäftsstelle; es steht aber im Ermessen des Gerichts, ob es dieser Anregung stattgeben will[12]).

11 **III. Die Zuständigkeit für die Festsetzung und das Verfahren.**

1. Es ist oben schon hervorgehoben worden, daß die Streitwertfestsetzung nach § 18 grundsätzlich dem Richter obliegt. Nach dem Wortlaut des Gesetzes scheint dies außer Zweifel zu stehen.

Gleichwohl muß eine Ausnahme gemacht werden für diejenigen Fälle, in denen der Urkundsbeamte der Geschäftsstelle nach Art. VI des GerEntlGes. vom 11. März 1921 (RGBl. 229) in Verbindung mit den Anordnungen der Landesjustizverwaltungen richterliche Geschäfte als „Rechtspfleger" selbständig zu erledigen hat. Es ist nur folgerichtig, daß derjenige Beamte, der in der Sache selbst entscheiden darf, also auch insoweit in den Prozeßstoff eindringen muß, die maßgebende Wertfestsetzung vorzunehmen hat. Der Gesetzgeber hat dies auch gewollt; sonst hätte er nicht bei Schaffung der Novelle vom 21. Dez. 1922 im Gegensatz zu dem früheren Recht im § 18 Abs. 2 auch den § 576 ZPO. angeführt, der eine Festsetzung durch die Geschäftsstelle voraussetzt (ebenso die Motive zu § 16 des Entwurfs zum GKG. vom 21. Dez. 1922). In den gedachten Fällen ist daher die Geschäftsstelle zur Wertfestsetzung nach § 18 GKG. zuständig[13]); gegen ihre Entscheidung kann aber das Prozeßgericht jederzeit angerufen werden.

Wenn im Folgenden von richterlicher Festsetzung gesprochen wird, so ist die Festsetzung durch den Rechtspfleger in den erwähnten Ausnahmefällen mit zu verstehen.

12 2. Zuständig für die Festsetzung nach § 18 ist das Prozeßgericht, d. h. das Prozeßgericht derjenigen Instanz, für welche der Streitgegenstand festgesetzt werden soll[14]). Da der Streitwert in jeder Instanz ein anderer sein kann, so kann auch die Wertfestsetzung für jede Instanz verschieden sein. Die Wertfestsetzung für die höhere Instanz ist für die untere an sich nicht maßgebend; beide Wertfestsetzungen können nebeneinander bestehen[15]). Zwar kann, wie wir unten (Anm. 23 ff.) sehen werden das Gericht höherer Instanz unter Umständen die Wertfestsetzung der unteren Instanz ändern (sei es auf Beschwerde, sei es von Amts wegen); dagegen kann sie nie gemäß

---

[10]) Begr. zum GKG. vom 21. Dez. 1922, RTDrucks. Nr. 5301 zu Art. I Nr. 7.

[11]) OLG. München LZ. 1923, 236³.

[12]) Baumbach § 18 Anm. 1 A.

[13]) Ebenso: Rittmann-Wenz § 18 Anm. 1; RG. JW. 1926. 2473²; Walter-Joachim-Friedlaender §§ 11, 12 Anm. 1; Jonas § 18 Anm. 5.

[14]) Die Zuständigkeit des „Rechtspflegers" in den oben Anm. 11 erwähnten Fällen richtet sich nach der Zuständigkeit des Gerichts, an dessen Stelle er handelt.

[15]) Jonas § 18 Anm. 5; RG. JW. 1898, 576¹⁸. Eine abweichende Meinung des RG. ist aus der Entsch. JW. 1897, 531⁸ nicht erkennbar. Dagegen scheint BayObLG. JurRundsch. 1925 Nr. 1579 auch für das Reichsrecht anderer Meinung zu sein.

§ 18 von sich aus den Streitwert der unteren Instanz festsetzen, ohne daß diese selbst einen Festsetzungsbeschluß erlassen hat. Soweit in einer Instanz mehrere Gerichte nacheinander als Prozeßgericht fungieren (Verweisung vom Amtsgericht an das LG., von LG. zu LG., vom bayerischen obersten LG. an das RG.) ist dasjenige dieser Gerichte zuständig, den Streitwert für die ganze Instanz festzusetzen, bei welchem die Sache zurzeit anhängig ist oder bei Beendigung der Instanz anhängig war[16]).

13 In den Zwangsvollstreckungsinstanzen, deren Streitwert ja von dem des Prozesses verschieden sein kann (§ 9 Abs. 2), tritt an die Stelle des Prozeßgerichts das Vollstreckungsgericht. Früher enthielt das Gesetz noch den Zusatz: „falls der Wert noch nicht festgesetzt ist" (oben Anm. 1 Fußnote 1). Jetzt kann (und muß eventuell) die Wertfestsetzung durch das Vollstreckungsgericht auch dann erfolgen, wenn sie schon vorher durch das Prozeßgericht stattgefunden hat.

14 Das Wort „Prozeßgericht" kann nur in übertragenem Sinn gelten, der Begriff nur entsprechende Anwendung finden für die Fälle, in denen die Wertfestsetzung für eine nicht zum Prozeßverfahren gehörige „Instanz" erfolgen soll: so ist im Arrestverfahren das Arrestgericht „Prozeßgericht", im amtsgerichtlichen Beweissicherungsverfahren nach § 486 Abs. 2 ZPO. und im Entmündigungsverfahren das Amtsgericht, im Verfahren nach § 33 Nr. 7 das angerufene Gericht usw.

15 Zweifelhaft ist die Frage, ob der Einzelrichter (§§ 348ff. ZPO.) die Wertfestsetzung vorzunehmen hat, solange die Sache bei ihm anhängig ist. Wenn er über die sachliche Zuständigkeit zu entscheiden und zu diesem Zwecke auch den Streitwert festzustellen hat, so hat natürlich sein Urteil genau dieselbe bindende Kraft wie die des Kollegiums. Fraglich ist nur, ob und inwieweit er einen Wertfestsetzungsbeschluß nach § 18 GKG. erlassen kann. Die Tätigkeit des Einzelrichters ist im wesentlichen als eine vorbereitende gedacht; man wird anzunehmen haben, daß die Streitwertfestsetzung ebenso wie zahlreiche andere Entschließungen dem Kollegium obliegt[17]). Nur in den Fällen, in denen nach § 349 Abs. 3 ZPO. der Einzelrichter im Einverständnisse beider Parteien an Stelle des Prozeßgerichts die Sache selbst entscheiden darf und entscheidet, wird man ihm auch die Zuständigkeit für die Streitwertfestsetzung zubilligen müssen[18]); ebenso, wenn er nach § 349 Abs. 1 nach Lage der Akten erkennt.

16 3. Das Instanzgericht kann den Wert des Streitgegenstandes für seine Instanz auch dann noch festsetzen, wenn das Verfahren in dieser Instanz bereits abgeschlossen ist[19]). Darüber kann seit Schaffung des § 9 Abs. 2 GKG. gewiß kein Zweifel mehr bestehen, da die Festsetzung zum Ende der Instanz naturgemäß oft erst nach diesem Zeitpunkt erfolgen kann.

17 4. Der nach § 18 ergehende Wertfestsetzungsbeschluß kann als besonderer Beschluß ergehen, aber auch — wie es oft geschieht — mit einer anderen Entscheidung (einem Urteil, einem Arrest usw.) äußerlich verbunden werden[20]). Er ändert dadurch sein Wesen nicht, insbesondere auch hinsichtlich der Abänderung und der Rechtsmittel. Immer aber muß klar zum Ausdruck kommen, daß eine beschlußmäßige Wertfestsetzung gewollt ist. Es genügt nicht ein Vermerk über dem Urteil „Streitwert: 1000 M.", weil dieser außerhalb des Kontextes stehende Vermerk erkennbar nicht als Entscheidung gewollt ist. Es genügt auch nicht, wenn das Gericht bei einer Entscheidung (z. B.

---

[16]) OLG. 19, 237 (Colmar).

[17]) Ebenso Kann, ZPO. 1924 § 348 Anm. 7ff.; Stein-Jonas vor § 348 Anm. V. Grundsätzlich anderer Meinung: Büschel JurRundsch. 1, 26ff., der dem Einzelrichter die Festsetzung des Streitwerts während der Dauer des Einzelrichterverfahrens unbeschränkt überläßt. Dort auch weitere Literatur. Vgl. dazu ferner: OLG. Celle und Granzow JW. 1925, 814[26] sowie Sonnen ebenda; KG. und Sonnen JW. 1925, 1418[8]; OLG. Rostock MecklZ. 42, 374 (das den Einzelrichter für nicht zuständig erklärt).

[18]) Kann a. a. O. Anm. 8e.

[19]) RG. GruchotsBeitr. 35, 1168; JW. 1891, 336 Nr. 14; 1895, 382 Nr. 15; 480 Nr. 14; 1896, 671 Nr. 8; 1897, 57 Nr. 27; KG. (7. ZS.) JW. 1926, 2473[2]. A. M.: KG. BuschsZ. 14, 159; OLG. Frankfurt a. M. u. Kraemer JW. 1925, 1420[11]; Rittmann-Wenz § 18 Anm. 3.

[20]) Vgl. Begr. zur Novelle vom 21. Dez. 1922 (Art. I Nr. 7).

im Kostenfestsetzungsverfahren) stillschweigend von einem bestimmten Streitwert ausgeht[20a]). Die Wertfestsetzung nach § 18 kann — im Gegensatze zu der nach § 17 — für einzelne Abschnitte der Instanz, auch für einzelne Teile des Streitgegenstands gesondert erfolgen[20b]). Der *Inhalt* des Beschlusses soll so bestimmt sein, daß er unmittelbar die Grundlage für die Kostenberechnung bilden kann. Er hat also entweder auf eine feste Summe zu lauten oder sich doch nach den Wertgrenzen zu richten, die § 8 GKG. zugrundelegt (5100—5200 RM., 21000—22000 RM. usw.). Ein Beschluß, der nur ein Minimum oder Maximum festsetzt oder weitere Grenzen als die des § 8 GKG. festlegt, verfehlt (im Gegensatz zu dem Beschluß nach § 17) seinen eigentlichen Zweck. Gleichwohl ist er nicht wirkungslos; aber seine Wirkung ist eine seinem Inhalt entsprechend beschränkte[20c]).

18 5. Das Wertfestsetzungsverfahren nach § 18 einschließlich des Abänderungs- und Beschwerdeverfahrens ist *Feriensache*, soweit die Angelegenheit selbst, zu der es gehört, Feriensache ist (Wechselsachen usw.). Das Verfahren muß aber nach dem Zweck des § 202 GVG. auch dann als Feriensache gelten, wenn die Wertfestsetzung zum Zwecke der *Kostenfestsetzung* erfolgt[21]). Im übrigen vgl. auch oben § 4 Fußnote 42 a.

19 6. Im Wertfestsetzungsverfahren nach § 18 erwachsen keine Gebühren. Das war im früheren GKG. ausdrücklich bestimmt, ist aber auch jetzt zweifelsfrei (s. o. § 1 Anm. 20). Der gleiche Grundsatz gilt auch für das Abänderungsverfahren, nicht aber für das Beschwerdeverfahren. „Prozeßgegner" gibt es in diesem Verfahren, auch im Beschwerdeverfahren, nicht; daher können auch niemals Parteiauslagen (z. B. Anwaltskosten) einem „Gegner" auferlegt werden[21a]).

20 **IV. Die Änderung der Festsetzung von Amts wegen (Abänderungsverfahren)**[22]).

Da an der Festsetzung des Streitwertes in erster Linie die Staatskasse beteiligt ist, so erschien es zweckmäßig, neben der Anfechtung des Wertfestsetzungsbeschlusses im Wege der Beschwerde auch eine Abänderung von Amts wegen zuzulassen.

1. Das Gericht, das die Festsetzung getroffen hat[23]), kann seinen Beschluß von Amts wegen ändern, u. z. *jederzeit*. Die Worte „im Laufe des Verfahrens" (§ 18 Abs. 1 Satz 4) beziehen sich richtiger Ansicht nach nur auf die vorausgehenden Worte „von dem Gerichte der höheren Instanz". Die Richtigkeit dieser Ansicht, die den Wortlaut des Gesetzes mindestens ebenso für sich hat wie die gegenteilige, ergibt sich u. E. daraus, daß das Gericht auch die erste Festsetzung für seine Instanz zu beliebiger Zeit nach Abschluß derselben vornehmen kann (oben Anm. 16) und daß die Beschwerde völlig unbefristet ist[23a]); es ist nicht einzusehen, warum die Berichtigung von Amts wegen so ganz anders behandelt werden soll, solange der Wortlaut des Gesetzes hiezu nicht zwingt. Ferner scheint uns die hier bekämpfte Auslegung mit der Bestimmung des § 9 Abs. 2 völlig unvereinbar zu sein. Ist das Verfahren erster Instanz, z. B. durch Urteil, beendigt, so könnte, wenn man die Worte „im Laufe des Verfahrens" richtig auf das Verfahren zur Hauptsache bezieht, eine Abänderung nach § 9 Abs. 2 in der Regel

---

[20a]) OLG. Oldenburg OldZ. 46, 250.

[20b]) *Jonas* § 18 Anm. 6.

[20c]) Vgl. *Walter-Joachim-Friedlaender* § 10 Anm. 174.

[21]) Ebenso: *Baumbach* ZPO.³ § 202 GVG. Anm. 1. Dagegen wird das Wertfestsetzungsverfahren *allgemein* als Feriensache behandelt von OLG. Rostock SeuffArch. 71, 412; *Jonas* § 18 Anm. 6; OLG. Königsberg DJZ. 1915, 933.

[21a]) Vgl. RG. JW. 1900, 526.

[22]) Vgl. *Wolff* ArchZivPr. 86, 339.

[23]) Auch der „Rechtspfleger" in den oben Anm. 11 besprochenen Fällen. Ist der Einzelrichter ausnahmsweise zum Erlaß des Beschlusses befugt, so kann er allein ihn auch, solange seine Funktionen dauern, wieder aufheben. Nach Beendigung seiner Tätigkeit tritt das Kollegium an seine Stelle.

[23a]) OLG. Celle BuschsZ. 53, 173 will auch die Beschwerde nicht unbegrenzt zulassen, indem es den Rechtsgedanken des § 5 GKG. auch auf Fälle anwendet, auf welche diese Vorschrift nicht paßt (es handelte sich nicht um eine Nachforderung von Kosten, sondern um Rückforderung bezahlter Kosten von dem Armenanwalt). Vgl. dazu *A. Friedlaender* a. a. O.

überhaupt nicht erfolgen (wenn sie nicht gleichzeitig mit dem Urteil stattfände); wollte man mit **Jonas**[24]) als „Verfahren" jede dem Gericht gesetzlich zugewiesene Tätigkeit ansehen (z. B. das Kostenfestsetzungsverfahren, Verfahren betr. Erstattung von Armenanwaltsgebühren), aber zugleich annehmen, daß mit dem Urteil zunächst „das Verfahren" abgeschlossen, die Abänderungsbefugnis aber erloschen sei und daß sie erst wieder auflebe, wenn das Gericht von neuem mit der Sache befaßt werde (im Kostenfestsetzungsverfahren usw.), so würde man — solange kein solches Zusatzverfahren stattfindet — wiederum mit § 9 Abs. 2 in Konflikt kommen[25]).

In den Fällen, in denen die Zuständigkeit des Prozeßgerichts während der In- 21
stanz wechselt (s. o. Anm. 12), ist von da ab das später zuständig werdende Gericht befugt, die Entscheidung des Gerichts zu ändern, das früher zuständig war.

2. Eine Ausnahme von der Abänderungsbefugnis ergibt sich, soweit inzwischen 22
eine nach § 17 bindende Entscheidung ergangen ist, die mit der früheren Wertfestsetzung übereinstimmt und deshalb einer Änderung entgegensteht. Eine weitere Ausnahme ergibt sich aus dem Instanzverhältnis: hat die höhere Instanz — sei es auf Beschwerde, sei es im Wege der Abänderung (unten Anm. 23) — den Wert für die untere Instanz festgesetzt, so kann in letzterer diese Festsetzung nicht mehr geändert werden[26]).

Auch das Beschwerdegericht kann Entscheidungen, die es als solches (also auf Be- 22a
schwerde hin) getroffen hat, nicht von Amts wegen abändern, soweit es nicht etwa als „Gericht der höheren Instanz", also als Gericht der Hauptsache (s. u. Anm. 23 ff.), hiezu befugt ist. Denn das Beschwerdegericht ist nicht „das Gericht, das die Festsetzung getroffen hat", im Sinne des § 18 Abs. 1 Satz 3; erst § 18 Abs. 2 handelt von der Beschwerde; sein erster Absatz kann sich also nicht auf die Rechtsmittelentscheidung beziehen. Ferner ist nicht anzunehmen, daß ein Gericht, das nur auf Parteiantrag und auf Grund eines Rechtsmittels zu entscheiden hat, nach Erlaß der Entscheidung diese wieder von Amts wegen ändern darf.

3. Auch die **höhere Instanz** kann die Festsetzung der unteren Instanz von 23
Amts wegen ändern, jedoch **nur „im Laufe des Verfahrens"**, d. h. wenn der Rechtsstreit selbst durch Einlegung eines Rechtsmittels an das Gericht höherer Instanz erwachsen ist und nur so lange, als das Verfahren vor diesem noch nicht (durch Urteil oder sonst) abgeschlossen ist; auch hier beziehen sich die Worte „im Laufe des Verfahrens" auf den Rechtsstreit selbst, nicht auf Zusatzverfahren wie die Erstattung der

---

24) § 18 Anm. 8 c.

25) Uns. M.: OLG. Frankfurt a. M. JurRundsch. 1926 Beil. Nr. 93; **Friedlaender** JW. 1926, 860.

A. M.: OLG. Colmar ElsLothZ. 37, 131; OLG. Frankfurt a. M. ZDJustAmtm. 1925, 210; OLG. Celle JW. 1926, 859[11]; BuschsZ. 53, 173 (mit Anm. A. **Friedlaender**); OLG. Stettin HöchstrRspr. 1928 Nr. 478; Recht 1927 Nr. 716; KG. BuschsZ. 14, 159[6]; OLG. Hamburg SeuffA. 81, 28 (dieses mit dem Abmaße, daß die Änderung auch nach Beendigung des Verfahrens zulässig sei, wenn sie auf einer vorher bei Gericht eingegangenen Anregung beruht; diese Unterscheidung kann nur dazu beitragen, **unsere** Ansicht zu stützen); **Silberschmidt** JW. 1925, 2587 (der die ganze Frage eingehend erörtert) nimmt an, daß die untere Instanz abänderungsberechtigt sei, solange die Hauptsache bei ihr anhängig ist, dann im Kostenfestsetzungsverfahren (also bis zur Rechtskraft des Kostenfestsetzungsbeschlusses) und wenn gegen ihre Wertfestsetzung Beschwerde eingelegt wird. Dabei sei die unzulässige Beschwerde — Ziff. III a. a. O. — als Anregung zur Abänderung (Gegenvorstellung) anzusehen. Aber wird nicht hiermit alles das bestätigt, was wir oben angeführt haben? Wenn die bloße Anregung genügt, um das „Verfahren" wieder in Fluß zu bringen, warum soll **sonst** die Offizialtätigkeit ausgeschlossen sein? Auch im Falle der Anregung liegt ja rechtlich eine Tätigkeit von Amts wegen vor.

26) RGZ. 37, 385; RG. JW. 1896, 301[8]; OLG. Jena BuschsZ. 38, 552 (für die ganze Materie sehr beachtlich); **Silberschmidt** JW. 1925, 2588; LG. Düsseldorf Bbl. 1926, 254 (der erstinstanzliche Wertfestsetzungsbeschluß des AG. war rechtskräftig bestätigt; das AG. durfte ihn daher nicht mehr ändern, obwohl die **zweitinstanzielle** Festsetzung auf Beschwerde vom OLG. geändert worden war); KG. JW. 1927, 406[16].

Kosten des Armenanwalts, die Wertfestsetzung u. ä. Die „höhere Instanz", von der hier die Rede ist, braucht nicht gerade die nächst höhere zu sein.

Voraussetzung der Abänderungsbefugnis ist also zunächst, daß die Sache selbst an das höhere Gericht gelangt ist. Dafür sprechen Wortlaut, Vorgeschichte und Zweck des Gesetzes. Wenn neben dem Prozeßgericht (das die erste Entscheidung getroffen hat) das Gericht „der höheren Instanz" genannt wird, so weist schon dieser Ausdruck und dieser Zusammenhang darauf hin, daß das Gericht gemeint ist, bei dem sich der Prozeß in höherer Instanz abspielt (das Berufungsgericht usw.), nicht aber ein Gericht, an das lediglich eine Beschwerde über einen Nebenpunkt, etwa die Kostenfestsetzung, oder gar nur die Wertfestsetzung, gelangt. Daß nicht eine Beschwerde über die Wertfestsetzung selbst das Beschwerdegericht zum „Gerichte der höheren Instanz" im Sinne des § 18 Abs. 1 machen kann, folgt auch daraus, daß erst im Abs. 2 des § 18 diese Beschwerde in das Gesetz eingeführt wird, also nicht wohl im Abs. 1 vorausgesetzt werden kann.

Die Motive zum ursprünglichen Entwurf eines GKG. (in dem die Worte „im Laufe des Verfahrens" noch fehlten) äußern sich folgendermaßen: „Die Möglichkeit, die Festsetzung auch von Amts wegen zu ändern, dient dem Interesse der beteiligten Staatskasse, insbesondere auch für den Fall, daß das mit der Hauptsache befaßte Beschwerdegericht den Wert vollständiger zu übersehen imstande ist. Sie schließt aber die Feststellung einer Notfrist für die Beschwerde aus[26a])." Das mit der Hauptsache befaßte „Beschwerdegericht" kann nur das Prozeßgericht höherer Instanz sein; ihm soll also die Befugnis der Abänderung gegeben werden, weil es durch Befassung mit der Hauptsache den Wert vollständiger zu übersehen vermag.

Dieses Zeugnis ist deshalb wertvoll, weil es zugleich den Zweck des Gesetzes erkennen läßt: gerade die Befassung mit dem Streitstoff selbst qualifiziert das höhere Gericht zur Nachprüfung der Wertfestsetzung; eine bloße Befassung mit Nebenpunkten, wie der Kostenfestsetzung usw. würde hiezu nicht genügen.

Folgt man aber der hier vertretenen Ansicht insoweit, so ergibt sich auch der weitere Schluß, daß die Worte „im Laufe des Verfahrens" sich nur auf das Hauptverfahren selbst beziehen können, daß also die Abänderungsbefugnis des Gerichts der höheren Instanz aufhört, sobald das Prozeßverfahren beendigt ist, was regelmäßig mit der Urteilserlassung der Fall ist (zum Hauptverfahren in diesem Sinne gehört auch die Entscheidung im Zinsen- und Kostenpunkt, nicht aber die Kostenfestsetzung, die Wertfestsetzung usw.)[26b]).

Das Reichsgericht hat in seiner Plenarentscheidung vom 24. Juni 1899 (RGZ. 44, 403) den Standpunkt eingenommen, daß das Gericht der höheren Instanz, auch wenn es nicht mit der Sache selbst befaßt ist, sondern nur über eine auf die Kostenfestsetzung bezügliche Beschwerde zu entscheiden hat, von Amts wegen die in der unteren Instanz getroffene Festsetzung des Streitwerts ändern kann. Doch müßte die Begründung der Entscheidung ebenso auf den Fall der Beschwerde über die Wertfestsetzung selbst zutreffen; denn sie besteht im wesentlichen in dem Hinweis auf die (übrigens durchaus unbewiesene und unbeweisbare) Tatsache, daß durch die Einfügung der Worte „im Laufe des Verfahrens" in der Kommission des Reichstags eine sachliche Änderung des Entwurfs nicht beabsichtigt worden sei[27]). Auf den Fall, daß die Sache nur anläßlich einer Beschwerde gegen die Wertfestsetzung an das höhere Gericht gelangt ist, will aber das RG. in neueren Entscheidungen die Abänderungsbefugnis nicht ausdehnen[28]); die schrankenlose und nicht zu rechtfertigende reformatio in peius[29]),

---

[26a]) Rittmann § 16, vor Anm. 1.

[26b]) Zu dem gleichen Ergebnis kamen wir bei § 4 Anm. 27, obwohl im § 4 die Worte „im Laufe des Verfahrens" fehlen.

[27]) Hiezu sei noch bemerkt, daß nach unserer Beweisführung auch ohne die erwähnten Worte die Auslegung des Begriffes „Gericht höherer Instanz" keine andere wäre.

[28]) RG. SeuffA. 81, 29; ZDJustAmtm. 1927, 86; aus früherer Zeit siehe: RGZ. 14, 352; JW. 1897, 466; 1902, 133. A. M.: RGZ. 71, 321; OLG. 19, 237 (Hamburg); Silberschmidt JW. 1925, 2588; Jonas § 18 Anm. 8 b; Baumbach § 18 Anm. 6.

[29]) Vgl. hiezu RGZ. 14, 353; JW. 1897, 466[26]; 1898, 419[13].

die andernfalls Platz greifen müßte und nach der Ansicht vieler Platz greift, will das RG. nicht zulassen. Durch diese Einschränkung hat es aber seiner Plenarentscheidung und ihrer Begründung selbst im wesentlichen den Boden entzogen [30]). Die Praxis hatte sich schon früher nicht überall der Plenarentscheidung angeschlossen [31]).

4. Auch in der höheren Instanz können sich die in Anm. 22 erwähnten Ausnahmen 24
ergeben.

Unbedenklich ist es dagegen, daß die höhere Instanz eine von ihr früher im Beschwerdewege getroffene Festsetzung des Streitwerts der Vorinstanz wieder von Amts wegen ändern kann, wenn und solange die Sache selbst in der höheren Instanz anhängig ist [32]).

5. Was oben in Anm. 17—19 über das Festsetzungs-Verfahren im allgemeinen 25
gesagt wurde (Form des Beschlusses, Feriensache, Gebührenfreiheit), gilt auch für das Abänderungsverfahren.

Auch zu der Abänderung von Amts wegen können die Parteien die Anregung 26
geben; wird der Anregung seitens des Gerichts nicht gefolgt, so findet gegen die Ablehnung als solche keine Beschwerde statt. Wer nicht an sich beschwerdeberechtigt ist, kann die Berechtigung auf diesem Umwege nicht erlangen [33]). In der Regel wird die Beschwerde in diesen Fällen als Beschwerde gegen den Wertfestsetzungsbeschluß zu deuten sein, wenn sie als solche zulässig ist.

Wenn das Gesetz hinsichtlich der Abänderung davon spricht, daß sie getroffen 27
werden kann, so will es damit nur die Befugnis betonen, nicht etwa ihre Ausübung in das freie Ermessen des Gerichtes stellen. Erachtet das zuständige Gericht eine Abänderung (Minderung oder Erhöhung) für veranlaßt, so ist es verpflichtet dieselbe vorzunehmen [33a]).

V. Die Anfechtung der Wertfestsetzung nach § 18 GKG. Gegen den Wertfest- 28
setzungsbeschluß nach § 18 findet Beschwerde nach Maßgabe der §§ 567 ff. ZPO. und § 4 Abs. 3 GKG. statt. Voraussetzung der Beschwerde ist aber das Vorliegen eines förmlichen Wertfestsetzungsbeschlusses des Gerichts gemäß § 18 GKG. Weder die zu den Gerichtsakten gemachte Notiz über den Wert des Streitgegenstandes, mag sie auch auf einem internen Beschluß des Gerichts beruhen, noch die auf Grund dieser Notiz zum Zweck der Einziehung der Kosten aufgemachte Rechnung über die Gerichtskosten bildet einen Anlaß zur Beschwerde [34]). Selbst die in den Gründen eines im

---

[30]) Uns. M.: OLG. München JW. 1927, 1500 [14]; Rittmann-Wenz § 18 Anm. 4; Geiershöfer JW. 1927, 1500; RG. JW. 1895, 382 [15]; 480 [15]; 1896, 74 [28]; Bolze 22, 711; SeuffA. 10 Nr. 236.

A. M. (außer RGZ. 44, 403): RGZ. 71, 321; OLG. München BayZ. 1927, 65; OLG. Marienwerder LZ. 1918, 1373 [16] (diese Entsch. ist besonders beachtenswert wegen der aus der bekämpften Theorie folgenden Konsequenzen; vgl. Walter-Joachim-Friedlaender §§ 11, 12 Fußnote 24); OLG. Königsberg JW. 1926, 71 [6] (Zuständigkeit des Obergerichts für die Abänderung, wenn die Sache nur anläßlich einer Beschwerde des Armenanwalts wegen seiner Kosten an dieses Gericht gelangte); Silberschmidt JW. 1925, 2587 (der übrigens dem Gerichte höherer Instanz die Abänderungsbefugnis nur gibt, wenn und solange bei ihm die Hauptsache anhängig ist, dann im Kostenfestsetzungsverfahren, im Wertfestsetzungsverfahren — wegen der Einzelheiten vgl. seinen Aufsatz — nicht aber, wenn die Akten aus anderen Gründen, z. B. wegen der Beschwerde gegen die Ablehnung eines Sachverständigen an das Obergericht gelangten. Diese Unterscheidung hat im Gesetz keine Stütze).

[31]) Vgl. JW. 1907, 678 [21]; OLG. Jena BuschsZ. 38, 552; JW. 1902, 133 [45].

[32]) RGZ. 33, 377; JW. 1896, 301 [8]; 1898, 418 [11]; GruchotsBeitr. 42, 1164.

[33]) RG. JW. 1895, 480 Nr. 15. Silberschmidt JW. 1925, 2587; Walter-Joachim-Friedlaender §§ 11, 12 Anm. 20. Die Begründung, daß die Partei sich sonst auf diesem Umwege indirekt die nicht zulässige Beschwerde verschaffen könnte, ist nicht ganz richtig, weil die Abänderungsbefugnis bei Beschwerdebeschlüssen nicht besteht (oben Anm. 22 a).

[33a]) Ebenso: Silberschmidt JW. 1925, 2587; Jonas § 18 Anm. 8 d.

[34]) RG. bei Bolze Bd. 3 Nr. 1027.

Kostenfestsetzungsverfahren ergangenen Beschlusses enthaltene Äußerung über den Wert des Streitgegenstandes kann nicht die Grundlage für eine Beschwerde gegen den Wertansatz bilden[35]). Ist ein förmlicher Wertfestsetzungsbeschluß noch nicht ergangen, so muß er zunächst herbeigeführt werden. Der Beschwerde unterliegt nicht nur der ursprüngliche Wertfestsetzungsbeschluß, sondern auch der von Amts wegen ergangene Abänderungsbeschluß[36]).

29 Die Beschwerde folgt den im allgemeinen für dieses Rechtsmittel gegebenen Vorschriften der §§ 567 ff. ZPO.; sie ist die einfache, an keine Notfrist gebundene Beschwerde, bei welcher das Gericht, dessen Entscheidung angefochten wird, dem Rechtsmittel ganz oder teilweise abzuhelfen in der Lage ist (§ 571 ZPO.). Entscheidet das LG. als Beschwerdegericht, so ist weitere Beschwerde nicht zulässig, da es sich zweifellos um eine „Entscheidung in betreff der Prozeßkosten" handelt (§ 568 Abs. 3 ZPO.)[37]). Gegen die Entscheidung eines OLG. über den Streitwert gibt es überhaupt keine Beschwerde (§ 567 Abs. 3). Hat ausnahmsweise die Geschäftsstelle entschieden (oben Anm. 11), so ist zunächst das Prozeß- (oder Vollstreckungs-)Gericht anzurufen und erst gegen dessen (gebührenfreie) Entscheidung ist Beschwerde zulässig. Anders beim Einzelrichter (oben Anm. 15), dessen Beschluß unmittelbar mit Beschwerde anfechtbar ist.

30 Eine Reihe von Besonderheiten ist noch hervorzuheben:

1. Beschwerderecht hat

a) die Staatskasse. Wie das Antragsrecht der Staatskasse aus § 4 GKG. zu folgern ist (oben Anm. 5), so ergibt sich aus derselben Vorschrift das Beschwerderecht der Staatskasse: kann sie Beschwerde gegen den den Kostenansatz betreffenden Gerichtsbeschluß einlegen, so muß ihr diese Befugnis erst recht gegen die bloße Streitwertfestsetzung zustehen[38]). Auch die Staatskasse ist nur beschwerdeberechtigt, wenn sie durch die Entsch. irgendwie beschwert ist. Das ist regelmäßig nur der Fall, wenn sie Erhöhung des Streitwerts anstrebt. Anders in Armensachen wegen der Erstattungspflicht des Staates; wenn aber z. B. der Streitwert auf 10000 RM. festgesetzt ist und der Staat beantragt Herabsetzung auf 8000 RM., so fehlt ihm jedes Interesse hieran, solange die Wertgrenze nur 2000 RM. beträgt oder das Gesetz vom 14. Juli 1925 gilt; auch nach § 5 GKG. kann das Interesse der Staatskasse entfallen.

31 b) Beschwerderecht haben ferner die Prozeßparteien. Da jedoch jedes Rechtsmittel ein entsprechendes Interesse des Beschwerdeführers voraussetzt, und die Parteien wohl an der Verminderung, nicht aber an der Erhöhung der Prozeßkosten ein Interesse haben, so ist nach feststehender Praxis des Reichsgerichts die Beschwerde der Partei nur zum Zwecke der Herabsetzung des Streitwerts, nicht aber zum Zwecke der Erhöhung zulässig. Auch die Rücksicht auf eine etwa beabsichtigte, von dem Vorhandensein der Berufungs- oder Revisionssumme abhängige Einlegung von Rechtsmitteln ist nicht geeignet, ein die Zulassung rechtfertigendes Interesse zu begründen, da das Rechtsmittelgericht diese Frage selbständig zu prüfen hat und hierbei an die vorausgegangene Festsetzung des Streitwerts nicht gebunden ist[39]); hinsichtlich der Frage des Interesses ist also nur die unmittelbare Wirkung der Entscheidung für die Gebührenerhebung maßgebend[40]).

---

[35]) RG. JW. 1893, 563 Nr. 25; 1897, 240 Nr. 48; 1898, 144 Nr. 14.

[36]) RG. JW. 1901, 266.

[37]) RG. JW. 1900, 590 Nr. 9; JW. 1907, 678; OLG. 32, 392 (Rostock und München); BayZ. 1924, 327 (OLG. München).

[38]) RG. Gruchots Beitr. 28, 1178; OLG. 3, 160 (Karlsruhe); Jonas § 18 Anm. 9; OLG. Augsburg BayZ. 1927, 238 II.

[39]) Vgl. RGZ. 22, 425; JW. 1892, 213 Nr. 1; 1894, 55 Nr. 3; 514 Nr. 3; 544 Nr. 11; 1895, 102 Nr. 6; 1897, 268 Nr. 5; 1898, 578 Nr. 29; OLG. Kiel SchlHolstAnz. 1907, 157; OLG. Nürnberg Bbl. 1926, 283; OLG. Königsberg JW. 1927, 1329 [21] (in diesem Falle hatte das Berufungsgericht den Streitwert nach § 18 GKG. auf weniger als 50 RM. festgesetzt; trotzdem wurde der Partei die Beschwerde — mit Recht — versagt).

[40]) OLG. München BayZ. 1925, 377; OLG. Nürnberg BayZ. 1926, 180. — OLG.

c) Beschwerderecht hat auch der Rechtsanwalt[41]) nach der besonderen Bestimmung des § 12 RAGebO. Der Rechtsanwalt als solcher kann nur ein Interesse an der Erhöhung des Streitwerts haben; seine Beschwerde ist deshalb nur zulässig, wenn und insoweit er Erhöhung des Streitwerts verlangt und diese Erhöhung auf seine Gebührenforderung von Einfluß ist. Daraus folgt auch, daß das Beschwerderecht nur zusteht dem Anwalt derjenigen Instanz, für welche der Streitwert festgesetzt werden soll, also nicht dem zweitinstanzlichen Anwalt bezüglich der Wertfestsetzung für die erste Instanz[42]); ebenso auch nicht dem erstinstanzlichen Anwalt als solchem gegen die Wertfestsetzung für die zweite Instanz, da diese für die erste Instanz keine Wirkung äußert[43]). Die Beschwerde steht keineswegs bloß dem Prozeßbevollmächtigten, sondern auch dem Substituten, dem Korrespondenzanwalt usw. zu[44]). 32

Demnach sind die Interessen des Anwalts und die der Partei widerstreitende; ein jeder kann die seinigen selbständig im Wege der Beschwerde geltend machen[45]). Dies kann sowohl gleichzeitig geschehen, als auch nacheinander; so kann, wenn der Anwalt eine Erhöhung erwirkt hat, die Partei wiederum die Herabsetzung, sogar unter den Betrag der ursprünglichen Festsetzung, im Wege der Beschwerde gegen diese beantragen; ebenso aber auch umgekehrt der Anwalt; daß dieser nach Herabsetzung des Streitwerts auf Beschwerde der Partei das Rechtsmittel nur bis zum Mehrbetrage des erstinstanzlichen Beschlusses haben soll, wie das Reichsgericht[46]) annimmt, ist nicht einzusehen, da die Beschwerde an keine Frist gebunden ist und deshalb auch nicht davon ausgegangen werden kann, daß der Anwalt sich beim erstinstanzlichen Beschluß beruhigt habe, wenn er nicht sofort Beschwerde dagegen einlegte.

Wegen der widerstreitenden Interessen und der durch das Interesse bedingten Zulässigkeit der Beschwerde muß aus der Fassung der Beschwerde hervorgehen, ob der Anwalt im eigenen Namen oder im Namen der Partei Beschwerde einlegt. Ist dies nicht der Fall, so muß das Gericht zunächst den Anwalt befragen[47]). Bleibt ein Zweifel bestehen, so ist anzunehmen, daß die Beschwerde von demjenigen eingelegt werden wollte, der sie zulässigerweise einlegen konnte[48]).

Ist der RA. selbst Partei, so kann er zweifellos, wenn ihm ein Kostenerstattungsanspruch zusteht, mit Rücksicht auf § 7 RAGebO. Beschwerde zwecks Festsetzung

---

Nürnberg BayZ. 1925, 378 hat berechtigtes Interesse der Partei an Erhöhung des Streitwerts in einem Falle angenommen, in dem die Partei mit ihrem Anwalt einen höheren Streitwert vereinbart hatte, an dessen Anerkennung sie wegen der Kostenerstattung interessiert war. Das soll jedoch nicht gelten, wenn die Vereinbarung etwa nur zur Schädigung des Gegners erfolgte oder offensichtlich dem wirklichen Streitwert nicht entsprach.

41) Nicht der Rechtsagent oder sonstige Bevollmächtigte: OLG. Colmar ElsLothZ. 40, 228.

42) Vgl. RG. JW. 1899, 335 Nr. 2; RheinArch. 93 II 32; SächsArch. 8, 704.

43) Oben Anm. 12. Vgl. jedoch (Beschwerderecht beim Vorliegen eines besonderen Interesses): RG. JW. 1897, 572 Nr. 33; 1898, 576 Nr. 19; 1901, 226 Nr. 2.

44) Ebenso: Fürst-Roth § 12 Anm. 2; OLG. München LZ. 1922, 594 Nr. 4. Ist der ProzBev. erster Instanz zugleich Verkehrsanwalt für den zweiten Rechtszug, so ist er als solcher natürlich auch in zweiter Instanz beschwerdeberechtigt: Willenbücher § 12 Anm. 6.

45) RGZ. 37, 384.

46) JW. 1896, 693 Nr. 22. Zutreffend: Fürst-Roth § 12 Anm. 3.

47) RG. JW. 1900, 124 Nr. 3. Über die unerfreulichen Folgen dieser Regelung siehe Fürst-Roth § 12 Anm. 1.

48) Ebenso: HessVGH. JW. 1916, 1290; Merzbacher-Krakenberger § 12 Anm. 3b; RGZ. 22, 425; RG. JW. 1891, 311 Nr. 21; 1899, 943 Nr. 32; OLG. Colmar BuschsZ. 38, 549; OLG. Dresden JW. 1924, 986 Nr. 24; OLG. Danzig DanzJMSchr. 1925, 101; OLG. Jena ZDJustAmtm. 1921, 64 (die Vermutung, daß der RA. die Beschwerde, durch die er Erhöhung des Streitwerts anstrebt, in eigenem Namen eingelegt habe, werde durch ausdrückliche Anweisung der Partei zur Beschwerdeeinlegung widerlegt. Ob das allgemein richtig ist, wird sehr zu bezweifeln sein. Die „Anweisung" der Partei kann auch bloßes Einverständnis derselben bedeuten, das der Anwalt zur Vermeidung eines Konfliktes erholt und [unnötigerweise] dem Gericht gegenüber betont hat).

eines höheren Streitwerts einlegen[49]). Auch wenn die Gegenpartei offenbar insolvent ist, kann der RA. sich mit der Hoffnung tragen, daß sie später zahlungsfähig werde. Das Gericht hat sich mit dieser Frage nicht zu befassen. — Hat aber der RA. keinen Erstattungsanspruch (er hat z. B. den Prozeß verloren), so ist er wie jede andere Partei zu behandeln, d. h. er kann nur zwecks Minderung des Streitwerts Beschwerde einlegen. Dieses Recht muß ihm übrigens auch zustehen, wenn er einen Erstattungsanspruch hat. Ob er diesen geltend machen will, bleibt seinem Ermessen überlassen.

83 2. Form der Beschwerde. Die Beschwerde der Staatskasse und der Prozeßparteien unterliegt nicht dem Anwaltszwang. § 18 Abs. 2 GKG. verweist bezüglich der Beschwerde u. a. auf § 4 Abs. 3 GKG., nach welchem die Einlegung der Beschwerde mündlich zum Protokoll der Geschäftsstelle oder schriftlich ohne Mitwirkung eines Anwalts erfolgen kann[50]).

Anders scheinbar bei der Beschwerde des Rechtsanwalts auf Grund des § 12 GebO. Hier fehlt die Verweisung auf § 4 Abs. 3 GKG.; es sind vielmehr lediglich die Bestimmungen der §§ 567 ff. ZPO. über die Beschwerde genannt und daraus folgert man, daß nach § 569 Abs. 2 ZPO. und § 78 ZPO. der Anwaltszwang bestehe, wenn nicht der Rechtsstreit bei einem Amtsgericht anhängig ist oder anhängig war. Der Anwalt müsse sich also, wenn er die Beschwerde bei einem Gericht einlegt, bei dem er nicht zugelassen ist, eines dort zugelassenen Anwaltes bedienen[51]). Dieses Resultat ist sinnwidrig; es muß schon deshalb unrichtig sein, weil der RA. ja auch selbst Partei sein kann. Es ist undenkbar, daß er als Partei vom Anwaltszwang befreit, als Anwalt aber ihm unterworfen sein sollte.

84 3. Eine Beschwerdesumme kommt nach geltendem Recht[52]) hier nur noch in den seltenen Fällen in Frage, in denen lediglich wegen der Kosten des Festsetzungsverfahrens eine Entscheidung erging und gegen diese Beschwerde eingelegt werden soll (§§ 99 Abs. 3, 567 Abs. 2 ZPO.), etwa wegen der Abschätzungskosten im Falle des § 19 GKG., nachdem die Wertfestsetzung selbst infolge eines Beschlusses nach § 17 GKG. nicht mehr erfolgen konnte. Obwohl § 567 Abs. 2 ZPO. im Gesetze nicht angeführt ist, wird man doch annehmen müssen, daß § 99 ZPO. anwendbar sein soll; denn sonst würde auch dessen Abs. 1 keine Anwendung finden, die Anfechtung der Kostenentscheidung allein also zulässig sein, was gewiß nicht beabsichtigt war[52a]). Ist aber § 99 Abs. 3 ZPO. anwendbar — und gerade hier wäre bei der isolierten Kostenentscheidung die völlige Versagung jedes Rechtsmittels ungerecht — so wird auch die Einschränkung durch die Beschwerdesumme Platz greifen müssen[52b]).

4. Das Beschwerdeverfahren ist in demselben Umfang wie das Wertfestsetzungsverfahren Feriensache[53]).

85 **VI. Die Wirkungen der Wertfestsetzung.**

1. Hier ist nur von den Wirkungen des eigentlichen Wertfestsetzungsbeschlusses nach § 18 GKG. einschließlich der Abänderungs- und Beschwerdebeschlüsse die Rede, nicht von den Wirkungen der Entscheidungen nach § 17 (hiezu siehe § 17 Anm. 6 ff.)

---

49) Ebenso: Sydow-Busch RAGebO. § 12 Anm. 2; OLG. Frankfurt a. M. JW. 1916, 1433. A. M.: OLG. 23, 260 (KG.).

50) JW. 1895, 480 Nr. 15; Warneyer 1911 Nr. 306; OLG. 19, 253 (Cassel).

51) So: RGZ. 10, 374; JW. 1889, 528 Nr. 5; 1896, 584 Nr. 5; 1902, 610; OLG. 19, 253; OLG. Cassel BuschsZ. 40, 323; Fürst-Roth § 12 Anm. 4; Willenbücher § 12 Anm. 7; OLG. Frankfurt a. M. JW. 1928, 1523[27] (dagegen: Dehnow a. a. O.). Uns. M.: OLG. Dresden SächsAnn. 21, 442; OLG. München LZ. 1922, 594 Nr. 4 = BayZ. 1922, 290; Jonas § 18 Anm. 8 d; Rittmann-Wenz § 18 Anm. 6; Dehnow JW. 1928, 1523.

52) Bis zum Gesetz vom 8. Juli 1922 galt eine Beschwerdesumme für die weitere Beschwerde, die jetzt nicht mehr zulässig ist (oben Anm. 29).

52a) Vgl. RG. JW. 1900, 894[5].

52b) Vgl. auch Stein-Jonas § 99 Anm. III, V.

53) S. o. Anm. 18.

und nicht von bloßen Wertberechnungen der Geschäftsstelle, von Aktenvermerken usw. (vgl. oben Anm. 17).

2. Der Wertfestsetzungsbeschluß bildet die Grundlage der Gebührenberechnung derjenigen Instanz, für die er zulässigerweise (d. h. innerhalb der Zuständigkeit des beschließenden Gerichts) erlassen wurde. Es ist z. T. schon oben (Anm. 12 ff.) betont worden und hier nochmals festzustellen, daß der für die Rechtsmittelinstanz erlassene Beschluß (sei es der ursprüngliche, sei es ein Abänderungs-, sei es ein Beschwerdebeschluß) nur für diese, der für die erste Instanz erlassene Beschluß nur für die erste Instanz wirkt usw. Die Annahme, daß im Wege der Auslegung eine von der erstinstanziellen Festsetzung abweichende, von Amts wegen erlassene Wertfestsetzung der höheren Instanz zugleich als Abänderung des Beschlusses erster Instanz anzusehen sei[54]), ist wegen der Rechtssicherheit bedenklich; wer diese Meinung vertritt, muß denn auch sofort einräumen, daß die Auslegung nicht zutreffe, wenn sich der Streitwert in der Zwischenzeit ersichtlich verändert hat (z. B. bei Forderungen in fremder Währung)"[55]). Wo liegt da die Grenze und woran ist sie erkennbar, wenn der Beschluß z. B. keine Gründe enthält? Bei der großen Bedeutung des Wertfestsetzungsbeschlusses muß auch sein Wirkungsbereich aus ihm selbst klar erkennbar sein. Die hier bekämpfte Ansicht verliert praktisch an Bedeutung, wenn man hinsichtlich der Zuständigkeit der höheren Instanz zur Erlassung des Abänderungsbeschlusses unserer Ansicht folgt (oben Anm. 23). 36

3. Der Wertfestsetzungsbeschluß wirkt — gleichviel wer ihn beantragt oder veranlaßt hat — für und gegen alle an dem Prozeß beteiligten Personen, insbesondere also für und gegen alle Parteien, die Staatskasse, die neben den Parteien für die Gerichtskosten haftenden dritten Personen (vgl. § 88 GKG.) und kraft der besonderen Vorschrift des § 11 RAGebO.: die Rechtsanwälte, die in dem Prozeß, bzw. der Instanz mitgewirkt haben[56]). 37

Der Beschluß schafft für die von ihm betroffenen Personen insofern Recht als er mit Beginn seiner Wirksamkeit und bis zu seiner rechtsgültigen Aufhebung den Streitwert für die Kostenberechnung auf einen bestimmten Betrag festlegt; in diesem Sinne hat er konstitutive Bedeutung[57]). Während der Dauer seines Bestandes richten sich die Gebührenansprüche des Staates, der Rechtsanwälte, die Kostenerstattungsansprüche der Parteien usw. nach diesem festgesetzten Streitwert[58]).

Der Wertfestsetzungsbeschluß bindet auch das Gericht und seine Organe. Er ist ferner auch außerhalb des formalen Verfahrens, für das er erlassen wurde, maßgebend: wenn z. B. die Ehefrau von ihrem Ehemann einen Prozeßkostenvorschuß für den Ehescheidungsprozeß fordert (sei es im gesonderten Prozeß, sei es — was kostenrechtlich wegen der Selbständigkeit des Verfahrens (§ 35 GKG.; § 28 RAGebO.) kein Unterschied ist — im Wege der einstweiligen Verfügung), so muß das Gericht in diesem Verfahren oder in dem gesonderten Prozeß die Wertfestsetzung des Ehescheidungsprozesses zugrunde legen und darf nicht selbständig über jenen Streitwert entscheiden[59]).

VII. **Die Kosten des Wertfestsetzungs- und Beschwerdeverfahrens** sollen im Zusammenhang bei § 19 GKG. behandelt werden. 38

---

[54]) So: Jonas § 18 Anm. 7; OLG. 31, 2 (Karlsruhe).

[55]) Jonas § 18 Anm. 7.

[56]) Darüber, daß die bindende Wirkung für und gegen die Rechtsanwälte in gewissen Fällen, z. B. dann, wenn die Tätigkeit des RA. einen anderen Gegenstand betrifft als die des Gerichts, nicht Platz greifen kann, vgl. Walter-Joachim-Friedlaender §§ 11, 12 Anm. 2 ff. über sonstige Fragen, die speziell die Wirkung des Wertfestsetzungsbeschlusses auf das anwaltschaftliche Kostenwesen betreffen, muß ebenfalls auf den genannten Kommentar, Erl. zu §§ 11, 12 (insbes. auch Anm. 38—40) verwiesen werden.

[57]) Vgl. hiezu KG. JW. 1926, 2704[3] und Kraemer ebenda, sowie Walter-Joachim-Friedlaender §§ 11, 12 Anm. 40.

[58]) Über Wertfestsetzungsbeschlüsse, die nicht auf eine bestimmte Summe lauten und deren Wirkung, vgl. oben Anm. 17.

[59]) A. M.: KG. JW. 1925, 2152[6] (dagegen M. Friedlaender ebenda). Uns. M.: Willenbücher §§ 11, 12 Anm. 5.

§ 19.

Wird eine Abschätzung durch Sachverständige erforderlich, so ist in dem Beschlusse, durch welchen der Wert festgesetzt wird (§ 18), über die Kosten der Abschätzung zu entscheiden. Dieselben können ganz oder teilweise der Partei zur Last gelegt werden, welche durch Unterlassung der ihr obliegenden Wertangabe oder durch unrichtige Wertangabe, unbegründetes Bestreiten der Wertangabe oder unbegründete Beschwerde die Abschätzung veranlaßt hat.

Vorbemerkung.

§ 19 behandelt eine einzelne Frage hinsichtlich der Kosten des Wertfestsetzungs- und Beschwerdeverfahrens. Die Erläuterungen behandeln auch die übrigen hierher gehörigen Gerichtskostenfragen.

Übersicht.

1 **I. Bedeutung des § 19.**

§ 19 GKG. (der mit dem früheren § 17 wörtlich übereinstimmt) bezieht sich ausschließlich auf das Wertfestsetzungsverfahren im Sinne des § 18 und das dazu gehörige Abänderungs- oder Beschwerdeverfahren. Die ausdrückliche Anführung des § 18 bringt dies klar zum Ausdruck. Erfolgt eine Abschätzung durch Sachverständige (oder die Einnahme eines Augenscheins oder eine sonstige Beweisaufnahme) im Falle des § 17 GKG., also insbesondere zum Zwecke der Entscheidung über die Zuständigkeit des Gerichts (§ 3 ZPO.), so gehören etwaige hiedurch entstehende Kosten zu den allgemeinen Kosten des Rechtsstreits, die grundsätzlich der unterliegende Teil zu tragen hat und über die im Urteil entschieden wird.

§ 19 dagegen hebt die in ihm erwähnten Kosten aus den allgemeinen Kosten des Rechtsstreits heraus und gibt über sie besondere Vorschriften.

2 **II. Die Kosten des Wertfestsetzungs-, Abänderungs- und Beschwerdeverfahrens.**

1. Im Wertfestsetzungs- und Abänderungsverfahren werden Gebühren nicht erhoben. Das war früher ausdrücklich bestimmt (§ 16 GKG. ä. F.), ergibt sich aber auch jetzt zweifelsfrei aus dem Grundsatz, daß Gebühren ohne spezielle gesetzliche Anordnung nicht zur Entstehung gelangen (§ 1 Anm. 20). Auch wenn eine Beweisaufnahme im Verfahren nach § 18 stattfindet, kann niemals eine Beweisgebühr anfallen.

Dagegen ist das Beschwerdeverfahren nicht gebührenfrei. Es untersteht vielmehr den allgemeinen Regeln des § 38 GKG., wonach unter Umständen eine Verfahrensgebühr (u. z. die volle Gebühr des § 8) erhoben wird, nie aber daneben besondere Gebühren, also auch nie eine Beweisgebühr. Über den Streitwert des Beschwerdeverfahrens s. u. Anm. 10ff.

3 2. Die Bestimmung des § 19 bezieht sich nicht auf Gebühren, sondern auf Auslagen. Erfolgte eine Abschätzung durch Sachverständige — es genügt, daß eine solche beschlossen wurde und daß hiedurch bereits Kosten für die Tätigkeit des Sachverständigen entstanden sind, mag auch die Abschätzung selbst, etwa infolge Zurückziehung einer unbegründeten Bestreitung, unterbleiben — so ist in dem Beschlusse (Wertfestsetzungsbeschluß, Abänderungs- oder Beschwerdebeschluß) über die Abschätzungskosten zu entscheiden. Unterbleibt diese Entscheidung, so ist ein Ergänzungsbeschluß zu erlassen; die Partei, die ein Interesse an diesem Ergänzungsbeschluß hat,

kann seine Erlassung beantragen; man wird ihr auch, wenn ihr Gesuch abgelehnt wird und die sonstigen Voraussetzungen der Beschwerde vorliegen, dieses Rechtsmittel auf Grund des § 567 Abs. 1 ZPO. gewähren müssen, da ein das Verfahren betreffendes Gesuch zurückgewiesen wurde. Die Beschwerde ist nicht nach § 99 Abs. 1 ZPO. unzulässig[1]); sie betrifft nicht den Kostenpunkt ohne die Hauptsache, sondern die Unterlassung einer — gesetzlich vorgeschriebenen — Kostenentscheidung, und ihr Ziel ist lediglich die Ergänzung der Entscheidung.

3. An sich hat die Kosten der Abschätzung, ebenso wie die sonstigen in diesem Ver- 4
fahren etwa entstehenden Auslagen (Zeugengebühren, Kosten der Augenscheineinnahme[2])) die Staatskasse zu tragen; denn in ihrem Interesse erfolgt zunächst die Wertfestsetzung[3]).

Das Gericht kann aber die Kosten der Abschätzung (über diesen Begriff s. oben Anm. 3) — nicht dagegen sonstige Auslagen — ganz oder teilweise derjenigen Partei auferlegen, welche durch Unterlassung der ihr obliegenden Wertangabe oder durch unrichtige Wertangabe, unbegründetes Bestreiten oder unbegründete Beschwerde die Abschätzung veranlaßt hat.

a) Nur einer Partei können diese Kosten auferlegt werden, nicht deren gesetz- 5
lichem oder sonstigen Vertreter, auch nicht dem Anwalt, soweit er nicht selbst Partei oder Beschwerdeführer nach § 12 RAGebO. ist.

b) Das Gericht kann von der Maßnahme Gebrauch machen; sie steht in seinem 6
freien Ermessen. Natürlich kann das zuständige Beschwerdegericht nach seinem Ermessen die Entscheidung des Untergerichts abändern.

c) Die Wertangabe liegt nach § 16 nur derjenigen Partei ob, die den einleitenden 7
Antrag gestellt hat (§ 16 Anm. 2). Nur sie kann daher auch wegen Unterlassung der Wertangabe mit den Kosten der Abschätzung belastet werden.

Wegen unrichtiger (also irreführender) Wertangabe oder wegen unbegründeten Bestreitens können auch der Gegenpartei Abschätzungskosten auferlegt werden.

d) Daß § 19 Satz 2 ein schuldhaftes Verhalten voraussetzt, wird allgemein an- 8
genommen[4]); das entspricht dem Sinn und Zweck der Bestimmung; es wäre unbillig, in anderen Fällen von dem freien Ermessen zuungunsten der Partei Gebrauch zu machen.

e) Speziell im Beschwerdeverfahren ergibt sich folgendes: die in der Be- 9
schwerdeinstanz entstandenen Abschätzungskosten fallen an sich auch der Staatskasse zur Last; sie können dem Beschwerdeführer auferlegt werden, wenn seine Beschwerde als unbegründet zurückgewiesen wird; sonst nur, wenn eine der übrigen Voraussetzungen des § 19 Satz 2 vorliegt. Dringt der Beschwerdeführer mit seinem Rechtsmittel durch, so kann § 19 Satz 2 in Richtung gegen die andere Partei zur Anwendung kommen.

III. Der Streitwert des Beschwerdeverfahrens nach § 18 Abs. 2. 10

Der Wert des Beschwerdegegenstandes richtet sich nach dem Kosteninteresse des Beschwerdeführers.

1. Verlangt eine Partei die Herabsetzung des Streitwerts, so ist der Unterschied zwischen den Gesamtgebühren (Gerichtsgebühren und Gebühren beider Anwälte) bei Zugrundelegung des festgesetzten und des beantragten Streitwerts maßgebend[5]). Das Interesse kann aber auch ein geringeres sein: z. B. wenn die Kosten rechtskräftig jeder Partei zur Hälfte auferlegt sind; hier ist Beschwerdegegenstand nur die Hälfte jenes Unterschieds.

---

[1]) Stein-Jonas § 99 Anm. I (Abs. 3) mit Zitaten.

[2]) Diese Beweismittel können nach Analogie des § 3 ZPO. ebenfalls in Betracht kommen. Ebenso: Rittmann-Wenz § 19 Anm. 2.

[3]) So schon die Motive (Rittmann § 17 vor 1); RG. JW. 1900, 894[5]; Jonas § 19 Anm. 1; Rittmann-Wenz § 19 Anm. 2.

[4]) Die Motive betonen es ausdrücklich (Rittmann § 17 vor 1); Jonas § 19 Anm. 3 u. a.

[5]) RG. GruchotsBeitr. 41, 1136; RGZ. 31, 307.

11 2. Wenn der Rechtsanwalt Erhöhung des Streitwerts anstrebt, so besteht sein Interesse nur in der Erhöhung seiner Gebühren. Beschwerdegegenstand ist also nur die Differenz, die sich hinsichtlich dieser ergibt, je nachdem der festgesetzte oder der angestrebte Wert zugrunde gelegt wird[6]). Maßgebend sind die Gebühren der Instanz, für welche die Wertfestsetzung begehrt wird[7]).

12 3. Auf Beschwerde der Staatskasse entstehen keine Gebühren (§§ 38, 90); es bedarf also auch keiner Streitwertbestimmung.

§ 20.

Im Prozeßverfahren wird die volle Gebühr (§ 8) erhoben:

1. **für das Verfahren im allgemeinen (Prozeßgebühr),**
2. **für die Anordnung einer Beweisaufnahme (Beweisgebühr),**
3. **für ein auf Grund streitiger Verhandlung ergehendes End- oder Zwischenurteil (Urteilsgebühr).**

Vorbemerkung.

§ 20 enthält die 3 Normalgebühren für das „Prozeßverfahren".

Übersicht.

I. Gemeinsame Grundsätze für alle drei Gebührenarten (1—7).
- 1. 2. Begriff des Prozeßverfahrens (1—3).
- 3. Das Wesen der 3 Gebührenarten (4—6).
- 4. Selbständigkeit der 3 Gebührenarten (7).

II. Die Prozeßgebühr (8—16).
- 1. Begriff (8).
- 2. Umfang (9).
- 3. Entstehung der Prozeßgebühr (10—12).
- 4. Höhe der Prozeßgebühr (13).
- 5. Streitwertberechnung (14—16).

III. Die Beweisgebühr (17—34).
- 1. Wesen der Beweisgebühr (17).
- 2. Begriff der Beweisaufnahme (18—25).
- 3. Begriff der Beweisanordnung (26—31).
- 4. Entstehung und Fälligkeit der Gebühr (32).
- 5. Höhe der Beweisgebühr (33).
- 6. Streitwertberechnung (34).

IV. Die Urteilsgebühr (35—46).
- 1. Wesen der Urteilsgebühr (35).
- 2. Voraussetzung der Gebühr (36).
- 3. Begriff der streitigen Verhandlung (37—39 a).
- 4. „Kontradiktorische Urteile" bei unkorrekter Entscheidung (40, 41).
- 5. Verschiedene Arten von Urteilen (42).
- 6. Entstehung und Fälligkeit der Gebühr (43).
- 7. Höhe der Gebühr (44).
- 8. Streitwert (45, 46).

V. Das Verfahren mit Schiedsurteil (Schiedsverfahren) (47—53).

1 **I. Gemeinsame Grundsätze für alle drei Gebührenarten.**

1. § 20 GKG. setzt die Normalgebühren für das „Prozeßverfahren" fest. Dieser Ausdruck — der sprachlich eine Tautologie enthält — ist neu; er fehlte im alten, bis zum 15. Februar 1923 in Geltung gewesenen GKG. (§ 18) und kommt auch sonst im Prozeßrecht nicht vor. Aber seine Bedeutung ist klar: gemeint ist der eigentliche Prozeß, das regelmäßig durch Klage eingeleitete, durch Urteil erledigte Verfahren (siehe auch § 31 a Anm. 15 a).

Es scheiden also insbesondere aus: das Arrestverfahren, das Mahnverfahren, das Güteverfahren, das Entmündigungs- und Aufgebotsverfahren, das Ver-

[6]) RGZ. 45, 402; JW. 1900, 147; 1903, 26 u. a.
[7]) RGZ. 46, 365; Willenbücher § 12 Anm. 8.

fahren wegen Vollstreckbarerklärung von Schiedssprüchen usw., das Beschwerdeverfahren, das Beweissicherungsverfahren, das Offenbarungseidesverfahren, die Fälle des § 33 Nr. 3, 4, 7, des § 34 GKG. usw. — weil in allen diesen Fällen das Verfahren *regelmäßig* durch einen Beschluß oder (im Güteverfahren) durch einen Vergleich endigt oder regelmäßig nicht durch Klage eingeleitet wird.

Dagegen gibt es Fälle, in denen ein ursprünglich nicht zum „Prozeßverfahren" gehöriges Verfahren in dieses übergeleitet wird. Das kommt vor im *Mahnverfahren* und im *Güteverfahren*. Hier beginnt das Prozeßverfahren zwar nicht durch Einreichung der Klage; aber es verläuft von der Überleitung aus dem Mahn- oder Güteverfahren ab genau wie sonst der eigentliche Prozeß und es endigt *regelmäßig* durch Urteilserlassung. Auch dieses Verfahren wird von der Überleitung ab gebührenrechtlich als Prozeßverfahren behandelt (vgl. § 31 Abs. 2 Satz 1, § 31a Abs. 3 GKG.). Näheres hierüber bei §§ 31, 31a.

2. Das „Prozeßverfahren" umfaßt aber auch diejenigen Verfahrensarten, die 2
zwar als „besondere" im Sinne der Zivilprozeßordnung anzusehen sind, denen aber die beiden unter 1 angeführten Merkmale (*regelmäßiger* Beginn durch Klageerhebung und *regelmäßige* Beendigung durch Urteil) anhaften: so den Urkunden-, Wechsel- und Scheckprozeß, das Verfahren in Ehesachen, das landgerichtliche Verfahren in Entmündigungssachen usw.

Insbesondere gehören auch hierher alle diejenigen Fälle, die bis zum 15. Februar 3
1923 gebührenrechtlich als Sonderfälle behandelt wurden, sofern die unter 1 angeführten Voraussetzungen vorliegen: die Vollstreckungsgegenklagen (bei Anwendung der §§ 767 Abs. 2, 796 Abs. 2 ZPO.), die Klagen auf Erteilung oder Anfechtung der Vollstreckungsklausel, auf Zulassung der Zwangsvollstreckung aus einem ausländischen Urteil, auf Aufhebung eines Schiedsspruches usw. (vgl. § 26 des früheren GKG.). In allen diesen Fällen werden also jetzt die vollen Gebühren des Prozeßverfahrens erhoben, und das Gleiche gilt, wenn es sich um Akte handelt, die ausschließlich prozeßhindernde Einreden, die Zulässigkeit eines Rechtsmittels, eines Einspruchs, einer Wiedereinsetzung in den vorigen Stand, einen Zwischenstreit usw. betreffen.

3. Im Prozeßverfahren werden nach § 20 drei Gebühren erhoben[1]), die *Pro-* 4
zeßgebühr (für das Verfahren im allgemeinen), die *Beweisgebühr* (für die Anordnung einer Beweisaufnahme) und die *Urteilsgebühr* (für ein auf Grund streitiger Verhandlung ergehendes End- oder Zwischenurteil). Die in Klammern beigesetzten Legaldefinitionen berücksichtigen noch nicht die Ausnahmefälle (z. B. § 22) und erschöpfen anderseits nicht alle Anwendungsfälle der einzelnen Gebührenart (vgl. z. B. § 21). *Als vierte Gebührenart des Prozeßverfahrens tritt* — allerdings nur für einen Sonderfall — *die Vergleichsgebühr des § 36 GKG. hinzu*; das Gesetz versagt ihr einen eigenen Namen. Endlich ist hier die im § 39 geregelte *Verzögerungsgebühr* zu erwähnen, die als besondere neben den anderen Gebühren zur Erhebung gelangen kann.

Die im § 20 GKG. benannten Gebühren sind Pauschgebühren, d. h. sie 5
erwachsen nicht für einzelne Handlungen, sondern für ein ganzes Verfahren oder einzelne Abschnitte desselben oder doch für eine Gruppe von Einzelhandlungen: ihr Hauptkennzeichen besteht darin, daß sie grundsätzlich in jeder Instanz hinsichtlich eines jeden Teiles des Streitgegenstandes nur einmal erhoben werden dürfen. Wird also in derselben Instanz zweimal Beweis angeordnet, so entsteht doch die Beweisgebühr nur einmal. Wird zuerst ein Zwischenurteil über den Grund des Anspruchs, dann ein Endurteil über die Höhe erlassen, so entsteht die Urteilsgebühr nur einmal. Wird aber die Klage zunächst auf 1000 RM. erhoben und dann um 2000 RM. erweitert, so entsteht eine Prozeßgebühr aus 1000 und eine weitere aus 2000 RM. (deren Summe dann freilich nach der besonderen Vorschrift des § 14 Abs. 2 GKG. auf den Betrag

---

[1]) Das ältere GKG. kannte eine Verhandlungs-, eine Beweis- und eine Entscheidungsgebühr (§ 18); die Vergleichsgebühr bildete nur eine Unterart der letzteren. Näheres hierüber kann an dieser Stelle nicht ausgeführt werden.

einer Prozeßgebühr aus 3000 RM. reduziert wird). Der Begriff der Instanz wird in den §§ 25 ff. behandelt und dort erläutert. Ausnahmen von dem Pauschalprinzip bestehen nur hinsichtlich der Urteilsgebühr (§ 25 Abs. 2 und 3 GKG.).

6 Andere als die in den §§ 20, 36 und 39 GKG. erwähnten Gebühren können — auch das ist eine Folge des Pauschalprinzips — im Prozeßverfahren nicht zur Erhebung gelangen[1a]). Daher sind alle im Laufe dieses Verfahrens vorkommenden Beschlüsse (über Vertagungen, Erklärung einer Sache als Feriensache, Kostenfestsetzung und Erinnerungen dagegen, Rückgabe einer Sicherheit in den Fällen der §§ 109, 715 ZPO., Ablehnung eines Richters oder Sachverständigen, Verweisung an ein anderes Gericht, Beschlüsse über Gewährung und Entziehung des Armenrechts, über Zwangsmaßregeln gegen Zeugen und Sachverständige, über Berichtigung des Tatbestandes oder die Vollstreckbarkeit der durch Rechtsmittel nicht angefochtenen Teile eines Urteils usw.[2])), alle Verhandlungen über diese Gegenstände, kurzum alles, was nicht ausdrücklich im Gesetz als gebührenpflichtig bezeichnet ist, von einer besonderen Gebühr (abgesehen von der Verzögerungsgebühr des § 39) befreit, d. h. durch eine der Grundgebühren der §§ 20 und 36 gedeckt. Man kann dasselbe auch so ausdrücken: Akte oder Verfahrensabschnitte, die mit besonderen, nicht in den §§ 20, 36, 39 geregelten Gebühren belegt sind, gehören gebührenrechtlich nicht zum Prozeßverfahren. Wenn also das Gesetz z. B. die Gebühr für das Beschwerdeverfahren besonders regelt (§ 38), so ergibt sich daraus, daß dieses Verfahren nicht etwa als eigene Instanz zum Prozeßverfahren gehört, sondern gebührenrechtlich als Sonderverfahren gilt. Auch wenn ein solches Sonderverfahren etwa prozessual mit dem Prozeßverfahren verbunden wird, bleibt dennoch die gebührenrechtliche Behandlung eine gesonderte: so, wenn (ausnahmsweise) eine Verbindung des Arrestverfahrens mit dem Hauptprozeß stattfindet und etwa in einem Urteil über beide Sachen entschieden wird: hier fallen die Gebühren des § 20 neben der Gebühr des § 32 GKG. an. Ebenso ist das Verfahren über Anträge auf vorläufige Einstellung der Zwangsvollstreckung (§ 34 Nr. 1 GKG.) gebührenrechtlich stets getrennt von der Widerspruchs- oder Vollstreckungsgegenklage usw.

7 4. Die 3 Gebührengruppen des § 20 stehen selbständig nebeneinander. Ist der betreffende, die Gebühr begründende Tatbestand gegeben, so kommt nichts darauf an, ob auch eine der anderen Gebühren erwächst. Auch der Streitgegenstand, der für die Gebührenberechnung maßgebend ist, kann für die 3 Gebührengruppen ein verschiedener sein. Die Vergleichsgebühr kommt überhaupt nur dann zum Ansatz, wenn der Vergleichsgegenstand ein anderer (höherer) ist als der Streitgegenstand.

Wird also wegen 2000 RM. geklagt, nur über 500 RM. Beweis angeordnet und dann (etwa nach Zahlung eines Teilbetrages) über 1500 RM. Endurteil erlassen, so ist der Streitwert für die Prozeßgebühr 2000 RM., für die Beweisgebühr 500 RM. und für die Urteilsgebühr 1500 RM.

8 **II. Die Prozeßgebühr.**

1. Der Begriff der Prozeßgebühr, der erst durch die Novelle vom 21. Dezember 1922 in das Gerichtskostenrecht eingeführt wurde, ist uns aus dem Anwaltsgebührenrecht (§ 13¹ RAGebO.) geläufig. Sie ist die eigentliche Verfahrenspauschgebühr, die jeden einzelnen Akt des Prozeßverfahrens mit umfaßt, soweit er zur Instanz und zum Streitgegenstand gehört. Auch diejenigen Akte, welche eine der beiden anderen Gebühren (Beweis- oder Urteilsgebühr) begründen, lösen zwar nicht selbst die Prozeßgebühr aus; sie setzen aber ihre Entstehung voraus und es ist nicht denkbar, daß eine Beweis- oder Urteilsgebühr anfällt, ohne daß auch die Prozeßgebühr zur Erhebung gelangte. Dagegen kommt neben der Vergleichsgebühr des § 36 GKG. eine Erhöhung der Prozeßgebühr nach dem Werte des Vergleichsgegenstandes nicht in Betracht,

---

[1a]) Die „Gebühr" des § 37 GKG. gehört ihrer Natur nach zu den „Auslagen". Siehe die Erl. zu diesem Paragraphen.

[2]) Vgl. Jonas Vorb. zu § 8 Anm. 2.

weil dieser ja eben, soweit er die Grundlage für die Vergleichsgebühr bildet, nicht Streitgegenstand ist[3]).

2. Während im Anwaltsgebührenrecht sich bei vielen Tätigkeiten des Rechtsanwalts Zweifel darüber ergeben, ob sie unter die Prozeßgebühr fallen oder besonders zu honorieren sind (etwa nach Landesrecht oder auch nach besonderen Vorschriften der GebO.)[4]), können solche Zweifel nach dem Aufbau des GKG. kaum Platz greifen. Der Staat darf Gebühren nur erheben, soweit es ihm ausdrücklich durch das Gesetz gestattet ist[5]); der Anwalt dagegen hat im Zweifel für jede Dienstleistung ein Entgelt zu erhalten. Beim Anwalt tritt es naturgemäß nicht immer klar zutage, ob seine Berufstätigkeit sich auf den Zivilprozeß bezieht, oder ganz außerhalb desselben liegt (etwa bei außergerichtlichen Mahnbriefen, bei landesrechtlich geregelter Freigabe von Prozeßsicherheiten usw.); wenn aber eine staatliche Gebühr (nämlich die Prozeßgebühr) für „das Verfahren", d. h. das Prozeßverfahren, „im allgemeinen" erhoben wird, so wird schwerlich ein Zweifel darüber entstehen können, daß Handlungen, die außerhalb des gerichtlichen Verfahrens liegen, nicht unter die Prozeßgebühr fallen. Praktisch kann die Frage wohl nur dann werden, wenn im Zusammenhang mit einem gerichtlichen Prozeßverfahren Behörden in Tätigkeit treten, für deren Wirksamkeit das Landesrecht die Erhebung von Gebühren vorsieht. Dann fragt es sich, ob diese landesrechtliche Vorschrift gültig ist oder ob sie gegen das Reichsrecht verstößt. Man denke etwa an das Verfahren bei den gerichtlichen Hinterlegungsstellen. Können die Länder für die Hinterlegung oder die Herausgabe der Depots seitens der Hinterlegungsstelle Gebühren erheben? Oder für die landesrechtlich geregelte Freigabe von Depots bei beiderseitigem Antrag der beteiligten Parteien? Die Frage ist zu bejahen. Maßgebend ist, daß es sich um ein besonderes Verfahren handelt, das nicht zum Prozeßverfahren gehört, nicht vor den ordentlichen Gerichten sich abspielt und auf das die Reichsprozeßgesetze keine Anwendung finden (§ 1 GKG.). Wollte dagegen ein Land Gebühren einführen für die Freigabebeschlüsse nach § 109 oder nach § 715 ZPO., so wäre dies unzulässig, da diese Beschlüsse zum Prozeßverfahren gehören und vom ordentlichen Gericht (oder dessen Geschäftsstelle) nach der ZPO. erlassen werden. 9

3. Die Entstehung der Prozeßgebühr. Die Prozeßgebühr entsteht (und wird fällig: § 74 Abs. 1 GKG.): 10

a) mit Einreichung der Klage oder (im Amtsgerichtsprozeß) auch mit der Erklärung der Klage zu Protokoll der Geschäftsstelle. Dies folgt nicht nur aus der Natur der Sache (das Gericht wird schon durch die Einreichung, nicht erst durch die Zustellung mit der Angelegenheit befaßt, wenn diese auch noch nicht prozessual rechtshängig ist), sondern auch positiv aus § 74 Abs. 1 und § 29 GKG. Nach letzterer Vorschrift kommt die (bereits entstandene) Prozeßgebühr nachträglich in Wegfall, wenn die eingereichte Klage vor der Terminsbestimmung (also auch vor der Zustellung) zurückgenommen wird;

b) für die höhere Instanz mit Einreichung der Berufungs- oder Revisionsschrift; eventuell der Anschlußberufung oder Anschlußrevision;

c) bei Widerklage[5a]) und Klageerweiterung mit Einreichung des den Erfordernissen des § 281 ZPO. entsprechenden Schriftsatzes oder der Erhebung der Wider-

---

[3]) Beispiel: Streitgegenstand: 1000 RM. Verglichen wird außerdem eine Forderung zu 2000 RM. Die Vergleichsgebühr wird aus 2000 RM. berechnet und beträgt $\frac{50}{4} = 12{,}50$ RM. Die Prozeßgebühr wird nur aus 1000 RM. berechnet und beträgt 30 RM.

[4]) Siehe hiezu Walter-Joachim-Friedlaender § 13 Anm. 13ff.

[5]) § 1 Anm. 20.

[5a]) Als Widerklagen sind grundsätzlich (kostenrechtlich) auch Inzidentanträge nach §§ 302 Abs. 4, 600 Abs. 2, 717 Abs. 2 ZPO. zu behandeln (s. o. §§ 9—15 Anm. 84; unten § 77 Anm. 25). Ebenso der Antrag auf Rückzahlung der Vergleichssumme, der in einem durch angefochtenen Vergleich beendigten und wiederaufgenommenen Prozesse gestellt wird: OLG. 21, 129 (KG.).

klage bzw. der erweiterten Klage in der mündlichen Verhandlung. Daß auch im ersteren Falle schon die Einreichung [6]) des Schriftsatzes zur Begründung der Prozeßgebühr genügt, folgt ebenfalls aus § 74 GKG. und aus der analogen Behandlung im Falle der Klage. Es ist aber zu beachten, daß die bloße Ankündigung der Klageerweiterung oder Widerklage im Schriftsatz auch den Sinn haben kann, daß die Partei sich vorbehält, erst in der mündlichen Verhandlung diese Rechtsbehelfe geltend zu machen, daß sie aber nicht schon durch Zustellung des Schriftsatzes die erweiterte Klage oder Widerklage erheben will. Ist dies aus dem Inhalt des Schriftsatzes klar erkennbar, so wird auch mit seiner Einreichung die Prozeßgebühr noch nicht begründet [7]).

12 d) nach vorausgegangenem Mahnverfahren mit dem Antrag auf Terminsbestimmung oder der Einreichung des Einspruchs gegen den Vollstreckungsbefehl, beim Urkunden- oder Wechselmahnverfahren (wenn dem Beklagten im Vollstreckungsbefehle die Ausführung seiner Rechte vorbehalten war): mit Anbringung des Antrages auf Terminsbestimmung. Näheres bei § 31 GKG.

c) nach vorausgegangenem Güteverfahren durch den Antrag auf Eintritt in das Streitverfahren; näheres bei § 31 a.

In allen hier erwähnten Fällen kommt es grundsätzlich für die Frage der Entstehung der Prozeßgebühr nicht darauf an, ob der Rechtsbehelf, der die Gebühr begründen soll, zulässig und formgerecht angebracht war. Die wegen Fehlens einer Prozeßvoraussetzung unzulässige oder aus Formgründen abzuweisende Klage ist kostenrechtlich doch eine Klage. Das gilt auch bei Erhebung einer bedingten (eventuellen) Klage oder Widerklage [8]).

13 4. Die Höhe der Prozeßgebühr entspricht regelmäßig den vollen Sätzen des § 8 GKG. bzw. in der Berufungs- und Revisionsinstanz den erhöhten Sätzen des § 28 GKG. Nach vorausgegangenem Mahn- oder Güteverfahren beträgt die Prozeßgebühr nur die Hälfte (weil hier bereits für das vorausgehende Mahn- oder Güteverfahren eine Gebühr in gleicher Höhe erhoben wurde).

Die Prozeßgebühr ermäßigt sich in gewissen Fällen der Zurücknahme und Zurückweisung gemäß §§ 29 Abs. 2, 30 GKG., unter Umständen kommt sie nachträglich ganz in Wegfall (vgl. § 29 Abs. 1, § 31 Abs. 2 letzter Satz, § 31 a Abs. 3).

14 5. Die Streitwertberechnung für die Prozeßgebühr bedarf hier nur für diejenigen Fälle der Betrachtung, in denen der Streitwert während der Instanz wechselt. Das kann auf zweierlei Weise der Fall sein: einmal durch Änderung des Streitgegenstandes selbst, dann aber auch durch Änderung des Wertes bei gleichbleibendem Streitgegenstand. Der zweite Fall ist der des § 9 Abs. 2 GKG. und bei §§ 9—15 Anm. 44 ff. bereits behandelt. Der andere Fall ist der einer Erhöhung oder Ermäßigung des Anspruchs nach dem ersten Anfall der Prozeßgebühr.

Hier gilt nun der Grundsatz, daß für die Berechnung der Prozeßgebühr die Summe der Ansprüche maßgebend ist, die während des ganzen Verlaufs der Instanz als Streitgegenstand in Betracht kommen. Wird Klage auf 1000 RM. eingereicht, so entsteht die Prozeßgebühr aus 1000 RM. Wird die Klage später auf 1500 RM. erhöht, so erhöht sich die Prozeßgebühr auf den Betrag der Gebühr aus 1500 RM. Wird Revision wegen 6000 RM. eingelegt, nach Anberaumung der mündlichen Verhandlung aber in dieser nur wegen 5000 RM. aufrechterhalten, so ist die Prozeßgebühr aus 6000 RM. angefallen und sie bleibt in dieser Höhe bestehen (§ 30 GKG.) [9]).

---

[6]) Ebenso: Rittmann-Wenz § 20 Anm. 2; Baumbach § 20 Anm. 2. A. M.: Jonas § 20 Anm. 4.

[7]) Vgl. hiezu auch Walter-Joachim-Friedlaender § 13 Anm. 33. Dort ist der Fall erwähnt, in dem der Schriftsatz den Satz enthält: „Sollten die Vergleichsverhandlungen sich zerschlagen, so werde ich beantragen ..."

[8]) Ebenso: Rittmann-Wenz § 20 Anm. 2. Vgl. Stein-Jonas § 253 Anm. IV.

[9]) Kostenrechtlich ist also die gegenteilige Praxis des RG. — die sich vornehmlich auf die Frage der Zulässigkeit des Rechtsmittels bezieht — bestimmt unrichtig. Das folgt

Diese Fälle sind einfach. Schwierigkeiten ergeben sich aber bei folgender Gestaltung: es wird auf 5000 RM. Klage erhoben; dann werden nach Sachverhandlung 2000 RM. bezahlt und schließlich weitere 2000 RM. gefordert, so daß der Antrag wieder auf 5000 RM. lautet. Hier betrug zu gleicher Zeit der Streitgegenstand nie mehr als 5000 RM. und deshalb berechnet eine — anscheinend heute noch herrschende — Meinung die Prozeßgebühr nur aus 5000 RM. Nach dem oben formulierten Leitsatz aber ist sie aus 7000 RM. zu berechnen. Um sich dies klar zu machen, nehme man ein anderes Beispiel: geklagt ist auf Herausgabe von 5 bestimmten Automobilen im Werte von je 5000 RM. Streitwert also zunächst 25000 RM. Nun werden die Automobile A, B, C und D nach Verhandlung herausgegeben, der Kläger verlangt also nur noch das Automobil E, erweitert aber die Klage (etwa im Einverständnis mit dem Beklagten) auf Herausgabe dreier Pferde im Werte von je 1000 RM. Jetzt bilden also den Streitgegenstand: 1 Auto und 3 Pferde (= 8000 RM.). Insgesamt haben aber im Laufe der Instanz den Streitgegenstand 5 Autos und 3 Pferde (= 28000 RM.) gebildet und aus diesem Wert, nicht aus 25000 RM., ist daher die Prozeßgebühr zu berechnen. Hier wird doch niemand daran denken, die 3 Pferde in den Platz einrücken zu lassen, den früher die herausgegebenen 4 Autos einnahmen! Sonst könnten ja die Parteien beliebig und kostenlos ganz neue Ansprüche in einen schwebenden Prozeß einführen, wenn sich ein Teil des Streitgegenstandes (etwa durch Vergleich) erledigt hat; ja es könnten sogar dritte Personen als Parteien in sachlich vollständig erledigte Prozesse mit ihrem Einverständnis hineingezogen werden[10]). Schon diese Konsequenz beweist die Unhaltbarkeit der hier bekämpften Anschauung[11]). 15

Anders wäre zu entscheiden, wenn der Kläger denselben Anspruch (im Sinne des Streitwertrechts, vgl. § 5 ZPO.[11a]) zuerst fallen läßt und dann durch Klageerweiterung wieder erhebt: er hat z. B. von 2000 RM. 500 RM. für bezahlt erklärt und die Klage auf 1500 RM. ermäßigt; dann aber stellte sich dies als ein Irrtum heraus und er erweiterte den Antrag wieder auf 2000 RM. Hier ist nach dem oben aufgestellten Leitsatz die Prozeßgebühr nur aus 2000, nicht aus 2500 RM. zu berechnen. 16

III. Die Beweisgebühr. 17

1. Die Beweisgebühr wird geschuldet für die Anordnung einer Beweisaufnahme. Dieselben Werte fanden sich schon im alten GKG. (§ 18 Nr. 2), weshalb hier die frühere Rechtsprechung noch z. T. verwertbar ist. Grundsätzlich verschieden war und ist aber diese Regelung von den Vorschriften über die Beweisgebühr des Anwalts in § 13⁴ RAGebO. Diese Gebühr entsteht für die Tätigkeit im Beweisaufnahmeverfahren; die gerichtliche Beweisgebühr aber ist eine Gebühr für eine bestimmte Handlung des Gerichts, für die Anordnung einer Beweisaufnahme, eine „Aktgebühr" (s. § 14 GKG.). Aber sie unterliegt nach § 25 GKG. ebenfalls dem Pauschalprinzip, d. h. sie kann in jeder Instanz hinsichtlich desselben Streitgegenstands nur einmal zum Ansatz gelangen. Für mehrere Beweisanordnungen erwächst also nur eine Beweisgebühr, wenn der Streitgegenstand derselbe ist.

2. Der Begriff der Beweisaufnahme bedarf der Erörterung. Man versteht darunter im gebührenrechtlichen Sinn die Tätigkeit des Gerichts, dessen Ziel es ist, mittels der im Gesetz zugelassenen Beweismittel eine Klärung der Grundlagen für die zu erlassende Entscheidung herbeizuführen. Zur Erläuterung und Rechtfertigung dieser Begriffsbestimmung ist im einzelnen folgendes zu bemerken: 18

a) Im Prozeßrecht lehrt man regelmäßig, daß den Gegenstand des Beweises 19

schon aus den Grundsätzen über die Fälligkeit der Prozeßgebühr und speziell aus § 30 GKG. Vgl. im einzelnen §§ 9—15 Anm. 17 Fußnote 30.

[10]) „Mantelprozesse" — vergleichbar den „Mantelkäufen" im Aktienrecht!

[11]) Wie hier: Fürst-Roth § 13 Anm. 6; Walter-Joachim-Friedlaender § 13 Anm. 32; Merzbacher-Krakenberger § 13 Anm. 3c. A. M.: OLG. Jena DJZ. 1922, 580.

[11a]) S. o. §§ 9—15 Anm. 80ff.

nur Tatsachen, nicht z. B. Rechtssätze, auch nicht ausländische, trotz § 293 ZPO., bilden können. So sagt Stein-Jonas (§ 282 Anm. II 1) wörtlich:

„Den Gegenstand des Beweises bilden ... die Tatsachen, d. h. die dem verhandelten Einzelfalle angehörigen konkreten, nach Zeit und Raum bestimmten Geschehnisse und Zustände der Außenwelt wie des menschlichen Seelenlebens (sog. innere Tatsachen), die zu Tatbeständen zusammengefaßt werden und deren Subsumtion unter die Rechtssätze die eigentliche Richteraufgabe darstellt."

Diese Begriffsbestimmung ist für das Kostenrecht zu eng. Sie geht — prozessual durchaus korrekt — von der Frage aus, mit welchem Ziel und welchem Inhalt eine Beweisaufnahme nach der ZPO. stattfinden darf. Aber kostenrechtlich kommt es hierauf nicht entscheidend an. Vernimmt das Gericht z. B. über Rechtsfragen — u. z. über Fragen des inländischen Rechts, für die also § 293 ZPO. nicht in Betracht kommt — Sachverständige, so kann es doch nicht zweifelhaft sein, daß diese Vernehmung gebührenrechtlich als Beweisaufnahme gilt, auch wenn sie nicht hätte erfolgen sollen. Der Fall ist durchaus nicht selten: es kommt in der Praxis, u. z. gerade im Gebührenrecht, häufig vor, daß über reine Rechtsfragen Rechtsanwälte als Sachverständige vernommen oder vom Vorstande der Anwaltskammer Gutachten erholt werden.

Der Umstand also, daß Rechtssätze den Gegenstand der gerichtlichen Erhebungen bilden, schließt kostenrechtlich das Vorliegen einer Beweisaufnahme nicht aus, und die prozeßrechtliche Frage, ob im Falle des § 293 ZPO. eine eigentliche Beweisaufnahme stattfindet oder stattfinden kann, ist für unser Rechtsgebiet gegenstandslos[12]. Die maßgebenden Kriterien müssen also anderswo zu suchen sein, als in der Unterscheidung zwischen Klärung von Tatsachen und Klärung von Rechtssätzen.

20 b) Zum Begriff der Beweisaufnahme gehört auch gebührenrechtlich die Anwendung der vom Gesetz zugelassenen Beweismittel. Verschafft sich das Gericht über Tatsachen oder Rechtssätze — z. B. über technische Fragen — auf andere Weise, etwa durch Studium von Büchern, Kenntnis, so kann schon sprachlich von einer Beweisaufnahme und deren Anordnung keine Rede sein.

Die im Zivilprozeß zugelassenen Beweismittel sind: Augenschein, Zeugen, Sachverständige, Parteieid, Urkunden und die Erholung amtlicher Auskünfte[13]. Dagegen behandelt das Gesetz die Vernehmung der Parteien nicht als „Beweismittel", mag sie nun gemäß § 141 ZPO. oder im Eheprozesse gemäß § 619 ZPO. angeordnet werden; die Parteierklärung „hat nicht als Beweismittel durch ihren Wahrheitswert (als Aussage) auf die Überzeugung des Gerichts einzuwirken, sondern den Stoff für die richterliche Aburteilung zu liefern"[14]. Anders liegt es bei der Vernehmung des Entmündigten im landgerichtlichen Prozeß (§§ 654, 671, 679 ZPO.): hier ist der Entmündigte Gegenstand des richterlichen Augenscheins[15]: seine Vernehmung ist Beweisaufnahme[16].

---

[12]) Das wird verkannt von Jonas § 20 Anm. 5; OLG. 21, 127 (München); Wochinger-Schwalb § 20 Anm. 26. Im Resultat richtig: Rittmann-Wenz § 20 Anm. 10.

[13]) Vgl. §§ 371 ff., 373 ff., 402 ff., 415 ff., 445 ff.; 272 b Abs. 2 Nr. 2 ZPO.; Stein-Jonas § 282 Anm. VI; vor § 373 Anm. V; vor § 402 Anm. III; Stein Grundriß[2] 266; Baumbach ZPO.[3] vor § 415 Anm. 3; Walter-Joachim-Friedlaender § 13 Anm. 74 a mit weiteren Nachweisungen.

[14]) Stein-Jonas, vor § 128 Anm. IV[2] bei Fußnote 63; § 619 Anm. I; OLG. 42, 57 (Celle); OLG. Naumburg JW. 1926, 2479[17]; OLG. Nürnberg BayZ. 1927, 182; OLG. Frankfurt a. M. und Kraemer JW. 1928, 126[14]; Jonas § 20 Anm. 5a; OLG. Hamm JW. 1927, 2157[18] (mit ausführlicher Begründung); Rittmann-Wenz § 20 Anm. 8; KG. JW. 1928, 1316[3]; 1520[16].

A. M.: OLG. Karlsruhe JW. 1925, 2370[25]; Recht 1925 Nr. 700; Wurzmann JW. 1925, 345; KG. KGBl. 1926, 48; JW. 1926, 2587[3]; OLG. Königsberg JW. 1926, 2591[13]; 1927, 1329[22] (mit Anm. Geiershöfer); OLG. Frankfurt a. M. FrankfurtAR. 1, 70[2].

[15]) Ebenso Stein-Jonas § 654 Anm. I, § 671 Anm. I, Jonas § 20 Anm. 5a; OLG. Colmar ElsLothZ. 22, 434.

[16]) Der Beschluß, daß der Partei eine Urkunde zur Erklärung über die Echtheit vorzulegen sei, ist keine Beweisanordnung: OLG. 37, 228 (Kiel); JW. 1918, 53[6].

c) Die Anwendung der Beweismittel muß, wenn eine Beweisaufnahme vorliegen soll, im allgemeinen auf dem in der ZPO. vorgeschriebenen Wege geschehen, wogegen formelle Verstöße im einzelnen das Vorliegen einer Beweisaufnahme nicht ausschließen. Fragt z. B. der Richter einen Sachverständigen telephonisch um seine Meinung, so ist dies keine Beweisaufnahme. Vernimmt er aber einen Zeugen, wenn auch gänzlich ohne Grund, unbeeidigt, so wird der Begriff der Beweisaufnahme hiedurch nicht berührt; sie ist nur ordnungswidrig, formell fehlerhaft[16a]). Das hier Gesagte ergibt sich übrigens auch aus dem noch zu erörternden Begriff der „Anordnung" einer Beweisaufnahme (s. u. Anm. 26 ff.). 21

d) Das Beweismittel muß vom Gerichte angewendet werden, damit irgend etwas als Grundlage für die richterliche Entscheidung aufgeklärt werde. Das wird meistens auch dann der Fall sein, wenn als Zweck der Maßnahme nur die „Information des Gerichts" bezeichnet wird[16b]). Diese vielfach eingebürgerte Redewendung besagt eigentlich für das Kostenrecht, auf das sie doch regelmäßig gemünzt ist, gar nichts: denn „zur Information des Gerichts" dienen alle Beweiserhebungen, und darauf, ob das Gericht mit Recht oder Unrecht einen Beweis erhob, ob also das, was ermittelt werden sollte, des Beweises bedurfte und unter Beweis gestellt werden konnte, kommt es, wie wir oben (Anm. 19) gesehen haben, kostenrechtlich[17]) nicht an. 22

Allerdings muß das „Etwas", dessen Aufklärung das Gericht mit den gesetzlichen Beweismitteln anstrebt, ein bestimmtes Etwas sein, also eine bestimmte Tat- oder Rechtsfrage; denn es liegt im Begriff des Beweises, daß eine Frage zweifelhaft ist, die durch den Beweis geklärt werden soll[17a]). Ist also gar nicht erkennbar, was das Gericht eigentlich durch die Beweismittel aufklären will, so liegt keine Beweisanordnung vor: der Kläger sagt z. B. zu den Richtern: „Ziehen Sie doch einmal den Akt A. gegen B. bei, da werden sie auch in diesem Prozeß klarer sehen" und das Gericht gibt diesem Antrag einfach statt, ohne daß etwa erkennbar wäre, es wolle durch die Akten einen bestimmten Aufschluß, z. B. eine Kennzeichnung der Persönlichkeit des Beklagten in einem Betrugsprozesse, erhalten. In der Praxis wird natürlich meist die Absicht, eine bestimmte Frage aufzuklären, erkennbar sein. 23

Erfolgte die Beiziehung von Akten oder die Ladung eines Sachverständigen nur, um eine Unterlage für den Vergleich zu gewinnen, so fällt die Beweisgebühr nach der oben gegebenen Begriffsbestimmung nicht an[18]).

e) Nicht erforderlich ist nach dem Gesagten, daß der Beweis, der angeordnet wird, sich auf die Hauptsache, also auf die materiellen Grundlagen der im Prozeßverfahren zu erlassenden Entscheidung bezieht; wohl aber muß er mittelbar oder unmittelbar dazu bestimmt sein, die Grundlage für eine — sei es auch nur formelle — Sach- 24

[16a]) Die schriftliche Anhörung von Zeugen gemäß § 377 Abs. 3 und 4 ZPO. ist „Zeugenvernehmung" (Baumbach ZPO.³ § 377 Anm. 4). S. u. Fußnote 45.

[16b]) OLG. Celle JW. 1925, 2364[15]; KG. BuschsZ. 52, 223; JW. 1926, 69; OLG. Kiel ZDJustAmtm. 1925, 128; OLG. Karlsruhe BadRpr. 1917, 9; KG. KGBl. 1917, 32.

A. M.: Rittmann-Wenz § 20 Anm. 8; OLG. Kiel ZDJustAmtm. 1925, 128. Über Beiziehung der schon in erster Instanz verwendeten Akten in der Berufungsinstanz vgl. Walter-Joachim-Friedlaender § 13 Fußnote 88a.

[17]) D. h. für die Frage, ob die Beweisgebühr an sich entsteht. Dagegen kann es von Wichtigkeit sein für die Frage, ob die Gebühr „bei richtiger Behandlung der Sache nicht entstanden wäre" (§ 6 GKG.) und daher niederzuschlagen ist.

[17a]) Ob die Frage zwischen den Parteien streitig ist, kommt hier — auch außerhalb der Prozeßarten, in denen von Amts wegen Beweise erhoben werden, wie im Eheprozesse — nicht ausschlaggebend in Betracht. Wenn das Gericht von Amts wegen eine unbestrittene Behauptung zwecks Findung des Urteils durch ein prozessuales Beweismittel aufklären will, so mag es prozeßordnungswidrig handeln; kostenrechtlich ist seine Anordnung eine Beweisanordnung. Vgl. Walter-Joachim-Friedlaender § 13 Anm. 82. Die Praxis übersieht dies meist. Nicht ganz klar: OLG. Celle LZ. 1926, 240[2].

[18]) Rittmann-Wenz § 20 Anm. 9c; OLG. Stuttgart WürttZ. 54, 266; OLG. Karlsruhe ZDGerSekr. 1906, 75[6].

entscheidung zu bilden[19]): der Beweis kann also auch die Zuständigkeit, prozeßhindernde Einreden, Prozeßvoraussetzungen, etwa die Zulässigkeit der Berufung oder Revision usw. betreffen. Auch wenn zwecks Entscheidung über die Zuständigkeit oder die Zulässigkeit eines Rechtsmittels (Berufung, Revision) Beweis über den Streitwert — etwa durch Sachverständige — angeordnet wird, entsteht die Beweisgebühr. Nicht dagegen wenn dies zum Zwecke einer Beschlußfassung nach § 18 GKG. geschieht[20]): denn dieses Wertfestsetzungsverfahren dient überhaupt nicht, weder mittelbar noch unmittelbar, der Entscheidung des Prozeßverfahrens selbst, sondern nur der Kostenberechnung. Daher kann auch im Kostenfestsetzungsverfahren niemals eine Beweisgebühr nach § 20 Nr. 2 entstehen.

25 f) Nicht erforderlich ist endlich, daß die Beweisaufnahme, um deren Anordnung es sich handelt, in einem besonderen, von der mündlichen Verhandlung getrennten Verfahren stattfinden soll. Auch wenn die Zeugen im selben Termin zu vernehmen sind, in dem über den Beweisantrag verhandelt wird, oder wenn im ersten Termine von Amts wegen Akten beigezogen und sofort erholt werden, fällt die Beweisgebühr an.

26 3. Die Beweisgebühr fällt regelmäßig, d. h. abgesehen vom Falle des § 24 GKG. nicht erst durch Stattfinden, sondern schon durch die Anordnung der Beweisaufnahme an. Was ist darunter zu verstehen?

a) Daß nicht ein förmlicher Beweisbeschluß im Sinne des § 359 ZPO. die Voraussetzung des Anfalls der Beweisgebühr bildet, ist heute unbestritten[20a]). Es folgt schon daraus, daß die ZPO. einen Beweisbeschluß nur dann fordert, wenn die Beweisaufnahme in einem „besonderen Verfahren", d. h. in einem besonderen Termin[21]), erfolgen soll (§ 358 ZPO.). Eine Anordnung der Beweisaufnahme liegt aber auch bei sofortiger Erhebung des Beweises vor (vgl. z. B. § 357 a ZPO.: „Beschließt das Gericht eine Beweisaufnahme, so soll die Aufnahme des Beweises, soweit dies tunlich ist, sofort erfolgen").

Anderseits liegt, wenn ein förmlicher Beweisbeschluß ergeht, stets eine Beweisanordnung vor (wenn nicht etwa der Inhalt des Beschlusses dem entgegensteht)[21a]).

27 b) Bedarf die Beweisanordnung keiner Form, so kann sie auch stillschweigend erfolgen. Nur muß der Wille des Gerichts, einen Beweis zu erheben[22]), d. h. mittels gesetzlicher Beweismittel auf dem gesetzlich vorgeschriebenen Wege eine Klärung der Grundlagen für die richterliche Entscheidung herbeizuführen, klar und unzweideutig erkennbar sein[23]). Unter „Gericht" ist hier das erkennende Gericht und während seiner Zuständigkeit der Einzelrichter zu verstehen.

---

19) über den Unterschied zwischen Hauptsacheentscheidung und Sachentscheidung, Hauptsacheverhandlung und Sachverhandlung vgl. § 29 Anm. 14.

20) So im Ergebnis die allgemeine Meinung; vgl. Jonas § 19 Anm. 5; § 20 Anm. 5c; Rittmann-Wenz § 19 Anm. 1; § 20 Anm. 8; Baumbach § 19 Anm. 2, § 20 Anm. 3. Vgl. auch oben § 19 Anm. 2.

20a) Vgl. RG. JW. 1903, 124; OLG. Augsburg BuschsZ. 19, 483[27]; OLG. Köln ZDGerSekr. 1906, 126[8]; RG. JW. 1897, 532; 1899, 6; OLG. 11, 150; 15, 187 (Hamburg) u. a.

21) Vgl. Baumbach ZPO.[3] § 358 Anm. 1.

21a) Wenn also ein Beschluß auf Vernehmung des Beklagten im Eheprozesse sich als Beweisbeschluß bezeichnet (oben Fußnote 14), so erlangt er dadurch noch nicht diese Eigenschaft.

22) Baumbach § 20 Anm. 3; Rittmann-Wenz § 20 Anm. 12.

23) Entsteht die Beweisgebühr auch, wenn die Beweisanordnung nur bedingt erlassen wird, z. B so, daß Beweis erhoben werden soll, wenn der Beklagte nicht bis zu einem bestimmten Tage eine bestimmte Erklärung abgibt? Rittmann-Wenz § 20 Anm. 12 bejaht die Frage allgemein. Dem ist beizupflichten; denn die Anordnungstätigkeit des Gerichts ist hier bereits abgeschlossen; nur die Ausführung ist noch suspendiert; ob diese — wie regelmäßig — nur betagt oder auch bedingt ist, kann gebührenrechtlich keinen Unterschied begründen. Sonst müßte die Beweisgebühr auch entfallen, wenn die Zeugenladung von Vorschußerlage abhängig gemacht ist und der Vorschuß nicht erlegt wird. Richtig Wochinger-Schwalb § 20 Anm. 16c; OLG. Köln Warneyer 1905 § 18 Nr. 2.

Wenn also in die Vernehmung der Zeugen und Sachverständigen tatsächlich eingetreten oder ihre Ladung betätigt, der Parteieid wirklich abgenommen oder Termin hiefür anberaumt wird, so liegt auch die Anordnung der Beweisaufnahme ohne Zweifel vor. Weniger einfach liegt die Frage der stillschweigenden Beweisanordnung bei Augenschein und Urkundenbeweis. Wenn man unter Augenschein „die unmittelbare Sinneswahrnehmung des Gerichts zum Zwecke der Beweisaufnahme" versteht [24], so fällt hierunter fast jede richterliche Tätigkeit (Urkundenbesichtigung, Zeugenvernehmung, Parteivernehmung, Anhörung der Plaidoyers usw.). Das Gesetz meint aber nur die besondere Tätigkeit des Gerichts, die darauf gerichtet ist, bestimmte Gegenstände, Situationen oder Menschen zum Zwecke des Beweises näher kennen zu lernen und es schließt die besonderen Beweismittel (Zeugen- und Sachverständigen-Vernehmung, Urkundenbeweis) naturgemäß von dem Begriff der Augenscheinseinnahme aus. In der Praxis wird sich wohl (abgesehen von dem Fall, daß der Entmündigte sofort gemäß §§ 654, 671, 679 Abs. 4 ZPO. vernommen wird) die Erhebung des Beweises durch Augenschein stets dadurch kennzeichnen, daß das Gericht zu diesem Zweck eine Ortsveränderung vornimmt, was dann schon wegen der notwendigen Bekanntgabe an die Parteien immer eine besondere Verfügung voraussetzt.

Beim **Urkundenbeweis** erfolgt die eigentliche **Beweiserhebung** durch den Vortrag in der mündlichen Verhandlung — wohl zu unterscheiden von dem **Beweisantritt** (§§ 420, 421, 428 ZPO.) und von der Würdigung und Verwertung des Urkundenbeweises im richterlichen Urteil. Daß letztere nicht (etwa als Schlußstein der „Beweiserhebung" oder der stillschweigenden Beweisanordnung) die Beweisgebühr begründen kann, ist dem Praktiker geläufig. 28

Träfe es nicht zu, so gäbe es überhaupt kaum einen Prozeß ohne Beweisgebühr. Die theoretische Begründung dieses Satzes ergibt sich daraus, daß hier der Wille des Gerichts, einen Beweis zu erheben, in keinem Zeitpunkt vor der Urteilserlassung klar erkennbar ist; die Urteilserlassung selbst aber soll nach dem Willen des Gesetzes (§ 20 Nr. 3) nur durch die Urteilsgebühr oder, wo diese fortfällt, gar nicht besteuert werden [25].

Da die bloße Entgegennahme des von der Partei oder ihrem Anwalt gegebenen Vortrags nicht wohl als eine anordnende Tätigkeit des Gerichts angesehen werden kann, so entsteht eine gerichtliche Beweisgebühr nicht, wenn lediglich Akten oder sonstige Urkunden **von den Parteien** vorgelegt oder kurzhändig vor der Sitzung **vom Vorsitzenden** beigezogen und dann in der Verhandlung vorgetragen werden. 29

Dagegen sind die Anordnungen nach § 425 ZPO. (betr. Vorlegung der Urkunde durch den Gegner) oder nach § 426 ZPO. (betr. Editionseid) bereits als Beweisanordnungen zu erachten. Sie beruhen ja auch nach den erwähnten Vorschriften auf der Erwägung, daß die Tatsache, welche durch die Urkunde bewiesen werden soll, erheblich und der Antrag auf Vorlage begründet ist. Legt aber der Gegner die Urkunde freiwillig ohne Anordnung des Gerichtes vor, so gilt das in Anm. 29 Gesagte [26]. 30

Auch die Bestimmung einer Frist nach §§ 431, 432 ZPO. ist Beweisanordnung.

Handelt es sich um den Beweis der Echtheit einer bereits vorgelegten Urkunde und soll dieser wiederum durch Urkunden geführt werden (etwa zum Zwecke der Schriftenvergleichung), so finden die vorstehend in Anm. 28—30 gegebenen Ausführungen entsprechende Anwendung. Die freiwillige Vorlage begründet also keine Beweisgebühr usw. Vgl. §§ 440, 441 ZPO. 31

4. Im Regelfalle tritt die Entstehung und die Fälligkeit der Beweisgebühr gleich- 32

---

[24]) **Baumbach** ZPO.³, Übersicht vor § 371 Anm. 1.

[25]) Auch das bedingte Urteil ist eigentlich eine Beweisanordnung und wurde auch im früheren GKG. (§ 24) als solche behandelt. Jetzt erwächst dafür die Urteilsgebühr, (**Jonas** § 20 Anm. 9), nicht aber etwa daneben die Beweisgebühr. Der Grund hiefür ist derselbe wie oben.

[26]) **Baumbach** § 20 Anm. 3.

zeitig mit der Anordnung der Beweisaufnahme ein. Ob diese dann stattfindet, ist gleichgültig, es sei denn, daß eine ausdrückliche Anordnung nicht vorliegt und der Beginn der Beweisaufnahme mit der (stillschweigenden) Anordnung äußerlich zusammenfällt (oben Anm. 27 ff.). Über den Fall des § 272 b ZPO. vgl. die Anmerkungen zu § 24 GKG.

33 5. Die Höhe der Beweisgebühr entspricht stets den vollen Sätzen des § 8 bzw. (in der Berufungs- und Revisionsinstanz) den erhöhten Sätzen des § 28 GKG. Eine Ermäßigung der Beweisgebühr, wie sie früher in gewissen Fällen (z. B. bei Nichtstattfinden der angeordneten Beweisaufnahme, vgl. § 22 des älteren GKG.) eintrat, gibt es nicht mehr. Die Gebühr kommt aber nachträglich ganz in Fortfall, wenn der Rechtsstreit durch einen vor Gericht abgeschlossenen oder dem Gerichte mitgeteilten Vergleich erledigt wird. Hiezu vgl. § 23 GKG. Über die Fälle des § 272 b ZPO. siehe § 24.

34 6. Die Streitwertberechnung für die Beweisgebühr. Wir haben oben (Anm. 17) gesehen, daß die Beweisgebühr des § 20 Nr. 2 eine Aktgebühr und zugleich eine Pauschgebühr (im Sinne des § 25 GKG.) ist. Da sie mit der Anordnung der Beweisaufnahme entsteht, so ist für ihre Berechnung der Streitwert im Zeitpunkt der Anordnung maßgebend. Erhöht sich nachträglich gemäß § 9 Abs. 2 GKG. der Wert des gleichgebliebenen Streitgegenstandes für die ganze Instanz, so gilt dies natürlich auch für die Beweisgebühr. Ändert sich aber der Streitgegenstand selbst nach Anordnung einer Beweisaufnahme, so hat dies auf die Höhe der entstandenen Beweisgebühr keinen Einfluß. Wenn jedoch eine weitere Beweisanordnung nachfolgt und der Streitgegenstand im Zeitpunkt der neuen Beweisanordnung ein höherer ist als bei der früheren, so gilt auch hier der entsprechende Grundsatz wie bei der Prozeßgebühr (oben Anm. 14 ff.). Betrug also bei Erlassung der ersten Beweisanordnung der Streitwert des Anspruchs, über den Beweis erhoben werden sollte, 1000 RM. und wurde bis zur zweiten Beweisanordnung der Anspruch, auf den sich diese bezieht, auf 3000 RM. erhöht, so erwächst die Beweisgebühr aus 3000 RM. Kommt es dann zu einer dritten Beweisanordnung (nachdem zuvor 500 RM. bezahlt wurden, der Anspruch aber um andere 500 RM. erhöht worden war, so daß sich der neue Beweisbeschluß auf die früheren 2500 RM. und die neuen 500 RM. bezog), so ist die Beweisgebühr insgesamt aus 3500 RM. zu berechnen.

In den Fällen, in denen keine ausdrückliche Anordnung vorliegt, diese vielmehr stillschweigend durch den Eintritt in die Beweisaufnahme erfolgt, bildet in den eben erörterten Fällen der jeweilige Beginn der Beweisaufnahme den maßgebenden Zeitpunkt.

35 **IV. Die Urteilsgebühr.**

1. Die Urteilsgebühr wird nach § 20 Nr. 3 erhoben für ein auf Grund streitiger Verhandlung ergehendes End- oder Zwischenurteil. Sie wird also ebenso wie die Beweisgebühr nach § 20 Nr. 2 für eine Gruppe von einzelnen Handlungen des Gerichts, für die Urteilserlassung, erhoben. Sie ist eine Aktgebühr und zugleich eine Pauschgebühr im Sinne des § 25 GKG.: ergeht zunächst ein Zwischenurteil über den Grund des Anspruchs und dann ein Endurteil über die Höhe, so entsteht die Urteilsgebühr mit der Verkündung des Zwischenurteils, und sie wird bei Erlaß des Endurteils nicht neuerdings erhoben.

36 2. Das Urteil muß, um die Urteilsgebühr auszulösen, „auf Grund streitiger Verhandlung" ergangen sein. Es genügt also nicht, daß eine streitige Verhandlung in der Instanz stattgefunden hat; sie muß vielmehr die Grundlage des Urteils bilden: verhandelten die Parteien zuerst streitig, ergeht aber dann nach Vertagung Versäumnisurteil, so entsteht keine Urteilsgebühr. Die Urteilsgebühr erwächst auch nur soweit, als die streitige Verhandlung die Grundlage des Urteils bildet: wurde zunächst über 2000 RM., dann nach Vertagung nur noch über 1200 RM. streitig verhandelt, so daß über 800 RM. Versäumnis- oder Anerkenntnisurteil ergeht, so entsteht die Urteilsgebühr nur aus jenen 1200 RM., über die im letzten Termin streitig verhandelt und dann Endurteil erlassen wurde.

3. Der Begriff der streitigen („kontradiktorischen") Verhandlung war im früheren GKG., das hiefür eine besondere Verhandlungsgebühr vorsah, ausdrücklich bestimmt. § 19 dieses Gesetzes lautete: „Die Verhandlung gilt als kontradiktorisch im Sinne des § 18 Nr. 1, soweit in derselben von beiden Parteien einander widersprechende Anträge gestellt werden." 37

Diese Begriffsbestimmung, die alles ausschließlich auf die Anträge und ihren Inhalt abstellte (so daß eine „Verhandlung" ohne Anträge gebührenrechtlich nicht existierte, anderseits die Stellung der Anträge genügte, um eine „Verhandlung" zu begründen) war notwendig, um für die Verhandlungsgebühr des früheren Rechts eine leicht und nach äußeren Merkmalen erkennbare Grundlage zu schaffen[27]). Jetzt aber kommt der Begriff der streitigen Verhandlung nur noch als Voraussetzung des „kontradiktorischen Urteils" im Sinne des § 20 Nr. 3 GKG. vor: will man feststellen, ob ein End- oder Zwischenurteil „auf Grund streitiger Verhandlung" ergangen ist, so kann diese zivilprozessuale Frage naturgemäß auch nur nach zivilprozessualen Grundsätzen entschieden werden. Es kommt also darauf an, ob nach prozessualen Grundsätzen ein sogenanntes „kontradiktorisches Urteil" vorlag.

„Verhandlung ist jede aktive Beteiligung einer Partei an der Erörterung des Rechtsstreits vor Gericht, mag sie sich auf die Tat- oder Rechtsfrage beziehen"[28]). Eine streitige Verhandlung (und nur mit dieser haben wir es hier zu tun) setzt jedenfalls eine beiderseitige Stellung der Anträge voraus, u. z. müssen diese Anträge einander widersprechend sein. Das ist z. B. auch dann der Fall, wenn der Kläger Verurteilung beantragt, der Beklagte aber den Antrag stellt, den Klageanspruch für erledigt zu erklären, oder wenn dieser Klageabweisung beantragt, der Kläger aber bittet, die Hauptsache für erledigt zu erklären. Ebenso liegt streitige Verhandlung vor, wenn der Beklagte im Gegensatz zum Kläger beantragt, ihn nur unter Vorbehalt der beschränkten Haftung des Erben zu verurteilen; wenn er eine Räumungsfrist begehrt (§ 721 ZPO.) oder beantragt, seine Verurteilung nur Zug um Zug gegen eine Leistung des Klägers auszusprechen (§§ 273, 322 BGB.)[29]). Die Anträge sind im Anwaltsprozeß zu verlesen; die Verlesung kann aber mit Zustimmung des Gerichts durch Bezugnahme auf die Schriftsätze ersetzt werden (§ 297 ZPO.). Im Parteiprozeß erfolgt die Antragstellung formlos; sie ist aber im Sitzungsprotokoll festzustellen (§ 510a Abs. 1 ZPO.). Daß diese Antragstellung in der Praxis, u. z. in beiden Fällen, häufig auch stillschweigend — namentlich durch stillschweigende Bezugnahme auf die Schriftsätze — erfolgt, ist bekannt: so wenn nach durchgeführter Beweiserhebung die Parteien ohne ausdrückliche Stellung der Sachanträge neuen Beweis anbieten[30]). Auch wenn hier ein formeller Mangel vorliegen sollte und auch mit stillschweigender Bezugnahme auf die Schriftsätze in Ermangelung solcher nicht geholfen werden kann (vgl. § 297 Abs. 4 ZPO.), so tritt doch regelmäßig Heilung mangels Ausübung des Rügerechts ein (§ 295 ZPO.) und dann ist es für das Gerichtskostenrecht so anzusehen, als ob die Anträge gestellt worden wären. Siehe übrigens unten Anm. 40. 38

Die Antragstellung allein genügt aber vom zivilprozessualen Standpunkt aus regelmäßig noch nicht zur Erfüllung der Voraussetzungen der Verhandlung. Es müssen

---

[27]) Über die Weitergeltung des durch § 19 GKG. (älterer Fassung) aufgestellten Satzes für die Verhandlungsgebühr des Anwalts vgl. Walter-Joachim-Friedlaender RAGebO. § 13 Anm. 34.

[28]) Stein-Jonas § 333 Anm. I.

[29]) Vgl. Walter-Joachim-Friedlaender RAGebO. § 16 Anm. 3. Anders bezüglich der Räumungsfrist: Jonas § 20 Anm. 6b; Rittmann-Wenz § 20 Anm. 22 (die in den übrigen Fällen uns. Meinung sind). Allein der Antrag auf Räumungsfrist ist nichts anderes als ein Sachantrag, der dem Antrag auf sofortige Räumung entgegengesetzt wird und dessen Ablehnung bezweckt, ähnlich wie ein Antrag auf Beschränkung der Verurteilung oder auf Verurteilung zur zukünftigen statt der gegenwärtigen Leistung.

[30]) Stein-Jonas § 333 Anm. I; RGZ. 31, 423. — § 360 ZPO. kommt hier nicht in Betracht, weil er nur den Fall betrifft, daß ein neuer Beweisbeschluß, nicht ein Urteil ergeht.

im allgemeinen die Vorträge der Parteien hinzutreten (§ 137 Abs. 2 ZPO.), d. h. irgendeine Begründung oder Erläuterung, mag sie auch noch so kurz und unvollkommen sein[31]). Ob sie den Antrag sachlich rechtfertigt, ist begrifflich wiederum gleichgültig. Die Begründung oder Erläuterung kann aber auch bereits im Antrage selbst enthalten sein: so regelmäßig im Antrag auf Klageabweisung (der eben meist die Klage für unbegründet erklärt). In der Praxis wird der „Vortrag" sehr häufig durch Bezugnahme auf die Schriftsätze ersetzt und diese Bezugnahme kann ebenfalls stillschweigend erfolgen. Auch hiezu vgl. unten Anm. 40.

39 Die streitige Verhandlung, die nach § 20 Nr. 3 in Betracht kommt, braucht keine „Verhandlung zur Hauptsache" zu sein. Sie kann auch prozeßhindernde Einreden, Prozeßvoraussetzungen, einen Zwischenstreit usw. betreffen, nicht aber z. B. die bloße Sachleitung (etwa eine Vertagung), weil eine „Verhandlung" hierüber allein niemals die Grundlage eines Urteils bilden kann[32]). Die streitige Verhandlung kann sich auch bloß auf die Kosten beziehen; dann ist auch nur insoweit das Urteil ein „kontradiktorisches" und also nur insoweit mit der Urteilsgebühr zu belegen (hierüber s. u. Anm. 45).

39a Die streitige Verhandlung, auf Grund deren das Urteil ergeht, kann auch eine schriftliche sein, nämlich im Falle des § 7 EntlVO. „Mit Einverständnis der Parteien kann das Gericht eine Entscheidung ohne mündliche Verhandlung treffen." Dazu bestimmt § 8 Satz 1 EntlVO.: „Ein gemäß § 7 ohne mündliche Verhandlung geführtes Verfahren steht hinsichtlich der Gerichtskosten ... einem Verfahren mit mündlicher Verhandlung gleich." In diesen Fällen muß man sich die mündliche Verhandlung einfach als durch eine schriftliche ersetzt vorstellen: alle Erfordernisse für das Vorliegen der mündlichen Verhandlung sind auch an die schriftliche zu stellen. Wenn also etwa in einem Rechtsstreit über 5000 RM. der Beklagte 2000 RM. anerkennt und nur über 3000 RM. streitet, so kann die Urteilsgebühr nur aus 3000 RM. berechnet werden, auch wenn im schriftlichen Verfahren auf 2000 RM. Anerkenntnisurteil, im übrigen „kontradiktorisches Urteil" ergeht.

Der streitigen Verhandlung stellt das Gesetz in § 21 gewisse Arten von nicht streitigen Verhandlungen gleich. Hierüber siehe die Bemerkungen zu § 21. Andere Fälle jedoch als diese dürfen trotz innerer Verwandtschaft den gesetzlich festgelegten Ausnahmen nicht gleichgeachtet werden: wenn z. B. der Revisionskläger Versäumnisurteil erwirkt (was regelmäßig seitens des Gerichts dieselbe Tätigkeit erfordert wie die Erwirkung eines Endurteils), so entsteht doch keine Urteilsgebühr[33]).

40 4. Schwierigkeiten ergeben sich in den Ausnahmefällen, in denen vom Gerichte ein „kontradiktorisches Urteil" gewollt war, weil es fälschlich die maßgebende Verhandlung für eine streitige hielt (oder umgekehrt) und in den Fällen, in denen das Gericht lediglich eine unrichtige Bezeichnung für seine Entscheidung gewählt hat (Urteil statt Beschluß oder umgekehrt). Im ersteren Fall wollte Baumbach (erste Auflage)[34]) dieselben Grundsätze anwenden, die für die Wahl des Rechtsmittels gegen solche formell unrichtigen Entscheidungen gelten; er bekämpfte dabei die Gründe, aus denen Stein-Jonas[35]) annimmt, daß in solchen Fällen beide Arten von Rechtsmitteln zulässig seien (z. B. Berufung und Einspruch); diese Gründe bestehen darin, daß die Partei unter einer irreführenden Sachbehandlung seitens des Gerichts nicht leiden dürfe.

Nun kommen diese Gründe für unsere Kostenfrage so gewiß nicht in Betracht, wie sie für die Rechtsmittelfrage durchaus beachtlich sind. Aber es scheint uns überhaupt nicht richtig, die Frage hier und dort nach den gleichen Gesichtspunkten zu ent-

---

31) Stein-Jonas § 333 Anm. I.

32) Siehe jedoch unten Anm. 40ff.

33) Anders kraft ausdrücklicher Vorschrift (seit der Novelle vom 18. Aug. 1923) für die Anwaltsgebühren: § 16 Satz 3 RAGebO. (vgl. Walter-Joachim-Friedlaender RAGebO. § 16 Anm. 1 und 20ff.).

34) Reichskostengesetze[1] § 20 Anm. 5, ZPO.[3] Anm. 5 vor § 511.

35) Vor § 511 Anm. III.

scheiden. Im Kostenrecht wird das „kontradiktorische Urteil" im Gegensatz zum Versäumnisurteil, Anerkenntnisurteil usw. besonders behandelt, nämlich mit einer Gebühr belegt, weil es auf sachlicher Prüfung beruht, also regelmäßig die schwierigste und verantwortungsvollste Tätigkeit des Gerichts darstellt. Wenn nun das Gericht diese Tätigkeit tatsächlich entwickelt, weil es sie — sei es auch fälschlich — für geboten erachtet, weil es nämlich annahm, es habe wirklich eine streitige Verhandlung stattgefunden, auf Grund deren es Urteil erlassen müsse, so liegt die Voraussetzung für die Besteuerung in Gestalt der oben gekennzeichneten Arbeitsleistung vor. Ist aber umgekehrt die eigentliche Urteilstätigkeit nicht geleistet, sondern nur die im wesentlichen formale Tätigkeit der Erlassung etwa eines Versäumnisurteils ausgeübt worden — in der fälschlichen Annahme, der Beklagte habe nicht „verhandelt" — so ist es nur recht und billig, daß die für die schwierigere Tätigkeit bestimmte Urteilsgebühr **nicht** erhoben wird [36]).

Im zweiten Fall (bloß unrichtige **Bezeichnung** der Entscheidung: Urteil statt 41
Beschluß, Beschluß statt Urteil) kommt dagegen der eben erwähnte Gesichtspunkt nicht in Betracht: hier ist lediglich der wirkliche Charakter der Entscheidung maßgebend. Das Urteil wird besteuert, mag es auch fälschlich als Beschluß bezeichnet sein. Hier kommt es auf das Wesen der tatsächlich erlassenen Entscheidung an, weil hier **nur** ein falscher Name, nicht aber eine andersartige und daher auch kostenrechtlich anders zu wertende **Tätigkeit** vorliegt [37]).

5. Daß nicht nur **Endurteile**, sondern auch **Zwischenurteile** mit der 42
Urteilsgebühr belegt werden, betont das Gesetz ausdrücklich. Hierher gehören also insbesondere Zwischenurteile über den Grund des Anspruchs, über Prozeßvoraussetzungen und prozeßhindernde Einreden und über sonstige Zwischenstreite. **Besonders ausgenommen** sind von der Urteilsgebühr die Zwischenurteile nach §§ 135 und 387 ZPO. (§ 22 GKG.), von denen erstere praktisch kaum eine Rolle spielen.

Bedingte Urteile fallen ebenso unter § 20 Nr. 3 wie unbedingte (wogegen das Läuterungsurteil, weil es stets das zweite Urteil der Instanz ist, gemäß § 25 GKG. gebührenfrei bleibt). Teilurteile sind Endurteile oder Zwischenurteile und unterliegen daher gleichfalls der Urteilsgebühr.

6. Die Urteilsgebühr **entsteht und wird fällig** mit Erlassung des Urteils, 43
also regelmäßig mit der Verkündung, in den Fällen des § 7 EntlVO. mit der schriftlichen Mitteilung, d. h. der Zustellung der Urteilsformel an **beide** [38]) Parteien bzw. ihre Prozeßbevollmächtigten (§ 7 Satz 2 EntlVO.). Durch diese Zustellung wird das Urteil erst — wie sonst durch Verkündung — existent, so daß auch die Gebühr vor diesem Zeitpunkt nicht entstehen kann. Das gilt in den Fällen der EntlVO. auch dann, wenn eine Partei unter Empfangnahme des Urteils auf förmliche Zustellung verzichtet oder wenn statt der Zustellung eine Verkündung erfolgt, endlich wenn die Zustellung formell ungültig ist [39]).

7. **Die Höhe der Urteilsgebühr** entspricht stets dem vollen Satze des 44
§ 8; in der Berufungs- und Revisionsinstanz treten die Erhöhungen des § 28 hinzu.

[36]) Zutreffend: **Baumbach** § 20 Anm. 5.

[37]) Ebenso im Ergebnis: **Baumbach** § 20 Anm. 5. A. M.: **Jonas** § 20 Anm. 6d, der lediglich mit § 6 GKG. helfen will. — Einen Fall, der auch kostenrechtlich interessant ist, behandelt RG. JW. 1927, 1638 [9]: es war ein Urteil auf Klageabweisung verkündet; gewollt war ein nach § 303 ZPO. unzulässiges Zwischenurteil über ein einzelnes Angriffsmittel; demgemäß erfolgte Berichtigung. Hier wäre in jedem Falle die Urteilsgebühr entstanden, u. zw. für das, wenn auch in der Form eines Endurteils erlassene und prozessual unzulässige Zwischenurteil.

[38]) **Rittmann-Wenz** § 20 Anm. 27; **Baumbach** ZPO. [3] § 7 EntlVO. Anm. 5. A. M.: **Stein-Jonas**, Anm. III 5b nach § 128 (der die **erste** Zustellung entscheiden läßt, was nicht zu rechtfertigen ist).

[39]) **Baumbach** ZPO. [3] § 7 EntlVO. Anm. 5; vgl. ferner **Stein-Jonas** a. a. O. und RGZ. 90, 295. — Allerdings muß es auch kostenrechtlich in allen diesen Fällen (mangelhafter Verkündung oder Zustellung (die Möglichkeit einer Heilung geben. Wird z. B. ein nicht verkündetes Urteil angefochten und rechtskräftig bestätigt, so wird man den Anfall der Urteilsgebühr nicht mehr verneinen können. Das Urteil „gilt" dann als verkündet.

45 8. Der Streitwert der Urteilsgebühr bemißt sich zunächst nach dem Werte des Anspruchs, über den entschieden wird. Dieser braucht keineswegs identisch zu sein mit dem Streitwert, nach dem sich die Prozeßgebühr und die Beweisgebühr bemessen. Höher als der Streitwert der Prozeßgebühr kann er allerdings nicht sein. Es ist aber vor allem zu beachten, daß die Urteilsgebühr nur insoweit erhoben wird, als das Urteil auf streitiger Verhandlung beruht. Für die Urteilsgebühr kann daher auch nur der Wert desjenigen Streitgegenstandes maßgebend sein, auf den sich die dem Urteil zugrunde liegende streitige Verhandlung bezog. Wenn also auf 3000 RM. geklagt war, dann verhandelt und Beweis erhoben wurde und schließlich der Beklagte 2000 RM. anerkannte, aber wegen 1000 RM. streitig verhandelte und dann wegen dieser 1000 RM. kontradiktorisches Endurteil, wegen 2000 RM. Anerkenntnisurteil erging, so erwächst die Urteilsgebühr nur aus 1000 RM. Wird der ganze Klageanspruch anerkannt, aber z. B. nach § 93 ZPO. über die Kosten streitig verhandelt, so erwächst, wenn in der Hauptsache Anerkenntnisurteil, wegen der Kosten „kontradiktorisches Urteil" ergeht, die Urteilsgebühr nur aus dem Streitwert der Kosten des Rechtsstreits (vgl. §§ 9—15 Anm. 127 ff.) [40]).

46 Betrug der Streitwert bei Erlassung des ersten gebührenpflichtigen Urteils der Instanz (etwa eines Zwischenurteils) 3000 RM., minderte er sich dann (z. B. wegen Teilzahlung und entsprechender Reduktion des Anspruchs) auf 2000 RM. und erhöhte er sich später wieder um einen neuen Anspruch von 2000 RM., so daß jetzt über 2000 + 2000 RM. streitig verhandelt und durch Urteil entschieden wurde, so ist die Urteilsgebühr nicht aus 4000 RM., sondern aus 5000 RM. zu berechnen. Es gilt hier das oben in Anm. 14, 34 Gesagte. Der Rechtsgedanke des § 14 GKG. führt übrigens zu demselben Ergebnis.

47 **V. Das Verfahren mit Schiedsurteil (Schiedsverfahren).**

1. Nach den §§ 18, 19, 20 EntlVO. gibt es zwei Arten von „Schiedsverfahren" vor den ordentlichen Gerichten: ein fakultatives Schiedsverfahren (das in den §§ 18 und 19 geregelt ist) und ein obligatorisches Schiedsverfahren in amtsgerichtlichen Bagatellsachen, das in § 20 seine Regelung fand. Das fakultative SchV. hat sich nicht eingebürgert und kommt selten vor; das obligatorische SchV. ist dagegen von großer praktischer Bedeutung.

Das Kennzeichnende des Schiedsverfahrens, soweit seine Einzelheiten kostenrechtlich interessieren, ist das Vorwalten des freien richterlichen Ermessens bei Gestaltung des Verfahrens (§§ 18 Abs. 2 Satz 1, 20 EntlVO.). Dieser Grundsatz machte auch eine kostenrechtliche Sonderregelung notwendig und sie ist durch § 18 Abs. 3 der EntlVO. erfolgt, der lautet:

> Die Gerichtskosten und Anwaltsgebühren bestimmen sich in den Fällen des Abs. 1 nach den für das ordentliche Verfahren geltenden Vorschriften, jedoch werden die in dem Verfahren entstehenden Gerichtsgebühren mit Ausnahme der Prozeßgebühr nur zur Hälfte erhoben.

Diese Vorschrift gilt nach § 20 Abs. 1 Satz 1 auch für das obligatorische Schiedsverfahren.

48 2. Die „für das ordentliche Verfahren geltenden Vorschriften", die § 18 Abs. 3 EntlVO. im Auge hat, sind die Bestimmungen des § 20 GKG. über die Gebühren im „Prozeßverfahren". Andere Verfahrensarten wie Arrestverfahren [41]), Mahnverfahren, Güteverfahren usw. kommen für das Schiedsverfahren nicht in Betracht. Diejenigen Verfahrensabschnitte oder „Instanzen", für welche im GKG. besondere Gebühren vorgesehen sind, wie das Offenbarungseidesverfahren, die gerichtliche Zwangsvollstreckung usw., scheiden aus dem Gebührenkreise des Schiedsverfahrens ohne weiteres aus, auch wenn sie sich etwa an ein Schiedsurteil anschließen. Wird ein Schiedsurteil mit der Behauptung, es sei gar nicht als solches, also auch nicht als unanfechtbar

---

[40]) Rittmann-Wenz § 20 Anm. 20 a. E.

[41]) Stein-Jonas Anhang zum 2. Buche § 18 Anm. II 1, § 20 Anm. II 1; Baumbach ZPO.[3] § 18 EntlVO. Anm. 1. A. M.: Friedlaender LZ. 1924, 59.

anzusehen, durch Rechtsmittel (etwa Berufung) angefochten[42]), so ist die höhere (Berufungs-)Instanz kein Verfahren mit Schiedsurteil, sondern ein gewöhnliches Prozeßverfahren. Dagegen kann auch das Berufungsverfahren in den Fällen des § 18 Entl.-VO. in ein Schiedsverfahren übergeleitet werden und es gelten dann auch hiefür die Gebührenerhöhungen des § 28 GKG.

3. Die Anwendung des § 20 GKG. auf das Schiedsverfahren kann naturgemäß vielfach nur eine entsprechende sein, da ja in diesem das Verfahren im wesentlichen vom Gerichte frei bestimmt wird (wenn man auch in der Praxis ohne Not nicht von den wesentlichsten Normen der ZPO. abweichen wird). 49

Hinsichtlich der Prozeßgebühr werden sich Schwierigkeiten in der Anwendung kaum ergeben. Beim fakultativen Schiedsverfahren (§ 18) ist sie stets schon angefallen, bevor es zu dessen Eröffnung kommt, da der Antrag nach § 18 Abs. 1 Satz 2 frühestens[43]) mit der Einreichung der Klage oder Berufungsschrift gestellt werden kann. Im amtsgerichtlichen Bagatellverfahren fällt die Prozeßgebühr ebenfalls mit der Einreichung der Klage, bei vorausgehendem Güte- oder Mahnverfahren mit den oben Anm. 12 erwähnten Prozeßhandlungen an. Auch bei Klageerweiterung und Widerklageerhebung werden sich, solange die weitere Zulässigkeit des Schiedsverfahrens außer Zweifel steht[44]), also die Wertgrenze von 50 RM. nicht überschritten wird, keine Schwierigkeiten ergeben.

Die Beweisgebühr erfordert die „Anordnung einer Beweisaufnahme". Angesichts der freien Bestimmung des Verfahrens durch das Gericht, das ja auch hinsichtlich der Beweismittel und der Art ihrer Anwendung unbeschränkt ist, können sich hier im einzelnen Falle Zweifel ergeben. Da grundsätzlich Gerichtsgebühren nur insoweit zur Erhebung gelangen, als das Gesetz dies positiv gestattet, so wird man sich vor ausdehnender Interpretation des § 20 Nr. 2 zu hüten haben. Die in Anm. 18 ff. aufgestellten Grundsätze sind auch im Schiedsverfahren zu beachten[45]): insbesondere muß es auch hier — will man nicht allen Boden unter den Füßen verlieren — auf die Anwendung der im Gesetz zugelassenen Beweismittel ankommen (vgl. oben zu Anm. 20). 50

Die Urteilsgebühr wird regelmäßig durch die Erlassung des Schiedsurteils (das sich zweckmäßigerweise als solches bezeichnet) entstehen. Die Erlassung erfolgt durch Verkündung oder durch Zustellung oder sonstige Mitteilung der schriftlichen Urteilsformel an sämtliche Parteien[46]). Wenn Zwischenurteile im Schiedsverfahren ergehen, so sind sie kostenrechtlich nach § 20 Nr. 3 dem Schiedsurteil gleich zu erachten (vorbehaltlich der gesetzlichen Ausnahmen nach § 22), ohne Rücksicht auf die bestrittene prozessuale Frage, inwieweit sie ergehen dürfen. Von Teilurteilen gilt dasselbe[47]). Wenn also ein Zwischenurteil erlassen und dann die Sache verglichen wurde, so entsteht die Urteilsgebühr. 51

Nach § 20 Nr. 3 GKG. setzt die Urteilsgebühr voraus, daß das Urteil auf Grund

[42]) Stein-Jonas Anhang zum 2. Buche § 18 Anm. V, § 20 Anm. V 1.

[43]) Baumbach ZPO.[3] § 18 EntlVO. Anm. 4; Stein-Jonas § 18 Anm. IV 2.

[44]) Vgl. hiezu Stein-Jonas § 20 Anm. II 2.

[45]) Friedlaender LZ. 1924, 64 sagt: „Die Beweisgebühr fällt sicherlich an, wenn das Gericht schriftliche Äußerung einer Auskunftsperson einfordert." Inzwischen sind die neuen Abs. 3 und 4 des § 377 ZPO. durch die Novelle vom 13. Febr. 1924 geschaffen worden. Eine solche Anordnung würde also regelmäßig auch im Prozeßverfahren (als Verfügung einer unkorrekten — weil nicht eidesstattlichen — schriftlichen Zeugenvernehmung; s. o. Anm. 21) die Beweisgebühr auslösen. Erst recht natürlich im Schiedsverfahren, dessen freiere Gestaltung auch bei Würdigung des in Anm. 21 aufgestellten Gesichtspunktes eine etwas weitherzigere Auffassung des Begriffes der Beweisaufnahme gestattet.

[46]) Baumbach ZPO.[3] § 18 EntlVO. Anm. 6; Stein-Jonas § 18 Anm. IV 6 verlangt Verkündung oder förmliche Zustellung der Formel. Aber auch hier kann das Gericht die Form der Bekanntmachung frei bestimmen. Vgl. Friedlaender LZ. 1924, 63.

[47]) Vgl. Friedlaender LZ. 1924, 60; Stein-Jonas § 20 Anm. II 2; Baumbach ZPO.[3] EntlVO. § 20 Anm. 3.

streitiger Verhandlung ergangen ist. Nach § 7 EntlVO. kann an Stelle der mündlichen eine schriftliche Verhandlung treten und nach § 8 EntlVO. entsteht auch dann die Urteilsgebühr. Im Schiedsverfahren aber bedarf es überhaupt keiner Verhandlung: es genügt, daß beiden Parteien das rechtliche Gehör, d. h. Gelegenheit zur Äußerung, gegeben wurde. Findet eine Verhandlung statt, so kann das Gericht größte Formlosigkeit zulassen. Daß nun nicht in allen Fällen, in denen keine förmliche Verhandlung stattfindet, die Urteilsgebühr entfallen soll, ist als selbstverständlich zu erachten. Man wird auch hier fragen müssen, ob das Gericht ein „kontradiktorisches Urteil" erlassen wollte, ob es also davon ausging, daß die Parteien ein entgegengesetztes Prozeßziel anstrebten, und ob das Gericht in sachlicher Würdigung des beiderseitigen Parteivorbringens und Verhaltens seine Entscheidung fällte[48]). Wenn dagegen das Gericht ein ausdrückliches Anerkenntnis annahm oder offensichtlich die Versäumnisfolgen des § 331 ZPO. auszusprechen beabsichtigte, so ist sein Urteil kein kontradiktorisches und die Urteilsgebühr fällt nicht an; denn es war doch sicher nicht die Absicht des Gesetzes, im Schiedsverfahren höhere Kosten entstehen zu lassen, als in einem entsprechenden Falle des Regelverfahrens.

51a Auch die Vergleichsgebühr (§ 36) kann im Schiedsverfahren vorkommen, nämlich wenn der Wert des Vergleichsgegenstandes über den des Streitgegenstandes hinausgeht. Hier erwächst also eine Gebühr in Höhe von $^1/_8$ der Sätze des § 8.

52 3. Eine gebührenrechtliche Schwierigkeit ergibt sich daraus, daß zuweilen gar nicht oder zunächst äußerlich nicht erkennbar ist, ob ein Schiedsverfahren oder ob ein reguläres Prozeßverfahren vorliegt. Es ist z. B. zweifelhaft, ob der Streitwert bei Einreichung der amtsgerichtlichen Klage höher oder niedriger als 50 RM. war oder es wird eine Widerklage auf 200 RM. erhoben, so daß die Frage praktisch wird, ob damit das Schiedsverfahren beendigt ist. Das Gericht braucht vorerst keine Stellung zu nehmen und kann — wie es meist geschieht — in den Formen des Prozeßverfahrens vorgehen. Entsteht nun hier die halbe oder die ganze Beweisgebühr? Im obligatorischen Schiedsverfahren — und hier allein wird die Frage praktisch — ist in solchen Fällen (wenn nicht die Urteilserlassung abgewartet werden will) bei Erhebung der Kosten zunächst selbständig zu prüfen, ob nach prozessualen Grundsätzen durch Schiedsurteil entschieden werden müßte oder nicht. Diese Prüfung muß erfolgen, wenn das Verfahren ohne Urteil endigt.

Ergeht kontradiktorisches Schiedsurteil, d. h. ist es offensichtlich als solches gewollt (was meist durch die Bezeichnung erkennbar wird), so ist kostenrechtlich das ganze Verfahren als Schiedsverfahren, das Urteil als Schiedsurteil zu behandeln[49]), mag es auch prozessual nur scheinbar ein solches sein, d. h. der Anfechtung gleichwohl unterliegen[50]). Ergeht aber ein Versäumnisurteil[51]) (das ersichtlich erst durch Fristversäumung rechtskräftig werden soll), so entsteht keine Urteilsgebühr (s. o. Anm. 51).

53 4. Das Schiedsverfahren bildet, wenn es aus dem Prozeßverfahren hervor-[52])

[48]) Die Ausführungen, die sich bei Friedlaender LZ. 1924, 64 über die Verhandlungsgebühr des Rechtsanwalts im Schiedsverfahren finden, sind hier nicht zu verwerten. Der Anwalt erhält die Verhandlungsgebühr nur für die wirklich ausgeübte Verhandlungstätigkeit nach § 13 [2] RAGebO. und auch bei „schriftlicher Verhandlung" nach § 8 EntlVO. Findet im Schiedsverfahren keine mündliche Verhandlung statt, so erhält er (ebenso wie im schiedsgerichtlichen Verfahren) mangels gesetzlicher Vorschrift auch keine Verhandlungsgebühr. Die gerichtliche Urteilsgebühr aber erwächst für die Tätigkeit der Urteilserlassung, nicht für die Verhandlung und wenn das Urteil sich als „kontradiktorisches" kennzeichnet, so entspricht es dem Sinne des Gesetzes, diese Gebühr im Schiedsverfahren zuzubilligen, auch wenn keine förmliche Streitverhandlung stattfand.

[49]) Baumbach Seite 37 (§ 18 EntlVO. Anm. 1). A. M.: Jonas § 20 Anm. 12 d.

[50]) Stein-Jonas § 20 Anm. V.

[51]) Was nach richtiger Ansicht nicht zulässig ist, aber in der Praxis vorkommt. Vgl. Friedlaender LZ. 1924, 69; Baumbach ZPO.[3] § 18 EntlVO. Anm. 5 C.

[52]) Daß bei vorausgehendem Regelverfahren (also im Falle des § 18 EntlVO.) die verminderten Gebühren erst mit Beginn des Schiedsverfahrens anfallen und die früheren Gebühren unberührt bleiben, betont Stein-Jonas § 18 EntlVO. Anm. VI.

oder in dieses übergeht, mit dem Prozeßverfahren des betreffenden Rechtszuges eine Instanz[53]), so daß die Gebühren hinsichtlich desselben Streitgegenstandes nicht etwa zweimal anfallen. Bei Änderung des Streitgegenstandes kommt eventuell § 14 GKG. zur unmittelbaren oder entsprechenden Anwendung: so wenn wegen 30 RM. geklagt und Beweis angeordnet ist, dann Widerklage wegen 200 RM. zugelassen, nunmehr im „Prozeßverfahren" weiter verhandelt und nach Erledigung der 30 RM. und weiterer 175 RM. über die restigen 25 RM. neuer Beweis angeordnet wird. Hier beträgt die Beweisgebühr zunächst im Schiedsverfahren 1 RM. (= ½ Gebühr aus 30 RM.); die zweite Beweisgebühr, die im Prozeßverfahren anfällt, beträgt 2 RM. (eine volle Gebühr aus 25 RM.). Beide zusammen dürfen aber gemäß § 14 GKG. nicht mehr als 2 RM. (eine volle Gebühr aus 55 RM.) betragen. Die Prozeßgebühr wäre in diesem Falle aus 230 RM. zu berechnen und beträgt 9 RM.

§ 21.

Die Urteilsgebühr wird auch für Urteile erhoben, die nach Lage der Akten erlassen werden (Zivilprozeßordnung §§ 251a, 331a) sowie für Urteile, die in Ehesachen, in Rechtsstreitigkeiten, welche die Feststellung des Rechtsverhältnisses zwischen Eltern und Kindern zum Gegenstande haben, in den vor die Landgerichte gehörigen Entmündigungssachen und in dem Verfahren über die gegen eine Todeserklärung erhobene Anfechtungsklage auf Grund nicht streitiger Verhandlung ergehen, sofern der Kläger verhandelt hat.

Vorbemerkung.

§ 21 enthält eine Ergänzung und Erweiterung des § 20 Nr. 3: er billigt die Urteilsgebühr auch für gewisse nicht „kontradiktorische" Urteile zu.

Übersicht.

I. Die Bedeutung der Bestimmung und der Umfang ihrer Geltung. 1

§ 20 Nr. 3 GKG. setzt, wie wir gesehen haben, die Urteilsgebühr nur für die auf Grund streitiger Verhandlung ergangenen Urteile fest. § 21 führt Ausnahmen von diesem Grundsatz ein, indem er verschiedene Fälle einer an sich nicht streitigen Verhandlung der streitigen gleichsetzt. Die hier verzeichneten Fälle haben das Gemeinsame, daß bei ihnen trotz formell einseitiger Verhandlung eine weitgehende, nicht bloß formale Sachprüfung durch das Gericht zu erfolgen hat. Die ZPO. kennt noch andere Fälle dieser Art: z. B. den Fall der Klageabweisung nach § 331 Abs. 2 ZPO. (das tatsächliche Vorbringen des Klägers, der Versäumnisurteil beantragt, rechtfertigt den Klageantrag nicht) oder den Fall des vom Berufungs- (Revisions-) Kläger erwirkten Versäumnisurteils (§ 542 Abs. 2)[1]). Dennoch ist es nicht zulässig, in diesen oder sonstigen Fällen die Ausnahmebestimmung des § 21 anzuwenden: hätte das Gesetz alle diese überaus naheliegenden Fälle einbeziehen wollen, so hätte es dies

---

[53]) Baumbach RKGes.² § 20 zu § 18 EntlVO. Anm. 2.

[1]) Vgl. Baumbach ZPO.³ § 566 Anm. 1.

sagen müssen. Man hat es auch hinsichtlich der Anwaltsgebühren mit Recht für notwendig gehalten, die ausdrückliche Bestimmung des jetzigen § 16 Satz 3 RAGebO. (Zubilligung der vollen Verhandlungsgebühr für die Erwirkung eines Versäumnisurteils durch den Berufungs- oder Revisionskläger) einzuführen [2]). Für die Gerichtskosten ist eine entsprechende Bestimmung nicht getroffen worden, obwohl doch hier in erster Linie der Grundsatz gilt: keine Steuer ohne klare gesetzliche Grundlage [3]).

2 **II. Die einzelnen Ausnahmefälle.**

A. Urteile die nach Lage der Akten erlassen werden.

Nach § 251 a ZPO. kann das Gericht nach Lage der Akten entscheiden, wenn in einem Verhandlungstermin beide Parteien nicht erscheinen oder wenn beim Ausbleiben einer Partei, ohne daß es zur Vertagung kommt, die erschienene Partei keine Anträge zur Sache stellt. Die Voraussetzungen und Modalitäten dieser Entscheidung nach Aktenlage sind im § 251 a Abs. 1 Satz 2—4 ZPO. genau geregelt. Für die Begründung der Urteilsgebühr kommt es nur darauf an, daß das Gericht ein Urteil nach Lage der Akten erlassen wollte und erlassen **hat**, nicht darauf, ob es hiebei korrekt und gesetzmäßig verfahren ist.

Bleibt eine Partei im Verhandlungstermin aus, so kann der Gegner statt eines Versäumnisurteils eine Entscheidung nach Lage der Akten **beantragen** (§ 331 a ZPO.). Dem Antrag ist zu entsprechen, wenn der Sachverhalt für eine derartige Entscheidung hinreichend geklärt erscheint. Die Vorschriften des § 251 a Abs. 1 Satz 2—4 ZPO. finden entsprechende Anwendung. Ist diese Entscheidung nach Lage der Akten ein **Urteil**, so entsteht die Urteilsgebühr in derselben Weise, wie wenn das Urteil auf einer streitigen Verhandlung beruhte. Was im vorigen Absatz (letzter Satz) gesagt wurde, gilt auch hier [4]).

Das Verfahren nach § 7 EntlVO. gehört nicht hierher.

3 B. Die anderen Fälle des § 21 GKG.

1. Die hier in Betracht kommenden Rechtsstreitigkeiten sind:

a) **Die Ehesachen.** Als „Ehesachen" bezeichnet § 606 ZPO. die Rechtsstreitigkeiten, welche zum Gegenstande haben:

α) die Scheidung einer Ehe (§ 1564 BGB.), worunter gemäß § 639 ZPO. auch die Aufhebung der ehelichen Gemeinschaft (§ 1575 BGB.) zu verstehen ist;

β) die Nichtigkeit einer Ehe (§§ 1324 ff. BGB.);

γ) die Anfechtung einer Ehe (§§ 1331 ff., 1350 BGB.);

δ) die Feststellung des Bestehens oder Nichtbestehens einer Ehe zwischen den Parteien (§ 638 ZPO.);

ε) die Herstellung des ehelichen Lebens (§§ 1353 ff. BGB.).

4 **Dagegen sind nicht Ehesachen:**

α) die Rechtsstreitigkeiten, welche die vermögensrechtlichen Folgen der Ehe oder ihrer Auflösung, insbesondere die Unterhaltspflicht, betreffen; ebensowenig die Klagen auf Eingehung einer Ehe, welche durch § 1297 BGB. beseitigt sind;

---

[2]) Novelle vom 18. August 1923. Vgl. Walter-Joachim-Friedlaender § 16 Anm. 20 ff.

[3]) Für den Fall des „unechten Versäumnisurteils" ist Baumbach § 21 Anm. 1 anderer Meinung, weil ein innerer Grund zur Besserstellung des Klägers in diesem Falle (gegenüber dem Urteil nach Aktenlage) fehle. Das ist richtig. Aber Baumann übersieht, daß das Gesetz die Urteilsgebühr nur für ganz bestimmte Fälle vorgesehen hat und daß eine Ausdehnung auf andere Fälle nach dem oben erwähnten Grundsatz nicht zulässig ist. Uns. M.: Jonas § 21 Anm. 2; Rittmann-Wenz § 21 Anm. 1. Hinsichtlich des Läuterungsurteils bei einseitigem Antrag: KG. ZDJustAmtm. 1928, 137.

[4]) Allerdings kann es zuweilen zweifelhaft sein, ob das Gericht ein Urteil (auf Klageabweisung) nach Lage der Akten oder ein (prozessual in der Wirkung ganz gleichwertiges) Urteil nach § 331 Abs. 2 Halbsatz 2 ZPO. („unechtes Versäumnisurteil") erlassen wollte. Da letzteres **keine** Urteilsgebühr begründet (oben Anm. 1), so muß in solchen Fällen festgestellt werden, was der Richter gewollt hat. Hier wird die Bezeichnung des Urteils, eventuell auch die Begründung (besondere Erwähnung der **Voraussetzungen** des Urteils nach Aktenlage) Anhaltspunkte geben.

β) die Klagen, durch die ein *Dritter* die Nichtigkeit der Ehe nach ihrer Auflösung (§ 1329 BGB.) oder ihr Bestehen oder Nichtbestehen geltend macht, oder die ein Ehegatte über diese Fragen gegen einen Dritten erhebt.

γ) Die *einstweiligen Verfügungen* gemäß § 627 ZPO., welche auf Widerspruch oder auf eine dahingehende Anordnung des Gerichts zur mündlichen Verhandlung gelangen können, sind als Ehesachen im Sinne des ersten Abschnitts des sechsten Buchs der ZPO. nicht anzusehen. Die Besonderheiten des Verfahrens nach §§ 606 ff. ZPO. treten für sie nicht ein. Auch gehören sie gebührenrechtlich nicht zum *Prozeßverfahren* (siehe § 32 GKG.).

b) *Die Rechtsstreitigkeiten, welche die Feststellung des Rechtsverhältnisses zwischen Eltern und Kindern zum Gegenstande haben.* 5
Hierher gehören alle im zweiten Abschnitt des sechsten Buchs der Zivilprozeßordnung, welcher obige Überschrift führt, aufgeführten Rechtsstreitigkeiten, nämlich

α) Rechtsstreitigkeiten, welche die Feststellung des Bestehens oder Nichtbestehens eines Eltern- und Kindesverhältnisses zwischen den Parteien zum Gegenstande haben (§ 640 ZPO.). Hierher gehört insbesondere auch die Gültigkeit oder Ungültigkeit einer Annahme an Kindes Statt (§ 1741 ff., 1757 BGB.) oder der Legitimation eines unehelichen Kindes (§ 1719 BGB.). *Ausgenommen* ist hier jedoch durch die besondere Vorschrift des § 644 ZPO. der Rechtsstreit, der die Feststellung des Bestehens oder Nichtbestehens der *unehelichen Vaterschaft* zum Gegenstande hat. Für einen solchen Rechtsstreit gelten nicht die Vorschriften der §§ 640—643 ZPO., sondern die gewöhnlichen Vorschriften über das ordentliche Verfahren; er fällt deshalb auch nicht unter § 21 GKG. Dagegen ist ein Rechtsstreit, welcher die außereheliche Abstammung von einer Frau zum Gegenstande hat, nach § 640 ZPO. zu behandeln und fällt deshalb auch unter die Bestimmung des § 21 GKG.

Werden derartige Rechtsstreitigkeiten nicht zwischen Eltern und Kind, sondern gegen einen *Dritten* geführt, so ist § 21 GKG. *nicht* anwendbar.

β) Rechtsstreitigkeiten, welche die Feststellung des Bestehens oder Nichtbestehens der elterlichen Gewalt der einen Partei über die andere zum Gegenstande haben (§ 640 ZPO.). Hierher gehören auch Streitigkeiten über die Gültigkeit einer Volljährigkeitserklärung (§ 3 BGB.) oder über Verwirkung der elterlichen Gewalt (§§ 1680, 1771, 1697 BGB.). *Nicht* hierher gehören dagegen die Rechtsstreitigkeiten über *vormundschaftliche* Verhältnisse.

γ) Anfechtungsklagen, welche gegen die Ehelichkeit eines Kindes oder die Anerkennung der Ehelichkeit von dem Ehemann der Mutter erhoben werden (§ 641 ZPO.), und zwar gegen das Kind (§§ 1596, 1599 BGB.). Die Anfechtung der Ehelichkeit durch *Dritte*, die durch § 1593 BGB. eingeschränkt ist, aber z. B. auf Grund des Art. 59 EGBGB. noch vorkommen kann, gehört *nicht* hierher und fällt demnach auch nicht unter § 21 GKG.

c) *Die vor die Landgerichte gehörigen Entmündigungssachen.* 6
Die Entmündigung, welche wegen Geisteskrankheit, Geistesschwäche, Verschwendung und Trunksucht zulässig ist (§ 6 BGB.), erfolgt ebenso wie ihre Wiederaufhebung auf Grund eines Amtsverfahrens[4a]) beim Amtsgericht durch amtsrichterlichen Beschluß (§§ 645, 648, 675, 680, 685 ZPO.). Der die Entmündigung aussprechende und der die Wiederaufhebung der Entmündigung versagende Beschluß kann jedoch im *Wege der Klage angefochten* werden (§§ 664, 679, 684, 686 ZPO.). Für *diese Klagen* ist das dem Entmündigungsgericht übergeordnete *Landgericht ausschließlich zuständig* (§§ 665, 679 Abs. 4, 684 Abs. 4, 686 Abs. 4 ZPO.). Für das Verfahren in diesen Prozessen sind besondere Vorschriften gegeben (§§ 670, 671 ZPO.), die sich dem Verfahren in Ehesachen anschließen, so daß die Ausnahmevorschrift des § 21 GKG. gerechtfertigt erscheint.

d) *Die gegen eine Todeserklärung erhobene Anfechtungsklage.* 7
Die Todeserklärung erfolgt im Wege des Aufgebotsverfahrens (§§ 13 ff. BGB.,

---

[4a]) Dieses Verfahren ist kostenrechtlich in § 33 Nr. 2 GKG. geregelt.

§§ 960 ff. ZPO.) durch Ausschlußurteil[4b]). Gegen letzteres findet die Anfechtungsklage beim Landgericht statt (§§ 957, 973—976 ZPO.), deren Verfahren ähnlich wie bei der Anfechtung der Entmündigung gestaltet ist (§ 975 ZPO.).

8 2. Der Ansatz der Urteilsgebühr trotz nichtstreitiger Verhandlung ist in allen unter 1 erwähnten Fällen an die Voraussetzung geknüpft, daß der Kläger verhandelt, d. h. natürlich zur Sache verhandelt, da sonst kein Urteil ergehen kann. Es kommt danach nicht darauf an, ob der Beklagte im Verhandlungstermine erscheint, ob er verhandelt und ob und welche Anträge er stellt; ein Versäumnisurteil kann gegen den Beklagten niemals erlassen werden, vielmehr muß immer eine sachliche Prüfung und Würdigung eintreten (§ 618 ZPO.).

9 Als Kläger ist auch der Widerkläger zu behandeln, so daß § 21 auch Anwendung findet, wenn der Beklagte als Widerkläger verhandelt und wenn dann über die Widerklage ein Urteil ergeht.

10 Für die Rechtsmittelinstanzen kommt es zunächst ebenfalls darauf an, ob die Partei, die in erster Instanz Kläger oder Widerkläger war, verhandelt. Ist der Kläger Rechtsmittelkläger, so kann gegen den Beklagten und Rechtsmittelbeklagten ein Versäumnisurteil nicht ergehen[5]); der gesetzgeberische Grund für die Bestimmung des § 21 liegt also auch hier vor. Ist aber der Beklagte Rechtsmittelkläger und verhandelt er nicht, während der Kläger als Rechtsmittelbeklagter verhandelt, so kann auf Antrag des letzteren ein Versäumnisurteil gegen den Beklagten und Rechtsmittelkläger ergehen[5a]); hier entfällt demnach der gesetzgeberische Grund für die Bestimmung des § 21 und damit auch die Urteilsgebühr.

11 Legt der Beklagte unter Erhebung einer Widerklage ein Rechtsmittel ein, so wird er damit auch Kläger für die Rechtsmittelinstanzen, und es gilt nunmehr dasselbe, wie wenn er in erster Instanz Kläger gewesen wäre[6]).

12 Wird dagegen ohne Erhebung einer Widerklage ein Rechtsmittel eingelegt, damit auch der Gegner für schuldig erklärt werde (§ 1574 Abs. 3 ZPO.), so gilt für die Behandlung der Schuldfrage nicht die durch § 617 Abs. 2 ZPO. angeordnete Ausschließung der Dispositionsbefugnis[6a]); der gesetzgeberische Grund und damit die Anwendung des § 21 entfallen also hier gänzlich.

12a In allen vorstehend (Anm. 8—12) erwähnten Fällen kann es (wenigstens in der Rechtsmittelinstanz) vorkommen, daß das Gericht ein Versäumnisurteil gegen den Beklagten bzw. Rechtsmittelbeklagten erläßt, obwohl ein solches nicht zulässig wäre. Dann ist — nach den Grundsätzen, die zu § 20 Anm. 40 aufgestellt wurden — eine Urteilsgebühr nicht in Ansatz zu bringen (obwohl wörtlich genommen ein Fall des § 21 vorliegt und der Kläger verhandelt hat). Anderseits fällt die Urteilsgebühr nicht an, wenn oder soweit der Kläger (Rechtsmittelkläger) nicht verhandelt. Beispiel: Die Ehe ist auf Klage und Widerklage aus beiderseitigem Verschulden geschieden; beide Teile legten Berufung ein; der Kläger verhandelt in der Berufungsinstanz, der Beklagte nicht; das Gericht erläßt Endurteil über Klage und Widerklage. Hier ist, wenn das Gericht annimmt, daß der Streitwert sich durch die Widerklage erhöhe (s. o. §§ 9—15 Anm. 71), die Urteilsgebühr zweiter Instanz nur aus dem Streitwert der Klage anzusetzen.

13 3. In den unter B erwähnten Rechtsstreitigkeiten kann auch ein Urteil nach Lage der Akten ergehen[7]). Dann gelten die unter A (Anm. 2) erörterten Vor-

---

[4b]) Über das Aufgebotsverfahren vgl. § 33 Nr. 6 GKG.

[5]) RGZ. 27, 362; SeuffA. 39, 242; JW. 1898, 83 Nr. 55. Entgegen der Ansicht des Reichsgerichts wollen für die Revisionsinstanz das Versäumnisurteil gegen den Beklagten und Revisionsbeklagten geben: BayObLG. SeuffA. 46 Nr. 294; Stein-Jonas § 618 Anm. VI, 4. Petersen-Anger § 618 Anm. 8.

[5a]) RGZ. 27, 362.

[6]) Der Grundsatz der Einheit des Eheverfahrens schließt, wenn auf Klage und Widerklage Berufung eingelegt wurde, die Erlassung eines Teilversäumnisurteils aus. Vgl. Stein-Jonas § 615 Anm. II; Jonas § 21 Anm. 3c.

[6a]) RG. JW. 1899, 606 Nr. 1; OLG. 1, 444 (Stettin).

[7]) Baumbach ZPO.[3] § 618 Anm. 1.

schriften. Wenn also z. B. der Beklagte und Berufungsbeklagte im Ehescheidungsprozeß gegen den ausgebliebenen Kläger und Berufungskläger nicht Versäumnisurteil, sondern Urteil nach Aktenlage beantragt (§§ 542, 331 a, 618 ZPO.), so entsteht bei Erlaß dieses Urteils die Urteilsgebühr.

4. Die Frage, ob aus ausländischen Urteilen in Ehesachen ein Vollstreckungs- 14
urteil gemäß §§ 722, 723 ZPO. erwirkt werden kann, ist bestritten[8]). Wird sie in der Praxis bejaht, so ist auch das Verfahren wegen Erlassung des Vollstreckungsurteils als „Ehesache" zu behandeln und dann findet auch § 21 GKG. Anwendung[9]). Das Gleiche gilt, wenn es sich um das Urteil eines ausländischen Gerichts über die Feststellung des Rechtsverhältnisses zwischen Eltern und Kindern (siehe oben Anm. 5) und um die Erwirkung eines Vollstreckungsurteils hieraus handelt[10]).

§ 22.

Die Zwischenurteile gemäß §§ 135 und 387 der Zivilprozeßordnung gelten nicht als Urteile im Sinne des § 20 Nr. 3.

Vorbemerkung.

§ 22 enthält eine Einschränkung des § 20 Nr. 3.

Übersicht.

I. Bedeutung des § (1). | II. Die einzelnen Ausnahmefälle (2—5).

I. Bedeutung des Paragraphen. 1

Während § 21 durch Gleichstellung einer Reihe von nicht streitigen Verhandlungen mit der streitigen Verhandlung des § 20 Nr. 3 GKG. das Anwendungsgebiet der Urteilsgebühr erweitert, schränkt § 22 dieses Geltungsgebiet dadurch ein, daß es gewisse Arten von Zwischenurteilen von der Urteilsgebühr befreit. Alle anderen, nicht im § 22 genannten Zwischenurteile werden also, wenn sie auf streitiger Verhandlung beruhen, mit der Gebühr belegt; selbst dann, wenn sie prozessual unzulässig sind (s. o. § 20 Anm. 41 Fußnote 37).

II. Die einzelnen Ausnahmefälle. 2

1. Den Rechtsanwälten steht es nach § 135 ZPO. frei, die Mitteilung von Urkunden gegen Empfangsbestätigung von Hand zu Hand zu bewirken. Gibt ein RA. die ihm eingehändigte Urkunde nicht binnen der bestimmten Frist zurück, so ist er auf Antrag nach vorgängiger mündlicher Verhandlung zur unverzüglichen Rückgabe zu verurteilen. Dieses Zwischenurteil, das also gegen den Rechtsanwalt, nicht gegen seine Partei ergeht, ist gebührenfrei. Praktisch ist die Bestimmung völlig bedeutungslos; man kann sie geradezu als obsolet bezeichnen.

2. Wenn ein Zeuge im Zivilprozeß das Zeugnis verweigert, so kann es über diese 3
Weigerung zu einem Zwischenstreit mit dem Zeugen kommen, über den das Gericht nach Anhörung der Parteien durch Zwischenurteil zu entscheiden hat (§ 387 ZPO.). Dieses Zwischenurteil, das also wiederum (wie im Falle zu 1) den Streit mit einem Dritten betrifft, ist ebenfalls von der Urteilsgebühr befreit.

Verweigert ein Zeuge nur teilweise seine Aussage, so kann auch hierüber ein 4
Zwischenurteil ergehen. Ebenso wenn der Zeuge nur die Eidesleistung verweigert; denn auch diese ist im weiteren Sinne ein Teil der Aussage (vgl. dazu § 390 ZPO., der ausdrücklich ein Zwischenurteil über die Eidesverweigerung erwähnt[1]).

---

[8]) Bejahend Hellwig-Oertmann System des ZPr. 2, 7; verneinend: Stein-Jonas § 722 Anm. III 5; RGZ. 88, 244.

[9]) Ebenso: Jonas § 21 Anm. 3 d.

[10]) Ebenso: Rittmann-Wenz § 21 Anm. 8.

[1]) Vgl. auch Stein-Jonas § 393 Anm. III 2.

5 3. Verweigert ein Sachverständiger die Aussage ganz oder teilweise oder nur die Eidesleistung, so finden nach § 402 ZPO. die Vorschriften über den Zeugenbeweis, insbesondere auch § 387, entsprechende Anwendung. Daher gilt auch § 22 GKG.[2]), obwohl er der Sachverständigen nicht eigens gedenkt.

§ 23.

Wird ein Rechtsstreit durch einen vor Gericht abgeschlossenen oder dem Gerichte mitgeteilten Vergleich erledigt, so fällt eine bereits entstandene Beweisgebühr fort.

Vorbemerkung.

§ 23 behandelt einen Fall, in dem die Beweisgebühr nachträglich in Wegfall kommt.

Übersicht.

1 **I. Vorgeschichte und Allgemeines.**

Nach dem GKG. älterer Fassung (§ 21) hatte der gerichtliche Vergleich, der aufgenommen wurde, bevor eine Beweisanordnung erfolgt oder eine andere gebührenpflichtige Entscheidung erlassen wurde, den Wegfall der Verhandlungsgebühr zur Folge, soweit der Vergleichsgegenstand sich mit dem Streitgegenstand der gebührenpflichtigen Verhandlung deckte. Soweit sich der Vergleich auf den Gegenstand einer Beweisanordnung bezog, minderte sich gemäß § 22 GKG. ä. F. die Beweisgebühr auf die Hälfte. Für den gerichtlichen Vergleich selbst aber wurde eine besondere („Entscheidungs"-)Gebühr von $^3/_{10}$ gemäß § 23 Abs. 2 erhoben. Der außergerichtlich abgeschlossene und dem Gerichte mitgeteilte Vergleich war nicht gebührenpflichtig, hatte aber auch nicht die in den §§ 21 und 22 vorgesehenen Wirkungen.

2 Durch die VO. über die gerichtliche Bewilligung von Zahlungsfristen vom 7. Aug. 1914, 20. Mai 1915, 8. Juni 1916[1]) wurde der Abschluß eines Vergleichs noch weiter privilegiert. Nach § 6 Abs. 1 dieser VO. sollten alle Gerichtsgebühren nur zur Hälfte erhoben werden, wenn ein Rechtsstreit durch einen gerichtlichen oder dem Gerichte mitgeteilten Vergleich erledigt wurde; überstieg der Streitwert nicht 100 M., so wurden in diesem Falle überhaupt keine Gebühren erhoben. Das GKG. vom 29. Juni 1921 (RGBl. 797) hat dann an Stelle dieser Vorschriften den § 23a eingefügt, der die Privilegierung wieder etwas einschränkte und lautete: „Wird ein Rechtsstreit vor Erlaß des erstinstanzlichen Urteils durch einen vor Gericht abgeschlossenen oder dem Gericht vor diesem Zeitpunkt seinem vollen Inhalt nach mitgeteilten

---

[2]) Ebenso: Rittmann-Wenz § 22 Anm.; Jonas § 22 Anm.; Baumbach § 22 Anm. 1.

[1]) Ebenso: § 14 der VO. über die Geltendmachung von Hypotheken v. 8. Juni 1916.

Vergleich erledigt, so werden die Gerichtsgebühren nur zur Hälfte erhoben; übersteigt der Streitwert nicht 100 M., so werden Gerichtsgebühren nicht erhoben."

Diese Bestimmung galt bis zum 15. Februar 1923. Die neue Regelung durch das jetzt geltende GKG. beseitigte die selbständige Vergleichsgebühr, abgesehen von dem Falle des § 36, der eine solche nur bezüglich des den Streitwert übersteigenden Gegenstandswertes eines gerichtlichen Vergleiches beibehielt. Im übrigen berührt der Vergleich als solcher weder die bereits entstandene Prozeßgebühr (vorbehaltlich der Wirkungen einer auf Grund des außergerichtlichen Vergleichs erfolgenden Klagezurücknahme nach § 29 GKG.) noch die einmal entstandene Urteilsgebühr. Dagegen beseitigt er die Beweisgebühr, sofern er bei Gericht abgeschlossen oder dem Gericht mitgeteilt wurde. Das ist der Inhalt des § 23. 3

II. Die Voraussetzungen des Wegfalls der Beweisgebühr. 4

A. Der Begriff des Vergleichs.

1. Ebenso wie in § 13 [3] RAGebO. ist der Begriff des Vergleichs auch hier im zivilrechtlichen Sinne zu verstehen. Die Annahme eines besonderen prozeßrechtlichen Vergleichsbegriffes, wonach jede den Prozeß ganz oder teilweise beendigende, bei Gericht zustande gekommene gütliche Einigung einen „Vergleich" im Sinne der ZPO. darstellt [2]), ist schon deshalb von der Hand zu weisen, weil dieser Begriff den außergerichtlichen Vergleich nicht decken würde und eine verschiedene Behandlung beider Arten von Vergleichen hier nicht zu erklären wäre.

2. Der Vergleich ist also auch im Sinne der ZPO. und der Kostengesetze ein Vertrag, durch den der Streit oder die Ungewißheit der Parteien über ein Rechtsverhältnis im Wege gegenseitigen Nachgebens beseitigt wird. Der Ungewißheit über ein Rechtsverhältnis steht es gleich, wenn die Verwirklichung eines Anspruchs unsicher ist (§ 779 BGB.). Es muß also vor allem das Erfordernis des gegenseitigen Nachgebens vorhanden sein, das allerdings auch auf rein prozessualem Gebiete liegen kann: so wenn der Gläubiger für die zwar unbestrittene, aber unsichere Forderung einen Vollstreckungstitel oder eine Sicherung erhält. Aus diesem Gesichtspunkte wird die in Form des gerichtlichen Vergleichs abgeschlossene Vereinbarung regelmäßig auch dann als Vergleich im Rechtssinne zu erachten sein, wenn der Beklagte ohne jede Stundung Hauptsache, Zinsen und Kosten zu zahlen verspricht. 5

3. Die bloße — mit Kostenpflicht verbundene — Zurücknahme der Klage oder eines Rechtsmittels ist, auch wenn sie in Vereinbarungsform gekleidet ist, an sich kein Vergleich [3]). Doch kann der Verzicht auf Kostenurteil oder — bei Zurücknahme nach Sachverhandlung — die Zustimmung des Beklagten ein „Nachgeben" bedeuten. Ob ein solches wirklich gewollt war, ist mangels deutlicher Erklärungen Auslegungsfrage. 6

Die Erklärung der Parteien, daß der Prozeß sich in der Hauptsache erledigt habe und daß eine Partei alle Kosten übernehme, kann ein Vergleich sein, nämlich dann, wenn zum Ausdruck gebracht werden soll, daß die Parteien sich über die strittige Frage der Erledigung in dieser Weise geeinigt haben. Aber es kann sich auch bloß um die Feststellung einer an sich unbestrittenen Tatsache (der Erledigung der Hauptsache) handeln. Ob dann im Kostenpunkt ein Vergleich oder nur eine Unterwerfung vorliegt, ist wiederum Auslegungsfrage.

4. Da der Vergleich ein zivilrechtlicher Begriff ist, so setzt er auch einen Gegenstand voraus, über den man sich mit zivilrechtlicher Gültigkeit vergleichen kann. Ein solcher 7

---

[2]) So: Baumbach ZPO. [3] § 794 Anm. 2 A; Förster-Kann Anm. 4 vor § 128. Uns. M.: Die herrschende Meinung, z. B. Stein-Jonas § 794 Anm. II; Stein-Juncker Grundriß [2] 182; Jonas § 23 Anm. 2.

[3]) Zur Vermeidung von Zweifeln wird meist eine kurze Stundung bewilligt. — Warum die Vereinbarung, daß der Bekl. seinen Einspruch gegen ein Versäumnisurteil zurückziehe und alle Kosten trage, wogegen der Kläger die Kosten bis zu einem bestimmten Tage stunde, keinen Vergleich darstellen soll, wie OLG. 13, 253 = SächsOLG. 27, 177 (Dresden) annimmt, ist nicht ersichtlich.

Gegenstand ist z. B. nicht die Lösung oder Aufrechterhaltung einer Ehe. Auch die Verzeihung von Scheidungsgründen ist kein zivilrechtlicher Vertrag, kein Vergleich im Rechtssinne. Anders liegt der Fall, wenn bereits ein Urteil im Eheprozesse ergangen ist und die Zurücknahme des Rechtsmittels etwa gegen gewisse Vorteile in der Unterhaltsfrage vereinbart wird. Dieser Vertrag ist möglich und bindend, sofern er nicht etwa in concreto gegen die guten Sitten verstößt (z. B. wenn das Scheidungsurteil erschlichen war und nun gegen Entgelt aufrecht erhalten werden soll)[4].

8 5. Auch sonstige Gründe, die den Vergleich als zivilrechtlich unwirksam oder nichtig erscheinen lassen, führen dazu, daß er eine Wirksamkeit im Sinne des § 23 nicht äußert. Die Frage liegt hier erheblich einfacher und klarer als im Anwaltsgebührenrecht. Dort wird die Tätigkeit zur Herbeiführung eines Vergleichs, die Mitwirkung bei seinem Zustandekommen honoriert und es wäre unbillig, wenn der RA. die Gebühr einbüßen sollte, weil der von ihm zustande gebrachte Vergleich aus Gründen, die er nicht erkennen konnte, sich nachträglich als unwirksam erweist (etwa nach § 779 BGB. oder durch Anfechtung wegen Betrugs)[5]. Im § 23 GKG. aber handelt es sich gar nicht um eine Tätigkeit des Gerichts oder um die Gebühr für eine solche, sondern nur darum, daß der Rechtsstreit durch einen Vergleich erledigt wurde. Ein nichtiger oder wirkungsloser Vergleich aber ist kein Vergleich und er kann auch als solcher den Rechtsstreit nicht erledigen. Das gilt also im Falle der Nichtigkeit wegen Formmangels, im Falle des Nichteintritts der aufschiebenden, des Eintritts der auflösenden Bedingung beim bedingten Vergleich[6], bei erfolgreicher Anfechtung wegen Betrugs oder Irrtums, bei Unwirksamkeit nach § 779 BGB. usw.

9 Dagegen ist eine nachträgliche Wiederaufhebung des einmal wirksam zustande gekommenen Vergleichs auch kostenrechtlich ohne Belang. Die Wirkungen des § 23 bleiben in Kraft. Das gilt also z. B. auch bei einem Rücktritt nach § 326 BGB.[7]).

10 6. Zwischenvergleiche, die zunächst nur zur Aufschiebung, nicht zur endgültigen Erledigung des Rechtsstreits abgeschlossen werden, kommen — im Gegensatz zum Anwaltsgebührenrecht[8]) — nach § 23 GKG. nicht in Betracht, da sie den Prozeß nicht beendigen.

11 B. Die Erledigung des Rechtsstreits durch den Vergleich.

1. Der gerichtliche Vergleich erledigt den Rechtsstreit ganz oder betreffs eines Teiles des Streitgegenstandes (§ 794 Nr. 1 ZPO.), wenn er den unter A angeführten Voraussetzungen entspricht. Um (ganz oder teilweise) die prozeßbeendigende Wirkung zu haben, die § 23 GKG. voraussetzt, muß der gerichtliche Vergleich in den Formen der §§ 160, 162 ZPO. vor einem deutschen Gerichte (dem Prozeßgericht, einem beauftragten oder ersuchten Richter oder nach § 118a ZPO.)[9]) protokolliert oder gemäß § 160 Abs. 2 ZPO. dem Sitzungsprotokoll als Anlage beigefügt sein. Sollte es an dieser Form im einzelnen irgendwie fehlen (die Anlage ist z. B. im Sitzungsprotokoll nicht erwähnt oder § 162 wurde nicht beachtet), so wird doch regelmäßig wenigstens die Mitteilung des Vergleiches an das Gericht vorliegen, die gleichfalls die im § 23 vorgesehene Wirkung hat.

---

[4]) Gl. M.: KGBl. 1910, 108 (LG. II Berlin); LG. Crefeld Bbl. 1921, 206; Walter-Joachim-Friedlaender RAGebO. § 13 Anm. 58. A. M.: KG. ZDJustAmtm. 1926, 142.

[5]) Vgl. Walter-Joachim-Friedlaender RAGebO. § 13 Anm. 61.

[6]) Stein-Jonas § 794 Anm. II 3.

[7]) Stein-Jonas § 794 Anm. II 3.

[8]) Walter-Joachim-Friedlaender RAGebO. § 13 Anm. 62.

[9]) Über Vergleiche, die vor einem nicht mit der Sache befaßten ordentlichen Gericht, vor Sondergerichten, Gerichten der freiwilligen Gerichtsbarkeit, ausländischen Gerichten usw. abgeschlossen werden, vgl. Stein-Jonas § 794 Anm. II 2. Kostenrechtlich sind die dort erörterten Fragen kaum von Bedeutung: sobald ein solcher Vergleich dem Prozeßgericht mitgeteilt wird, hat er die Wirkungen des § 23. — Der Fall des § 118a ZPO. kann (theoretisch) auch nach einer Beweisanordnung vorkommen (unzutreffend daher: Stein-Jonas § 98 Anm. IV Abs. 2).

2. Der außergerichtliche Vergleich beendigt prozessual den Rechtsstreit nicht [10]. Er kann nur den Anlaß zur Beendigung durch Zurücknahme der Klage, des Rechtsmittels usw. bilden. Auch die bloße Mitteilung eines außergerichtlichen Vergleichs an das Gericht ist prozessual keine Beendigung des Rechtsstreites. Aus diesen Feststellungen ergibt sich bereits, daß die „Erledigung“ des Rechtsstreits im Sinne des § 23 kein streng prozessualer Begriff sein kann. Wir haben es hier mit einem jener Fälle zu tun, in denen das GKG. Ausdrücke aus dem Prozeßrecht entnimmt, ihnen aber eine etwas weitere Bedeutung beilegt (vgl. oben § 1 Anm. 23). 12

Die Beendigung des Verfahrens oder der Instanz durch Vergleich kommt auch in § 75 GKG. vor und sie bezieht sich auch dort nach längst herrschender Meinung sowohl auf den gerichtlichen wie den außergerichtlichen Vergleich. Es ist aber selbstverständlich, daß letzterer eine Erledigung des Verfahrens erst dann herbeiführen kann, wenn er dem Gerichte bekannt geworden ist. § 23 hebt also durch das Erfordernis der Mitteilung nur etwas an sich Selbstverständliches hervor.

Diese Mitteilung ist in keiner Weise als Formalakt gedacht: sobald das Gericht in zuverlässiger Weise davon Kenntnis erlangt, daß die Parteien sich verglichen haben, also den Prozeß erledigen wollten, ist den Erfordernissen und dem Zwecke des § 23 genügt. Die zuverlässigste Form dieser Mitteilung ist natürlich die beiderseitige Anzeige an das Gericht. Aber es wird regelmäßig auch genügen, wenn eine Partei in unverdächtiger Weise eine Abschrift der Vergleichsurkunde zum Gerichtsakt bringt (z. B. durch ihren Anwalt eine von ihm beglaubigte Abschrift) [11]. Besteht irgendein besonderer Anlaß zu Zweifeln, so kann ja das Gericht beim Prozeßgegner anfragen. Ist der Vergleich z. B. in öffentlicher Urkunde (vor der Aufwertungsstelle, vor einem Notar usw.) aufgenommen, so genügt in aller Regel sogar die Mitteilung der Urkunde durch einen Dritten, um die zuverlässige Kenntnis des Gerichts von der Prozeßbeendigung zu begründen — mag der Dritte nun „Vergleichspartei“ sein (§ 794 Nr. 1 ZPO.) oder nicht. Aus dem Gesagten ergibt sich zugleich, daß die Mitteilung, die § 23 im Auge hat, keineswegs dem Anwaltszwange unterliegt [12] (sie ist keine Prozeßhandlung), wenn auch in der Praxis im Anwaltsprozesse die Mitteilung regelmäßig durch die Prozeßbevollmächtigten erfolgen wird und eine Abweichung von diesem Regelsatz Anlaß zu Mißtrauen in die Zuverlässigkeit der Mitteilung geben kann (keineswegs muß: man denke etwa an den Fall, daß der Verkehrsanwalt den von ihm abgeschlossenen Vergleich mitteilt oder der Anwalt des Vergleichsbürgen die Mitteilung macht). 13

Wieweit muß sich inhaltlich die Mitteilung, d. h. die zuverlässige Kenntnis des Gerichts von dem Abschluß eines Vergleichs, erstrecken? Die Beantwortung ergibt sich aus dem Zweck des Gesetzes. Die Beweisgebühr soll, soweit der ihr zugrundeliegende Streitgegenstand durch den Vergleich erledigt wird, in Wegfall kommen. Der Zweck der Mitteilung ist, das Gericht und seine Organe instand zu setzen selbst zu beurteilen, ob und inwieweit der Prozeß bzw. der Gegenstand der Beweisanordnung durch Vergleich erledigt ist. Die hiefür nötigen Unterlagen muß also das Gericht haben, wenn ein Wegfall der Beweisgebühr in Betracht kommen soll. Daher genügt keinesfalls die bloße Mitteilung, daß ein außergerichtlicher Vergleich zustandegekommen sei. Es muß vielmehr der Inhalt des Vergleichs mitgeteilt werden, soweit er für die Beurteilung der oben erwähnten Frage von Wesentlichkeit ist. Werden einzelne Bestandteile des Vergleiches ersichtlich fortgelassen, so kann das Gericht Veranlassung nehmen, Ergänzung zu verlangen. Der fortgelassene Teil kann ja z. B. ein formloser Immobiliarkaufvertrag, eine formlose Verkaufsabrede sein, die den ganzen Vergleich nichtig macht. Natürlich wird das Gericht von diesem Recht nur 14

---

[10] Stein-Juncker 286; Stein-Jonas § 271 Anm. I.

[11] Baumbach § 23 Anm. 2 verlangt Mitteilung des vollinhaltlichen Vergleichs von beiden Parteien, da sonst keine Gewähr für die Richtigkeit der Mitteilung bestehe. Richtig: Rittmann-Wenz § 23 Anm. 1.

[12] A. M. (ohne Begründung): Baumbach § 23 Anm. 2.

dann Gebrauch machen, wenn es besonderen Anlaß hat, der unvollständigen Mitteilung zu mißtrauen. Der Gesichtspunkt der zuverlässigen Kenntnis von dem Vergleichsabschluß ist auch in dieser Frage der maßgebende. So wird z. B. auch die einseitige, bloß referierende Darstellung des Vergleichsinhalts häufig als nicht genügend angesehen werden, während das Gericht sich mit der Mitteilung einer vollständigen Vergleichsabschrift auch bloß seitens des einen Parteianwalts meist begnügen wird[13])[13a]).

15 3. Die Erledigung des Rechtsstreites durch einen Vergleich ist zuweilen nur eine scheinbare. Das einfachste Beispiel hiefür ist der Fall, daß eine Mitteilung an das Gericht erging, die zunächst für zuverlässig gehalten wurde, sich dann aber als unrichtig erwies (z. B. weil der Vergleich wie ein unbedingter außergerichtlich niedergeschrieben, in Wirklichkeit aber nur bedingt abgeschlossen und vorzeitig von einer Partei dem Gerichte mitgeteilt wurde). Hier sind natürlich die Wirkungen des § 23 in Wahrheit nicht eingetreten und, wenn die Folgerungen aus dem scheinbaren Vergleichsschluß schon gezogen waren, sind sie wieder rückgängig zu machen.

Nicht anders liegt im Grunde genommen der Fall, in dem ein zustande gekommener Vergleich vom Gerichte ursprünglich für gültig gehalten, später aber von Amts wegen als nichtig behandelt wurde. Dieser Fall spielt praktisch kaum eine Rolle.

16 Wichtig dagegen sind die Fälle, in denen nachträglich eine Partei den Versuch macht, den Vergleich als unwirksam oder nichtig zu bezeichnen und deshalb den scheinbar beendigten Prozeß wiederaufzunehmen. Die Frage, ob und inwieweit dies zulässig sei, ob immer oder nie oder nur unter gewissen Umständen ein neuer Prozeß über die Anfechtung usw. des Vergleichs geführt werden sollte[14]), kommt für unsere kostenrechtlichen Fragen nicht in Betracht. Wenn tatsächlich der Streit über die Gültigkeit des (gerichtlichen oder außergerichtlichen) Vergleichs im gleichen Prozesse weitergeführt wird und das Gericht den Vergleich für unwirksam erklärt, so treten damit auch die kostenrechtlichen Wirkungen des Vergleichs wieder außer Kraft; sie waren nur scheinbar vorhanden. Erkennt die Gegenpartei die Unwirksamkeit des Vergleichs an, so ergibt sich dieselbe Folge[15]). Wird aber der Vergleich durch gerichtliche Entscheidung für gültig erklärt, so bleibt es dabei, daß die kostenrechtlichen Wirkungen des Vergleichs endgültig eingetreten waren. Der tatsächliche Fortgang des Prozesses über die Frage der Gültigkeit des Vergleiches kann hieran nichts ändern; der Prozeß, über dessen Gegenstand die Beweisanordnung erfolgt war, erweist sich ex tunc als beendigt. Freilich: wenn in dem „Nachverfahren" neuerdings Beweis (über die Gültigkeit des Vergleichs) angeordnet wurde, so entsteht jetzt eine neue Beweisgebühr, die auch bei Wegfall der früheren bestehen bleibt.

17 Wird das Urteil über die Gültigkeit des Vergleichs rechtskräftig abgeändert, so muß dies auch auf die kostenrechtlichen Folgen einwirken. Kommt es z. B. in letzter Instanz zur Anerkennung des vorher für nichtig erklärten Vergleiches, so bleibt es auch wieder bei seinen kostenrechtlichen Wirkungen.

18 4. Wann muß der Vergleich geschlossen und mitgeteilt sein, um die Wirkungen des § 23 auszulösen?

§ 23 a GKG. in der Fassung vom 29. Juni 1921 legte — im Gegensatz zum Kriegsrechte (§ 6 ZahlfristVO.) — nur denjenigen Vergleichen die kostenmindernde Wirkung (Herabsetzung aller Gebühren auf die Hälfte) bei, die vor Erlaß des erst-

---

[13]) § 23 a GKG. (in der Fassung vom 29. Juni 1921) — s. o. Anm. 2 — verlangte, daß der Vergleich „seinem vollen Inhalt nach mitgeteilt" wurde. Diese strengere Fassung hat das neue GKG. nicht übernommen. Die neue Fassung entspricht wieder der des § 6 Abs. 1 ZahlfristVO. (oben Anm. 2 im Anfang).

[13a]) OLG. Königsberg JW. 1928, 127[18] begnügt sich mit der Mitteilung, daß sich die Parteien verglichen haben, und der Angabe, wer die Kosten übernommen habe. Dazu Anm. Thiersch. Anderseits verlangt Sydow-Busch-Krieg[11] § 23 Anm. 2 zuviel.

[14]) Vgl. hiezu RGZ. 65, 420; 78, 286; 106, 312; Baumbach ZPO.[3] § 794 Anm. 2 B; Stein-Juncker[2] 183; Stein-Jonas § 794 Anm. II 3 a.

[15]) Stein-Jonas § 794 Anm. II 3 a (zu Fußnote 61).

instanzlichen Urteils abgeschlossen und dem Gerichte vollinhaltlich mitgeteilt waren. Diese Einschränkung hat das neue GKG. in § 23 nicht übernommen. Die Geltung dieser Vorschrift ist also nicht auf den in erster Instanz zustande gekommenen Vergleich beschränkt.

Wohl aber tritt die kostenmindernde Wirkung des Vergleichs nur dann ein, wenn bei Abschluß des gerichtlichen oder Mitteilung des außergerichtlichen Vergleichs die Instanz, in der die Beweisanordnung erfolgte, noch nicht beendet war. Diese Auslegung, die auch bei Anwendung des früheren § 22 Abs. 2 GKG.[16]) allgemein anerkannt war, ergibt sich schon aus dem Zweck des Gesetzes: nur wenn der Vergleich noch mindernd auf die Tätigkeit des Gerichts einwirkt, soll er die gebührenmindernde Wirkung ausüben[17]). Ist aber bereits ein (unbedingtes) Endurteil ergangen, so kann der Abschluß oder die Mitteilung des Vergleichs diese Wirkung nicht mehr haben. Wird in der Berufungsinstanz ein Vergleich abgeschlossen, so fällt nur die in dieser Instanz entstandene Beweisgebühr fort, während die im ersten Rechtszuge angefallene bestehen bleibt.

Der Instanzbegriff ist der des Gerichtskostengesetzes. Vgl. §§ 25 19
bis 27. Wenn also ein Versäumnisurteil erlassen und vor seiner Rechtskraft ein Vergleich geschlossen wurde, so findet § 23 Anwendung[18]). Wenn ein Vorbehaltsurteil nach § 302 ZPO. oder nach § 599 ZPO. erging (vgl. § 25 Abs. 2 GKG.) oder ein Zwischenurteil über den Grund des Anspruchs, über prozeßhindernde Einreden usw., so wird dadurch die betreffende Instanz nicht oder nicht notwendig erledigt. Kommt im Verfahren über den Betrag des Anspruchs ein Vergleich zustande, so fällt die vor dem Grundurteil entstandene Beweisgebühr fort[19]); wird das Zwischenurteil angefochten und es kommt nun in der Berufungsinstanz ein Vergleich auch über die Höhe zustande, so erledigt dieser Vergleich auch die noch anhängige erste Instanz; es fällt daher die vor dem Grundurteil entstandene Beweisgebühr, zugleich aber auch eine etwa in der Berufungsinstanz angefallene Beweisgebühr wieder fort[20]). Das bedingte Endurteil wird wie ein Zwischenurteil behandelt; das eben Gesagte gilt also entsprechend[21]). Nach Zurückverweisung einer Sache an das untere Gericht nimmt die frühere Instanz vor diesem ihren Fortgang (§ 27 Abs. 2 GKG.). Ein nunmehr bei Gericht abgeschlossener oder ihm mitgeteilter Vergleich beseitigt daher auch eine vor Erlassung des aufgehobenen Endurteils entstandene Beweisgebühr.

Wird die Instanz nicht durch ein Urteil, sondern auf andere Weise, z. B. durch 20
Zurücknahme beendigt, so kommt es auch hier für die Frage, ob die Wirkungen des § 23 eintreten, darauf an, ob im Zeitpunkte der Beendigung der Instanz der Vergleich dem Gerichte bereits mitgeteilt, d. h. seinem wesentlichen Inhalt nach zuverlässig bekannt war. Trifft dies nicht zu, so war der Prozeß oder die Instanz nicht durch die Mitteilung, sondern schon vorher durch Zurücknahme erledigt[21a]). Eine gewisse Vorsicht ist also hier im Kosteninteresse geboten.

5. Der Vergleich kann prozeßbeendende Wirkung nur haben, wenn er zwischen 21
den einander gegenüberstehenden Parteien — eventuell unter Mitwirkung dritter

---

[16]) Derselbe ermäßigte die Beweisgebühr auf die Hälfte, „soweit bezüglich des durch die Beweisanordnung betroffenen Gegenstandes ein zur Beilegung des Rechtsstreits abgeschlossener Vergleich aufgenommen ... wird". Hiezu vgl. etwa Rittmann-Wenz GKG.[5] (1921) § 22 zu Abs. 2 Anm. 2.

[17]) So: OLG. Celle JW. 1925, 845[28] und Geiershöfer daselbst. Im Ergebnis ebenso: Rittmann-Wenz § 23 Anm. 2; Jonas § 23 Anm. 3; Baumbach § 23 Anm. 3. Vgl. auch RG. JW. 1916, 598; OLG. München JW. 1919, 54.

[18]) LG. Berlin I JW. 1922, 1541[4].

[19]) Baumbach § 23 Anm. 3.

[20]) Ebenso: KG. JW. 1922, 500; OLG. Hamm JW. 1922, 1534; OLG. Düsseldorf JW. 1923, 24. A. M.: OLG. München BayZ. 1927, 81 Nr. V (ohne nähere Begründung).

[21]) Zutreffend: LG. Dortmund 8. Febr. 1927 IX 5. 0. 20/26 in „der RA.- und Notariatsbeamte" 1927, 40.

[21a]) OLG. München JW. 1919, 54 (zur ZahlFristBek.).

Personen (§ 794 Nr. 1 ZPO.) — abgeschlossen wird. Ein Vergleich zwischen mehreren Streitgenossen käme dagegen auch kostenrechtlich nicht in Frage[22]).

22 **III. Die Wirkung des Vergleichs auf die Beweisgebühr.**

Wir haben im vorstehenden gesehen, unter welchen Voraussetzungen der Abschluß eines gerichtlichen oder die „Mitteilung" eines außergerichtlichen Vergleichs den Wegfall der bereits entstandenen Beweisgebühr zur Folge hat. Insbesondere ist die Identität der Instanz als notwendig bezeichnet worden. Notwendig ist aber ferner die Identität des Streitgegenstandes, auf den sich die Beweisanordnung bezog, mit dem Gegenstande des Vergleichs — oder anders ausgedrückt: die gebührenrechtliche Wirkung des Vergleichs tritt nur insoweit ein, als derselbe den gleichen Streitgegenstand betrifft wie die Beweisanordnung. In § 22 Abs. 2 des GKG. älterer Fassung war dies dadurch besonders zum Ausdruck gebracht, daß das Gesetz den Abschluß eines Vergleiches „bezüglich des durch die Beweisanordnung betroffenen Gegenstandes" forderte. Nach Sinn und Wortlaut des geltenden § 23 ist aber zweifellos das Gleiche gemeint. Im einzelnen ergibt sich folgendes:

23 1. Der normale Fall ist der, daß Beweisgegenstand und Vergleichsgegenstand sich decken. Wenn 3000 RM. eingeklagt sind, über 1000 RM. Beweis angeordnet und dann nur über diese 1000 RM. ein Vergleich geschlossen wird, so fällt die Beweisgebühr aus 1000 RM. nachträglich fort. Ebenso, wenn der Vergleich die ganzen 3000 RM. betrifft.

24 2. Ist aber über 3000 RM. Beweis angeordnet (so daß die Beweisgebühr 60 RM. betrug) und nur über 1000 RM. ein Vergleich geschlossen (etwa weil die restigen 2000 RM. vorher anerkannt und bezahlt oder durch Teilurteil zugesprochen wurden), so fällt die Beweisgebühr nur teilweise fort. Wie aber erfolgt die Berechnung? Läßt man die Beweisgebühr aus 1000 RM. (= 30 RM.) fortfallen, so verbleibt ein Rest von 60 — 30 = 30 RM. Läßt man sie bezüglich eines Betrages von 2000 RM. bestehen, so verbleiben 50 RM. Auch § 14 GKG. gibt keine Antwort darauf, wie diese Frage zu entscheiden sei. Es kommt vielmehr auf die zeitliche Reihenfolge der verschiedenen Arten der Erledigung (Vergleich einerseits, Zurücknahme, Urteil usw. anderseits) an. Wird zuerst der Vergleich geschlossen (und mitgeteilt), so erlischt die Beweisgebühr hinsichtlich des Teilbetrages von 1000 RM.; es können nur 30 RM. erhoben werden. Werden aber zuerst 2000 RM. durch Urteil, Zurücknahme usw. erledigt, so kann der Vergleich bezüglich dieser 2000 RM. nach den oben (Anm. 18 ff.) aufgestellten Grundsätzen keine Wirkung mehr ausüben: die Beweisgebühr aus 2000 RM. = 50 RM. bleibt also bestehen und es können nur 10 RM. in Wegfall kommen[23]).

25 3. Wird in den Vergleich, wie es oft vorkommt, ein bereits durch Teilurteil in der Instanz erledigter, aber materiell noch unerledigter Anspruch mit aufgenommen, so kann dieser Fall nicht anders behandelt werden als der zuletzt erörterte; denn für die Instanz war der mitverglichene Anspruch kostenrechtlich erledigt; mithin wird er insoweit auch kostenrechtlich von dem Vergleich nicht mehr betroffen[24]).

26 4. Wird die Beweiserhebung über einen Anspruch von 1000 RM. angeordnet, der Vergleich aber über eine andere Forderung zu 1000 RM. geschlossen, so bleibt die Beweisgebühr unberührt. Ebenso ist zu entscheiden, wenn der Vergleich sich (etwa nach Erledigung der Hauptsache, über die Beweis erhoben wurde) nur auf die Kosten bezieht[25]).

---

[22]) Baumbach § 23 Anm. 1.

[23]) Die Äußerungen der Literatur sind in dieser Frage nicht ganz klar; vgl. Rittmann-Wenz § 23 Anm. 4; Baumbach § 23 Anm. 3.

[24]) Unzutreffend daher Rittmann-Wenz § 23 Anm. 3 a. E., der anscheinend hier von den ganz andersartigen, für die anwaltschaftliche Vergleichsgebühr in ähnlichen Fällen geltenden Grundsätzen ausgeht.

[25]) Vgl. Walter-Joachim-Friedlaender RAGebO. § 25 Anm. 10; Willenbücher § 25 Anm. 2; RGZ. 33, 405. A. M.: OLG. 15, 187 (Hamburg). — Sollte es

5. Folgt die Beweisanordnung dem Vergleich oder seiner Mitteilung zeitlich 27
nach, so kommt ein Wegfall der Beweisgebühr überhaupt nicht in Frage. Vgl. hiezu oben Anm. 16 a. E.

§ 24.

Für eine auf Grund des § 272 b der Zivilprozeßordnung getroffene Anordnung des Gerichts wird die Beweisgebühr nur dann erhoben, wenn auf Grund der Anordnung vor der mündlichen Verhandlung eine Beweisaufnahme stattgefunden hat.

Vorbemerkung.

§ 24 enthält eine Sonderbestimmung hinsichtlich der Beweisgebühr.

Übersicht.

I. Entstehungsgeschichte. 1

Das ältere GKG. enthielt seit der Novelle vom 1. Juni 1909 in § 22 a folgende Bestimmung:

> Für eine auf Grund des § 501 ZPO. getroffene Anordnung des Gerichts wird die Beweisgebühr nur dann erhoben, wenn auf Grund der Anordnung vor der mündlichen Verhandlung eine Beweisaufnahme stattgefunden hat.

Diese Bestimmung ging als § 24 wörtlich in das GKG. vom 21. Dezember 1922 über. Durch die BeschleunigungsVO. vom 22. Dez. 1923 (RGBl. I 1239) wurden dann die im früheren § 501 ZPO. vorgesehenen Anordnungen auch für das Verfahren von den Land- und Oberlandesgerichten eingeführt (Art. I A, § 23 EntlVO.).

Die ZPrNovelle vom 13. Febr. 1924 bestimmte in Art. II Nr. 23: „Die Vorschrift des § 501 tritt in der folgenden Fassung als § 272 b hinter § 272 a." Daraus ergab sich von selbst, daß von nun ab auch im § 24 GKG. an Stelle der Worte „des § 501 ZPO." die Worte „des § 272 b ZPO." zu treten hatten. Eine ausdrückliche Änderung des § 24 GKG. hat der Gesetzgeber erst bei der Neutextierung des Jahres 1927 vorgenommen.

II. Der Inhalt des Paragraphen. 2

1. Eine Beweisanordnung fand nach der älteren ZPO. regelmäßig erst nach mündlicher Verhandlung (bzw. nach schriftlicher Verhandlung auf Grund der EntlVO.) statt. § 272 b ZPO. neuer Fassung hat aber den Grundsatz aufgestellt, daß der Rechtsstreit tunlichst in einer einzigen mündlichen Verhandlung erledigt werden soll. Der Vorsitzende oder ein von ihm zu bestimmendes Mitglied des Prozeßgerichts — nicht minder der Einzelrichter oder im Parteiprozesse: der Amtsrichter — hat daher schon vor der mündlichen Verhandlung alle Anordnungen zu treffen, die zur Erreichung jenes Zieles angebracht erscheinen. Das gilt nicht nur für die erste, sondern auch für eine spätere mündliche Verhandlung[1]. Zu diesem Zwecke kann er insbesondere:

---

vorkommen, daß bei noch schwebender Hauptsache ein Vergleich nur über die Kosten geschlossen wurde (die prozessuale Zulässigkeit eines solchen Vergleiches ist hier nicht zu erörtern), so würde im Ergebnis ebenso zu entscheiden sein wie oben.

[1]) Baumbach ZPO.[3] § 272 b Anm. 3.

a) den Parteien die Vorlegung von Urkunden, Stammbäumen, Plänen, Rissen und Zeichnungen aufgeben (§ 272 b Abs. 2 Nr. 1 ZPO.);

b) Behörden oder Beamte um Mitteilung von Urkunden oder um Erteilung einer amtlichen Auskunft ersuchen (§ 272 b Abs. 2 Nr. 2 ZPO.); hierher gehört insbesondere auch die Beiziehung von Akten;

c) Zeugen, auf die eine Partei sich bezogen hat, zur mündlichen Verhandlung laden oder von ihnen nach § 377 Abs. 3, 4 ZPO. schriftliche Auskünfte erholen (§ 272 b Abs. 2 Nr. 4);

d) die Einnahme eines Augenscheins anordnen und ausführen (§ 272 b Abs. 2 Nr. 5 ZPO.);

e) die Begutachtung durch Sachverständige anordnen und ausführen oder die Sachverständigen zur mündlichen Verhandlung laden.

Anordnungen der unter c—e bezeichneten Art *sollen* nur ergehen, wenn der Beklagte dem Klageanspruche bereits widersprochen hat. Gebührenrechtlich ist aber diese Vorschrift, ebenso wie die übrigen Bestimmungen der Abs. 3 und 4 des § 272 b ZPO. belanglos; denn eine Anordnung auf Grund des § 272 b liegt auch dann vor, wenn das Gericht Zeugen geladen oder schriftlich vernommen hat, ehe der Klageanspruch streitig wurde. Auch sonst gilt hinsichtlich der *Zulässigkeit* einer Anordnung nach § 272 b und der kostenrechtlichen Bedeutung von formellen Verstößen bei der Anordnung und Erhebung von Beweisen das in Anm. 19—22 zu § 20 GKG. Gesagte: wird also z. B. ein Zeuge schriftlich ohne Vorliegen der Voraussetzungen des § 377 Abs. 3, 4 oder ohne Erfordern einer eidesstattlichen Versicherung oder selbst mündlich (vor der Verhandlung) einvernommen, so ist dies kostenrechtlich dennoch eine Beweisaufnahme[2]).

3 2. Der gesetzgeberische Gedanke des § 24 GKG. ist folgender: die Anordnungen des § 272 b sind regelmäßig nur vorbereitender Natur. Ob sie wirklich zur Beweisaufnahme führen, entscheidet sich meist erst in der mündlichen Verhandlung; entschließt sich in dieser das Gericht, den Beweis *nicht* zu erheben, so wäre es unbillig, die Parteien mit einer Gebühr zu belasten, da dann die Vorbereitungshandlung sich als unnötig erweist. Nur wenn die Anordnung bereits vor der Verhandlung zu einer Erhebung des Beweises führte, muß auch die Gebühr anfallen. Kommt es erst *auf Grund der Verhandlung* zur Beweisaufnahme, so kommt ja hiedurch ohnedies eine Beweisgebühr zur Entstehung.

4 3. Da § 24 für die Entstehung der Beweisgebühr in den hier behandelten Fällen verlangt, daß auf Grund der Anordnung vor der mündlichen Verhandlung *eine Beweisaufnahme stattgefunden* habe, so muß nunmehr erörtert werden, *wann diese Voraussetzung zutrifft.*

a) Das Gesetz verlangt nicht, daß „*die* angeordnete Beweisaufnahme stattgefunden", sondern nur, daß auf Grund der Anordnung *eine* Beweisaufnahme stattgefunden habe. Daraus folgt, daß nicht die *ganze* Anordnung vor der mündlichen Verhandlung vollzogen sein muß; es genügt, daß „eine" Beweisaufnahme stattgefunden hat. Im GKG. älterer Fassung war in § 22 bestimmt: „Die Beweisgebühr wird nur zur Hälfte erhoben, wenn die angeordnete Beweisaufnahme *weder ganz noch teilweise stattgefunden hat.*" Daraus ergibt sich, daß nach dem Sprachgebrauche des Gesetzes (das neben dem früheren § 22 a — s. o. Anm. 1 — bestand) auch schon eine teilweise Vornahme der Beweiserhebung als ein „Stattfinden" der Beweisaufnahme galt. Es ist nicht ersichtlich, daß das neue Gesetz vom 21. Dez. 1922, das den § 22 a wörtlich übernahm, an diesem Sprachgebrauch etwas hätte ändern wollen. *Es genügt mithin auch jetzt, daß die angeordnete Beweisaufnahme nur teilweise stattgefunden hat.* Wenn also z. B. die Vornahme eines Augenscheins und die Vernehmung eines Sachverständigen angeordnet wurde, so fällt die Beweisgebühr an, wenn es vor der Verhandlung auch nur zur Einnahme des Augenscheins kam und etwa nach diesem die Klage zurückgenommen wurde.

---

[2]) Richtig: *Baumbach* § 24 Anm. 2.

b) Nach dem Pauschalprinzip, dem die Ausführungen unter a entsprechen und das mit dem Beginn eines Aktes regelmäßig die ganze Gebühr für diesen entstehen läßt, ist anzunehmen, daß jede Handlung des Gerichts, die den Beginn der Beweiserhebung selbst bedeutet, genügt, um die Beweisgebühr zur Entstehung zu bringen. Daß eine Beweisaufnahme erst dann „stattgefunden" habe, wenn sie „soweit gediehen ist, daß ein für die Parteien im Sinne ihrer Anträge verwertbares Ergebnis geliefert ist" [3]), darf nach dem Gesagten nicht angenommen werden. Diese einschränkende Auslegung würde auch dazu führen, daß der Grundsatz, für die Kostenerhebung tunlichst äußere Merkmale gelten zu lassen, zum Schaden der Rechtssicherheit durchbrochen würde. Für die Auslegung des § 24 wäre der angeführte Satz um so weniger brauchbar, als ja § 272 b ZPO. eine recht einschneidende Abweichung vom Prinzip des Parteibetriebes enthält. 5

c) Wir haben somit lediglich festzustellen, mit welchem Akt die Beweiserhebung bei den einzelnen, nach § 272 b in Betracht kommenden Beweismitteln beginnt. 6

Die schriftliche Zeugenvernehmung beginnt mit dem Einlauf der Erklärung des Zeugen bei Gericht [4]). Ob diese Erklärung inhaltlich vollständig oder lückenhaft ist, kommt gebührenrechtlich nicht in Betracht. Dagegen bedeutet eine Verweigerung der schriftlichen Aussage, zu der niemand verpflichtet ist (Baumbach ZPO.[3] § 377 Anm. 4), einfach ein Mißlingen der schriftlichen Beweiserhebung, die mithin nicht stattgefunden hat.

Bei der mündlichen Vernehmung von Sachverständigen nimmt die Beweiserhebung ihren Anfang mit dem Beginn der Vernehmung im Termin. Da hiezu schon die Befragung nach den Personalien gehört (§§ 395, 402 ZPO.), so genügt diese bereits, um ein „Stattfinden" der Beweiserhebung zu begründen [5]). Verweigert der Sachverständige im Termin die Abgabe des Gutachtens vor Beginn seiner Vernehmung, so hat die Beweiserhebung nicht stattgefunden; ebenso, wenn er vor diesem Zeitpunkt gemäß § 406 ZPO. abgelehnt und deshalb von der Vernehmung abgesehen wird. — Auf die Frage, ob bereits ein Teil der Aussage protokolliert wurde, kommt es kostenrechtlich nicht an [6]). 7

Wird ein schriftliches Gutachten eingefordert, so beginnt mit Eingang desselben bei Gericht (§ 411 ZPO.) die Beweiserhebung. Die Weigerung des Sachverständigen, ein Gutachten zu erstatten, ersetzt kostenrechtlich nicht die Erstattung. 8

Die Einnahme eines Augenscheins fängt an mit Beginn des Augenscheinstermins an Ort und Stelle (nicht erst mit Beginn der Protokollierung [7]), aber auch nicht schon mit Antritt der Reise des Richters zum Ort der Augenscheinseinnahme). 9

Die Erhebung des Urkundenbeweises endlich kann begrifflich vor der mündlichen Verhandlung gar nicht erfolgen. Die Maßnahmen, welche zur Herbeischaffung der Urkunde dienen (Anordnung, daß der Gegner des Beweispflichtigen sie vorzulegen habe, Fristsetzung nach § 431, 432 Abs. 3 ZPO., Ersuchen einer Behörde um Aktenvorlage usw.), können zwar Bestandteile eines „Beweisaufnahmeverfahrens" im Sinne des § 13 Nr. 4 RAGebO. sein; sie stellen aber noch nicht einen Beginn der Beweiserhebung selbst, der Aufnahme der Beweise dar. Auch der Eingang von Akten und Urkunden bei Gericht ist noch keine Erhebung des Beweises, die vielmehr erst durch den Vortrag in der mündlichen Verhandlung erfolgen kann [8]). 10

Da die Erholung einer amtlichen Auskunft nicht unter den Begriff des Urkundenbeweises fällt, sondern mit der schriftlichen Zeugenaussage auf einer Linie steht [9]) so 11

---

[3]) So: Rittmann-Wenz GKG.[5] § 22 Anm. 3.

[4]) Baumbach § 24 Anm. 2.

[5]) Unzutreffend: Rittmann-Wenz GKG.[5] § 22 Anm. 3.

[6]) A. M.: Rittmann-Wenz GKG.[5] § 22 Anm. 3.

[7]) A. M.: Rittmann-Wenz GKG.[5] § 22 Anm. 3.

[8]) Ebenso: Baumbach § 24 Anm. 2; Jonas § 24 Anm. A. M.: Rittmann-Wenz § 24 Anm. 1.

[9]) Baumbach ZPO.[3] vor § 415 Anm. 3.

ist der Beweis hier mit dem Eingang der Auskunft bei Gericht erhoben[10]). Eine Auskunft des Inhalts, daß keine Auskunft erteilt werden könne, kann unter Umständen eine wirkliche Auskunft negativen Inhalts sein; z. B. wenn Beweis darüber erhoben wird, ob eine Person unbekannten Aufenthalts sei.

12 4. Die Beweisaufnahme muß vor der mündlichen Verhandlung stattgefunden haben, wenn die Beweisgebühr nach § 24 zur Entstehung gelangen soll. Daß der Ausdruck „mündliche Verhandlung" im Prozeßrecht selbst wie auch im Gebührenrecht in verschiedenem Sinne gebraucht wird, ist bekannt: insbesondere bedeutet er bald den zur mündlichen Verhandlung bestimmten Termin, bald die Tätigkeit der mündlichen Verhandlung selbst[11]). In unserem Falle kann der Ausdruck nur im letzterwähnten Sinne gemeint sein. Denn erst wenn es zur Tätigkeit der mündlichen Verhandlung gekommen ist, kann eine etwaige Beweiserhebung auf dieser beruhen und die frühere Beweisanordnung sich als vergeblich erweisen. Wenn also z. B. eine amtliche Auskunft oder eine schriftliche Zeugenaussage am Terminstage bei Aufruf der Sache bei Gericht eintrifft, so ist der Beweis vor der „mündlichen Verhandlung" erhoben worden und die Beweisgebühr angefallen.

13 5. Die Beweisgebühr gelangt in den Fällen des § 272 b ZPO. erst mit dem Beginn der vor der mündlichen Verhandlung stattfindenden Beweiserhebung zur Entstehung. Gleichzeitig tritt auch ihre Fälligkeit ein.

Die Beweisgebühr entsteht wie sonst in voller Höhe. Sie hat alle Eigenschaften der gewöhnlichen Beweisgebühr; sie gerät in Wegfall, wenn ein Vergleich gemäß § 23 GKG. geschlossen und mitgeteilt wird; sie hat Pauschalcharakter und kann bezüglich desselben Streitgegenstandes nur einmal in der Instanz erhoben werden (§ 25 GKG.). Bezog sich die Beweiserhebung auf einen geringeren Betrag als die Anordnung oder auf nur einen von mehreren, durch die Anordnung betroffenen Ansprüchen, so ist die Beweisgebühr bloß aus demjenigen Betrage zu berechnen, auf den sie sich allein bezieht. Wird dann später nach mündlicher Verhandlung auch über den anderen Betrag von neuem Beweis angeordnet, so ist die Beweisgebühr aus diesem gesondert zu berechnen, jedoch unter Beachtung des § 14 Abs. 2 GKG.

§ 25.

Jede der im § 20 bezeichneten Gebühren wird in jeder Instanz rücksichtlich eines jeden Teiles des Streitgegenstandes nur einmal erhoben.

Ist ein Urteil unter Vorbehalt der Entscheidung über die Aufrechnung (Zivilprozeßordnung § 302) oder im Urkunden- oder Wechselprozeß unter Vorbehalt der Rechte des Beklagten (Zivilprozeßordnung § 599) erlassen worden, so wird durch die Gebühr für diese Entscheidung eine weitere Urteilsgebühr in derselben Instanz nicht ausgeschlossen.

Für Zwischenurteile gemäß § 71 der Zivilprozeßordnung wird die Urteilsgebühr besonders erhoben.

Vorbemerkung.

§ 25 enthält den Grundsatz des Pauschalsystems, von dem er zugleich einige Ausnahmen anordnet.

Übersicht.

---

[10]) Ebenso: Rittmann-Wenz § 24 Anm. 1.

[11]) Vgl. etwa: §§ 132, 134, 159, 271 Abs. 2, 272 ZPO. einerseits, die §§ 128, 137[1] ZPO. anderseits, ferner M. Friedlaender JW. 1924, 1237.

2. Verschiedene Streitgegenstände (14).
3. Verschiedene Gebührensätze (15).
4. Die Ausnahmen von dem Grundsatz des § 25 Abs. 1 (16—23).
   a) § 302 ZPO. (16).
   b) Urkunden-, Wechsel- und Scheckprozeß (17, 18).
   c) Kombination von a und b (19).
   d) Zulassung einer Nebenintervention (20—22).
   e) Mieterschutzgesetz (23).

I. Bedeutung und Entstehungsgeschichte der Vorschrift. 1

§ 25 Abs. 1 enthält für die Gerichtskosten des Prozeßverfahrens den Hauptgrundsatz des Pauschalsystems. Er entspricht dem § 25 RAGebO. Im älteren GKG. war die entsprechende Vorschrift im § 28 Abs. 1 enthalten. Es folgte dann noch der Satz: „Treffen für gleiche Akte die volle Gebühr und die Gebühr des § 26 rücksichtlich desselben Streitgegenstandes zusammen, so kommt nur die volle Gebühr zur Erhebung". § 26 setzte $^5/_{10}$ der regulären Gebühren für zahlreiche besondere Fälle (Akte, die bloß prozeßhindernde Einreden, gewisse Prozeßvoraussetzungen, Arreste usw. betreffen) fest. Alle diese Fälle kommen jetzt nicht mehr in Frage: sie werden entweder mit den vollen Gebühren des Prozeßverfahrens belegt oder sie sind (wie z. B. das Arrestverfahren) aus dem Prozeßverfahren ausgeschieden und gebührenrechtlich besonders behandelt. Durch diese Vereinfachung der Kostenregelung ist auch der zweite Satz des § 28 GKG. (älterer Fassung) entbehrlich geworden und daher im neuen GKG. fortgeblieben (s. jedoch unten Anm. 15).

Die Absätze 2 und 3 des § 25 enthalten Ausnahmen von dem Grundsatz des Abs. 1 hinsichtlich der Urteilsgebühr. In der Fassung des Gesetzes vom 21. Dezember 1922 war in Abs. 2 noch einer weiteren Ausnahme gedacht durch die hinter „(ZPO. § 302)" stehenden Worte „unter Vorbehalt der Geltendmachung von Verteidigungsmitteln (ZPO. § 540)". Da der § 540 ZPO. durch die ZPNovelle vom 13. Febr. 1924 beseitigt wurde, so kam auch der erwähnte Zwischensatz in Wegfall. Formell wurde er erst durch die Novelle vom 28. Januar 1927 (Art. I Nr. 4) beseitigt. Dagegen wurde ein weiterer Ausnahmefall geschaffen durch § 6 Abs. 5 Mieterschutzges. vom 1. Juni 1923 (RGBl. I 353), neue Fassung vom 17. Februar 1928 (RGBl. I 25). Auch dieser Ausnahmefall ist hier zu erörtern.

II. Der Begriff der Instanz. 2

1. Der Instanzbegriff des GKG. stimmt weder mit dem der ZPO. noch mit dem der RAGebO. genau überein. Er nimmt aber wie dieser zunächst seinen Ausgang von dem prozeßrechtlichen Begriff der Instanz, der dann erst, insbesondere infolge positiver Vorschriften, einige kostenrechtliche Modifikationen erleidet.

a) Prozeßrechtlich versteht man unter „Instanz" die Gesamtheit der Handlungen, die das Gericht einer bestimmten Ordnung vorzunehmen hat, um den ganzen Prozeßstoff zu erledigen. In diesem Sinne bereitet etwa die Unterscheidung zwischen erster Instanz, Berufungs- und Revisionsinstanz regelmäßig keine Schwierigkeiten.

b) Es unterliegt auch keinem Zweifel, daß die Erlassung eines Zwischen- 3
urteils (z. B. über den Grund des Anspruchs, über prozeßhindernde Einreden, über eine Zeugnisverweigerung nach § 387 ZPO. usw.) die Instanz nicht, d. h. nicht notwendig beendigt: nimmt der Prozeß vor demselben Gerichte seinen Fortgang (es wird z. B. Verhandlung zur Hauptsache oder über den Betrag des Anspruchs gemäß §§ 275 Abs. 2, 304 Abs. 2 angeordnet), so gehört diese Fortsetzung des Verfahrens zur Instanz; ebenso, wenn nach bedingtem Endurteil die Läuterung vor demselben Gericht erfolgt[1]) (anders bei Erledigung durch das Berufungsgericht im Falle des § 537 Satz 3 ZPO.; hier gehört das Läuterungsverfahren zur Berufungsinstanz).

c) In gleicher Weise wie Zwischenurteile haben auch Vorbehaltsurteile 4
(§§ 302, 599 ZPO.) keine instanzbeendigende Wirkung. Ebensowenig Verwei-

---

[1]) OLG. Braunschweig JW. 1926, 2464[5] und Striemer daselbst; OLG. Hamburg 13. Okt. 1914 Warneyer Jahrb. 1915 zu GKG. § 24.

sungen an eine andere Kammer desselben Gerichts (z. B. nach §§ 97—102 GVG.)[2]) oder der Übergang der anhängigen Sache an ein anderes Gericht infolge einer Bestimmung gemäß § 36 ZPO., (insbes. bei erfolgreicher Ablehnung von Richtern und dadurch bewirkter Verhinderung des Gerichts[3])).

Wird gegen ein Versäumnisurteil Einspruch eingelegt, so eröffnet derselbe keine neue Instanz[3a]).

5 Werden mehrere Prozesse miteinander verbunden, so bildet das weitere Verfahren mit jedem der bisher getrennten Verfahren eine Instanz[4]); ebenso bei nachträglicher Trennung: das bisherige einheitliche Verfahren mit jedem der später getrennten Prozesse.

6 d) War ein Prozeß durch gerichtlichen Vergleich beendigt und wird dann im gleichen Verfahren die Richtigkeit des Vergleichs geltend gemacht, so liegt — ohne Rücksicht auf die Frage, ob dieses Vorgehen zulässig und korrekt ist — Einheit der Instanz vor[5]).

7 e) Rechtsbehelfe, die nach der ZPO. selbständige Klagen darstellen, bilden immer eigene Instanzen (richtiger: gesonderte Verfahren), so die Wiederaufnahme des Verfahrens, die Anfechtungsklagen des Entmündigungs- und Aufgebotsverfahrens, die Vollstreckungsgegenklagen usw.

8 f) Wird eine Klage zurückgenommen und dann eine neue (sei es auch des gleichen Inhalts) gestellt, so liegen getrennte Verfahren, also auch getrennte „Instanzen" vor; nicht so, wenn in dem gleichen Prozeß ein bereits zurückgenommener Antrag im Wege der Klageerweiterung neu gestellt wird. Vgl. § 20 Anm. 16.

9 g) In der Rechtsmittelinstanz liegt regelmäßig Einheit der Instanz vor, wenn es sich um die Anfechtung eines und desselben Urteils handelt. Wird dieses also von beiden Parteien oder von einzelnen Streitgenossen nacheinander angefochten, so liegt nur eine Instanz vor, mögen die Rechtsmittel selbständige oder Anschlußberufungen usw. sein. Legt dieselbe Partei gegen das gleiche Urteil wiederholt Berufung oder Revision ein, so kommt es darauf an, ob das zweite Rechtsmittel offensichtlich ein neues Verfahren einleiten soll oder nicht: ersteres ist z. B. der Fall, wenn die erste, unzulässige Berufung zurückgenommen oder verworfen und eine neue, zulässige eingelegt wird (hier liegen also 2 Instanzen vor); der zweite Fall ist gegeben, wenn eine Berufung, deren Zulässigkeit zweifelhaft erscheint, vorsorglich durch eine neue einwandfreie Einlegung des Rechtsmittels gestützt werden soll; hier besteht nicht die Absicht, ein neues Verfahren einzuleiten noch über zwei Berufungen entscheiden zu lassen: es liegt Einheit der Instanz vor[5a]).

Handelt es sich um die getrennte Anfechtung mehrerer in einer Sache ergangener Urteile — Zwischenurteil und Endurteil, Teilurteil und Schlußurteil, Vorbehaltsurteil im Urkundenprozeß und Endurteil im Nachverfahren, — so eröffnet die Anfechtung jedes einzelnen dieser Urteile eine neue Instanz. Erst wenn die Verbindung mehrerer Rechtsmittelverfahren erfolgt (§ 147 ZPO.), tritt Einheit der Instanz ein (s. o. Anm. 5)[6]). Bis dahin ist ja eine einheitliche Entscheidung im anhängigen Rechtszuge überhaupt nicht möglich. Vgl. auch §§ 9—15 Anm. 74.

---

[2]) Über die Verweisungen an andere Gerichte und die Zurückverweisung an das Gericht unterer Instanz vgl. § 27 GKG.

[3]) Vgl. § 36 Nr. 1 ZPO. und Stein-Jonas § 36 Anm. I.

[3a]) Auch nicht, wenn das Versäumnisurteil tatsächlich schon rechtskräftig war. Hierüber und über die Fälle, in denen ein Dritter als vermeintliche Partei Einspruch einlegt oder sonst den Prozeß aufnimmt, vgl. Übergangsrecht Fußnote 4a.

[4]) Vgl. §§ 9—15 Anm. 77.

[5]) Jonas § 25 Anm. 1; Rittmann-Wenz § 25 Anm. 2f.

[5a]) Vgl. OLG. 31, 207 (Hamburg); Rittmann-Wenz § 25 Anm. 4b.

[6]) Zutreffend: Rittmann-Wenz § 25 Anm. 3; Willenbücher § 25 Anm. 4c; RGZ. 8, 434; RG. JW. 1893, 563[23]. A. M.: Jonas § 25 Anm. 1c, der immer nur dann getrennte Instanzen annimmt, wenn das zweite Rechtsmittel erst nach Erledigung des ersten eingelegt wird. Aber diese Unterscheidung ist nicht gerechtfertigt; denn auch im

h) Durch das Vorhandensein von Streitgenossen wird die Einheit der Instanz 10
nicht berührt, auch wenn für oder gegen diese getrennt verhandelt wird. Ergeht z. B. gegen einen der Beklagten Versäumnisurteil, während der andere den Rechtsstreit weiterführt, so entsteht hieraus nicht eine Mehrheit von Instanzen.

i) *Schiedsverfahren* und *Prozeßverfahren* bilden, wenn eines in das 10a
andere übergeht, *eine* Instanz, soweit nicht im Prozeßverfahren besondere Instanzen hinzutreten (§ 20 Anm. 53).

2. **Die kostenrechtliche Instanz** beginnt im Prozeß- und Schiedsverfahren — und nur 11
mit diesen haben wir es hier zu tun — regelmäßig mit der *Einreichung* der Klage oder des Rechtsmittels; nach vorausgegangenem Mahn- oder Güteverfahren mit den bei § 20 Anm. 12 genannten Prozeßhandlungen. Die kostenrechtliche Instanz *endigt* regelmäßig mit *dem Erlaß* des Endurteils; sie *kann* auch mit einem gerichtlichen Vergleich, einer Zurücknahme oder „auf andere Weise" endigen (vgl. hiezu § 75 und Übergangsrecht Anm. 14).

Eine genauere Feststellung der Zeitpunkte, in denen die Instanz im kostenrechtlichen Sinne *endigt*, ist für die Zwecke der Auslegung des § 25 nicht erforderlich (so wichtig sie z. B. für die Lösung gewisser Fragen des Übergangsrechts sein kann). Denn einmal haben wir es bei § 25 nur mit den Gebühren des „Prozeßverfahrens" (vgl. § 20 Anm. 1) zu tun; soweit besondere Verfahrensarten oder Verfahrensabschnitte mit besonderen Gebühren belegt sind, scheiden sie gebührenrechtlich ohne weiteres aus dem Prozeßverfahren aus und bilden auch dann mit diesem nicht eine „Instanz", wenn sie etwa prozeßrechtlich mit ihm verbunden sind (z. B. Arrestverfahren und Hauptprozeß). Soweit aber das Gesetz für besondere Verfahrensabschnitte (z. B. das Kostenfestsetzungsverfahren) *keine* besonderen Gebühren vorsieht, kommt schon nach dem Grundsatz „keine Gerichtsgebühr ohne gesetzliche Regelung" eine Gebühr für den Verfahrensabschnitt nicht in Betracht: § 25 findet auch hier keine Anwendung.

Zuweilen — aber nur selten — werden sich Zweifel darüber ergeben können, ob irgendein Akt bereits zu einer neuen Instanz des Prozeßverfahrens oder noch zur früheren Instanz, ob er zum Prozeßverfahren überhaupt oder zu einem gebührenrechtlich gesonderten Verfahren gehört; dann muß zu dieser Frage (die also nichts mit der Beendigung der früheren Instanz, sondern nur mit dem Beginn der neuen zu tun hat) Stellung genommen werden. Wird z. B. ein Gesuch um Zulassung zum Armenrecht für die Berufungsinstanz beim OLG. eingereicht, so gehört dieses Gesuch hinsichtlich der Anwaltsgebühren schon zur Berufungsinstanz, obwohl die Berufung noch gar nicht eingelegt ist[7]). Hinsichtlich der Gerichtskosten aber beginnt die Instanz keinesfalls vor der wirklichen Einlegung des Rechtsmittels; das Armenrechtsgesuch und die Armenrechtsbewilligung sollen der Partei erst die Beschreitung der höheren Instanz *ermöglichen*; sie sind Vorbereitungs-, nicht Eröffnungsakte.

3. Der prozeß- und kostenrechtliche Instanzbegriff, wie er im vorstehenden er- 12
örtert wurde, erhält noch eine besondere Ergänzung, die vielleicht nur eine Klarstellung ist, durch § 27 GKG. Dieser betrifft die *Verweisungen*, von denen in den Erläuterungen zu § 27 zu sprechen ist.

III. Der Inhalt der Vorschriften des § 25. 13

1. In jeder „Instanz" — der Begriff ist vorstehend erörtert — soll *jede der im § 20 bezeichneten Gebühren* rücksichtlich eines jeden Teiles des Streitgegenstandes nur einmal erhoben werden.

Dieser Grundsatz gilt also für die Prozeß-, die Beweis- und die Urteilsgebühr, mag die letztere nach § 20 Nr. 3 oder nach § 21, mag die Beweisgebühr nach § 20 Nr. 2 für die Beweis*anordnung* oder nach § 24 erst für die Beweis*aufnahme*

---

anderen Falle handelt es sich um getrennte Verfahren mit verschiedenem Prozeßstoff, in denen — solange sie nicht verbunden werden — getrennte Entscheidungen ergehen müssen.

[7]) *Walter-Joachim-Friedlaender* § 52 Anm. 7. Dieser Unterschied hängt damit zusammen, daß es bei der Anwaltstätigkeit immer zunächst darauf ankommt, auf welches Verfahren sie *gerichtet* ist; so schon nach § 1 RAGebO.

erhoben werden. Auch für die Modifikationen der Beweis- und Urteilsgebühr im **Schiedsverfahren** (s. § 20 Anm. 47 ff.) gilt der Grundsatz des § 25; im Schiedsverfahren selbst kann also auch die halbe Beweisgebühr nur einmal erhoben werden; geht das Schiedsverfahren in das Prozeßverfahren über, so bilden beide Verfahren eine Instanz: wird im Prozeßverfahren nochmals Beweis angeordnet, so erhöht sich die halbe Beweisgebühr auf den vollen Betrag.

Hinsichtlich der Vergleichsgebühr des § 36 kommt die Anwendung des § 25 nicht in Frage, weil sie ihrem Wesen nach nie zweimal bezüglich desselben Gegenstandes entstehen kann.

14 2. Bleibt der Streitgegenstand der gleiche, so ist die Anwendung des § 25 eine einfache: wird über 2000 RM. dreimal Beweis angeordnet, so erwächst nur eine Beweisgebühr aus dieser Summe; wird über den gleichen Streitgegenstand zunächst Zwischenurteil dem Grunde nach, dann Endurteil über den Betrag erlassen, so kommt nur eine Urteilsgebühr in Frage.

Wenn dagegen zunächst nur über 1000 RM. Beweis angeordnet wurde, dann über weitere 1000 RM., so entsteht die Beweisgebühr zweimal aus 1000 RM.; sie beträgt also an sich 30 + 30 RM. Da sie aber nach § 14 Abs. 2 GKG. nicht mehr betragen darf, als eine Beweisgebühr aus 2000 RM., so ist die Summe von 60 RM. auf 50 RM. zu reduzieren. Ebenso liegt der Fall, wenn zunächst über einen Gegenstand im Werte von 1000 RM., dann lediglich über einen anderen Gegenstand im gleichen Werte (etwa nach Herausgabe des ersteren) prozessiert wurde: auch hier sind zwei Beweisgebühren zu 30 RM. angefallen, deren Summe auf 50 RM. zu reduzieren ist (vgl. oben § 20 Anm. 14 ff., 34, 46).

15 3. Wir haben oben (Anm. 1) den früheren § 28 Satz 2 GKG. a. F. kurz erörtert und ihn für gegenstandslos erklärt. Möglich ist ein ähnlicher Fall heute wohl nur noch beim Übergang vom Schiedsverfahren zum Prozeßverfahren und umgekehrt: die halbe Beweis- oder Urteilsgebühr des Schiedsverfahrens geht dann in der ganzen des ordentlichen Verfahrens auf. Waren die Streitgegenstände verschieden, so darf die Summe der Gebühren einer Art die volle Gebühr aus der Summe der Streitwerte nicht übersteigen (§ 14 Abs. 2 Halbsatz 2 GKG.).

16 4. Die Ausnahmen von dem Grundsatz des § 25 Abs. 1.

a) Ist ein Urteil unter Vorbehalt der Entscheidung über die Aufrechnung gemäß § 302 ZPO. ergangen, so bleibt der Rechtsstreit in derselben Instanz — hinsichtlich der Aufrechnung — anhängig. In der Berufungsinstanz ist ein solches Verfahren nicht mehr vorgesehen, falls das Gericht die Aufrechnungseinrede zurückweist[8]). Läßt es sie zu, so kann es auch in der Berufungsinstanz zur Vorabentscheidung kommen[9]).

Wenn nun ein derartiges Vorbehaltsurteil und dann ein Schlußurteil — beide auf Grund streitiger, mündlicher oder schriftlicher Verhandlung — ergangen sind, so würde an sich wegen Einheit der Instanz nach § 25 Abs. 1 GKG. nur eine Urteilsgebühr anfallen. Die Bestimmung des Abs. 2 ordnet aber an, daß für das Schlußurteil eine zweite Urteilsgebühr erhoben wird. Die beiden Gebühren sind völlig unabhängig voneinander. Betreffen sie denselben Streitgegenstand, so erwachsen sie zweimal in voller Höhe; betreffen sie verschiedene Gegenstände, so wird jede Gebühr aus ihrem Streitwert selbständig berechnet; irgendeine Zusammenrechnung oder Reduktion der Summe kommt nicht in Betracht. Es ist also so anzusehen, als wären die beiden Urteile in verschiedenen Instanzen ergangen. Prozeß- und Beweisgebühr bleiben dagegen vom § 25 Abs. 2 durchaus unberührt; sie entstehen nur einmal in der Instanz.

Es ist denkbar, daß dem Vorbehaltsurteil bereits ein anderes Urteil über denselben Streitgegenstand vorausging (z. B. ein Zwischenurteil über den Grund des Anspruchs); dann könnte man nach dem Wortlaut des Gesetzes meinen, daß die Aus-

---

[8]) § 529 ZPO.; Baumbach ZPO.[3] § 529 Anm. 6 a. E.; Stein-Jonas § 529 Anm. V 3.

[9]) Stein-Jonas a. a. O. und § 302 Anm. II 5.

nahmevorschrift keine Anwendung finde, weil die Urteilsgebühr schon durch die Erlassung des Zwischenurteils angefallen war und für das Vorbehaltsurteil nicht neu erwächst. Allein diese Auslegung würde dem Sinne des Gesetzes nicht gerecht werden[10]); sie ist auch deshalb nicht zutreffend, weil die Pauschgebühr zwar schon mit Erlaß des Zwischenurteils entsteht und fällig wird, aber nichtsdestoweniger — eben kraft des Pauschalprinzips — auch die Gebühr für das Vorbehaltsurteil ist.

Das Vorbehaltsurteil muß den ausdrücklichen Vorbehalt enthalten und die Gegenforderung so genau bezeichnen, daß ihre Identität für das Nachverfahren außer Frage steht[11]). Fehlt der Vorbehalt und erfolgt Ergänzung gemäß § 302 Abs. 2 ZPO., so findet § 25 Abs. 2 ebenfalls Anwendung.

b) Der wichtigste und häufigste Ausnahmefall des § 25 Abs. 2 ist der des Vorbehaltsurteils im Urkunden-, Wechsel- oder Scheckprozesse[12]). Hat 17
der Beklagte hier dem geltend gemachten Anspruch widersprochen, so ist ihm in allen Fällen, in denen er verurteilt wird, die Ausführung seiner Rechte vorzubehalten. Enthält das Urteil keinen Vorbehalt, so kann auch hier die Ergänzung gemäß § 321 ZPO. beantragt werden (§ 599 Abs. 1 und 2 ZPO.).

Wird dem Beklagten die Ausführung seiner Rechte vorbehalten, so bleibt der Rechtsstreit im ordentlichen Verfahren anhängig. Dieses Verfahren gehört zur Instanz des Urkundenprozesses: Prozeß- und Beweisgebühr fallen nicht von neuem an. Aber die Urteilsgebühr wird nach § 25 Abs. 2 neu erhoben, wenn im Nachverfahren wiederum ein „kontradiktorisches Urteil" (das auch ein Zwischenurteil sein kann) ergeht; das Urteil nach § 21 GKG. steht auch hier dem „kontradiktorischen" gleich.

In der höheren Instanz kann bei Aufhebung eines die Klage abweisenden Ur- 18
teils das Vorbehaltsurteil nach § 599 ZPO. ebenfalls vorkommen; folgt man hinsichtlich der Zuständigkeit für das Nachverfahren der Ansicht von Stein-Jonas[13]), wonach dieses stets in der ersten Instanz stattfindet, so liegt, streng genommen, ein Fall des § 25 Abs. 2 GKG. nicht vor, da die erste Instanz kein Vorbehaltsurteil erlassen hat und in der zweiten Instanz kein Schlußurteil erging. Trotzdem muß hier angenommen werden, daß die Urteilsgebühr in erster Instanz zweimal anfällt: denn es ist ja tatsächlich ein Urteil im Urkundenprozesse und ein Urteil im Nachverfahren, u. z. jeweils in der gleichen Instanz, ergangen; der im ersten Urteil fehlende Vorbehalt ist durch das Urteil der Berufungsinstanz ersetzt. Bei Erlassung des Vorbehaltsurteils durch die Revisionsinstanz läßt die herrschende Meinung das Nachverfahren vor dem Berufungsgerichte stattfinden; folgt man ihr, so ergibt sich die entsprechende Frage für die Berufungsinstanz. Hat das Gericht den Vorbehalt übersehen, so kann das Urteil auch deswegen mit Rechtsmitteln angefochten werden; dann spricht die höhere Instanz den Vorbehalt aus. Hinsichtlich des Nachverfahrens ergeben sich dann dieselben Fragen und Antworten, wie in den zuletzt besprochenen Fällen.

Im übrigen finden hinsichtlich der zweiten Urteilsgebühr im Falle des § 599 ZPO. die oben zu a (Anm. 16) erörterten Grundsätze Anwendung.

c) Der Fall des Vorbehaltsurteils nach § 302 ZPO. kann mit dem des Vor- 19
behaltsurteils nach § 599 ZPO. in einer Instanz zusammentreffen. Es ergeht z. B. zuerst Wechselurteil, dann Vorbehaltsurteil nach § 302 und schließlich Urteil über die Aufrechnungseinrede. Dann fallen 3 Urteilsgebühren an. Sie alle sind auch hier hinsichtlich des Streitgegenstandes völlig selbständig zu behandeln.

d) Der dritte Ausnahmefall ist der des Zwischenurteils über 20
die Zulassung einer Nebenintervention. Entsteht über die Zulassung eines Nebenintervenienten zwischen diesem und den Parteien ein Zwischenstreit, so entscheidet das Gericht hierüber nach mündlicher Verhandlung durch Zwischenurteil (§ 71 ZPO.).

---

[10]) Gl. M.: Jonas § 25 Anm. 3.
[11]) Stein-Jonas § 302 Anm. III.
[12]) Vgl. § 28 ScheckGes. v. 11. März 1908 und Stein-Jonas § 602 Anm. IV.
[13]) Vgl. Stein-Jonas § 600 Anm. III.

Der Fall kann auch eintreten, wenn die Nebenintervention auf Grund einer Streitverkündung erfolgt (§ 74 ZPO.), u. z. auch dann, wenn diese Streitverkündung zunächst den Zweck hat, den Dritten zum Eintritt in den Prozeß an Stelle des Beklagten — nicht bloß zum Beitritt als Nebenintervenient — zu veranlassen (§§ 75—77 ZPO.). Erfolgt in solchen Fällen nur die Nebenintervention [14]), so kann es auch hier zum Zwischenurteil gemäß § 71 kommen. Dagegen gehört das Zwischen- oder Endurteil, das über die Frage der Entlassung des Beklagten aus dem Rechtsstreit in den Fällen der §§ 75—77 ZPO. ergeht, nicht zu den Ausnahmefällen des § 25 Abs. 3 GKG. [15]).

Die Ausnahmevorschrift lautet nun hinsichtlich der Zwischenurteile des § 71 ZPO. dahin, daß für sie die Urteilsgebühr besonders erhoben werde. Der Zwischenstreit gilt hinsichtlich der Urteilsgebühr (nicht der anderen Gebühren des § 20) als „besondere Instanz". Kommt es in einer Prozeßinstanz zu mehreren Zwischenurteilen gemäß § 71, so fällt für jedes derselben die Urteilsgebühr von neuem an [16]). Auch in der Berufungs- oder Revisionsinstanz kann das Zwischenurteil vorkommen; die Urteilsgebühr richtet sich dann nach den höheren Sätzen dieser Rechtszüge (§ 28 GKG.).

21 Die Voraussetzungen der Urteilsgebühr sind aber im Falle des § 71 ZPO. dieselben wie sonst: das Urteil muß also vor allem auf Grund streitiger Verhandlung oder nach § 21 GKG., d. h. nach Lage der Akten, ergangen sein. In dem Zwischenstreit nach § 71 ZPO. gibt es kein Versäumnisverfahren; bleibt eine Partei aus, so wird trotzdem nach Sachprüfung entschieden [17]). Nichtsdestoweniger fällt eine Urteilsgebühr nicht an, sofern nicht ein Urteil nach Lage der Akten (im technischen Sinne der §§ 251 a, 331 a ZPO.) ergangen ist, d. h. ersichtlich gewollt war. Hiezu vgl. oben § 21 Anm 1.

22 Der Wert des Streitgegenstandes für die Berechnung der Urteilsgebühr nach § 25 Abs. 3 ist stets mit dem der Hauptsache identisch, es sei denn, daß der Streitgegenstand selbst, auf den sich die Nebenintervention bezieht, nur einen Teil des Hauptanspruches darstellt: wenn also der Beklagte z. B. auf 1000 RM. aus Darlehn und auf 1000 RM. aus Kauf verklagt ist und nur wegen letzterer Forderung einen Regreßanspruch gegen den Litisdenunziaten zu haben behauptet, so bezieht sich dessen Nebenintervention nur auf den zweiten Anspruch zu 1000 RM. und die Urteilsgebühr für das Zwischenurteil wird nur aus 1000 RM. erhoben. Dagegen ist das bloße Interesse an der Zulassung der Nebenintervention für den Streitwert so wenig maßgebend, wie sonst das Interesse am Prozeß oder an einzelnen Prozeßhandlungen [18]).

23 e) Den letzten Fall einer Ausnahme von dem Grundsatz des § 25 Abs. 1 GKG. enthält § 6 Abs. 5 des Mieterschutzgesetzes vom 1. Juni 1923 (RGBl. I 353), neue Fassung vom 17. Februar 1928 (RGBl. I 25). Danach kann der Vermieter nach Erlassung des Mietaufhebungsurteils wegen nachträglicher, im Gesetz näher bestimmter Ereignisse [19]) die Aufhebung der im Urteil festgesetzten

---

[14]) Vgl. Stein-Jonas § 75 Anm. II 4, § 76 Anm. V 3.

[15]) In diesen Fällen bleibt es also bei der Einheit der Instanz. Es werden aber die vollen Gebühren erhoben, während im GKG. a. F. für Akte, die ausschließlich dieses Verfahren betrafen, durch § 26 Nr. 3 nur $^5/_{10}$ Gebühren vorgesehen waren.

[16]) Ebenso: Jonas § 25 Anm. 4.

[17]) Vgl. im einzelnen: Stein-Jonas § 71 Anm. I 3.

[18]) Zutreffend: Rittmann-Wenz § 25 Anm. 8; Walter-Joachim-Friedlaender RAGebO. § 9 Anm. 17; § 23 Anm. 12; oben §§ 9—15 Anm. 18; Fürst-Roth RAGebO. § 23 Anm. 4. Vgl. auch OLG. Nürnberg Bbl. 1927, 264.

A. M.: OLG. 25, 63 (KG.); RGZ. 111, 410, Baumbach § 3 ZPO. Anm. 6 (hinter § 9 GKG.). Gegen RG.: Rittmann-Wenz § 25 Fußnote.

[19]) Nämlich wenn nach Rechtskraft Ereignisse eintreten, welche die Aufhebung des Mietverhältnisses nach den §§ 2, 3 des Ges. rechtfertigen würden, oder wenn der Mieter böswillig die Sicherung eines Ersatzraumes vereitelt.

Beschränkungen der Zwangsvollstreckung (Sicherung eines Ersatzraumes, Hinterlegung der Umzugskosten) verlangen. Es findet dann in der gleichen Instanz ein Verfahren mit mündlicher Verhandlung statt, die zu einem neuen kontradiktorischen Urteil führen kann. Hier bestimmt nun § 6 Abs. 5 MieterschutzGes., daß § 25 Abs. 2 GKG. entsprechende Anwendung finde: damit ist zum Ausdruck gebracht, daß für jedes der nach § 6 Abs. 5 ergehenden Nachtragsurteile, sofern sie auf Grund streitiger Verhandlung erlassen werden, die Urteilsgebühr von neuem erhoben wird. Der Streitwert des Nachverfahrens ist der der Aufhebungsklage (§ 13 Abs. 5 MieterschutzGes.), wobei aber zu beachten ist, daß das Ende der Instanz sich durch das Nachverfahren verschiebt (vgl. §§ 9—15 Anm. 194).

§ 6 Abs. 5 findet gemäß § 2 7Abs. 3 MieterschutzGes. n. F. auch dann Anwendung, wenn die Beschränkungen der Zwangsvollstreckung in einem gerichtlichen Vergleich vereinbart waren. Auch hier kann es also im Nachverfahren zu einem Urteil kommen. Dennoch findet hier, selbst wenn ausnahmsweise vor dem Vergleich schon ein Urteil erlassen sein sollte, § 25 Abs. 2 GKG. keine Anwendung, da dieser voraussetzt, daß für eines der dort bezeichneten vorläufigen Urteile bereits eine Urteilsgebühr entstanden ist; dies ist gemäß § 6 Abs. 5 MieterschutzGes. auch dann der Fall, wenn ein Mietaufhebungsurteil mit Vollstreckungsbeschränkungen ergangen ist, auf die sich das Nachverfahren bezieht; nicht aber, wenn irgendein anderes Urteil im Vorverfahren ergangen war.

§ 6 Abs. 5 gilt auch in den Fällen der §§ 32 Abs. 2, 51 Abs. 1, 52 Abs. 1, 52d Abs. 1 des Mieterschutzgesetzes.

§ 26.

Wird die Ergänzung eines Urteils beantragt (Zivilprozeßordnung § 321), so findet, soweit der Antrag nicht zurückgewiesen wird, die Bestimmung des § 14 Anwendung; soweit der Antrag zurückgewiesen wird, wird die volle Gebühr (§ 8) erhoben.

Vorbemerkung.

§ 26 regelt die Gebühren im Falle eines Ergänzungsantrags nach § 321 ZPO.

Übersicht.

I. Allgemeines. 1

1. Die Vorschrift des § 26 entspricht dem § 29 des früheren GKG., dessen zweiter Halbsatz jedoch für den Fall der Zurückweisung des Antrages nur „$^{5}/_{10}$ der Gebühr (§§ 18—24)" festsetzte[1]). Die hier erwähnte Fassung ist auch für die Auslegung des geltenden Gesetzes beachtlich.

2 2. § 26 bezieht sich ebenso wie sein Vorgänger (§ 29 GKG. a. F.) nur auf die Fälle des § 321 ZPO., nicht auf sonstige Urteilsberichtigungen (§ 319 ZPO.), Tatbestandsberichtigungen (§ 320) usw. Diese Fälle gehören zur Instanz und sind gebührenrechtlich belanglos. Dagegen kann § 26 auch dann praktisch werden, wenn andere Bestimmungen (z. B. § 599 Abs. 2 ZPO.) den § 321 für anwendbar erklären.

[1]) Vgl. Rittmann-Wenz GKG.[5] § 29.

3 3. § 321 ZPO. lautet:

Wenn ein nach dem ursprünglich festgestellten oder nachträglich berichtigten Tatbestande von einer Partei geltend gemachter Haupt- oder Nebenanspruch oder wenn der Kostenpunkt bei der Endentscheidung ganz oder teilweise übergangen ist, so ist auf Antrag das Urteil durch nachträgliche Entscheidung zu ergänzen.

Die nachträgliche Entscheidung muß binnen einer einwöchigen Frist, welche mit der Zustellung des Urteils beginnt, durch Zustellung eines Schriftsatzes beantragt werden.

Der Schriftsatz muß den Antrag auf Ergänzung und die Ladung des Gegners zur mündlichen Verhandlung enthalten.

Die mündliche Verhandlung hat nur den nicht erledigten Teil des Rechtsstreits zum Gegenstande.

4 Diese Vorschrift ist z. T. kraft positiver Gesetzesvorschrift, z. T. aus inneren Gründen, auf andere Fälle, in denen ein „Anspruch" nicht in Frage steht, anwendbar, nämlich:

a) im Falle des § 302 ZPO., wenn das „Vorbehaltsurteil" keinen Vorbehalt über die Aufrechnung enthält (s. o. § 25 Anm. 16 und § 302 Abs. 2 ZPO.).

b) im entsprechenden Falle des § 599 Abs. 2 ZPO. (s. o. § 25 Anm. 17, 18);

c) im Falle des § 716 ZPO. (wenn eine Entscheidung über die vorläufige Vollstreckbarkeit im Urteile nicht erfolgt ist);

d) im Falle des § 721 ZPO. (der Antrag des Schuldners auf Gewährung einer Räumungsfrist wurde im Urteil übergangen); § 721 Abs. 2 erklärt ausdrücklich den § 716, dieser den § 321 ZPO. für anwendbar;

e) im Falle des § 255 ZPO. (die beantragte Fristbestimmung ist im Urteil übergangen worden); hier fehlt eine positive Vorschrift[2]);

f) im Falle der Übergehung des Vorbehalts nach §§ 305, 780 ZPO.; auch hier fehlt eine ausdrückliche Gesetzesvorschrift; die analoge Anwendung des § 321 ist bestritten[3]);

g) im Falle des § 624 ZPO. (Übergehung der Feststellung des Ehebrechers im Ehescheidungsurteil); auch diese analoge Anwendung ist bestritten[4]).

5 **II. Der Inhalt der Vorschrift im einzelnen.**

1. Die Gebührenvorschrift des § 26 GKG. setzt voraus, daß die Ergänzung eines Urteils gemäß § 321 ZPO. beantragt wird. Nimmt das Gericht von Amts wegen eine Ergänzung vor (was es übrigens im Falle des § 321 nicht darf), so kommt schon nach dem Wortlaut des § 26 GKG. eine weitere Gebührenerhebung nicht in Frage. Anderseits genügt es, daß der Antrag erkennbar als solcher nach § 321 gewollt war: auch wenn man also z. B. im Falle des § 780 ZPO. der Meinung ist, daß eine analoge Anwendung des § 321 nicht zulässig sei (oben Anm. 4 sub f), so ist doch gebührenrechtlich bei Stellung eines auf Ergänzung nach § 321 abzielenden Antrags nach § 26 GKG. zu verfahren.

6 2. Die Entscheidung über den Ergänzungsantrag nach § 321 ZPO. ergeht immer — auch im Falle der Ablehnung — durch Urteil[5]). Das Gesetz unterscheidet aber kostenrechtlich die Fälle, in denen der Antrag zurückgewiesen wird, und die Fälle, in denen dies nicht der Fall ist. Hinsichtlich der letzteren Fälle bestimmt es, daß § 14 GKG. Anwendung finde. § 14 besagt, daß für Akte, welche einen Teil des Streitgegenstandes betreffen, die Gebühren nach dem Werte dieses Teiles zu berechnen seien, daß aber insgesamt für gleiche Akte nicht mehr erhoben werden darf, als wenn

---

[2]) Ebenso: Stein-Jonas § 255 Anm. III 3; § 321 Anm. I 3.

[3]) Stein-Jonas § 321 Anm. I 3; § 305 Anm. II; § 780 Anm. II; Baumbach ZPO.[3] § 305 Anm. 1. A. M.: Baumbach ZPO.[3] § 780 Anm. 1; Förster-Kann ZPO. § 305 Anm. 2.

[4]) Wie hier: Stein-Jonas § 624 Anm. II; § 321 Anm. I 3. A. M.: Baumbach ZPO.[3] § 624 Anm. 2; Förster-Kann § 624 Anm. 3 b.

[5]) RGZ. 30, 342; Jonas § 26 Anm. 1.

die Gebühr von dem Gesamtbetrage der Wertsteile zu berechnen wäre, u. z. bei Verschiedenheit der Gebührensätze nach dem höchsten Gebührensatz.

a) Der Hinweis auf § 14 GKG. kann nur die Bedeutung haben, daß im Falle 7
der Ergänzung des Urteils hinsichtlich eines übergangenen Anspruchs die gebührenrechtliche Behandlung dieselbe sein solle, wie wenn das Gericht bewußt nur über einen Teil des Anspruchs entschieden, also ein Teilurteil erlassen hätte und das weitere Verfahren die Entscheidung über den bisher absichtlich ausgeschiedenen Teil beträfe. Wenn also das Gericht im Tatbestande feststellt, daß 2000 RM. eingeklagt seien, wenn auch hierüber Beweis angeordnet, versehentlich aber nur über 1000 RM. Urteil erlassen wurde, so sind zunächst eine Prozeß- und eine Beweisgebühr aus 2000 RM. und eine Urteilsgebühr aus 1000 RM. entstanden; im Ergänzungsverfahren entsteht für das die Ergänzung aussprechende kontradiktorische[6]) Urteil eine neue Urteilsgebühr aus 1000 RM., die aber mit der früheren zusammen nicht mehr als eine Gebühr aus 2000 RM. betragen darf; d. h.: das Ergebnis ist das Gleiche, wie wenn gleich richtig verfahren worden wäre. Kommt es im Ergänzungsverfahren nochmals zu einer Beweisanordnung, so fällt keine neue Beweisgebühr an, da ja bereits diese Gebühr aus 2000 RM. entstanden war und die Instanz die gleiche ist.

Betrifft die vorgenommene Ergänzung nur einen Punkt, durch dessen Berücksichtigung in der früheren Entscheidung sich die Urteilsgebühr nicht erhöht hätte, so ist eine solche auch nicht neuerdings zu erheben. Das trifft z. B. zu, wenn die Ergänzung nur eine Nebenforderung im Sinne des § 4 ZPO., die Prozeßkosten, die vorläufige Vollstreckbarkeit, die Vorbehalte nach §§ 302, 599 ZPO. oder die oben Anm. 4 sub d—g angeführten Punkte betrifft[7]). — Man kann wohl feststellen, daß diese Regelung der Natur der Sache entspricht und auch ohne positive Gesetzesbestimmung gelten würde.

b) Wird der Ergänzungsantrag zurückgewiesen (was auch durch Urteil geschieht), so 8
wird nach dem Wortlaut des § 26 „die volle Gebühr (§ 8) erhoben". Was ist damit gemeint? Wir haben oben gesehen, daß § 29 GKG. ä. F. sich etwas anders ausdrückte. Danach kamen 5/10 „der Gebühr (§§ 18 bis 24)" zur Erhebung. Der Unterschied besteht darin, daß früher auf die einzelnen Gebührenarten, wie sie sich aus den §§ 18 ff. ergaben (Beweisgebühr, Verhandlungsgebühr, Entscheidungsgebühr usw.), hingewiesen wurde, während jetzt der § 8 angeführt wird, der allerdings nur die vollen Gebührensätze enthält, aber nichts darüber aussagt, wie oft und für welche Akte usw. diese Sätze erhoben werden. Man muß also annehmen, daß es sich hier — ähnlich wie in den §§ 32 ff. — um eine Verfahrensgebühr handelt, die im Falle der Zurückweisung des Antrags für das weitere Verfahren nur einmal anfällt[8]). Dieses Verfahren bildet zwar keine eigene Instanz (im Sinne des § 77 GKG.)[9]), aber es ist — wie der Gegensatz zu § 26 Halbsatz 1 zeigt — hinsichtlich des Streitwerts von dem ursprünglichen Verfahren losgelöst: § 14 findet keine Anwendung.

Streitgegenstand des Ergänzungsverfahrens ist im Falle der Zurückweisung der 9
Teilanspruch, wegen dessen erfolglos Ergänzung verlangt wird, u. z. auch dann, wenn dieser Teilanspruch bei Entscheidung durch das zu ergänzende Urteil keine Änderung des Streitwerts herbeigeführt hätte: so, wenn es sich nur um die Ergänzung hinsichtlich einer Nebenforderung oder im Kostenpunkte handelt. Hier ist also § 15 Abs. 1 und 3 GKG. entsprechend anzuwenden[10]). Handelt es sich nicht um „An-

[6]) Es kann auch Versäumnisurteil ergehen, für das natürlich keine Gebühr entsteht: Rittmann-Wenz § 26 Anm. 1.

[7]) Vgl. Jonas § 26 Anm. 1; Rittmann-Wenz § 26 Anm. 1; Wochinger-Schwalb § 26 Anm. 2; Kollat § 26 Anm. 2.

[8]) Wochinger-Schwalb § 26 Anm. 4a; Kollat § 26 Anm. 3; Rittmann-Wenz § 26 Anm. 2 (vgl. auch Rittmann-Wenz[5] § 29 Anm. 2 für das frühere Recht); Sydow-Busch-Krieg § 26 Anm. 4.

[9]) Jonas § 26 Anm. 1. A. M.: Rittmann-Wenz § 26 Anm. 2.

[10]) Richtig: Baumbach § 26 Anm. 2. A. M.: Jonas § 26 Anm. 1, der das

sprüche", sondern nur um die vorläufige Vollstreckbarkeit oder um die oben in Anm. 4 sub a, b, d—g behandelten Fälle, so bildet der Hauptanspruch, auf den sich die Ergänzung bezieht, den Streitgegenstand und nach ihm bestimmt sich auch der Streitwert des Ergänzungsverfahrens[11]).

10 c) Erledigt sich das Ergänzungsverfahren anders als durch Ergänzungsurteil oder durch Zurückweisung, z. B. durch Zurücknahme des Antrags oder durch Vergleich, so ist entsprechend zu entscheiden, wie im Falle a: es entsteht also möglicherweise eine Beweisgebühr (nämlich wenn über einen Anspruch Beweis angeordnet wurde, für den im ersten Verfahren noch keine Beweisgebühr angefallen war); auch eine Prozeßgebühr kann in Betracht kommen[12]), nämlich wenn die Ergänzung für einen Anspruch beantragt wird, der *tatsächlich* bisher noch nicht anhängig war. § 14 GKG. findet auch hier Anwendung.

11 d) Die beiden Alternativen des § 26 gelten nur, *soweit* der Antrag zurückgewiesen oder nicht zurückgewiesen wird. Es ist also zu beachten, daß die Zurückweisung auch eine *teilweise* sein kann. Beispiel: es ist nach dem Tatbestande des Urteils auf 3000 RM. geklagt; es wird aber nur über 2000 RM. entschieden. Kläger beantragt Ergänzung. Für 500 RM. erfolgt Abweisung, für 500 RM. Ergänzung. Beweis wurde nicht erhoben. Hier sind angefallen:

Im ersten Verfahren	: 1 Prozeßgebühr	aus 3000 RM.	= 60 RM.
„ „ „	: 1 Urteilsgebühr	„ 2000 „	= 50 „
Im Ergänzungsverfahren: 1	„	„ 500 „	
= 15 RM., reduziert nach § 14 Abs. 2 auf:			5 „
Im Ergänzungsverfahren: 1	Verfahrensgebühr	aus 500 RM.	= 15 „
			Summe: 130 RM.

Zahlreiche ähnliche Kombinationen sind möglich; ihre Lösung ergibt sich nach vorstehenden Erörterungen von selbst.

§ 27.

Wird ein Rechtsstreit an ein anderes Gericht verwiesen, so bildet das weitere Verfahren vor dem anderen Gerichte mit dem bisherigen Verfahren im Sinne des § 25 Abs. 1 eine Instanz.

Wird eine Sache zur anderweitigen Verhandlung an das Gericht der unteren Instanz zurückverwiesen, so bildet das weitere Verfahren mit dem früheren Verfahren vor diesem Gericht im Sinne des § 25 Abs. 1 eine Instanz.

Vorbemerkung.

§ 27 behandelt die Fälle der Verweisung an ein anderes Gericht und der Rückverweisung.

Übersicht.

Interesse, das der Antragsteller an der Ergänzung hat, für den Streitwert maßgebend sein läßt. Ebenso: *Kollat* § 26 Anm. 3. Vgl. oben §§ 9—15 Anm. 18.

[11]) Nicht ganz klar: *Rittmann-Wenz* § 26 Anm. 2.

[12]) Richtig: *Wochinger-Schwalb* § 26 Anm. 3. Dagegen sagen *Jonas* § 26 Anm. 1 und *Rittmann-Wenz* § 26 Anm. 4, daß im Falle der Zurücknahme *keine* Gebühr erhoben werde. Sie übersehen, daß § 26 bestimmt: § 14 finde Anwendung, *soweit der Antrag nicht zurückgewiesen wird*.

I. Entstehungsgeschichte und Allgemeines. 1

§ 27 Abs. 1 ist aus dem früheren § 30, § 27 Abs. 2 aus dem früheren § 31 hervorgegangen.

§ 30 lautete[1]):

> Verweist das Amtsgericht einen Rechtsstreit an ein anderes Gericht (ZPO. §§ 505, 506, 697), so bildet das weitere Verfahren vor dem anderen Gerichte mit dem Verfahren vor dem Amtsgerichte im Sinne des § 28 *eine* Instanz.

§ 31 GKG. ä. F. lautete:

> Wird eine Sache zur anderweiten Verhandlung an das Gericht unterer Instanz zurückverwiesen (ZPO. §§ 538, 539, 565), so bildet das weitere Verfahren mit dem früheren Verfahren vor diesem Gericht im Sinne des § 28 *eine* Instanz.

§ 30 GKG. ä. F. erwähnte nur *einzelne* Fälle der Verweisung; es war aber schon nach früherem Rechte unbestritten, daß er auch auf andere Fälle zutraf (z. B. auf die Verweisung von Landgericht zu Landgericht nach dem früheren § 27 EntlVO., der jetzt im § 276 ZPO. aufgegangen ist). Die Aufzählung der in Betracht kommenden Paragraphen der ZPO. in § 31 GKG. ä. F. ist zwar im neuen § 27 Abs. 2 GKG. fortgelassen worden; diese Fortlassung hat aber ebenfalls keine sachliche Bedeutung.

Die ganze Vorschrift des neuen § 27 (ebenso wie die der früheren §§ 30, 31) kennzeichnet sich dadurch, daß sie eigentlich selbstverständlich ist. Sie würde nämlich schon nach dem prozessualen Begriff der Instanz auch dann gelten, wenn sie überhaupt nicht im GKG. stände. Auf das *Anwaltsgebührenrecht* ist § 27 Abs. 1 GKG. ausdrücklich für anwendbar erklärt (§ 26 RAGebO.), während für den Fall der Zurückverweisung hinsichtlich der Anwaltsgebühren ein anderer Instanzbegriff gilt (§ 27 RAGebO.).

II. Die Verweisung an ein anderes Gericht (§ 27 Abs. 1). 2

Die Fälle der Verweisung an ein anderes Gericht im Sinne des § 27 Abs. 1 GKG. sind im Gesetz nicht einzeln aufgeführt. Ihnen allen ist begrifflich gemeinsam, daß ein bisher mit der Sache befaßtes Gericht sich selbst oder (als Berufungsinstanz) ein ihm untergeordnetes Gericht für unzuständig erklärt und deshalb den Rechtsstreit an ein anderes Gericht verweist. Im einzelnen ergibt sich folgendes:

1. Nach § 276 ZPO. hat das Amts- oder Landgericht, wenn es seine sachliche oder örtliche Unzuständigkeit aussprechen will und wenn es glaubt, das zuständige Gericht bestimmen zu können, auf Antrag des Klägers durch Beschluß sich für unzuständig zu erklären und den Rechtsstreit an das zuständige Gericht zu verweisen. Mit der Erlassung dieses (unanfechtbaren) Beschlusses ist die Sache bei dem in ihm bezeichneten Gerichte anhängig. Die Kosten des verweisenden Gerichts gelten als Teil der Prozeßkosten, die bei dem neuen „Prozeßgericht" erwachsen. 3

Unterläßt der Kläger die Antragstellung oder kann das zuständige Gericht nicht bestimmt werden, so hat Urteil auf Klageabweisung zu ergehen und es unterbleibt die Verweisung an ein anderes Gericht. Wird dann bei einem anderen Gericht neu

[1]) Nämlich seit der Novelle vom 1. Juni 1909. Seine frühere Fassung, die mit Rücksicht auf die grundlegende Änderung des amtsgerichtlichen Verfahrens durch jene Novelle umgestaltet wurde, bietet kein Interesse mehr. Vgl. hiezu etwa: *Walter-Joachim* RAGebO.[4] § 26 Anm. 2ff.

geklagt oder der Prozeß (ohne daß eine Verweisung vorlag) tatsächlich fortgesetzt, so gehört dieser Prozeß nicht zu derselben Instanz wie der Rechtsstreit vor dem ersten Gerichte.

Wird aber — wenn auch unzulässigerweise — die Verweisung an ein bestimmtes anderes Gericht ausgesprochen (etwa ohne Antrag des Klägers) und findet hierauf die Fortsetzung des Verfahrens vor dem anderen Gerichte statt, so liegt gemäß § 27 doch die kostenrechtliche Einheit der Instanz vor. Sollte dann ein Streit über die Rechtsgültigkeit und bindende Kraft der Verweisung entstehen und etwa eine Art „Rückverweisung" stattfinden, so daß das Verfahren schließlich doch vor dem verweisenden Gericht seinen Fortgang nimmt (vielleicht sogar infolge späterer Prorogation: zur Hauptsache), so bliebe kostenrechtlich auch hier die Einheit der Instanz gewahrt.

4 Die Verweisung kann auch sonst eine mehrfache sein; z. B. zuerst wegen örtlicher Unzuständigkeit vom Amtsgericht ans Amtsgericht und dann wegen sachlicher Unzuständigkeit vom Amtsgericht ans Landgericht.

5 Die Verweisung von einer Kammer desselben Gerichts an eine andere, insbes. von einer Zivilkammer an die Kammer für Handelssachen oder umgekehrt, gehört nicht hierher. Aber auch hier liegt erst recht — schon aus prozessualen Gründen, vgl. §§ 97 ff. GVG. — Einheit der Instanz vor. Die sogenannten auswärtigen Kammern für Handelssachen (§ 93 Abs. 2 GVG.) gelten als besondere Gerichte; wird die Kammer des Stammlandgerichts statt der auswärtigen Kammer angerufen oder umgekehrt, so liegt Unzuständigkeit vor[2]), die zur Verweisung nach § 276 ZPO. führen kann.

6 Prozessual war die Frage streitig, ob nach § 276 ZPO. auch die Verweisung an ein Sondergericht erfolgen könne, z. B. an ein Gewerbe- oder Kaufmannsgericht[3]). Diese Frage ist jetzt für den Hauptfall durch § 48 ArbGG. in bejahendem Sinne gelöst. Verweist das ordentliche Gericht den Rechtsstreit an das ArbGericht, so wird die Gebührenfrage ebenso behandelt, als ob § 27 Abs. 1 GKG. direkte Anwendung fände. Dasselbe gilt im umgekehrten Falle. Bei dem Gerichte, an das verwiesen wurde, werden also die Gebühren, die bei ihm anfallen, erhoben; die beim verweisenden Gerichte erwachsenen Gebühren werden angerechnet, aber, soweit sie höher sind, nicht zurückvergütet[4]).

Sollten andere Fälle einer Verweisung vom ordentlichen Gerichte an ein Sondergericht oder umgekehrt vorkommen (wobei die Frage der prozessualen Zulässigkeit hier außer Betracht bleiben kann), so wird zu untersuchen sein, ob die kostenrechtliche Regelung des Verfahrens vor dem Sondergericht eine Analogie des § 27 Abs. 1 GKG. zuläßt.

7 2. Für die Anwendung des § 27 Abs. 1 ist es ohne Einfluß, ob die Verweisung an ein Gericht desselben deutschen Landes oder an das Gericht eines anderen Landes erfolgt. Die gegenseitige Verrechnung der Kosten zwischen den Ländern ist durch ein Übereinkommen (pr. JMBl. 1911, 158; bay. JMBl. 1911, 214) geregelt, das am 1. Juli 1911 in Kraft getreten ist und folgendermaßen lautet:

> Das verweisende Gericht hat die vor der Verweisung fällig gewordenen Kosten einzuziehen, sich nach der Verweisung dagegen der Einziehung von Vorschüssen auf noch nicht fällige Kosten zu enthalten und einen auf noch nicht fällige Kosten eingezogenen Vorschuß an das Gericht des anderen Bundesstaates abzuführen. Es ist jedoch berechtigt, von einem an das Gericht des anderen Bundesstaats abzuliefernden Auslagenvorschusse den durch Auslagen bereits verbrauchten Betrag zurückzubehalten und, falls es zur Deckung der Auslagen einen Vorschuß noch nicht eingezogen hatte, von dem Gerichte des anderen Bundesstaats die Erstattung der von diesem eingezogenen Auslagen-

---

[2]) RGZ. 48, 27; Baumbach ZPO.[3] (zu § 93 GVG.).

[3]) Vgl. Baumbach ZPO.[3] § 276 Anm. 1 und ausführlich: Stein-Jonas § 276 Anm. VI Fußnote 36.

[4]) Ebenso: Jonas 418; Rittmann-Wenz § 27 Anm. 7; Baumbach § 27 Anm. 1.

beträge zu fordern. Dementsprechend hat das Gericht, an welches der Rechtsstreit verwiesen worden ist, die nach der Verweisung fällig gewordenen Kosten, einschließlich der bei dem verweisenden Gericht entstandenen, zur Zeit der Verweisung noch nicht fällig gewesenen Kosten, sowie die etwa noch nicht eingeforderten Vorschüsse einzuziehen und aus den eingezogenen Auslagenbeträgen gegebenenfalls dem verweisenden Gerichte die vor der Verweisung entstandenen Auslagen zu erstatten. Beträge unter 1 Mark sind weder von dem verweisenden Gericht an das Gericht des anderen Bundesstaats abzuführen noch von dem Gerichte des anderen Bundesstaats dem verweisenden Gerichte zu erstatten.

3. Die Verweisung nach § 276 ZPO. kann auch *in höherer Instanz* ausgesprochen werden; insbesondere dann, wenn in erster Instanz ein Urteil auf Abweisung 8
der Klage oder auf Verwerfung der Einrede der sachlichen Unzuständigkeit ergangen ist und in der Berufungsinstanz der früher nicht gestellte Verweisungsantrag nachgeholt oder die Einrede nunmehr für begründet erachtet wird. Da ein Urteil in der Berufungsinstanz nicht durch einen Beschluß aufgehoben werden kann, so erfolgt in solchen Fällen die Unzuständigkeitserklärung und Verweisung stets durch Urteil[5]). *Sie hat ebenfalls die Wirkungen des § 27 Abs. 1 GKG.* Doch ist zu beachten, daß hier nicht etwa die Rechtsmittelinstanz mit dem neuen Verfahren vor dem Gerichte, an das verwiesen wurde, eine Einheit bildet; *dieses Verfahren gilt vielmehr als Fortsetzung der ersten Instanz*[5a]): wenn also die Klage ohne Beweiserhebung vom Landgerichte A wegen örtlicher Unzuständigkeit abgewiesen wurde und in zweiter Instanz nach Stellung des Verweisungsantrages und streitiger Verhandlung Urteil mit Verweisung an das Landgericht B erging, bei dem dann über die Hauptsache streitig verhandelt, Beweis angeordnet und Urteil erlassen wurde, so fallen an *erstinstanziellen* Gebühren nur je eine Prozeß-, Beweis- und Urteilsgebühr an; in der Berufungsinstanz ferner eine gemäß § 28 GKG. erhöhte Prozeß- und Urteilsgebühr[6]). — Entsprechendes gilt, wenn das Landgericht als Berufungsinstanz wegen sachlicher Unzuständigkeit des Amtsgerichts an sich selbst als erstinstanzielles Gericht verweist[7]): auch hier ist es kostenrechtlich so anzusehen, als ob das Berufungsgericht *an Stelle des erstinstanziellen Gerichts* die Unzuständigkeit und Verweisung ausgesprochen hätte.

4. Wir haben im vorstehenden gesehen, daß die Verweisung zwar regelmäßig 9
durch Beschluß erfolgt, daß es aber auch Fälle gibt, in denen sie durch Urteil zu geschehen hat. Geschieht sie *tatsächlich* in anderen Fällen (in denen von Rechts wegen ein Beschluß ergehen sollte) durch Urteil, so ist die Wirkung dieselbe, wie wenn sie durch Beschluß erfolgte[8]), und § 27 Abs. 1 GKG. findet ebenfalls Anwendung.

5. Während § 276 ZPO. sowohl den Fall der von vornherein bestehenden als 10
auch den der später durch Klageänderung eintretenden sachlichen oder örtlichen Unzuständigkeit des Amts- oder Landgerichts betrifft, regelt § 506 ZPO. nur drei besondere Fälle der nachträglich eintretenden sachlichen Unzuständigkeit des Amtsgerichts, nämlich die Fälle, in denen diese Unzuständigkeit durch *Klageerweiterung, Widerklage* oder *Inzidentfeststellungsklage* entsteht. Hier steht *jeder Partei*, nicht nur dem Kläger, vor weiterer Verhandlung zur Hauptsache das Recht zu, den Verweisungsantrag zu stellen. Im übrigen folgt das Verfahren den Vorschriften des § 276 ZPO. und die kostenrechtlichen Fragen beantworten sich in gleicher Weise wie dort (s. o. Anm. 3—9).

---

[5]) Vgl. *Baumbach* ZPO.[3] § 276 Anm. 2; RGZ. 95, 280.

[5a]) OLG. Jena ZDJustAmtm. 1928, 137.

[6]) Im Falle von RGZ. 95, 280 hat das *Revisionsgericht* durch *Urteil* an Stelle des Land- und Oberlandesgerichts die Sache an ein anderes Landgericht verwiesen und, da der Verweisungsantrag schon in zweiter Instanz gestellt war, von der Vorschrift des § 6 GKG. Gebrauch gemacht.

[7]) *Baumbach* ZPO.[3] § 276 Anm. 1.

[8]) Auch ein solches Urteil wäre — nach den zutreffenden Gedankengängen der Entsch. RGZ. 95, 280 — unanfechtbar.

11 6. Ein weiterer Verweisungsfall findet sich in § 112 des Genossenschaftsgesetzes (Fassung vom 20. Mai 1898, RGBl. 810). Es handelt sich dort um Klagen auf Anfechtung der im Genossenschaftskonkurse aufgestellten und für vollstreckbar erklärten Vorschuß- und Nachschußberechnungen. Diese Vorschrift lautet:

> Die Klage ist ausschließlich bei dem Amtsgerichte zu erheben, welches die Berechnung für vollstreckbar erklärt hat. Die mündliche Verhandlung erfolgt nicht vor Ablauf der bezeichneten Notfrist. Mehrere Anfechtungsprozesse sind zur gleichzeitigen Verhandlung und Entscheidung zu verbinden.
>
> Übersteigt der Streitgegenstand eines Prozesses die sonst für die sachliche Zuständigkeit der Amtsgerichte geltende Summe, so hat das Gericht, sofern eine Partei in einem solchen Prozesse vor der Verhandlung zur Hauptsache darauf anträgt, durch Beschluß die sämtlichen Streitsachen an das Landgericht, in dessen Bezirke es seinen Sitz hat, zu verweisen. Gegen diesen Beschluß findet die sofortige Beschwerde statt. Die Notfrist beginnt mit der Verkündung des Beschlusses.
>
> Ist der Beschluß rechtskräftig, so gelten die Streitsachen als bei dem Landgerichte anhängig. Die im Verfahren vor dem Amtsgerichte erwachsenen Kosten werden als Teil der bei dem Landgerichte erwachsenen Kosten behandelt und gelten als Kosten einer Instanz.
>
> Die Vorschriften der Zivilprozeßordnung §§ 769, 770 über die Einstellung der Zwangsvollstreckung und die Aufhebung der Vollstreckungsmaßregeln finden entsprechende Anwendung.

Die vorstehende Bestimmung gilt nach § 52 des Ges. über die privaten Versicherungsunternehmen vom 12. Mai 1901 auch im Konkurse der Versicherungsvereine auf Gegenseitigkeit.

Das hier geregelte Verfahren unterscheidet sich — soweit das in diesem Zusammenhange interessiert — von dem des § 506 ZPO. hauptsächlich dadurch, daß die Prozesse erst mit Rechtskraft des Beschlusses als beim Landgerichte anhängig gelten.

Sollte es vorkommen, daß schon vor Rechtskraft des Beschlusses — etwa infolge eines Übersehens — das weitere Verfahren vor dem Landgerichte betrieben wird, so fragt es sich, welche kostenrechtlichen Wirkungen eintreten. Tritt die Rechtskraft nachträglich ein (durch Fristablauf, Zurückweisung der Beschwerde, Verzicht auf das Rechtsmittel usw.), so wird zweifellos die Einheit der kostenrechtlichen Instanz ex tunc als gewahrt zu erachten sein. Wird aber die Verweisung aufgehoben, so ergibt sich nachträglich, daß sie wirksam noch gar nicht erfolgt war; dann können aber auch Handlungen, die zuvor beim Landgerichte vorgenommen wurden, nicht zur Instanz des amtsgerichtlichen Prozesses gehören; die bloße Absicht der Handelnden, dieses Ergebnis herbeizuführen, genügt nicht.

12 7. Ist im Mahnverfahren ein Anspruch erhoben, der zur Zuständigkeit der Landgerichte gehört, so hat sich das Amtsgericht, sofern eine Partei vor der Verhandlung zur Hauptsache darauf anträgt, durch Beschluß für unzuständig zu erklären und den Rechtsstreit an das Landgericht zu verweisen (§ 697 ZPO.). Die Verweisung, die bald auf Grund mündlicher Verhandlung bald ohne solche erfolgt (§ 697 Abs. 2 ZPO.) ist auch hier unanfechtbar; mit ihrer Verkündung bzw. Zustellung an alle Parteien (letzteres bei Erlaß außerhalb der mündlichen Verhandlung) gilt das Verfahren als beim Landgerichte anhängig. Die Einheit der kostenrechtlichen Instanz ist damit hergestellt.

13 Legt der Schuldner gegen den Vollstreckungsbefehl Einspruch ein und gehört der Anspruch vor das Landgericht, so soll das Amtsgericht die Verweisung nach § 697 ZPO. nur vornehmen, wenn es den Einspruch für zulässig erklärt. Erfolgt Verweisung, so finden die Ausführungen in Anm. 12 Anwendung.

14 8. Alle Revisionen gegen Urteile von bayerischen Oberlandesgerichten sind nach § 7 EGZPO. nur beim Bayer. Obersten Landesgerichte einzulegen. Verweist dieses gemäß § 7 Abs. 2 EGZPO. die Sache an das Reichsgericht, so ist diese Entscheidung für das Reichsgericht bindend. Die Sache ist nunmehr bei diesem

Gericht anhängig und bei ihm ist von Amts wegen Termin anzuberaumen. Auch hier liegt ein Fall des § 27 Abs. 1 GKG. vor und an der Einheit der Instanz ist nicht zu zweifeln.

9. Es ist hier endlich noch auf einige, den Verweisungsfällen ähnlich gelagerte 15
Fälle hinzuweisen, in denen ebenfalls nur eine Instanz vorliegt; vgl. hiezu § 25 Anm. 4.

III. Die Zurückverweisung an das untere Gericht (§ 27 Abs. 2). 16

1. Wir haben schon bei Erörterung des prozessualen Instanzbegriffes (§ 25 Anm. 2 ff.) gesehen, daß der Erlaß eines Zwischenurteils, eines bedingten Endurteils, eines Vorbehaltsurteils die Instanz, in der er erfolgte, nicht oder nicht notwendig beendigt; auch wenn gegen diese Urteile ein Rechtsmittel eingelegt wird, so nimmt die untere Instanz ihren Fortgang, wenn z. B. vor Erledigung des Rechtsmittels Verhandlung zur Hauptsache oder über den Betrag des Anspruchs angeordnet wird (§§ 275 Abs. 2, 304 Abs. 2 ZPO.), wenn nach Zurücknahme oder Verwerfung des Rechtsmittels der Prozeß vor dem unteren Gerichte weiter geführt wird oder wenn vor diesem die Läuterung des bedingten Endurteils erfolgt.

2. § 27 Abs. 2 GKG. stellt nun für das Kostenrecht klar, daß auch in den Fällen 17
der Zurückverweisung des Rechtsstreites an das untere Gericht die bei diesem eröffnete Instanz ihren Fortgang nimmt oder wieder auflebt, auch wenn sie schon endgültig geschlossen war. Der letztere Fall liegt z. B. vor, wenn das Landgericht die Klage abgewiesen, das OLG. aber den Anspruch durch Zwischenurteil für begründet erklärt und die Sache zur Verhandlung über die Höhe zurückverwiesen hatte. Die im Anwaltsgebührenrecht strittige Frage, ob die Zurückverweisung eine ausdrückliche sein müsse oder ob auch eine stillschweigende Zurückverweisung genüge[9]), bedarf für das Gerichtskostenrecht keiner Erörterung; denn auch wenn ohne ausdrückliche Rückverweisung, z. B. nach Zurückweisung der Berufung gegen das Grundurteil, beim Untergerichte (über den Betrag) wieder verhandelt wird, ist die Einheit der Instanz gewahrt, nämlich schon nach dem Prozeßrechte, also auch ohne Heranziehung des § 27 Abs. 2 GKG. Das „untere Gericht", von dem § 27 Abs. 2 spricht, braucht nicht das zunächst untergeordnete zu sein.

3. Die wichtigsten Fälle der Zurückverweisung sind auch hier die in § 27 RAGebO. 18
eigens und für die dortigen Zwecke erschöpfend angeführten §§ 538, 539, 565, 566 a ZPO.[10]): die Fälle der Zurückverweisung in der Berufungs- und Revisions-

---

[9]) Vgl. Walter-Joachim-Friedlaender RAGebO. § 27 Anm. 3, 4.

[10]) Diese Bestimmungen lauten:

§ 538. Das Berufungsgericht hat die Sache, insofern eine weitere Verhandlung derselben erforderlich ist, an das Gericht erster Instanz zurückzuverweisen:

1. wenn durch das angefochtene Urteil ein Einspruch als unzulässig verworfen ist;
2. wenn durch das angefochtene Urteil nur über prozeßhindernde Einreden entschieden ist;
3. wenn im Falle eines nach Grund und Betrag streitigen Anspruchs durch das angefochtene Urteil über den Grund des Anspruchs vorab entschieden oder die Klage abgewiesen ist, es sei denn, daß der Streit über den Betrag des Anspruchs zur Entscheidung reif ist;
4. wenn das angefochtene Urteil im Urkunden- oder Wechselprozesse unter Vorbehalt der Rechte erlassen ist;
5. wenn das angefochtene Urteil ein Versäumnisurteil ist.

Im Falle der Nr. 2 hat das Berufungsgericht die sämtlichen prozeßhindernden Einreden zu erledigen.

§ 539. Leidet das Verfahren erster Instanz an einem wesentlichen Mangel, so kann das Berufungsgericht unter Aufhebung des Urteils und des Verfahrens, soweit das letztere durch den Mangel betroffen wird, die Sache an das Gericht erster Instanz zurückverweisen.

§ 565. Im Falle der Aufhebung des Urteils ist die Sache zur anderweiten Verhandlung und Entscheidung an das Berufungsgericht zurückzuverweisen. Die Zurückverweisung kann an einen anderen Senat des Berufungsgerichts erfolgen.

Das Berufungsgericht hat die rechtliche Beurteilung, welche der Aufhebung zugrunde gelegt ist, auch seiner Entscheidung zugrunde zu legen.

instanz. Es kann aber z. B. auch in der Beschwerdeinstanz eine solche vorkommen (etwa nach §§ 99 Abs. 3, 575 ZPO.); dann findet ebenfalls § 27 Abs. 2 Anwendung.

19 4. § 27 Abs. 2 findet nur insoweit Anwendung, als das Gericht, an das die Zurückverweisung erfolgte, bereits mit der Sache befaßt war. Hebt also z. B. das Reichsgericht auf Grund einer Sprungrevision (§ 566a ZPO.) ein landgerichtliches Urteil auf und verweist die Sache an das Oberlandesgericht „zurück", so war bei diesem ein „früheres Verfahren", mit dem das neue Verfahren eine Instanz bilden könnte, gar nicht anhängig; § 27 findet also keine Anwendung und das Verfahren vor dem OLG. gilt als neue Instanz[11]).

20 5. Die Einheit der Instanz bedeutet nach § 25 GKG., daß jede der im § 20 bezeichneten Gebühren rücksichtlich eines jeden Teiles des Streitgegenstandes nur einmal erhoben wird (vorbehaltlich der Ausnahmen, die insbesondere § 25 Abs. 2 und 3 regelt). Daß an sich die Aufhebung einer Entscheidung nicht auch die durch diese ausgelöste Gebühr in Wegfall bringt[12]), ist ein selbstverständlicher Grundsatz des Kostenrechts. Wird also ein kontradiktorisches Urteil aufgehoben und erledigt sich nach Zurückverweisung die Sache ohne Endurteil (etwa durch Vergleich), so bleibt die Urteilsgebühr trotz der Aufhebung bestehen.

21 6. Wird nach Zurückverweisung ein neues Urteil erlassen und gegen dieses wiederum ein Rechtsmittel eingelegt, so bildet das Verfahren vor dem Rechtsmittel- (Berufungs- oder Revisions-)Gericht stets eine neue Instanz. Es steht weder mit dem Verfahren vor dem Untergericht noch mit dem früheren Verfahren vor dem Rechtsmittelgericht in einem kostenrechtlichen Zusammenhang. Das ist unbestritten.

Das Revisionsgericht hat jedoch in der Sache selbst zu entscheiden:

1. wenn die Aufhebung des Urteils nur wegen Gesetzesverletzung bei Anwendung des Gesetzes auf das festgestellte Sachverhältnis erfolgt und nach letzterem die Sache zur Entscheidung reif ist;
2. wenn die Aufhebung des Urteils wegen Unzuständigkeit des Gerichts oder wegen Unzulässigkeit des Rechtswegs erfolgt.

Kommt in den Fällen der Nr. 1 und 2 für die in der Sache selbst zu erlassende Entscheidung die Anwendbarkeit von Gesetzen, auf deren Verletzung die Revision nach § 549 nicht gestützt werden kann, in Frage, so kann die Sache zur anderweiten Verhandlung und Entscheidung an das Berufungsgericht zurückverwiesen werden.

§ 566a. Gegen die in erster Instanz erlassenen Endurteile der Landgerichte kann mit den folgenden Maßgaben unter Übergehung der Berufungsinstanz unmittelbar die Revision eingelegt werden.

Die Übergehung der Berufungsinstanz bedarf der Einwilligung des Gegners. Die schriftliche Erklärung der Einwilligung ist der Revisionsschrift beizufügen, sie kann auch von dem Prozeßbevollmächtigten der ersten Instanz abgegeben werden.

Die Revision kann nicht auf Mängel des Verfahrens gestützt werden.

Die Einlegung der Revision und die Erklärung des Einverständnisses damit gelten als Verzicht auf das Rechtsmittel der Berufung.

Verweist das Revisionsgericht die Sache zur anderweitigen Verhandlung und Entscheidung zurück, so kann die Zurückverweisung nach seinem Ermessen auch an dasjenige Oberlandesgericht erfolgen, das für die Berufung zuständig gewesen wäre. In diesem Falle gelten für das Verfahren vor dem Oberlandesgerichte die gleichen Grundsätze, wie wenn der Rechtsstreit auf eine ordnungsmäßig eingelegte Berufung beim Oberlandesgericht anhängig geworden wäre.

Die Vorschrift im § 565 Abs. 2 findet in allen Fällen der Zurückverweisung entsprechende Anwendung.

Von der Einlegung der Revision nach Abs. 1 hat die Geschäftsstelle des Revisionsgerichts innerhalb vierundzwanzig Stunden der Geschäftsstelle des Landgerichts Nachricht zu geben.

[11]) Vgl. Walter-Joachim-Friedlaender RAGebO. § 27 Anm. 4a. Ebenso: Sydow-Busch-Krieg[11] § 27 Anm. 5.

[12]) Vgl. Jonas § 27 Anm. 2.

§ 28.

In der Berufungsinstanz erhöhen sich die im § 20 bestimmten Gebühren um die Hälfte, in der Revisionsinstanz auf das Doppelte.

Vorbemerkung.

§ 28 behandelt die Erhöhungen, die in der Berufungs- und Revisionsinstanz des Prozeßverfahrens eintreten.

Übersicht.

I. Entstehungsgeschichte und Allgemeines. 1

1. Die Vorschrift des § 28 entspricht der des früheren § 49 GKG. Diese Bestimmung hat im Laufe der Zeit viele Wandlungen durchgemacht. Insbesondere enthielt sie früher, nämlich bis zur Novelle vom 29. Juni 1921, einen Abs. 2[1]), der den Anfall der Beweisgebühr in der Berufungsinstanz erheblich einschränkte. Außerdem haben die Gebührensätze des § 49 Abs. 1 mehrfach gewechselt. Bis zur Novelle vom 21. Dezember 1922 lautete die Vorschrift des § 49: „In der Berufungsinstanz erhöhen sich die Gebührensätze um die Hälfte, in der Revisionsinstanz auf das Doppelte.“

2. § 49 GKG. ä. F. stand am Schlusse des zweiten Abschnitts; er bezog sich nach seiner Stellung wie nach seiner Wortfassung auf das ganze Verfahren in bürgerlichen Rechtsstreitigkeiten, also auch z. B. auf das Verfahren wegen Arrests und einstweiliger Verfügung. § 28 GKG. n. F. dagegen bezieht sich unzweifelhaft nur auf das Prozeßverfahren (vgl. hiezu § 20 Anm. 1), während z. B. das Arrestverfahren im § 32 Abs. 4 besonders geregelt ist. 2

II. Einzelnes. 3

1. Die Berufungs- und Revisionsinstanz des Prozeßverfahrens beginnt erst mit der Einlegung des Rechtsmittels, nicht z. B. schon mit dem Armenrechtsgesuch für die Rechtsmittelinstanz. Vgl. hiezu § 25 Anm. 11.

2. Ein Wiederaufnahmeverfahren kann kostenrechtlich zur ersten, zur Berufungs- oder zur Revisionsinstanz gehören; denn § 584 Abs. 1 ZPO. bestimmt hinsichtlich der Restitutions- und Nichtigkeitsklage: 4

> Für die Klage ist ausschließlich zuständig: das Gericht, welches in erster Instanz erkannt hat; wenn das angefochtene Urteil oder auch nur eines von mehreren Urteilen von dem Berufungsgericht erlassen wurde, oder wenn ein in der Revisionsinstanz erlassenes Urteil auf Grund des § 580 Nr. 1—3, 6, 7 angefochten wird, das Berufungsgericht; wenn ein in der Revisionsinstanz erlassenes Urteil auf Grund der §§ 579, 580 Nr. 4, 5 angefochten wird, das Revisionsgericht.

Für die Frage, ob die Gebührensätze der ersten, der Berufungs- oder der Revisionsinstanz zu erheben sind, kommt es zunächst darauf an, bei welchem Gerichte die Wiederaufnahmeklagen erhoben wurden[2]). Erfolgt dann auf Grund des § 276

---

[1]) Er lautete: „Für eine Beweisanordnung sowie Beweisaufnahme in der Berufungsinstanz, welche nur auf Grund der in der ersten Instanz vorgebrachten Tatsachen und Beweismittel erfolgt, kommt eine Beweisgebühr nicht zur Erhebung, soweit eine solche rücksichtlich desselben Streitgegenstandes schon in der ersten Instanz zu erheben war.“

[2]) RG. JW. 1904, 299; RGZ. 57, 231.

ZPO., der auch hier gemäß § 585 ZPO. anwendbar ist[3]), die Verweisung an ein Gericht anderer Ordnung (etwa von der ersten an die Berufungsinstanz oder von dieser an die Revisionsinstanz), so liegt zwar gemäß § 27 Abs. 1 GKG. auch hier kostenrechtlich Einheit der Instanz vor; aber es ist folgendes zu beachten: wenn die Klage beim Berufungsgericht gestellt und hier etwa Beweis angeordnet, dann aber die Unzuständigkeit erkannt und gemäß § 276 ZPO. die Verweisung an das Revisionsgericht verfügt wurde, bei dem alsbald kontradiktorisches Urteil erging, so sind erwachsen:

beim Berufungsgerichte: a) eine Prozeßgebühr in Höhe des 1½fachen der Sätze des § 8,

b) eine Beweisgebühr in gleicher Höhe;

beim Revisionsgerichte: c) an sich eine Prozeßgebühr in Höhe des Doppelten der Sätze des § 8; wegen der Einheit der Instanz kommt aber diese Gebühr nur insoweit zur Erhebung, als sie die bereits entstandene Prozeßgebühr zu a übersteigt;

d) eine Urteilsgebühr in Höhe des Doppelten der Sätze des § 8.

Aus diesem Beispiel ist klar ersichtlich, wie alle hier einschlägigen Fragen zu lösen sind.

Daß das Wiederaufnahmeverfahren gegenüber dem ursprünglichen Prozeß stets als neuer Rechtsstreit gilt, wurde schon zu § 25 Anm. 7 betont.

4a 2a. Auch wenn das Berufungs- oder Revisionsgericht als solches einen Zwischenstreit entscheidet, der bei ihm zuerst anhängig wurde — z. B. über die Zulassung einer Nebenintervention (§ 71 ZPO.) —, so fallen die erhöhten Gebühren des § 28 an[3a]). Vgl. auch den entsprechenden Fall in § 32 Anm. 23 und die eben besprochenen Fälle des Wiederaufnahmeverfahrens (§ 28 Anm. 4).

5 3. Auch wenn die erste Instanz sich nicht vor den ordentlichen Gerichten abspielt, greift § 28 GKG. Platz, sofern dies hinsichtlich der Berufungsinstanz der Fall ist und ein Prozeßverfahren nach der ZPO. vorliegt. § 28 galt daher vor allem für das Verfahren betr. die Berufung gegen Urteile der Gewerbe- und Kaufmannsgerichte; § 60 GewGG., § 16 KGG. bestimmten dies sogar mit ausdrücklichen Worten[4]). Auch für das Berufungsverfahren in Konsulargerichtssachen gilt § 28.

6 4. Gegen die Entscheidung des Patentamts, die nach §§ 29, 30 Patentgesetz (Fassung vom 7. Dez. 1923, RGBl. II 437) über die Nichtigkeit oder Zurücknahme eines Patents ergeht, ist die Berufung an das Reichsgericht zulässig. Hierüber bestimmt § 33 Abs. 1 und 2 PatGes.:

> Gegen die Entscheidung des Patentamts (§§ 29, 30) ist die Berufung zulässig. Die Berufung geht an das Reichsgericht. Sie ist binnen sechs Wochen nach der Zustellung bei dem Patentamt schriftlich anzumelden und zu begründen. Mit der Anmeldung der Berufung ist eine Gebühr nach Maßgabe des Tarifs zu zahlen; erfolgt die Zahlung nicht, so gilt die Berufung als nicht angemeldet.
>
> In dem Verfahren vor dem Reichsgerichte werden Gebühren und Auslagen nach den Vorschriften des Gerichtskostengesetzes erhoben. Die Gebühren werden nach den für das Verfahren in der Revisionsinstanz geltenden Sätzen

---

[3]) Vgl. Baumbach ZPO.[3] § 584 Anm. 1 a. E.

[3a]) Ebenso: Baumbach § 28 Anm. 1.

[4]) § 60 Abs. 1 GewGG. sagt: „Die Kosten der Rechtsmittel .. bestimmen sich nach den für die ordentlichen Gerichte maßgebenden Vorschriften. Das Gesuch um Festsetzung der Kosten zweiter Instanz ist bei dem Landgericht anzubringen.“ § 16 KGG. verweist auf diese Bestimmung. Infolge Aufhebung der beiden Gesetze durch das ArbGerGes. vom 23. Dez. 1926 (RGBl. I 507) kommen die hier erwähnten Vorschriften vom Inkrafttreten dieses Ges. ab nur noch für diejenigen Verfahren in Betracht, die in dem eben genannten Zeitpunkt bei den ord. Gerichten schwebten (§§ 121 Abs. 2, 122, 110 ArbGerGes.).

berechnet. Ein Gebührenvorschuß ist nicht zu zahlen. Die für die Anmeldung der Berufung gezahlte Gebühr wird auf die reichsgerichtlichen Gebühren angerechnet; sie wird nicht zurückgezahlt.

Demnach findet auf dieses Verfahren vor dem Reichsgerichte auch § 28 GKG. Anwendung, aber mit der Maßgabe, daß die Sätze der Revisionsinstanz gelten. Die Prozeßgebühr nach dem GKG. entsteht erst, wenn das Verfahren bei dem Reichsgerichte anhängig ist; denn nach § 33 Abs. 2 Satz 1 kommt das GKG. nicht zur Anwendung „im Berufungsverfahren", sondern erst in dem Verfahren vor dem Reichsgericht. Vorher erwächst beim Patentamt eine besondere Gebühr für Anmeldung der Berufung (nach Maßgabe des patentamtlichen Tarifs) [5]), die auf die reichsgerichtlichen Gebühren anzurechnen ist. Das Verfahren beim Reichsgericht beginnt mit der Vorlage der Akten durch das Patentamt (vgl. § 4 der VO. vom 6. Dez. 1891, RGBl. 389).

5. Hinsichtlich des Streitwerts in der Berufungs- und Revisionsinstanz vgl. 7
§§ 9—15 Anm. 17, 74; hinsichtlich der Abgrenzung der Instanzen: § 25 Anm. 9.

§ 29.

Die Prozeßgebühr wird nicht erhoben, wenn die Klage vor Bestimmung des Termins zur mündlichen Verhandlung zurückgenommen wird.

Sie ermäßigt sich auf ein Viertel der Gebühr, wenn die Klage nach diesem Zeitpunkte, jedoch vor Stellung eines Sachantrags in der mündlichen Verhandlung zurückgenommen wird.

Vorbemerkung.

§ 29 behandelt die gebührenrechtlichen Folgen der Klagezurücknahme im Prozeßverfahren.

Übersicht.

I. Entstehungsgeschichte. 1

1. Das ältere GKG. enthielt im § 46 eine allgemeine Vorschrift für die Behandlung von „Zurücknahmen" im Zivilprozeß. Sie lautete:

„Wird eine Klage, ein Einspruch oder ein Rechtsmittel zurückgenommen, bevor ein gebührenpflichtiger Akt stattgefunden hat, so wird ein Zehnteil der

---

[5]) Vgl. Gesetz über die patentamtlichen Gebühren vom 26. März 1926 (RGBl. II 181). Nach Tarifstelle I 5 beträgt die Gebühr für die Anmeldung der Berufung 150 RM. Die bei Rittmann-Wenz § 28 Anm. 3 angeführte VO. vom 23. Nov. 1923 RGBl. II 432 ist überholt.

Gebühr erhoben, welche für die beantragte Entscheidung oder im Falle des § 43 für die beantragte Verhandlung zu erheben sein würde.

Diese Gebühr wird nicht erhoben, wenn ein zur Terminsbestimmung eingereichter Schriftsatz vor Bestimmung des Termins zurückgezogen ist.

Betrifft die Zurücknahme nur einen Teil des Streitgegenstandes, während über einen anderen Teil verhandelt, entschieden oder ein Vergleich aufgenommen wird, so ist die Gebühr für die Zurücknahme nur insoweit zu erheben, als die Verhandlungsgebühr oder die Entscheidungsgebühr sich erhöht haben würde, wenn die Verhandlung, die Entscheidung oder der Vergleich auf den zurückgenommenen Teil erstreckt worden wäre."

2 2. Diese Bestimmung galt bis zum 15. Februar 1923. Das neue GKG. enthielt eine allgemeine Rücknahmevorschrift überhaupt nicht. Für den besonderen Fall der Klagezurücknahme sah der Entwurf (§ 35) nur die Bestimmung des jetzigen § 29 Abs. 1 vor (der dem früheren § 46 Abs. 2 entsprach. Der Reichstag fügte jedoch folgenden Abs. 2 bei:

„Sie ermäßigt sich auf ein Viertel der Gebühr, wenn die Klage nach diesem Zeitpunkt, jedoch vor der mündlichen Verhandlung zurückgenommen wird."

In dieser Form wurde die Bestimmung Gesetz. Die Worte „vor der mündlichen Verhandlung" gaben nun alsbald in der Praxis zu einer der unerquicklichsten Streitfragen Anlaß, die unzählige Entscheidungen der Gerichte herbeigeführt hat[1]). Bald wurde unter dem Beginn der mündlichen Verhandlung der Aufruf der Sache (Beginn des Termins zur mündlichen Verhandlung) verstanden, bald der Beginn einer sachlichen Verhandlungstätigkeit, bald wurden mittlere Meinungen mit weiteren Unterscheidungen vertreten. Das Bedürfnis nach einer gesetzlichen Klarstellung wurde allgemein empfunden.

3 3. Der Entwurf des neuen Gesetzes über die Gerichtskosten und die Gebühren der Rechtsanwälte sah eine Änderung des Textes im fiskalischen Sinne vor. Es sollte von nun ab im Gesetze statt der Worte „vor der mündlichen Verhandlung" heißen: „vor Beginn des Termins (ZPO. § 220)". Dann wäre also die Gebührenminderung ausgeschlossen gewesen, sobald es nur zum Aufruf der Sache, d. h. zum Beginn des Verhandlungstermins gekommen wäre: Klagezurücknahme im Termin, nach Vertagung auf einseitigen Antrag, nach Verweisung zur Sühne usw. begründete keine Ermäßigung mehr. Dieser Neuregelung wurde lebhaft widersprochen und der Rechtsausschuß des Reichstags hat sie abgelehnt; er hat dem Abs. 2 die jetzt geltende Form gegeben, indem er die Stellung eines Sachantrages in der mündlichen Verhandlung als maßgebendes Kriterium aufstellte[1a]).

4 **II. Begriff der Klagezurücknahme.**

1. Schon aus dem ersten Absatz des § 29 ergibt sich dasselbe, was nach früherem Rechte — insbes. bei Auslegung der §§ 46, 93, 94 Nr. 2 GKG. älterer Fassung — allgemein angenommen wurde[2]): daß nämlich der Begriff der „Zurücknahme" im Sinne des GKG. nicht identisch ist mit dem gleichnamigen prozessualen Begriff. Insbesondere wird nicht verlangt, daß die strengen prozessualen Voraussetzungen einer Klagezurücknahme erfüllt sind. Dies folgt schon daraus, daß § 29 Abs. 1 GKG. einen Fall voraussetzt, in dem die Klage (prozessual) überhaupt noch nicht erhoben war; sie war mangels Terminsbestimmung dem Beklagten noch nicht zugestellt; eine Zurücknahme im prozessualen Sinne kommt mithin nicht in Frage. Die „Zurücknahme" erfolgt hier durch einfache Mitteilung an das Gericht; eine Zustellung an den Beklagten wäre sinnlos. Der frühere § 46 Abs. 2 GKG. (ä. F.) bestimmte allgemein, daß die „Rücknahmegebühr" des Abs. 1 nicht erhoben werde, wenn „ein zur Termins-

---

[1]) Vgl. hiezu etwa Rittmann-Wenz[8] § 29 Anm. 6; OLG. Hamburg JW. 1926, 2475[8].

[1a]) Ebenso schon vorher: M. Friedlaender DJZ. 1926, 1094.

[2]) Rittmann § 46 Anm. 2; RG. SeuffA. 39, 84; OLG. Colmar ElsLothZ. 25, 161; RG. Bbl. 1911, 180; Warneyer 1912 Nr. 355; RGZ. 25, 380.

bestimmung eingereichter Schriftsatz vor Bestimmung des Termins zurückgezogen ist". Dieser Satz ließ noch deutlicher erkennen, daß die rein prozessualen Gedankengänge hier dem Gesetzgeber nicht vorschwebten: der Ausdruck „Zurückziehung eines Schriftsatzes" ist prozessual gewiß nicht gebräuchlich; er deutet wiederum (da an eine körperliche Zurücknahme von Aktenprodukten natürlich nicht gedacht sein kann) auf die bloße formlose Anzeige an das Gericht hin. Zu dem gleichen Ergebnis gelangt man ganz allgemein durch die Erwägung, daß das GKG. naturgemäß von dem Verhältnis des Staates zu den einzelnen kostenpflichtigen Prozeßbeteiligten ausgehen muß und nicht in gleichem Maße wie die Prozeßordnung (insbes. die ZPO.) das Verhältnis der Parteien zueinander berücksichtigen kann. Regelmäßig wird daher die kostenrechtliche Relevanz von Handlungen und Erklärungen der Parteien durch die Betätigung gegenüber dem Gericht bestimmt, während die prozessual bedeutsame Betätigung gegenüber der anderen Partei oder deren Mitwirkung kostenrechtlich in den Hintergrund tritt oder ganz belanglos erscheint. Die Gerichtskasse hat ja auch meist gar keine Möglichkeit, die Mitteilungen, Zustellungen usw. an den Gegner, soweit sie im Parteibetriebe erfolgen, nachzuprüfen und es würde jedenfalls den Zwecken des GKG. zuwiderlaufen, wenn diesbezügliche Nachforschungen gepflogen werden müßten, um festzustellen, ob die äußeren, für das Gericht sichtbaren Tatsachen dem prozessual wirksamen Verlauf der Dinge entsprechen. Dies gilt namentlich auch bei Anwendung des § 75 GKG. und galt früher in den Fällen der §§ 93, 94 Nr. 2 GKG. ä. F., wo ebenfalls der Begriff der „Zurücknahme" erscheint[3]).

2. Als Klagezurücknahme im kostenrechtlichen Sinne muß man hiernach jede 5
dem Gericht gegenüber abgegebene Erklärung des Klägers, daß er die Klage ganz oder teilweise nicht aufrechterhalten wolle, ansehen. Auch wenn die Klage schon wirksam erhoben, also zugestellt war, genügt die einfache Anzeige an das Gericht.

Einer besonderen Form bedarf die Anzeige nicht. Sie kann sogar im Anwaltsprozeß ohne Anwalt oder durch einen beim Prozeßgericht nicht zugelassenen Anwalt (etwa einen Verkehrsanwalt) erfolgen. Allerdings wird dieser Fall nur selten praktisch werden; aber es kann doch vorkommen, daß ein Bedürfnis zur Gerichtskostenminderung durch formlose Parteierklärung eintritt: wenn z. B. der Prozeßbevollmächtigte im Anwaltsprozeß stirbt und die Partei es vermeiden will, sich zur bloßen Klagezurücknahme einen neuen Anwalt zu nehmen (im Rechtsmittelverfahren kommen ähnliche Fälle öfters vor: wenn z. B. ein OLG.-Anwalt, der die Revision beim bayer. Obersten Landesgerichte eingelegt hat, sie nach Verweisung der Sache ans Reichsgericht zurücknehmen und nicht allein zu diesem Zwecke einen RGAnwalt aufstellen will; vgl. § 8 EGZPO.; § 30 GKG. n. F.; § 46 GKG. ä. F.).

Die Anzeige der Klagezurücknahme muß aber, um kostenrechtliche Wirkung zu haben, 6
klar und unzweideutig sein; das gilt auch von der sogenannten „stillschweigenden" Zurücknahme, die insbesondere vorliegt, wenn der Kläger in der mündlichen Verhandlung nur einen beschränkten Antrag stellt; eine teilweise Klagezurücknahme liegt hierin nur, wenn klar erkennbar ist, daß der Kläger den restigen Anspruch in diesem Prozeß nicht aufrechterhalten will[4]). Eine bedingte Zurücknahme kommt nur dann in Betracht, wenn ausnahmsweise die Bedingung wegen ihrer Einfachheit die klare Erkennbarkeit des Zurücknahmewillens nicht beeinträchtigt (der Kläger bittet, die Klage als zurückgenommen zu betrachten, wenn er nicht bis zum 15. Februar dem Gerichte Gegenteiliges mitteilt).

Auch die Erklärung des Klägers, **daß die Hauptsache erledigt sei,** gilt

---

[3]) Ebenso: Rittmann-Wenz § 29 Anm. 2, 7; § 75 Anm. 5; Rittmann § 93 Anm. 7; § 94 Nr. 2 Anm. 1; Kollat § 29 Anm. 1; Jonas § 29 Anm. 2a (es genügt Einreichung der Klagezurücknahme); die oben Fußnote 2 angeführten Entscheidungen; aus neuester Zeit: RG. JW. 1927, 53[14]; M. Friedlaender JW. 1927, 2160[25]; OLG. Hamburg Bbl. 1924, 173. A. M.: Baumbach § 29 Anm. 2; OLG. Dresden SächsThür.-Arch. 1925, 44; LG. München I BayZ. 1927, 245.

[4]) Stein-Jonas § 271 Anm. III; Rittmann-Wenz § 29 Anm. 2.

kostenrechtlich zunächst als Zurücknahme bezüglich des Hauptsacheanspruchs [5]) (vgl. jedoch unten Anm. 6a). Denn die Ermäßigung soll nach dem Zwecke des Gesetzes erfolgen, wenn und soweit der Kläger vor Eintritt in die Verhandlung seinen Antrag fallen läßt und dadurch dem Gericht eine weitere Tätigkeit erspart. Ob dies geschieht, weil der Kläger seinen Anspruch für unbegründet hält oder weil der Beklagte ihn erfüllt hat, ist für die Belastung des Gerichts und daher für die Höhe der Kosten belanglos. Erledigt sich der Kostenpunkt vor Eintritt in die Verhandlung ganz, so kann der Kläger die Klage auch prozessual „zurücknehmen" und damit zweifellos die Ermächtigung der Prozeßgebühr herbeiführen. Warum sollte es anders sein, wenn im Termin nur die Kosten noch ausstehen und deshalb Urteil im Kostenpunkte erwirkt werden muß? — Immer aber bleibt zu beachten, daß nur die unzweideutige Erklärung der Erledigung als „Zurücknahme" gelten kann, nicht etwa die bloße Tatsache der objektiven Erledigung. Das erfordert die kostenrechtliche Verkehrssicherheit [6]).

Die Frage, ob eine Zurücknahme im Sinne des GKG. vorliegt, wenn es zu ihrer prozessualen Wirksamkeit der Zustimmung des Prozeßgegners bedarf, braucht in diesem Zusammenhange nicht erörtert zu werden. Denn diese Zustimmung ist auch prozessual nur erforderlich, wenn der Gegner bereits zur Hauptsache mündlich verhandelt hat (§ 271 Abs. 1 ZPO.). War dies aber geschehen, so liegt ein Fall des § 29 GKG. überhaupt nicht vor; eine Ermäßigung der Prozeßgebühr kann nicht mehr eintreten.

Nicht als Klagezurücknahme gilt dagegen der gerichtliche Vergleich; s. u. Anm. 17.

6a 3. Da die Klagezurücknahme im kostenrechtlichen Sinne nicht notwendig mit der entsprechenden prozessualen Maßnahme übereinstimmt, so kann es vorkommen, daß trotz der einseitigen Anzeige seitens des Klägers der Prozeß hinsichtlich der Hauptsache oder des von der „Zurücknahme" betroffenen Hauptsacheteils seinen Fortgang nimmt und daß es zur Stellung eines Sachantrags in der mündlichen Verhandlung kommt: der Beklagte erwirkt z. B. Versäumnisurteil auf kostenfällige Abweisung der Klage, weil die Zurücknahme nicht in prozessual gültiger Form erfolgt ist. Der Kläger beantragt wegen Erledigung der Hauptsache bloßes Kostenurteil; der Beklagte bestreitet die Erledigung und beantragt kostenfällige Klageabweisung [7]). In solchen Fällen ergibt sich nachträglich, daß die Beendigung der Sache, auf welche die „Zurücknahme" äußerlich hinzudeuten schien, tatsächlich nicht eingetreten ist. Eine Ermäßigung der Prozeßgebühr tritt dann nach dem Zwecke des Gesetzes, das die Zurücknahme im Sinne wirklicher Beendigung des Verfahrens auffaßt, wenn es auch die einseitige Erklärung zunächst als wirksam gelten läßt, nicht ein; eine Rückerstattung erfolgt nicht; ist sie bereits erfolgt, so hat der Kläger den zurückerstatteten Teil der Gebühr wieder einzuzahlen. Derselbe Fall kann übrigens eintreten, wenn der Kläger formgerecht die Klage zurückgenommen hat und trotzdem der Beklagte über die Wirksamkeit der Klagezurücknahme (z. B. wegen Geisteskrankheit einer der Parteien) streitet oder wenn beide Teile unter Nichtbeachtung der formgültig erfolgten Klagezurücknahme den Prozeß fort-

---

[5]) Ebenso: Rittmann-Wenz § 29 Anm. 2; RG. JW. 1927, 53[14]; 1928, 59[9] (Berufungszurücknahme betr.); KG. JW. 1924, 2050[12] (zweifelnd Kraemer ebenda) = KGBl. 1925, 110; M. Friedlaender JW. 1927, 2160[25]; Lehmer Bbl. 1927, 234; OLG. Karlsruhe BuschsZ. 12, 166[11]; OLG. Hamburg Bbl. 1924, 173; HansGZ. 1923 B. 229; 1926 B. 178.

A. M.: OLG. Karlsruhe JW. 1925, 828; Kraemer ebenda; Jonas § 29 Anm. 2b; OLG. Königsberg JW. 1927, 2160[25]; Baumbach § 29 Anm. 2; OLG. Jena SächsThürArch. 1926, 308; OLG. Hamburg JurRundsch. 1925 Nr. 417; HansJZ. 1925 B. 164; Sydow-Busch-Krieg[11] § 29 Anm. 5.

[6]) Das scheint mir RG. in JW. 1928, 59[9] zu übersehen; dort wird die Erledigung der Hauptsache im Eheprozeß durch den Tod der Partei (§ 628 ZPO.) als „Berufungszurücknahme" in der Hauptsache (im Sinne des § 30 GKG.) angesehen. Das ist bedenklich. Die Vornahme der richtigen Prozeßhandlung darf kostenrechtlich nicht präsumiert werden, solange eine Handlung nicht erfolgt ist; es können ja auch Zweifel über das betreffende Ereignis obwalten.

[7]) Meist wird nur dieser Fall (Streit über die Frage der Erledigung) im Schrifttum erörtert. Vgl. Rittmann-Wenz § 29 Anm. 2, der diesen Fall ebenso entscheidet wie wir.

setzen, mündlich verhandeln[8]) usw. Es ist undenkbar, daß in solchen Fällen dauernd eine Minderung der Prozeßgebühr zum Schaden des Staates eintreten könnte[9]).

4. Die Klagezurücknahme kann auch eine teilweise sein. Stellt der Kläger in der Verhandlung oder in einem Schriftsatz nur einen beschränkten Antrag, so liegt darin eine teilweise Zurücknahme, sofern klar erkennbar ist, daß er nur diesen Teil des Anspruchs im gegenwärtigen Prozeß aufrechterhalten und im übrigen die Klage zurückziehen will[10]). Was in Anm. 5 u. 6 über die Form der Klagezurücknahme gesagt wurde, gilt in gleicher Weise für die Teilzurücknahme. Auch wenn der Rechtsstreit teilweise für erledigt erklärt wird, findet § 29 Anwendung[11]). 7

5. Entsprechendes wie von der Klagezurücknahme gilt auch von der Zurücknahme einer — bloß eingereichten oder gemäß § 281 ZPO. erhobenen — Widerklage. 7a

III. Die gebührenrechtlichen Folgen der Klagezurücknahme. 8

A. Die Zurücknahme vor Bestimmung des Termins.

1. Entsprechend der Bestimmung des früheren § 46 Abs. 2 GKG. soll die Prozeßgebühr überhaupt in Wegfall kommen, wenn die Zurücknahme der Klage vor Bestimmung des Termins zur mündlichen Verhandlung erfolgt. Diese Vorschrift wurde als ein Gebot der Billigkeit erachtet, weil bis zur Terminsbestimmung in aller Regel überhaupt noch keine nennenswerte Tätigkeit von seiten des Gerichts ausgeübt wird. Da in den meisten Fällen eine Terminsbestimmung erst erfolgt, wenn der Kläger die Prozeßgebühr einbezahlt hat (§ 74 GKG.), so hat es dieser regelmäßig in der Hand, sich durch Verzögerung dieser Einzahlung (mit deren zwangsweiser Einziehung er allerdings rechnen muß) noch eine Bedenkzeit zu schaffen, innerhalb deren er die Klage gerichtskostenfrei zurücknehmen kann. Die Gebührenfreiheit tritt aber nicht nur in diesen Fällen, sondern auch dann ein, wenn die Prozeßgebühr schon bezahlt war oder wenn sie — insbesondere infolge Bewilligung des Armenrechts — gestundet ist[11a]).

2. Die „Bestimmung des Termins zur mündlichen Verhandlung" erfolgt durch Verfügung des Vorsitzenden oder Einzelrichters[12]). 9

Über die Frage, in welchem Augenblicke diese Verfügung als vollzogen zu gelten hat, herrscht wenig Klarheit. Ihre Beantwortung hängt von der Stellung ab, die man zu dem Problem des Beginns der Wirksamkeit nicht verkündeter Beschlüsse und Verfügungen überhaupt einnimmt. Uns scheint die Meinung, die Förster-Kann in seinem Kommentar (§ 329 Anm. 3e, Bd. 1 S. 899) vertritt und eingehend begründet, die richtige zu sein: der Beschluß des Gerichts oder die Verfügung des Richters ist nicht schon mit der Unterzeichnung perfekt; solange der Richter oder das Gericht sich des Beschlusses nicht „entäußert" hat, bleibt die Unterzeichnung ein reines Internum, das jederzeit geändert werden kann und das noch nicht endgültig für die Außenwelt bestimmt ist. Anderseits erscheint die insbes. vom Reichsgericht[13]) vertretene Ansicht, daß von Amts wegen zuzustellende Beschlüsse und Verfügungen er mit der **Zustellung** existent werden, als zu weitgehend; nach dieser Ansicht würde ein solcher Beschluß (z. B. eine Armenrechtsbewilligung im Prozeß) überhaupt nicht als vorhanden gelten, wenn die Zustellung auch nur an eine Partei versehentlich nicht erfolgt wäre oder nicht ausgeführt werden konnte. Die Existenz des Beschlusses oder der Verfügung muß daher bereits in einem früheren Zeitpunkt eintreten. Sie ist anzunehmen, sobald der Richter den zuzustellenden Beschluß zum Zwecke der Zustellung

---

8) Vgl. Stein-Jonas § 271 Anm. IV.

9) Richtig: Jonas § 29 Anm. 7.

10) Stein-Jonas § 271 Anm. III.

11) Gl. M.: KG. JW. 1924, 2050[12] = KGBl. 1925, 110.

11a) Gerichtlicher Vergleich (z. B. im Falle des § 118a ZPO., wenn die Klage schon eingereicht war) steht auch hier der Klagezurücknahme nicht gleich (s. u. Anm. 17). Daher ist es gefährlich, die Klage vor Verbescheidung des Armenrechtsgesuches einzureichen!

12) Vgl. Baumbach ZPO.[3] § 261 Anm. 1.

13) Vgl. RGZ. 62, 26; 96, 350; Stein-Jonas § 329 Anm. I 3; Baumbach ZPO.[3] § 329 Anm. 2 u. a.

(§ 209 ZPO.) an die Geschäftsstelle herausgibt. Beschlüsse und Verfügungen, die durch Aushändigung an den Antragsteller bekannt gemacht werden, gelten mit der Abgabe an die Geschäftsstelle zwecks Aushändigung als perfekt.

Angewandt auf die Terminsbestimmung, ergibt das Gesagte folgendes: im *Anwaltsprozeß* wird die Terminsbestimmung existent, sobald sie der Geschäftsstelle zwecks Aushändigung an den Anwalt des Klägers (bzw. seinen Beauftragten) übergeben ist. Im *Amtsgerichtsprozeß* wird die Terminsbestimmung wirksam, sobald der Amtsrichter sie zum Zwecke der Zustellung oder der formlosen Bekanntmachung gemäß § 497 Abs. 2 ZPO. der Geschäftsstelle übergeben hat[14]).

10 3. Wird eine Klage (durch Erklärung an das Gericht) *teilweise* zurückgenommen, ehe es zur Terminsbestimmung kam, so tritt bezüglich des zurückgenommenen Teils Gebührenfreiheit ein. Dieser Teil kann auch der ganze Hauptsacheanspruch sein: wird eine Klage auf Zahlung von 1000 RM. nach der Einreichung, jedoch vor der Terminsbestimmung, wegen Zahlung für erledigt erklärt, die Sache aber (sei es auch zu Unrecht oder beim nunmehr unzuständigen Gerichte[15]) wegen der Kosten weiterverfolgt, so wird die Prozeßgebühr nur aus dem Streitwert der Kosten (d. i. der Kosten, die bis zur Erledigung entstanden sind) geschuldet.

11 4. Die „Klageerhebung" im kostenrechtlichen Sinne kann auch *Klageerweiterung* oder *Widerklage* sein. Dann erfolgt sie aber, abgesehen von *einem* Falle, nicht durch Einreichung einer Schrift *zum Zwecke der Terminsbestimmung*, sondern durch Antragstellung in der mündlichen Verhandlung oder durch Einreichung (prozessual: durch Zustellung) eines Schriftsatzes[16]). Nur wenn die Klageerweiterung vor der Terminsbestimmung der Klage nachgereicht wird, gilt sie auch für die Terminsbestimmung als deren Bestandteil; wird sie ganz oder teilweise vor der Anberaumung des Verhandlungstermins wieder zurückgenommen, so findet § 29 Abs. 1 Anwendung. In allen anderen Fällen der Klageerweiterung oder in den Fällen der Widerklage ist dagegen seine Anwendung ausgeschlossen. Hier kann nur Abs. 2 in Betracht kommen[17]).

12 B. *Die Klagezurücknahme nach der Terminsbestimmung.*

Wenn die Klage nach der Bestimmung des Termins zur mündlichen Verhandlung, *also nach dem oben in Anm. 9 gekennzeichneten Zeitpunkt* zurückgenommen wird, so kommt ein vollständiger Wegfall der Prozeßgebühr nicht mehr in Frage. Wohl aber kann nunmehr eine Minderung dieser Gebühr auf 1/4 ihres vollen Betrages stattfinden, u. z. unter folgenden Voraussetzungen:

13 a) Die Klagezurücknahme muß erfolgen, ehe in der mündlichen Verhandlung ein Sachantrag gestellt wurde. Daß die Worte „in der mündlichen Verhandlung" in § 29 Abs. 2 zu „vor Stellung eines Sachantrages" und nicht etwa zu den Worten „zurückgenommen wird" gehören, unterliegt keinem Zweifel: sonst würde ja die Zurücknahme im Verhandlungstermin die Gebührenminderung herbeiführen, die Zurücknahme vor dem Termine aber nicht — was vollkommen sinnwidrig wäre[18]).

14 b) Die Antragstellung ist das kostenrechtliche Kriterium der mündlichen Verhandlung. Der Sachantrag ist weniger als der Antrag *zur Hauptsache*, aber nicht unbedingt mehr als der Antrag zu rein prozeßrechtlichen Fragen: die Anträge bei einem Streit über prozeßhindernde Einreden, über die Zuständigkeit (Verweisungs-

[14]) Richtig: *Jonas* § 29 Anm. 3. Ähnlich: *Förster-Kann* a. a. O. (§ 329 Anm. 3 e).

[15]) Vgl. *Walter-Joachim-Friedlaender* RAGebO. § 14 Anm. 22.

[16]) § 281 ZPO.; oben § 20 Anm. 11.

[17]) Vgl. *Jonas* § 29 Anm. 5. A. M.: OLG. Hamm Bbl. 1927, 67. Das Gesagte gilt auch dann, wenn ausnahmsweise die Widerklage oder Klageerweiterung mit einem Gesuch um Terminsbestimmung verbunden wird, etwa weil das Verfahren ruhte (§§ 251 Abs. 2, 250 ZPO.). Denn hier steht die Terminsbestimmung in keinem inneren Zusammenhange mit der Widerklageerhebung oder Klageerweiterung.

[18]) Ebenso *Jonas* JW. 1927, 502. Zur „Gesetzessprache" im § 29 vgl. *Oswalt* DJZ. 1927, 742.

anträge!)[19]) usw. sind Sachanträge, während Vertagungsanträge, Anträge auf Aussetzung, auf Verweisung zur Sühne usw. bloß die „Prozeß- oder Sachleitung" betreffen[19a]) (§ 23 Nr. 5 RAGebO., § 47 Nr. 1 GKG. ä. F.). Dem kostenrechtlichen Begriff der Sachverhandlung, der — wie wir aus dem früheren § 20 RAGebO. und aus § 20 Nr. 3 GKG. wissen — auch die Verhandlung über Prozeßvoraussetzungen, Prozeßeinreden usw. umfaßt, entspricht der kostenrechtliche Begriff des Sachantrags.

Alle Anträge, welche nicht lediglich die Prozeß- oder Sachleitung (einschließlich der Bestimmung oder Änderung von Terminen und Fristen) betreffen, sind Sachanträge im kostenrechtlichen Sinne[20]). Belanglos ist es, ob ein Sachantrag einseitig oder von beiden Teilen gestellt wird, ob streitig oder unstreitig verhandelt wird. Der Antrag auf Erlassung eines Versäumnis- oder Anerkenntnisurteils ist ebenso ein Sachantrag wie der Antrag, der eine streitige Verhandlung einleitet. Auch wenn der Beklagte Versäumnisurteil gegen den Kläger oder bloße Prozeßabweisung beantragt (mag dem Antrag stattgegeben werden oder nicht), bewirkt die spätere Klagezurücknahme keine Ermäßigung der Prozeßgebühr mehr[21]).

Wird ein Sachantrag nicht in der vom Gesetz vorgeschriebenen Form gestellt (z. B. 15
im Anwaltsprozeß weder verlesen noch durch Bezugnahme gemäß § 297 Abs. 4 ZPO. vorgetragen), so soll dies prozeßrechtlich die Nichtberücksichtigung des Antrags zur Folge haben (§ 297 Abs. 5 ZPO.). Kostenrechtlich tritt aber die Wirkung der Antragstellung schon dann ein, wenn die betreffende Partei in der mündlichen Verhandlung eine Erklärung abgegeben hat, die sich inhaltlich als Sachantrag darstellt und unzweideutig den Willen erkennen läßt, die Sachverhandlung zu eröffnen. Die Nichtaufnahme eines Sachantrags in das Sitzungsprotokoll wird zwar praktisch regelmäßig auch die kostenrechtliche Nichtberücksichtigung zur Folge haben; grundsätzlich aber ist zu beachten, daß § 164 ZPO. nur für das Prozeßrecht, nicht auch für das Kostenrecht gilt: es ist z. B. denkbar, daß ein Antrag auf Erlassung eines Versäumnisurteils in das Sitzungsprotokoll nicht aufgenommen wurde, weil es vor Erlassung des Urteils zur Vertagung kam; steht dieser prozeßrechtlich bedeutungslose Tatbestand fest, so tritt eine Ermäßigung der Prozeßgebühr nicht ein (auch der Anwalt, der den Antrag gestellt hat, erhält ja ohne Zweifel die halbe Verhandlungsgebühr nach §§ 13 Nr. 2, 16 RAGebO.).

c) Die „Sachverhandlung", d. h. die Stellung eines Sachantrags kann auch schrift- 16
lich erfolgen, nämlich im Falle des § 7 EntlVO.[21a]). Kommt es dann auf Grund eines solchen Antrages zu einer Entscheidung (z. B. zu einer Beweisanordnung, einem Aufklärungsbeschluß oder einem Zwischenurteil), so ist die Präklusion nach § 29 Abs. 2 eingetreten und die spätere Klagezurücknahme kann eine Minderung der Prozeßgebühr nicht mehr herbeiführen. § 8 EntlVO. bestimmt nämlich, daß ein gemäß § 7 EntlVO. ohne mündliche Verhandlung geführtes Verfahren hinsichtlich der Gerichtskosten einem

---

[19]) A. M.: Baumbach § 29 Anm. 4; Lehmer Bbl. 1927, 233. Richtig: OLG. Karlsruhe Recht 1926 Nr. 2016; JurRundsch. 1926, 1308.

[19a]) Der Antrag auf Verweisung an eine andere Kammer desselben Gerichts betrifft nicht die Zuständigkeit, ist also nicht Sachantrag: OLG. Darmstadt HessRspr. 1924, 205. Anders nur, wenn die Verweisung an eine auswärtige Kammer für Handelssachen oder von dieser an die Zivilkammer in Frage steht; denn diese Kammern gelten als besondere Gerichte (§ 93 Abs. 2 GVG.; RGZ. 48, 27).

[20]) Vgl. M. Friedlaender LZ. 1927, 278. Bloße Anregungen, wie der beim Einzelrichter gestellte „Antrag", die Sache dem Kollegium vorzulegen, sind natürlich keine Sachanträge; ebenso: OLG. Celle Recht 1926 Nr. 106.

[21]) Jonas § 29 Anm. 4. A. M. Baumbach § 29 Anm. 4, der Anträge auf Versäumnisurteil nicht als Sachanträge gelten läßt; es ist ausgeschlossen, daß dies dem Willen des Gesetzes entspricht.

[21a]) Wird eine Entsch. nach Lage der Akten im Falle des § 251 a ZPO. erlassen, so muß ebenfalls der Sachantrag im Sinne des § 29 als gestellt gelten. Es ist doch undenkbar, daß die Beweisgebühr und sogar die Urteilsgebühr (§ 21) — z. B. für ein Zwischenurteil — erwächst und daß die Prozeßgebühr sich wegen Klagezurücknahme mindert. A. M.: Sydow-Busch-Krieg[11] § 29 Anm. 4.

Verfahren mit mündlicher Verhandlung gleichstehe; also muß sinngemäß auch die Stellung des Sachantrages gemäß § 29 Abs. 2 ein Analogon in dem schriftlichen Verfahren haben; dieses Analogon ist die schriftliche Antragstellung, vorausgesetzt daß die Zustimmung beider Parteien zur Behandlung nach der EntlVO. erklärt wird und eine Entscheidung im schriftlichen Verfahren wirklich erlassen wird [22]). Wird statt dessen mündliche Verhandlung anberaumt, also die schriftliche Entscheidung abgelehnt, und nimmt der Kläger die Klage, vor Stellung eines Sachantrages im Termin zurück, so tritt die Minderung der Prozeßgebühr nach § 29 Abs. 2 ein.

17 d) Auch im Falle des § 29 Abs. 2 muß die Klagezurücknahme, also die Erklärung des Klägers, daß er den Prozeß nicht weiter führe, die prozeßbeendigende Wirkung haben. Diese Erklärung kann auch auf Grund eines außergerichtlichen Vergleichs abgegeben werden [22a]). Dagegen ist der gerichtliche Vergleich keine Klagezurücknahme; er stellt eine besondere Art der Prozeßbeendigung dar und da er unter richterlicher Mitwirkung und Mitarbeit zustande kommt, so ist er auch kostenrechtlich — beim Mangel einer positiven Bestimmung — der allein von der Partei ausgehenden Klagezurücknahme durchaus nicht gleichzustellen. Selbst wenn, wie es zuweilen geschieht, im gerichtlichen Vergleich die Zurücknahme der Klage ausgesprochen wird, so ist dies eine bedeutungslose Redewendung, die nichts daran ändern kann, daß der Vergleich und nicht die Klagezurücknahme den Rechtsstreit beendigt [23]).

18 e) Teilweise Klagezurücknahme ist in dem durch § 29 Abs. 2 gekennzeichneten Stadium sehr häufig. Hier erfolgt getrennte Berechnung nach § 14 GKG. Wird Klage auf 30000 RM. erhoben und bei Beginn der mündlichen Verhandlung auf 29500 RM. reduziert, über diesen Betrag aber verhandelt, so wird die volle Prozeßgebühr aus 29500 RM. und ein Viertel Prozeßgebühr aus 500 RM. berechnet. Die beiden Beträge (230 + 3,80 RM.) sind zusammenzurechnen; beträgt die Summe mehr als die volle Gebühr aus 30000 RM., so ist sie auf deren Betrag (230 RM.) zu reduzieren [24]).

18a Wenn nach der teilweisen Klagezurücknahme nur noch eine Nebenforderung im Sinne des § 15 Abs. 1 GKG. übrig bleibt, so bestimmt sich die volle Prozeßgebühr nach ihrem Werte, soweit er den Wert des Hauptanspruchs nicht übersteigt (§ 15 Abs. 1), die ¼ Prozeßgebühr jedoch nach dem erledigten Hauptanspruch. Beide Gebührenteile dürfen zusammen die volle Prozeßgebühr aus dem Hauptanspruch nicht übersteigen (§ 14 Abs. 2) [25]).

18b Wird nach Erklärung der Erledigung des Hauptanspruchs lediglich Antrag auf Urteil im Kostenpunkt gegen den Beklagten gestellt, so bilden nunmehr die Kosten (die bis zur „Zurücknahme" entstanden sind) den Streitwert; sie haben erst durch ihre Isolierung gebührenrechtliche Bedeutung, u. z. der Höhe nach ganz unabhängig von dem Betrage der Hauptforderung, erlangt (§ 15 Abs. 3 GKG.) und müssen deshalb wie ein neuer Anspruch behandelt werden [26]). In solchen Fällen ist also die ¼ Gebühr

---

[22]) M. Friedlaender LZ. 1927, 279; Walter-Joachim-Friedlaender RAGebO. § 13 Anm. 39. Vgl. auch Jonas § 29 Anm. 4.

[22a]) Die bloße Mitteilung des außergerichtlichen Vergleichs erledigt zwar den Rechtsstreit im Sinne der §§ 23, 75 GKG. Sie steht aber der Klagezurücknahme nicht gleich, was schon daraus erhellt, daß sie auch von seiten des Beklagten erfolgen kann. In solchen Fällen empfiehlt es sich also, vor Anzeige des Vergleichs die Klage ausdrücklich zurückzunehmen oder die Klagezurücknahme in den außergerichtlichen Vergleich aufzunehmen und die Mitteilung durch den Kläger bewirken zu lassen. — War einmal die Mitteilung eines außergerichtlichen Vergleichs ohne die eben erwähnten Vorsichtsmaßregeln erfolgt (wozu die Anm. 12ff. zu § 23 zu vergleichen sind), so bewirkt eine spätere Klagezurücknahme keine Minderung der Prozeßgebühr mehr: KG. (Kostensenat) JW. 1928, 1520 [13].

[23]) Jonas § 29 Anm. 4; KG. JW. 1925, 1022; OLG. Karlsruhe BadRpr. 1926, 125; Baumbach § 29 Anm. 2.

[24]) Ebenso: Jonas § 29 Anm. 4; KG. JW. 1924, 2050; DJZ. 1926, 89; Rittmann-Wenz § 29 Anm. 5; Baumbach § 29 Anm. 2; KG. und Fürst BuschsZ. 50, 416 [68]; OLG. Stuttgart Recht 1925 Nr. 1472; OLG. Karlsruhe BadRpr. 1927, 140.

[25]) Ebenso: Jonas § 29 Anm. 4. Unrichtig: Rittmann-Wenz § 29 Anm. 4.

[26]) Vgl. Walter-Joachim-Friedlaender RAGebO. § 25 Anm. 10.

aus dem Wert des Hauptanspruchs, die volle Prozeßgebühr aus dem Wert der Kosten zu berechnen[27]). Die Summe darf aber analog § 14 Abs. 2 nicht mehr betragen als die volle Gebühr aus dem Wert der Hauptsache[28]).

Wird gegen den Kläger wegen Zurücknahme der Klage nach § 271 Abs. 3 ZPO. 18c
Antrag auf Verurteilung in die Prozeßkosten gestellt, so fällt nicht neben der ermäßigten Prozeßgebühr aus der Hauptsache eine volle Prozeßgebühr aus dem Streitwerte der Kosten an. Denn hier handelt es sich nur um die Herbeiführung der regulären gesetzlichen Folgen der Klagezurücknahme; es kann nicht die Absicht des Gesetzes gewesen sein, diese reguläre Folge der Zurücknahme mit einer weiteren Prozeßgebühr zu belasten; hätte der Gesetzgeber dies gewollt, so hätte er es bestimmen müssen; es ist anzunehmen, daß er den Regelfall berücksichtigte und nicht außer Acht gelassen hat. Wenn aber der Kläger die Kostenpflicht bestreitet und es zu einer streitigen Verhandlung über den Kostenpunkt kommt (z. B. weil Kläger behauptet, der Beklagte habe im außergerichtlichen Vergleich die Kosten übernommen), so entspricht es dem Zwecke des Gesetzes, daß hier die Prozeßgebühr aus den Kosten voll erhoben und ebenso verfahren wird wie in den Fällen der Anm. 18b.

f) Bei Klageerweiterung und Widerklage kann ebenfalls die Gebühren- 19
minderung des § 29 Abs. 2 eintreten. Es kommt darauf an, ob die Zurücknahme der erweiterten Klage oder der Widerklage stattfindet, ehe in der mündlichen Verhandlung ein auf sie bezüglicher Sachantrag gestellt wurde. Beispiel: es wird Klage auf 2000 RM. gestellt und über diesen Betrag verhandelt; nach dem Termin reicht Kläger einen Schriftsatz ein, worin er die Klage auf 6000 RM. erhöht; noch vor dem neuen Verhandlungstermin reduziert er sie auf 4000 RM., über die neuerdings verhandelt wird. Hier ist die Prozeßgebühr aus 4000 RM. voll entstanden (= 70 RM.); aus 2000 RM. wird sie nur zu 1/4 berechnet (= 12,50 RM.); die gesamte Prozeßgebühr beträgt also 82,50 RM. Da die volle Gebühr aus 6000 RM. 90 RM. beträgt, so hat eine Reduktion aus § 14 Abs. 2 GKG. nicht einzutreten.

IV. Andere Fälle der Zurücknahme. 20

1. § 29 GKG. enthält nicht — wie § 46 GKG. a. F. — ein allgemeines Prinzip, das auf andere Fälle ohne gesetzliche Ermächtigung analog angewendet werden dürfte. Er bezieht sich nur auf die Klagezurücknahme im Prozeßverfahren. Für andere Verfahrensarten und andere Anträge wird die volle Gebühr erhoben, auch wenn der das Verfahren eröffnende Antrag zurückgenommen wird, es sei denn, daß eine besondere gesetzliche Bestimmung etwas anderes verfügt. Solche Spezialbestimmungen liegen vor: für die Zurücknahme der Berufung und Revision (§ 30 GKG.), für die Zurücknahme des Antrags auf Erlassung des Zahlungsbefehls (§ 31 Abs. 1), für die Zurücknahme des Antrags auf Terminsbestimmung oder des Einspruchs nach vorausgehendem Mahnverfahren (§ 31 Abs. 2) und seit Geltung der Novelle vom 28. Januar 1927: für das Arrestverfahren (§ 32 Abs. 1 Satz 3 und Abs. 2 Satz 2), für die Vollstreckbarerklärung eines Schiedsspruchs usw. (§ 30a), sowie für die Fälle der §§ 33 und 34 GKG. (§ 33 Abs. 2, § 34 Abs. 2). Außerdem kommt die analoge Anwendung des § 29 in Betracht im Güteverfahren und dem ihm nachfolgenden Prozeßverfahren (nach ausdrücklicher Vorschrift des § 31a Abs. 1 Satz 2, Abs. 3 GKG.) und in dem auf das Mahnverfahren folgenden Rechtsstreit (weil es sich auch hier um ein eigentliches Prozeßverfahren, eine Klagezurücknahme

---

[27]) A. M.: Jonas § 29 Anm. 6, der nur die 1/4 Gebühr aus dem Hauptanspruch zubilligt. Richtig: RG. JW. 1928, 59[9].

[28]) Bei Walter-Joachim-Friedlaender § 25 Anm. 10 heißt es hier: die Summe der Gebühren dürfe nicht mehr betragen als die Summe von Hauptsache und Kosten. Das ist aber nicht aufrechtzuerhalten. Denn wenn auch die Kosten sich von der Hauptsache losgelöst haben, so waren sie doch früher in dieser enthalten und, sobald die Hauptsache wieder als Rechnungsfaktor hinzutritt, kann nach dem Grundgedanken des § 15 Abs. 3 daneben ein bloßer Kostenstreitwert nicht existieren.

und um eine **Prozeßgebühr** handelt: § 31 Abs. 2 GKG.). Näheres in den Erläuterungen zu den betreffenden Paragraphen.

Dagegen findet z. B. im **Beschwerdeverfahren** nach § 99 Abs. 3 ZPO. oder bei der Beschwerde gegen die Zurückweisung eines Arrestgesuchs keine Ermäßigung der Gebühr statt, auch wenn die Beschwerde alsbald nach der Einlegung zurückgenommen wird (§ 38 Abs. 1 GKG.); denn hier fehlt es an einer gesetzlichen Bestimmung. In den Fällen des § 38 Abs. 2 begründet die Zurücknahme den Wegfall jeder Gebühr für die Beschwerdeinstanz (vgl. § 38 Anm. 33).

21 2. Für das **Schiedsverfahren** (§§ 18—20 EntlVO.) bestimmt § 18 Abs. 3 EntlVO.:

> Die Gerichtsgebühren ... bestimmen sich in den Fällen des Abs. 1 nach den für das ordentliche Verfahren geltenden Vorschriften, jedoch werden die in dem Verfahren entstehenden Gerichtsgebühren mit Ausnahme der Prozeßgebühr nur zur Hälfte erhoben.

Dieser Satz gilt sowohl für das freiwillige Schiedsverfahren nach §§ 18 und 19 (das in der Praxis bislang keine große Rolle spielt) als auch für das amtsgerichtliche Bagatellverfahren nach § 20 EntlVO. (obligatorisches Schiedsverfahren).

Zu den anwendbaren Gerichtskosten-Vorschriften gehört auch § 29 GKG. Die Anwendung kann wegen der Formfreiheit des Schiedsverfahrens nur eine entsprechende sein. Regelmäßig pflegen allerdings gerade diejenigen Formen, die hier in Betracht kommen, auch im Schiedsverfahren eingehalten zu werden: das Verfahren beginnt mit Klagestellung und Terminsbestimmung[29]); die „Verhandlung" mit der Stellung von Sachanträgen. Dann bereitet auch die Anwendung des § 29 keine Schwierigkeiten. Findet aber eine ganz formlose Verhandlung statt, so muß eben der Beginn der Erörterung des Streitverhältnisses[30]) im Termin als maßgebender Zeitpunkt erachtet werden; dazu gehört auch hier eventuell die Erörterung der Zuständigkeitsfrage. Sollte eine „mündliche Verhandlung" gar nicht stattfinden (der Richter hört den Beklagten z. B. nur schriftlich), so kommt auch eine Ermäßigung der Prozeßgebühr nicht in Frage. Allerdings kann die Klagezurücknahme auch in einem Stadium erfolgen, in dem noch gar nicht erkennbar ist, ob Verhandlungstermin anberaumt werden sollte. Dann wird die Übung des Gerichts, eventuell die Äußerung des Richters, maßgebend sein.

§ 30.

Wird die Berufung oder die Revision durch Beschluß als unzulässig verworfen, so ermäßigt sich die Prozeßgebühr für die Rechtsmittelinstanz auf die Hälfte der im § 8 bestimmten Gebühr. Das gleiche gilt, wenn das Rechtsmittel vor Bestimmung des Termins zur mündlichen Verhandlung zurückgenommen wird.

Vorbemerkung.

§ 30 behandelt die Fälle, in denen eine Ermäßigung der Prozeßgebühr für die Berufungs- oder Revisionsinstanz eintritt.

Übersicht.

[29]) Meist geht freilich ein Güteverfahren voraus; dann beginnt das Schiedsverfahren erst mit dem Übergang ins Streitverfahren. Geht ein Urkunden- oder Wechselprozeß voraus, so beginnt das Schiedsverfahren mit dem Nachverfahren oder dem Übergang ins ordentliche Verfahren. Vgl. **Stein-Jonas** Anh. zum II. Buche, EntlVO. § 20 Anm. II 1.

[30]) Vgl. M. **Friedlaender** LZ. 1927, 280.

I. Entstehungsgeschichte. 1

Da die Rechtslage in den hier zu erörternden Fällen vor dem 15. Februar 1923 eine ganz andere war als heute, so ist ein Rückblick auf die frühere Gestaltung für die Auslegung des geltenden Rechts kaum von Nutzen. Das Gesetz vom 21. Dezember 1922 führte außer den grundlegenden Änderungen des GKG. auch die Vorauszahlungspflicht hinsichtlich der Prozeßgebühr in der Berufungsinstanz ein, indem es einen neuen § 520 Abs. 3 ZPO. schuf[1]). Der neue § 30 GKG. lautete im ersten Satz genau wie der heute geltende; Satz 2 hatte dagegen folgenden Wortlaut:

> Das gleiche gilt, wenn das Rechtsmittel vor Ablauf der gemäß § 520 Abs. 3, § 554 Abs. 7 ZPO. bestimmten Frist zurückgenommen wird.

Die VO. vom 13. Februar 1924 (RGBl. I, 135) hat dann mit Einführung des Berufungsbegründungszwanges auch die Möglichkeiten der beschlußmäßigen Verwerfung der Berufung erweitert (vgl. die geltenden §§ 519—519 b) und die Nichteinhaltung der Frist zum Nachweis der Kostenzahlung der Nichteinreichung der Berufungsbegründung gleichbehandelt, also den nunmehrigen § 519 Abs. 6 (früher § 520 Abs. 3) ZPO. dem § 554 Abs. 7 ZPO. angeglichen. Durch Art. V Nr. 2 derselben VO. wurde § 30 Satz 2 GKG. in der aus dem Text ersichtlichen Weise geändert; daß diese Änderung nicht nur formaler Natur, sondern inhaltlich wesentlich ist, wird die Spezialbetrachtung ergeben.

II. Beschlußmäßige Verwerfung von Berufung oder Revision. 2

1. § 30 handelt nur von der Berufung und der Revision, nicht von der Beschwerde; für diese gelten die besonderen Bestimmungen des § 38 GKG. § 30 betrifft ferner nur das Prozeßverfahren[2]), nicht aber die Berufung im Verfahren wegen Arrests oder einstweiliger Verfügung, in dem es gar keine „Prozeßgebühr" gibt und das seine gesonderte Regelung durch § 32 GKG. gefunden hat. Vgl. hiezu § 32 Anm. 21 ff.

2. Nach §§ 519 b, 554 a ZPO. hat das Berufungs- bzw. Revisionsgericht von Amts wegen zu prüfen, ob das Rechtsmittel an sich statthaft und ob die Einlegung und Begründung in der gesetzlichen Frist und Form erfolgt sei. Mangelt es an einem dieser Erfordernisse — was insbesondere auch der Fall ist, wenn der Nachweis für die Einzahlung der erforderten Prozeßgebühr nicht fristgemäß erbracht ist — so hat das Gericht die Berufung oder Revision als unzulässig zu verwerfen. Die Entscheidung kann ohne vorgängige mündliche Verhandlung durch Beschluß des Kollegiums — nicht des Einzelrichters[3]) — erfolgen. Es kann aber die Verwerfung des Rechtsmittels als unzulässig auch auf Grund mündlicher Verhandlung erfolgen; dann ist sie aber in der Form des Urteils zu erlassen. Die Tatsache, daß eine mündliche Verhandlung in der Rechtsmittelinstanz bereits stattgefunden hat, schließt dagegen die beschluß- 3

[1]) Abgedruckt bei Jonas[1] S. 248, 252.

[2]) Bei Berufungen gegen Urteile der früheren Gewerbe- und Kaufmannsgerichte gilt § 30 GKG. ebenfalls; denn auch hier handelt es sich in zweiter Instanz um ein „Prozeßverfahren".

[3]) Stein-Jonas § 519 b Anm. III A.

mäßige Verwerfung des Rechtsmittels nicht aus, sofern nur die Entsch. nicht auf Grund einer mündlichen Verhandlung erlassen wurde[4]).

§ 30 Satz 1 GKG. bestimmt nun, daß die Ermäßigung der Prozeßgebühr eintrete, wenn die Berufung oder Revision durch Beschluß als unzulässig verworfen wird. Erfolgt die Verwerfung durch Urteil, so tritt die Ermäßigung nicht ein. Dagegen ist es keine Voraussetzung des § 30 Satz 1, daß eine mündliche Verhandlung in der Rechtsmittelinstanz überhaupt nicht stattgefunden habe; wenn also Verhandlungstermin anberaumt wurde — etwa weil das Gericht die Frage der Zulässigkeit des Rechtsmittels für zweifelhaft hielt —, wenn dann mündlich verhandelt und vertagt wurde, nun aber das Gericht, z. B. in neuer Besetzung, sich doch entschließt, das Rechtsmittel durch Beschluß als unzulässig zu verwerfen, so tritt die Ermäßigung der Prozeßgebühr ein.

4 Hat das Gericht auf Grund der mündlichen Verhandlung eine Entscheidung auf Verwerfung des Rechtsmittels erlassen und diese fälschlich als einen Beschluß bezeichnet, so ist diese Entscheidung in Wahrheit ein Urteil[5]); eine Ermäßigung der Prozeßgebühr tritt nicht ein.

5 3. Die Ermäßigung tritt nur ein, wenn die Verwerfung des Rechtsmittels durch Beschluß endgültig ist, nicht aber, wenn sie wieder aufgehoben wird; dies kann geschehen im Falle des § 519b Abs. 2 Halbsatz 2 ZPO. durch das Beschwerdegericht (sofortige Beschwerde gegen den Verwerfungsbeschluß ist ohne Rücksicht auf den Wert des Beschwerdegegenstandes[6]) zulässig, wenn gegen ein Urteil gleichen Inhalts die Revision zulässig wäre) oder im Falle der Wiedereinsetzung in den vorigen Stand. Ob das Rechtsmittelgericht selbst, auch abgesehen von den Fällen der Wiedereinsetzung, seinen Beschluß wiederaufheben darf, wenn ein Rechtsmittel nicht eingelegt werden kann, ist streitig[7]); die Frage braucht jedoch hier nicht entschieden zu werden; hebt das Gericht seine eigene Entscheidung auf, so ist kostenrechtlich jedenfalls dieselbe Situation geschaffen, wie wenn eine Aufhebung im Wege der Wiedereinsetzung oder der Beschwerde geschehen wäre.

In allen diesen Fällen nimmt mit der Beseitigung des Verwerfungsbeschlusses die Instanz ihren Fortgang: die Minderung der Prozeßgebühr ist als nicht geschehen zu betrachten. Der weitere Verlauf ist derselbe wie wenn ein Beschluß gar nicht ergangen wäre[8]). Wird das Rechtsmittel (z. B. infolge außergerichtlichen Vergleichs) nunmehr zurückgenommen, ehe ein Verhandlungstermin anberaumt wurde, so tritt die Ermäßigung nach § 30 Satz 2 ein — es sei denn, daß schon früher ein Verhandlungstermin in der Instanz anberaumt worden war (s. o. Anm. 3 und unten Anm. 15).

6 4. Die Verwerfung des Rechtsmittels als unzulässig kann sich auf einen Teil des Streitgegenstandes beziehen, während im übrigen die Instanz ihren Fortgang nimmt; z. B. bei Verbindung mehrerer Ansprüche, insbesondere eines vermögensrechtlichen mit einem nicht vermögensrechtlichen, beim Vorhandensein mehrerer Streitgenossen usw.[9]). Dann tritt hinsichtlich der Prozeßgebühr Sonderberechnung ein; die Summe der Teilgebühren darf jedoch die volle Prozeßgebühr aus dem ganzen Streitgegenstand nicht übersteigen (§ 14 Abs. 2 GKG.).

7 5. Die Anschlußberufung und Anschlußrevision unterstehen zwar nicht den Regeln über die Vorauszahlung der Prozeßgebühr (§§ 519 Abs. 6, 554 Abs. 7

---

[4]) RG. JW. 1925, 769; Stein-Jonas § 519b Anm. III B 2 d.

[5]) Vgl. oben § 20 Anm. 41.

[6]) Stein-Jonas § 519b Anm. III D 2.

[7]) Vgl. einerseits (verneinend) Stein-Jonas § 519b Anm. III D 2; andererseits (bejahend) Baumbach ZPO.[3] § 519b Anm. 4.

[8]) Baumbach § 30 Anm. 1; Rittmann-Wenz § 30 Anm. 3; OLG. Frankfurt a. M. JW. 1925, 821 (die alle nur den Fall der Wiedereinsetzung erwähnen). Die letztere Entsch. weist zur Begründung auch auf die Entstehungsgeschichte des § 30 hin: der frühere § 26 Nr. 5 GKG. a. F. gewährte die Ermäßigung nur, wenn der Akt ausschließlich die Zulässigkeit des Rechtsmittels betraf; daran sollte sachlich durch die neue Vorschrift nichts geändert werden.

[9]) Stein-Jonas § 519b Anm. II 3.

ZPO.), sie können aber gleich der Berufung und Revision durch Beschluß als unzulässig verworfen werden. Die §§ 519 b und 554 a ZPO. finden entsprechende Anwendung (§§ 522 a Abs. 3, 556 Abs. 2 ZPO.). Daher gilt auch die Ermäßigungsvorschrift des § 30 Satz 1 für die Anschlußberufung und die Anschlußrevision. Wird *nur* das Anschlußrechtsmittel oder *nur* das primäre Rechtsmittel durch Beschluß als unzulässig verworfen, so sind die Ausführungen in Anm. 6 zu beachten.

Nach § 522 ZPO. verliert die nicht innerhalb der Berufungsfrist erfolgte Anschließung ihre Wirkung, wenn die Berufung als unzulässig verworfen wird. Ebenso bezüglich der Revision: § 556 Abs. 2 ZPO. In diesen Fällen wird über das Anschlußrechtsmittel überhaupt nicht entschieden; es wird durch die Entscheidung über das primäre Rechtsmittel von selbst hinfällig. Ist nun diese Entscheidung ein Beschluß im Sinne des § 30 Satz 1 GKG., so fragt es sich, *ob das Anschlußrechtsmittel kostenrechtlich das Schicksal des Hauptrechtsmittels teilt.* Wenn auch das Anschlußrechtsmittel sich infolge der Verwerfung des primären Rechtsmittels nicht als von Anfang an unzulässig erweist, sondern lediglich von nun ab seine Wirksamkeit verliert, so muß doch die oben gestellte Frage *bejaht* werden. Die ipso facto eintretende Unwirksamkeit kann vernünftigerweise kostenrechtlich nicht höher bewertet werden als die beschlußmäßige Verwerfung oder Zurücknahme des Rechtsmittels. Vgl. auch unten Anm. 19. 8

6. Die Prozeßgebühr beträgt in der Berufungsinstanz an sich um die Hälfte mehr als in der ersten Instanz, in der Revisionsinstanz das Doppelte der Sätze des § 8 (§ 28 GKG.). § 30 *ermäßigt diese erhöhte Gebühr nicht nur auf die Hälfte ihres Betrages, sondern auf die Hälfte der Sätze des § 8,* also in der Berufungsinstanz auf 1/3, in der Revisionsinstanz auf 1/4 der erhöhten Gebühr. 9

III. Zurücknahme von Berufung oder Revision. 10

1. Auch der zweite Satz des § 30 bezieht sich nur auf die Berufung und die Revision, nicht auf die Beschwerde. Auch er gilt lediglich für das Prozeßverfahren. S. o. Anm. 2.

2. § 520 Abs. 1 ZPO. bestimmt, daß, wenn die Berufung nicht durch Beschluß als unzulässig verworfen wird, der Termin zur mündlichen Verhandlung von Amts wegen zu bestimmen und den Parteien bekannt zu machen sei. Die Terminsbestimmung erfolgt durch den Vorsitzenden oder den Einzelrichter, die Bekanntmachung durch Zustellung. Für die Revisionsinstanz gelten dieselben Regeln (§ 555 ZPO.) mit der Maßgabe, daß es einen Einzelrichter in diesem Rechtszuge nicht gibt (§ 557 a ZPO.). 11

Wird nun die Berufung oder die Revision vor der Bestimmung des Termins zur mündlichen Verhandlung zurückgenommen, so tritt dieselbe Ermäßigung der Prozeßgebühr ein, wie sie § 30 Satz 1 vorgesehen hat. Wegen des *Zeitpunktes,* in dem die Terminsbestimmung als erfolgt zu gelten hat, vgl. § 29 Anm. 9: sie wird existent, sobald der Vorsitzende sie an die Geschäftsstelle zum Zwecke der Bekanntmachung abgegeben hat [10]).

Hinsichtlich des Begriffs der *Zurücknahme* (des Rechtsmittels) ist ebenfalls auf § 29 Anm. 4 ff. zu verweisen. Auch hier ist der Begriff nicht im streng prozessualen Sinne zu verstehen. Die Zurücknahme im Sinne des § 30 setzt also nur die Erklärung gegenüber dem Gerichte [11]) — nicht die Zustellung der Zurücknahmeerklärung — voraus. Sie wirkt kostenrechtlich auch, wenn sie nicht formgerecht, z. B. von einem bevollmächtigten, aber nicht beim Prozeßgerichte zugelassenen Anwalt erklärt wird, und der „Zurücknahme" steht auch hier die Erklärung, daß der Rechtsstreit erledigt sei, gleich [11a]). 11a

---

[10]) Mit Recht hat RG. ZDJustAmtm. 1926, 49 die Terminsbestimmung, die zwar in den Akten lag, zu deren Bekanntmachung aber noch nichts geschehen war, für kostenrechtlich belanglos erklärt. A. M.: *Rittmann-Wenz* § 30 Anm. 1, Fußnote.

[11]) Ebenso: *Rittmann-Wenz* § 30 Anm. 1; RG. *Warneyer* 1912 Nr. 355; JW. 1927, 53[14]; *Stein-Jonas* § 515 Fußnote 10; *Sydow-Busch-Krieg*[11] § 30 Anm. 2.

[11a]) Nicht aber die bloße Mitteilung eines außergerichtlichen Vergleichs: OLG. Celle Bbl. 1927, 68. Vgl. auch § 29 Fußnote 22 a.

Handelt die Partei, von welcher die Zurücknahme erklärt wurde, ihrer eigenen Erklärung zuwider, läßt sie also dieselbe als prozessuale Zurücknahme nicht gelten und erfolgt daraufhin Terminsbestimmung oder findet gar über die Frage der Zurücknahme eine streitige Verhandlung statt[12]), so tritt die Ermäßigung der Gebühr wieder außer Kraft. Dagegen bleibt die Ermäßigung bestehen, auch wenn die Wirkungen der (vom Rechtsmittelkläger aufrechterhaltenen) Zurücknahme gemäß §§ 515 Abs. 3, 557 ZPO. durch Urteil ausgesprochen werden[13]). Denn hier handelt es sich lediglich um Herbeiführung des Ausspruchs der gesetzlichen Folgen der Rechtsmittelzurücknahme, ähnlich wie in dem oben bei § 29 Anm. 18c besprochenen Falle der Klagezurücknahme. Dies muß um so mehr gelten, als ja auch die beschlußmäßig mit Kostenfolge ausgesprochene Verwerfung des Rechtsmittels als unzulässig die Ermäßigung der Prozeßgebühr zur Folge hat (§ 30 S. 1).

12 Die in der Rechtsmittelinstanz erfolgende Klagezurücknahme hat als solche überhaupt keine kostenrechtliche Wirkung[14]). Wenn aber der Kläger Berufungsführer ist und er erklärt in zweiter Instanz die Zurücknahme der Klage, so kann hierin zugleich die Erklärung der Berufungszurücknahme — wenigstens im kostenrechtlichen Sinne — liegen; nämlich die Erklärung, daß der Rechtsmittelkläger das Rechtsmittel nicht weiter verfolgen wolle.

13 3. Gilt die Ermäßigung nach § 30 Satz 2 auch für die Anschlußberufung und die Anschlußrevision? Hier kommt in Betracht, daß eine Terminsbestimmung, wie sie § 30 Satz 2 im Auge hat (die also regelmäßig auf einer mindestens vorläufigen Prüfung der Zulässigkeitsfrage beruht; man beachte die Entstehungsgeschichte des § 30 Satz 2, oben Anm. 1) auf Grund des Anschlußrechtsmittels überhaupt nicht erfolgt, außer wenn dieses innerhalb der Rechtsmittelfrist eingelegt wurde und infolge Zurücknahme oder Verwerfung des Hauptrechtsmittels (§ 522 Abs. 1 ZPO.) allein übrig geblieben ist[15]). Sonst ist es die Berufung oder Revision, deren (vorläufige) Zulassung den Anlaß zur Terminsanberaumung gibt, wenn dieser Termin natürlich auch für die Verhandlung des Anschlußrechtsmittels mitbestimmt ist, ähnlich wie der auf die Klage anberaumte Termin auch für die vor demselben erhobene Widerklage gilt.

Trotz dieser Bedenken wird man in diesem Fall der wörtlichen Auslegung des Gesetzes den Vorzug geben, also die Ermäßigung zubilligen müssen, wenn die Zurücknahme des Anschlußrechtsmittels erfolgt, ehe eine Terminsanberaumung in der Rechtsmittelinstanz — sei es auch auf Grund des Hauptrechtsmittels — stattfand. Bei anderer Auslegung ergibt sich die unbillige Folge, daß das Anschlußrechtsmittel, abgesehen von dem oben erwähnten Falle des § 522 Abs. 2 ZPO., überhaupt nicht mit der Wirkung der Gebührenermäßigung zurückgenommen werden kann, während bei beschlußmäßiger Verwerfung des Anschlußrechtsmittels — also nach entsprechender, oft erheblicher Mühewaltung des Gerichts — die Ermäßigung nach § 30 Satz 1 eintritt.

14 4. Das in der vorigen Anmerkung (13) Gesagte gilt entsprechend für die Zurücknahme von Erweiterungen der Rechtsmittelanträge, die in der betreffenden Rechtsmittelinstanz bereits erfolgt waren[16]). Auch hier kommt es also nur darauf an, ob in der Instanz vor der Zurücknahme eine Terminsbestimmung stattgefunden hat.

15 5. Baumbach[17]) erwähnt den Fall, daß „gesetzwidrig" Termin vor Prüfung der Zulässigkeit des Rechtsmittels anberaumt worden war (er denkt wohl hauptsächlich an den Fall, daß versehentlich vor Einlauf einer Rechtsmittelbegründung oder Zahlung

---

[12]) Vgl. hiezu Jonas § 29 Anm. 7.

[13]) Ebenso: Jonas § 30 Anm. 4.

[14]) Baumbach § 30 Anm. 2; Jonas § 30 Anm. 5; § 29 Anm. 5.

[15]) Vgl. Stein-Jonas § 522 Anm. II.

[16]) Rechtsmittelerweiterungen im kostenrechtlichen Sinne, also durch Einreichung der betreffenden Schriftsätze; vgl. § 20 Anm. 11.

[17]) § 30 Anm. 2.

der Prozeßgebühr die Terminsbestimmung erfolgte[18])); in diesem Falle müsse die Ermäßigung stattfinden, wenn die Zurücknahme vor Ablauf der Fristen (für Gebührennachweis und Begründung) erfolge. Denn Zweck der Vorschrift des § 30 Satz 2 sei die Begünstigung der Zurücknahme bis zur Prüfung. Der Baumbachsche Gedanke ist richtig. Seine Durchführung wird aber angesichts des klaren Wortlauts des § 30 Satz 2 nur auf dem Wege des § 6 GKG. erfolgen können; dabei ist vorausgesetzt, daß es sich um eine offenbar „unrichtige Behandlung", nicht um eine falsche Rechtsanschauung handelt.

6. Kommt es infolge einer Behandlung nach § 7 EntlVO. mit Einverständnis 16 der Parteien gar nicht zu einer „Bestimmung des Termins zur mündlichen Verhandlung" und ergeht eine Entscheidung auf Grund schriftlicher Anträge, so ist mit Erlassung dieser Entscheidung (mag diese auch nur ein Beweisbeschluß, ein Aufklärungsbeschluß oder etwas Ähnliches sein) die Möglichkeit einer Ermäßigung der Prozeßgebühr aufgehoben. Das ergibt sich aus § 8 EntlVO. Denn nach dieser Vorschrift ist es gebührenrechtlich so anzusehen, als ob eine mündliche Verhandlung bereits stattgefunden hätte; es kann also ganz gewiß keine Rede mehr davon sein, daß noch kein Termin zur mündlichen Verhandlung bestimmt worden wäre.

7. Die Rechtsmittel (Berufung, Anschlußberufung, Revision, Anschlußrevision) 17 können auch teilweise zurückgenommen werden. Dies geschieht regelmäßig durch Reduktion eines vorher gestellten Rechtsmittelantrags oder, wenn ein solcher noch nicht vorlag, also eine Totalanfechtung anzunehmen war, durch Stellung eines bestimmten, eingeschränkten Antrages[19]). Auch hier ist es wie bei der Klage[20]) zuweilen Auslegungsfrage, ob eine Einschränkung gewollt war. Zu beachten ist hier noch folgendes:

Die kostenrechtliche Geltendmachung von Rechtsmittel- oder Anspruchserweiterungen erfolgt bereits durch Einreichung eines Schriftsatzes bei Gericht. Sie begründet die erhöhte Prozeßgebühr (§ 20 Anm. 11). Auch ein solcher, nur eingereichter, aber nicht zugestellter Antrag (vgl. § 281 ZPO.) kann kostenrechtlich „zurückgenommen" werden; auch hier genügt selbstverständlich die Anzeige bei Gericht. Der Fall liegt ähnlich, wie wenn eine nur eingereichte Klage „zurückgenommen" wird (s. o. § 29 Anm. 5)[21]). 18

8. Die oben in Anm. 8 erwähnte Frage kann auch bei Anwendung des § 30 19 Satz 2 in Betracht kommen. Auch die Zurücknahme der Berufung oder Revision hat die Unwirksamkeit der nicht innerhalb der Rechtsmittelfrist eingelegten Anschlußberufung oder -Revision zur Folge. Für diese Anschlußrechtsmittel wird man, wenn jene Zurücknahme vor der Terminsbestimmung erfolgt, die Ermäßigung um so mehr eintreten lassen müssen, als eine formelle „Zurücknahme" des von selbst unwirksam gewordenen Anschlußrechtsmittels gar nicht mehr möglich ist. Der Hauptrechtsmittelkläger, der ja nach der herrschenden Meinung im Falle des § 522 Abs. 1 ZPO. auch die Kosten des Anschlußrechtsmittels zu tragen hat, nimmt gewissermaßen dieses Rechtsmittel seines Gegners selbst zurück. Die kostenrechtlichen Folgen dieser indirekten Zurücknahme können keine anderen sein als die einer eigentlichen und unmittelbaren Rechtsmittelzurücknahme.

9. Hinsichtlich der Höhe der nach § 30 ermäßigten Prozeßgebühr kann auf 20 Anm. 9 und für den Fall teilweiser Zurücknahme vor dem maßgebenden Zeitpunkt auf Anm. 6 verwiesen werden. Hiebei ist noch auf folgendes hinzuweisen:

Wird das Rechtsmittel vor Anberaumung des Termins zurückgenommen, so 21 mindert sich die Prozeßgebühr auf den im § 30 vorgesehenen Betrag. Kommt es hinsichtlich der Kosten der Rechtsmittelinstanz lediglich zum Ausspruch der gesetzlichen Folgen (Verurteilung des Rechtsmittelklägers in die Kosten), so kann dies so wenig

---

[18]) Vgl. Baumbach ZPO.[3] § 520 Anm. 1.

[19]) Jonas § 30 Anm. 3; OLG. Naumburg Bbl. 1927, 52.

[20]) S. o. § 29 Anm. 6.

[21]) Die Unterscheidungen, die sich — prozessual richtig — bei Stein-Jonas § 515 Anm. I Abs. 1 finden, kommen kostenrechtlich nicht in Betracht.

eine Erhöhung der Prozeßgebühr bewirken, wie der Ausspruch der weitergehenden Folgen (Verlust des Rechtsmittels und Kostenfolge: s. o. Anm. 11a). Wird aber über den Kostenpunkt streitig verhandelt, so wird aus den Kosten eine volle Prozeßgebühr erhoben, die zusammen mit der Gebühr aus § 30 eine volle Gebühr aus dem Streitwert der Hauptsache nicht übersteigen darf (§ 14 Abs. 2 GKG.; s. o. § 29 Anm. 18c; § 30 Anm. 11a).

Wird das Rechtsmittel bezüglich der Hauptsache zurückgenommen aber hinsichtlich der Kosten der Vorinstanz aufrecht erhalten, so liegt tatsächlich nur eine teilweise Zurücknahme vor: es wird dann nicht lediglich über die Folgen einer Totalzurücknahme gestritten, sondern über die Berufung selbst, die nachträglich auf den Kostenpunkt beschränkt wird. Das Urteil der Vorinstanz bleibt teilweise angefochten (die Frage der prozessualen Zulässigkeit dieser Maßnahme scheidet natürlich hier aus). In solchen Fällen bilden die Kosten der Vorinstanz den Streitwert, aus dem eine volle Prozeßgebühr neben der reduzierten Prozeßgebühr aus der Hauptsache anzusetzen ist; die Summe muß nötigenfalls auf den Betrag der vollen Prozeßgebühr aus der Hauptsache reduziert werden (§ 14 Abs. 2 GKG.).

22 10. Eine Zurücknahme des Rechtsmittels nach Bestimmung des Termins zur mündlichen Verhandlung hat keinerlei Ermäßigung mehr zur Folge. Auch wenn eine Sache von der Revisionsinstanz an die Berufungsinstanz zurückverwiesen wurde, kann vor Bestimmung des neuen Verhandlungstermins keine Ermäßigung mehr herbeigeführt werden, da ja gemäß § 27 Abs. 2 GKG. mit der Rückverweisung die frühere Instanz, in der bereits verhandelt wurde, ihren Fortgang nimmt. Nur wenn die Zurückverweisung im Falle der Sprungrevision statt an das Landgericht an das OLG. erfolgt (§ 566a Abs. 5 ZPO.), so beginnt jetzt zum ersten Male eine Berufungsinstanz. Nimmt der Berufungskläger jetzt vor Bestimmung eines Termins zur mündlichen Verhandlung die Berufung zurück, so tritt die Ermäßigung nach § 30 Satz 2 ein. Allerdings findet eine Prüfung der Zulässigkeit der Berufung in diesem Falle nicht mehr statt[22]). Aber um so ungerechter wäre es, hier eine Ermäßigung der Gebühr überhaupt auszuschließen. Es ist deshalb — ähnlich wie in dem oben Anm. 13 besprochenen Falle — dem Wortlaut des Gesetzes zu folgen.

§ 30a.

Für die Niederlegung eines Schiedsspruchs oder eines von einem Schiedsgerichte vermittelten Vergleichs bei der Geschäftsstelle*) (Zivilprozeßordnung §§ 1039, 1044a) wird ein Viertel der Gebühr (§ 8), höchstens jedoch ein Betrag von 300 Reichsmark erhoben.

Für das Verfahren über Anträge auf Vollstreckbarerklärung eines Schiedsspruchs oder eines von einem Schiedsgerichte vermittelten Vergleichs (Zivilprozeßordnung §§ 1042, 1044a) wird die volle Gebühr (§ 8) erhoben, auf welche die im Abs. 1 bestimmte Gebühr anzurechnen ist. Die Gebühr wird nicht erhoben, wenn der Antrag vor Anordnung der Anhörung des Gegners oder vor Bestimmung eines Termins zur mündlichen Verhandlung zurückgenommen wird.

Vorbemerkung.

§ 30a behandelt die Niederlegung von Schiedssprüchen und schiedsgerichtlichen Vergleichen bei der Geschäftsstelle, ferner das Verfahren über Anträge auf Vollstreckbarerklärung nach §§ 1042, 1044a ZPO.

---

[22]) Stein-Jonas § 566a Anm. V 2.

*) Der amtliche Text lautet noch „auf der Gerichtsschreiberei". Da man „auf der

Übersicht.

I. Entstehungsgeschichte. 1

Gleichzeitig mit der prozessualen Änderung des schiedsrichterlichen Verfahrens durch die VO. vom 13. Februar 1924 wurde die neue Vorschrift des § 30a GKG. eingeführt, die lediglich aus einem Satz bestand, nämlich aus dem jetzigen Abs. 2 Satz 1 bis zu dem Worte „erhoben". Die Novelle vom 28. Januar 1927 hat dann den jetzigen Abs. 1 und die weiteren Sätze des Abs. 2 beigefügt.

II. Die Niederlegung des Schiedsspruchs oder schiedsrichterlichen Vergleichs. 2

1. Die Niederlegung bei der Geschäftsstelle hat beim Schiedsspruche eine andere Bedeutung als bei dem von einem Schiedsgerichte vermittelten, d. h. vor ihm abgeschlossenen[1]) Vergleiche. Beim Schiedsspruche hängt die Wirksamkeit überhaupt von der Niederlegung ab (§ 1039 ZPO.); beim Vergleiche ist nur die Vollstreckbarerklärung durch die Niederlegung bedingt (§ 1044a). Dieser Unterschied ist kostenrechtlich von erheblicher Bedeutung.

2. Die Niederlegung muß, wenn sie die Gebühr des § 30a begründen soll, von dem Schiedsgerichte oder einem Beauftragten desselben ausgehen[2]). Würde etwa ein Unbefugter, z. B. ein Protokollführer aus eigenem Antriebe den Schiedsspruch oder Vergleich zur Niederlegung bringen, so wäre die Gebühr nicht begründet, solange nicht nachträgliche Genehmigung vorliegt. Dies muß schon deshalb angenommen werden, weil die Gebühr schließlich den Parteien zur Last fällt und dem Staat gegenüber derjenige haftet, auf dessen Betreiben das schiedsrichterliche Verfahren eingeleitet wurde (§ 77 Abs. 2 GKG.). 3

Geht aber die Niederlegung von dem Schiedsgerichte aus, so muß es im übrigen für die Begründung der Gebühr genügen, daß eine Niederlegung im Sinne der §§ 1039, 1044a von den Schiedsrichtern erkennbar gewollt war. Entspricht der niedergelegte Schiedsspruch oder Vergleich nicht den Erfordernissen der §§ 1039, 1044a, ist z. B. der Schiedsspruch nicht mit Datum versehen, nicht allseitig unterzeichnet oder nur in beglaubigter Abschrift vorgelegt oder enthält der Vergleich keine Unterwerfung unter die Zwangsvollstreckung, so müssen diese prozessual bedeutsamen Mängel nach allgemeinen Grundsätzen des Kostenrechts für dieses als belanglos bezeichnet werden: auch sonst werden ja unzulässige Anträge für die Gebührenerhebung den zulässigen gleichgeachtet. Wählt das Schiedsgericht statt des *wirklich zuständigen Gerichts* ein unzuständiges, so entsteht doch die Gebühr des § 30a Abs. 1[3]).

Allerdings bleibt zu beachten, daß von einer „Niederlegung bei der Geschäftsstelle" dann nicht gesprochen werden kann, wenn die Geschäftsstelle die Annahme — etwa wegen Unzuständigkeit oder wegen äußerlich erkennbarer Mängel — *ablehnt*[4]).

Geschäftsstelle" schwerlich sagen kann, so haben wir „bei der Geschäftsstelle" eingesetzt. Vgl. im übrigen die VO. vom 30. Nov. 1927 RGBl. I, 334.

[1]) Vgl. *Baumbach* ZPO.[3] § 1044a Anm. 1; GKG. § 30a Anm. 2.

[2]) Die Unterzeichnung des Schiedsspruchs gilt im Zweifel als Ermächtigung der anderen Schiedsrichter zur Niederlegung bei der Geschäftsstelle: RG. JW. 1928, 105[10]. — *Jonas* JW. 1927, 502 sagt, es sei belanglos, *wer* den Schiedsspruch niedergelegt hat.

[3]) *Baumbach* § 30a Anm. 2.

[4]) Wobei die Frage, ob sie dies darf (vgl. hiezu *Jonas* § 30a Anm. 1a), hier ausscheidet.

3a 2a. Auch der im Auslande zustandegekommene Schiedsspruch oder Vergleich löst die Gebühr des § 30a aus; ebenso der vor dem 1. April 1927 zustandegekommene, aber erst später niedergelegte Vergleich oder Schiedsspruch[5]).

4 3. Für die Niederlegung desselben Schiedsspruchs oder Vergleichs erwächst die Gebühr des § 30a Abs. 1 stets nur einmal, auch wenn sie etwa vorsorglich oder nacheinander (z. B. wegen Unzuständigkeit des zuerst gewählten Gerichts) bei mehreren Geschäftsstellen erfolgt. Ebenso, wenn wegen fehlerhafter Niederlegung oder sonstiger Mängel eine Erneuerung oder Ergänzung erfolgt. Auch wenn bei Vorhandensein mehrerer schiedsgerichtlicher Instanzen zunächst unrichtigerweise[6]) die Niederlegung des erstinstanziellen Schiedsspruchs erfolgte, dann aber der endgültige Schiedsspruch hinterlegt wurde, so ist dies einer Ergänzung gleichzuachten: die Gebühr fällt nur einmal an. Betrifft aber die „Ergänzung" einen Streitgegenstand, den der erste Schiedsspruch nicht betraf (etwa weil er ihn übergangen hatte oder weil er nur als Teilschiedsspruch gedacht war), so ist sie wie ein zweiter Schiedsspruch zu behandeln[7]).

5 4. Für die Bestimmung des Streitwerts ist die Unterscheidung wichtig, die oben in Anm. 2 hervorgehoben wurde[8]). Die Gebühr für die Niederlegung des Schiedsspruchs berechnet sich aus dem ganzen Wert, den der Gegenstand des Schiedsspruchs im Zeitpunkt seiner Erlassung hatte; denn für die Wirksamkeit dieser ganzen Entscheidung, nicht nur für die Vollstreckbarkeit ihrer vollziehbaren Teile, ist die Niederlegung von Belang. Wenn also 10000 RM. beim Schiedsgericht geltend gemacht und 2000 RM. vor Erlaß des Schiedsspruchs bezahlt waren, wenn ferner dem Kläger 5000 RM. zugesprochen und 3000 RM. aberkannt wurden, so beträgt der Streitwert bei Berechnung der Gebühr aus § 30a Abs. 1 GKG. 8000 RM.

6 Dagegen erfolgt die Niederlegung eines Vergleichs nur zum Zwecke der Vollstreckbarerklärung. Hier kann also auch nur derjenige Betrag für die Wertbestimmung maßgebend sein, der sich zur Vollstreckbarerklärung eignet (hierüber s. u. Anm. 11). Lautete der Vergleich dahin, daß der Beklagte 5000 RM. zu zahlen verspricht und daß auf den Rest verzichtet wird, so ist die Gebühr nur aus 5000 RM. zu berechnen. Ob die Vollstreckbarerklärung nur für einen geringeren Betrag beabsichtigt ist — etwa weil nach Erlassung des Schiedsspruchs ein Teil bezahlt wurde — ist hier belanglos.

7 Hinsichtlich der Streitwertberechnung im einzelnen finden in den Fällen der Anm. 5 und 6 die allgemeinen Regeln sinngemäße Anwendung. Insbesondere sind auch hier § 4 ZPO. und § 15 Abs. 1 und 3 GKG. zu beachten. Die Kosten des schiedsrichterlichen Verfahrens kommen also nur dann in Betracht, wenn sie allein den Gegenstand der Entscheidung oder — beim Vergleich — der Vollstreckungsmöglichkeit bilden: lautet der Schiedsspruch z. B. auf kostenfällige Abweisung der Klage, so ist die Gebühr aus dem Streitwert der Hauptsache (ohne Zinsen usw.) zu berechnen. Lautet der Vergleich auf beiderseitigen Anspruchsverzicht und Übernahme der Kosten durch den Beklagten, so bilden diese den Streitgegenstand für die Niederlegungsgebühr. Findet auch kein Kostenersatz statt, so ist die (sachlich überflüssige) Niederlegung gebührenfrei. — § 15 Abs. 2 GKG. kommt nicht zur Anwendung, weil es sich noch nicht um einen Akt der Zwangsvollstreckung handelt.

8 5. Die Höhe der Gebühr aus § 30a Abs. 1 ist 1/4 der Sätze des § 8 bis zum Höchstbetrage von dreihundert Reichsmark.

6. Die Fälligkeit der Gebühr tritt, wie § 74b hervorhebt, mit der Niederlegung ein; ihr Schuldner ist nach § 77 Abs 2 derjenige, auf dessen Betreiben das schiedsrichterliche Verfahren eingeleitet wurde[8a]).

[5]) Ebenso: Jonas § 30a Anm. 1.

[6]) Vgl. Baumbach, ZPO.[3] § 1039 Anm. 1; RGZ. 74, 307.

[7]) Vgl. Stein-Jonas § 1039 Anm. I, § 1042 Anm. VIII. — Jonas JW. 1927, 500ff. zieht aus der hier erwähnten Unterscheidung keine Folgerungen.

[8]) Unzutreffend: Rittmann-Wenz § 30a Anm. 3.

[8a]) Nicht daneben der im schiedsrichterlichen Verfahren in die Kosten Verurteilte: Jonas JW. 1927, 502. Vgl. aber § 77 Anm. 39.

III. Das Verfahren über Anträge auf Vollstreckbarerklärung. 9

1. Nach § 1042 ZPO. findet die Zwangsvollstreckung aus einem (inländischen oder ausländischen) Schiedsspruch in Deutschland nur statt, wenn er durch Gerichtsbeschluß für vollstreckbar erklärt ist. In diesem Verfahren kann das Gericht mündliche Verhandlung anberaumen, Beweise erheben, dem Gegner eine Frist gemäß § 1042 Abs. 3 ZPO. setzen, die Aussetzung bis zur „Erledigung" der Aufhebungsklage beschließen, nach erfolgter Erledigung das Verfahren wieder aufnehmen usw. Für das ganze Verfahren einschließlich aller Einzelhandlungen wird eine Einheitsgebühr in Höhe der Sätze des § 8 erhoben. Diese Gebühr umfaßt jedoch nur das erstinstanzielle Verfahren, während für die Beschwerdeinstanz § 38 GKG. gilt.

2. Eine Anrechnung dieser Gebühr auf die Gebühren eines anderen Verfahrens, insbesondere des Aufhebungsprozesses, findet nicht statt. Dagegen wird die in Abs. 1 bestimmte Gebühr für die Niederlegung auf die Gebühr nach Abs. 2 angerechnet. Ist der Streitwert, aus dem die Niederlegungsgebühr zu berechnen ist, höher als der des Antrags auf Vollstreckbarerklärung, so kann die Anrechnung nur bezüglich derjenigen Gebühr erfolgen, die sich aus dem geringeren (also identischen) Streitwert berechnen würde. Beispiel: der Schiedsspruch betraf einen Wert von 10000 RM. (volle Gebühr 130 RM., 1/4 Gebühr 32,50 RM.); Vollstreckbarerklärung wird nur für 5000 RM. beantragt (volle Gebühr: 80 RM.). Anzurechnen ist lediglich 1/4 von 80 RM. (20 RM.). Mithin betragen die Gebühren 80 + 12,50 = 92,50 RM. 10

3. Hinsichtlich des Streitwerts ist zu beachten, daß das Verfahren über Anträge auf Vollstreckbarerklärung lediglich diese, u. z. nur soweit sie beantragt ist, nicht etwa eine rechtskräftige Feststellung der Wirksamkeit des Schiedsspruchs oder Vergleichs bezweckt. Wenn also ein Schiedsspruch erlassen wurde, der auf Herausgabe von drei Anwesen lautet, und die Vollstreckbarerklärung nur bezüglich eines Anwesens beantragt wird, so stellt der Wert dieses Anwesens (im Zeitpunkte der Antragstellung, eventuell bei Beendigung des Verfahrens: § 9 Abs. 2 GKG.) den Streitwert dar. 11

Der Begriff der Vollstreckbarkeit ist im weitesten Sinne zu verstehen: für vollstreckbar kann also auch die Verurteilung zur Abgabe von Willenserklärungen erklärt werden und die „Vollstreckung", um die es sich handelt, kann auch in der Herbeiführung der sogenannten „realen Urteilswirkungen" bestehen, bei denen die Ausübung staatlichen Zwangs gegen den Schuldner nicht in Frage kommt (z. B. Eintragungen und Löschungen im Grundbuch, Berichtigung der Konkurstabelle usw.)[9]. Aber auch hinsichtlich der bloß feststellenden Schiedssprüche (zu denen auch die klageabweisenden gehören) kann die Vollstreckbarerklärung begehrt werden, weil nach zehn Jahren von Rechtskraft der Vollstreckbarerklärung ab die Aufhebungsklage nicht mehr zulässig ist; deshalb kann auch in solchen Fällen ein Interesse an der Vollstreckbarerklärung bestehen[10]). Wenn also z. B. der Beklagte die Vollstreckbarerklärung des auf Klageabweisung lautenden Schiedsspruchs beantragt, so ist, wenn er nicht erkennbar bloß auf den Kostenpunkt abzielt (was eventuell durch Rückfrage zu ermitteln ist), der Streitwert nach der Hauptsache zu bemessen. Es kommt kostenrechtlich stets darauf an, auf welchen Betrag sich der Antrag erstreckt[10a]); das zu ermitteln, kann möglicherweise Aufgabe der Auslegung sein; nur zu diesem Zwecke muß auch bei Bestimmung des Streitwerts gegebenenfalls zu den oben berührten Fragen (Zulässigkeit der Vollstreckbarerklärung von bloß feststellenden Schiedssprüchen usw.) Stellung genommen werden. — Bei Vergleichen, bei denen es sich nur um die Vollstreckbarkeit (im weiteren Sinne) handeln kann, kommen solche Auslegungsfragen kaum in Betracht. Natürlich kann auch

---

[9]) Vgl. hierüber des näheren: Stein-Jonas, vor § 704 Anm. III; § 1042 Anm. II.

[10]) Stein-Jonas § 1042 Anm. II.

[10a]) Es ist daher nicht ganz korrekt, wenn man den Streitwert nach dem „vollstreckungsfähigen" Teil des Schiedsspruchs bemißt. So OLG. Karlsruhe BadRpr. 1926, 77; Jonas § 30a Anm. 2b; Rittmann-Wenz § 30a Anm. 3. Baumbach § 30a Anm. 4 legt den vollen Wert des Schiedsspruchs zugrunde, weil „die Bedeutung der Vollstreckbarerklärung über die Ermöglichung der Zwangsvollstreckung hinausgeht".

hier ein unbegründeter Antrag auf Vollstreckbarerklärung vorkommen, der einen nicht vollstreckbaren Teil des Vergleichs betrifft; auch dann ist der Inhalt des Antrags für den Streitwert maßgebend.

12 Hinsichtlich der Nebenforderungen (Zinsen, Kosten des schiedsgerichtlichen Verfahrens usw.) gelten die §§ 4 ZPO., 15 Abs. 1 und 3 GKG., da es sich noch nicht um Akte der Zwangsvollstreckung, sondern um ein Erkenntnisverfahren (die Verleihung der Vollstreckbarkeit betreffend) handelt[10b]). Wenn also der Schiedsspruch auf Zahlung von 2000 RM. nebst 4% Zinsen hieraus und 300 RM. Kosten an den Kläger lautet, so beträgt der Streitwert, wenn der Kläger die Vollstreckbarerklärung beantragt, 2000 RM. Ist die Klage abgewiesen und der Kläger zur Erstattung von 300 RM. Kosten an den Beklagten verurteilt, so beträgt der Streitwert 300 RM., wenn der Beklagte Vollstreckbarerklärung nur hinsichtlich der Kosten beantragt. Hier kommt es also in analoger Anwendung des § 15 Abs. 3 GKG. darauf an, ob das Verfahren wegen Vollstreckbarerklärung sich nur auf die Kosten oder auch auf einen Teil der Hauptsache oder eine sonstige Nebenforderung bezieht[11]).

13 Wird ein Antrag auf Vollstreckbarerklärung von beiden Seiten gestellt, so ist gebührenrechtlich jeder Antrag gesondert zu behandeln, ebenso wie mehrere Anträge derselben Partei, mag auch tatsächlich eine gemeinsame Behandlung der verschiedenen Gesuche in einem Verfahren erfolgen. Sind in einem schiedsgerichtlichen Verfahren mehrere Schiedssprüche erfolgt oder mehrere Vergleiche geschlossen worden, so werden sie gebührenrechtlich nur insoweit wie eine Einheit behandelt, als der Antrag auf Vollstreckbarerklärung sie gemeinschaftlich umfaßt.

14 4. Für das Verfahren über Anträge auf Vollstreckbarerklärung hat die Novelle vom 28. Januar 1927 bestimmt, daß die Gebühr in Abs. 2 nicht erhoben wird, wenn der Antrag vor Anordnung der Anhörung des Gegners oder der Bestimmung eines Termins zur mündlichen Verhandlung zurückgenommen wird. Die Zurücknahme erfolgt durch Erklärung gegenüber dem Gericht. Die Anordnung der Anhörung des Gegners muß ebenso wie die Terminsbestimmung bereits „existent" geworden sein. Über den Zeitpunkt, in dem dies der Fall ist, vgl. § 29 Anm. 9: der Richter muß die betr. Verfügung bereits der Geschäftsstelle zur Bekanntmachung an die Parteien ausgehändigt haben. Die Zurücknahme kann auch eine teilweise sein. Dann muß auch im Verhältnis zu der Gebühr aus Abs. 1 eine Teilberechnung eintreten. Beispiel: Wert des Schiedsspruchs: 10000 RM. (1/4 Gebühr = 32,50 RM.). Antrag auf Vollstreckbarerklärung wegen 5000 RM. (volle Gebühr: 80 RM.). Zurücknahme wegen 2000 RM. Anzurechnen ist nur 1/4 der Gebühr von 3000 RM. (volle Gebühr 60 RM., 1/4 : 15 RM.). Die endgültigen Gebühren betragen also: 60 + (32,50 — 15 =) 17,50 = 77,50 RM.

§ 31.

Für das Mahnverfahren wird die Hälfte der Gebühr (§ 8) erhoben. Die Gebühr wird nicht erhoben, wenn der Antrag auf Erlaß des Zahlungsbefehls vor dessen Erlaß zurückgenommen wird.

Wird im Falle der Erhebung des Widerspruchs die Bestimmung eines Termins zur mündlichen Verhandlung beantragt oder gegen einen Vollstreckungsbefehl Einspruch eingelegt, so wird die Prozeßgebühr (§ 20 Nr. 1) nur zur Hälfte erhoben. Das gleiche gilt, wenn in einem im Urkunden- oder Wechselmahnverfahren ergangenen Vollstreckungsbefehle dem Beklagten die Ausführung seiner Rechte vorbehalten war. Wird der Antrag oder der Einspruch vor Bestimmung des Termins zurückgenommen, so wird die Prozeßgebühr nicht erhoben.

10b) Vgl. oben §§ 9—15 Anm. 224.

11) Vgl. hiezu auch Stein-Jonas § 4 Anm. III.

Vorbemerkung.

§ 31 regelt die Gebühren im Mahnverfahren und dem sich daran anschließenden Prozeßverfahren.

Übersicht.

I. Entstehungsgeschichte. 1

Die Gebührenbestimmungen für das Mahnverfahren sind mehrfach geändert worden. Die früheren Vorschriften waren von den durch das Gesetz vom 21. Dezember 1922 eingeführten so grundverschieden, daß sie zur Auslegung des geltenden § 31 nicht mehr herangezogen werden können. Von ihrer Wiedergabe wird daher abgesehen. Die geltende Fassung unterscheidet sich von der Fassung des Gesetzes vom 21. Dezember 1922 nur durch den Abs. 1 Satz 2, der durch die VO. vom 13. Februar 1924 beigefügt wurde. Die Novelle vom 28. Januar 1927 hat keine Änderung des § 31 gebracht.

II. Die Gebühr für das Mahnverfahren. 2

1. § 31 setzt eine Einheitsgebühr für das ganze Mahnverfahren fest, die ohne Rücksicht auf den Verlauf und die Ausdehnung des Verfahrens — mit der einzigen, aus Abs. 1 Satz 2 ersichtlichen Ausnahme (Rücknahme des Antrags vor Erlaß des Zahlungsbefehls) — in voller Höhe anfällt und bestehen bleibt. Diese Gebühr beträgt die Hälfte der Sätze des § 8. Sie erhöht sich nicht, wenn es zum Erlaß des Vollstreckungsbefehls kommt und sie bleibt in voller Höhe bestehen, auch wenn im nachfolgenden Prozeßverfahren die Klage zurückgenommen wird. Das Mahnverfahren ist überhaupt nach dem geltenden GKG. gebührenrechtlich von dem nachfolgenden Prozeß- oder Güteverfahren vollständig getrennt. Auch eine Anrechnung findet in keiner Weise statt (also anders als nach § 38 RAGebO.).

2. Die Gebühr für das Mahnverfahren wird aus dem Wert des Anspruchs 3 berechnet, der durch den Antrag auf Erlassung des Zahlungsbefehls geltend gemacht wird. Für die Streitwertbemessung gelten die allgemeinen Vorschriften.

3. Der Antrag auf Erlassung des Zahlungsbefehls kann vor und nach Erlaß des- 4 selben (bis zur Rechtskraft des Vollstreckungsbefehls[1])) zurückgenommen werden. Gebührenrechtliche Bedeutung hat nur die Zurücknahme vor dem Erlaß des Zahlungsbefehls. Der „Erlaß" erfolgt hier dadurch, daß der Richter den fertig abgefaßten und unterschriebenen Zahlungsbefehl der Geschäftsstelle zum Zwecke der Zustellung an den Schuldner aushändigt[2]). Erläßt der Urkundsbeamte der Geschäftsstelle den Zahlungsbefehl als Rechtspfleger, so ist der Zeitpunkt maßgebend, in dem er den fertigen und unterzeichneten Zahlungsbefehl zur Zustellung an den Schuldner gemäß § 211 ZPO. an den Gerichtswachtmeister oder die Post hinausgibt.

---

[1]) Stein-Jonas § 693 Anm. IV.

[2]) S. o. § 29 Anm. 9; Förster-Kann § 329 Anm. 3e (1, 899); vgl. auch § 694 Anm. 1b (2, 379). Die meisten halten die Unterzeichnung durch den Richter für maßgebend: so Rittmann-Wenz § 31 Anm. 1; Baumbach § 31 Anm. 2.

Wird nun vor diesem Zeitpunkt der Antrag auf Erlassung des Zahlungsbefehls zurückgenommen, so wird die Gebühr für das Mahnverfahren nicht erhoben, die bezahlte Gebühr zurückerstattet. Bei teilweiser Zurücknahme wird sie endgültig nur aus dem aufrechterhaltenen Betrage erhoben. Die Zurücknahme erfolgt durch bloße Einreichung der diesbezüglichen Erklärung.

5 Die Zurücknahme kann mit der Wirkung des § 31 Abs. 1 Satz 2 auch noch erfolgen, wenn das Gericht den Antrag formlos zum Zwecke der Ergänzung oder Berichtigung dem Antragsteller zurückgibt, ehe es einen förmlichen Beschluß erläßt. Auch wenn der Urkundsbeamte als Rechtspfleger den Antrag beschlußmäßig zurückweist und der Gläubiger hierauf nach § 576 ZPO. das Gericht anruft[3]), so kann bis zur gerichtlichen Entscheidung der Antrag zurückgenommen werden, und die Zurücknahme muß dann auch die kostenrechtlichen Wirkungen haben, da sie vor dem Erlaß des Zahlungsbefehls erfolgt.

6 Dagegen ist eine Zurücknahme des Gesuchs nicht mehr zulässig, wenn der Antrag durch Gerichtsbeschluß — sei es gleich, sei es nach vorheriger Zurückweisung durch den Urkundsbeamten als Rechtspfleger — zurückgewiesen wurde. Dieser Beschluß ist gemäß § 691 Abs. 3 ZPO. unanfechtbar; er beendigt das Verfahren; für eine Zurücknahme ist kein Raum mehr. Erfolgt sie dennoch, so kann diese bedeutungslose Handlung auch die Gebühr des Mahnverfahrens nicht mehr zum Wegfall bringen[4]).

7 4. Die Gebühr des Mahnverfahrens wird fällig mit der Einreichung des Antrags. Zahlungspflichtig ist der Gläubiger (§ 77 GKG.); über die Anwendung des § 79 vgl. diesen, Anm. 6.

Nach § 74 Abs. 3 soll der Zahlungsbefehl erst nach Zahlung der im § 31 Abs. 1 bestimmten Gebühr erlassen werden. Vgl. hiezu § 74 Anm. 62.

8 5. Wird, insbesondere nach Abweisung eines Antrages auf Erlassung des Zahlungsbefehls, ein neuer Antrag gestellt, so beginnt ein neues Mahnverfahren, das gebührenrechtlich vollständig unabhängig von dem früheren ist, solange nicht etwa eine Verbindung erfolgt.

9 **III. Das dem Mahnverfahren folgende Prozeßverfahren.**

1. An das Mahnverfahren kann sich, wenn gegen den Zahlungsbefehl Widerspruch oder gegen den Vollstreckungsbefehl Einspruch eingelegt wird, das Prozeßverfahren anschließen, das kostenrechtlich gegenüber dem Mahnverfahren gesondert behandelt wird (§ 31 Abs. 2). Findet zunächst nach Widerspruch gegen den Zahlungsbefehl ein Güteverfahren statt, so bleibt dieses gemäß § 31a Abs. 2 gebührenfrei. Folgt dann dem Güteverfahren ein Streitverfahren, so findet auf dieses § 31a Abs. 3 Anwendung.

10 2. Der gebührenrechtliche Beginn des dem Mahnverfahren folgenden Prozeßverfahrens bestimmt sich nach folgenden Grundsätzen:

a) Wird Widerspruch gegen den Zahlungsbefehl erhoben, so kann jede Partei den Antrag auf Terminsbestimmung beim Amtsgericht stellen. Dieser Termin ist an sich zur Güteverhandlung anzuberaumen, wenn nicht einer der Ausnahmefälle des § 696 Abs. 2 Satz 2 ZPO. vorliegt oder der Anspruch zur Zuständigkeit der Landgerichte gehört. Beraumt das Gericht — wenn auch zu Unrecht — einen Gütetermin an, so hat auch kostenrechtlich das Prozeßverfahren noch nicht seinen Anfang genommen. Für den Fall der Abänderung auf Beschwerde vgl. jedoch unten § 31a Anm. 3. Beraumt das Gericht den Termin im Streitverfahren an, so gilt mit dem Antrag auf Terminsbestimmung[5]) das Prozeßverfahren als eröffnet.

---

[3]) Stein-Jonas § 691 Anm. IV a. E. Die bestrittene Frage, ob der Urkundsbeamte das Gesuch um Zahlungsbefehl auch zurückweisen darf (vgl. einerseits Volkmar JW. 1921, 380, anderseits Baumbach ZPO.[4] S. 81), ist hier nicht zu entscheiden. Auch wenn man die Frage verneint, kann tatsächlich der oben erwähnte Fall vorkommen.

[4]) Gl. M.: Rittmann-Wenz § 31 Anm. 1; Baumbach § 31 Anm. 2 (jedoch ohne Berücksichtigung des Falles, daß die Geschäftsstelle das Gesuch zurückweist und dieses dann vor der Entsch. des Gerichts zurückgenommen wird).

[5]) Sollte es vorkommen, daß der Gläubiger Termin zur Güteverhandlung beantragt,

Hatte der Gläubiger bereits im Gesuch um Erlassung des Zahlungsbefehls für den Fall der Einlegung des Widerspruchs Terminsanberaumung beantragt, so beginnt mit der Einlegung des Widerspruchs das Prozeßverfahren, vorausgesetzt, daß tatsächlich Terminsbestimmung zur Streitverhandlung, nicht zur Güteverhandlung erfolgt. Wurde der Antrag auf Verweisung vor das Landgericht bereits im Gesuch um Erlassung des Zahlungsbefehls gestellt oder mit dem Widerspruch verbunden und erfolgt darauf die beschlußmäßige Verweisung ohne vorgängige mündliche Verhandlung, so gilt der Rechtsstreit mit der Zustellung des Beschlusses als bei dem Landgerichte anhängig (§ 697 Abs. 2 ZPO.). Das Prozeßverfahren vor dem Landgericht beginnt aber auch hier *kostenrechtlich* erst mit dem (in der Ladung enthaltenen) Antrag einer Partei auf Terminsanberaumung (§ 31 Abs. 2 Satz 1 GKG.).

b) *Wird gegen den Vollstreckungsbefehl Einspruch eingelegt,* 11
so beginnt das Prozeßverfahren mit der Einlegung, d. h. mit der Einreichung des Einspruchs bei Gericht. Ein Güteverfahren kommt hier nicht in Betracht[6]).

c) Beschränkt sich im *Urkunden- oder Wechselmahnverfahren* der 12
Widerspruch gegen den Zahlungsbefehl auf den Antrag, dem Beklagten die Ausführung seiner Rechte vorzubehalten, so ist der Vollstreckungsbefehl unter diesem Vorbehalte zu erlassen (§ 4 Nr. 4 Satz 1 EntlVO.). Auf das weitere Verfahren findet dann § 600 ZPO. entsprechende Anwendung (§ 4 Nr. 4 Satz 2 EntlVO.), d. h. es bleibt der Rechtsstreit im ordentlichen Verfahren anhängig. Ob hierauf der Termin zur mündlichen Verhandlung von Amts wegen oder nur auf Parteiantrag[7]) anzuberaumen sei, ist streitig. Jedenfalls beginnt kostenrechtlich das die Prozeßgebühr des § 31 zur Entstehung bringende Nachverfahren mit dem *Antrag* auf Terminsanberaumung; § 31 Abs. 2 Satz 2 GKG. läßt erkennen, daß dieses Gesetz mit der Notwendigkeit der *Antragstellung* rechnet. Beraumt aber das Gericht von Amts wegen Termin an, so fällt die Prozeßgebühr jedenfalls mit dieser Maßnahme an. Über den Zeitpunkt, in dem die Terminsbestimmung existent wird, vgl. § 29 Anm. 9.

3. Mit dem kostenrechtlichen Beginn des Prozeßverfahrens, dessen Zeitpunkt wir 13
im Vorstehenden festgestellt haben, entsteht *eine halbe Prozeßgebühr.* Mehr als eine halbe *Prozeßgebühr* wird in der ganzen ersten Instanz des Prozeßverfahrens nicht erhoben, da ja in gleicher Höhe bereits die Gebühr des Mahnverfahrens angefallen ist. Die sonstigen Gebühren des Prozeßverfahrens (Beweisgebühr, Urteilsgebühr) werden durch das vorausgehende Mahnverfahren nicht berührt. Kommt das Prozeßverfahren in die höhere Instanz, so wird in dieser auch die Prozeßgebühr nach Maßgabe des § 28 in voller Höhe erhoben.

4. Die halbe Prozeßgebühr für das Prozeßverfahren kommt gänzlich in Weg- 14
fall, wenn der Antrag auf Terminsbestimmung oder der Einspruch zurückgenommen wird, ehe ein Termin bestimmt wurde. Die Zurücknahme *des Antrags auf Terminsbestimmung* erfolgt durch die bloße Einreichung der Zurücknahmeerklärung (ebenso wie bei der eingereichten, aber noch nicht zugestellten Klage). Die Zurücknahme *des Einspruchs* erfolgt mit kostenrechtlicher Wirkung in derselben Weise (vgl. § 29 Anm. 4).

Über den Zeitpunkt, in dem die Terminsbestimmung wirksam wird, siehe § 29 Anm. 9.

5. Nach Bestimmung des Verhandlungstermins begründet eine Zurücknahme *des* 15
Einspruchs keine Gebührenminderung mehr. Der „Antrag auf Terminsbestimmung" kann nach diesem Zeitpunkte überhaupt nicht mehr zurückgenommen werden; jedenfalls hat diese Zurücknahme, wenn so erfolgt, keinen Einfluß auf die Höhe der Prozeßgebühr.

---

der Richter aber Termin zur Streitverhandlung anberaumt, so ist das Streitverfahren tatsächlich eröffnet und die Gebühr erwachsen. Eventuell kann hier auf dem Wege des § 6 GKG. geholfen werden.

6) Vgl. *Stein-Jonas* § 700 Anm. I.

7) Im ersteren Sinn: *Stein-Jonas* § 497 Anm. I, 2; im letzteren: *Förster-Kann* § 497 Anm. 2; v. *Skonietzki-Gelpcke* § 497 Anm. 4.

Wohl aber kann eine Zurücknahme der Klage erfolgen und wenn dies geschieht, so kommt § 29 Abs. 2 GKG. zur Anwendung. Für das dem Güteverfahren nachfolgende Prozeßverfahren ist dies im § 31a Abs. 3 durch die Worte „unbeschadet der Vorschriften im § 29" ausdrücklich bestimmt; für das dem Mahnverfahren folgende Prozeßverfahren fehlt eine solche ausdrückliche Bestimmung. Aber aus dem Umstande, daß für dieses Verfahren eine Prozeßgebühr nach § 20 Nr. 1 in Höhe der halben Normalgebühr vorgesehen ist (§ 31 Abs. 2 Satz 1), folgt mit Notwendigkeit, daß auch die Modifikationen der Prozeßgebühr, wie sie in § 29 Abs. 2 normiert sind, Anwendung finden müssen.

Wird nun die Klage nach der Terminsbestimmung, aber vor Stellung eines Sachantrags in der mündlichen Verhandlung, zurückgenommen (vgl. hiezu im einzelnen § 29 Anm. 13 ff.), so soll nach der herrschenden Meinung die Minderung der halben Prozeßgebühr nicht auf ¼ der Hälfte, sondern nur auf ¼ der ganzen Gebühr erfolgen[8]). Dieser Ansicht kann jedoch nicht beigepflichtet werden. Wortlaut und Sinn des Gesetzes sprechen dagegen. Nach § 29 Abs. 2 ermäßigt sich die Prozeßgebühr (des Abs. 1) auf ¼ „der Gebühr". Tritt an die Stelle der vollen Prozeßgebühr eine Normalgebühr in Höhe der Hälfte, so ermäßigt sich diese Gebühr bei entsprechender Anwendung des § 29 auf ¼ des Normalsatzes, also auf ⅛. Wollte das Gesetz statt einer entsprechenden Anwendung des § 29 Abs. 2 ein Viertel der Sätze des § 8 als Gebühr im Falle der Klagezurücknahme festsetzen, so hätte es dies ähnlich wie im § 30 ausdrücklich bestimmen müssen. Etwas anderes als die „entsprechende Anwendung" kann mangels einer solchen positiven Bestimmung nicht wohl in Frage kommen: denn die Prozeßgebühr, die sich gemäß § 29 Abs. 2 ermäßigt, ist eben im Falle des § 31 eine andere Größe als im Regelverfahren; hier eine volle, dort nur eine halbe Gebühr; die volle Prozeßgebühr kommt im Falle des § 31 überhaupt nicht vor. Daß aber die entsprechende Anwendung des § 29 zur Ermäßigung auf ⅛ führt, wird auch von den Anhängern der herrschenden Meinung bei Auslegung des § 31a Abs. 1 für das Güteverfahren anerkannt (während § 31a Abs. 3 wieder ebenso wie § 31 ausgelegt werden soll).

Die Meinung, die wir oben als die herrschende bezeichnet haben, führt auch zu einem sehr unbilligen Ergebnisse: die Gebühr des Mahnverfahrens (d. h. die Hälfte der Sätze des § 8) wird ohnedies in dem hier besprochenen Falle voll erhoben; kommt hiezu noch ¼ der vollen Gebühr, so verteuert sich praktisch durch das Mahnverfahren die Klagezurücknahme auf den dreifachen Betrag; nach unserer Meinung wenigstens nur von ¼ auf ⅝.

16 6. Bezüglich des Streitwerts gelten die allgemeinen Normen.

Legt der Schuldner nur bezüglich eines Teils des Zahlungsbefehls Widerspruch ein (§ 694 ZPO.) und wird demgemäß auch das Prozeßverfahren nur für einen Teil des Anspruchs eröffnet, so wird die halbe Prozeßgebühr (und ebenso ihre Ermäßigung nach § 29 Abs. 2) nur aus dem Wert dieses Anspruchsteils berechnet. Dasselbe gilt, wenn der Einspruch nur gegen einen Teil des im Vollstreckungsbefehl festgestellten Anspruchs eingelegt wird[9]) oder wenn der Gläubiger den Antrag

---

[8]) Rittmann-Wenz § 31 Anm. 4; KG. JW. 1926, 2475[5]; JurRundsch. Rspr. 1926, 1308; Rittmann ZDJustAmtm. 1926, 263; Jonas § 31 Anm. 4e; M. Friedlaender JW. 1923, 659; OLG. Karlsruhe ZDJustAmtm. 1926, 530; BadRpr. 1926, 125, 141; Sydow-Busch-Krieg[11] § 31 Anm. 6; LG. Berlin I KGBl. 1926, 88 (das übersieht, daß eine direkte Anwendung des § 29 GKG. nicht möglich ist, weil § 31 Abs. 1 Satz 1 entgegensteht); OLG. München BayZ. 1925, 153, 265. Dagegen will OLG. Stettin JW. 1927, 1330[25] bei Klagezurücknahme nach Terminsbestimmung die gesamten Gebühren (für Mahn- und Prozeßverfahren) auf ¼ der Prozeßgebühr mindern. Das ist offensichtlich eine Änderung des Gesetzes, das nach Erlassung des Zahlungsbefehls an der Gebühr des Mahnverfahrens nicht mehr gerüttelt und diese streng von der Prozeßgebühr geschieden wissen will. Das ergibt sich auch klar aus § 31 Abs. 2 letzter Satz. Wie Stettin jetzt auch KG. 20. Senat (Kostensenat) JW. 1928, 1519[12].

[9]) Warum dies beim Vollstreckungsbefehl nicht zulässig sein soll, wie Rittmann-Wenz § 31 Anm. 4 meint, ist nicht ersichtlich. Auch das Versäumnisurteil, dem der Voll-

auf Terminsbestimmung ausdrücklich nur wegen eines Teilbetrages (etwa wegen Erledigung des Restes) stellt und in ähnlichen Fällen.

Bezieht sich umgekehrt das Prozeßverfahren auch auf einen Anspruch oder An- 17
spruchsteil, der nicht Gegenstand des Mahnverfahrens war, so muß für diesen Anspruch die volle Prozeßgebühr in Ansatz kommen. Doch darf nach § 14 Abs. 2 GKG. die Summe der Prozeßgebühren nicht mehr betragen, als eine volle Prozeßgebühr aus der Summe der im Prozeßverfahren geltend gemachten Ansprüche. Beispiel: Das Mahnverfahren bezog sich auf 800 RM. Im Prozeßverfahren wurden weitere 2000 RM. geltend gemacht. Die halbe Prozeßgebühr aus 800 RM. beträgt 12 RM., die volle Prozeßgebühr aus 2000 RM.: 50 RM. Die Summe von 62 RM. ist auf 58 RM. (volle Prozeßgebühr aus 2800 RM. zu reduzieren). Nun besteht aber daneben noch die halbe Gebühr des Mahnverfahrens (= 12 RM.), so daß für dieses nebst den Prozeßgebühren zusammen 70 RM. angesetzt würden, obwohl insgesamt nur 58 RM. angefallen wären, wenn sich das Mahnverfahren von vornherein auf 2800 RM. erstreckt hätte. Obwohl die Gebühren für Mahn- und Prozeßverfahren grundsätzlich gesondert zu behandeln sind, erscheint ein solches Ergebnis doch sinnwidrig und unannehmbar. Es muß daher der Rechtsgedanke des § 14 Abs. 2 auch im Verhältnis der Mahngebühr zur Prozeßgebühr des nachfolgenden Prozeßverfahrens angewendet werden: im obigen Beispiel reduziert sich also die Gesammtsumme von 70 auf 58 RM.

Noch verwickelter kann sich die Rechtslage gestalten, wenn sich zwischen Mahnver- 18
fahren und Prozeßverfahren ein Güteverfahren einschiebt und wenn in jedem späteren Verfahren der Streitwert sich erhöht. Vgl. hiezu § 31 a Anm. 14. Beispiel: Antrag auf Erlassung eines Zahlungsbefehls über 200 RM.; Widerspruch; Ermäßigung des Anspruchs auf 100 RM. vor der Terminsbestimmung. Güteverfahren über 100 RM. (gebührenfrei). Erhöhung im Güteverfahren auf 450 RM. (350 RM. neuer Anspruch). Übergang ins Streitverfahren; Zurücknahme der Klage bezüglich 150 RM. (aus den 350 RM.) nach Terminsbestimmung, aber vor Stellung eines Sachantrages in der mündlichen Verhandlung. Dann in der Verhandlung Erhöhung auf 2000 RM. Entstanden sind:

im Mahnverfahren	½	Gebühr	aus	200 RM.	=	3.— RM.
„ Güteverfahren	½	„	„	350 „	=	6.— „
„ Streitverfahren	⅛	„	„	150 „	=	0.80 „
„ „	½	„	„	300 „	=	4.50 „
„ „	1	„	„	1700 „	=	44.— „
				Summa:		58.30 RM.

7. Über die Person der Zahlungspflichtigen, über Fälligkeit der 19
Gebühren und insbesondere die Vorauszahlungspflicht in dem einem Mahnverfahren nachfolgenden Prozeßverfahren vgl. § 77 Anm. 11; § 74 Anm. 3, Anm. 47 ff.

IV. **Das Verfahren bei Kündigungsschreiben und Räumungsbefehlen** (Mieter- 20
schutzgesetz §§ 1—1 o).

Während das Urkunden- und Wechselmahnverfahren gebührenrechtlich gegenüber dem Mahnverfahren nach §§ 688 ff. ZPO. (abgesehen von der Vorschrift des § 31 Abs. 2 Satz 2 GKG.) keine Besonderheiten aufweist, ist das dem Mahnverfahren verwandte Verfahren bei Kündigungsschreiben und Räumungsbefehlen (§§ 1 ff. Mieterschutzges. nach der Novelle vom 13. Febr. 1928) auch in kostenrechtlicher Hinsicht besonders geregelt. § 1 o dieser Novelle bestimmt:

Abs. 1. Für das in den vorstehenden Vorschriften bezeichnete Verfahren wird die Hälfte der Gebühr des § 8 des Gerichtskostengesetzes erhoben. Die Gebühr wird nicht erhoben, wenn vor Anordnung der Zustellung des Kündigungsschreibens das Gesuch zurückgenommen wird.

Abs. 3. Für die Wertberechnung ist der in § 13 Abs. 5 bezeichnete Betrag maßgebend.

---

streckungsbefehl gleichsteht, kann ja teilweise angefochten werden. Aus § 694 ZPO. ist ein argumentum e contrario nicht zu entnehmen.

Abs. 4. Bei rechtzeitiger Einlegung des Widerspruchs oder Einspruchs werden die Gebühren auf die im Aufhebungsstreit entstehenden Gebühren angerechnet.

21 Zur Erläuterung dieser Vorschriften ist folgendes zu sagen:

1. In dem besonderen, durch die §§ 1b—1n der Novelle geregelten Verfahren, das sich beim Amtsgericht „der belegenen Sache" (§ 1a Abs. 2) abspielt, erfolgt die Kündigung durch Zustellung eines vom Vermieter (oder Eigentümer im Falle des § 1 Abs. 1 S. 2) unterzeichneten Kündigungsschreibens[10]) an den Mieter. Der Vermieter reicht es beim Amtsgericht ein, die Zustellung wird vom Urkundsbeamten der Geschäftsstelle angeordnet.

Diese Anordnung entspricht der Erlassung des Zahlungsbefehls im Mahnverfahren. Mit der Einreichung des Kündigungsschreibens durch den Vermieter (die zugleich als Gesuch um Zustellung gilt: § 1b Abs. 1 Satz 4 der Novelle) ist das gerichtliche Kündigungsverfahren eröffnet und die halbe Gebühr des § 8 GKG. fällig geworden.

22 Wird das Gesuch vor Anordnung der Zustellung zurückgenommen, so kommt die Gebühr nachträglich in Wegfall. Die Zurücknahme kann schriftlich oder zu Protokoll der Geschäftsstelle erfolgen. Die Anordnung der Zustellung ist perfekt, wenn der Urkundsbeamte der Geschäftsstelle sich ihrer „entäußert", d. h. sie zum Vollzuge der Zustellung abgeschickt hat.

23 Weist der Urkundsbeamte das Gesuch zurück (§ 1b Abs. 5), so kann der Vermieter Erinnerungen einlegen, über die das Gericht endgültig entscheidet. Nimmt der Vermieter nach Einlegung der Erinnerungen, aber vor Erlassung der gerichtlichen Entscheidung, sein Gesuch zurück, so tritt gleichfalls Gebührenfreiheit ein (s. o. Anm. 5).

24 2. Dem Vollstreckungsbefehl des Mahnverfahrens entspricht der Räumungsbefehl des § 1f der Novelle. Das auf seine Erlassung und Zustellung bezügliche Verfahren gehört zu dem „in den vorstehenden Vorschriften bezeichneten Verfahren" (§ 1o Abs. 1) und wird durch die halbe Gebühr des § 8 GKG. mit abgegolten. Das Gleiche gilt für das Erinnerungsverfahren, das sich etwa an eine Ablehnung des Gesuchs um Erlassung des Räumungsbefehls anschließt. Das Beschwerdeverfahren (§ 1f Abs. 4) bildet dagegen wie immer eine besondere Instanz und wird nach § 38 GKG. behandelt.

25 3. Gegen das Kündigungsschreiben kann Widerspruch eingelegt werden.

Geschieht dies rechtzeitig, so kann der Vermieter innerhalb bestimmter Frist die Anberaumung eines Termins zur Güteverhandlung beantragen; geschieht dies, so gilt der Inhalt des Kündigungsschreibens als Güteantrag. Andernfalls verliert die Kündigung ihre Kraft (§ 1e Abs. 2). Im letzteren Fall verbleibt es bei der Gebühr des § 1o Abs. 1 Satz 1. Kommt es aber zum Güteverfahren, so bleibt dieses gebührenfrei[10a]); dies ist zwar nirgends deutlich ausgesprochen; denn mit dem „in den vorstehenden Vorschriften bezeichneten Verfahren" kann nur das dem Mahnverfahren entsprechende Kündigungsverfahren selbst gemeint sein. Aber das Gesagte ergibt sich aus § 1o Abs. 4 (da bei anderer Auslegung die Gebühr des Kündigungsverfahrens im Streitverfahren voll anzurechnen, neben der Gebühr des Güteverfahrens aber voll zu erheben wäre), ferner aus der Analogie des § 31a Abs. 2 GKG. (vgl. auch die amtl. Begr. zu § 1o, wonach sich die Kostenregelung der des Mahnverfahrens anschließen wollte).

26 Wird dann vom Güteverfahren ins Streitverfahren (d. h. vom Güteverfahren zwecks Aufhebung des Mietverhältnisses zur Aufhebungsklage) übergegangen, so werden

---

[10]) Der Kündigung steht im Falle des § 1n die Berufung des Vermieters oder Eigentümers auf die Beendigung des Mietverhältnisses gleich.

[10a]) Freidt-Schubart-Thiele (Kündigungsverfahren und Mieterschutz 1928 § 1e Anm. 5) sagen ohne weitere Begründung, der Gütetermin dürfe erst „nach Entrichtung der Gütegebühr" angesetzt werden. Ähnlich: Ebel-Lilienthal, Mieterschutz und Mieteinigungsämter[3] § 1o Anm. 5.

im Streitverfahren die Gebühren nach §§ 20ff GKG. voll erhoben; die Gebühr des Kündigungsverfahrens wird „auf die im Aufhebungsstreit entstehenden Gebühren" voll angerechnet[11]). Diese Anrechnung kann nur auf die Prozeßgebühr erfolgen, weil diese allein der Gebühr für das Kündigungsverfahren entspricht. Sollte also die letztere Gebühr — was wegen des Streitwerts denkbar ist — höher sein als die Prozeßgebühr, so käme der Überschuß nicht zur Anrechnung.

4. Der Räumungsbefehl steht einem auf eine Mietaufhebungsklage ergangenen 27
Versäumnisurteile gleich (§ 1g Abs. 1). Gegen den Räumungsbefehl kann daher Einspruch eingelegt werden. Geschieht dies, so ist damit der Übergang ins Aufhebungs-Streitverfahren vollzogen; mit der Einreichung des Einspruchs oder seiner Aufnahme zu Protokoll der Geschäftsstelle fällt die **Prozeßgebühr** des § 20¹ GKG. an. Während aber § 31 Abs. 2 Satz 1 GKG. in dem entsprechenden Falle nach vorausgehendem Mahnverfahren bestimmt, daß die Prozeßgebühr nur zur Hälfte erhoben werde, ordnet § 1o Abs. 4 „bei rechtzeitiger Einlegung des Einspruchs" die Anrechnung der Gebühr auf die des Prozeßverfahrens an. Der Gebrauch des Wortes „rechtzeitig" ist hier gebührenrechtlich nicht veranlaßt und einfach wegzudenken; denn wenn der Einspruch verspätet eingelegt und deshalb verworfen wird, so entsteht gleichwohl die Prozeßgebühr, u. z. für eine viel einfachere, rein schematische Tätigkeit. Daß in diesem Falle eine Anrechnung der Gebühr des Kündigungsverfahrens unterbleiben sollte, war keinesfalls gewollt. Dasselbe muß erst recht gelten, wenn der Einspruch verspätet eingelegt, die Verspätung aber vom Richter übersehen wurde.

Im übrigen wird wegen der Anrechnung auf Anm. 26 verwiesen.

5. Nach dem Gesagten ergeben sich auch die gebührenrechtlichen Folgen der An- 28
träge aus § 1k (Räumungsfristen usw. betreffend) ohne Schwierigkeit. Im Falle des Abs. 2 bleibt es beim Kündigungsverfahren, also auch bei der hiefür bestimmten Einheitsgebühr, im Falle des Abs. 3 erfolgt die Überleitung ins Güteverfahren und es gilt das bei Anm. 25 Gesagte.

6. Hinsichtlich des **Streitwerts** gilt § 13 Abs. 5 Mieterschutzges. Hiezu vgl. 29
§§ 9—15 Anm. 195.

§ 31a.

Für das Güteverfahren wird die Hälfte der Gebühr (§ 8) erhoben. § 29 findet entsprechende Anwendung.

Das Verfahren bleibt gebührenfrei, wenn ein Mahnverfahren vorausgegangen ist.

Für das dem Güteverfahren nachfolgende Prozeßverfahren wird, unbeschadet der Vorschriften im § 29, die Prozeßgebühr (§ 20 Nr. 1) nur zur Hälfte erhoben.

Vorbemerkung.

§ 31a regelt die Gebühren im Güteverfahren. Dabei wird auch das kostenrechtliche Verhältnis zwischen diesem Verfahren einerseits und dem vorausgehenden Mahnverfahren oder dem nachfolgenden Prozeßverfahren anderseits geordnet.

Übersicht.

I. Entstehungsgeschichte (1).
II. Die Gebühr für das Güteverfahren (2 bis 12).
1. Verfahrensgebühr (2).
2. Beginn des Güteverfahrens (3—5).
3. Entstehung der Gebühr (6).

[11]) Der Satz, daß die Anrechnung nur bei „rechtzeitigem" Widerspruch erfolgen solle, hat keine einschränkende Bedeutung; sie gäbe noch weniger einen Sinn als die entsprechende auf den Einspruch bezügliche Bemerkung; s. u. Anm. 27.

4. Welche Tätigkeiten umfaßt die Gebühr? (7).
5. Zurücknahme (8—10).
6. Streitwert (11).
7. Fälligkeit, Vorauszahlungspflicht, Gebührenschuldner (12).

III. Güteverfahren und vorausgehendes Mahnverfahren (13—15).

IV. Güteverfahren und nachfolgendes Prozeßverfahren (15a—20).
1. Nachfolgendes Prozeßverfahren (15a, 16).
2. Übergang (17).
3. Zurücknahme (18).
4. Sonstige Gebühren des Prozeßverfahrens (19).
5. Streitwert (20).

1 **I. Entstehungsgeschichte.**

Die Einführung des Güteverfahrens durch die Verordnung vom 13. Februar 1924 machte auch eine kostenrechtliche Regelung dieser neuen Materie notwendig. Sie ist für das Gerichtskostenrecht durch § 31a GKG., für das Anwaltsgebührenrecht durch § 38a RAGebO. erfolgt. Die letztere Bestimmung erfuhr eine wichtige Umgestaltung durch die Novelle vom 28. Januar 1927, während unser § 31a unverändert geblieben ist.

2 **II. Die Gebühr für das Güteverfahren.**

1. Für das ganze Güteverfahren wird eine einzige Gebühr in Höhe der Hälfte der Sätze des § 8 erhoben.

Gemeint ist das in den §§ 495ff. ZPO. geregelte amtsgerichtliche Güteverfahren, **nicht** das Verfahren vor den landesrechtlich eingerichteten oder anerkannten, außergerichtlichen Gütestellen (§ 495a Nr. 1 ZPO.) oder ein sonstiges Sühneverfahren wie das amtsgerichtliche, dem Eheprozeß vorausgehende, nach § 609 ZPO., **in dem keine Gebühren erhoben werden** usw.

Das amtsgerichtliche Güteverfahren sondert sich als besonderes Verfahren von dem Mahnverfahren einerseits, von dem Prozeßverfahren anderseits ab. Auch kostenrechtlich ist diese Trennung durchgeführt.

3 2. Das Güteverfahren beginnt mit dem Güteantrag (§ 499a ZPO.), der schriftlich eingereicht oder zu Protokoll der Geschäftsstelle erhoben werden kann. Wird beim AG. **Klage** erhoben und wird dabei den Erfordernissen des § 500a Abs. 1 ZPO. nicht genügt, so gilt die Klage als Güteantrag (§ 500a Abs. 2). Hier bleibt also die Frage, ob das Prozeßverfahren oder das Güteverfahren begonnen hat, zunächst in der Schwebe, wenn es nicht nach dem Gesetze unzweifelhaft ist, daß ein Güteverfahren nicht in Frage kommt: ist Klage im Wechselprozeß erhoben, so hat mit der Einreichung unzweifelhaft das Prozeßverfahren begonnen (§ 495a Abs. 1 Nr. 3 ZPO.); kommt dagegen etwa das Vorliegen der Voraussetzungen des § 495a Abs. 1 Nr. 6 in Frage, so bringt erst die Terminsanberaumung des Richters Klarheit darüber, ob die Klage als solche oder als Güteantrag zu gelten hat, d. h. ob mit ihrer Einreichung das Güteverfahren oder das Prozeßverfahren eröffnet wurde. Ja es kann selbst nach Bestimmung des Termins im Güteverfahren die Frage noch in der Schwebe bleiben: wenn nämlich der Kläger Beschwerde einlegt und diese nicht vor ihrer Verbescheidung gegenstandslos wird[1]).

4 Das Güteverfahren kann auch eingeleitet werden durch das gemeinsame Erscheinen der Parteien bei Gericht an ordentlichen Gerichtstagen (§ 500 ZPO.). Hier ist als Beginn des Güteverfahrens die Eröffnung der Güteverhandlung durch das

[1]) Stein-Jonas § 500a Anm. II Abs. 2. — Hebt das Beschwerdegericht die Verfügung des Amtsrichters auf und ordnet es Anberaumung eines Verhandlungstermins im Streitverfahren an, so kann es wichtig sein zu entscheiden, ob das Güteverfahren überhaupt nicht als eröffnet gilt oder ob der Fall wie beim Übergang ins Streitverfahren zu behandeln ist. Wird z. B. die Klage vor dem Termin zurückgenommen, so erwächst im ersteren Fall nur $1/4$ Prozeßgebühr, im zweiten Fall dagegen $1/2$ Gebühr für das Güteverfahren und $1/8$ (nach einer anderen Meinung sogar $1/4$) Prozeßgebühr.

Gericht anzusehen[2]). Praktisch wird allerdings eine Gebührenberechnung nicht möglich sein, solange nicht wenigstens der Anspruch des Antragstellers bekanntgegeben ist.

Endlich beginnt das Güteverfahren nach vorausgegangenem Mahnverfahren mit 5
dem Antrag auf Terminsbestimmung (§ 696 ZPO.), vorausgesetzt, daß der Termin wirklich zur Güteverhandlung bestimmt wird. Die Einzelheiten interessieren hier, da das Güteverfahren bei vorausgehendem Mahnverfahren gebührenfrei ist, wohl höchstens in denjenigen Fällen, in denen ein Schwebezustand herrscht, in denen es also eine Zeitlang zweifelhaft sein kann, ob das Streitverfahren oder das Güteverfahren eröffnet ist. Hiezu vgl. § 31 Anm. 10 und § 31 a Anm. 3.

3. Mit Beginn des Güteverfahrens, also mit Einreichung des Güteantrags, im 6
Falle des § 500 a Abs. 2 mit der Einreichung der als Güteantrag zu behandelnden Klage, im Falle des § 500 ZPO. mit Eröffnung der Güteverhandlung[3]), gelangt die Gebühr des § 31 a Abs. 1 zur Entstehung und gleichzeitig zur Fälligkeit (§ 74 Abs. 1 GKG.). Über die Abhängigmachung der Terminsbestimmung von vorheriger Einzahlung der Gebühr vgl. § 74 a[4]).

4. Die Gebühr umfaßt das ganze Güteverfahren einschließlich der Güteverhand- 7
lung, etwaiger Beweiserhebungen und des Vergleichsabschlusses. Werden dem Gesetz zuwider Beweise erhoben, die an sich im Güteverfahren nicht erhoben werden sollen (wird z. B. die Vernehmung von Zeugen angeordnet, die nicht zur Stelle sind: § 499 c Satz 3 ZPO.), so fällt trotzdem nur die Gebühr des § 31 a Abs. 1 an. Auch eine Verweisung nach § 499 d ZPO. hat gebührenrechtlich keine Bedeutung; die Instanz bleibt dieselbe (analog § 27 Abs. 1 GKG.), das Güteverfahren geht nur an ein anderes Gericht über.

Erläßt das Gericht ein Anerkenntnis- oder Versäumnisurteil, so ist anzunehmen, daß hiemit der Übergang ins Streitverfahren tatsächlich vollzogen wurde, auch wenn der vom Gesetz erforderte Beschluß nicht ausdrücklich erlassen und der vom Gesetz erforderte Antrag nicht ausdrücklich gestellt wurde. Denn ein Versäumnisurteil kann im Güteverfahren unbestrittenermaßen nicht erlassen werden; ein Anerkenntnisurteil nach richtiger Ansicht auch nicht, weil die Erlassung eines Sachurteils überhaupt dem Wesen des Güteverfahrens widerspricht. Der Richter, der eine solche Entscheidung trotzdem erläßt, überschreitet damit — mag er wollen oder nicht — die Grenzen des Güteverfahrens. Man hat also nur die Wahl, ob man die Urteile als nicht vorhanden betrachten oder als im Prozeßverfahren ergangen ansehen will. Daß die letztere Annahme sachgemäßer erscheint und dem Interesse der Rechtspflege mehr entspricht als die andere, bedarf keiner Ausführung. Kostenrechtlich ist die Frage, ob überhaupt oder ohne ausdrücklichen Antrag der Übergang ins Streitverfahren erfolgen durfte, belanglos[5]).

5. Wird der Güteantrag gemäß § 499 b Abs. 1 zurückgewiesen, so ist das Güte- 8
verfahren, da ein Rechtsmittel nicht zulässig, erledigt, ohne daß noch Raum für eine Zurücknahme des Güteantrags vorhanden wäre. Die Gebühr des § 31 a Abs. 1 ist angefallen[6]).

---

[2]) Vgl. Stein-Jonas § 500 Anm. I. Richtig: Baumbach § 31 a Anm. 1.

[3]) Man wird hier annehmen müssen, daß die Gebühr eine „sonstige gerichtliche Handlung" im Sinne des § 74 Abs. 1 Halbsatz 2 voraussetzt und nicht bloß durch einen Antrag bedingt ist: wenn der Richter erklärt, er könne heute Sachen, die nicht auf der Sitzungsliste stehen, nicht behandeln, so liegt überhaupt kein gebührenpflichtiger Akt vor. A. M. Jonas § 74 a Anm. 1.

[4]) Dortselbst (Anm. 4) auch über die Frage, ob der Richter im Falle des § 500 den Eintritt in die Güteverhandlung von der Zahlung der Gebühr abhängig machen darf.

[5]) Vgl. jedoch Baumbach ZPO.[3] § 499 c Anm. 3; Stein-Jonas § 499 c Anm. III.

[6]) Wenn der Antrag wegen formeller Mängel als unzulässig zurückgewiesen wird, so bleibt die Gebühr geschuldet, wenn der Antragsteller sich bei der Zurückweisung beruhigt. Legt er jedoch Beschwerde ein (Stein-Jonas § 499 b Anm. II, 1) und nimmt er dann — nach Aufhebung des Beschlusses — den Güteantrag vor der Terminsbestimmung zurück, so entfällt die Gebühr nach § 31 a Abs. 1.

Wird dagegen der Güteantrag vor Erlassung eines Beschlusses nach § 499 b Abs. 1 ZPO. und vor Anberaumung des Termins zur Güteverhandlung zurückgenommen, so kommt die Gebühr für das Güteverfahren nicht zur Erhebung: denn nach § 31 a Abs. 1 Satz 2 findet § 29 entsprechende Anwendung. Hinsichtlich des Zeitpunktes, in dem der Termin als anberaumt gilt, vgl. § 29 Anm. 9; ergänzend ist dazu für das Güteverfahren auf § 496 Abs. 1 Satz 2 ZPO. hinzuweisen: die Terminsbestimmung wird also existent, sobald der Richter sie zum Zwecke der Zustellung oder Bekanntmachung gemäß § 496 Abs. 1 Satz 2 an die Geschäftsstelle abgegeben hat. Das Entsprechende gilt hinsichtlich der Existenz des Beschlusses nach § 499 b Abs. 1 ZPO.

9 Erfolgt die Zurücknahme des Güteantrags nach der Terminsbestimmung, so findet § 29 Abs. 2 entsprechende Anwendung. Der Stellung eines „Sachantrages in der mündlichen Verhandlung" ist hier der Beginn der Erörterung des Streitverhältnisses im Gütetermin (§ 499 c ZPO.) gleichzusetzen[7]). Wurde im Termin Verweisung nach § 499 d ZPO. beantragt, so kann eine Minderung der Gebühr nicht mehr eintreten. — Die „entsprechende Anwendung" des § 29 Abs. 2 führt im Falle des § 31 a Abs. 1 dazu, daß die Gebühr für das Güteverfahren — also die halbe Gebühr — sich auf ein Viertel ihres Betrages, mithin auf 1/8 der Sätze des § 8, mindert[8]).

10 Wird im Gütetermin wegen Ausbleibens beider Parteien der Güteantrag für zurückgenommen erklärt (§ 499 f Abs. 1 ZPO.), so kommt dieser Beschluß einer nachträglichen Zurückweisung des Güteantrags gleich. Jedenfalls beweist sein Erlaß nicht den endgültigen Willen des Antragstellers, das Verfahren zu beendigen. Es wird daher auch teils Beschwerde zugelassen[9]) teils angenommen, daß der Beschluß jederzeit abgeändert werden könne[10]). Eine Minderung der Gebühr tritt durch Erlassung des Beschlusses nicht ein; wird er aber aufgehoben und dann vor dem in § 29 Abs. 2 bezeichneten Zeitpunkte der Güteantrag zurückgenommen, so mindert sich die Gebühr auf 1/8 der Sätze des § 8.

11 6. Hinsichtlich des Streitwertes gelten im Güteverfahren die allgemeinen Regeln. Auch im Güteverfahren kann es vorkommen, daß sich der Streitwert während des Verfahrens ändert, daß der Antrag erhöht oder teilweise zurückgenommen wird usw. Es gelten dann dieselben Normen, wie im Prozeßverfahren. Vgl. § 9 Abs. 2, § 14 GKG., ferner oben § 29 Anm. 7.

12 7. Wegen der Fälligkeit der Gebühr vgl. § 74; wegen der Vorauszahlungspflicht: § 74 a; wegen der Frage, wer Gebührenschuldner ist: die §§ 77 und 79.

13 **III. Güteverfahren und vorausgehendes Mahnverfahren.**

Das Güteverfahren bleibt gebührenfrei, wenn ihm ein Mahnverfahren vorausgegangen ist. Gemeint ist die Überleitung aus dem Mahnverfahren ins Güteverfahren, wie sie § 696 Abs. 2 ZPO. vorsieht. Die Bestimmung erklärt sich daraus, daß die gleiche Gebühr, wie sie sonst im Güteverfahren erwächst, schon im vorausgehenden Mahnverfahren angefallen ist und daß die weitere Einschiebung des Güteverfahrens keine Verteuerung herbeiführen soll.

14 Die im § 31 a Abs. 2 normierte Gebührenfreiheit des Güteverfahrens tritt nicht ein, soweit sich dieses Verfahren auf einen Anspruch bezieht, der nicht Gegenstand des vorausgehenden Mahnverfahrens war. Waren also im Mahnverfahren 500 RM. geltend gemacht, im Güteverfahren weitere 1000 RM., so entsteht die Gebühr des § 31 aus 500 RM. (= 7,50 RM.), daneben aber die Gebühr des § 31 a Abs. 1 aus

---

7) M. Friedlaender LZ. 1927, 280; JW. 1927, 537[10].

8) Ebenso: LG. Münster und M. Friedlaender JW. 1927, 537[10]; Rittmann-Wenz § 31 a Anm. 1; LG. Karlsruhe JW. 1927, 2477[4] mit zustimmender Anm. Geiershöfer; LG. I Berlin KGBl. 1927, 74.

9) Stein-Jonas § 499 f Anm. I, dem beizupflichten ist.

10) Baumbach ZPO.[3] § 499 f Anm. 1; BuschsZ. 49, 243.

1000 RM. (= 15 RM.). Die Summe beider Gebühren darf jedoch nicht mehr betragen, als wenn auch das Mahnverfahren sich auf 1500 RM. bezogen hätte (d. i. 20 RM.). Vgl. zur Begründung: § 31 Anm. 17. Das hier Gesagte gilt nicht nur dann, wenn der im Mahnverfahren verfolgte Anspruch erhöht wird, sondern auch dann, wenn der Wert des gleichbleibenden Anspruchs im Güteverfahren ein höherer ist.

Wenn im Güteverfahren ein Vergleich geschlossen wird, dessen Gegenstand über 15 den des Mahnverfahrens hinausgeht (im Mahnverfahren waren 500 RM. geltend gemacht; der Vergleich bezieht sich auf einen weiteren Anspruch zu 1000 RM.), so ist der Mehrbetrag nicht gebührenfrei, sondern nach § 36 GKG. zu behandeln.

IV. Güteverfahren und nachfolgendes Prozeßverfahren. 15a

1. Für das „dem Güteverfahren nachfolgende Prozeßverfahren" wird „die Prozeßgebühr (§ 20 Nr. 1) nur zur Hälfte erhoben." Die Vorschrift entspricht der des § 31 Abs. 2 Satz 1: im Güteverfahren ist ebenso wie in den Fällen des Mahnverfahrens eine besondere Gebühr in Höhe einer halben Prozeßgebühr bereits zur Erhebung gelangt; im Prozeßverfahren soll daher nur noch die andere Hälfte erhoben werden, damit grundsätzlich durch das vorausgehende Güte- oder Mahnverfahren keine Erhöhung der Gesamtkosten eintritt.

Das Gesetz spricht von dem nachfolgenden „Prozeßverfahren", indem es den Ausdruck des § 20 GKG. auch hier anwendet (vgl. § 20 Anm. 1); in der ZPO. wird als Gegensatz zum Güteverfahren das „Streitverfahren" genannt. Die RAGebO. spricht von dem „nachfolgenden Rechtsstreit". Gemeint ist in allen drei Fällen dasselbe.

Das „nachfolgende Prozeßverfahren" im Sinne des § 31a Abs. 3 ist das Streit- 16 verfahren, in welches das Güteverfahren übergeleitet wird. Diese Überleitung erfolgt in der Güteverhandlung durch Beschluß des Gerichts [11]) (§§ 499c, 499f, 500 ZPO.), möglicherweise auch stillschweigend (z. B. durch Erlassung eines Versäumnis- oder Anerkenntnisurteils: s. o. Anm. 7). Die prozessuale Vorschrift, daß der Übergang ins Streitverfahren nur auf Antrag einer Partei erfolgen darf, ist kostenrechtlich belanglos, wenn er vom Gericht tatsächlich vollzogen wurde.

Kein Übergang ins Streitverfahren und daher auch kein Fall des § 31a Abs. 3 liegt dagegen vor, wenn das Güteverfahren seine „erfolglose Beendigung" gefunden hat (§ 499e Abs. 2 ZPO.) und nun eine Klage erhoben wird oder wenn letzteres geschieht, nachdem der Güteantrag wegen Aussichtslosigkeit zurückgewiesen wurde (§ 499b Abs. 1 ZPO.). In beiden Fällen wird zwar — im ersten Falle nur, wenn seit der erfolglosen Beendigung noch kein Jahr verstrichen ist — durch das erfolglose Güteverfahren die Möglichkeit eröffnet, ohne neues Güteverfahren die Klage zu erheben; sonst aber besteht ein prozessualer oder kostenrechtlicher Zusammenhang zwischen dem durch die Klage eingeleiteten Prozeßverfahren und dem früheren Güteverfahren nicht. Die Klageerhebung eröffnet ein ganz selbständiges, nicht ein aus dem Güteverfahren übergeleitetes Prozeßverfahren. Aus den Worten „der Erhebung der Klage muß ein Güteverfahren vorangehen" in Verbindung mit dem folgenden Satz: „Dies gilt nicht, wenn ... bereits ein Güteantrag zurückgewiesen ist" usw. folgt klar, daß das frühere (durch Zurückweisung des Antrags oder sonst erfolglos abgeschlossene) Güteverfahren kein „der Klage vorangehendes Güteverfahren" im Sinne des § 495a Abs. 1 Satz 1 ZPO. ist; dann ist aber auch das Prozeßverfahren kein „dem Güteverfahren nachfolgendes" im Sinne des § 31a Abs. 3 GKG.

2. Der Übergang ins Streitverfahren erfolgt prozessual durch die Verkündung 17 des Gerichtsbeschlusses (eventuell durch konkludente Handlung des Gerichts, z. B. Erlaß eines Versäumnis- oder Anerkenntnisurteils s. o. Anm. 7) oder die Anberaumung des Termins zur Streitverhandlung [12]). Kostenrechtlich eröffnet jedoch schon der Antrag auf Übergang ins Streitverfahren das neue Stadium: mit diesem Antrag, durch den „das Verfahren bedingt ist" wird die halbe Prozeßgebühr fällig (§ 74 Abs. 1) [13]);

---

[11]) Vgl. Stein-Jonas § 499e Anm. I; § 499f Anm. II; § 500 Anm. II.
[12]) Vgl. Stein-Jonas § 499e Anm. I, 3, 4a.
[13]) Baumbach § 74 Anm. 1.

sie kann also nunmehr „erfordert" werden, und vor ihrer Einzahlung darf der Eintritt in das Streitverfahren oder die Terminsanberaumung nicht erfolgen, es sei denn, daß der Antrag von dem Antragsgegner gestellt wurde (§ 74a Abs. 2).

18 3. Die halbe Prozeßgebühr, die im nachfolgenden Prozeßverfahren anfällt, wird „unbeschadet der Vorschriften im § 29" erhoben. Wenn also nach Übergang ins Streitverfahren die Klage zurückgenommen wird, so findet § 29 GKG. Anwendung.

§ 29 Abs. 1 ordnet Gebührenfreiheit an, wenn die Klage vor Bestimmung des Termins zur mündlichen Verhandlung zurückgenommen wird. Daß diese Vorschrift hier nur entsprechende Anwendung finden kann, ergibt sich schon daraus, daß § 29 Abs. 1 die gewöhnliche Form der Prozeßeinleitung — Einreichung der Klage zum Zweck der Terminsbestimmung — im Auge hat. Bei analoger Anwendung dieser Vorschrift auf das dem Güteverfahren nachfolgende Streitverfahren wird anzunehmen sein, daß die Prozeßgebühr entfällt, wenn die Klage vor Verkündung des Beschlusses auf Eintritt in das Streitverfahren oder vor Anberaumung eines Termins zur Streitverhandlung (s. o. Anm. 17) zurückgenommen wird[14]).

Wird die Klage in einem späteren Zeitpunkt, aber vor Stellung eines Sachantrages in der Streitverhandlung zurückgenommen, so findet § 29 Abs. 2 entsprechende Anwendung, d. h. es wird (außer der halben Gebühr des Güteverfahrens) $^1/_4$ der halben Prozeßgebühr (also $^1/_8$ der Sätze des § 8) erhoben[15]). Die Gründe sind dieselben wie im entsprechenden Falle des § 31. Vgl. hiezu: § 31 Anm. 15.

19 4. Die sonstigen Gebühren des Prozeßverfahrens (Beweisgebühr, Urteilsgebühr) werden durch das vorausgehende Güteverfahren nicht berührt. Kommt das Prozeßverfahren in die höhere Instanz, so wird in dieser auch die Prozeßgebühr nach Maßgabe des § 28 in voller Höhe erhoben.

20 5. Bezüglich des Streitwerts gelten die allgemeinen Regeln. Hinsichtlich der Fälle, in denen das Prozeßverfahren nur einen Teil des im Güteverfahren geltend gemachten Anspruchs betrifft und derjenigen Fälle, in denen es sich im Prozeßverfahren um einen höheren Anspruch oder einen höheren Streitwert handelt als im Güteverfahren, vgl. die Ausführungen zu den gleichgelagerten Fällen in dem einem Mahnverfahren nachfolgenden Prozeßverfahren (ohne oder mit dazwischen liegenden Güteverfahren) bei § 31 Anm. 16, 17, 18.

Vorbemerkungen zu den §§ 32 bis 35.

1 1. Die §§ 32 bis 34 GKG., die jetzt zu erörtern sind, enthalten verminderte Einheitsgebühren, die jeweils für ein ganzes Verfahren bestimmt sind (Verfahrensgebühren). Sie bleiben stets in voller Höhe bestehen; sie steigen nicht, wenn z. B. Verhandlungen und Beweiserhebungen in dem Verfahren stattfinden (einzige Ausnahme: § 32 Abs. 1 Satz 2 für den Fall der Urteilserlassung); sie mindern sich nicht, wenn das Verfahren alsbald beendigt wird. Nur in gewissen Fällen der Antragszurücknahme kommt die Gebühr ganz in Fortfall (nach der Novelle vom 28. Januar 1927: §§ 32 Abs. 1 und 2; § 33 Abs. 2; § 34 Abs. 2).

2 2. Gemeinsam ist den §§ 32—34 GKG. ferner die Vorschrift des § 35 Abs. 1, die hier zu erörtern ist, da ihre Kenntnis für das Verständnis der Einzelbestimmungen der folgenden Paragraphen notwendig erscheint.

§ 35 Abs. 1 lautet:

„Jedes Verfahren der in den §§ 32, 33, 34 bezeichneten Art gilt für die Gebührenberechnung als besonderer Rechtsstreit."

3 a) § 35 Abs. 1 will zunächst die Verfahrensarten, die in den §§ 32—34 behandelt sind, gebührenrechtlich streng abgrenzen vom Prozeßverfahren und sonstigen Verfahrensarten. Das Arrestverfahren wird also stets vollkommen gesondert behandelt von dem eigentlichen Prozeß, mag es auch äußerlich ausnahmsweise mit diesem ver-

[14]) Ebenso: Rittmann-Wenz § 31a Anm. 4 Abs. 3.

[15]) Auch hier nimmt Rittmann-Wenz (§ 31a Anm. 4) an, daß $^1/_4$ der Sätze des § 8 zur Erhebung gelange. Ebenso: Jonas § 31a Anm. 3b.

bunden sein; die Gebühren werden durchaus selbständig berechnet, die Streitwerte nicht zusammengezählt[1]). Dasselbe gilt im Verhältnis vom Arrest- zum Güte- oder Mahnverfahren, vom Beweissicherungs- zum Prozeßverfahren (auch wenn jenes innerhalb des Prozeßverfahrens stattfindet), vom Einstellungsverfahren (§ 34 Nr. 1) zum Widerspruchsprozeß, vom Vollstreckungsverfahren (§ 34 Nr. 2) zum vorausgehenden oder nachfolgenden Hauptprozeß usw.

Dagegen besagt § 35 Abs. 1 nichts über die prozeßrechtliche Zusammengehörigkeit der in den §§ 32—34 bezeichneten Verfahren mit anderen Verfahrensarten. Nur „für die Gebührenerhebung" gelten jene als besonderer Rechtsstreit. Insbesondere entscheidet sich die Frage, inwieweit die in einem anderen Verfahren ergehende Kostenentscheidung gemäß § 79 GKG. einen Kostenschuldner auch für die Kosten eines Sonderverfahrens im Sinne der §§ 32—34 schafft, nach prozeßrechtlichen Grundsätzen: hier kann im Prozeßverfahren die maßgebende Kostenentscheidung für das Beweissicherungs-, das Arrestverfahren ergehen (wenn nicht der Arrest selbst, wie es nach richtiger Ansicht geschehen soll, die Kostenentscheidung enthält oder das auf Widerspruch ergehende Urteil sie nachholt); das im Widerspruchsprozeß oder auf Vollstreckungsgegenklage ergehende Urteil pflegt die Kosten des Einstellungsverfahrens mit zu erledigen usw. 4

Endlich ist auch die Frage, ob sich das für den Hauptprozeß bewilligte **Armenrecht** auf die besonderen Verfahrensarten der §§ 32—34 GKG. erstreckt, nach Prozeßrecht zu entscheiden. Aber das Prozeßrecht (§ 119 ZPO.) wendet wieder den Instanzbegriff des GKG. an[2]), da die Wirkung des Armenrechts sich in erster Linie und stets auf die Gerichtskosten bezieht. Infolgedessen erstreckt sich das Armenrecht grundsätzlich nicht auf die gebührenrechtlich gesonderten Verfahrensarten der §§ 32—34 GKG. mit Ausnahme der Zwangsvollstreckungshandlungen (§ 33 Nr. 4 und 5, § 34 Nr. 2 GKG.), auf die sich das (dem Gläubiger) für die erste Instanz bewilligte Armenrecht nach ausdrücklicher Vorschrift des § 119 Abs. 1 ZPO. mit bezieht. Vor allem gilt das für die Hauptsache bewilligte Armenrecht nicht ohne weiteres für das oder die Verfahren wegen Arrests oder einstweiliger Verfügung[3]); die Prüfung der Aussichten der Rechtsverfolgung oder Rechtsverteidigung muß für diese Verfahrensarten naturgemäß aus sachlichen Gründen stets gesondert erfolgen. Immerhin gibt es Fälle, in denen der Wille des Gerichts, das Armenrecht auch auf das Vorsichtsverfahren zu erstrecken, klar erkennbar ist: so wenn gleichzeitig mit der Ehescheidungsklage ein Gesuch nach § 627 ZPO. und ein Armenrechtsgesuch eingereicht wird; wenn dann das Gericht schlechthin für den Ehescheidungsprozeß das Armenrecht bewilligt und die einstweilige Verfügung erläßt, so kann es keinem Zweifel unterliegen, daß die Erstreckung der Armenrechtswirkung auf das Verfahren wegen einstw. Verfügung gewollt war. Das Gesagte kann aber nur in solchen Fällen gelten, in denen die Auslegung unzweifelhaft ist, da sonst die Rechtssicherheit gefährdet werden könnte[4]). 5

Auch das Beweissicherungsverfahren (§ 33 Nr. 1) und das Verfahren über vorläufige Einstellung usw. (§ 34 Nr. 1) fallen grundsätzlich nicht unter die Armenrechtsbewilligung im Hauptprozesse. Auch hier kann die Auslegung im Einzelfalle zu einem anderen Ergebnisse führen. So, wenn das Armenrecht für die Widerspruchsklage gewährt und gleichzeitig die vorläufige Einstellung vom Prozeßgerichte beschlossen wird.

---

[1]) A. M. KG. JW. 1927, 1497[7]. Vgl. hiezu auch Walter-Joachim-Friedlaender § 10 Anm. 53.

[2]) So Baumbach ZPO.[3] § 119 Anm. 1.

[3]) Ebenso jetzt die herrschende Meinung. Vgl. etwa Walter-Joachim-Friedlaender Anhang II zum I. Abschnitt Anm. 7; Jonas § 35 Anm. 4; Stein-Jonas § 119 Fußn. 6. A. M. für den Fall des § 627 ZPO.: Baumbach ZPO.[3] § 119 Anm. 1 (uns. M. die 4. Aufl.).

[4]) Dies gilt besonders von der auf Grund der Armenrechtsbewilligung erfolgenden Beiordnung eines RA. Auch wenn im einzelnen Falle das Armenrecht sich auf die einstw. Verf. mit erstreckt, so folgt daraus noch nicht zweifelsfrei, daß dies auch hinsichtlich der Beiordnung der Fall sei, da für das Vorsichtsverfahren zunächst kein Anwaltszwang gilt.

6 b) Die Bedeutung des § 35 Abs. 1 erschöpft sich nicht in der Abgrenzung vom Prozeßverfahren und anderen Verfahrensarten; er regelt auch die Abgrenzung der verschiedenen in den §§ 32—34 selbst behandelten Verfahren untereinander.

Wörtlich genommen würde er in dieser Richtung nur etwas Selbstverständliches besagen: jedes prozessual gesonderte Verfahren der in den §§ 32—34 bezeichneten Art gilt auch gebührenrechtlich als besondere Instanz. Wird ein Arrest für 1000 RM. beim AG. A. erwirkt und später (etwa nach Ablauf der Frist des § 929 ZPO.) ein weiterer Arrest für denselben Betrag bei dem gleichen Gerichte, so liegen prozessual und selbstverständlich auch gebührenrechtlich zwei ganz getrennte Verfahren vor; die Gebühr des § 32 GKG. wird zweimal aus 1000 RM. erhoben. Wollte § 35 nur das aussprechen, so wäre er überflüssig. Man kann die Bestimmung aber auch so lesen, daß sie bedeutet: jede der in den § 32—34 bezeichneten Verfahrensarten begründet für die Gebührenerhebung einen besonderen Rechtsstreit (oder eine besondere gebührenrechtliche Instanz). Faßt man die Vorschrift so auf, dann ergibt sich folgendes:

7 Werden ungleichartige Anträge in ein Gesuch zusammengefaßt, so erfolgt die Gebührenerhebung vollständig gesondert, als ob zwei völlig getrennte Verfahren vorlägen. Ungleichartig sind Anträge, auf die verschiedene Bestimmungen des GKG. oder verschiedene Gruppen von Gesetzesbestimmungen Anwendung finden. § 32 bildet eine Gruppe für sich; für jede Ziffer der §§ 33 und 34 gilt das Gleiche.

Wenn also gleichzeitig ein Arrest und die Pfändung einer Forderung auf Grund des zu erlassenden Arrests beantragt wird, so wird die halbe Gebühr nach § 32 und außerdem die ¼-Gebühr nach § 34 Nr. 2 GKG. erhoben[5]).

8 Soweit dagegen gleichartige Anträge, d. h. Anträge, auf welche dieselbe Gruppe von Gesetzesbestimmungen Anwendung findet, in einem Gesuch zusammengefaßt werden, besteht Identität des Verfahrens: § 35 Abs. 1 kommt also gar nicht zur Anwendung. Die Gebührenberechnung ist daher eine einheitliche. Die Frage, ob der Streitwert sich durch die Stellung mehrerer Anträge erhöht,

---

[5]) Wird der Arrest nicht erlassen, so wird eine Gebühr für den Pfändungsantrag nach der Meinung verschiedener Schriftsteller nicht erhoben, „da er nur für den Fall der Erlassung des Arrests gestellt war". So: Rittmann-Wenz vor §§ 32—38 Anm. 3e; Jonas § 32 Anm. 7; Kollat § 32 Anm. 4; PrJM. 21. Aug. 1899 in Müller PrJV.[6] 1564. Ist das zutreffend? Die kostenrechtliche Bedeutung bedingter Rechtshandlungen (richterlichen Anordnungen wie bedingter Parteianträge) ist noch nicht untersucht. Wir begegnen der Frage nicht selten (vgl. z. B. § 20 Anm. 12 [bedingte Widerklage], § 20 Fußnote 23 [bedingter Beweisbeschluß], § 33 Fußnote 33a [bedingte Offenbarungseidesladung] usw.); ihre Lösung wird sich regelmäßig nur im einzelnen Falle unter Würdigung des Zweckes der Kostengesetze finden lassen. Wenn die Bedingung des Antrags auf eine Entschließung oder Tätigkeit des Gerichts selbst abstellt, so wird sie regelmäßig wie eine unbedingte kostenpflichtig sein. Sonst müßte auch der Eventualantrag der Klage kostenrechtlich bedeutungslos sein, wenn dem primären Antrag stattgegeben wird (das Gegenteil ist allgemein anerkannt: §§ 9—15 Anm. 13) oder der Antragsteller könnte sich Kostenfreiheit stets dadurch verschaffen, daß er den Antrag als nicht gestellt zu erachten bittet, wenn das Gericht ihm nicht stattgeben wolle. Die Reihenfolge, in der das Gericht zwei Anträge durchdenkt und behandelt, kann logisch durch die Art der Antragstellung gegeben sein; tatsächlich läßt sie sich nicht im voraus bestimmen oder gar vom Antragsteller vorschreiben. Wer einen Antrag stellt, muß damit rechnen, daß er auch Tätigkeit und Kosten verursacht. Im vorliegenden Falle ergibt sich die Kostenpflicht des bedingten Pfändungsantrags auch noch aus folgendem: nehmen wir an, der Arrestantrag wurde abgelehnt und der Antragsteller legt Beschwerde ein; das Beschwerdegericht gibt dem Rechtsmittel statt und erläßt den Arrest nebst Pfändungsbeschluß. Dann ist die Beschwerde hinsichtlich des Pfändungsantrages nach § 38 Abs. 2 GKG. gebührenfrei. Soll der Antrag selbst aber nachträglich gebührenpflichtig werden? Die Bejahung entbehrte jeder gesetzlichen Grundlage; die Verneinung führt zu unsinnigem Ergebnis. Übrigens läge nach der hier bekämpften Meinung eine Beschwerde gegen eine gar nicht erlassene Entscheidung vor; denn wenn das Pfändungsgesuch nur bedingt gestellt war, konnte es auch nicht abgewiesen werden. Man sieht, daß in solchen Fällen die schematische Anwendung des zivilrechtlichen Begriffs der Bedingung zu unmöglichen Folgen führt.

(z. B. wenn ein Arrest und eine einstw. Verfügung für denselben Anspruch beantragt werden oder wenn Antrag auf Entmündigung wegen Verschwendung und Trunksucht gestellt wird) entscheidet sich nach ganz anderen Gesichtspunkten; hier kommt es vor allem darauf an, ob Einheit oder Mehrheit von „Ansprüchen" vorliegt. Diese Frage muß bei den einzelnen Vorschriften besonders geprüft werden.

Liegt in den Fällen, in denen die Gebühr durch einen Antrag bedingt ist, eine Mehrheit von zeitlich getrennten Anträgen vor, so begründet grundsätzlich jeder neue Antrag ein neues Verfahren, soweit er sich nicht lediglich als eine Ergänzung oder Berichtigung oder als Abwehr eines gegnerischen Antrags darstellt. Wird anderseits ein einheitlich eingeleitetes Verfahren späterhin getrennt, so tritt von da ab nur dann eine gebührenrechtliche Trennung ein, wenn diese Trennung auch prozessual eine förmliche ist. Abgesehen von § 32 (siehe diesen Anm. 28) ist die Frage kaum von praktischer Bedeutung, da die Gebühren der §§ 33 und 34 der Höhe nach unveränderliche Einheitsgebühren sind, die bereits mit der Antragstellung in voller Höhe entstehen[6]).

§ 32.

Die Hälfte der Gebühr (§ 8) wird erhoben für das Verfahren über Anträge auf Anordnung eines Arrestes oder einer einstweiligen Verfügung. Die Gebühr erhöht sich auf die volle Gebühr, wenn durch Urteil entschieden wird (Zivilprozeßordnung § 922 Abs. 1, §§ 925, 936). Die Gebühr wird nicht erhoben, wenn der Antrag vor Anordnung des Arrestes oder der einstweiligen Verfügung, vor Zurückweisung des Antrags oder vor Anordnung einer vorgängigen Sicherheitsleistung oder vor Anordnung der mündlichen Verhandlung zurückgenommen wird.

Die im Absatz 1 bestimmten Gebühren werden auch erhoben für das Verfahren über Anträge auf Abänderung oder Aufhebung eines Arrestes oder einer einstweiligen Verfügung gemäß § 926 Abs. 2, §§ 927, 936 der Zivilprozeßordnung. Die Gebühr wird nicht erhoben, wenn der Antrag vor Bestimmung des Termins zur mündlichen Verhandlung zurückgenommen wird.

Im Falle des § 942 der Zivilprozeßordnung gilt das Verfahren vor dem Amtsgericht und dem Gerichte der Hauptsache als ein Rechtsstreit.

In der Berufungsinstanz erhöhen sich die Gebühren um die Hälfte.

Vorbemerkung.

§ 32 regelt die Gebühren im Verfahren wegen Arrests und einstweiliger Verfügung einschließlich der Berufungsinstanz.

---

[6]) Rittmann-Wenz vor §§ 32—38 Anm. 3d sagt: „Führt die Trennung mehrerer in demselben Gesuche vereinigten Anträge — gleichviel ob die Trennung förmlich ausgesprochen oder bloß tatsächlich gehandhabt wurde — zu der Erlassung gesonderter Entscheidungen, so liegen gesonderte Verfahren vor, für die gesonderte Gebühren auch dann zu erheben sind, wenn es sich um den nämlichen Anspruch handelt." Das ist offenbar eine Reminiszenz aus dem früheren Recht; sonst wäre die Betonung der Entscheidung nicht zu verstehen. — Ich setze folgenden Fall: die Partei beantragt die Pfändung mehrerer Forderungen für einen Anspruch von 1000 RM. Das Gericht erläßt den Pfändungsbeschluß nur hinsichtlich einer Forderung, während es im übrigen noch Bedenken hegt und eine Zwischenverfügung erläßt; später entscheidet es auch bezüglich der anderen Forderung. Hier ist mit der Antragstellung eine Gebühr aus § 34 Nr. 2 mit 7,50 RM. erwachsen. Soll nun deshalb, weil der Richter zunächst nur eine Teilentscheidung erläßt, die für das ganze Verfahren bereits angefallene Einheitsgebühr sich erhöhen, d. h. wahrscheinlich verdoppeln? Das läßt sich doch mit dem ganzen System der §§ 32ff. nicht vereinigen.

Übersicht.

1 **I. Entstehungsgeschichte und allgemeiner Inhalt.**

Bis zur Novelle vom 21. Dezember 1922 war die gebührenrechtliche Regelung des Verfahrens wegen Arrests und einstweiliger Verfügung[1]) eine grundsätzlich andere als jetzt. Nach § 35 Nr. 3 GKG. ä. F. wurden $^2/_{10}$ der Sätze des § 8 erhoben für die Entscheidung einschließlich des vorangegangenen Verfahrens über Anträge auf Anordnung oder Aufhebung eines Arrests oder einer einstweiligen Verfügung, soweit nicht nachträglich eine Gebühr des § 26 Nr. 9 zur Erhebung gelangte. Diese Bestimmung ordnete die Erhebung von Aktgebühren in Höhe von $^5/_{10}$ an, wenn der Akt ausschließlich die Anordnung, Abänderung oder Aufhebung eines Arrests oder einer einstw. Verfügung betraf und die Entscheidung durch Endurteil zu treffen war. Es konnte also z. B. im Widerspruchsverfahren auch eine Beweisgebühr und eine Urteilsgebühr (in Höhe von je $^5/_{10}$) anfallen. In der Berufungsinstanz kamen die Aktgebühren des § 26 Nr. 9 mit der Erhöhung des § 49 GKG. ä. F. erneut zur Erhebung.

Die Novelle vom 21. Dezember 1922 führte für beide Rechtszüge das System der Einheitsgebühr ein, die in Höhe des halben Satzes des § 8 für das ganze Arrestverfahren erster Instanz, in Höhe von ¾ dieses Satzes für die ganze Berufungsinstanz erhoben wird und sich auf das Doppelte der genannten Sätze nur dann erhöht, wenn in dem betreffenden Rechtszuge durch Urteil entschieden wird. Die Einheitsgebühr minderte sich auch nicht, wenn der einmal gestellte Antrag in noch so frühem Stadium zurückgenommen wurde[2]). Diese Härte ist nun durch die Novelle vom 28. Januar 1927 mittels Beifügung von § 32 Abs. 1 Satz 3 und Abs. 2 Satz 2 beseitigt worden.

2 **II. Das Anordnungsverfahren erster Instanz.**

1. Das A n o r d n u n g s v e r f a h r e n umfaßt zunächst das Verfahren über Anträge auf Anordnung eines Arrests oder einer einstweiligen Verfügung, mag münd-

[1]) Arrestverfahren und Verfahren wegen einstw. Verfügung werden im folgenden mehrfach zusammenfassend als „V o r s i c h t s v e r f a h r e n" bezeichnet; Arrest und einstw. Verfügung selbst als „Vorsichtsverfügungen".

[2]) So die allgemeine Meinung; vgl. B a u m b a c h[1] § 32 Anm. 1; J o n a s[1] § 32 Anm. 1 u. a.

liche Verhandlung anberaumt werden oder nicht. Es umfaßt ferner das Verfahren über den Widerspruch gegen die erlassene Vorsichtsverfügung (§ 925 ZPO.: vgl. § 32 Abs. 1 Satz 2 GKG.) und das sogenannte Rechtfertigungsverfahren vor dem Gericht der Hauptsache, wenn das Amtsgericht in dringenden Fällen unter Fristsetzung (§ 942 Abs. 1 ZPO.) oder im Falle des § 942 Abs. 2 eine einstweilige Verfügung erlassen hat. Letzteres ist in § 32 Abs. 3 GKG. noch ausdrücklich bestimmt.

2. Für das ganze Anordnungsverfahren erster Instanz einschließlich etwaiger Beweisanordnungen usw. wird nur eine Gebühr in Höhe der Hälfte der Sätze des § 8 erhoben. Diese Gebühr erhöht sich auf die volle Gebühr, wenn durch Urteil entschieden wird (der Arrest oder die einstw. Verfügung wird nach Anberaumung mündlicher Verhandlung durch Urteil erlassen; über den Widerspruch wird durch Urteil entschieden; im Rechtfertigungsverfahren erläßt das Gericht der Hauptsache Urteil). Dieses Urteil braucht nicht auf Grund streitiger Verhandlung ergangen zu sein: auch ein Versäumnisurteil begründet die Gebührenerhöhung. Anderseits genügt es nicht, daß die Entscheidung durch Urteil zu erfolgen hat (wie nach früherem Recht: s. o. Anm. 1); es muß vielmehr zur Erlassung des Urteils gekommen sein. Ergeht — z. B. auf Einspruch gegen ein Versäumnisurteil — ein zweites Urteil in der Instanz über denselben Streitgegenstand, so bleibt es bei der einmaligen Erhöhung. Erläßt das Gericht ein Urteil, obwohl es durch Beschluß hätte entscheiden sollen (z. B. im Falle des § 942 Abs. 1 ZPO. nach mündlicher Verhandlung vor dem Amtsgericht)[3]), so fällt die erhöhte Gebühr an sich an; es kann nur gegebenenfalls auf dem Wege des § 6 GKG. geholfen werden. 3

Auch der Vergleich begründet im Arrestverfahren keine besondere Gebühr. Übersteigt aber der Wert des Vergleichsgegenstandes den Wert des Streitgegenstandes des Arrestverfahrens, so wird von dem Mehrbetrage eine Gebühr in Höhe von 1/4 der Sätze des § 8 erhoben (§ 36 GKG.). Setzt das Gericht den Streitwert im Vorsichtsverfahren niedriger fest als im entsprechenden Prozeßverfahren (vgl. hiezu §§ 9—15 Anm. 155), so tritt der Fall des § 36 schon ein, wenn der im Vorsichtsverfahren abgeschlossene Vergleich auch die Hauptsache erledigt. Vgl. hiezu § 36 Anm. 4, 7. 4

3. Nach dem Wortlaut des Gesetzes („die Gebühr erhöht sich auf die volle Gebühr") ist anzunehmen, daß es sich nicht um zwei selbständige Gebühren, sondern nur um eine Gebührenerhöhung handelt[4]). § 7 GKG. findet daher auf die Erhöhung keine Anwendung; auch die volle Gebühr des § 32 Abs. 1 Satz 2 ist nur eine Gebühr. In der ersten Instanz hat dies bei den geltenden Sätzen nur theoretische Bedeutung. In der Berufungsinstanz aber erhöht sich z. B. die auf 11,30 RM. abgerundete 3/4-Gebühr aus 500 RM. bei Urteilserlassung nicht auf 22,60 RM., sondern nur auf 22,50 RM. (volle Gebühr = 15 RM.; dazu deren Hälfte mit 7,50 RM.)[4a]). 5

4. Über den Wert des Streitgegenstandes im Verfahren wegen Arrests und einstweiliger Verfügung vgl. §§ 9—15 Anm. 155. Auch im Widerspruchsverfahren wird der Streitwert nicht etwa nach dem Interesse des Antragsgegners an der Aufhebung der Vorsichtsverfügung bemessen; denn der Widerspruch ist kein Rechtsmittel. Grundsätzlich ist also der Streitwert im Widerspruchsverfahren derselbe wie im vorausgehenden Beschlußverfahren; er kann sich übrigens auch für das ganze Anordnungsverfahren gemäß § 9 Abs. 2 GKG. nachträglich erhöhen. Es kann aber ferner vorkommen, daß das Urteil nur über einen Teil des Anspruchs ergeht, wegen dessen der Arrestbefehl durch Beschluß erlassen wurde (z. B. weil der Widerspruch nur wegen eines Teilbetrages erhoben wurde) oder daß über den Arrestantrag z. T. ohne, z. T. nach mündlicher Verhandlung entschieden wurde. In solchen und ähnlichen Fällen muß — trotz des in Anm. 5 Gesagten — eine getrennte Gebührenberechnung stattfinden: z. B. der Arrest wird auf 1000 RM. erlassen; halbe Gebühr = 15 RM. 6

---

[3]) Stein-Jonas § 942 Anm. II; RGZ. 13, 324; Baumbach ZPO.[3] § 942 Anm. 4.

[4]) Anscheinend a. M.: Wochinger-Schwalb § 32 Anm. 1, 4.

[4a]) Nicht richtig insoweit: OLG. Düsseldorf Bbl. 1927, 159.

Wegen weiterer 9000 RM. wird mündliche Verhandlung anberaumt und Urteil verkündet (volle Gebühr = 120 RM.)[4b]). Beide Gebühren zusammen betragen also 135 RM., während die volle Gebühr aus 10000 RM. nur 130 RM. beträgt. Ist nun die Summe auf diesen Betrag zu reduzieren?[5]) Daß die Frage zu bejahen ist, ergibt sich schon aus § 32, auch wenn man von der Vorschrift des § 14 ganz absieht. Es wäre ein sinnwidriges Ergebnis, wollte man annehmen, daß die halbe Gebühr sich auf die volle Gebühr nur erhöht, wenn über die ganze Summe durch Urteil oder zuerst durch Beschluß und dann auf Widerspruch durch Urteil entschieden wird; daß aber *höhere* Kosten erwachsen, wenn das Urteil nur einen Teil der Antragssumme betrifft. Aber auch § 14 Abs. 2 GKG. ist anwendbar. Daß die Gebühren hier nicht „für gleiche Akte" zu berechnen seien[6]), trifft nicht zu. Die volle Gebühr wird ebenso wie die halbe für das ganze „Verfahren" erhoben, für den allgemeinen Prozeßbetrieb; sie ist keine Urteilsgebühr, sondern nur eine Erhöhung der Verfahrensgebühr für den Fall einer Entscheidung durch Urteil. Es treten also für die gleichen Akte verschiedene *Gebührensätze* ein (für einen Teil des Verfahrens die halbe, für einen anderen Teil die volle Gebühr) und das ist gerade einer der Fälle, die § 14 Abs. 2 regelt (vgl. dessen zweiten Halbsatz: „treten für die Akte verschiedene Gebührensätze ein, so ist der höchste Satz maßgebend").

7 5. *Die Zurücknahme des Antrags* auf Erlassung des Arrests oder der einstweiligen Verfügung (die durch bloße Erklärung gegenüber dem Gericht erfolgt) bewirkt Gebührenfreiheit — bei teilweiser Zurücknahme nur hinsichtlich des zurückgenommenen Teilanspruchs — wenn die Zurücknahme erfolgt, ehe die Vorsichtsverfügung angeordnet oder der Antrag zurückgewiesen oder eine vorgängige Sicherheitsleistung oder mündliche Verhandlung angeordnet wurde.

a) Erfolgt die Erlassung des Arrests oder der einstw. Verfügung durch Beschluß, so erlangt derselbe Existenz, sobald er vom Richter unterzeichnet und zwecks Zustellung an den Antragsteller (vgl. § 922 Abs. 2 ZPO.) der Geschäftsstelle übergeben wurde; vgl. § 29 Anm. 9. Erfolgt die Erlassung durch Urteil, so kann dies nur auf Grund mündlicher Verhandlung geschehen; schon durch die Anordnung der mündlichen Verhandlung wird aber die kostenlose Antragszurücknahme ausgeschlossen.

8 b) Die Zurückweisung des Antrags durch Beschluß wird ebenfalls dadurch existent, daß sie der Richter unterzeichnet und zwecks Zustellung an den Antragsteller (§ 922 Abs. 3 ZPO.) der Geschäftsstelle übergibt. Die Zurückweisung durch Urteil kommt hier aus den gleichen Gründen wie urteilsmäßige Erlassung der Vorsichtsverfügung nicht in Betracht.

9 c) Erfolgt die Anordnung einer *Sicherheitsleistung* nicht — wie es meist geschieht — in der Vorsichtsverfügung selbst, sondern durch einen besonderen Beschluß vor Erlassung des Arrests oder der einstweiligen Verfügung[7]), so gilt bezüglich der Existenz dieses Beschlusses dasselbe, was zu b gesagt wurde. Auch dieser Beschluß wird nur dem Antragsteller zugestellt (§ 922 Abs. 3 ZPO.).

10 d) *Die Anordnung mündlicher Verhandlung* ist nicht gleichbedeutend mit der Terminsbestimmung, wenn sie auch zuweilen praktisch mit dieser zusammenfällt. Gemeint ist die Anordnung des Gerichts, *daß überhaupt* (nicht die Verfügung des Vorsitzenden: *in welchem Termin*) mündlich zu verhandeln sei (§ 921

[4b]) Vgl. hiezu unten Fußnote 18a.

[5]) Verneinend: *Rittmann-Wenz* § 32 Anm. 2, 5; *Baumbach* § 32 Anm. 1; *Wochinger-Schwalb* § 32 Anm. 3, 4. Bejahend: *Jonas* § 32 Anm. 1c.

[6]) So *Baumbach* § 32 Anm. 1. — *Rittmann-Wenz* (§ 32 Anm. 2, Vorb. zu §§ 32—38 Anm. 3d) leitet die Nichtanwendung des § 14 daraus her, daß infolge tatsächlicher Trennung und Erlassung gesonderter Entscheidungen mehrere gesonderte Verfahren vorliegen. Aber das trifft nicht zu. Der Fall liegt vielmehr ähnlich, wie wenn im Prozeßverfahren ein Teilurteil ergeht und im übrigen der Prozeß in der Instanz weitergeführt wird. Das Verfahren bleibt das durch den einheitlichen Arrestantrag eingeleitete Arrestanordnungsverfahren. Vgl. auch oben Vorb. zu §§ 32—35 Fußnote 6.

[7]) Vgl. *Stein-Jonas* § 921 Anm. III.

Abs. 1 ZPO.)[7a]). Dieser Beschluß wird im kollegialgerichtlichen Verfahren nur dem Antragsteller, im amtsgerichtlichen Verfahren beiden Parteien zugestellt. Er ist existent, sobald das Gericht ihn zwecks Zustellung an die Geschäftsstelle abgibt.

Die Zurücknahme des Antrags vor Erlassung eines der unter a—d besprochenen Beschlüsse hat Gebührenfreiheit zur Folge, auch wenn sonstige Maßnahmen des Gerichts bereits erfolgt sind (z. B. die Anhörung des Gegners verfügt und betätigt wurde). Eine Zurücknahme nach Erlassung der bezeichneten Beschlüsse hat auf die Gebührenberechnung keinen Einfluß.

6. Die halbe Gebühr des § 32 Abs. 1 Satz 1 wird fällig mit Einreichung des 11 Antrags auf Erlassung eines Arrests oder einer einstw. Verfügung bei Gericht. Die Erhöhung auf die volle Gebühr wird fällig mit Erlassung des ersten Urteils (d. h. mit der Verkündung; im Falle des § 7 EntlVO. mit der Zustellung an alle Parteien).

Gebührenschuldner nach § 77 GKG. ist in beiden Fällen nur der An- 12 tragsteller, nicht der Antragsgegner, auch wenn z. B. das Urteil auf seinen Widerspruch gemäß § 925 ZPO. oder auf seine Ladung im Rechtfertigungsverfahren (§ 942 ZPO.) ergangen ist. Dies folgt daraus, daß es sich hier um ein einheitliches Anordnungsverfahren, eine einheitliche Instanz handelt, die durch den Arrestantrag in Lauf gesetzt worden ist.

Daneben kann die Gebührenschuld nach § 79, insbesondere durch ge- 13 richtliche Kostenentscheidung, begründet werden. Dies ist namentlich der Fall, wenn dem Antragsgegner durch Urteil im Vorsichtsverfahren die Kosten auferlegt wurden oder wenn der durch Beschluß erlassene Arrest eine diesbezügliche Entscheidung enthält. Im letzteren Falle kommt natürlich nur die Erhebung der halben Gebühr aus § 32 Abs. 1 Satz 1 vom Antragsgegner in Frage. Werden die Kosten des Arrestverfahrens durch eine (unbedingte) Entscheidung im Hauptprozeß dem Antragsgegner auferlegt, so begründet diese Entscheidung ebenfalls die Haftung aus § 79 GKG.[8]). Über die Frage, ob diese Haftung auch entsteht, wenn das im Hauptprozeß ergehende Urteil bloß „die Kosten des Rechtsstreits" (ohne Erwähnung des Arrestverfahrens) dem Antragsgegner auferlegt und der Arrest selbst keine Kostenentscheidung enthält, vgl. § 79 Anm. 17.

7. Der Arrestvollzug gehört nicht zum Anordnungsverfahren, sondern zur 13a Zwangsvollstreckungsinstanz (vgl. §§ 33 Nr. 4, 5; 34 Nr. 2). Dagegen ist das Ersuchen des Gerichts an das Grundbuchamt oder die Registerbehörde um Bewirkung einer Eintragung in das Grundbuch oder das Schiffsregister auf Grund einer einstweiligen Verfügung (§ 941 ZPO.) kein Akt der Zwangsvollstreckung; § 941 ist übrigens auch in § 34 Nr. 2 nicht genannt. Dieses Ersuchen, das gar keinen Antrag voraussetzt, ist also gebührenfrei[9]). Die Eintragung kann natürlich landesrechtlich besteuert werden.

III. Das Aufhebungsverfahren erster Instanz. 14

1. Die entsprechenden Gebühren wie im Anordnungsverfahren (1/2 Verfahrensgebühr, die sich bei Urteilserlassung auf die volle Gebühr erhöht) kommen im Aufhebungsverfahren zur Erhebung, u. z. unabhängig von den Gebühren des Anordnungsverfahrens, also selbständig neben diesen. Die Fälle des Aufhebungsverfahrens, um die es sich handelt, sind im Gesetze bezeichnet:

a) Ist die Hauptsache nicht anhängig, so hat das Arrestgericht auf Antrag ohne mündliche Verhandlung anzuordnen, daß die Partei, die den Arrest oder die einstw. Verfügung erwirkt hat, binnen einer bestimmten Frist Klage zu erheben habe. Wird dieser Anordnung nicht Folge geleistet, so ist auf Antrag die Aufhebung der Vorsichtsverfügung durch Endurteil auszusprechen (§ 926 Abs. 2, 936 ZPO.).

Daß der Antrag auf Fristsetzung und diese selbst gebührenrechtlich nicht zum Auf-

---

[7a]) Vgl. die verschiedene Ausdrucksweise in § 32 Abs. 1 Satz 3 einerseits, in Abs. 2 Satz 2 anderseits.

[8]) Rittmann-Wenz § 32 Anm. 16.

[9]) Rittmann-Wenz § 32 Anm. 4; Stein-Jonas § 941 Anm. I Fußnote 1; Baumbach § 32 Anm. 1 A; OLG. 17, 218 (Karlsruhe); Jonas § 32 Anm. 7.

hebungsverfahren gehören, also gebührenfrei sind[10]), ergibt sich schon aus der prozessualen Regelung, aber auch aus der Vorschrift des § 32 Abs. 2 GKG., der ausdrücklich nur den § 926 Abs. 2 ZPO. anführt. Das Aufhebungsverfahren beginnt vielmehr in diesem Falle mit der Einreichung der Ladung, beim Amtsgericht mit Stellung des Antrags auf Terminsbestimmung durch den Schuldner (Antragsgegner).

15 Der Antrag auf Aufhebung kann auch in einem bereits anhängigen Widerspruchs- oder Rechtfertigungsverfahren gestellt werden; dann erfolgt seine Berücksichtigung bei Erlassung des Urteils gemäß § 925 Abs. 1 oder 942 Abs. 2 ZPO.[11]). Hier stellt sich prozessual der Antrag lediglich als eine Begründung des Widerspruchs, als ein Einwand im Rechtfertigungsverfahren dar[12]) und es liegt deshalb auch kostenrechtlich nicht ein gesondertes Aufhebungsverfahren vor; neue Gebühren entstehen also hier durch die Antragstellung nicht.

16 b) Auch nach Bestätigung des Arrestes oder der einstw. Verfügung kann gemäß §§ 927, 936 ZPO. wegen veränderter Umstände, insbesondere wegen Erledigung des Arrestgrundes oder auf Grund des (schuldnerischen) Erbietens zur Sicherheitsleistung die Aufhebung der Vorsichtsverfügung beantragt werden. Die Entscheidung erfolgt auch hier durch Endurteil, also auf Grund mündlicher Verhandlung. Der Schuldner, der den Antrag stellen will, eröffnet das Aufhebungsverfahren durch Einreichung der Ladung; im amtsgerichtlichen Verfahren durch den Antrag auf Terminsbestimmung. Auch hier kann der Antrag in einem bereits anhängigen Anordnungsverfahren (auch in einem anderen Aufhebungsverfahren) gestellt werden[13]); er hat dann gebührenrechtlich keine selbständige Bedeutung (s. o. Anm. 15).

17 c) Weitere Fälle kommen nach § 32 Abs. 2 GKG. nicht in Betracht. Insbesondere gehört die Aufhebung der nach § 942 Abs. 1 ZPO. erlassenen einstw. Verfügung durch das Amtsgericht (§ 942 Abs. 3) nicht hierher; sie ist Bestandteil des Anordnungsverfahrens und gebührenfrei; das Gesetz erwähnt sie auch nicht[14]). Die Aufhebung des Arrestvollzuges gegen Hinterlegung des im Arrestbefehl festgestellten Geldbetrages (§ 934 Abs. 1 ZPO.) oder wegen Vorliegens der Voraussetzungen des § 934 Abs. 2 gehört weder zum Anordnungs- noch zum Aufhebungsverfahren; sie betrifft nicht den Bestand, sondern nur den Vollzug der Vorsichtsverfügung; gebührenrechtlich ist sie in § 34 Nr. 2 GKG. geregelt. Neben dem Verfahren nach § 934 ZPO. kann ein Widerspruchs-, Rechtfertigungs- oder Aufhebungsverfahren einhergehen.

18 2. Was über die Höhe und das Wesen der Gebühr, über die dadurch abgegoltenen Akte und über den Wert des Streitgegenstandes oben in Anm. 3—6 gesagt wurde, gilt auch für das Aufhebungsverfahren. Also auch hier eine Einheitsgebühr in Höhe der Hälfte der Sätze des § 8 für das ganze Verfahren; Erhöhung dieser Gebühr auf eine volle Gebühr bei Erlassung eines Urteils, auch wenn dieses nicht auf streitiger Verhandlung beruht. Für den Streitwert ist auch hier nicht das Interesse des Schuldners an der Aufhebung maßgebend; ein Rechtsmittelverfahren liegt nicht vor. Der Streitwert ist grundsätzlich identisch mit dem des Anordnungsverfahrens, vorbehaltlich der Fälle, in denen nur teilweise Aufhebung beantragt wird, und unbeschadet des § 9 Abs. 2 GKG., für dessen Anwendung zu beachten ist, daß das Aufhebungsver-

---

[10]) Jonas § 32 Anm. 3e; Kollat § 32 Anm. 8; Baumbach § 32 Anm. 3.

[11]) Stein-Jonas § 926 Anm. IV.

[12]) RGZ. 62, 62 (insbes. S. 65). In dem vom RG. entschiedenen Falle wurde der Einwand erst in der Berufungsinstanz des Anordnungsverfahrens gebracht. Die Nichtberücksichtigung führte zur Aufhebung durch das Revisionsgericht.

[13]) RGZ. 57, 223. Stein-Jonas meint (§ 927 Anm. IV), daß der Antrag, wenn die Hauptsache anhängig sei, auch im Termin zur Verhandlung über die Hauptsache gestellt werden könne. Ebenso: Baumbach ZPO.[3] § 927 Anm. 4. Wir halten diese Ansicht für bedenklich. Die Frage ist aber hier nicht zu entscheiden. Wird ein solcher Antrag gestellt, so ist er gebührenrechtlich zu beachten, da Hauptsache und Arrestverfahren immer kostenrechtlich getrennte Instanzen sind. S. u. Anm. 26.

[14]) Ebenso Jonas § 32 Anm. 4 a. E.; Baumbach § 32 Anm. 4; Sydow-Busch-Krieg[11] § 32 Anm. 7.

fahren eine besondere Instanz bildet (vgl. §§ 9—15 Anm. 50). Auch innerhalb des Aufhebungsverfahrens kann der Fall der Sonderberechnung mit Anwendung des § 14 Abs. 2 vorkommen: z. B. wenn die Aufhebung des ganzen Arrests beantragt wurde, in der mündlichen Verhandlung aber nur noch der Antrag auf Teilaufhebung aufrechterhalten und demgemäß Urteil erlassen wurde. Hier gelten die in Anm. 6 erörterten Grundsätze. Anders, wenn das Aufhebungsverfahren zunächst nur bezüglich eines Teiles, später bezüglich eines anderen Teiles der Vorsichtsverfügung beantragt wurde: hier liegen getrennte Verfahren vor, die auch gebührenrechtlich völlig gesondert zu behandeln sind; jeder Aufhebungsantrag eröffnet ein neues Verfahren; s. u. Anm. 31.

3. Die Gebühr für das Aufhebungsverfahren wird nicht erhoben, wenn der An- 19
trag (des Schuldners) vor Bestimmung des Termins zur mündlichen Verhandlung zurückgenommen wird. Über den Zeitpunkt, in dem die Terminsbestimmung existent wird, vgl. § 29 Anm. 9. Die Zurücknahme erfolgt hier (auch prozessual) durch bloße Anzeige an das Gericht. Ist Termin anberaumt, so hat die Zurücknahme keinerlei kostenrechtliche Bedeutung mehr. Die halbe Gebühr bleibt dann verfallen.

4. Die halbe Gebühr des § 32 Abs. 2 wird fällig mit Einreichung der Ladung 20
zur mündlichen Verhandlung, beim Amtsgericht mit dem Antrag auf Terminsbestimmung zwecks Verhandlung über den Aufhebungsantrag. Die Erhöhung auf die volle Gebühr wird fällig mit Erlassung eines Urteils im Aufhebungsverfahren.

Gebührenschuldner nach § 77 GKG. ist in beiden Fällen der den Antrag stellende Schuldner, da sein Antrag hier das Verfahren der Instanz in Lauf setzt. Daneben kann die Gebührenschuld nach § 79, insbesondere durch gerichtliche Kostenentscheidung begründet werden. Hierüber vgl. oben Anm. 13.

IV. Die Berufungsinstanz. 21

1. Wird gegen ein im Anordnungs- oder Aufhebungsverfahren erlassenes Urteil Berufung eingelegt, so gilt auch für die Berufungsinstanz das System der Einheitsgebühren, wie es in § 32 Abs. 1 und 2 für die erste Instanz geregelt ist. Das Verfahren behält ja auch in der Berufungsinstanz seinen Charakter als Vorsichtsverfahren bei und die Bestimmung des § 32 Abs. 4 („in der Berufungsinstanz erhöhen sich die Gebühren um die Hälfte") zeigt, daß dieselben Gebühren wie nach Abs. 1 und 2 — mit der vorgesehenen Erhöhung — erhoben werden sollen[14a].

Die Verfahrensgebühr beträgt also in der Berufungsinstanz $\frac{3}{4}$ der Sätze des § 8; wenn in ihr durch Urteil entschieden wird: das $1\frac{1}{2}$fache dieser Sätze.

2. § 32 Abs. 4 regelt die Gebühren der Berufungsinstanz des Vorsichtsver- 22
fahrens selbständig und erschöpfend. Er verweist nicht auf den das Prozeßverfahren regelnden § 28 und erklärt auch den § 30, von dem dasselbe gilt, nicht für anwendbar. Eine Minderung der Gebühr wegen beschlußmäßiger Verwerfung oder Zurücknahme der Berufung kommt also nicht in Frage. Eine analoge Anwendung der Bestimmung, die § 30 für die Prozeßgebühr im Regelverfahren trifft, auf die an sich verminderte Einheitsgebühr des Vorsichtsverfahrens wäre angesichts der Fassung des § 32 systemwidrig und nicht zu rechtfertigen[15]).

Aber auch eine analoge Anwendung der Bestimmungen des § 32 Abs. 1 Satz 3 und Abs. 2 Satz 2 ist nicht angängig. Die Novelle vom 28. Januar 1927, durch welche diese Bestimmungen eingeführt wurden, hat es unterlassen, auch dem § 32 Abs. 4 einen Zusatz beizufügen. Daß dies mit Absicht geschehen ist, muß um so mehr ange-

---

[14a]) Das übersieht OLG. Frankfurt a. M. JW. 1927, 530[10], das für das Berufungsverfahren in Arrestsachen einfach die §§ 20, 28, 30 in vollem Umfang anwenden will. Mit Recht bezeichnet dies Jonas § 32 Anm. 5b als willkürlich. Durchaus unrichtig auch KG. (Kostensenat) JW. 1928, 1520[14] (erscheint ausführlich in BuschsZ. mit Anm. M. Friedlaender); das KG. will stets die volle Gebühr (also das $1\frac{1}{2}$fache der Sätze des § 8) erheben und betrachtet die Gebühr als „Prozeßgebühr"; daneben erhebt es aber keine Beweis- und Urteilsgebühr.

[15]) Ebenso: OLG. Breslau ZDJustAmtm. 1927, 229; Rittmann-Wenz § 32 Anm. 14; KG. JurRundsch. 1926 Nr. 1182; Jonas § 32 Anm. 5b; Sydow-Busch-Krieg[11] § 32 Anm. 8. A. M.: KG. JW. 1926, 2588[4]; OLG. Frankfurt a. M. Bbl. 1927, 53.

nommen werden, als in verschiedenen anderen Fällen eine entsprechende Vorschrift erlassen wurde (§ 33 Abs. 2, § 34 Abs. 2 usw.). Auch ist die Analogie zwischen der Terminsanberaumung in der Berufungsinstanz und der gleichen Maßnahme im Aufhebungsverfahren oder einem der Beschlüsse des § 32 Abs. 1 Satz 3 eine gewagte: im Berufungsverfahren erfolgt die Terminsanberaumung erst nach Eingang der Berufungsbegründung; hier liegt oft schon eine nicht unerhebliche Tätigkeit, mindestens des Vorsitzenden, vor, und es wäre — gerade gegenüber den Vorschriften des § 30 — schwer begreiflich, wenn die Zurücknahme in diesem Stadium stets volle Gebührenfreiheit zur Folge hätte[16]).

23 3. Die erhöhten Gebühren der Berufungsinstanz gelten auch dann, wenn ein an sich erstinstanzielles Vorsichtsverfahren beim Berufungsgerichte stattfindet, weil dieses als Gericht der Hauptsache zuständig ist[17]) (§§ 927 Abs. 2, 942 Abs. 1 ZPO.). Denn das Gericht handelt doch hier, weil es Berufungsgericht ist, und es handelt zugleich als letzte Instanz. Die gleiche Ansicht ist für das Anwaltsgebührenrecht (§ 52 RAGebO.) längst die herrschende[18]).

Das Vorsichtsverfahren selbst richtet sich natürlich in diesen Fällen nach den für die erste Instanz geltenden Regeln. Daher kann hier auch Gebührenfreiheit nach § 32 Abs. 1 Satz 3 und Abs. 2 Satz 2 eintreten.

24 4. Über die durch die Berufungsgebühr abzugeltenden Tätigkeiten, über das Wesen der Gebühr und ihrer Erhöhung und über den Streitwert[18a]) ist hier nichts besonderes zu sagen, vielmehr auf Anm. 3—6 und auf die allgemeinen Regeln (§§ 9 bis 15 Anm. 44 ff., 155) zu verweisen.

Die Fälligkeit der halben Gebühr tritt mit Einreichung der Berufung, die der Erhöhung mit Erlassung des Urteils ein (s. o. Anm. 11). Gebührenschuldner nach § 77 GKG. ist der Berufungskläger; hinsichtlich der Kostenschuld aus § 79 vgl. oben Anm. 13.

25 5. Es ist oben bereits festgestellt worden, daß die rechtliche Natur der Gebühr in der Berufungsinstanz des Vorsichtsverfahrens genau dieselbe ist wie die der erstinstanziellen Gebühr. Sie ist insbesondere keine Prozeßgebühr im Sinne des GKG., da es eine solche nur im „Prozeßverfahren" gibt. Daher findet auch § 519 Abs. 6 ZPO., der nur von der „erforderten Prozeßgebühr" spricht, auf das Vorsichtsverfahren keine Anwendung. Diese Vorschrift ist gleichzeitig mit dem neuen GKG. vom 21. Dezember 1922 geschaffen worden; sie stammt ebenso wie § 32 GKG. aus der sorgfältig redigierten Regierungsvorlage, die bewußt und korrekt mit den technischen, kostenrechtlichen Begriffen operierte, so daß für eine ausdehnende Interpretation kein Raum ist. Daß das Vorsichtsverfahren — eben wegen der bei ihm im Vordergrunde stehenden Dringlichkeit — von den Hemmungen der Vorleistungspflicht befreit sein sollte, geht auch daraus vor, daß für die erste Instanz unstreitig eine solche nicht angeordnet wurde; so wenig wie hier auf dem Wege der Analogie § 74 Abs. 2 angewendet werden darf und angewendet wird, so wenig darf in zweiter Instanz § 519 Abs. 6 ZPO. direkt (durch Umdeutung des Wortes „Prozeßgebühr") oder analog angewendet werden[19]).

---

16) A. M.: Rittmann-Wenz § 32 Anm. 14.

17) Ebenso: Baumbach § 32 Anm. 5; OLG. Stuttgart ZDJustAmtm. 1927, 385; OLG. Karlsruhe Recht 1927 Nr. 444; OLG. Dresden SächsOLG. 33, 521. A. M.: Rittmann-Wenz § 32 Anm. 15; Jonas § 32 Anm. 5d; Sydow-Busch-Krieg[11] § 32 Anm. 8; Wenz ZDJustAmtm. 1927, 385.

18) Vgl. Walter-Joachim-Friedlaender RAGebO. § 52 Anm. 6 mit Nachweisen.

18a) OLG. Düsseldorf Bbl. 1927, 159 entschied zutreffend einen Fall, in dem sich die „Hauptsache" nach Berufungseinlegung erledigt und Urteil nur im Kostenpunkt erlassen wurde. Es wurde eine 3/4 Gebühr aus dem Streitwert der einstw. Verfügung und ein Zuschlag in Höhe von 3/4 aus dem Streitwert der Kosten zugebilligt. Eine Reduktion nach § 14 Abs. 2 GKG. kam nicht in Frage.

19) Die Praxis hat sich anscheinend immer mehr der gegenteiligen Ansicht angeschlossen: so KG. JW. 1924, 61[2]; 419[14]; 1926, 2474[3] und 1928, 1520[14] (die letztere Entsch. ist vom

V. **Die Abgrenzung der verschiedenen Instanzen (Rechtsstreite) gegeneinander.** 26

1. Jedes Vorsichtsverfahren[20]), sei es Anordnungs- sei es Aufhebungsverfahren, bildet kostenrechtlich gegenüber dem Hauptprozeß oder sonstigen Prozeßverfahren einen besonderen Rechtsstreit[21]) (§ 35 Abs. 1 GKG.). Die Kosten sind völlig unabhängig voneinander zu berechnen, auch wenn die Verfahren prozessual miteinander verbunden sind. Auch eine Zusammenrechnung der Streitwerte findet nicht statt.

27 2. Das Anordnungs- wie das Aufhebungsverfahren sind gegenüber dem Vollzugsverfahren (Zwangsvollstreckung) stets gesonderte Instanzen. Das gilt auch dann, wenn sie äußerlich verbunden sind: wenn z. B. Arrest und Forderungspfändung mit demselben Gesuch beantragt und durch denselben Beschluß angeordnet wurden: hier fallen die Gebühr des § 32 und die des § 34 Nr. 2 nebeneinander an (§ 35 GKG.)[22]).

28 3. Werden in einem Gesuch für denselben Anspruch[22a]) ein Arrest und eine einstweilige Verfügung beantragt oder ein dinglicher und ein persönlicher Arrest, so ist die Gebühr nur einmal zu berechnen; es liegt nur ein Verfahren vor. Das ändert sich auch nicht, wenn gesonderte Entscheidungen ergehen, z. B. der Arrest erlassen, die einstw. Verfügung zunächst abgelehnt und erst auf Beschwerde erlassen, dann gegen beide Vorsichtsverfügungen getrennt Widerspruch eingelegt und in zwei Urteilen darüber entschieden wird. Erst mit der förmlichen Trennung nach § 145 ZPO. tritt auch gebührenrechtlich die Spaltung in zwei Rechtsstreite ein, ebenso wie im Prozeßverfahren in ähnlichen Fällen.

Entsprechendes gilt, wenn Arreste und einstw. Verfügungen in einem Gesuch für mehrere Ansprüche beantragt werden; nur findet hier gemäß § 5 ZPO. Zusammenrechnung der Streitwerte statt.

29 Werden dagegen mehrere Vorsichtsverfahren selbständig neben- oder nacheinander anhängig gemacht, so handelt es sich stets — bis zur förmlichen Verbindung durch das Gericht — um besondere Rechtsstreite, auch wenn der zu sichernde Anspruch derselbe ist. Die Gebührenerhebung und Streitwertberechnung findet also in jedem dieser Fälle unabhängig von den anderen Fällen statt[23]).

30 4. Das Anordnungsverfahren bildet, wie wir oben (Anm. 2) gesehen haben, in sich einen Rechtsstreit (vorbehaltlich der Scheidung in den ersten Rechtszug und das Berufungsverfahren). Das Gesetz betont diese Einheitlichkeit des (erstinstanziellen) Anordnungsverfahrens noch besonders hinsichtlich des Verhältnisses des amtsgerichtlichen Verfahrens nach § 942 ZPO. und des Rechtfertigungsverfahrens (§ 32 Abs. 3 GKG.). Es gibt nun aber Fälle, in denen es zweifelhaft erscheint, ob die Einheit nicht als durchbrochen betrachtet werden muß: so wenn gegen die nach § 942 Abs. 1 ZPO. erlassene einstw. Verfügung beim (unzuständigen) Amtsgericht Widerspruch eingelegt und gleichzeitig oder nach Verwerfung des Widerspruchs das Rechtfertigungsverfahren beim Landgericht fortgeführt wurde. In solchen Fällen sind erkennbar mehrere selbständige Verfahren gewollt; jeder der mehreren Anträge strebt eine eigene Entscheidung über dieselbe Sache an; die Fälle sind — obwohl Rechtsmittel nicht vorliegen — entsprechend gelagert wie etwa jene, in denen zuerst eine unzulässige Be-

---

20. Senat erlassen, dem jetzt alle Kostensachen übertragen sind: JW. 1928, 1519 unten); diese Entsch. erscheint ausführlicher in BuschsZ. mit eingehender Anm. M. Friedlaender. Ebenso: Baumbach § 32 Anm. 1. Dagegen (ausführlich): M. Friedlaender JW. 1924, 419; ferner Jonas § 32 Anm. 5c; Rittmann-Wenz § 32 Anm. 14; Sonnen JW. 1925, 1355; Geiershöfer JW. 1926, 2474 [3]; Sydow-Busch-Krieg [11] § 32 Anm. 8; OLG. 43, 147; JW. 1925, 2638 [3] u. a.

[20]) S. oben Fußnote 1.

[21]) So die allgemeine Meinung. S. oben Vorb. zu §§ 32—35 Anm. 3.

[22]) S. Vorb. zu §§ 32—35 Anm. 7.

[22a]) Vgl. M. Friedlaender JW. 1926, 722.

[23]) Vgl. z. B. Walter-Joachim-Friedlaender § 28 Anm. 6. Es kommt nicht selten vor, daß nach Ablauf der Vollzugsfrist des § 929 Abs. 2 ZPO. ein neuer Arrest nur deshalb erwirkt wird, weil der erste nicht rechtzeitig vollzogen werden konnte. Auch hier entsteht die Gebühr von neuem.

rufung und nach Zurücknahme oder Verwerfung derselben eine zulässige Berufung eingelegt wurde (§ 25 Anm. 9). In den hier gekennzeichneten Fällen liegen daher mehrere selbständige Verfahren vor, die auch gebührenrechtlich gesondert zu behandeln sind.

Dabei trifft in jeder dieser „Instanzen" die Haftung aus § 77 den ursprünglichen Antragsteller. Das Verfahren ist ein einheitliches bis zur Geltendmachung des zweiten Rechtsbehelfes. Von da an ist es in zwei selbständige Verfahren mit einheitlichem Ursprung gespalten. Jetzt kann sich auch ergeben, daß verschiedene Streitwerte zur Anwendung kommen. Beispiel: gegen eine einstweilige Verfügung, die das Amtsgericht nach § 942 Abs. 2 Satz 1 ZPO. auf Vormerkung eines Betrages von 10000 RM. erlassen hat, legt der Antragsgegner beim Amtsgericht Widerspruch ein. Das Amtsgericht verwirft den Widerspruch wegen Unzuständigkeit durch Urteil. Dann legt dieselbe Partei zum LG. nur wegen 6000 RM. „Widerspruch" ein, über den auch Urteil ergeht. Hier entsteht zunächst eine halbe Gebühr aus 10000 RM. (= 65 RM.), die sich auf die volle Gebühr (= 130 RM.) durch das amtsgerichtliche Urteil erhöht; dann tritt im landgerichtlichen Verfahren die Erhöhung aus 6000 RM., also um 45 RM., ein.

31 5. Daß mehrere Aufhebungsverfahren nacheinander stattfinden, kann leicht vorkommen, namentlich wenn die Aufhebung wegen veränderter Umstände beantragt wird und dieser Antrag zunächst keinen Erfolg hat. Auch nebeneinander ist eine Mehrheit von Aufhebungsverfahren denkbar. Sie werden in beiden Fällen auch kostenrechtlich völlig gesondert behandelt. Sind sie aber prozessual miteinander verbunden, sei es durch einen einheitlichen Aufhebungsantrag sei es durch Gerichtsbeschluß, so liegt von der Verbindung ab auch kostenrechtlich ein Verfahren über die Aufhebung der gleichen Verfügung vor, in dem die verschiedenen „Anträge" nur noch als verschiedene Begründungen für die Aufhebung erscheinen.

32 6. Wird gegen verschiedene Urteile, die in einem oder mehreren Vorsichtsverfahren ergangen sind, Berufung eingelegt, so ist jedes Berufungsverfahren von den anderen auch kostenrechtlich vollständig getrennt, solange nicht eine Verbindung durch Gerichtsbeschluß eintritt. Ist dies der Fall, so gelten von da ab hinsichtlich der Streitwertberechnung die allgemeinen Regeln: Zusammenrechnung bei mehreren Ansprüchen; keine Zusammenrechnung, wenn nur ein und derselbe Anspruch in Frage steht.

33 7. Das Beschwerdeverfahren ist stets eine selbständige Instanz und steht weder mit dem Anordnungs- noch mit dem Aufhebungsverfahren in gebührenrechtlichem Zusammenhang. Es untersteht den Regeln des § 38 GKG., darunter der Spezialvorschrift des § 38 Abs. 1 Satz 2.

§ 33.

Die Hälfte der Gebühr (§ 8) wird erhoben:

1. für das Verfahren über Anträge auf Sicherung des Beweises;

2. für das Verfahren über Anträge auf Entmündigung oder auf Wiederaufhebung einer Entmündigung, soweit die Amtsgerichte zuständig sind;

3. für das Verteilungsverfahren;

4. für das Verfahren der Zwangsvollstreckung zur Erwirkung von Handlungen und Unterlassungen gemäß §§ 887, 888, 890 der Zivilprozeßordnung;

5. für das Verfahren über Anträge auf Abnahme des Offenbarungseides einschließlich der Anträge auf Erzwingung der Eidesleistung;

6. für das Aufgebotsverfahren sowie für das Verfahren über Anträge auf Anordnung der Zahlungssperre gemäß § 1020 der Zivilprozeßordnung;

7. für das Verfahren bei Ernennung oder Ablehnung eines Schiedsrichters,

bei Erlöschen eines Schiedsvertrags oder bei Anordnung der von den Schiedsrichtern für erforderlich erachteten richterlichen Handlungen.

Die Gebühr wird nicht erhoben, wenn der das Verfahren einleitende Antrag vor einer gerichtlichen Verfügung zurückgenommen wird.

Vorbemerkung.

§ 33 behandelt eine Reihe von Fällen, in denen nur die Hälfte der Sätze des § 8 als einmalige Verfahrensgebühr erhoben wird.

Übersicht.

I. Allgemeines.

1. § 33 betrifft ebenso wie § 32 lauter Fälle, in denen für ein ganzes Verfahren 1
eine Einheitsgebühr festgesetzt wird. Diese Gebühr beträgt auch hier die Hälfte der Sätze des § 8. Sie erhöht oder mindert sich niemals; im Falle der Zurücknahme nach Abs. 2 kommt sie ganz in Wegfall (Abs. 2 wurde erst durch die Novelle vom 28. Januar 1927 beigefügt, ebenso wie die entsprechenden Vorschriften des § 32 Abs. 1 Satz 3, Abs. 2 Satz 2, des § 34 Abs. 2 usw.).

2 2. Jedes Verfahren der in § 33 bezeichneten Art gilt für die Gebührenerhebung als besonderer Rechtsstreit (§ 35 Abs. 1). Dieser Satz bereitet keine Schwierigkeiten, soweit es sich um die Abgrenzung der einzelnen Verfahrenstypen gegeneinander oder gegenüber einer außerhalb des § 33 liegenden Verfahrensart handelt (etwa um das gebührenrechtliche Verhältnis des Beweissicherungsverfahrens gegenüber dem Prozeßverfahren). Schwierigkeiten können dagegen innerhalb des einzelnen Verfahrenstypus entstehen: etwa beim Beweissicherungsverfahren, wenn zu entscheiden ist, ob ein solches Verfahren vorliegt oder mehrere.

3 3. Die Zurücknahme, von welcher § 33 Abs. 2 spricht, erfolgt in allen hier einschlägigen Fällen durch bloße Erklärung des Antragstellers gegenüber dem Gericht. Der das Verfahren einleitende Antrag, dessen Zurücknahme die Gebührenfreiheit begründet, ist derjenige an das ordentliche Gericht gestellte Antrag, der prozessual und gebührenrechtlich das gerichtliche Verfahren in Fluß brachte (vgl. § 77); welcher Antrag dies in den einzelnen Fällen ist, wird bei den betreffenden Verfahrensarten zu erörtern sein. Die Zurücknahme muß, soll sie gebührenbefreiend wirken, vor einer gerichtlichen Verfügung erfolgen. Eine gerichtliche Verfügung im Sinne dieser Vorschrift ist nur eine solche, die dazu bestimmt ist, an die Außenwelt zu dringen. Bloß interne Verfügungen gegenüber anderen Organen des Gerichts (wie etwa die Anordnung des Richters, daß ein anderer Beamter einen Beschluß bestimmten Inhalts entwerfen solle) fallen nicht unter § 33 Abs. 2. Die Verfügung ist aber erlassen, sobald das Gericht sie in fertigem Zustand zum Zwecke der Bekanntmachung an die zu benachrichtigenden Parteien der Geschäftsstelle übergeben hat.

4 **II. Die einzelnen Fälle des § 33.**

A. Das Beweissicherungsverfahren.

1. Das Beweissicherungsverfahren, um das es sich hier handelt, ist geregelt in den §§ 485 bis 494 ZPO. Nur dieses Verfahren kommt hier in Betracht. Sonderbestimmungen sind enthalten in § 14 Binnenschiffahrtsges. und § 11 FlößereiG.[1]). Danach findet § 33 in den dort behandelten Fällen der „Verklärung" Anwendung: Die Gebühr mindert sich jedoch auf 1/4 der Gebühr des § 8 und beträgt höchstens 30 RM.

5 2. Das Beweissicherungsverfahren, das stets durch einen bei Gericht zu stellenden Antrag — sei es von dem Gläubiger sei es von dem Schuldner, zur Wahrung oder zur Abwehr eines Anspruchs — eingeleitet wird, kann sich formell innerhalb eines anhängigen Rechtsstreits oder in einem selbständigen Verfahren, beim Prozeßgericht oder vor dem im § 486 Abs. 2 ZPO. bezeichneten Amtsgericht abspielen. In allen Fällen aber ist das Beweissicherungsverfahren gegenüber dem Prozeßverfahren kostenrechtlich ein vollkommen gesonderter Rechtsstreit. Schwebt der Hauptprozeß in der Berufungsinstanz, so tritt keine Erhöhung der Gebühr des § 33 Nr. 1 ein[2]).

6 3. Die Verfahrensgebühr des § 33 Nr. 1 umfaßt das ganze Beweissicherungsverfahren, nicht nur das Anordnungsverfahren, sondern auch die Beweiserhebung selbst. Dies schließt nach dem oben Gesagten nicht aus, daß die Heranziehung und Verwertung der Beweissicherungsakten im Hauptprozeß eine Beweisgebühr begründen kann. — Die Bestellung eines Vertreters gemäß § 494 Abs. 2 ZPO. fällt ebenfalls unter die Gebühr des Beweissicherungsverfahrens[3]). Dagegen fällt ein etwaiges Beschwerdeverfahren unter § 38 GKG.

7 4. Das Gesuch um Beweissicherung muß sich auf die Erhebung bestimmter Beweise richten: auf bestimmte Beweistatsachen und bestimmte Beweismittel; die zu vernehmenden Zeugen und Sachverständigen sind zu benennen (§ 487 Nr. 2 und 3 ZPO.). An die Benennung ist das Gericht gebunden. Daher ist grundsätzlich ein neuer

---

[1]) RGBl. 1898, 868; 1895, 341 (Fassung der VO. vom 13. Dez. 1923 Art. III b).

[2]) Jonas § 33 Anm. 1.

[3]) Jonas § 33 Anm. 1; Baumbach § 33 Anm. 1; Rittmann-Wenz § 33 Anm. 2.

Antrag, der einen ganz neuen Tatsachenkomplex unter Beweis stellt oder neue Beweismittel anführt, als Einleitung eines neuen Beweissicherungsverfahrens anzusehen. Er unterliegt ja auch neuer Prüfung und Entscheidung seitens des Gerichts. Ob man eine bloße Ergänzung des Antrags in den Fällen annehmen darf, in denen statt eines Beweismittels ein anderes gleichartiges (statt des Zeugen A der Zeuge B) benannt wird[4]), erscheint sehr fraglich. Wir möchten die Frage nach dem oben Gesagten verneinen. Offenbare Ergänzungen und Berichtigungen des Antrages (wie Ergänzungen des Tatbestandes, Berichtigungen des Namens, der Adressen usw.) berühren natürlich die Identität des Antrages nicht.

Stellt der Gegner des Antragstellers seinerseits einen Beweissicherungsantrag, was insbesondere auch der Fall ist, wenn er zu dem vom Antragsteller angegebenen Beweisthema „Gegenbeweise" anbietet, so ist dieser Antrag des Gegners gebührenrechtlich stets als Einleitung eines besonderen Beweissicherungsverfahrens anzusehen[5]). Anders, wenn der Gegner sich auf die Abwehr des Antrags der anderen Partei beschränkt, z. B. den von dieser benannten Sachverständigen ablehnt[6]) oder anregt, das Gericht möge neben den von dem Antragsteller benannten Sachverständigen selbst von Amts wegen einen Sachverständigen ernennen[7]).

5. Der **Streitwert** des Beweissicherungsverfahrens bestimmt sich nach dem Wert 8
des Anspruchs, dessen Geltendmachung oder Abwehr der Antragsteller durch die Beweisaufnahme sicherstellen will. Ist der Hauptprozeß anhängig, so richtet sich der Streitwert nach dem des Hauptprozesses; bildet der bestrittene Anspruch, um dessen Feststellung oder Abwehr es sich handelt, nur einen Teil des im Hauptprozesse geltend gemachten Anspruchs, so ist auch nur dieser Teil maßgebend. Anderseits kann es sein, daß im Prozeß nur ein Teilanspruch geltend gemacht ist, daß der Beweissicherungsantrag aber erkennbar den ganzen Anspruch schützen will; hier ist der Wert des ganzen Anspruchs maßgebend.

Ist ein Teil des Anspruchs nach der Angabe des Antragstellers unbestritten, so daß eine Beweiserhebung hierüber nicht in Frage kommt, so scheidet der unbestrittene Teil bei der Streitwertbestimmung aus: so beträgt, wenn eine Schadensersatzforderung zu 20000 RM. festgestellt werden soll, der Beklagte aber nur den Mehrbetrag über 12000 RM. bestreitet, der Streitwert des Beweissicherungsverfahrens 8000 RM. Ist die Höhe des beanspruchten, bestrittenen Betrages noch unbestimmt, so muß eventuell der Betrag geschätzt werden, den der Gläubiger geltend machen will; dies ist, wenn keine Höchstsumme genannt wird, mindestens der Betrag, der durch die Beweissicherung oder eine spätere Beweiserhebung festgestellt wird.

Zuweilen ist es unbestimmt, welchem von mehreren wahlweise nebeneinander zur Verfügung stehenden Ansprüchen der Beweissicherungsantrag dienen soll: der Käufer hat sich noch nicht entschieden, ob er wegen Mangelhaftigkeit der Kaufsache Wandlung oder Minderung oder vertragsmäßige Erfüllung verlangen will. Hier ist der höchste der im Laufe des Verfahrens in Betracht kommenden Werte maßgebend[8]).

---

[4]) Rittmann-Wenz § 33 Anm. 1 nimmt gebührenrechtliche Einheit des Verfahrens an, wenn nur wegen Ablehnung oder Verhinderung der ernannten Sachverständigen andere ernannt werden müssen. Ebenso: Rittmann § 36 Anm. 5. — Baumbach § 33 Anm. 1 sagt richtig: „jeder neue Antrag begründet eine neue Gebühr" (ebenso RGZ. 15, 417); er fügt aber bei: „anders, wenn ein alter Antrag vor Abschluß des Verfahrens ergänzt wird". Rittmann-Wenz § 33 Anm. 1 nimmt Identität des Verfahrens nur an, wenn die Erhebung weiterer Beweise vom Antragsteller vor Erlaß einer Entsch. beantragt wird. Nicht richtig auch: OLG. Frankfurt a. M. Recht 14 Nr. 3828.

[5]) Ebenso: Rittmann-Wenz § 33 Anm. 1; Baumbach § 33 Anm. 1.

[6]) Nach der herrschenden Meinung ist dies prozessual nicht zulässig, was aber gebührenrechtlich keine Rolle spielt.

[7]) Stein-Jonas § 486 zu Nr. 3 Note 5.

[8]) Vgl. zum Vorstehenden: Rittmann-Wenz § 33 Anm. 1; Jonas § 33 Anm. 3; Baumbach § 33 Anm. 1; KG. OLG. 19, 50. Mit Recht wird allgemein darauf hingewiesen, daß der Streitwert nicht etwa durch das (prozessuale) Interesse des Antragstellers an der Sicherstellung des Beweismittels bestimmt werde. Vgl. §§ 9—15 Anm. 18.

8a Wird im Beweissicherungsverfahren ein Vergleich über den Anspruch selbst geschlossen, so kann neben der Gebühr des § 33 Nr. 1 eine Gebühr aus § 36 anfallen. Sie wird nur aus dem Betrage erhoben, um den der Wert des Vergleichsgegenstandes den Streitgegenstand des Beweissicherungsverfahrens übersteigt. Vgl. § 36 Anm. 4.

9 6. Die Gebühr wird *fällig* mit Einreichung des Beweissicherungsantrags. *Gebührenschuldner* nach § 77 ist der Antragsteller (s. o. Anm. 7). Eine Kostenentscheidung, die eine Haftung aus § 79 begründet, ergeht im Beweissicherungsverfahren nicht; wohl aber kann sie im Hauptprozeß ergehen[9]). Hinsichtlich des in diesem Verfahren besonders wichtigen *Auslagenvorschusses* vgl. § 84.

10 7. *Der das Verfahren einleitende Antrag*, dessen Zurücknahme vor einer gerichtlichen Verfügung den Wegfall der Gebühr zur Folge hat, ist *der Beweissicherungsantrag*. Die „gerichtliche Verfügung", deren Erlaß die Gebührenfreiheit ausschließt, braucht keineswegs die sachliche Entscheidung über den Beweissicherungsantrag zu sein; es genügt z. B. eine Zwischenverfügung[10]) (etwa behufs Ergänzung des Antrags) oder die Anordnung, daß mündlich zu verhandeln sei. Im übrigen s. o. Anm. 3.

11 B. *Das Entmündigungsverfahren.*

1. Es handelt sich, wie das Gesetz ausdrücklich hervorhebt, nur um das *amtsgerichtliche Entmündigungsverfahren*, nicht etwa um die *Prozesse*, die mit dem Ziele der Anfechtung oder Wiederaufhebung der Entmündigung beim Landgerichte anhängig gemacht werden (§§ 664 ff., 679, 684, 686 ZPO.). Beim Amtsgerichte wiederum kommen in Betracht: das Verfahren, das auf Entmündigung wegen Geisteskrankheit, Geistesschwäche, Verschwendung oder Trunksucht gerichtet ist (§§ 645 ff., 680 ff., 687 ZPO.) und das Verfahren, das sich auf Wiederaufhebung einer solchen Entmündigung richtet (§§ 675—678, 685, 687 ZPO.). Auch hier ist nur das in der ZPO. behandelte Entmündigungsverfahren gemeint, nicht etwa das Verfahren vor dem Vormundschaftsgerichte, das neben dem Entmündigungsverfahren einherläuft oder durch die Mitteilung nach § 657 ZPO. veranlaßt wird. *Das Beschwerdeverfahren* (§§ 663, 680 Abs. 3, 678 Abs. 2 ZPO.) ist auch hier eine selbständige Instanz, die kostenrechtlich den Vorschriften des § 38, nicht des § 33 Nr. 2 unterliegt.

12 2. Die Verfahrensgebühr des § 33 Nr. 2 umfaßt das ganze Verfahren einschließlich aller Einzelmaßnahmen bis zur Entscheidung des Amtsgerichts über den Entmündigungs- oder Aufhebungsantrag. Die Überweisung von einem Amtsgericht an ein anderes (§§ 650, 651 ZPO.) hat auf die Einheit des Verfahrens keinen Einfluß. *Dagegen sind Entmündigungsverfahren und Aufhebungsverfahren stets voneinander getrennte Rechtsstreite*; dies kann schon nach ihrer *prozessualen* Verschiedenartigkeit und Sonderung einem Zweifel nicht unterliegen[11]).

Wird in *einem* Antrag die Entmündigung derselben Person aus verschiedenen Gründen kumulativ oder im Eventualverhältnis (etwa wegen Geistesschwäche, eventuell wegen Trunksucht oder wegen Verschwendung und Trunksucht) beantragt[12]), so liegt bis zu einer eventuellen gerichtlichen Trennung nur *ein* Entmündigungsverfahren vor. Richtet sich *ein* Entmündigungsantrag gegen mehrere Personen, so ist das gleiche der Fall; doch handelt es sich hier um Geltendmachung mehrerer selbständiger Ansprüche; daher findet Zusammenrechnung der einzeln festzustellenden Streitwerte statt[13]). Durch

---

[9]) Vgl. *Baumbach* ZPO.[3] Übersicht vor § 485 Anm. 2. S. auch unten § 79 Anm. 18.

[10]) *Jonas* § 33 Anm. 1.

[11]) Gl. M.: *Rittmann-Wenz* § 33 Anm. 11.

[12]) Darüber, inwieweit eine solche Verbindung prozessual zulässig ist, vgl. *Baumbach* ZPO.[3] § 645 Anm. 2; § 680 Anm. 1.

[13]) D. h. es muß der Mindeststreitwert des § 11 bei *jedem* Anspruch vorhanden sein. Ebenso: *Jonas* § 33 Anm. 9.

eine Mehrheit von Antragstellern[14]) wird die Einheit des Verfahrens und des Anspruchs nicht berührt.

3. Die Gebühr wird fällig mit Stellung des Antrages auf Entmündigung oder Wiederaufhebung derselben (§§ 646, 647, 675, 680, 685 ZPO.) Gebührenschuldner nach § 77 ist der Antragsteller. Die Kosten des Verfahrens werden, wenn die Entmündigung wegen Geisteskrankheit oder Geistesschwäche beantragt ist, nach § 658 ZPO. dem Entmündigten auferlegt, falls die Entmündigung erfolgt, andernfalls (z. B. auch bei Einstellung wegen Ablebens des zu Entmündigenden) der Staatskasse. Sie können nach Ermessen des Gerichts ganz oder teilweise dem Antragsteller auferlegt werden, wenn diesen bei Stellung des Antrags ein Verschulden trifft. Sie treffen bei Zurücknahme des Antrags nach einer allerdings bestrittenen Ansicht stets den Antragsteller[15]). Schuldner nach § 79 kann also je nach dem Ausfall der Kostenentscheidung der Entmündigte, der Staat oder der Antragsteller sein. 13

Der Umstand, daß der Antragsteller regelmäßig nicht in die Kosten verurteilt werden wird, bildet für den Staat keinen Grund, die mit Stellung des Antrags eintretende Fälligkeit der Gebühr nicht alsbald geltend zu machen[16]). Die Erhebung der Gebühr bei Antragstellung hat den Zweck, den Staat für alle Fälle sicher zu stellen: sei es, daß der zu Entmündigende zahlungsunfähig ist oder wird, sei es, daß der Antrag zurückgenommen wird, sei es, daß dem Antragsteller wegen Verschuldens die Kosten auferlegt werden.

Im Wiederaufhebungsverfahren bestimmt sich die Kostenpflicht und damit die Kostenschuld aus § 79 nach §§ 677 ZPO.; bei Anträgen auf Entmündigung oder Aufhebung der Entmündigung wegen Verschwendung oder Trunksucht nach §§ 682, 685 ZPO.[17]).

4. Der das Verfahren einleitende Antrag im Sinne des § 33 Abs. 2 ist der an das Amtsgericht gestellte Antrag auf Entmündigung oder Aufhebung der Entmündigung. Die gerichtliche Verfügung, deren Erlaß die Gebührenfreiheit bedingt, braucht nicht die endgültige Entscheidung zu sein; es genügt irgendeine Anordnung, eine Zwischenverfügung, eine Überweisung nach § 650 ZPO., eine Verfügung nach § 653 ZPO. usw. 14

5. Für den **Streitwert** gilt § 11 GKG. Über die Zusammenrechnung der Streitwerte, wenn ein Antrag sich gegen mehrere Personen richtet, s. o. Anm. 12. 14a

C. Das Verteilungsverfahren. 15

1. Nach § 872 ZPO. tritt das Verteilungsverfahren ein, wenn bei der Zwangsvollstreckung in das bewegliche Vermögen ein Geldbetrag hinterlegt ist, welcher zur Befriedigung der beteiligten Gläubiger nicht hinreicht. In Betracht kommen die Fälle der §§ 827, 853, 854 ZPO.; ferner nach § 858 Abs. 6 ZPO. der dort behandelte Fall.

Das Verteilungsverfahren bedarf keines Antrages; es ist vielmehr von Amts wegen zu eröffnen, sobald die gesetzlichen Voraussetzungen vorliegen. Nach Eingang der Anzeige über die Sachlage (die im Falle der §§ 827, 854 ZPO. durch den Gerichtsvollzieher, im Falle des § 853 ZPO. durch den Drittschuldner erfolgt und mit der Hinterlegung zu verbinden ist), im Falle des § 858 Abs. 6 nach Anordnung

---

[14]) Stein-Jonas § 646 Anm. III.

[15]) So: Baumbach ZPO.[3] § 658 Anm. 1; KG. BuschsZ. 13, 404; Stein-Jonas § 658 Anm. II. A. M.: Förster-Kann § 658 Anm. 1.

[16]) Rittmann-Wenz meint (§ 33 Anm. 9), diese Geltendmachung „verbiete sich von selbst". Bei § 77 Anm. 3b verneint er direkt die Anwendbarkeit des § 77 auf die Entmündigungsanträge wegen Geisteskrankheit und Geistesschwäche. Richtig: Jonas § 33 Anm. 7; Baumbach § 33 Anm. 2.

[17]) Über den Fall, daß ein Antrag auf Entmündigung wegen Geistesschwäche und Verschwendung zurückgewiesen wird, vgl. Jonas § 33 Anm. 7 (Staatskasse und Antragsteller haben die Kosten je zur Hälfte zu tragen, wenn den Antragsteller kein Verschulden trifft).

und Vollzug der Hinterlegung hat das Vollstreckungsgericht an jeden der beteiligten Gläubiger die Aufforderung zu erlassen, binnen zwei Wochen eine Berechnung der Forderung an Kapital, Zinsen, Kosten und sonstigen Nebenforderungen einzureichen (§ 873 ZPO.). Diese Aufforderung stellt regelmäßig die Einleitung des Verteilungsverfahrens dar; immer muß durch eine gerichtliche Verfügung klargestellt werden, daß das Gericht die gesetzlichen Voraussetzungen des Verteilungsverfahrens (§§ 872, 858 ZPO.) als vorhanden ansieht und daß das Verfahren begonnen hat[18]). Erst mit der Einleitung des Verfahrens durch das Gericht entsteht daher die Gebühr (§ 74 Abs. 1 Halbsatz 2)[19]).

16 Stellt ein Gläubiger, der Drittschuldner oder eine andere Person einen „Antrag" auf Einleitung des Verteilungsverfahrens, so erwächst hiedurch keine Gebühr aus § 33 Nr. 3, auch wenn ein Beschluß auf Ablehnung ergeht; Antrag und Beschluß gehören keinesfalls zum Verteilungsverfahren; vgl. auch die Fassung des § 33 Nr. 3 (die Gebühr wird erhoben „für das Verteilungsverfahren") im Gegensatz zu § 33 Nr. 1, 2, 5 usw. („für das Verfahren über Anträge auf ...").

17 2. Das Verteilungsverfahren, dessen sämtliche Stadien durch die Gebühr des § 33 Nr. 3 abgegolten werden, umfaßt nicht die daraus entstehenden oder darauf bezüglichen Prozesse, wohl aber das „anderweite Verteilungsverfahren", das gemäß § 880 ZPO. in dem Urteil des Widerspruchsprozesses angeordnet und auf Grund des Urteils durchgeführt wird (§ 882 ZPO.)[20]), ebenso wie die Ausführung des Teilungsplanes vor oder nach Erlassung eines Urteils.

18 3. Der Wert des Verteilungsverfahrens bestimmt sich nach dem zu verteilenden Betrage, also nach der hinterlegten Summe nebst den Zinsen bis zum Tage der Aufstellung des endgültigen Teilungsplanes; bei früherer Erledigung des Verfahrens: bis zu dieser. Die Kosten des Verfahrens werden zwar nach § 874 Abs. 2 von der Teilungsmasse vorweg entnommen; sie mindern aber nicht den Gegenstandswert[21]). Übersteigt die Masse den endgültig zu verteilenden und für Kosten zu verwendenden Betrag, so ist nur dieser maßgebend[22]).

Erfolgt auf Grund mehrfacher Pfändung derselben Forderung, **die in fortlaufenden Bezügen besteht** (§ 832 ZPO.), die Hinterlegung in mehreren Abschnitten nacheinander, so läßt die Praxis ein einheitliches Verteilungsverfahren mit einem für die künftigen Hinterlegungen im voraus aufgestellten Teilungsplan[23]) oder auch mehreren nacheinander errichteten Teilungsplänen zu. Dieses nimmt also mit jeder neuen Hinterlegung von selbst seinen Fortgang. Das Verfahren ist auch kostenrechtlich einheitlich zu behandeln[24]). Maßgebend ist also der schließlich sich ergebende Gesamtbetrag der Teilungsmasse. Erhoben wird bei der ersten Verteilung die Gebühr aus dem zunächst verteilten Betrag (z. B. bei 2000 RM.: 25 RM.); bei späteren Verteilungen die Differenz der Gebühr aus dem höheren Gesamtbetrage und der Gebühren aus den bisher verteilten Beträgen (neue Verteilung: 1000 RM. Gesamtbetrag 3000 RM.; Gesamtgebühr: 30 RM. Differenz, die erhoben wird: 5 RM.).

---

[18]) Dies ist um so notwendiger, als es Fälle gibt, in denen das Vorliegen dieser Voraussetzungen nicht ohne weiteres klar liegt: so bei Hinterlegung durch den Drittschuldner (§ 853 ZPO.), die auch erfolgen kann, wenn der Geldbetrag zur Befriedigung der Gläubiger hinreicht. Dann ist kein Verteilungsverfahren zu eröffnen, sondern eventuell die Befriedigung der Gläubiger anzuordnen. Eine Gebühr nach § 33 Nr. 3 fällt nicht an. Ebenso: Rittmann-Wenz § 33 Anm. 13; Jonas § 33 Anm. 10; Rittmann § 42 Anm. 3.

[19]) Anscheinend a. M.: Rittmann-Wenz, der (§ 33 Anm. 13) sagt, die in § 854 Abs. 2 ZPO. bezeichneten Tätigkeiten bewirkten den Eintritt des Verteilungsverfahrens und den Anfall der Gebühr.

[20]) Jonas § 33 Anm. 10; OLG. Jena SeuffA. 74, 39.

[21]) Vgl. z. B. Sydow-Busch-Krieg § 33 Anm. 3.

[22]) Rittmann-Wenz § 33 Anm. 14 (der mit Recht auf die Analogie des § 6 hinweist).

[23]) Vgl. Stein-Jonas § 874 Anm. I: „Gehaltsabzugsverfahren".

[24]) So die allgemeine Ansicht. Vgl. Jonas § 33 Anm. 11; Rittmann-Wenz § 33 Anm. 15; Rittmann § 42 Anm. 9.

4. Fällig ist die Gebühr an sich mit der ersten gerichtlichen Handlung, also mit der Einleitung des Verteilungsverfahrens durch das Gericht (§ 74 Abs. 1 Halbsatz 2; s. o. Anm. 15)[25]). Praktisch ist dies aber nicht von großem Belang, da die Gebühr regelmäßig aus der Masse vorweg entnommen und ihre Höhe meist nicht vor der ersten Verteilung festgestellt wird. Eine Haftung aus § 77 kommt nicht in Frage, da ein Antragsteller nicht vorhanden ist. Wohl aber haftet nach § 88 GKG. mit § 788 ZPO. auch der Vollstreckungsschuldner für die Gebühr. 19

5. Gebührenfreiheit wegen Antragszurücknahme (§ 33 Abs. 2) kommt hier nicht in Frage, da das Verteilungsverfahren durch keinen Antrag eingeleitet wird. Vor Eröffnung des Verfahrens durch das Gericht erwächst keine Gebühr; nach der Eröffnung ist ein Fortfall nicht vorgesehen[26]). 20

D. Das Verfahren zur Erwirkung von Handlungen und Unterlassungen. 21

1. § 33 Nr. 4 setzt die Verfahrensgebühr in Höhe der halben Sätze des § 8 fest für das Verfahren der Zwangsvollstreckung zur Erwirkung von Handlungen und Unterlassungen:

a) **im Falle des § 887 ZPO.** Dieser lautet:

Erfüllt der Schuldner die Verpflichtung nicht, eine Handlung vorzunehmen, deren Vornahme durch einen Dritten erfolgen kann, so ist der Gläubiger von dem Prozeßgericht erster Instanz auf Antrag zu ermächtigen, auf Kosten des Schuldners die Handlung vornehmen zu lassen.

Der Gläubiger kann zugleich beantragen, den Schuldner zur Vorauszahlung der Kosten zu verurteilen, welche durch die Vornahme der Handlung entstehen werden, unbeschadet des Rechtes auf eine Nachforderung, wenn die Vornahme der Handlung einen größeren Kostenaufwand verursacht.

Auf die Zwangsvollstreckung zur Erwirkung der Herausgabe oder Leistung von Sachen finden die vorstehenden Bestimmungen keine Anwendung.

Dieses ganze Verfahren einschließlich der Ermächtigung nach Abs. 1 und der Verurteilung zur Vorauszahlung nach Abs. 2 wird durch die Gebühr des § 33 Nr. 4 abgegolten, auch wenn eine mündliche Verhandlung stattfand oder eine erhöhte Vorauszahlung nachträglich beantragt wird[27]). Dagegen fällt die Beitreibung auf Grund des in Abs. 2 vorgesehenen Beschlusses nicht unter § 33 Nr. 4, sondern eventuell unter § 34 Nr. 2 (wenn es sich z. B. um eine Forderungspfändung handelt) oder unter § 33 Nr. 5 (wenn das Offenbarungseidesverfahren beantragt wird) usw. Ein neuer Antrag nach § 887 Abs. 1 ZPO. eröffnet ein neues Verfahren, nicht dagegen eine bloße Ergänzung des Antrags.

b) **im Falle des § 888 ZPO.** Dieser lautet: 22

Kann eine Handlung durch einen Dritten nicht vorgenommen werden, so ist, wenn sie ausschließlich von dem Willen des Schuldners abhängt, auf Antrag von dem Prozeßgericht erster Instanz zu erkennen, daß der Schuldner zur Vornahme der Handlung durch Geldstrafen oder durch Haft anzuhalten sei. Das Höchstmaß der Geldstrafe ist unbeschränkt.

Diese Bestimmung kommt im Falle der Verurteilung zur Eingehung

---

[25]) Baumbach § 74 Anm. 2B läßt die Fälligkeit der Gebühr erst eintreten mit der „Entscheidung"; als solche sei der Teilungsplan anzusehen, der aber erst mit Abhaltung des Verteilungstermins (§ 876 ZPO.) Bedeutung erlange. Das Stattfinden dieses Termins bestimme also den Zeitpunkt der Fälligkeit. Das wäre zutreffend, wenn nicht die Gebühr schon durch die Eröffnung des Verteilungsverfahrens, also durch eine der „Entscheidung" vorausgehende richterliche Handlung, bedingt wäre und zur Fälligkeit gelangte. Daß in diesem Moment der Streitwert meist noch nicht endgültig bestimmt werden kann, ist kein Hinderungsgrund für die Entstehung und Fälligkeit der Gebühr; diese Erscheinung kommt auch sonst nicht selten vor. Vgl. § 74 Anm. 19.

[26]) Etwas anders: Rittmann-Wenz § 33 Anm. 13. S. o. Anm. 15.

[27]) Jonas § 33 Anm. 15a.

einer Ehe, im Falle der Verurteilung zur Herstellung des ehelichen Lebens und im Falle der Verurteilung zur Leistung von Diensten aus einem Dienstvertrage nicht zur Anwendung.

Hinsichtlich der Erzwingung des materiellrechtlichen Offenbarungseides, bezüglich derer § 889 Abs. 2 ZPO. auf § 888 verweist, vgl. unten Anm. 30.

Die Gebühr des § 33 Nr. 4 umfaßt Androhung und Festsetzung der vorgesehenen Strafe wie alle sonstigen Maßnahmen, die in dem Verfahren vorkommen (mündliche Verhandlung usw.). Jeder neue Antrag nach § 888 eröffnet jedoch ein neues Verfahren, das gebührenrechtlich unabhängig von dem früheren ist[28]). Die Vollstreckung einer gemäß § 888 Abs. 1 ausgesprochenen Geldstrafe (die auf Antrag des Gläubigers erfolgt) stellt ein eigenes Verfahren dar, auf das eventuell § 34 Nr. 2 oder § 33 Nr. 5[28a]) Anwendung finden. Für die Vollstreckung der Haftstrafe ist keine Gebühr vorgesehen.

23 c) **im Falle des § 890 ZPO.** Dieser lautet:

> Handelt der Schuldner der Verpflichtung zuwider, eine Handlung zu unterlassen oder die Vornahme einer Handlung zu dulden, so ist er wegen einer jeden Zuwiderhandlung auf Antrag des Gläubigers von dem Prozeßgericht erster Instanz zu einer Geldstrafe oder zur Strafe der Haft bis zu sechs Monaten zu verurteilen. Das Maß der Gesamtstrafe darf zwei Jahre Haft nicht übersteigen. Das Höchstmaß der Geldstrafe ist unbeschränkt.
>
> Der Verurteilung muß eine Strafandrohung vorausgehen, welche, wenn sie in dem die Verpflichtung aussprechenden Urteil nicht enthalten ist, auf Antrag von dem Prozeßgericht erster Instanz erlassen wird.
>
> Auch kann der Schuldner auf Antrag des Gläubigers zur Bestellung einer Sicherheit für den durch fernere Zuwiderhandlung entstehenden Schaden auf bestimmte Zeit verurteilt werden.

Ist die Strafandrohung schon im Urteil ausgesprochen, so gehört dieser Ausspruch nicht zu der im § 33 Nr. 4 behandelten Zwangsvollstreckungsinstanz. Hier beginnt also das Verfahren erst mit dem Antrag auf Verurteilung zur Strafe oder Sicherheitsleistung. Ist die Strafandrohung nicht im Urteil enthalten, so eröffnet schon der Antrag auf Strafandrohung das Verfahren[29]). Die Strafandrohung umfaßt alle zukünftigen Zuwiderhandlungen; sie ergeht also nur einmal. Die Straffestsetzung kann wiederholt erfolgen, ebenso die Anordnung der Sicherheitsleistung. Jeder neue Antrag auf Straffestsetzung oder Sicherheitsleistung eröffnet ein neues Verfahren. Wird aber wegen mehrerer Zuwiderhandlungen nur ein Strafantrag gestellt oder wird der Strafantrag mit dem Antrag auf Sicherheitsleistung verbunden, so wird damit nur ein neues Verfahren eingeleitet. Das Verfahren, das auf Rückgabe der nach § 890 Abs. 3 geleisteten Sicherheit gerichtet ist, unterliegt keiner Gebühr nach dem GKG. Hinsichtlich der Vollstreckung des Beschlusses, durch den die Sicherheitsleistung angeordnet wurde, gilt das in Anm. 22 am Ende Gesagte: sie liegt außerhalb des Verfahrens nach § 34 Nr. 4. Ebenso die Vollstreckung der Strafe, die im Falle des § 890 ZPO. von Amts wegen auf Kosten des Staates erfolgt[30]).

24 2. Werden in demselben Gesuch Maßnahmen nach § 887 und solche nach § 888 oder 890 ZPO. beantragt, so ist zwar zunächst ein Verfahren eröffnet (Vorb. zu §§ 32—35 Anm. 8), die Gebührenberechnung erfolgt also einheitlich; aber es wird

---

[28]) Rittmann-Wenz § 33 Anm. 17; Baumbach § 33 Anm. 4 C. — Jonas § 33 Anm. 15 b spricht von erneuten Anträgen „nach Ablehnung der voraufgehenden". Er will damit offenbar nur den neuen Antrag von bloßen Antragsergänzungen unterscheiden.

[28a]) Nämlich wenn der Vollzug durch Forderungspfändung usw. oder durch Offenbarungseidesladung erfolgt.

[29]) RGZ. 42, 419 (VZS.).

[30]) Stein-Jonas § 890 Anm. III, 3; Jonas § 33 Anm. 15 d.

sich regelmäßig um mehrere Ansprüche handeln, die für die Wertbemessung zusammenzurechnen sind.

3. Der Wert des Streitgegenstandes bestimmt sich nach dem Wert des 25
Anspruchs auf die zu erzwingende Handlung oder Unterlassung [31]). Dabei wird im Falle des § 887 ZPO. meist der vorauszuzahlende Geldbetrag einen brauchbaren Maßstab bieten, im Falle des § 890 ZPO. die zuzubilligende Sicherheit. Die Höhe der Strafe ist für den Streitwert belanglos [32]).

4. Die Gebühr wird mit Stellung des Antrags fällig; der Antragsteller haftet 26
nach § 77. Außerdem haftet der Vollstreckungsschuldner nach § 88 GKG. mit § 788 ZPO.

5. Die Gebühr wird nicht erhoben, wenn der das Verfahren einleitende Antrag 27
des Gläubigers vor Erlaß einer Verfügung des Gerichts zurückgenommen wird. Die Zurücknahme erfolgt durch bloße Einreichung. Die Verfügung braucht nicht die Entscheidung über den Antrag zu sein; auch der Erlaß einer Zwischenverfügung, die Anordnung mündlicher Verhandlung usw. hindern die Gebührenfreiheit.

E. Das Offenbarungseidesverfahren. 28

1. § 33 Nr. 5 bezieht sich sowohl auf die häufigen Fälle des prozessualen Offenbarungseides (§§ 807, 883 ZPO.) als auch auf die selteneren Fälle des materiellrechtlichen Offenbarungseides (§§ 259, 260, 2006, 2028, 2057 BGB.), nicht dagegen auf den Offenbarungseid im Konkurs- und Vergleichsverfahren, dessen Gebührenfreiheit in den §§ 46 und 48a Abs. 3 GKG. geregelt ist [33]).

2. Das Verfahren behufs Abnahme des prozessualen Offenbarungseides ist in den 29
§§ 899 ff. ZPO. geregelt. Es beginnt nach § 900 ZPO. mit dem Antrag [33a]) des Gläubigers auf Terminsbestimmung. Die Gebühr des § 33 Nr. 5 dient zur Abgeltung des ganzen Verfahrens einschließlich etwaiger Verhandlungen, Entscheidungen über einen Widerspruch, der weiteren Verhandlungen nach rechtskräftiger Verwerfung des Widerspruchs, der Haftanordnung, der Eidesleistung (mag sie auch bei dem Gericht des Haftorts [§ 902 ZPO.] oder vor einem ersuchten Gericht [34]) erfolgen) usw. Auch die freiwillige Eidesleistung nach Erlaß, aber vor Vollzug des Haftbefehls gehört zu demselben Verfahren. Ruht das Verfahren und bringt es eine Partei durch neuen Antrag auf Terminsbestimmung wieder in Fluß [35]), so gilt die Gebühr auch das weitere Verfahren mit ab. Dagegen eröffnet ein neuer Antrag im Sinne des § 899 ZPO. auch gebührenrechtlich ein neues Verfahren; dies gilt auch dann, wenn der Gläubiger „Ergänzung" des Eides wegen behaupteter Unvollständigkeit des Vermögensverzeichnisses beantragt [36]).

---

[31]) Vgl. Stein-Jonas § 891 Anm. III. Dort weitere Zitate. — Maßgebend ist zunächst der Zeitpunkt der Einreichung des Antrags (§ 9 Abs. 2 Satz 2 GKG.). S. oben §§ 9—15 Anm. 61 ff.

[32]) So die allgemeine Meinung.

[33]) Das OffEidesverfahren, das auf Ersuchen der Versicherungsträger nach der RVO. und dem AngVersG. stattfindet, ist als Akt der Rechtshilfe gebührenfrei. Vgl. Jonas § 33 Anm. 19; Baumbach § 33 Anm. 5; Rittmann-Wenz § 33 Anm. 27; RG. PrJMBl. 1898, 47.

[33a]) Das verkennt Fürst in seiner Anm. zu JW. 1925, 2386 [15], wenn er annimmt, es liege „noch kein Verfahren" vor, wenn das Gericht als Antwort auf den Antrag lediglich das Protokoll über die frühere Eidesleistung zustellte (es erfolgte dann Zurücknahme und LG. Stettin erhob die Gebühr — vor Geltung der Novelle vom 28. Jan. 1927 und des § 33 Abs. 2). — LG. Berlin III erhob die Gebühr, obwohl der Antrag bedingt gestellt war: „falls Schuldner innerhalb der letzten fünf Jahre den Eid geleistet hat, bitte ich um Übersendung des Vermögensverzeichnisses und Rücksendung des Antrages". Mit Unrecht bekämpft Lutz AnwBl. 1926, 275 diese Entscheidung. S. oben Vorb. zu §§ 32—35 Fußnote 5.

[34]) Stein-Jonas § 900 Anm. III, 3.

[35]) Stein-Jonas § 900 Anm. IV, 4.

[36]) Stein-Jonas § 903 Anm. II; Jonas § 33 Anm. 17. Eine Fortsetzung des früheren Verfahrens nimmt an: OLG. 29, 260 (Breslau).

30 Das Verfahren behufs Abnahme des materiellrechtlichen Offenbarungseides kommt nur dann zur Anwendung, wenn der Schuldner zur Eidesleistung verurteilt ist (§ 889 ZPO.). Leistet er ohne Prozeß freiwillig den Eid, so gilt für das Verfahren § 163 FGG., für die Kosten Landesrecht. Im Falle des § 889 ZPO. beginnt das hier interessierende Verfahren mit dem beim Prozeßgerichte erster Instanz zu stellenden Antrage auf Terminsbestimmung zur Eidesleistung, der regelmäßig vom Gläubiger gestellt wird, aber auch vom Schuldner gestellt werden kann[37]). Erscheint der Schuldner in dem zur Eidesleistung bestimmten Termine nicht oder verweigert er die Eidesleistung, so ist nach § 888 ZPO. zu verfahren (§ 889 Abs. 2 Satz 1 ZPO.), d. h. er ist auf Antrag durch Geldstrafen oder Haft zur Eidesleistung anzuhalten. Das ganze Verfahren vom Antrag auf Terminsbestimmung ab und einschließlich des Verfahrens nach § 888 fällt hier unter § 33 Nr. 5 und es werden nicht etwa die beiden Gebühren aus § 33 Nr. 4 und 5 nebeneinander erhoben; § 33 Nr. 5 regelt ja ausdrücklich das Verfahren über Anträge auf Abnahme des Offenbarungseides einschließlich der Anträge auf Erzwingung der Eidesleistung; gilt die Bestimmung, wie mit Recht allgemein angenommen wird, auch für den materiellrechtlichen Offenbarungseid, so kann sie nur bedeuten, daß sie auch das Verfahren nach § 888 mitumfaßt, gleichwie sie beim prozeßrechtlichen Offenbarungseid das auf Anordnung der Haft gerichtete Verfahren in sich begreift. § 33 Nr. 4 findet also hier überhaupt keine Anwendung[38]).

31 Der Vollzug der nach § 888 ZPO. ausgesprochenen Strafe fällt an sich so wenig unter § 33 Nr. 5 GKG. wie der Vollzug des behufs Erzwingung des prozessualen Offenbarungseides erlassenen Haftbefehls. S. o. Anm. 22.

32 3. Der Streitwert bemißt sich beim prozessualen Offenbarungseid im Falle des § 883 ZPO. nach dem Wert der herauszugebenden Sache (§ 6 ZPO.); im Falle des § 807 ZPO. nach dem Betrag der Forderung, wegen deren die Zwangsvollstreckung fruchtlos versucht wurde; wird aber das Offenbarungseidesverfahren nur wegen eines Teiles dieser Forderung betrieben, so ist dieser Teilbetrag maßgebend[39]). § 15 Abs. 2 findet bei Geldforderungen Anwendung.

Beim materiellrechtlichen Offenbarungseid ist der nach § 3 ZPO. zu bestimmende Wert des Anspruchs auf Leistung des Eides maßgebend, also regelmäßig derselbe Streitwert wie im vorausgehenden Prozeßverfahren.

33 4. Die Gebühr des § 33 Nr. 5 wird fällig mit der das Verfahren einleitenden Antragstellung. Schuldner nach § 77 ist der Antragsteller; daneben kommt § 88 GKG. mit § 788 ZPO. in Betracht (Haftung des Vollstreckungsschuldners, wenn der Antrag für begründet erklärt wird); möglicherweise auch § 79 (Kostenentscheidung, z. B. im Falle des § 900 Abs. 3 ZPO.)[40]).

34 5. Die Zurücknahme des das Verfahren einleitenden Antrags (s. o. Anm. 29) — sie erfolgt durch bloße Einreichung bei Gericht — hat den Wegfall der Gebühr zur Folge, wenn sie vor Erlaß einer Verfügung des Gerichts (z. B. der Terminsanberaumung, einer Zwischenverfügung behufs Ergänzung des Antrags, der Anordnung des Ersuchens eines auswärtigen Gerichts um Abnahme des Eides usw.) erfolgt (§ 33 Abs. 2).

---

[37]) Stein-Jonas § 889 Anm. II.

[38]) A. M.: Rittmann-Wenz § 33 Anm. 21, die aber mit Anm. 17 nicht recht vereinbar erscheint. Offenbar richtig: Jonas § 33 Anm. 16; Baumbach § 33 Anm. 5.

[39]) So die herrschende Meinung. Näheres bei Walter-Joachim-Friedlaender RAGebO. § 31 Anm. 4. Aus neuester Zeit: LG. Kaiserslautern ZDJustAmtm. 1925, 211; LG. München II und Held JW. 1928, 925[11]. A. M.: Rittmann-Wenz § 33 Anm. 26 (Streitwert sei die ganze Forderung, wegen deren fruchtlos vollstreckt wurde, mit Zinsen und Kosten) und Hollender DJZ. 1912, 159 (freie Schätzung nach richterlichem Ermessen). — Wegen der Zinsen und Kosten vgl. §§ 9—15 Anm. 116, 117.

[40]) Vgl. Stein-Jonas § 900 Anm. V.

F. Aufgebotsverfahren und Zahlungssperre. 35

1. Die Gebühr des § 33 Nr. 6 ist lediglich bestimmt für das Verfahren, das sich nach den §§ 946 ff. ZPO. richtet, nicht für ein landesrechtlich geregeltes Aufgebotsverfahren (vgl. § 11 EGZPO.). Sie betrifft nur das amtsgerichtliche Aufgebotsverfahren, nicht die Anfechtungsprozesse, die in den §§ 957, 958, 973 ff. usw. geregelt sind. Für diese gelten die Gebühren des Prozeßverfahrens.

2. Innerhalb des amtsgerichtlichen Aufgebotsverfahrens, das stets durch einen Antrag eingeleitet wird, umfaßt die Gebühr alle Einzelstadien des Verfahrens, einschließlich der Ermittelungen und Beweiserhebungen, der Erlassung des Ausschlußurteils usw. Auch die im § 1019 ZPO. vorgesehene Zahlungssperre, die gleichzeitig mit dem Antrag auf Erlassung des Aufgebots oder im Laufe des Aufgebotsverfahrens beantragt wird, gilt als Teil dieses Verfahrens und wird durch die für das Aufgebotsverfahren bestimmte Gebühr mit abgegolten. Dagegen bezeichnet das Gesetz das Verfahren über die Zahlungssperre nach § 1020 ZPO., die vor Einleitung des Aufgebotsverfahrens verfügt wird, als besonderes Verfahren: wird ein Antrag nach § 1020 gestellt, so ist dieses Verfahren eröffnet; folgt dann auch ein Antrag auf Erlassung des Aufgebots, so beginnt das Aufgebotsverfahren, für welches die Gebühr von neuem und selbständig erhoben wird. 36

Die nachträgliche Verbindung mehrerer Verfahren, insbesondere die Verbindung mehrerer Aufgebote (§ 959 ZPO.) hat eine Minderung der Gebühren nicht zur Folge, da jeder Antrag bereits eine selbständig zu berechnende Gebühr begründet hat.

3. Der Streitwert ist nach dem Interesse des Antragstellers, das sich nicht notwendig mit dem Werte des auszuschließenden Rechts deckt, frei zu schätzen[41]). Bei Beweisurkunden ist das Interesse an dem Besitz des Beweismittels maßgebend; beim Aufgebot von unbekannten Nachlaß- und anderen Gläubigern das Interesse des Antragstellers an der Schuldbefreiung; beim Aufgebot von Wertpapieren deren Kurswert; beim Aufgebot des Grundstückseigentümers der Wert des Grundstücks; beim Aufgebot von Hypotheken-, Grundschuld- und Schiffsgläubigern der Betrag der auszuschließenden Forderung, eventuell der geringere Wert des belasteten Grundstücks oder Schiffes usw.[42]). 37

Ob es sich bei dem Aufgebot zum Zwecke der Todeserklärung um eine nicht vermögensrechtliche Angelegenheit handelt, auf die der § 11 GKG. Anwendung findet, ist Tatfrage. Es wird im einzelnen Falle darauf ankommen, auf welchem Gebiete das rechtliche Interesse liegt, dessen Vorhandensein § 962 ZPO. voraussetzt. Stellt der gesetzliche Vertreter den Antrag, so wird regelmäßig nur § 11 anwendbar sein; in anderen Fällen wieder können vermögensrechtliche und nicht vermögensrechtliche Gesichtspunkte nebeneinander bestehen; das wird bei der freien Schätzung — etwa analog § 11 Abs. 2 — zu berücksichtigen sein.

4. Die Gebühr ist fällig mit der Antragstellung. Schuldner nach § 77 ist der Antragsteller. Auch die Haftung aus § 79 kann begründet werden. 38

5. Wird der das Verfahren einleitende Antrag vor Erlaß irgendeiner gerichtlichen Verfügung zurückgenommen, so tritt Gebührenfreiheit ein.

6. Völlig gebührenfrei ist das Aufgebotsverfahren nach der VO. über die Todeserklärung Kriegsverschollener vom 18. April 1916 (Fassung der VO. vom 9. August 1917 und 20. Febr. 1925) § 23 Abs. 1. Diese Gebührenfreiheit bezieht sich auch auf den Anfechtungsprozeß und das Aufhebungsverfahren sowie alle Rechtsmittelinstanzen. 39

---

[41]) So die herrschende Meinung; vgl. Stein-Jonas § 952 Anm. III mit Literatur; Jonas § 33 Anm. 23; Baumbach § 33 Anm. 6. Einzelheiten, die aber bloß als Richtlinien für das richterliche Ermessen anzusehen sind, bei Rittmann-Wenz § 33 Anm. 28. Bei dem Aufgebot zum Zwecke der Todeserklärung wendet er immer § 11 GKG. an.

[42]) Ebenso Jonas § 33 Anm. 23, der auf die Analogie von § 6 ZPO. verweist. Er nimmt auch mit Recht an, daß Nebenforderungen hier dem Hauptanspruch hinzuzurechnen sind.

40 G. Gerichtliche Handlungen in bezug auf das schiedsrichterliche Verfahren.

1. In dem durch das 10. Buch der ZPO. geregelten schiedsrichterlichen Verfahren und bei der Vorbereitung desselben kommen mehrfach Fälle vor, in denen die ordentlichen Gerichte in Anspruch genommen werden. Soweit es sich um Prozesse (Aufhebungsklagen nach § 1044 ZPO. usw.) oder um die Vollstreckbarerklärung nach §§ 1042, 1044a ZPO. handelt, greifen die §§ 20ff. und 30a GKG. ein, letzterer auch hinsichtlich der Niederlegung des Schiedsspruchs oder Vergleichs bei der Geschäftsstelle. § 33 Nr. 7 aber betrifft folgende Fälle:

41 a) Das gerichtliche Verfahren bei Ernennung eines Schiedsrichters. Es greift Platz, wenn der Gegner der die Bildung des Schiedsgerichts betreibenden Partei innerhalb der ihm gesetzten Frist seinen Schiedsrichter nicht benennt und die betreibende Partei die Ernennung durch das Gericht bei diesem beantragt (§ 1029 Abs. 2 ZPO.); ferner wenn ein nicht in dem Schiedsvertrag ernannter Schiedsrichter stirbt oder aus einem anderen Grunde wegfällt oder die Übernahme oder Ausführung des Schiedsrichteramts verweigert, wenn dann die Partei, die ihn ernannt hat, der Aufforderung des Gegners, einen anderen Schiedsrichter zu bestellen, nicht fristgemäß nachkommt und der Gegner bei Gericht die Ernennung beantragt (§ 1031 ZPO.). Die Entscheidung erfolgt im Beschlußverfahren mit fakultativer mündlicher Verhandlung, jedoch nach Anhörung des Gegners (§ 1045 ZPO.).

Auch sonstige Fälle, die nach § 1045 ZPO. zu behandeln sind, gehören hierher, wie der Streit über das Ernennungsrecht der Parteien oder Dritter, ferner über das Vorhandensein der im Vertrage bestimmten Eigenschaften des Schiedsrichters. Die Wortfassung des § 33 Nr. 7 schließt sich offensichtlich — ebenso wie die des § 22 RAGebO. — dem § 1045 ZPO. an und seine Auslegung hat daher auch im gleichen Sinne zu erfolgen[43]).

42 Dagegen gehört nicht hierher der Fall, daß ein bestimmter Richter, etwa der Landgerichtspräsident, nach dem Schiedsvertrag einen Schiedsrichter (z. B. den Obmann) benennen soll. In diesen Fällen handelt es sich um eine freiwillige Maßnahme der betreffenden Behörde oder des betr. Beamten, die nicht auf der ZPO. beruht, sondern einen reinen Privatakt darstellt[44]).

43 b) Das gerichtliche Verfahren bei Ablehnung eines Schiedsrichters. Nach § 1032 ZPO. kann ein Schiedsrichter aus den in dieser Vorschrift angegebenen Gründen von den Parteien abgelehnt werden. Die Ablehnung selbst kann formlos — etwa dem Gegner oder dem abgelehnten Schiedsrichter gegenüber — erklärt werden. Die Entscheidung über ihre Berechtigung erfolgt — mangels anderweitiger Bestimmung im Schiedsvertrage[45]) — durch das nach § 1045 ZPO. zuständige Gericht im Beschlußverfahren. Ruft eine Partei — sei es diejenige, die den Schiedsrichter ablehnt, sei es die Gegenpartei — das Gericht zwecks Entscheidung über die Ablehnung an, so greift die Kostenvorschrift des § 33 Nr. 7 ein, mag auch das Gericht unzuständig oder die Ablehnung als solche gar nicht wirksam sein.

44 c) Das gerichtliche Verfahren bei Erlöschen eines Schiedsvertrags. Gemeint ist auch hier das Beschlußverfahren, das nach § 1045 ZPO. über die Frage des Erlöschens eines Schiedsvertrages (nach § 1033 ZPO. oder aus anderen Gründen) durch Parteiantrag eingeleitet werden kann, nicht etwa ein auf Feststellung des Erlöschens gerichtetes Prozeßverfahren. Ob das angerufene Gericht für die Entscheidung zuständig, der Antragsteller zur Anrufung legitimiert war, ist auch hier kostenrechtlich belanglos.

45 d) Das gerichtliche Verfahren bei Anordnung der von den Schiedsrichtern für erforderlich erachteten richterlichen Handlungen. Es handelt sich hier um den Fall des § 1036 ZPO.: eine von den Schieds-

[43]) Vgl. Stein-Jonas § 1045 Anm. III, 1.

[44]) So die allgemeine Meinung: Rittmann-Wenz § 33 Anm. 32; Jonas § 33 Anm. 25; OLG. 19, 165 (München); RG. JW. 1919, 320[23]; RGZ. 53, 1 u. a.

[45]) Vgl. Stein-Jonas § 1032 Anm. III.

richtern für erforderlich erachtete richterliche Handlung, zu deren Vornahme dieselben nicht befugt sind, ist auf Antrag einer Partei, sofern der Antrag für zulässig erachtet wird, von dem zuständigen Gerichte vorzunehmen. In Betracht kommt hier hauptsächlich die Vernehmung von Zeugen und Sachverständigen (auch uneidliche, soweit die Auskunftspersonen sich weigern, vor dem Schiedsgerichte auszusagen, soweit sie wegen weiter Entfernung oder aus anderen Gründen von dem Schiedsgericht nicht selbst gehört werden können), ferner die Abnahme von Parteieiden, das Ersuchen um Zustellung im Auslande[46]) usw.

§ 33 Nr. 7 betrifft nur das *Anordnungs*verfahren, also das durch § 1045 46
ZPO. geregelte Verfahren, das auf *die Anordnung* der von den Schiedsrichtern für erforderlich erachteten Maßnahmen gerichtet ist. Die *Durchführung* der getroffenen Anordnung, die Vernehmung der Zeugen und Sachverständigen, die Abnahme des Parteieides, die Anberaumung der hiezu erforderlichen Termine usw., gehört nicht mehr zum Anordnungsverfahren. Es ist daher auch kostenrechtlich ganz belanglos, ob es zur Durchführung der getroffenen Anordnung gekommen ist; ebenso belanglos ist der Umstand, daß die Handlung selbst, deren Anordnung in Frage steht, nach dem GKG. sonst gebührenfrei ist (wie z. B. die Zustellung im Auslande)[47]).

Zu dem Antrag auf Anordnung der betreffenden Maßnahmen *sind nur die* 47
Parteien legitimiert. Wenn daher die Schiedsrichter selbst einen solchen Antrag stellen, so ist anzunehmen, daß sie dies nicht kraft eigenen Rechts, sondern als (ausdrücklich oder stillschweigend) Bevollmächtigte der Parteien tun. Wenn freilich nach den Umständen des Falles auch eine stillschweigende Bevollmächtigung nicht angenommen werden kann — etwa weil ein offenbar unzulässiges Ersuchen von den Schiedsrichtern erlassen wurde — so liegt ein Mangel der Antragsberechtigung vor, der kostenrechtlich so wenig in Betracht kommt, wie die Unzuständigkeit des angerufenen Gerichts. In solchen Ausnahmefällen sind dann die ersuchenden Schiedsrichter tatsächlich als Antragsteller zu behandeln[48]); s. u. Anm. 55.

2. Die Verfahrensgebühr des § 33 Nr. 7 umfaßt das ganze gerichtliche Ver- 48
fahren, wie es im vorstehenden geschildert wurde, von der Antragstellung bis zum Erlaß der betreffenden Entscheidung oder bis zur sonstigen Erledigung (durch Zurücknahme usw.). Wenn also z. B. im Verfahren über die Ablehnung eines Schiedsrichters mündliche Verhandlung anberaumt oder Beweis erhoben wird, so wird auch diese Tätigkeit durch die Gebühr des § 33 mit abgegolten. Im Falle des § 33 Nr. 7 fällt, wie wir gesehen haben, die Ausführung der gerichtlichen Anordnung *nicht* mehr unter unsere Kostenvorschrift.

Jeder neue, unter § 33 Nr. 7 fallende Antrag eröffnet grundsätzlich in gebühren- 49
rechtlicher Hinsicht ein neues Verfahren. Das gilt auch dann, wenn beide Parteien nacheinander einen Antrag desselben Inhalts gestellt haben (z. B. über die Ablehnung

---

[46]) Vgl. *Stein-Jonas* § 1039 Anm. II, 2 (Zustellung *des Schiedsspruchs* im Auslande).

[47]) *Rittmann-Wenz* § 33 Anm. 33 erklärt in solchen Fällen auch das Anordnungsverfahren für gebührenfrei. Dagegen mit Recht: *Baumbach* § 33 Anm. 7. Die Bemerkung bei *Rittmann-Wenz* knüpft offenbar an die bei *Rittmann* § 34 Anm. 2 zitierte Entsch. des OLG. Hamburg vom 2. Dez. 1911 an, welche die Gebührenfreiheit aus der Vorschrift des § 47 Nr. 1 GKG. ä. F. ableitete, wonach Entscheidungen über die Prozeß- und Sachleitung stets gebührenfrei sein sollten. Ob dies zutraf, kann unerörtert bleiben, da § 47 Nr. 1 nicht mehr gilt.

[48]) Etwas abweichend: *Jonas* § 33 Anm. 26, der die Schiedsrichter *niemals* als Antragsteller behandelt wissen will. — In Art. 11 Satz 2 des deutsch-russischen Schiedsgerichtsabkommens vom 12. Okt. 1925 (RGBl. 1926 II 41, 138) ist bestimmt: „Erachtet ein Schiedsgericht eine richterliche Handlung für erforderlich, zu deren Vornahme es nicht befugt ist, so ist in jedem der beiden Länder *auf Antrag des Schiedsgerichts* von dem nach Art. 9 Abs. 2 zuständigen Gericht die Vornahme dieser Handlung, sofern sie den Gesetzen des Landes nicht widerspricht, anzuordnen und die Durchführung dieser Anordnung zu veranlassen." In diesem Falle wird man annehmen müssen, daß das Schiedsgericht nach außen hin in eigenem Namen handelt und daher auch als Antragsteller anzusehen ist.

eines Schiedsrichters zu entscheiden); denn hier bildet jeder Antrag eine selbständige Grundlage des Verfahrens; durch seine Zurücknahme kann dem Verfahren diese Grundlage entzogen werden. Stellt sich aber der „Antrag" in Wirklichkeit nur als Abwehr des gegnerischen Antrags dar (der zur Äußerung aufgeforderte Gegner des ersten Antragstellers beantragt, die Ablehnung für unbegründet zu erklären), so ist dieser „Antrag" gebührenrechtlich belanglos. Das Gleiche gilt, wenn die antragstellende Partei ihren früheren Antrag nur ergänzt hat oder wenn sich der Gegner dem bereits gestellten Antrag nur „anschließt" (etwa im Falle des § 1036 ZPO.).

50 Werden in bezug auf dasselbe schiedsgerichtliche Verfahren oder auch in bezug auf mehrere solcher Verfahren verschiedene Anträge der in § 33 Nr. 7 bezeichneten Art gleichzeitig gestellt, so liegt zwar Einheit des Verfahrens vor; es entsteht also nur eine Gebühr. Aber die verschiedenen Anträge müssen besonders bewertet werden; die Gebühr ist aus dem Gesamtwert zu berechnen[49]).

51 3. Etwaige Beschwerdeinstanzen fallen nicht unter § 33 Nr. 7, sondern unter § 38 GKG.

52 4. Der Streitwert ist nach der herrschenden Praxis jedenfalls in den drei ersten Fällen (Anm. 41—44) „nach freiem Ermessen unter Berücksichtigung des der schiedsrichterlichen Entscheidung unterbreiteten Anspruchs, jedoch regelmäßig erheblich geringer als dieser zu bewerten"[50]). Dies ist jedoch, abgesehen von dem dritten Falle (Erlöschen des Schiedsvertrags), nicht zutreffend: es handelt sich bei Ernennung und Ablehnung von Schiedsrichtern um Akte, die organisch zum schiedsrichterlichen Verfahren gehören oder doch seiner Vorbereitung, also der Geltendmachung oder Abwehr des Anspruchs dienen, der im schiedsrichterlichen Verfahren verfolgt wird oder verfolgt werden soll. Dieser Anspruch bestimmt daher den Streitwert. Dem beschränkteren Inhalt der Tätigkeit wird bereits die Ermäßigung der Gebührensätze und das System der Einheitsgebühr (für alle Akte dieses Verfahrensabschnitts) gerecht; vgl. §§ 9—15 Anm. 18.

53 Das Gesagte gilt erst recht für den Antrag auf Anordnung richterlicher Handlungen[51]), wobei natürlich zu beachten ist, daß diese Handlungen — wie bei der Beweisanordnung nach § 20 Nr. 2 GKG. — sich möglicherweise nur auf einen Teil des im schiedsrichterlichen Verfahren geltend gemachten Anspruchs beziehen. Dann entspricht auch der Streitwert nur diesem Teilanspruch.

54 Bei dem Antrag auf Entscheidung über das Außerkrafttreten eines Schiedsvertrags handelt es sich dagegen um einen richtigen Feststellungsanspruch, dessen Geltendmachung nur aus Zweckmäßigkeitsgründen dem Beschlußverfahren zugewiesen ist. Die über diesen Anspruch ergehende Entscheidung schafft materielle Rechtskraft[52]). Obwohl vom Gesetzgeber, wie § 1045 Abs. 1 ZPO. ergibt, auch diese Entscheidung stets in Beziehung auf ein bestimmtes Schiedsgerichtsverfahren gedacht war (maßgebend für die Zuständigkeit des Gerichts ist die Natur oder Höhe des geltend zu machenden „Anspruchs"), so erweist sich dieser Gedanke doch in vielen Fällen als abwegig und undurchführbar. Die Wirkung der Entscheidung ist in keiner Weise an ein bestimmtes Verfahren, an einen bestimmten Anspruch gebunden. Bei Anwendung des hier maßgebenden § 3 ZPO. ist daher einerseits auf diese weitergehende Wirkung, anderseits darauf Rücksicht zu nehmen, daß nicht die Geltendmachung eines sonstigen Anspruchs, sondern nur die Feststellung des Außerkrafttretens oder Nichtaußerkrafttretens des Schiedsvertrages in Frage steht[53]).

55 5. Die Gebühr des § 33 Nr. 7 wird fällig mit Einreichung des betreffenden Antrags. Gebührenschuldner ist der Antragsteller, ganz gleich, welche Parteistellung er im schiedsrichterlichen Verfahren einnahm. Im einzelnen s. o. Anm. 47, 49

[49]) OLG. 19, 166 (Kiel); Jonas § 33 Anm. 27.

[50]) So Jonas § 33 Anm. 28; RGZ. 41, 362; OLG. 19, 166 (Kiel); Rittmann-Wenz § 33 Anm. 35; zweifelnd Baumbach § 33 Anm. 7.

[51]) Für diesen Fall anscheinend gl. M.: Rittmann-Wenz § 33 Anm. 35.

[52]) Stein-Jonas § 1045 Anm. III, 3; Baumbach ZPO.[3] § 1045 Anm. 3.

[53]) A. M.: Walter-Joachim-Friedlaender § 22 Anm. 17.

(insbes. auch über Anträge, die von den Schiedsrichtern gestellt werden). Da die nach § 1045 ZPO. ergehenden Beschlüsse auch über die Kosten des Verfahrens entscheiden sollen, so kann auch eine Kostenhaftung aus § 79 GKG. in Betracht kommen.

6. Die Zurücknahme des Antrags (die durch bloße Einreichung bei Gericht er- 56
folgt) begründet Gebührenfreiheit, wenn sie vor Erlaß einer gerichtlichen Verfügung erfolgt. Diese Verfügung kann auch hier ein Zwischenbeschluß sein (s. o. Anm. 3). Nimmt das Verfahren trotz der Zurücknahme seinen Fortgang, weil auch der Gegner einen Antrag gestellt und seinerseits nicht zurückgenommen hat, so kommt nur diejenige Gebühr in Wegfall, die durch den zurückgenommenen Antrag entstanden war.

§ 34.

Ein Viertel der Gebühr (§ 8) wird erhoben:

1. für das Verfahren über Anträge auf vorläufige Einstellung, Beschränkung oder Aufhebung einer Zwangsvollstreckung gemäß §§ 707, 719, 769, 771 Abs. 3, §§ 785, 786, 805 Abs. 4, § 810 Abs. 2 der Zivilprozeßordnung;
2. für das Verfahren über Anträge auf gerichtliche Handlungen der Zwangsvollstreckung gemäß §§ 791, 822, 823, 825, 829 Abs. 1, §§ 835, 839, 844, 846 bis 848, 857, 858, 885 Abs. 4, §§ 886, 930 Abs. 3, § 934 der Zivilprozeßordnung;
3. für das Verfahren über Anträge auf Erteilung der Vollstreckungsklausel bei Vergleichen, die vor einer Gütestelle der in § 495a Abs. 1 Nr. 1 der Zivilprozeßordnung bezeichneten Art geschlossen sind (§ 797a der Zivilprozeßordnung).

Die Gebühr wird nicht erhoben, wenn der das Verfahren einleitende Antrag vor einer gerichtlichen Verfügung zurückgenommen wird.

Vorbemerkung.

§ 34 billigt für gewisse Verfahrensarten eine Verfahrensgebühr in Höhe eines Viertels der Sätze des § 8 zu.

Übersicht.

1 **I. Allgemeines.**

1. Auch § 34 setzt für bestimmte Verfahrensarten und -Abschnitte eine Einheitsgebühr fest. Sie beträgt hier nur ¼ der Sätze des § 8. Sie erhöht oder mindert sich niemals und kommt nur im Falle des Abs. 2 ganz in Wegfall.

2 2. Jedes Verfahren der in § 34 bezeichneten Art gilt für die Gebührenerhebung als besonderer Rechtsstreit (§ 35 Abs. 1). Hiezu sind § 33 Anm. 2, die Vorbemerkungen zu §§ 32—35 und die Einzelausführungen zu § 34 Anm. 15 zu vergleichen. § 35 Abs. 2 enthält eine Sondervorschrift, die bei § 34 Anm. 23 ff. erläutert wird.

3 3. § 34 Abs. 2 wurde durch die Novelle vom 28. Januar 1927 eingefügt. Er bestimmt, daß die Gebühren des § 34 Abs. 1 in Wegfall kommen, wenn der das Verfahren einleitende Antrag vor einer gerichtlichen Verfügung zurückgenommen wird. Über die hierzu einschlägigen Begriffe vgl. § 33 Anm. 3. Einer gerichtlichen Verfügung stehen diejenigen gleich, die von dem Urkundsbeamten der Geschäftsstelle als Rechtspfleger nach dem GerEntlGes. vom 11. März 1921 erlassen werden. Solche Entscheidungen können im Rahmen des § 34 GKG. vorkommen (vgl. § 34 Nr. 1 und 2 GKG.; § 1 Z. II, 3 und 4 GerEntlGes.), z. B. bei Anträgen auf Pfändung von Forderungen, bei Anträgen auf vollstreckungsgerichtliche Einstellung der Zwangsvollstreckung nach §§ 771, 805 ZPO. usw.

4 **II. Die einzelnen Fälle des § 34 GKG.**

A. Das Verfahren über Anträge auf vorläufige Einstellung, Beschränkung oder Aufhebung der Zwangsvollstreckung.

1. Nur die im Gesetz ausdrücklich genannten Fälle der vorläufigen Einstellung usw. fallen unter die Gebührenvorschrift des § 34, während andere Fälle gebührenfrei bleiben. Von ihnen wird im einzelnen noch zu sprechen sein (s. u. Anm. 12 ff.). Die in § 34 Nr. 1 genannten Fälle[1]) — in denen es sich ausnahmslos um ein Beschlußverfahren handelt — sind folgende:

5 a) **§ 707 ZPO.:** Wird die Wiedereinsetzung in den vorigen Stand oder eine Wiederaufnahme des Verfahrens beantragt, so kann das Gericht auf Antrag anordnen, daß die Zwangsvollstreckung gegen oder ohne Sicherheitsleistung einstweilen eingestellt werde oder nur gegen Sicherheitsleistung stattfinde und daß die erfolgten Vollstreckungsmaßregeln gegen Sicherheitsleistung aufzuheben seien. Auch eine bloße Beschränkung der Zwangsvollstreckung kann beantragt werden[2]); jedenfalls fällt sie, wenn dies geschieht, unter § 34 Nr. 1; dies ergibt schon der Wortlaut der Vorschrift.

6 b) **§ 719 ZPO.** Wird gegen ein für vorläufig vollstreckbar erklärtes Urteil der Einspruch oder die Berufung eingelegt, so findet § 707 (oben zu a) entsprechende Anwendung. Das Gleiche gilt beim Einspruch gegen den Vollstreckungsbefehl (§ 700 ZPO.)[3]). Wird Revision gegen ein für vorläufig vollstreckbar erklärtes Urteil eingelegt, so hat das Revisionsgericht auf Antrag anzuordnen, daß die Zwangsvollstreckung einstweilen eingestellt werde, wenn glaubhaft gemacht wird, daß die Vollstreckung einen nicht zu ersetzenden Nachteil bringen werde. (§ 719 Abs. 2 ZPO.)

7 c) **§ 769 ZPO.** Im Falle der eigentlichen Vollstreckungsgegenklage (§ 767 ZPO.) und der beschränkten Vollstreckungsgegenklage nach § 768 ZPO. kann das Gericht auf Antrag anordnen, daß bis zur Erlassung des Urteils der Instanz die Zwangsvollstreckung gegen oder ohne Sicherheitsleistung eingestellt oder nur gegen Sicherheitsleistung fortgesetzt werde und daß die erfolgten Vollstreckungsmaßregeln gegen Sicherheitsleistung aufzuheben seien. Diese Maßnahmen werden meist gleichzeitig mit Einreichung der Klage beantragt; die Wirksamkeit des dem Antrage stattgebenden Beschlusses wird dann von der Zustellung der Klage abhängig gemacht. Bezüglich der zulässigen Maßnahmen s. o. zu a.

---

[1]) Die Aufzählung in § 34 Nr. 1 entspricht genau dem Katalog in § 23 Nr. 2 RAGebO.; ebenso dem früheren § 35 Nr. 1 GKG.

[2]) Baumbach ZPO.[8] § 707 Anm. 2 B; Förster-Kann § 707 Anm. 3 a.

[3]) Stein-Jonas § 700 Anm. II, § 719 Anm. I.

In dringenden Fällen kann das *Vollstreckungsgericht* eine solche Anordnung erlassen unter Bestimmung einer Frist, innerhalb welcher die Entscheidung des Prozeßgerichts beizubringen sei (§ 769 Abs. 2 Satz 1 ZPO.).

d) **§ 771 Abs. 3 ZPO.** Bei der *Widerspruchsklage* (§ 771 ZPO.) finden 8
die Vorschriften des § 769 ZPO. (oben zu c) entsprechende Anwendung. Die Aufhebung einer Vollstreckungsmaßregel ist auch ohne Sicherheitsleistung zulässig.

e) **§§ 785, 786 ZPO.** Die Geltendmachung der Haftungsbeschränkungen des 9
Erben, des Ehegatten (§§ 1480, 1489 BGB.), des Übernehmers eines Vermögens (§ 419 BGB.), der Abkömmlinge im Falle des § 1504 BGB. und des Vermächtnisnehmers nach § 2187 BGB. erfolgt im Wege der Vollstreckungsgegenklage. § 769 ZPO. findet Anwendung (§§ 785, 786 ZPO.).

f) **§ 805 Abs. 4 ZPO.** Der Pfändung einer Sache kann ein Dritter, welcher sich 10
nicht im Besitze der Sache befindet, auf Grund eines Pfand- oder Vorzugsrechts nicht widersprechen; den Anspruch auf vorzugsweise Befriedigung aus dem Erlöse macht er im Wege der Klage geltend. Auf Antrag wird bei Glaubhaftmachung des Anspruchs die Hinterlegung des Erlöses durch einstweilige Anordnung des Prozeß- bzw. Vollstreckungsgerichts verfügt. Die Vorschrift des § 769 ZPO. findet auch hier Anwendung (oben zu c).

g) **§ 810 Abs. 2 ZPO.** Der Gläubiger, der ein Recht auf Befriedigung aus 11
einem Grundstücke hat, kann unter gewissen Voraussetzungen der Pfändung von Früchten auf dem Halm widersprechen. Dies geschieht durch Widerspruchsklage nach § 771. Es findet daher auch hier § 769 Anwendung (oben zu c und d).

2. Die Gebühr des § 34 Nr. 1 fällt an, wenn ein Antrag auf vorläufige Ein- 12
stellung, Beschränkung oder Aufhebung der Zwangsvollstreckung gestellt wird, der nach seinem Inhalt entweder unter eine der vorstehend angeführten Bestimmungen fällt oder doch geltend machen will, daß einer dieser Fälle vorliege. Daher wird man die *Gebührenvorschrift* jedenfalls anwenden müssen, wenn ausdrücklich oder stillschweigend *die analoge Anwendung* einer der angeführten Vorschriften *in Anspruch genommen wird*, z. B. die Analogie des § 707 beim Widerspruch gegen einen Arrest oder eine einstweilige Verfügung[4]), die Analogie des § 719 ZPO. bei Erweiterung der Berufungsanträge auf den bisher nicht angefochtenen und nach § 534 ZPO. für vorläufig vollstreckbar erklärten Teil des erstrichterlichen Urteils[5]) oder die Analogie des § 707 im Falle der Aufhebungsklage gegen einen für vollstreckbar erklärten Schiedsspruch[6]). Auf die Frage, ob diese Analogien berechtigt, die Maßnahmen also bei entsprechender Glaubhaftmachung zu erlassen sind, braucht hier nicht eingegangen zu werden[7]).

Nicht unter § 34 Nr. 1 fallen sonstige Fälle der einstweiligen Einstellung oder 13
Aussetzung von Vollstreckungsmaßnahmen, die auf anderen gesetzlichen Vorschriften beruhen. Der Gesetzgeber hat sie absichtlich im § 34 Nr. 1 nicht erwähnt. Hierher gehören insbesondere die *einstweiligen Verfügungen* (die unter § 32 GKG. fallen), die *durch Urteil* nicht durch Beschluß, zu treffenden Anordnungen nach § 770 ZPO.[8]), die *einstweiligen Anordnungen, die im Falle der §§ 732 Abs. 2 und 766 ZPO.* — Einwendungen gegen die Zulässigkeit der Vollstreckungsklausel und Erinnerungen gegen die Art und Weise der Zwangsvollstreckung usw. — (von Amts wegen) zu erlassen sind, sowie Beschlüsse nach § 572 Abs. 2 ZPO. (Aussetzung der Vollziehung einer Entscheidung auf Grund eingelegter Beschwerde). *Durch*

---

[4]) *Stein-Jonas* § 707 Anm. IV.

[5]) *Stein-Jonas* § 534 Anm. I; § 719 Anm. I.

[6]) *Stein-Jonas* § 1044 Anm. III.

[7]) *Jonas* § 34 Anm. 2 kommt zu dem gleichen Ergebnis wie wir, weil er die Analogien für berechtigt erklärt. Richtig: *Baumbach* § 34 Anm. 2.

[8]) „Das Prozeßgericht kann in dem Urteil, durch welches über die Einwendungen entschieden wird, die in dem vorstehenden Paragraphen bezeichneten Anordnungen erlassen oder die bereits erlassenen Anordnungen aufheben, abändern oder bestätigen.“ Dazu vgl. §§ 771 Abs. 3, 785, 786, 805 Abs. 4, 810 Abs. 2 ZPO.

den Antrag auf Erlaß dieser Entscheidungen — mit Ausnahme der (unter § 32 fallenden) **einstw. Verfügungen** — entsteht keine besondere Gerichtsgebühr.

14 Wenn gegen die Bewilligung der Zwangsvollstreckung aus einer österreichischen Entscheidung Widerspruch gemäß Art. 28 des deutsch-österreichischen Vertrages vom 21. Juni 1923 (RGBl. 1924 II 55) eingelegt wird, so kann das Gericht auf Antrag oder von Amts wegen anordnen, daß die Zwangsvollstreckung einstweilen eingestellt werde oder nur gegen Sicherheitsleistung stattfinde oder daß die erfolgten Vollstreckungsmaßnahmen aufzuheben seien (Art. 28 Abs. 2 des Vertrages). Für das diese Maßnahmen betreffende Verfahren wird keine besondere Gebühr erhoben; das Verfahren fällt nicht unter § 34 Nr. 1 GKG.; hierüber besteht um so weniger ein Zweifel, als Art. IV Abs. 1 der VO. vom 26. April 1924 (RGBl. II 91) bestimmt:

> Für das Verfahren über Anträge auf Bewilligung der Zwangsvollstreckung gemäß Art. 20 des Vertrags wird die volle Gebühr (§ 8 GKG.) erhoben. Die Gebühr erhöht sich auf das Doppelte, wenn durch Urteil entschieden wird (Art. 28 des Vertrags).

Damit ist der Fall des Art. 28 gebührenrechtlich erschöpfend geregelt.

Dagegen können auch gegenüber Vollstreckungsbewilligungen auf Grund des deutsch-österreichischen Vertrages Einstellungsanträge vorkommen, die sich auf eine der im § 34 Nr. 1 erwähnten Vorschriften der ZPO. stützen. Es kann z. B. gegen den Bewilligungsbeschluß statt mit sofortiger Beschwerde auch mit Vollstreckungsgegenklage vorgegangen werden (Art. 27 Satz 2 des Vertrages); geschieht dies und wird gemäß § 769 ZPO. die vorläufige Einstellung beantragt, so findet auch § 34 Nr. 1 GKG. Anwendung. Ebenso, wenn gegen die Zwangsvollstreckung, die auf Grund der Bewilligung vorgenommen wurde, Widerspruchsklage nach § 771 ZPO. erhoben wird. Vgl. Art. 31 Abs. 1 des Vertrages.

Art. 31 Abs. 2 des Vertrages bestimmt:

> Wird in dem Gebiete des Staates, dessen Gericht die zu vollstreckende Entscheidung erlassen hat, im Nichtigkeits- oder Wiederaufnahmeverfahren die Aufhebung oder Einstellung der Zwangsvollstreckung angeordnet, so ist auch das Verfahren in dem Vollstreckungsstaat aufzuschieben oder einzustellen.

Diese Vorschrift hat selbständige Bedeutung; sie ist von Amts wegen zu beachten und steht außer Zusammenhang mit § 34 Nr. 1. Die hier vorgesehene Gebühr fällt daher nicht an.

15 3. Die Gebühr des § 34 Nr. 1 umfaßt das ganze betreffende Verfahren von der Einreichung des einleitenden Antrags bis zu seiner Beendigung; auch etwaige Verhandlungen usw. werden nicht besonders bewertet. Das Beschwerdeverfahren ist dagegen gebührenrechtlich selbständig.

Jeder neue Antrag auf Einstellung usw. eröffnet ein neues Verfahren, sofern er sich nicht nur als Ergänzung des früheren darstellt[9]) (z. B. Nachbringung von Glaubhaftmachungen für den bereits gestellten Antrag; Anträge auf Fristverlängerung beim Vollstreckungsgericht). Insbesondere ist hervorzuheben, daß das Verfahren vor dem Vollstreckungsgerichte gegenüber dem Verfahren vor dem Prozeßgerichte gebührenrechtlich selbständig ist[10]). Wird zunächst ein Antrag auf vorläufige Einstellung, später ein solcher auf Aufhebung der erfolgten Vollstreckungsmaßnahmen gestellt, so sind beide Anträge gesondert zu bewerten; sie eröffnen je ein besonderes Verfahren. Werden beide Anträge nebeneinander, nicht im Eventualverhältnis, in demselben Gesuche gestellt, so liegt zwar nur ein Verfahren vor, die Gebühr ist aber aus dem zusammengerechneten Streitwert beider Anträge zu erheben[11]), wenn mehrere Ansprüche vorliegen (vgl. hiezu §§ 9—15 Anm. 78).

Anträge des Gegners, welche darauf abzielen, die Einstellung usw. zu verhindern oder im Wege der Gegenvorstellung wieder zur Aufhebung zu bringen,

---

[9]) Rittmann-Wenz § 34 Anm. 4.
[10]) Ebenso: Jonas § 34 Anm. 4; OLG. Rostock MecklZ. 1924, 45.
[11]) Rittmann-Wenz vor §§ 32—38 Anm. 3.

sind gebührenfrei, sofern sie nicht als Beschwerde zu deuten sind, in welchem Falle
§ 38 GKG. gilt.

4. **Der Streitwert** entspricht in den Fällen des § 34 Nr. 1 dem Streitwert der 16
Hauptsache: d. h. in den Fällen des §§ 707, 719 dem Streitwert des betreffenden Ein-
spruchs-, Rechtsmittel- oder Wiederaufnahmeverfahrens, in den Fällen der §§ 769,
785, 786 ZPO. dem Streitwert der Vollstreckungsgegenklage, in den Fällen der §§ 771,
805, 810 ZPO. dem Streitwert der Widerspruchs- oder Vorrechtsklage [12]). Die Beach-
tung des geringeren Interesses an den vorläufigen Maßregeln kommt nicht in einer
niedrigeren Bemessung des Streitwerts, sondern bereits in der starken Verringerung
des Gebührensatzes und der Einführung einer Einheitsgebühr für das ganze Verfahren
zum Ausdruck. Bezieht sich die vorläufige Einstellung ausnahmsweise nur auf einen
Teil des Anspruchs, so kommt natürlich auch nur dieser Teil für den Streitwert in
Betracht.

Nicht zutreffend ist es, die Bestimmungen über den Streitwert bei Zwangsvoll- 17
streckungsakten, insbes. den § 15 Abs. 2 GKG. zur Anwendung zu bringen, also die
Zinsen und sonstigen Nebenforderungen zur Hauptsumme hinzuzurechnen [13]) Es handelt
sich nicht um Akte der Zwangsvollstreckung, sondern um vorläufige Maßnahmen zwecks
Verhinderung oder Hemmung einer unzulässigen Vollstreckung aus vorhandenen Titeln:
so wenig wie die Widerspruchsklage, die Vollstreckungsgegenklage usw. nach den Vor-
schriften über die Zwangsvollstreckung bewertet werden [14]), so wenig ist dies bei den
dazu gehörigen Einstellungsanträgen der Fall.

Über die Streitwertberechnung bei mehreren verbundenen Anträgen siehe oben
Anm. 15.

5. Die Gebühr wird fällig mit Einreichung des Antrags. Gebührenschuld- 18
ner ist der Antragsteller [15]). Er bleibt es allein, wenn sein Antrag kostenpflichtig
abgewiesen wird. Andernfalls kann ein zweiter Schuldner nach § 79 hinzutreten,
wenn die in der Hauptsache ergehende Kostenentscheidung einer anderen Partei die
Kosten des Rechtsstreits auferlegt. Denn hierin sind die Kosten der vorläufigen An-
ordnung inbegriffen [16]); dies gilt auch dann wenn die einstweilige An-
ordnung von einem anderen Gerichte, insbesondere dem Vollstrek-
kungsgerichte erlassen worden war, es sei denn, daß das Gericht von der
vollstreckungsgerichtlichen Entscheidung keine Kenntnis hatte [17]).

6. Die Zurücknahme des die Gebühr begründenden Antrags bewirkt Gebühren- 19
freiheit, wenn sie vor Erlaß einer gerichtlichen Verfügung — sei es auch nur einer
Zwischenverfügung, z. B. Nachforderung von Glaubhaftmachungen betreffend — er-
folgt. Vgl. oben Anm. 3.

B. Das Verfahren über Anträge auf gerichtliche Handlungen der Zwangsvollstreckung. 20

1. Auch hier fallen nur die im Gesetz ausdrücklich genannten
Fälle unter die Gebührenvorschrift des § 34 Nr. 2, während sonstige Fälle
von Anträgen auf gerichtliche Vollstreckungshandlungen gebührenfrei bleiben. Hier-
über siehe im einzelnen Anm. 21.

Der Katalog des § 34 Nr. 2 umfaßt folgende Fälle:

a) **§ 791 ZPO.:** Anträge des Gläubigers an das Prozeßgericht erster Instanz,
die zuständige Behörde des Auslands (eventuell den Reichskonsul) um die Zwangsvoll-
streckung zu ersuchen.

b) **§ 822 ZPO.:** Anträge an das Vollstreckungsgericht auf Ermächtigung des

---

[12]) OLG. Nürnberg Bbl. 1928, 9 und oben §§ 9—15 Fußnote 270.

[13]) So Jonas § 34 Anm. 6; Rittmann-Wenz § 34 Anm. 6; Baumbach § 34 Anm. 2.

[14]) Vgl. Walter-Joachim-Friedlaender RAGebO. § 10 Anm. 75, 82.

[15]) Also beim Einspruch der Einspruchskläger usw. Vgl. OLG. Celle JW. 1925, 2363[13]; 1926, 69[2] (dazu Anm. A. Friedlaender daselbst).

[16]) Jonas § 34 Anm. 5; OLG. 9, 58 (Dresden); 25, 283 (Colmar); RGZ. 50, 356.

[17]) RGZ. 50, 358; SeuffA. 53, 234; Sydow-Busch-Krieg[11] § 34 Anm. 2 u. a.

Gerichtsvollziehers zur Bewirkung der Umschreibung eines auf Namen lautenden Wertpapiers auf den Namen des Käufers.

c) **§ 823 ZPO.:** Anträge an das Vollstreckungsgericht auf Ermächtigung des Gerichtsvollziehers zur Erwirkung der Wiederinkurssetzung eines Inhaberpapiers, das durch Einschreibung auf den Namen oder in anderer Weise außer Kurs gesetzt war.

d) **§ 825 ZPO.:** Anträge des Gläubigers oder Schuldners an das Vollstreckungsgericht, daß die Verwertung einer gepfändeten Sache in anderer Weise oder an einem anderen Orte, als im Gesetze bestimmt ist, stattzufinden habe oder daß die Versteigerung durch eine andere Person als den Gerichtsvollzieher stattzufinden habe.

e) **§ 829 Abs. 1 ZPO.:** Anträge auf Pfändung einer Geldforderung.

f) **§§ 835, 839 ZPO.:** Anträge auf Überweisung einer gepfändeten Geldforderung zur Einziehung oder an Zahlungs Statt.

g) **§ 844 ZPO.:** Anträge auf anderweitige Verwertung einer gepfändeten Forderung (an Stelle der Überweisung).

h) **§§ 846—848 ZPO.:** Anträge auf gerichtliche Zwangsvollstreckung in Ansprüche, welche die Herausgabe oder Leistung körperlicher Sachen zum Gegenstande haben.

i) **§ 857 ZPO.:** Anträge auf Zwangsvollstreckung in andere Vermögensrechte, die nicht Gegenstand der Zwangsvollstreckung in das unbewegliche Vermögen sind.

k) **§ 858 ZPO.:** Anträge auf eine Zwangsvollstreckung in eine Schiffspart.

l) **§ 885 Abs. 4 ZPO.:** Anträge auf vollstreckungsgerichtliche Anordnung des Verkaufs nicht abgeforderter Mobilien bei der Zwangsvollstreckung auf Herausgabe einer unbeweglichen Sache oder eines bewohnten Schiffes.

m) **§ 886 ZPO.:** Anträge auf Überweisung des schuldnerischen Anspruchs auf Herausgabe einer Sache, die sich im Gewahrsam eines Dritten befindet.

n) **§ 930 Abs. 3 ZPO.:** Anträge auf Versteigerung einer arrestweise gepfändeten Sache und auf Hinterlegung des Erlöses.

o) **§ 934 ZPO.:** Anträge auf Aufhebung des Arrestvollzugs gegen Hinterlegung des in dem Arrestbefehl festgestellten Geldbetrags. § 939 ZPO. stellt nur eine Einschränkung des § 934 für einstw. Verfügungen dar und gehört deshalb auch hierher.

21 2. Es wurde schon oben erwähnt, daß die Aufzählung im § 34 Nr. 2 GKG. *erschöpfend* ist. Alle nicht besonders genannten Fälle von gerichtlichen Handlungen der Zwangsvollstreckung bzw. Anträgen auf Vornahme solcher Handlungen sind daher gebührenfrei. *Hiezu gehört in erster Linie das Verfahren nach § 766 ZPO. (Anträge, Einwendungen und Erinnerungen welche die Art und Weise der Zwangsvollstreckung oder das bei derselben vom Gerichtsvollzieher zu beobachtende Verfahren betreffen)*[18]); ferner gehören hieher die Fälle der §§ 761 (Bewilligung der Nacht- und Sonntagspfändung), 779 (Bestellung eines besonderen Vertreters für die Erben), 758 Abs. 3, 789, 790, 912 (Ersuchen um Mitwirkung von Behörden), 827 Abs. 1, 848, 854, 855 ZPO. und der §§ 11 ff. EntlVO. (Erwirkung besonderer Entscheidungen anläßlich der Zwangsvollstreckung aus wertbeständigen Schuldtiteln).

22 3. Die Einheitsgebühr des § 34 Nr. 2 umfaßt das ganze Verfahren von der

---

[18]) Über die Motive zum Verzicht des Gesetzgebers auf Gebührenerhebung in diesem wichtigen Verfahren äußert sich die Begründung zu Nr. 16 des Entwurfs wie folgt:

„Die Beibehaltung der Vorschrift im jetzigen § 45 Abs. 2 erscheint mit Rücksicht auf den Artikel VI § 1 des Gesetzes zur Entlastung der Gerichte vom 11. März 1921 (Reichsgesetzbl. S. 229) nicht tunlich. Da die in dieser Vorschrift aufgeführten Geschäfte bei dem einen Gericht von dem Gerichtsschreiber, bei dem anderen von dem Richter vorgenommen werden, dürfte es auf die Dauer nicht angehen, die Erlangung einer richterlichen Entscheidung im ersteren Falle von einer höheren Gebühr abhängig zu machen als in dem zweiten. Die Streichung der Vorschrift erscheint um so weniger bedenklich, als sie einer nennenswerten finanziellen Tragweite entbehrt. Die gleichen Erwägungen sprechen für die Streichung des jetzigen § 35 Nr. 4."

Einreichung des Antrages bis zum Erlaß der die Zwangsvollstreckungshandlung anordnenden oder ablehnenden Entscheidung oder bis zur sonstigen Erledigung (Zurücknahme usw.). Etwaige mündliche Verhandlungen, Zwischenbeschlüsse usw. begründen keine besondere Gebühr; das Beschwerdeverfahren ist auch hier gebührenrechtlich selbständig.

Werden mehrere Anträge in einem Gesuch vereinigt, so liegt schon nach allgemeinen Grundsätzen nur ein Verfahren vor und die Gebühr wird nur einmal erhoben, wobei allerdings nach allgemeinen Regeln eine Zusammenrechnung der Streitwerte stattfinden kann, während mehrere getrennte Anträge an sich auch gebührenrechtlich mehrere Verfahren einleiten (§ 35 Abs. 1 GKG.). Hier greift nun aber die Ausnahmevorschrift des § 35 Abs. 2 ein, welche hier zu besprechen ist. Sie lautet: 23

> Betreffen jedoch mehrere Verfahren der in § 34 Nr. 2 bezeichneten Art denselben Anspruch und denselben Gegenstand, so wird die Gebühr nur einmal erhoben.

Die Anwendbarkeit dieser Vorschrift hängt also von dem Vorliegen zweier Voraussetzungen ab: 24

a) Der Anspruch muß der gleiche sein. Gemeint ist in erster Linie der Anspruch, wegen dessen die gerichtlichen Zwangsvollstreckungshandlungen beantragt werden. Der frühere § 39 Abs. 2 GKG. ä. F. lautete: „Betreffen mehrere Handlungen der Zwangsvollstreckung (§ 35 Nr. 2) wegen desselben Anspruchs denselben Gegenstand, so kommt die Gebühr nur einmal zur Erhebung". In § 35 Nr. 2 des älteren GKG. waren aber nur eigentliche Anträge auf Zwangsvollstreckungshandlungen vorgesehen, während § 934 ZPO. (Abwendung des Arrestvollzugs) erst durch die Novelle von 1922 dem Katalog des § 34 Nr. 2 ä. F. beigefügt wurde. In diesem Falle betrifft das Verfahren den Arrestanspruch oder denjenigen Teil desselben, wegen dessen eine Vollstreckung im Zeitpunkte des Antrags nach § 934 besteht oder noch erfolgen könnte. Praktisch wird jedoch § 35 Abs. 2 auf den Fall des § 934 nur selten zur Anwendung kommen, weil die zweite Voraussetzung, die Identität des Gegenstandes, meist nicht vorliegen wird: sie ist nur gegeben, wenn der Vollzug des Arrests oder der einstweiligen Verfügung sich auf die Vollstreckungsmaßnahme (die den Gegenstand des Verfahrens nach § 34 Nr. 2 bildete) beschränkte und ein weiterer Vollzug des Arrests im Zeitpunkt der Antragstellung nach § 934 nicht mehr möglich war. Beispiel: es erfolgte auf Grund Arrests für 10000 M. eine Forderungspfändung; nach Ablauf der Frist des § 929 ZPO. erlegt der Schuldner die Sicherheit und beantragt Aufhebung des Arrestvollzugs; hier wird die Gebühr nur einmal erhoben.

b) Der Gegenstand, auf den sich das Verfahren bezieht, muß der gleiche sein. Gemeint ist der Gegenstand der Zwangsvollstreckung: die Forderung, in welche vollstreckt wird[19]); das Wertpapier, um dessen Verwertung es sich handelt; das Vermögensrecht, das gepfändet werden soll usw. Bezüglich des im § 934 ZPO. behandelten Falles s. o. Anm. 24. 25

Liegen die beiden in Anm. 24 und 25 bezeichneten Voraussetzungen vor, so „kommt die Gebühr nur einmal zur Erhebung". Wenn also für denselben Anspruch zunächst die Pfändung, dann die Überweisung derselben Forderung (§ 835 ZPO.), schließlich die Anordnung einer anderen Art ihrer Verwertung (§ 844) beantragt wird, oder die arrestweise Pfändung eines Anspruchs auf Herausgabe einer Sache (§§ 846, 886) und dann die Anordnung ihrer Versteigerung (§ 930 Abs. 3), so entsteht die Gebühr des § 34 Nr. 2 nur einmal, und zwar nur aus dem einfachen Streitwert. Das gleiche muß natürlich erst recht gelten, wenn mehrere der bezeichneten Anträge gleichzeitig gestellt werden. Ist aber die Identität des Anspruchs oder des Gegenstandes nicht vorhanden, so sind beim Vorliegen mehrerer getrennter Anträge wie sonst mehrere Verfahren anzunehmen, während bei einer Zusammenfassung der Anträge in einem Gesuch nur eine Zusammenrechnung der Streitwerte stattfindet (mit einer unten Anm. 35 zu besprechenden Ausnahme). Wenn also der Gläubiger zuerst 25a

[19]) LG II Berlin KGBl. 1927, 116.

für 1000 RM. Pfändung einer Geldforderung, dann Pfändung einer anderen Geldforderung, später Pfändung eines Herausgabeanspruchs beantragt, so entstehen 3 Gebühren aus 1000 RM., also 3×¼ der Sätze des § 8=22,50 RM.

26 Die Identität des Anspruchs oder des Gegenstandes kann auch teilweise vorhanden, teilweise nicht vorhanden sein. Es ist z. B. wegen 1000 RM. eine Geldforderung zu 400 RM. gepfändet (Gebühr=¼ aus 1000 RM.=7,50 RM.); dann wird für die gleichen 1000 RM. die Pfändung weiterer 600 RM. und die Überweisung der ganzen 1000 RM. beantragt. Hier ist der Antrag auf Überweisung der ersten 400 RM. gebührenfrei; der Antrag auf Pfändung und Überweisung der weiteren 600 RM. aber ist neu zu bewerten, und zwar wiederum aus 1000 RM. mit 7,50 RM. Würde im zweiten Falle der Antrag auf Pfändung von 600 RM. nur für 600 RM., der Antrag auf Überweisung der 1000 RM. für 1000 RM. gestellt, so würde nur eine weitere Viertelgebühr aus 600 RM.=4,50 RM. anfallen, während der Überweisungsantrag gebührenfrei wäre. In beiden Fällen fände irgendeine Zusammenziehung oder Reduktion nach § 14 Abs. 2 GKG. nicht statt.

27 Ob die denselben Anspruch und denselben Gegenstand betreffenden Anträge von derselben Partei gestellt werden oder nicht, ist für die Anwendung des § 35 Abs. 2 belanglos. Wenn also der Gläubiger den Anspruch auf Herausgabe einer Sache pfänden und sich zur Einziehung überweisen läßt und der Schuldner später nach Herausgabe an den Gerichtsvollzieher die Anordnung einer besonderen Verwertung der Sache beantragt, so erwächst die Gebühr nur einmal[20]).

28 Belanglos ist es ferner für die Anwendung des § 35 Abs. 2, ob die verschiedenen Anträge an dasselbe Gericht oder an verschiedene Gerichte gestellt werden; die Zuständigkeit des Vollstreckungsgerichts kann bei vollständiger Identität von Anspruch und Gegenstand wechseln, ohne daß dies vom Willen des Antragstellers abhängig ist. Wird z. B. bezüglich der vom Arrestgerichte gepfändeten Forderung später auf Grund Urteils beim Vollstreckungsgerichte die Überweisung zur Einziehung beantragt, so entsteht nur eine Gebühr.

29 Die im Schrifttum aufgestellte Behauptung, Bedingung für die Anwendbarkeit des § 35 Abs. 2 sei, daß die Handlungen zum regelmäßigen Fortgang eines und desselben Verfahrens gehören; lägen verschiedene Vollstreckungsverfahren vor, so trete die Begünstigung des § 35 Abs. 2 nicht ein[21]), kann als zutreffend nicht erachtet werden. Wenn sie wirklich so gemeint ist, wie es nach der Fassung der betreffenden Äußerungen den Anschein hat, so ist sie geeignet, die Wohltat des § 35 Abs. 2 entgegen seinem Wortlaut und Zweck im weitgehendsten Maße einzuschränken. § 35 Abs. 2 setzt ja gerade mehrere getrennte Verfahren voraus, u. zw. prozessual getrennte Verfahren; denn ob das Verfahren gebührenrechtlich einheitlich oder getrennt sein soll, wird ja eben erst durch den zweiten Absatz des Paragraphen entschieden. Die Beispiele, die von den Vertretern der hier bekämpften Meinung angeführt werden, lassen es denn auch zweifelhaft erscheinen, ob die Einschränkung wirklich in dem weiten Sinne der vorstehenden Erörterungen gemeint war. Sie handeln nämlich, soviel wir sehen, nur von den Fällen, in denen ein abgewiesenes (oder auch zurückgenommenes) Gesuch bei demselben oder einem anderen Gerichte wiederholt wird.

30 Aber auch in diesem Falle ist nach richtiger Ansicht eine Ausnahme nicht zugelassen. Die in Anm. 29 angeführte Begründung schlägt, wie gezeigt wurde, nicht durch. Auch der von anderer Seite[22]) vorgebrachte Gesichtspunkt, nur positive Entscheidungen könnten konkurrieren, kann als richtig nicht anerkannt werden. Um eine Konkurrenz von Entscheidungen handelt es sich nach dem jetzt geltenden GKG. überhaupt nicht. Nach früherem Recht wurden die Entscheidungen (einschließlich des

---

[20]) Rittmann § 39 Anm. 5; Rittmann-Wenz § 34 Anm. 8.

[21]) Rittmann § 39 Anm. 6; Rittmann-Wenz § 34 Anm. 8; ähnlich Jonas § 34 Anm. 9.

[22]) Baumbach § 34 Anm. 3.

vorausgehenden Verfahrens) besteuert; jetzt kommt es gar nicht mehr darauf an, ob eine Entscheidung erging und es ist daher auch belanglos, ob sie positiv oder negativ ausfiel.

Die Milderungsvorschrift des § 35 Abs. 2 ist hienach ihrem klaren Wortlaut gemäß auszulegen[23]). Man gelangt sonst zu Unterscheidungen, für die kein Anhalt vorliegt und deren Formulierung notwendig zu einer Fülle von Ausnahmen der Ausnahmen führt — weit über das Ziel der Verhütung von Mißbräuchen hinaus, die in praxi doch sehr selten sein dürften[24]).

4. Der Streitwert. Er richtet sich in denjenigen Fällen, in denen es sich um die Sicherstellung einer Forderung, nicht um ein bereits bestehendes Pfandrecht handelt, nach dem Wert des zu vollstreckenden Anspruchs[25]). Es sind dies zunächst die Fälle der §§ 791, 829, 846—848, 857, 858, 886 ZPO. Die Fälle der §§ 835, 839, 844 ZPO. scheiden praktisch aus, weil sie zwar die Geltendmachung eines schon begründeten Pfandrechts betreffen, weil sie aber stets eine gerichtliche Forderungspfändung voraussetzen und daher gemäß § 35 Abs. 2 nicht neuerdings der Besteuerung unterliegen. 81

Systematisch gehören diese Fälle zu der zweiten, jetzt zu erörternden Kategorie: zu denjenigen Zwangsvollstreckungshandlungen, bei denen es sich um ein bereits bestehendes Pfandrecht und um dessen Verwertung, Geltendmachung usw. handelt. Dies sind die Fälle der §§ 822, 823, 825, 885 Abs. 4, 930 Abs. 3 ZPO. In diesen Fällen kommt die zweite Alternative des § 6 ZPO. zur analogen Anwendung: ein Pfandrecht bildet den „Streitgegenstand". Auch hier entscheidet also zunächst der Betrag der Forderung (unter Anwendung des § 15 Abs. 2 GKG.; s. o. §§ 9—15 Anm. 116, 117); ist aber der Wert des Pfandes geringer, so ist dieser maßgebend. Dabei kommt es nicht auf den Wert des Pfandrechts, sondern auf den Wert seines Gegenstandes an; Vorbelastungen sind also nicht in Abzug zu bringen. Gepfändete Forderungen sind grundsätzlich auch nur mit ihrem Verkehrswert einzusetzen; in der Praxis wird man aber bei Geldforderungen vom Nennbetrage ausgehen, solange nicht ein geringerer Wert dargetan ist. 82

Im Falle des § 934 ZPO. (Aufhebung des Arrestvollzugs gegen Hinterlegung der Arrestabwendungssumme oder mangels Vorschußleistung des Gläubigers für besondere Aufwendungen) nimmt die herrschende Meinung an, daß der Streitwert sich nach dem Interesse des Schuldners an der Aufhebung des Arrestes richte, das sich mit der Arrestsumme nicht zu decken brauche[26]). Dem kann nicht beigepflichtet werden. Gegenstand des Verfahrens ist die Vollstreckung des Arrests, mag der Gläubiger die Vollstreckung betreiben oder der Schuldner sie bekämpfen. Den Streitwert bestimmt daher die Arrestforderung, um deren — bereits erfolgten oder zukünftigen — Vollzug 83

---

[23]) So auch Jonas [1] § 34 Anm. 9, der seine Ansicht jedoch in der 2. Aufl. geändert hat.

[24]) Übergangsfragen können im Falle des § 35 Abs. 2 entstehen. Wenn z. B. eine Forderung vor Geltung des GKG. vom 21. Dez. 1922 gepfändet und nach dem 15. Febr. 1923 zur Einziehung überwiesen wurde, so fragt es sich, ob § 35 Abs. 2 eingreift. Die Frage wird grundsätzlich zu bejahen sein, wenn die im früheren § 35 Nr. 2 vorgesehene Gebühr bezüglich desselben Anspruchs und desselben Gegenstandes erhoben wurde; denn die „Instanz" war dann am 15. Febr. 1923 nicht beendet (vgl. Art. VIII Abs. 2 des Ges. vom 21. Dez. 1922). Allein die Schwierigkeit entsteht mit dem Übergang vom 1. Januar 1924 und liegt auf anderem Gebiet: wann und inwieweit ist die Papiermarkforderung mit der späteren Goldmarkforderung identisch? Dies ist im wesentlichen eine Frage des Aufwertungsrechts, die hier nur angedeutet, nicht näher besprochen werden kann. Hinsichtlich der Anrechnung der früher bereits bezahlten oder vorgeschossenen Gebühr ist Art. V der VO. vom 13. Dez. 1923 (RGBl. I 1186) zu beachten.

[25]) Ebenso Jonas § 34 Anm. 10.

[26]) Jonas § 34 Anm. 10; Baumbach § 34 Anm. 3; Rittmann-Wenz § 34 Anm. 9 (dieser führt noch näher aus, daß im Falle des § 934 Abs. 1 nur die wirtschaftlichen Nachteile des Schuldners aus der Hinterlegung — Zinsverlust und sonstige Weiterungen — in Betracht kommen, im Falle des Abs. 2 aber der vom Gläubiger vorzuschießende Geldbetrag.

es sich handelt. Nur wenn ein zukünftiger Vollzug im Zeitpunkt der Antragstellung nicht mehr in Frage kommt — etwa wegen Ablaufs der Frist des § 929 ZPO. — so bezieht sich der Antrag in Wirklichkeit nur auf die bereits erworbenen Pfandrechte. Ist in einem solchen Falle der Wert der Pfänder geringer als der Betrag der Arrestforderung, so ist in analoger Anwendung des § 6 ZPO. (zweite Alternative) der Wert der Pfändung maßgebend; s. o. Anm. 32.

34 In allen Fällen des § 34 Nr. 2 handelt es sich um Akte der Zwangsvollstreckung; mithin ist § 15 Abs. 2 GKG. anwendbar und es gelten die bei §§ 9—15 Anm. 110 ff. erörterten Grundsätze (Hinzurechnung der Zinsen und Kosten, nicht aber der Kosten des betreffenden Vollstreckungsaktes selbst).

35 Wie ist bezüglich des Streitwertes zu entscheiden, wenn in einem Gesuch mehrere Anträge enthalten sind? Betreffen die Anträge denselben Gegenstand (z. B. Pfändung und Überweisung derselben Forderung zugunsten des gleichen Anspruchs), so ist nach § 35 Abs. 2 unzweifelhaft der Streitwert nur einmal zu berechnen. Man könnte hieraus schließen, daß bei Verschiedenheit des Gegenstandes stets auch die Streitgegenstände gesondert zu bewerten und zusammenzurechnen seien. Allein dies trifft nicht zu: wenn für denselben Anspruch verschiedene Sicherstellungen begehrt werden, wenn z. B. die Pfändung mehrerer Forderungen, die Pfändung einer Geldforderung und eines Anspruchs auf Herausgabe von Sachen oder die Pfändung eines Urheberrechts und eines Erbanteils in einem Gesuch beantragt werden, so ist Streitgegenstand nur einmal der zu sichernde Anspruch, genau so wie wenn eine Klage auf Sicherstellung erhoben wird und dabei mehrere Sicherungen für dieselbe Forderung verlangt werden oder wenn hundert Gegenstände auf Grund des gleichen Pfändungsauftrages gepfändet werden. Es erscheint in der Praxis selbstverständlich, daß auch bei der gerichtlichen Zwangsvollstreckung keine anderen Grundsätze gelten.

Auch wenn mehrere Zwangsvollstreckungs-Anträge in ein Gesuch zusammengefaßt werden, von denen der eine die Sicherung des Anspruchs, der andere die Realisierung des Pfandes zugunsten derselben Forderung bezweckt, wird man eine Zusammenrechnung der Streitwerte so wenig vorzunehmen haben wie bei einer Klage auf Zahlung oder Sicherstellung, verbunden mit der Klage auf Realisierung eines Pfandes für dieselbe Forderung (vgl. §§ 9—15 Anm. 81).

36 5. Die Gebühr des § 34 Nr. 2 wird fällig mit Einreichung des betreffenden Antrages bei Gericht. Gebührenschuldner ist der Antragsteller; als solcher kann auch der Schuldner in Betracht kommen, u. zw. nicht nur im Falle des § 934 ZPO.; s. o. Anm. 20. Auch § 79 GKG. kann zur Anwendung gelangen.

37 6. Wird der das Verfahren einleitende Antrag vor Erlaß einer gerichtlichen Verfügung zurückgenommen, so wird die Gebühr nicht erhoben. Die Verfügung kann auch eine bloße Zwischenverfügung sein. Über den Zeitpunkt des Erlasses vgl. § 29 Anm. 9; § 33 Anm. 3.

38 **C. Das Verfahren über Anträge auf Erteilung der Vollstreckungsklausel aus Vergleichen vor landesrechtlichen Gütestellen.**

1. Die Zivilprozeßnovelle vom 13. Febr. 1924 erwähnt in § 495 a Nr. 1 Gütestellen, die durch die Landesjustizverwaltung eingerichtet oder anerkannt sind. Wird vor einer solchen Gütestelle ein Vergleich geschlossen, so wird dieser zu einem reichsrechtlich anerkannten Vollstreckungstitel, wenn von der Geschäftsstelle des Amtsgerichts (in dessen Bezirk die Gütestelle ihren Sitz hat) die Vollstreckungsklausel zu dem Vergleich erteilt ist (§ 797 a Abs. 1 ZPO.). Über Einwendungen, welche die Zulässigkeit der Vollstreckungsklausel betreffen, entscheidet dasselbe Amtsgericht (§ 797 a Abs. 2).

Für das Verfahren über den Antrag auf Erteilung der erwähnten Vollstreckungsklausel wird nun gemäß § 34 Nr. 3 ebenfalls ein Viertel der Sätze des § 8 GKG. erhoben. Auch diese Gebühr umfaßt das ganze Verfahren, natürlich ausschließlich des Beschwerdeverfahrens. Die im § 797 a Abs. 2 erwähnten Einwendungen sind gebührenfrei; dies gilt auch dann, wenn die Einwendungen sich gegen eine von dem Vorsteher der Gütestelle erteilte Vollstreckungsklausel richten (§ 797a Abs. 4 ZPO.).

2. Der Streitwert dieses Verfahrens bestimmt sich nach dem Anspruche, für welchen die Vollstreckungsklausel nachgesucht wird. Zinsen und Kosten sind hier — ebenso wie bei der Vollstreckbarerklärung eines Schiedsspruchs — nicht hinzuzurechnen, da es sich noch um keinen Akt der Zwangsvollstreckung handelt[27]); § 15 Abs. 2 GKG. findet keine Anwendung (vgl. §§ 9—15 Anm. 111). 39

3. Die Gebühr wird fällig mit der Stellung des Antrags bei der Geschäftsstelle. Gebührenschuldner ist der Antragsteller (§ 77). 40

4. Die Gebühr wird nicht erhoben, wenn der Antrag vor Erlassung einer „gerichtlichen Verfügung" zurückgenommen wird. Unter „gerichtlicher Verfügung" muß in diesem Falle auch eine Verfügung der Geschäftsstelle verstanden werden. Das Gleiche wird mit Recht angenommen, wenn nach dem GerEntlGes. vom 11. März 1921 die betreffende Landesjustizverwaltung der Geschäftsstelle richterliche Funktionen übertragen hat und demgemäß die Geschäftsstelle die Entscheidung zu erlassen hat, die das regelmäßige Ziel des betreffenden Verfahrens bildet; vgl. § 34 Anm. 3. Hat die Geschäftsstelle schon kraft Reichsrechts die Entscheidung zu erlassen, so versteht es sich von selbst, daß ihre Verfügungen im Sinne des § 34 Abs. 2 als gerichtliche gelten. 41

Es genügt zur Beseitigung der Gebührenfreiheit auch hier, daß eine Zwischenverfügung erlassen wurde.

Erlassen ist eine Verfügung, wenn die Geschäftsstelle sich ihrer zwecks Bekanntmachung an die Parteien „entäußert" hat (vgl. § 29 Anm. 9); das ist nicht nur der Fall, wenn sie die Verfügung dem Antragsteller oder seinem Bevollmächtigten ausgehändigt hat, sondern auch dann, wenn nur die Absendung zum Zwecke der Aushändigung oder sonstigen Bekanntmachung an die Parteien erfolgt ist. 42

§ 35.

Jedes Verfahren der in den §§ 32, 33, 34 bezeichneten Art gilt für die Gebührenerhebung als besonderer Rechtsstreit.

Betreffen jedoch mehrere Verfahren der im § 34 Nr. 2 bezeichneten Art denselben Anspruch und denselben Gegenstand, so wird die Gebühr nur einmal erhoben.

1. § 35 entspricht der Bestimmung des früheren § 39 Abs. 1, 2 GKG. Immerhin herrscht nicht vollständige Übereinstimmung und auch die in § 35 angeführten Vorschriften sind nicht völlig identisch mit den im § 39 GKG. a. F. zitierten Bestimmungen. Insbesondere ist zu beachten, daß die Gebühren der §§ 33, 34 des geltenden Gesetzes reine Verfahrensgebühren sind, während die entsprechenden Gebühren des früheren Rechts Entscheidungsgebühren waren. Die Anwendung der Materialien, des Schrifttums und der Rechtsprechung zu den früheren Bestimmungen muß daher auch hier mit Vorsicht erfolgen. 1

2. Aus Gründen der Systematik mußten die Vorschriften des § 35 schon früher besprochen werden. Hinsichtlich der Erläuterung des ersten Absatzes sei verwiesen auf die Vorbemerkungen zu §§ 32 bis 35 Anm. 2ff.; hinsichtlich der Erläuterungen des zweiten Absatzes auf § 34 Anm. 23—30. 2

§ 36.

Wird in einem Rechtsstreit ein Vergleich vor dem Gerichte geschlossen, so wird ein Viertel der Gebühr (§ 8) erhoben, insoweit der Wert des Vergleichsgegenstandes den Wert des Streitgegenstandes übersteigt.

---

[27]) Ebenso Jonas § 34 Anm. 14; Rittmann-Wenz § 34 Anm. 12; § 30a Anm. 3.

Vorbemerkung.

§ 36 regelt den einzigen im Gesetze enthaltenen Fall einer besonderen Vergleichsgebühr.

Übersicht.

1 **I. Entstehungsgeschichte und allgemeine Bedeutung der Vorschrift.**

1. In dem GKG. vom 21. Dez. 1922 enthielt § 36 Abs. 1 die gebührenrechtliche Regelung des amtsgerichtlichen Sühneverfahrens (§ 510c ZPO. a. F.). Dieses Verfahren sollte im allgemeinen gebührenfrei sein: wurde jedoch im Sühnetermin ein Vergleich aufgenommen, so kam hiefür ¼ der Sätze des § 8 zur Erhebung; bei kleinen Streitwerten blieb der Vergleich gebührenfrei. Dann folgte als zweiter Absatz der jetzige § 36 in folgender Formulierung: „Wird in einem Rechtsstreit ein Vergleich vor dem Gericht abgeschlossen, so gelangt die im Abs. 1 Satz 2 bestimmte Gebühr zur Erhebung, insoweit der Wert des Vergleichsgegenstandes den Wert des Streitgegenstandes übersteigt."

Abs. 1 ist gestrichen worden, als mit der Einführung des Güteverfahrens durch die Novelle vom 13. Febr. 1924 das amtsgerichtliche Sühneverfahren (§ 510c ZPO.) beseitigt wurde.

2 2. Durch die Bestimmung des § 36 (früher § 36 Abs. 2) ist eine alte Streitfrage gelöst bzw. ihre bisherige Lösung durch eine andere Regelung ersetzt worden. Das RG. hatte in RGZ. 36, 404 entschieden, daß für einen gerichtlichen Vergleich die Vergleichsgebühr immer nur aus dem in der betreffenden Instanz anhängigen Streitgegenstand erhoben werden könne, auch wenn er andere, überhaupt nicht oder in anderen Prozessen bzw. Instanzen anhängige Ansprüche mit erledige. Dies wurde hauptsächlich daraus gefolgert, daß die Vergleichsgebühr des früheren Rechts (§ 23 GKG. a. F.) nur eine besondere Art der Entscheidungsgebühr war; der Vergleich erschien als ein Surrogat der Entscheidung. Die Entscheidungsgebühr aber könne naturgemäß nur von dem in derselben Instanz anhängigen Gegenstand erhoben werden.

Die durch diese Praxis geschaffene, zu manchen Unbilligkeiten gegen den Fiskus und zu Mißbräuchen führende „Lücke des Gesetzes" sollte durch die neue Vorschrift ausgefüllt werden (Begr. zu Nr. 14 des Entwurfs a. E.).

3 Es ist zu beachten, daß § 36 eine besondere Vergleichsgebühr einführt, die keinerlei Berührungspunkte mehr mit der Entscheidungsgebühr hat. In den Regelfällen wird nach neuem Recht, wenn es zu einem gerichtlichen Vergleich kommt, stets eine Prozeßgebühr oder eine ihr gleichgeartete Verfahrensgebühr (vgl. §§ 30a—34) erhoben. Sind Vergleichsgegenstand und Streitgegenstand identisch, so soll zwar durch den Vergleich keine Minderung der Prozeß- oder Verfahrensgebühr eintreten[1]); es soll aber auch neben einer solchen Gebühr keine besondere Vergleichsgebühr erhoben werden. In dieser Beziehung ist die Fassung des § 36 durch die Novelle vom 21. Dez. 1922 beachtenswert: das amtsgerichtliche Güteverfahren sollte völlig gebührenfrei, also auch frei von jeder Verfahrensgebühr bleiben. Kam es aber zum Abschluß eines Vergleichs, so sollte — abgesehen von Bagatellsachen — ¼ der Sätze des § 8 als Vergleichsgebühr anfallen. Dieselbe Vergleichsgebühr wird nach Abs. 2 erhoben, wenn in

[1]) Vgl. Begr. zu Nr. 9 des Entwurfs. Nach früherem Recht traten bei Vergleichsschluß weitgehende Vergünstigungen in gebührenrechtlicher Beziehung ein. Nach § 21 GKG. fiel die Verhandlungsgebühr fort, wenn dem Vergleich keine Beweisanordnung oder sonstige gebührenpflichtige Entscheidung vorausging. Über weitere Einzelheiten des früheren Rechts vgl. § 23 Anm. 1—3.

einem Rechtsstreit ein gerichtlicher Vergleich abgeschlossen wird, soweit der Wert des Vergleichsgegenstandes den Wert des Streitgegenstandes übersteigt. Die Zusammenstellung dieser beiden Fälle im Gesetz zeigt, daß ihnen ein einheitlicher Gedanke zugrunde liegt: die besondere Vergleichsgebühr soll nur da erhoben werden, wo der Vergleichsgegenstand noch nicht mit einer Verfahrensgebühr belegt war. Einzelheiten und Folgerungen sind später zu erörtern (s. Anm. 4 ff., 10 ff.).

II. Die Voraussetzungen der Vergleichsgebühr. 4

1. Es muß in einem Rechtsstreit ein gerichtlicher Vergleich geschlossen worden sein. Das Wort „Rechtsstreit" ist im weitesten Sinne zu verstehen; dies ergibt sich schon daraus, daß die Vorschrift nicht unter den Bestimmungen über das Prozeßverfahren ihren Platz gefunden hat, sondern unter den besonderen Verfahrensarten am Ende des zweiten Abschnitts; ja sie war sogar ursprünglich in einem Paragraphen mit der Regelung des Sühneverfahrens vereinigt. Der Zweck des § 36 würde nicht erreicht werden, wenn in den Verfahrensarten mit geringeren Verfahrensgebühren seine Anwendung ausgeschlossen wäre; hier besteht vielmehr naturgemäß ein besonderes Bedürfnis nach seiner Geltung.

§ 36 findet also Anwendung, wenn im Arrestverfahren, im Güteverfahren, im Beweissicherungsverfahren oder in einem anderen Falle der §§ 33—34, im Beschwerdeverfahren usw. ein gerichtlicher Vergleich abgeschlossen wird und die sonstigen Voraussetzungen unserer Vorschrift gegeben sind[2]).

5 2. Es muß ein Vergleich geschlossen sein. Der Begriff des Vergleichs ist im allgemeinen dem Zivilrecht zu entnehmen; die Einzelheiten sind bei § 23 Anm. 4 ff. erörtert. Nur im Güteverfahren gilt ein anderer, weiterer Vergleichsbegriff: als Vergleich ist hier jede in das Sitzungsprotokoll aufgenommene und vollstreckungsfähige Einigung anzusehen, auch wenn ein gegenseitiges Nachgeben nicht vorliegt[3]).

6 3. Vergleichsgegenstand ist der Gegenstand (d. h. das Rechtsverhältnis, der Anspruch usw.), über den ein Vergleich zustandekam; nicht etwa der Gegenstand, auf dessen Leistung oder Anerkennung man sich geeinigt hat[4]). Lautet also der Vergleich dahin, daß zur Beilegung eines Streites über eine Forderung von 10000 RM. u. a. ein Anwesen herausgegeben wird, dessen Wert 12000 RM. beträgt, so kommt § 36 nicht zur Anwendung, da man sich nur über einen Anspruch zu 10000 RM. verglichen hat.

7 4. Die Gebühr des § 36 wird aus dem Betrage erhoben, um den der Wert des Vergleichsgegenstandes den Wert des Streitgegenstandes übersteigt.

Sind Vergleichsgegenstand und Streitgegenstand identisch, so kommt § 36 nicht zur Anwendung; denn dann kann auch der Wert kein verschiedener sein[5]). Sind aber die beiden Gegenstände verschieden, so sind folgende Fälle denkbar:

8 Der Vergleich kann den Streitgegenstand, wie er im Zeitpunkte des Vergleiches sich darstellt, ganz oder teilweise erledigen und außerdem noch einen weiteren Gegenstand (= Anspruch, Rechtsverhältnis). Dies ist der reguläre Fall, an den der Gesetzgeber bei seiner Formulierung allein gedacht zu haben scheint. Hier ist zunächst der Wert des Streitgegenstandes nach den allgemeinen Regeln festzustellen und dann der Wert des Vergleichsgegenstandes; die letztere Feststellung erfolgt so, als ob auch der nicht

---

[2]) Ebenso: Jonas § 36 Anm. 2c; Rittmann-Wenz § 36 Anm. 1; Baumbach § 36 Anm. 1.

[3]) Näheres siehe bei Stein-Jonas § 499c Anm. III; § 499g Anm. II; Walter-Joachim-Friedlaender § 38a Anm. 9a; Erdsiek JW. 1925, 732; Reinecke JW. 1927, 2102; Schulze Anwaltsblatt 1927, 182.

[4]) Ebenso OLG. München und A. Friedlaender BuschsZ. 53, 22.

[5]) Wenn das Gericht allerdings der unrichtigen Lehre von der Anwendung des § 3 ZPO. auf Arrestsachen folgt, so kann auf den im Arrestprozeß geschlossenen, auch die Hauptsache erledigenden Vergleich § 36 zur Anwendung kommen. Siehe § 32 Anm. 4. Nicht zutreffend Baumbach § 32 Anm. 1 (im Gegensatz zu seiner richtigen Ansicht bei § 6 ZPO. Anm. 2).

anhängige Teil des Vergleichsgegenstandes Streitgegenstand wäre, also ebenfalls nach den Regeln über die Streitwertbestimmung. Dann erst kann festgestellt werden, ob und um wieviel der Wert der Vergleichsgegenstandes den Wert des Streitgegenstandes übersteigt. Wenn von einer Geldforderung zu 5000 RM. zunächst 1000 RM. eingeklagt werden und dann ein Vergleich über den ganzen Betrag von 5000 RM. geschlossen wird, so beträgt der Vergleichsgegenstand 5000 RM.; der übersteigende Betrag, aus dem die Gebühr des § 36 zu erheben ist, also 4000 RM. Würden sich die Parteien nach Erledigung eines Teilbetrages von 900 RM. (von den eingeklagten 1000 RM.) über die verbleibenden 4100 RM. vergleichen, so wäre gleichwohl der übersteigende Betrag gleich 4000 RM.; denn von diesem ganzen Betrag ist kein Teil identisch mit irgendeinem Teile des Streitgegenstandes. Die ganzen 4000 RM. waren bisher frei von jeder Prozeß- oder Verfahrensgebühr; sie werden daher nach dem Zwecke des Gesetzes in vollem Umfange von der Gebühr des § 36 getroffen.

Wenn den Streitgegenstand ein Rentenanspruch bildet, der zunächst nur auf 5 Jahre geltend gemacht ist, der aber nach § 10 Abs. 3 GKG. auch nicht höher zu bewerten wäre, wenn er auf Lebenszeit geltend gemacht wäre, und wenn dann ein Vergleich über den ganzen (lebenslänglichen) Rentenanspruch geschlossen wurde, so sind zwar Streit- und Vergleichsgegenstand verschieden, aber der Wert beider Gegenstände ist der gleiche. § 36 kommt also nicht zur Anwendung. — Tritt ein Dritter dem Vergleiche bei und verpflichtet er sich, samtverbindlich mit dem Beklagten die Vergleichssumme zu bezahlen, so kann ein zweiter Vergleichsgegenstand vorliegen, wenn etwa ein Anspruch auch gegen den Dritten behauptet war und hierüber der Vergleich mit geschlossen wurde. Ging die Behauptung dahin, daß der dritte Gesamtschuldner neben dem Beklagten sei, so läge nur ein Anspruch im Sinne der Streitwertbestimmungen vor, auch wenn gegen beide Schuldner Klage gestellt wäre (vgl. §§ 9—15 Anm. 81). § 36 käme also nicht zur Anwendung. Anders, wenn etwa gegen den Dritten ein ganz anderer Anspruch behauptet wäre und der Dritte zum Ausgleich dieses Anspruchs dem Vergleiche beiträte.

Schwierigkeiten bereitet die Bestimmung des Vergleichsgegenstandes besonders, wenn die Generalklausel („hiermit sollen alle gegenseitigen Ansprüche ausgeglichen sein") beigefügt wird. Hier ist im einzelnen Falle festzustellen, auf welche konkreten Ansprüche sich die Klausel bezieht[6]). In Ermangelung von näheren Anhaltspunkten wird man sich an die im Prozeß erörterten Ansprüche halten und eventuell Aufklärung durch Fragestellung anstreben.

9 Es ist aber auch der Fall denkbar, daß der Vergleich nur einen Gegenstand erledigt, der gar nicht Streitgegenstand ist, wenngleich dies nicht gerade häufig vorkommen wird. Sind z. B. 1000 RM. eingeklagt und später bezahlt, während weitere, inzwischen fällig gewordene, aber nicht eingeklagte 1000 RM. den Gegenstand des Vergleichs bilden, so fragt es sich, ob auf sie der § 36 Anwendung findet. Die Frage ist unbedenklich zu bejahen. Diese 1000 RM. haben nie den Gegenstand des Rechtsstreits gebildet; aus ihnen ist nie eine Prozeßgebühr erhoben worden. Genau so liegt der Fall, wenn die ersten 1000 RM. noch nicht bezahlt sind, über weitere 1000 RM. aber zunächst ein Teilvergleich geschlossen wurde. Die zufällige Identität der Werte darf hierüber nicht hinwegtäuschen[7]).

10 5. Der Vergleich muß „in einem Rechtsstreit vor dem Gerichte" geschlossen sein. Es muß also ein gerichtlicher Vergleich sein; daß er nicht gerade in einem

6) Baumbach § 36 Anm. 2; Walter-Joachim-Friedlaender § 1 Anm. 70.

7) Jonas § 36 Anm. 2b sagt: „Inwieweit Identität zwischen dem Vergleichs- und dem Streitgegenstand besteht, ist unerheblich: vergleichen sich also die Parteien in einem Streit über rückständige Raten im Werte von 1000 RM. über künftige Raten von gleicher oder geringerer Höhe, so entsteht keine Gebühr nach § 36." Das Beispiel ist nicht ganz klar und die Folgerung keinesfalls richtig. Vergleichen sich die Parteien über die rückständigen 1000 RM. und die zukünftigen 1000 RM., so ist der Wert des Vergleichsgegenstandes 2000 RM., der des Streitgegenstandes 1000 RM.; die Gebühr ist also aus 1000 RM. zu erheben. Vergleichen sich die Parteien aber nur über die künftigen 1000 RM., so ist nach dem oben Gesagten ebenfalls aus diesem Betrage die Gebühr begründet.

Prozeßverfahren abgeschlossen zu sein braucht, ist oben in Anm. 4 bereits erörtert. Auch vor dem Vollstreckungsgericht (z. B. im Offenbarungseidesverfahren: § 33 Nr. 5) kann ein Vergleich im Sinne des § 36 geschlossen werden (wobei die Frage, ob er einen Vollstreckungstitel bildet, hier dahingestellt bleiben kann)[8]. Es muß sich nur um ein Verfahren handeln, auf das der zweite Abschnitt des GKG. Anwendung findet; d. h. um ein Verfahren zivilprozessualer Art.

Nun erhebt sich aber die weitere Frage, ob § 36 auch dann zur Anwendung 10a kommt, wenn der Wert des Vergleichsgegenstandes zwar den Wert des Streitgegenstandes in diesem „Rechtsstreit" (in dem der Vergleich formell geschlossen wurde) übersteigt, wenn aber der Mehrbetrag des Vergleichsgegenstandes bereits den Gegenstand eines anderen gerichtlichen Verfahrens bildet. Das einfachste Beispiel ist dies: bei verschiedenen Gerichten schweben zwischen denselben Parteien 5 Prozesse über 10000, 20000, 5000, 3000 und 1000 RM. In dem letzterwähnten Prozesse kommt ein Generalvergleich zustande, der alle 5 Sachen erledigt. Darf hier aus 38000 RM. eine Gebühr nach § 36 erhoben werden? Die Frage ist in jüngster Zeit mehrfach behandelt und allgemein verneint worden[9].

Der Wortlaut des Gesetzes scheint gegen diese Ansicht zu sprechen. Daß man unter „Streitgegenstand" im allgemeinen nur den Gegenstand des konkreten Rechtsstreits, von dem die Rede ist, versteht, wird man zugeben müssen. Man kann auch nicht sagen, daß der ausgesprochene Sinn des § 36 „die Förderung der Vergleichswilligkeit" sei[10]. Denn § 36 belastet ja den (sonst gebührenfreien) Vergleich mit einer besonderen Abgabe. Trotzdem wird man sich der oben erwähnten Ansicht anschließen müssen. Maßgebend hiefür ist der oben (Anm. 3) dargelegte Grundgedanke des geltenden Gesetzes, daß eine Vergleichsgebühr nur da erhoben werden soll, wo der Vergleichsgegenstand noch nicht mit einer Verfahrensgebühr belegt war. Diese Verfahrensgebühr braucht nicht eine eigentliche Prozeßgebühr oder gar eine volle Prozeßgebühr zu sein. Das ergibt sich schon daraus, daß auch die „Vergleichsgebühr" nur ¼ der Sätze des § 8 beträgt; niedriger als ¼ ist aber nach geltendem Recht — mit einer unten zu besprechenden Ausnahme (Anm. 13) — überhaupt keine der hier in Betracht kommenden Verfahrensgebühren[10a]. Das Gesagte ergibt sich ferner aus den der herrschenden Meinung entsprechenden Ausführungen in Anm. 4: wenn ein Vergleich im Sinne des § 36 auch in einer der minder bewerteten Verfahrensarten geschlossen werden kann, wenn also die Vergleichsgebühr aus dem Streitgegenstande eines solchen Verfahrens in diesem selbst nicht erwächst, so muß es folgerichtig auch genügen, daß der Vergleichsgegenstand in einem anderen, minder bewerteten Verfahren „anhängig" ist.

Wenn also über den Vergleichsgegenstand oder einen Teil desselben ein Güteverfahren bei einem ordentlichen Gericht anhängig ist, so wird hieraus die Vergleichsgebühr nicht erhoben; ebenso wenn ein Mahnverfahren schwebt oder ein Offenbarungseidesverfahren, ein Arrestverfahren oder ein Beweissicherungsverfahren usw.

Ja man wird noch weiter gehen müssen: es ist nicht nötig, daß das Verfahren 11 im Zeitpunkt des Vergleichsschlusses noch schwebt; es genügt, daß es mit gebührenrechtlicher Wirkung geschwebt hat[11]. Denn auch dann trifft die ratio legis zu.

Anderseits trifft sie nicht zu, wenn durch Zurücknahme des Antrags die Ver- 12 fahrensgebühr vollständig in Wegfall gekommen ist. Wenn z. B. die Klage ein-

[8]) Vgl. Stein-Jonas § 794 Anm. II, 2b, Fußnote 32; andrerseits Jonas § 36 Anm. 2c.

[9]) LZ. 1927, 333[5] (OLG. München); JW. 1927, 532[17] (OLG. Stuttgart); Jonas § 36 Anm. 2d; Baumbach § 36 Anm. 2.

[10]) So OLG. München LZ. 1927, 333[5].

[10a]) Wenn nach vorausgehendem Mahn- oder Güteverfahren eine Zurücknahme der Klage im Prozeßverfahren erfolgt, so bleibt doch die halbe Verfahrensgebühr des Mahn- oder Güteverfahrens stets bestehen: § 31 Anm. 15; § 31a Anm. 15a, 18.

[11]) Anders anscheinend: OLG. München LZ. 1927, 333[5], das aber nach seiner ganzen Einstellung zu der Frage doch vielleicht obigen Ausführungen zustimmen würde.

gereicht war und vor der Terminsbestimmung zurückgenommen wurde, so war sie zwar gebührenrechtlich „anhängig", also auch „Streitgegenstand". Die Anhängigkeit ist aber gebührenrechtlich wieder ausgelöscht worden. Hier kommt also die Vergleichsgebühr zur Erhebung. Das muß auch gelten, wenn ein zur Zeit des Vergleichsabschlusses noch schwebendes Verfahren nachträglich mit der Wirkung der Gebührenbefreiung zurückgenommen wird (§ 32 Abs. 1 Satz 3; § 33 Abs. 2; § 34 Abs. 2 usw.).

13 Im Güteverfahren beträgt die Gebühr, wenn der Antrag nach der Terminsbestimmung, aber vor Stellung eines „Sachantrags" in der mündlichen Verhandlung zurückgenommen wird, nur $^1/_8$ der Sätze des § 8 (§ 31a Abs. 1 S. 2). In diesem Falle wird es sinngemäß sein, die Vergleichsgebühr zwar zu erheben, aber auch nur in Höhe eines Achtels ($^1/_4 - ^1/_8 = ^1/_8$).

14 6. Wird in einer vermögensrechtlichen Streitigkeit vor dem Landgerichte auf ein Armenrechtsgesuch der Gegner zu Protokoll der Geschäftsstelle gehört und einigen sich hiebei beide Parteien über den streitigen Anspruch, so ist der Vergleich zu richterlichem Protokoll zu nehmen (§ 118a ZPO.). Dieses Verfahren ist gebührenfrei. Gilt dies auch, soweit der Wert des Vergleichsgegenstandes größer ist als der des Anspruchs, für den das Armenrecht nachgesucht wird? Die Frage ist grundsätzlich zu verneinen. § 36 findet auch auf dieses Verfahren Anwendung[11a]). Praktisch kann allerdings in den meisten Fällen die Anwendung des § 36 dadurch illusorisch gemacht werden, daß der Antragsteller vor Abschluß des Vergleichs sein Armenrechtsgesuch auf den ganzen Vergleichsgegenstand ausdehnt und es wird sogar regelmäßig anzunehmen sein, daß dies stillschweigend geschehen sei: wenn also wegen einer Teilforderung zu 1000 RM. Armenrechtsgesuch gestellt war und dann die ganze Forderung zu 5000 RM. verglichen wird, so wird die Absicht der Erweiterung des Antrags zu vermuten sein[12]). Aber es gibt auch Fälle, in denen dies nicht möglich ist: wird z. B. eine Gegenforderung, die den Gegenstand einer Widerklage oder eines besonderen Rechtsstreits bilden würde, mit verglichen, so entfällt diese Möglichkeit, zumal wenn die Voraussetzungen des Armenrechts beim Gegner gar nicht vorliegen; hier muß § 36 Anwendung finden.

15 **III. Die Höhe der Vergleichsgebühr.**

1. Die Vergleichsgebühr des § 36 wird aus der Differenz zwischen Vergleichsgegenstand und Streitgegenstand berechnet. Gilt dies auch dann, wenn diese Differenz an sich gar keine Erhöhung der Verfahrensgebühr zur Folge haben würde? Beträgt der Vergleichsgegenstand 30900 RM., der Streitgegenstand 30002 RM., so wäre nach dem Wortlaut des Gesetzes die Vergleichsgebühr aus 898 RM. zu erheben, obwohl die Prozeßgebühr in beiden Fällen 235 RM. beträgt. Nach dem Sinne des Gesetzes (s. o. Anm. 3) kann dies nicht gelten. Die Frage ist also zu verneinen.

16 2. Die Gebühr beträgt ¼ der Sätze des § 8, nicht ¼ der jeweiligen Prozeßgebühr. Also keine Erhöhung in den höheren Instanzen, keine Ermäßigung bei besonderen Verfahrensarten (siehe jedoch oben Anm. 13).

17 3. Die Gebühr des § 36 ist eine selbständige Gebühr. § 7 findet also Anwendung. Gleichwohl muß eine Zusammenrechnung mit der Verfahrensgebühr nach dem Zwecke des Gesetzes (Anm. 3) und aus den oben Anm. 15 erwähnten Gründen stattfinden. Ein Beispiel soll dies klar machen: Klage auf 10000 RM. (Prozeßgebühr: 130 RM.); Vergleich über 12000 RM.; die Vergleichsgebühr betrüge also 50:4 = 12.50 RM.; mithin die Summe beider Gebühren 142,50 RM. Wäre aber die Prozeßgebühr aus 12000 RM. entstanden, so hätte sie nur 140 RM. betragen und eine Vergleichsgebühr wäre überhaupt nicht angefallen. Also kann sie auch nicht mehr betragen als 10 RM.

[11a]) Vgl. OLG. Frankfurt a. M. JW. 1926, 2589[9]; ferner oben § 2 Anm. 10.

[12]) Der Richter wird gleichwohl gut tun, diese Frage zu beachten und Klarstellung zu veranlassen.

§ 37.

Für das durch die Geschäftsstelle*) an die Post gerichtete Ersuchen um Bewirkung einer Zustellung (Zivilprozeßordnung § 196) ist die einem Gerichtsvollzieher für den gleichen Akt zustehende Gebühr als Gerichtsgebühr zu erheben, sofern nicht die Zustellung von Amts wegen bewirkt wird.

Vorbemerkung.

§ 37 setzt für gewisse Fälle eine besondere Zustellungsgebühr fest.

Übersicht.

I. Entstehungsgeschichte und Allgemeines. 1

1. § 37 wiederholt die Vorschrift des früheren § 40 GKG. ä. F. Dieser hatte durch das Gesetz vom 29. Juni 1881 den Zusatz erhalten: „sofern nicht die Zustellung von Amts wegen bewirkt wird".

2. § 196 ZPO. bestimmt: „Insoweit eine Zustellung unter Vermittlung der Geschäftsstelle zulässig ist, kann dieselbe unmittelbar die Post um Bewirkung der Zustellung ersuchen. In diesem Falle finden die Vorschriften der §§ 194, 195 auf die Geschäftsstelle entsprechende Anwendung; die erforderliche Beglaubigung erfolgt durch den Urkundsbeamten der Geschäftsstelle." 2

Die Fälle, in denen „eine Zustellung unter Vermittlung der Geschäftsstelle zulässig ist", sind im § 166 Abs. 2 bezeichnet, der lautet:

„In dem Verfahren vor den Amtsgerichten kann die Partei den Gerichtsvollzieher unter Vermittlung der Geschäftsstelle des Prozeßgerichts mit der Zustellung beauftragen. Das gleiche gilt für Anwaltsprozesse in Ansehung der Zustellungen, durch welche eine Notfrist gewahrt werden soll." Vgl. hiezu § 168 ZPO.

3. Die Motive zu § 40 GKG. ä. F. bezeichnen als Zweck der Vorschrift die Verhütung eines „wenig wünschenswerten Wettstreits" zwischen Gerichtsvollzieher und Gerichtsschreiber (Geschäftsstelle) um die Zustellungsgebühren. Dieser könnte eintreten, wenn der Gerichtsschreiber im Falle des § 196 ZPO. die Gebühren für sich beanspruchen dürfte. „Die Einziehung der Gebühren zur Kasse wird die Zuziehung des Gerichtsvollziehers zur Regel machen und das unmittelbare Ersuchen der Post seitens des Gerichtsschreibers auf diejenigen Fälle beschränken, in welchen für dasselbe sachliche Gründe vorliegen." 3

Ob dieser ganze Gedankengang auf die heutigen Verhältnisse noch paßt, braucht hier nicht erörtert zu werden. Immerhin sieht man daraus, daß das Gesetz hier eigentlich eine Gerichtsvollziehergebühr zur Erhebung gebracht wissen wollte. Wäre die Fiktion einer Auftragserteilung an den Gerichtsvollzieher folgerichtig durchgeführt, so müßte die Bestimmung unter den „Auslagen" (§ 72 Nr. 6) erscheinen; de lege lata muß aber daran festgehalten werden, daß die Hebung nach Art der Gebühren zu erfolgen hat.

II. Die Vorschrift im einzelnen. 4

1. § 37 findet nur Anwendung, wenn es sich um eine wirkliche Zustellung im

*) Vgl. die ausdrückliche Bestimmung in Art. I Ziff. II 5 der VO. vom 30. November 1927 RGBl. I 334.

[1]) Ebenso: Rittmann § 40 Anm. 2; Rittmann-Wenz § 37 Anm. 2; Jonas § 37 Anm. 1; Baumbach § 37 Anm. 1.

formellen Sinne handelt. Formlose Mitteilungen, Benachrichtigungen usw. fallen nicht unter die Vorschrift.

Desgleichen werden *Zustellungen von Amts wegen*, die durch die §§ 208 ff. ZPO. besonders geregelt sind (vor allem die meisten Zustellungen im Amtsgerichtsprozeß, die Zustellungen von Berufungs- und Revisionsschriften und -Begründungen usw.), von der Bestimmung des § 37 nicht getroffen; sie sind auch sonst in der Regel frei von Auslagenerhebung (vgl. im einzelnen § 73 GKG.).

Auch wenn eine Zustellung von Amts wegen bewirkt *wird*, obwohl sie nur auf Ersuchen der Partei erfolgen *dürfte*, kann die Gebühr des § 37 nicht zur Erhebung gelangen.

5 2. Die „*einem Gerichtsvollzieher für den gleichen Akt zustehende Gebühr*" ergibt sich aus § 2 GVGebO. Nach Abs. 1 dieses Paragraphen beträgt sie 0,40 RM. Die Absätze 2—4 kommen nicht in Betracht, da sie nur die persönliche Zustellung durch den Gerichtsvollzieher oder den Strafprozeß[2]) betreffen. Dagegen bildet die Beglaubigungsgebühr des § 2 Abs. 5 einen Teil der Zustellungsgebühr; wenn also der Urkundsbeamte der Geschäftsstelle gemäß § 196 Satz 2 ZPO. die Beglaubigung vornimmt und dann das Ersuchen erläßt, so erhält er auch die Gebühr von 5 Reichspfennigen für die angefangene Seite. Es ist jedoch zu beachten, daß dies nur gilt, wenn der Geschäftsstelle eine unbeglaubigte Abschrift übergeben wird, die sie dann beglaubigt, nicht wenn sie selbst erst diese Abschrift herstellt[3]). In diesem Falle kommen regelmäßig *Schreibgebühren* zur Erhebung (§ 71); vgl. auch den klaren Wortlaut des § 2 Abs. 5 GVGebO.

6 Wird der „Zustellungsauftrag", d. h. der Antrag der Partei, vor Absendung des Ersuchens an die Post zurückgenommen, so entfällt die „Gebühr" des § 37 vollständig; denn bis zu dieser Absendung liegen die Voraussetzungen des § 37 noch gar nicht vor. Mit der Absendung ist aber auch die Erledigung eingetreten; der Fall des § 2 Abs. 6 GVGebO.[4]) kommt also nicht in Betracht.

7 Die Zustellung an den Zustellungsbevollmächtigten mehrerer Beteiligter (ZPO. § 189 Abs. 2) gilt als *eine* Zustellung (§ 2 Abs. 7 GVGebO.).

8 3. Obwohl § 37 unter den Vorschriften über die Gebühren steht, findet § 7 GKG. *keine* Anwendung. Denn die Höhe und die Berechnung der Gebühr sollen sich nach Zweck und Wortlaut der Spezialvorschrift des § 37 *nach den Vorschriften der GVGebO.* richten. Es findet also weder eine Erhöhung des Betrages von 0,40 RM. auf fünfzig Reichspfennige noch eine Aufrundung der Beglaubigungsgebühren auf volle 10 Reichspfennige statt. Daß die Gebühr des § 37 in allen Instanzen und Verfahrensarten die gleiche ist, ergibt sich schon aus ihrer Unabhängigkeit vom Streitwert.

9 4. Die Fälligkeit der „Gebühr" des § 37 tritt mit Erlassung des Ersuchens an die Post ein; § 74 Abs. 1 findet Anwendung, da es sich, wie wir gesehen haben, um eine Abgabe handelt, die *in der Form einer Gerichtsgebühr*, also auch unter den hiefür geltenden Voraussetzungen erhoben wird. Da die Entstehung der Gebühr hier eine „gerichtliche Handlung" (nämlich das Ersuchen an die Post) voraussetzt, so trifft die Bestimmung des § 74 Abs. 1 Halbsatz 2 zu[5]).

Mithin ist auch eine Anwendung des § 84 (Vorschußpflicht und Abhängigmachung der Handlung von Erfüllung dieser Pflicht) ausgeschlossen[6]).

---

[2]) Vgl. *Rittmann-Wenz* § 2 GVGebO. Anm. 3.

[3]) Ebenso: *Jonas* § 37 Anm. 1; *Rittmann-Wenz* § 37 Anm. 3; *Baumbach* § 37 Anm. 1.

[4]) Er lautet: „Wird der Zustellungsauftrag vor seiner Erledigung zurückgenommen, so erhält der Gerichtsvollzieher unbeschadet der Gebühr für eine bereits vorgenommene Beglaubigung 0,20 Reichsmark."

[5]) A.M.: *Jonas* § 37 Anm. 1; *Kollat* § 37 Anm. 3, § 74 Anm. 2m (die Fälligkeit trete mit Ausführung des Zustellungsersuchens, also mit der Zustellung ein); *Rittmann-Wenz* § 37 Anm. 2 („die Fälligkeit richtet sich nach § 75 Abs. 1").

[6]) Ebenso: *Jonas* § 37 Anm. 1.

5. Gebührenschuldner ist der Antragsteller nach § 77 GKG.; eventuell 10
kommt auch § 79 zur Anwendung.

6. Die Erhebung von Postgebühren für die Ausführung der Zustellung 11
wird im § 37 nicht erwähnt. Das Gesetz spricht nur von der dem Gerichtsvollzieher zustehenden „Gebühr", nicht aber von den baren Auslagen, die dem Gerichtsvollzieher zu erstatten wären (wozu nach § 16 Nr. 2 GVGebO. die Postgebühren gehören). Wollte das Gesetz die Gleichstellung mit den Kosten des Gerichtsvollziehers soweit ausdehnen, so mußte es dies sagen. Mangels einer Spezialbestimmung gilt also die Vorschrift des § 72 Nr. 1, wonach Postgebühren nicht zur Erhebung gelangen[7]).

7. Übermittelt die Geschäftsstelle den Zustellungsauftrag nicht an die Post, son- 12
dern an den Gerichtsvollzieher, so findet § 37 keine Anwendung; eine „Gebühr" wird für die Tätigkeit der Geschäftsstelle nicht erhoben.

§ 38.

Für das Verfahren über Beschwerden gemäß § 71 Abs. 2, § 99 Abs. 3 der Zivilprozeßordnung wird die volle Gebühr (§ 8) erhoben. Das gleiche gilt für Beschwerden über die Zurückweisung eines Antrags auf Anordnung eines Arrestes oder einer einstweiligen Verfügung.

Im übrigen wird für das Verfahren in der Beschwerdeinstanz die im Abs. 1 bestimmte Gebühr nur erhoben, soweit die Beschwerde als unzulässig verworfen oder zurückgewiesen wird.

Vorbemerkung.

§ 38 behandelt die Gebühren der zivilprozessualen Beschwerdeinstanz.

Übersicht.

[7]) A. M.: Rittmann-Wenz § 37 Anm. 2.

1 **I. Entstehungsgeschichte und Allgemeines.**

1. Der frühere § 45 GKG. lautete:

„Drei Zehnteile der Gebühr (§ 8) werden erhoben für die Entscheidung einschließlich des vorangegangenen Verfahrens in der Beschwerdeinstanz, soweit die Beschwerde als unzulässig verworfen oder zurückgewiesen wird oder die Kosten des Verfahrens einem Gegner zur Last fallen. Insoweit dies nicht der Fall ist, werden Gebühren nicht erhoben.

Diese Vorschrift kommt bei Anträgen auf Änderung einer Entscheidung des beauftragten oder ersuchten Richters oder des Gerichtsschreibers (ZPO. § 576) zur entsprechenden Anwendung."

Dazu kam noch die Vorschrift des § 47 Abs. 3, wonach in den 16 Fällen des § 47 Abs. 1 GKG. ä. F. auch in der Beschwerdeinstanz Gebührenfreiheit eintrat, sofern nicht die Beschwerde als unzulässig verworfen oder als unbegründet zurückgewiesen wurde.

2 2. Die Regelung war also früher eine sehr verwickelte. Namentlich die Frage, ob ein kostenpflichtiger Gegner vorhanden und wer als solcher zu erachten sei, bereitete in der Praxis große Schwierigkeiten. Das GKG. vom 21. Dez. 1922 hat die Regelung erheblich vereinfacht. Abgesehen von einigen, in Abs. 1 genau bezeichneten Fällen erhebt es eine Gebühr für die Beschwerdeinstanz (Verfahrensgebühr) nur noch bei Verwerfung oder Zurückweisung des Rechtsmittels. Der zweite Absatz des § 45 ä. F. wurde mit Rücksicht auf Art. VI § 1 des GerEntlG. vom 11. März 1921 ganz gestrichen[1]), so daß Erinnerungen gegen Entsch. der Geschäftsstelle und sonstige Anträge[1a]) nach § 576 ZPO. gebührenfrei sind.

3 **II. Das Geltungsgebiet des § 38.**

§ 38 gilt für jedes vor den ordentlichen Gerichten stattfindende Beschwerdeverfahren, auf welches die ZPO. Anwendung findet (§ 1 GKG.). Es genügt also, daß das Beschwerdeverfahren vor den ordentlichen Gerichten stattfindet und durch die ZPO. geregelt ist, mögen auch andere Abschnitte des Verfahrens sich vor anderen Behörden abspielen oder nach anderen Normen (als nach der ZPO.) geregelt sein (§ 1 Anm. 6, 10). Anderseits genügt es nicht, daß etwa die Materie, die den Gegenstand des Beschwerdeverfahrens bildet, oder die Voraussetzungen der Beschwerde von der ZPO. geregelt sind: es muß sich das Beschwerdeverfahren selbst nach ihren Normen richten. Doch genügt es, daß das Verfahren im wesentlichen den Vorschriften der ZPO. folgt (§ 1 Anm. 11). Ob die ZPO. auf Grund Reichs- oder Landesrechts gilt, ist gleichgültig. Vgl. im übrigen § 1 Anm. 19. Es ist endlich zu beachten, daß ein zivilprozessuales Beschwerdeverfahren vor den ordentlichen Gerichten schon dann vorliegt, wenn die beschwerdeführende Partei ein solches Gericht in der erkennbaren Absicht anruft, ein zivilprozessuales Beschwerdeverfahren einzuleiten. Sie muß dann die Anwendung der hienach wirksamen kostenrechtlichen Bestimmungen gegen sich gelten lassen, auch wenn das Gericht seine Zuständigkeit oder die Zulässigkeit des Rechtswegs verneint[2]).

Im einzelnen ergibt sich hieraus folgendes:

4 1. Soweit es sich um Beschwerden handelt, deren Verfahren in der ZPO. selbst geregelt ist, findet § 38 unbedingt Anwendung. Es kommt nicht darauf an, ob das betreffende Verfahren systematisch eigentlich einem anderen Rechtsgebiet angehört. Die Beschwerde im Entmündigungs- oder Aufgebotsverfahren fällt also zweifellos unter § 38. Vgl. § 1 Anm. 12a.

5 2. In diesem Zusammenhang ist hier gleich der Fall der §§ 60 Abs. 2, 73 Abs. 1 BGB. zu erörtern.

---

1) Motive zu Nr. 16 (§ 45 GKG. ä. F.), s. o. § 34 Anm. 21 Fußnote 18.

1a) Z. B. auch Anträge auf Aussetzung der Vollstreckung nach § 104 Abs. 3 S. 4 ZPO.: OLG. Frankfurt a. M. ZDJustAmtm. 1926, 528.

2) Vgl. die interessanten und auch im einzelnen sehr beachtlichen Entsch. in RGZ. 22, 415 und 52, 248; JW. 1902, 547[15]; ferner oben § 1 Anm. 8.

Gegen einen die Anmeldung zum Vereinsregister zurückweisenden Beschluß des Amtsgerichts findet nach § 60 Abs. 2 BGB. die „sofortige Beschwerde nach den Vorschriften der ZPO." statt. Dies gilt nach der herrschenden Praxis (insbes. RGZ. 49, 386; 84, 158) auch dann, wenn die Zurückweisung nicht deswegen erfolgt, weil den Erfordernissen der §§ 56—59 BGB. nicht genügt ist, sondern aus anderen Gründen.

Sinkt die Zahl der Mitglieder eines eingetragenen Vereins unter drei herab, so hat das AG. dem Verein die Rechtsfähigkeit zu entziehen. Gegen den Beschluß findet gemäß § 73 Abs. 1 Satz 3 BGB. „die sofortige Beschwerde nach den Vorschriften der ZPO. statt".

In beiden Fällen ist durch positive Vorschrift bestimmt, daß sich die Beschwerde nach den Vorschriften der ZPO. richte. Diese Bestimmung bezieht sich auf das Verfahren und sie ist durch das FGG. nicht geändert worden. In der Denkschrift zu diesem Gesetz wurde vielmehr ausdrücklich betont, daß es bei der Regelung der §§ 60, 73 BGB. sein Bewenden haben solle[3]).

Mithin untersteht das Beschwerdeverfahren auch in gebührenrechtlicher Hinsicht dem GKG., und zwar dem § 38. Das gilt auch für die weitere Beschwerde, deren Zulässigkeit nach der herrschenden Meinung durch § 568 ZPO., nicht durch § 27 FGG. bestimmt wird, was aber kostenrechtlich belanglos ist.

Für den Fall der weiteren Beschwerde hat die herrschende Meinung (RGZ. 6
84, 158) trotz grundsätzlicher Anerkennung der Regeln des Zivilprozesses für das Beschwerdeverfahren die §§ 28, 199 FGG. für anwendbar erklärt, so daß zur Entscheidung über die weitere Beschwerde in Preußen das KG., in Bayern das Oberste LG., eventuell das RG. berufen ist. Die Richtigkeit dieser Ansicht braucht hier nicht untersucht zu werden; es fragt sich nur, welche kostenrechtliche Wirkung ihre Anwendung in der Praxis hat. Die Antwort wird dahin zu lauten haben, daß das GKG. Anwendung findet, weil zwar die Zuständigkeit des Gerichts sich unter Umständen ändert, das Verfahren selbst aber (die Zulässigkeit, die Form und Frist der weiteren Beschwerde usw.) sich nach der ZPO. richtet, dieses also im wesentlichen von der ZPO. bestimmt wird.

Wird dagegen die weitere Beschwerde erkennbar als eine solche des FGG. eingelegt, so findet das GKG. keine Anwendung[4]).

3. Die Strafprozeßordnung bestimmt in § 379 Abs. 3, daß hinsichtlich 7
des Privatklägers „für die Bewilligung des Armenrechts dieselben Bestimmungen gelten wie in bürgerlichen Rechtsstreitigkeiten". Dieser Satz bezieht sich nur auf die Voraussetzungen und Wirkungen des Armenrechts, nicht auf das Verfahren, das sich vielmehr nach der StPO. richtet. Das gilt insbes. auch für das Beschwerdeverfahren (RGSt. 30, 143; 32, 252). Mithin kommt für letzteres auch nicht § 38, sondern § 69 GKG. zur Anwendung[5]). Das Gleiche gilt natürlich, soweit das Armenrecht für den Widerkläger oder für den Nebenkläger beantragt wird.

Dagegen finden nach § 464 Abs. 2 StPO. die Vorschriften der ZPO. auf 8
das Verfahren bei Kostenfestsetzungsanträgen in Strafsachen entsprechende Anwendung. Hier muß also sinngemäß auch § 38 GKG. für das Beschwerdeverfahren gelten.

Auch wenn bei der Vollstreckung der über eine Vermögensstrafe oder Buße er-

---

[3]) Vgl. Mugdan Materialien 7, 78: für einzelne Fälle habe bereits das BGB. (§§ 60, 73) das Beschwerdeverfahren durch Verweisung auf die Vorschriften der ZPO. geregelt, diese besonderen Bestimmungen würden selbstverständlich durch die in den §§ 18—27 des Entwurfs getroffenen allgemeinen Bestimmungen über das Beschwerdeverfahren nicht berührt. — Über die Literatur und Rechtsprechung zu § 60 BGB. vgl. Staudinger BGB. § 60 Anm. 4.

[4]) RGZ. 22, 415; 52, 248.

[5]) Siehe unten § 69 Fußnote 1. A. M.: Jonas § 38 Anm. 1; Rittmann-Wenz § 38 Anm. 1.

gangenen Entscheidung oder eines Kostenfestsetzungsbeschlusses Beschwerden vorkommen, so findet § 38 GKG. Anwendung (§§ 463, 464 Abs. 2 StPO.)[6]).

9 4. Im Verfahren der freiwilligen Gerichtsbarkeit (also auch im Verfahren vor der Aufwertungsstelle) finden die Vorschriften der ZPO. über das Armenrecht entsprechende Anwendung (§ 14 FGG., § 73 AufwGes.). Gemeint sind auch hier wie bei § 379 Abs. 3 StPO. die Vorschriften über Voraussetzungen und Wirkungen des Armenrechts, während das eigentliche Verfahren, insbes. auch das Beschwerdeverfahren, sich nach FGG. richtet[7]). Mithin gilt auch für die Gerichtskosten des Beschwerdeverfahrens nicht § 38, sondern das Landesrecht[8]).

10 5. Nach § 35 der Rechtsanwaltsordnung steht der Partei gegen die Entscheidung, durch welche die Beiordnung eines Rechtsanwalts abgelehnt wird, die Beschwerde „nach Maßgabe der ZPO. zu". Gleiches gilt zugunsten der Partei und des Rechtsanwalts hinsichtlich der die Auswahl des beizuordnenden Pflichtanwalts enthaltenden Verfügung des Vorsitzenden (§ 36 RAO.). Kommen diese Beschwerden im Zivilprozeß vor, so richtet sich auch das Beschwerdeverfahren restlos nach der ZPO. und § 38 GKG. findet Anwendung. Anders dagegen, wenn die Beschwerden im Strafprozeß oder im Verfahren der freiw. Gerichtsbarkeit vorkommen; hier richtet sich das Beschwerdeverfahren selbst nach den Vorschriften der StPO. und des FGG.[9]); § 38 kommt also nicht zur Anwendung, sondern im Strafprozeß § 69 GKG., im Verfahren der freiw. Gerichtsbarkeit das Landesrecht[10]).

11 6. Bei § 1 (Anm. 19) wurde bereits dargetan, daß die Beschwerden in den Fällen der §§ 159, 174, 181 des Gerichtsverfassungsgesetzes ebenfalls unter das GKG. fallen. Geht man hievon aus, so ergibt sich, daß § 38 Anwendung findet, wenn diese Beschwerden in Zivilprozessen vorkommen[11]). Das Beschwerdeverfahren richtet sich nach derjenigen Prozeßordnung, der das betreffende Verfahren sonst untersteht, soweit es nicht durch das GVG. selbst geregelt ist.

12 7. In den Ausführungsbestimmungen zu den internationalen Rechtshilfeverträgen finden sich vielfach Vorschriften, die vor den deutschen (ordentlichen) Gerichten ein Beschwerdeverfahren nach den Bestimmungen der ZPO. ausdrücklich zulassen. So die §§ 7, 9 des Ges. zur Ausführung des Haager Zivilprozeßabkommens vom 5. April 1909 (RGBl. 1909, 430); Art. I §§ 3, 5 der VO. zur Ausführung der Verträge zwischen dem Deutschen Reiche und Rußland vom 12. März 1926 (RGBl. II 179); Art. 4, 6 der AusfVO. vom 29. April 1926 zum deutsch-polnischen Vertrage (RGBl. II 249); Art. II, III der AusfVO. vom 26. April 1924 zum deutsch-österreichischen Vertrage (RGBl. II 91); Art. 4, 6 der AusfVO. vom 16. Aug. 1927 zum deutsch-bulgarischen Vertrage vom 22. Dezember 1926 (RGBl. II 521). In allen diesen und ähnlichen Fällen gilt also zweifellos § 38 GKG., während Art. IV der erwähnten VO. vom 26. April 1924 für die Fälle der Art. 26, 27 des deutsch-österreichischen Vertrages eine selbständige Kostenregelung trifft.

13 8. Das Gerichtskostengesetz selbst enthält mehrere Bestimmungen, die hieher gehören. In § 4 Abs. 2 ist ausdrücklich bestimmt, daß die dort vorgesehene Beschwerde sich — abgesehen von Strafsachen, für welche die StPO. gilt — nach den Vorschriften der ZPO. richte. Das gilt auch für das Konkurs- und Vergleichsverfahren. Soweit die ZPO. Anwendung findet, gilt auch § 38 GKG.

---

6) Vgl. RGZ. 1, 233; Daude StPO. § 463 Fußnote 87 und die Zitate bei Löwe-Rosenberg StPO.[17] § 463 Anm. 3, ferner unten § 70 Anm. 2 und Fußnote 1.

7) Vgl. Keidel FGG. zu § 14.

8) A. M.: Jonas § 38 Anm. 1.

9) Vgl. ausführlich: Friedlaender RAO. § 35 Anm. 2; § 36 Anm. 11.

10) A. M.: Rittmann-Wenz § 38 Anm. 1 (der § 38 für „alle Beschwerden aus den §§ 35, 36 RAO." gelten läßt).

11) Richtig: Rittmann-Wenz § 38 Anm. 1; Baumbach § 38 Anm. 1. A. M.: Jonas § 38 Anm. 1; OLG. 31, 208 (Frankfurt a. M., Beschw. gegen Ordnungsstrafen betreffend); OLG. Nürnberg Bbl. 1927, 262 (§ 181 GVG. betr.).

Gegen den Wertfestsetzungsbeschluß nach § 18 GKG. findet ebenfalls Beschwerde nach der ZPO. statt; nach dieser richtet sich das Verfahren. § 18 findet auch auf das Konkurs- und Vergleichsverfahren entsprechende Anwendung. In allen diesen Fällen gilt § 38, u. zw. auch dann, wenn die Beschwerde von einem Rechtsanwalt gemäß § 12 RAGebO. eingelegt wird.

Ferner ist § 38 anwendbar bei der Beschwerde nach § 39 Abs. 2 (Verzögerungsgebühr), deren Verfahren sich ausschließlich nach der ZPO. richtet. Endlich auch in den Fällen der §§ 74, 74a GKG.; vgl. § 74 Anm. 77; § 74a Anm. 15.

§ 4 GKG. findet auf verschiedene andere Rechtsgebiete Anwendung; soweit infolgedessen auch die zivilprozessualen Regeln des Beschwerdeverfahrens Anwendung finden, gilt für dieses § 38 ebenfalls. So bei Beschwerden nach § 3 des Ges. über die Erstattung von Rechtsanwaltsgebühren in Armensachen vom 6. Febr. 1923, soweit sie im Zivilprozeß vorkommen (während in Privatklagesachen § 69 gilt: § 4 Abs. 2 GKG.); ferner bei Beschwerden im Falle des § 25 GVGebO. 14

9. Gegen die richterliche Entscheidung bei Festsetzung der einem Zeugen oder Sachverständigen vom Staat zu gewährenden Beträge findet Beschwerde nach Maßgabe der ZPO. sowie des § 4 Abs. 3 GKG., in Strafsachen nach Maßgabe der §§ 304—310 StPO. statt. (ZSGebO. § 20 Abs. 2.) Im ersteren Falle findet auch § 38 Anwendung, im letzteren § 69. 15

10. § 38 gilt auch für solche vor den ordentlichen Gerichten stattfindende Beschwerdeverfahren, die landesgesetzlich nach dem Verfahren der ZPO. geregelt sind. 16

11. Dagegen gilt § 38 nicht in allen Fällen, in denen das Verfahren sich entweder nicht vor den ordentlichen Gerichten abspielt oder sich nicht (im wesentlichen) nach der ZPO. richtet. § 38 gilt also nicht im Verfahren der freiwilligen Gerichtsbarkeit (einschl. des Aufwertungsverfahrens), bei Beschwerden nach der GBO., nach dem ZVG. usw. 17

Natürlich kann § 38 reichs- wie landesgesetzlich — innerhalb der jeweils gegebenen Zuständigkeit — auch für andere Rechtsgebiete, für die er nach dem GKG. an sich nicht gelten würde, für anwendbar erklärt werden; vgl. z. B. § 12 Abs. 6 ArbGerGes.

12. § 47 GKG. regelt für das Beschwerdeverfahren in Konkurssachen die Gebühren im Anschluß an § 38; ebenso § 48c für das Vergleichsverfahren. 18

III. Wesen der Gebühr und Umfang der Beschwerdeinstanz. Die Höhe der Gebühr. 19

1. Die Gebühr des § 38 ist in den Fällen des Abs. 1 (in denen sie stets und ohne Rücksicht auf den Verlauf des Verfahrens erhoben wird) eine reine Verfahrensgebühr. Sie gilt das ganze „Verfahren in der Beschwerdeinstanz" ab, auch wenn in diesem eine Verhandlung, eine Beweisaufnahme stattfindet oder ein Vergleich abgeschlossen wird. Vorläufige Anordnungen (§ 572 ZPO.) werden durch die Gebühr mit abgegolten, ebenso Beschlüsse über Wiedereinsetzung in den vorigen Stand.

In den Fällen des Abs. 2, in denen die Gebühr überhaupt nur zur Erhebung gelangt, wenn die Beschwerde verworfen oder zurückgewiesen wird, hat sie den Charakter einer durch eine Entscheidung bedingten Verfahrensgebühr.

2. Die Beschwerdeinstanz beginnt mit Einreichung der Beschwerde, auch wenn diese beim unzuständigen Gericht erfolgt und auch wenn es zur Abgabe der Akten an das Obergericht gar nicht kommt. Die Frage, wie die Instanz endigt, ist in diesem Zusammenhange nicht von Interesse; belangreich ist nur, wann etwa eine neue Instanz beginnt, also auch eine neue Gebühr anfallen kann. 20

Dies ist nun ohne Zweifel stets der Fall, wenn mehrere Entscheidungen ergehen und auch gegen eine zweite oder fernere Entscheidung Beschwerde eingelegt wird. Daher eröffnet auch die weitere Beschwerde stets eine neue Instanz (natürlich ohne Rücksicht darauf, ob sie zulässig ist oder nicht). Hilft das

Untergericht einer Beschwerde ab und legt dann der Gegner gegen diesen Abhilfebeschluß Beschwerde ein, so beginnt ebenfalls eine neue Instanz[12]).

21 Dagegen liegt regelmäßig nur ein Beschwerdeverfahren, d. h. nur eine Instanz vor, wenn dieselbe Entscheidung von mehreren Seiten mit Beschwerde angefochten wird; diese Beschwerden sind — ebenso wie zwei Berufungen der beiden Parteien — im gleichen Verfahren zu erledigen. Wenn freilich bei Einlegung der zweiten Beschwerde das erste Verfahren bereits erledigt war (z. B. durch Entscheidung, durch Zurücknahme, durch Vergleich), so eröffnet die neue Beschwerde auch eine neue Instanz.

22 Legt dieselbe Partei gegen die gleiche Entscheidung wiederholt Beschwerde ein, so kann diese Beschwerde den Charakter der bloßen Ergänzung oder Richtigstellung haben (der Beschwerdeführer weiß nicht sicher, ob seine erste Beschwerde in den Einlauf des — auswärtigen — Gerichts gekommen ist und legt vorsorglich nochmals Beschwerde ein; oder er vermutet einen Formfehler bei der ersten Rechtsmitteleinlegung); dann ist die Absicht erkennbar, nur eine Beschwerdeentscheidung herbeizuführen; es ist nur ein Verfahren gewollt[13]) und daher auch nur eine Instanz anzunehmen. Anders dagegen, wenn die erste Beschwerde bereits als unzulässig verworfen oder zurückgenommen oder sonst erledigt war, als die zweite eingelegt wurde. Hier liegen wiederum mehrere Instanzen vor.

23 Wird der Beschluß zunächst nur teilweise angefochten, dann aber von derselben Partei — vor Erledigung der ersten Teilanfechtung — auch bezüglich eines weiteren Teils Beschwerde eingelegt, so liegt ein einheitliches Verfahren vor; es ist nicht anders, wie wenn verschiedene Parteien Beschwerde einlegen.

24 3. Als Beschwerdegebühr wird stets, soweit sie überhaupt zur Erhebung gelangt, die volle Gebühr nach § 8 erhoben. Dabei ist es gleichgültig, ob die Beschwerde gegen eine in erster oder zweiter Instanz ergangene Entscheidung eingelegt wird, ob sie eine erste oder weitere Beschwerde ist usw. Erhöhungen wie Minderungen der Gebühr sind ausgeschlossen.

25 **IV. Die Fälle, in denen die Gebühr stets erhoben wird.**

§ 38 zählt in seinem Abs. 1 einige Fälle auf, in denen die Beschwerdegebühr stets, d. h. ohne Rücksicht auf das Schicksal der Beschwerde und den Verlauf des Verfahrens, erhoben wird, während in allen übrigen Fällen die Gebühr nur bei Verwerfung oder Zurückweisung der Beschwerde zur Erhebung gelangt (Abs. 1).

In den hier zu besprechenden Fällen des Abs. 1 liegt also eine reine Verfahrensgebühr vor (oben Anm. 19); dieselbe wird fällig und bleibt unabänderlich bestehen mit Einlegung der Beschwerde, auch wenn alsbald eine Zurücknahme oder sonstige Erledigung des Verfahrens erfolgt. Sie erhöht sich weder durch Verhandlungen, Beweisaufnahmen, einstweilige Anordnungen usw. noch durch Erlassung der Beschwerdeentscheidung. Schuldner der Beschwerdegebühr ist im Falle des Abs. 1 stets der Beschwerdeführer. Ergeht dann eine Kostenentscheidung, durch welche die Kosten ganz oder teilweise einer anderen Partei auferlegt werden, so haftet diese gemäß § 79 neben dem Beschwerdeführer für die ihr auferlegten Kosten.

26 Die einzelnen Fälle, für welche § 38 Abs. 1 gilt, sind folgende:

1. Über den Antrag auf Zurückweisung einer Nebenintervention wird nach vorgängiger mündlicher Verhandlung (im Falle des § 7 EntlVO. nach schriftlicher Verhandlung) unter den Parteien und dem Nebenintervenienten durch Zwischenurteil entschieden. Gegen dieses Zwischenurteil findet gemäß § 71 Abs. 2 ZPO. die sofortige Beschwerde statt. Dieses Beschwerdeverfahren ist stets nach § 38 Abs. 1 gebührenpflichtig. Zur Begründung dieser Gebührenpflicht genügt es, daß das Rechtsmittel erkennbar als Beschwerde nach § 71 Abs. 2 gedacht und gewollt

---

[12]) Jonas § 38 Anm. 4.

[13]) Das Unterscheidungsmerkmal ist also dasselbe wie bei mehreren Berufungen derselben Partei gegen dasselbe Urteil: § 25 Anm. 9.

ist: wenn also das Gericht, statt ein Zwischenurteil zu erlassen, im Endurteil den Zwischenstreit erledigt und die Partei oder der Nebenintervenient hiegegen sofortige Beschwerde einlegt[14]), so findet § 38 Abs. 1 Anwendung. Wenn dagegen irrtümlich über die Zulassung der Nebenintervention durch Beschluß erkannt wurde und dieser seiner Form nach auch nicht als Urteil gedeutet werden kann, wenn ferner der Beschwerdeführer ersichtlich diese Entscheidung als einfache Beschwerde eingelegt hat, so wird auch § 38 Abs. 1 nicht zur Anwendung gelangen können; bei erfolgreicher Beschwerde fällt also gemäß § 38 Abs. 2 keine Gebühr an. — Wird gegen das Zwischenurteil fälschlich Berufung eingelegt (d. h. in den Formen der Berufung appelliert, nicht bloß die sof. Beschwerde fälschlich als Berufung bezeichnet), so findet § 38 keine Anwendung.

Die Kosten des Beschwerdeverfahrens sind bei erfolgreicher Beschwerde des Neben- 27
intervenienten derjenigen Partei aufzuerlegen, die den Antrag auf Zurückweisung der Nebenintervention gestellt hat; ist diese die Beschwerdeführerin, so fallen die Kosten dem Nebenintervenienten zur Last.

Wird gegen den Beschluß des Beschwerdegerichts eine weitere Beschwerde ein- 28
gelegt, so ist es sinngemäß, auch diese nach § 38 Abs. 1 zu behandeln.

2. Ist eine Entscheidung in der Hauptsache nicht ergangen, so findet gegen die 29
Entscheidung über den Kostenpunkt — bei Vorhandensein der Beschwerdesumme (§ 567 Abs. 2 ZPO.) — die sofortige Beschwerde statt (§ 99 Abs. 3 ZPO.). Die Entscheidung, gegen welche sich diese Beschwerde richtet, kann ein Urteil, aber auch ein Beschluß sein[15]).

Für die Fälle des § 99 Abs. 3 ZPO. gilt ebenfalls die Bestimmung des § 38 Abs. 1. Dabei kommt es nur darauf an, daß die Beschwerde im Kostenpunkt ersichtlich nach § 99 Abs. 3 eingelegt, daß also ein Fall des Fehlens einer Entscheidung über die Hauptsache vom Beschwerdeführer angenommen wurde, auch wenn tatsächlich eine solche Entscheidung vorlag. So z. B. wenn über die Erledigung der Hauptsache Streit bestand und die Frage durch (berufungsfähiges) Urteil entschieden wurde. Legt hier eine Partei sofortige Beschwerde im Kostenpunkt ein, so gilt — ohne Rücksicht auf den Ausgang — § 38 Abs. 1. Legt aber eine Partei gegen ein Urteil — statt der Beschwerde nach § 99 Abs. 3 — Berufung ein, so ist § 38 Abs. 1 nicht anwendbar.

Wird gegen eine nach § 99 Abs. 3 erlassene Entscheidung weitere Beschwerde 30
eingelegt, so ist auch für dieses Verfahren § 38 Abs. 1 maßgebend.

3. § 38 Abs. 1 findet endlich Anwendung auf Beschwerden über die 31
Zurückweisung eines Antrags auf Anordnung eines Arrests oder einer einstweiligen Verfügung. Einstweilige Anordnungen sind auch hier von einstweiligen Verfügungen streng zu unterscheiden.

In dem hier behandelten Beschwerdeverfahren bestehen verschiedene Möglichkeiten der prozessualen Entwicklung, die sonst nicht gegeben sind: das Beschwerdegericht kann z. B. mündliche Verhandlung anberaumen; es muß dann durch Urteil entscheiden (§ 922 ZPO.). Auch in diesem Falle entsteht nur die Gebühr des § 38 Abs. 1; sie entspricht ja übrigens der Höhe nach der Gebühr des § 32 Abs. 1 Satz 2 GKG., die erhoben wird, wenn auf Widerspruch gegen den Arrest Urteil ergeht. Erläßt das Beschwerdegericht den Arrest ohne mündliche Verhandlung und wird der Widerspruch (entgegen der herrschenden Meinung[16]) beim Beschwerdegerichte eingereicht, so gehört auch das Widerspruchsverfahren zur Beschwerdeinstanz; auch wenn durch Urteil entschieden wird, erwächst keine neue Gebühr noch tritt eine Erhöhung der Beschwerdegebühr ein.

Ordnet das Beschwerdegericht mündliche Verhandlung vor dem Untergericht an oder wird der Widerspruch gegen den vom Beschwerdegericht erlassenen Arrest nach der

---

[14]) RGZ. 38, 400.

[15]) Stein-Jonas § 99 Anm. V 1; Baumbach ZPO.[3] § 99 Anm. 1.

[16]) Gegen die herrschende Meinung hauptsächlich: Stein-Jonas § 924 Anm. III; Baumbach ZPO.[3] § 924 Anm. 3.

herrschenden Praxis beim Untergericht eingelegt, so bildet das weitere Verfahren vor dem Untergericht die Fortsetzung der mit dem ursprünglichen Arrestgesuch eingeleiteten Instanz. Wird also jetzt durch Urteil entschieden, so gilt § 32 Abs. 1 Satz 2, d. h. es erwächst eine volle Gebühr für die erste Instanz und die volle Beschwerdegebühr nach § 38 Abs. 1. Gebührenschuldner nach § 77 bleibt auch für die Erhöhung nach § 32 Abs. 1 Satz 2 der Antragsteller.

32 Sofern im Arrestverfahren eine weitere Beschwerde gegen die zurückweisende Beschwerdeentscheidung vorkommt, so ist — mag sie zulässig sein oder nicht — § 38 Abs. 1 anwendbar.

33 **V. Die Regelfälle des Abs. 2.**

1. Alle Fälle des zivilprozessualen Beschwerdeverfahrens, die nicht in Abs. 1 besonders ausgenommen sind, fallen unter die Regel des Abs. 2: d. h. die Beschwerdegebühr wird überhaupt nur erhoben, „soweit die Beschwerde als unzulässig verworfen oder (als unbegründet) zurückgewiesen wird."

Kommt es also überhaupt nicht zu einer Entscheidung über die Beschwerde selbst, so erwächst gar keine Gebühr im Beschwerdeverfahren. Dies ist z. B. der Fall, wenn die Beschwerde vor Erlassung einer Entscheidung der bezeichneten Art zurückgenommen oder wenn im Beschwerdeverfahren ein Vergleich geschlossen wird, der die Beschwerde erledigt. Der Zeitpunkt der Erlassung der Entscheidung bestimmt sich nach den in § 29 Anm. 9 angeführten Grundsätzen. Die Gebühr gelangt auch dann nicht zur Erhebung, wenn zwar keine Endentscheidung, aber eine Zwischenentscheidung, z. B. eine einstweilige Anordnung ergangen ist. Gibt die Entscheidung der Beschwerde statt, so erwächst ebenfalls keine Gebühr.

34 2. Findet die Zurückweisung oder die Verwerfung der Beschwerde nur bezüglich eines Teils des Beschwerdegegenstandes statt, während im übrigen die Beschwerde durchdringt oder eine Entscheidung unterbleibt, so ist die Gebühr aus demjenigen Betrag zu erheben, auf den sich die ablehnende Entscheidung bezieht. Erledigt sich die Beschwerde während des Verfahrens in der „Hauptsache" und lautet der Tenor der Beschwerdeentscheidung nur: „der Beschwerdeführer hat die Kosten der Beschwerdeinstanz zu tragen", so ist dies sachlich eine Zurückweisung oder Verwerfung der Beschwerde; die Gebühr ist zu erheben, aber nur aus dem Streitwert der Kosten der Beschwerdeinstanz.

Es gibt auch Fälle, in denen die Beschwerde Erfolg hat, die Beschwerdeentscheidung aber dem Beschwerdeführer sachlich nicht das gewährt, was er mit seinem Rechtsmittel anstrebt, während anderseits der Mißerfolg sich nicht auf einen quantitativ ausscheidbaren Teil bezieht. So, wenn das Beschwerdegericht den angefochtenen Beschluß aufhebt und die Sache zur weiteren Behandlung zurückverweist, während die Beschwerde sachliche Endentscheidung anstrebte. In diesen Fällen entsteht keine Gebühr, weil kein quantitativ ausscheidbarer Teil des Beschwerdeantrags abgewiesen wurde[16a]). Wenn dagegen der Streitwert auf Beschwerde herabgesetzt wurde, aber nicht in dem begehrten Maße, so müßte bei korrekter Tenorierung die Beschwerde bezüglich des mitangefochtenen Teils des Streitwerts abgewiesen werden; bezüglich dieses quantitativ ausscheidbaren Teils liegt also in Wahrheit Zurückweisung vor und insoweit muß die Gebühr erhoben werden[16b]).

35 3. Die hienach für die Entstehung der Gebührenpflicht maßgebende Beschwerdeentscheidung kann nun aber auf weitere Beschwerde — für welche an sich die Grundsätze des § 38 Abs. 2 wiederum Anwendung finden — abgeändert werden. Dann ergibt sich folgendes:

a) Hat der Beschwerdeführer weitere Beschwerde eingelegt und eine vollständige Aufhebung der Beschwerdeentscheidung erzielt, so wird nunmehr eine Gebühr weder für die Beschwerdeinstanz noch für die weitere Beschwerdeinstanz erhoben. Dringt er

---

[16a]) RG. JW. 1900, 120.

[16b]) Daher nicht zutreffend das Beispiel bei Jonas § 38 Anm. 5e. Richtig: OLG. Dresden SächsThürArch. 1925, 38.

teilweise durch, so wird in beiden Beschwerdeinstanzen die volle Gebühr aus demjenigen Gegenstand erhoben, mit dem der Beschwerdeführer endgültig unterlegen ist.

b) Hat der Gegner des Beschwerdeführers weitere Beschwerde eingelegt und 36 eine vollständige Zurückweisung oder Verwerfung der ersten Beschwerde erzielt, so wird für diese nunmehr die volle Gebühr (vom ersten Beschwerdeführer) erhoben, während die weitere Beschwerde gebührenfrei ist. Bei teilweisem Erfolg der weiteren Beschwerde ist die Gebühr für beide Instanzen aus demjenigen Betrag zu erheben, bezüglich dessen das betreffende Rechtsmittel endgültig fehlschlägt[17]).

4. Die Beschwerdegebühr fällt bei Vorliegen der Voraussetzungen des § 38 Abs. 2 37 auch dann an, wenn die angefochtene Entscheidung gebührenfrei ist, wie der Kostenfestsetzungsbeschluß, die Streitwertfestsetzung nach § 18 GKG., der Armenrechtsbeschluß usw. Anderseits kann natürlich durch Sondervorschrift das ganze Verfahren einschließlich des Beschwerdeverfahrens für gebührenfrei erklärt sein (vgl. z. B. § 23 der VO. über die Todeserklärung Kriegsverschollener, RGBl. 1917, 704) oder es kann Gebührenfreiheit auf Grund des § 90 GKG. Platz greifen.

5. Da die Gebühr des Abs. 2 nur erhoben wird, wenn die Beschwerde verworfen 38 oder zurückgewiesen wird, so entsteht sie erst mit der Erlassung eines Beschlusses mit diesem Inhalt. Über den Zeitpunkt der Erlassung s. o. Anm. 33. In dem gleichen Zeitpunkt tritt die Fälligkeit der Gebühr ein (§ 74 Abs. 1 Halbsatz 2).

Daß die entstandene und fällig gewordene Gebühr bei erfolgreicher weiterer Beschwerde ganz oder teilweise wieder in Wegfall kommen kann, wurde oben in Anm. 35 und 36 bereits dargetan.

6. Gebührenschuldner ist der Beschwerdeführer (§ 77). Da die Kosten der 39 erfolglosen Beschwerde stets dem Beschwerdeführer aufzuerlegen sind (§ 97 Abs. 1 ZPO.), so kann auch bei richtiger Sachbehandlung ein weiterer Kostenschuldner nach § 79 GKG. nur dann hinzukommen, wenn Übernahme der Kosten des Beschwerdeverfahrens durch eine andere Person erfolgt ist.

7. Die Auslagen des Beschwerdeverfahrens werden nach § 77 ebenfalls von 40 dem Beschwerdeführer geschuldet. Sie können ferner nach §§ 79, 82 Abs. 2 dem Übernehmer oder derjenigen Partei (als Erstschuldnerin) zur Last fallen, die in die Kosten des gesamten Rechtsstreites (zu dem das betreffende Beschwerdeverfahren gehört) oder in die Kosten des Beschwerdeverfahrens selbst verurteilt wird[18]). Die Fälle, in denen die Kosten des Beschwerdeverfahrens in diesem selbst einem Gegner auferlegt werden können, sind aber im wesentlichen die des § 38 Abs. 1; immerhin kommen auch sonst solche Fälle in Betracht und auch unrichtige Kostenentscheidungen begründen die Haftung aus § 79.

8. § 577 Abs. 4 ZPO. enthält den einzigen Fall einer gesetzlich geregelten Eventualbeschwerde. Hat ein beauftragter oder ersuchter Richter oder die Geschäftsstelle entschieden und handelt es sich um einen Fall der sofortigen Beschwerde, so ist zunächst auf dem für die Einlegung der Beschwerde vorgeschriebenen Wege die Entscheidung des Prozeßgerichts binnen der Notfrist nachzusuchen. Gibt das Prozeßgericht dem Gesuch statt, so kommt eine Gebühr nicht in Frage (oben Anm. 2); will das Gericht aber dem Gesuch nicht entsprechen, so gilt dieses von nun ab als sofortige Beschwerde gegen den Beschluß[19]); sie ist dem Beschwerdegerichte vorzulegen. Weist dieses die Beschwerde als unbegründet zurück oder verwirft es sie als unzulässig, so greift § 38 Abs. 2 ein. 41

Eventualbeschwerden kommen im übrigen auch sonst in der Praxis nicht 42 selten vor. Wenn die Partei bittet, eine Entscheidung zu ergänzen, eventuell aber die Eingabe als Beschwerde zu betrachten, so entsteht zweifellos die Gebühr, wenn die

---

17) Ebenso: Jonas § 38 Anm. 7; Rittmann-Wenz § 38 Anm. 2; KG. ZPr.-JustAmtm. 1915, 48.

18) Vgl. Stein-Jonas § 91 Anm. VI 1; OLG. 17, 126 (Hamburg).

19) Der Beschluß kann ausdrücklich als Beharrungsbeschluß oder stillschweigend durch Vorlage an das Beschwerdegericht ergehen.

Beschwerde abgewiesen wird; die prozessuale Frage der Zulässigkeit des Rechtsmittels spielt gebührenrechtlich keine Rolle.

43 Dagegen bedürfen noch die (umgekehrten) Fälle einer Besprechung, in denen es zweifelhaft ist, ob die Partei eine Beschwerde einlegen wollte. Sehr häufig wird gegen einen Beschluß „Gegenvorstellung" eingelegt, namentlich wenn derselbe einer eigentlichen Anfechtung nicht unterliegt und eine Beschwerdeinstanz nicht existiert. Ist der Wille, keine Beschwerde einzulegen, klar erkennbar, so darf die Erklärung auch gebührenrechtlich nicht als Beschwerde behandelt werden: so wenn, wie es nicht selten seitens der Anwälte geschieht, ausdrücklich betont wird, daß noch keine Beschwerde eingelegt, sondern nur wiederholte Nachprüfung durch dasselbe Gericht angeregt werden wolle; oder wenn kein Zweifel besteht, daß der Antragsteller sich der Unanfechtbarkeit des Beschlusses bewußt ist und nur Gegenvorstellung bei der gleichen Instanz erheben will. Wenn dagegen Zweifel begründet sind, z. B. weil das Wort „Beschwerde" ohne erläuternden Zusatz gebraucht wird, und wenn dann die Verwerfung des unzulässigen Rechtsmittels erfolgt, so muß sich die Partei auch die gebührenrechtlichen Folgen gefallen lassen. Eventuell kann Abhilfe nach § 6 Abs. 1 Satz 3 GKG. in Betracht kommen.

44 **VI. Der Streitwert im Beschwerdeverfahren.**

Hinsichtlich des Streitgegenstandes und seines Wertes gelten prinzipiell für das Beschwerdeverfahren keine anderen Grundsätze als für das Verfahren der Vorinstanz, in der die angefochtene Entscheidung ergangen ist. Der Anspruch, der in einem Prozeßverfahren geltend gemacht wird, ist Streitgegenstand auch bezüglich der einzelnen Prozeßhandlung oder des Zwischenstreits, über die ein Beschluß oder Zwischenurteil ergeht, mag es sich nun um eine Terminsverlegung, eine Entscheidung über Ablehnung eines Richters oder Sachverständigen, über Erklärung einer Sache als Feriensache, über Berechtigung einer Zeugnisverweigerung, über Beiordnung eines Rechtsanwalts, über die Bewilligung und Entziehung des Armenrechts oder um die Zulassung einer Nebenintervention handeln.

Nur wenn diese Entscheidungen lediglich einen quantitativ ausscheidbaren Teil des Streitgegenstandes betreffen — z. B. der abgelehnte Sachverständige nur zu einem Teil des Klageanspruchs benannt war[20]) oder der Nebenintervenient nur für einen Teil der Forderung seinen Beitritt erklärt hatte — nur dann ist selbstverständlich auch hier der Streitgegenstand als teilbar zu behandeln. Im übrigen aber tragen unsere Kostengesetze der geringeren Wichtigkeit dieser Zwischenentscheidungen regelmäßig dadurch Rechnung, daß sie — wo überhaupt eine besondere Gebührenerhebung stattfindet — mindere Gebührensätze zur Anwendung bringen. Das zeigt sich weniger im Gerichtskostenrecht, das diese Zwischenentscheidungen meist überhaupt nicht mehr besteuert, als im Anwaltsgebührenrecht[21]); aber die grundsätzliche Frage muß für beide Rechtsgebiete einheitlich entschieden werden (vgl. § 11 RAGebO., § 14 GKG., oben §§ 9—15 Anm. 18ff.).

Die Beschwerdeinstanz bezweckt nichts anderes als die Beseitigung der Vorentscheidung und wenn deren Streitgegenstand identisch mit dem des Rechtsstreits der Vorinstanz ist, so kann auch für die Beschwerdeinstanz nichts anderes gelten, sofern die Beschwerde nicht wiederum lediglich einen quantitativ ausscheidbaren Teil des erstinstanziellen Streitgegenstandes betrifft. Für die Beschwerdeinstanz kommt auch nach dem GKG. der oben erwähnte Gesichtspunkt in Betracht; denn wenn auch das geltende Recht an Stelle der früheren Bruchteilsgebühren eine volle Gebühr für das Beschwerdeverfahren eingeführt hat, so ist doch zu beachten, daß diese Gebühr eine Einheitsgebühr für das ganze Verfahren — ohne Rücksicht auf dessen Umfang und Gliederung — darstellt und daß die weitaus meisten Beschwerdefälle durch die Vorschrift des § 38 Abs. 2 weitgehend privilegiert sind.

Es ergibt sich hienach als Grundsatz, daß der Streitgegenstand der Beschwerde-

---

[20]) Vgl. Rittmann-Wenz § 38 Anm. 6 Abs. 3.

[21]) Vgl. Walter-Joachim-Friedlaender § 9 Anm. 17ff.

instanz mit dem der angefochtenen Entscheidung, soweit sie angefochten wird, identisch ist. Der Wert des Streitgegenstandes kann allerdings nach § 4 ZPO. und § 9 Abs. 2 GKG. gegenüber dem Wert der Vorentscheidung Abweichungen erfahren.

Der Streitgegenstand der angefochtenen Entscheidung bestimmt sich im Prozeßverfahren nach dem Streitgegenstand dieses Verfahrens selbst; ebenso im Güteverfahren, im Mahnverfahren usw. Bezüglich des Arrestverfahrens siehe §§ 9—15 Anm. 155 und § 32 Anm. 6. Bezüglich der Verfahrensarten nach §§ 33, 34 vgl. die Erläuterungen zu diesen Paragraphen.

45 Eine Ausnahme von dem Grundsatz, daß Zwischen- oder Nebenentscheidungen den Streitgegenstand mit dem Hauptverfahren, in dem sie ergehen, gemein haben, muß da gemacht werden, wo diese Entscheidungen gewissermaßen einen besonderen, quantitativ ausscheidbaren „Anspruch" betreffen, sei es daß sie über ihn befinden, sei es daß sie als Grundlage für ihn dienen sollen. Das ist z. B. der Fall bei den Kostenfestsetzungsbeschlüssen, bei Streitwertfestsetzungsbeschlüssen, bei Beschlüssen über Erstattung von Kosten des Armenanwalts (§ 3 ArmErstGes.), über Gerichtsvollziehergebühren (§ 25 GVGebO.) usw. In diesen Fällen gilt das Entsprechende für die Beschwerdeinstanz: die beschwerdeführende Partei macht einen besonderen, schon in erster Instanz ausgeschiedenen Anspruch geltend oder sucht ihn abzuwehren. Ihr Interesse an Abänderung der angefochtenen Entscheidung ist also maßgebend: beim Kostenfestsetzungsverfahren und beim Verfahren nach § 4 GKG. ist der Betrag maßgebend, um den der Beschwerdeführer die angefochtene Entscheidung geändert wissen will, bei der Streitwertbeschwerde das Kosteninteresse des Beschwerdeführers (vgl. im einzelnen § 19 Anm. 10—12); bei der Beschwerde nach § 39 GKG. der Betrag der Gebühr, deren Aufhebung der Beschwerdeführer begehrt usw.[22])[23]).

46 Derselbe Gesichtspunkt führt dazu, einen besonderen Streitgegenstand für das Beschwerdeverfahren immer insoweit anzunehmen, als dritte Personen die am Prozeß selbst als Parteien nicht beteiligt sind, die Beschwerde einlegen: so wenn der gesetzliche Vertreter, der Prozeßbevollmächtigte, der Gerichtsvollzieher Beschwerde nach § 102 Abs. 3 ZPO. einlegten (Beschwerdegegenstand ist der Betrag derjenigen Kosten, deren Auferlegung die betreffende Person bekämpft); wenn der Zeuge gegen das nach § 387 ZPO. über die Rechtmäßigkeit der Zeugnisverweigerung ergangene Zwischenurteil sofortige Beschwerde einlegt (der Beschwerdegegenstand bemißt sich nach dem Interesse des Zeugen an der Abänderung des Zwischenurteils; ist dies ein rein ideelles Interesse, so ist § 11 GKG. analog anzuwenden[24]); wenn der Zeuge oder Sachverständige gegen die nach §§ 380, 390 Abs. 1, 409, 411 Abs. 2 ZPO. verhängten Maßnahmen Beschwerde einlegt (der Streitgegenstand kann hier einmal in den durch das Ausbleiben oder die Weigerung verursachten Kosten bestehen; dazu kommt der Streitwert der „Ordnungsstrafe"; diesen wird man, soweit dies möglich ist, nach der Höhe der vom Beschwerdeführer bekämpften Geldstrafe zu bemessen haben; allerdings gibt es auch Fälle, in denen § 11 GKG. herangezogen werden muß: so, wenn die Beschwerde sich nur gegen die subsidiär erkannte Haftstrafe richtet)[25]).

---

[22]) Mit Rücksicht auf die Vorschrift des § 38 Abs. 2 kommt praktisch für die Gerichtskosten nur derjenige Teil des Beschwerdegegenstandes in Betracht, der dem Beschwerdeführer aberkannt wird. Dieser Umstand vereinfacht die Berechnung.

[23]) Dagegen erscheint es uns bedenklich, die Beschwerden in den Fällen der §§ 74 Abs. 2, 74a, 83 Abs. 3, 84 Abs. 1 Satz 2, 85 Abs. 5 GKG. nach dem Betrage des Vorschusses zu bemessen (so Rittmann-Wenz § 38 Anm. 6 unter Anwendung der Interessentheorie, da der Beschwerdeführer sich durch Zahlung des Vorschusses vor Nachteilen schützen könne). Die Beschwerde bekämpft nicht den Anspruch auf Vorschußzahlung, sondern die Verweigerung einer Tätigkeit (Terminsanberaumung usw.).

[24]) In solchen und anderen Fällen kann der Beschwerdegegenstand für den Dritten (hier den Zeugen) und die beschwerdeführende Partei (hier für den Prozeßgegner im Zwischenstreit; vgl. RGZ. 20, 378) ein verschiedener sein.

[25]) Die herrschende Praxis nimmt mehr oder weniger systemlos allgemein im Beschwerdeverfahren einen besonderen Streitwert nach dem Interesse des Beschwerdeführers

§ 39.

Ist außer dem Falle des § 335 der Zivilprozeßordnung durch Verschulden einer Partei oder eines Parteivertreters die Vertagung einer mündlichen Verhandlung oder die Anberaumung eines neuen Termins zur mündlichen Verhandlung veranlaßt, oder ist durch nachträgliches Vorbringen von Angriffs- oder Verteidigungsmitteln, Beweismitteln oder Beweiseinreden, welches zeitiger erfolgen konnte, die Erledigung des Rechtsstreits verzögert worden, so kann das Gericht der Partei von Amts wegen eine besondere Gebühr in Höhe der vollen Gebühr (§ 8) auferlegen. Die Gebühr kann bis zu einem Viertel ermäßigt werden.

Gegen den Beschluß findet Beschwerde nach Maßgabe des § 567 Abs. 3 und der §§ 568 bis 575 der Zivilprozeßordnung und des § 4 Abs. 3 dieses Gesetzes statt.

Vorbemerkung.

§ 39 behandelt die sog. Verzögerungsgebühr.

Übersicht.

1 **I. Entstehungsgeschichte, Wesen und Geltungsgebiet der Vorschrift.**

1. Die Verzögerungsgebühr fand sich bereits in dem GKG. ä. F. (§ 48). Damals hieß es im Eingang:

> „Ist ... die Vertagung einer mündlichen Verhandlung oder die Anberaumung eines Termins zur Fortsetzung der mündlichen Verhandlung veranlaßt."

Es mußte also immer die „mündliche Verhandlung" bereits begonnen haben. Dieser Satz ist jetzt (durch die Novelle vom 21. Dez. 1922) geändert. Die „Anberaumung eines neuen Termins zur mündlichen Verhandlung" kann auch erfolgen, ohne daß ein solcher Termin schon einmal begonnen hatte.

Ferner gab das GKG. ä. F. dem Gericht nur die Befugnis zur besonderen Erhebung „einer Gebühr für die verursachte weitere Verhandlung sowie einer Gebühr

---

an. Im einzelnen vgl. Rittmann-Wenz § 38 Anm. 6. Jonas § 38 Anm. 8 unterscheidet: richtet sich die Beschwerde gegen eine gebührenpflichtige Entscheidung oder gegen die ein Verfahren nach §§ 31—34 GKG. abschließende Entscheidung, so sei der Streitwert identisch mit dem für die angefochtene Entsch. bzw. das Verfahren der Vorinstanz maßgebenden Streitwert; betrifft die Beschwerde aber eine gebührenfreie bzw. in einem gebührenfreien Verfahren ergehende Entsch. oder eine Zwischenentscheidung, so sei das Interesse des Beschwerdeführers maßgebend. Diese Unterscheidung ist klar und de lege ferenda praktisch; eine Begründung nach geltendem Recht läßt sie aber vermissen.

für die durch das neue Vorbringen veranlaßte nochmalige Beweisanordnung". Es mußte also zu einer weiteren Verhandlung oder nochmaligen Beweisanordnung durch die Verzögerung gekommen sein. Diese Einschränkung wurde durch die Novelle von 1922 beseitigt. Endlich konnte früher die Gebühr bis zu $^2/_{10}$, jetzt nur bis zu einem Viertel herabgesetzt werden. Die sonstigen Änderungen sind nur formeller Natur.

2. Die Gebühr des § 39 ist eine reine Strafgebühr. Sie soll der schuldhaften Verzögerung des Prozesses durch die Parteien und ihrer Vertreter entgegenarbeiten. Auch die ZPO. enthält neben den sachlichen Nachteilen, die durch verzögerliche Behandlung des Prozesses eintreten können, eine Reihe von Vorschriften, die rein kostenrechtliche Nachteile für Versäumnisse, Prozeßverschleppungen usw. androhen (vgl. die §§ 95, 97 Abs. 2, 278 Abs. 2, 283 Abs. 2 ZPO.); allein diese Vorschriften treffen regelmäßig nur die im übrigen obsiegende Partei; auch ist eine Sonderung der durch Fristversäumung usw. (§ 95 ZPO.) entstandenen Kosten von den sonstigen Kosten des Rechtsstreits oft recht schwierig, wenn nicht unmöglich. Die Maßnahme des § 39 GKG. ist insofern wirksamer, als sie eine klare Sachlage schafft und jede Partei treffen kann, insbesondere auch diejenige, die an der Verzögerung das größere Interesse hat. 2

Der Charakter der Gebühr als Strafgebühr, die nach freiem Ermessen des Gerichts durch besonderen, selbständig anfechtbaren Beschluß festgesetzt wird, bedingt ihre Heraushebung aus dem Kreis der „Kosten des Rechtsstreits", zu denen sie nicht gehört. Sie unterliegt daher nicht dem § 91 ZPO. und wenn das Urteil dahin lautet, daß eine Partei „die Kosten des Rechtsstreits" ganz oder teilweise zu tragen habe, so fällt auch ohne besonderen Ausspruch die Strafgebühr des § 39 nicht unter diese Kosten. 3

3. Durch die oben (Anm. 1) erwähnte Änderung der Vorschrift hat sich ihr Geltungsgebiet erweitert; ebenso durch die neuere Zivilprozeßgesetzgebung. Immerhin muß es sich auch jetzt um ein Verfahren handeln, in dem eine der verschiedenen Voraussetzungen des § 39 vorkommen kann. Das trifft hinsichtlich der Vertagungsfälle und der Anberaumung neuer Verhandlungstermine nicht nur da zu, wo die mündliche Verhandlung obligatorisch, sondern auch da, wo sie fakultativ ist: im Prozeßverfahren, im Arrestprozeß, im Verfahren wegen Vollstreckbarerklärung eines Schiedsspruchs oder im Beschwerdeverfahren (wenn mündliche Verhandlung angeordnet ist), im Güteverfahren usw. 4

Der zweite Fall (verspätetes Vorbringen von Angriffs- und Verteidigungsmitteln usw.) kann z. B. auch im Verfahren nach § 7 der EntlVO. vorkommen.

4. Die Vorschrift über die Verzögerungsgebühr hat von jeher praktisch keine Rolle gespielt. Auch seit Geltung der letzten Novellen zur ZPO. mit ihrer stark prozeßbeschleunigenden Tendenz scheint sie sich nicht eingebürgert zu haben. Sie führt nach wie vor ein Scheindasein; sie ist wenig bekannt und jedenfalls wenig beliebt. 5

II. Die Voraussetzungen der Verzögerungsgebühr. 6

1. Der erste Fall des § 39 ist der, daß durch Verschulden einer Partei oder eines Parteivertreters die Vertagung einer mündlichen Verhandlung oder die Anberaumung eines neuen Termins zur mündlichen Verhandlung veranlaßt wird.

a) Die Vertagung einer mündlichen Verhandlung setzt voraus, daß der Termin zur mündlichen Verhandlung bereits begonnen hat, auch wenn in demselben weder Sachanträge noch sonstige Anträge (auf Vertagung usw.) gestellt wurden. Muß der Termin wegen schuldhaft ungenügender Vorbereitung durch eine Partei von Amts wegen gleich nach Aufruf verlegt werden, so kann § 39 zur Anwendung gelangen. Auch bei Vertagung im Falle des § 251a Abs. 2 ZPO. ist § 39 anwendbar[1]).

---

[1]) Ebenso Baumbach § 39 Anm. 5. Auch beiden Parteien kann hier die Gebühr auferlegt werden. Wird das Ruhen des Verfahrens angeordnet, so kann die Gebühr später, wenn hiedurch eine neue Terminsanberaumung nötig wird, nach der zweiten Alternative (ähnlich wie im Falle des Einspruchs gegen ein Versäumnisurteil; s. u. Anm. 8) angesetzt werden.

6a Nicht zutreffend ist die aus der früheren Rechtsprechung übernommene Ansicht, daß die Vertagung der mündlichen Verhandlung nicht nur den Beginn des Termins, sondern auch bereits irgendeine Verhandlungstätigkeit (sei es auch nur über die Vertagungsfrage selbst) voraussetze[2]). Es besteht kein Anlaß, das Wort „mündliche Verhandlung" hier im Sinne der Verhandlungs tätigkeit, statt im Sinne des Verhandlungs termins zu verstehen, um so weniger als in der zweiten Alternative des ersten Halbsatzes jetzt ganz deutlich von der Anberaumung eines neuen Termins zur mündlichen Verhandlung, nicht mehr wie früher von der Anberaumung eines Termins zur Fortsetzung der mündlichen Verhandlung die Rede ist. Diese Fassung deutete darauf hin, daß eine Verhandlung schon stattgefunden haben müsse; die neue Fassung läßt auf das Gegenteil schließen. Die engere Auslegung ist auch innerlich durch nichts gerechtfertigt und widerspricht der Tendenz unserer neuen Prozeßgesetzgebung[2a]).

7 Es genügt aber auch, daß ein bereits anberaumter Verhandlungstermin außerhalb desselben auf Antrag oder von Amts wegen aus Verschulden einer Partei oder ihres Vertreters verlegt wird. War dagegen noch gar kein Verhandlungstermin anberaumt, so fällt die bloße Verzögerung der Anberaumung des ersten Termins (etwa durch Nichterlage der Prozeßgebühr) nicht unter die hier behandelte Bestimmung.

8 Ein wichtiger Fall des § 39 Abs. 1 Halbsatz 1 ist dagegen der der Einlegung des Einspruchs gegen ein schuldhaft veranlaßtes Versäumnisurteil: denn hier wird durch die Einspruchseinlegung die Anberaumung eines zweiten Verhandlungstermins notwendig, die ohne die Versäumnis hätte vermieden werden können[3]). Bedeutsam ist dieser Anwendungsfall (oder er könnte es sein), weil für das Versäumnisurteil eine Gerichtsgebühr nicht mehr erhoben wird.

9 Die Notwendigkeit der Ansetzung eines neuen Verkündungstermins genügt nicht zur Erfüllung der hier besprochenen Voraussetzung; daher gehört der Fall des § 272a ZPO. nicht hierher (er kann nur unter den später zu besprechenden zweiten Halbsatz fallen); ebensowenig ist Raum für die Verzögerungsgebühr, wenn in den Fällen der §§ 251a und 331a nach Lage der Akten entschieden wird[4]).

Ein Termin, der nur zur Beweisaufnahme bestimmt ist, ist kein Termin zur mündlichen Verhandlung und kommt deshalb hier nicht in Betracht.

10 b) Die Vertagung usw. muß durch Verschulden einer Partei oder eines Parteivertreters veranlaßt sein.

Das Gesetz verlangt nur Verschulden, nicht wie im § 102 ZPO. grobes Verschulden[4a]). Ob ein solches vorliegt, ist im einzelnen Falle unter Berücksichtigung aller Umstände zu entscheiden. Man kann auch nicht sagen, daß unentschuldigte Terminsversäumnis stets auf Verschulden beruhe[5]); das Ausbleiben eines Anwalts kann sich zwanglos durch unvermutete Festhaltung in einem anderen Termine erklären, ohne daß eine rechtzeitige Verständigung immer möglich wäre.

11 Hauptfälle des Verschuldens sind die Fälle der verspäteten Mitteilung von Schriftsätzen (§ 132 ZPO.)[6]), der schuldhaften Nachschleppung neuer Tatsachen in der mündlichen Verhandlung, auf die sich der Gegner nicht erklären kann[7]) usw.

---

[2]) So: Jonas § 39 Anm. 3a; Rittmann-Wenz § 39 Anm. 1 (mit Zitaten aus der Rechtsprechung der 80iger Jahre); OLG. Braunschweig BraunschwZ. 63, 22. Richtig: Baumbach § 39 Anm. 5.

[2a]) Zur früheren Rechtsprechung vgl. etwa Barkhausen BuschsZ. 12, 321 ff.; KG. BuschsZ. 12, 169[13]; OLG. Kiel SchlHolstAnz. 1922, 119; OLG. 31, 209 (KG.); OLG. 39, 102 (Karlsruhe).

[3]) Ebenso: Jonas § 39 Anm. 3b; Rittmann-Wenz § 39 Anm. 1; Baumbach § 39 Anm. 6; OLG. Karlsruhe BadRpr. 1925, 28.

[4]) Jonas § 39 Anm. 3a und b

[4a]) Noch weniger Verschleppungsabsicht: OLG. 32, 296 (Breslau); OLG. Karlsruhe BadRpr. 1917, 9.

[5]) So: Baumbach § 39 Anm. 5.

[6]) RGZ. 96, 372.

[7]) RG. GruchotsBeitr. 40, 1136.

Dagegen handelt diejenige Partei, die nur von ihrem prozessualen Recht Gebrauch macht, nicht schuldhaft: beantragt die im Termin erschienene Partei Vertagung, statt Versäumnisurteil zu erwirken, so kann hierin allein nie ein Verschulden erblickt werden[8]). Anderseits schließt das Einverständnis der Gegenpartei mit der Vertagung ein Verschulden nicht aus, zumal da die Vereinbarung kein Recht auf Vertagung mehr gibt.

c) Es muß das Verschulden einer Partei oder eines Parteivertreters 12
vorliegen.

Zu den Parteien gehören auch Personen, die dem Prozesse als Nebenintervenienten beigetreten sind[9]).

Parteivertreter sind jedenfalls sowohl gesetzliche Vertreter als Prozeßbevollmächtigte. Nicht minder gehören aber hierher die Sonderbevollmächtigten im Sinne des § 83 Abs. 2 ZPO., insbesondere die Terminsvertreter, die Unterbevollmächtigten, kurz alle Personen, deren Prozeßhandlungen (und Unterlassungen) die Partei nach § 85 ZPO. gegen sich gelten lassen muß[10]).

d) Die Vertagung usw. muß durch das Verschulden der Partei oder ihres Ver- 13
treters veranlaßt sein. Es muß also der Kausalzusammenhang zwischen Verschulden einerseits und Terminsverlegung oder Vertagung anderseits vorliegen[10a]). Dazu ist nicht erforderlich, daß die betreffende Partei die Vertagung beantragt oder angeregt hat; es genügt, daß sie den Vertagungsantrag des Gegners oder die Verlegung von Amts wegen schuldhaft veranlaßt hat[10b]).

e) Eine Ausnahme soll nach § 39 im Falle des § 335 ZPO. gelten: beantragt 14
die im Verhandlungstermine erschienene Partei die Vertagung, weil eine der im § 335 angeführten Voraussetzungen für die Erlassung eines Versäumnisurteils oder für die Entscheidung nach Lage der Akten nicht vorliegt, so kann zwar in der ungenügenden Vorbereitung ein Verschulden liegen, das die Vertagung verursacht; es soll aber in diesem Falle die Erhebung einer Strafgebühr nicht zulässig sein.

2. Der zweite Fall des § 39 ist der, daß durch nachträgliches Vor- 15
bringen von Angriffs- oder Verteidigungsmitteln, Beweismitteln oder Beweiseinreden, welches zeitiger erfolgen konnte, die Erledigung des Rechtsstreits verzögert wurde.

a) Unter Angriffs- oder Verteidigungsmitteln versteht man alles, was dem Angriff oder der Abwehr im Prozesse dient, also Tatsachen, Einreden usw., nicht aber die Ansprüche, die vielmehr den Angriff selbst, nicht ein Angriffsmittel, darstellen (weshalb Klage, Widerklage, Rechtsmittel keine Angriffsmittel sind). Die Beweismittel und Beweiseinreden sind nur eine Unterart der Angriffs- und Verteidigungsmittel: die Beweismittel sind die vom Gesetz (ZPO. Buch 2 Titel 6—10) zugelassenen Hilfsmittel zur Führung eines Beweises: das Vorbringen eines Beweismittels also die Benennung von Zeugen, Sachverständigen, die Zuschiebung eines Eides usw. Die Beweiseinreden sind Einwendungen gegen ein Beweismittel, z. B. gegen seine Zulässigkeit, gegen seine Beweiserheblichkeit (gegen die Glaubwürdigkeit eines Zeugen, die Sachkunde eines Sachverständigen) usw.[11]).

---

8) Jonas § 39 Anm. 3c; Baumbach § 39 Anm. 2.

9) Ebenso: Baumbach § 39 Anm. 3.

10) Baumbach § 39 Anm. 4 spricht nur von ges. Vertretern und Prozeßbevollmächtigten; Jonas § 39 Anm. 5 sagt, daß der Vertreter nicht notwendig ein Prozeßbevollmächtigter zu sein braucht; Rittmann-Wenz § 39 Anm. 4 spricht von dem „Vertreter oder seinen Gehilfen". Verschulden des Büropersonals des Vertreters soll genügen nach OLG. 9, 161 (Dresden). Das ist nicht zu billigen.

10a) Alternative Feststellung (Verschulden der Partei oder des Vertreters) ist zulässig: OLG. Karlsruhe DJZ. 1917, 1179.

10b) Daß § 39 nicht anwendbar sei, wenn die Partei der Anordnung, persönlich zu erscheinen, nicht Folge leistet (LG. Halle NaumbAK. 1915, 61), wird heute nicht mehr zutreffen; vgl. Baumbach ZPO.[3] § 141 Anm. 11.

11) Vgl. hiezu Baumbach ZPO.[3] § 146 Anm. 2; § 283 Anm. 1.

16 b) Es muß durch ein nachträgliches Vorbringen von Angriffs- oder Verteidigungsmitteln die Erledigung des Rechtsstreits verzögert worden sein. Dies wird meist nur dann der Fall sein, wenn durch das neue Vorbringen eine weitere Verhandlung oder Beweiserhebung nötig wird; die Voraussetzung liegt regelmäßig nicht vor, wenn das Gericht die Angriffsmittel gemäß §§ 279, 279a, 283, 529 ZPO. zurückweist[12]).

17 c) Die Strafgebühr darf nur dann festgesetzt werden, wenn das nachträgliche Vorbringen zeitiger hätte erfolgen können. Es muß also auch hier ein Verschulden vorliegen, sei es bezüglich des rechtzeitigen Vorbringens, sei es bezüglich der rechtzeitigen Ermittelung der betreffenden Angriffs- oder Verteidigungsmittel[13]).

18 **III. Das Verfahren und die Festsetzung der Gebühr.**

1. Zuständig zur Auferlegung der Strafgebühr ist das Gericht, bei welchem zur Zeit der Terminsverlegung oder des nachträglichen Vorbringens die betreffende Instanz anhängig war, oder das Gericht, auf welches später diese Instanz überging. War in dem erwähnten Zeitpunkte der Einzelrichter mit der Sache befaßt, so kann auch er den Beschluß erlassen[14]), da die Strafgebühr lediglich der Förderung des Verfahrens dient, die Maßnahme also nicht außerhalb der Zuständigkeit des Einzelrichters liegt. Ist vor der Beschlußfassung die Sache wieder an das Kollegium abgegeben worden, so ist es nunmehr dessen Sache, gegebenenfalls über die Gebühr zu beschließen. Der beauftragte oder ersuchte Richter darf die Gebühr niemals auferlegen; wohl aber kann das Prozeßgericht wegen einer Verzögerung vor dem ersuchten oder beauftragten Richter den Strafbeschluß fassen.

19 2. Die Festsetzung der Gebühr kann in jeder Lage der Verfahrens erfolgen; an sich auch nach Erlaß des Endurteils[15]); doch wird in einem späteren Zeitpunkte kaum mehr eine Veranlassung hiezu bestehen.

20 3. Die Festsetzung erfolgt stets durch gesonderten Beschluß. Sollte dieser formell mit dem Endurteil verbunden werden, so bliebe doch sein Charakter als Beschluß gewahrt. Der Beschluß ist, wenn er nicht verkündet wird, der betroffenen Partei bzw. ihrem Prozeßbevollmächtigten von Amts wegen zuzustellen[16]).

Eine vorherige Anhörung der Partei ist nicht vorgeschrieben, aber regelmäßig zu empfehlen. Erforderlichenfalls ist auch Beweis zu erheben, z. B. über die Frage, ob die Partei schuldhaft gehandelt hat, ob sie die nachgeschleppten Tatsachen früher hätte ermitteln können[17]) usw.

21 4. Die Gebühr kann nur gegen die Partei, nicht gegen den Vertreter festgesetzt werden[17a]). Hat aber der gesetzliche Vertreter, der Rechtsanwalt oder sonstige Bevollmächtigte der Partei durch grobes Verschulden die Festsetzung der Gebühr veranlaßt, so kann nach § 102 ZPO. diesen Personen u. a. auch die Verzögerungsgebühr auferlegt werden, für die sie dann neben der Partei (der sie primär aufzuerlegen ist) haften.

Abgesehen hiervon kann natürlich die Partei, der eine Strafgebühr wegen Verschulden ihres Vertreters auferlegt wurde, diesen für die Gebühr haftbar machen. Im Bestreitungsfalle muß sie ihn verklagen; da der Strafbeschluß zwischen ihr und

[12]) Denkbar ist die Verbindung von Zurückweisung und Strafbeschluß, weil ja auch die Zurückweisung eine Verzögerung bedeuten kann. Ebenso Baumbach § 39 Anm. 7. A. M.: Jonas § 39 Anm. 4.

[13]) Jonas § 39 Anm. 4.

[14]) OLG. Königsberg JW. 1926, 866; DRZ. 1926 Nr. 394; Jonas § 39 Anm. 7; Rittmann-Wenz § 39 Anm. 2; Baumbach § 39 Anm. 9.

[15]) Nach Jonas § 39 Anm. 7 nur spätestens gleichzeitig mit Erlaß des Endurteils.

[16]) Baumbach § 39 Anm. 9.

[17]) RG. JW. 1894, 241, 264; Jonas § 39 Anm. 3c, 4.

[17a]) Allgemeine Meinung. Vgl. etwa OLG. 32, 296 (Breslau). A. M. OLG. Dresden SächsOLG. 24, 175 (1901).

ihrem Vertreter keine Rechtskraft schafft, so ist eventuell die Frage seines Verschuldens oder des Mitverschuldens der Partei im Rechtsstreit neu zu prüfen.

5. Die Verzögerungsgebühr kommt regelmäßig einer vollen Gebühr im Sinne 22 des § 8 GKG. gleich. Über diesen Betrag darf sie nie hinausgehen, auch wenn das Verfahren in der Berufungs- oder Revisionsinstanz schwebt. Anderseits kann die volle Gebühr auch dann angesetzt werden, wenn es sich um ein Arrestverfahren oder um eine Zwangsvollstreckungsinstanz handelt, in denen an sich verminderte Gebührensätze gelten.

Die volle Gebühr kann aber im einzelnen Fall bis zu einem Viertel der Sätze 23 des § 8 ermäßigt werden (§ 39 Abs. 1 Satz 2). Innerhalb dieser Grenzen ist das Gericht hinsichtlich der Höhe der Gebühr vollständig frei; es braucht sich nicht an bestimmte Bruchteile zu halten, kann vielmehr die Gebühr auch summenmäßig festsetzen.

Die Verzögerungsgebühr kann in derselben Instanz bei mehrfachen Verzöge- 24 rungsfällen wiederholt festgesetzt werden. § 25 Abs. 1 GKG. gilt für die Gebühr des § 39 nicht, da diese eine „besondere" Gebühr und von den Gebühren des § 20 formell und ihrem Wesen nach durchaus verschieden ist. Für die Summe mehrfach angesetzter Verzögerungsgebühren besteht daher auch keine Höchstgrenze.

Für die Berechnung der Gebühr ist derjenige Streitwert zugrunde zu legen, 25 der in dem für die Festsetzung der Gebühr maßgebenden Zeitpunkte gilt. Der maßgebende Zeitpunkt ist derjenige, in dem die Terminsverlegung oder das verzögernde Vorbringen erfolgt ist. War vor diesem Zeitpunkt ein Teil des Streitgegenstandes schon erledigt (z. B. durch Zurücknahme, Teilurteil, Teilvergleich usw.), so darf dieser Teil bei Festsetzung der Gebühr nicht mehr zugrunde gelegt werden. Entsprechendes muß gelten, wenn bezüglich eines quantitativ ausscheidbaren Teils der Restforderung jede Verzögerung abgewendet wurde (es ist z. B. bei einer Restforderung von 20000 RM. über 12000 RM. sofort neues Teilurteil ergangen und nur wegen 8000 RM. neuer Beweis angeordnet worden; hier ist eine Verzögerung nur bezüglich der 8000 RM. erfolgt, und es kann daher sinngemäß die Gebühr auch nur aus diesem Betrage berechnet werden). Anderseits ist aber der ganze im maßgebenden Zeitpunkt noch bestehende Streitgegenstand zu berücksichtigen, auch wenn etwa die Verzögerung eine neue Beweisanordnung nur bezüglich eines Teiles des Restanspruchs notwendig macht, trotzdem aber die Verzögerung sich auf den ganzen Restanspruch bezieht (etwa weil das Gericht die nochmalige Erlassung eines Teilurteils nicht für angemessen hält)[18]).

Erhöht sich der Streitgegenstand nach dem maßgebenden Zeitpunkt, so kommt diese Erhöhung für die Festsetzung der Gebühr nicht in Frage; anders, wenn (z. B. nach § 9 Abs. 2 GKG.) nachträglich der Streitwert für die ganze Instanz oder doch für das Stadium, in welches der maßgebende Zeitpunkt fällt, höher festgesetzt wird. Praktisch wird aber auch in einem solchen Falle die Erhöhung kaum eine Rolle für die Anwendung des § 39 spielen.

6. Die Auferlegung der Verzögerungsgebühr erfolgt stets von Amts wegen. 26 Die Parteien können sie höchstens anregen, nicht förmlich beantragen. Die Ablehnung einer solchen — sei es auch als Antrag bezeichneten — Anregung ist in gleicher Weise gebührenfrei wie die Erlassung des Beschlusses, durch welchen die Gebühr auferlegt wird.

7. Schuldner der Verzögerungsgebühr ist ausschließlich diejenige Partei, der 27 sie durch den Beschluß auferlegt wird. Da sie nicht zu den Kosten des Rechtsstreits gehört (s. o. Anm. 3, 24), so haftet weder die Partei, die das Verfahren der Instanz beantragt hat (§ 77), noch diejenige, der „die Kosten des Rechtsstreits" durch eine gerichtliche Entscheidung auferlegt sind oder die diese Kosten dem Gerichte gegenüber

[18]) Jonas § 39 Anm. 11 meint wohl das Richtige, wenn er sagt: es sei nicht etwa nur der Wert des Gegenstandes maßgebend, „auf den sich die durch die Verzögerung veranlaßte Maßnahme (die erforderliche neue Verhandlung oder erneute Beweisanordnung) bezieht".

„übernommen" hat (§ 79). Nur wenn die Übernahme ausdrücklich auch die Strafgebühr mit umfaßt, ist sie nach § 79 wirksam[19]).

Wird ein Vertreter nach § 102 ZPO. zur Zahlung der Strafgebühr neben der nach § 39 betroffenen Partei verurteilt (oben Anm. 21), so haftet er auch dem Staat neben der Partei (§§ 79, 82)[20]).

28 8. Die Fälligkeit der Verzögerungsgebühr tritt mit Erlassung des Beschlusses nach § 39 ein. Das gilt auch in Armensachen, u. zw. sowohl für die arme Partei als auch für den Gegner des zum Armenrechte zugelassenen Instanzklägers (§ 120 ZPO.). Denn § 115 ZPO. will die Partei nur von der alsbaldigen Zahlung der regelmäßigen, zu den Kosten des Rechtsstreits gehörigen Gerichtskosten entlasten, nicht aber ihr einen Freibrief für verzögerliche Behandlung des Prozesses oder sonstiges schuldhaftes Verhalten geben[21]).

28a 8a. Parteien, die persönliche Gebührenfreiheit genießen (§ 90), unterliegen auch der Verzögerungsgebühr nicht[22]).

29 9. Gegen den Festsetzungsbeschluß steht der Partei, gegen die er sich richtet (eventuell also beiden Parteien), das Recht der einfachen Beschwerde zu. Dagegen hat der Gegner, der die Festsetzung der Gebühr „beantragt" (richtig: angeregt) hat oder dem die festgesetzte Gebühr zu niedrig erscheint, kein Beschwerderecht (§ 567 Abs. 1 ZPO.[23]); ebensowenig die Staatskasse. Der Vertreter der Partei, dessen Verschulden für die Auferlegung der Gebühr maßgebend war, kann im eigenen Namen nur gegen den Beschluß nach § 102 ZPO., nicht aber gegen den Beschluß nach § 39 GKG. Beschwerde einlegen[24]).

30 Die Beschwerde kann immer durch Erklärung zu Protokoll der Geschäftsstelle oder schriftlich ohne Anwaltszwang eingelegt werden (§§ 4 Abs. 3, 39 Abs. 2 GKG.).

31 Sie ist unzulässig gegen Entscheidungen der Oberlandesgerichte und folgt im übrigen den Regeln der §§ 568—575 ZPO. Hervorzuheben ist, daß die weitere Beschwerde gegen eine landgerichtliche Beschwerdeentscheidung nicht zulässig ist, weil diese „die Prozeßkosten" betrifft (§ 568 Abs. 3: der Begriff wird hier bekanntlich im weitesten Sinne verstanden), und daß auch etwa eingeforderte Erklärungen im Sinne des § 573 Abs. 2 ZPO. vom Anwaltszwange befreit sind (§ 4 Abs. 3 GKG., § 573 Abs. 2 Satz 2 ZPO.).

32 Das Beschwerdeverfahren ist gebührenfrei, soweit die Beschwerde Erfolg hat; soweit sie verworfen oder zurückgewiesen wird, kommt die Gebühr des § 38 zur Erhebung; der Streitwert bestimmt sich dann nach dem Betrage der Gebühr, bezüglich dessen die Beschwerde abgewiesen wird. Im einzelnen vgl. § 38 Anm. 33 ff., 44, 45.

---

19) Vgl. § 79 Anm. 25.

20) Jonas § 39 Anm. 9.

21) Gl. M.: Rittmann-Wenz § 39 Anm. 5; Jonas § 39 Anm. 10; Baumbach § 39 Anm. 9.

22) Ebenso: Rittmann-Wenz § 39 Anm. 5.

23) Richtig: RGZ. 32, 392: geht das Gericht nicht auf die „Anregung" der Partei ein, so ist dies keine Zurückweisung eines das Verfahren betreffenden Gesuchs. Der „Beschluß" des § 39 Abs. 2 ist nur der positive, die Maßregel anordnende Beschluß des Gerichts.

24) So ist wohl auch die Bemerkung bei Jonas § 39 Anm. 7 zu verstehen.

Dritter Abschnitt.

Gebühren im Konkursverfahren und im Vergleichsverfahren zur Abwendung des Konkurses.

Vorbemerkung.

Der 3. Abschnitt, dessen Überschrift in der jetzigen Fassung auf § 99 Nr. 2 VglO. 1
beruht, enthält in § 40 eine für das Konkurs- und das Vergleichsverfahren gemeinsam geltende Vorschrift über die Wertklassen und den Gebührensatz sowie über die Wertfestsetzung. Im übrigen behandeln die §§ 41—48 das Konkursverfahren und die §§ 48 a—c das Vergleichsverfahren.

Im Konkursverfahren erscheinen als regelmäßige Gebühren die Eröffnungs- 2
gebühr des § 41 und die Durchführungsgebühr des § 42, diese in verschiedenen Abstufungen. Als besondere Gebühren begegnen daneben die Gebühr des § 44 für die Anberaumung eines besonderen Prüfungstermins sowie die Verwertungsgebühr des § 45. Besondere Instanzen bilden das Beschwerdeverfahren (§ 47) und die Wiederaufnahme des Konkursverfahrens (§ 48). § 43 bestimmt, wie sich der für die Gebühren der §§ 41, 42, 48 in Betracht kommende Wert bemißt.

Im Vergleichsverfahren wird nach § 48 a eine Pauschgebühr erhoben, die abge- 3
stuft ist und für die § 48 b die Art der maßgebenden Wertbemessung regelt. Für das Beschwerdeverfahren verfällt die Gebühr des § 48 c besonders.

§ 40.

Auf die Gebühren im Konkursverfahren und im Vergleichsverfahren zur Abwendung des Konkurses finden die Vorschriften des § 8 über die Wertklassen und den Gebührensatz, sowie der §§ 16, 18, 19 dieses Gesetzes und des § 3 der Zivilprozeßordnung über die Wertfestsetzung entsprechende Anwendung.

Vorbemerkung.

§ 40 erklärt auf die Gebühren im Konkurs- und Vergleichsverfahren die Bestimmungen des 2. Abschnitts über die Wertklassen und den Gebührensatz sowie über die Wertfestsetzung und des § 3 ZPO. für entsprechend anwendbar. Die Worte „und im Vergleichsverfahren zur Abwendung des Konkurses" sind durch § 99 Nr. 3 VglO. eingefügt worden.

Übersicht.

I. Geltungsbereich (1).
II. Wertklassen und Gebührensatz (2).
III. Wertberechnung (3—10).
1. Nach freiem Ermessen (3).
2. Maßgebender Zeitpunkt (4—7).
3. Nebenforderungen (8).
4. § 148 KO. (9).
5. §§ 6—9 ZPO., §§ 10, 11 GKG. (10).
IV. Wertfestsetzung (11—14).
1. Vorbereitung (11).
2. Festsetzung nur für die Bemessung der Gebühren (12).
3. Wertfestsetzung und Änderung (13).
4. Anfechtung des Beschlusses (14).

I. Geltungsbereich. Der § 40 gilt sowohl für das Konkursverfahren wie für das 1
Vergleichsverfahren zur Abwendung des Konkurses.

II. Wertklassen und Gebührensatz. Die Bestimmungen des § 8 GKG. finden 2
Anwendung. Die §§ 43, 44 Satz 2, 48, 48 b geben für die einzelnen Fälle an, was

hier an Stelle des Streitgegenstandes für die Wertbemessung in Betracht kommt. Das gleiche gilt für § 47 Abs. 2 hinsichtlich der dort verzeichneten Fälle der Beschwerde im Konkursverfahren. Für andere Beschwerden im Konkursverfahren s. § 47 Anm. 21 und für die Beschwerden im Vergleichsverfahren vgl. § 48c Anm. 9ff.

3 **III. Wertberechnung.**

1. Die Wertberechnung erfolgt nach freiem Ermessen (§ 3 ZPO.). Auch hier ist aber dieser Grundsatz nicht ausnahmslos durchgeführt.

4 2. Allgemeine Bestimmungen über den maßgebenden Zeitpunkt, wie sie § 4 Abs. 1 Halbs. 1 ZPO. und § 9 Abs. 2 GKG. für bürgerliche Rechtsstreitigkeiten enthalten, bestehen nicht.

5 A. Im Konkursverfahren ist für die Berechnung der Masse, deren Betrag für die Gebühren nach §§ 41, 42 GKG. maßgebend ist, gemäß § 43 Abs. 3 GKG. die Zeit der Beendigung des Verfahrens entscheidend. Gleiches gilt im Falle des § 48 Abs. 1 GKG.

6 B. Im Vergleichsverfahren richtet sich die im § 48a Abs. 1 GKG. bestimmte Gebühr gemäß § 48b Satz 1 nach dem Wert der Aktiven zur Zeit des Eröffnungsantrags. Denselben Zeitpunkt muß man auch bei dem in § 48b Satz 2 erwähnten Gesamtbetrage der Forderungen der am Verfahren beteiligten Gläubiger berücksichtigen (vgl. § 48b Anm. 10).

7 C. Im übrigen fehlen besondere Bestimmungen. Es ist auf § 43 Anm. 12, § 44 Anm. 13, § 45 Anm. 1—3, § 47 Anm. 20 und 21 und § 48c Anm. 12 zu verweisen.

8 3. Bestimmungen über die Nichtberücksichtigung von Nebenforderungen, wie in § 4 ZPO., bestehen nicht[1]). Im Falle des § 43 Abs. 4 GKG. kommt also die Forderung des Gläubigers mit den bis zur rechtskräftigen Ablehnung der Eröffnung oder bis zur Eröffnung des Verfahrens (vgl. § 43 Anm. 12) erwachsenen Kosten und mit den bis zu diesen Zeitpunkten aufgelaufenen Zinsen (§ 62 KO.) in Betracht. Dasselbe unter Berücksichtigung des 2. Zeitpunkts gilt bei Bemessung der Schuldenmasse nach § 43 Abs. 2 GKG. Auch für die Aktivmasse des § 43 Abs. 1 GKG. gilt § 4 ZPO. nicht. Im Falle des § 48a Abs. 1 GKG. kommen alle zur Zeit der Stellung des Eröffnungsantrags bestehenden Nebenforderungen mit in Ansatz.

9 4. Die Vorschrift des § 148 KO. findet im Falle des § 44 Satz 2 Anwendung, und § 47 Abs. 2 Satz 3 GKG. wiederholt die Bestimmung des § 148 KO. inhaltlich.

10 5. Die §§ 6—9 ZPO.[2]), §§ 10, 11 GKG. sind nicht anwendbar.

11 **IV. Wertfestsetzung.**

1. Die Vorbereitung der Wertfestsetzung ist, wie in bürgerlichen Rechtsstreitigkeiten, gegeben durch die Pflicht jedes Antragstellers zur Angabe des Wertes des Streitgegenstandes (§ 16 GKG.), d. h. hier zur Angabe des für die Gebührenberechnung maßgebenden Wertes und das Recht des Gerichts, eine beantragte Beweisaufnahme sowie von Amts wegen die Einnahme des Augenscheins und die Begutachtung durch Sachverständige anzuordnen (§ 3 ZPO.).

12 2. Eine Wertfestsetzung kommt weder zum Zwecke der Entscheidung über die Zuständigkeit noch zum Befinden über die Zulässigkeit eines Rechtsmittels, sondern nur für die Bemessung der Gebühren in Frage. Deshalb ist auch § 17 GKG. nicht für anwendbar erklärt worden.

13 3. Für die Wertfestsetzung und deren Änderung kommt § 18 GKG. zur Anwendung, hinsichtlich der Kosten einer im Wertfestsetzungsverfahren erfolgten Abschätzung gilt § 19 GKG.

---

[1]) Jonas § 40 Anm. 1; Rittmann-Wenz § 40 Anm. 2; Sydow-Busch-Krieg § 40 Anm. 3; Baumbach § 40 Anm. 1; Kollat § 40 Anm.; Wochinger-Schwalb § 40 Anm. 1.

[2]) Jonas, Rittmann-Wenz, Baumbach, Kollat, Wochinger-Schwalb a. a. O.

4. Die Anfechtung des Wertfestsetzungsbeschlusses richtet sich nach § 18 Abs. 2 GKG. Gemäß §§ 12, 53 RAGebO. steht dem RA. die Beschwerde aus eigenem Rechte zu. 14

Vorbemerkung zu den §§ 41—48.

Die §§ 41—48 regeln die Gebühren im Konkursverfahren.

§ 41.

Für das Verfahren über den Antrag auf Eröffnung des Konkurses wird die Hälfte der Gebühr (§ 8) erhoben.

Vorbemerkung.

§ 41 regelt die Gebühr für das Eröffnungsverfahren der KO.

Übersicht.

I. Entstehungsgeschichte. An Stelle der Regelung in den jetzigen §§ 41, 42 sah § 51 GKG. a. F. für das gesamte Konkursverfahren „einschließlich des der Eröffnung vorangegangenen Verfahrens" eine nach der verschiedenen Art der Erledigung abgestufte Gebühr vor. Daneben regelte § 53 a. F. die kostenrechtliche Abgeltung der Abweisung des Eröffnungsantrags, der Versagung seiner Zulassung und der Antragszurücknahme. Die Änderungen brachte das Gesetz vom 21. Dezember 1922. 1

II. Das Eröffnungsverfahren der Konkursordnung. Die Gebühr des § 41 wird für das Verfahren über den Antrag auf Eröffnung des Konkurses erhoben, die nach § 103 Abs. 1 KO. nur auf Antrag erfolgen kann. Das Eröffnungsverfahren beginnt mit dem Eröffnungsantrage und endet mit der Nichtzulassung des Antrags (§§ 105 Abs. 1, 208 Abs. 2, 210 Abs. 2, 213, 217 Abs. 2, 218 Abs. 2, 236 KO., § 100 Abs. 2 GenG.), der Abweisung (§§ 106 Abs. 2, 107 KO.), der Zurücknahme des Eröffnungsantrags oder dem Eröffnungsbeschlusse. Zu dem Verfahren gehören auch die nach § 75 KO. angestellten Ermittelungen und die nach § 106 Abs. 1 KO. getroffenen Anordnungen sowie im Falle der Abweisung des Eröffnungsantrags die Aufhebung der getroffenen Sicherheitsmaßregeln (§ 106 Abs. 2 KO.).[1]. 1a

III. Die Gebühr ist fällig mit Stellung des Eröffnungsantrags (§ 74 Abs. 1 GKG.). Hat ein Gläubiger den Konkursantrag gestellt, und beantragt vor Konkurseröffnung der Schuldner die Eröffnung des Vergleichsverfahrens, so ist kraft Gesetzes die Entscheidung über den Konkursantrag ausgesetzt (§ 31 VglO.). Dadurch wird die Fälligkeit der Gebühr des § 41 nicht beseitigt. Wird aber demnächst nach Bestätigung des Vergleichs das Vergleichsverfahren aufgehoben, so gilt nach § 69 Abs. 3 Satz 2 VglO. der Konkursantrag als nicht gestellt, und damit kommt die Gebühr 2

---

[1]) Jonas § 41 Anm. 2 will, wenn der Eröffnungsbeschluß in der Beschwerdeinstanz aufgehoben wird, durch die Gebühr des § 41 „auch die vom Konkursgericht in der Zwischenzeit in Ausführung des Eröffnungsbeschlusses entwickelte Tätigkeit mitabgegolten" sein lassen. Das ist nicht richtig. Tätigkeiten über den Eröffnungsbeschluß hinaus ergreift § 41 nicht. An sich kommt also § 42 zur Anwendung. Aber die Gebühr des § 42 wäre, wie der Beschluß der Beschwerdeinstanz ergibt, bei richtiger Behandlung der Sache nicht entstanden und ist deshalb mit den zugehörigen Auslagen gemäß § 6 Abs. 1 Satz 1 GKG. niederzuschlagen.

des § 41 GKG. mit rückwirkender Kraft in Wegfall[2]). Wird bei Beendigung des Vergleichsverfahrens die Eröffnung des Konkursverfahrens abgelehnt, so wird nach § 48 a Abs. 2 Satz 2 GKG. die Gebühr des § 41 nicht erhoben. Das gilt aber nur, soweit es sich um die Entscheidung über den fingierten Antrag des Schuldners auf Konkurseröffnung (§§ 24, 71, 80 VglO.) handelt, nicht, soweit ein Gläubiger die Eröffnung beantragt hat und die Entscheidung gemäß § 31 VglO. zunächst ausgesetzt war[3]).

3 Von der Leistung der Gebühr des § 41 kann die gerichtliche Tätigkeit nicht abhängig gemacht werden.

4 IV. **Die Gebühr beträgt** in allen Fällen die Hälfte des Gebührensatzes des § 8. Der maßgebende Wert berechnet sich, wenn der Konkursantrag von dem Gemeinschuldner gestellt ist, nach dem Betrage der Aktivmasse oder nach dem geringeren Betrage der Schuldenmasse, wenn aber ein Gläubiger Antragsteller ist, nach dem Betrage seiner Forderung oder dem geringeren Betrage der Aktivmasse. Wegen der Erläuterung im einzelnen ist auf die Anmerkungen zu § 43 zu verweisen. Ist das Verfahren auf Antrag des Gemeinschuldners eröffnet worden, so wird nach § 42 Abs. 3 GKG. die Eröffnungsgebühr des § 41 auf die Durchführungsgebühr des § 42 angerechnet.

5 V. **Gebührenschuldner** ist gemäß § 78 GKG. der Antragsteller. Er ist alleiniger Schuldner, wenn der Antrag nicht zur Eröffnung des Konkursverfahrens führt oder der Konkurs auf Antrag des Gemeinschuldners eröffnet wird. Im letztgedachten Fall wird die Gebühr des § 41 auf die Gebühr des § 42 angerechnet (§ 42 Abs. 3 GKG.). Wird das Konkursverfahren auf Antrag eines Gläubigers eröffnet, so wird, da die Gebühr des § 41 GKG. zu den Massekosten des § 58 Ziff. 1 KO. gehört, der Gemeinschuldner neben dem antragstellenden Gläubiger Gebührenschuldner. Hat der Gläubiger die Gebühr bezahlt, so ist er bezüglich deren Erstattung aus der Konkursmasse Massegläubiger[4]).

6 VI. **Mehrere Antragsteller.**

1. Stellen Gläubiger und Schuldner gemeinsam oder getrennt den Eröffnungsantrag, so verfällt für jeden Antrag eine gesonderte Gebühr[5]), was ja schon daraus folgt, daß sich der Wert für den Schuldnerantrag nach § 43 Abs. 1 und 2 und für den Gläubigerantrag nach § 43 Abs. 4 bemißt.

7 2. Beantragen mehrere Personen, welche die Stellung des Gemeinschuldners einnehmen (mehrere Vorstandsmitglieder oder Liquidatoren einer Aktiengesellschaft, einer juristischen Person oder eines Vereins, der als solcher verklagt werden kann, mehrere persönlich haftende Gesellschafter oder Liquidatoren einer offenen Handelsgesellschaft, Kommanditgesellschaft, Kommanditgesellschaft auf Aktien, mehrere Erben oder Testamentsvollstrecker, mehrere Vorstandsmitglieder einer eingetragenen Genossenschaft, mehrere Geschäftsführer einer Gesellschaft mit beschränkter Haftung, vgl. §§ 208 Abs. 2, 210 Abs. 2, 213, 217 Abs. 1 und 2 KO., § 100 Abs. 2 GenG., § 63 Abs. 2 GmbH.), gemeinsam die Eröffnung, so kommt nur eine Gebühr aus § 41 in Ansatz[6]). Daß nur eine Gebühr zu erheben ist, erklärt sich daraus, daß, wie die angeführten Bestimmungen zeigen, das Gesetz die Mitwirkung der verschiedenen Vorstandsmitglieder usw. als die Regel ansieht und in der Gesamt-

---

[2]) Mit Recht empfiehlt deshalb Jonas § 41 Anm. 3, wenn der Aussetzungsfall des § 31 VglO. eintritt, mit der Erhebung der Gebühr des § 41 bis zum Abschluß des Vergleichsverfahrens zu warten.

[3]) Über den Fall, daß bei Beendigung des Vergleichsverfahrens die Eröffnung des Konkursverfahrens erfolgt und der Antrag eines Gläubigers auf Konkurseröffnung noch unerledigt ist, vgl. § 48a Anm. 10.

[4]) Jonas § 41 Anm. 3; Kollat § 41 Anm. 4; Sydow-Busch-Krieg § 41 Anm. 3.

[5]) Jaeger BuschsZ. 52, 98.

[6]) Jaeger a. a. O.

heit der zur Vertretung des Schuldners berufenen Personen dessen naturgemäße Verkörperung erblickt. Deshalb wird man aber auch nicht anders zu entscheiden haben, wenn mehrere Vorstandsmitglieder usw. in getrennten Eingaben die Eröffnung des Konkursverfahrens beantragen.

3. Stellen mehrere Gläubiger den Eröffnungsantrag, so wird regelmäßig [7]) 8
unterschieden, ob der Antrag gemeinsam oder in getrennten Eingaben gestellt wird. In diesem Falle soll für jeden Antrag die Gebühr getrennt berechnet werden, in jenem von dem zusammengerechneten Werte der mehreren Forderungen eine Gebühr berechnet und diese derart erhoben werden, daß jeder Gläubiger nur bis zu dem Betrage haftet, der als Gebühr verfallen wäre, wenn der Betreffende den Antrag allein gestellt hätte. Für solche Unterscheidung fehlt es an jeder Grundlage. § 5 ZPO. ist im § 40 GKG. nicht für anwendbar erklärt (vgl. auch § 62 RAGebO.), und die Zusammenfassung der Beträge mehrerer Gläubiger in einer Urkunde ergibt noch nicht einmal etwas für einen inneren Zusammenhang, ganz abgesehen von der Frage, ob ein solcher kostenrechtlich entscheidend ist. Richtig ist vielmehr, daß die Anträge mehrerer Gläubiger gebührenrechtlich stets gesondert zu behandeln sind, auch wenn sie gemeinsam gestellt werden [8]). Wenn aber die Gläubiger Gesamtgläubiger einer Forderung sind oder neben dem Gläubiger derjenige auftritt, der die Forderung gepfändet hat oder dem sie verpfändet ist, so wird man dieselbe Forderung nicht der Berechnung mehrerer Gebühren zugrundelegen, sondern entsprechend den Ausführungen in Anm. 7 nur eine Gebühr anzusetzen haben [9]), für welche alle Antragsteller als Gesamtschuldner haften (§ 87).

§ 42.

Für die Durchführung des Konkursverfahrens wird die dreifache Gebühr (§ 8) erhoben.

Sie ermäßigt sich auf die einfache Gebühr, wenn das Verfahren vor dem Ablauf der Anmeldefrist, und auf die zweifache Gebühr, wenn das Verfahren nach diesem Zeitpunkt gemäß §§ 202, 204 der Konkursordnung eingestellt wird.

Ist das Verfahren auf Antrag des Gemeinschuldners eröffnet worden, so kommt die im § 41 bestimmte Gebühr zur Anrechnung.

Vorbemerkung.

§ 42 regelt die Gebühr für die Durchführung des Konkursverfahrens. Wegen der Entstehungsgeschichte s. § 41 Anm. 1.

Übersicht.

I. Die Durchführung des Konkursverfahrens. Für das Eröffnungsverfahren, 1
also für den Abschnitt, in dem darüber entschieden wird, ob das Konkursverfahren er-

[7]) Jonas § 41 Anm. 5, § 87 Anm. 3; Rittmann-Wenz § 41 Anm. 2; Baumbach § 41 Anm. 2; Kollat § 41 Anm. 2, 3b; Wochinger-Schwalb § 41 Anm. 3; Lehmler Bbl. 1928, 89.

[8]) BuschsZ. 52, 97[11] (LG. Hamburg); Jaeger a. a. O.

[9]) Jaeger a. a. O. Vgl. auch Walter-Joachim-Friedlaender RAGebO. § 62 Anm. 1.

öffnet werden soll, sieht § 41 eine besondere Pauschgebühr vor. Endet das Verfahren ohne Konkurseröffnung, so kommt eine weitere Gebühr nicht in Frage. Wird das Konkursverfahren eröffnet[1]), so bildet die weitere Tätigkeit des Gerichts „die Durchführung des Konkursverfahrens“. Sie endet mit der Aufhebung oder Einstellung des Konkursverfahrens. Alle Handlungen des Konkursgerichts, die in den Zeitraum zwischen der Eröffnung des Konkursverfahrens und der Aufhebung oder Einstellung des Konkursverfahrens fallen, werden durch die Pauschgebühr des § 42 abgegolten, soweit nicht ausnahmsweise besondere Gebühren vorgesehen sind.

2 1. Besondere Gebühren sind vorgesehen im § 44 für die Anberaumung eines besonderen Prüfungstermins, im § 45 für die Verwertung eines Gegenstandes durch den Konkursverwalter, im § 47 für das Verfahren in der Beschwerdeinstanz, im § 48 für die Wiederaufnahme des Konkursverfahrens, während § 46 noch ausdrücklich für das dort gedachte Verfahren die Erhebung einer besonderen Gebühr ausschließt.

3 2. Die Tätigkeit aus Anlaß einer Nachtragsverteilung wird durch die Durchführungsgebühr abgegolten[2]). Betrifft die Nachtragsverteilung nachträglich ermittelte, zur Konkursmasse gehörige Vermögensstücke (§ 166 Abs. 2 KO.), so ist mit Rücksicht hierauf die bisherige Wertberechnung zu ändern und der zu wenig erhobene Betrag der Gebühr noch in Ansatz zu bringen[3]).

4 3. Die Eintragung und Löschung von Vermerken im Grundbuch und Genossenschaftsregister auf Grund der §§ 113, 114 KO. oder des § 158 Abs. 2 GenG. unterliegt gemäß § 115 KO. und § 159 GenG. kraft Reichsrechts keiner besonderen Gebühr. Inwieweit Einträge und Löschungen, die aus Anlaß des Konkursverfahrens in anderen Registern erfolgen, besonderen Gebühren unterliegen, richtet sich nach Landesrecht[4]). Die Durchführungsgebühr gilt auch die Bestellung des Pflegers für die Versicherten nach § 62 des Gesetzes über die privaten Versicherungsunternehmungen vom 12. Mai 1901 ab[4a]), während die Gebühren für die Tätigkeit des Konkursgerichts als Vormundschaftsgericht sich nach Landesrecht bemessen.

5 **II. Betrag der Gebühr.** Die Gebühr beträgt das Dreifache des Satzes des § 8 GKG. Wird das Verfahren gemäß §§ 202, 204 KO. eingestellt, so ermäßigt sie sich, falls die Einstellung vor dem Ablaufe der Anmeldefrist erfolgt, auf das Einfache, sonst auf das Doppelte des Satzes des § 8 GKG. Die Aufhebung des Konkursverfahrens (§§ 163, 190 KO.) ist auf die Höhe der Gebühr ohne Einfluß. Der für die Berechnung der Gebühr maßgebende Wert ist nach § 43 Abs. 1 und 2 der Betrag der Aktivmasse oder der geringere Betrag der Schuldenmasse.

6 **III. Fälligkeit der Gebühr.** Nach § 74 Abs. 1 GKG. wird, „soweit die Gebühr eine Entscheidung oder sonstige gerichtliche Handlung voraussetzt“, mit dieser die Gebühr fällig. Die Durchführung des Konkursverfahrens kommt nur in Betracht, wenn die Frage, ob dem Eröffnungsantrage entsprochen werden soll, bejaht ist. Ordnungs-

---

[1]) Nach § 108 Abs. 1 KO. hat die Eröffnung durch einen besonderen Eröffnungsbeschluß zu erfolgen, dessen Formel in den §§ 111, 112 KO. noch besonders erwähnt wird. Auch muß ja der Eröffnungsbeschluß, um die Frist für die sofortige Beschwerde des § 109 KO. in Lauf zu setzen, dem Gemeinschuldner zugestellt werden. Sollte der Fall vorkommen, daß ohne förmlichen Eröffnungsbeschluß das Konkursverfahren durchgeführt würde, so würde, wie Baumbach § 42 Anm. 3 mit Recht annimmt, auch dann die Durchführungsgebühr verfallen.

[2]) Jonas § 42 Anm. 1; Sydow-Busch-Krieg § 42 Anm. 1; Rittmann-Wenz § 42 Anm. 1; Baumbach § 42 Anm. 1; Kollat § 42 Anm. 1; Wochinger-Schwalb § 42 Anm. 3.

[3]) Jonas, Kollat, Wochinger-Schwalb, Baumbach a. a. O.; Rittmann-Wenz § 42 Anm. 4.

[4]) Jonas, Kollat a. a. O.

[4a]) Jonas, Rittmann-Wenz, Kollat a. a. O.

mäßig geschieht das durch förmlichen Eröffnungsbeschluß, der eine gerichtliche Entscheidung darstellt. Wird ohne solchen Beschluß, gleich als wäre eine förmliche Eröffnung erfolgt, zur Durchführung des Konkursverfahrens geschritten, so liegt eine sonstige gerichtliche Handlung vor. Jene Entscheidung oder diese Handlung ist Voraussetzung für den Tatbestand, der die Erhebung der Gebühr begründet. Die Gebühr im Betrage des Dreifachen des Gebührensatzes des § 8 GKG. ist also alsbald fällig, sobald die Eröffnung geschehen oder mit der Durchführung begonnen ist[5]). Daß die Gebühr sich nachträglich ermäßigen kann, ist für die Frage der Fälligkeit ohne Bedeutung: man denke nur an die Fälle der §§ 29 Abs. 2, 30 GKG. Die Fassung des § 42 Abs. 2 wird ganz zu Unrecht als „nicht sehr geschickt“[6]) bezeichnet: es fehlt jeder Anhalt dafür, daß der Ausdruck „ermäßigt sich“ hier minder prägnant zu nehmen wäre als in den §§ 29 Abs. 2, 30 GKG. Ob es der Billigkeit entspricht, eine Gebühr zu erheben, bevor es sicher ist, daß sie in dieser Höhe bestehen bleiben wird[7]), war vom Gesetzgeber zu prüfen, kommt aber dem Gesetze gegenüber nicht mehr in Betracht. Die Schwierigkeiten, die aus der Wertbemessung und den etwa unzureichenden Mitteln der Konkursmasse zur Deckung der Gebühren entstehen können[8]), sind Erscheinungen, die auch beim Ansatze des einfachen Satzes des § 8 GKG. sich geltend machen können. Sie sind für die Frage der Fälligkeit ohne Bedeutung. Wohl aber kann es zweckmäßig sein, wenn tatsächlich an Gebühren zunächst nur der einfache Satz und nach Ablauf der Anmeldefrist dieser Satz noch einmal erhoben wird[9]).

IV. Anrechnung. 7

1. Ist das Verfahren auf Antrag des Gemeinschuldners eröffnet worden, so kommt nach § 42 Abs. 3 GKG. die im § 41 bestimmte Gebühr auf die Gebühr des § 42 zur Anrechnung.

2. Wird das Vergleichsverfahren in das Konkursverfahren übergeleitet (§ 82 VglO.), so wird die im Vergleichsverfahren gemäß § 48a Abs. 1 GKG. verfallene Gebühr auf die Gebühr nach § 42 GKG. angerechnet (§ 48a Abs. 2 Satz 1 GKG.). 8

V. **Gebührenschuldner** ist allein der Gemeinschuldner. Das steht der Haftung eines gemäß § 107 Satz 2 KO. zur Deckung der im § 58 Nr. 1, 2 KO. bezeichneten Massekosten geleisteten Vorschusses nicht entgegen. 9

§ 43.

Die in den §§ 41, 42 bestimmten Gebühren werden nach dem Betrage der Aktivmasse erhoben. Massekosten, mit Ausnahme der gerichtlichen Kosten des gemeinschaftlichen Verfahrens und der Gebühren des Konkursverwalters und des Gläubigerausschusses, sowie Masseschulden werden abgesetzt. Gegenstände, welche zur abgesonderten Befriedigung dienen, werden nur in Höhe des für diese nicht erforderlichen Betrags angesetzt.

Ist die Aktivmasse höher als die Schuldenmasse, so wird die Gebühr nach dem Betrage der letzteren erhoben.

Für die Berechnung der Masse ist die Zeit der Beendigung des Verfahrens maßgebend.

---

[5]) Jonas § 74 Anm. II 1; Sydow-Busch-Krieg § 42 Anm. 1. A. M.: Rittmann-Wenz § 74 Anm. I 8; Wochinger-Schwalb § 74 Anm. 8: Fälligkeit mit Beendigung des Verfahrens; Baumbach § 42 Anm. 3: sukzessive Fälligkeit nach Maßgabe der Zeitpunkte des § 42 Abs. 2 GKG., ebenso Kollat § 42 Anm. 5, § 74 Anm. 3b.

[6]) Baumbach a. a. O.

[7]) Rittmann-Wenz a. a. O.

[8]) Vgl. Rittmann-Wenz a. a. O.

[9]) Vgl. PrKassenO. § 15 Abs. 3b.

Ist der Antrag auf Eröffnung des Konkursverfahrens von einem Gläubiger gestellt, so wird die im § 41 bestimmte Gebühr nach dem Betrage seiner Forderung, sofern jedoch der Betrag der Aktivmasse geringer ist, nach diesem erhoben.

Vorbemerkung.

§ 43 regelt die Bestimmung des Wertes, der für die Gebühren der §§ 41, 42 maßgebend ist.

Übersicht.

1 **I. Entstehungsgeschichte.** § 43 Abs. 1—3 entspricht dem § 52 ä. F., Abs. 4 dem früheren § 53 Abs. 3.

1a **II. Berechnung des Wertes für die Erhebung der Gebühren der §§ 41, 42.**

1. Die Durchführungsgebühr des § 42 berechnet sich nach dem Betrage der Aktivmasse oder dem geringeren Betrage der Schuldenmasse.

2 2. Die Eröffnungsgebühr des § 41 wird nach demselben Werte berechnet, wenn der Eröffnungsantrag von dem Gemeinschuldner gestellt ist. Ist ein Gläubiger der Antragsteller, so ist der Betrag seiner Forderung oder der geringere Betrag der Aktivmasse maßgebend.

3 **III. Die Aktivmasse.**

1. Sie umfaßt das gesamte, der Zwangsvollstreckung unterliegende Vermögen des Gemeinschuldners, das die Konkursmasse bildet.

4 Abgesetzt werden davon

A. an Massekosten (§ 58 Z. 2 und 3 KO.):

a) die Ausgaben für die Verwaltung, Verwertung und Verteilung der Masse mit Ausnahme der Gebühren[1]) des Konkursverwalters[2]) und des Gläubigerausschusses,

b) die dem Gemeinschuldner und dessen Familie bewilligte Unterstützung;

B. an Masseschulden (§ 59 Z. 1—3 KO.):

a) die Ansprüche, welche aus Geschäften oder Handlungen des Konkursverwalters entstehen[3]),

b) die Ansprüche aus zweiseitigen Verträgen, deren Erfüllung zur Konkursmasse verlangt wird oder für die Zeit nach der Eröffnung des Verfahrens erfolgen muß,

---

[1]) Nicht auch der Auslagen. Sind Gebühren und Auslagen ununterscheidbar in einer Summe festgesetzt, so muß von Absetzung der ganzen Summe abgesehen werden. Rittmann-Wenz § 43 Anm. 2.

[2]) Im Falle der Überleitung des Vergleichsverfahrens in das Konkursverfahren sind auch die Auslagen, nicht die Vergütung der Vertrauensperson abzuziehen (§ 85 VglO.).

[3]) Im Falle der Überleitung des Vergleichsverfahrens in das Konkursverfahren gehören hierher auch Ansprüche aus Darlehen, die der Schuldner während der Dauer des Vergleichsverfahrens zur Fortführung seines Geschäfts, insbesondere zur Bezahlung von Löhnen oder ähnlichen Forderungen, oder im Interesse des Zustandekommens oder der Ausführung eines Vergleichs, insbesondere zur Befriedigung von Kleingläubigern, mit Zustimmung der Vertrauensperson aufgenommen hat (§ 86 VglO.).

c) die Ansprüche aus einer rechtlosen Bereicherung der Masse,

d) die im § 224 KO. genannten Verbindlichkeiten im Falle eines Nachlaßkonkurses, ferner

C. bei den zur abgesonderten Befriedigung dienenden Gegenständen (§§ 47—52 KO.) der hierfür erforderliche Betrag.

Nicht zur Aktivmasse gehören 5

a) die der Aussonderung unterliegenden Gegenstände, weil nicht Eigentum des Gemeinschuldners[4]),

b) die von einem Dritten z. B. für einen Zwangsvergleich hergegebenen Mittel aus demselben Grunde[5]),

c) der Erwerb des Gemeinschuldners nach Eröffnung des Verfahrens, weil nicht der Konkursmasse unterfallend[6]).

2. Der Wert der einzelnen zur Aktivmasse gehörenden Gegenstände wird nach freiem Ermessen bestimmt. Die einschränkenden Vorschriften der ZPO. und des GKG. sind nicht anwendbar. Die Motive zu § 52 GKG. ä. F., der dem § 43 Abs. 1—3 GKG. n. F. entspricht, heben hervor, daß Gebühren für das Konkursverfahren „nur nach demjenigen zur Konkursmasse gehörigen Aktivvermögen des Gemeinschuldners berechnet werden können, welches zur Befriedigung der Konkursgläubiger verwendbar ist". Hiernach (vgl. auch § 162 Abs. 1 KO.) ist anzunehmen, daß die einzelnen Vermögensbestandteile nach Maßgabe ihrer Verwertbarkeit anzusetzen sind, also Außenstände nicht unbedingt nach ihrem Nennwert, sondern bei Berücksichtigung der Beitreibbarkeit möglicherweise unter Kürzungen[7]). Früchte, Nutzungen, Zinsen kommen mit in Ansatz[8]). 6

3. Für die Berechnung der Masse ist die Zeit der Beendigung des Verfahrens maßgebend[9]). Die Fälligkeit der Gebühren der §§ 41, 42 tritt dagegen in einem früheren Zeitpunkte ein. Die Wertbestimmung wird deshalb regelmäßig zunächst nur auf einer Schätzung beruhen und späterer Berichtigung unterliegen. 7

4. Kommt es zur Einstellung mangels genügender Masse und sind gar keine Aktiven vorhanden, so ist die unterste Gebührenstufe maßgebend[10]). 8

IV. Die Schuldenmasse. 9

1. Sie umfaßt

a) alle festgestellten Konkursforderungen,

b) die angemeldeten und noch nicht geprüften, aber auch nicht zurückgenommenen Konkursforderungen[10a]),

in beiden Fällen nach den Nennbeträgen nebst den Vertragsstrafen sowie den bis zur Eröffnung erwachsenen Kosten und Zinsen (§ 62 KO.)[11]).

2. Abzüge kommen nicht in Frage. 10

3. Die auch hier geltende Bestimmung, daß die Berechnung auf den Zeitpunkt der Beendigung des Verfahrens zu erfolgen hat, bewirkt, daß die bis zum 11

---

[4]) Jonas § 43 Anm. 2; Baumbach § 43 Anm. 1.

[5]) Jonas und Baumbach a. a. O.; Rittmann-Wenz § 43 Anm. 2.

[6]) Jonas § 43 Anm. 2; Rittmann-Wenz § 43 Anm. 2.

[7]) Jonas § 40 Anm. 1, § 43 Anm. 2; Baumbach § 43 Anm. 1; Sydow-Busch-Krieg § 43 Anm. 4.

[8]) Jonas § 40 Anm. 1; Baumbach a. a. O.; Sydow-Busch-Krieg a. a. O.; Rittmann-Wenz § 43 Anm. 2; Kollat § 43 Anm. 2.

[9]) In Betracht kommt der Zeitpunkt des Wirksamwerdens (§ 29 Anm. 9) des Einstellungs- oder Aufhebungsbeschlusses, nicht der seines Vollzugs durch öffentliche Bekanntmachung. A. M. ZDJustAmtm. 1922, 169 (OLG. Hamm).

[10]) Rittmann-Wenz § 43 Anm. 2; Baumbach § 43 Anm. 3; Kollat § 43 Anm. 4.

[10a]) SeuffArch. 77, 20 (OLG. Hamm); Kollat § 43 Anm. 3.

[11]) Jonas § 43 Anm. 3; Rittmann-Wenz § 43 Anm. 3; Baumbach § 43 Anm. 3; Kollat § 43 Anm. 3; Wochinger-Schwalb § 43 Anm. 6.

Wirksamwerden (§ 29 Anm. 9) des Aufhebungs- oder Einstellungsbeschlusses erfolgten Anmeldungen zu berücksichtigen sind.

12 **V. Der Betrag der Forderung des die Konkurseröffnung beantragenden Gläubigers.**

Wenn ein Gläubiger den Antrag auf Konkurseröffnung stellt, so wird die Gebühr des § 41 in erster Linie „nach dem Betrage seiner Forderung" bemessen. Maßgebend ist die wirkliche Höhe des Nennbetrags der Forderung u. z. der Hauptforderung mit den zugehörigen Nebenforderungen, gleichgültig, ob in dem Eröffnungsantrage ein geringerer als der der Wahrheit entsprechende Betrag genannt ist[12]). Die Bezifferung der Forderung in dem Eröffnungsantrage ist für das Konkursverfahren ohne Bedeutung, beschränkt insbesondere den Gläubiger nicht bei der demnächstigen Forderungsanmeldung, die der entscheidende Akt für die Geltendmachung des Anspruchs auf Teilnahme am Konkurse ist. Die Höhe der Forderung wird, wenn es nicht zur Eröffnung kommt, entsprechend § 43 Abs. 3 GKG. auf den Zeitpunkt der Beendigung des Verfahrens, sonst gemäß § 3 KO. auf den Zeitpunkt der Konkurseröffnung zu berechnen sein. Wegen der Nebenforderungen s. § 40 Anm. 8.

Vorbemerkung zu §§ 44—48.

Die §§ 44—48 regeln die besonderen Gebühren im Konkursverfahren, von der Eröffnungsgebühr abgesehen.

§ 44.

Für die Anberaumung eines besonderen Prüfungstermins (Konkursordnung § 142) wird nach dem Betrage der einzelnen Forderungen, zu deren Prüfung der Termin bestimmt ist, die halbe Gebühr (§ 8) erhoben. Auf die Wertberechnung findet die Vorschrift des § 148 der Konkursordnung entsprechende Anwendung.

Vorbemerkung.

§ 44 betrifft die Gebühr für die Anberaumung eines besonderen Prüfungstermins.

Übersicht.

1 **I. Die Prüfungstermine.** Bei der Eröffnung des Konkursverfahrens bestimmt nach § 110 Abs. 1 KO. das Konkursgericht die Anmeldefrist und den allgemeinen Prüfungstermin. In diesem — sei es der erste, sei es ein zu seiner Festsetzung bestimmter späterer[1]) — werden die innerhalb der Anmeldefrist angemeldeten Forderungen geprüft, aber auch die später angemeldeten, wenn weder der Verwalter noch ein Konkursgläubiger widerspricht. Erfolgt ein solcher Widerspruch, so ist nach § 142 Abs. 1 a. E. KO. „auf Kosten des Säumigen ein besonderer Prüfungstermin zu bestimmen." Ebenso tragen Gläubiger, welche Forderungen nach dem allgemeinen

[12]) HansGZ. 1926 B. 262 (LG. Hamburg); Jonas § 43 Anm. 1; Rittmann-Wenz § 40 Anm. 3. A. M.: Wochinger-Schwalb § 43 Anm. 7, nach dem der „geforderte Betrag" entscheidend ist.

[1]) ZDGerSekr. 1906, 310[12] (LG. Frankfurt a. M.).

Prüfungstermine anmelden, die Kosten des besonderen Prüfungstermins (§ 142 Abs. 3 KO.). Nachträgliches Inanspruchnehmen von Vorrechten und sonstige Änderungen der Anmeldung werden wie Neuanmeldungen behandelt (§ 142 Abs. 2 KO.). § 44 GKG. betrifft die Gebühr für den besonderen Prüfungstermin.

II. Die Gebühr. 2

1. Die Gebühr wird erhoben für die Anberaumung eines besonderen Prüfungstermins. Mit dieser Anberaumung[1a]) wird sie fällig, vorherige Zurücknahme der Anmeldung läßt sie nicht zur Entstehung kommen[2]). Daß der besondere Prüfungstermin mit einem anderen Termin verbunden wird, ist ohne Bedeutung[3]).

2. Ereignisse nach der Terminsbestimmung berühren die Gebühr nicht. 3
Die Gebühr bleibt bestehen, auch wenn der Termin nicht abgehalten oder die Anmeldung nach der Terminsanberaumung zurückgenommen wird[4]).

3. In dem besonderen Prüfungstermine können, falls weder der Verwalter noch 4
ein Konkursgläubiger Widerspruch erhebt, auch die nach der Bestimmung des besonderen Prüfungstermins angemeldeten Forderungen geprüft werden. Geschieht dies, so wird insoweit eine Gebühr nach § 44 GKG. nicht erhoben[5]). Eine neue Terminsanberaumung findet hier nicht statt, und für die Prüfung der fraglichen Forderungen war der Termin nicht „bestimmt", da sie zur Zeit seiner Anberaumung noch gar nicht angemeldet waren.

4. Die Gebühr beträgt die Hälfte des Satzes des § 8 GKG., sie ist eine 5
besondere Gebühr.

III. Wertberechnung. 6

1. Die Gebühr wird „nach dem Betrage der einzelnen Forderungen, zu deren Prüfung der Termin bestimmt ist", erhoben. Wie die Fassung des Gesetzes deutlich zeigt, wird die Gebühr bei mehreren Forderungen nicht nach ihrem Gesamtbetrage, sondern gesondert nach dem Betrage jeder einzelnen Forderung erhoben[6]) unter Berücksichtigung von Hauptsumme und Nebenforderungen.

2. Der Betrag der einzelnen Forderung bestimmt aber den Wert nicht unmittel- 7
bar, sondern § 148 KO. findet entsprechende Anwendung, der Wert ist also „mit Rücksicht auf das Verhältnis der Teilungs- zur Schuldenmasse nach freiem Ermessen festzusetzen".

a) Handelt es sich um eine vollkommen neu angemeldete Forderung, so ist die 8
voraussichtliche Dividende maßgebend. Die durch den Zwangsvergleich gewährte Dividende kommt nicht in Betracht, vielmehr ist auch im Falle eines Zwangsvergleichs nur die Dividende in Frage zu ziehen, die ohne den Vergleich zu erwarten gewesen wäre[7]).

[1a]) D. h. mit der Hinausgabe an die Geschäftsstelle zwecks Zustellung. S. § 29 Anm. 9. Förster-Kann ZPO. § 329 Anm. 3e, daselbst auch weiteres Schrifttum; Jonas § 48a Anm. 1, § 29 Anm. 3.

[2]) Jonas § 44 Anm. 2, Rittmann-Wenz § 44 Anm. 3; Baumbach § 44 Anm. 2; Kollat § 44 Anm. 2; Sydow-Busch-Krieg § 44 Anm. 2.

[3]) Jonas, Kollat, Baumbach, Sydow-Busch-Krieg a. a. O.; Rittmann-Wenz § 44 Anm. 1; Wochinger-Schwalb § 44 Anm. 1.

[4]) Jonas, Kollat, Baumbach a. a. O.; Rittmann-Wenz § 44 Anm. 3; Wochinger-Schwalb § 44 Anm. 2. Dagegen ermäßigte sich nach § 54 ä. F. die Gebühr, falls die Anmeldungen vor der Prüfung zurückgenommen wurden.

[5]) Jonas § 44 Anm. 4; Baumbach § 44 Anm. 2; Kollat § 44 Anm. 1. A. M. Rittmann-Wenz § 44 Anm. 4, der (Anm. 2) zu Unrecht annimmt, daß auch für die Prüfung dieser Forderungen der Termin „bestimmt" ist: denn dann würde der Widerspruch des Verwalters oder eines Konkursgläubigers die Prüfung nicht hindern können.

[6]) Jonas § 44 Anm. 4; Baumbach § 44 Anm. 2; Kollat § 44 Anm. 4.

[7]) Jonas § 44 Anm. 5; Rittmann-Wenz § 44 Anm. 5; Baumbach § 44 Anm. 3; Kollat § 44 Anm. 5; Wochinger-Schwalb § 44 Anm. 4.

9 b) Ist der Betrag einer rechtzeitig angemeldeten Forderung nachträglich erhöht worden, so ist die vermutliche Dividende nur von dem Erhöhungsbetrage zu berechnen.

10 c) Wird für eine rechtzeitig angemeldete Forderung nachträglich ein Vorrecht beansprucht, so bestimmt sich der Wert durch den Unterschied der voraussichtlichen Bezüge nach der neuen und nach der ursprünglichen Anmeldung [8]).

11 d) Meldet ein Absonderungsberechtigter seine Forderung wegen des etwaigen Ausfalls an, so ist, da die Prüfung die gesamte Forderung betrifft, die Dividende von der ganzen Forderung zu berechnen [9]).

12 e) Hat die angemeldete Forderung keine Dividende zu erwarten, so ist die Gebühr nach der untersten Stufe anzusetzen [10]).

13 f) Die Berechnung nach § 148 KO. kann genau erst bei Beendigung des Verfahrens erfolgen. Frühere Schätzungen unterliegen nötigenfalls der Berichtigung.

14 IV. **Gebührenschuldner** [11]) ist jeder säumige Gläubiger (§ 88 GKG. in Verbindung mit § 142 Abs. 3 KO.) bezüglich des nach dem Werte seiner nachträglichen Anmeldung sich bemessenden Gebühr. Mehrere Gläubiger haften für die Auslagen als Gesamtschuldner (§ 82 GKG.). Die Gläubiger der nach der Terminsanberaumung angemeldeten Forderungen, deren Prüfung in dem besonderen Prüfungstermine mangels Widerspruchs stattfindet, gehören nicht zu den Gebührenschuldnern, da insoweit die Gebühr des § 44 gar nicht entsteht (vgl. oben Anm. 4).

§ 45.

Für die auf Betreiben des Konkursverwalters erfolgende Zwangsverwaltung oder Zwangsversteigerung eines zur Konkursmasse gehörigen Gegenstandes (Konkursordnung §§ 126, 127) wird die Gebühr nach den Vorschriften über die Gebührenerhebung für Zwangsvollstreckungen besonders erhoben.

Vorbemerkung.

§ 45 regelt die besonderen Gebühren für die Verwertungshandlungen des Konkursverwalters nach §§ 126, 127 KO.

Übersicht.

1 **I. Zwangsverwaltung und Zwangsversteigerung unbeweglicher Gegenstände.** Nach § 126 KO. kann der Konkursverwalter die Zwangsverwaltung und die Zwangsversteigerung der zur Masse gehörigen unbeweglichen Gegenstände bei der zuständigen Behörde betreiben. Hierfür werden besondere Gebühren nach dem Landesrechte erhoben [1]), das auch den für die Wertberechnung maßgebenden Zeitpunkt bestimmt.

2 **II. Verwertung beweglicher Gegenstände.** Gemäß § 127 KO. ist der Verwalter berechtigt, die Verwertung eines zur Masse gehörigen beweglichen Gegenstandes, an welchem ein Gläubiger ein durch Rechtsgeschäft bestelltes Pfandrecht oder ein diesem

[8]) Jonas § 44 Anm. 5; Baumbach § 44 Anm. 3; Kollat § 44 Anm. 5.

[9]) Jonas § 44 Anm. 5; Sydow-Busch-Krieg § 44 Anm. 3; Rittmann-Wenz § 44 Anm. 5; Kollat § 44 Anm. 5; JW. 1888, 425 (RG.); SeuffArch. 43, 126 [86] (BayObLG.).

[10]) Jonas, Kollat, Rittmann-Wenz a. a. O.; Baumbach § 44 Anm. 5.

[11]) Wegen eines Falles von Gebührenfreiheit s. § 90 Fußnote 1.

[1]) Jonas § 45 Anm. 1; Rittmann-Wenz § 45 Anm. 1; Baumbach § 45 Anm. 1; Kollat § 45 Anm.; Wochinger-Schwalb § 45 Anm. 1; Sydow-Busch-Krieg § 45 Anm. 2.

gleichstehendes Recht beansprucht, nach Maßgabe der Vorschriften über die Zwangsvollstreckung zu betreiben. Man pflegt zwar von „Zwangsversteigerung" nur bei unbeweglichen Gegenständen zu sprechen, die Klammerverweisung auf § 127 KO. zeigt aber, daß das Gesetz das Wort Zwangsversteigerung hier nicht im streng technischen Sinne gebraucht[2]). Geht der Konkursverwalter gemäß § 127 KO. vor, so werden für die gerichtlichen Handlungen die Gebühren des § 34 Z. 2 GKG. besonders erhoben[3]), bei denen dann auch §§ 9, 15 GKG. zu berücksichtigen sind[3a]).

3 **III. Vorgehen eines Absonderungsberechtigten.** Betreibt ein Gläubiger an einem Gegenstande, an dem ihm ein Recht auf abgesonderte Befriedigung zusteht, zu Zwecken derselben die Zwangsvollstreckung, so ist diese ausweislich § 4 Abs. 2 KO. kein Teil des Konkursverfahrens. Also unterliegen die einschlägigen, auf Antrag des Gläubigers erfolgenden gerichtlichen Handlungen besonderen Gebühren nach § 34 Z. 2 GKG.[4]) unter Anwendung der §§ 9, 15 GKG.[4a]).

§ 46.

Für das Verfahren zur Abnahme des Offenbarungseides gemäß § 125 der Konkursordnung, einschließlich des Verfahrens über Anträge auf Erzwingung der Eidesleistung (Zivilprozeßordnung § 901), werden besondere Gebühren nicht erhoben.

1 1. Nach der Anfertigung des Inventars kann der Verwalter oder ein Konkursgläubiger den Gemeinschuldner in eine Sitzung des Amtsgerichts, bei welchem das Konkursverfahren anhängig ist, zur Leistung des Offenbarungseides laden (§ 125 KO.). Auf das Verfahren finden die Vorschriften der §§ 900 ff. ZPO. Anwendung. Dieses Verfahren ist kein Teil des Konkursverfahrens, sondern eine vor dem Vollstreckungsgericht sich abspielende selbständige „bürgerliche Rechtsstreitigkeit"[1]). An sich würde also § 33 Ziff. 5 GKG. eingreifen, § 46 GKG. schließt aber die Erhebung besonderer Gebühren aus, die Durchführungsgebühr gilt die einschlägige gerichtliche Tätigkeit mit ab[2]).

2 2. Für die Beschwerdeinstanz gilt § 46 GKG. nicht[3]).

---

[2]) Die Motive zu § 55 GKG. a. F. = § 45 GKG. n. F. sprechen von der „Zwangsverwaltung oder Zwangsversteigerung eines zur Konkursmasse gehörigen beweglichen oder unbeweglichen Gegenstandes".

[3]) Jonas § 45 Anm. 2; Rittmann-Wenz § 45 Anm. 2; Baumbach § 45 Anm. 1; Kollat § 45 Anm.; Wochinger-Schwalb § 45 Anm. 1; Sydow-Busch-Krieg § 45 Anm. 2.

[3a]) S. § 34 Anm. 34.

[4]) Jonas § 45 Anm. 3.

[4a]) S. § 34 Anm. 34.

[1]) Jonas § 46 Anm. 2; Rittmann-Wenz § 46 Anm. 1; Jaeger KO. § 125 Anm. 3.

[2]) Nicht etwa liegt ein Fall von Gebührenfreiheit i. S. des § 71 Abs. 1 a. E. GKG. vor. Rittmann-Wenz § 46 Anm. 1; Baumbach § 46 Anm. 1. Jonas § 46 Anm. 2 spricht von „Gebührenfreiheit", was vielleicht nur ein ungenauer Ausdruck ist. Kollat § 46 Anm. 1: „Das Verfahren ist gebührenfrei; es wird durch die Durchführungsgebühr (§ 42) mit abgegolten". Nach dem zweiten Halbsatz möchte man annehmen, daß der erste Halbsatz versehentlich von Gebührenfreiheit statt davon spricht, daß besondere Gebühren nicht erhoben werden. § 71 Anm. 4b zeigt aber, daß Kollat in der Tat einen Fall von sachlicher Gebührenfreiheit für gegeben ansieht.

[3]) Jonas § 46 Anm. 2; Rittmann-Wenz § 46 Anm. 2; Baumbach § 46 Anm. 1; Kollat § 46 Anm. 1; Sydow-Busch-Krieg § 46 Anm. 2. A. M.: Holzinger BayZ. 1927, 157/8 für den Fall, daß der Konkursverwalter gegen einen auf Widerspruch des Gemeinschuldners im Verfahren nach § 125 KO. erlassenen Beschluß Beschwerde erhebt.

§ 47.

Für das Verfahren in der Beschwerdeinstanz gilt, wenn sich die Beschwerde gegen den Beschluß über Eröffnung des Konkursverfahrens (Konkursordnung § 109) richtet, § 38 Abs. 1, im übrigen § 38 Abs. 2 entsprechend.

Bei der Beschwerde des Gemeinschuldners gegen den Beschluß über Eröffnung des Konkursverfahrens (Konkursordnung § 109) oder den Beschluß über Bestätigung des Zwangsvergleichs (Konkursordnung §§ 189, 230 Abs. 2, § 236) gelten die Vorschriften des § 43 Abs. 1 bis 3. Bei der Beschwerde eines sonstigen Antragstellers gegen die Abweisung des Eröffnungsantrags gilt § 43 Abs. 4. Bei der Beschwerde eines Konkursgläubigers gegen den Beschluß über die Bestätigung des Zwangsvergleichs bestimmt sich der Wert nach dem Betrage der Forderung unter Berücksichtigung des Verhältnisses der Teilungs- zur Schuldenmasse.

Vorbemerkung.

§ 47 betrifft die besondere Gebühr für Beschwerden im Konkursverfahren.

Übersicht.

1 **I. Entstehungsgeschichte.** § 57 ä. F. sah im Abs. 1 für die Beschwerdeinstanz eine Gebühr nach den §§ 45, 46 ä. F. vor und erklärte im Abs. 2 bei der Beschwerde gegen den Beschluß über Eröffnung des Konkursverfahrens oder den Beschluß über Bestätigung eines Zwangsvergleichs die Vorschriften des § 52 für anwendbar. Der jetzige § 47 beruht im Abs. 1 auf dem Gesetze vom 21. Dez. 1922 und im Abs. 2 auf diesem Gesetze und der Novelle vom 28. Jan. 1927.

1a **II. Beschwerden.**

1. Gegen die Entscheidungen im Konkursverfahren findet, soweit die KO. nicht ein anderes bestimmt, die *sofortige Beschwerde* statt (§ 73 Abs. 3 KO.).

2 2. Daneben begegnen *einfache Beschwerden* auf Grund des § 72 KO. nach den Vorschriften der ZPO. (vgl. z. B. § 380 Abs. 3, § 390 Abs. 3, § 409 Abs. 2 ZPO.), sowie *Beschwerden nach dem GVG.* (z. B. § 159 Abs. 1, § 181 Abs. 1 GVG.).

3 3. § 47 GKG. gilt *für alle Beschwerden*, die in einem Konkursverfahren vorkommen, ohne Rücksicht darauf, ob es sofortige oder andere Beschwerden sind.

4 **III. Die zwei Beschwerdegruppen.** Für die gebührenrechtliche Behandlung der Beschwerdeinstanz ist folgende Scheidung zu beachten:

5 1. *Die erste Gruppe* umfaßt die Fälle, in denen sich die Beschwerde „gegen

den Beschluß über Eröffnung des Konkursverfahrens (Konkursordnung § 109)" richtet. Ein solcher Beschluß ist sowohl der „Eröffnungsbeschluß" als auch der „abweisende Beschluß" mag es sich um Nichtzulassung oder um Abweisung des Eröffnungsantrags handeln [1]).

2. Die zweite Gruppe begreift alle anderen Beschwerdefälle. 6

IV. Beschwerde gegen den Beschluß über den Antrag auf Eröffnung des Konkursverfahrens. 7

1. Wegen der in Betracht kommenden Beschwerden s. oben Anm. 5.

2. Die Beschwerdegebühr kommt stets zum Ansatze, mag die Beschwerde Erfolg haben oder erfolglos bleiben [2]). Die Rücknahme der Beschwerde beseitigt die Gebühr nicht [3]). 8

3. Die Gebühr wird mit der Einreichung der Beschwerde fällig (§ 74 Abs. 1 GKG.). 9

4. Gebührenpflichtig ist 10

a) stets der Beschwerdeführer. § 47 Abs. 1 GKG. ordnet die entsprechende Anwendung des § 38 GKG. aus dem Abschnitt über die Gebühren in bürgerlichen Rechtsstreitigkeiten an. Es ist deshalb als im Sinne des Gesetzes liegend zu erachten, auch den für bürgerliche Rechtsstreitigkeiten geltenden, die Bestimmung des Kostenschuldners betreffenden § 77 Abs. 1 GKG. zur Anwendung zu bringen [3a]).

b) Wird bei erfolgreicher Beschwerde der Gegner in die Kosten verurteilt, so tritt er als Erstschuldner dem Beschwerdeführer zur Seite (§§ 79, 82 Abs. 2 GKG.). 11

5. Die Gebühr beträgt den vollen Satz des § 8 GKG. [4]). 12

6. Der Wert berechnet sich 13

a) bei der Beschwerde des Gemeinschuldners gegen den Beschluß über Eröffnung des Konkursverfahrens nach dem Betrage der Aktivmasse oder dem geringeren Betrage der Schuldenmasse gemäß § 43 Abs. 1—3 GKG. (s. § 43 Anm. 3—11),

b) bei der Beschwerde eines Gläubigers gegen den seinen Eröffnungsantrag nicht zulassenden oder abweisenden Beschluß nach dem Betrage der Forderung des Gläubigers oder dem geringeren Betrage der Aktivmasse (s. § 43 Anm. 12, 3—8). 14

V. Andere Beschwerden. 15

1. Die Beschwerdegebühr wird nur erhoben, wenn die Beschwerde als unzulässig verworfen oder zurückgewiesen wird.

2. Die Gebühr wird fällig mit der Beschwerdeentscheidung (§ 74 Abs. 1 GKG.). Bei Zurücknahme der Beschwerde vor der Entscheidung entsteht keine Gebühr [5]). 16

---

[1]) Jonas § 47 Anm. 3; Rittmann-Wenz § 47 Anm. 2; Sydow-Busch-Krieg § 47 Anm. 1; Baumbach § 47 Anm. 1; Kollat § 47 Anm. 1; Wochinger-Schwalb § 47 Anm. 1. A. M.: OLG. 22, 275 (Köln).

[2]) Jonas, Rittmann-Wenz, Baumbach, Sydow-Busch-Krieg a. a. O., Kollat § 47 Anm. 2a, 3a.

[3]) Rittmann-Wenz und Baumbach a. a. O.; Kollat § 47 Anm. 2a; Wochinger-Schwalb § 47 Anm. 1.

[3a]) Jonas § 78 Anm. 3. Für Gebührenpflicht des Beschwerdeführers auch Sydow-Busch-Krieg § 47 Anm. 1. Baumbach § 47 Anm. 1 hält § 78 für „sinngemäß verwendbar" und auch den Beschwerdeführer für den Kostenschuldner. Rittmann-Wenz § 47 Anm. 6 sieht, soweit nicht § 79 eingreift, auf Grund des § 78 GKG. den Gemeinschuldner als haftbar an, „wenngleich sich nicht verkennen läßt, daß dies zu unbilligen und gar zu widersinnigen Ergebnissen führen kann." Ebenso Kollat § 47 Anm. 3a und im wesentlichen auch Wochinger-Schwalb § 47 Anm. 1.

Wegen der Haftung des Gemeinschuldners s. Anm. 17.

[4]) Obwohl die Vorentscheidung nach § 41 GKG. einem geringeren Gebührensatze unterlag.

[5]) Jonas § 47 Anm. 2; Rittmann-Wenz § 47 Anm. 3; Kollat § 47 Anm. 26; Wochinger-Schwalb § 47 Anm. 2. Darüber, wann die Entscheidung ergangen ist, vgl. § 29 Anm. 9.

17 3. Gebührenschuldner ist der Beschwerdeführer[6]) (§ 79 GKG.). Ist dies der Konkursverwalter, so gehört die Gebühr zu den Massekosten, ist es der Gemeinschuldner, so haftet dieser mit dem nicht zur Konkursmasse gehörigen Vermögen[7]).

18 4. Die Gebühr beträgt auch hier den vollen Satz des § 8 GKG.[8]).

19 5. Wertberechnung.

a) Bei der Beschwerde gegen den Beschluß über die Bestätigung des Zwangsvergleichs (§§ 189, 230 Abs. 2, § 236 KO.) ist maßgebend

α) wenn der Gemeinschuldner Beschwerdeführer ist, der Betrag der Aktivmasse oder der geringere Wert der Schuldenmasse (s. § 43 Anm. 3—11),

20 β) wenn ein Konkursgläubiger Beschwerdeführer ist, der Betrag seiner Forderung unter Berücksichtigung des Verhältnisses der Teilungs- zur Schuldenmasse (s. § 43 Anm. 12, § 44 Anm. 7, 8, 11, 12, 13).

21 b) Für sonstige Beschwerdefälle bestehen keine besonderen Bestimmungen. Der Wert ist also hier nach freiem Ermessen gemäß dem Interesse des Beschwerdeführers zu bestimmen[9]). So bildet z. B. bei der Beschwerde des Konkursverwalters gegen die ihm auferlegte Ordnungsstrafe, von der er freikommen will, der Betrag der Strafe den maßgebenden Wert[10]). Die Beschwerde des Verwalters gegen den Beschluß über die Festsetzung seiner Auslagen und seiner Vergütung ist nach dem Betrage zu bewerten, den er mehr festgesetzt haben will. Als maßgebender Zeitpunkt für die Wertberechnung wird der Zeitpunkt der Einlegung der Beschwerde anzusehen sein.

22 VI. **Besondere Gebühr.** Die Beschwerdegebühr ist eine besondere Gebühr.

§ 48.

Auf die Wiederaufnahme des Konkursverfahrens (Konkursordnung § 198) finden die Vorschriften der §§ 41 bis 47 mit der Maßgabe entsprechende Anwendung, daß für die Durchführung des wiederaufgenommenen Verfahrens die volle Gebühr (§ 8) erhoben wird.

Wird vor der Wiederaufnahme die Anordnung von Sicherheitsmaßregeln beantragt (Konkursordnung § 197 Abs. 2), so wird die Gebühr in Gemäßheit des § 34 nach dem Wert des Gegenstandes, durch welchen die Sicherung erfolgen soll, besonders erhoben.

Die Gebühr für die Anordnung einer Sicherheitsmaßregel wird im Falle der Wiederaufnahme auf die im ersten Absatz bezeichnete Gebühr angerechnet.

Vorbemerkung.

§ 48 befaßt sich mit den Gebühren im Falle einer Wiederaufnahme des Konkursverfahrens und der ihr vorausgehenden Anordnung von Sicherheitsmaßregeln.

---

[6]) Jonas a. a. O.; Rittmann-Wenz § 47 Anm. 6; Baumbach § 47 Anm. 2 und 3; Kollat § 47 Anm. 3 b.

[7]) Jonas und Kollat a. a. O.

[8]) Ohne Rücksicht auf die Höhe der für die angefochtene Entscheidung in Ansatz kommenden Gebühr. BolzePr. 22 Nr. 712 s.

[9]) Jonas § 47 Anm. 4; Rittmann-Wenz § 47 Anm. 4; Baumbach § 47 Anm. 3; Kollat § 47 Anm. 4 b; Wochinger-Schwalb § 47 Anm. 4; Sydow-Busch-Krieg § 47 Anm. 5.

[10]) Rittmann-Wenz, Kollat a. a. O.; Wochinger-Schwalb § 47 Anm. 5.

Übersicht.

1 **I. Wiederaufnahme des Konkursverfahrens.** Wenn nach vorangegangenem Zwangsvergleich der Gemeinschuldner rechtskräftig wegen betrüglichen Bankerotts verurteilt wird und genügende Masse vorhanden ist oder die Leistung eines Vorschusses erfolgt, der zur Deckung der im § 58 Nr. 1, 2 KO. bezeichneten Massekosten ausreicht, wird das Konkursverfahren auf Antrag eines Konkursgläubigers wieder aufgenommen (§ 198 Abs. 1 KO.). Das wiederaufgenommene Verfahren bildet gebührenrechtlich eine besondere Instanz[1]), so daß die in ihm zu erhebenden Gebühren ohne Rücksicht auf gleichartige Gebühren des vorausgegangenen Verfahrens in Ansatz kommen.

2 **II. Die Gebühren im wiederaufgenommenen Verfahren.**

1. Für das Verfahren über den Antrag auf Wiederaufnahme wird die Eröffnungsgebühr des § 41 GKG. erhoben. Antragsteller kann nur ein Konkursgläubiger sein. Der Wert bemißt sich nach dem Betrage der Forderung des Antragstellers oder dem geringeren Betrage der Aktivmasse (s. unten Anm. 3 und § 43 Anm. 3—7, 12). Die Gebühr, deren Schuldner der Antragsteller ist, wird mit Stellung des Antrags fällig[2]).

3 2. Für die Durchführung des Verfahrens wird die Durchführungsgebühr des § 42 GKG. erhoben u. zw. stets lediglich im einfachen Betrage der vollen Gebühr. Der Wert bemißt sich nach dem Betrage der Aktivmasse, die sich aus der früheren Aktivmasse und dem inzwischen vom Gemeinschuldner weiter erworbenen Vermögen zusammensetzt, oder nach dem geringeren Betrage der Schuldenmasse (s. § 43 Anm. 3—7, 9—11). Die Gebühr wird (vgl. § 42 Anm. 6) fällig mit der Eröffnung des Wiederaufnahmeverfahrens[3]), Gebührenschuldner ist der Gemeinschuldner.

4 3. Die besonderen Gebühren der §§ 44, 45 GKG. können auch hier entstehen, ebenso ist § 46 GKG. anwendbar.

5 4. Die Beschwerdegebühr des § 47 GKG. wird bei Beschwerden gegen den Beschluß über die Wiederaufnahme des Verfahrens stets, sonst nur erhoben, wenn die Beschwerde als unzulässig verworfen oder zurückgewiesen wird.

6 **III. Die Anordnung von Sicherheitsmaßregeln.**

1. Auf Antrag eines Gläubigers kann das Konkursgericht Sicherheitsmaßregeln gegen den Gemeinschuldner schon vor dessen rechtskräftiger Verurteilung wegen betrüglichen Bankerotts anordnen (§ 197 Abs. 2 KO.). Diese Anordnung wird nicht mehr durch die Durchführungsgebühr des bisherigen Konkursverfahrens abgegolten, denn dieses ist ja bereits abgeschlossen. Wieder aufgenommen ist es noch nicht, und ob es zur Wiederaufnahme kommt, steht dahin, die Anordnung der Sicherheitsmaßregeln

---

[1]) Jonas § 48 Anm. 1; Sydow-Busch-Krieg § 48 Anm. 1.

[2]) Jonas § 48 Anm. 1; Rittmann-Wenz § 48 Anm. 1; Baumbach § 48 Anm. 1; Sydow-Busch-Krieg § 48 Anm. 1; Kollat § 48 Anm. 1b.

[3]) Jonas, Kollat, Baumbach, Sydow-Busch-Krieg a. a. O. A. M.: Rittmann-Wenz § 74 Anm. I 8: Fälligkeit mit Beendigung des Verfahrens. Ebenso Wochinger-Schwalb § 74 Anm. 8.

enthält also auch noch nicht den Beginn des Wiederaufnahmeverfahrens. Deshalb wird nach § 48 Abs. 2 GKG. die Gebühr für die besagte Anordnung „besonders" erhoben.

7 2. Als Gebühr kommt eine solche nach § 34 GKG. in Ansatz[4]).

8 3. Die Gebühr wird fällig mit Stellung des Antrags (§ 74 Abs. 1 GKG.)[5]).

9 4. Gebührenschuldner ist der Antragsteller (§ 78 GKG.)[6]).

10 5. Kommt es zur Wiederaufnahme des Konkursverfahrens, so wird die Gebühr für die Anordnung der Sicherheitsmaßregeln auf die Durchführungsgebühr des wiederaufgenommenen Verfahrens angerechnet. Sie unterfällt dann also § 58 Ziff. 1 KO., und der Gläubiger kann ihre Erstattung als Massegläubiger verlangen[7]).

11 6. Der für die Gebührenberechnung maßgebende Wert bestimmt sich nach dem Werte „des Gegenstandes, durch welchen die Sicherung erfolgen soll"[8]). Da die Aktivmasse für die künftige Wiederaufnahme des Verfahrens sichergestellt werden soll, ist in entsprechender Anwendung des § 6 ZPO. der Wert der Aktivmasse entscheidend, wenn er der geringere ist[9]).

Vorbemerkung zu den §§ 48a—48c.

Die §§ 48a—48c enthalten die Vorschriften über die Gebühren im Vergleichsverfahren zur Abwendung des Konkurses. Sie sind durch § 99 Nr. 4 VglO. eingefügt worden.

§ 48a.

Für das Vergleichsverfahren zur Abwendung des Konkurses wird die volle Gebühr (§ 8) erhoben. Die Gebühr ermäßigt sich auf die Hälfte, wenn das Verfahren sich ohne Anberaumung eines Vergleichstermins erledigt.

Wird das Vergleichsverfahren in das Konkursverfahren übergeleitet (§ 82 des Gesetzes über den Vergleich zur Abwendung des Konkurses), so wird die im Vergleichsverfahren gemäß Abs. 1 entstandene Gebühr auf die im § 42 bestimmte Gebühr angerechnet. Wird bei Beendigung des Vergleichsverfahrens die Eröffnung des Konkursverfahrens abgelehnt, so wird die Gebühr des § 41 nicht erhoben.

Für das Verfahren zur Abnahme des Offenbarungseides gemäß § 61 Abs. 3 des Gesetzes über den Vergleich zur Abwendung des Konkurses wird eine Gebühr nicht erhoben.

---

[4]) Jonas § 48 Anm. 4; Sydow-Busch-Krieg § 48 Anm. 2; Rittmann-Wenz § 48 Anm. 3; Baumbach § 48 Anm. 2; Kollat § 48 Anm. 5a; Wochinger-Schwalb § 48 Anm. 8.

[5]) Jonas, Sydow-Busch-Krieg und Rittmann-Wenz a. a. O.; Kollat § 48 Anm. 5b; Wochinger-Schwalb § 48 Anm. 8.

[6]) Jonas, Kollat, Sydow-Busch-Krieg, Wochinger-Schwalb a. a. O.

[7]) Jonas a. a. O.

[8]) Dieser „Gegenstand" kann auch die ganze Aktivmasse sein, wenn z. B. ein Veräußerungsverbot bezüglich derselben ergeht. So erklärt es sich wohl, daß Jonas § 48 Anm. 4 und Baumbach § 48 Anm. 2, falls die Sicherstellung nicht „bestimmte" Vermögensstücke betrifft, die Aktivmasse für den Wert entscheidend sein lassen.

[9]) Kollat § 48 Anm. 5c; Baumbach § 48 Anm. 2; Rittmann-Wenz § 48 Anm. 3.

Soweit Gegenstände zur Sicherung von Absonderungsrechten zu dienen haben, bleibt ihr Wert außer Betracht. Prot. der RTKomm. v. 11. April 1878; Jonas § 48 Anm. 4; Rittmann-Wenz § 48 Anm. 3; Kollat § 48 Anm. 5c.

Vorbemerkung.

§ 48a betrifft die Gebühr für das Vergleichsverfahren.

Übersicht.

I. Das Vergleichsverfahren. 1

1. Während im Konkursverfahren die Eröffnungsgebühr und die Durchführungsgebühr erhoben werden, wobei erstere auf letztere dann zur Anrechnung kommt, wenn das Verfahren auf Antrag des Gemeinschuldners eröffnet worden ist, kennt das Vergleichsverfahren zur Abwendung des Konkurses, abgesehen von der besonderen Beschwerdegebühr, nur eine Pauschgebühr. Das erklärt sich daraus, daß der Antrag auf Eröffnung des Vergleichsverfahrens nur von dem Schuldner ausgehen kann (§ 1 VglO.).

2 2. Die Gebühr des § 48a gilt, von dem Beschwerdeverfahren abgesehen, die gesamte gerichtliche Tätigkeit im Vergleichsverfahren ab. Darunter fällt auch das Eröffnungsverfahren, die Verhängung von Ordnungsstrafen gegen die Vertrauensperson, die Festsetzung ihrer Auslagen und einer angemessenen Vergütung für sie, die Verordnung und Aufhebung von Verfügungsbeschränkungen gegen den Schuldner[1]). § 48a Abs. 3 GKG. hebt ausdrücklich hervor, daß für das Verfahren zur Abnahme des Offenbarungseides gemäß § 61 Abs. 3 VglO. eine besondere Gebühr nicht erhoben wird. Offenbar ist die Bestimmung durch das Vorbild des § 46 GKG. veranlaßt worden. Während aber das Verfahren nach § 125 KO. ein selbständiges Verfahren darstellt, hat nach § 61 Abs. 3 VglO. „auf Verlangen eines am Verfahren beteiligten Gläubigers der Schuldner im Vergleichstermin" den Offenbarungseid zu leisten; hier könnte also auch ohne jene besondere Bestimmung an der Zugehörigkeit zum Verfahren kein Zweifel bestehen.

3 Zum Vergleichsverfahren gehören auch die Ersuchen an das Grundbuchamt um Eintragungen gemäß § 53 Abs. 2, § 55 Abs. 2, § 58 Abs. 2 VglO. und die Mitteilungen an das Registergericht gemäß § 37 Abs. 2 VglO. Für die Eintragungen im Grundbuch werden gemäß § 53 Abs. 4, § 55 Abs. 2, § 58 Abs. 2 VglO. keine besonderen Gebühren erhoben; gleiches gilt für diejenigen im Genossenschaftsregister und in der Liste der Genossen (§§ 37 Abs. 2, 91 Nr. 6 VglO., § 159 GenG.)[2]). Ob dies auch für die Eintragungen im Handelsregister zutrifft, bestimmt das Landesrecht[3]).

4 Die Zwangsvollstreckung aus dem bestätigten Vergleiche (§ 75 VglO.) ist nicht mehr Teil des Vergleichsverfahrens, ebensowenig sind es die Klagen des § 75 Abs. 2 VglO. Für sie kommt der 2. Abschnitt des GKG. zur Anwendung.

5 Wird der Schuldner wegen vorsätzlicher Verletzung der Eidespflicht bei Leistung des Offenbarungseides nach § 61 VglO. oder im Zusammenhange mit dem Vergleichsverfahren wegen betrügerischen Bankrotts oder wegen vorsätzlich falscher Angaben der in § 15 Abs. 4 VglO. vorgesehenen Versicherung an Eides Statt rechtskräftig verurteilt, so verliert der Vergleich für die von ihm betroffenen Gläubiger, unbeschadet der ihnen durch den Vergleich gewährten Rechte, seine Wirkung (§ 76 Abs. 1 VglO.). Eine Wiederaufnahme des Vergleichsverfahrens entsprechend § 198 Abs. 1

---

[1]) Kiesow VglO. § 99 Anm. II 2; Baumbach § 48a Anm. 1; Kollat § 48a Anm. 1a; Cahn VglO. § 99 Anm.

[2]) Kiesow a. a. O.

[3]) Kiesow a. a. O.; Mayer VglO. § 99 Anm. 8.

KO. gibt es nicht. Dagegen kann nach § 76 Abs. 2 VglO. auf Antrag eines von dem Vergleiche betroffenen Gläubigers das Gericht, bei dem das Vergleichsverfahren anhängig war, auch schon vor der rechtskräftigen Verurteilung des Schuldners Sicherungsmaßregeln anordnen, insbesondere Verbote nach Maßgabe der §§ 51 bis 58 VglO. erlassen. Diese Anordnungen sind kein Teil des Vergleichsverfahrens, wie ja gleiches für das Konkursverfahren nach § 48 Abs. 2 GKG. gilt. Die Sicherungsmaßregeln werden von dem Gericht erlassen, bei dem das Vergleichsverfahren anhängig war, sie sollen nicht für ein neues Vergleichsverfahren, sondern offenbar für ein zu erwartendes Konkursverfahren die Masse sichern. Das GKG. hat es aber in § 48 Abs. 2 für notwendig gehalten, die besondere Abgeltung des entsprechenden Verfahrens nach § 197 Abs. 2 KO. ausdrücklich vorzusehen, auch können Gebühren nur dann in Ansatz kommen, wenn das Gesetz dies bestimmt. Man wird sich deshalb dahin zu entscheiden haben, daß das Verfahren nach § 76 Abs. 2 VglO. nicht durch eine besondere Gebühr abgegolten wird[4]).

6 3. Die Gebühr ist die volle Gebühr des § 8 GKG. Sie ermäßigt sich auf die Hälfte, wenn das Verfahren sich ohne Anberaumung[5]) eines Vergleichstermins erledigt. Das ist der Fall, wenn die Eröffnung des Verfahrens abgelehnt wird oder vor der gedachten Terminsbestimmung die Einstellung des Verfahrens erfolgt oder der Antrag zurückgenommen wird. Einstellung oder Zurücknahme nach der Terminsbestimmung sind auf die Höhe der Gebühr ohne Einfluß.

7 4. Die Gebühr wird in voller Höhe fällig mit Anbringung des Eröffnungsantrags[6]).

8 5. Schuldner der Gebühr ist der Vergleichsschuldner[7]). Daneben kann als Schuldner eine Person in Frage kommen, die gemäß § 22 Nr. 5 VglO. eine Haftung für Kosten übernommen hat[8]).

9 **II. Überleitung des Vergleichsverfahrens in das Konkursverfahren.** Wird die Eröffnung des Vergleichsverfahrens abgelehnt, der Vergleich verworfen oder das Vergleichsverfahren eingestellt, so ist zugleich über die Eröffnung des Konkursverfahrens zu entscheiden, u. zw. gilt für diese Entscheidung der Antrag des Schuldners auf Eröffnung des Vergleichsverfahrens als Antrag auf Eröffnung des Konkursverfahrens, der nicht zurückgenommen werden kann (§ 24 Abs. 1, § 71 Abs. 1, § 80 Abs. 1 VglO.).

10 1. Ergeht diese Entscheidung auf Eröffnung des Konkursverfahrens, so wird für das Konkursverfahren die Durchführungsgebühr des § 42 GKG., auf welche die im Vergleichsverfahren gemäß § 48a Abs. 1 GKG. entstandene Gebühr angerechnet wird, nicht auch (vgl. § 42 Abs. 3) die Eröffnungsgebühr erhoben. War seitens eines Gläubigers die Eröffnung des Konkursverfahrens beantragt worden und gemäß § 31 VglO. die Aussetzung der Entscheidung über diesen Antrag eingetreten, so fehlt eine dem § 69 Abs. 3 Satz 2 VglO. entsprechende Bestimmung, daß der Antrag des Gläubigers als nicht gestellt gilt. Wird dieser Antrag nicht zurückgenommen, so muß er, weil gegenstandslos geworden, als unzulässig kostenfällig abgelehnt werden[9]). Im Falle der Zurücknahme wie in dem der Abweisung kommt die Gebühr des § 41 GKG. zur Erhebung, soweit nicht etwa gemäß § 6 Abs. 1 Satz 3 GKG. eine Niederschlagung der Gebühr erfolgt[10]).

---

[4]) Mayer VglO. § 99 Anm. 5.

[5]) Darüber, wann die Terminsanberaumung erfolgt ist, s. § 44 Fußnote 1a.

[6]) Jonas § 48a Anm. 1; Rittmann-Wenz § 48a Anm. 2; Baumbach § 48a Anm. 1; Sydow-Busch-Krieg § 48a Anm. 2; Kollat § 48a Anm. 3; Kiesow VglO. § 99 Anm. II 8; Mayer VglO. § 99 Anm. 18.

[7]) Jonas, Rittmann-Wenz, Baumbach, Sydow-Busch-Krieg a. a. O.; Kollat § 48a Anm. 2; Kiesow VglO. § 99 Anm. II 9; Cahn VglO. § 99 Anm.; Mayer VglO. § 99 Anm. 18.

[8]) Jonas a. a. O.

[9]) Kiesow VglO. § 31 Anm. III 1.

[10]) Kiesow a. a. O., während Jonas § 48a Anm. 2b entsprechend § 69 Abs. 3

2. Wird bei der Entscheidung nach §§ 24, 71, 80 VglO. die **Eröffnung des Konkursverfahrens abgelehnt**, so kommt hierfür die Gebühr des § 41 GKG. nicht in Ansatz. Durch die Ablehnung wird nur der fingierte Antrag des Schuldners, nicht auch der Antrag eines Gläubigers auf Konkurseröffnung erledigt, bezüglich dessen die Aussetzungsbestimmung des § 31 VglO. wirksam geworden war. Dieser Antrag bleibt dem Gebührensatze des § 41 GKG. unterworfen, mag er zur Eröffnung des Konkurses führen oder gleichfalls abgewiesen werden[11]). 11

§ 48b.

Die in dem § 48a Abs. 1 bestimmten Gebühren werden nach dem Werte der Aktiven (§ 18 des Gesetzes über den Vergleich zur Abwendung des Konkurses) zur Zeit der Stellung des Antrags auf Eröffnung des Vergleichsverfahrens erhoben. Übersteigt der Wert der Aktiven den Gesamtbetrag der Forderungen der am Verfahren beteiligten Gläubiger, so ist der letztere maßgebend.

Vorbemerkung.

§ 48b regelt die Wertberechnung für die Gebühr des § 48a.

Übersicht.

I. Wertberechnung im Vergleichsverfahren (1).
II. Die Aktivmasse (2—5).
 1. Begriff der Aktiven (2).
 2. Bewertung nach freiem Ermessen (3).
 3. Keine Abzüge (4).
 4. Maßgebender Zeitpunkt (5).
III. Der Gesamtbetrag der Forderungen der am Verfahren beteiligten Gläubiger (6—10).
 1. Am Verfahren beteiligte Gläubiger (6—8).
 2. Maßgebend Nennbetrag der Forderungen (9).
 3. Entscheidender Zeitpunkt (10).

I. Wertberechnung im Vergleichsverfahren. Die Gebühr des § 48a wird nach dem Werte der Aktiven zur Zeit der Stellung des Eröffnungsantrages oder nach dem geringeren Gesamtbetrage der Forderungen der am Verfahren beteiligten Gläubiger erhoben. 1

II. Die Aktivmasse. 2

1. Für den **Begriff der Aktiven** verweist § 48b GKG. auf § 18 VglO. Danach müssen in der dem Vergleichsantrage gemäß § 16 Abs. 1 Nr. 2 VglO. beizufügenden „Übersicht des Vermögensstandes des Schuldners" sämtliche Vermögensgegenstände (Aktiva)"[1]) ... einzeln unter Angabe ihres Betrags oder Wertes aufgeführt und einander gegenübergestellt werden.... Bei allen Aktiven ... sind etwaige Nebenrechte, insbesondere zur Sicherung übertragenes Eigentum, Hypotheken, Pfandrechte und Bürgschaften sowie Ansprüche aus zur Deckung erhaltenen oder begebenen Wechseln zu bezeichnen ... Uneinbringliche oder zweifelhafte Aktiva sind als solche kenntlich zu machen."

Satz 2 VglO. den Antrag als nicht gestellt ansieht und deshalb den Fortfall der Gebühr annimmt. Mayer VglO. § 31 Anm. 11 verlangt, daß das Verfahren auch auf Antrag des Gläubigers eröffnet werde.

Auch Sydow-Busch-Krieg § 48a Anm. 3 ist für Ansetzung der Gebühr des § 41.

[11]) Jonas § 48a Anm. 2; Baumbach § 48a Anm. 1; Kiesow VglO. § 31 Anm. III 2, § 99 Anm. II 4.

A. M. im Falle der Ablehnung des Antrags Sydow-Busch-Krieg § 48a Anm. 3.

[1]) Gleichgültig, ob sie pfändbar sind oder nicht. Kiesow VglO. §§ 16—18 Anm. III; JW. 1928, 1893[1] (AG. München); s. aber Baumbach § 48b Anm. 1.

3 2. Die einzelnen Vermögensgegenstände mit den zugehörigen Nebenrechten sind nach uneingeschränktem freiem Ermessen zu bewerten u. zw., wie der in Anm. 2 wiedergegebene letzte Satz zeigt, nach ihrer Verwertbarkeit[2]).

4 3. Irgendwelche Abzüge von den Aktiven sind nicht vorgesehen und deshalb anders wie bei § 43 nicht statthaft[3]).

5 4. Maßgebend für die Bewertung ist der Zeitpunkt der Stellung des Eröffnungsantrags.

6 **III. Der Gesamtbetrag der Forderungen der am Verfahren beteiligten Gläubiger.**

1. An dem Verfahren beteiligt sind die Gläubiger, die nicht bevorrechtigte Konkursgläubiger wären, wenn statt des Vergleichsverfahrens das Konkursverfahren eröffnet worden wäre (§ 2 VglO.).

7 a) Gläubiger, die später als am dreißigsten Tage vor der Stellung des Antrags auf Eröffnung des Vergleichsverfahrens durch Zwangsvollstreckung eine Sicherung oder Befriedigung verlangt haben, bleiben an dem Verfahren beteiligt, wenn sie es ohne die gedachten Vollstreckungsmaßregeln wären (§ 3 Abs. 1 und 2 VglO.).

8 b) Gläubiger, deren Ansprüche auf einem gegenseitigen Vertrage beruhen, der zur Zeit der Eröffnung des Vergleichsverfahrens[4]) von dem Schuldner und von dem andern Teile noch nicht oder noch nicht vollständig erfüllt ist, sind wegen ihres Erfüllungsanspruchs am Verfahren nicht beteiligt (§ 4 VglO.). Wird aber die Erfüllung oder die weitere Erfüllung eines gegenseitigen Vertrages auf Grund des § 28 VglO. abgelehnt oder ein Miet-, Pacht- oder Dienstvertrag auf Grund des § 29 Abs. 2 VglO. vorzeitig gekündigt, so kann der Vertragsgegner des Schuldners Schadensersatz wegen Nichterfüllung verlangen und ist mit diesem Ersatzanspruch am Vergleichsverfahren beteiligt (§ 30 VglO.).

9 2. Die einzelnen Forderungen kommen nach ihrem Nennbetrage[5]) in Ansatz, Nebenforderungen nach Maßgabe des § 62 KO.

10 3. Da der in erster Linie maßgebende Wert der Aktiven nach dem Zeitpunkte der Stellung des Eröffnungsantrags bemessen wird, kann auch nur dieser Zeitpunkt für den an zweiter Stelle in Betracht kommenden Wert des Gesamtbetrags der Forderungen der am Verfahren beteiligten Gläubiger ausschlaggebend sein[6]).

§ 48c.

Für das Verfahren in der Beschwerdeinstanz findet § 38 Abs. 2 mit der Maßgabe entsprechende Anwendung, daß nur die halbe Gebühr erhoben wird.

Vorbemerkung.

§ 48c enthält die Bestimmungen über die Beschwerdegebühr im Vergleichsverfahren.

Übersicht.

I. Beschwerden (1—4).
II. Die Beschwerdegebühr (5—14).
 1. Besondere Gebühr (5).
 2. Nur bei Verwerfung oder Zurückweisung der Beschwerde (6).
 3. Betrag der Gebühr (7).
 4. Wertberechnung (8—12).
 5. Fälligkeit (13).
 6. Gebührenschuldner (14).

---

[2]) Jonas § 48b Anm. 1; Sydow-Busch-Krieg § 48b Anm. 2; JW. 1928, 1892[19] (LG. Rudolstadt).

[3]) Kiesow VglO. § 99 Anm. II 5; Cahn VglO. § 99 Anm.; Mayer VglO. § 99 Anm. 13, 14; LG. Leipzig in Konkurs- und Treuhandwesen 1928, 92 (keine Berücksichtigung von Absonderungsrechten). A. M. AG. München JW. 1928, 1893[1], das aus der Begründung der VglO. die Mitheranziehung des § 43 GKG. glaubt rechtfertigen zu können (die Entscheidung ist von Mayer in seiner Anm. ebenda schlagend widerlegt); LG. Rudolstadt JW. 1928, 1892[19]; Rittmann-Wenz § 48b Anm. 3, wo die Verwendbarkeit der Bestimmungen des § 43 ohne weiteres angenommen wird.

[4]) Wegen des maßgebenden Zeitpunkts s. § 44 Fußnote 1a.

[5]) Jonas § 48b Anm. 1.

[6]) Jonas § 48b Anm. 2.

I. Beschwerde. 1

Nach § 14 VglO. können die Entscheidungen des Gerichts nur insoweit angefochten werden, als die VglO. es bestimmt; die Anfechtung erfolgt durch sofortige Beschwerde (§ 14 VglO.). Zugelassen ist die sofortige Beschwerde in folgenden Fällen:

a) Gegen den mit der Ablehnung der Eröffnung des Vergleichsverfahrens, der Verwerfung des Vergleichs und der Einstellung des Vergleichsverfahrens zu verbindenden Beschluß über die Eröffnung des Konkursverfahrens, mag er auf dessen Eröffnung oder auf Ablehnung des Eröffnungsantrags lauten, steht dem Schuldner und nur ihm die sofortige Beschwerde zu (§ 24 Abs. 2, § 71 Abs. 1, § 80 Abs. 1 VglO.). Es handelt sich um eine Beschwerde im Vergleichsverfahren, da ja mit ihr auch geltend gemacht werden kann, daß die Ablehnung der Eröffnung des Vergleichsverfahrens, die Verwerfung des Vergleichs, die Einstellung des Vergleichsverfahrens zu Unrecht erfolgt sei[1]. 2

b) Gegen die Festsetzung von Ordnungsstrafen steht der von ihnen betroffenen Vertrauensperson und nur ihr die sofortige Beschwerde zu (§ 45 Abs. 4 VglO.). 3

c) Gegen den Beschluß über die Festsetzung der Auslagen und der Vergütung der Vertrauensperson findet die sofortige Beschwerde statt (§ 46 Abs. 3 VglO.). Über die Beschwerdeberechtigung in diesem Falle enthält das Gesetz keine ausdrücklichen Bestimmungen. Die Beschwerde wird man der durch den Beschluß beschwerten Vertrauensperson, ferner dem Schuldner, zu dessen Lasten die Festsetzung erfolgt, und demjenigen am Verfahren beteiligten Gläubiger zuzugestehen haben, dessen Interessen durch Bewilligung der ihrer Höhe nach zu beanstandenden Auslagen oder Vergütungen verletzt sind[2]. 4

II. Die Beschwerdegebühr. 5

1. Sie ist die einzige besondere Gebühr im Vergleichsverfahren.

2. In Ansatz kommt sie nur, wenn die Beschwerde als unzulässig verworfen oder als unbegründet zurückgewiesen wird. Gleichgültig ist es, ob die Beschwerde in einem der in Anm. 2—4 erwähnten Fällen von einem Beschwerdeberechtigten oder unzulässigerweise von einer anderen Person oder ob sie in einem für die Beschwerdeführung gar nicht vorgesehenen Falle erhoben wird[3]. 6

3. Die Beschwerdegebühr beträgt die Hälfte des Satzes des § 8 GKG. 7

4. Über die Wertberechnung fehlen Bestimmungen. 8

a) Wie bei der Beschwerde des Gemeinschuldners gegen den Beschluß über Eröffnung des Konkursverfahrens nach § 47 Abs. 2 GKG. die Vorschriften des § 43 Abs. 1—3 GKG. gelten, wird man bei den in Anm. 2 genannten Fällen § 48b GKG. anzuwenden haben[4]. 9

b) In den Fällen der Anm. 3 und 4 ist der Betrag maßgebend, um den die Ordnungsstrafe ermäßigt oder der von den Auslagen und der Vergütung abgesetzt oder der ihnen zugesetzt werden soll[5]. 10

c) Bei anderen Beschwerden wird das Interesse des Beschwerdeführers zu schätzen und der Berechnung der Gebühr für die unzulässige Beschwerde zugrunde zu legen sein. 11

d) Als maßgebender Zeitpunkt ist die Erhebung der Beschwerde anzusehen. 12

---

[1]) Jonas § 48c Anm. 3.

[2]) Kiesow VglO. § 46 Anm. III 2; Mayer VglO. § 46 Anm. 20.

[3]) Jonas § 48c Anm. 1; Rittmann-Wenz § 48c Anm. 2.

[4]) Kiesow VglO. § 99 Anm. II 6; Kollat § 48c Anm. 4; Rittmann-Wenz § 48c Anm. 3; Mayer VglO. § 99 Anm. 16, während nach Jonas § 48c Anm. 3 „die Vorschrift im § 47 Abs. 2 entsprechend zu gelten haben" wird.

[5]) Kiesow, Kollat, Rittmann-Wenz, Mayer a. a. O.

13 5. **Die Gebühr wird mit der Beschwerdeentscheidung fällig** (§ 74 Abs. 1 GKG.)[6].

14 6. **Gebührenschuldner** ist der in die Kosten verurteilte Beschwerdeführer[7].

Anhang zum dritten Abschnitt.

Die Kosten nach der Geschäftsaufsichtsverordnung.

Übersicht.

I. Die VglO. ist am 1. 10. 27 an die Stelle der GeschAufsVO. getreten. Übergangsrecht (1).

II. Das Kostenrecht der GeschAufsVO. (2 bis 8).

1. Das allgemeine Aufsichtsverfahren und das Vergleichsverfahren. Gebühren, Kostenschuldner, Gegenstandswert (3—5).
2. Beschwerdeinstanz (6—7).
3. Auslagen (8).

III. Eröffnung und Nichteröffnung des Konkursverfahrens nach Aufhebung der Geschäftsaufsicht (9).

1 I. Nach § 101 VglO. ist **mit dem 1. Oktober 1927 die VO. über die Geschäftsaufsicht zur Abwendung des Konkurses** vom 14. Dezember 1916 (RGBl. 1363) in der Fassung der Verordnungen vom 8. Februar und 14. Juni 1924 (Reichsgesetzbl. I 51, 641) **außer Kraft getreten,** während die VglO. gleichzeitig in Kraft trat. Die am 1. Oktober 1927 anhängigen Geschäftsaufsichten werden gemäß dem angeführten § 101 nach den bisherigen Vorschriften weitergeführt. Wird nicht binnen einem Monat nach dem 1. Oktober 1927 oder, wenn die Geschäftsaufsicht nicht früher als ein Monat vor dem 1. Oktober 1927 angeordnet worden ist, binnen zwei Monaten nach dem 1. Oktober 1927 ein Vergleich abgeschlossen, so ist die Geschäftsaufsicht aufzuheben und, auch wenn ein solcher Antrag nicht vorliegt, von Amts wegen zu entscheiden, ob das Konkursverfahren zu eröffnen sei.

Nach diesen Übergangsvorschriften wird ein Geschäftsaufsichtsverfahren wohl nicht mehr anhängig sein. Wegen der zurückliegenden Zeit können aber noch Kostenfragen in Betracht kommen. Eine kurze Darstellung des bisherigen Rechts erscheint also angezeigt.

2 **II. Die GeschAufsVO. bestimmte in § 78 folgendes:**

„Für das Verfahren der Geschäftsaufsicht und das Vergleichsverfahren wird je eine volle Gebühr (§ 8 des Gerichtskostengesetzes — Reichsgesetzbl. 1923 I S. 12, 813, 1186 —) erhoben. Die Gebühr ermäßigt sich auf die Hälfte, wenn der Antrag auf Anordnung der Geschäftsaufsicht oder auf Eröffnung des Vergleichsverfahrens zurückgenommen oder zurückgewiesen wird. § 43 des Gerichtskostengesetzes gilt entsprechend.

Für das Verfahren in der Beschwerdeinstanz wird, soweit die Beschwerde als unzulässig verworfen oder zurückgewiesen wird, die halbe Gebühr erhoben. In den Fällen des § 42 Abs. 3, § 59 Abs. 2 dieser Verordnung gelten die Vorschriften des § 43 des Gerichtskostengesetzes entsprechend.

Im übrigen finden die Vorschriften des fünften und sechsten Abschnitts des Gerichtskostengesetzes entsprechende Anwendung mit der Maßgabe, daß für die allgemeinen Benachrichtigungen der Gläubiger Schreib- und Postgebühren in vollem Umfang erhoben werden."

3 1. **Das allgemeine Aufsichtsverfahren und das Vergleichsverfahren bilden gesonderte Instanzen.** Das allgemeine Aufsichtsverfahren be-

[6]) Kiesow VglO. § 99 Anm. II 8; Jonas § 48c Anm. 2; Kollat § 48c Anm. 3; Mayer VglO. § 99 Anm. 18.

[7]) Kiesow VglO. § 99 Anm. II 9; Jonas a. a. O.; Baumbach § 48c Anm. 1; Kollat § 48c Anm. 2; Mayer VglO. § 99 Anm. 18, 19; Cahn VglO. § 99 Anm.; Sydow-Busch-Krieg § 48c Anm. 3.

ginnt mit dem Antrag auf Anordnung der Geschäftsaufsicht, das Vergleichsverfahren mit dem Antrag auf Eröffnung dieses Verfahrens. Mit Stellung des einen oder anderen Antrags wird je eine volle Gebühr nach § 8 GKG. fällig. Wird der Antrag zurückgenommen oder zurückgewiesen, so ermäßigen sich die Gebühren auf die Hälfte; ist die Gebühr bereits voll bezahlt, so ist die Hälfte zurückzuzahlen. Im übrigen ist der Ausgang des Verfahrens bedeutungslos[1]). Kostenschuldner ist der Antragsteller[1a]) entsprechend § 78 GKG.

Die Gebühren sind Pauschgebühren. Sie gelten das gesamte Aufsichts- 4
verfahren bzw. das gesamte Vergleichsverfahren ab, einschließlich des Erlasses der gemäß § 101 Abs. 3 Satz 3 VglO. zulässigen Verfügungsbeschränkungen nach Maßgabe der VglO.

Für den Gegenstandswert gilt § 43 GKG. entsprechend. Wegen der Masse- 5
kosten und Masseschulden kommen hier die §§ 71, 78, 5, § 13 Ziff. 1, 2 und 6 AufsVO. in Betracht. § 43 Abs. 4 GKG. ist nicht anwendbar, da die Antragstellung nur dem Schuldner zusteht[2]).

2. Die Beschwerdeinstanz bildet im Aufsichts- und im Vergleichsverfahren 6
eine besondere Instanz. Eine Gebühr wird nur erhoben, wenn die Beschwerde als unzulässig verworfen oder zurückgewiesen wird. Sie beträgt stets die Hälfte des Satzes des § 8 GKG. und wird mit der Entscheidung fällig. Kostenschuldner ist derjenige, dem die Beschwerdekosten auferlegt werden.

Für die Beschwerde des Schuldners gegen die Zurückweisung des Antrags auf 7
Eröffnung des Vergleichsverfahrens und für die Beschwerde des Schuldners oder eines Gläubigers gegen die Bestätigung oder Verwerfung des Zwangsvergleichs bemißt sich der Streitwert nach dem Betrage der Aktivmasse oder dem geringeren Betrage der Schuldenmasse. Ebenso wird die Beschwerde des Schuldners gegen die Einstellung des Vergleichsverfahrens zu behandeln sein[3]). Bei der Beschwerde gegen die Festsetzung der Auslagen und der Vergütung der Aufsichtsperson bemißt sich der Streitwert nach dem Betrag, den der Beschwerdeführer ab- oder zugesetzt haben will[4]). In der AufsVO. nicht vorgesehene und deshalb unzulässige Beschwerden sind nach dem Interesse des Beschwerdeführers zu bewerten.

3. Auslagen kommen nach Maßgabe des GKG. in Ansatz, darüber hinaus 8
Schreib- und Postgebühren auch für die allgemeinen Benachrichtigungen der Gläubiger.

III. Wird nach Maßgabe der Übergangsvorschriften des § 101 VglO. die Geschäftsaufsicht aufgehoben und das Konkursverfahren nicht eröffnet, so entsteht keine 9
weitere Gebühr[5]). Wird nach Aufhebung der Geschäftsaufsicht das Konkursverfahren eröffnet, so wird entsprechend § 48a Abs. 2 Satz 1 GKG. die Gebühr nach der AufsVO. auf die Gebühr des § 48a GKG. anzurechnen sein[6]).

---

[1]) Baumbach[1] Anhang zum 3. Abschnitt Anm. 1.

[1a]) Berechtigt, den Antrag zu stellen, ist nur der Schuldner. Kostenrechtlich kommt es aber nur auf die Tatsache der Antragstellung an.

[2]) JW. 1926, 864[22] (OLG. Hamm) und Anm. von Geiershöfer; Anm. von Kleinfeller zu JW. 1926, 2475[6]; BayZ. 1927, 129 (OLG. Nürnberg).

[3]) Rittmann-Wenz[9] Zusatz zu §§ 40—48 Anm. 2.

[4]) Rittmann-Wenz[9] a. a. O.

[5]) Jonas § 48a Anm. 4.

[6]) Jonas a. a. O.; Mayer VglO. § 101 Anm. 11.

Vierter Abschnitt.

Gebühren in Strafsachen.

Vorbemerkungen.

1 **I. Der vierte Abschnitt regelt die Gebühren in Strafsachen.** Unter Strafsachen sind dabei die Verfahren zu verstehen, welche auf die Festsetzung einer kriminellen Strafe gerichtet sind. Es scheiden also aus:

1. Disziplinarsachen, auch wenn die Bestimmungen der StPO. für das Verfahren maßgebend sind.

2 2. Verfahren, die nur auf Verhängung nicht krimineller Ordnungsstrafen abzielen oder nur die Verhängung von Zwangsstrafen bezwecken[1]). Hierher gehören zweifellos Verfahren nach § 70 Abs. 2 StPO., man wird aber dazu auch die Verfahren nach §§ 56, 84, 177, 178 GVG., §§ 51, 70 Abs. 1, 77 StPO. zu rechnen haben[2]). Diese Verfahren sind also nicht selbst Strafsachen. Soweit sie, abgesehen von den Fällen der §§ 56, 84 GVG., in einem Strafverfahren vorkommen, sind sie als Teil desselben zu behandeln, weshalb einschlägige Beschwerden dem § 69 GKG. unterliegen. Gleiches ist für die Beschwerden nach §§ 56, 84 GVG. anzunehmen, da auf sie die Vorschriften der StPO. Anwendung finden.

3 Dagegen sind die Ordnungsstrafen der Zoll- und Steuergesetze, die eingreifen, wenn das Fehlen einer betrüglichen Absicht nachgewiesen wird, echte Kriminalstrafen[3]). Dasselbe gilt von den Ordnungsstrafen nach § 377 RAbgO. Auch wenn das Verfahren nur auf ihre Verhängung abzielt, liegt daher eine Strafsache vor.

4 Man könnte zweifelhaft sein, ob das sog. objektive Verfahren nach §§ 430 bis 432 StPO. als Strafsache anzusehen sei, da hier ein Beschuldigter fehlt. Das GKG. löst die Schwierigkeit dadurch, daß es für dieses Verfahren in § 67 eine besondere Gebührenregelung vorsieht.

5 **II. Gliederung des 4. Abschnitts.** Die §§ 49—51 geben die allgemeinen Grundsätze für die Bemessung der Gebühren. §§ 52—54 enthalten den Tarif für das Verfahren in 1. Instanz, § 55 für die Berufungs- und Revisionsinstanz, § 56 für die Wiederaufnahme des Verfahrens. Besondere Fälle regeln die §§ 57, 58. Die für Privatklage und Nebenklage geltenden abweichenden Normen finden sich in den §§ 59 — 66, 68. Es betreffen das objektive Verfahren §§ 67, 68, die Beschwerdeinstanz § 69. § 70 verhält sich über das Verfahren zur Vollstreckung einer über eine Vermögensstrafe, eine Buße oder über Erstattung von Kosten ergangenen Entscheidung, indem insoweit der 2. Abschnitt für anwendbar erklärt wird. Abgesehen hiervon kommt der 4. Abschnitt für die Strafvollstreckung nicht in Betracht[4]), da insoweit die StPO. nur einige wenige Bestimmungen enthält, im übrigen aber das Landesrecht maßgebend ist.

---

[1]) Jonas § 49 Anm. 1; Baumbach Vorb. zum 4. Abschn. Anm. 1; Kollat Vorb. zum 4. Abschn. Anm. 1; Wochinger-Schwalb § 49 Anm. 3; Sydow-Busch-Krieg § 49 Anm. 1.

[2]) Köhler, Deutsches Strafrecht Allg. Teil 16.

[3]) Köhler a. a. O. 17; RGSt. 22, 90/1; 30, 286; 53, 210; Enno Becker RAbgO.[5] Anm. 1 zu § 377.

[4]) Jonas § 49 Anm. 1; Baumbach Vorb. 2 zum 4. Abschnitt.

III. **Die Gebühren sind** derartig **pauschaliert,** daß im allgemeinen für die gesamte Instanz eine Gebühr in Ansatz kommt. Besondere Gebühren kommen nur insoweit in Frage, als sie ausdrücklich vorgesehen sind. Soweit das nicht der Fall ist, entfällt die Möglichkeit eines weiteren Gebührenansatzes für die einzelne Tätigkeit. 6

IV. Die **Fälligkeit der Gebühren** tritt dem verurteilten Beschuldigten gegenüber erst mit der Rechtskraft des die Kostenentscheidung enthaltenden Urteils ein (§ 75 Abs. 2 GKG.). Gegenüber dem bereits rechtskräftig verurteilten Beschuldigten sowie anderen Kostenschuldnern als dem Beschuldigten gegenüber genügt der Erlaß der Kostenentscheidung (§ 75 Abs. 1 GKG.). 7

§ 49.

In Strafsachen gibt die rechtskräftig erkannte Strafe den Maßstab für die Höhe der Gerichtsgebühren aller Instanzen.

Ist auf Geldstrafe und für den Fall, daß sie nicht beigetrieben werden kann, auf Freiheitsstrafe erkannt, so bestimmt sich die Gebühr nach der Höhe der ersteren. Ist in Anwendung des § 27 b des Strafgesetzbuchs (Reichsgesetzbl. 1924 I S. 44) auf Geldstrafe an Stelle der verwirkten Freiheitsstrafe erkannt, so bestimmt sich die Gebühr nach der Geldstrafe.

Ist neben einer Freiheitsstrafe auf Geldstrafe erkannt, so wird die Gebühr von jeder Strafe besonders berechnet.

Ist auf Einziehung, Verfallserklärung oder Unbrauchbarmachung erkannt, so ist der Wert der Gegenstände, auf die sich die Entscheidung bezieht, im Sinne dieser Vorschrift als Geldstrafe anzusehen. Besteht der Gegenstand nicht in einem Geldbetrage, so setzt das Gericht den Wert fest. Der Wert ist nach dem Zeitpunkt der Verurteilung zu bestimmen.

Vorbemerkung.

§ 49 enthält die allgemeinen Grundsätze über die Bemessung der Gebühren.

Übersicht.

I. **Entstehungsgeschichte.** § 49 Abs. 1, Abs. 2 Satz 1, Abs. 3, Abs. 4 Satz 1 und 2 beruhen auf dem Gesetze vom 21. Dez. 1922. Das gilt auch von Abs. 2 Satz 2 bis auf die Worte „§ 27 b des Strafgesetzbuchs (Reichsgesetzbl. 1924 I S. 44)". Diese Änderung ist durch das Gesetz vom 28. Jan. 1927 erfolgt. Dasselbe hat auch Abs. 4

Satz 3 eingefügt, der auf Art. III Nr. 6 der VO. vom 13. Dez. 1923 (RGBl. I 1186) zurückgeht.

Abweichend von dem jetzigen § 49 sah § 59 ä. F. für den Fall, daß neben Freiheitsstrafen auf Geldstrafe erkannt war, vor, daß der prinzipalen Freiheitsstrafe die der Geldstrafe substituierte Freiheitsstrafe oder mangels deren Festsetzung für je 10 M. ein Tag Freiheitsstrafe zuzurechnen sei. § 62 ä. F. enthielt nämlich einen einheitlichen Tarif für Geld- und Freiheitsstrafen, die zueinander in ein Wertverhältnis gebracht waren. Eine dem § 49 Abs. 2 Satz 2 entsprechende Vorschrift fehlte mangels materiellrechtlicher Unterlage, auch § 49 Abs. 4 hatte kein Vorbild in dem GKG. ä. F.

1a **II. Maßstab für die Gebühren.**

Die Gebühren in Strafsachen richten sich mit Ausnahme derjenigen der §§ 52 Abs. 3 am Anfang, 57, 58, 60, 61, 62, 63 Abs. 1 und Abs. 2 a. E., 64, 67, 69 Abs. 1 a. E. nach der rechtskräftig erkannten Strafe.

2 1. Dieser Grundsatz gilt für alle Instanzen.

3 2. Soweit nicht die erwähnten Ausnahmen durchgreifen, in denen feste Beträge als Gebühren vorgesehen sind, kommt also ein Ansatz von Gebühren nur in Frage, wenn rechtskräftig auf Strafe erkannt ist. Bei Straffreierklärung nach §§ 199, 233 StGB. — die Verurteilung in die Kosten nach § 468 StPO. vorausgesetzt — sieht § 52 Abs. 3 eine feste Gebühr von 5 RM. vor. Wenn bei einem Angeklagten gemäß § 6 und § 9 Abs. 4 JGG. von Strafe abgesehen worden ist, so steht er „für die Pflicht zur Tragung der Auslagen einem Angeklagten gleich, der zu Strafe verurteilt worden ist" (§ 41 JGG.), eine Gebühr kommt also nicht zum Ansatz.

4 **III. Die rechtskräftig erkannte Strafe.**

1. § 49 Abs. 1 läßt „die" rechtskräftig erkannte Strafe[1]) den Maßstab für die Höhe der Gebühren abgeben. Man müßte also eigentlich annehmen, alle erkannten Strafen seien zu berücksichtigen. Der Tarif des § 52 erwähnt aber lediglich Freiheitsstrafen, Geldstrafen und für den Fall, daß ausschließlich auf Verlust der bürgerlichen Ehrenrechte überhaupt oder einzelner bürgerlichen Ehrenrechte erkannt ist, auch diese Strafe. Man wird ferner der am Ende des Abs. 1 erwähnten „schwereren Strafe" (nämlich schwerer als 5 Jahre Freiheitsstrafe) auch die Todesstrafe unterstellen dürfen. § 49 Abs. 4 berücksichtigt dann noch die Einziehung, Verfallserklärung oder Unbrauchbarmachung und behandelt sie als Geldstrafe; Abs. 2 stellt klar, daß nur die primäre Geldstrafe maßgebend ist, nicht die subsidiäre Freiheitsstrafe und daß im Falle der Anwendung des § 27b StGB. allein die Geldstrafe in Betracht kommt, auf die an Stelle der verwirkten Freiheitsstrafe erkannt ist.

5 Daraus ergibt sich,

a) daß grundsätzlich nur die Hauptstrafen maßgebend sind,

b) u. zw. nur die primär erkannten, nicht die nur an sich verwirkten, nicht die nur subsidiär festgesetzten (§ 49 Abs. 2),

c) während Nebenstrafen nur nach Maßgabe von §§ 49 Abs. 4, 52 Abs. 3 in Betracht kommen.

6 2. Mehrere Hauptstrafen.

a) Mehrere ungleichartige Freiheitsstrafen werden für die Anwendung des Tarifes ihrer Zeitdauer nach zusammengerechnet[1a]), ebenso mehrere Geldstrafen[2]).

---

[1]) Bußen sind keine Strafen. RGSt. 15, 352; 31, 335.

Das Gesetz über die Beschäftigung Schwerbeschädigter vom 12. Januar 1923 (RGBl. I 57) sieht in § 18 (in der Fassung des Art. 114 ArbGerGes.) die Festsetzung von Bußen durch das Schöffengericht oder den Amtsrichter in einem Verfahren vor, für das die Vorschriften der StPO. entsprechend gelten. Mangels Ausspruchs einer Strafe kommt die Erhebung von Gebühren nicht in Frage. Jonas § 49 Anm. 4; Lehmer ZfDJustAmtm. 1927, 213/4.

[1a]) Jonas § 52 Anm. 2b; Rittmann-Wenz § 52 Anm. 1; Baumbach § 52 Anm. 3; Kollat § 52 Anm. 1a; Sydow-Busch-Krieg § 52 Anm. 3.

[2]) Rittmann-Wenz a. a. O.; Kollat § 52 Anm. 1a.

b) Trifft Todesstrafe mit einer Freiheitsstrafe zusammen, so kommt der Gebührensatz für den Fall einer Freiheitsstrafe von mehr als 5 Jahren zur Anwendung. 7

c) Trifft Freiheitsstrafe mit Geldstrafe zusammen, so wird die Gebühr von jeder Strafe besonders berechnet (§ 49 Abs. 3). 8

3. Einziehung, Verfallserklärung oder Unbrauchbarmachung. 9

a) Diese Maßnahmen werden stets berücksichtigt, ohne daß es der Prüfung bedarf, ob sie nach der in Betracht kommenden gesetzlichen Bestimmung Nebenstrafen sind oder nicht[3]).

b) Sie werden als Geldstrafen behandelt. Deren Höhe bemißt sich, wenn der Gegenstand der Maßnahme ein Geldbetrag ist, nach diesem, sonst nach dem Wert der Gegenstände, auf die sich die Entscheidung bezieht. Diesen Wert setzt das Gericht[4]) nach dem Zeitpunkt der Verurteilung fest. Die Festsetzung erfolgt nach freier Schätzung. Die Kosten einer etwaigen Beweisaufnahme hat die Staatskasse zu tragen[5]). Vor der Entscheidung ist die Staatsanwaltschaft zu hören (§ 33 StPO.). Die Entscheidung ist gemäß § 35 StPO. dem Verurteilten bekannt zu machen. Sie unterliegt der Beschwerde nach § 304 StPO. 10

c) Der Einziehung gleich zu behandeln ist der nach den Zoll- und Steuergesetzen an die Stelle einer nicht möglichen Einziehung tretende Werterſatz[6]). 11

4. Gänzlicher oder teilweiser Verlust der bürgerlichen Ehrenrechte spielt nur eine Rolle, wenn im Falle des § 37 StGB. das Verfahren allein den Ausspruch dieser Folgen bezweckt. Es verfällt dann nach § 52 Abs. 3 eine Gebühr in festbemessenem Betrage. 12

5. Die **erkannte** Strafe ist maßgebend. 13

a) Das ist für die 1. Instanz die Gesamtstrafe, nicht die Summe der Einsatzstrafen. Im Falle des § 79 StGB. ist aber nach § 50 Abs. 1 der Betrag maßgebend, um welchen die Gesamtstrafe die früher erkannte Strafe übersteigt.

b) Die Anordnung der Anrechnung von Untersuchungshaft ändert nichts an der Höhe der erkannten Strafe, sie betrifft nur die Vollstreckung und bleibt deshalb hier außer Betracht[7]). Ebenso bedeutungslos ist gnadenweiser Erlaß oder gnadenweise Umwandlung von Strafen[8]). 14

c) Nur die erkannte Strafe ist maßgebend, soweit nicht überhaupt Festbeträge vorgesehen sind. Nicht zu berücksichtigen ist alles außerhalb der Strafverhängung Stehende: Entscheidungen über Bußen[9]), über Erziehungsmaßnahmen und Strafaussetzung nach JGG., über den Kostenpunkt. 15

---

[3]) JurRundsch. 3 Nr. 216 (RG.). Wird in einem freisprechenden oder einstellenden Urteil auf Einziehung erkannt (s. über solche Fälle M. Friedlaender, Objektives Verfahren 29 F. 1), so kommt eine Gebühr nicht in Frage, da der Ausspruch der Einziehung hier durchaus einem Urteil im objektiven Verfahren gleichsteht (M. Friedlaender a. a. O. 31) und für dieses (vgl. die Erläuterungen zu § 67) eine Gebühr nicht verfiele.

[4]) U. z. offenbar das Gericht 1. Instanz.

[5]) Baumbach § 49 Anm. 3; Kollat § 49 Anm. 7.

[6]) RGSt. 18, 370; 22, 104 und 215; 50, 338; 61, 370; Jonas § 49 Anm. 4; Baumbach § 49 Anm. 1; Kollat § 49 Anm. 2; Sydow-Busch-Krieg § 49 Anm. 8. Nach §§ 435, 367 Abs. 2 RAbgO. (nicht auch nach dem VerZollG., s. HöchstrRspr. 1928 Nr. 499 [RG.]) findet sogar eine Umwandlung des nicht beitreibbaren Werterſatzes in Freiheitsstrafe statt. RGSt. 60, 245.

Das Sicherungsgeld nach § 109 BranntwMonG. ist keine Geldstrafe. RGSt. 60, 241.

[7]) Jonas § 49 Anm. 4; Baumbach § 49 Anm. 1; Rittmann-Wenz § 49 Anm. 4; Kollat § 52 Anm. 1c; Sydow-Busch-Krieg § 49 Anm. 2; Wochinger-Schwalb § 49 Anm. 6.

[8]) Jonas und Baumbach a. a. O.; Rittmann-Wenz § 49 Anm. 3; Kollat a. a. O.; Wochinger-Schwalb § 49 Anm. 7.

[9]) Jonas, Baumbach, Sydow-Busch-Krieg a. a. O.; Rittmann-Wenz § 49 Anm. 2; Kollat a. a. O.

16 **IV. Wirkung für jeden Kostenschuldner.**

Soweit nicht Festbeträge als Gebühren in Ansatz kommen, gibt die rechtskräftig erkannte Strafe den Maßstab für die Bemessung der Gebühren ab. Die Höhe der Gebühren ist unabhängig davon, wer Kostenschuldner ist. Nach der erkannten Strafe richten sich die Gebühren auch, wenn etwa der Ehemann nach § 298 StPO. selbständig ein Rechtsmittel erhoben hat und damit unterliegt[10]).

17 **V. Wirkung für alle Instanzen.**

1. Auch wenn eine höhere Instanz nicht beschritten wird, können über die Strafe bezüglich derselben Tat abweichende Entscheidungen ergehen:

18 a) Das ist der Fall, wenn der Angeklagte gegen ein ohne seine Anwesenheit ergangenes Urteil gemäß § 235 StPO. Wiedereinsetzung in den vorigen Stand erhält und die beiden Urteile in den Strafen voneinander abweichen.

19 b) Ebenso liegt es, wenn es auf Einspruch gegen einen amtsrichterlichen Strafbefehl zur Hauptverhandlung kommt und das ergehende Urteil von dem Strafausspruche des Strafbefehls abgeht.

20 c) Endlich gehört hierher der Fall, daß in dem wiederaufgenommenen Verfahren unter Aufhebung des früheren, auf Strafe erkennenden Urteils anderweit in der Sache erkannt wird (§ 373 Abs. 1 StPO.).

21 Kommt es in den Fällen zu a und c in dem letzten Urteile oder im Falle b in dem Urteile zu einer Freisprechung oder Einstellung und wird diese rechtskräftig, so wird für das ursprüngliche und das spätere Verfahren keine Gebühr erhoben[11]), weil eine rechtskräftig erkannte Strafe nicht gegeben ist. Erfolgt dagegen die Verurteilung zu einer der nach Anm. 4 maßgebenden Strafen, so ist die nunmehr rechtskräftig werdende Strafe der Maßstab für die Gebühren[12]): in allen Fällen entsteht ja nur eine Gebühr, die das frühere und das spätere Verfahren abgilt, beide gelten als eine Instanz, was für die Fälle zu b und c in § 53 Abs. 2 und § 56 Abs. 2 Satz 2 GKG. ausdrücklich bestimmt ist und für den Fall zu a aus seiner Zugehörigkeit zur ersten Instanz folgt.

22 2. Wird die Berufungs- oder Revisionsinstanz beschritten, so kann entweder die höhere Instanz mit dem gesamten Stoffe befaßt sein, der auch der Beurteilung der ersten Instanz unterlag, oder es kann die Sache nur in beschränktem Umfange in die höhere Instanz gelangen. Die erste Möglichkeit bietet keine Schwierigkeiten. Hat die erste Instanz verurteilt und spricht die höhere Instanz rechtskräftig frei oder stellt sie das Verfahren ein, so kommen für alle Instanzen keine Gebühren in Ansatz. War in erster Instanz freigesprochen oder eingestellt worden, und kommt es in der höheren Instanz zur Verurteilung, so bemessen sich die Gebühren aller Instanzen nach der nunmehr erkannten Strafe[13]). Führen die erste und die höhere In-

---

[10]) Die Haftung eines Nebenbeteiligten (§ 386 Abs. 3 RAbgO.) gemäß § 381 RAbgO. bedarf der Feststellung durch Strafbescheid (§ 413 RAbgO.) oder durch Urteil (KG. in JW. 1296, 1678[1]). Die rechtliche Natur der Haftung der Nebenbeteiligten ist ebenso wie die der subsidiarischen Haftung nach dem VZG., als ein „Einstehen für eine fremde Straftat" (RGSt. 54, 77) aufzufassen. Eine „Strafe" kommt also insoweit nicht in Frage. Wird auf die Haftung erkannt, nachdem vorher bereits der Angeklagte verurteilt worden war, so erwächst durch das Urteil über die Feststellung der Haftung keine besondere Gebühr. Das Gesagte gilt auch betreffs der subsidiären Haftung, die nach den Forststrafgesetzen bei Verurteilung von Personen, welche unter der Gewalt, der Aufsicht oder im Dienste eines anderen stehen und zu dessen Hausgenossenschaft gehören, diesem auferlegt ist. ZDGerSekr. 1906, 106 (LG. Braunschweig). S. auch Fußnote 23.

[11]) Dies gilt auch für das Verfahren in der früheren Rechtsmittelinstanz. RGSt. 27, 384; Jonas § 56 Anm. 3; Baumbach § 56 Anm. 2; Rittmann-Wenz § 56 Anm. 2; Kollat § 56 Anm. 2; Sydow-Busch-Krieg § 56 Anm. 2.

[12]) Baumbach § 49 Anm. 1; Rittmann-Wenz § 49 Anm. 3; Kollat § 56 Anm. 2; Sydow-Busch-Krieg § 56 Anm. 2.

[13]) Jonas § 49 Anm. 3; Baumbach § 49 Anm. 2; Sydow-Busch-Krieg § 49 Anm. 4; Rittmann-Wenz § 49 Anm. 2; Kollat § 49 Anm. 3. Wird von

stanz zu Verurteilungen, aber zu verschiedenen Strafen, so ist die in der höheren Instanz erkannte maßgebend[14]). Das gilt auch, wenn lediglich die Straffrage angegriffen war[15]).

Schwierigkeiten entstehen bei der erwähnten zweiten Möglichkeit. Sie ist ge- 23
geben, wenn gegen den Angeklagten wegen schweren Diebstahls drei Jahre Gefängnis und wegen Beleidigung ein Monat Gefängnis als Einsatzstrafen festgesetzt sind, daraus eine Gesamtstrafe von drei Jahren zwei Wochen Gefängnis gebildet wird und der Angeklagte nur die Verurteilung wegen Beleidigung bekämpft. Sie liegt auch vor, wenn der verurteilte Angeklagte nur wegen der Buße, nur wegen der Überweisung an die Landespolizeibehörde oder nur wegen der Kostenentscheidung die höhere Instanz angeht. Berücksichtigt man nur den Wortlaut des § 49, so muß im ersten Beispiele die Gesamtstrafe den Maßstab für die Gebühr der höheren Instanz abgeben, obwohl nur ein kleiner Teil der Strafe angefochten wird[16]). Im zweiten Beispiele muß die von der ersten Instanz erkannte und rechtskräftig gewordene Hauptstrafe maßgebend sein[16a]), obwohl die Strafgrößen, nach denen sich die Gebühr bemißt, ganz unangefochten bleiben, ja in dem ersten und letzten Falle das Rechtsmittel eine Strafe überhaupt nicht betrifft. Obwohl also die höhere Instanz sich nur mit einem Ausschnitte des Stoffes der ersten Instanz zu beschäftigen hat, soll der Maßstab der Gebühr derselbe bleiben, es soll für die Höhe der Gebühr nichts ausmachen, ob das ganze Urteil oder nur ein kleiner Teil desselben angefochten wird. Das ist ein so unbilliges Ergebnis, daß es nicht als dem Willen des Gesetzes entsprechend angesehen werden kann. Auf den richtigen Weg leitet die Bestimmung des § 50 Abs. 1 GKG.[17]). Sie betrifft den Fall des § 79 StGB. Hier bildet das Urteil aus der früher verhängten und der neu eingesetzten Strafe eine Gesamtstrafe. Hielte man sich nun streng an den Wortlaut des § 49, so wäre diese Gesamtstrafe die rechtskräftig erkannte Strafe. § 50 Abs. 1 besagt aber, daß sich die Gebühr für das neue Verfahren „durch den Betrag, um welchen die Gesamtstrafe die früher erkannte Strafe übersteigt", bestimmt. Deutlich kommt hier zum Ausdruck, daß *für die Bemessung der Instanzgebühr nur die Strafe maßgebend ist, über welche die betreffende Instanz zu entscheiden hatte*[18]). Das ist zu berücksichtigen, wenn die Hauptverhandlung infolge Einspruchs gegen einen Strafbefehl einzelne der im Strafbefehl abgeurteilten Straftaten ergreift (§ 53 Abs. 2 GKG.)[19]) oder wenn die nur einzelne Straftaten betreffende Wiederaufnahme des Verfahrens zu einer Aufrechterhaltung des früheren Urteils führt. Für die Rechtsmittelinstanzen ergibt sich folgendes:

a) Richtet sich die Berufung oder Revision nur gegen die Entscheidung bezüglich 24
einzelner selbständiger Straftaten, so ist nur die bezügliche Strafe[20]), bei Freiheitsstrafen die Einsatzstrafe[21]), für die Gebühren der höheren Instanz maßgebend.

---

der Rechtsmittelinstanz zurückverwiesen und erkennt demnächst die erste Instanz rechtskräftig auf Strafe, so ist diese auch für die Gebühren der früheren Rechtsmittelinstanz maßgebend. RGSt. 18, 348; *Jonas* § 49 Anm. 3; *Rittmann-Wenz* § 49 Anm. 2; *Kollat* a. a. O.

[14]) *Jonas*, *Baumbach*, *Sydow-Busch-Krieg*, *Rittmann-Wenz*, *Kollat* a. a. O.

[15]) *Baumbach* und *Rittmann-Wenz* a. a. O.

[16]) So in der Tat GoltdArch. 39, 71 (RG.).

[16a]) So *Wochinger-Schwalb* § 49 Anm. 11, 12, während er in Anm. 10 bezüglich des ersten Beispiels der im Verfolge entwickelten Ansicht des Textes sich anschließt.

[17]) RGSt. 26, 174; 27, 61 (ORA.).

[18]) RGSt. 26, 174; 27, 59 (ORA.); 27, 58 (VStS.); *Jonas* § 49 Anm. 3; *Baumbach* § 49 Anm. 2; *Rittmann-Wenz* § 49 Anm. 2; *Kollat* § 49 Anm. 3; *Sydow-Busch-Krieg* § 49 Anm. 4.

[19]) *Baumbach* § 53 Anm. 3; *Rittmann-Wenz* § 53 Anm. 4.

[20]) S. Fußnote 18.

[21]) RGSt. 26, 174; *Jonas* a. a. O.; *Baumbach* § 49 Anm. 2; *Rittmann-Wenz* § 49 Anm. 2; *Sydow-Busch-Krieg* § 49 Anm. 4; *Kollat* § 49 Anm. 3.

25 b) Greift die Berufung oder Revision nur die Einziehung, Verfallserklärung oder Unbrauchbarmachung oder den an Stelle der Einziehung tretenden Werterſatz an, so richten sich lediglich nach dem Wert dieser Maßnahmen die Gebühren der Rechtsmittelinstanz[22]).

26 c) Wird das Urteil nur bezüglich einer für die Gebührenbemessung nicht in Betracht kommenden Entscheidung angefochten, z. B. wegen der Aberkennung der bürgerlichen Ehrenrechte außerhalb des Falles des § 52 Abs. 3 GKG., wegen der Buße, wegen Erziehungsmaßnahmen oder der Frage der Strafaussetzung nach JGG., wegen des Kostenpunkts, so werden für die Rechtsmittelinstanz keine Gebühren erhoben[23]).

§ 50.

Im Falle des § 79 des Strafgesetzbuchs bestimmt sich die Gebühr für das neue Verfahren durch den Betrag, um welchen die Gesamtstrafe die früher erkannte Strafe übersteigt.

Im Falle des § 460 der Strafprozeßordnung ist eine besondere Gebühr nicht zu erheben.

Vorbemerkung.

§ 50 beschäftigt sich mit den Fällen des § 79 StGB. und des § 460 StPO.

Übersicht.

I. Gesamtstrafe im Falle des § 79 StGB. (1). | II. Der Fall des § 460 StPO. (2).

1 **I. Gesamtstrafe im Falle des § 79 StGB.** Wenn, bevor eine erkannte Strafe verbüßt, verjährt oder erlassen ist, die Verurteilung wegen einer strafbaren Handlung erfolgt, welche vor der früheren Verurteilung begangen war, so ist gemäß §§ 79, 74 StGB. auf eine Gesamtstrafe zu erkennen, welche in einer Erhöhung der verwirkten schwersten Strafe besteht. In dem Verfahren, in dem diese Gesamtstrafe erkannt wird, ist für die Gebühren nach § 50 Abs. 1 GKG. nicht die Gesamtstrafe, sondern der Betrag maßgebend, um welchen die Gesamtstrafe die früher erkannte Strafe übersteigt[1]). War also früher auf 6 Monate Gefängnis erkannt, und lautet die Gesamtstrafe auf 9 Monate Gefängnis, so sind bei Berechnung der Gebühren des neuen Verfahrens 3 Monate als Strafe zugrunde zu legen, u. z. auch, wenn jetzt die Anrechnung von 2 Monaten Untersuchungshaft angeordnet ist. War schon früher auf eine Gesamtstrafe erkannt und wird nunmehr eine neue Gesamtstrafe ausgesprochen, so ist der Unterschied der beiden Gesamtstrafen maßgebend. Vielfach erkennt die Praxis statt auf eine Gesamtstrafe auf eine „Zusatzstrafe". Das ist nur ein anderer Ausdruck für eine aus der Zusammenzählung der früheren Strafe und der „Zusatzstrafe" sich ergebenden Gesamtstrafe. Die „Zusatzstrafe" stellt also bereits den in § 50 Abs. 1 GKG. gedachten

---

[22]) A. M. RGSt. 18, 370, mit unzureichenden Gründen (offenbar war wieder einmal der horror pleni maßgebend) in RGSt. 26, 175 verteidigt. Wie RG. auch Sydow-Busch-Krieg § 49 Anm. 4.

[23]) Jonas § 55 Anm. 1; Baumbach § 55 Anm. 1; Sydow-Busch-Krieg § 55 Anm. 1; Rittmann-Wenz § 55 Anm. 2; Kollat § 55 Anm. 1. Dasselbe gilt, wenn nur der Nebenbeteiligte (§ 386 Abs. 3 RAbgO.) oder subsidiarisch Haftbare wegen seiner Haftung Berufung oder Revision erhebt. DJZ. 1905, 507 (KG.); Rittmann § 65 Anm. 9. S. auch oben F. 10. Anders werden die Rechtsmittel des Privat- und des Nebenklägers behandelt. S. darüber § 60 Anm. 13.

[1]) Fehlt es an einem solchen übersteigenden Betrag, weil die spätere Einsatzstrafe nur 1 Tag Freiheitsstrafe darstellt und deshalb die früher erkannte Strafe „die Bedeutung der Gesamtstrafe annimmt" (RGSt. 30, 141), so kommt für das neue Verfahren keine Gebühr in Ansatz. Rittmann § 60 Anm. 1; Kollat § 50 Anm. 1; Wochinger-Schwalb § 50 Anm. 1.

Betrag dar. An den Gebühren für das frühere Verfahren wird durch das spätere Verfahren nichts geändert.

II. **Der Fall des § 460 StPO.** Ist jemand durch verschiedene rechtskräftige 2
Urteile zu Strafen verurteilt worden, und sind dabei die Vorschriften über die Zuerkennung einer Gesamtstrafe außer Betracht geblieben, so sind die erkannten Strafen gemäß § 460 StPO. durch eine nachträgliche gerichtliche Entscheidung auf eine Gesamtstrafe zurückzuführen. Die Entscheidung erfolgt durch Beschluß des in § 462 Abs. 3 StPO. näher bezeichneten Gerichts erster Instanz. § 50 Abs. 2 GKG. hebt ausdrücklich hervor, daß für dieses Verfahren „eine besondere Gebühr nicht zu erheben" ist.

Die Aufnahme dieser Bestimmung „mag sich durch die Besorgnis vor mißverständlicher Anwendung des Abs. 1 erklären"[1a]). In der Tat wäre aber die Bestimmung zu entbehren. § 50 Abs. 1 GKG. zeigt, daß im Falle des § 79 StGB. nicht die Gesamtstrafe, sondern nur der Betrag, um den sie die frühere Strafe übersteigt, für die Gebühren des neuen Verfahrens maßgebend ist. Ist die spätere urteilsmäßig erkannte Gesamtstrafe nicht Maßstab für die Gebühren, so ist nicht einzusehen, weshalb die beschlußmäßig festgesetzte es sein sollte[2]). Ändert die Erkennung der Gesamtstrafe nach § 79 StGB. nichts an den Gebühren des früheren Verfahrens, so muß ebenso der Beschluß nach § 460 StPO. die Gebühren der früheren Verfahren unbeeinflußt lassen[3]). Kommt aber in diesem Falle eine Reduktion des Gesamtbetrags der Gebühren in den verschiedenen früheren Verfahren nicht in Betracht, so wäre es an sich sonderbar, wenn der Verurteilte für den Nachtragsbeschluß noch eine Gebühr zu entrichten haben sollte. Eine solche käme auch ohne § 50 Abs. 2 nicht in Frage, da eine besondere Gebühr nicht vorgesehen, ihre Erhebung daher unstatthaft ist.

§ 51.

Betrifft eine Strafsache mehrere Angeschuldigte, so ist die Gebühr von jedem Verurteilten besonders nach Maßgabe der gegen ihn erkannten Strafe zu erheben.

1. Sind in einer Strafsache mehrere Beschuldigte vorhanden, so werden 1
für jeden die Gebühren besonders berechnet. Maßgebend ist für jeden Beschuldigten die gegen ihn erkannte Strafe. Das gilt auch, soweit für die erkannte Geldstrafe — was im Zoll- und Steuerstrafrecht vorkommt — die mehreren Angeklagten als Gesamtschuldner haften. Eine Gesamthaft mehrerer Angeklagten für die Gebühren besteht auch in diesem Falle nicht[1]), vielmehr ist von jedem Angeklagten die Gebühr nach dem vollen Betrage der Strafe gesondert zu erheben[2]).

[1a]) RGSt. 37, 171.

[2]) RGSt. 37, 170.

[3]) RGSt. 37, 170/171; Baumbach § 50 Anm. 2; Jonas § 50 Anm. 2; Rittmann-Wenz § 50 Anm. 2; Sydow-Busch-Krieg § 50 Anm. 3.

[1]) RGSt. 21, 62 (s. auch ebenda 164); Rittmann-Wenz § 51 Anm. 2; Kollat § 51 Anm. 1; Wochinger-Schwalb § 51 Anm. 3. A. M. Baumbach § 51 Anm. 1; Jonas § 51 Anm. 2 unter Berufung auf § 82 GKG. [früher § 91], der aber eben für die Haftung von Angeklagten durch § 51 ausgeschlossen ist (RGSt. 21, 63 und 164; 32, 283). Nach Sydow-Busch-Krieg § 51 Anm. 1 „ist die nach der erkannten Geldstrafe in Ansatz zu bringende Gebühr an sich von jedem Verurteilten zu erheben, jedoch von allen zusammen nur einmal", es wird also offenbar der Standpunkt von Baumbach und Jonas geteilt.

[2]) RGSt. 21, 63; 32, 283; OLGMünchenSt. 5, 199; Rittmann-Wenz, Kollat, Wochinger-Schwalb a.a.O. Die treffenden Sätze in RGSt. 32, 283 lauten: „Der Begriff einer Gesamtschuld gibt dem Gläubiger das Recht, jeden einzelnen der Schuldner auf die ganze Leistung in Anspruch zu nehmen. Jeder einzelne Schuldner ist also verpflichtet, auf Erfordern die gesamte Schuld zu tilgen, und wenn es sich um eine Geldschuld handelt, dieselbe voll zu bezahlen, nur mit der Wirkung, daß, wenn von einer Seite Tilgung

2 2. § 51 betrifft nur die **Gebühren, die von dem verurteilten Angeklagten nach Maßgabe der gegen ihn erkannten Strafe erhoben werden.** Er gilt nicht

a) im Falle des § 57 [3]) (s. daselbst Anm. 6, 11),

b) im Falle des § 58 [4]) (s. daselbst Anm. 7),

c) in den Fällen der §§ 60—63, 66, vielmehr kommt hier § 64 zur Anwendung [5]),

d) im Falle des § 70 [6]), da hier überhaupt nicht der 4., sondern der 2. Abschnitt des Gesetzes maßgebend ist.

3 3. Wegen der **Auslagen** s. § 88 Anm. 23 ff.

§ 52.

Für das Verfahren in erster Instanz werden erhoben:

im Falle einer Freiheitsstrafe bis zu einer Woche einschließlich 5 Reichsmark,
von mehr als einer Woche bis zu zwei Wochen einschließlich 10 Reichsmark,
von mehr als zwei Wochen bis zu einem Monat einschließlich 20 Reichsmark,
von mehr als einem Monat bis zu sechs Monaten einschließlich 50 Reichsmark,
von mehr als sechs Monaten bis zu einem Jahre einschließlich 80 Reichsmark,
von mehr als einem Jahre bis zu zwei Jahren einschließlich 100 Reichsmark,
von mehr als zwei Jahren bis zu fünf Jahren einschließlich 200 Reichsmark,
im Falle einer schwereren Strafe . . . . 300 Reichsmark.

Ist auf eine Geldstrafe erkannt, so werden 10 vom Hundert des Betrags der erkannten Strafe, mindestens 5 Reichsmark, erhoben; die Gebühr darf jedoch die Summe von 10000 Reichsmark und den Betrag der erkannten Strafe nicht übersteigen.

Ist der zur Kostentragung verurteilte Beschuldigte für straffrei erklärt, so beträgt die Gebühr 5 Reichsmark, und ist ausschließlich auf Verlust der bürgerlichen Ehrenrechte überhaupt oder einzelner bürgerlicher Ehrenrechte erkannt, so beträgt die Gebühr 75 Reichsmark.

Vorbemerkung.

§ 52 regelt die Höhe der Gebühren für die erste Instanz.

---

erfolgt, die Forderung mit der Befriedigung des Gläubigers erlischt. Jeder der beiden Angeklagten war daher auch vorliegend verpflichtet, ... als Strafe zu zahlen; ... Die hiernach gegen jeden der beiden Angeklagten ausgesprochene Verpflichtung zur Zahlung ... der Steuerstrafe bildete somit die Strafe, zu der er verurteilt worden."

[3]) Jonas § 51 Anm. 1; Rittmann-Wenz § 51 Anm. 1; Baumbach § 51 Anm. 1; Kollat § 51 Anm. 1; Wochinger-Schwalb § 51 Anm. 1; Sydow-Busch-Krieg § 57 Anm. 3.

[4]) Rittmann-Wenz, Kollat und Baumbach a. a. O.; Sydow-Busch-Krieg § 58 Anm. 4.

[5]) Jonas § 51 Anm. 1.

[6]) Rittmann-Wenz, Kollat und Baumbach a. a. O.

Übersicht.

I. Inhalt des Paragraphen und Entstehungsgeschichte. Der § 52 regelt die Höhe der Gebühren für das Verfahren in erster Instanz. 1

Der dem jetzigen § 52 entsprechende § 62 ä. F. gab im Abs. 1 für Geld- und Freiheitsstrafen, die zueinander in ein Wertverhältnis gebracht waren, einen gemeinsamen Gebührentarif, während Abs. 2 für den Fall, daß auf Verweis oder ausschließlich auf Verlust der bürgerlichen Ehrenrechte überhaupt oder einzelner bürgerlicher Ehrenrechte erkannt war, Festbeträge als Gebühren vorsah. Das Gesetz vom 21. Dez. 1922 brachte für Freiheitsstrafen einen neuen Tarif, für Geldstrafen den Ansatz einer Gebühr von 20% und eine Festgebühr für die Straffreierklärung des zur Kostentragung verurteilten Beschuldigten. Das Gesetz vom 28. Jan. 1927 erhöhte den Tarif für Freiheitsstrafen, setzte den Prozentsatz bei Geldstrafen auf 10% herab und schuf gleichzeitig insoweit ein Mindest- und Höchstmaß der Gebühren. Der Festbetrag für Straffreierklärung wurde erhöht, die den Verweis betreffende Stelle wurde gestrichen, nachdem der Verweis als Strafe durch das JGG. beseitigt worden war. 1a

II. Die erste Instanz. 2

1. Eine Trennung in Vorverfahren und Hauptverfahren, wie in der RAGebO., ist dem GKG. unbekannt. Auch die gerichtliche Tätigkeit im Vorverfahren wird durch die Gebühr für die 1. Instanz abgegolten[1]).

2. Die Entscheidungen nach Rechtskraft des Urteils sind durch § 462 StPO. dem Gerichte erster Instanz zugewiesen. Man wird sie deshalb auch als zur 1. Instanz gehörig betrachten dürfen[1a]). 3

3. Sieht man von den eben erwähnten Ausnahmen ab, so endet die 1. Instanz mit der Verkündung des Urteils oder, falls diese in Abwesenheit des Angeklagten oder Nebenklägers erfolgt, mit der Zustellung an diese. In den Fällen der §§ 432 Abs. 2, 437 Abs. 1 RAbgO. beendet erst die hiernach erforderliche Zustellung die Instanz. 4

4. Die Zurückverweisung durch das Berufungs- oder Revisionsgericht begründet keine neue erste Instanz[1b]), gleichgültig ob an das bisherige oder ein anderes Untergericht verwiesen ist. Auch die Verweisung an das zuständige Gericht nach §§ 328 Abs. 3, 355 StPO. hat keine anderen Folgen für den Umfang der ersten Instanz[2]). 5

5. Nach § 49 Abs. 1 GKG. gibt die rechtskräftig erkannte Strafe den Maßstab für die Höhe der Gerichtsgebühren aller Instanzen. Jedes Urteil umgrenzt mit seinem Strafausspruch eine Instanz. Wird in einem Verfahren, das mehrere selbständige Straftaten betrifft, die eine abgeurteilt, die andere abgetrennt und über sie demnächst gesondert erkannt, so liegt bezüglich dieser nunmehr eine selbständige 6

[1]) Sydow-Busch-Krieg § 49 Anm. 1.

[1a]) Sydow-Busch-Krieg a. a. O.

[1b]) Jonas § 49 Anm. 5; Rittmann-Wenz § 52 Anm. 3; Baumbach § 49 Anm. 2, § 52 Anm. 2; Kollat § 49 Anm. 4; Wochinger-Schwalb § 55 Anm. 5; Sydow-Busch-Krieg § 49 Anm. 4.

[2]) Jonas und Rittmann-Wenz a. a. O.; Baumbach § 49 Anm. 2; Kollat und Sydow-Busch-Krieg a. a. O.

erste Instanz vor[3]). Ebenso ist, wenn die eine Straftat abgeurteilt wird und bezüglich der anderen das Gericht sich für unzuständig erklärt und die Sache insoweit an das zuständige Gericht verweist, das demnächst zur Verurteilung kommt, dieses Verfahren als selbständige erste Instanz zu behandeln[4]). Werden zwei Strafsachen, die zunächst getrennt verhandelt wurden, verbunden und dann durch ein Urteil, das auf Strafe erkennt, erledigt, so ist nur eine erste Instanz gegeben[5]).

7 **III. Der Gebührentarif.**

1. Ist auf Freiheitsstrafe erkannt, so kommt § 52 Abs. 1 zur Anwendung. Maßgebend ist die Gesamtstrafe, nicht die Summe der Einsatzstrafen, die ihr zugrunde liegen. Nebeneinander erkannte ungleichartige Freiheitsstrafen werden zusammengezählt[6]). Anrechnung der Untersuchungshaft bleibt, weil nur die Vollstreckung beeinflussend, außer Betracht[7]).

8 2. Ist auf Geldstrafe erkannt, so werden 10 vom Hundert des Betrages der erkannten Strafe erhoben. Mehrere in demselben Urteil erkannte Geldstrafen werden zusammengerechnet. Einziehung, Verfallserklärung oder Unbrauchbarmachung sowie Werterersatz statt Einziehung werden nach Maßgabe von § 49 Abs. 4 GKG. als Geldstrafe behandelt. Maßgebend ist die primäre Geldstrafe, nicht die subsidiäre Freiheitsstrafe; in Betracht kommt nicht die an sich verwirkte Freiheitsstrafe, sondern die nach § 27b StGB. an ihre Stelle gesetzte Geldstrafe.

9 Die Mindestgebühr im Falle des Ausspruchs einer Geldstrafe beträgt 5 RM. Die Gebühr darf die Summe von 10000 RM. und den Betrag der erkannten Strafe nicht übersteigen. Wäre das der Fall, so mindert sie sich auf diesen Betrag. Ist also auf eine Geldstrafe von 3 RM. erkannt, so beträgt die Gebühr 3 RM. und nicht 5 RM. Unter 0,50 RM. darf aber gemäß § 7 Abs. 1 die Gebühr nicht hinabgehen, auch wenn, was nach Landesstrafrecht vorkommt, die Strafe weniger als 0,50 RM. beträgt[7a]).

10 3. Ist neben Freiheitsstrafe auf Geldstrafe oder auf eine der als Geldstrafen zu behandelnden Maßnahmen erkannt, so wird die Gebühr von der Freiheitsstrafe und von der Geldstrafe besonders berechnet. Die Addition beider Beträge ergibt die Gebühr für die 1. Instanz. Die Bestimmungen über die Mindestgebühr von der Geldstrafe sind auch hier u. z. vor der Zusammenzählung mit der Gebühr von der Freiheitsstrafe zu berücksichtigen.

11 4. Todesstrafe ist eine schwerere Strafe im Sinne des Abs. 1 letzte Zeile.

12 5. Wird bei wechselseitigen Beleidigungen oder Körperverletzungen der Beschuldigte für straffrei erklärt, aber in die Kosten verurteilt, so kommt eine Gebühr im festen Betrage von 5 RM. zum Ansatze[8]). Da das Gesetz diesen Tarifsatz in den Paragraphen einstellt, der die Gebühren nach Maßgabe der erkannten Strafe abstuft, darf die Bestimmung dahin aufgefaßt werden, daß die Straffreierklärung im Sinne des Gebührentarifs der Strafe gleich zu behandeln ist. Sind also

---

[3]) Jonas § 49 Anm. 6; Rittmann-Wenz § 52 Anm. 3; Baumbach § 52 Anm. 2; Kollat § 52 Anm. 3.

[4]) Jonas und Kollat a. a. O.

[5]) Baumbach und Kollat a. a. O. Die Verbindung einer erstinstanzlichen mit einer Berufungssache ist, seitdem die Strafkammern nicht mehr Erstinstanzgerichte sind, ausgeschlossen.

[6]) Jonas § 52 Anm. 2b; Kollat § 52 Anm. 1a; Wochinger-Schwalb § 49 Anm. 9; Rittmann-Wenz § 52 Anm. 1; Baumbach § 52 Anm. 3; Sydow-Busch-Krieg § 52 Anm. 3.

[7]) Jonas § 49 Anm. 3; Kollat § 49 Anm. 1c; Rittmann-Wenz § 49 Anm. 4; Baumbach § 49 Anm. 1, § 52 Anm. 3; Wochinger-Schwalb § 49 Anm. 6; Sydow-Busch-Krieg § 49 Anm. 2.

[7a]) S. oben § 7 Anm. 6.

[8]) Die Gebühr ist also höher, als wenn der Angeklagte zu 3 RM. Geldstrafe verurteilt wird. Für das Privatklageverfahren gilt die besondere Vorschrift des § 60 Abs. 1 GKG.

mehrere Angeklagte für straffrei erklärt und in die Kosten verurteilt[8a]), so ist gemäß § 51 GKG. von jedem die Gebühr von 5 RM. zu erheben. Das „Absehen von Strafe" gemäß §§ 6, 9 Abs. 4 JGG. belastet den Angeklagten nach § 41 JGG. lediglich mit den Auslagen des Verfahrens, eine Gebühr kommt nicht in Ansatz.

6. Ist ein Deutscher im Auslande wegen eines Verbrechens oder Vergehens be- 13
straft worden, welches nach den Gesetzen des Deutschen Reichs den Verlust der bürgerlichen Ehrenrechte überhaupt oder einzelner bürgerlicher Ehrenrechte zur Folge hat oder zur Folge haben kann, so ist nach § 37 StGB. ein neues Strafverfahren zulässig, um gegen den in diesem Verfahren für schuldig Erklärten auf jene Folge zu erkennen. Ergeht ein solches Urteil, so wird eine Gebühr im festen Betrage von 75 RM. erhoben.

IV. Die Sätze des § 52 als Pauschgebühr. 14

Nach § 52 Abs. 1 GKG. werden die dort bestimmten Sätze „für das Verfahren in erster Instanz" erhoben. Gleiches will offenbar Abs. 2 besagen. Nach Abs. 3 beträgt „die Gebühr" 3 bzw. 75 RM. Deutlich ist damit zum Ausdruck gebracht, daß die gesamte Tätigkeit der 1. Instanz mit einem Gebührensatze abgegolten ist (vgl. auch § 53 Abs. 2: „die Gebühr"). Allerdings wird, wenn neben einer Freiheitsstrafe auf Geldstrafe erkannt ist, nach § 49 Abs. 3 GKG. „die Gebühr" von jeder Strafe besonders berechnet, und das ist, wie schon erwähnt, wegen des Mindestsatzes der Geldstrafe von Bedeutung, aber beide Beträge zusammen ergeben erst den Gebührensatz der ersten Instanz. Neben ihm kommen besondere Gebühren für die 1. Instanz nur zum Ansatze, soweit solche ausdrücklich vorgesehen sind: das ist, von § 70 abgesehen, nicht der Fall. Besondere Gebühren entfallen also z. B. nicht für Entscheidungen über Ablehnung von Richtern, über Gesuche um Wiedereinsetzung in den vorigen Stand, über Aufhebung von Beschlagnahmen, über Freigabe oder Verfall von Sicherheiten, für mündliche Verhandlungen über den Haftbefehl.

§ 53.

In dem Verfahren bei amtsrichterlichen Strafbefehlen wird die Hälfte der Sätze des § 52 erhoben. Im Falle einer Geldstrafe wird mindestens ein Betrag von 2,50 Reichsmark erhoben; die Gebühr darf jedoch den Betrag der erkannten Strafe nicht übersteigen.

Hat gemäß § 411 Abs. 1 der Strafprozeßordnung eine Hauptverhandlung stattgefunden oder wird der gegen den Strafbefehl erhobene Einspruch wegen Ausbleibens des Beklagten in der Hauptverhandlung durch Urteil verworfen (Strafprozeßordnung § 412), so erhöht sich die Gebühr auf die vollen Sätze des § 52.

Vorbemerkung.

§ 53 regelt die Gebühren im Strafbefehlsverfahren.

Übersicht.

[8a]) Sind nur einige in die Kosten verurteilt, so wird nur bezüglich ihrer eine Gebühr erhoben. Jonas § 52 Anm. 3.

6. Beschränkt erhobener Einspruch (6).
7. Neues Strafverfahren wegen beschränkter Rechtskraftwirkung des Strafbefehls (7).
III. Das Verfahren nach vorangegangener polizeilicher Strafverfügung (8—9).
IV. Das Verfahren nach vorangegangenem Strafbescheid (10—11).

1 **I. Entstehungsgeschichte.** Nach § 63 ä. F. wurde eine Gebühr von ²/₁₀ erhoben, wenn die Strafe ohne Hauptverhandlung rechtskräftig festgesetzt wurde, und eine das ganze Verfahren abgeltende Gebühr von ⁴/₁₀, falls der Einspruch gegen den Strafbefehl wegen Ausbleibens des Angeklagten in der Hauptverhandlung verworfen wurde. Für die Entscheidung, durch welche ein Einspruch gegen einen Strafbefehl oder ein Antrag auf gerichtliche Entscheidung gegen eine Strafverfügung oder einen Strafbescheid als unzulässig verworfen wird, kam nach § 66 Z. 4 ä. F. eine Gebühr von ¹/₁₀ in Ansatz.

Die jetzige Fassung des § 53 beruht auf dem Gesetze vom 21. Dezember 1922, Abs. 1 Satz 2 auf dem Gesetze vom 28. Januar 1927.

1a **II. Das Verfahren bei amtsrichterlichen Strafbefehlen.**

1. Nach § 407 StPO. können bei Übertretungen und Vergehen amtsrichterliche Strafbefehle erlassen werden. Der Strafbefehl darf keine andere Strafe als Geldstrafe oder Freiheitsstrafe von höchstens drei Monaten sowie eine etwa verwirkte Einziehung oder die Bekanntmachung der Entscheidung festsetzen, die Überweisung an die Landespolizeibehörde dagegen nicht verhängen. Gegen einen Jugendlichen darf nach § 39 JGG. nur Geldstrafe, die an deren Stelle tretende Freiheitsstrafe sowie Einziehung ausgesprochen werden.

2 2. Kommt es nicht zum Erlaß des Strafbefehls, wird vielmehr ohne oder nach weiteren Ermittlungen die Eröffnung des Hauptverfahrens rechtskräftig abgelehnt, so entfällt mangels einer rechtskräftig erkannten Strafe eine Gebührenerhebung. Wird gemäß § 408 Abs. 2 StPO. die Sache durch Eröffnung des Hauptverfahrens in das ordentliche Verfahren übergeleitet, so kommt § 52 zur Anwendung.

3 3. Wird der Strafbefehl erlassen und erlangt er die Rechtskraft, sei es daß ein Einspruch nicht erhoben, der erhobene mangels Einhaltung der Form oder der Frist durch Beschluß verworfen, auf den Einspruch verzichtet oder der Einspruch bis zum Beginne der Hauptverhandlung zurückgenommen wird, so wird nach Maßgabe der im Strafbefehl festgesetzten Strafe die Hälfte der Sätze des § 52 erhoben. Im Falle einer Geldstrafe beträgt die Gebühr aus dieser mindestens 2,50 RM., sie darf jedoch den Betrag der Geldstrafe nicht übersteigen. Der Höchstbetrag beläuft sich auf 5000 RM.[1]). Für die Zurücknahme oder die beschlußmäßige Verwerfung des Einspruchs oder für die beschlußmäßige Verwerfung eines Gesuchs um Wiedereinsetzung in den vorigen Stand bei Versäumung der Einspruchsfrist wird keine besondere Gebühr erhoben[2]).

4 4. Kommt es infolge Einspruchs zur Hauptverhandlung (§ 411 Abs. 1 StPO.) und führt diese zur Freisprechung oder Einstellung oder nach JGG. nur zum Absehen von Strafe oder nur zur Anordnung von Erziehungsmaßnahmen, so kommt für das gesamte Verfahren keine Gebühr in Ansatz. Erfolgt eine Verurteilung zu Strafe[2a]), so ist die jetzt erkannte Strafe — ihr Erwachsen in Rechtskraft vorausgesetzt — für die das ganze Verfahren abgeltende, nach § 52 zu berechnende Gebühr maßgebend. Wie § 53 Abs. 2 sagt, „erhöht sich die Gebühr auf die vollen Sätze des § 52“[3]). Wenn hier „die“ Gebühr erwähnt wird, so ist damit der für den

---

[1]) Der Höchstsumme gedenkt § 53 Abs. 1 Satz 2 GKG. nicht. Sie gehört aber auch zur Normierung „der Sätze des § 52“. Im Sinne des Textes Jonas § 53 Anm. 1c.

[2]) Jonas § 53 Anm. 1b; Rittmann-Wenz § 53 Anm. 2; Baumbach § 53 Anm. 1; Kollat § 53 Anm. 1c; Sydow-Busch-Krieg § 53 Anm. 2.

[2a]) Die Straffreierklärung steht bei gleichzeitiger Verurteilung des Angeklagten in die Kosten nach Maßgabe von § 52 Abs. 3 dem Ausspruche einer Strafe gleich.

[3]) Hat nur der subsidiarisch Haftbare oder der Nebenbeteiligte (s. § 49 F. 10) Einspruch eingelegt und kommt es über die Haftung zur Hauptverhandlung, so findet eine

Strafbefehl nach Abs. 1 angefallene Betrag gemeint, also, falls neben einer Freiheitsstrafe auf Geldstrafe erkannt ist, die Summe der von jeder Strafe besonders berechneten Gebührenbeträge. Der Verurteilung zu Strafe steht es gleich, wenn in der Hauptverhandlung der Einspruch, weil nicht form- oder fristgerecht erhoben, als unzulässig verworfen wird[4]).

5. Wie das auf Strafe erkennende Urteil wird auch das Urteil behandelt, 5
das den Einspruch wegen ungenügend entschuldigten Ausbleibens des Angeklagten in der Hauptverhandlung verwirft (§ 412 StPO.). Maßgebend für die Gebühr nach § 52 ist in diesem Falle die im Strafbehl verhängte Strafe. Das Verfahren der Wiedereinsetzung in den vorigen Stand gegen das Urteil nach § 412 StPO. unterliegt keinem besonderen Gebührensatze.

6. Wenn der Strafbefehl mehrere selbständige Straftaten er- 6
greift, so kann es vorkommen, daß der Einspruch nur einzelne derselben betrifft. In diesem Falle ist für die vom Einspruch nicht betroffenen Straftaten nach § 53 Abs. 1, für die durch Urteil erledigten nach § 53 Abs. 2 zu liquidieren[5]). Erkannte etwa der Strafbefehl wegen Beleidigung und Körperverletzung bei Einsatzstrafen von je 10 Tagen Gefängnis auf eine Gesamtstrafe von 2 Wochen Gefängnis und richtet sich der Einspruch nur gegen die Bestrafung wegen Beleidigung, wird er aber gemäß § 412 StPO. durch Urteil verworfen, so kommen folgende Gebühren in Ansatz:

für die Strafe wegen Körperverletzung die Hälfte der Sätze des § 52,
für die Strafe wegen Beleidigung der volle Betrag der Sätze des § 52.

Die halbe Gebühr bemißt sich nach 10 Tagen Gefängnis, beträgt also 5 RM. Für die volle Gebühr könnte man an die gleiche Strafgröße denken. Aber man wird doch den Fall dem des § 50 Abs. 1 GKG. gleich behandeln müssen: die Strafe des Strafbefehls wegen Körperverletzung steht rechtskräftig fest, und die Verwerfung des Einspruchs führt zur Aufrechterhaltung der Gesamtstrafe, also zu demselben Ergebnis wie ein Urteil nach § 79 StGB. Deshalb wird man die volle Gebühr von 14—10 = 4 Tagen Gefängnis, also auf 5 RM. zu berechnen haben.

7. Nach der überaus anfechtbaren, aber die Praxis beherrschenden Auslegung 7
des § 410 StPO. durch das RG.[6]) steht die Rechtskraft des Strafbefehls einem späteren Strafverfahren nicht entgegen, das die Straftat unter einem von dem Standpunkte des Strafbefehls abweichenden rechtlichen Gesichtspunkte erfaßt. Kommt es zu einem solchen neuen Verfahren, so bildet dieses für die Gebührenbemessung eine selbständige Instanz[7]). Eine Anrechnung der Gebühren des früheren auf die des späteren Verfahrens findet nicht statt[8]).

III. Das Verfahren nach vorangegangener polizeilicher Strafverfügung. 8

1. Zurücknahme des Antrags auf gerichtliche Entscheidung vor Beginn der Hauptverhandlung oder Verwerfung des Antrags mangels Einhaltung von Form oder Frist unterliegt keiner Gebühr[9]). Auch das Verfahren über den Antrag auf Wiedereinsetzung in den vorigen Stand gegen Versäumung der Antragsfrist ist gebührenfrei.

Erhöhung der Gebühr für den Strafbefehl gemäß § 53 Abs. 2 nicht statt. Der Fall muß ebenso behandelt werden, wie wenn über die Bestrafung des Angeklagten und über die Haftung des subsidiarisch Haftbaren oder Nebenbeteiligten in getrennten Urteilen entschieden wird. Dann aber löst das Urteil über die Haftung, die eben keine Strafe ist, eine besondere Gebühr nicht aus (vgl. § 49 Z. 10). So auch Rittmann-Wenz § 53 Anm. 5.

[4]) Jonas § 53 Anm. 1d; Wochinger-Schwalb § 53 Anm. 1; Sydow-Busch-Krieg § 53 Anm. 4.

[5]) Rittmann-Wenz § 53 Anm. 4; Baumbach § 53 Anm. 2; Wochinger-Schwalb § 53 Anm. 3; Kollat § 53 Anm. 3.

[6]) RGSt. 4, 243; 9, 321; 14, 360; 15, 112; 46, 54; 50, 239; 53, 315.

[7]) Jonas § 53 Anm. 1f; Baumbach § 53 Anm. 3; Kollat § 53 Anm. 4.

[8]) Jonas, Kollat und Baumbach a. a. O.

[9]) Jonas § 53 Anm. 2; Baumbach § 53 Anm. 1; Sydow-Busch-Krieg § 53 Anm. 7. Wegen des Auslagen s. § 79a.

9 2. Kommt es zur Hauptverhandlung, so finden die Sätze des § 52 Anwendung. Eine Verwerfung des Antrags auf gerichtliche Entscheidung durch Urteil gibt es nicht.

10 **IV. Das Verfahren nach vorangegangenem Strafbescheide.**

1. Das zu III 1 Gesagte gilt auch hier, nur kann, soweit die RAbgO. gilt, nach § 430 Abs. 1 daselbst mit Zustimmung der Staatsanwaltschaft und, falls das Finanzamt als Nebenkläger vertreten ist, auch des Finanzamts der Antrag auf gerichtliche Entscheidung noch bis zur Verkündung des Urteils erster Instanz zurückgenommen werden. Nach § 430 Abs. 2 RAbgO. gilt der Antrag als zurückgenommen, wenn der Antragsteller ohne genügenden Grund in der Hauptverhandlung ausbleibt und sich nicht durch einen Verteidiger vertreten läßt. Die Umwandlung der in einem Strafbescheid festgesetzten, unbeitreiblichen Geldstrafe oder der Strafe des Ersatzes des Wertes nicht einziehbarer Sachen in eine Freiheitsstrafe (§ 423 StPO., § 435 RAbgO.) unterliegt keiner besonderen Gebühr.

11 2. Das zu III 2 Gesagte findet Anwendung.

§ 54.

Im Falle des § 212 der Strafprozeßordnung wird die Hälfte der Sätze des § 52 erhoben. Die Vorschrift im § 53 Abs. 1 Satz 2 gilt entsprechend.

Vorbemerkung.

§ 54 behandelt das abgekürzte Verfahren.

Übersicht.

1 **I. Entstehungsgeschichte.** § 64 ä. F. lautete:

„Hat weder eine Voruntersuchung noch in dem Hauptverfahren eine Beweisaufnahme stattgefunden, so kann das Gericht die Sätze des § 62 bis auf fünf Zehnteile ermäßigen.

Das Gleiche gilt in den Fällen des § 211 der Strafprozeßordnung".

§ 211 StPO. ä. F. regelte das abgekürzte Verfahren, in Abs. 1 vor dem Schöffengerichte, in Abs. 2 vor dem Amtsrichter.

Das Gesetz vom 21. Dezember 1922 strich Abs. 1 und faßte Abs. 2 als § 54 wie folgt:

„Im Falle des § 211 Abs. 2 der StPO. wird die Hälfte der Sätze des § 52 erhoben."

Der Inhalt des § 211 Abs. 2 StPO. ä. F., der den Amtsrichter ermächtigte, bei Übertretungen unter bestimmten Voraussetzungen ohne Zuziehung von Schöffen zur Aburteilung zu schreiten, wurde durch die Bestimmung des § 25 Abs. 1 Z. 1 GVG. in der Fassung der Bek. vom 22. März 1924 gegenstandslos: denn hiernach entscheidet der Amtsrichter bei Übertretungen stets allein. In der Neufassung, welche die StPO. durch die gedachte Bekanntmachung erhielt, gab § 212 lediglich den früheren § 211 Abs. 1 wieder unter Erstreckung seiner Anwendbarkeit auch auf das Verfahren vor dem Amtsrichter. So entstanden Zweifel, ob § 54 noch geltendes Recht darstelle. Deshalb ersetzte das Gesetz vom 28. Januar 1927 „§ 211 Abs. 2" durch „§ 212". Zugleich wurde Satz 2 eingefügt.

1a **II. Das abgekürzte Verfahren.** Vor dem Amtsrichter oder dem Schöffengerichte kann nach § 212 StPO. ohne schriftlich erhobene Anklage und ohne eine Entscheidung über die Eröffnung des Hauptverfahrens zur Hauptverhandlung geschritten werden, wenn der Beschuldigte entweder sich freiwillig stellt oder infolge einer vorläufigen Festnahme dem Gerichte vorgeführt oder nur wegen Übertretung verfolgt wird. Für diesen Fall bestimmt § 54, daß nur die Hälfte der Sätze des § 52 erhoben wird. Die Vorschrift über den Mindestbetrag der Gebühr von der Geldstrafe in § 53 Abs. 1 Satz 2 gilt auch hier.

III. Ermäßigung nur für die 1. Instanz. Gegen das im abgekürzten Verfahren ergehende Urteil finden die für das regelmäßige Verfahren gegebenen Rechtsmittel statt. Das Verfahren in den höheren Instanzen verläuft ohne Vereinfachung gegenüber dem gewöhnlichen Verfahren. Eine Gebührenermäßigung in den höheren Instanzen findet nicht statt. § 54 steht vor dem die Berufungs- und Revisionsinstanz betreffenden § 55, dieser ordnet in Abs. 1 für die höheren Instanzen die Erhebung der Sätze des § 52 an und regelt in Abs. 2 und 3 die Fälle, in denen die Gebühr sich auf $^1/_4$ oder $^1/_2$ ermäßigt, ohne des § 54 zu gedenken. 2

§ 55.

Die Sätze des § 52 werden für die Berufungsinstanz sowie für die Revisionsinstanz erhoben, wenn in der Instanz eine Hauptverhandlung stattgefunden hat.

Wird das Rechtsmittel vor Beginn der Hauptverhandlung zurückgenommen oder durch Beschluß verworfen (Strafprozeßordnung §§ 319, 322, 346, 349), so wird ein Viertel der Gebühr erhoben.

Wird das Rechtsmittel nach Beginn der Hauptverhandlung zurückgenommen, oder wird die Berufung wegen Ausbleibens des Angeklagten in der Hauptverhandlung verworfen (Strafprozeßordnung § 329), so wird die Hälfte der Gebühr erhoben.

Vorbemerkung.

Der § 55 regelt die Gebühren für die Berufungs- und Revisionsinstanz.

Übersicht.

I. Entstehungsgeschichte (1).
II. Umfang der Berufungs- und Revisionsinstanz (1a).
III. Bemessung der Gebühren (2).
IV. Der Gebührentarif (3).
V. Die Viertelgebühr (4).
VI. Die halbe Gebühr (5).
VII. Die volle Gebühr (6).

I. Entstehungsgeschichte. § 65 ä. F. schrieb für die Berufungs- und Revisionsinstanz die Erhebung der Sätze des § 62 vor, wenn in der Instanz eine Hauptverhandlung stattgefunden hatte und das Rechtsmittel nicht als unzulässig verworfen wurde. Das Gericht konnte die Sätze bis auf $^5/_{10}$ ermäßigen, wenn in der Berufungsinstanz eine Beweisaufnahme nicht erfolgt war. Wurde die Berufung wegen Ausbleibens des Angeklagten in der Hauptverhandlung verworfen oder betraf die Berufung die Verwerfung des gegen einen Strafbefehl erhobenen Einspruchs (§ 452 StPO. ä. F.), so kam eine Gebühr von $^4/_{10}$ in Ansatz. Für die Verwerfung einer Berufung oder Revision als unzulässig wurde nach § 66 Z. 2 ä. F. eine Gebühr von $^1/_{10}$ erhoben. Erledigte sich die Berufung oder Revision vor Beginn der Hauptverhandlung durch Zurücknahme oder Einstellung des Verfahrens, so betrug die Gebühr $^3/_{100}$ der Sätze des § 62. 1

Die jetzige Fassung des § 55 beruht auf dem Gesetze vom 21. Dezember 1922.

II. Umfang der Berufungs- und Revisionsinstanz. Die Rechtsmittelinstanz beginnt mit der Einlegung des Rechtsmittels und dauert bis zur Verkündung des Urteils oder, falls die Zustellung erforderlich ist, weil der Prozeßbeteiligte bei der Verkündung nicht anwesend war oder die §§ 432 Abs. 2, 437 Abs. 1 RAbgO. eingreifen, bis zur Zustellung. Wird gegen ein auf Zurückweisung ergangenes Urteil erneut 1a

Berufung oder Revision erhoben, so bildet das neue Rechtsmittelverfahren mit dem früheren gleichartigen eine Instanz[1]). Dabei ist es gleichgültig, ob als Berufungs- oder Revisionsgericht dasselbe oder ein anderes Gericht fungiert. Ein solcher Wechsel kann in der Berufungsinstanz vorkommen, wenn das Revisionsgericht gemäß § 354 Abs. 2 StPO. die Sache an ein anderes Berufungsgericht zurückverwiesen hat; er ist in der Revisionsinstanz möglich, wenn früher die Revision gegen ein Urteil der großen Strafkammer — das Schöffengericht hatte in der Besetzung mit zwei Richtern erkannt — nicht lediglich auf Verletzung landesrechtlicher Normen gestützt wurde und daher an das Reichsgericht ging, die neue Revision dagegen nur auf solche Verletzung gegründet wird, so daß nunmehr das Oberlandesgericht zuständig ist.

2 III. **Bemessung der Gebühren.** Maßgebend für die Gebühren ist die rechtskräftig erkannte Strafe, mag sie vom Rechtsmittelgerichte oder (auch auf Zurückverweisung oder Verweisung) vom Untergerichte ausgesprochen sein. In Betracht kommt nur der angefochtene Teil des Urteils. Die Kosten des Rechtsmittels müssen den Angeklagten oder den in § 298 StPO. genannten Personen aufgelegt sein. Endet die Strafsache ohne Verurteilung zu Strafe oder Straffreierklärung, so wird auch für die Rechtsmittelinstanzen eine Gebühr nicht erhoben. Betrifft das Rechtsmittel nur ein freisprechendes oder einstellendes Urteil oder nur andere Teile eines verurteilenden Erkenntnisses als die für die Gebührenbemessung maßgebenden Aussprüche, so entfällt gleichfalls die Erhebung einer Gebühr (s. oben § 49 Anm. 23ff.).

3 IV. **Der Gebührentarif.** Für die Rechtsmittelinstanz gilt derselbe Tarif wie für die normale erste Instanz, es kommen die Sätze des § 52 zur Anwendung[1a]). § 54 ist auf die Rechtsmittelinstanz nicht für anwendbar erklärt.

4 V. **Die Viertelgebühr.** Sie wird erhoben, wenn das Rechtsmittel vor Beginn der Hauptverhandlung zurückgenommen wird. Für den „Beginn der Hauptverhandlung" ist die StPO. maßgebend[2]). Die Hauptverhandlung beginnt danach in der Berufungsinstanz mit dem Aufruf der Zeugen und Sachverständigen, mangels der Ladung solcher mit der Berichterstattung (§§ 243 Abs. 1, 324 StPO.), in der Revisionsinstanz mit der Berichterstattung (§ 351 Abs. 1 StPO.)[3]). Die Viertelgebühr kommt ferner zur Erhebung, wenn die Berufung wegen verspäteter Einlegung oder die Revision aus gleichem Grunde oder weil die Revisionsanträge nicht frist- oder formgerecht angebracht waren, vom Untergerichte oder wenn das Rechtsmittel wegen Nichtbeobachtung der Bestimmungen über seine Einlegung oder über die Anbringung der Revisionsanträge oder die Revision wegen offensichtlichen Unbegründetseins vom Reichsgerichte durch Beschluß verworfen wird (§§ 319, 322, 346, 349 Abs. 1 StPO.). Die Anrufung der Entscheidung des Rechtsmittelgerichts gegenüber dem Beschlusse des Untergerichts gemäß §§ 319 Abs. 2, 346 Abs. 2 StPO. führt nicht zur Erhebung einer besonderen Gebühr für die Entscheidung des Obergerichts, ebensowenig der Antrag auf Wiedereinsetzung in den vorigen Stand gegen Versäumung der Fristen, die für die Einlegung und Rechtfertigung der Rechtsmittel oder für die Anrufung der Entscheidung des Obergerichts in Frage kommen[4]).

---

[1]) Jonas § 49 Anm. 5; Rittmann-Wenz § 52 Anm. 3; Baumbach § 49 Anm. 2; Kollat § 49 Anm. 4, § 55 Anm. 2; Wochinger-Schwalb § 55 Anm. 5; Sydow-Busch-Krieg § 49 Anm. 4.

[1a]) Sind die Viertelgebühr oder die halbe Gebühr von einer Geldstrafe zu berechnen, so ist dabei zunächst der Tarif nach § 52 Abs. 2 Halbsatz 1 GKG. zugrunde zu legen. Rittmann-Wenz § 55 Anm. 8; Kollat § 55 Anm. 6; Jonas § 55 Anm. 1; BayObLG.-StS. 1, 129. Der sich ergebende Betrag darf 1/4 bzw. 1/2 von 10000 RM. und den Betrag der erkannten Strafe nicht übersteigen. Andernfalls ist er demgemäß herabzusetzen unter Beachtung von § 7 Abs. 1 GKG.

[2]) JW. 1926, 1255[3] (LG. Mainz); Jonas § 55 Anm. 3a; Rittmann-Wenz § 55 Anm. 6; Baumbach § 55 Anm. 2; Kollat § 55 Anm. 3, 4a; Wochinger-Schwalb § 55 Anm. 3; Sydow-Busch-Krieg § 55 Anm. 3.

[3]) S. die vorige Fußnote.

[4]) Jonas § 55 Anm. 3b; Rittmann-Wenz § 55 Anm. 7; Baumbach § 55

VI. Die halbe Gebühr. Sie kommt in zwei Fällen zum Ansatz: 5
1. wenn das Rechtsmittel nach Beginn der Hauptverhandlung zurückgenommen wird, mag dies in der Hauptverhandlung selbst geschehen oder[5]), falls sie ausgesetzt wurde, außerhalb derselben;

2. wenn die Berufung wegen Ausbleibens des Angeklagten in der Hauptverhandlung durch Urteil verworfen wird (§ 329 StPO.). Wird ein Gesuch um Wiedereinsetzung in den vorigen Stand gegen ein solches Urteil verworfen, so kommt dafür eine besondere Gebühr nicht zur Erhebung[6]).

VII. Die volle Gebühr. Die volle Gebühr wird erhoben, „wenn in der Instanz 6
eine Hauptverhandlung stattgefunden hat" (§ 55 Abs. 1). Da die unter VI erwähnten Fälle ausscheiden, muß die Hauptverhandlung zu einem anderen Urteile als dem in § 329 StPO. gedachten geführt haben. Dahin gehört natürlich auch der Fall, wenn die Wiedereinsetzung gegen ein Urteil nach § 329 StPO. bewilligt wird und in der neuen Hauptverhandlung ein anderes Urteil ergeht. Gleichgültig ist, ob die Hauptverhandlung zu einem Urteile in der Sache selbst führt oder das Urteil aus formellen Gründen zur Verwerfung des Rechtsmittels gelangt[7]). Die vollen Sätze des § 52 gelten das gesamte Verfahren in der Berufungs- oder Revisionsinstanz als Pauschgebühr ebenso ab, wie das gleiche für die 1. Instanz gilt. Über den Umfang der Rechtsmittelinstanz s. die Ausführungen unter II.

Hat das Rechtsmittel teilweisen Erfolg, so kann das Gericht nach § 473 Abs. 1 Satz 3 StPO. in der Entscheidung über das Rechtsmittel die Gebühr ermäßigen.

§ 56.

Wird ein Antrag auf Wiederaufnahme des Verfahrens als unzulässig oder unbegründet verworfen oder abgelehnt, so wird die Hälfte der im § 52 bestimmten Gebühr erhoben.

Wird die Wiederaufnahme des Verfahrens angeordnet (Strafprozeßordnung § 370), so wird, wenn das frühere Urteil aufrechterhalten wird, die volle im § 52 bestimmte Gebühr erhoben. Führt die Wiederaufnahme zu einer Aufhebung des früheren Urteils, so gilt für die Gebührenerhebung das neue Verfahren mit dem früheren Verfahren zusammen als eine Instanz.

Vorbemerkung.

§ 56 regelt die Gebühren für die Wiederaufnahme des Verfahrens.

Übersicht.

I. Entstehungsgeschichte. Nach § 66 Nr. 3 a. F. wurde für die Entscheidung, 1
durch welche ein Antrag auf Wiederaufnahme des Verfahrens als unzulässig verwor-

---

Anm. 2; Kollat § 55 Anm. 3; Wochinger-Schwalb § 55 Anm. 1; Sydow-Busch-Krieg § 55 Anm. 4, 7.

[5]) Jonas § 55 Anm. 4a; Baumbach § 55 Anm. 3; Kollat § 55 Anm. 4a.

[6]) Jonas § 55 Anm. 4; Kollat § 55 Anm. 5; Rittmann-Wenz § 55 Anm. 5; Sydow-Busch-Krieg § 55 Anm. 7.

[7]) Jonas § 55 Anm. 2; Rittmann-Wenz § 55 Anm. 3; Kollat § 55 Anm. 2; Wochinger-Schwalb § 55 Anm. 4; Sydow-Busch-Krieg § 55 Anm. 2.

fen wurde, $^1/_{10}$ der Sätze des § 62 erhoben. Bei Verwerfung des Antrags als unbegründet kamen $^2/_{10}$ und, wenn eine Beweisaufnahme stattgefunden hatte, $^4/_{10}$ der gedachten Sätze zur Erhebung (§ 67 ä. F.). Eine Zurücknahme des Antrags vor Erlaß der genannten Entscheidungen führte zu einer Gebühr von $^3/_{10}$ der angeführten Gebührensätze (§ 76 ä. F.). § 77 ä. F. entspricht inhaltlich dem jetzigen § 56 Abs. 2.

Die geltende Fassung beruht auf dem Gesetze vom 21. Dezember 1922.

1a II. **Ergebnisloser Wiederaufnahmeantrag.** Wird ein Wiederaufnahmeantrag des Angeklagten oder der in § 298 StPO. genannten Personen, weil er nicht in der vorgeschriebenen Form angebracht oder weil in ihm kein gesetzlicher Grund der Wiederaufnahme geltend gemacht oder kein geeignetes Beweismittel angeführt ist, als unzulässig verworfen (§ 368 StPO.), so wird die Hälfte der im § 52 bestimmten Gebühr erhoben. Das gleiche gilt, wenn der Antrag, weil die in ihm aufgestellten Behauptungen keine genügende Bestätigung gefunden haben oder in den Fällen des § 359 Nr. 1, 2 StPO. nach Lage der Sache die Annahme ausgeschlossen ist, daß die in diesen Bestimmungen bezeichnete Handlung auf die Entscheidung Einfluß gehabt hat, als unbegründet verworfen wird (§ 370 Abs. 1 StPO.). Ebenso wird endlich der Fall behandelt, daß der Verurteilte bereits verstorben ist und das Gericht nach Aufnahme des etwa noch erforderlichen Beweises nicht zur Freisprechung gelangt, vielmehr den Antrag auf Wiederaufnahme ablehnt (§ 371 Abs. 1 StPO.)[1].

2 III. **Anordnung der Wiederaufnahme des Verfahrens.**

1. Wird das frühere Urteil aufrechterhalten, so wird die volle im § 52 bestimmte Gebühr erhoben. Es kann hier also nur der Fall in Frage kommen, daß das frühere Urteil auf Strafe erkannt hatte und der Wiederaufnahmeantrag von dem Angeklagten oder den in § 298 StPO. genannten Personen gestellt war. Das Wiederaufnahmeverfahren gilt hier als besondere Instanz u. z. als besondere erste oder als besondere Rechtsmittelinstanz, je nachdem das Wiederaufnahmeverfahren vor der ersten oder vor der Rechtsmittelinstanz sich abgespielt hat (s. § 367 StPO.).

3 2. Wird das frühere Urteil aufgehoben, so gilt für die Gebührenerhebung das neue Verfahren mit dem früheren Verfahren zusammen als eine Instanz.

4 a) Wird der Angeklagte wieder zu Strafe verurteilt[1a]) oder der früher Freigesprochene (auf den zu seinen Ungunsten gestellten Wiederaufnahmeantrag) nunmehr verurteilt, so gibt die jetzt erkannte Strafe[1b]) den Maßstab für die Gebühr, die das frühere und das jetzige, als eine Instanz erscheinende Verfahren abgilt. Auch für die höheren Instanzen des früheren Verfahrens richten sich die Gebühren nach der jetzt erkannten Strafe.

5 b) Wird der früher verurteilte Angeklagte freigesprochen oder die Verurteilung durch die Einstellung des Verfahrens ersetzt, so entfällt die Gebühr für das gesamte frühere Verfahren[2]), und für das neue Verfahren kommt gleichfalls keine in Ansatz. Die für das frühere Verfahren etwa gezahlten Gebühren sind zu erstatten.

6 IV. **Teilanfechtung.** Auch hier ist für den Gebührenansatz nur der mit dem Wiederaufnahmeantrag angegriffene Teil maßgebend. War z. B. der Angeklagte wegen Körperverletzung und Bedrohung bei Einsatzstrafen von 10 Tagen und 3 Wochen Gefängnis zu einer Gesamtstrafe von 4 Wochen Gefängnis rechtskräftig verurteilt worden und erzielte er mit dem nur gegen die Verurteilung wegen Körperverletzung gerichteten Wiederaufnahmeantrag, der die Schuldfrage angriff, aber schließlich nur in der Straf-

---

[1]) Bei Zurücknahme vor Ergehen der Entscheidungen d. h. vor Abgabe an die Geschäftsstelle (vgl. § 29 Anm. 9) verfällt keine Gebühr. Sydow-Busch-Krieg § 56 Anm. 1; Jonas § 56 Anm. 2. Rittmann-Wenz § 56 Anm. 1, Kollat § 56 Anm. 1 und Baumbach § 56 Anm. 1 lassen den Zeitpunkt der Zustellung maßgebend sein.

[1a]) Der Bestrafung steht die Straffreierklärung gleich.

[1b]) Bzw. die Straffreierklärung.

[2]) RGSt. 27, 384; JW. 1901, 38[14] (RG.); Jonas § 56 Anm. 2; Rittmann-Wenz § 56 Anm. 2; Baumbach § 56 Anm. 2; Kollat § 56 Anm. 2; Sydow-Busch-Krieg § 56 Anm. 2.

frage Erfolg hatte, die Ersetzung der einschlägigen Freiheitsstrafe durch 50 RM. Geldstrafe, so ergibt sich folgendes:

Für die 3 Wochen Gefängnis wegen Bedrohung kommen 20 RM., für die 50 RM. Geldstrafe kommen 5 RM. in Ansatz.

Für die ursprünglich erkannten 4 Wochen Gefängnis betrug die Gebühr 20 RM. Nachzuerheben ist also eine Gebühr von 5 RM.

§ 57.

Werden in den Fällen der §§ 174 und 175 der Strafprozeßordnung nach Maßgabe der §§ 177 und 472 derselben dem Antragsteller die Kosten auferlegt, so beträgt die Gebühr:

wenn es sich um eine Übertretung handelt, ... 10 Reichsmark,
wenn es sich um ein Vergehen handelt, ... 20 Reichsmark,
wenn es sich um ein Verbrechen handelt, ... 40 Reichsmark.

Das gleiche gilt im Falle des § 469 der Strafprozeßordnung.

Im Falle des § 176 Abs. 2 der Strafprozeßordnung ist die Hälfte der vorstehenden Sätze zu erheben.

Vorbemerkung.

§ 57 regelt die Gebühren, die dem Verletzten zur Last fallen, der die Anordnung der Anklageerhebung bei dem OLG. oder RG. betrieben hat, sowie die Gebühren für frivole Anzeigen.

Übersicht.

I. Antrag des Verletzten auf Anordnung der Anklageerhebung. 1

1. Gegen den Bescheid der StA., die dem Antrage auf Erhebung der öffentlichen Klage keine Folge gibt, steht dem Antragsteller, der zugleich der Verletzte ist, binnen 2 Wochen nach der Bekanntmachung die Beschwerde an den vorgesetzten Beamten der Staatsanwaltschaft und gegen dessen ablehnenden Bescheid binnen einem Monat nach der Bekanntmachung der Antrag auf gerichtliche Entscheidung zu. Über diesen entscheidet in den vor das Reichsgericht gehörigen Sachen das Reichsgericht, in anderen Sachen das Oberlandesgericht (§ 172 StPO.). Für den Antrag ist eine bestimmte Form und ein bestimmter Inhalt vorgeschrieben (§ 172 Abs. 2 StPO.). Ist diesen Vorschriften nicht genügt, die Frist nicht eingehalten oder der Antragsteller nicht „Verletzter", so wird der Antrag als unzulässig verworfen. Eine Gebühr entsteht, wie das Zitat der §§ 177, 472 StPO. zeigt, in diesem Falle nicht[1]). Das Gleiche gilt, wenn der Antrag, bevor ein Beschluß ergeht[1a]), zurückgenommen wird[2]).

---

[1]) GoltdArch. 43, 418 (OLG. Kiel); 47, 308[2] (OLG. Marienwerder); OLGMünchenSt. 10, 325; Bbl. 1903, 99 (OLG. Köln); ElsLothZ. 29, 518 (OLG. Colmar); PrJMBf.

2 2. Tritt das Gericht dem Antrage materiell näher und verwirft es ihn, weil sich kein genügender Anlaß zur Erhebung der öffentlichen Klage ergibt, so legt es gemäß § 177 StPO. dem Antragsteller die durch den Antrag veranlaßten Kosten zur Last. Es kommt dann die Gebühr des § 57 Abs. 1 in Ansatz, gleichgültig, ob vor der Entscheidung noch weitere Ermittelungen stattgefunden haben oder der Beschluß lediglich auf Grund der staatsanwaltschaftlichen Akten ergangen ist.

3 3. Vor der Entscheidung über den Antrag kann das Gericht nach § 176 Abs. 1 StPO. dem Antragsteller durch Beschluß die Leistung einer Sicherheit für die durch das Verfahren über den Antrag und durch die Untersuchung der Staatskasse und dem Beschuldigten voraussichtlich erwachsenden Kosten auferlegen und hat dann zugleich eine Frist zu bestimmen, binnen welcher die Sicherheit zu leisten ist. Wird die Sicherheit innerhalb dieser Frist nicht geleistet, so hat nach § 176 Abs. 2 StPO. das Gericht den Antrag für zurückgenommen zu erklären und nach § 177 StPO. den Antragsteller mit den Kosten zu belasten. In diesem Falle wird als Gebühr die Hälfte der Sätze des § 57 Abs. 1 erhoben. Eine Ermäßigung kann das Gericht nicht eintreten lassen.

4 4. Wird die Anklageerhebung angeordnet, der Angeschuldigte aber demnächst außer Verfolgung gesetzt oder freigesprochen oder das Verfahren eingestellt, so hat der Antragsteller die Kosten zu tragen. Das Gericht kann ihn aber nach Befinden der Umstände ganz oder teilweise von der Tragung der Kosten entbinden (§ 472 Abs. 1 StPO.). Wird er in alle Kosten verurteilt, so kommen die Sätze des § 57 Abs. 1 GKG. zur Erhebung. Wird ihm nur ein Teil der Kosten auferlegt, so kommen die Sätze nur zu diesem Teile in Ansatz[3]).

5 5. Die Gebühr ist danach abgestuft, ob es sich um eine Übertretung, ein Vergehen oder ein Verbrechen handelt. Maßgebend ist die Darstellung des Antrags, bei mehreren Straftaten die schwerste[4]).

6 6. Bei dem Antrage gegen mehrere Beschuldigte entsteht eine Gebühr, ebenso, wenn mehrere Verletzte in Frage stehen[5]). Wenn dagegen bezüglich des einen Beschuldigten der Antrag nach § 174 Abs. 2 StPO. verworfen und der andere, gegen den auf gerichtliche Anordnung hin die Klageerhebung erfolgt, freigesprochen wird, so kommt in jedem Falle eine Gebühr nach § 57 Abs. 1 in Ansatz[6]).

7 7. Erfolgt die Freisprechung erst im Wiederaufnahmeverfahren, so sind dem Freigesprochenen die etwa gezahlten Gebühren des früheren Verfahrens

---

7. März 1882 IV 2253 in GoltdArch. 47, 309; Jonas § 57 Anm. 1c; Rittmann-Wenz § 57 Anm. 1; Baumbach § 57 Anm. 1; Kollat § 57 Anm. 1; Wochinger-Schwalb § 57 Anm. 1.

[1a]) S. § 56 Fußnote 1.

[2]) Jonas, Rittmann-Wenz, Kollat, Baumbach a. a. O., wobei Rittmann-Wenz und Baumbach es auf den Zeitpunkt der Zustellung abstellen.

[3]) Jonas § 57 Anm. 1a; Rittmann-Wenz § 57 Anm. 2; Baumbach § 57 Anm. 1; Kollat § 57 Anm. 1; Wochinger-Schwalb § 57 Anm. 2.

[4]) Jonas § 57 Anm. 1d; Rittmann-Wenz § 57 Anm. 4; Kollat § 57 Anm. 2a; Baumbach a. a. O.; Sydow-Busch-Krieg § 56 Anm. 5.

[5]) Jonas, Sydow-Busch-Krieg a. a. O. Dagegen läßt Rittmann-Wenz § 57 Anm. 4 getrennte Gebühren erheben, „wenn bei Verschiedenheit der Antragsteller oder Anzeigenden die von diesen behaupteten Straftaten gänzlich verschieden sind". Entsprechend Baumbach § 57 Anm. 1: bei Anträgen mehrerer Trennung der Gebühr, „soweit getrennte Straftaten hinsichtlich der einzelnen behauptet sind". Kollat § 57 Anm. 2b meint: „Stehen indes die in einem von mehreren Antragstellern oder Anzeigenden ausgehenden Antrage behaupteten verschiedenen Straftaten nicht in einem inneren Zusammenhange, sondern handelt es sich hinsichtlich eines jeden um selbständige Straftaten, die nur aus rein äußerlichen Gründen verbunden sind, so ist von jedem Antragsteller die seinem Antrage entsprechende Gebühr zu erheben". Allein die Gebühr entsteht durch die Verurteilung in die Kosten, also lediglich so oft, als gesonderte Verurteilungen erfolgen.

[6]) Jonas, Rittmann-Wenz, Baumbach a. a. O.

aus der Staatskasse zu erstatten, während dem in die Kosten verurteilten Verletzten die Gebühr des § 57 zur Last fällt[7]).

8. Die Gebühr wird mit dem Erlaß der Entscheidung fällig (§ 75). 8

9. Ist der Antragsteller zugleich Nebenkläger, so kann neben der 9
Gebühr des § 57 noch die Gebühr für ein von ihm eingelegtes Rechtsmittel in Frage kommen (s. § 66).

10. Mehrere Antragsteller haften als Gesamtschuldner (§§ 472 Abs. 1, 9a
471 Abs. 4 StPO., §§ 82, 88 GKG.).

II. Frivole Anzeigen. 10

1. Ist ein, wenn auch nur außergerichtliches Verfahren durch eine wider besseres Wissen gemachte oder auf grober Fahrlässigkeit beruhende Anzeige veranlaßt worden, so kann das Gericht dem Anzeigenden die der Staatskasse und dem Beschuldigten erwachsenen Kosten gemäß § 469 StPO. durch Beschluß auferlegen. Ergeht ein solcher Beschluß, so wird die Gebühr des § 57 Abs. 1 erhoben, die das Gericht nicht ermäßigen kann.

2. Eine Anzeige von mehreren oder gegen mehrere führt nur zu einer Gebühr, 11
soweit nicht verschiedene Entscheidungen ergehen[8]).

3. Die Bemerkungen unter I 5, 7, 8 gelten auch hier[8a]). 12

§ 58.

Wird das Verfahren nach Eröffnung des Hauptverfahrens infolge Zurücknahme des Antrags, durch den es bedingt war, eingestellt, so wird die im § 57 Abs. 1 bestimmte Gebühr erhoben. Das Gericht kann sie bis zu einem Viertel ermäßigen oder beschließen, daß von der Erhebung einer Gebühr abgesehen werde.

Vorbemerkung.

§ 58 regelt die Gebühren für den Fall, daß bei Antragsdelikten nach Eröffnung des Hauptverfahrens wegen Zurücknahme des Antrags die Einstellung des Verfahrens erfolgt.

Übersicht.

I. Einstellung des Verfahrens wegen Zurücknahme des Strafantrags. 1

1. Erfolgt eine Einstellung des Strafverfahrens wegen Zurücknahme des Antrags, durch welchen es bedingt war, so hat nach § 470 StPO. der Antragsteller die Kosten zu tragen. An diese Bestimmung knüpft § 58 GKG. an, ohne indessen in seinem Inhalte von § 470 StPO. abhängig zu sein.

---

[7]) Jonas § 57 Anm. 3; Rittmann-Wenz § 57 Anm. 6; Kollat § 57 Anm. 5; Wochinger-Schwalb § 57 Anm. 3.

[8]) Jonas § 57 Anm. 2. A. M.: Rittmann-Wenz § 57 Anm. 4, Kollat § 57 Anm. 2b und Baumbach § 57 Anm. 2 in der aus Fußnote 5 ersichtlichen Weise.

[8a]) Für mehrere Anzeiger gilt § 87 GKG.

2 2. Während die Kostenpflicht nach § 470 StPO. ohne Rücksicht auf den Zeitpunkt einsetzt, zu dem der Strafantrag zurückgenommen wird, entsteht eine Gebühr nur unter den besonderen Voraussetzungen des § 58 GKG.

3 a) Das Hauptverfahren muß eröffnet sein. Dem steht die Erlassung des Strafbefehls gleich, falls dieser infolge Erhebung des Einspruchs nur noch die Bedeutung des Eröffnungsbeschlusses hat, ebenso die Fälle der §§ 212, 416, 422 StPO.

4 b) Die Zurücknahme des Antrags muß offenbar nach der Eröffnung des Hauptverfahrens erfolgt sein[1]). Es genügt nicht, daß die Zurücknahme vorher geschah, bei Eröffnung des Hauptverfahrens übersehen, nachträglich bemerkt wurde und nunmehr zur Einstellung des Verfahrens führte.

5 c) Das Verfahren muß infolge der Zurücknahme des Antrags eingestellt sein. § 58 greift also nicht ein, wenn die Einstellung etwa auf Grund der §§ 153 Abs. 3, 154 Abs. 2 StPO. geschah.

6 3. Gleichgültig ist, ob die Einstellung des Verfahrens durch Urteil (§ 260 Abs. 2 StPO.) oder durch Beschluß erfolgte[2]). Auch darauf kann es nicht ankommen, wem die Kosten des Verfahrens auferlegt worden sind. Allerdings steht dem Gerichte gegenüber der Bestimmung des § 470 StPO. kein Recht zu, nach seinem Ermessen von der Belastung des Antragstellers mit den Kosten abzusehen und sie einer anderen Person, etwa dem Angeklagten, aufzuerlegen[3]). Aber daraus folgt nur, daß eine solche Entscheidung der Rechtsmittelanfechtung unterliegt. Ist sie nicht angefochten worden, so kommt ihre materielle Unrichtigkeit bei Anwendung des § 58 GKG. nicht weiter in Betracht.

7 4. Die Gebühr entsteht unter den erörterten Voraussetzungen mit der Einstellung des Verfahrens und wird damit fällig (§ 75). Gleichzeitige Einstellung gegen mehrere Beschuldigte oder wegen mehrerer selbständigen, gegen verschiedene Verletzte gerichteten Straftaten läßt eine Gebühr entstehen[3a]). Wird zunächst der Strafantrag wegen eines Delikts zurückgenommen und insoweit das Verfahren eingestellt, dann der Antrag wegen einer anderen selbständigen Straftat zurückgezogen und dieserhalb ein weiterer Einstellungsbeschluß erlassen, so kommt in jedem Falle eine besondere Gebühr nach § 58 in Ansatz[4]).

8 **II. Die Gebühr.**

1. Als Gebühr werden die Sätze des § 57 Abs. 1 erhoben. Das Gericht kann die Gebühr bis zu einem Viertel ermäßigen oder beschließen, daß von der Erhebung einer Gebühr abgesehen werde. Will das Gericht ermäßigen, aber nicht bis zu einem Viertel, so hat es die Wahl zwischen allen Größen, die zwischen ¼ und 4/4 der Gebühr liegen. Es kann die ermäßigte Gebühr auf einen Bruchteil oder auf einen Festbetrag bemessen, nur darf der Festbetrag nicht hinter ¼ der Gebühr des § 57 Abs. 1 zurückbleiben.

9 2. Die Anordnung, daß die Gebühr ermäßigt oder von ihrer Erhebung abgesehen wird[4a]), ist ein Teil der nach § 464 Abs. 1 StPO. gebotenen Kostenentscheidung, nicht anders wie in den gleichartigen Fällen nach § 473 Abs. 1

---

[1]) Baumbach § 58 Anm. 1; Kollat § 58 Anm. 2a; Rittmann § 69 Anm. II 3 zu Abs. 3; RheinArch. 72 II 57 (OLG. Köln); OLGMünchenSt. 1, 428 und 3, 119; Wochinger-Schwalb § 58 Anm. 1.

[2]) Jonas § 58 Anm. 2; Baumbach § 58 Anm. 1.

[3]) RGSt. 23, 197.

[3a]) Jonas § 58 Anm. 4; Kollat § 58 Anm. 2b; Baumbach § 58 Anm. 2: Jonas hebt a. a. O. mit Recht hervor, daß die Gebühr „in ihrer Entstehung nicht an die Zurücknahme des Antrags, sondern an die Einstellung des Verfahrens geknüpft" ist, so daß entsprechend das § 57 Fußnote 5 Gesagte gilt.

[4]) Kollat § 58 Anm. 2b; Baumbach § 58 Anm. 2; Wochinger-Schwalb § 58 Anm. 2d. Wohl auch Rittmann-Wenz § 58 Anm. 4.

[4a]) Die Bestimmung des § 58 Satz 2 beruht auf dem Gesetze vom 21. Dezember 1922. Das Vorbild des § 58 n. F., der § 69 Abs. 3 Satz 2 ä. F., kannte die fraglichen Befugnisse des Gerichts nicht.

Satz 3 StPO. Berufen zu jener im Ermessen liegenden Anordnung ist das Gericht, von dem die Einstellung des Verfahrens ausgeht, möglicherweise also das Berufungsgericht, wenn etwa die Staatsanwaltschaft gegen das freisprechende Urteil Berufung erhoben hat und in der Berufungsinstanz der Strafantrag zurückgenommen wird, was nach § 64 Abs. 1 StGB. möglich ist. Mit der Einstellung ist die Gebühr erwachsen, eine nachträgliche Anordnung gemäß § 58 Satz 2 GKG. ist unstatthaft.

3. Nur über die Gebühr hat das Gericht im Rahmen des § 58 Satz 2 GKG. Macht, nicht über die Kostenpflicht als solche, also nicht über die Auslagen[5]). 10

4. Die Gebühr wird mit der Einstellungsentscheidung fällig (§ 75). 11

5. Mehrere Antragsteller haften als Gesamtschuldner (§ 82)[6]). 12

Vorbemerkung zu den §§ 59 bis 64.

Die §§ 59 bis 64 enthalten die besonderen, für das Verfahren auf erhobene Privatklage geltenden Gebührenvorschriften. Ergänzungen bringen die §§ 68, 69 Abs. 1. Während § 59 die Gebühren für den Fall regelt, daß „der Beschuldigte zu einer Strafe verurteilt wird" (s. dazu auch § 63 Abs. 2), betreffen die §§ 60 ff. die sonstigen Gebühren im Privatklageverfahren.

Im Gegensatze zu den jetzt gültigen §§ 59 ff. n. F. regelte das GKG. ä. F. die Gebühren in Privatklagesachen in den §§ 70—72 einheitlich ohne Rücksicht darauf, ob der Beschuldigte zu einer Strafe verurteilt wurde oder das Verfahren sich ohne solche Verurteilung erledigte. Es kamen stets Festbeträge in Ansatz, die nach der Art und dem Zeitpunkt der Beendigung des Verfahrens abgestuft waren. Für die Widerklage wurde niemals ein besonderer Satz erhoben.

Die Fassung der jetzt gültigen Bestimmungen beruht auf dem Gesetze vom 21. Dezember 1922.

§ 59.

Für das Verfahren auf erhobene Privatklage gelten, sofern der Beschuldigte zu einer Strafe verurteilt wird, unbeschadet der Vorschriften des § 60 Abs. 2 und des § 63 die §§ 49 bis 52, 55, 56.

Vorbemerkung.

§ 59 regelt die Gebühren im Privatklageverfahren, soweit „der Beschuldigte zu einer Strafe verurteilt wird".

Übersicht.

[5]) Baumbach § 58 Anm. 2; Sydow-Busch-Krieg § 58 Anm. 5; Kollat § 58 Anm. 2c; Jonas § 58 Anm. 2.

[6]) Baumbach § 58 Anm. 2; Jonas § 58 Anm. 5; Kollat § 58 Anm. 4; Sydow-Busch-Krieg § 58 Anm. 4; GoltdArch. 60, 154 (OLG. Hamm); BayZ. 1916, 89 (LG. Augsburg).

3. Wiederaufnahmeantrag des Angeklagten oder Widerbeklagten (11).
4. Berufung oder Revision des Privatklägers oder Widerklägers (12).
5. Wiederaufnahmeantrag des Privatklägers oder Widerklägers (13).

III. Übernahme der Verfolgung durch die Staatsanwaltschaft (14).

1 **I. Verurteilung des Beschuldigten im Privatklageverfahren.**

1. Wenn im Privatklageverfahren „der Beschuldigte zu einer Strafe verurteilt wird", so kommen unbeschadet des § 60 Abs. 2 und des § 63 die Vorschriften der §§ 49 bis 52, 55, 56 zur Anwendung. Die §§ 53, 54 scheiden aus, weil die dort gedachten Verfahrensformen hier nicht in Frage kommen. Das Gleiche gilt von § 57, denn bei Privatklagesachen kommt wegen des nach § 376 StPO. geltenden Opportunitätsprinzips ein materielles Eingehen auf einen Antrag aus § 172 StPO. nicht in Betracht, und der Fall des § 469 StPO. ist in § 61 GKG. einbegriffen, wie gleiches für den Fall des § 58 GKG. gilt.

2 2. Die Anwendung der gedachten Paragraphen des GKG. erfolgt nur, wenn der Beschuldigte zu einer Strafe verurteilt wird.

3 a) Bei Straffreierklärung gilt nicht § 52 Abs. 3 GKG., vielmehr kommt die besondere Vorschrift des § 60 Abs. 1 GKG. zur Anwendung.

4 b) Beschuldigter ist für die Widerklage der Privatkläger. Nur für die Gebühren nach §§ 60, 61 GKG. gibt § 62 GKG. betreffs des Verfahrens über die Widerklage besondere Vorschriften. Bei erhobener Widerklage ist also bei Bestrafung beider Teile für jeden aus der über ihn verhängten Strafe die Gebühr gesondert zu berechnen. Wird der Angeklagte bestraft, während die Widerklage zu keiner Bestrafung führt, so verfällt wegen der Bestrafung des Angeklagten die Gebühr des § 52, dagegen gemäß § 62 keine Gebühr aus § 60 oder § 61 für den Regelfall. Wenn die Privatklage nicht zum Ziel führt, aber auf die Widerklage Bestrafung eintritt, so kommen die Gebühren des § 52 und diejenige der §§ 60, 61 zum Ansatz.

5 c) Sind gegen denselben Angeklagten mehrere Privatklagen oder eine Privatklage mit einem Offizialverfahren verbunden, so ist, wenn auf Strafe erkannt wird, die Gebühr aus der Summe der nicht zu einer Gesamtstrafe vereinigten, nach §§ 49, 52 GKG. in Betracht kommenden Strafgrößen zu berechnen[1]).

6 d) Die Verbindung mehrerer selbständiger Privatklagen, bei denen sich dieselben Personen jeweils mit entgegengesetzter Parteirolle gegenüberstehen, hat gebührenrechtlich keinen Einfluß. Es ist nicht angängig, die Klagen, falls die in § 388 StPO. geregelten Voraussetzungen für die Widerklage gegeben sind, wie Klage und Widerklage zu behandeln und demgemäß § 62 anzuwenden, denn dieser gilt nur für das Verfahren „auf erhobene Widerklage", nicht schon im Falle ihrer Zulässigkeit[2]).

7 **II. Die erkannte Strafe als Maßstab der Gebühren.**

1. Nur soweit im Falle der Verurteilung des Angeklagten oder Widerbeklagten zu einer Strafe Gebühren erhoben werden, ist für diese in allen Instanzen die rechtskräftig erkannte Strafe maßgebend.

8 2. Bleibt die Berufung oder Revision des Angeklagten oder Widerbeklagten erfolglos[3]), so ist zu unterscheiden:

a) Richtete sich das Rechtsmittel gegen eine der für die Gebührenbemessung maßgebenden Strafgrößen, so kommt die Gebühr nach § 55 zur Anwendung.

9 b) War das nicht der Fall, so entfällt der Ansatz einer Gebühr[3a]).

---

[1]) Jonas § 59 Anm. 3; Baumbach § 59 Anm. 1; Kollat § 59 Anm. 2b.

[2]) So jetzt auch Jonas § 62 Anm. 3 (anders die 1. Aufl. § 62 Anm. 2). A. M.: Rittmann § 70 Anm. I 5.

[3]) Führen die Rechtsmittel zur Freisprechung oder Straffreierklärung, so kommt § 60 GKG. zur Anwendung, führen sie zur Einstellung, so greift § 61 GKG. ein.

[3a]) Kollat § 59 Anm. 1 und Wochinger-Schwalb § 59 Anm. 7 meinen, im

Bei unbeschränkt erhobenem, nur zu einem Teilerfolge führenden Rechtsmittel 10
kann nach § 473 Abs. 1 Satz 3 StPO. das Gericht in der Entscheidung über das Rechtsmittel die Gebühr ermäßigen.

3. Für den Wiederaufnahmeantrag des Angeklagten oder Wider- 11
beklagten gilt der § 56 GKG.

4. Führt die Berufung oder Revision des Privatklägers oder 12
Widerklägers oder die auf diese Rechtsmittel erfolgende Zurückverweisung zu einer Bestrafung oder höheren Bestrafung des Angeklagten oder Widerbeklagten[4]), so gelten die Bestimmungen der §§ 49 ff. Im übrigen gilt für die Rechtsmittel des Privatklägers § 60 GKG.[5]). Wegen des Widerklägers vgl. noch besonders § 62 GKG. Bei teilweisem Erfolge des Rechtsmittels kann das Gericht in der Entscheidung über das Rechtsmittel die Gebühr ermäßigen.

5. Für den Wiederaufnahmeantrag des Privatklägers oder 13
Widerklägers ist § 63 GKG. maßgebend.

III. Übernahme der Verfolgung durch die Staatsanwaltschaft. Mit der Über- 14
nahme entfällt für die Folgezeit die Anwendbarkeit der §§ 59—64 GKG., der Privatkläger wird nach § 377 Abs. 3 StPO. Nebenkläger, so daß auf ihn nunmehr nur § 66 GKG. Anwendung findet. Rückwirkende Kraft hat die Übernahme nicht. Ist also vorher ein Urteil 1. Instanz erlassen worden und kommt es demnächst in der höheren Instanz zur Freisprechung oder Einstellung, so bleibt der Privatkläger für die erste Instanz Schuldner der Gebühr nach § 60 oder 61 GKG.[6]).

§ 60.

Wird in dem Verfahren auf erhobene Privatklage der Beschuldigte freigesprochen oder für straffrei erklärt, so wird für das Verfahren in jeder Instanz eine Gebühr von 30 Reichsmark erhoben.

Die im Abs. 1 bestimmte Gebühr kommt für die Berufungsinstanz sowie für die Revisionsinstanz auch dann zur Erhebung, wenn das von dem Privatkläger eingelegte Rechtsmittel auf Grund einer Hauptverhandlung verworfen wird. Wird das Rechtsmittel vor Beginn der Hauptverhandlung zurückgenommen oder

---

Privatklageverfahren werde in jedem Falle für jede Instanz eine Gebühr in Ansatz gebracht. Gleichwohl stimmt Kollat § 59 Anm. 3c der Anm. 9 des Textes zu.

[4]) Wie steht es, wenn der Privatkläger zugunsten des Angeklagten ein Rechtsmittel einlegt (vgl. RGSt. 22, 402) und damit Ermäßigung der Strafe erzielt? Wie die Kosten eines erfolgreichen, zugunsten des Angeklagten eingelegten Rechtsmittels der Staatsanwaltschaft die Staatskasse treffen (RGSt. 31, 21), so wird dies auch hier der Fall sein müssen. Daß der Angeklagte die Kosten nicht zu tragen hat, liegt auf der Hand. Bezüglich des Privatklägers liegt keiner der Fälle vor, in denen er nach §§ 471, 473 StPO. kostenpflichtig wird. Also müssen die Kosten zu Lasten der Staatskasse bleiben, Gebühren kommen daher nicht in Ansatz.

Gemäß §§ 301, 390 Abs. 1 StPO. kann das Rechtsmittel zu dem gleichen Ergebnisse führen, obwohl es nicht zugunsten des Angeklagten eingelegt war, und, wie die Fassung des § 296 Abs. 2 StPO. zeigt, gilt im Zweifel ein Rechtsmittel des Privatklägers nicht als zugunsten des Angeklagten eingelegt. Während im gedachten Falle RGSt. 41, 352 einen Erfolg des Rechtsmittels annahm, wird man dem gegenteiligen Standpunkt in RGSt. 60, 17 beizutreten haben. Wie das RG. hier mit Recht ausführt, kann als Erfolg i. S. des § 473 StPO. nur ein beabsichtigter Erfolg gelten, nicht ein gar nicht erstrebter, vielleicht sogar dem Willen des Beschwerdeführers entgegenlaufender. Also muß in diesem Falle der Privatkläger die Kosten des Rechtsmittels tragen, weil es „erfolglos" verlief.

[5]) Über den Fall, daß Privatkläger und Angeklagter Rechtsmittel erheben, vgl. § 60 Anm. 14 ff.

[6]) Jonas § 59 Anm. 4; Rittmann-Wenz § 59 Anm. 6; Kollat § 59 Anm. 5.

durch Beschluß verworfen (Strafprozeßordnung §§ 319, 322, 346, 349, 384), so wird eine Gebühr von 8 Reichsmark erhoben. Wird das Rechtsmittel nach Beginn der Hauptverhandlung zurückgenommen oder die Berufung gemäß § 391 Abs. 3 der Strafprozeßordnung verworfen, so wird eine Gebühr von 15 Reichsmark erhoben.

Vorbemerkung.

§ 60 regelt die Gebühren bei Freisprechung oder Straffreierklärung des Beschuldigten sowie bei fruchtlosen Rechtsmitteln des Privatklägers.

Übersicht.

1 **I. Freisprechung des Beschuldigten.**

1. Wird im Privatklageverfahren der Angeklagte freigesprochen, so wird eine Gebühr von 30 RM. erhoben u. z. für jede Instanz[1]). Es ist gleichgültig, ob die Freisprechung in der ersten oder in der Rechtsmittelinstanz erfolgt, ob sie in dieser auf das Rechtsmittel des Angeklagten oder auf das gemäß §§ 301, 390 Abs. 1 Satz 3 StPO. zu dessen Gunsten wirkende oder ausdrücklich zu seinen Gunsten erhobene Rechtsmittel des Privatklägers eintritt. Die Gebühr fällt dem Privatkläger zur Last, der gemäß § 471 Abs. 3 StPO. mit den Kosten zu belasten ist.

2 2. Als Freisprechung kommt nur die völlige Freisprechung in Betracht[1a]). Wird der Angeklagte wegen einer Straftat freigesprochen, wegen einer anderen zu Strafe verurteilt, so verfällt lediglich aus der Strafe eine Gebühr nach § 52, nicht auch daneben noch eine Gebühr nach § 60[2]).

3 3. Wegen der Freisprechung des Widerbeklagten s. § 62 Anm. 3.

4 4. Die Gebühr kann nach § 68 von dem Gerichte, das auf Freisprechung erkennt, in dem betreffenden Urteile — nicht auch nachträglich — bis auf 2 RM. herabgesetzt oder bis 600 RM. erhöht werden.

5 **II. Straffreierklärung des Beschuldigten.**

1. Während im Offizialverfahren die Straffreierklärung der Bestrafung gleichbehandelt wird, wird sie im Privatklageverfahren bezüglich der Gebühr wie eine

---

[1]) Wegen des Begriffs der Instanz vgl. § 52 Anm. 2ff., § 55 Anm. 1a. Dagegen will OLG. Marienwerder (ZfDGerSekr. 1909, 176) bei erneuter Beschreitung der Rechtsmittelinstanz wiederholte Gebührenerhebung eintreten lassen. Der Begriff der kostenrechtlichen Instanz ist aber in Privatklagesachen derselbe wie im Offizialstrafverfahren.

[1a]) Jonas § 60 Anm. 1; Baumbach § 60 Anm. 1; Kollat § 60 Anm. 1.

[2]) Jonas, Kollat und Baumbach a. a. O.; Rittmann-Wenz § 60 Anm. 3.

Freisprechung gewertet[3]). Es kommt für jede Instanz eine Gebühr von 30 RM. zum Ansatz, wegen der auf das in Anm. 1, 2, 4 Gesagte zu verweisen ist unter Berücksichtigung der Fußnote 3.

2. Wegen des Widerbeklagten s. § 62 Anm. 3. 6

III. **Berufung und Revision des Privatklägers.** 7

1. Der Privatkläger allein hat das Rechtsmittel erhoben.

A. Hat das Rechtsmittel alsbald oder auf die Zurückverweisung hin den Erfolg, daß an die Stelle der Freisprechung, Einstellung, Straffreierklärung die Bestrafung des Angeklagten tritt, so wird nach dieser Strafe für alle Instanzen die Gebühr des § 52 erhoben. Betraf das erfolgreiche Rechtsmittel nur einen nach § 49 für die Gebührenberechnung nicht in Betracht kommenden Punkt, so verfällt keine Gebühr für die Rechtsmittelinstanz. Hat das Rechtsmittel durch Erhöhung der Strafe zwar nicht den erstrebten aber doch einen teilweisen Erfolg, so kann das über die Kosten des Rechtsmittels erkennende Gericht die dem Angeklagten zur Last fallende Gebühr für die Rechtsmittelinstanz gemäß § 473 Abs. 1 Satz 3 StPO. ermäßigen.

B. Für den Fall der Erfolglosigkeit der Rechtsmittel wird die Gebühr 8
in derselben Weise abgestuft wie in § 55.

a) Wird das Rechtsmittel vor Beginn der Hauptverhandlung[3a]) 9
zurückgenommen oder durch Beschluß verworfen (§§ 319, 322, 346, 349. 384 StPO.), so wird eine Gebühr von 8 RM. erhoben (entsprechend der Viertelgebühr des § 55, vgl. dazu § 55 Anm. 4).

b) Wird das Rechtsmittel nach Beginn der Hauptverhandlung 10
zurückgenommen oder die Berufung gemäß § 391 Abs. 3 StPO. verworfen, so kommt eine Gebühr von 15 RM. zum Ansatze (entsprechend der halben Gebühr des § 55).

c) Wird das von dem Privatkläger eingelegte Rechtsmittel auf Grund 11
einer Hauptverhandlung verworfen, so kommt eine Gebühr von 30 RM. zur Erhebung (entsprechend der vollen Gebühr des § 55).

d) Zu den Fällen b und c ist auf das in Anm. 5, 6 zu § 55 Gesagte zu ver- 12
weisen. An die Stelle des § 329 StPO. dort tritt hier § 391 Abs. 3 StPO. § 60 Abs. 2 Satz 1 GKG. betrifft im Gegensatze zu § 55 Abs. 1 GKG. nur den Fall, daß das Rechtsmittel verworfen wird.

e) § 60 Abs. 2 GKG. gilt ohne Rücksicht darauf, wogegen sich das 13
Rechtsmittel richtet, ob gegen eine Strafgröße oder gegen andere Punkte[4]).

---

[3]) Das gilt ohne Rücksicht darauf, wer die Kosten zu tragen hat, also auch wenn dies der Beschuldigte sein sollte (Jonas § 60 Anm. 2; Kollat § 60 Anm. 2; Sydow-Busch-Krieg § 60 Anm. 3), was ja nach § 468 StPO. möglich ist, der auch für das Privatklageverfahren gilt. JW. 1926, 2207[5] (BayObLG.); DRZ. 1928 Rspr. Nr. 314 (BayObLG.). Es ergibt sich dann die eigentümliche Folge, daß für den in die Kosten verurteilten Beschuldigten die Straffreierklärung im Privatklageverfahren, soweit keine Herabsetzung nach § 68 GKG. erfolgt, sechsmal so schwer gewertet wird als im Offizialverfahren. Offenbar ist das Gesetz davon ausgegangen, daß grundsätzlich im Privatklageverfahren bei Straffreierklärung der Privatkläger mit den Kosten zu belasten ist: denn er kannte die Vorgänge, die dieses Ergebnis veranlaßt haben, mußte mit der Straffreierklärung rechnen, und die Erhebung von Privatklagen, die nur zu einer Straffreierklärung führen, kann nicht als sachgemäß erachtet werden.

[3a]) Darüber, wann die Hauptverhandlung beginnt, vgl. § 55 Anm. 4. KG. in ZfD.-GerSekr. 1908, 298 behandelt Erörterungen über Erledigung der Sache durch Vergleich bereits als Beginn der Hauptverhandlung im Sinne der Gebührenvorschriften. Ebenso Rittmann-Wenz § 61 Anm. 6; ZfDGerSekr. 23, 163 (OLGPr. Breslau); Kollat § 61 Anm. 3. Dagegen mit Recht JW. 1926, 1255[3] (LG. Mainz); SeuffBl. 78, 353; Sydow-Busch-Krieg § 61 Anm. 2; Wochinger-Schwalb § 61 Anm. 2; Walter-Joachim-Friedlaender RAGebO. §§ 63—65 Anm. 12. Vgl. auch ZfDJustSekr. 1912, 225 (OLG. Stuttgart): Aufruf der Sache genügt nicht.

[4]) Baumbach § 60 Anm. 1; Rittmann-Wenz § 60 Anm. 4; Kollat § 60 Anm. 7; Sydow-Busch-Krieg § 60 Anm. 4.

14 2. Der Privatkläger und der Angeklagte haben das Rechtsmittel erhoben.

A. Der Privatkläger erzielt Bestrafung oder deren Erhöhung, das Rechtsmittel des Angeklagten, der Freisprechung oder Strafermäßigung anstrebt, ist erfolglos. Die Gebühr richtet sich nach der erkannten Strafe und erwächst aus §§ 52, 55 Abs. 1 GKG.

15 B. Die Berufung des Privatklägers auf Straferhöhung ist erfolglos, die Berufung des Angeklagten, die Freisprechung anstrebte, führt zur Herabsetzung der Strafe. Für die Berufungsinstanz wird die Gebühr des § 60 Abs. 2 GKG. erhoben, für die erste Instanz ermäßigt sich die Gebühr nach Maßgabe der herabgesetzten Strafe.

16 C. Beide Rechtsmittel sind erfolglos. Für das Rechtsmittel des Privatklägers wird die Gebühr nach § 60 GKG. erhoben, für das Rechtsmittel des Angeklagten, falls es eine Strafgröße bekämpft, die Gebühr des § 52[5]).

17 3. Die Gebühren des § 60 Abs. 2 GKG. können seitens des Gerichts gemäß § 68 GKG. bis auf 2 RM. herabgesetzt oder bis auf das Zwanzigfache erhöht werden.

§ 61.

Wird die Privatklage zurückgewiesen oder erledigt sich das Verfahren vor Beginn der Hauptverhandlung durch Zurücknahme der Klage oder Einstellung, so wird eine Gebühr von 8 Reichsmark erhoben. Tritt die Erledigung erst nach Beginn der Hauptverhandlung ein, so beträgt die Gebühr 15 Reichsmark.

Tritt die Erledigung in der Berufungs- oder Revisionsinstanz ein, so kommen für diese Instanz die im Abs. 1 bestimmte Gebühr und für jede der voraufgegangenen Instanzen eine Gebühr von 15 Reichsmark zur Erhebung.

Vorbemerkung.

§ 61 betrifft die Gebühren bei Zurückweisung der Privatklage sowie bei Einstellung des Verfahrens.

Übersicht.

I. Zurückweisung der Privatklage (1).
II. Zurücknahme der Privatklage (2—4).
III. Einstellung des Verfahrens (5).
IV. Zurücknahme der Klage oder Einstellung in der höheren Instanz (6).

1 **I. Zurückweisung der Privatklage.** Sie kommt in Frage, wenn die Privatklage nicht vorschriftsmäßig erhoben ist, also nicht den Erfordernissen des § 381 StPO. entspricht, oder wenn wegen eines prozessualen Mangels oder wegen nicht genügenden Tatverdachts die Eröffnung des Hauptverfahrens nicht erfolgen kann. Es handelt sich danach stets um Beschlüsse im Vorverfahren. Die Gebühr beträgt 8 RM., sie kann nach § 68 von dem Gerichte bei der gedachten Beschlußfassung auf 2 RM. herabgesetzt oder bis auf 160 RM. erhöht werden. Wird der Beschluß in der Beschwerdeinstanz aufgehoben, so entfällt die Gebühr.

2 **II. Zurücknahme der Privatklage.** Die Privatklage kann nach § 391 Abs. 1 StPO. bis zur Verkündung des Urteils erster Instanz und, soweit zulässige Berufung eingelegt ist, bis zur Verkündung des Urteils zweiter Instanz zurückgenommen werden. Als Zurücknahme gilt es nach § 391 Abs. 2 StPO. im Verfahren erster und, soweit der Angeklagte die Berufung eingelegt hat, im Verfahren zweiter Instanz, wenn der Privatkläger in der Hauptverhandlung weder erscheint noch durch einen Rechtsanwalt vertreten wird, oder in der Hauptverhandlung oder einem anderen Termin ausbleibt,

[5]) Jonas § 59 Anm. 3a; Rittmann-Wenz § 60 Anm. 4; Baumbach § 59 Anm. 2; Kollat § 59 Anm. 3c; Sydow-Busch-Krieg § 60 Anm. 4.

obwohl das Gericht sein persönliches Erscheinen angeordnet hatte oder eine Frist nicht einhält, welche ihm unter Androhung der Einstellung des Verfahrens gesetzt war[1]). Die Zurücknahme der Privatklage, die ausdrückliche ebenso wie die fiktive, hat die Einstellung des Verfahrens auf Kosten des Privatklägers zur Folge.

Die Gebühr beträgt, wenn die Zurücknahme oder der ihr gleiche Tatbestand vor Be- 3
ginn der Hauptverhandlung eintritt, 8 RM., sonst 15 RM., welche Sätze nach § 68 GKG. bis auf 2 RM. ermäßigt oder bis auf 160 RM. bzw. 300 RM. erhöht werden können. Der „Beginn der Hauptverhandlung" bestimmt sich nach den Vorschriften der StPO.[2]). Danach beginnt die Hauptverhandlung in der ersten Instanz mit dem Aufrufe der Zeugen und Sachverständigen, sind solche nicht geladen, mit der Vernehmung des Angeklagten über seine persönlichen Verhältnisse (§ 243 StPO.). Wird ohne Anwesenheit des Angeklagten verhandelt und ist dieser durch einen Rechtsanwalt vertreten, so wird die Vernehmung des Angeklagten durch die Erklärungen seines Vertreters ersetzt; hat der nicht anwesende Angeklagte, der von der Verpflichtung zum Erscheinen in der Hauptverhandlung entbunden ist, keinen Vertreter, so beginnt die Hauptverhandlung erster Instanz mit der Verlesung des Eröffnungsbeschlusses. In der Berufungsinstanz beginnt die Hauptverhandlung mit dem Aufrufe der Zeugen oder Sachverständigen oder, wenn solche nicht geladen sind, mit der Berichterstattung (§ 324 Abs. 1 StPO.). Die Zurücknahme nach Beginn der Hauptverhandlung kann in oder außerhalb derselben z. B. nach eingetretener Vertagung erfolgen[3]).

Wird im Gegensatz zu der unteren Instanz von der höheren Instanz das Vor- 4
liegen einer fiktiven Klagezurücknahme verneint, so entfällt die Gebühr. Das gleiche ist der Fall, wenn gemäß § 391 Abs. 4 StPO. Wiedereinsetzung in den vorigen Stand bewilligt wird.

III. Einstellung des Verfahrens. Abgesehen von der Zurücknahme der Privat- 5
klage findet die Einstellung des Verfahrens statt, wenn nach der Eröffnung des Hauptverfahrens sich prozessuale Mängel ergeben, die der Durchführung des Hauptverfahrens entgegenstehen, wenn das Gericht nach verhandelter Sache findet, daß die für festgestellt zu erachtenden Tatsachen eine solche strafbare Handlung darstellen, auf welche das Privatklageverfahren keine Anwendung erleidet (§ 389 StPO.), ferner im Falle des Todes des Privatklägers, falls nicht seine nahen Angehörigen die Klage rechtzeitig fortsetzen (§ 393 StPO.). Nach der herrschenden Ansicht führt auch der Tod des Angeklagten zur Einstellung des Verfahrens. Auch hier treffen den Privatkläger die Kosten. Die Gebühr ist, gleichgültig, ob die Einstellung durch Urteil oder durch Beschluß erfolgt, die unter II erwähnte. Während die Zurücknahme der Privatklage in der Revisionsinstanz nicht mehr möglich ist, kann die Erledigung durch Einstellung aus sonstigen Gründen auch in der Revisionsinstanz eintreten. Wegen der Bemessung der Gebühr in diesem Falle ist zu bemerken, daß die Hauptverhandlung in der Revisionsinstanz mit der Berichterstattung beginnt.

IV. Zurücknahme der Klage oder Einstellung in der höheren Instanz. Für die 6
höhere Instanz wird in diesem Falle die zu II erwähnte Gebühr in der dort gedachten Abstufung erhoben. Für jede der voraufgegangenen Instanzen wird eine Gebühr von 15 RM. ohne Rücksicht darauf erhoben, welches Ergebnis jede einzelne Instanz gehabt hat[4]). Auch diese Gebühr unterliegt der Ermäßigung und Erhöhung nach Maßgabe des § 68 GKG.

---

[1]) Der Vergleich beendet als solcher das Verfahren nicht, enthält auch keine Zurücknahme der Klage (a. M. Baumbach § 61 Anm 2; Rittmann-Wenz § 61 Anm. 6. S. dagegen Wochinger-Schwalb § 61 Anm. 2), kann aber natürlich zu solcher führen. Sydow-Busch-Krieg § 61 Anm. 4 sieht im Falle „des Abschlusses eines Vergleichs im Verhandlungstermin" die Einstellung des Verfahrens vor, läßt aber die Person des Kostenpflichtigen sich darnach richten, wer in dem Vergleich die Kosten übernommen hat.

[2]) Vgl. § 55 Anm. 4 und § 60 Fußnote 3a.

[3]) Jonas § 61 Anm. 4.

[4]) Rittmann-Wenz § 61 Anm. 4; Baumbach § 61 Anm. 1; Kollat § 61 Anm. 2.

§ 62.

Die in den §§ 60, 61 bestimmten Gebühren werden für das Verfahren auf erhobene Widerklage nur erhoben, wenn es nach Zurücknahme der Privatklage oder Einstellung des Verfahrens über die Privatklage selbständig fortgesetzt wird. Das gleiche gilt, wenn ausschließlich gegen die auf die Widerklage ergangene Entscheidung von dem Widerkläger Berufung oder Revision eingelegt ist.

Vorbemerkung.

§ 62 regelt die Gebühren für das Verfahren auf erhobene Widerklage.

Übersicht.

1 **I. Die Widerklage.** Sie ist Klage, wie die Privatvorklage, der Widerkläger hat die Stellung des Privatklägers, der Widerbeklagte die des Angeschuldigten. Mangels besonderer Bestimmungen würden deshalb für das Verfahren auf erhobene Widerklage die für das Privatklageverfahren geltenden Gebührenvorschriften vollinhaltlich zur Anwendung kommen. § 62 schränkt aber diese Anwendung ein.

2 **II. Verurteilung des Widerbeklagten zu Strafe.** Hier gilt § 59 ohne irgend welche Änderung, gleichgültig ob der Widerbeklagte allein verurteilt oder ob auch der Angeklagte bestraft wird. Es kann auf § 59 Anm 4 verwiesen werden. Die Straffreierklärung [1]) wird auch hier nicht der Bestrafung gleich behandelt.

3 **III. Die Fälle der §§ 60, 61.**

A. Privatklage und Widerklage stehen zur Entscheidung. Wird der Widerbeklagte freigesprochen oder für straffrei erklärt [2]), so erwächst dafür keine besondere Gebühr. Dasselbe gilt bei Zurückweisung oder Zurücknahme der Widerklage oder bei Einstellung des Verfahrens auf die Widerklage.

4 B. Es kommt nur die Widerklage in Betracht.

1. Wird ausschließlich gegen die auf die Widerklage ergangene Entscheidung von dem Widerkläger Berufung oder Revision eingelegt, so gelangt § 60 Abs. 2 GKG. zur Anwendung.

5 2. Hat die Privatklage durch deren Zurücknahme oder durch Einstellung des Verfahrens ihre Erledigung gefunden und wird das Verfahren auf erhobene Widerklage nunmehr selbständig fortgesetzt, gibt also der Widerkläger zu erkennen, daß er über die Widerklage noch Entscheidung begehrt [3]), so gelten die §§ 60, 61 GKG.

---

[1]) S. auch Fußnote 2.

[2]) Gegen einen Jugendlichen kann zwar nach § 38 JGG. keine Privatklage erhoben werden, eine Widerklage gegen ihn ist aber zulässig. Wird bezüglich des Widerbeklagten gemäß §§ 6, 9 Abs. 4 JGG. „von Strafe abgesehen", so begründet auch diese Maßnahme keine besondere Gebühr. Es ergibt sich das mit Sicherheit daraus, daß die Strafreierklärung, die im Offizialverfahren anders als das Vonstrafeabsehen der Bestrafung gleichsteht, hier auch keine Gebühr rechtfertigt.

[3]) Jonas § 62 Anm. 1a; Baumbach § 62 Anm. 2.

C. Selbständigkeit der für die Widerklage aus §§ 60, 61 GKG. erwachsenden Gebühren. 6

Es ist in Anm. 4 zu § 59 hervorgehoben worden, daß bei Verurteilung des Angeklagten und des Widerbeklagten zu Strafen bezüglich beider gesonderte Gebühren in Ansatz kommen. Ebenso wird hier, wenn die Privatklage zurückgenommen und demnächst das Verfahren auf die Widerklage eingestellt wird, von dem Privatkläger und dem Widerkläger je die Gebühr des § 61 GKG. erhoben[1]).

§ 63.

Wird die Wiederaufnahme eines Privatklageverfahrens von dem Privatkläger beantragt, so wird, wenn der Antrag als unzulässig oder unbegründet verworfen wird, eine Gebühr von 15 Reichsmark erhoben.

Wird die Wiederaufnahme des Verfahrens auf Antrag des Privatklägers angeordnet, so findet, sofern auf eine höhere Strafe erkannt wird, die Vorschrift des § 56 Abs. 2 Satz 2 Anwendung, andernfalls wird eine Gebühr von 30 Reichsmark erhoben.

Vorbemerkung.

§ 63 betrifft die Gebühren bei Wiederaufnahmeanträgen des Privatklägers.

Übersicht.

I. Wiederaufnahmeantrag des Angeklagten. 1

1. Wird der Antrag als unzulässig oder unbegründet verworfen oder abgelehnt, so kommt gemäß §§ 59, 56 Abs. 1 GKG. die Hälfte der Gebühr des § 52 GKG. zum Ansatze.

2 2. Wird die Wiederaufnahme des Verfahrens angeordnet, so ist zu unterscheiden (§§ 59, 56 Abs. 2 GKG.):

a) Wird das frühere Urteil aufrechterhalten, so wird die volle Gebühr des § 52 GKG. erhoben.

3 b) Wird das frühere Urteil aufgehoben, so gilt das neue und das frühere Verfahren gebührenrechtlich als eine Instanz. Hat das neue Verfahren wieder zu einer Bestrafung geführt, so ist die jetzt erkannte Strafe maßgebend für die aus

[1]) Jonas § 62 Anm. 1a.

§ 52 GKG. zu bemessende Gebühr. Ist im neuen Verfahren auf Freisprechung erkannt, so trifft den Privatkläger die Gebühr des § 60 GKG. u. z. für alle Instanzen[1]). Kommt es zur Einstellung des Verfahrens, so ist § 61 GKG. anzuwenden. Lautet das neue Urteil auf Straffreierklärung, so hat die Gebühr des § 60 GKG. für alle Instanzen der in die Kosten verurteilte Teil[1a]) zu tragen.

4 3. Angeklagter ist auch der Widerbeklagte.

5 **II. Wiederaufnahmeantrag des Privatklägers.**

1. Wird der Antrag als unzulässig oder unbegründet verworfen[1b]), so wird eine Gebühr von 15 RM. erhoben.

6 2. Wird die Wiederaufnahme des Verfahrens angeordnet, so sind folgende Fälle möglich:

a) Das frühere Urteil wird aufrechterhalten. Dann wird eine Gebühr von 30 RM. erhoben[2]), neben der die frühere Gebühr bestehen bleibt.

7 b) Das frühere Urteil wird aufgehoben.

α) An die Stelle der früheren Verurteilung zu Strafe tritt Freisprechung, Einstellung oder Straffreierklärung. Dann kommt ebenfalls eine Gebühr von 30 RM. zur Erhebung[2a]), die frühere Gebühr kommt in Wegfall.

8 β) Wird die frühere Freisprechung durch eine Bestrafung ersetzt[2b]) oder wird statt der früheren Strafe auf eine höhere Strafe erkannt, so gilt für die Gebührenerhebung das neue Verfahren mit dem früheren Verfahren zusammen als eine Instanz; für beide Verfahren kommt eine Gebühr nach § 52 GKG. zur Erhebung[3]).

9 γ) Führt das neue Verfahren zu einer geringeren Bestrafung als das frühere, so gelten beide Verfahren gebührenrechtlich nicht als eine Instanz: wie § 63 Abs. 2 GKG. deutlich ergibt, findet der Grundsatz des § 56 Abs. 2 GKG. nur Anwendung, wenn das neue Urteil härter ist als das frühere. Es kommen also in dem eingangs gedachten Falle gesonderte Gebühren für beide Verfahren in Ansatz, für das frühere aus § 52 GKG. unter Zugrundelegung der ermäßigten Strafe, für das neue Verfahren eine Gebühr von 30 RM. aus § 63 Abs. 2 GKG.[4]). Von der Gebühr für das frühere Verfahren, deren Kostenschuldner der Angeklagte war und bleibt, wird ihm der überschießende Betrag erstattet. Die Gebühr für das neue Verfahren trifft den Privatkläger, dessen Wiederaufnahmeantrag i. S. des § 473 StPO. erfolglos ist[4a]).

10 3. Ein Wiederaufnahmeantrag des Privatklägers zugunsten des Angeklagten wird nicht leicht vorkommen, und der Gesetzgeber hat schwerlich

---

[1]) Jonas § 63 Anm. 1; Sydow-Busch-Krieg § 63 Anm. 1.

[1a]) Vgl. § 60 Fußnote 3.

[1b]) Dem ist es gleichzustellen, wenn nach § 371 Abs. 1 StPO. — der auch für StA. und Privatkläger maßgebend ist, vgl. RGSt. 10, 423; GoltdArch. 38, 79 (OLG. Colmar) — der Antrag auf Wiederaufnahme abgelehnt wird. Rittmann-Wenz § 63 Anm. 1.

[2]) Sie fällt dem Privatkläger zur Last, dem die Kosten aufzuerlegen sind, da er hier i. S. des § 473 StPO. den Antrag „erfolglos" angebracht hat. Vgl. § 59 Fußnote 4; Jonas § 63 Anm. 2a; Rittmann-Wenz § 63 Anm. 4; Kollat § 63 Anm. 2c; Sydow-Busch-Krieg § 63 Anm. 3.

[2a]) Es gilt das in Fußnote 2 Gesagte.

[2b]) Auch auf diesen Fall muß § 63 Abs. 2 GKG. angewendet werden, da jede Bestrafung gegenüber der Freisprechung sich ebenso verhält, wie eine härtere zur milderen Bestrafung.

[3]) Wird statt der bisherigen Geldstrafe auf Freiheitsstrafe erkannt, so kann es vorkommen, daß die neue Gebühr geringer ist als die frühere. War z. B. der Angeklagte zunächst zu 70 RM. Geldstrafe verurteilt worden und erkennt das neue Urteil auf 1 Woche Gefängnis, so beträgt die Gebühr jetzt 5 RM., während sie vorher 7 RM. betrug. Dabei ist aber zu bedenken, daß der zu Freiheitsstrafe Verurteilte auch die Haftkosten zu tragen hat.

[4]) Jonas § 63 Anm. 2a; Rittmann-Wenz § 63 Anm. 3; Kollat § 63 Anm. 2b; Sydow-Busch-Krieg § 63 Anm. 3.

[4a]) Vgl. § 59 Fußnote 4; Jonas a. a. O.; Rittmann-Wenz § 63 Anm. 4; Kollat und Sydow-Busch-Krieg a. a. O.

an ihn bei § 63 gedacht. Der Paragraph enthält aber keine Beschränkung auf Wiederaufnahmeanträge zuungunsten des Angeklagten. Der Fall, daß eine Freisprechung durch eine Bestrafung oder eine mildere durch eine härtere Strafe ersetzt wird, kann bei Wiederaufnahmeanträgen zugunsten des Angeklagten nicht vorkommen (§ 373 Abs. 2 ZPO.). Über den Fall, daß es zu einer Herabsetzung der Strafe kommt, s. § 59 Fußnote 4[5]).

4. Auch der Widerkläger ist Privatkläger. 11

5. Die Gebühren des § 63 können gemäß § 68 ermäßigt oder erhöht werden. 12

§ 64.

Sind in einem Privatklageverfahren mehrere Personen als Beschuldigte beteiligt, so werden hinsichtlich einer jeden die in den §§ 60 bis 63 bestimmten Gebühren besonders, jedoch für jede Instanz höchstens der dreifache Betrag der im § 60 Abs. 1 bestimmten Gebühr erhoben.

Vorbemerkung.

§ 64 behandelt den Einfluß, den das Vorhandensein mehrerer Beschuldigten auf die Gebühren im Privatklageverfahren hat.

Übersicht.

I. Mehrere Beschuldigte. 1

1. Mehrere Personen[1]) sind als Beschuldigte in einem Privatklageverfahren vorhanden, wenn die Privatklage sich von vornherein gegen mehrere Beschuldigte[1a]) richtet oder wenn Privatklagen gegen verschiedene Beschuldigte miteinander verbunden werden. Dagegen genügt es nicht, daß der Privatkläger zugleich Widerbeklagter ist: die mehreren Personen müssen als Beschuldigte demselben Kläger gegenüberstehen.

2. Die Gebühren, die sich gemäß § 52 GKG. nach der erkannten Strafe richten, werden nach § 51 GKG. für jeden Verurteilten nach der ihn treffenden Strafe besonders berechnet. 2

3. Kommen die Gebühren der §§ 60 bis 63 GKG. in Frage, so wird hinsichtlich jedes Beschuldigten, dem gegenüber der maßgebliche Sachverhalt vorliegt, eine besondere Gebühr[1b]) nach Maßgabe jener Bestimmungen erhoben. Insgesamt 3

---

[5]) Jonas § 63 Anm. 2b gedenkt nur des Falles, daß der Antrag verworfen wird, oder daß es zur Freisprechung kommt.

[1]) Rittmann-Wenz § 64 Anm. 3 hebt hervor, daß juristische Personen und sonstige „kollektive Rechtssubjekte" als eine Person gelten. Ebenso Baumbach § 64 Anm. 1, entsprechend Jonas § 64 Anm. 1. Es können aber doch nur natürliche Personen Beschuldigte sein, und eine Mehrheit von Privatklägern führt zu keiner Gebührensteigerung. Anders ist es nach §§ 72, 73 RAGebO.

All dies wird nicht anders durch § 374 Abs. 3 StPO., auf den Baumbach verweist, und § 22 UnlWG. Gegen die als Privatkläger auftretenden Verbände kann eine Widerklage nicht erhoben werden, weil sie kein Privatklagedelikt begehen können, § 388 StPO. also nicht eingreift. Die subsidiäre Haftbarkeit, die bei Verbandspersonen vorkommt, ist bei Privatklagedelikten nicht vorgesehen.

[1a]) Beistände und subsidiarisch Haftbare kommen neben den Beschuldigten nicht in Betracht. Rittmann-Wenz § 64 Anm. 1.

[1b]) Sie kann bei Straffreierklärung auch Angeklagten zur Last fallen, denen dann die

kommt an solchen Gebühren höchstens der dreifache Betrag der in § 60 Abs. 1 bestimmten Gebühr, also ein Betrag von 90 RM. für jede Instanz zur Erhebung[2]). Diese Höchstgrenze gilt ohne Rücksicht auf den normalen Betrag der Gebühr, also auch in den Fällen der §§ 60 Abs. 2 Satz 2 und 3, 61, 63 Abs. 1[2a]).

4 a) Die Voraussetzungen des § 64 sind für jede Instanz und jede Gebühr gesondert zu prüfen. Sind in der 1. Instanz alle Angeklagte freigesprochen worden und legt der Privatkläger nur bezüglich eines Berufung ein, die verworfen wird, so tritt eine Steigerung der Gebühr für die Berufungsinstanz auf Grund des § 64 nicht ein[3]).

5 b) Werden von mehreren Angeklagten einige verurteilt und die anderen freigesprochen, so kommen nur bezüglich dieser Gebühren aus §§ 60, 64 in Ansatz, während hinsichtlich jener die Gebühren sich nach §§ 52, 51 richten.

6 4. Soweit die Gebühren der §§ 60 bis 63 GKG. auch den Widerkläger treffen, gilt das zu 3 Gesagte auch für ihn.

7 **II. Mehrere Privatkläger.**

1. Die Mehrheit von Personen auf der klägerischen Seite ist auf die Höhe der Gebühren ohne Einfluß[3a]).

8 2. Mehrere Privatkläger[4]) haften für die Gebühren als Gesamtschuldner (§ 471 Abs. 4 StPO., § 88 GKG.).

§ 65.

Die von der Verwaltungsbehörde erhobene Klage (Strafprozeßordnung § 424) ist nicht als Privatklage im Sinne dieses Gesetzes zu erachten.

1 1. Die §§ 419—429 StPO. sind nur noch außerhalb des Geltungsbereichs der Reichsabgabenordnung vom 13. Dezember 1919 maßgebend, also betreffs der zugunsten der Länder und Kommunalverbände erhobenen Steuern. Wenn die Verwaltungsbehörde gemäß § 424 StPO. selbst die Anklage erhebt, so regelt sich nach § 426 StPO. prozeßrechtlich das Verfahren nach den für die Privatklage gegebenen Bestimmungen. Gebührenrechtlich wird aber die Klage der Verwaltungsbehörde nicht als Privatklage behandelt, vielmehr kommen die für das Offizialverfahren geltenden Gebührenvorschriften zur Anwendung.

2 2. Dasselbe gilt, wenn das Finanzamt nach § 437 Abs. 2 RAbgO. selbst die öffentliche Klage erhebt.

§ 66.

Werden dem Nebenkläger Kosten auferlegt, so sind die Sätze zu erheben, welche nach Maßgabe der §§ 60, 61, 63, 64 zu erheben sein würden, wenn er als Privatkläger das Rechtsmittel eingelegt oder die Wiederaufnahme des Verfahrens beantragt hätte.

Bestimmung über den Höchstbetrag der Gebührensumme derart zugute kommt, daß der Überschuß über 90 RM. zu gleichen Teilen bei jedem Kostenpflichtigen von der Gebühr in Abzug gebracht wird. Sydow-Busch-Krieg § 64 Anm. 2.

[2]) Über das Verhältnis des § 64 zu § 68 s. § 68 Anm. 3.

[2a]) Jonas § 64 Anm. 1b.

[3]) Rittmann-Wenz § 64 Anm. 5; Kollat § 64 Anm. 1.

[3a]) § 73 GKG. ä. F. erhöhte, wenn in einer Sache mehrere Personen als Privatkläger oder als Beschuldigte in derselben Instanz beteiligt waren, die in den §§ 70—72 ä. F. bestimmten Gebühren auf das Doppelte. Die Mitwirkung mehrerer Privatkläger als Grund der Gebührenerhöhung wurde durch das Gesetz vom 21. Dezember 1922 beseitigt.

[4]) Der Fall ist auch gegeben, wenn jemand in eigenem Namen und als gesetzlicher Vertreter seines minderjährigen Kindes klagt. HessRspr. 1915, 128 (OLG. Darmstadt).

Vorbemerkung.

§ 66 regelt die vom Nebenkläger zu erhebenden Gebühren.

Übersicht.

I. Der Nebenkläger. Als Nebenkläger kann sich der erhobenen öffentlichen Klage anschließen: 1

1. wer als Privatkläger aufzutreten berechtigt ist (§ 395 Abs. 1 StPO.)[1]),

2. derjenige, der durch einen Antrag auf gerichtliche Entscheidung die Erhebung der öffentlichen Klage herbeigeführt hat, wenn die strafbare Handlung gegen sein Leben, seine Gesundheit, seine Freiheit, seinen Personenstand oder seine Vermögensrechte gerichtet war (§ 395 Abs. 2 StPO.),

3. wer berechtigt ist, die Zuerkennung einer Buße zu verlangen (§ 403 StPO.).

Nach § 427 StPO. kann die Verwaltungsbehörde, wenn der Beschädigte gegen einen Strafbescheid auf gerichtliche Untersuchung angetragen oder die Staatsanwaltschaft die Anklage erhoben hat, sich der Verfolgung anschließen. Ebenso hat, wenn im Geltungsbereiche der RAbgO. der Beschuldigte gegen einen Strafbescheid gerichtliche Entscheidung beantragt oder die Staatsanwaltschaft die öffentliche Klage erhoben hat, das Finanzamt gemäß §§ 432 Abs. 1, 437 Abs. 1 RAbgO. die Rechte eines Nebenklägers. In allen diesen Fällen ist aber die Verwaltungsbehörde oder das Finanzamt niemals Kostenschuldner. Sie treten ebenso wie die Staatsanwaltschaft nur als Staatsorgane auf; Kosten, die durch ihre Teilnahme entstehen, treffen die Staatskasse[2]), § 66 GKG. kommt nicht zur Anwendung. 2

II. Die Kostenpflicht des Nebenklägers. 3

1. In der ersten Instanz kommt eine Kostenpflicht des Nebenklägers nur in Frage, wenn er auch die Erhebung der öffentlichen Klage herbeigeführt hat und der Angeschuldigte außer Verfolgung gesetzt oder freigesprochen oder das Verfahren eingestellt wird (§ 472 StPO.) oder wenn die Voraussetzungen des § 469 StPO. vorliegen.

2. Kosten treffen den Nebenkläger nach § 473 Abs. 1 StPO. für ein von ihm eingelegtes Rechtsmittel, das zurückgenommen wird oder erfolglos bleibt. Gleiches gilt von einem seitens des Nebenklägers angebrachten Wiederaufnahmeantrage. Gleichgültig ist, ob auch die Staatsanwaltschaft oder der Angeklagte ein Rechtsmittel ergriffen haben[3]). Eine „Anschließung" an das Rechtsmittel eines anderen kennt die StPO. nicht, eine „Anschließung" ist als selbständige Einlegung des Rechtsmittels zu behandeln. Gleiches gilt von der „Anschließung" an einen Wiederaufnahmeantrag. 4

---

[1]) Übernimmt die Staatsanwaltschaft die Verfolgung, so wird der Privatkläger zum Nebenkläger (§ 377 Abs. 3 StPO.).

[2]) RGSt. 42, 178/9; 57, 255; 60, 190; Jonas § 66 Anm. 6; Kollat § 66 Anm. 5; Rittmann-Wenz § 66 Anm. 8; Baumbach § 66 Anm. 1; Sydow-Busch-Krieg § 66 Anm. 2. Die Streitfrage, ob und wann statt der Staatskasse die Reichskasse Kostenschuldner ist, bedarf, weil nach § 90 GKG. für die Gebührenfrage bedeutungslos, keiner Erörterung.

[3]) RGSt. 35, 187/9.

5 **III. Die Gebühren.**

1. Gebühren kommen nur in Ansatz, wenn dem Nebenkläger Kosten auferlegt werden. Der Anschluß als Nebenkläger, die Zurückweisung der Anschlußerklärung und ihr Widerruf unterliegen für sich allein keiner Gebühr[4]).

6 2. Wenn der Angeklagte auf ein Rechtsmittel des Nebenklägers von der höheren Instanz oder auf Zurückverweisung von der unteren Instanz freigesprochen oder für straffrei erklärt wird, § 60 also anwendbar ist, so ist das nicht zugunsten des Angeklagten erhobene Rechtsmittel erfolglos, der Nebenkläger also kostenpflichtig[5])[6]).

7 3. Wird die Berufung oder Revision des Nebenklägers auf Grund einer Hauptverhandlung verworfen, so kommt eine Gebühr von 30 RM. zur Erhebung. Wird das Rechtsmittel vor Beginn der Hauptverhandlung zurückgenommen oder durch Beschluß verworfen, so beträgt die Gebühr 8 RM. Wird das Rechtsmittel nach Beginn der Hauptverhandlung zurückgenommen oder die Berufung nach § 391 Abs. 3 StPO. verworfen, so wird eine Gebühr von 15 RM. erhoben. Dabei ist es gleichgültig, wie das Urteil lautet, gegen das sich das Rechtsmittel richtet und welcher Teil des Urteils angegriffen wird.

8 4. Erledigt sich das Verfahren in der Berufungs- oder Revisionsinstanz durch den Widerruf der Anschlußerklärung, der der Zurücknahme der Privatklage entspricht, oder durch Einstellung des Verfahrens, so wird, wenn die Erledigung vor Beginn der Hauptverhandlung eintritt, eine Gebühr von 8 RM., sonst eine solche von 15 RM. erhoben.

9 5. Für den Wiederaufnahmeantrag des Nebenklägers gilt § 63 GKG.

10 6. Die §§ 64 und 68 GKG. sind anwendbar[7]).

11 7. Neben den erwähnten Gebühren kommen die Gebühren nach § 57 Abs. 1 und 2 GKG. zum Ansatze, falls deren Voraussetzungen gegeben sind.

§ 67.

Für das Verfahren in den Fällen der §§ 430 bis 432 der Strafprozeßordnung beträgt die Gebühr in jeder Instanz 30 Reichsmark.

Vorbemerkung.

§ 67 regelt die Gebühren im sog. objektiven Verfahren.

---

[4]) Jonas § 66 Anm. 2; Baumbach § 66 Anm. 1; Wochinger-Schwalb § 66 Anm. 2; Sydow-Busch-Krieg § 66 Anm. 2.

[5]) Vgl. § 59 Fußnote 4; Jonas § 66 Anm. 2a; Rittmann-Wenz § 66 Anm. 3; Kollat § 66 Anm. 2a; Sydow-Busch-Krieg § 66 Anm. 4.
A. M. RGSt. 41, 352.

[6]) Hält man (vgl. RGSt. 22, 402) den Nebenkläger für berechtigt, zugunsten des Angeklagten ein Rechtsmittel einzulegen, und kommt es zur Freisprechung oder Straffreierklärung des Angeklagten, so fällt dem Nebenkläger (vgl. §§ 471 Abs. 3, 468, 397 StPO.) die Gebühr des § 60 Abs. 1 zur Last. Wird die Strafe herabgesetzt, so kommt eine Gebühr für das Rechtsmittelverfahren nicht in Ansatz: die Gebühr des § 60 Abs. 2 scheidet aus, weil das Rechtsmittel nicht verworfen wird, die Gebühr nach §§ 52, 59 fällt gemäß § 66 dem Nebenkläger, falls er kostenpflichtig wäre (s. aber § 59 Fußnote 4), nicht zur Last. Für die frühere Instanz ermäßigt sich die Gebühr, die von dem Verurteilten zu tragen ist, gemäß der Herabsetzung der Strafe.
Legt die Staatsanwaltschaft zugunsten des Nebenklägers Revision ein, so treffen die Kosten die Staatskasse. RGSt. 60, 190/1.

[7]) Eine Mehrheit von Nebenklägern ist ebenso bedeutungslos wie eine Mehrheit von Privatklägern. Eine Widerklage gibt es im Offizialverfahren nicht. Wird das Offizialverfahren, dem der Nebenkläger sich angeschlossen hat, mit einer Privatklage desselben gegen den Angeklagten verbunden, so bleiben beide Verfahren gebührenrechtlich gesondert.

Übersicht.

I. Das objektive Verfahren. Es handelt sich bei ihm um die Fälle, in denen auf Einziehung, Vernichtung oder Unbrauchbarmachung von Gegenständen selbständig erkannt werden kann und die Entscheidung nicht mit einem Urteil in der Hauptsache erfolgt. Das Verfahren wird auf Antrag der Staatsanwaltschaft oder der Privatklägers eingeleitet (§ 430 StPO.). Personen, welche einen rechtlichen Anspruch auf den Gegenstand der Einziehung, Vernichtung oder Unbrauchbarmachung haben, die sog. Einziehungsbeteiligten, können alle Befugnisse eines Angeklagten ausüben (§ 431 Abs. 2 und 3 StPO.). 1

II. Kostenpflicht. 2

1. Wird die Einziehung usw. ausgesprochen, so fallen die Kosten des Verfahrens, da eine Verurteilung nicht erfolgt, der Staatskasse zur Last[1]).

2. Wird der Antrag des Privatklägers abgelehnt, so treffen ihn die Kosten. 3

3. Die Kosten eines zurückgenommenen oder erfolglosen Rechtsmittels des Privatklägers, Nebenklägers oder Einziehungsbeteiligten fallen demjenigen zur Last, der es eingelegt hat. 4

III. Gebühr. 5

1. Sie beträgt in jeder Instanz ohne Rücksicht auf deren Ergebnis 30 RM. Dabei ist das Bestehen einer Kostenpflicht vorausgesetzt: denn § 67 regelt nur die Höhe der Gebühr[1a]).

2. Die Gebühr kann gemäß § 68 GKG. herabgesetzt und erhöht werden. 6

3. Wie das Vorhandensein mehrerer Privatkläger, so beeinflußt auch das Gegebensein mehrerer Einziehungsbeteiligten die Gebühr nicht, da diese eben keine Beschuldigten sind, sondern nur deren Befugnisse ausüben dürfen. 7

4. Mehrere Gebührenschuldner haften als Gesamtschuldner (§ 82). 8

5. Eine Gebühr gilt das ganze Verfahren in der Instanz ab, auch wenn das Rechtsmittel sowohl von dem Privat- oder Nebenkläger als auch von einem Einziehungsbeteiligten eingelegt ist[2]). Wegen der Haftung s. unter 4. 9

§ 68.

Die in den §§ 60 bis 63, 67 bestimmten Gebühren kann das Gericht bis auf 2 Reichsmark herabsetzen oder bis auf das Zwanzigfache erhöhen.

Vorbemerkung.

§ 68 betrifft die Ermäßigung und Erhöhung der Gebühren nach §§ 60—63, 67.

Übersicht.

[1]) RGSt. 12, 200; 13, 20; 17, 114; 22, 354.
[1a]) RGSt. 12, 201; 22, 105.
[2]) Jonas § 67 Anm. 5; § 68 Anm. 1; Sydow-Busch-Krieg § 68 Anm. 2.

1 1. Das Gericht kann die Beträge der in den §§ 60—63 und 67 GKG. bestimmten Gebühren bis auf 2 RM. herabsetzen oder bis auf das Zwanzigfache erhöhen.

2 a) Die Bestimmung gilt auch für die nach § 66 GKG. dem Nebenkläger zur Last fallenden Gebühren.

3 b) Auch wenn die Voraussetzungen des § 64 GKG. gegeben sind, ist bei jeder einzelnen Gebühr die Herabsetzung auf 2 RM. und die Heraufsetzung auf das Zwanzigfache statthaft. Der Höchstbetrag des § 64 GKG. gilt nur für den Fall der Erhebung der regelmäßigen Gebühren[1]).

4 2. Die Herabsetzung oder Erhöhung der Gebühren ist ebenso wie die Gebührenermäßigung nach § 473 Abs. 1 Satz 3 StPO. ein Teil der Kostenentscheidung. Sie kann deshalb nur von dem mit der Kostenfrage befaßten Gericht und nur in der Entscheidung erfolgen, die über die Sache und gemäß § 464 Abs. 1 StPO. zugleich über die Kosten überhaupt befindet[2]). Eine nachträgliche Entscheidung ist unzulässig[2a]). Das Rechtsmittelgericht kann für die obere und für die untere Instanz, aber auch nur für eine von beiden herabsetzen oder erhöhen[3]).

5 3. Die Ermäßigung oder Hinaufsetzung unterliegt der Anfechtung mit dem gegen die Kostenentscheidung überhaupt gegebenen Rechtsmittel[4]).

§ 69.

Für die Zurückweisung einer Beschwerde wird, sofern sie sich gegen eine Entscheidung der im § 56 Abs. 1 oder im § 63 Abs. 1 bezeichneten Art richtet, die dort bestimmte Gebühr, im übrigen eine Gebühr von 1 Reichsmark erhoben.

Die Gebühr wird von dem Beschuldigten nur erhoben, wenn er rechtskräftig zu einer Strafe verurteilt ist.

Vorbemerkung.

§ 69 regelt die Gebühren in der Beschwerdeinstanz.

Übersicht.

I. Beschwerden (1—2).
 1. Beschwerden nach der StPO. (1).
 2. Beschwerden nach dem GVG. (2).
II. Gebühren (3—7).
 1. Nur bei Zurückweisung von Beschwerden (3).
 2. Höhe der Gebühren (4—6).
 3. Fälligkeit (7).

1 **I. Beschwerden.**

1. In Betracht kommen alle prozessualen Beschwerden in Strafsachen i. S. der Vorbemerkungen zum 4. Abschnitte Anm. 1 ff., mag das Beschwerdeverfahren unmittelbar auf der StPO. beruhen oder die StPO. wie in §§ 56 Abs. 2, 84 Abs. 1 GVG. oder in § 20 Abs. 2 ZeugGebO. für anwendbar erklärt sein[1]). Beschwerden im Aufsichtswege[1a]) unterfallen dem § 69 nicht.

---

[1]) Rittmann-Wenz § 68 Anm. 2.

[2]) Jonas § 68 Anm. 3; Rittmann-Wenz § 68 Anm. 1; Kollat § 68 Anm. 1; Baumbach § 68 Anm. 1.

[2a]) A. M. Wochinger-Schwalb § 68 Anm. 3.

[3]) Jonas § 68 Anm. 2; Baumbach § 68 Anm. 1.

[4]) Jonas § 68 Anm. 3; Rittmann-Wenz § 68 Anm. 1; Kollat § 68 Anm. 2; Sydow-Busch-Krieg § 68 Anm. 2. Wochinger-Schwalb § 68 Anm. 3 verweist auf die Rechtsbehelfe des § 4.

[1]) Jonas § 69 Anm. 1; Rittmann-Wenz § 69 Anm. 1; Baumbach § 69 Anm. 1; Kollat § 69 Anm. 1; Wochinger-Schwalb § 49 Anm. 3, § 69 Anm. 3, 4. S. auch § 4 Anm. 37—39, § 38 Anm. 10.

2. Darüber hinaus müssen aber auch die im GVG. vorgesehenen Be- 2
schwerden, wenn sie im Laufe eines Strafverfahrens vorkommen, dem § 69 GKG.
unterstellt werden. Die Rechtssachen, „auf welche .... die Strafprozeßordnung
.... Anwendung findet“, werden zugleich auch von dem GVG. beherrscht, das
eine Reihe von Materien enthält, die den Prozeßordnungen gemeinsam sind. Es kom-
men hier also auch die Beschwerden nach §§ 159 Abs. 1 Satz 3, 174 Abs. 2, 181
GVG. in Betracht[2]).

II. Gebühren. 3

1. Gebühren werden nur erhoben, wenn die Beschwerde „zurückgewiesen“
wird, gleichgültig ob sie als unzulässig verworfen oder als unbegründet zurückgewiesen
wird[3]). Wird der Beschwerde stattgegeben, so entsteht keine Gebühr, ebenso nicht bei
ihrer Zurücknahme[4]).

2. Die Höhe der Gebühr ist verschieden bemessen: 4

a) Richtet sich die Beschwerde gegen einen Beschluß, der einen Wiederaufnahme-
antrag des Angeklagten als unzulässig oder unbegründet verwirft oder den von dem
unterdessen verstorbenen Angeklagten oder seinen nahen Angehörigen gestellten Antrag
ablehnt, so beträgt die Gebühr die Hälfte der Sätze des § 52 GKG.

b) Betrifft die Beschwerde einen Beschluß, der einen Wiederaufnahmeantrag des 5
Privat- oder Nebenklägers als unzulässig oder unbegründet verwirft oder ablehnt, so
kommt eine Gebühr von 15 RM. zum Ansatze.

c) In allen anderen Fällen beträgt die Gebühr 1 RM. 6

3. Gegenüber anderen Gebührenschuldnern als dem Beschuldigten wird die Ge- 7
bühr mit Erlaß der Entscheidung fällig. Von dem Beschuldigten wird dagegen die
Gebühr nur erhoben, wenn er rechtskräftig zu einer Strafe verurteilt ist. Einer dies-
bezüglichen Hervorhebung bedarf es bei der Kostenentscheidung nicht[5]). Die rechtskräftige
Verurteilung zu irgendeiner Strafe genügt; daß die Beschwerdeentscheidung gerade die
Tat betraf, wegen deren nachher auf Strafe erkannt wurde, ist nicht erforderlich[6]).

S. auch oben Vorb. z. 4. Abschn. Anm. 2. Dem § 69 unterfallen auch die Beschwerden gegen die Versagung oder Entziehung des Armenrechts für den Privatkläger, Widerkläger oder Nebenkläger oder gegen die Anordnung der Kostennachzahlung gegenüber diesen Personen. § 379 Abs. 3 StPO. erstreckt nur die Bestimmungen der ZPO. über die Voraussetzungen und die Wirkungen der Armenrechtsbewilligung auf den Strafprozeß, während das Verfahren der StPO. unterliegt (RGSt. 30, 143; 32, 252). S. oben § 38 Anm. 7. Dagegen hält Rittmann-Wenz § 38 Anm. 1 den § 38 GKG. für anwendbar. Ebenso Jonas § 38 Anm. 1. Vgl. auch § 70 Fußnote 1.

[1a]) Zu ihnen ist trotz der Befristung auch die Beschwerde an den vorgesetzten Beamten der StA. nach § 172 Abs. 1 StPO. zu rechnen. Rittmann § 68 Anm. 1.

[2]) S. oben § 1 Anm. 19, § 38 Anm. 11; Baumbach § 69 Anm. 1.
A. M. FrankfRundsch. 1914, 75 (OLG. Frankfurt a. M.); BayZ. 11, 51 (OLG. Bamberg); Bbl. 1927, 262 (OLG. Nürnberg); Jonas § 69 Anm. 1; Wochinger-Schwalb § 69 Anm. 4; Sydow-Busch-Krieg § 69 Anm. 2.

[3]) Jonas § 69 Anm. 4; Rittmann-Wenz § 69 Anm. 2.

[4]) Jonas § 69 Anm. 4; Rittmann-Wenz § 69 Anm. 2 und 3; Baumbach § 69 Anm. 1; Kollat § 69 Anm. 2, 3; Wochinger-Schwalb § 69 Anm. 2; Sydow-Busch-Krieg § 69 Anm. 2.

[5]) Die Gepflogenheit mancher Gerichte, mit Rücksicht auf § 69 Abs. 2 GKG. bei erfolglosen Beschwerden eines Beschuldigten überhaupt keine Kostenentscheidung zu treffen, ist nicht zu billigen. A. M. Jonas § 69 Anm. 5; ElsLothrZ. 19, 466 (OLG. Colmar). Die Kostenentscheidung ist durch § 473 Abs. 1 StPO. geboten. Ob und welche Kosten in Ansatz kommen, bedarf dabei noch keiner Prüfung. Vgl. RGSt. 35, 188. Mit Baumbach § 69 Anm. 2 und Kollat § 69 Anm. 5 wird man übrigens, wenn in einem solchen Beschwerdebeschlusse eine Kostenentscheidung fehlt, in der urteilsmäßigen Auferlegung der Verfahrenskosten die Verurteilung des Angeklagten auch in die Beschwerdekosten zu sehen haben.

[6]) Jonas § 69 Anm. 4; Baumbach § 69 Anm. 2; Sydow-Busch-Krieg § 69 Anm. 4.

§ 70.

Für das Verfahren zur Vollstreckung einer über eine Vermögensstrafe, eine Buße oder über Erstattung von Kosten ergangenen Entscheidung (Strafprozeßordnung §§ 463, 464) werden Gebühren nach Maßgabe der Vorschriften des zweiten Abschnitts besonders erhoben.

Vorbemerkung.

§ 70 regelt die Gebühren für die Vollstreckung von Entscheidungen über Vermögensstrafen, Bußen und Kostenerstattung.

Der vorbildlich gewesene § 78 ä. F. regelte auch die Gebühren für Akte, welche die Verpflichtung eines Verteidigers zur Tragung der durch sein Verschulden veranlaßten Kosten betreffen, sowie die Gebühren für Entscheidungen über Anträge auf Festsetzung der zu erstattenden Kosten und über eine Beschwerde gegen den Ausspruch des Verfalls einer gestellten Sicherheit nach §§ 122, 488 StPO. ä. F. Die gedachten Teile des § 78 GKG. ä. F. hat das Gesetz vom 21. Dezember 1922 gestrichen. Die fraglichen Beschwerden unterfallen jetzt dem § 69, für die anderen Entscheidungen werden besondere Gebühren nicht erhoben.

1 1. Die Vollstreckung der über eine Vermögensstrafe oder eine Buße ergangenen Entscheidung erfolgt gemäß § 463 StPO. nach den Vorschriften über die Vollstreckung der Urteile der Zivilgerichte. Wird bei dieser Vollstreckung eine gerichtliche Tätigkeit erforderlich, so werden Gebühren nach den Vorschriften des 2. Abschnitts besonders erhoben. Für einschlägige Beschwerden kommen die Gebühren des § 38 GKG. in Ansatz.

2 2. Handelt es sich um die Vollstreckung einer über die Erstattung von Kosten ergangenen Entscheidung (§ 464 Abs. 2 StPO.), so gilt das zu 1 Gesagte ebenfalls[1]).

3 3. Kostenschuldner ist bei der Vollstreckung von Vermögensstrafen der Verurteilte (§ 465 Abs. 1 StPO.), bei der Vollstreckung von Bußen und Entscheidungen über Erstattung von Kosten kommt nach § 88 GKG. der § 788 ZPO. zur Anwendung vorbehaltlich der Haftung des Antragstellers nach § 77 GKG.

Fünfter Abschnitt.

Auslagen.

Vorbemerkungen.

1 **I. Den Gebühren** als dem Entgelte für die staatliche Tätigkeit treten die **Auslagen** als die Vergütung für Verwendungen[1]) zur Seite. Während die Gebühren nach den verschiedenen Gebieten gesondert geregelt sind, behandelt der 5. Abschnitt die Auslagen einheitlich für den gesamten Geltungsbereich des GKG.[1a]).

---

[1]) Auch die Gebühren für Beschwerden im Verfahren der Entscheidung über die Erstattung von Kosten bemessen sich nach § 38 GKG. (vgl. oben § 38 Anm. 8). Gemäß § 464 Abs. 2 StPO. richtet sich dieses Verfahren nach den Vorschriften der ZPO., und man wird anzunehmen haben (ebenso Jonas § 38 Anm. 1; Baumbach § 38 Anm. 1; Rittmann-Wenz § 38 Anm. 1), daß § 38 GKG. alle Beschwerden betrifft, die den Bestimmungen der ZPO. unterliegen (vgl. oben § 38 Anm. 3).

[1]) RGZ. 78, 127.

[1a]) Jonas Vorb. 3 zum 5. Abschnitt. Für die Strafvollstreckung gilt wie der 4., so auch der 5. Abschnitt nicht u. z. aus dem in Anm. 5 der Vorbemerkungen zum 4. Abschnitte erwähnten Grunde.

Auf Beantwortung von Anfragen über die Höhe der Gerichtskosten durch die Geschäftsstelle findet der 5. Abschnitt keine Anwendung. OLG. 42, 59 (München); Recht 1921 Nr. 295 (OLG. München).

II. Ersatz der Auslagen. Wie Gebühren nur in Ansatz kommen, soweit das GKG. dies vorsieht, so werden Auslagen auch nur nach Maßgabe der §§ 71—73 GKG. erhoben. Der Ansatz anderer als der dort vorgesehenen Auslagen ist ausgeschlossen[2]). Bei Bemessung der Gebührensätze ist bereits auf die nicht zur Erhebung kommenden Auslagen Rücksicht genommen worden, sie werden als durch die Gebühren mitabgegolten betrachtet. 2

III. Bare Auslagen. § 72 bezeichnet die in ihm genannten Auslagen selbst als bare Auslagen. Der Eingang dieses Paragraphen „An baren Auslagen werden ferner erhoben" zeigt, daß auch die Schreibgebühren des § 71 als bare Auslagen anzusehen sind[3]). § 73 Abs. 1 spricht wieder von baren Auslagen. Da unter baren Auslagen solche Auslagen zu verstehen sind, die in Aufwendung von barem Gelde oder im Verkehr dem Gelde gleichgestellten Zahlungsmitteln bestehen[4]), müssen die in den §§ 72, 73 Abs. 1 gedachten Auslagen tatsächlich gemacht sein. Bei der Vergütung des Schreibwerks nach § 71 wäre an sich die Feststellung der tatsächlichen Aufwendungen möglich, aber ziemlich umständlich. Deshalb hat das Gesetz zu dem Aushilfsmittel der Bestimmung von Durchschnittssätzen gegriffen. Sie kommen zur Anwendung, ohne daß eine Prüfung zulässig ist, ob sie im Einzelfalle die tatsächlichen Aufwendungen darstellen, hinter ihnen zurückbleiben oder sie übersteigen. Ganz eigenartig ist die Vorschrift des § 73 Abs. 2. Das Gesetz geht hier davon aus, daß in den einschlägigen Fällen stets „Auslagen" (gemeint sind wohl auch hier bare Auslagen) entstehen und bestimmt zwingend die Art ihrer Berechnung durch Gleichsetzung mit dem Betrag der Postgebühren, der entstanden sein würde, wenn durch die Post zugestellt worden wäre. 3

IV. Keine Auslagenfreiheit. Während es persönliche und sachliche Gebührenfreiheit[5]) gibt, kennt das GKG. keine Auslagenfreiheit[6]), ja in den Fällen solcher Gebührenfreiheit werden Schreibgebühren sogar in weiterem Maße erhoben als sonst. Die Bewilligung des Armenrechts bewirkt nach § 115 Abs. 1 ZPO. nur die einstweilige Befreiung von der Berichtigung der baren Auslagen. 4

V. Die **Niederschlagung** ist bei den Auslagen nach § 6 GKG. ebenso zulässig wie bei den Gebühren. 5

§ 71.

Schreibgebühren werden für solche Ausfertigungen und Abschriften erhoben, die nur auf Antrag erteilt werden, oder die angefertigt werden, weil die Partei es unterläßt, einem von Amts wegen zuzustellenden Schriftsatz die erforderliche Zahl von Abschriften beizufügen, sowie für Ausfertigungen und Abschriften aller Art in den Fällen der persönlichen oder sachlichen Gebührenfreiheit.

Die Schreibgebühren bleiben jedoch außer Ansatz bei Erteilung von

1. Ausfertigungen von Urteilen, die unter Weglassung des Tatbestandes und der Entscheidungsgründe erfolgen, sowie solchen, die gemäß § 317 Abs. 4 der Zivilprozeßordnung unter Benutzung einer dem Gerichte vorgelegten beglaubigten Abschrift der Klage oder des Zahlungsbefehls gefertigt werden;
2. Ausfertigungen vor Gericht abgeschlossener Vergleiche.

---

[2]) Jonas Vorb. 2 zum 5. Abschnitt; Rittmann-Wenz Vorb. 1 zum 5. Abschnitt; Baumbach Vorb. 1 zum 5. Abschnitt; Sydow-Busch-Krieg § 71 Anm. 1.
[3]) KGJ. 52 B 227/8; JFGErg. 5, 104.
[4]) Friedlaender RAO.[3] § 51 Anm. 6.
[5]) Vgl. über diese Begriffe § 71 Anm. 9 und 10.
[6]) S. aber wegen des Treuhänders nach dem Industriebelastungsgesetze: § 90 Anm. 12 ff.

Der Abs. 2 kommt bei Erteilung einer zweiten oder weiteren von derselben Partei beantragten Ausfertigung oder Abschrift nicht zur Anwendung.

Die Schreibgebühr beträgt für die Seite, welche zweiunddreißig Zeilen von durchschnittlich fünfzehn Silben enthält, 0,30 Reichsmark, auch wenn die Herstellung auf mechanischem Wege stattgefunden hat. Jede angefangene Seite wird als voll berechnet. Für Schriftstücke, die in fremden Sprachen abgefaßt sind, für Schriftstücke in tabellarischer Form sowie für Verzeichnisse, Listen, Rechnungen, Handzeichnungen und dergleichen kann die Höhe der Schreibgebühr von der Landesjustizverwaltung anderweit bestimmt werden.

Vorbemerkung.

§ 71 behandelt die Schreibgebühren.

Übersicht.

1 **I. Die Abgeltung des Schreibwerks.** Das GKG. sah in seiner ursprünglichen Fassung die Abgeltung des Schreibwerks durch Schreibgebühren vor, die nach § 80 GKG. ä. F. „für Ausfertigungen und Abschriften" erhoben wurden. Der durch die Novelle vom 29. Juni 1881 (RGBl. 178) eingeschobene § 80a schloß die Erhebung der Schreibgebühren für gewisse Fälle aus, u. a. für die Benachrichtigung von dem gegen einen Zahlungsbefehl erhobenen Widerspruche, für den Vollstreckungsbefehl, für die Vollstreckungsklausel, für das Zeugnis der Rechtskraft und für das Zeugnis, daß innerhalb der Notfrist ein Schriftsatz zur Terminsbestimmung nicht eingereicht ist. Das Reichsgesetz vom 1. Juni 1909 (RGBl. 475) behielt die Schreibgebühren nur noch bei „für solche Ausfertigungen und Abschriften, welche nur auf Antrag erteilt werden, oder welche angefertigt werden, weil die Partei es unterläßt, einem von Amts wegen zuzustellenden Schriftsatze die erforderliche Zahl von Abschriften beizufügen" (§ 79 Z. 1 GKG.). Im übrigen wurden „zur Deckung der von den Parteien nicht zu ersetzenden baren Auslagen" durch den neugefaßten § 80b GKG. Pauschsätze in Form von Quoten der Gebührenbeträge eingeführt. Das Reichsgesetz vom 29. Juni 1921 (RGBl. 797), das die Gebührensätze erhöhte, beseitigte das System der Pauschsätze wieder, führte auch die besondere Behandlung der Schreibgebühren im Falle der persönlichen oder sachlichen Gebührenfreiheit ein. Das Gesetz vom 21. Dez. 1922 fügte u. a. den Abs. 3 ein, das Gesetz vom 28. Jan. 1927 erhöhte die Schreibgebühren auf 0,30 RM. für die Seite.

II. Ausfertigungen und Abschriften. Soweit Schreibgebühren erhoben werden, kommen sie nur in Betracht für „Ausfertigungen und Abschriften". Das bestimmte schon der § 80 der ursprünglichen Fassung des GKG., und dabei ist es trotz aller sonstigen Änderungen verblieben. Es fragt sich also, was unter „Ausfertigungen und Abschriften" zu verstehen ist. Es liegt nahe, zur Begriffsbestimmung die Prozeßordnungen heranzuziehen. 2

Nach § 170 Abs. 1 ZPO. besteht die Zustellung, wenn eine Ausfertigung zugestellt werden soll, in deren Übergabe, in den übrigen Fällen in der Übergabe einer beglaubigten Abschrift des zuzustellenden Schriftstücks. Nach §§ 317 Abs. 3, 329 Abs. 2 ZPO. werden die Ausfertigungen der gerichtlichen Entscheidungen von dem Urkundsbeamten der Geschäftsstelle unterschrieben und mit dem Gerichtssiegel versehen. Einen besonders wichtigen Fall der Ausfertigung stellt die vollstreckbare Ausfertigung (§ 724 ZPO.) dar, bei welcher der Ausfertigung am Schlusse die Vollstreckungsklausel beigefügt wird (§ 725 ZPO.). Neben den vollständigen Ausfertigungen, den Ausfertigungen schlechthin, kennt die ZPO. auch auszugsweise Ausfertigungen, die sie Auszüge nennt und in §§ 317 Abs. 3, 329 Abs. 2 ZPO. denselben Formvorschriften unterwirft wie die vollständigen Ausfertigungen. Hiernach ist unter der Ausfertigung einer Entscheidung — unter Einbeziehung der Auszüge — diejenige ganz oder auszugsweise erfolgende, vom Urkundsbeamten der Geschäftsstelle unterschriebene und mit dem Gerichtssiegel versehene Wiedergabe einer Entscheidung zu verstehen, die bestimmt ist, im Verkehr die Urschrift zu ersetzen[1]). Die Abschrift — mag sie als beglaubigte oder als unbeglaubigte auftreten, eine vollständige oder auszugsweise sein — gibt auch die Entscheidung wieder, unterliegt aber keinen Formvorschriften und dient für den Verkehr nicht zum Ersatze der Urschrift. Bedenkt man, daß der gedachte Begriff der Ausfertigung genau dem gleichen Begriff im Beurkundungsrecht entspricht[2]), und daß die Ausfertigung von Entscheidungen jedenfalls den wichtigsten Fall der Ausfertigungen im Prozeßrechte darstellt, so darf als für jede Ausfertigung wesentlich entnommen werden, 3

a) daß sie an bestimmte Formen gebunden ist,
b) daß eine Urschrift vorhanden sein muß, deren Ersatz im Verkehre sie bilden soll[2a]).

Über das Erfordernis zu a) besteht kein Streit, umso heftiger bestritten ist das Erfordernis zu b). Eine weit verbreitete Meinung nennt Ausfertigungen i. S. des § 71 GKG. „alle vom Richter oder Urkundsbeamten der Geschäftsstelle unterzeichneten, zur Hinausgabe bestimmten Schriftstücke mit urkundlichem Charakter, es sei denn, daß sie Urschriften sind" und verneint, daß eine Urschrift vorhanden sein muß[3]). Man beruft sich einmal auf § 377 Abs. 1 ZPO., nach dem die Ladung der Zeugen von dem Urkundsbeamten der Geschäftsstelle „unter Bezugnahme auf den Beweisbeschluß auszufertigen" ist. Allein die Ladung enthält nach § 377 Abs. 2 Z. 2 ZPO. auch „den Gegenstand der Vernehmung", und diesen kann der Urkundsbeamte füglich nur der „Bezeichnung der streitigen Tatsachen, über welche der Beweis zu erheben ist", entnehmen, wie sie der Beweisbeschluß nach § 359 Z. 1 ZPO. enthalten muß. Ein wesentlicher Teil der Ladung ist also in der Tat eine Ausfertigung. Dann wird auch auf die in Anm. 1 wiedergegebenen Bestimmungen des früheren § 80a GKG. Wert gelegt, in denen man die Bestätigung finden will, daß eine Urschrift nicht vorhanden 4

---

[1]) Stein-Jonas ZPO. § 170 Anm. II 1; Stein Grundriß 154; Baumbach ZPO. § 170 Anm. 1.

[2]) Vgl. z. B. Behre, Die Prüfung der Geschäfte des preußischen Notars[2] S. 72.

[2a]) HessRspr. 1911, 173 (OLG. Darmstadt). Vgl. auch Wochinger-Schwalb § 71 Anm. 3, der eine Mittelmeinung zwischen dem obigen Text und der im Verfolge besprochenen Ansicht vertritt.

[3]) PrJMBl. 1906, 4/6 und 1922, 459/60 (KG.); KGJ. 42B 338; ZfPrJustAmtm. 1928, 30 (KG.); Rittmann-Wenz § 71 Anm. 7; Baumbach § 71 Anm. 1. Ebenso Jonas § 71 Anm. 1 im Gegensatz zum Standpunkte der 1. Aufl. (s. darüber Fußnote 5); Kollat § 71 Anm. 4a. Sydow-Busch-Krieg § 71 Anm. 2 schließt sich der gedachten Ansicht an unter Weglassung der Worte „es sei denn, daß sie Urschriften sind".

sein muß. Richtig ist, daß von der Benachrichtigung über den gegen einen Zahlungsbefehl erhobenen Widerspruch, von dem Vollstreckungsbefehl, dem Zeugnis der Rechtskraft und dem Notfristatteste eine Urschrift nicht zurückbleibt. Für alle diese Akte wurden bis zur Novelle von 1881 in der Praxis Schreibgebühren erhoben. Das sollte künftig nicht mehr geschehen, und deshalb wurde § 80 a in der Fassung des RGes. vom 29. Juni 1881 eingeschoben. Seine Einschaltung enthält aber darum noch kein Anerkenntnis, daß die bisherige Praxis dem Gesetze entsprach[4]). Wie soll man endlich erkennen, daß das fragliche Schriftstück keine Urschrift ist, wenn eine Urschrift gar nicht vorhanden zu sein braucht? Die Erscheinungsform des Schriftstücks kann für die Frage ja nichts ergeben, und woher sonst soll die Entscheidung entnommen werden? Die gegnerische Meinung ersetzt eben in Wahrheit die Worte „Ausfertigungen und Abschriften" durch das Wort „Schriftstücke"[4a]), während doch für solche Gleichstellung jeder Anhalt fehlt[5]).

5 **III. Die regelmäßigen Fälle der Schreibgebühren.**

Regelmäßig werden Schreibgebühren erhoben:

1. für solche Ausfertigungen und Abschriften, die nur auf Antrag erteilt werden. Es kommt nicht darauf an, ob ein Antrag gestellt ist, sondern ob es eines solchen[6]) bedarf, also die Erteilung nicht bereits von Amts wegen erfolgen muß[7]). Der Antrag muß für die Erteilung der Ausfertigung oder Abschrift, nicht für den Erlaß der Entscheidung erforderlich sein.

6 2. für solche Ausfertigungen und Abschriften, die angefertigt[7a]) werden, weil die Partei es unterläßt, einem von Amts wegen zuzustellenden Schriftsatze die erforderliche Zahl von Abschriften beizufügen. Eine Pflicht zu dieser Beifügung besteht im Zivilprozesse für die Klage und andere Schriftsätze, welche die Partei im amtsgerichtlichen Verfahren bei dem Gerichte einreicht (§ 496 Abs. 2 ZPO.), für die Einspruchsschrift (§ 340 a Satz 3 ZPO.), für die Berufungsschrift und die Berufungsbegründung (§ 519 a Satz 3 ZPO.), für die Revisionsschrift (§ 553 a Abs. 2 Satz 3 ZPO.) und die Revisionsbegründung (§ 554 Abs. 5 ZPO.), im Strafprozesse für die durch Einreichung einer Anklageschrift erhobene Privatklage (§ 381 Satz 3 StPO.) und im Vergleichsverfahren bezüglich des Vergleichsantrags und seiner Anlagen (§ 16 Abs. 2, § 91 Nr. 3 Satz 3 VglO.). Werden die Klage oder andere Schriftsätze im amtsgerichtlichen Zivilprozesse mündlich zu Protokoll der Geschäftsstelle angebracht, so besteht für die Partei keine Pflicht zur Beibringung von Abschriften, diese werden hier von Amts

---

[4]) Was die Motive, auf die sich Pfafferoth Gerichtskostenwesen[5] Anm. 1 zu § 80 GKG. beruft, darüber bemerken, ist nicht maßgebend. Sie sind kein Teil des Gesetzes.

[4a]) Sydow-Busch-Krieg § 71 Anm. 2 nennt Abschriften „beglaubigte oder unbeglaubigte Wiedergaben von Schriftstücken". Ist aber eine Wiedergabe ohne eine Urschrift denkbar?

[5]) Richtig Jonas[1] § 71 Anm. 1: „Ausfertigungen sind Schriftstücke, die eine bei dem Gericht in Urschrift befindliche Urkunde (Entscheidung, Verfügung, Protokoll) wörtlich oder auszugsweise (z. B. bei der Auskunft aus dem Schuldnerverzeichnis, § 915 Abs. 3 ZPO.) wiedergeben und mit der Unterschrift des ausfertigenden Beamten (regelmäßig des GerSchr.) und dem Dienstsiegel (Stempel) der Behörde versehen sind." Wegen der gedachten Auskunft gleicher Ansicht JW. 1911, 1020 (LG. Köln); a. M. JW. 1910, 597 (AG. München).

[6]) Der Antrag kann für den einzelnen Fall oder allgemein für bestimmte Arten von Schriftstücken gestellt werden. Baumbach § 71 Anm. 2; Kollat § 71 Anm. 2.

[7]) Das ist stets der Fall, wenn eine Entscheidung von Amts wegen zuzustellen ist, z. B. der Pfändungs- und Überweisungsbeschluß an den Gläubiger. Eine durch einen Parteiantrag notwendig gewordene, aber von Amts wegen hergestellte und herzustellende Ausfertigung ist keine nur auf Antrag erteilte Ausfertigung. JW. 1911, 417 (LG. Freiberg); 1910, 774[63] (LG. München); Sydow-Busch-Krieg § 71 Anm. 3.

[7a]) Für die Beglaubigung einer bei Einlegung der Berufung überreichten einfachen Abschrift der Berufung kommen Schreibgebühren nicht in Ansatz. JW. 1912, 607 (OLG. Stuttgart).

wegen kostenfrei gefertigt[8]). Das gleiche gilt, wenn die Erhebung der Privatklage zu Protokoll der Geschäftsstelle geschieht.

7 Nach § 103 Abs. 2 Satz 2 ZPO. ist dem Kostenfestsetzungsgesuche außer der Kostenberechnung auch die zur Mitteilung an den Gegner bestimmte Abschrift derselben beizufügen. Diese wird als Anlage des demnächst von Amts wegen zuzustellenden Kostenfestsetzungsbeschlusses behandelt, also mit von Amts wegen zugestellt, und die Kostenrechnung darf als Schriftsatz bezeichnet werden, es ist deshalb unbedenklich, § 71 Abs. 1 GKG. auch hier anzuwenden; beim Fehlen der Abschrift sind für die bei Gericht gefertigte daher Schreibgebühren anzusetzen[9]). Anders ist es im Falle des § 105 Abs. 2 ZPO., da hier „die dem Gegner mitzuteilende Abschrift der Kostenberechnung von Amts wegen anzufertigen" ist (§ 105 Abs. 2 Halbsatz 2 ZPO.)[10]).

8 **IV. Schreibgebühren bei persönlicher oder sachlicher Gebührenfreiheit.** Während im allgemeinen nur in den beiden erörterten Fällen Schreibgebühren erhoben werden, kommen solche für Ausfertigungen und Abschriften aller Art zum Ansatze, wenn persönliche oder sachliche Gebührenfreiheit besteht.

9 1. Von persönlicher Gebührenfreiheit spricht man, wenn für das Verfahren an sich Gebühren erhoben werden, diese Erhebung aber gewissen Personen gegenüber nicht stattfindet[11]). Solche Gebührenfreiheit beruht entweder auf reichsrechtlichen Vorschriften z. B. gemäß § 90 Abs. 1 und 3 GKG. oder auf den in § 90 Abs. 2 GKG. aufrechterhaltenen landesrechtlichen Bestimmungen. Wie die persönliche Gebührenfreiheit nur die betreffende Person von den Gebühren frei macht, so wirkt sie auch zu Lasten dieser Person im Sinne der Erweiterung des Kreises der schreibgebührenpflichtigen Schriftstücke. Fallen dieser Person die Kosten überhaupt oder doch die Auslagen ganz zur Last, so kommen die Schreibgebühren aller Ausfertigungen und Abschriften ihr gegenüber in Ansatz. Hat sie die Kosten oder Auslagen nur zu einem Teile zu tragen, so gilt diese Beschränkung auch für die gedachten Schreibgebühren[12]).

10 2. Sachliche Gebührenfreiheit liegt vor, wenn die für ein Verfahren dieser Art sonst vorgesehenen Gebühren kraft besonderer Vorschrift wegen des sachlichen Inhalts des Verfahrens ganz und gar und nicht nur in bezug auf bestimmte Personen in Wegfall kommen[13]). Dagegen genügt es nicht, daß das GKG. allgemein für gewisse Verfahren keine Gebühren erheben läßt. „In diesen Fällen bedarf es keiner Befreiung, denn sie sind ohnedies ohne Gebühr"[13a]), man kann hier nicht gut von „Gebührenfreiheit" reden. Zudem würden sonst Schreibgebühren bei jedem nicht durch eine Pauschgebühr abgegoltenen Akte erwachsen, und die Bestimmung des § 71 Abs. 1 a. E. erhielte eine Ausdehnung, die nicht als im Sinne dieser Ausnahmevorschrift liegend erachtet werden könnte. Danach gehören die Fälle der §§ 4, 46, 48a Abs. 3 GKG. nicht hierher[13b]).

Auch die sachliche Gebührenfreiheit kann reichsrechtlich oder landesrechtlich vorgesehen sein. Im Reichsrecht ist sie z. B. durch die VO. vom 18. April 1916 (RGBl.

---

8) Jonas § 71 Anm. 1b; Rittmann-Wenz § 71 Anm. 2b; Baumbach § 71 Anm. 3; Kollat § 71 Anm. 3; Wochinger-Schwalb § 71 Anm. 2. A. M. BadRpr. 1915, 74 (LG. Karlsruhe).

9) Jonas, Rittmann-Wenz, Kollat, Wochinger-Schwalb, Baumbach a. a. O.; Sydow-Busch-Krieg § 71 Anm. 4.

10) Jonas, Kollat, Wochinger-Schwalb a. a. O.; Sydow-Busch-Krieg a. a. O.

11) Vgl. Rittmann-Wenz § 71 Anm. 3.

12) Rittmann-Wenz § 71 Anm. 4.

13) Jonas § 71 Anm. 1c; Baumbach § 71 Anm. 5; Rittmann-Wenz § 71 Anm. 5; Wochinger-Schwalb § 71 Anm. 4: „Gebührenfreiheit ist die Freiheit von tatsächlich angefallenen Gebühren". Kollat § 71 Anm. 4b: „Fälle sachlicher Gebührenfreiheit sind nur solche, für die das GKG. oder sonstige Gesetze ausdrücklich Gebührenfreiheit vorschreiben ..."

13a) Wochinger-Schwalb § 71 Anm. 4. Entsprechend Jonas § 71 Anm. 1c.

13b) A. M.: Kollat § 71 Anm. 4b.

296) in der Fassung der VO. vom 9. Aug. 1917 (RGBl. 704) und des Gesetzes vom 20. Febr. 1925 (RGBl. I 15) für die Todeserklärung Kriegsverschollener eingeführt worden; sachliche Gebührenfreiheiten nach Landesrecht bestehen gemäß § 90 Abs. 2 GKG. fort. Daß das GKG. gewisse Akte nicht mit Gebühren belastet, genügt dagegen, wie schon bemerkt, noch nicht zur Annahme sachlicher Gebührenfreiheit [14]).

11 V. **Schreibgebührfreie Geschäfte.** Gewisse Schriftstücke bleiben sowohl in den regelmäßigen Fällen der Erhebung von Schreibgebühren als auch bei gegebener persönlicher oder sachlicher Gebührenfreiheit schreibgebührenfrei [15]). Dies trifft zu

12 1. für Ausfertigung von Zivilurteilen, die unter Weglassung des Tatbestandes und der Entscheidungsgründe erfolgen; also für die nach § 317 Abs. 2 Satz 2 ZPO. mangels eines gegenteiligen Antrags der Partei eintretende Art der Ausfertigung [15a]);

13 2. für Ausfertigung [15b]) von Versäumnis- oder Anerkenntnisurteilen in Zivilsachen, die gemäß § 317 Abs. 4 ZPO. unter Benutzung [16]) einer dem Gerichte vorgelegten beglaubigten Abschrift der Klage oder des Zahlungsbefehls gefertigt werden;

14 3. für Ausfertigungen vor Gericht abgeschlossener Vergleiche.

15 4. Jedoch kommen die zu 1—3 genannten Ausnahmen nicht mehr in Betracht bei Erteilung einer zweiten oder weiteren von derselben Partei [17]) beantragten Ausfertigung oder Abschrift.

16 **VI. Die Höhe der Schreibgebühren.**

1. Die Schreibgebühr beträgt für die Seite, welche zweiunddreißig Zeilen von durchschnittlich fünfzehn Silben enthält, 0,30 RM. Jede angefangene Seite wird als voll berechnet. Enthält die Seite mehr als oben angegeben, so kommen auch nur 0,30 RM. in Ansatz [18]). Enthält sie weniger, so ist unter Zusammenzählung der Zeilen und Silben der Ausfertigung oder Abschrift zu ermitteln, wieviel Seiten sich bei Einhaltung des § 71 Abs. 4 Satz 1 und 2 GKG. ergeben hätten [19]). Doch wird man geringe Abweichungen von dem Zeilen- und Silbenmaß dann für unschädlich halten dürfen, wenn sie nur durch die Rücksicht auf bessere Übersichtlichkeit hervorgerufen

---

[14]) Jonas § 71 Anm. 1c; Baumbach § 71 Anm. 5; Sydow-Busch-Krieg § 71 Anm. 5; Kollat § 71 Anm. 4b; Wochinger-Schwalb § 71 Anm. 4.

[15]) Jonas § 71 Anm. 2; Baumbach § 71 Anm. 6.

[15a]) Jonas § 71 Anm. 2 Ziff. 1 rechnet hierher „auch nach sinngemäßer Auslegung der Vorschrift die Ausfertigungen von Versäumnis- und Anerkenntnisurteilen, die nach ZPO. § 317 Abs. 4 2. Fall hergestellt werden. Das Wesentliche ist die Ausfertigung ohne Tatbestand und Gründe; ob diese bereits in der Urschrift fehlen oder nur dort Vorhandenes in der Ausfertigung weggelassen wird, kann keinen Unterschied ausmachen". Allein etwas nicht Vorhandenes kann man nicht gut „weglassen", § 71 Abs. 2 Ziff. 1 GKG. knüpft also in seinem 1. Fall offenbar an § 317 Abs. 2 ZPO. an. Der 2. Fall des § 71 Abs. 2 Ziff 1 GKG. verweist nur auf eine der Möglichkeiten des § 317 Abs. 4 ZPO. Da dieser die zulässigen Arten der Ausfertigung eines in abgekürzter Form abgefaßten Versäumnis- oder Anerkenntnisurteils abschließend regelt, kann § 71 Abs. 2 Ziff. 1 GKG. nur dahin aufgefaßt werden, daß nur der eine in ihm erwähnte Fall des § 317 Abs. 4 ZPO. in Betracht kommt: Ebenso LG. Dresden 30. Juli 1926 BC 360/26; SächsThürArch. 1925, 279 (OLG. Dresden). Wie Jonas auch BayZ. 1927, 383 (LG. Weiden) und Kollat § 71 Anm. 2a.

[15b]) Gleichgültig, ob es sich um eine einfache oder um eine vollstreckbare Ausfertigung handelt. JW. 1910, 774 (LG. Gera).

[16]) Darüber, wie es ist, wenn die Benutzung nicht erfolgt, s. Fußnote 15a.

[17]) Mehrere Streitgenossen oder Nebenintervenienten gelten als dieselbe Partei. Jonas § 71 Anm. 2; Baumbach § 71 Anm. 7.

[18]) RGZ. 21, 419; BayObLGZS. NS. 12, 799; SchlHolstAnz. 1881, 96 (OLG. Kiel): Rittmann-Wenz § 71 Anm. 8; Baumbach § 71 Anm. 8; Kollat § 71 Anm. 5; Wochinger-Schwalb § 71 Anm. 8; Sydow-Busch-Krieg § 71 Anm. 10.

[19]) ThürBl. 28, 258 (OLG. Jena); ElsLothrZ. 16, 477/8 (OLG. Colmar); Jonas § 71 Anm. 4; Rittmann-Wenz, Baumbach, Kollat, Wochinger-Schwalb a. a. O.

werden[20]). Anschriften, die ergeben, wem die Ausfertigung oder Abschrift zugehen soll, sind kein Teil derselben, also nicht mitzuzählen[21]), wohl aber Beglaubigungs- und Ausfertigungsvermerke[22]). Die Beschreibung der Briefumschläge und die Ausfüllung des Kopfes der Zustellungsurkunden sind nicht schreibgebührenpflichtig[23]).

2. Ob das Schreibwerk handschriftlich oder auf mechanischem Wege hergestellt wird, ist gleichgültig. 17

3. Für Schriftstücke, die in fremden Sprachen abgefaßt sind, für Schriftstücke in tabellarischer Form sowie für Verzeichnisse, Listen, Rechnungen, Handzeichnungen und dergleichen kann die Höhe der Schreibgebühr von der Landesjustizverwaltung[24]) anderweit bestimmt werden. 18

§ 72.

An baren Auslagen werden ferner erhoben:

1. Postgebühren:
   a) für die Übersendung der auf Antrag erteilten Ausfertigungen und Abschriften,
   b) für Ladungen von Zeugen und Sachverständigen;
2. Telegraphengebühren und die im Fernverkehre zu entrichtenden Fernsprechgebühren;
3. die durch Einrückung einer Bekanntmachung in öffentliche Blätter entstehenden Kosten;
4. die an Zeugen und Sachverständige zu zahlenden Gebühren;
5. die bei Geschäften außerhalb der Gerichtsstelle den Gerichtsbeamten und den nicht beamteten Beisitzern zustehenden Tagegelder und Reisekosten sowie die Kosten für die Bereitstellung von Geschäftsräumen;
6. die an andere Behörden oder Beamte oder an Rechtsanwälte für deren Tätigkeit zu zahlenden Beträge;
7. die Kosten eines Transports von Personen sowie die Beträge, die mittellosen Beschuldigten für die Reise zum Orte der Vernehmung oder Hauptverhandlung und für die Rückreise gewährt werden, ferner die Kosten eines Transports von Tieren und Sachen sowie der Verwahrung von Sachen und der Verwahrung und Fütterung von Tieren;
8. die Haftkosten nach Maßgabe der für die Strafhaft geltenden landesgesetzlichen Vorschriften.

Vorbemerkung.

§ 72 regelt, welche baren Auslagen außer den Schreibgebühren in Ansatz kommen.

---

20) Vgl. OLG. 1, 466 (Rostock).

21) Kollat § 71 Anm. 5. A. M.: Baumbach § 71 Anm. 8.

22) Jonas § 71 Anm. 4; Rittmann-Wenz § 71 Anm. 9; Baumbach § 71 Anm. 8; Kollat § 71 Anm. 5. A. M.: Wochinger-Schwalb § 71 Anm. 9.

23) Rittmann-Wenz § 71 Anm. 9; Baumbach und Kollat a. a. O.; Sydow-Busch-Krieg § 71 Anm. 2.

24) Vgl. PrJMBf. 17. März 1927 (PrJMBl. 124): für den Zeitaufwand von einer Stunde 1,50 RM., für die angefangene Fünftelstunde 0,30 RM.

Übersicht.

1 **I. Entstehungsgeschichte.** § 72 bzw. die ihm entsprechenden früheren Bestimmungen haben verschiedentlich Änderungen erfahren. Es mag genügen, folgendes hervorzuheben: Nr. 1 a geht auf das Gesetz vom 28. Jan. 1927 zurück, Nr. 1 b ist durch das Gesetz vom 21. Dez. 1922 eingefügt worden. Die Worte „und den nichtbeamteten Beisitzern" in Nr. 5 rühren von der Novelle von 1927 her, der Halbsatz 2 dieser Nummer entstammt der Novelle von 1922. In Nr. 7 ist die Berücksichtigung der den mittellosen Beschuldigten gewährten Reisekosten auf das Gesetz vom 28. Jan. 1927 zurückzuführen, während im übrigen die Ausdehnung über die Kosten des Personentransports hinaus durch das Gesetz vom 21. Dez. 1922 geschah.

1a **II. Die baren Auslagen des § 72.** Die im § 72 genannten Aufwendungen werden ausdrücklich als bare Auslagen bezeichnet. Die einschlägigen Beträge müssen deshalb tatsächlich verausgabt sein[1]), sollen sie als Auslagen angesetzt werden dürfen.

2 **III. Postgebühren.** Sie werden nur in zwei Fällen erhoben[2]):

1. In Ansatz kommen *die Postgebühren, die für die Übersendung der auf Antrag erteilten Ausfertigungen und Abschriften entstanden sind*[3]). Es muß sich um Ausfertigungen oder Abschriften handeln, die auf Antrag erteilt werden, d. h. bei denen es eines Antrags bedarf, damit sie erteilt werden. Ist die Erteilung von Amts wegen geboten, so greift § 72 Z. 1 a GKG. nicht ein, m. a. W. diese Bestimmung betrifft denselben Fall, wie der Eingang des § 71 Abs. 1 GKG.

---

[1]) Baumbach § 72 Anm. 1. Ein Mindestsatz besteht nicht, eine Aufrundung findet nicht statt.

[2]) Unstatthaft ist die Ansetzung von Nachporto, das für ungenügend freigemachte, bei Gericht eingehende Sendungen gezahlt wurde, statt diese zurückgehen zu lassen. Jonas § 72 Anm. 4; Baumbach § 72 Anm. 2; Kollat § 72 Anm. 1 d.

[3]) Die Übersendung kann auch als „portopflichtige Dienstsache" erfolgen, also ohne Vorlage einer Postgebühr, die infolgedessen auch nicht als Auslage angesetzt werden kann. Der armen Partei und deren Anwalt gegenüber ist die Sendung als portopflichtige Dienstsache aber nicht statthaft (§ 115 Abs. 1 Nr. 1 GKG.). Ebenso ist solche Sendung dann unstatthaft, wenn kein Fall gegeben ist, in dem nach GKG. Postgebühren erhoben werden dürfen. Recht 1914 Nr. 683 (BayObLG.): Rücksendung der mit der Rechtsmittelschrift vorgelegten Urteilsausfertigung.

Erfolgt die „Übersendung" im Wege der Zustellung, die ja nur eine von Amts wegen bewirkte sein kann, so kommen gemäß § 73 Abs. 1 GKG. Postgebühren nicht in Ansatz.

3 2. Erhoben werden ferner die Postgebühren, die für Ladungen von Zeugen und Sachverständigen entstehen. Es macht keinen Unterschied, ob die Ladung gemäß § 377 Abs. 1 Satz 1 ZPO. zugestellt oder kraft Anordnung des Gerichts auf Grund des § 377 Abs. 1 Satz 2 ZPO. auf andere Weise, aber unter Inanspruchnahme der Post mitgeteilt wird. Sachverständiger ist auch der Dolmetscher. Auf die Ladung der persönlich zu vernehmenden Parteien findet auch im Eheprozesse § 72 Z. 1 GKG. keine Anwendung, ebensowenig kommen Postgebühren für die Benachrichtigung der Parteien von dem Beweistermin in Ansatz.

4 Werden Zeugen oder Sachverständige ohne Inanspruchnahme der Post[4]) geladen, so wird nach § 73 Abs. 2 GKG. der Betrag erhoben, der an Postgebühren entstanden sein würde, wenn durch die Post zugestellt worden wäre.

5 IV. **Telegraphen- und Fernsprechgebühren.**

1. Telegraphengebühren sind stets zu erstatten.

2. Fernsprechgebühren kommen nur für den Fernverkehr in Ansatz.

6 V. **Einrückungskosten.** Zu den durch Einrückung[5]) einer Bekanntmachung in öffentliche Blätter entstehenden Kosten gehören auch die Portoauslagen für Übersendung des Auftrags und der Belegexemplare und im Falle der Zurücknahme des Auftrags die der beauftragten Stelle entstandenen Kosten.

7 VI. **Die an Zeugen und Sachverständige zu zahlenden Gebühren.**

1. Dolmetscher sind auch hier als Sachverständige zu behandeln[6]).

8 2. Unter den „Gebühren" ist (vgl. § 1 ZeugGebO.) die gesamte Entschädigung der Zeugen und Sachverständigen zu verstehen. Es fällt darunter auch die Vergütung für die von dem Sachverständigen zugezogenen Hilfskräfte, die Vergütung nach § 3 Abs. 3 ZeugGebO.[7]), die Entschädigung für den Begleiter, dessen der Zeuge wegen jugendlichen Alters oder wegen eines Gebrechens bedarf (§ 13 ZeugGebO.).

9 3. Nur die gezahlten Entschädigungen sind als Auslagen anzusetzen. Wenn das Gesetz von den „zu zahlenden Gebühren" spricht, so ist damit gemeint, daß

---

[4]) Darüber, wann das der Fall ist, vgl. § 73 Anm. 4.

[5]) Gleichgültig, ob die Einrückung gesetzlich geboten ist oder nicht. Jonas § 72 Anm. 6. Druckkosten für öffentliche Anschläge können nicht angesetzt werden. Jonas a. a. O.

[6]) Sachverständiger ist auch der Photograph, der im Auftrage des Gerichts eine photographische Aufnahme macht. Rittmann § 79 Anm. 6 zu Abs. 1 Nr. 4.

[7]) Es macht keinen Unterschied, ob der Sachverständige die einschlägigen Kosten aufwendet oder ob ihm die betreffenden Beträge von der Staatskasse vorgestreckt werden. Jonas § 72 Anm. 8. Zu den „auf die Vorbereitung des Gutachtens verwendeten Kosten" gehören auch die Kosten, welche durch die dem Sachverständigen überlassene Bereitstellung der zu untersuchenden Person oder Sache entstehen (Ausgrabung von Leichen, die seziert werden sollen, Reise zu den zu Untersuchenden). JW. 1899, 89[8] (RG.); Jonas § 72 Anm. 8; Stein-Jonas ZPO. § 115 Anm. II; Förster-Kann § 115 Anm. 1a. Nicht hierher gehören Aufwendungen der Partei zur Bereitstellung des Augenscheinsobjekts oder zu Reisen zwecks Untersuchung. SeuffArch. 56, 1091 (RG.); 65, 83 (OLG. Jena); RGZ. 63, 408; Stein-Jonas und Förster-Kann a. a. O. Eine Ausnahme zugunsten der armen Partei, die Beweisführer ist, läßt sich nicht machen. S. aber Jonas § 72 Anm. 8, der allgemein „die Reise der zu untersuchenden Person" hierher rechnet. Ebenso BuschsZ. 7, 98 (OLG. Colmar). Eine Pflicht der Staatskasse zur Vorlage der erforderlichen Aufwendungen für die arme Partei, „die selbst Gegenstand einer Beweisaufnahme ist, bei der sie die Beweislast hat", nimmt Stein-Jonas ZPO. § 115 Anm. II an. Ebenso Förster-Kann ZPO. § 115 Anm. 1a. OLG. Stettin bei Rittmann § 79 Anm. 2 Fußnote *) zu Abs. 1 Nr. 4 zählt zwar nicht hierher die Kosten der Reise der Partei „behufs Gestellung zur Untersuchung bei dem Sachverständigen", behandelt aber die Kosten, die durch den Aufenthalt der Partei „in der von dem Sachverständigen bezeichneten Heilanstalt entstehen werden, als auf die Vorbereitung des Gutachtens verwendete Kosten" und übernimmt sie bei der armen Partei einstweilen auf die Staatskasse.

als Auslagen nur die Gebühren in Frage kommen, auf die der Zeuge oder Sachverständige Anspruch hat, die ihm „zu zahlen" sind. Sind höhere Beträge eingesetzt, so kann der als Zahlungspflichtiger in Anspruch Genommene Erinnerung nach § 4 GKG. erheben.

10 **VII. Tagegelder und Reisekosten der Beamten und nichtbeamteten Beisitzer und Kosten für die Bereitstellung von Geschäftsräumen.**

1. Tagegelder und Reisekosten.

a) Sie kommen nur in Betracht bei Geschäften außerhalb der Gerichtsstelle. Gerichtsstelle sind die Räumlichkeiten, in denen das Gericht regelmäßig tätig wird. Dazu gehört auch das Lokal, in dem die Abhaltung von Gerichtstagen stattfindet[7a]).

11 b) In Frage stehen Tagegelder und Reisekosten für die Gerichtsbeamten (Richter, Beamte der Staatsanwaltschaft, Urkundsbeamte der Geschäftsstelle[7b]) und für die nicht beamteten Beisitzer (Schöffen, Geschworene, Mietschöffen, Beisitzer der Arbeitsgerichtsbehörden). Handelt es sich um Lokaltermine, die nur Beweistermine sind[7c]), so bestehen keine Schwierigkeiten: es kommen nur die Tagegelder und Reisekosten für die Tätigkeit außerhalb der Gerichtsstelle in Frage. Das bedeutet für die nicht beamteten Beisitzer, daß die Gebührnisse, die ihnen für die Reise bis zur Gerichtsstelle zustehen, nicht als Auslagen in der einzelnen Sache in Ansatz kommen. Es kann aber auch zwar nicht die gesamte mündliche Verhandlung in Zivilsachen (s. § 219 ZPO.), wohl aber die ganze Hauptverhandlung in Strafsachen außerhalb der Gerichtsstelle stattfinden, wie dies häufig vorkommt, wenn vorauszusehen ist, daß in der Hauptverhandlung die Einnahme eines richterlichen Augenscheins notwendig sein wird. Hier könnte man daran denken, bei den nicht beamteten Beisitzern die gesamten Gebührnisse als Auslagen zu den Gerichtskosten zu rechnen, während nur die Reisegebührnisse von dem Ort der Gerichtsstelle bis zum Augenscheinsorte in Frage kämen, sofern erst in der Verhandlung an der Gerichtsstelle die Augenscheinseinnahme angeordnet worden wäre. Von solchen Zufälligkeiten aber kann es doch nicht abhängen, ob ein Betrag als Teil der Gerichtskosten eingestellt werden kann oder nicht. Man wird also hier gesondert berechnen müssen, welche Beträge entstanden wären, wenn die nicht beamteten Beisitzer nach der Gerichtsstelle gekommen wären, und welche entstanden sind, da die Beisitzer unmittelbar den Ort außerhalb der Gerichtsstelle aufgesucht haben. Nur der Unterschied beider Beträge ist gemäß § 72 Z. 5 GKG. als Auslage anzusetzen.

12 c) Angesetzt werden können nur die gezahlten und nur die mit Recht gezahlten[8]) Tagegelder und Reisekosten. Welche Gebührnisse zustehen, bemißt sich nach dem einschlägigen Reichs- und Landesrechte. Auf die Bezeichnung der Vergütungen kommt es nicht an, auch solche für Fahrkosten innerhalb des Ortes, an dem das Gericht seinen Sitz hat, unterfallen § 72 Z. 5 GKG.[9]).

13 d) Werden auf einer Reise Termine in verschiedenen Sachen erledigt, so muß eine Verteilung der Tagegelder und Reisekosten auf die mehreren Sachen erfolgen. Maßgebend sind die Bestimmungen der betreffenden Reisekosten-

---

[7a]) Es ist zwar Gerichtsstelle nur zu den Zeiten der Abhaltung von Gerichtstagen, diese aber sind eine dauernde Einrichtung. Die Kosten des Lokals für die Abhaltung von Gerichtstagen sind allgemeine Kosten der Justizverwaltung, die ebensowenig als Gerichtskosten ansetzbar sind wie die Kosten der Unterhaltung der Justizgebäude. Vgl. Kollat § 72 Anm. 5d; Wochinger-Schwalb § 72 Anm. 15.

[7b]) Den Gegensatz zu unserem Falle bietet die Einziehung von auswärtigen Richtern zu einer Sitzung des Land- oder Oberlandesgerichts u. z. an die Gerichtsstelle. Von den entstehenden Kosten gilt das in Fußnote 7a Gesagte.

[7c]) Mögen sie gesondert oder in Strafsachen während einer Untersuchung der Hauptverhandlung stattfinden.

[8]) KGJ. 6, 157 und 158; Baumbach § 72 Anm. 6; ZfDJustAmtm. 1928, 42 (OLG. Hamm).

[9]) Rittmann-Wenz § 72 Anm. 5; Kollat § 72 Anm. 5c.

vorschriften; mangels solcher wird die Verteilung nach der Zahl der Sachen zu geschehen haben[10]), doch haften die einzelnen Kostenschuldner bis zu dem Betrage, der in der betreffenden Sache entstanden wäre, falls die Reise nur dieser Sache gegolten hätte[10a]).

2. Kosten für die Bereitstellung von Geschäftsräumen. 14

a) Es muß sich um Räume handeln, die nicht bereits Gerichtsstelle sind, sondern nur im Einzelfalle zu Gerichtszwecken benutzt werden sollen. Es handelt sich also auch hier um Geschäfte außerhalb der Gerichtsstelle.

b) Unter die Bereitstellung fällt nicht nur die Überlassung, sondern auch die Herrichtung, Heizung, Beleuchtung der Räume[11]). 15

VIII. Die an andere Behörden oder Beamte oder an Rechtsanwälte für deren Tätigkeit zu zahlenden Beträge. 16

1. Zahlungen für die Tätigkeit anderer Behörden oder Beamten.

a) Es gehören hierher die Kosten, die im Rechtshilfeverkehr entstehen, mag er sich im Inlande oder im Auslande abspielen, die Kosten der um Gutachten angegangenen Fachbehörden, technischen Anstalten und Sachverständigen-Vereine, die Kosten der Unterbringung eines Angeschuldigten in einer öffentlichen Irrenanstalt oder eines zu Entmündigenden in einer Heilanstalt nach § 81 StPO. bzw. § 656 ZPO., die Kosten der Gerichtsvollzieher.

b) Der Konkursverwalter und die Vertrauensperson der VglO. sind keine Beamte, ihre Vergütung gehört nicht zu den Gerichtskosten[12]). 17

c) Nach dem § 20 des Lebensmittelgesetzes vom 5. Juli 1927 (RGBl. I 134), welcher nach § 24 Abs. 2 ebenda an die Stelle des in einer Reihe anderer Gesetze[12a]) für anwendbar erklärten § 16 des früheren Nahrungsmittelgesetzes vom 14. Mai 1879 (RGBl. 145) getreten ist, fallen dem Verurteilten auch die der Behörde durch die Beschaffung und Untersuchung der Proben von Lebensmitteln oder Bedarfsgegenständen erwachsenen Kosten zur Last. Diese Kosten sind „zugleich mit den Kosten des gerichtlichen Verfahrens festzusetzen und einzuziehen", werden aber damit noch nicht zu Gerichtskosten, so daß § 4 GKG. keine Anwendung findet[13]). 18

2. Zahlungen an Rechtsanwälte. Hierher gehören die gemäß § 150 StPO. aus der Staatskasse bezahlten Kosten des zum Verteidiger bestellten Rechtsanwalts[13a]). Dagegen sind die von der Staatskasse dem Armenanwalte erstatteten Beträge nicht als Gerichtskosten ansetzbar, wenn auch nach § 4 ArmErstGes., soweit der Staatskasse danach ein Rückgriffsrecht zusteht, dieses nach den Vorschriften über die Erhebung von Gerichtskosten geltend gemacht wird[14]). 19

IX. Transport-, Verwahrungs- und Fütterungskosten. 20

1. Transport von Personen.

a) Zwangsbeförderung von Personen kommt vor als Transport von

---

10) Baumbach § 72 Anm. 6.

10a) Kollat § 72 Anm. 5b. Vgl. auch Wochinger-Schwalb § 72 Anm. 16.

11) Jonas § 72 Anm. 11; Rittmann-Wenz § 72 Anm. 5; Baumbach § 72 Anm. 6; Kollat § 72 Anm. 6.

12) Jonas § 72 Anm. 15; Baumbach § 72 Anm. 7; Kollat § 72 Anm. 7b; Wolff BuschsZ. 22, 302; RGZ. 43, 62. A. M.: Eccius GruchotsBeitr. 33, 743/4.

12a) Gesetz betr. Verkehr mit blei- und zinkhaltigen Gegenständen vom 25. Juni 1887 (RGBl. 273) § 7, Gesetz betr. Verwendung gesundheitsschädlicher Farben usw. vom 5. Juli 1887 (RGBl. 277) § 14, Gesetz betr. Verkehr mit Butter usw. vom 15. Juni 1897 (RGBl. 475) § 20, Gesetz betr. die Schlachtvieh- und Fleischbeschau vom 3. Juni 1900 (RGBl. 547) § 29, Weingesetz vom 7. April 1909 (RGBl. 393) § 32.

13) Rittmann-Wenz § 4 Anm. 2b; Jonas § 4 Anm. 4c.

13a) JW. 1924, 1625[1] (OLG. Augsburg). Über die Frage, wie diese Kosten festgesetzt werden s. Walter-Joachim-Friedlaender RAGebO. Vorb. z. 4. Abschnitt Anm. 20.

14) Walter-Joachim-Friedlaender RAGebO. Anh. II zum 1. Abschn. Anm. 25. Dort auch Literatur und Rechtsprechung. S. ferner JW. 1928, 1878 (OLG. Königsberg)

Festgenommenen oder Untersuchungsgefangenen (§§ 112 ff. StPO.), bei Vorführung der Zeugen, des Beschuldigten, der Parteien im Eheprozesse, des zu Entmündigenden, des Gemeinschuldners (§§ 51, 216, 387 Abs. 3 StPO., §§ 380, 619, 654 ZPO., §§ 101, 106 KO.), bei Überführung des Angeschuldigten in eine öffentliche Irrenanstalt (§ 81 StPO.), des zu Entmündigenden in eine Heilanstalt (§ 656 ZPO.), des Schuldners, gegen den nach § 901 ZPO. die Haft angeordnet worden ist, in das Gefängnis. Der Transport zum Zwecke der Strafverbüßung kommt hier nicht in Betracht[15]).

21 b) Das GVG. sieht in § 165 Abs. 3 die Möglichkeit vor, den geladenen Zeugen und Sachverständigen bei weiterer Entfernung ihres Aufenthaltsorts auf Antrag einen Vorschuß auf die ihnen zukommenden Vergütungen zu bewilligen. Dagegen besteht nach der StPO. keine Handhabe, dem mittellosen Beschuldigten die Kosten der Reise zum Orte der Vernehmung oder Hauptverhandlung und der Rückreise aus der Staatskasse vorzustrecken. Neuerdings ist aber auch dies im Wege von Verwaltungsvorschriften ermöglicht worden. Werden solche Beträge gewährt, so bilden auch sie ansetzbare Auslagen.

22 2. Transport von Sachen.

a) Das Gesetz erwähnt als Gegenstand des Transports Tiere und Sachen. Der besonderen Erwähnung der Tiere hätte es nicht bedurft, da sie im Rechtssinne auch Sachen sind. Die besondere Nennung der Tiere erklärt sich aus dem Schlusse der Ziffer 7, da von der Fütterung nur bei den Tieren, nicht bei leblosen Sachen die Rede sein konnte.

23 b) Als Gegenstand des Transports kommen insbesondere Überführungsstücke, Beweisobjekte, der Einziehung unterliegende Sachen in Betracht. Die Akten der betreffenden Zivil- oder Strafsache gelten nicht als „Sachen" i. S. der hier fraglichen Bestimmung[16]): sonst hätte, da erfahrungsgemäß die Akten häufig zur Verhandlung kommen, § 72 Z. 1 GKG. schon auf sie Rücksicht genommen. Dagegen ist die Übersendung der Akten anderer Behörden ein Transport von Sachen[17]), solange sie noch nicht Beiakten geworden sind und damit die Behandlung der Hauptakten teilen.

24 3. Verwahrung von Sachen, Fütterung von Tieren.

a) Die Verwahrung von Sachen erfolgt bei dem Gericht und der Staatsanwaltschaft regelmäßig kostenfrei. Es kann sich aber die Notwendigkeit ergeben, die Verwahrung an anderer Stelle zu bewirken, und bei Tieren wird dies ohne weiteres geboten sein. Die Kosten solcher besonderen Verwahrung kommen dann als Auslagen in Betracht.

25 b) Bei Tieren treten den Verwahrungskosten die Kosten der Fütterung hinzu.

26 **X. Haftkosten.**

1. Sie kommen in Betracht für die Untersuchungshaft (§§ 112 ff. StPO.), für die Zwangshaft gegen Zeugen (§ 390 Abs. 2 ZPO., § 70 Abs. 2 StPO.) sowie nach § 888 oder § 901 ZPO., für die Haft zur Vollziehung des persönlichen Sicherheitsarrestes (§§ 918, 933 ZPO.), für die Haft des Gemeinschuldners nach § 106 KO.

27 2. Maßgebend für die Höhe sind die für die Strafhaft geltenden landesgesetzlichen Vorschriften.

28 3. Die Kosten der Strafhaft, also auch der Haft in den Fällen der §§ 380, 390 Abs. 1, 890 ZPO., §§ 51, 70 Abs. 1 StPO., unterfallen dem § 72 Z. 8 GKG. nicht. Auch für diese Kosten sind aber natürlich die landesgesetzlichen Vorschriften maßgebend.

---

15) Vorbem. z. 5. Abschnitt Fußnote 1a.

16) Jonas § 72 Anm. 18; Rittmann-Wenz § 72 Anm. 7; Baumbach § 72 Anm. 8.

17) Jonas und Baumbach a. a. O. Kollat § 72 Anm. 8c schließt Akten allgemein aus.

§ 73.

Für die von Amts wegen bewirkten Zustellungen werden unbeschadet der Vorschrift im § 72 Nr. 1 b nur diejenigen baren Auslagen erhoben, welche durch die Zustellung im Ausland oder bei der öffentlichen Zustellung durch Bekanntmachung in öffentlichen Blättern entstehen.

Wird ein Zeuge oder Sachverständiger ohne Inanspruchnahme der Post geladen, so wird als Auslagen der Betrag der Postgebühren erhoben, der entstanden sein würde, wenn durch die Post zugestellt worden wäre.

Vorbemerkung.

§ 73 verhält sich über die baren Auslagen bei Zustellungen von Amts wegen und bei Ladung von Zeugen und Sachverständigen ohne Inanspruchnahme der Post.

Übersicht.

1 **I. Entstehungsgeschichte.** § 73 verdankt seine jetzige Fassung dem Gesetze vom 21. Dez. 1922. Der Abs. 2 ist durch dieses Gesetz neu eingefügt, der Abs. 1 gibt den früheren § 80 a in der Fassung des Gesetzes vom 1. Juni 1909 wieder unter Hinzusetzung der Worte „unbeschadet der Vorschrift im § 72 Nr. 1 b".

1a **II. Zustellungen von Amts wegen.**

1. Fälle der Zustellungen von Amts wegen im Zivilprozesse s. §§ 104 Abs. 1, 141 Abs. 2, 296 Abs. 2, 329 Abs. 3, 340 a, 366, 370, 377, 389, 402, 496, 519 a, 520, 553 a, 554, 555, 556, 625, 640, 641, 662, 678, 683, 685, 693 ZPO. Im Konkursverfahren erfolgen alle Zustellungen von Amts wegen (§ 73 Abs. 1 KO.), ebenso im Vergleichsverfahren (§ 8 VglO., § 496 Abs. 1 ZPO.). Im Strafverfahren kommen als Zustellungen, die nicht von Amts wegen geschehen, nur die Zustellungen der Ladungen in Betracht, die vom Privatkläger, Nebenkläger oder Angeschuldigten bzw. Angeklagten unmittelbar erfolgen (§§ 195 Abs. 1, 220, 386 Abs. 2, 397 StPO.).

2 2. Für Zustellungen von Amts wegen[1]) werden nur erhoben

a) die baren Auslagen, welche durch die Zustellung im Auslande[1a]) oder

b) bei der öffentlichen Zustellung durch Bekanntmachung in öffentlichen Blättern[2]) entstehen,

c) die Postgebühren bei Ladungen von Zeugen und Sachverständigen[3]).

d) Im Falle sachlicher oder persönlicher Gebührenfreiheit kommen gemäß § 71 Abs. 1 GKG. noch die Schreibgebühren für die Ausfertigungen oder Abschriften des zuzustellenden Schriftstücks hinzu[4]).

---

[1]) Wird z. B. ein Kostenfestsetzungsbeschluß statt der gebotenen Zustellung von Amts wegen formlos übersandt, so dürfen dadurch dem Beteiligten keine über § 73 Abs. 1 GKG. hinausgehenden Kosten erwachsen. JW. 1910, 729[39] (AG. Erfurt).

[1a]) Bei den deutschen Konsulaten und Gesandtschaften oder bei ausländischen Behörden und Beamten.

[2]) Vgl. § 72 Anm. 6.

[3]) Vgl. § 72 Anm. 3.

[4]) Rittmann-Wenz § 73 Anm. 2; Baumbach § 73 Anm. 1; Kollat § 73 Anm. 1.

3 **III. Ladungen von Zeugen oder Sachverständigen ohne Inanspruchnahme der Post.**

1. Nach § 377 Abs. 1 Satz 2 ZPO. kann das Gericht für die Ladung eines Zeugen statt der Zustellung eine andere Form der Benachrichtigung anordnen, gleiches gilt nach § 402 ZPO. für die Ladung von Sachverständigen. Wird eine solche Anordnung getroffen, und hat sie einen derartigen Inhalt, daß die Übermittelung der Ladung „ohne Inanspruchnahme der Post" erfolgt, so wird als Auslage[5]) der Betrag der Postgebühren erhoben, der entstanden sein würde, wenn durch die Post zugestellt worden wäre.

4 2. Berücksichtigt man, daß das Entfallen der Inanspruchnahme der Post und die sonst eintretende Zustellung durch die Post einander gegenübergestellt werden, so kann nicht zweifelhaft sein, daß mit der erstgedachten Wendung gemeint ist, daß die Ladung nicht mittels Zustellung durch die Post erfolgt. Der Fall des § 73 Abs. 2 GKG. ist also nicht nur gegeben, wenn die Ladung durch einen Gerichtswachtmeister übermittelt wird, sondern auch, wenn sie durch Fernsprecher im Orts-, Vororts-, Nachbarorts- oder Bezirksfernsprechverkehr erfolgt. Geschieht sie durch postalisch beförderten, aber nicht zugestellten Brief, mittels Fernsprechers im Fernverkehre oder durch telegraphische Mitteilung, so kommen die bezüglichen Kosten nach § 72 Z. 1b, GKG. zum Ansatze, und § 73 Abs. 2 GKG. ist nur insoweit anzuwenden, als diese Beträge hinter denen nach § 73 Abs. 2 GKG. zurückstehen.

Sechster Abschnitt.

Kostenzahlung und Kostenvorschuß.

Vorbemerkung.

Der 6. Abschnitt regelt in den §§ 74—76 die Fälligkeit der Gebühren und Auslagen und die Abhängigmachung gerichtlicher Tätigkeit von Zahlung der Gebühren oder eines die Auslagen deckenden Betrags. §§ 77—82 bestimmen die Person des Kostenschuldners, §§ 83—86 verhalten sich über die Kostenvorschußpflicht. § 87 normiert die Art der Haftung bei einer aus mehreren Personen bestehenden Partei, § 88 behandelt die Pflicht zur Kostenzahlung auf Grund von Bestimmungen außerhalb des GKG., § 89 betrifft die Entrichtung von Kosten durch Marken.

§ 74.

In bürgerlichen Rechtsstreitigkeiten, im Vergleichsverfahren zur Abwendung des Konkurses und im Konkursverfahren wird die Gebühr mit Stellung des Antrags fällig, durch den das Verfahren bedingt ist; soweit die Gebühr eine Entscheidung oder sonstige gerichtliche Handlung voraussetzt, wird sie mit dieser fällig.

Der Termin zur mündlichen Verhandlung soll auf Grund der Klage erst nach Zahlung der erforderten Prozeßgebühr bestimmt werden. Das gleiche gilt im Mahnverfahren bei dem Antrag des Gläubigers auf Bestimmung eines Termins zur mündlichen Verhandlung nach Erhebung des Widerspruchs oder

---

[5]) Das Gesetz sagt „Auslagen", was aber doch wohl sprachwidrig ist, da das Wort „Betrag", auf das sich das andere Wort bezieht, in der Einzahl steht.

nach Erlaß eines Vollstreckungsbefehls unter Vorbehalt der Ausführung der Rechte des Beklagten. Im Falle der Erweiterung des Klageantrags soll vor Zahlung der erforderten Prozeßgebühr keine gerichtliche Handlung vorgenommen werden.

Der Zahlungsbefehl soll erst nach Zahlung der im § 31 Abs. 1 bestimmten Gebühr erlassen werden.

Die Vorschriften des Abs. 2, 3 finden keine Anwendung, soweit dem Kläger das Armenrecht bewilligt ist oder wenn ihm Gebührenfreiheit zusteht, ferner wenn glaubhaft gemacht wird, daß ihm die alsbaldige Zahlung der Gebühr mit Rücksicht auf seine Vermögenslage Schwierigkeiten bereiten würde. Das gleiche gilt, wenn glaubhaft gemacht wird, daß eine Verzögerung dem Kläger einen nicht oder nur schwer zu ersetzenden Schaden bringen würde; zur Glaubhaftmachung genügt in diesem Falle die Erklärung des zum Prozeßbevollmächtigten bestellten Rechtsanwalts.

Vorbemerkung.

§ 74 regelt die Fälligkeit der Gebühren in bürgerlichen Rechtsstreitigkeiten, in Vergleichs- und in Konkurssachen sowie die Pflicht zur Vorwegleistung der Kosten in bürgerlichen Rechtsstreitigkeiten.

Übersicht.

I. Entstehungsgeschichte und Inhalt des § 74. Nach § 93 GKG. ä. F. wurden in bürgerlichen Rechtsstreitigkeiten und im Konkursverfahren die Gebühren und Auslagen im allgemeinen erst fällig, sobald das Verfahren oder die Instanz durch unbedingte Entscheidung über die Kosten, durch Vergleich oder Zurücknahme oder anderweite Erledigung beendigt war. Es wurden aber nach § 94 GKG. ä. F. schon vor der Beendigung der Instanz mit dem Ablaufe je eines Jahres seit Bestimmung des ersten Termins oder Stellung des ersten Antrags die bis dahin entstandenen Gebühren und Auslagen fällig. Im Konkursverfahren konnten nach § 95 GKG. ä. F. auf die im § 51 und § 58 Abs. 1 bestimmte Gebühr je nach dem Fortgange des Verfahrens Abschlagszahlungen erhoben werden, auch die Erhebung der Gebühren und Auslagen im Falle des § 54 sofort nach Abhaltung des Prüfungstermins oder Zurücknahme der Anmeldung, im Falle des § 58 Abs. 2 sofort nach Erledigung des Antrags erfolgen. Daneben war für die Wahrung der Interessen der Staatskasse durch die Vorschriften über die Gebührenvorschußpflicht gesorgt. Nach § 81 GKG. ä. F. war in bürgerlichen Rechtsstreitigkeiten für jede Instanz von dem Antragsteller ein Gebührenvorschuß im Betrage der höchsten Gebühr zu zahlen, die für einen Akt der Instanz zum Ansatz kommen konnte, und eine entsprechende Vorschußpflicht bestand nach § 82 GKG. ä. F. im Konkursverfahren. 1

Die Novelle von 1922 hat an die Stelle der Vorschußpflicht die aus § 74 n. F. sich ergebende frühere Fälligkeit der Gebühren gesetzt, wodurch die Bestimmungen der §§ 94, 95 ä. F. entbehrlich wurden. Die Ausdehnung des § 74 Abs. 1 GKG. n. F. auf das Vergleichsverfahren beruht auf § 99 Nr. 5 VglO.

Der Abs. 1 des § 74 regelt die Fälligkeit der Gebühren in bürgerlichen Rechtsstreitigkeiten sowie im Vergleichs- und im Konkursverfahren. Ergänzt wird er durch § 74b.

Die Abs. 2—4 des § 74 verhalten sich über die Pflicht, in bürgerlichen Rechtsstreitigkeiten die Kosten vorweg zu entrichten. Sie finden ihre Ergänzung in § 74a.

Die Fälligkeit der Gebühren in Strafsachen bemißt sich nach § 75.

II. Fälligkeit der Gebühren in bürgerlichen Rechtsstreitigkeiten. Die Fälligkeit tritt ein 2

1. mit Stellung des Antrags, durch den das Verfahren bedingt ist,

2. soweit die Gebühr eine Entscheidung oder sonstige gerichtliche Handlung voraussetzt, mit dieser.

A. Fälligkeit der Gebühren mit Stellung des Antrags, durch den das Verfahren bedingt ist[1]). 3

Es ist vorauszuschicken, daß das Wort „Antrag" hier nicht etwa im Sinne von Sachantrag, Klageantrag usw. gebraucht ist, sondern im allgemeineren Sinne: gemeint ist diejenige Parteihandlung, die nötig und dazu bestimmt ist, das betreffende Verfahren in Fluß zu bringen, die es „bedingt". Die Klage ist also auch dann ein „Antrag" im Sinne des § 74 Abs. 1, wenn sie irrtümlich keinen Sachantrag enthält; ebenso der Einspruch gegen einen Vollstreckungsbefehl (der ja auch prozessual gar keinen Sachantrag zu enthalten braucht) usw. Im einzelnen ergibt sich folgendes:

1. Die Prozeßgebühr wird fällig mit der Einreichung der Klage bei Gericht oder im amtsgerichtlichen Verfahren mit ihrer Anbringung zu Protokoll der Geschäftsstelle[1a]). Das ergibt sich mit Sicherheit aus § 74 Abs. 2 GKG., da hier von der Prozeßgebühr die Rede ist, die vor Bestimmung des Verhandlungstermins auf

---

[1]) Ramm, Der Zweitschuldner und der Kostenschuldner 7 spricht davon, „daß der Antragsteller in jeder Instanz für jeden gebührenpflichtigen Akt einen Gebührenvorschuß zu zahlen" hat. Das ist nicht etwa nur ein ungenauer Ausdruck: Ramm wendet vielmehr ebenda (ebenso S. 12) auf diese angebliche Vorschußpflicht den § 86 GKG. an. Über die Unrichtigkeit der Ansicht Ramms herrscht kein Zweifel: nach § 74 Abs. 1 „wird die Gebühr .... fällig", eine fällige Gebühr ist zu zahlen, aber nicht vorzuschießen. Von der besonderen Vorschrift des § 76 Abs. 2 abgesehen, beginnen die Vorschriften über die Vorschußpflicht erst mit § 83.

[1a]) Jonas § 20 Anm. 4; Baumbach § 74 Anm. 2; Rittmann-Wenz § 74 Anm. I 2a; Kollat § 74 Anm. 2a; Wochinger-Schwalb Vorb. z. 6. Abschn. Anm. 1; Bbl. 1927, 68 (OLG. Hamm); JW. 1924, 423 (OLG. Celle).

die Klage erfordert ist, eine Gebühr aber nicht wohl erfordert werden kann, wenn sie noch nicht fällig ist. Auch ist ja die Bestimmung des § 29 Abs. 1 GKG. nur verständlich, wenn an sich schon vor der Bestimmung des Verhandlungstermins die Prozeßgebühr angefallen war. Wird gegen einen Zahlungsbefehl Widerspruch erhoben und Terminsanberaumung beantragt, so wird dieser Termin regelmäßig [2]) zur Güteverhandlung bestimmt. Dann erwächst keine weitere Gebühr (§ 31 a Abs. 2 GKG.). Liegt aber einer der Ausnahmefälle des § 696 Abs. 2 Satz 2 ZPO. vor oder gehört der Anspruch zur Zuständigkeit der Landgerichte, so ist Termin zur Streitverhandlung anzuberaumen. Beraumt das Gericht den Termin im Streitverfahren an, so gilt mit dem Antrage auf Terminsbestimmung das Prozeßverfahren als eröffnet; die halbe Prozeßgebühr ist also in diesem Zeitpunkte fällig, wenn die eben genannte Bedingung (Terminsanberaumung im Prozeßverfahren) nachträglich eintritt. Vgl. auch § 31 Anm. 10. Wegen der Vorwegleistung in solchen Fällen s. unten Anm. 50. Wird gegen den Vollstreckungsbefehl oder den Räumungsbefehl (im Falle des § 1 f MSchG., oben § 31 Anm. 24, 27) Einspruch erhoben, so wird die halbe Prozeßgebühr des § 31 Abs. 2 GKG. [2a]) bzw. bei vorangegangenem Räumungsbefehl die Prozeßgebühr, auf welche die halbe Gebühr nach § 1 o Abs. 1 MSchG. anzurechnen ist (s. § 31 Anm. 27), mit der Einreichung des Einspruchs fällig (§ 31 a Abs. 2 Satz 1). In dem Falle des § 31 Abs. 2 Satz 2 wird die halbe Prozeßgebühr mit dem Antrage auf Terminsanberaumung fällig (vgl. im einzelnen § 31 Anm. 12). Über weitere Fälle des Übergangs vom Mahn- zum Streitverfahren und deren Behandlung s. § 31 Anm. 10. Die halbe Prozeßgebühr für das an das Güteverfahren anschließende Prozeßverfahren wird mit dem Antrage auf sofortigen Eintritt in das Streitverfahren oder auf Bestimmung eines Termins zur Verhandlung in diesem fällig [3]) (§ 499 e ZPO.). Das Entsprechende gilt beim Übergang vom Güteverfahren wegen Aufhebung des Mietverhältnisses zum Aufhebungsstreitverfahren (MSchG. §§ 1—1 o; oben § 31 Anm. 20 ff., insbes. 26). Über den Begriff des „nachfolgenden Streitverfahrens" vgl. § 31 a Anm. 16. Wird der Übergang ins Streitverfahren, sei es auch ohne besonderen Antrag, tatsächlich vollzogen (§ 31 a Anm. 7, 16), so ist damit auch die Prozeßgebühr fällig, vorbehaltlich einer Korrektur nach § 6 GKG.

4 Wird die Klage erweitert und rückt dadurch der Wert des Streitgegenstandes in eine höhere Wertstufe hinauf, so wird der Mehrbetrag der Prozeßgebühr mit der Einreichung eines dem § 253 Abs. 2 Nr. 2 ZPO. genügenden Schriftsatzes oder der Stellung des erhöhten Antrags in der mündlichen Verhandlung fällig [4]). Kommt durch eine Widerklage, die einen anderen Streitgegenstand betrifft als die Klage, der Streitwert in eine höhere Wertstufe [5]), so wird der Betrag der Erhöhung der Prozeßgebühr in dem aus dem vorigen Satze ersichtlichen Zeitpunkte fällig [6]). Der Widerklage gleich sind die Inzidentanträge nach §§ 302 Abs. 4, 600 Abs. 2, 717 Abs. 2 und 3 ZPO. zu behandeln [7]).

---

[2]) Im Verfahren bei Kündigungsschreiben (MSchG. §§ 1—1 o) stets; siehe § 31 Anm. 25.

[2a]) Jonas § 20 Anm. 4; Baumbach § 74 Anm. 2; Rittmann-Wenz § 74 Anm. I 4; Kollat § 74 Anm. 2a; Wochinger-Schwalb Vorb. z. 6. Abschn. Anm. 3.

[3]) Jonas § 20 Anm. 4; Baumbach § 74 Anm. 2; Rittmann-Wenz § 74 Anm. I 2; Kollat a. a. O.

[4]) Jonas § 74 Anm. I 1a (während bei § 20 Anm. 4 Zustellung des Schriftsatzes gefordert wird); Kollat a. a. O.; Wochinger-Schwalb Vorb. z. 6. Abschn. Anm. 1; Baumbach § 20 Anm. 2; Rittmann-Wenz § 74 Anm. I 3; OLG. 21, 415 (Colmar); JW. 1924, 423 (OLG. Celle); Bl. 1928, 128 (OLG. Hamm). Sydow-Busch-Krieg § 74 Anm. 2 verlangt Erfüllung der Vorschriften des § 281 ZPO.

[5]) Betrifft die Widerklage denselben Streitgegenstand, so ändert sich an der Höhe der Prozeßgebühr nichts, der Widerkläger haftet aber nun für sie u. z. allein, wenn der Kläger Gebührenfreiheit genießt oder ihm das Armenrecht zusteht, sonst als Gesamtschuldner mit dem Kläger. Jonas § 74 Anm. 1a; Rittmann-Wenz § 74 Anm. I 3.

[6]) Jonas § 74 Anm. I 1a; Baumbach § 74 Anm. 2; Rittmann-Wenz § 74 Anm. I 3. Wegen Sydow-Busch-Krieg s. Fußnote 4.

[7]) Vgl. Walter-Joachim-Friedlaender RAGebO. Anm. 56 zu § 10; oben §§ 9—15 Anm. 76, 84.

Die Prozeßgebühr für die Berufungs- oder Revisionsinstanz wird mit der Ein- 5
reichung der Berufungs- oder Revisionsschrift[8]) fällig (vgl. dazu § 519 Abs. 6, § 554
Abs. 7 ZPO.), eventuell mit Einreichung der Berufungs- oder Revisionsanschluß-
schrift (§§ 522a, 556 Abs. 2 ZPO.).

2. Die Gebühr für das Verfahren über Anträge auf Vollstreck- 6
barerklärung eines Schiedsspruchs oder eines von einem Schieds-
gericht vermittelten Vergleichs (§ 30a Abs. 2 GKG.) wird mit Stellung
des Antrags fällig[9]).

3. Die Gebühr für das Mahnverfahren (§ 31 Abs. 1 GKG.) wird mit 7
Stellung des Antrags auf Erlaß des Zahlungsbefehls fällig[10]).

4. Die Gebühr für das Güteverfahren (§ 31a Abs. 1 GKG.) wird mit 8
Einreichung des Güteantrags[11]) bzw. im Falle des § 500a Abs. 2 ZPO. mit Ein-
reichung der als Güteantrag zu behandelnden Klage[11a]) fällig. Über den Fall des
§ 500 ZPO. vgl. § 31a Fußnote 3.

5. Die Gebühr für das Verfahren über Anträge auf Anordnung 9
eines Arrestes oder einer einstweiligen Verfügung (§ 32 Abs. 1 Satz 1,
Abs. 2 Satz 1 GKG.) wird mit Einreichung des Antrags fällig[12]).

6. Die Gebühren nach § 33 Z. 1 und 2, 4—7 und nach § 34 GKG. wer- 10
den mit Einreichung des Antrags auf die in Frage kommenden Verfahren fällig[13]).

7. Die Beschwerdegebühr wird in den Fällen des § 38 Abs. 1 11
GKG. mit der Einreichung der Beschwerde fällig[14]).

B. Fälligkeit der Gebühren mit einer Entscheidung. 12

1. Die Beweisgebühr (§ 20 Z. 2 GKG.) wird mit der Anordnung einer
Beweisaufnahme fällig[15]). Diese Anordnung kann stillschweigend, z. B. durch tat-
sächlichen Beginn der Beweiserhebung erfolgen (s. o. § 20 Anm. 27ff.).

---

[8]) Baumbach § 74 Anm. 2; Rittmann-Wenz § 74 Anm. I 2a; Kollat § 74 Anm. 2a; Wochinger-Schwalb Vorb. z. 6. Abschn. Anm. 5; ZfDJustAmtm. 1924, 70 (RG.); HansGZ. 1923 B. 152 (OLG. Hamburg). JW. 1927, 402[10] (OLG. Karlsruhe) nimmt irrigerweise an, die Prozeßgebühr in der Berufungsinstanz werde erst mit Zustellung der Fristbestimmung nach § 519 Abs. 6 ZPO. fällig. Die Frist wird aber nicht zur Zahlung, sondern zum Nachweise der Zahlung bestimmt .

[9]) Jonas § 74 Anm. I 1a; Rittmann-Wenz § 30a Anm. 2; Kollat § 74 Anm. 2g; Sydow-Busch-Krieg § 30a Anm. 2.

[10]) Jonas § 74 Anm. I 1a; Baumbach § 31 Anm. 1; Rittmann-Wenz § 31 Anm. 1; Kollat § 74 Anm. 2f; Wochinger-Schwalb Vorb. z. 6. Abschn. Anm. 2; Sydow-Busch-Krieg § 31 Anm. 2.

[11]) Jonas § 74 Anm. I 1a; Baumbach § 31a Anm. 1; Rittmann-Wenz § 74a Anm. 1; Kollat § 74 Anm. 2e; Sydow-Busch-Krieg § 31a Anm. 2.

[11a]) S. oben § 31a Anm. 3, 6.

[12]) Jonas § 32 Anm. 1b; Baumbach § 32 Anm. 1; Sydow-Busch-Krieg § 32 Anm. 2; Rittmann-Wenz Vorb. zu §§ 32—38 Anm. 1, § 32 Anm. 16; Kollat § 74 Anm. 2h; Wochinger-Schwalb § 32 Anm. 1.

[13]) Jonas § 33 Anm. 1, 6, 14, 16, 20, 26, § 34 Anm. 1, 12; Baumbach § 33 Anm. 1, 4, 5, 6, 7; Sydow-Busch-Krieg § 33 Anm. 1, 2, 4, 5, 6, 7; Kollat § 74 Anm. 2i, k; Wochinger-Schwalb § 33 Anm. 1; Rittmann-Wenz § 74 Anm. I 6, vgl. aber auch § 33 Anm. 9, wo zu Unrecht angenommen wird, daß es sich bei dem Antrage auf Entmündigung wegen Geisteskrankheit oder Geistesschwäche verbiete, „die Gebühr schon mit der Stellung des Antrags zu erheben." Zur Begründung werden die Kostenbestimmungen des § 658 ZPO. herangezogen, die aber für die Frage der Fälligkeit der Gebühr nicht entscheidend sind. S. auch oben § 33 Anm. 13.

[14]) Jonas § 74 Anm. I 1a; Sydow-Busch-Krieg § 38 Anm. 2; Baumbach § 38 Anm. 3; Rittmann-Wenz § 38 Anm. 3; Kollat § 74 Anm. 2n; Wochinger-Schwalb § 74 Anm. 5b.

[15]) Jonas § 74 Anm. I 1b; Sydow-Busch-Krieg § 20 Anm. 4; Baumbach § 74 Anm. 2; Kollat § 74 Anm. 2b; Wochinger-Schwalb Vorb. z. 6. Abschn. Anm. 1. § 74 Anm. 6a; Rittmann-Wenz § 74 Anm. I 2b; BayZ. 1927, 213 (OLG. München): Verkündung des Beweisbeschlusses macht die Beweisgebühr fällig. Im Falle des § 24

13 2. Die **Urteilsgebühr** (§ 20 Z. 3 GKG.) wird mit der Erlassung des Urteils fällig[16]).

14 3. Die **Gebühr für das Verfahren über den Antrag auf Ergänzung eines Urteils** (§ 26 GKG.) wird mit der darüber ergehenden Entscheidung, die stets ein Urteil ist, fällig[17]). Das ergibt der Inhalt der genannten Vorschrift.

15 4. Die **erhöhte Gebühr des § 32 Abs. 1 Satz 2 GKG.** wird mit der Erlassung des Urteils fällig, durch das über den Antrag auf Anordnung eines Arrestes oder einer einstweiligen Verfügung oder auf deren Abänderung oder Aufhebung gemäß § 926 Abs. 2, §§ 927, 936 ZPO. entschieden wird[18]).

16 5. **In den Fällen des § 38 Abs. 2 GKG. wird** die Beschwerdegebühr mit dem Ergehen der Beschwerdeentscheidung fällig[19]); möglicherweise erst mit Erlassung der Entscheidung auf weitere Beschwerde (vgl. § 38 Anm. 35 ff.).

17 6. Die **Verzögerungsgebühr** des § 39 GKG. wird mit der Entscheidung fällig, durch die sie auferlegt wird[20]).

18 7. In den vorstehend zu B 1—6 genannten Fällen muß **die Entscheidung, mit der die Gebühr fällig wird, ergangen sein.** Ist sie zu verkünden, so muß die Verkündung erfolgt sein[21]). Die Verkündung wird im Falle des § 7 EntlVO. durch die schriftliche Mitteilung, bei Urteilen durch Zustellung der Urteilsformel an sämtliche Parteien ersetzt[22]). Kommt eine Verkündung oder deren Ersatz nicht in Frage, so tritt die Fälligkeit der Gebühr mit der Abgabe der Entscheidung an die Geschäftsstelle zwecks Zustellung ein[23]). Hinsichtlich des **Verfahrens mit Schiedsurteil** vgl. § 20 Anm. 50, 51.

19 C. **Fälligkeit der Gebühren durch eine sonstige gerichtliche Handlung.**

1. Nach § 33 Abs. 1 Z. 3 GKG. wird die Hälfte der Gebühr des § 8 für das **Verteilungsverfahren** erhoben. Das Verteilungsverfahren tritt nicht auf Parteiantrag, sondern ohne solchen ein, wenn die Voraussetzungen des § 872 ZPO. gegeben sind: § 74 Abs. 1 Halbsatz 1 GKG. ist also nicht anwendbar[24]). Die Gebühr für das Verteilungsverfahren setzt auch nicht eine Entscheidung voraus: der Teilungsplan (§ 874 ZPO.) ist eine solche nicht, und es geht nicht an, die Abhaltung des in § 875 ZPO. vorgesehenen Termins dem Ergehen einer Entscheidung gleichzustellen[25]).

GKG. genügt die Anordnung nach § 272b ZPO. nicht, die Beweisaufnahme muß stattgefunden haben, wozu ihr Beginn ausreicht. Kollat a. a. O.; Wochinger-Schwalb § 74 Anm. 7; Sydow-Busch-Krieg § 24 Anm. 2.

[16]) Jonas und Baumbach a. a. O.; Rittmann-Wenz § 74 Anm. I 2c; Hess. Rspr. 1926, 175 (OLG. Darmstadt); Sydow-Busch-Krieg § 74 Anm. 3; Kollat § 74 Anm. 2c; Wochinger-Schwalb Vorb. z. 6. Abschn. Anm. 1, § 74 Anm. 6a.

[17]) Jonas und Baumbach a. a. O.; Rittmann-Wenz § 74 Anm. I 2; Kollat § 74 Anm. 2d; Wochinger-Schwalb Vorb. z. 6. Abschn. Anm. 7, § 74 Anm. 6b; Sydow-Busch-Krieg § 74 Anm. 3. Über die Fälle, in denen das Verfahren sich ohne Urteil erledigt s. § 26 Anm. 10.

[18]) Jonas und Baumbach a. a. O.; Rittmann-Wenz § 32 Anm. 16; Sydow-Busch-Krieg § 32 Anm. 3; Bbl. 1926, 243 (KG.); Kollat § 74 Anm. 2h; Wochinger-Schwalb § 32 Anm. 1. S. auch oben § 32 Anm. 11.

[19]) Jonas a. a. O.; Sydow-Busch-Krieg § 38 Anm. 5; Rittmann-Wenz § 74 Anm. 7; Kollat § 74 Anm. 2n; Wochinger-Schwalb § 74 Anm. 6c.

[20]) Jonas a. a. O.; Baumbach § 74 Anm. 2; Rittmann-Wenz § 74 Anm. I 2; Kollat § 74 Anm. 2o; Wochinger-Schwalb § 74 Anm. 6d; Sydow-Busch-Krieg § 74 Anm. 3.

[21]) Jonas § 74 Anm. I 1; Baumbach § 74 Anm. 2; Rittmann-Wenz § 74 Anm. I 2; Kollat § 74 Anm. 2c; Wochinger-Schwalb § 74 Anm. 6a; Sydow-Busch-Krieg a. a. O.

[22]) Jonas, Baumbach, Kollat, Rittmann-Wenz a. a. O.

[23]) Vgl. § 29 Anm. 9; dagegen verlangen Jonas, Sydow-Busch-Krieg und Baumbach a. a. O. Zustellung der Entscheidung.

[24]) Rittmann-Wenz § 75 Anm. 1.

[25]) A. M. Baumbach § 74 Anm. 2B.

Dagegen ist anzunehmen, daß die Gebühr für das Verteilungsverfahren eine sonstige gerichtliche Handlung voraussetzt, nämlich ein Vorgehen des Amtsgerichts nach Maßgabe der §§ 873ff. ZPO. Mit der ersten einschlägigen Handlung des Gerichts ist die Gebühr für das Verteilungsverfahren fällig geworden[26]).

2. Die Vergleichsgebühr des § 36 GKG. setzt den Abschluß des Vergleichs 20
vor Gericht voraus. Dazu ist die Erfüllung der Erfordernisse des § 160 Abs. 2 Nr. 1, Abs. 3 und des § 162 ZPO. notwendig[27]).

3. Die Gebühr nach § 37 GKG. wird mit dem an die Post gerichteten Er- 20a
suchen um Bewirkung der Zustellung fällig[28]).

4. Über den Fall des § 500 ZPO. vgl. § 31a Fußnote 3. 20b

D. Die Fälligkeit der Gebühr des § 30a Abs. 1 GKG. ist besonders in 21
§ 74b GKG. geregelt.

E. Die Einwirkung der Armenrechtsbewilligung auf die Fäl- 22
ligkeit der Gebühren.

1. Die Bewilligung des Armenrechts erfolgt für jede Instanz besonders, für die erste Instanz einschließlich der Zwangsvollstreckung (§ 119 Abs. 1 ZPO.). Der Begriff der Instanz ist hier der des GKG.[29]), es ist also auf die Erläuterungen zu §§ 25, 27 und Vorb. zu §§ 32—35, insbes. Anm. 5 zu verweisen. Die Bewilligung des Armenrechts für die Hauptsache ergreift nicht auch das Verfahren wegen eines Arrestes oder einer einstweiligen Verfügung[30]), die Bewilligung des Armenrechts für den Kläger erstreckt sich nicht ohne weiteres auf eine Klageerweiterung, diejenige für die Klage betrifft nicht auch die Widerklage[31]), diejenige für Berufung oder Revision nicht auch die Anschlußberufung oder Anschlußrevision[31a]). Wegen der in den §§ 32—34 behandelten Verfahrensarten, insbes. der dort erwähnten Zwangsvollstreckungsakte vgl. Vorb. zu §§ 32—34 Anm. 5. Güteverfahren und Mahnverfahren nehmen eine besondere Stellung ein: hier

---

[26]) Vgl. § 33 Anm. 19. Jonas § 33 Anm. 10 scheint die Gebühr mit der Hinterlegung des zur Befriedigung der beteiligten Gläubiger nicht hinreichenden Geldbetrages für fällig anzusehen, ohne daß ersichtlich wäre, worauf sich das gründen soll. Rittmann-Wenz § 75 Anm. 1 wendet § 75 an.

[27]) Baumbach § 74 Anm. 2; Rittmann-Wenz § 74 Anm. I 2; Kollat § 74 Anm. 21.

[28]) Vgl. § 37 Anm. 9. Jonas § 37 Anm. 1 läßt die Gebühr „mit Ausführung des Zustellungsersuchens" (ebenso Sydow-Busch-Krieg § 37 Anm. 1 „Ausführung des Ersuchens") fällig werden und bezieht sich dafür auf § 74 Abs. 1. Allein die gerichtliche Handlung besteht lediglich in dem Ersuchen um Bewirkung der Zustellung, und auch die Gebühr des GV. ist bereits mit der Übergabe an die Post fällig (Baumbach Anm. 1 zu § 2 GVGebO.). Rittmann-Wenz verweist in Anm. 2 zu § 37 für die Fälligkeit auf § 75 Abs. 1, während in Anm. 1 zu § 75 diesem Paragraph von den Gebühren in bürgerlichen Rechtsstreitigkeiten nur die Gebühr für das Verteilungsverfahren unterstellt wird. Nach § 74 Anm. 2 wird die Zustellungsgebühr mit Bewirkung der Zustellung fällig, es kehrt also die Ansicht von Jonas wieder. Kollat verlangt § 74 Anm. 2m „Ausführung der Zustellung", § 37 Anm. 3 „Ausführung des Zustellungsersuchens", tritt also Jonas bei. Wochinger-Schwalb § 37 Anm. 3 verweist wegen der Fälligkeit auf § 75 Abs. 1, in § 74 Anm. 7 schwankt er zwischen § 75 Abs. 1 und § 74 Abs. 1.

[29]) Jonas § 74 Anm. I 2a; Walter-Joachim-Friedlaender RAGebO. Anh. II z. I. Abschn. Anm. 6; Stein-Jonas ZPO. § 119 Anm. II 1.

[30]) Jonas a. a. O.; Walter-Joachim-Friedlaender a. a. O. Anm. 7 und Fußnote 15 mit Nachweisungen. BuschsZ. 46, 416 (OLG. Cassel); JW. 1928, 127[19] (OLG. Rostock); HöchstrRspr. 1928 Nr. 382 (OLG. Darmstadt); JW. 1928, 1522[22] (OLG. Celle); Rittmann-Wenz Vorb. z. 6. Abschn. Anm. 4, 5; Kollat Vorbem. z. 6. Abschn. Anm. 5d. A. M. Wochinger-Schwalb Vorb. z. 6. Abschn. Anm. 40.

[31]) Walter-Joachim-Friedlaender a.a.O. Anm. 7 und Fußnote 15a mit Nachweisungen; Rittmann-Wenz, Kollat a. a. O. A. M. Wochinger-Schwalb Vorb. z. 6. Abschn. Anm. 40 betreffs der Klageerweiterung.

[31a]) RGZ. 41, 400; Rittmann-Wenz Vorb. z. 6. Abschn. Anm. 5; Kollat Vorbem. z. 6. Abschn. Anm. 5b.

gilt die Armenrechtsbewilligung im Zweifel auch für den nachfolgenden Rechtsstreit. Sie umfaßt diesen stillschweigend; es hätte in aller Regel keinen Sinn, das Armenrecht unter Beschränkung auf Mahn- oder Güteverfahren zu bewilligen (obwohl dies zulässig ist und gelegentlich auch vorkommen kann: z. B. unmittelbar vor Abschluß eines Gütevergleichs): die Prüfung der „Aussichten" kann für Güte- und Mahnverfahren einerseits, Prozeßverfahren anderseits wohl immer nur zum gleichen Ergebnis führen. Vgl. auch §§ 91 Abs. 3, 4 und 698 ZPO.

23 2. Durch die Bewilligung des Armenrechts erlangt die Partei die einstweilige Befreiung von der Berichtigung der rückständigen und künftig erwachsenden Gerichtskosten (§ 115 Abs. 1 Z. 1 ZPO.), nicht auch den Anspruch auf Erstattung bereits vor Bewilligung des Armenrechts gezahlter Gerichtskosten[32]).

24 3. Die Bewilligung des Armenrechts für den Kläger, den Berufungskläger und den Revisionskläger hat zugleich für den Gegner die einstweilige Befreiung von den Gerichtskosten im gleichen Umfange wie für den Kläger, Berufungskläger oder Revisionskläger zur Folge[32a]) (§ 120 ZPO.). Das gilt aber nur, soweit der Gegner der angegriffene Teil ist, nicht soweit er z. B. durch Widerklage, Anschlußberufung, Anschlußrevision angriffsweise vorgeht[33]). Die Bewilligung des Armenrechts für den Beklagten, Berufungsbeklagten, Revisionsbeklagten hat keine Wirkung für den Gegner[34]).

25 4. Das Armenrecht kann unter den Voraussetzungen des § 121 ZPO. entzogen werden[34a]), es erlischt mit dem Tode der Person, welcher es bewilligt ist (§ 122 ZPO.). Die arme Partei ist zur Nachzahlung der Beträge, von deren Berichtigung sie einstweilen befreit war, verpflichtet, sobald sie ohne Beeinträchtigung des für sie und ihre Familie notwendigen Unterhalts dazu imstande ist (§ 125 Abs. 1 ZPO.)[35]). Dasselbe gilt bezüglich derjenigen Beträge, von deren Berichtigung der

[32]) Jonas § 74 Anm. I 2b, § 81 Anm. 3; Kollat Vorb. z. 6. Abschn. Anm. 5a, § 81 Anm. 2; Baumbach § 81 Anm. 4; Sydow-Busch-Krieg § 81 Anm. 6; RGZ. 6, 419; 24, 437; 40, 421; BayObLGZ. NS. 3, 851.

[32a]) Sind mehrere Streitgenossen Kläger usw., so müssen sie alle das Armenrecht haben, soll für den Gegner die Anwendung des § 120 ZPO. in Frage kommen. Jonas § 74 Anm. I 2c; Kollat Vorb. z. 6. Abschn. Anm. 5b.

[33]) Jonas § 74 Anm. I 2c; Stein-Jonas ZPO. § 120 Anm. I; OLG. 15, 172[3b] (Stuttgart); RGZ. 6, 420; 44, 416; Rittmann-Wenz Vorb. z. 6. Abschn. Anm. 6; Kollat Vorb. z. 6. Abschn. Anm. 5b.

Unrichtig MecklZ. 1925/26, 551 (OLG. Rostock), das den Beklagten, der Anschlußberufung eingelegt hat, während der Kläger, dem das Armenrecht bewilligt war, in die Kosten der Berufungsinstanz verurteilt ist, für diese nicht haften läßt, falls der Gegenstand beider Berufungen sich deckt.

Wenn der Beklagte die vorläufige Einstellung der Zwangsvollstreckung aus dem mit Einspruch angefochtenen Versäumnisurteil erwirkt, so ist er Antragsteller für die Gebühr des § 34 Nr. 1; wird dem Kläger nunmehr das Armenrecht bewilligt, so hat dies auf die Fälligkeit der Gebühr aus § 34 keinen Einfluß, weil es sich beim Einstellungsverfahren um eine neue Instanz handelt (Vorb. zu §§ 32—35 Anm. 5). A. M. ZDJustSekr. 1912, 163 (OLG. Colmar).

[34]) OLG. 15, 173[8d] (Hamburg); RGZ. 6, 419; Rittmann-Wenz Vorb. z. 6. Abschn. Anm. 5; Kollat Vorb. z. 6. Abschn. Anm. 5c; Wochinger-Schwalb Vorb. z. 6. Abschn. Anm. 4o.

[34a]) Wird einer unvermögenden Partei im Laufe des Rechtsstreits das Armenrecht für einen Teil des von ihr erhobenen Anspruchs entzogen, so wird sie dadurch nicht ohne weiteres für denjenigen Forderungsbetrag, der nicht mehr durch das Armenrecht gedeckt wird, zur Vorwegleistung der Prozeßgebühr verpflichtet. Das tritt vielmehr nur dann ein, wenn sie den Rechtsstreit im alten Umfange, also auch soweit ihr das Armenrecht entzogen ist, weiterbetreibt, nicht auch, wenn sie alsbald durch Schriftsatz ankündigt, daß sie ihren Antrag der Entziehung des Armenrechts entsprechend ermäßige und demgemäß verfährt. JW. 1927, 2153[9] (OLG. Celle).

[35]) Darüber, ob die Nachzahlung durch besonderen Beschluß des Gerichts angeordnet werden muß, vgl. Walter-Joachim-Friedlaender RAGebO. § 1 Anm. 11 und Fußnote 14 mit Nachweisungen; Stein-Jonas ZPO. § 125 Anm. II.

Gegner einstweilen befreit war, soweit die arme Partei in die Prozeßkosten verurteilt ist (§ 125 Abs. 2 ZPO.).

5. Die Gerichtskosten, von deren Berichtigung die arme Partei einstweilen befreit ist, können von dem in die Prozeßkosten rechtskräftig[36]) verurteilten Gegner nach Maßgabe der für die Beitreibung rückständiger Gerichtskosten geltenden Vorschriften eingezogen werden (§ 123 Abs. 1 ZPO.). Die Gerichtskosten, von deren Berichtigung der Gegner der armen Partei einstweilen befreit ist, sind von demselben einzuziehen, soweit er rechtskräftig[37]) in die Prozeßkosten verurteilt oder der Rechtsstreit ohne Urteil über die Kosten beendigt ist[38]) (§ 123 Abs. 2 ZPO.). 26

III. Fälligkeit der Gebühren im Konkursverfahren. 27

A. Fälligkeit der Gebühren mit Stellung des Antrags, durch den das Verfahren bedingt ist.

1. Die Gebühr für das Verfahren über den Antrag auf Eröffnung oder auf Wiederaufnahme des Konkursverfahrens (§§ 41, 48 Abs. 1 GKG.) wird mit Stellung des gedachten Antrags fällig[39]).

2. Die Gebühr für die Beschwerde gegen den Beschluß über Eröffnung oder Wiederaufnahme des Konkursverfahrens (§§ 47 Abs. 1, 48 Abs. 1 GKG.) wird mit Einreichung der Beschwerde fällig[40]). 28

B. Fälligkeit der Gebühren mit einer Entscheidung. 29

1. Die Durchführungsgebühr des § 42 GKG. wird mit dem Beschlusse über Eröffnung des Konkursverfahrens oder des wiederaufgenommenen Verfahrens oder mit der ohne solchen Beschluß erfolgenden, der Durchführung des Konkursverfahrens dienenden gerichtlichen Tätigkeit fällig[41]).

2. Die Gebühr für das Verfahren in der Beschwerdeinstanz, abgesehen von dem Falle zu A 2, wird mit der Beschwerdeentscheidung fällig[42]). 30

C. Fälligwerden der Gebühren mit einer sonstigen gerichtlichen Handlung. 31

1. Wegen der Durchführungsgebühr, falls kein Eröffnungsbeschluß ergeht, s. oben B 1 und § 42 Anm. 6.

2. Die Gebühr für die Anberaumung eines besonderen Prüfungstermins (§ 44 GKG.) wird mit dieser Anberaumung fällig[43]). 32

---

36) Stein-Jonas ZPO. § 123 Anm. I; RGZ. 23, 355; 80, 352; Rittmann-Wenz Vorb. z. 6. Abschn. Anm. 6; Kollat Vorb. z. 6. Abschn. Anm. 5b; Wochinger-Schwalb Vorb. z. 6. Abschn. Anm. 40.

37) Stein-Jonas und RGZ. a. a. O., ferner RGZ. 6, 419; BuschsZ. 21, 503[19] (OLG. Dresden).

38) Das trifft auch zu, wenn der Prozeß so lange Zeit ruht oder nicht betrieben wird, daß anzunehmen ist, er sei erledigt. Jonas § 74 Anm. II 2d; Bbl. 1927, 93 (OLG. Celle).

39) Jonas § 74 Anm. I 1; Baumbach § 74 Anm. 2; Kollat § 74 Anm. 3a, d; Sydow-Busch-Krieg § 41 Anm. 3, § 48 Anm. 1; Rittmann-Wenz § 74 Anm. I 8 (s. aber auch § 47 Anm. 3). Vgl. oben § 41 Anm. 2; § 48 Anm. 2.

40) Jonas § 74 Anm. II 1; Baumbach § 47 Anm. 1; Rittmann-Wenz § 74 Anm. I 8; Kollat § 74 Anm. 3f; Wochinger-Schwalb § 47 Anm. 1; Sydow-Busch-Krieg § 47 Anm. 1. Vgl. oben § 47 Anm. 9.

41) Vgl. § 42 Anm. 6, wo auch die abweichenden Meinungen besprochen sind, und § 48 Anm. 3.

42) Jonas § 74 Anm. II 1; Baumbach § 47 Anm. 3; Sydow-Busch-Krieg § 47 Anm. 1. Rittmann-Wenz § 74 Anm. I 8, § 47 Anm. 3 will ohne genügenden Grund § 75 GKG. anwenden. Vgl. auch oben § 47 Anm. 16.

43) Jonas § 74 Anm. II 1; Baumbach § 44 Anm. 2; Sydow-Busch-Krieg § 44 Anm. 2; Rittmann-Wenz § 44 Anm. 4; Kollat § 74 Anm. 3c; Wochinger-Schwalb § 44 Anm. 2. Vgl. oben § 44 Anm. 2.

83 **IV. Fälligkeit der Gebühren im Vergleichsverfahren zur Abwendung des Konkurses.**

1. Die Gebühr des § 48a GKG. wird mit Anbringung des Antrags auf Eröffnung des Vergleichsverfahrens fällig[44]).

84 2. Die Beschwerdegebühr des § 48c GKG. wird mit der Beschwerdeentscheidung fällig[45]).

85 **V. Abhängigmachung gerichtlicher Tätigkeit im Zivilprozesse von vorgängiger Bezahlung der Gebühr.**

A. Die einschlägigen Bestimmungen in § 74 Abs. 2—4 GKG. finden bezüglich des Güteverfahrens ihre Ergänzung in § 74a. In Strafsachen kommt eine Abhängigmachung von der Zahlung eines Gebührenvorschusses nach Maßgabe des § 83 Abs. 3 GKG. vor. Für Zivil- und Strafprozeß gilt § 85 Abs. 5 GKG., der die Abhängigmachung von Zahlung des Ausländervorschusses vorsieht. Das Konkurs- und das Vergleichsverfahren kennen eine Abhängigmachung der fraglichen Art nicht.

86 B. Die Abhängigmachung der Terminsansetzung auf die Klage von Zahlung der erforderten Prozeßgebühr.

1. Der Termin zur mündlichen Verhandlung soll auf Grund der Klage erst nach Zahlung der erforderten Prozeßgebühr bestimmt werden (§ 74 Abs. 2 Satz 1 GKG.). Wie das Wort „soll" zeigt, handelt es sich um eine instruktionelle Vorschrift, deren Nichteinhaltung die Terminsbestimmung nicht etwa wirkungslos macht. Der Vorsitzende aber würde pflichtwidrig handeln, wenn er sich ohne einen der Gründe des § 74 Abs. 4 GKG. über die Ordnungsvorschrift hinwegsetzen wollte.

87 2. Die Bestimmung des § 74 Abs. 2 Satz 1 GKG. gilt nur für eine Klage.

a) Gleichgültig ist, ob es sich um einen gewöhnlichen Prozeß oder um eine besondere Verfahrensart handelt. Es muß nur ein „Prozeßverfahren" (§ 20 Anm. 1) sein. Auch in Ehe- und Kindschaftssachen, in Klagen auf Anfechtung oder Wiederaufhebung einer Entmündigung, im Urkunden-, Wechsel- und Scheckprozeß ist die Bestimmung anwendbar[46]).

88 b) Dagegen kommt die Vorschrift bei Verfahrensarten, denen eine Klage nicht zugrunde liegt, nicht zur Anwendung. Hierher gehören die Fälle der §§ 33, 34 GKG.[47]), ferner Arrest und einstweilige Verfügung (§ 32 GKG.)[48]). In allen diesen Fällen werden Gebühren erhoben, die keine Prozeßgebühren sind[49]). Auch Mahn- und

---

[44]) Jonas § 74 Anm. II 2; Baumbach § 48a Anm. 1; Sydow-Busch-Krieg § 48a Anm. 2; Rittmann-Wenz § 48a Anm. 2; Kollat § 74 Anm. 3e. Vgl. oben § 48a Anm. 7.

[45]) Jonas § 48c Anm. 2; Kollat § 74 Anm. 3f; Sydow-Busch-Krieg § 48c Anm. 3. Vgl. oben § 48c Anm. 13. Rittmann-Wenz § 74 Anm. I 8 will § 75 GKG. anwenden (s. auch § 48c Anm. 1, § 38 Anm. 2 Abs. 1), wofür kein Grund ersichtlich ist.

[46]) Jonas § 74 Anm. III 1; Baumbach § 74 Anm. 3; Rittmann-Wenz § 74 Anm. II 9; Kollat § 74 Anm. 4a; Sydow-Busch-Krieg § 74 Anm. 5.

[47]) Jonas, Baumbach, Rittmann-Wenz, Kollat a. a. O.; M. Friedlaender JW. 1923, 658.

[48]) Jonas, Baumbach, Rittmann-Wenz, Kollat a. a. O.; OLG. 43, 147 (Hamburg); JW. 1924, 419[14a] (KG.) mit Anm. v. M. Friedlaender; M. Friedlaender JW. 1923, 658; Anm. v. Geiershöfer zu JW. 1926, 2474[3]; Sydow-Busch-Krieg § 32 Anm. 2.

[49]) Vgl. wegen Arrest und einstw. Vf. Jonas § 32 Anm. 5c; Rittmann-Wenz § 32 Anm. 14; Kollat § 32 Anm. 18, § 74 Anm. 4a; Anm. M. Friedlaender zu JW. 1924, 419[14]; Anm. Geiershöfer zu JW. 1926, 2474[3].

A. M. Baumbach § 32 Anm. 1B; JW. 1924, 61[2] (KG.); 1924, 419[14] (KG.); 1926, 2474[3] (KG.).

Güteverfahren sind nicht Verfahren auf Grund einer Klage, für sie gelten aber die besonderen Vorschriften des § 74 Abs. 3 und des § 74a Abs. 1 GKG.

3. Die Regelung betrifft nur die erste Instanz[50]). Für die Berufungs- und Revisionsinstanz gelten § 519 Abs. 6, § 554 Abs. 7 ZPO. 39

4. Gleichgültig ist, ob der Termin vor der Kammer oder vor dem Einzelrichter[51]) anzusetzen ist. 40

5. Immer aber handelt es sich nur um den ersten auf die Klage anzusetzenden Termin[52]), also um diejenige Terminsansetzung, die erforderlich ist, um die Klage zur Zustellung bringen zu können. Deshalb erscheint in § 74 Abs. 2 GKG. „der", nicht „ein" Termin zur mündlichen Verhandlung. Ist einmal ohne Einhaltung des § 74 Abs. 2 Satz 1 GKG. auf die Klage Termin zur mündlichen Verhandlung anberaumt worden, so kann die Bestimmung eines weiteren Termins nicht mehr auf Grund des gedachten Satzes 1 abgelehnt werden[53]). 41

6. Abhängig von der Zahlung[54]) ist nur die Terminsbestimmung, aber es hätte keinen Sinn, Handlungen, die erst Bedeutung gewinnen, wenn die Bestimmung des Verhandlungstermins erfolgt, vorzunehmen, solange nicht feststeht, ob es wegen der Vorauszahlungspflicht überhaupt zur Terminsbestimmung kommen wird. Das ist zu beachten, wenn mit der Klage ein Antrag auf Bewilligung der öffentlichen Zustellung eingereicht wird, dessen Erledigung wegen § 206 ZPO. bei der Wahl des Verhandlungstermins von entscheidender Bedeutung ist (Einhaltung der Einlassungsfrist). 42

7. In Betracht kommt die erforderte Prozeßgebühr, nicht die zu erfordernde. Ob die Anforderung der Geschäftsstelle zutraf oder nicht, hat der Vorsitzende nicht nachzuprüfen. Ist eine zu niedrige Prozeßgebühr erfordert, so kann nicht nach ihrer Bezahlung eine neue Anforderung mit der Wirkung des § 74 Abs. 2 Satz 1 GKG. erfolgen[55]). Ist die Prozeßgebühr in zu hohem Betrage erfordert, so muß der Kläger Erinnerung nach § 4 GKG. erheben, um die Berücksichtigung der ersten Anforderung nach § 74 Abs. 2 Satz 1 GKG. zu beseitigen. 43

Glaubt die Geschäftsstelle den für Bestimmung der Prozeßgebühr maßgeblichen Streitwert nicht selbst ermessen zu können, so wird gemäß § 18 GKG. die gerichtliche Wertfestsetzung anzuregen sein. 44

---

[50]) Jonas § 74 III 3g; Baumbach § 74 Anm. 3; Kollat § 74 Anm. 4a; Rittmann-Wenz § 74 Anm. II 9; JW. 1926, 52⁴ (RG.) mit Anm. Buzengeiger; SächsArchRpfl. 1926, 227 (OLG. Jena). Wegen der eine Klageerweiterung enthaltenden Anschlußberufung s. Anm. 60.

[51]) JW. 1926, 845⁷ (KG.).

[52]) JW. 1927, 866²⁷ (OLG. Königsberg) und Anm. Reinberger; 1926, 2479¹⁵ (OLG. Königsberg) und Anm. A. Friedlaender; Anm. Heymann JW. 1928, 123⁵; Jonas § 74 Anm. III 3d.

[53]) Jonas § 74 Anm. III 3d; Baumbach § 74 Anm. 3; Sydow-Busch-Krieg § 74 Anm. 6; JW. 1926, 866²⁷ (OLG. Königsberg) und Anm. Reinberger; 1926, 2479¹⁵ (OLG. Königsberg) und Anm. A. Friedlaender; Anm. Heymann JW. 1928, 123⁵; JW. 1928, 1518⁵ (KG.).

Dagegen läßt JW. 1927, 2471⁴ (KG.) — zustimmend Striemer in der diese Entsch. betr. Anm. — zu, daß „die Verhandlung" von der Einzahlung der Prozeßgebühr abhängig gemacht wird und behandelt den Kläger, der erscheint, die Prozeßgebühr aber nicht erlegt hat, weil er mangels solcher Zahlung „nicht verhandeln darf", als nicht erschienen. Die unhaltbare Entsch., die Satz 1 und 3 des § 74 Abs. 2 GKG. miteinander vermengt, ist von Heymann in der angeführten Anm. überzeugend widerlegt worden. Gegen sie auch JW. 1928, 1518⁵ (KG.).

[54]) Die Zahlung muß aktenmäßig feststehen. Eine Pflicht, den Nachweis u. z. in bestimmter Frist zu führen, liegt dem Kläger nicht ob. Jonas § 74 Anm. III 3b; Baumbach § 74 Anm. 3.

[55]) Jonas § 74 Anm. III 3c; M. Friedlaender JW. 1923, 658; Sydow-Busch-Krieg § 74 Anm. 6. Es ist gleichgültig, ob die ursprüngliche Anforderung auf einer gerichtlichen Wertfestsetzung oder auf einer selbständigen Schätzung des Urkundsbeamten der Geschäftsstelle beruhte und ob diese Schätzung nachträglich geändert wurde oder eine anderweite gerichtliche Wertfestsetzung erfolgte.

45 In der Praxis kommt es, namentlich soweit der Gebrauch von Kostenmarken eingeführt ist, vielfach vor, daß der Kläger oder sein Anwalt selbst die einschlägige Prozeßgebühr berechnet und ohne vorherige Anforderung entrichtet. Dadurch läßt sich die Tätigkeit der Geschäftsstelle nicht umgehen. Diese hat zu prüfen, ob der Betrag mit demjenigen übereinstimmt, den sie erfordert hätte, wenn man ihr nicht zuvorgekommen wäre. Besteht solche Übereinstimmung, so wird das durch einen kurzen Vermerk („Stimmt", „Richtig") klarzustellen sein: damit ist dann der gezahlte Betrag als erfordert anzusehen[56]). Der Vorsitzende ist hier, wie sonst, zu einer Nachprüfung der Richtigkeit nicht berufen. Wenn in Eilsachen, bei denen die Geschäftsstelle die gedachte Kontrolle der ohne Anforderung gezahlten Beträge unterlassen hat, der Vorsitzende diese seinerseits nachprüft, so ist das zwar nicht korrekt, aber nicht zu beanstanden, wenn es sich, z. B. bei Klagen, die auf Zahlung von bestimmten Reichsmarkbeträgen gerichtet sind, um Fälle handelt, bei denen ein Zweifel über Berechnung der Prozeßgebühr nicht aufkommen kann. Die Frage des Prüfungsrechtes des Vorsitzenden wird im Falle des § 74 überhaupt nur praktisch, wenn er die Terminsbestimmung *versagt*, nicht, wenn er sie vornimmt, da die Vorschrift des § 74 nur instruktioneller Natur ist.

46 8. Erst nach *Zahlung* der erforderten Prozeßgebühr soll die Terminsbestimmung erfolgen. Nur die Zahlung beseitigt die Hemmung der gerichtlichen Tätigkeit, durch eine Sicherheitsleistung kann die Zahlung nicht ersetzt werden. Wie es zu der Zahlung kommt, ob sie freiwillig geschieht oder ob die — ja fällig gewordene — Prozeßgebühr im Zwangswege beigetrieben wird, ist gleichgültig[57]). Bedeutungslos ist es auch, ob die Zahlung vom Kläger, dem die Gebühr angefordert wurde, ausgeht oder von einem anderen bewirkt wird.

47 C. *Die Abhängigmachung der nach vorausgegangenem Mahnverfahren erfolgenden Terminsansetzung von Zahlung der halben Prozeßgebühr.*

1. *Nach vorausgegangenem Mahnverfahren kommt es zur Ansetzung eines Termins zur mündlichen Verhandlung:*

a) nachdem der Schuldner gegen den Zahlungsbefehl Widerspruch erhoben hat, auf Antrag einer Partei (§ 696 Abs. 1 ZPO.),

b) wenn auf den Urkunden- oder Wechselzahlungsbefehl Vollstreckungsbefehl unter Vorbehalt der Ausführung der Rechte des Beklagten erlassen ist, auf Antrag einer Partei (§ 4 Z. 4 EntlVO., § 600 Abs. 1 ZPO.),

c) auf Einspruch des Beklagten gegen den Vollstreckungs- oder Räumungsbefehl (§§ 700 Satz 2, 340a ZPO.; § 1 f MSchG.).

Fall c scheidet bei § 74 Abs. 2 GKG. aus, und die beiden anderen Fälle schlagen hier nur ein, wenn der Antrag auf Terminsbestimmung vom Gläubiger ausgeht. Ist der Schuldner der betreibende Teil, so kann die Terminsansetzung nicht von der Gebührenzahlung abhängig gemacht werden[58]).

---

[56]) *Jonas* § 74 Anm. III 3d: „Hat der Kläger die Prozeßgebühr nach dem von ihm selbst berechneten Streitwert gleichzeitig mit Einreichung der Klage ... beglichen, so ist, wenn der Gebührenansatz für zutreffend erachtet wird, der Verhandlungstermin alsbald anzusetzen." Wem die Nachprüfung obliegt, wird nicht gesagt.

RGZ. 115, 25: „Wird die Prozeßgebühr bezahlt, die nach dem Gesetze dem Staat infolge Einlegung der Berufung und nicht erst infolge der Verfügung des Vorsitzenden zusteht, so bedarf es ihrer Einforderung nicht mehr." Auch hier erhellt nicht, wer zu prüfen hat, ob die gezahlte Summe die Prozeßgebühr darstellt.

[57]) Von der Frage der *Zulässigkeit* der Beitreibung ist die Frage der *Zweckmäßigkeit* solchen Vorgehens zu unterscheiden. Mit Recht wird diese von *Jonas* § 74 Anm. III 5 verneint, da ja der Kläger bis zur Terminsbestimmung durch Zurücknahme der Klage von der Pflicht zur Gebührenbezahlung sich frei machen kann (§ 29 Abs. 1 GKG.).

[58]) *Jonas* § 74 Anm. III 4; *Baumbach* § 74 Anm. 4; *Sydow-Busch-Krieg* § 74 Anm. 7; *Rittmann-Wenz* § 74 Anm. II 10; *Kollat* § 74 Anm. 5b; *Wochinger-Schwalb* § 74 Anm. 10.

2. Soweit in dem Falle zu 1a der Gläubiger betreibender Teil ist, ist zu unterscheiden: 48

a) Erfolgt eine Verweisung an das Landgericht gemäß § 697 Abs. 2 ZPO. ohne vorgängige mündliche Verhandlung, so kommt die Abhängigmachung der Terminsansetzung von Zahlung der halben Prozeßgebühr erst für das landgerichtliche Verfahren in Betracht.

b) Andernfalls ist gemäß § 696 Abs. 2 Satz 1 ZPO. grundsätzlich der Termin zur Güteverhandlung anzuberaumen. Dieses Verfahren bleibt nach § 31a Abs. 2 GKG. bei vorausgegangenem Mahnverfahren gebührenfrei. Eine Abhängigmachung der Terminsansetzung kommt mangels Entstehens einer Gebühr danach nicht in Frage, ganz abgesehen davon, daß die Gebühr des § 31a Abs. 1 GKG. keine Prozeßgebühr ist, also nicht § 74 Abs. 2, sondern § 74a Abs. 1 GKG. anwendbar wäre[59]). 49

c) Hat der Gläubiger eine Bescheinigung über die Erfolglosigkeit eines vorangegangenen Güteverfahrens beigebracht oder, erforderlichenfalls unter Glaubhaftmachung, dargelegt, daß es gemäß § 495a ZPO. eines Güteverfahrens nicht bedarf, oder gehört der Anspruch zur Zuständigkeit der Landgerichte, so ist alsbald Termin zur Streitverhandlung anzuberaumen (§ 696 Abs. 2 Satz 2 und 3 ZPO.). Hier kommt vor dem Amtsgerichte die Abhängigmachung nach § 74 Abs. 2 GKG. in Frage. Ob ein solcher Fall gegeben ist, entscheidet sich endgültig erst mit der Terminsanberaumung. Der Richter muß daher seinen Entschluß, Termin im Streitverfahren anzusetzen, dem Gläubiger mitteilen, damit dieser die Vorauszahlung leisten kann. 50

3. Ist im Falle zu 1b der Kläger betreibender Teil, so greift § 74 Abs. 2 GKG. ein. 51

4. Für die Fälle 1a und b gilt nach § 74 Abs. 2 Satz 2 GKG. „das gleiche" wie nach Satz 1 daselbst für die Terminsbestimmung auf die Klage. 52

a) Auch hier handelt es sich um den ersten anzuberaumenden Termin. Ist in dem Termin zur Streitverhandlung vor dem Amtsgerichte die Sache an das Landgericht verwiesen worden, so kann auf die Ladung vor das Landgericht die Terminsbestimmung von einer Gebührenzahlung nicht mehr abhängig gemacht werden. 53

b) Was über die auf die Klage erforderte Prozeßgebühr, deren Bemessung durch die Geschäftsstelle, ihre Bezahlung vor Anforderung und die Art der Bezahlung gesagt wurde (s. Anm. 43—46), gilt auch für die hier fragliche halbe Prozeßgebühr[60]). 54

D. Die Abhängigmachung der gerichtlichen Tätigkeit im Falle der Erweiterung des Klageantrags. 55

1. Der Schlußsatz des § 74 Abs. 2 GKG. lautete früher:

„Im Falle der Erweiterung des Klageantrags sowie der Erhebung einer Widerklage, sofern für sie gemäß § 13 eine besondere Gebühr zu erheben ist, soll vor Zahlung der erforderten Prozeßgebühr keine gerichtliche Handlung vorgenommen werden."

Die jetzige Fassung beruht auf der Novelle vom 28. Januar 1927. Danach findet bei Erhebung einer Widerklage eine Abhängigmachung des Eingehens auf sie von Zahlung einer Gebühr nicht mehr statt.

2. Bei Auslegung des § 74 Abs. 2 Satz 3 GKG. liegt es nahe, den Zusammenhang mit Satz 1 und 2 zu beachten. Diese kennen eine Abhängigmachung der gerichtlichen Tätigkeit nur, wenn der Angreifer der betreibende Teil ist. Man ist also versucht anzunehmen, daß auch Satz 3 nur Angriffshandlungen gegenüber eingreifen, daß er lediglich den Kläger hindern will, vor Gebührenbezahlung seinem Angriffe eine 56

[59]) Über § 74a Abs. 1 Satz 2 s. § 74a Anm. 12.

[60]) Bezüglich der Fußnote 57 ist zu bemerken, daß dem § 29 Abs. 1 GKG. hier § 31 Abs. 2 Satz 3 GKG. entspricht.

größere Ausdehnung zu geben. Dazu ließe sich noch folgendes geltend machen: Die Rechtshängigkeit der Klage setzt — auch im amtsgerichtlichen Verfahren — die Zustellung voraus, und diese ist ohne Terminsbestimmung wirkungslos, eine Schädigung des Beklagten kann also durch § 74 Abs. 2 Satz 1 GKG. nicht eintreten. In den Fällen des § 74 Abs. 2 Satz 2 GKG. kann der Beklagte selbst das Verfahren betreiben, ohne daß ihm gegenüber der Fortgang von einer Gebührenzahlung abhängig gemacht werden könnte. Der nach § 281 ZPO. durch Zustellung rechtshängig gewordenen Klageerweiterung gegenüber wäre dagegen der Beklagte, wenn der Kläger die einschlägige Prozeßgebühr nicht bezahlte, gerade wegen dieser Säumnis machtlos; er könnte den Prozeß insoweit nicht zu einem Ende bringen, wenn er nicht, obwohl kein Kostenschuldner, an Stelle des Klägers dessen Kostenpflicht erfüllte[61]).

Gleichwohl läßt sich diese Auffassung nicht halten. § 74 Abs. 2 Satz 3 muß mit § 85 Abs. 5 zusammengehalten werden, und es ist zu beachten, daß neben § 85 in Zivilsachen § 74 Abs. 2 Satz 3 und in Strafsachen § 83 Abs. 3 gilt. § 74 Abs. 2 Satz 3 will vor Zahlung der Prozeßgebühr „keine gerichtliche Handlung vorgenommen" sehen, und dasselbe bestimmt § 83 Abs. 3, solange der in § 83 geregelte Gebührenvorschuß nicht gezahlt ist. Dagegen soll nach § 85 Abs. 5 vor Zahlung des Ausländervorschusses „der Ausländer zur Verhandlung nicht zugelassen werden". Diese Fassung des § 85 Abs. 5 beruht auf der Novelle von 1922, während nach der früheren Fassung „die Vornahme jeder gerichtlichen Handlung abzulehnen" war. Die Änderung bezweckt, wie Jonas[61a]) bekundet, klarzustellen, „daß durch die Bestimmung nur der Kläger, nicht auch der Beklagte getroffen wird", und es wird sich nicht leugnen lassen, daß diesem Zwecke die gewählte Fassung entspricht. Dann aber läßt sich die Ansicht nicht mehr aufrechterhalten, daß mit den so ganz anders lautenden Bestimmungen des § 74 Abs. 2 Satz 3 und des § 83 Abs. 3 dasselbe gewollt sein sollte wie mit der Vorschrift des § 85 Abs. 5. Es bleibt also nichts anderes übrig, als von einer einschränkenden Auslegung des § 74 Abs. 2 Satz 3 in dem erörterten Sinne abzusehen und diese Bestimmung auch insoweit anzuwenden, als Verteidigungshandlungen des Beklagten in Frage kommen[62]).

57 3. Vor Zahlung der erforderten Prozeßgebühr soll keine gerichtliche Handlung vorgenommen werden.

a) Die Vorschrift ist ebenso wie alle Bestimmungen des § 74 Abs. 2 eine Ordnungsvorschrift, Zuwiderhandlungen sind also nicht nichtig, wenn auch pflichtwidrig.

58 b) Es soll keine gerichtliche Handlung vorgenommen werden[63]). „Handlung" ist nicht nur eine eigene Tätigkeit des Richters wie Terminsbestimmung, Fällung einer Entscheidung, auch das Geschehenlassen von Vorgängen vor dem Richter z. B. des Verhandelns des Klägers über die Klageerweiterung ist „Handlung". Die Ablehnung der Vornahme gerichtlicher Handlungen betreffs der Klageerweiterung hat die Folge, daß entgegenstehende Versuche des Klägers zu verhandeln nicht zu beachten sind. Zu den gerichtlichen Handlungen gehören, soweit der Geschäftsstelle Tätigkeiten zugewiesen sind, auch diese, z. B. im amtsgerichtlichen Verfahren die von Amts wegen erfolgende Zustellung des die Klageerweiterung enthaltenden Schriftsatzes[64]).

59 Es ist bereits in Anm. 56 dargelegt worden daß eine einschränkende Auslegung der gerichtlichen Handlungen, deren Vornahme nicht erfolgen soll[65]), dahin, daß nur

---

61) Kraemer BuschsZ. 49, 143.

61a) § 85 Anm. 3 c (1. Aufl.).

62) S. Fußnote 66.

63) Das hindert aber nicht, daß der Streitwert sich durch die Klageerweiterung erhöht. JW. 1924, 981[10] (KG.).

64) Baumbach § 74 Anm. 5; Rittmann-Wenz § 74 Anm. II 11; Kollat § 74 Anm. 4 a.

65) Wegen der Bedeutung der Sollvorschrift vgl. Anm. 36. Mit Unrecht meint Kraemer BuschsZ. 49 Anm. zu 255[23], das Gericht müsse sich, wenn bei Beachtung der Be-

solche zugunsten des Klägers, nicht solche gegen ihn, also Abwehrhandlungen, darunter fallen, nicht zu billigen ist[66]). Immer aber sollen nur Handlungen in Beziehung auf die Klageerweiterung unterbleiben, nicht solche bezüglich des sonstigen Prozesses.

4. Von § 74 Abs. 2 Satz 3 GKG. wird jede Klageerweiterung betroffen. Erfolgt sie in der Berufungsinstanz, so kommt die gedachte Bestimmung ebenso zur Anwendung wie in der ersten Instanz[67]). 60

5. Die erforderte Prozeßgebühr ist hier der wegen der Klageerweiterung angeforderte[68]) Mehrbetrag. Nur bis zu seiner Zahlung kann die Einstellung gerichtlicher Tätigkeit betreffs der Klageerweiterung erfolgen. Nicht etwa darf, wenn versehentlich oder bewußtermaßen von einer Abhängigmachung der Terminsbestimmung nach Satz 1 oder 2 des § 74 Abs. 2 GKG. abgesehen war, anläßlich einer Klageerweiterung das Tätigwerden auf sie von Zahlung auch der auf die ursprüngliche Klage entfallenden Prozeßgebühr abhängig gemacht werden. 61

E. Die Abhängigmachung der Erlassung des Zahlungsbefehls von der Zahlung der Gebühr des § 31 Abs. 1 GKG. 62

1. Nach § 74 Abs. 3 GKG. soll der Zahlungsbefehl erst nach Zahlung der im § 31 Abs. 1 GKG. bestimmten Gebühr erlassen werden. Nur die Erlassung des Zahlungsbefehls soll nicht vor Zahlung der gedachten Gebühr erfolgen, die Zurückweisung des Gesuchs (§ 691 ZPO.) kann alsbald geschehen[69]). Glaubt der Urkundsbeamte der Geschäftsstelle, falls die Landesjustizverwaltung von der Ermächtigung des § 1 II 2 EntlGes. v. 11. März 1921 Gebrauch gemacht hat, das Gesuch sei zurückzuweisen, so hat er, da ihm nach dem EntlGes. vom 11. März 1921 § 1 III 2 nur der Erlaß von Zahlungsbefehlen übertragen werden kann[69a]), das Gesuch dem Amtsrichter vorzulegen. Wenn dieser findet, ein Grund zur Zurückweisung sei nicht gegeben, wird nunmehr die Gebühr des § 31 Abs. 1 GKG. anzufordern sein[70]).

---

stimmung eine sachgemäße Entscheidung des Prozesses nicht erfolgen könne, der Beachtung für überhoben halten. Zutreffend die Gegenausführungen von Fürst BuschsZ. 49 Anm. zu 275[31].

[66]) Jonas § 74 Anm. III 3f; Sydow-Busch-Krieg § 74 Anm. 8.

A. M. Baumbach § 74 Anm. 5; Rittmann-Wenz § 74 Anm. II 11; Kollat § 74 Anm. 4b; Spittel JW. 1925, 2589; JW. 1925, 2361[6] (KG.); 1926, 1613[10] (OLG. Stuttgart), die trotz Nichtbezahlung der Prozeßgebühr Versäumnisurteil gegen den Kläger bezüglich der Klageerweiterung zulassen.

[67]) Jonas § 74 Anm. III 3g; Baumbach § 74 Anm. 5; Sydow-Busch-Krieg § 74 Anm. 9; Rittmann-Wenz § 74 Anm. II 15; BuschsZ. 49, 125[1] (KG.); JW. 1924, 1261[16] und 2050[10] (KG.); Kraemer BuschsZ. 49, 142/3 und 397; Reinberger BuschsZ. 49, 153.

RGZ. 109, 350/1 bezieht § 74 Abs. 2 Satz 3 GKG. nur auf die 1. Instanz und hält in der 2. Instanz nur „sinngemäße Anwendung" für möglich.

DRZ. 1926 Rspr. Nr. 388 (OLG. Celle) hebt zunächst mit Recht hervor, daß § 74 Abs. 2 Satz 3 GKG. auch die Klageerweiterung in der Berufungsinstanz trifft, dehnt dann aber die Anwendung auf den Fall aus, daß der Beklagte und Berufungskläger die zunächst geforderte Prozeßgebühr fristgemäß bezahlt, dagegen den nach Festsetzung eines höheren Streitwerts nachgeforderten Betrag nicht berichtigt hat. Diese Ausdehnung ist unhaltbar. In der ersten Instanz gibt ja auch anderweite Streitwertbemessung keine Möglichkeit, § 74 Abs. 2 Satz 1 GKG. dem Kläger gegenüber erneut anzuwenden.

[68]) Erfolgt die Klageerweiterung erst durch Stellung des erhöhten Antrags in der mündlichen Verhandlung, so hat der Urkundsbeamte der Geschäftsstelle alsbald den in Frage kommenden Gebührenmehrbetrag zu erfordern, nötigenfalls die Richtigkeit des eingezahlten Kostenbetrags nachzuprüfen.

[69]) Jonas § 74 Anm. III 7; Baumbach § 74 Anm. 6; Rittmann-Wenz § 74 Anm. II 12; Kollat § 74 Anm. 5a; Sydow-Busch-Krieg § 74 Anm. 9.

[69a]) Das ist allerdings bestritten s. oben § 31 Fußnote 3.

[70]) Vgl. auch Anm. 43—46. Bezüglich der Fußnote 57 ist zu beachten, daß dem § 29 Abs. 1 GKG. hier § 31 Abs. 1 Satz 2 GKG. entspricht.

63 2. Ist der Zahlungsbefehl ohne vorgängige Gebührenzahlung erlassen, so darf eine weitere Tätigkeit in keiner Weise von Zahlung der Gebühr des § 31 Abs. 1 GKG. abhängig gemacht werden[71]).

63a 3. § 74 Abs. 3 ist nicht anwendbar auf die Anordnung der Zustellung des Kündigungsschreibens im Falle der §§ 1ff. MSchG. (oben § 31 Anm. 20ff.)[71a]).

64 F. Die Ausnahmen von der Pflicht zur Vorwegleistung der Gebühren[72]).

1. Die Bestimmungen des § 74 Abs. 2 und 3 GKG. finden keine Anwendung, soweit dem Kläger das Armenrecht bewilligt ist. Der besonderen Hervorhebung in § 74 Abs. 4 hätte es nicht bedurft, und sie ist offenbar nur der Vollständigkeit halber erfolgt[73]): die Bewilligung des Armenrechts hat ja nach § 115 Abs. 1 Z. 1 ZPO. für die arme Partei die Stundung der noch nicht bezahlten Gerichtskosten zur Folge, beseitigt also die sonst eintretende Fälligkeit der Gebühr und die Zulässigkeit ihrer Anforderung, womit die Anwendbarkeit der Abs. 2 und 3 des § 74 ohne weiteres entfällt. Wird gleichzeitig mit dem die Fälligkeit der Gebühr auslösenden Akt die Bewilligung des Armenrechts beantragt, so wird bis zur Entscheidung über das Armenrechtsgesuch zweckmäßigerweise die Anforderung der Gebühr auszusetzen sein, weil sie ja durch dessen Bewilligung sich erledigt[74]).

65 Wird dem Beklagten und Berufungskläger das Armenrecht bewilligt, so kann dem Kläger und Berufungsbeklagten gegenüber, wenn er mittels Anschlußberufung zur Klageerweiterung schreitet, trotz § 120 ZPO. die Bestimmung des § 74 Abs. 2 Satz 3 GKG. zur Anwendung kommen (vgl. oben Anm. 24).

66 2. Als zweite Ausnahme hebt § 74 Abs. 4 GKG. den Fall hervor, daß dem Kläger Gebührenfreiheit zusteht. Von der Entbehrlichkeit der Hervorhebung dieses Falles im Gesetze gilt das gleiche wie unter 1[75]). Wenn dem Kläger persönliche Gebührenfreiheit zusteht, so wird eine Gebühr ihm gegenüber nicht fällig und kann also auch nicht erfordert werden.

67 3. Die Anwendbarkeit der Bestimmungen des § 74 Abs. 2 und 3 GKG. kommt ferner in Wegfall, wenn glaubhaft gemacht wird, daß dem Kläger die alsbaldige Zahlung der Gebühr mit Rücksicht auf seine Vermögenslage Schwierigkeiten bereiten würde.

68 a) Die Voraussetzungen für die Ausnahme nach § 74 Abs. 4 Satz 1 a. E. GKG. weichen von den in § 114 Abs. 1 ZPO. für die Bewilligung des Armenrechts aufgestellten ab. Rechtfertigen die Worte „ohne Beeinträchtigung des für ihn und seine Familie notwendigen Unterhalts" in § 114 Abs. 1 ZPO. die Beschränkung der Armenrechtsbewilligung auf natürliche Personen[76]), so ist hier gleiche Einschränkung nicht zu rechtfertigen[77]). Auch juristische Personen haben Vermögen, auch bei

[71]) Vgl. § 74a Anm. 11, 12.

[71a]) Begr. zu MSchNov. 12; Freidt-Schubart-Thiele Kündigungsverfahren und Mieterschutz Anm. zu § 1o MSchG.; Ebel-Lilienthal Mieterschutz und Mieteinigungsämter Anm. 2 zu § 1o MSchG.; Lilienthal MittPrRichterVer. 1928, 66; Hertel MSchNov. 516.

[72]) § 74 Abs. 4 GKG. gilt nicht für die Fälle des § 519 Abs. 6 und des § 554 Abs. 7 ZPO.: JW. 1926, 52 (RG.); SächsArchRpfl. 1926, 227 (OLG. Jena).

[73]) Jonas § 74 Anm. III 2; Kollat § 74 Anm. 6a.

[74]) Baumbach § 74 Anm. 7 läßt, jedoch nur bei dem 1. Armenrechtsgesuche, die Aussetzung der Beitreibung der Prozeßgebühr eintreten. Vgl. aber wegen der Frage der Zweckmäßigkeit der Beitreibung überhaupt Fußnote 57.

[75]) Jonas § 74 Anm. III 2; Kollat § 74 Anm. 6a.

[76]) RGZ. 33, 366; 112, 107. Vgl. über die Frage, welchen Personen das Armenrecht bewilligt werden kann, Kurlbaum, Die Personen des Armenrechts BreslauAK. 1928, 80ff. (Festnummer für Heilberg), wo auch Schrifttum und Rechtsprechung verzeichnet sind.

[77]) Jonas § 74 Anm. III 2a; Baumbach § 74 Anm. 7C; Sydow-Busch-Krieg § 74 Anm. 10.

ihnen läßt sich von einer Vermögenslage sprechen[78]). Das gleiche gilt von Verbänden, die ohne juristische Personen zu sein, aktive Parteifähigkeit besitzen, wie die offene Handelsgesellschaft[78a]). Aber auch Personen, die kraft Amtsstellung Parteien sind, wie z. B. nach der Meinung des RG. der Konkursverwalter, sind nicht, wie bei der Bewilligung des Armenrechts[78b]), auszunehmen[79]). Auch sie können, wenn auch nicht in eigenem Interesse, mehr oder minder eingeschränkte Verfügungsgewalt über Vermögensmassen haben, und man kann deshalb auch bei ihnen von einer mit Rücksicht und Beschränkung auf diese Stellung gegebenen Vermögenslage sprechen.

b) Um beurteilen zu können, ob Schwierigkeiten mit Rücksicht auf die Vermögenslage in Frage kommen, ist das zur Verfügung stehende Vermögen der zu leistenden Zahlung gegenüberzustellen und zu berücksichtigen, ob trotz der sonst bestehenden Verbindlichkeiten die Zahlung sich ohne weiteres bewerkstelligen ließe. Dabei ist zu beachten, daß bei Bemessung des Vermögens nicht nur die bar vorhandenen Mittel anzusetzen sind, mit heranzuziehen sind auch die Möglichkeiten, durch Erhebung von Ansprüchen gegen andere Personen weitere Mittel zu gewinnen. Hierher gehört z. B. der Anspruch der Ehefrau auf Vorschießung der Kosten seitens des Ehemanns, das Beschaffen eines Vorschusses gemäß § 204 Abs. 1 Satz 2 KO.[80]) [80a]). 69

c) Die Voraussetzungen für Eingreifen der Ausnahme sind glaubhaft zu machen. Über die Art der Glaubhaftmachung enthält das GKG. keine Bestimmungen. Daß zur Glaubhaftmachung auch pflichtgemäße Erklärungen des zum Prozeßbevollmächtigten bestellten Rechtsanwalts genügen können, ist nicht zu bezweifeln, nur ist hier nicht vorgesehen, daß sie genügen müssen. 70

d) Werden die Voraussetzungen des § 74 Abs. 4 Satz 1 GKG. bejaht, so kommt lediglich völlige Freistellung von der vorgängigen Gebührenzahlung in Frage, eine teilweise Freistellung oder eine Stundung der Gebühren ist auf Grund der gedachten Vorschrift nicht statthaft[81]). 70a

---

[78]) Jonas und Sydow-Busch-Krieg a. a. O.

[78a]) Ob der offenen Handelsgesellschaft und der Kommanditgesellschaft das Armenrecht bewilligt werden kann, ist streitig. Dafür SeuffArch. 54, 95 (RG.) und 74, 143 (OLG. Jena), dagegen SeuffArch. 50, 451 (OLG. Dresden) und 57, 299 (RG.).

[78b]) RGZ. 33, 368 (Konkursverwalter); 65, 287 (Nachlaßverwalter); 81, 292 (Testamentsvollstrecker).

[79]) Jonas und Sydow-Busch-Krieg a. a. O. A. M. JW. 1926, 2116[15] (OLG. Königsberg) mit Anm. Kraemer.

[80]) JW. 1926, 2116[15] (OLG. Königsberg), wo aber statt von § 204 von § 209 KO. die Rede ist; Baumbach § 74 Anm. 7C, wo gleichfalls § 209 KO. zitiert wird. Vgl. auch Wendlandt, das Armenrecht der Vertreter „kraft Amtes" JW. 1926, 755/757.

[80a]) Bedenklich KGBl. 1926, 72 (LG. II Berlin): Befreiung von der Vorwegentrichtung der Gebühren nicht dadurch gerechtfertigt, daß dem Antragsteller die gleichzeitige Zahlung der Gebühren für 800—1000 Zahlungsbefehle schwer wird, denn er sei nicht gezwungen, alle Zahlungsbefehle gleichzeitig zu beantragen. Damit wird die Befreiung nach § 74 Abs. 4 Satz 1 a. E. auch noch von der Prüfung der Frage abhängig gemacht, ob die Stellung der Anträge nach Abs. 2 und 3 sachgemäß war. Solche Prüfung ist aber im Gesetze nicht vorgesehen.

[81]) Jonas § 74 Anm. III 2a; Baumbach § 74 Anm. 7C; Kollat § 74 Anm. 6b. Es geht nicht an, wie dies JW. 1924, 2050[10] (KG.) geschehen ist, eine Anschlußberufung, die eine Klageerweiterung enthält, „unter der Voraussetzung der nachträglichen Zahlung der Prozeßgebühr" zuzulassen und demnächst mangels nachträglicher Zahlung „als nicht erhoben" zu behandeln. Das Gericht ist zu einer Stundung der Prozeßgebühr nicht befugt, also kann man die Sachlage nur dahin auffassen, daß das Gericht die Klageerweiterung zugelassen, aber geglaubt hat, die Zulassung nachträglich wieder rückgängig machen zu können. Diese Annahme ist irrig und kann die Wirkung der erfolgten Zulassung nicht beeinträchtigen.

71 4. Dem unter 3 erörterten Falle wird es gleich behandelt, wenn glaubhaft gemacht wird, daß eine Verzögerung dem Kläger einen nicht oder nur schwer zu ersetzenden Schaden bringen würde[82]).

72 a) Die Verzögerung[82a]) ist die Hinausschiebung der Terminsbestimmung, der Erlassung des Zahlungsbefehls oder der Vornahme einer gerichtlichen Handlung auf die Klageerweiterung bis zur Bezahlung der in Frage kommenden Gebühr.

73 b) Diese Verzögerung muß für den Kläger mit einem nicht oder nur schwer zu ersetzenden Schaden verbunden sein. Der Fall ist im landgerichtlichen Verfahren insbesondere gegeben, wenn eine durch Zustellung zu wahrende Verjährungs- oder Ausschlußfrist vor dem Ablaufe steht[83]), während für das amtsgerichtliche Verfahren die in § 496 Abs. 3, § 693 Abs. 2 ZPO. vorgesehene Zurückbeziehung der demnächst erfolgenden Zustellung auf den Zeitpunkt der Einreichung oder Anbringung der Klage usw. bereits für den Schutz des Klägers sorgt[84]). Durch die in Frage kommende Hinausschiebung der Terminsbestimmung usw. wird möglicherweise ein Vollstreckungstitel erst etwas später zu erzielen sein als ohne jene Hinausschiebung. Diese Verzögerung wird aber kaum erheblich und durch Abkürzung prozessualer Fristen leicht auszugleichen sein, so daß schwerlich insoweit ein Schaden, wie ihn § 74 Abs. 4 Satz 2 GKG. erfordert, gegeben sein dürfte[85]).

74 Für die Beurteilung ist die Sachlage zur Zeit der Einreichung der Klage usw. maßgebend; ob die Einreichung früher hätte erfolgen können, hat außer Betracht zu bleiben[86]). Auch ist zu beachten, daß das Gesetz von der „erforderten" Gebühr spricht, und eine Pflicht der Partei zu deren Selbstberechnung und Bezahlung vor Erforderung nicht kennt[87]).

75 c) Auch hier muß das Vorliegen des Ausnahmefalls glaubhaft gemacht werden. Nach besonderer Bestimmung des § 74 Abs. 4 Satz 2 Halbsatz 2 GKG. genügt zur Glaubhaftmachung die Erklärung des zum Prozeßbevollmächtigten bestellten Rechtsanwalts. Über die Auslegung dieser Vorschrift ist heftiger Streit entbrannt. Eine verbreitete Meinung[88]) verlangt bei der anwaltlichen Erklärung die Angabe der Tatsachen, die das Gegebensein des Ausnahmefalls nach § 74 Abs. 4 Satz 2 GKG. begründen sollen. Die Erklärung des Anwalts zwinge die zur Entscheidung berufene Stelle, die Tatsachen als glaubhaft gemacht anzusehen, lasse aber die Prüfung offen, ob die gedachten Tatsachen einen Ausnahmefall im Sinne des Gesetzes ergäben. Eine anwaltliche Erklärung ohne Angabe der zugrunde liegenden Tatsachen komme danach überhaupt nicht in Betracht. Die einzige Privilegierung, die § 74 Abs. 4 Satz 2 a. E. enthielte, läge also in dem Zwang, ein bestimmtes Mittel zuzulassen. Allein darin bestände keine nennenswerte Erleichterung, wie sie die Vorschrift enthalten will und soll[89]): denn es war längst anerkannt, daß auch privatschriftliche Erklärungen zur Glaubhaftmachung dienen konn-

---

[82]) Dieser Tatbestand ist noch nicht allein aus der Verschleppungsabsicht des Beklagten zu entnehmen. Recht 1923 Nr. 1411 (OLG. Nürnberg).

[82a]) Eine zu berücksichtigende Verzögerung kommt nicht in Frage, wenn schon am Tage nach Einreichung der Klage die Prozeßgebühr angefordert wurde. JW. 1923, 701 (OLG. Nürnberg).

[83]) Jonas § 74 Anm. III 2b; Rittmann-Wenz § 74 Anm. II 14; Kollat § 74 Anm. 6c, Sydow-Busch-Krieg § 74 Anm. 10.

[84]) Jonas, Rittmann-Wenz a. a. O.

[85]) Vgl. Jonas a. a. O.; Baumbach § 74 Anm. 7D.

[86]) Jonas a. a. O.

[87]) Jonas a. a. O. A. M. Baumbach a. a. O.

[88]) JW. 1923, 856[39] (OLG. Königsberg); 1924, 428[28] (OLG. München); 1924, 996[6] (LGPr. Königsberg); KGBl. 1926, 6 (KG.); Baumbach § 74 Anm. 7D; Sydow-Busch-Krieg § 74 Anm. 10; Recht 1923 Nr. 1411 (OLG. Nürnberg); BuschsZ. 52, 98[12] (KG.) und Anm. Kraemer; 52, 101[13] (LG. Würzburg); anscheinend auch Rittmann-Wenz § 74 Anm. II 14.

[89]) Vgl. die Mitteilungen über die Verhandlungen des Rechtsausschusses des RT. in der Anm. Kraemer zu BuschsZ. 52, 98[12].

ten, und pflichtmäßige Versicherungen von Anwälten wurden häufig zur Glaubhaftmachung benutzt. Man hat auf § 294 ZPO. verwiesen und daraus herleiten wollen, daß nur tatsächliche Behauptungen der Glaubhaftmachung unterliegen. Allein das folgt aus § 294 ZPO. nicht. Tatsachen und Urteile sind, wie Stein[90]) nachgewiesen hat, keine Gegensätze. Auch Urteile lassen sich beweisen und deshalb auch glaubhaft machen[91]). Ein solcher Fall liegt hier vor: verlangt wird die Glaubhaftmachung (der Richtigkeit) des in Abs. 4 Satz 2 Halbsatz 1 gedachten Urteils, zu dieser Glaubhaftmachung genügt die im Halbsatz 2 ebenda vorgesehene Erklärung des Rechtsanwalts. Daß sie ohne Angabe von Tatsachen bindend wirkt[92]), ist nicht auffällig: denn pflichtwidrige Erklärungen unterliegen ehrengerichtlicher Bestrafung[93]).

76 G. Die Entscheidungen aus Anlaß des § 74 Abs. 2—4 GKG.

1. Erfolgt die Terminsbestimmung, die Erlassung des Zahlungsbefehls, das gerichtliche Handeln auf die Klageerweiterung ohne vorgängige Gebührenbezahlung, mag es bewußt oder versehentlich geschehen, mag das Vorgehen ohne oder mit Begründung erfolgen, immer ist eine Beschwerde ausgeschlossen[94]). Für den Gegner ist sie es, weil § 567 Abs. 1 ZPO. nicht einschlägt, für die Staatskasse, weil die Voraussetzungen des § 4 GKG. nicht gegeben sind, da nicht Ansatz oder Nichtansatz einer Gebühr, sondern Vorwegleistung der Gebühr oder Befreiung von solcher Pflicht den Gegenstand der Entscheidung bildet.

77 2. Nimmt derjenige, dem gegenüber die Abhängigmachung von der vorherigen Zahlung der Gebühren in Frage kommt, das Gegebensein eines Ausnahmefalls in Anspruch und beantragt er deshalb die Anwendung des § 74 Abs. 4 GKG., so muß hierüber Entscheidung ergehen. Handelt es sich um Terminsbestimmung nach § 74 Abs. 2 Satz 1 und 2 GKG., so ist zu der Entscheidung der Vorsitzende des Gerichts oder der Einzelrichter berufen[95]). Kommt die Erlassung des Zahlungsbefehls in Frage, so entscheidet die Geschäftsstelle, wenn die Landesjustizverwaltung von der Ermächtigung des § 1 II 2 EntlGes. v. 11. März 1921 Gebrauch gemacht hat[96]). Steht das Handeln auf die Klageerweiterung in Frage, so ist, wenn eine Terminsbestimmung begehrt wird, der Vorsitzende oder der Einzelrichter, wenn im Verhandlungstermin über die Klageerweiterung verhandelt werden soll, das Gericht oder der Einzelrichter zuständig[97]). Gegen die gerichtlichen Entscheidungen findet, falls sie ablehnend lauten, die einfache Beschwerde gemäß § 567 Abs. 1 ZPO. statt[98]), gegen die Entscheidung der Geschäftsstelle ist zunächst die Anrufung des Prozeßgerichts gemäß § 576 Abs. 1 ZPO.[99]) und gegen dessen ableh-

---

90) Das private Wissen des Richters 8 und 11.

91) Fürst Anm. zu JW. 1923, 856[39].

92) Jonas § 74 Anm. III 2b; M. Friedlaender JW. 1923, 658; Fürst Anm. zu JW. 1923, 856[39]; Merzbacher Anm. zu JW. 1924, 428[28]; Schubart JW. 1924, 1858; A. Friedlaender Anm. zu BuschsZ. 52, 101[13].

Baumbach § 74 Anm. 7 D sagt zur Begründung seines Standpunktes (s. Fußnote 88): „Aber auch die Partei muß Gründe angeben". Das Gesetz spricht nur von der Glaubhaftmachung des näher bezeichneten Tatbestandes. Sie kann indirekt durch Beibringung von Tatsachenmaterial oder direkt durch eine das Gericht bindende Erklärung erfolgen. Der letztgedachte Fall ist der am Ende von § 74 Abs. 4 GKG. geregelte.

93) Jonas a. a. O.

94) Jonas § 74 Anm. III 2 und 3 h; Baumbach § 74 Anm. 3; Rittmann-Wenz § 74 Anm. II 14; Kollat § 74 Anm. 7.

95) Baumbach § 74 Anm. 7 C.

96) Rittmann-Wenz § 74 Anm. II 14. Das gleiche gilt, wenn sonst (z. B. bei Bewirkung einer Zustellung) die Geschäftsstelle entscheidet. Baumbach a. a. O.

97) Baumbach a. a. O.

98) Rittmann-Wenz a. a. O.; Sydow-Busch-Krieg § 74 Anm. 10; Baumbach § 74 Anm. 3; Jonas § 74 Anm. III 2; Kollat § 74 Anm. 7; Wochinger-Schwalb § 74 Anm. 17, 18.

99) Rittmann-Wenz § 74 Anm. II 14; Baumbach § 74 Anm. 3; Kollat § 74 Anm. 7; Wochinger-Schwalb § 74 Anm. 19.

nende Entscheidung die einfache Beschwerde gegeben. Über den Streitwert dieser Beschwerde vgl. § 38 Fußnote 23.

§ 74 a.

Der Termin zur Güteverhandlung soll, sofern nicht dem Antragsteller Gebührenfreiheit zusteht oder die Voraussetzungen für die Bewilligung des Armenrechts vorliegen, erst nach Zahlung der erforderten Gebühr bestimmt werden, es sei denn, daß glaubhaft gemacht wird, daß dem Antragsteller die alsbaldige Zahlung der Gebühr mit Rücksicht auf seine Vermögenslage Schwierigkeiten bereiten würde. § 74 Abs. 2 Satz 2 gilt entsprechend.

Der Eintritt in das Streitverfahren oder die Anberaumung eines Termins hierzu ist erst nach Zahlung der erforderten Prozeßgebühr zulässig. Dies gilt nicht, wenn der Antrag auf Eintritt in das Streitverfahren oder auf Anberaumung eines Termins hierzu von dem Antragsgegner gestellt ist.

Vorbemerkung.

§ 74 a regelt für das Güteverfahren und das anschließende Streitverfahren die Abhängigmachung der gerichtlichen Tätigkeit von vorgängiger Gebührenzahlung.

Übersicht.

1 **I. Inhalt des § 74 a.** Der § 74 a ergänzt für das Güteverfahren und das anschließende Streitverfahren die Bestimmungen des § 74 Abs. 2 und 4. Er ist durch die VO. vom 13. Februar 1924 eingeschoben worden.

2 **II. Die Pflicht zur Vorwegleistung der Gütegebühr.**

A. Der Termin zur Güteverhandlung soll erst nach Zahlung der erforderten Gebühr bestimmt werden.

3 1. Die Gebühr ist die Gebühr des § 31 a Abs. 1 GKG., sie beträgt die Hälfte des Satzes des § 8 GKG.

4 2. Nur die Bestimmung des Termins zur Güteverhandlung ist von Bezahlung der Gütegebühr abhängig. Erscheinen gemäß § 500 ZPO.

an ordentlichen Gerichtstagen die Parteien ohne vorherigen Antrag und ohne Terminsbestimmung zur Güteverhandlung, so kann diese von vorgängiger Gebührenzahlung nicht abhängig gemacht werden[1]).

3. Die Abhängigmachung ist auch hier nur durch eine Sollvorschrift vor- 5
gesehen. Es gilt das in Anm. 36 zu § 74 Gesagte.

B. Ausnahmen von der Vorwegleistungspflicht. 6

1. Die Vorwegleistungspflicht entfällt, wenn dem Antragsteller Gebührenfreiheit zusteht.

2. Das gleiche gilt, wenn die Voraussetzungen für die Bewilligung 7
des Armenrechts vorliegen. Es darf also die beabsichtigte Rechtsverfolgung nicht mutwillig oder aussichtslos erscheinen (§ 114 Abs. 1 ZPO.), und es muß das in § 118 Abs. 2 ZPO. vorgesehene Zeugnis beigebracht sein. Bei Ausländern ist ferner § 114 Abs. 2 ZPO. zu beachten. Das Vorliegen der Voraussetzungen für die Bewilligung des Armenrechts befreit von der Vorwegleistungspflicht, ohne daß es bereits der Bewilligung des Armenrechts bedarf[2]). Diese Bewilligung bewirkt die weitergehende Befreiung nach § 115 Abs. 1 Z. 1 ZPO., nämlich die Stundung der Zahlung.

3. Die dritte Ausnahme ist gegeben, wenn glaubhaft gemacht wird, daß 8
dem Antragsteller die alsbaldige Zahlung der Gebühr mit Rücksicht auf seine Vermögenslage Schwierigkeiten bereiten würde. Es ist eine wörtliche Wiederholung des Schlusses von § 74 Abs. 4 Satz 1 GKG. Wie dort ist auch hier zu beachten, daß die Bestimmung gerade dann eingreifen kann, wenn es sich um Parteien handelt, denen das Armenrecht nicht bewilligt werden darf[3]).

4. Wie aber steht es mit dem in § 74 Abs. 4 Satz 2 GKG. geregel- 9
ten Falle? Anscheinend fehlt eine gleichartige Bestimmung für das Güteverfahren, und ein Analogieschluß würde hier, da die sonstigen Ausnahmefälle in § 74a Abs. 1 Satz 1 GKG. ausdrücklich geregelt sind, bedenklich erscheinen. In Wahrheit ist aber auch unser Fall für das Güteverfahren geregelt. Wie sich noch zeigen wird[4]), gibt § 74a Abs. 1 Satz 2 in seiner jetzigen Fassung keinen Sinn, und es ist dort statt „Abs. 2" zu lesen „Abs. 4".

III. Der Übergang vom Mahnverfahren zum Güteverfahren. 10

1. Wird gegen den Zahlungsbefehl rechtzeitig Widerspruch erhoben, so ist auf Antrag einer Partei vor dem Amtsgerichte, das den Zahlungsbefehl erlassen hat, ein Termin anzuberaumen (§ 696 Abs. 1 ZPO.)[4a]). Der Termin ist, soweit nicht

---

[1]) Jonas § 74a Anm. 1; Rittmann-Wenz § 74a Anm. 1. A. M. Baumbach § 74a Anm. 1; Kollat § 74a Anm. 1.

[2]) Es ist mindestens mißverständlich, wenn Jonas § 74a Anm. 1 sagt, dem Gericht werde „der Erlaß eines Beschlusses über die Bewilligung des Armenrechts für das Güteverfahren .... erspart". Richtig ist nur, daß zum Eingreifen der 2. Ausnahme nach § 74a Abs. 1 GKG. die Bewilligung des Armenrechts nicht erforderlich ist, aber „erspart" bleibt dem Gericht die Entscheidung über das gestellte Armenrechtsgesuch nicht.

[3]) Jonas § 74a Anm. 1.

[4]) Vgl. Anm. 11, 12.

[4a]) Über den Fall des Widerspruchs gegen ein Kündigungsschreiben nach § 1ff. MSchG. vgl. oben § 31 Anm. 25. Das Güteverfahren ist auch hier gebührenfrei; eine Abhängigmachung der Terminsanberaumung von irgendeiner Gebührenzahlung ist nicht vorgesehen. Auch die Anordnung der Zustellung des Kündigungsschreibens kann ja nicht von der Gebührenzahlung abhängig gemacht werden (s. o. § 74 Anm. 63a). Dagegen meint Freidt-Schubart-Thiele Kündigungsverfahren und Mieterschutz Anm. 5 zu § 1c MSchG., der Gütetermin dürfe erst nach Entrichtung der Gütegebühr angesetzt werden. Allein einmal ist das dem Kündigungsverfahren folgende Güteverfahren offensichtlich gebührenfrei (s. oben § 31 Anm. 25), und dann ist beim Übergang vom Mahnverfahren zum Güteverfahren eine Vorwegleistungspflicht nicht vorgesehen (s. oben Anm. 10—12), also gewiß nicht beim Übergang von dem dem Mahnverfahren entsprechenden Kündigungsverfahren zum Güteverfahren begründet. Ebel-Lilienthal Mieterschutz und Miet-

einer der Fälle des § 696 Abs. 2 Satz 2 und 3 ZPO. einschlägt, zur Güteverhandlung anzuberaumen (§ 696 Abs. 2 Satz 1 ZPO.). Nach § 31a Abs. 2 GKG. bleibt das Güteverfahren aber in diesem Falle gebührenfrei, eine Abhängigmachung der Terminsbestimmung von Bezahlung der Gebühr des § 31a GKG. ist also ausgeschlossen[5]).

11 2. Dagegen soll angeblich die Terminsbestimmung von der vorgängigen Zahlung der Gebühr des § 31 Abs. 1 GKG. abhängig gemacht werden können, wenn der Zahlungsbefehl ohne solche Zahlung erlassen worden ist[5a]). Das soll gerade die Bedeutung des § 74a Abs. 1 Satz 2 GKG. sein[6]). Solche Auslegung erscheint aber nicht angängig.

12 § 74a Abs. 1 Satz 2 GKG. bestimmt: „§ 74 Abs. 2 Satz 2 gilt entsprechend." Die angezogene Vorschrift verhält sich über die Abhängigmachung der Terminsbestimmung nach Erhebung des Widerspruchs gegen den Zahlungsbefehl oder nach Erlaß eines Vollstreckungsbefehls unter Vorbehalt der Ausführung der Rechte des Beklagten. Die Terminsbestimmung ist dabei abhängig von Zahlung „der erforderten Prozeßgebühr". Wie kann man nun aus der Verweisung auf § 74 Abs. 2 Satz 2 entnehmen, daß an die Stelle der Prozeßgebühr hier die Gebühr des § 31 Abs. 1 GKG. treten soll? Und wo ist sonst vorgesehen, daß eine Gebühr, von deren Vorwegentrichtung abgesehen wurde, demnächst die Unterlage für eine andere Abhängigmachung gerichtlicher Tätigkeit bieten kann? Die Gebühr des § 31 Abs. 1 GKG., deren § 74 im Abs. 3 und nicht im Abs. 2 gedenkt, wird zum Zwecke jener Abhängigmachung nur zu der Erlassung des Zahlungsbefehls in Verbindung gesetzt. Man kann bei § 74a Abs. 1 Satz 2 GKG. wohl nicht von einer „nicht sonderlich klaren Verweisung" sprechen[7]), sondern die Bestimmung gibt so, wie sie jetzt lautet, keinen Sinn[8]). Bedenkt man, daß sie sich an die Aufzählung der Fälle der Befreiung von der Pflicht zur Vorwegentrichtung der Gebühren anschließt, und daß es eigentümlich ist, daß des Falles, den § 74 Abs. 4 Satz 2 GKG. regelt, keine Erwähnung geschieht, so wird man nicht fehl gehen, in § 74a Abs. 1 Satz 2 an die Stelle von „Abs. 2" berichtigend „Abs. 4" zu setzen[9]).

13 **IV. Der Übergang vom Güteverfahren zum Streitverfahren.**

1. Der Eintritt in das Streitverfahren oder die Anberaumung eines Termins zu diesem Verfahren ist, falls der Antrag auf den

---

einigungsämter Anm. 5 zu § 1o MSchG. hebt hervor, vor Anberaumung des Termins müsse die Prozeßgebühr vorausbezahlt sein, wobei wohl übersehen wird, daß nach § 1e Abs. 2 MSchG. der Termin nur im Güteverfahren anberaumt werden kann.

[5]) Jonas § 74a Anm. 2. Das gilt natürlich nicht, wenn im Güteverfahren Ansprüche über die im Mahnverfahren erhobenen hinaus geltend gemacht werden. Vgl. über diesen Fall § 31a Anm. 14.

[5a]) Baumbach § 74a Anm. 3 meint, wenn das Mahnverfahren vorausgehe, müsse die Mahngebühr gezahlt sein. Das ist, wie § 74 Abs. 4 vbd. mit Abs. 3 zeigt, unrichtig.

[6]) Jonas § 74a Anm. 2; Kollat § 74a Anm. 2; Rittmann-Wenz § 74a Anm. 1 (seit der 9. Aufl., während die 8. Aufl. sich dem Standpunkte anschloß, den Geiershöfer und Baumbach [s. Fußnote 9] vertreten); Sydow-Busch-Krieg § 74a Anm. 4.

[7]) Wie dies Jonas § 74a Anm. 2 tut. Sydow-Busch-Krieg § 74a Anm. 4 spricht von einer „allerdings zweifelhaften Verweisungsbestimmung" und findet deren Fassung „seltsam".

[8]) Geiershöfer Anm. zu JW. 1925, 1047[10]; Baumbach § 74a Anm. 3 (mit sinnstörendem Druckfehler: „Die Anwendung von § 74 IV Satz 2 gibt keinen Sinn. Es muß § 74 IV Satz 2 gemeint sein . . ." An der ersten Stelle muß es natürlich heißen: „§ 74 II Satz 2").

[9]) Geierhöfer und Baumbach a. a. O. Jonas § 74a Anm. 1 kommt trotz seiner gedachten Auslegung des § 74a Abs. 1 Satz 2 zur entsprechenden Anwendung von § 74 Abs. 4 Satz 2. JW. 1925, 1047[10] (LG. Stolp) lehnt die Anwendung des § 74 Abs. 4 ab; ebenso Kollat § 74a Anm. 1.

Eintritt[9a]) oder auf die Terminsbestimmung von dem Antragsteller, dem künftigen Kläger, ausgeht, erst nach Zahlung der erforderten Prozeßgebühr zulässig. Wird der Antrag nur von dem Antragsgegner gestellt, so kommt eine Abhängigmachung nicht in Frage[10]).

2. Die Abhängigmachung ist zwingend vorgeschrieben („ist erst ... 14
zulässig). Eine Befreiung entsprechend § 74 Abs. 4 Satz 1 a. E. und Satz 2 ist nicht zugelassen und deshalb unzulässig[11]). Dagegen ist § 74a Abs. 2 nicht anwendbar, wenn dem Antragsteller Gebührenfreiheit zusteht oder wenn ihm das Armenrecht bewilligt ist: denn im ersten Falle besteht überhaupt keine Pflicht zur Gebührenzahlung, also auch nicht zur Vorauszahlung, und im zweiten Falle ist die Gebührenschuld gestundet, also auch eine Pflicht zur Vorauszahlung nicht gegeben[12]).

V. **Die Entscheidungen über die Frage der Vorwegleistungspflicht.** Es ist auf 15
§ 74 Anm. 76, 77 zu verweisen.

§ 74 b.

Die im § 30a Abs. 1 bestimmte Gebühr wird mit der Niederlegung des Schiedsspruchs oder des von einem Schiedsgericht vermittelten Vergleichs fällig.

Vorbemerkung.

§ 74 b ist durch das Gesetz vom 28. Jan. 1927 eingeschaltet worden.

Die in § 30a Abs. 1 GKG. vorgesehene Gebühr wird für die Nieder- 1
legung eines Schiedsspruchs oder eines von einem Schiedsgerichte vermittelten Vergleichs auf der Geschäftsstelle erhoben. Man kann darüber streiten, ob sich nicht auch an der Hand des § 74 Abs. 1 GKG. die Fälligkeit dieser Gebühr hätte bestimmen lassen[1]). § 74b regelt jedenfalls die Fälligkeit der Gebühr ausdrücklich dahin, daß sie mit der Niederlegung eintritt. Über den Fall, daß die Geschäftsstelle die Annahme der Niederlegung verweigert, vgl. § 30a Anm. 3.

Die Gebühr des § 30a Abs. 2 GKG. wird mit der Stellung des Antrags 2
auf Vollstreckbarerklärung fällig (s. § 74 Anm. 6).

§ 75.

Im übrigen werden die Gebühren sowie die Auslagen fällig, sobald eine unbedingte Entscheidung über die Kosten ergangen ist oder das Verfahren oder

---

[9a]) Der Antrag auf Versäumnis- oder Anerkenntnisurteil ist als stillschweigender Antrag auf Eintritt in das Streitverfahren anzusehen. Vgl. dazu oben § 31a Anm. 7.

[10]) Jonas § 74a Anm. 3; Baumbach § 74a Anm. 5.

[11]) JW. 1925, 1047[10] (LG. Stolp). A. M. Geiershöfer in der Anm. zu dieser Entsch.; Baumbach § 74a Anm. 4; Rittmann-Wenz § 74a Anm. 3; Kollat § 74a Anm. 2, alle ohne Begründung. Auch Sydow-Busch-Krieg § 74a Anm. 6 bekämpft den Standpunkt des Textes. Aber seine Ausführung, daß § 74 Abs. 2 Satz 1 auch ohne § 74a Abs. 2 anwendbar sei und der eigentliche Inhalt dieses Absatzes nur in seinem Satz 2 bestehe, scheitert schon daran, daß § 74a Abs. 2 das zwingend vorschreibt, was § 74 nur instruktionell vorsieht.

[12]) Die Berufung auf diese Ausnahmen genügt also nicht zur Stützung der Ausführungen Geiershöfers a. a. O. Auch in § 74 Abs. 4 Satz 1 GKG. sind die beiden ersten Ausnahmefälle nur der Vollständigkeit halber erwähnt (vgl. § 74 Anm. 64, 66). Geiershöfer meint weiter, es sei nicht ersichtlich, weshalb bei § 74a Abs. 2 nicht dieselben Ausnahmen Platz greifen sollten, wie bei § 74 und bei § 74a Abs. 1. Das ist aber einmal nur ein Gesichtspunkt de lege ferenda und dann ist zu beachten, daß in § 74a Abs. 2 im Gegensatz zu den Sollvorschriften der §§ 74, 74a Abs. 1 eine Mußvorschrift vorliegt, hier also das Gesetz auf die Abhängigmachung von der vorgängigen Gebührenzahlung größeren Wert legt als in den anderen Fällen.

[1]) So Baumbach, der § 74b Anm. 1 ausführt, daß „die Niederlegung den Antrag enthält, den Schiedsspruch usw. an Gerichtsstelle zu verwahren".

die Instanz durch Vergleich, Zurücknahme oder anderweitige Erledigung beendigt*) ist.

In Strafsachen werden die Gebühren und Auslagen, die dem verurteilten Beschuldigten zur Last fallen, erst mit der**) Rechtskraft des Urteils fällig.

Vorbemerkung.

§ 75 regelt die Fälligkeit der Gebühren, soweit dies nicht schon durch §§ 74, 74b geschehen ist, und die Fälligkeit der Auslagen, soweit nicht § 76 eingreift. § 75 Abs. 1 entspricht dem § 93 GKG. ä. F., § 75 Abs. 2 dem § 96 GKG. ä. F.

Übersicht.

I. Inhalt des § 75 (1).
II. Fälligkeit der Auslagen in bürgerlichen Rechtsstreitigkeiten (2—14).
  A. Fälligkeit durch unbedingte Entscheidung (3—7).
    1. Unbedingte Entscheidung über die Kosten (3—6).
    2. Einstellung der ZV., Aufhebung oder Abänderung der Entsch. (7).
  B. Fälligkeit durch Beendigung des Verfahrens (8—13).
    1. Vergleich (8—10).
    2. Zurücknahme (11).
    3. Anderweite Erledigung (12, 12a), insbes. im Güteverfahren (13).
  C. Die Einwirkung der Armenrechtsbewilligung auf die Fälligkeit der Auslagen (14).
III. Fälligkeit der Auslagen im Konkursverfahren (15—18).
  A. Fälligkeit durch unbedingte Entscheidung über die Kosten (15).
  B) Fälligkeit durch Beendigung des Verfahrens oder der Instanz (16—18).
IV. Fälligkeit der Auslagen im Vergleichsverfahren zur Abwendung des Konkurses (19—21).
  A. Fälligkeit durch unbedingte Entscheidung über die Kosten (19).
  B. Fälligkeit durch Beendigung des Verfahrens (20—21).
V. Fälligkeit der Gebühren und Auslagen in Strafsachen (22—28).
  A. Fälligkeit gegenüber dem verurteilten Beschuldigten (22—24).
    1. Fälligkeit mit Rechtskraft (22).
    2. Offizial- und Privatklageverfahren, Rechtsmittelinstanzen (23).
    3. Kosten, die dem Beschuldigten ohne Verurteilung oder nach rechtskräftiger Verurteilung zur Last fallen (24).
  B. Fälligkeit gegenüber anderen Kostenschuldnern (25—28).
    1. Fälligkeit mit Ergehen der Entsch. (25), in Betracht kommende Fälle (26).
    2. Vergleich (27).
    3. Zurücknahme (28).

1 **I. Inhalt des § 75.** Die §§ 74, 74b GKG. regeln bereits vollständig die Fälligkeit der Gebühren in bürgerlichen Rechtsstreitigkeiten[1]), im Konkursverfahren[1a]) und im Vergleichsverfahren zur Abwendung des Konkurses. Für diese Gebiete kommt § 75 nur hinsichtlich der Fälligkeit der Auslagen in Betracht. Für Strafsachen bestimmt dagegen § 75 die Fälligkeit der Gebühren und Auslagen. Hinsichtlich der Auslagen findet § 75 für die bürgerlichen Rechtsstreitigkeiten, das Konkurs- und das Vergleichsverfahren ebenso wie für Strafsachen seine Ergänzung in § 76.

*) Bei Jonas und Rittmann-Wenz steht „beendet".

**) Bei Jonas fehlt das Wort „der".

[1]) A. M. Rittmann-Wenz § 75 Anm. 1. Vgl. dazu § 74 Anm. 19 und Fußnote 26.

[1a]) A. M. Rittmann-Wenz § 75 Anm. 6; Wochinger-Schwalb § 75 Anm. 1. Vgl. dazu § 42 Anm. 6 und § 48 Anm. 3.

II. Fälligkeit der Auslagen in bürgerlichen Rechtsstreitigkeiten. Die Fällig- 2
keit tritt ein durch unbedingte Entscheidung über die Kosten oder durch Beendigung
des Verfahrens oder der Instanz.

A. Fälligkeit durch unbedingte Entscheidung über die Kosten. 3

1. Es muß eine Entscheidung über die Kosten ergangen sein[2]). Ob sie
nur die Kosten betrifft oder auch eine Sachentscheidung enthält, ob sie einen Beschluß
oder ein Urteil darstellt, ob sie über die gesamten Kosten oder nur über einen Teil
derselben[2a]) befindet, ist gleichgültig.

a) Die Entscheidung braucht nicht das Verfahren oder die In- 4
stanz zu beenden[3]). Das Versäumnisurteil, das über die Kosten erkennt, ist eine
Entscheidung über die Kosten i. S. des § 75 Abs. 1, obwohl dagegen der Einspruch
zulässig ist, der noch zu derselben Instanz zählt[4]). Ebenso gehört ein Teilurteil hierher,
falls es eine Kostenentscheidung enthält[5]), ferner ein Urteil unter Vorbehalt der Auf-
rechnung oder der Ausführung der Rechte im ordentlichen Verfahren (§§ 302, 599
ZPO.), Kostenentscheidung vorausgesetzt.

b) Die Entscheidung braucht weder rechtskräftig noch vorläufig voll- 5
streckbar zu sein[6]).

c) Dagegen muß über den Kostenpunkt unbedingt entschieden sein. 6
Das bedingte Endurteil führt die Fälligkeit der Auslagen nicht herbei[7]).

2. Die Einstellung der Zwangsvollstreckung aus der Entscheidung be- 7
seitigt die eingetretene Fälligkeit der Auslagen nicht[8]), diese fällt dagegen weg, „so-
weit die Entscheidung aufgehoben oder abgeändert wird" (§ 81).
Wegen der Erläuterung dieser Vorschrift s. § 81 Anm. 5 ff.

B. Fälligkeit durch Beendigung des Verfahrens oder der In- 8
stanz[8a]).

1. Beendigend wirkt der Vergleich.

a) Der Vergleich muß rechtsgültig sein. Läßt das Verfahren einen
Vergleich nicht zu, wie z. B. das amtsgerichtliche Entmündigungsverfahren, so bewirkt
der Vergleich als solcher auch keine Beendigung des Verfahrens. Ist der Vergleich
z. B. wegen Verstoßes gegen die guten Sitten nichtig, so kommt er ebensowenig in
Betracht. Stellt sich dies z. B. in einem anderen zwischen den Parteien entstandenen

---

[2]) Darüber, wann eine Entscheidung ergangen ist, vgl. § 29 Anm. 9 und § 74 Anm. 18.

Ein Versäumnisurteil betrifft nur die bis zu seiner Verkündung entstandenen (und die seinen Vollzug betreffenden) Kosten, auch wenn es allgemein von den Kosten des Rechtsstreits spricht; über die durch Einlegung des Einspruchs entstehenden Kosten befindet erst ein Urteil nach §§ 346, 515 Abs. 3 ZPO. Walter-Joachim-Friedlaender RAGebO. § 85 Anm. 4; Willenbücher Kostenfestsetzungsverf. § 85 RAGebO. Anm. 1.

[2a]) Dann wird nur dieser Teil fällig. Rittmann-Wenz § 75 Anm. 2; Baumbach § 75 Anm. 3.

[3]) Jonas § 75 Anm. 2a; Kollat § 75 Anm. 3a; Sydow-Busch-Krieg § 75 Anm. 4.

[4]) Jonas und Sydow-Busch-Krieg a. a. O.

[5]) Jonas § 75 Anm. 2a; Kollat § 75 Anm. 3a; Sydow-Busch-Krieg § 75 Anm. 4.

[6]) Jonas, Sydow-Busch-Krieg und Kollat a. a. O., Rittmann-Wenz § 75 Anm. 2; Baumbach § 75 Anm. 3; Wochinger-Schwalb § 75 Anm. 8.

[7]) Jonas, Kollat, Sydow-Busch-Krieg, Rittmann-Wenz, Baumbach, Wochinger-Schwalb a. a. O. Rittmann-Wenz § 75 Anm. 2 meint, eine „bedingte" Entscheidung sei nur das bedingte Endurteil: Hält man aber mit dem RG. den Beweis durch Eid auch insoweit für statthaft, als die Entscheidung nicht in Urteilsform ergeht, so kann eine durch Eidesleistung bedingte Entscheidung auch im Wege des Beschlusses erfolgen (vgl. RGZ. 50, 371).

[8]) Jonas, Baumbach a. a. O.

[8a]) Das bedingte Endurteil beendet die Instanz nicht. OLG. 31, 215 (Hamburg).

Prozesse heraus, so ergibt sich damit, daß das Verfahren oder die Instanz in der Tat gar nicht beendet war. Das gleiche gilt, wenn der Vergleich erfolgreich angefochten wird[8b]).

9 b) Der Vergleich kann ein gerichtlicher oder außergerichtlicher sein[9]). Sein Abschluß muß feststehen; wie das Gericht von ihm zuverlässige Kunde erhält, ob durch Anzeige einer oder beider Parteien oder auf andere Weise, ist gleichgültig[10]). Vgl. § 23 Anm. 13.

10 c) Der Vergleich braucht keine Bestimmungen über die Tragung der Kosten zu enthalten[11]).

11 2. Die Beendigung tritt ferner durch Zurücknahme ein. Für diese genügt, auch soweit die prozeßrechtliche Wirkung Zustellung eines Schriftsatzes verlangt, kostenrechtlich die formlose Erklärung gegenüber dem Gericht[12]). Über die Fälle, in denen trotz „Zurücknahme" sich nachträglich ergibt, daß das Verfahren nicht beendigt war, vgl. § 29 Anm. 6a; § 30 Anm. 11a[13]).

12 3. Endlich kann das Verfahren oder die Instanz durch anderweite Erledigung ein Ende finden. Der Fall liegt vor, wenn die Instanz ohne Kostenentscheidung endet z. B. bei Zurückverweisung in die Vorinstanz unter Vorbehalt der Kostenentscheidung durch diese[14]). Er ist ferner gegeben, wenn das Verfahren endgültig tatsächlich nicht mehr betrieben wird[15]). Ob dieser Sachverhalt vorliegt oder nur ein vorübergehendes Liegenbleiben des Verfahrens in Frage steht, wird sich nur nach Lage des einzelnen Falles, eventuell nach Anhörung der Prozeßbeteiligten, entscheiden lassen[16]).

12a Unter den Verfahren, die durch eine Gebühr abgegolten werden, sind einige, deren bestimmungsgemäße Erledigung nicht durch eine Entscheidung, sondern durch eine andere gerichtliche Tätigkeit geschieht; so endigt das Beweissicherungsverfahren regelmäßig mit der Durchführung der angeordneten Beweiserhebung, das Verteilungsverfahren mit der Ausführung des Teilungsplans.

13 Für das Güteverfahren kommen als besondere Fälle der Erledigung in Betracht: der Beschluß, durch den der Güteantrag für zurückgenommen erklärt wird (§ 499f Abs. 1 ZPO.), die Bescheinigung, daß das Güteverfahren erfolglos geblieben ist (§ 499e Abs. 2 ZPO.), der Eintritt in das Streitverfahren (§§ 499e Abs. 1, § 499f Abs. 2 ZPO.)[17]).

14 C. Die Einwirkung der Armenrechtsbewilligung auf die Fälligkeit der Auslagen.

Es gilt das in Anm. 22 bis 26 zu § 74 bezüglich der Gebühren Gesagte.

[8b]) BayZ. 1928, 180 (OLG. München).

[9]) Jonas § 75 Anm. 2b; Rittmann-Wenz § 75 Anm. 5; Baumbach § 75 Anm. 5; Kollat § 75 Anm. 3b; Sydow-Busch-Krieg § 75 Anm. 4a. Vgl. JW. 1928, 1520[13] (KG.).

[10]) Rittmann-Wenz § 75 Anm. 5.

[11]) Jonas § 75 Anm. 2b; Rittman-Wenz § 75 Anm. 5; Baumbach § 75 Anm. 5; Kollat § 75 Anm. 3b.

[12]) Vgl. § 29 Anm. 5; Kollat § 75 Anm. 3c; Rittmann-Wenz § 75 Anm. 5: Wochinger-Schwalb § 75 Anm. 9. A. M. Baumbach § 75 Anm. 4.

[13]) Vgl. auch Baumbach § 75 Anm. 4.

[14]) Kollat § 75 Anm. 3d; Rittmann-Wenz § 75 Anm. 5; Baumbach § 75 Anm. 6; Wochinger-Schwalb § 75 Anm. 5; RGZ. 20, 428. Vgl. auch RGZ. 24, 435. Andere Fälle: Arrestbeschluß ohne Kostenentscheidung (Jonas § 75 Anm. 2b; Baumbach § 75 Anm. 6; Kollat § 75 Anm. 3d); Unterbleiben der Läuterung des bedingten Endurteiles (Jonas a. a. O.; Rittmann-Wenz § 75 Anm. 5). Daß die Beendigung des gemäß § 7 EG.ZPO. beim BayObLG. anhängig gewordenen Verfahrens keine Erledigung der Instanz darstellt, ergibt sich aus dem Instanzbegriff bei Verweisungen (§ 27 Anm. 14). BayObLGZ. NS. 3, 694.

[15]) Jonas § 75 Anm. 2b; Rittmann-Wenz § 75 Anm. 5; Kollat § 75 Anm. 2d.

[16]) Jonas a. a. O. Vgl. Baumbach § 75 Anm. 6.

[17]) Jonas a. a. O. Sydow-Busch-Krieg § 75 Anm. 6.

III. Fälligkeit der Auslagen im Konkursverfahren. 15

A. Fälligkeit durch unbedingte Entscheidung über die Kosten. Sie kommt in Frage,

1. wenn bei Nichtzulassung oder Abweisung des Antrags auf Konkurseröffnung oder auf Wiederaufnahme des Konkursverfahrens,

2. wenn in der Beschwerdeinstanz eine Kostenentscheidung ergeht.

B. Fälligkeit durch Beendigung des Verfahrens oder der Instanz. 16

1. Beendigung tritt ein durch Zurücknahme des Antrags auf Konkurseröffnung oder auf Wiederaufnahme des Konkursverfahrens.

2. Sonstige Beendigung liegt vor bei rechtskräftiger Nichtzulassung oder 17 Abweisung der genannten Anträge sowie bei Aufhebung oder Einstellung des Verfahrens.

3. Zu beachten ist, daß das besondere Prüfungsverfahren[18]) und die Wiederauf- 18 nahme des Konkursverfahrens (§§ 44, 48 GKG.) kostenrechtlich besondere Instanzen bilden.

IV. Fälligkeit der Auslagen im Vergleichsverfahren zur Abwendung des Konkurses. 19

A. Fälligkeit durch unbedingte Entscheidung über die Kosten. Eine solche kommt in Frage, wenn in der Beschwerdeinstanz eine Kostenentscheidung ergeht.

B. Fälligkeit durch Beendigung des Verfahrens. 20

1. Die Beendigung ist gegeben bei Zurücknahme des Eröffnungsantrages.

2. Sonstige Beendigung tritt ein durch Ablehnung des Antrags auf Eröff- 21 nung, durch Aufhebung des Verfahrens bei Bestätigung des Vergleichs, durch Verwerfung des Vergleichs, durch Einstellung des Verfahrens.

V. Fälligkeit der Gebühren und Auslagen in Strafsachen. 22

A. Fälligkeit gegenüber dem verurteilten Beschuldigten.

1. Die Gebühren und Auslagen, die dem verurteilten[19]) Beschuldigten zur Last fallen, werden erst mit der Rechtskraft des Urteils[19a]) fällig.

2. Dies gilt gleicherweise im Offizial- und im Privatklageverfahren[20]), 23 in der ersten Instanz und in der Berufungs- und Revisionsinstanz. Bezüglich der Beschwerdegebühr bestimmt § 69 Abs. 2, daß sie von dem Beschuldigten nur erhoben wird, „wenn er rechtskräftig zu einer Strafe verurteilt ist".

3. § 75 Abs. 2 gilt nur für die Kosten, die dem verurteilten Beschuldigten 24 zur Last fallen. Die Bestimmung gilt nicht für die Kosten, die einem Freigesprochenen oder außer Verfolgung gesetzten Angeschuldigten gemäß § 467 Abs. 1 StPO.[21]) oder einem für straffrei erklärten Angeklagten gemäß § 468 StPO.[22]) auferlegt werden.

---

[18]) Die Auslagen sind mit Beendigung des Verfahrens fällig. Jonas § 75 Anm. 3a. Rittmann-Wenz § 75 Anm. 6 läßt sie mit ihrer Entstehung fällig werden; weshalb, wird nicht gesagt.

[19]) Wochinger-Schwalb § 75 Anm. 3 meint, der für straffrei erklärte, aber gemäß § 468 StPO. mit Kosten belastete Angeklagte sei im Sinne des § 75 GKG. ein „verurteilter" Beschuldigter. § 75 Abs. 2 verlangt aber, daß der Beschuldigte verurteilt ist und daß ihm Kosten zur Last fallen. Da die Bestimmung ersichtlich an § 465 Abs. 2 StPO. anknüpft, wird man unter der Verurteilung nur eine solche zu einer Strafe zu verstehen haben. Ebenso Rittmann-Wenz § 75 Anm. 7; Kollat § 75 Anm. 2.

[19a]) Dem Urteil steht der Strafbefehl gleich.

[20]) Jonas § 75 Anm. 4b; Kollat § 75 Anm. 2.

[21]) Jonas § 75 Anm. 4a; Rittmann-Wenz § 75 Anm. 7; Kollat § 75 Anm. 2; Sydow-Busch-Krieg § 75 Anm. 3.

[22]) S. Fußnote 19.

Sie gilt nicht für die Kosten, die den Angeklagten im Falle der Verwerfung oder Ablehnung seines Wiederaufnahmeantrags in seiner Eigenschaft als Antragsteller treffen[23]), auch nicht für die Kosten des Antrags auf Wiedereinsetzung in den vorigen Stand, die dem bereits rechtskräftig verurteilten Angeklagten zur Last fallen[24]).

25 B. Fälligkeit gegenüber anderen Kostenschuldnern.

1. Hier gilt § 75 Abs. 1, die Gebühren und Auslagen werden also bereits mit dem Ergehen[25]) der Entscheidung über die Kosten, nicht erst mit der Rechtskraft der Entscheidung fällig.

26 Als Kosten, für die § 75 Abs. 1 in der bezeichneten Art maßgebend ist, kommen in Betracht[26]) die Gebühren und Auslagen, die zur Last fallen

a) dem Privatkläger,
b) dem Nebenkläger,
c) dem Einziehungsbeteiligten,
d) dem Anzeiger im Falle des § 469 StPO.,
e) dem Verletzten, der die Erhebung der öffentlichen Klage herbeiführen wollte oder herbeigeführt hat, in den Fällen der §§ 177, 472 StPO.,
f) dem freigesprochenen, außer Verfolgung gesetzten, für straffrei erklärten Angeschuldigten in den Fällen des § 467 Abs. 1, § 468 StPO.,
g) dem Beschwerdeführer in der Beschwerdeinstanz, falls er nicht der noch nicht rechtskräftig verurteilte Beschuldigte ist,
h) den Zeugen, Sachverständigen, Verteidigern gemäß §§ 51, 70, 77, 145 StPO.,
i) demjenigen, der einen Antrag auf Wiederaufnahme gestellt hat,
k) demjenigen, der einen Antrag auf Wiedereinsetzung in den vorigen Stand gestellt hat, ohne der noch nicht rechtskräftig verurteilte Beschuldigte zu sein,
l) den in § 298 StPO. genannten Personen,
m) den Nebenbeteiligten (§ 386 Abs. 3 RAbgO.) und den subsidiarisch haftbaren Personen (vgl. § 49 Fußnote 10).

27 2. Ein Vergleich kommt als beendend nicht in Frage, auch nicht im Privatklageverfahren[27]).

28 3. Die Zurücknahme.

a) Wegen der Notwendigkeit, im Falle der Zurücknahme der Privatklage sowie bei Zurücknahme eines Rechtsmittels, Wiederaufnahmeantrags oder Einspruchs eine Kostenentscheidung zu treffen, s. § 79 Anm. 37. In diesen Fällen kommt die Zurücknahme als Grund zur Fälligkeit der Kosten nicht in Betracht, weil ein Kostenschuldner erst mit Erlassung der Kostenentscheidung gegeben ist und vorher nicht wohl die Fälligkeit eines Kostenanspruchs eintreten kann.

b) Nach § 79a ist der Beschuldigte, der den Antrag auf gerichtliche Entscheidung gegen eine polizeiliche Strafverfügung oder einen Strafbescheid einer Verwaltungsbehörde zurücknimmt, Schuldner der entstandenen Auslagen. Da hier der Beschuldigte mit der Erklärung der Zurücknahme Schuldner der in Frage kommenden Auslagen wird, müssen diese im gleichen Zeitpunkt als fällig angesehen werden[28]).

---

[23]) Jonas § 25 Anm. 4a und b; Rittmann-Wenz § 75 Anm. 7; Wochinger-Schwalb § 75 Anm. 3; Kollat § 75 Anm. 2.

[24]) Jonas § 75 Anm. 4a.

[25]) Darüber, wann eine Entscheidung ergangen ist, vgl. § 29 Anm. 9, § 74 Anm. 18.

[26]) Jonas § 75 Anm. 4a; Rittmann-Wenz § 75 Anm. 7; Baumbach § 75 Anm. 7; Wochinger-Schwalb § 75 Anm. 3; Kollat § 75 Anm. 2; Sydow-Busch-Krieg § 75 Anm. 2, 3.

[27]) Vgl. § 61 Fußnote 1.

[28]) Jonas § 79a Anm.; Rittmann-Wenz § 75 Anm. 7; Sydow-Busch-Krieg § 79a Anm. 5.

§ 76.

Die Schreibgebühren sowie die Postgebühren für die Übersendung auf Antrag erteilter Ausfertigungen und Abschriften werden sofort nach Aushändigung oder Absendung der Schriftstücke fällig.

Die Anfertigung kann von der vorherigen Zahlung eines die Kosten deckenden Betrags abhängig gemacht werden.

Vorbemerkung.

§ 76 betrifft die Fälligkeit der Schreibgebühren und der in § 72 Z. 1a gedachten Postgebühren und die Abhängigmachung der gerichtlichen Tätigkeit von vorgängiger Zahlung.

Übersicht.

I. Entstehungsgeschichte. § 97 GKG. ä. F. lautete: 1
„Die Schreibgebühren werden sofort nach Anfertigung der Schriftstücke fällig.
Die Anfertigung kann von vorgängiger Zahlung eines die Gebühr deckenden Betrags abhängig gemacht werden."

Die Fassung des § 76 GKG. n. F. beruht auf dem Gesetze vom 21. Dez. 1922, die des Abs. 1 hat durch das Gesetz vom 28. Jan. 1927 eine der Neufassung des § 72 Nr. 1a entsprechende Änderung erfahren.

II. Fälligkeit der Schreib- und Postgebühren. 1a

1. Der besonderen Bestimmung des § 76 Abs. 1 unterliegen

a) die Schreibgebühren in allen Fällen, in denen solche nach § 71 Abs. 1 überhaupt in Ansatz kommen[1]),

b) die Postgebühren für die Übersendung auf Antrag erteilter Ausfertigungen und Abschriften, also im Falle des § 72 Z. 1a.

Dagegen gilt für die Postgebühren im Falle des § 72 Z. 1b der § 75[2]).

2. Die Schreibgebühren, ferner die Postgebühren im Falle des § 72 Z. 1a werden, abweichend von § 75, sofort nach Aushändigung oder Absendung der Schriftstücke fällig. 2

3. Die Sendungen können, soweit danach gegen den Empfänger ein Anspruch auf Erstattung der Postgebühren besteht, als gebührenpflichtige Dienstsache erfolgen[3]). 3

4. Wegen der Einwirkung der Bewilligung des Armenrechts gilt das in Anm. 22 bis 26 zu § 74 Gesagte. 4

---

[1]) Jonas § 76 Anm. 2; Kollat § 76 Anm. 2; Baumbach § 76 Anm. 1. A. M. Rittmann-Wenz § 76 Anm. 1. Allein, wie Baumbach a. a. O. mit Recht hervorhebt, gehören die Worte „für die Übersendung .... Abschriften" nur zu „Postgebühren", sonst hätte es im Gesetz heißen müssen: „Die Schreib- und Postgebühren ..."

[2]) Jonas § 76 Anm. 2.

[3]) Jonas § 76 Anm. 2; Wochinger-Schwalb Vorb. z. VI. Abschn. Anm. 24.

5 **III. Abhängigmachung der Anfertigung der Ausfertigungen und Abschriften von Deckung der Auslagen.**

1. In allen Fällen, in denen Schreibgebühren nach § 71 Abs. 1 in Ansatz kommen, kann die Anfertigung der Ausfertigungen und Abschriften von der vorherigen Zahlung eines die Kosten deckenden Betrags abhängig gemacht werden[4]).

6 2. Die Schreib- und Postgebühren sind ausweislich § 76 Abs. 1 noch nicht fällig, auch die Anordnung nach § 76 Abs. 2 macht sie nicht fällig. Deshalb erfolgt sie nicht dahin, daß die Anfertigung von der Zahlung der Schreib- und Postgebühren, sondern von der Zahlung eines die Kosten deckenden Betrags abhängig gemacht wird. Es handelt sich also um einen Auslagenvorschuß, der nach Eintritt der Fälligkeit der Schreib- und Postgebühren gemäß § 76 Abs. 1 auf diese zu verrechnen ist.

7 3. Nach § 299 Abs. 1 ZPO.[5]) haben die Parteien ein Recht auf Erteilung der Ausfertigungen und Abschriften durch die Geschäftsstelle. Hier ist es ohne weiteres Sache der Geschäftsstelle, über die Frage zu befinden, ob von der Befugnis des § 76 Abs. 2 GKG. Gebrauch zu machen ist. Gegen eine bezügliche Anordnung ist die Beschwerde im Aufsichtswege gegeben, da es sich nicht um eine Entscheidung handelt, die ein das Verfahren selbst betreffendes Gesuch zurückweist[6]).

8 Die StPO.[7]) kennt, von besonderen Fällen (§ 35 Abs. 1 Satz 2, § 114 Abs. 3 Satz 2) abgesehen, einen Anspruch auf Erteilung einer Abschrift nicht[8]). Hier ist für die Entscheidung, ob § 76 Abs. 2 GKG. zur Anwendung kommen soll, erst Raum, wenn darüber entschieden ist, ob überhaupt eine Abschrift erteilt werden soll. Zuständig zu dieser Entscheidung ist bis zur Erhebung der Anklage die Staatsanwaltschaft, nachher in der Voruntersuchung der Untersuchungsrichter, sonst das Instanzgericht[9]).

9 4. Wie § 299 Abs. 2 ZPO. die Gestattung der Einsicht der Akten durch „dritte Personen" d. h. durch Personen, die nicht zu den Parteien (mit Einschluß ihrer Hilfspersonen wie Nebenintervenienten, Beiständen) gehören, dem „Vorstand des Gerichts" zuweist und damit zu einem Akte der Justizverwaltung stempelt, so muß das gleiche für die Erteilung von Abschriften aus den Akten an „dritte Personen" gelten. Die StPO. enthält keine Bestimmungen, man wird aber hier dieselbe Auffassung für richtig zu halten haben. Akte der Justizverwaltung sind keine vor die

---

[4]) Von der gedachten Zahlung kann auch lediglich die Aushändigung abhängig gemacht werden, was ja gegenüber der Maßnahme des § 76 Abs. 2 das Mindere ist. Jonas § 76 Anm. 3b; Baumbach § 76 Anm. 3. Die Abhängigmachung der Aushändigung kann in der Art erfolgen, daß diese nur im Wege der Nachnahmesendung geschieht. Jonas a. a. O. Die Kostenstundung auf Grund des Armenrechts schließt die Maßnahme des § 76 Abs. 2 GKG. aus.

[5]) Die Bestimmung findet nach § 72 KO. im Konkursverfahren entsprechende Anwendung. Nach § 13 Abs. 1 Satz 1 Halbsatz 2 VglO. können der Schuldner und die Vertrauensperson sich Abschriften aus den Akten des Vergleichsgerichts erteilen lassen.

§ 299 Abs. 1 ZPO. gilt auch nach Beendigung des Prozesses (s. oben § 1 Anm. 22a).

[6]) Jonas § 76 Anm. 3a; Sydow-Busch-Krieg § 76 Anm. 5; Rittmann-Wenz § 76 Anm. 2; Baumbach § 76 Anm. 3; Kollat § 76 Anm. 3. Wenn Baumbach a. a. O. auch auf die Erinnerung nach § 4 GKG. verweist, so kann mit ihr nicht die Nachprüfung erzielt werden, ob ein Anlaß gegeben ist, von der Befugnis des § 76 Abs. 2 GKG. Gebrauch zu machen, wohl aber geltend gemacht werden, ein Fall der Erhebung von Schreibgebühren komme nicht in Frage oder der Betrag, dessen Zahlung verlangt werde, übersteige die zur Deckung der Kosten erforderliche Summe.

[7]) Auf die besonderen Verhältnisse des Strafprozesses gehen die bisherigen Erläuterer des GKG. hier nicht ein.

[8]) BayObLGSt. 3, 44; SächsArch. 1, 42 (OLG. Dresden); KGBl. 1907, 22 (LG. III Berlin); ZfDGerSekr. 18, 156 (LG. Kiel).

[9]) Man kann nicht sagen, daß die Geschäftsstelle, wenn sie nunmehr von § 76 Abs. 2 GKG. Gebrauch mache, der Entscheidung, die Ausfertigung oder Abschrift sei zu erteilen, zuwiderhandle, da ja § 76 Abs. 2 GKG. sogar neben dem kraft Gesetzes bestehenden Rechte aus § 299 Abs. 1 ZPO. Raum hat.

ordentlichen Gerichte gehörigen Rechtssachen i. S. des § 1 GKG., es kommt also nicht das Recht des GKG., sondern das Landesrecht zur Anwendung[10]). Enthält dieses keine entgegenstehenden Bestimmungen, so wird man, da für dritte Personen ein Anspruch auf Abschriften nicht besteht, deren Erteilung von vorgängiger Deckung der entstehenden Auslagen abhängig machen können.

Vorbemerkung zu den §§ 77—82.

Diese Paragraphen regeln die Frage, wer Kostenschuldner ist.

§ 77.

In bürgerlichen Rechtsstreitigkeiten ist Schuldner der Gebühren und Auslagen derjenige, der das Verfahren der Instanz beantragt hat.

In den Fällen des § 30a Abs. 1 ist Schuldner der Gebühren derjenige, auf dessen Betreiben das schiedsrichterliche Verfahren eingeleitet worden ist.

Vorbemerkung.

§ 77 bestimmt für bürgerliche Rechtsstreitigkeiten denjenigen als Kostenschuldner, der das Verfahren der Instanz beantragt hat, und schafft für den Fall des § 30a Abs. 1 einen Schuldner der Gebühren.

Übersicht.

I. Entstehungsgeschichte. § 86 Abs. 1 GKG. ä. F. bezeichnete als Schuldner der entstandenen Gebühren und Auslagen die jetzt in § 79 n. F. aufgeführten Personen. Ferner bestimmte § 89 Satz 1 GKG. ä. F.: 1

„In Ermangelung eines anderen Schuldners (§ 86) ist derjenige, welcher das Verfahren der Instanz beantragt hat, Schuldner der entstandenen Gebühren und Auslagen."

Jetzt ist die Stellung der Bestimmungen (§§ 77, 79) die umgekehrte wie im GKG. ä. F., wobei freilich noch § 82 Abs. 2 zu berücksichtigen ist (s. Anm. 1a).

§ 77 Abs. 2 ist durch das Gesetz vom 28. Januar 1927 eingefügt worden.

II. Der Antragsteller als Kostenschuldner in bürgerlichen Rechtsstreitigkeiten. 1a

A. Allgemeines. Nach § 77 Abs. 1 ist in bürgerlichen Rechtsstreitigkeiten Schuldner der Gebühren und Auslagen derjenige, der das Verfahren der Instanz

[10]) S. oben § 1 Anm. 22a. Dagegen gibt Baumbach § 76 Anm. 3 ohne weiteres dem Vorstande des Gerichts im Falle des § 299 Abs. 2 ZPO. das Recht nach § 76 Abs. 2 GKG.

beantragt hat. In § 79 erscheint als weiterer Kostenschuldner derjenige, dem durch eine unbedingte gerichtliche Entscheidung die Kosten des Verfahrens auferlegt sind, oder der sie durch eine vor dem Gericht abgegebene oder ihm mitgeteilte Erklärung übernommen hat. Daß das Gesetz den Fall des § 77 an erster Stelle behandelt, erklärt sich daraus, daß ein Kostenschuldner nach § 79 nicht immer gegeben ist. Ist er freilich vorhanden, so tritt nach § 82 Abs. 2 der nach § 77 Haftende in die Stellung des Zweitschuldners zurück

2 B. Der Antragsteller.

1. Das Gesetz bezeichnet als Kostenschuldner denjenigen, „der das Verfahren der Instanz beantragt hat." Der Antrag, von dem das Gesetz spricht, ist diejenige Prozeßhandlung der Partei, die das Verfahren der Instanz einleitet.

3 2. Antragsteller ist die Partei, nicht der gesetzliche Vertreter[1]), nicht der Prozeßbevollmächtigte[2]), Diese Personen können aber nach § 79 die Kostenhaftung übernehmen[3]) [3a]).

4 3. Legt der Nebenintervenient ein Rechtsmittel ein, so haftet nur er gemäß § 77[4]).

5 4. Die Partei kraft Amtsstellung haftet auch als Antragsteller, aber nur mit dem ihrer Verwaltung unterstehenden Vermögen[5]). Dagegen haftet der klagende Zessionar persönlich, mag er auch die Einklagung nur im Interesse des Zedenten betreiben[6]); nur er haftet, nicht auch der Zedent, dessen Interessen wahrgenommen werden[7]).

6 C. Die Instanz.

1. Der Begriff der Instanz ist derjenige der Instanz des GKG.[8]), es ist also auf die Erläuterungen zu §§ 25, 27 usw. und die Vorb. zu §§ 32—35 zu verweisen.

7 a) In der ersten Instanz des Klageverfahrens ist der Kläger Antragsteller[9]), er wird Kostenschuldner mit der Einreichung der Klage. Die Instanz umfaßt auch das Verfahren nach Verweisung an ein anderes Gericht oder nach Zu-

---

[1]) Baumbach § 77 Anm. 4; Rittmann-Wenz Vorb. zu §§ 77—88 Anm. 6; Kollat § 77 Anm. 2; Sydow-Busch-Krieg § 77 Anm. 2.

[2]) Baumbach, Sydow-Busch-Krieg und Rittmann-Wenz a. a. O.; OLG. 23, 267; 25, 287 (KG.); JW. 1911, 419 (LG. Karlsruhe).

[3]) Vgl. darüber die Erläuterungen zu § 79.

[3a]) OLG. Celle JW. 1928, 751[35] hat in einem Falle, in welchem der der armen Partei beigeordnete Armenanwalt die Klage einreichte, bevor die Partei ihm Vollmacht erteilt hatte, und sie dann zurücknahm, die arme Partei, gegen die ein Beschluß aus § 127 ZPO. ergangen war, als haftbar für die entstandenen Kosten angesehen, sie also offenbar als Antragstellerin behandelt. Das kann nicht für richtig erachtet werden. Erst mit Bevollmächtigung durch die Partei werden die Handlungen des Armenanwalts für die Partei verpflichtend (Friedlaender RAO. Exkurs zu § 39 Anm. 3 ff.). Allerdings kann die Bevollmächtigung stillschweigend erfolgen. Das traf aber in dem fraglichen Falle nicht zu, da die Partei die Bestellung eines anderen Armenanwalts nachsuchte.

[4]) OLG. 21, 396 (Hamburg). A. M. OLG. 17, 220 (Hamburg): nur Hauptpartei Antragsteller; OLG. 27, 32 (Hamburg) und 37, 222 (Hamburg): Nebenintervenient Antragsteller, solange die unterstützte Partei nicht selbst auftritt.

Legt die Hauptpartei erst Berufung ein, nachdem vorher schon der Nebenintervenient Berufung eingelegt hat, so sind der Nebenintervenient und die Hauptpartei Antragsteller. HansGZ. 1922 B. 28 (OLG. Hamburg). Das gleiche gilt im umgekehrten Fall.

[5]) Baumbach § 77 Anm. 4; Kollat § 77 Anm. 2; Rittmann-Wenz Vorb. z. §§ 77—88 Anm. 4, 6; BolzePr. 22 Nr. 712 n. Vgl. auch OLG. 16, 226 (Frankfurt a. M.).

[6]) Baumbach a. a. O.

[7]) Baumbach a. a. O.

[8]) Jonas § 77 Anm. 2; Baumbach § 77 Anm. 3; Kollat § 77 Anm. 2.

[9]) Rittmann-Wenz § 77 Anm. 1; Kollat § 77 Anm. 2.

rückverweisung an die untere Instanz[10]), ferner das Nachverfahren nach vorangegangenem Vorbehaltsurteil gemäß § 302 Abs. 4 oder § 600 Abs. 1 ZPO.[11]).

b) Der Zwischenstreit über die Zulassung des Nebenintervenienten bildet gemäß § 25 Abs. 3 keine besondere Instanz. Nur die Urteilsgebühr wird besonders erhoben. Daß die mehrfache Erhebung einer Gebührenart nicht eine Mehrheit der Instanzen bedingt, ist deutlich aus § 25 Abs. 2 zu ersehen („in derselben Instanz"). Derjenige, der den Antrag auf Zurückweisung der Nebenintervention stellt, haftet also nicht als Antragsteller für die besondere Urteilsgebühr[12]), wenn er nicht ohnedies aus § 77 haftet. 8

c) In der Berufungs- und Revisionsinstanz ist der Berufungs- oder Revisionskläger Antragsteller und als solcher Kostenschuldner nach § 77 GKG.[12a]). Seine Haftung entsteht mit Einlegung des Rechtsmittels. 9

d) Das Verfahren über den Antrag auf Ergänzung eines Urteils (§ 321 ZPO.) gehört zu der Instanz, in der das Urteil ergangen ist[13]). 10

e) Im Mahnverfahren ist der Gläubiger Antragsteller und damit Schuldner der Gebühr des § 31 Abs. 1 GKG.[14]). Der Übergang in das Streitverfahren eröffnet eine neue Instanz. Wird gegen den Zahlungsbefehl Widerspruch erhoben, so beginnt sie mit dem Antrage auf Termin zur mündlichen Verhandlung. Diesen kann jede der beiden Parteien stellen. Wer ihn stellt, wird unter der im § 74 Anm. 4 erörterten Voraussetzung Schuldner der halben Prozeßgebühr des § 31 Abs. 2 GKG.[15]). Wird gegen einen Vollstreckungsbefehl Einspruch eingelegt, so ist hier der Schuldner Antragsteller für das sich anschließende Streitverfahren und damit haftbar für die gedachte halbe Prozeßgebühr[16]). Wenn endlich in einem im Urkunden- oder Wechselmahnverfahren ergangenen Vollstreckungsbefehle dem Beklagten die Ausführung seiner Rechte vorbehalten war, so kann jede Partei das Verfahren durch Antrag auf Terminsbestimmung betreiben. Dieser Antrag eröffnet die Instanz des Streitverfahrens und macht die betreffende Partei für die halbe Prozeßgebühr zum Kostenschuldner[17]). Hinsichtlich des Verfahrens bei Kündigungsschreiben und Räumungsbefehlen nach der Novelle zum Mieterschutzgesetze vom 13. Februar 1928 vgl. § 31 Anm. 20 ff. 11

f) Kostenschuldner der für das Güteverfahren in Ansatz kommenden Gebühr des § 31a Abs. 1 GKG. ist derjenige, der den Güteantrag gestellt hat[18]). Im Falle des § 9 MSchG. ist der Mieter als Antragsteller kostenpflichtig. Der Übergang in das Streitverfahren macht die Partei, die ihn beantragt hat, zum Schuldner der in § 31a Abs. 3 erwähnten halben Prozeßgebühr[19]). 12

---

10) Jonas § 77 Anm. 2.

11) Jonas § 77 Anm. 2; Rittmann-Wenz § 77 Anm. 1; Kollat § 77 Anm. 2; Wochinger-Schwalb § 77 Anm. 3; Bbl. 1926, 99 (OLG. Düsseldorf); JW. 1926, 616[4] (OLG. Celle).

12) Rittmann-Wenz § 25 Anm. 8. A. M. Jonas § 25 Anm. 3.

12a) WürttZSprBeil. 1926, 61 (OLG. Stuttgart); SächsThürArch. 1924, 98 (OLG. Jena); Kollat § 77 Anm. 2.

13) Jonas § 26 Anm. 1.

14) Rittmann-Wenz § 77 Anm. 3; Jonas § 31 Anm. 3; Baumbach § 31 Anm. 1; Kollat § 77 Anm. 2.

15) Jonas § 31 Anm. 4a; Rittmann-Wenz § 31 Anm. 4; Baumbach § 77 Anm. 3; Kollat § 77 Anm. 2. Nur der Gläubiger ist zur Vorwegleistung verpflichtet (§ 74 Anm. 47).

16) Jonas § 31 Anm. 4b; Rittmann-Wenz § 31 Anm. 4; Baumbach § 77 Anm. 3; Kollat § 77 Anm. 2. Keine Vorwegleistungspflicht (§ 74 Anm. 47).

17) Vgl. oben § 31 Anm. 12. Jonas § 31 Anm. 4c; Rittmann-Wenz § 31 Anm. 4; Baumbach § 77 Anm. 3; Kollat § 77 Anm. 2. Vorwegleistungspflichtig ist nur der Gläubiger (§ 74 Anm. 47).

18) Rittmann-Wenz § 77 Anm. 3; Jonas § 31a Anm. 1.

19) Jonas § 31a Anm. 3a; Rittmann-Wenz § 31a Anm. 4; Baumbach § 77 Anm. 3. Nur der Kläger ist vorwegleistungspflichtig (§ 74a Anm. 13).

13 g) Der Gläubiger, der die Anordnung eines Arrestes oder einer einstweiligen Verfügung beantragt, haftet für die Gebühren des § 32 Abs. 1 Satz 1 und 2 GKG.[20]). Die Anträge auf Abänderung oder Aufhebung gemäß § 926 Abs. 2, §§ 927, 936 ZPO. eröffnen eine neue Instanz, der Schuldner, der die gedachten Anträge stellt, haftet nach § 77 GKG. für die entstehenden Kosten[21]).

14 h) Bei der Sicherung des Beweises ist Antragsteller i. S. des § 77 GKG., wer die gedachte Maßnahme in Antrag gebracht hat[22]).

15 i) Schuldner der Kosten eines Verfahrens auf Entmündigung oder deren Wiederaufhebung ist derjenige, der den bezüglichen Antrag gestellt hat[23]). Die gegen die erfolgte Entmündigung gerichtete Anfechtungs- oder Wiederaufhebungsklage bildet eine besondere Instanz[24]).

16 k) Die Einleitung des Verteilungsverfahrens erfolgt von Amts wegen, ein Kostenschuldner aus § 77 GKG. kommt daher nicht in Frage[25])[26]).

17 l) Kostenschuldner in den Fällen des § 33 Z. 4—7 GKG. ist derjenige, der die bezüglichen Verfahren durch seine Anträge in Gang bringt[27]). Zu § 33 Nr. 7 siehe oben § 33 Anm. 55.

18 m) Das gleiche trifft in den Fällen des § 34 GKG. zu. Bei den Anträgen auf vorläufige Einstellung, Beschränkung oder Aufhebung der Zwangsvollstreckung trifft die Kostenhaftung aus § 77 GKG. denjenigen, der die betreffenden Anträge stellt[28]), nicht denjenigen, der den Vollstreckungstitel erwirkt hat (vgl. § 35 Abs. 1 GKG.)[29]).

19 n) Für die Vergleichsgebühr des § 36 GKG. sollen nach der in den Kommentaren[30]) vertretenen Ansicht beide Parteien Antragsteller der die Gebühr erst begründenden gerichtlichen Aufnahme des Vergleichs sein. Allein dem kann nicht beigepflichtet werden. Die Aufnahme des Vergleichs ist keine besondere Instanz. Wie ist die Rechtslage? § 36 GKG. behandelt Ansprüche, die nicht Streitgegenstand sind, gleichwohl kostenrechtlich wie einen Gegenstand des Verfahrens. Soweit daher ein Anspruch des Klägers mit verglichen wird, der nicht Streitgegenstand war, ist auch der Kläger als angreifender Teil, d. h. als Antragsteller hinsichtlich dieses Mehranspruchs anzusehen; der Anspruch wird kostenrechtlich hinsichtlich der Vergleichsgebühr wie ein erhobener behandelt. Es kann aber auch ein Anspruch des Beklagten mitverglichen werden: dann wird der Anspruch hinsichtlich der Vergleichsgebühr wie ein Widerklageanspruch behandelt; für ihn gilt der Beklagte als Antragsteller, und

---

[20]) Jonas § 32 Anm. 2; Rittmann-Wenz § 32 Anm. 16. Vgl. § 32 Anm. 12.

[21]) Jonas § 32 Anm. 3b; Sydow-Busch-Krieg § 77 Anm. 3; Rittmann-Wenz § 32 Anm. 9. Vgl. § 32 Anm. 20.

[22]) Jonas § 33 Anm. 1; Rittmann-Wenz § 77 Anm. 3; Baumbach § 33 Anm. 1. Vgl. § 33 Anm. 7, 9.

[23]) Jonas § 33 Anm. 7; Baumbach § 33 Anm. 2; BuschsZ. 13, 404[26] (KG.). Rittmann-Wenz § 77 Anm. 3 meint, bei der Entmündigung wegen Geisteskrankheit und Geistesschwäche scheide § 77 gänzlich aus. Zur Begründung wird auf die Kostenvorschriften des § 658 ZPO. verwiesen. Allein daß der in die Kosten zu Verurteilende nicht der Antragsteller des § 77 GKG. zu sein braucht, zeigt deutlich § 82 Abs. 2 GKG. Vgl. auch § 33 Anm. 13.

[24]) Jonas § 77 Anm. 2.

[25]) Jonas § 33 Anm. 11; Rittmann-Wenz § 77 Anm. 3. Vgl. § 33 Anm. 19.

[26]) Wohl aber kommt der Vollstreckungsschuldner als Kostenschuldner gemäß § 788 ZPO. in Vbdg. mit § 88 GKG. in Betracht. Vgl. § 33 Anm. 19.

[27]) Vgl. § 33 Anm. 47, 49, 51, 55. Jonas § 33 Anm. 14; Rittmann-Wenz § 77 Anm. 3; Kollat § 77 Anm. 17, 29, 37.

[28]) Jonas § 34 Anm. 5, 8, 12; Rittmann-Wenz § 77 Anm. 3; Baumbach § 77 Anm. 3; Kollat § 34 Anm. 4.

[29]) Jonas § 34 Anm. 5; JW. 1925, 2363[13] (OLG. Celle).

[30]) Rittmann-Wenz § 77 Anm. 3; Baumbach § 77 Anm. 4; Kollat § 36 Anm. 3.

es kommen auch sonst hinsichtlich der Haftung die Regeln wie bei Klage und Widerklage zur Anwendung (s. u. Anm. 32 ff.).

o) Schuldner der Zustellungsgebühr des § 37 GKG. ist die Partei, die 20
das Ersuchen um Bewirkung der Zustellung in Antrag gebracht hat[31].

p) Für das Beschwerdeverfahren ist der Beschwerdeführer Antragsteller[32]. 21

q) Für das Verfahren über Anträge auf Vollstreckbarerklärung eines 22
Schiedsspruchs oder eines von einem Schiedsgerichte vermittelten Vergleichs ist Antragsteller, wer die Vollstreckbarerklärung beantragt hat[33].

2. Der Antragsteller ist Schuldner „der" Gebühren und Auslagen d. h. aller 23
Gebühren und Auslagen der Instanz[34].

a) Es kommt nicht darauf an, ob die einzelnen Gebühren oder 24
Auslagen auf Prozeßhandlungen des Antragstellers oder des Gegners beruhen[35]. Das Verfahren auf den Einspruch des Beklagten gegen das Versäumnisurteil zählt zur Instanz[36], ebenso das vom Beklagten betriebene Nachverfahren nach einem Vorbehaltsurteil[37] und das Verfahren auf den Widerspruch gegen den Arrest oder die einstweilige Verfügung[38]. Die Haftung des Klägers für die Beweisgebühr erfährt keine Änderung dadurch, daß etwa im Falle des § 3 Z. 2 AnfGes. lediglich der Entlastungsbeweis des Beklagten erhoben wird oder daß lediglich die Vernehmung der Zeugen des Beklagten über eine zur Aufrechnung verstellte Gegenforderung angeordnet wird.

b) Aber das gilt nur, soweit der Gegner sich auf die Verteidigung beschränkt, nicht 25
wenn er Widerklage erhebt, Inzidentanträge nach §§ 302 Abs. 4, 600 Abs. 2, 717 Abs. 2 und 3 ZPO. stellt, im Verfahren der Beweissicherung selbst zwecks Sicherung des Beweises Einnahme des Augenscheins oder Vernehmung von Zeugen und Sachverständigen verlangt[38a], selbst ein Rechtsmittel einlegt oder sich dem eingelegten anschließt. Hier liegt nicht mehr das bisherige, sondern ein neues Verfahren der Instanz im Sinne des § 77 vor, dessen Antragsteller der Gegner ist[39]. Die Verteidigung ist die notwendige Folge des angriffsweisen Vorgehens des Antragstellers, der Gegenangriff kann dagegen nicht ebenso gewertet werden.

c) Nicht mehr zum Verfahren der Instanz i. S. des § 77 Abs. 1 GKG. können 26
diejenigen Vorgänge gerechnet werden, die zur Kostenbelastung des Gegners oder eines Dritten wegen schuldhafter Versäumnisse führen (vgl. § 39 GKG., §§ 102, 380, 390, 409 ZPO.)[40]: denn auch hier handelt es sich um Vorkommnisse, die außerhalb des zu erwartenden normalen Verlaufs der Dinge liegen.

---

[31]) Jonas § 37 Anm. 1; Baumbach § 37 Anm. 1; Kollat § 37 Anm. 3.

[32]) Jonas § 38 Anm. 5b, 6a; Rittmann-Wenz § 77 Anm. 3; Wochinger-Schwalb § 38 Anm. 6; Kollat § 38 Anm. 4. Vgl. § 38 Anm. 25, 39.

[33]) Jonas § 30a Anm. 1; Rittmann-Wenz § 77 Anm. 3; Kollat § 30a Anm. 2.

[34]) Jonas § 77 Anm. 5.

[35]) Jonas § 77 Anm. 5; Sydow-Busch-Krieg § 77 Anm. 4; Baumbach § 77 Anm. 3; Wochinger-Schwalb § 77 Anm. 4b; ZfDJustAmtm. 1927, 433 (OLG. München) = BayZ. 1927, 214. Daneben besteht die Auslagenvorschußpflicht nach § 84 GKG.

In den Fällen des § 80 GKG. sind Kostenschuldner nur die dort genannten Personen.

[36]) Jonas § 77 Anm. 2; Sydow-Busch-Krieg a. a. O.

[37]) Jonas § 77 Anm. 2; Sydow-Busch-Krieg a. a. O.; JW. 1926, 616[4] (OLG. Celle).

[38]) Jonas und Sydow-Busch-Krieg a. a. O.

[38a]) Vgl. § 33 Anm. 7.

[39]) Jonas § 77 Anm. 3; Rittmann-Wenz § 77 Anm. 2; Baumbach § 77 Anm. 3; Sydow-Busch-Krieg a. a. O.; RGZ. 57, 301 (anders früher 52, 197 und 54, 63); JW. 1925, 2363[14] (OLG. Celle); BuschsZ. 32, 422[23] (OLG. Frankfurt a. M.); OLG. 4, 384[90a] (OLG. Dresden); 31, 216 (KG.).

[40]) Jonas § 77 Anm. 5.

27 D. *Mehrere Antragsteller.*

1. Mehrere Antragsteller können *auf derselben Parteiseite* in Frage kommen als klagende Streitgenossen.

28 a) *Bei allen Streitgenossen kann es sich um denselben Streitgegenstand handeln*, sie sind etwa Gesamtgläubiger bezüglich der Forderung, deren Erfüllung vom Beklagten verlangt wird. Dann haften sie für den vollen Betrag der Gebühren und Auslagen als Gesamtschuldner (87 GKG.)[41]).

29 b) *Die einzelnen Streitgenossen sind an dem Streitgegenstande*, der sich nach § 5 ZPO. aus der Zusammenrechnung der zusammen geltend gemachten Ansprüche ergibt, *nur anteilsweise beteiligt*. Hier richtet sich die Haftung grundsätzlich nach dem Anteile des Streitgenossen an dem Gesamtstreitgegenstande, d. h. er haftet grundsätzlich nur für die Gebühren nach Maßgabe seines Klageanspruches, seines Rechtsmittelangriffs usw. und für die seinen Anspruch betreffenden Auslagen[42]). Soweit für den gleichen Gebührenbetrag oder für dieselben Auslagen auch ein anderer Streitgenosse haftet, besteht Gesamthaft[43]). Wenn z. B. A und B als Streitgenossen klagen, A eine Forderung von 600 RM., B eine solche von 700 RM. einklagt, so beträgt die volle Prozeßgebühr 36 RM. A haftet in Höhe von 18 RM., B in Höhe von 21 RM., in Höhe von 18 RM. besteht Gesamthaft. Haben A und B als Streitgenossen je 500 RM. eingeklagt, so beträgt die volle Gebühr 30 RM., jeder haftet in Höhe von 15 RM. Wenn aber A eine Forderung von 20 RM. und B eine solche von 200 RM. einklagt, so entstehen Schwierigkeiten. Der Streitgegenstand beträgt 20 + 200 = 220 RM., die volle Gebühr also 9 RM. Auf einen Streitwert von 20 RM. entfallen 1 RM., auf einen solchen von 200 RM. 6 RM. als volle Gebühr, die Summe der Anteile der Streitgenossen (6 RM. + 1 RM.) ergibt hier aber noch nicht die von dem gesamten Streitgegenstande verfallene Gebühr (9 RM.). Deshalb muß bezüglich der verbleibenden Differenz (9 RM. — 7 RM.) § 87 GKG. angewandt und insoweit Gesamthaft beider Streitgenossen angenommen werden[43a]) Danach haften

A für 1 + 2 = 3 RM.,
B für 6 + 2 = 8 RM.,

in Höhe von 3 RM. besteht Gesamthaft. Wer von der erwähnten Differenz von 2 RM. mehr als 1 RM. bezahlt, hat betreffs des 1 RM. übersteigenden Betrages gemäß § 430 BGB. einen Ersatzanspruch gegen den anderen Streitgenossen.

30 2. Die mehreren Antragsteller können *verschiedenen Parteien* angehören.

31 a) Wenn der Schuldner gegen den Zahlungsbefehl Widerspruch erhoben hat und nun Gläubiger *und* Schuldner bei langerichtlicher Zuständigkeit Terminsbestimmung beantragen, so haften beide als Gesamtschuldner für die Kosten des Streitverfahrens[44]).

32 b) *Klage und Widerklage.* Der Kläger haftet für die betreffs der Klage, der Widerkläger für die betreffs der Widerklage entstehenden Kosten als Antragsteller[45]).

33 α) *Betreffen Klage und Widerklage denselben Streitgegenstand*[45a]), wie das z. B. häufig, nicht immer (vgl. §§ 9—15 Anm. 71), in Ehesachen

---

41) Jonas § 87 Anm. 2a; Rittmann-Wenz § 87 Anm. 6.

42) Jonas § 87 Anm. 2a; Baumbach § 87 Anm. 2; Sydow-Busch-Krieg § 77 Anm. 4. A. M. Rittmann-Wenz § 87 Anm. 6: „Soweit die Gebühren nach dem zusammengerechneten Werte zu berechnen sind . . . ., sind sie nach Verhältnis der Werte der Streitgegenstände auf die mehreren Antragsteller zu verteilen."

43) Jonas § 87 Anm. 2a; Baumbach § 87 Anm. 2. A. M. Rittmann-Wenz § 87 Anm. 6: Gesamthaft erst durch Verurteilung.

43a) Vgl. über die entsprechende Frage bei Anwendung des § 3 RAGebO.: A. Friedlaender JW. 1927, 2900.

44) Jonas § 77 Anm. 3; Baumbach § 77 Anm. 4; Kollat § 77 Anm. 2.

45) Jonas § 77 Anm. 3; Rittmann-Wenz § 77 Anm. 2; Baumbach § 77 Anm. 4; Wochinger-Schwalb § 77 Anm. 4a.

45a) Betrifft die Klage einen Streitwert von 600 RM. und die Widerklage einen solchen von 300 RM., der insoweit mit dem gleichen Teilbetrage des Klagestreitwerts zusammen-

der Fall ist, so haften beide Parteien für die gesamten Gerichtskosten als Gesamtschuldner[46]).

β) Betreffen Klage und Widerklage nicht denselben Streit- 34
gegenstand, so werden zwar für die Berechnung der Gerichtsgebühren nach § 13 Abs. 1 Satz 2 GKG. die Gegenstände zusammengerechnet, für die Anwendung des § 77 GKG. sind aber die Streitgegenstände von Klage und Widerklage zu trennen[47]). Jede Partei haftet grundsätzlich für die Kosten, die bei gesonderter Erhebung von Klage oder Widerklage entstanden wären[48]). Außerdem haftet jeder für die Differenz zwischen den Gebühren nach dem Gesamtstreitwert und der Summe der Gebühren nach den Einzelstreitwerten[49]), wofür auf das letzte Beispiel in Anm. 29 zu verweisen ist, bei dem hier A als Kläger und B als Widerkläger angesehen werden mögen. In Höhe dieser Differenz und des geringsten der Beträge nach den Einzelstreitwerten besteht Gesamthaft. Wegen des Rückgriffsrechts gilt das in Anm. 29 Gesagte. Für die Auslagen, die sowohl die Klage als auch die Widerklage betreffen, haften

---

fällt, so haften für die nach einem Streitwerte von 300 RM. entfallenden Gebühren beide Parteien als Gesamtschuldner, für den verbleibenden Rest der nach einem Streitwerte von 600 RM. berechneten Gebühren der Kläger allein.

[46]) Jonas § 77 Anm. 3; Sydow-Busch-Krieg § 77 Anm. 4; Rittmann-Wenz § 77 Anm. 2; Kollat § 77 Anm. 2; Baumbach § 77 Anm. 4; Wochinger-Schwalb § 77 Anm. 4 b; RGZ. 110, 367.

In ZfDJustAmtm. 1928, 234 (OLG. Jena) wird ein Fall behandelt, in dem Klage und Widerklage auf Ehescheidung gerichtet waren und der Beklagte das Armenrecht nur zur Verteidigung auf die Scheidungsklage, nicht auch zur Scheidungswiderklage, erhalten hatte und zwar nur für die Hälfte der Kosten. Das OLG. nimmt Identität des Streitgegenstandes an, verteilt die Kosten je zur Hälfte auf Klage und Widerklage und läßt den Beklagten für ½ und ¼ = ¾ der Kosten haften. Das ist unrichtig. Nimmt man Identität des Streitgegenstandes an, so haften an sich beide Parteien als Gesamtschuldner für die gesamten Kosten. Die Armenrechtsbewilligung ändert hieran nichts: die Bewilligung des Armenrechts für den Beklagten hat keine Wirkung für die Klägerin (s. § 74 Anm. 24), und für die Widerklage ist das Armenrecht nicht bewilligt worden. Nimmt man mit uns (s. §§ 9—15 Anm. 71) Verschiedenheit des Streitgegenstandes von Klage und Widerklage an, so regelt sich die Haftung der Parteien für die Kosten nach den Darlegungen der im Texte folgenden Anm. 34.

[47]) Jonas § 77 Anm. 3; Wochinger-Schwalb § 77 Anm. 4c. Widerspruchsvoll Rittmann-Wenz § 77 Anm. 2, wo es zunächst heißt: „Dem Kläger (Rechtsmittelkläger) fallen nur diejenigen Gebühren zur Last, die dem durch ihn geltend gemachten Anspruch entsprechen, während diejenigen Gebühren, die dem Anspruch entsprechen, den der Gegner geltend gemacht hat, von dem Gegner zu erheben sind.“ Dann wird aber fortgefahren: „Haben die Beweisanordnung oder das auf streitige Verhandlung ergangene Urteil beide Ansprüche einheitlich zum Gegenstande, so sind die Gebühren des § 20 Nr. 2 und 3 auf beide Parteien nach dem Verhältnis zu verteilen, in dem der Streitwert des von Beweisanordnung und Urteil betroffenen Anspruchs der Klage bzw. des Rechtsmittels des Rechtsmittelklägers zu dem Streitwert des betroffenen Anspruchs der Widerklage bzw. des Rechtsmittels des Gegners steht.“ Wird aber die Prozeßgebühr nicht auch von dem nach Klage und Widerklage sich richtenden Streitwerte berechnet? Warum hier Sonderberechnung und nicht Verteilung wie bei Beweis- und Urteilsgebühr?

[48]) Jonas, Kollat, Wochinger-Schwalb a. a. O. Nach JW. 1925, 2363[14] (OLG. Celle) sind die nach dem Gesamtstreitwerte von Klage und Widerklage berechneten Gebühren im Verhältnisse des Streitwerts der Klage zum Streitwerte der Widerklage auf die Parteien zu verteilen. (Ebenso Sydow-Busch-Krieg § 77 Anm. 4.) Wenn also der Streitwert der Klage 20 RM. und der der Widerklage 200 RM. beträgt, so wäre die volle Gebühr mit 9 RM. zu $^1/_{11}$ vom Kläger, zu $^{10}/_{11}$ vom Widerkläger zu tragen. Wäre eine Widerklage nicht erhoben worden, so hätte die volle Gebühr für den Kläger 1 RM. betragen, jetzt hätte er nur 0,82 RM. zu tragen, obwohl die volle Gebühr von 200 + 20 RM. mit 9 RM. mehr ausmacht als die Summe der Gebühren von 20 RM. mit 1 RM. und von 200 RM. mit 6 RM.

[49]) Wochinger-Schwalb § 77 Anm. 4c meint: „Die aus den zusammengerechneten Werten berechnete Gebühr wird nie höher, vielfach aber geringer sein als die Summe

beide Parteien als Gesamtschuldner[49a]). Die anderen Auslagen trägt der eine oder der andere Teil, je nachdem sie nur die Klage oder nur die Widerklage betreffen.

35 c) Bei wechselseitig eingelegten Rechtsmitteln gilt das zu b Gesagte entsprechend[50]).

36 d) Der Widerklage gleich sind Inzidentanträge nach §§ 302 Abs. 4, 600 Abs. 2, 717 Abs. 2 und 3 ZPO. zu behandeln[51]).

37 e) Ein Beweissicherungsantrag, den der Gegner seinerseits in einem Verfahren zur Sicherung des Beweises stellt, ist bezüglich der Anwendung des § 77 GKG. als selbständiger Antrag zu werten[52]).

38 **III. Der Kostenschuldner der Gebühr des § 30a Abs. 1 GKG.**

1. Für die Niederlegung eines Schiedsspruchs oder eines von einem Schiedsgerichte vermittelten Vergleichs auf der Geschäftsstelle wird die Gebühr des § 30a Abs. 1 GKG. erhoben. Schuldner dieser Gebühr ist nach § 77 Abs. 2 GKG. derjenige, auf dessen Betreiben das schiedsrichterliche Verfahren eingeleitet worden ist. Gleichgültig ist, wer die Niederlegung vorgenommen hat oder wem im schiedsgerichtlichen Verfahren die Kosten auferlegt worden sind[53]).

39 2. Neben dem Kostenschuldner nach § 77 Abs. 2 GKG. kann ein solcher aus § 79 GKG. in Frage kommen, wenn eine Partei durch eine dem Gericht mitgeteilte Erklärung die Kosten übernimmt.

§ 78.

Im Konkursverfahren ist Schuldner der in den §§ 41, 48 Abs. 2 bestimmten Gebühren, sowie im Falle der Abweisung oder Zurücknahme des Antrags auf Eröffnung oder Wiederaufnahme des Verfahrens auch der in dem Verfahren entstandenen Auslagen der Antragsteller, im übrigen der Gemeinschuldner.

Vorbemerkung.

§ 78 bestimmt den Schuldner der Kosten des Konkursverfahrens. Er beruht auf dem Gesetze vom 21. Dez. 1922. Wegen des früheren Rechts s. § 77 Anm. 1.

Übersicht.

der Einzelgebühren, die bei gesonderter Bewertung zum Anfall kommen würden." Die erste Behauptung trifft jetzt keinesfalls zu; dies mag durch folgende Beispiele belegt werden:

	Einzelwerte	zugehörige volle Gebühr	Gesamtwert	zugehörige volle Gebühr
a)	20 RM.	1 RM.	320 RM.	12 RM.
	300 RM.	9 RM.		
b)	60 RM.	2 RM.	660 RM.	21 RM.
	600 RM.	18 RM.		
c)	20 RM.	1 RM.	1520 RM.	42 RM.
	1500 RM.	40 RM.		

[49a]) Bbl. 1927, 93 (OLG. Celle).

[50]) Jonas § 77 Anm. 3; Baumbach § 77 Anm. 4; Kollat § 77 Anm. 2; Rittmann-Wenz § 77 Anm. 2; Bbl. 1925, 63 (OLG. Düsseldorf).

Dagegen haftet nach WürttZSprBeil. 1925, 142 (OLG. Stuttgart) kein Teil über das Verhältnis hinaus, in dem die von ihm durch eigene Anrufung des höheren Gerichts veranlaßte Gerichtstätigkeit zur Gesamttätigkeit des Gerichts in der Instanz steht.

[51]) Vgl. Walter-Joachim-Friedlaender RAGebO. Anm. 56 zu § 10; oben §§ 9—15 Anm. 76, 84.

[52]) Baumbach § 33 Anm. 1; oben § 33 Anm. 7.

[53]) Jonas § 77 Anm. 6; Sydow-Busch-Krieg § 77 Anm. 5. Vgl. § 30a Anm. 8.

3. Gebühr für den besonderen Prüfungstermin (4—5).
4. Beschwerdegebühr (6—7).
5. Gebühr nach § 48 Abs. 2 (8).

II. Der Kostenschuldner der Auslagen des Konkursverfahrens (9—12).
1. Eröffnung und Nichteröffnung des Verfahrens (9).
2. Besonderer Prüfungstermin (10).
3. Beschwerdeverfahren (11).
4. Anordnung von Sicherheitsmaßregeln (12).

I. Der Kostenschuldner der Gebühren des Konkursverfahrens. 1

1. Schuldner der Gebühr für das Eröffnungsverfahren[1]) (§§ 41, 48 Abs. 2 GKG.) ist der Antragsteller[2]). Er ist alleiniger Kostenschuldner, wenn der Eröffnungsantrag nicht zugelassen, abgewiesen oder vor der Eröffnung zurückgenommen wird (§ 78 GKG.)[3]). Wird der Konkurs auf Antrag eines Gläubigers eröffnet oder wiederaufgenommen, so wird infolge des § 58 Z. 1 KO. auch der Gemeinschuldner Kostenschuldner[4]). Erfolgt die Eröffnung des Konkursverfahrens auf Antrag des Gemeinschuldners, so wird die Gebühr des § 41 auf diejenige des § 42 angerechnet (§ 42 Abs. 3 GKG.).

Wegen mehrerer Antragsteller s. § 41 Anm. 6 ff., § 48 Anm. 2. 2

2. Schuldner der Durchführungsgebühr des § 42 GKG. ist der Gemeinschuldner[5]). 3

3. Schuldner der Gebühr für den besonderen Prüfungstermin (§ 44 GKG.) ist nach dem durch § 88 GKG. zum Bestandteil des GKG. gewordenen § 142 Abs. 3 KO. der Gläubiger, dessen nachträgliche Anmeldung Anlaß für den besonderen Prüfungstermin geworden ist[6]). 4

Wegen mehrerer Gläubiger s. § 44 Anm. 4, 6, 14. 5

4. Für die Beschwerdegebühr gilt nach Maßgabe des § 47 Abs. 1 GKG. der § 38 GKG. entsprechend. Infolgedessen ist hier bezüglich der Beschwerde gegen den Beschluß über Eröffnung des Konkursverfahrens auch § 77 GKG. entsprechend anzuwenden[7]). Gebührenschuldner ist danach stets der Beschwerdeführer u. zw. bei erfolgloser Beschwerde allein, bei erfolgreicher Beschwerde als Zweitschuldner neben dem als Erstschuldner haftenden, in die Kosten des Beschwerdeverfahrens verurteilten Gegner (§§ 79, 82 GKG.)[8]). 6

Bei anderen Beschwerden ist Gebührenschuldner der in die Beschwerdekosten verurteilte Beschwerdeführer (§ 79 GKG.)[9]). 7

5. Schuldner der Gebühr nach § 48 Abs. 2 GKG. ist der Antragsteller (§ 78 GKG.)[10]). 8

---

[1]) S. § 41 Anm. 5.

[2]) Jonas § 78 Anm. 1; Rittmann-Wenz § 78 Anm. 1; Baumbach § 41 Anm. 1; Wochinger-Schwalb Vorb. z. 6. Abschn. Anm. 29; Kollat § 41 Anm. 4; Sydow-Busch-Krieg § 78 Anm. 1.

[3]) Jonas § 41 Anm. 3; Baumbach § 41 Anm. 1; Kollat § 41 Anm. 4.

[4]) Jonas § 41 Anm. 3; Rittmann-Wenz § 41 Anm. 2; Baumbach § 41 Anm. 1; Kollat § 41 Anm. 4.

[5]) Jonas § 78 Anm. 1; Sydow-Busch-Krieg § 78 Anm. 1; Rittmann-Wenz § 78 Anm. 2; Baumbach § 78 Anm. 1; Kollat § 42 Anm. 4; Wochinger-Schwalb Vorb. z. 6. Abschn. Anm. 33.

[6]) Jonas § 44 Anm. 2; Rittmann-Wenz § 78 Anm. 3; Baumbach § 78 Anm. 1; Wochinger-Schwalb Vorb. z. 6. Abschn. Anm. 30; Sydow-Busch-Krieg § 78 Anm. 1.

[7]) S. § 47 Anm. 10.

[8]) Jonas § 78 Anm. 3; Baumbach § 47 Anm. 1; Sydow-Busch-Krieg § 47 Anm. 1. Wegen Rittmann-Wenz s. § 47 Fußnote 3a. Ähnlich wie Rittmann-Wenz auch Wochinger-Schwalb § 47 Anm. 1; Kollat § 47 Anm. 3a.

[9]) Jonas § 78 Anm. 3; Rittmann-Wenz § 47 Anm. 6; Baumbach § 47 Anm. 2; Sydow-Busch-Krieg § 47 Anm. 1; Kollat § 47 Anm. 3b.

[10]) Jonas § 48 Anm. 4; Sydow-Busch-Krieg § 78 Anm. 1; Rittmann-Wenz § 78 Anm. 1; Kollat § 48 Anm. 5b; Wochinger-Schwalb Vorb. z. 6. Abschn. Anm. 29.

9 **II. Der Kostenschuldner der Auslagen des Konkursverfahrens**[10a]).

1. Wird der Antrag auf Eröffnung oder Wiederaufnahme des Konkursverfahrens nicht zugelassen, abgewiesen oder vor Eröffnung zurückgenommen, so fallen die Auslagen dem Antragsteller zur Last (§ 78 GKG.)[11]). Erfolgt die Eröffnung, so trägt die gesamten Auslagen des Verfahrens der Gemeinschuldner (§ 58 Z. 1 KO.)[12]).

10 2. Die Auslagen, die durch Anberaumung und Abhaltung eines besonderen Prüfungstermins entstehen, trägt nach § 142 Abs. 3 KO. in Verbindung mit § 88 GKG. der für die Gebühr des § 44 GKG. haftende Gläubiger[13]).

11 3. Die Auslagen des Beschwerdeverfahrens. Bei Beschwerden gegen den Beschluß über Eröffnung des Konkursverfahrens gilt für die Person des Auslagenschuldners dasselbe, was in Anm. 6 über die Person des Gebührenschuldners gesagt ist[14]). Bei anderen Beschwerden ist zu unterscheiden: Wird die Beschwerde verworfen oder zurückgewiesen, so ist der in die Kosten verurteilte Beschwerdeführer Auslagenschuldner[15]). Wird ihr entsprochen, so sind gemäß § 6 Abs. 1 Satz 2 GKG. die Auslagen niederzuschlagen[16]). Wird die Beschwerde zurückgenommen, so haftet der Beschwerdeführer nach entsprechender Anwendung des § 77 Abs. 1 GKG. für die Auslagen, soweit nicht § 6 Abs. 1 Satz 3 GKG. eingreift.

12 4. Schuldner der Auslagen bei Anordnung von Sicherheitsmaßregeln (§ 48 Abs. 2 GKG.) ist der Antragsteller (anal. § 77 Abs. 1 GKG.)[17]). Erfolgt die Wiederaufnahme des Konkursverfahrens, so kommt auch § 58 Z. 1 KO. zur Anwendung[18]).

§ 78a.

Im Vergleichsverfahren zur Abwendung des Konkurses ist Schuldner der Gebühren und Auslagen der Vergleichsschuldner.

Vorbemerkung.

§ 78a regelt die Frage, wer im Vergleichsverfahren zur Abwendung des Konkurses Kostenschuldner ist. Er ist durch § 99 Nr. 6 VglO. eingefügt worden.

[10a]) In den Fällen des § 80 GKG. kommt für die Auslagen nur dieser Paragraph zur Bestimmung des Kostenschuldners zur Anwendung.

[11]) Jonas § 78 Anm. 2; Sydow-Busch-Krieg § 78 Anm. 1; Rittmann-Wenz § 78 Anm. 1; Kollat § 78 Anm. a; Wochinger-Schwalb Vorb. z. 6. Abschn. Anm. 31.

[12]) Jonas § 78 Anm. 2; Rittmann-Wenz § 78 Anm. 1; Baumbach § 78 Anm. 1; Kollat § 78 Anm. a; Wochinger-Schwalb a. a. O.

[13]) Jonas § 44 Anm. 3; Rittmann-Wenz § 78 Anm. 3; Baumbach § 78 Anm. 1; Kollat § 44 Anm. 3; Sydow-Busch-Krieg § 78 Anm. 1. Wochinger-Schwalb Vorb. z. 6. Abschn. Anm. 32 vermißt eine Bestimmung bezüglich der Auslagen. Aber § 142 Abs. 3 KO. behandelt „die Kosten", betrifft also auch die Auslagen.

[14]) Jonas § 78 Anm. 3.

[15]) Jonas § 78 Anm. 3; Rittmann-Wenz § 47 Anm. 6; Baumbach § 47 Anm. 2 und 3; Kollat § 47 Anm. 3b.

[16]) Kollat § 47 Anm. 3b; Rittmann-Wenz § 47 Anm. 7. Jonas § 78 Anm. 3 und Baumbach § 47 Anm. 3 rechnen die Auslagen zu den Kosten des Konkursverfahrens, gedenken aber der doch zwingenden Vorschrift des § 6 Abs. 1 Satz 2 GKG. nicht.

[17]) Jonas § 78 Anm. 4; Rittmann-Wenz § 78 Anm. 1; Baumbach § 78 Anm. 1; Sydow-Busch-Krieg § 78 Anm. 1.

[18]) Jonas § 78 Anm. 4 und Baumbach § 78 Anm. 1 scheinen in diesem Falle nur den Gemeinschuldner als Kostenschuldner anzusehen, was nicht zutrifft.

Übersicht.

I. Die Gebühr des § 48a GKG. und die Auslagen des Vergleichsverfahrens zur Abwendung des Konkurses. 1

1. Schuldner „der Gebühren und Auslagen" im Vergleichsverfahren ist nach § 78a GKG. der Vergleichsschuldner. Unter den Gebühren können nur diejenigen des § 48a GKG. verstanden werden[1] [1a]).

2 2. Die Bestimmung erklärt sich daraus, daß nur der Schuldner die Eröffnung des Verfahrens beantragen kann. Eben deshalb aber kann die Vorschrift auch nur auf den Fall bezogen werden, daß der Antrag vom Schuldner gestellt ist. Stellt ihn eine andere Person in eigenem Namen oder ohne Vertretungsmacht für den Schuldner, so ist § 77 Abs. 1 GKG. entsprechend anzuwenden und der Betreffende als Schuldner der Gebühren und Auslagen anzusehen[2]).

II. Die Kosten der Beschwerdeinstanz. 3

1. Schuldner der Beschwerdegebühr ist der in die Kosten verurteilte Beschwerdeführer (§ 79)[3]).

4 2. Dasselbe gilt von den Auslagen, wenn die Beschwerde verworfen oder zurückgewiesen wird[4]). Ist die Beschwerde erfolgreich, so sind die Auslagen nach § 6 Abs. 1 Satz 2 GKG. niederzuschlagen[5]). Wird sie zurückgenommen, so wird man unter entsprechender Anwendung des § 77 Abs. 1 GKG. den Beschwerdeführer als Schuldner der Auslagen anzusehen haben[6]).

§ 79.

Schuldner der Gebühren und Auslagen ist ferner derjenige, dem durch eine unbedingte gerichtliche Entscheidung die Kosten des Verfahrens auferlegt sind, oder der sie durch eine vor dem Gericht abgegebene oder ihm mitgeteilte Erklärung übernommen hat.

Vorbemerkung.

§ 79 schafft eine zweite Gruppe von Kostenschuldnern, deren Haftung auf einer gerichtlichen Entscheidung oder einer Übernahmeerklärung beruht.

---

[1]) Jonas § 78a Anm. 1 und 2; Kollat § 78a Anm.; Sydow-Busch-Krieg § 78a Anm 2; Kiesow VglO. § 99 Anm. II 9; Cahn VglO. § 99 Anm.; Mayer VglO. § 99 Anm. 18.

[1a]) In den Fällen des § 80 GKG. bestimmt dieser Paragraph allein den Schuldner der Auslagen.

[2]) Jonas § 78a Anm. 1.

[3]) Jonas § 78a Anm. 2; Kollat § 78a Anm.; Sydow-Busch-Krieg § 48c Anm. 3; Mayer VglO. § 99 Anm. 18, 19; Cahn VglO. § 99 Anm.; Kiesow VglO. § 99 Anm. II 9.

[4]) Jonas, Kollat, Sydow-Busch-Krieg, Kiesow a. a. O.

[5]) Jonas § 78a Anm. 2 rechnet die Auslagen zu den den Vergleichsschuldner treffenden Kosten, berücksichtigt aber § 6 GKG. nicht. Wie Jonas, auch Kiesow VglO. § 99 Anm. II 9 und Sydow-Busch-Krieg a. a. O.

[6]) Kiesow a. a. O.

Übersicht.

1 **I. Inhalt des § 79.** Den Kostenschuldnern, die sich aus §§ 77—78a für bürgerliche Rechtsstreitigkeiten, das Konkurs- und das Vergleichsverfahren ergeben, reiht § 79, der § 89 Satz 1 GKG. ä. F. entspricht, zwei weitere Klassen von Kostenschuldnern an. Im Gegensatze zu §§ 77—78a gilt § 79 außer für die dort geregelten Verfahren auch für Strafsachen. Das Verhältnis der Kostenschuldner aus §§ 77—78a zu denen aus § 79 regelt § 82 Abs. 2.

2 **II. Bürgerliche Rechtsstreitigkeiten.**

A. Kostenschuldner infolge gerichtlicher Entscheidung[1]).

1. Die Kosten müssen durch eine unbedingte gerichtliche Entscheidung auferlegt sein.

3 a) Die Entscheidung muß die Kosten einer Person auferlegen, sie kann Urteil oder Beschluß sein, nur die Kosten betreffen oder auch eine Sachentscheidung enthalten, über die gesamten Kosten oder nur über einen Teil derselben ergehen.

4 b) Die Entscheidung braucht nicht das Verfahren oder die Instanz zu beenden. Es gilt hier das in Anm. 4 zu § 75 Gesagte[1a]).

5 c) Die Entscheidung braucht weder rechtskräftig noch vorläufig vollstreckbar zu sein[2]).

6 d) Es muß über den Kostenpunkt unbedingt entschieden sein. Das bedingte Endurteil und der durch Eid bedingte Beschluß genügen nicht, ebensowenig der Zahlungsbefehl, den § 688 Abs. 1 ZPO. ausdrücklich als bedingte Entscheidung bezeichnet[2a]), wohl aber der Vollstreckungsbefehl.

---

[1]) Wird der Kläger infolge § 79 Schuldner des ihm durch Urteil auferlegten Teils der Kosten, so ist dieser Kostenteil von ihm ohne Rücksicht auf die bereits nach § 74 Abs. 2 gezahlte Prozeßgebühr zu erheben. SächsArch. 1926, 202 (OLG. Dresden).

[1a]) Baumbach § 79 Anm. 3.

[2]) Jonas § 79 Anm. 2b; Baumbach § 79 Anm. 3; Rittmann-Wenz § 79 Anm. 3; Sydow-Busch-Krieg § 79 Anm. 4; Kollat § 79 Anm. 2a; OLG. 15, 173 (Hamburg); 33, 176 (Dresden); RGZ. 6, 419; RG. 25. Jan. 1916 bei Sörgel Rspr. 1916 (zu § 93 GKG. ä. F.).

[2a]) Vgl. ZDGerSekr. 1908, 95 (LG. Braunschweig). A. M. ebenda 92 (AG. Riddagshausen).

2. Die Einstellung der Zwangsvollstreckung aus der Entscheidung beseitigt die Kostenhaftung nicht[3]). Diese entfällt aber, „soweit die Entscheidung aufgehoben oder abgeändert wird“ (§ 81). Darüber, wann dieser Fall gegeben ist, vgl. die Erläuterungen zu § 81. 7

3. Kostenschuldner ist derjenige, dem die Entscheidung die Kosten auferlegt[4]). Das kann eine Partei, es kann auch ein Dritter z. B. eine der in § 102 ZPO. genannten Personen, ein Zeuge, ein Sachverständiger sein. 8

4. Der Kostenschuldner haftet für die Kosten, die ihm auferlegt sind. 9

a) Sind ihm die Kosten des Rechtsstreits oder des Verfahrens ohne Einschränkung auferlegt, so haftet er für alle Gebühren und Auslagen, jedoch mit zwei Ausnahmen: 10

α) Für die in § 80 GKG. erwähnten Schreib- und Postgebühren ist Kostenschuldner der in § 80 Genannte[5]). 11

β) Kosten, die dem Gegner gemäß § 39 GKG. oder einem Dritten gemäß §§ 102, 380, 390, 409 ZPO. auferlegt sind, werden nicht von der Partei geschuldet, die in die Kosten des Rechtsstreits oder des Verfahrens verurteilt ist[6]). 12

b) Hat eine Partei einen Bruchteil der Kosten des Rechtsstreits oder Verfahrens zu tragen, so ergibt sich der Umfang der Haftung durch Zusammenzählung der Gebühren und Auslagen und Berechnung des Bruchteils von der betreffenden Summe[7]). 13

c) Lautet die Entscheidung dahin, daß die Kosten gegeneinander aufgehoben werden, so bedeutet dies nach § 92 Abs. 1 Satz 2 ZPO., daß die Gerichtskosten jeder Partei zur Hälfte zur Last fallen. Das gilt auch für die Kostenhaftung nach GKG.[8]). 14

d) Zu den Kosten des Rechtsstreits gehören auch 15

α) die Kosten eines vorausgegangenen Güteverfahrens nach Maßgabe des § 91 Abs. 3 und 4 ZPO.[9]),

β) die Kosten eines vorangegangenen Mahnverfahrens nach Maßgabe des § 698 ZPO.[10]). 16

Ob die Kosten anderer Verfahrensabschnitte, die zivilprozessual zum Rechtsstreit gehören, ohne weiteres unter den „Kosten des Rechtsstreits“ inbegriffen sind, über die im Hauptprozeß entschieden wird, ist streitig. Wenn man bedenkt, daß die Zugehörigkeit eines solchen Abschnitts zum Hauptprozeß oft sehr zweifelhaft sein kann, und daß die Existenz dieses Verfahrens den Richtern, die im Hauptprozesse urteilen, überhaupt unbekannt bleiben kann, so wird man annehmen müssen, daß es sich um eine Auslegungsfrage handelt. Es muß aus dem Tenor oder den Gründen, eventuell aus sonstigen Umständen festgestellt werden, ob das Gericht die Kosten jenes Verfahrens 16a

---

3) Jonas, Baumbach, Rittmann-Wenz, Kollat a. a. O.

4) Wird der vermögenslose Kläger, der nur als Inkassomandatar, aber in eigenem Namen Klage erhoben hat, in die Kosten verurteilt, so können nicht lediglich auf Grund des Urteils die Kosten von dem zahlungsfähigen Inkassomandanten erhoben werden. RGZ. 72, 97; OLG. 7, 223 (Hamburg). S. auch § 77 Anm. 5, daselbst auch über die Haftung von Parteien kraft Amtsstellung.

5) Jonas § 80 Anm. 1; Kollat § 79 Anm. 4a. A. M. Sydow-Busch-Krieg § 80 Anm. 4.

6) Jonas § 79 Anm. 2d.

7) Jonas § 79 Anm. 2d.

8) Jonas § 79 Anm. 2d; Sydow-Busch-Krieg § 79 Anm. 5; Wochinger-Schwalb § 79 Anm. 3; Kollat § 79 Anm. 4c; BayZ. 1926, 358 (OLG. Augsburg). A. M. Rittmann-Wenz § 79 Anm. 3.

9) Baumbach § 79 Anm. 3; Rittmann-Wenz § 79 Anm. 6; Kollat § 79 Anm. 4a.

10) Baumbach, Kollat und Rittmann-Wenz a. a. O.

unter den Kosten des Verfahrens mitverstehen wollte[11]). Dies ist jedenfalls zu verneinen, wenn es von der Existenz des Verfahrens nichts wußte und ist zu vermuten, wenn das Gericht das Verfahren in seiner Entscheidung berücksichtigt hat. Die Kosten jenes Verfahrens fallen nicht unter die Kosten des Rechtsstreits, wenn dort eine besondere Kostenentscheidung ergangen ist[12]). Hienach ergibt sich im einzelnen:

17 γ) Die Kosten des Verfahrens über einen Arrest oder eine einstw. Verfügung fallen nicht unter die Kosten des Rechtsstreits, soweit über sie in der Vorsichtsverfügung oder im Widerspruchs- oder Rechtfertigungsverfahren erkannt wurde. Ob sie sonst darunter fallen, ist Auslegungsfrage; s. o. Anm. 16a.

18 δ) Die Kosten des Beweissicherungsverfahrens werden regelmäßig unter die Kosten des denselben Anspruch betreffenden Rechtsstreits fallen; die Grundsätze richten sich nach den Ausführungen in Anm. 16a. Hat das Prozeßgericht die Beweissicherung angeordnet, so gilt die Regel ausnahmslos.

18a ε) Hinsichtlich der Kosten des Verfahrens wegen vorläufiger Einstellung usw. der Zwangsvollstreckung gilt das Gleiche. Die Regel wird in praxi nur dann durchbrochen sein, wenn es sich um eine vollstreckungsgerichtliche Einstellung handelt, von der das Gericht nichts wußte.

19 e) Ergeht bei Klage und Widerklage oder wechselseitig eingelegten Rechtsmitteln die Entscheidung[13]) dahin, daß dem Kläger die Kosten der Klage, dem Widerkläger die Kosten der Widerklage bzw. jedem Rechtsmittelkläger die Kosten seines Rechtsmittels auferlegt werden, so ist dies derart zu verstehen, daß jeder mit den Kosten belastet sein soll, für die er nach § 77 GKG. haftet[14]) (vgl. dazu § 77 Anm. 32ff.).

20 B. Kostenschuldner infolge Übernahmeerklärung.

1. Die Übernahmeerklärung ist die Erklärung, die Bezahlung von Kosten als Schuldner zu übernehmen ohne Rücksicht darauf, ob man zu solcher Bezahlung an sich verpflichtet sei[15]). Die Erklärung kann alle Kosten oder einen bestimmten Teil derselben betreffen.

21 a) Die Übernahmeerklärung kann auf einer vertraglichen Abrede beruhen[16]), aber auch ohne solche erfolgen. Für die Wirkung der Übernahmeerklärung ist der Unterschied ohne Bedeutung, die Übernahmeerklärung ist stets eine einseitige Willens-

---

[11]) A. M.: Jonas § 79 Anm. 2e; Baumbach § 79 Anm. 3; Kollat § 79 Anm. 4a; Sydow-Busch-Krieg § 79 Anm. 5. Uns. M.: Rittmann-Wenz § 79 Anm. 6.

[12]) Vgl. zum Vorstehenden: Vorb. zu §§ 32—35 Anm. 4.

[13]) Sie sollte richtigerweise, wenn die Kosten nicht gegeneinander aufgehoben werden, durch Belastung jeder Partei mit einem Bruchteile der Kosten erfolgen. Stein-Jonas ZPO. § 92 Anm. II; JW. 1885, 241[1] (RG.); SeuffArch. 47, 339 (RG.).

[14]) Jonas § 79 Anm. 2f; Baumbach § 79 Anm. 3; im wesentlichen auch Rittmann-Wenz § 79 Anm. 5. Kollat § 79 Anm. 4d verteilt die nach dem Gesamtwerte berechneten Gebühren und die nicht ausscheidbaren Auslagen nach dem Werte der Klage und Widerklage bzw. der verschiedenen Rechtsmittel. Bezüglich der Gebühren übereinstimmend SeuffArch. 47, 339 (RG.); wegen der Auslagen wird dort keine grundlegende Entscheidung gegeben.

[15]) Eine Übernahmeerklärung kann in dem Ersuchen des Prozeßbevollmächtigten um Übersendung der Kostenrechnung noch nicht gefunden werden. Koffka JW. 1916, 1377/9; Werner JW. 1916, 1524; JW. 1891, 273[12] (RG.). A. M. KGBl. 1916, 78 (KG.). In dem Vermerke des RA. auf der Klage: „Die vom Kläger zu zahlenden Gerichtskosten bitte ich von mir zu erfordern" sieht KG. in OLG. 11, 149 mit Recht keine Kostenübernahme. Ebenso Sydow-Busch-Krieg § 79 Anm. 6.

[16]) Jonas § 79 Anm. 2c; Rittmann-Wenz § 79 Anm. 4.

erklärung[17]), unabhängig von der etwa zugrunde liegenden Vereinbarung der Beteiligten[18]). Einen Widerruf gibt es nicht[18a]).

b) Die Übernahmeerklärung ist eine empfangsbedürftige Willenserklärung. Sie muß vor dem Gericht abgegeben oder ihm mitgeteilt sein[19]). Das eine wie das andere kann nur durch den Übernehmer geschehen[20]), persönlich oder durch einen hierzu Bevollmächtigten[21]). Hat in einem außergerichtlichen Vergleiche eine Partei die Kosten ganz oder zum Teil übernommen, so genügt die Einreichung des Vergleichs bei Gericht durch die Gegenpartei zur Erfüllung der Voraussetzungen des § 79 nicht[22]). 22

2. Übernehmer kann eine Partei oder eine andere Person[23]) sein[24]). 23

3. Der Übernehmer haftet für die Kosten, die er übernommen hat. 24

a) Auf die in Anm. 11/12 erwähnten Kosten wird im Zweifel die Übernahmeerklärung nicht zu beziehen sein[25]). 25

b) Die vor dem Gerichte abgegebene oder ihm mitgeteilte Erklärung der Parteien, die Kosten sollten gegeneinander aufgehoben sein, wird dahin aufzufassen sein, daß jede Partei für die Hälfte der Gerichtskosten haften solle[26]). 26

c) Bei Übernahme eines Bruchteils der Kosten gilt das in Anm. 13 Gesagte. 27

d) Für die Entscheidung der Frage, was unter den Kosten eines Rechtsstreits zu verstehen ist, sind auch hier Anm. 15 ff. zu beachten, mit dem Unterschied, daß bei Lösung der Auslegungsfrage vor allem von der Person des Übernehmers und von seiner Kenntnis der Umstände auszugehen ist. 28

---

[17]) Sie bedarf keiner Annahme seitens des Gerichts. Baumbach § 79 Anm. 4; Rittmann-Wenz § 79 Anm. 4; Wochinger-Schwalb § 79 Anm. 5.

[18]) Deren spätere Aufhebung beseitigt daher auch die Wirksamkeit der Übernahmeerklärung nicht. Jonas § 79 Anm. 2c. Die Möglichkeit einer Anfechtung des Vergleichs ist ohne Bedeutung. WarnRspr. 1914 Nr. 96; Sydow-Busch-Krieg § 79 Anm. 6.

[18a]) Baumbach § 81 Anm. 1.

[19]) Der außergerichtliche Vergleich ist an sich ohne Bedeutung für die Haftung gegenüber der Staatskasse. Jonas § 79 Anm. 2c; Baumbach § 79 Anm. 4; Rittmann-Wenz § 79 Anm. 4; Kollat § 79 Anm. 3.

[20]) Jonas § 79 Anm. 2c; Rittmann-Wenz § 79 Anm. 4; Kollat § 79 Anm. 3; ElsLothZ. 35, 479 (OLG. Colmar).

[21]) Baumbach § 79 Anm. 4; Rittmann-Wenz § 79 Anm. 4; Wochinger-Schwalb § 79 Anm. 5; Kollat § 79 Anm. 3; Sydow-Busch-Krieg § 79 Anm. 6.

[22]) Jonas § 79 Anm. 2c.

[23]) Jonas § 79 Anm. 2c; Kollat § 79 Anm. 3; Rittmann-Wenz § 79 Anm. 4; Wochinger-Schwalb § 79 Anm. 5; Sydow-Busch-Krieg § 79 Anm. 6.

[24]) Die Übernahmeerklärung kann auch nach Erlaß der Kostenentscheidung erfolgen. Jonas § 79 Anm. 2c; Rittmann-Wenz § 79 Anm. 4; Kollat § 79 Anm. 2a; Baumbach § 79 Anm. 3.

[25]) Vgl. § 39 Anm. 27; Jonas § 79 Anm. 2d (schließt anscheinend diese Kosten stets, nicht nur im Zweifel aus); Kollat § 79 Anm. 4a und Baumbach § 80 Anm. 1 betreffs der Kosten des § 80. A. M. betreffs der Schreibgebühren des § 80 Sydow-Busch-Krieg § 80 Anm. 4.

[26]) Jonas § 79 Anm. 2d; Kollat § 79 Anm. 4c; Sydow-Busch-Krieg § 79 Anm. 6; ZfDGerSekr. 23, 99 (OLG. Braunschweig); 23, 139 (OLG. Breslau). Vgl. auch JW. 1927, 535⁵ (LG. Fürth) mit Anm. v. A. Friedlaender. A. M. OLG. München in BayObLGZ. NS. 20 B 509.

Die Aufhebung der Kosten betrifft auch die bei Einleitung des Prozesses vorausbezahlten Gerichtskosten (Prozeßgebühr). BayZ. 1928, 144 (OLG. München).

Gedenkt der mitgeteilte Vergleich der Kosten nicht, so liegt eine Übernahmeerklärung nicht vor. Jonas § 79 Anm. 2d; Rittmann-Wenz § 79 Anm. 4; Baumbach § 79 Anm. 4; OLG. 31, 212 (München). A. M. (Anwendung des § 98 ZPO., der aber „nicht eine Auslegungsregel, sondern einen gerade bei Fehlen einer Kostenübernahme Platz greifenden Satz ergänzenden Rechts" darstellt Jonas a. a. O.) Recht 1927 Nr. 1796 (OLG. Celle); SächsOLG. 36, 404.

29 e) Sind in einem vor dem Gerichte geschlossenen oder ihm mitgeteilten Vergleiche die Kosten der Klage von der einen, die Kosten der Widerklage von der anderen Partei übernommen oder bei wechselseitig eingelegten Rechtsmitteln die Kosten derart geteilt, daß die eine Partei die Kosten des einen, die andere die Kosten des anderen Rechtsmittels übernimmt, so gilt für die Auslegung der Übernahmeerklärungen das in Anm. 19 Gesagte.

30 4. Aus den strengen Folgen der Übernahmeerklärung (Unwiderruflichkeit, Vollstreckbarkeit, Haftung des Übernehmers als Erstschuldner s. § 82) und aus allgemeinen Erwägungen ergibt sich, daß die Übernahme nicht bedingt und nicht befristet sein darf, soll sie nach § 79 in Betracht kommen. Eine Ausnahme kann nur zugelassen werden, wenn die Frist ganz kurz ist oder der Eintritt oder Nichteintritt der objektiv durch das Gericht ganz sicher und leicht feststellbaren Bedingung sich binnen kurzer Zeit entscheidet. Z. B. „ich übernehme die Kosten am 1. April 1928" (Erklärung läuft am 26. März 1928 ein) oder: „ich übernehme die Kosten, wenn bis zum 1. April nicht ein Widerruf bei Gericht einläuft" (Datum des Einlaufs wie oben).

31 III. **Konkursverfahren.**

A. Kostenschuldner infolge gerichtlicher Entscheidung. Ein solcher kommt nur für die Kosten der Beschwerdeinstanz in Frage u. zw. in zwei Fällen[26a]):

32 1. wenn gegen den Beschluß über Eröffnung des Konkursverfahrens erfolgreich Beschwerde geführt und der Gegner in die Kosten der Beschwerdeinstanz verurteilt wird; der Gegner haftet hier als Erstschuldner, der Beschwerdeführer (nach § 77, s. § 78 Anm. 6, 11) als Zweitschuldner,

33 2. wenn bei anderen Beschwerden das Rechtsmittel erfolglos bleibt und dem Beschwerdeführer die Kosten des Rechtsmittels auferlegt werden (s. § 78 Anm. 7, 11).

34 B. Kostenschuldner infolge Übernahmeerklärung. Das in Anm. 20 ff. Gesagte gilt entsprechend.

35 IV. **Vergleichsverfahren zur Abwendung des Konkurses.**

A. Kostenschuldner infolge gerichtlicher Entscheidung. Er begegnet nur als der in die Kosten der erfolglosen Beschwerde verurteilte Beschwerdeführer[27]) (s. § 78a Anm. 3 und 4).

36 B. Kostenschuldner infolge Übernahmeerklärung. Hier ist auf Anm. 20 ff. zu verweisen, die entsprechend anzuwenden sind.

37 V. **Strafsachen.**

A. Allgemeines. § 79 ist für Strafsachen, von §§ 79a, 80 abgesehen, die einzige Vorschrift des GKG. über die Bestimmung der Person des Kostenschuldners, wie für Strafsachen nur § 75 — von der besonderen Vorschrift des § 76 abgesehen — die Fälligkeit der Gebühren und Auslagen regelt. Das gilt auch von den durch Zurücknahme eines Rechtsmittels, eines Wiederaufnahmeantrags oder eines Einspruchs[27a]) entstehenden Kosten. § 473 StPO. regelt wohl, wie über die Kosten zu entscheiden ist, wer aber als Kostenschuldner der Staatskasse haftet, läßt sich nur aus dem GKG. entnehmen, das in seinem § 88 den § 473 StPO. nicht erwähnt. Die Praxis entspricht dem Gesagten meistens nicht, unterläßt vielmehr in der Regel in den gedachten Zurücknahmefällen eine Kostenentscheidung[27b]). Das läßt sich nicht billigen[27c]). Wie § 464 Abs. 1 StPO. außer für jedes Urteil und für jeden Straf-

---

[26a]) Jonas § 79 Anm. 3; Sydow-Busch-Krieg § 79 Anm. 4.

[27]) Jonas § 79 Anm. 3; Sydow-Busch-Krieg § 79 Anm. 4.

[27a]) Der Einspruch ist hinsichtlich der Kostenfolgen der Zurücknahme den Rechtsmitteln gleich zu behandeln. M. Friedlaender ZStW. 18, 670.

[27b]) Es ist sogar bestritten, ob eine solche überhaupt statthaft ist, vgl. JW. 1928, 839[26] (OLG. Dresden).

[27c]) Vielleicht liegt der erwähnten Praxis der Gedanke zugrunde, in der Zurücknahme liege eine stillschweigende Übernahme der einschlägigen Kosten. Aber damit kommt man,

befehl auch für jede eine Untersuchung einstellende Entscheidung eine Kostenentscheidung verlangt, so wird man der letzten Möglichkeit den Fall gleich zu behandeln haben, daß die Rechtsmittel- oder rechtsmittelähnliche Instanz sich infolge Zurücknahme des Rechtsmittels oder Rechtsbehelfs ohne Sachentscheidung erledigt[27d]). Das ist um so mehr geboten, als zweifelhaft sein kann, ob eine Zurücknahme gegeben ist, auch ist bei teilweiser Zurücknahme im Hinblick auf § 473 Abs. 1 Satz 3 StPO. ohnehin eine Kostenentscheidung nicht zu umgehen. Bei der Zurücknahme der Privatklage hat die Einstellung des Verfahrens zu erfolgen (s. § 61 Anm. 2), woraus gemäß § 464 Abs. 1 StPO. ohne weiteres die Notwendigkeit einer Kostenentscheidung folgt, die auch deshalb unentbehrlich ist, weil nur auf ihr eine Kostenfestsetzung sich aufbauen kann.

B. Kostenschuldner infolge gerichtlicher Entscheidung. 38

1. Die gerichtliche Entscheidung kann Urteil oder Beschluß sein, sie kann zugleich die Sache selbst oder z. B. im Falle des § 145 Abs. 3 StPO. nur den Kostenpunkt betreffen.

a) Bedingte Entscheidungen kennt die StPO. nicht, auch der amtsrichterliche Strafbefehl ist keine solche. Der Einspruch drängt allerdings den Strafbefehl in die Rolle des Eröffnungsbeschlusses zurück, aber die Nichterhebung des Einspruchs läßt den Strafbefehl in Rechtskraft erwachsen, während im zivilprozessualen Mahnverfahren nicht der Ablauf der Widerspruchsfrist, sondern erst die Erlassung des Vollstreckungsbefehls die Zwangsvollstreckung ermöglicht. 39

b) § 79 erfordert nicht, daß die Entscheidung rechtskräftig ist. Gemäß § 75 Abs. 2 und § 69 Abs. 2 kommt aber der verurteilte Beschuldigte erst mit dem Eintritt der Rechtskraft als Kostenschuldner in Betracht[28]). 40

2. Kostenschuldner ist derjenige, dem die Entscheidung die Kosten auferlegt[28a]). Wegen der Personen, die außer dem verurteilten Beschuldigten in Frage kommen, vgl. § 75 Anm. 26. 41

3. Der Kostenschuldner haftet für die Kosten, die ihm auferlegt sind. 42

a) Sind dem Beschuldigten die Kosten des Verfahrens auferlegt worden, so haftet er auch für die durch Verschulden eines Dritten entstandenen, soweit sie nicht diesem gemäß §§ 51, 70, 77, 145 StPO. zur Last gelegt sind[29]). 43

b) Werden im Privatklageverfahren bei erhobener Widerklage die Kosten der Klage dem einen, die der Widerklage dem anderen Teil auferlegt[30]), so macht die Ausführung einer solchen Kostenentscheidung bezüglich der Gebühren angesichts der jetzt gültigen Bestimmungen des GKG. keine Schwierigkeiten. Von den Auslagen werden diejenigen, die nicht ausschließlich durch das Verfahren wegen der Klage oder der Widerklage entstanden sind, je zur Hälfte von dem einen und dem anderen Teil zu erheben sein. 44

---

will man überhaupt in Strafsachen eine Kostenübernahme nicht nur neben einer Entscheidung zulassen, doch höchstens in glatten und zweifelsfreien Fällen durch, während in Grenzfällen eine Entscheidung unentbehrlich ist.

[27d]) Klee Anm. zu JW. 1928, 839[26].

[28]) Kollat § 79 Anm. 2b; Baumbach § 79 Anm. 3.

[28a]) Der Ehemann einer angeklagten Frau, der gemäß § 298 StPO. aus eigenem Rechte ein Rechtsmittel eingelegt hat, der Ehemann oder die in § 361 Abs. 2 StPO. genannten Verwandten des Verurteilten, die nach dessen Tode die Wiederaufnahme des Verfahrens beantragt haben, haften für die ihnen auferlegten Kosten persönlich. Der gesetzliche Vertreter, der von § 298 StPO. Gebrauch gemacht hat, haftet dagegen nur mit dem Vermögen des Vertretenen. Jonas § 49 Anm. 7; Rittmann-Wenz § 49 Anm. 5; Kollat § 49 Anm. 5; Wochinger-Schwalb § 79 Anm. 4a; RGSt. 46, 138; 53, 345.

[29]) RGSt. 1, 337; JW. 1886, 7[10] (RG.); JustizDBl. 2, 215 (LG. Frankenthal). Unter Umständen kann durch Niederschlagung gemäß § 6 GKG. geholfen werden.

[30]) Für solche Teilung JW. 1922, 1063 (LG. Nürnberg); DRZ. 1927 Rspr. Nr. 77 und 256 (BayObLG.).

45 C. Kostenschuldner infolge Übernahmeerklärung.

1. Übernahmeerklärungen können sowohl im Offizial- wie im Privatklageverfahren vorkommen[31]). In diesem sind sie anläßlich einer zur Zurücknahme der Privatklage oder Widerklage führenden Verständigung der Parteien eine häufige Erscheinung, in jenem erfolgen sie z. B. oft seitens des Beschuldigten, der die Zurücknahme des Strafantrags herbeiführen will.

46 2. Auch bei Vorliegen einer Erklärung der Kostenübernahme besteht die Pflicht des Gerichts, gemäß § 464 Abs. 1 StPO. (vgl. dazu oben Anm. 37) über die Kosten zu entscheiden[31a]). Soweit also eine Kostenübernahme erklärt wird, tritt sie im Strafprozesse immer einer Kostenentscheidung zur Seite[32]).

§ 79a.

Der Beschuldigte, der den Antrag auf gerichtliche Entscheidung gegen eine polizeiliche Strafverfügung oder einen Strafbescheid einer Verwaltungsbehörde zurücknimmt, ist Schuldner der entstandenen Auslagen.

Vorbemerkung.

§ 79a ist durch die Novelle vom 28. Januar 1927 in das Gesetz eingefügt worden.

Der Antrag auf gerichtliche Entscheidung gegen eine polizeiliche Strafverfügung oder gegen den Strafbescheid einer Verwaltungsbehörde kann nach §§ 416 Abs. 2, 422 Abs. 3 StPO. bis zum Beginne der Hauptverhandlung und, soweit die RAbgO. gilt, nach deren § 430 Abs. 1 noch bis zur Verkündung des Urteils 1. Instanz zurückgenommen werden. Erfolgt solche Zurücknahme, so wird seitens des Gerichts keine Gebühr erhoben[1]), da ja eine gerichtlich erkannte Strafe nicht gegeben und nur an sie in § 49 GKG. gedacht ist. Dagegen fallen die Auslagen dem Beschuldigten zur Last, der den Antrag gestellt und zurückgenommen hat. Die Haftung entsteht mit der Zurücknahme[2]), mit dieser werden nach § 75 Abs. 1 GKG. die Auslagen fällig; § 75 Abs. 2 greift nicht ein, da er nur an eine gerichtliche Bestrafung denkt, wie die Erwähnung „des Urteils" zeigt[3])[4]).

---

[31]) Jonas § 79 Anm. 4b; Kollat § 79 Anm. 3; Rittmann-Wenz § 79 Anm. 7. Wegen Kostenübernahme im Privatklageverfahren vgl. Recht 1904 Nr. 1168 (RG.); SächsArch. 1912, 242 (LG. Freiberg).

Sydow-Busch-Krieg § 79 Anm. 6 will im Offizialverfahren eine Kostenübernahme nicht zulassen, während er im Privatklageverfahren eine solche sogar die gesetzlichen Bestimmungen des § 471 Abs. 2—4 StPO. ändern läßt. Zu der ersteren Ansicht fehlt jeder Grund, die zweite erklärt sich daraus, daß Sydow-Busch-Krieg der in Fußnote 31a erwähnten Entscheidung des LG. Altona folgt, zu der Anm. 46 zu vergleichen ist.

[31a]) Das übersehen die Entsch. JW. 1926, 220[1] (LG. Altona) und JW. 1927, 2477[5] (LG. Wiesbaden).

[32]) Jonas § 79 Anm. 4b; Baumbach § 79 Anm. 4; Rittmann-Wenz § 79 Anm. 7; Kollat § 79 Anm. 3.

[1]) Nach § 419 Ziffer a) RAbgO. wird für den Strafbescheid eine Gebühr in Höhe der Gebühr des GKG. für Urteile in Strafsachen des ersten Rechtszugs erhoben. Die Regelung der Kostenfrage bei Strafbescheiden außerhalb des Geltungsgebiets der RAbgO. und bei polizeilichen Strafverfügungen ist Sache des Landesrechts.

[2]) Jonas § 79a Anm.; Kollat § 79a Anm.

[3]) § 79a GKG. kommt auch zur Anwendung, wenn gemäß § 430 Abs. 2 RAbgO. (s. oben § 53 Anm. 10) der Antrag auf gerichtliche Entscheidung als zurückgenommen gilt.

[4]) Hat ein Nebenbeteiligter (§ 386 Abs. 3 RAbgO.) Antrag auf gerichtliche Entscheidung gegen den Strafbescheid erhoben und den Antrag zurückgenommen, so ist er Schuldner der entstandenen Auslagen.

§ 80.

Schuldner der Schreibgebühren sowie der Postgebühren für die Übersendung auf Antrag erteilter Ausfertigungen und Abschriften ist der Antragsteller oder die Partei, die es unterlassen hat, einem von Amts wegen zuzustellenden Schriftsatz die erforderliche Zahl von Abschriften beizufügen.

Vorbemerkung.

§ 80 schafft für die Schreibgebühren des § 71 Abs. 1 GKG. mit Ausnahme der Fälle am Ende dieser Bestimmung sowie für die Postgebühren nach § 72 Z. 1a GKG. einen besonderen Kostenschuldner.

Übersicht.

I. Entstehungsgeschichte. Das GKG. in der Fassung des Gesetzes vom 1. Juni 1909 bestimmte in § 86 Abs. 2: 1

„Schuldner der Schreibgebühr ist der Antragsteller oder die Partei, welche es unterläßt, einem von Amts wegen zuzustellenden Schriftsatze die erforderliche Zahl von Abschriften beizufügen."

Der damals gültige § 79 sah in Ziff. 1 noch nicht Schreibgebühren „für Ausfertigungen und Abschriften aller Art in den Fällen der persönlichen oder sachlichen Gebührenfreiheit" vor. Die Postgebühren wurden damals durch den Pauschsatz abgegolten. Gemäß dem Gesetze vom 21. Dezember 1922 lautete § 80 ebenso, wie der jetzt gültige § 80, nur hieß es statt

„für die Übersendung auf Antrag erteilter Ausfertigungen"

damals

„für die auf Antrag erfolgende Übersendung von Ausfertigungen."

Die auf dem Gesetze vom 28. Januar 1927 beruhende neue Fassung sollte nur klarstellen, daß der „Antrag" nicht die Übersendung, sondern die Erteilung der Ausfertigung oder Abschrift betreffe, an dem materiellen Inhalte aber nichts ändern. Das ist wichtig, weil § 71 Abs. 1 GKG. n. F. die allgemeine Schreibgebührenpflicht für die Fälle der persönlichen und sachlichen Gebührenfreiheit einführte.

II. Bedeutung des § 80. § 80 bildet eine Sonderregelung gegenüber den Be- 2
stimmungen der §§ 77—79. Die im § 80 genannten Auslagen fallen nicht dem Antragsteller der Instanz, dem Gemeinschuldner oder Vergleichsschuldner oder demjenigen zur Last, dem durch unbedingte gerichtliche Entscheidung die Kosten des Verfahrens auferlegt sind, und die Übernahme dieser Kosten ist ohne ausdrückliche einschlägige Erklärung nicht auf die Auslagen des § 80 zu beziehen[1]. § 80 gilt für den gesamten Geltungsbereich des GKG.

III. Schreibgebühren. 3

1. Die Aneinanderreihung der „Schreibgebühren" und „der Postgebühren für die Übersendung auf Antrag erteilter Ausfertigungen und Abschriften" zeigt die innere Zusammengehörigkeit beider Gruppen von Auslagen. Hiernach und unter Berücksichtigung der Entstehungsgeschichte, wie sie unter I dargelegt ist, und des Schlusses des

[1]) Jonas § 80 Anm. 1; Rittmann-Wenz § 80 Anm. 1; Baumbach § 80 Anm. 1; Kollat § 80 Anm. 1; Wochinger-Schwalb Vorb. z. VI. Abschn. Anm. 35.

§ 80 sind unter den Schreibgebühren des § 80 nur Schreibgebühren zu verstehen für Ausfertigungen und Abschriften,

a) die nur auf Antrag erteilt werden,

b) die angefertigt werden, weil die Partei es unterläßt, einem von Amts wegen zuzustellenden Schriftsatze die erforderliche Zahl von Abschriften beizufügen.

4 2. Kostenschuldner der Schreibgebühren des § 80 ist der Antragsteller oder die Partei, die es unterlassen hat, einem von Amts wegen zuzustellenden Schriftsatz die erforderliche Zahl von Abschriften beizufügen.

5 a) Antragsteller ist nur die Partei[2]), nicht der Prozeßbevollmächtigte[3]), nicht der Verteidiger[4]), nicht der nur für den Vertretenen auftretende gesetzliche Vertreter.

6 b) Wegen der Pflicht zur Beifügung der erforderlichen Zahl von Abschriften s. § 71 Anm. 6 und 7[5]).

7 c) Das Armenrecht bewirkt auch die Stundung der Kostenschuld aus § 80 GKG. Wird der Gegner rechtskräftig in die Prozeßkosten verurteilt, so greift § 123 Abs. 1 GKG. ein.

8 3. Für die Schreibgebühren, die für Ausfertigungen und Abschriften aller Art in den Fällen der persönlichen oder sachlichen Gebührenfreiheit erhoben werden (§ 71 Abs. 1 GKG.), gilt § 80 nicht. Wer Schuldner dieser Schreibgebühren ist, beurteilt sich nach §§ 77—79 GKG.[6]).

9 IV. **Postgebühren.**

1. § 80 gilt nur für die in § 72 Z. 1a genannten Postgebühren. Insoweit ist auf die Anm. 5, 7 zu verweisen.

10 2. Für die Postgebühren nach § 72 Z. 1b gelten die §§ 77—79 GKG.

§ 81.

Die durch gerichtliche Entscheidung begründete Verpflichtung zur Zahlung von Gebühren und Auslagen erlischt, soweit die Entscheidung aufgehoben oder abgeändert wird.

Bereits gezahlte Beträge werden, soweit der Kostenansatz bestehen bleibt, nicht zurückgezahlt.

Vorbemerkung.

§ 81 behandelt hinsichtlich der Kostenhaftung auf Grund einer gerichtlichen Entscheidung die Bedeutung der Aufhebung oder Abänderung der Entscheidung. Der Paragraph entspricht, von geringen Fassungsänderungen abgesehen, dem § 87 GKG. ä. F.

Übersicht.

---

[2]) Jonas § 80 Anm. 3; Baumbach § 80 Anm. 2; Kollat § 80 Anm. 2; Sydow-Busch-Krieg § 80 Anm. 4.

[3]) Jonas, Baumbach, Kollat, Sydow-Busch-Krieg a. a. O.; OLG. 23, 267 und 25, 287 (KG.); JW. 1911, 419 (LG. Karlsruhe); Wochinger-Schwalb § 80 Anm. 2.

[4]) GoltdArch. 39, 198 (OLG. Kassel). Vgl. auch Jonas § 49 Anm. 7.

[5]) Auch hier haftet die Partei, nicht der Prozeßbevollmächtigte. Jonas § 80 Anm. 3. Eine abweichende Behandlung des Armenanwalts läßt sich nicht rechtfertigen. Rittmann-Wenz § 80 Anm. 1. A. M. Wochinger-Schwalb § 80 Anm. 3.

[6]) Jonas § 80 Anm. 1. A. M. Sydow-Busch-Krieg § 80 Anm. 2.

Kostenentscheidung oder Kostenübernahme (2).
3. Übernahmeerklärung und Kostenentscheidung (3).
4. Kostenhaftung auf Grund gerichtlicher Entscheidung und Aufhebung oder Abänderung der Entscheidung (4).

II. Die Aufhebung oder Abänderung der Entscheidung (5—7).
1. Durch eine neue Entscheidung (5).
2. Durch Vergleich? (6—7).

III. Die Wirkung der Aufhebung oder Abänderung der Kostenentscheidung (8—17).
1. Erlöschen der Zahlungspflicht (8).
2. Keine Erhebung noch nicht bezahlter Kosten (9).
3. An sich Erstattung bezahlter Kosten, jedoch nicht, „soweit der Kostenansatz bestehen bleibt" (10—16).
a) „Kostenansatz" (11).
b), c) Nichtbestehenbleiben und Bestehenbleiben des Kostenansatzes (12—15).
d) Dritte Personen (16).
4. § 81 betrifft nicht die Kostenvorschußpflicht (17).

IV. Die Bewilligung des Armenrechts im Laufe des Verfahrens (18).

I. Die Beziehung zwischen der Kostenzahlungspflicht und der Aufhebung oder Abänderung einer Entscheidung. 1

1. Die Eigenschaft als Kostenschuldner ist gegeben

a) in bürgerlichen Rechtsstreitigkeiten bei demjenigen, der das Verfahren der Instanz beantragt hat (§ 77 Abs. 1 GKG.), im Konkursverfahren in der Person desjenigen, der den Antrag auf Eröffnung oder Wiederaufnahme des Verfahrens gestellt hat oder in der Person des Gemeinschuldners (§ 78 GKG.), im Vergleichsverfahren zur Abwendung des Konkurses in der Person des Vergleichsschuldners (§ 78a GKG.),

b) bei demjenigen, dem durch unbedingte gerichtliche Entscheidung die Kosten des Verfahrens auferlegt sind, oder der sie dem Gerichte gegenüber übernommen hat (§ 79 GKG.).

2. Die Haftung aus § 77[1]) wird durch eine spätere Kostenentscheidung nicht beseitigt[2]), deren Wirkung kann nach § 82 Abs. 2 nur die sein, daß der bisherige Kostenschuldner Zweitschuldner wird. Also kann auch die Aufhebung oder Abänderung der Kostenentscheidung die Haftung aus § 77 nicht aufheben. Ebensowenig wird diese Haftung durch eine Kostenübernahme berührt. 2

3. Wer auf Grund seiner Übernahmeerklärung Kostenschuldner geworden ist, bleibt es, auch wenn einem anderen durch unbedingte gerichtliche Entscheidung die Kosten zur Last gelegt werden[3]). Die Aufhebung oder Abänderung dieser Entscheidung ist ebenso bedeutungslos für den aus der Kostenübernahme Haftenden. 3

4. Wie aber steht es mit dem Kostenschuldner, der es nur auf Grund gerichtlicher Entscheidung geworden ist? Es ist bereits in Anm. 5 zu § 79 hervorgehoben worden, daß die Entscheidung nicht rechtskräftig zu sein braucht. Soweit der verurteilte Beschuldigte in Frage kommt, ist allerdings solche Rechtskraft erforderlich, aber auch dann ist es wegen der Möglichkeit eines Wiederaufnahmeverfahrens nicht ausgeschlossen, daß die Entscheidung aufgehoben oder abgeändert wird. Nach § 81 Abs. 1 erlischt mit der Aufhebung oder Abänderung der Entscheidung die auf dieser beruhende Eigenschaft als Kostenschuldner. 4

II. Die Aufhebung oder Abänderung der Entscheidung. 5

1. Bei der Aufhebung oder Abänderung der Entscheidung denkt man naturgemäß an den Erlaß einer neuen Entscheidung. In der Tat ist das der häufigste

---

[1]) Die Fälle der §§ 78, 78a können außer Betracht bleiben, da sie gegenüber dem Falle des § 77 nichts Neues bieten.

[2]) Jonas § 81 Anm. 1; Baumbach § 81 Anm. 1; Sydow-Busch-Krieg § 81 Anm. 2; Rittmann-Wenz § 81 Anm. 4; Kollat § 81 Anm. 1a; RGZ. 24, 437.

[3]) Jonas, Baumbach a. a. O.; Sydow-Busch-Krieg § 81 Anm. 1.

Fall, in dem § 81 Abs. 1 GKG. in Frage kommt. Die neue Entscheidung[4]) kann von derselben oder der höheren Instanz ausgehen, sie kann die Kostenentscheidung vollkommen beseitigen oder nur teilweise durch eine andere ersetzen. Es ist nur der Erlaß[5]) der Entscheidung erforderlich, nicht auch ihre Rechtskraft oder Vollstreckbarkeit[6]).

6 2. Es fragt sich aber, ob nur durch eine neue Entscheidung die Aufhebung oder Abänderung der früheren möglich ist. Die überwiegende Meinung[7]) bejaht dies und spricht dem Vergleich in bürgerlichen Rechtsstreitigkeiten die Kraft ab, die Kostenhaftung im Verhältnisse zur Staatskasse abzuändern. Der Vergleich setze nur im Verhältnisse der Parteien zueinander die ergangene Entscheidung außer Kraft, die aus ihr der Staatskasse erwachsenen Rechte vermöge er nicht anzutasten.

7 Daran ist soviel richtig, daß der Vergleich eine Verfügung seitens der Parteien und kein behördlicher Akt wie eine Entscheidung ist. Aber das ist nicht ausschlaggebend. § 79 stellt die gerichtliche Entscheidung und die Übernahmeerklärung für die Schaffung eines Kostenschuldners auf die gleiche Stufe. Das Gesetz läßt, abgesehen von dem Eingreifen des § 77 GKG., der Parteidisposition sicher freien Raum, solange noch keine Kostenentscheidung ergangen ist, und selbst der Kostenschuldner des § 77 GKG. wird, sobald eine Kostenübernahme erklärt ist, zum Zweitschuldner, auch hier tritt also die gesetzliche Regelung hinter die Parteiverfügung zurück. Da wäre es doch auffallend, wenn die Tatsache, daß die Parteien im Verhältnisse zueinander die Kostenfrage anderweit geregelt haben, der Staatskasse gegenüber ohne Bedeutung sein sein sollte. Die Furcht, die Staatskasse könne durch Abwälzen der Kostenlast auf einen Zahlungsunfähigen geschädigt werden, ist übertrieben, da die Haftung des Antragstellers der Instanz (§ 77) unberührt bleibt. Umgehungen des Gesetzes sind auch bei urteilsmäßiger Erledigung möglich. Die hier bekämpfte Ansicht führt — entgegen den Absichten der neueren Gesetzgebung, die den Vergleichsschluß fördern will — zu einer ungerechtfertigten Erschwerung des Vergleiches. Im Sinne des § 81 ist daher dem Vergleiche die Kraft, eine Entscheidung aufzuheben oder abzuändern, auch im Verhältnisse zur Staatskasse zuzugestehen[8]).

8 **III. Die Wirkung der Aufhebung oder Abänderung der Kostenentscheidung.**

1. Soweit die gerichtliche Entscheidung aufgehoben oder abgeändert wird, erlischt die durch sie begründete Verpflichtung zur Kostenzahlung.

9 2. Aus dem Erlöschen der Zahlungspflicht folgt, daß noch nicht bezahlte Gebühren und Auslagen von dem bisherigen Kostenschuldner nicht mehr erhoben werden können[9]).

---

[4]) Die Aufhebung oder Abänderung muß unbedingt sein, die neue Kostenentscheidung kann aber zugleich durch Eid bedingt geschehen.

[5]) Darüber, wann solcher vorliegt, vgl. § 29 Anm. 9; § 74 Anm. 18.

[6]) Jonas § 81 Anm. 1; Baumbach § 81 Anm. 1; Sydow-Busch-Krieg § 81 Anm. 3.

[7]) Jonas § 79 Anm. 2b, § 81 Anm. 1; Rittmann-Wenz § 81 Anm. 1; Baumbach § 81 Anm. 1; Kollat § 81 Anm. 3; Kraemer BuschsZ. 53, 60; Sydow-Busch-Krieg § 79 Anm. 4; OLG. 17, 221 (Braunschweig); 21, 132 (München); 21, 397 (Celle); 22, 280 (Frankfurt a. M.); 23, 265 (KG.); 27, 226 (Hamburg); ThürBl. 56, 31 (OLG. Jena); HansGZ. 1912 B. 47; 34 B. 220 (OLG. Hamburg); ZfDJustSekr. 1911, 171 (OLG. Köln); WürttZSprBeil. 1927, 101 (OLG. Stuttgart); JW. 1928, 1520[15] (KG.).

[8]) OLG. 3, 166 und 15, 173 (KG.); JW. 1926, 2596[18] (LG. Stettin) und Anm. v. Geiershöfer; 1927, 864[28] (OLG. Karlsruhe) und Anm. v. Abenheimer; LG. München II 20. Dez. 1927 A 1178/26 I; BayZ. 1928, 144 (OLG. München).

Für den Strafprozeß kann solche Wirkung des Vergleichs freilich nicht angenommen werden, auch nicht, wie Geiershöfer a. a. O. will, für das Privatklageverfahren: denn der Strafprozeß kennt keinen im Verfahren selbst wirksamen Vergleich. Vgl. Walter-Joachim-Friedlaender RAGebO. § 75 Anm. 2 und Fußnote 2.

[9]) Jonas § 81 Anm. 1; Baumbach § 81 Anm. 1; Sydow-Busch-Krieg § 81 Anm. 3; Rittmann-Wenz § 81 Anm. 2; Kollat § 81 Anm. 1a; Wochinger-Schwalb § 81 Anm. 1; RGZ. 15, 414.

3. Ebenso müssen an sich bereits gezahlte Kosten entsprechend der Auf- 10
hebung oder Abänderung der Entscheidung von der Staatskasse zurückgezahlt werden[10]), da sich ergeben hat, daß, soweit die neue Entscheidung eingreift, eine Nichtschuld — u. z. unter dem Drucke der sonst möglichen Beitreibung der Kosten im Verwaltungszwangsverfahren — gezahlt worden ist. Solche Zurückzahlung schließt aber § 81 Abs. 2 aus, „soweit der Kostenansatz bestehen bleibt“.

a) Das Wort „Kostenansatz“[11]) legt es nahe, zu seiner Begriffsbestimmung auf 11
§ 4 zurückzugreifen. Dort ist dem Kostenansatze wesentlich die Aufstellung eines bestimmten Kostenbetrages und die Bezeichnung des Kostenschuldners, wobei der Kostenansatz derart als Einheit aufzufassen ist, daß immer nur der Gesamtbetrag, nicht ein Einzelposten als solcher Gegenstand der Erinnerung und Beschwerde sein kann[11a]). Die gedachte Einheit des Kostenansatzes ist auch für § 81 Abs. 2 anzunehmen, dagegen hat hier die Verbindung des Kostenbetrages mit der Person des Kostenschuldners außer Betracht zu bleiben: denn § 81 Abs. 2 gilt gerade dem Fall, daß der Kostenbetrag bestehen bleibt und nur die Person des Kostenschuldners wechselt.

b) Der Kostenansatz bleibt nicht bestehen, wenn die Kostenerhebung 12
überhaupt in Wegfall kommt[12]). Das trifft z. B. zu, wenn der Beschluß über Auferlegung einer Verzögerungsgebühr aus § 39 GKG. aufgehoben wird[13]), wenn die Beweisgebühr nach § 23 GKG. wegfällt oder wenn die Niederschlagung von Gebühren oder Auslagen gemäß § 6 GKG. erfolgt[14]). Dasselbe gilt bezüglich der Gebühren, wenn einer Partei, welcher die Gebührenfreiheit zusteht, die Kosten des Verfahrens auferlegt werden (§ 90 Abs. 4)[15]). In diesen Fällen sind die betreffenden gezahlten Beträge voll von der Staatskasse zu erstatten[15a]).

Wird die Gebühr oder Auslage, z. B. die Verzögerungsgebühr ermäßigt oder 13
werden die Gebühren der §§ 60—63, 67 im Rechtsmittelwege auf Grund des § 68 herabgesetzt, so ist der zuviel erhobene Betrag zu erstatten[15b]). Ebenso steht es, wenn der Wert des Streitgegenstandes niedriger bemessen wird und deshalb die Gebührenbeträge sich vermindern[16]).

Wenn im Privatklageverfahren der Angeklagte in der 1. Instanz freigesprochen 14
wurde und auf Berufung des Privatklägers in 2. Instanz zu einer Geldstrafe von 300 RM. verurteilt wird, so kam zunächst für die 1. Instanz gemäß § 60 Abs. 1 GKG. eine Gebühr von 30 RM. in Ansatz, und die infolge des Berufungsurteils — nach Eintritt seiner Rechtskraft — gemäß §§ 59, 49, 52 Abs. 2 GKG. für die 1. Instanz in Ansatz kommende Gebühr beträgt auch 30 RM. Der Betrag der Gebühr bleibt also der gleiche, sie fußt nur jetzt auf einer anderen gesetzlichen Vorschrift. Deshalb ist aber der Kostenansatz nach dem Grundsatze der Einheit des Kostenansatzes doch bestehen geblieben[17]).

---

[10]) Jonas § 81 Anm. 1.

[11]) In dem dem jetzigen § 81 Abs. 2 entsprechenden früheren § 87 Abs. 2, der nur die Gebühren betraf, stand eben deshalb „Gebührenansatz“ statt „Kostenansatz“.

[11a]) S. § 4 Anm. 2.

[12]) Jonas § 81 Anm. 2; Baumbach § 81 Anm. 3; Kollat § 81 Anm. 1a.

[13]) Jonas § 81 Anm. 2; Rittmann-Wenz § 81 Anm. 3.

[14]) Jonas § 81 Anm. 2; Wochinger-Schwalb § 81 Anm. 1; Sydow-Busch-Krieg § 81 Anm. 5.

[15]) Jonas § 81 Anm. 2; Kollat § 81 Anm. 1b; Sydow-Busch-Krieg a. a. O.

[15a]) Die Erstattung kann auch im Wege der Aufrechnung mit einer anderen Kostenforderung an den Erstattungsberechtigten geschehen.

[15b]) S. Fußnote 15a.

[16]) Jonas § 81 Anm. 2; Wochinger-Schwalb § 81 Anm. 1; Sydow-Busch-Krieg § 81 Anm. 5.

[17]) A. M. Jonas § 81 Anm. 2; Rittmann-Wenz § 81 Anm. 3.
Vom Standpunkte der Gegner aus ist übrigens zu beachten, daß die Vorschußpflicht des Privatklägers nach § 83 GKG. bestehen bleibt (s. § 86 GKG.) und deshalb in Höhe des etwa noch nicht geleisteten Gebührenvorschusses keine Rückzahlung stattfindet. Rittmann-Wenz § 81 Anm. 3; Baumbach § 81 Anm. 4; Kollat § 81 Anm. 1a; Wochinger-Schwalb § 81 Anm. 1, 2.

15 c) Der Kostenansatz bleibt bestehen, wenn der Betrag der Kosten (einschließlich oder ausschließlich der ihrer Aufstellung zugrunde gelegten Vorschrift) unverändert bleibt und nur die Person des Kostenschuldners wechselt[18]). Daß in solchem Falle die Staatskasse die erhaltenen Kostenbeträge nicht zurückzahlt, erklärt sich daraus, daß der Staat davon ausgeht, die Partei, welche die Kosten gezahlt hat, sei durch die Erstattungspflicht des unterliegenden Gegners genügend gesichert[19]).

16 d) Der oben gedachte Gesichtspunkt entfällt, wenn die Kosten nicht von einer Partei, sondern von einem Dritten, dem sie auferlegt waren (vgl. §§ 102, 380, 390, 409 ZPO., §§ 51, 70, 77, 145 StPO.), bezahlt wurden und nun infolge der neuen Entscheidung einer Partei zur Last fallen, gegen die der Dritte keinen Ersatzanspruch hat. Hier kann § 81 Abs. 2 nicht für anwendbar erachtet werden, die Zurückzahlung hat also zu erfolgen[20]).

17 4. § 81 betrifft nur die Kostenzahlungspflicht, nicht die Pflicht zur Leistung eines Kostenvorschusses[21]). Diese Pflicht wird nach § 86 dadurch nicht berührt, daß einem anderen die Kosten des Verfahrens auferlegt werden.

18 **IV. Die Bewilligung des Armenrechts im Laufe des Verfahrens** Wird das Armenrecht im Laufe des Verfahrens bewilligt, so tritt damit die einstweilige Befreiung von der Berichtigung der rückständigen und künftig erwachsenden Gerichtskosten ein, nicht auch ein Anspruch auf Rückzahlung bereits berichtigter Beträge[22]).

§ 82.

Mehrere Kostenschuldner haften als Gesamtschuldner.

Soweit einer Partei die Kosten durch gerichtliche Entscheidung auferlegt oder von ihr durch eine vor dem Gericht abgegebene oder ihm mitgeteilte Erklärung übernommen sind, soll die Haftung der anderen Partei nur geltend gemacht werden, wenn eine Zwangsvollstreckung in das bewegliche Vermögen der ersteren erfolglos geblieben ist oder aussichtslos erscheint.

Vorbemerkung.

§ 82 behandelt die gesamtschuldnerische Haftung mehrerer Kostenschuldner, abgesehen von dem in § 87 geregelten Falle, daß eine Partei aus mehreren Personen besteht.

Übersicht.

---

18) Jonas § 81 Anm. 2; Baumbach § 81 Anm. 3; Rittmann-Wenz § 81 Anm. 3; Kollat § 81 Anm. 1a; Wochinger-Schwalb § 81 Anm. 1.

19) Jonas § 81 Anm. 1; Rittmann-Wenz § 81 Anm. 2; Kollat und Wochinger-Schwalb a. a. O.

20) Jonas § 81 Anm. 2; Rittmann-Wenz § 81 Anm. 5; Baumbach § 81 Anm. 4; Kollat § 81 Anm. 1c.

Anders liegt die Sache, wenn der Ehemann oder Vater auf Grund der Bestimmungen des BGB. als Kostenschuldner haftbar gemacht worden war, da hier ja jedenfalls ein Anspruch aus nützlicher Geschäftsführung gegen die Ehefrau oder das Kind bestehen wird.

21) Jonas § 81 Anm. 4; Rittmann-Wenz § 81 Anm. 4; Kollat § 81 Anm. 1a; Wochinger-Schwalb § 81 Anm. 2.

22) S. § 74 Anm. 23.

I. Entstehungsgeschichte. Im Gegensatz zu § 82 Abs. 1 hafteten nach § 91 GKG. 1
ä. F. auch mehrere Streitgenossen — für andere Fälle von mehreren Kostenschuldnern fehlte eine Bestimmung — mangels einer gerichtlichen Entscheidung über die Kostenverteilung nach Kopfteilen. Nach § 89 Satz 1 GKG. ä. F. trat die Haftung des Antragstellers der Instanz nur in Ermangelung eines Entscheidungs- oder Übernahmeschuldners ein. Die Fassung des § 82 beruht auf dem Gesetze vom 21. Dezember 1922.

II. Mehrere Kostenschuldner. 1a

1. Mehrere Personen können derart nebeneinander als Kostenschuldner erscheinen, daß *die eine für diesen, die andere für jenen Kostenbetrag haftet*, z. B. der Gläubiger für die Mahngebühr des § 31 Abs. 1, der Schuldner, der gegen den Zahlungsbefehl Widerspruch erhoben und Terminsbestimmung im Streitverfahren beantragt hat, für die halbe Prozeßgebühr des § 31 Abs. 2. Daß verschiedene Personen haften, hat hier auf die Haftung der einzelnen keinerlei Einfluß. § 82 betrifft diesen Fall nicht.

2. Die Haftung mehrerer Kostenschuldner kann ferner dadurch eintreten, *daß* 2
diese Personen **eine** *Partei bilden*. Auch diesen Fall regelt § 82 nicht, für ihn gilt § 87.

3. Endlich können mehrere Kostenschuldner dadurch gegeben sein, daß bei mehreren 3
Personen, die nicht zu *einer* Partei gehören, *die verschiedenen Haftungsgründe selbständig auftreten und alle für denselben Kostenbetrag haften*.

a) Der Kläger und der Beklagte haften, wenn sie beide nach Erhebung des 4
Widerspruchs gegen den Zahlungsbefehl bei landgerichtlicher Zuständigkeit Terminsbestimmung im Streitverfahren beantragen, für die Kosten des Streitverfahrens.

b) Für dieselben Kosten können haften der Antragsteller und derjenige, dem sie 5
durch unbedingte gerichtliche Entscheidung auferlegt sind, oder der sie dem Gerichte gegenüber übernommen hat. Es haften ferner in den Fällen des § 33 Z. 4 und 5 GKG. der Antragsteller und gemäß § 88 GKG. in Verbindung mit § 788 ZPO. der Vollstreckungsschuldner, bei Eröffnung oder Wiederaufnahme des Konkursverfahrens auf Antrag eines Gläubigers für die Eröffnungsgebühr der antragstellende Gläubiger und der Gemeinschuldner.

c) Nebeneinander können als Schuldner desselben Kostenbetrags auch in Betracht 6
kommen derjenige, der ihn dem Gerichte gegenüber übernommen hat, und derjenige, dem er durch unbedingte gerichtliche Entscheidung auferlegt worden ist.

4. *Nur für die in Anm.* 3 *charakterisierten Fälle kommt die Vor-* 7
schrift des § 82 *in Betracht*[1]), nur von ihnen ist im folgenden die Rede.

III. Gesamtschuldnerische Haftung. Erst- und Zweitschuldner. 8

1. Mehrere Kostenschuldner[2]) i. S. der Anm. 3 haften als *Gesamtschuldner*.

a) Die rechtlichen Folgen der Gesamthaftung bemessen sich nach BGB. Handelt 9
es sich auch um ein öffentlichrechtliches Rechtsverhältnis, so weist doch § 82 Abs. 1 durch seine ausdrückliche Hervorhebung des zivilrechtlichen Begriffs der Gesamthaftung auf die Vorschriften des bürgerlichen Rechts hin. Die Gesamthaft bedeutet keine Erhöhung des Umfangs der Haftung[3]). Darüber, wie weit diese im Falle von Klage und Widerklage oder bei wechselseitigen Rechtsmitteln gemäß § 77 reicht, s. § 77 Anm. 34, 35, darüber, wie weit sie bei Haftung aus einer gerichtlichen Entscheidung geht, vgl. § 79 Anm. 10ff. und bei Haftung aus einer Übernahmeerklärung vgl. § 79 Anm. 25ff.

---

[1]) *Jonas* § 82 Anm. 1; *Baumbach* § 82 Anm. 1; *Rittmann-Wenz* § 82 Anm. 1, 4; *Kollat* § 82 Anm. 1a, c.

[2]) § 82 gilt für Gebühren und Auslagen mit Ausnahme des Falles des § 80. *Baumbach* § 82 Anm. 1; *Kollat* § 82 Anm. 1; *Wochinger-Schwalb* § 82 Anm. 2.

[3]) *Jonas* § 82 Anm. 2; *Baumbach* § 82 Anm. 1; *Kollat* § 82 Anm. 1b; *Rittmann-Wenz* § 82 Anm. 1. S. aber § 77 Anm. 34, 35 in Verbindung mit Anm. 29.

10 b) Soweit die Gesamthaft reicht, kann die Staatskasse gemäß § 421 BGB. nach ihrem Belieben die Zahlung ganz oder zu einem Teile von jedem der Schuldner fordern[4]).

11 c) Die Gesamtschuldner sind im Verhältnisse zueinander zu gleichen Anteilen verpflichtet, soweit nicht ein anderes bestimmt ist[5]) (§ 426 Abs. 1 Satz 1 BGB.). Wer mehr als seinen Anteil gezahlt hat, kann von den anderen Gesamtschuldnern anteilsmäßigen Ersatz des überschießenden Betrags verlangen.

12 2. Besonderes gilt, wenn neben dem Antragsteller des § 77 ein Kostenschuldner aus § 79 in Betracht kommt. Dann soll nach § 82 Abs. 2 die Haftung des Antragstellers nur geltend gemacht werden, wenn eine Zwangsvollstreckung in das bewegliche Vermögen des anderen Kostenschuldners erfolglos geblieben ist oder aussichtslos erscheint. M. a. W. der Antragsteller wird zum Zweitschuldner, der aus § 79 Haftende zum Erstschuldner.

13 a) § 82 Abs. 2 ist eine Sollvorschrift, aber ihre Anwendung steht nicht im Belieben der Behörde, vielmehr ist die Einhaltung Amtspflicht[6]). Die Nichteinhaltung bewirkt keine Nichtigkeit, gibt aber dem zu Unrecht zuerst in Anspruch genommenen Zweitschuldner das Recht der Erinnerung und Beschwerde aus § 4 GKG.[7]).

14 b) Die Haftung des Antragstellers soll nur unter den Voraussetzungen des § 82 Abs. 2 „geltend gemacht werden". Darunter ist das Verlangen der Zahlung zu verstehen, nicht auch das Verrechnen eines bereits geleisteten Vorschusses[8]).

15 c) § 82 Abs. 2 soll den Antragsteller vor der alsbaldigen Heranziehung zur Kostenbezahlung schützen, Kostenschuldner, wenn auch an zweiter Stelle, bleibt er. Zahlt er freiwillig, so verzichtet er damit auf die ihm zustehende Einwendung und kann nicht Zurückzahlung begehren[9]).

16 d) Zur Inanspruchnahme des Zweitschuldners ist erforderlich, daß vorher eine Zwangsvollstreckung in das bewegliche Vermögen des Erstschuldners[9a]) erfolglos geblieben ist oder daß sie aussichtslos erscheint. Es ist gleichgültig, ob die Zwangsvollstreckung in körperliche Sachen oder in Forderungen und andere Vermögensrechte geschah. Mehr als einer fruchtlosen Vollstreckung bedarf es nicht, ebensowenig der Betreibung des Offenbarungseidsverfahrens oder[10]) der Vollstreckung in das unbewegliche Vermögen. Eine Zwangsvollstreckung ist entbehrlich, wenn sie aussichtslos erscheint, d. h. wenn nach dem, was über die Vermögensverhältnisse des Erstschuldners bekannt ist (z. B. vor kurzem erfolgte Leistung des Offenbarungseides)[11]), damit zu rechnen ist, daß die Zwangsvollstreckung ergebnislos verlaufen werde. Dazu genügt noch nicht, daß der Erstschuldner im Inlande kein Vermögen hat[12]). Wohl aber dürfen bei Beurteilung der Aussichten

---

[4]) Jonas § 82 Anm. 3; Rittmann-Wenz § 82 Anm. 2; Kollat § 82 Anm. 2a; Baumbach § 82 Anm. 2; Wochinger-Schwalb § 82 Anm. 1; Sydow-Busch-Krieg § 82 Anm. 2.

[5]) Z. B. durch die Entscheidung, die die Kostenpflicht begründet. Wochinger-Schwalb § 82 Anm. 1.

[6]) Baumbach § 82 Anm. 4; Wochinger-Schwalb § 82 Anm. 3.

[7]) Jonas § 82 Anm. 3; Baumbach § 82 Anm. 4; Rittmann-Wenz § 82 Anm. 2. Es genügt aber nicht, daß ein künftiges Hinzutreten eines aus § 79 haftenden Kostenschuldners lediglich in Aussicht steht. Wochinger-Schwalb § 82 Anm. 3.

[8]) SeuffArch. 80, 254 (RG.).

[9]) Jonas § 82 Anm. 3; Rittmann-Wenz § 82 Anm. 2; Baumbach § 82 Anm. 4; Kollat § 82 Anm. 2a; Sydow-Busch-Krieg § 82 Anm. 3.

[9a]) Sind mehrere Erstschuldner vorhanden, so muß bezüglich aller der Tatbestand des § 82 Abs. 2 a. E. gegeben sein.

[10]) Kollat § 82 Anm. 2b; Baumbach § 82 Anm. 5.

[11]) Kollat § 82 Anm. 2b; Baumbach § 82 Anm. 5; Wochinger-Schwalb § 82 Anm. 5.

[12]) JW. 1905, 117 [22] (RG.). A. M. Rittmann-Wenz § 82 Anm. 3; Baumbach § 82 Anm. 5; Kollat § 82 Anm. 2b.

eines Vorgehens im Auslande die in Justizverwaltungsverfügungen niedergelegten einschlägigen Erfahrungen berücksichtigt werden, während Anweisungen im Verwaltungswege, aus Zweckmäßigkeitsgründen Schritte im Auslande allgemein oder unter bestimmten Voraussetzungen zu unterlassen, als solche das Vorliegen des Tatbestandes nach § 82 Abs. 2 a. E. nicht ersetzen können[13]).

e) Dagegen steht solchem Tatbestande der Umstand gleich, daß dem Erstschuldner das Armenrecht bewilligt, ein Vorgehen gegen ihn also unzulässig ist[14]): denn eine gegen ihn betriebene Zwangsvollstreckung müßte auf die doch zu erwartende Erinnerung des Schuldners wegen der durch die Armenrechtsbewilligung eingetretenen Stundung aufgehoben werden, die Aussichtslosigkeit der Zwangsvollstreckung steht also mit Sicherheit in Aussicht. 17

Vorbemerkung zu §§ 83—86.

Die §§ 83—86 betreffen die Pflicht zur Leistung von Kostenvorschüssen, u. z. handelt es sich im § 83 um den Gebührenvorschuß in Strafsachen, im § 85 um den Ausländervorschuß, im § 84 um den Auslagenvorschuß, während § 86 das Verhältnis der Vorschußpflicht zur Kostenzahlungspflicht regelt.

§ 83.

In Strafsachen hat der Privatkläger oder derjenige, der als Privatkläger oder Nebenkläger eine Berufung oder eine Revision einlegt oder eine Wiederaufnahme des Verfahrens beantragt, einen Gebührenvorschuß in Höhe der halben im § 60 Abs. 1 bestimmten Gebühr für die Instanz zu zahlen. Der § 64 findet entsprechende Anwendung. Der Widerkläger ist zur Zahlung eines Gebührenvorschusses nicht verpflichtet.

Der gleiche Gebührenvorschuß ist im Falle des § 67 zu zahlen.

Sofern nicht dem Privatkläger das Armenrecht bewilligt ist oder Gebührenfreiheit zusteht, soll auf Grund der erhobenen Privatklage vor Zahlung des Gebührenvorschusses keine gerichtliche Handlung vorgenommen werden, es sei denn, daß glaubhaft gemacht wird, daß die Verzögerung dem Privatkläger einen nicht oder nur schwer zu ersetzenden Nachteil bringen werde.

Vorbemerkung.

§ 83 regelt die Gebührenvorschußpflicht des Privat- und Nebenklägers und die Abhängigmachung der gerichtlichen Tätigkeit von der Erfüllung dieser Pflicht durch den Privatkläger.

---

13) JW. 1905, 117[22] (RG.). A. M. Sydow-Busch-Krieg § 82 Anm. 4. Nach Jonas § 82 Anm. 3 soll es genügen, „wenn der an erster Stelle Haftende nur Vermögen im Auslande besitzt und die nach den bestehenden Vorschriften vorhandenen Mittel zur Einziehung erschöpft sind".

14) Jonas § 82 Anm. 3; Rittmann-Wenz § 82 Anm. 3; Kollat § 82 Anm. 2b; Baumbach § 82 Anm. 5; Wochinger-Schwalb § 82 Anm. 5; Sydow-Busch-Krieg § 82 Anm. 4; OLG. 15, 174[8f] (Karlsruhe); 22, 158[5] (Dresden); 27, 226 (Breslau); 39, 48 (Karlsruhe); BuschsZ. 23, 480 (LG. Gnesen) und 481 (OLG. Posen); 52, 316[51] (OLG. Dresden) mit Anm. v. M. Friedlaender; Bbl. 1907, 65 (KG.); ZfDGerSekr. 1907, 78[4] (Breslau); JW. 1925, 2363[12] (OLG. Celle); 1926, 860[13] (OLG. Celle); Recht 1928 Nr. 406 (OLG. Celle); HansGZ. 1927 B. 148 (OLG. Hamburg); JW. 1928, 1871[4] (KG.) mit Anm. v. M. Friedlaender.

A. M. BuschsZ. 23, 479 (AG. Gnesen); PosMSchr. 1914, 118 (OLG. Posen); HansGZ. 1926 B. 179 (OLG. Hamburg); SeuffArch. 81, 158 (OLG. Hamburg).

Der Paragraph gibt in Abs. 1 und 2 mit kleinen Abweichungen den § 83 GKG. a. F. wieder, während Abs. 3 eine an § 74 anknüpfende Neuerung des Gesetzes vom 21. Dez. 1922 ist, auf dem auch die Fassung der übrigen Absätze beruht.

Übersicht.

1 **I. Allgemeines.** Während es in bürgerlichen Rechtsstreitigkeiten, abgesehen von dem Ausländervorschuß des § 85[1]), einen Gebührenvorschuß nicht mehr gibt, sieht § 83 einen solchen im Strafverfahren vor, jedoch nur in engen Grenzen.

2 **II. Die Gebührenvorschußpflicht in Strafsachen.**

A. Vorschußpflichtige Personen[1a]).

1. Der Privatkläger ist im Privatklageverfahren und im objektiven Strafverfahren vorschußpflichtig

a) in der ersten Instanz stets[1b]),

b) im übrigen nur, wenn er als Privatkläger Berufung oder Revision einlegt oder die Wiederaufnahme des Verfahrens beantragt, also nicht, wenn lediglich der Angeklagte oder ein Einziehungsbeteiligter das Rechtsmittel erhoben hat[2]) oder wenn der Privatkläger nicht als solcher, sondern als Widerbeklagter gegen die auf die Widerklage ergangene Entscheidung im Rechtsmittelwege vorgeht oder mit einem Wiederaufnahmeantrage ankämpft[3]).

3 2. Der Widerkläger ist niemals vorschußpflichtig. Das gilt auch, wenn nach Zurücknahme der Privatklage oder Einstellung des Verfahrens über die Privatklage das Verfahren auf die Widerklage selbständig fortgesetzt[4]) oder nur von dem Widerkläger Berufung oder Revision eingelegt wird[4a]).

4 3. Der Nebenkläger[5]) ist im Offizialstrafverfahren und im objektiven Strafverfahren nur vorschußpflichtig, wenn er als Nebenkläger — auch gegenüber einem Mitangeklagten in der Stellung als Nebenkläger und nicht lediglich als Angeklagter

---

[1]) Wenn man diesen in bürgerlichen Rechtsstreitigkeiten als Gebührenvorschuß ansieht (s. aber § 86 Anm. 10).

[1a]) Mehrere Vorschußpflichtige haften als Gesamtschuldner (§ 87).

[1b]) Jonas § 83 Anm. 2a; Rittmann-Wenz § 83 Anm. 2; Baumbach § 83 Anm. 1; Kollat § 83 Anm. 1b; Wochinger-Schwalb § 83 Anm. 3.

[2]) Jonas § 83 Anm. 2a; Sydow-Busch-Krieg § 83 Anm. 2.

[3]) Jonas § 83 Anm. 2a; Rittmann-Wenz § 83 Anm. 2; Baumbach § 83 Anm. 1; Kollat § 83 Anm. 1b; Wochinger-Schwalb § 83 Anm. 3; Sydow-Busch-Krieg § 83 Anm. 2.

[4]) Jonas § 83 Anm. 2d; Rittmann-Wenz § 83 Anm. 2; Baumbach § 83 Anm. 1; Kollat § 83 Anm. 1a; Wochinger-Schwalb § 83 Anm. 3; Sydow-Busch-Krieg § 83 Anm. 6.

[4a]) Rittmann-Wenz § 83 Anm. 2; Wochinger-Schwalb § 83 Anm. 3;

[5]) Nicht auch die Verwaltungsbehörde in den Fällen des § 427 StPO. bzw. der §§ 432 Abs. 1, 437 Abs. 1 RAbgO. (vgl. § 66 Anm. 2).

— eine Berufung oder eine Revision einlegt oder eine Wiederaufnahme des Verfahrens beantragt.

4. Die Vorschußpflicht entfällt[5a]) 5

a) mit der Bewilligung des Armenrechts (§ 379 Abs. 3 StPO., § 115 Abs. 1 Z. 1 ZPO.)[5b]),

b) falls dem an sich Vorschußpflichtigen Gebührenfreiheit zusteht.

5. Der Beschuldigte ist niemals vorschußpflichtig[6]), ebensowenig der Einziehungsbeteiligte[7]). 6

B. Der Betrag des Gebührenvorschusses[8]). 7

1. Der Gebührenvorschuß ist für jede Instanz, in welcher der Betreffende vorschußpflichtig ist, gesondert zu leisten.

2. Er beträgt normalerweise für die Instanz die Hälfte der im § 60 Abs. 1 bestimmten Gebühr, also 15 RM. Nach § 83 Abs. 1 Satz 2 findet der § 64 entsprechende Anwendung, der Gebührenvorschuß beträgt also, wenn das Verfahren mehrere Beschuldigte[8a]) betrifft, das entsprechende Vielfache, höchstens 90 RM. Wegen des Ausländervorschusses vgl. die Erläuterungen zu § 85. 8

III. Die Pflicht zur Vorwegleistung des Gebührenvorschusses in Strafsachen. 9

A. Für den Nebenkläger besteht keine Vorwegleistungspflicht[9]).

B. Der Privatkläger. Nach § 83 Abs. 3 „soll auf Grund der erhobenen Privatklage vor Zahlung des Gebührenvorschusses keine gerichtliche Handlung vorgenommen werden". 10

1. Diese Bestimmung betrifft nur die erste Instanz[10]). Das Gesetz stuft die Vorschußpflicht nach Instanzen ab, es unterscheidet unter den Vorschußpflichtigen den Privatkläger von demjenigen, der als Privatkläger eine Berufung oder eine Revision einlegt oder eine Wiederaufnahme des Verfahrens beantragt. Wenn nun im Abs. 3 von gerichtlichen Handlungen „auf Grund der erhobenen Privatklage" 11

[5a]) Wegen der Einwirkung der Übernahme des Verfahrens durch die Staatsanwaltschaft s. § 86 Anm. 15, wegen der Verrechnung des Vorschusses s. § 86 Anm. 14ff.

[5b]) RGZ. 23, 355; 42, 368; JW. 1896, 102[3] (RG.).

[6]) Jonas § 83 Anm. 2c; Rittmann-Wenz § 83 Anm. 4; Baumbach § 83 Anm. 1; Kollat § 83 Anm. 1a; Wochinger-Schwalb § 83 Anm. 3; Sydow-Busch-Krieg § 83 Anm. 6.

[7]) Wochinger-Schwalb § 83 Anm. 2. A. M. Jonas § 83 Anm. 4, Sydow-Busch-Krieg § 83 Anm. 7 und Kollat § 83 Anm. 3, falls der Einziehungsbeteiligte Berufung oder Revision einlegt. Aber der Einziehungsbeteiligte übt nach § 431 Abs. 3 StPO. die Befugnisse aus, „welche einem Angeklagten zustehen", und § 83 Abs. 2 GKG. kann nur dahin verstanden werden, daß die Vorschrift des Abs. 1 sich auch auf das objektive Verfahren erstreckt, nicht auch dahin, daß der Kreis der vorschußpflichtigen Personen erweitert werden soll.

[8]) Der Gebührenvorschuß ist „zu zahlen", Sicherstellung genügt nicht.

[8a]) Wenn mehrere Privatklageverfahren, die denselben Beschuldigten betreffen, miteinander verbunden werden, so wird der Gebührenvorschuß von den Privatklägern als Gesamtschuldnern nur noch im einmaligen Betrage geschuldet. Jonas § 83 Anm. 5. Über die Frage, ob ein Rückerstattungsanspruch besteht, wenn vor der Verbindung die mehreren Vorschüsse bereits bezahlt sind, vgl. § 86 Fußnote 28.

Mehrere Einziehungsbeteiligte im objektiven Verfahren bewirken keine Gebührenerhöhung.

[9]) Jonas § 83 Anm. 3; Rittmann-Wenz § 83 Anm. 7; Sydow-Busch-Krieg § 83 Anm. 8; Baumbach § 83 Anm. 2; Kollat § 83 Anm. 2; Wochinger-Schwalb § 83 Anm. 2; BayZ. 1928, 156 = LZ. 1928, 781[6] (BayObLG.).

[10]) Jonas § 83 Anm. 2b; Rittmann-Wenz § 83 Anm. 7; Kollat § 83 Anm. 1c; Sydow-Busch-Krieg § 83 Anm. 11; Bbl. 1924, 170 (KG.); ZfDJust.-Amtm. 1927, 230 = JurRundsch. 1925, 855 (OLG. Breslau); GoltdArch. 70, 319 (ObGer. Danzig); DRZ. 1926 Rspr. Nr. 1115 (OLG. Stuttgart).

A. M.: Baumbach § 83 Anm. 2; Wochinger-Schwalb § 83 Anm. 3; John Bbl. 1927, 116.

die Rede ist, so kann dabei nur an die erste Instanz gedacht werden, denn sonst müßte man einen Zusatz erwarten, der deutlich auf den zweiten im Abs. 1 Satz 1 gedachten Fall hinwiese. Auch wäre es sonderbar, daß sonst bei der Berufung, der Revision oder dem Wiederaufnahmeantrage des Privatklägers, nicht auch bei den gleichen Rechtsbehelfen des Nebenklägers die Vorwegleistungspflicht bestände.

12 2. Es soll keine gerichtliche Handlung vorgenommen werden.

13 a) Für die Bedeutung der Sollvorschrift gilt das zu der gleichartigen Vorschrift des § 74 Abs. 2 und 3 Gesagte (vgl. § 74 Anm. 36, 57 und Fußnote 65[11]).

14 b) Eine gerichtliche Handlung ist bereits die Mitteilung der Privatklage an den Beschuldigten und die Staatsanwaltschaft[12]).

15 c) Das Nichtvornehmen irgend einer gerichtlichen Handlung ist die einzige Folge der Nichtleistung des Gebührenvorschusses. Die Setzung einer Frist zur Leistung des Gebührenvorschusses ist nicht vorgesehen: die Staatskasse bedarf ihrer nicht, denn der Gebührenvorschuß ist alsbald fällig, kann also erhoben werden; ein Interesse an der baldigen Einzahlung hat nur der Privatkläger, damit das Verfahren in Gang komme. Es ist unzulässig, dem Privatkläger auf Grund des § 391 Abs. 2 StPO. eine Frist zur Zahlung des Gebührenvorschusses bei Meidung der Einstellung des Privatklageverfahrens zu setzen[13]): denn die gedachte Bestimmung ist unanwendbar, wenn eine Handlung in Frage steht, bezüglich deren das Gesetz einen indirekten Zwang durch Fristsetzung nicht zuläßt. Das muß hier angenommen werden, da als Folge der Nichtzahlung des Vorschusses das Unterbleiben jeder gerichtlichen Handlung bereits klar bestimmt ist. Die Wahrung von Interessen des Beschuldigten kann nicht in Frage kommen, da § 83 Abs. 3 nur die Sicherung der Staatskasse im Auge hat.

16 3. Die Pflicht zur Vorwegleistung des Gebührenvorschusses entfällt

a) infolge der Bewilligung des Armenrechts, was sich ohne weiteres aus § 379 Abs. 3 StPO., § 115 Abs. 1 Z. 1 ZPO. ergibt und in § 83 Abs. 3 GKG. nur der Vollständigkeit halber hervorgehoben worden ist. Gleiches gilt von dem Falle,

17 b) daß dem Privatkläger Gebührenfreiheit zusteht.

18 c) Endlich entfällt die Vorwegleistungspflicht, wenn glaubhaft gemacht wird, daß die Verzögerung dem Privatkläger einen nicht oder nur schwer zu ersetzenden Nachteil bringen würde. Die Vorschrift entspricht genau derjenigen des § 74 Abs. 4 Satz 2 Halbsatz 1, nur heißt es dort „Schaden", während hier von „Nachteil"[14]) die Rede ist. Der die Ausnahme begründende Tatbestand ist

---

[11]) Baumbach § 83 Anm. 2; Wochinger-Schwalb § 83 Anm. 3.

[12]) Baumbach § 83 Anm. 2; Kollat § 83 Anm. 1c. Dagegen wollen Rittmann-Wenz § 83 Anm. 7 und Wochinger-Schwalb § 83 Anm. 3 die Mitteilung der Privatklage an die Staatsanwaltschaft zulassen. Wochinger-Schwalb erkennt dabei an, daß auch diese Mitteilung eine „gerichtliche Handlung" sei, so daß nicht verständlich bleibt, wie trotzdem die Mitteilung erlaubt, ja sogar geboten sein kann. Rittmann-Wenz hält die Mitteilung an die Staatsanwaltschaft nicht für eine „auf den ordnungsmäßigen Fortgang des Verfahrens abzielende Tätigkeit", vergißt aber dabei, daß diese Mitteilung gerade der Staatsanwaltschaft ermöglichen soll, sich darüber schlüssig zu machen, ob nicht die Verfolgung der Sache zu übernehmen sei.

[13]) Jonas § 83 Anm. 2b; Baumbach § 83 Anm. 2; Sydow-Busch-Krieg § 83 Anm. 12; Bbl. 1924, 170 (KG.); 1927, 159 (KG.) JW. 1924, 336[3] (LG. Frankfurt a. M.); 1925, 2393[1] (LG. Altona) mit Anm. v. Mamroth; 1927, 1659[13] (OLG. Kiel); DRZ. 1926 Rspr. Nr. 1115 (OLG. Stuttgart); Anm. v. A. Friedlaender JW. 1926, 1253[2]; KGBl. 1928, 3 (LG. I Berlin); BayZ. 1928, 156 = LZ. 1928, 781[6] (BayObLG.): May JW. 1928, 1846/7.

A. M. JW. 1925, 2822[2] (LG. Augsburg); 1926, 1253[2] (LG. Karlsruhe); Bbl. 1927, 172 (OLG. München); ZfDJustAmtm. 1927, 432 = DRZ. 1927 Rspr. Nr. 738 (BayObLG.).

[14]) Baumbach § 83 Anm. 2: „etwa indem sich der Beschuldigte dem Verfahren entzieht, oder indem die schwere Beleidigung weiterverbreitet, der unlautere Wettbewerb fortgesetzt wird. Gefährdung der Kostenerstattung genügt nicht."

glaubhaft zu machen. Eine besondere Erleichterung der Glaubhaftmachung ist nicht vorgesehen[14a]).

4. Die Entscheidungen aus Anlaß des § 83 Abs. 3 GKG. 19

a) Das lediglich passive Verhalten des Gerichts als Folge der Abhängigmachung gerichtlicher Handlungen von vorgängiger Zahlung des Gebührenvorschusses unterliegt keiner Anfechtung im Rechtsmittelwege.

b) Beruft sich der Privatkläger darauf, daß einer der Befreiungsgründe gegeben 20
sei und lehnt der Amtsrichter gleichwohl die Vornahme gerichtlicher Handlungen ab, so steht dem Privatkläger dagegen die einfache Beschwerde zu[15]).

c) Hält der Amtsrichter einen der Befreiungsgründe für gegeben und nimmt 21
er demgemäß gerichtliche Handlungen vor, so gibt es dagegen kein Rechtsmittel[16]). Die Rechte des Beschuldigten werden nicht verletzt, da § 83 Abs. 3 lediglich die Staatskasse schützen soll. Darüber, daß diese nicht gemäß § 4 vorgehen kann, vgl. § 74 Anm. 76.

§ 84.

Bei jedem Antrag auf Vornahme einer Handlung, mit der bare Auslagen verbunden sind, hat der Antragsteller einen zu ihrer Deckung ausreichenden Vorschuß zu zahlen. Das Gericht kann die Vornahme von der vorherigen Zahlung des Vorschusses abhängig machen.

Diese Vorschußpflicht besteht in Strafsachen nur für den Privatkläger, den Widerkläger sowie für den Nebenkläger, der Berufung oder Revision eingelegt hat.

Vorbemerkung.

§ 84 regelt die Pflicht zur Zahlung des Auslagenvorschusses.

Übersicht.

I. Allgemeines (1).
II. Der Auslagenvorschuß in bürgerlichen Rechtsstreitigkeiten (2—22).
 A. Die Fälle der Erhebung eines Auslagenvorschusses (2—6).
  Antrag auf Vornahme einer Handlung (3—6).
   1. Nicht Tätigkeit von Amts wegen (4).
   2. Bestimmte Handlung (5—6).
 B. Vorschußpflichtige (7—10).
   1. Beweisführer (8).
   2. Läuterung des Eidesurteils (9).
   3. Antragsteller nach § 84 und Antragsteller nach § 77 (10).
 C. Betrag des Auslagenvorschusses (11—15).
   1. Arten der Auslagen (11).
   2. Auslagen durch sachgemäße Erledigung (12—15).
 D. Fälligkeit des Auslagenvorschusses (16).
 E. Wegfall der Vorschußpflicht (17—19).
   1. Armenrecht (17).
   2. Gegner der armen Partei (18).
   3. Nicht Gebührenfreiheit, außer bei Treuhänder des Industriebelastungsges. (19).
 F. Abhängigmachung der gerichtlichen Tätigkeit von der Zahlung des Auslagenvorschusses (20—22).
   1. Geltungsbereich (20).
   2. Besondere Anordnung der Abhängigmachung (21).
   3. Beschwerde (22).

[14a]) Es kann auch hier eine Erklärung des RA. als genügende Glaubhaftmachung angesehen werden. A. M. Rittmann-Wenz § 83 Anm. 7.

[15]) Jonas § 83 Anm. 2b; Baumbach § 83 Anm. 1; Wochinger-Schwalb § 83 Anm. 3; Sydow-Busch-Krieg § 83 Anm. 13.

[16]) Jonas und Baumbach a. a. O.

1 **I. Allgemeines.** Während der Gebührenvorschuß, vom Ausländervorschuß (s. übrigens § 83 Fußnote 1, § 86 Anm. 10) abgesehen, nur noch in Strafsachen begegnet, ist der Auslagenvorschuß in bürgerlichen Rechtsstreitigkeiten allgemein zugelassen und spielt dort eine viel wichtigere Rolle als in Strafsachen, für die er auch vorgesehen ist.

Der § 84 GKG. ä. F. lautete:

> Außer dem Gebührenvorschuß (§§ 81—83) ist bei jedem Antrag auf Vornahme einer Handlung, mit welcher bare Auslagen verbunden sind, ein zur Deckung derselben hinreichender Vorschuß von dem Antragsteller zu zahlen.
>
> Diese Vorschußpflicht besteht in Strafsachen nur in dem Verfahren auf erhobene Privatklage und für den Nebenkläger, welcher sich eines Rechtsmittels bedient.
>
> Die Ladung und Vernehmung von Zeugen oder Sachverständigen auf Antrag des Privatklägers oder des Nebenklägers kann von der vorgängigen Zahlung eines zur Deckung der erwachsenden Auslagen hinreichenden Vorschusses abhängig gemacht werden.

Die Neufassung des Paragraphen beruht auf dem Gesetze vom 21. Dez. 1922.

2 **II. Der Auslagenvorschuß in bürgerlichen Rechtsstreitigkeiten.**

A. Die Fälle der Erhebung eines Auslagenvorschusses. Bei jedem Antrag auf Vornahme einer Handlung, mit der bare Auslagen verbunden sind, ist zu ihrer Deckung ein Vorschuß zu zahlen.

3 Es muß ein Antrag auf Vornahme einer Handlung vorliegen d. h. es muß eine Partei das Tätigwerden des Gerichts verlangen, und dieses Verlangen muß sich auf eine bestimmte Handlung richten.

4 1. Es scheiden aus alle Tätigkeiten, die das Gericht von Amts wegen vornimmt, z. B. Beweisaufnahmen von Amts wegen, etwa gemäß §§ 3 Satz 2 a. E., 144 Abs. 1, 622, 653 ZPO.[1]), Zustellungen von Amts wegen, bei denen Aus-

[1]) Jonas § 84 Anm. 1c; Rittmann-Wenz § 84 Anm. 1; Sydow-Busch-Krieg § 84 Anm. 1; Kollat § 84 Anm. 1a; Baumbach § 84 Anm. 2; Wochinger-Schwalb § 84 Anm. 4; JW. 1885, 71[16]; 1925, 757[4] (RG.) mit Anm. v. Lent; RGZ. 109, 66; SeuffArch. 79, 131 (RG.); ElsLothZ. 20, 327 (OLG. Colmar); OLG. 15, 138 (KG.); DJZ. 1912, 106 (OLG. Darmstadt); BayZ. 1928, 43[II] (OLG. München) [§ 379 ZPO. betr.].

Das amtsgerichtliche Entmündigungsverfahren wird zwar nur auf Antrag eröffnet, nach Eröffnung aber von Amts wegen betrieben, ein Auslagenvorschuß kommt deshalb nicht in Frage. Jonas § 33 Anm. 7; Baumbach § 33 Anm. 2. Rittmann § 84 Anm. 15 nimmt das nur für die Entmündigung wegen Geisteskrankheit oder Geistesschwäche an (ebenso Wochinger-Schwalb § 84 Anm. 16) u. z. wegen § 658 ZPO. Aber die Entmündigung wegen Trunksucht oder wegen Verschwendung ist ebenso wie die wegen Geisteskrankheit oder wegen Geistesschwäche ein Offizialverfahren, und darauf allein kommt es an, nicht auf die Regelung der schließlichen Kostenpflicht. RheinArch. 73 II 102 (OLG. Köln) schließt im Entmündigungsverfahren wegen Geisteskrankheit — ein solches wegen Geistesschwäche gab es damals noch nicht — die Anwendung des § 84 GKG. aus. Begründet wird das mit der Geltung des Offizialprinzips, § 658 ZPO. wird anscheinend nur unterstützend herangezogen.

lagen der in § 73 Abs. 1 GKG. gedachten Art in Frage kommen, die Zuziehung eines Dolmetschers zur Verhandlung mit einer der deutschen Sprache nicht mächtigen Partei[2]).

2. Das Verlangen der Partei muß sich erkennbar auf eine be- 5
stimmte Handlung richten. Das Einreichen einer Klage, in welcher der Beklagte als im Auslande wohnend oder unbekannt wo abwesend bezeichnet wird, gibt noch nicht mit Sicherheit zu erkennen, daß die Klage im Auslande oder öffentlich zugestellt werden soll[3]). Es kann ja ein Generalbevollmächtigter (§ 173 ZPO.) oder ein Zustellungsbevollmächtigter (§ 174 ZPO.) bestehen und bekannt sein, an den der Anwalt zustellen will. Die Nennung der Person, an die zugestellt werden wird, braucht, wie § 253 ZPO. zeigt, in der Klage nicht zu geschehen.

Ein „Antrag" im Sinne des § 84 ist insbesondere der Antritt eines Bewei- 6
ses[4]). Zu beachten ist, daß die Antretung des Sachverständigenbeweises nach § 403 ZPO. durch die Bezeichnung der zu begutachtenden Punkte erfolgt, während nach § 404 ZPO. die Auswahl der zuzuziehenden Sachverständigen und die Bestimmung ihrer Anzahl durch das Prozeßgericht (oder nach § 405 ZPO. durch den mit der Beweisaufnahme betrauten Richter) geschieht, soweit sich nicht die Parteien über bestimmte Personen als Sachverständige einigen. Es kommt also nicht in Betracht, daß die Partei einen Sachverständigen vernommen haben will, das Gericht aber mehrere ernennt: die „Handlung" ist deshalb keine andere als diejenige, deren Vornahme „beantragt" war, was für den Umfang des Auslagenvorschusses von Bedeutung ist[5]).

B. Vorschußpflichtig ist der Antragsteller d. h. derjenige, der die Vornahme 7
der bestimmten Handlung des Gerichts verlangt[6]).

1. Bei der Erhebung eines Beweises ist das derjenige, der den Beweis 8
angetreten hat, gleichgültig, ob ihn die Beweislast trifft oder nicht[7]). Treten beide Parteien denselben Beweis an, so sind sie beide Antragsteller und haften nach § 82 GKG. als Gesamtschuldner[8]).

2. Im Verfahren der Läuterung des bedingten Endurteils — man 9
denke an den Fall, daß die Abnahme des Eides im Auslande mittels Rechtshilfe erfolgt — ist Antragsteller derjenige, der die Herbeiführung der Eidesleistung betreibt[9]).

3. Der Antragsteller im Sinne des § 84 ist keineswegs identisch 10
mit dem Antragsteller i. S. des § 77[10]). Der Widerkläger ist nicht vorschuß-

---

[2]) Rittmann-Wenz § 84 Anm. 1; Wochinger-Schwalb § 84 Anm. 5d.

[3]) A. M.: Jonas § 84 Anm. 1a; Rittmann-Wenz § 84 Anm. 2; Baumbach § 84 Anm. 2; Kollat § 84 Anm. 2.

[4]) Jonas, Rittmann-Wenz, Baumbach, Kollat a. a. O. Die Antretung in einem vorbereitenden Schriftsatze genügt. Schultzenstein, BuschsZ. 17, 177. A. M. ebda 176 (KG.).

[5]) S. Anm. 13.

[6]) Jonas § 84 Anm. 1a; Rittmann-Wenz § 84 Anm. 1; Kollat § 84 Anm. 1c.

[7]) Jonas § 84 Anm. 1a; Rittmann-Wenz § 84 Anm. 2; Sydow-Busch-Krieg § 84 Anm. 1; Baumbach § 84 Anm. 3; Wochinger-Schwalb § 84 Anm. 4; BuschsZ. 17, 175[17b] (KG.) und Schultzenstein ebenda 176/7; BuschsZ. 23, 209[11] (OLG. Stuttgart) [Gegner beantragt im Verfahren der Sicherung des Beweises Vernehmung weiterer Sachverständiger].

[8]) Jonas § 84 Anm. 1d; Rittmann-Wenz § 84 Anm. 2; Sydow-Busch-Krieg § 84 Anm. 1; Baumbach § 84 Anm. 3; Kollat § 84 Anm. 1c, 2; Wochinger-Schwalb § 84 Anm. 8b; OLG. 15, 175[8g] (Hamburg); 22, 277 (München); 33, 175 (Hamburg); SeuffArch. 44, 346 (RG.); JW. 1886, 317[12] (RG.); KGBl. 1911, 50 (KG.).
Interessant BuschsZ. 17, 174 (KG.): beide Parteien beantragen, von der Vernehmung eines Zeugen Abstand zu nehmen und dies dem Konsulate in Buenos Aires, das bereits um die Vernehmung ersucht war, telegraphisch mitzuteilen; für die Gebühren dieses Telegrammes sind beide Parteien als Antragsteller gemäß § 84 GKG. haftbar.

[9]) RGZ. 13, 426; Jonas § 84 Anm. 1a; Sydow-Busch-Krieg § 84 Anm. 1; Baumbach § 84 Anm. 3; Kollat § 84 Anm. 2. A. M. BolzePr. 8 Nr. 769.

[10]) JW. 1885, 71[16] (RG.); Kollat § 84 Anm. 1c.

pflichtig für die Auslagen, die nach Erhebung der Widerklage durch eine Beweisaufnahme entstehen, die zur Ergänzung der bisherigen, auf die Klage veranlaßten geschieht, mag auch die Entscheidung über die Widerklage sich mit auf dieses Beweisergebnis gründen[11]).

11 C. Der Betrag des Auslagenvorschusses[11a]).

1. Der Auslagenvorschuß ist bestimmt, die baren Auslagen zu decken, die mit der vorzunehmenden Handlung verbunden sind. Als solche Auslagen kommen immer nur Auslagen in Betracht, die in den §§ 71—73 GKG. aufgeführt sind.

12 2. Zu berücksichtigen sind alle Auslagen, die durch sachgemäße Erledigung entstehen[12]).

13 a) Wird auf Antrag Sachverständigenbeweis erhoben, so sind die Auslagen, die durch Vernehmung **aller** vom Gericht ernannten Sachverständigen entstehen, heranzuziehen, auch wenn der Antragsteller nur die Vernehmung eines Sachverständigen wünschte[13]).

14 b) Hält das Gericht die Vernehmung an Ort und Stelle für angezeigt, so sind die dadurch entstehenden Tagegelder und Reisekosten miteinzurechnen[14]), selbst wenn der Antragsteller auf diese Art der Vernehmung keinen besonderen Wert legte.

15 c) Erfordert die Vernehmung eines Zeugen die Zuziehung eines Dolmetschers, so sind auch die einschlägigen Kosten durch den Antrag auf Vernehmung des Zeugen veranlaßt[15]).

16 D. Der Auslagenvorschuß wird fällig mit der Anordnung der Handlung, deren Auslagen er decken soll[16]). Wenn das Gesetz davon spricht, daß „bei jedem Antrag" der erforderliche Auslagenvorschuß zu zahlen ist, so kann das Wort „bei" nicht zeitlich gemeint sein: denn die Auslagen entstehen nur, wenn die Handlung angeordnet wird, und ob das der Fall ist, steht noch völlig dahin. Das Wort „bei" kann also nur kausale Bedeutung haben, so daß mit Baumbach[17]) der Eingang des § 84 zu lesen ist, als hieße es dort: „Aus Anlaß jedes Antrags".

17 E. Die Vorschußpflicht entfällt

1. für die arme Partei mit der Bewilligung des Armenrechts (§ 115 Abs. 1 Z. 1 ZPO.)[17a]),

18 2. für den Beklagten bzw. Rechtsmittelbeklagten, falls der Kläger bzw. der Rechtsmittelkläger das Armenrecht genießt.

19 3. Die Gebührenfreiheit schafft keine Auslagenfreiheit[18]), befreit also auch nicht von der Auslagenvorschußpflicht. Nur der Treuhänder nach dem Industriebelastungsgesetze ist von der Zahlung der Auslagen befreit[19]) und braucht deshalb auch keinen Auslagenvorschuß zu leisten.

---

[11]) Jonas § 84 Anm. 1a; Sydow-Busch-Krieg § 84 Anm. 1; OLG. 23, 264 (Hamburg).

[11a]) Der Weg des § 4 GKG. kann sowohl wegen der Vorschußpflicht überhaupt als auch wegen der Höhe des erforderten Auslagenvorschusses beschritten werden. — Erweist sich der zunächst erforderte Auslagenvorschuß als unzulänglich, so ist der Vorschußpflichtige zu entsprechender Nachzahlung verbunden. SächsOLG. 31, 500.

[12]) Jonas § 84 Anm. 1b.

[13]) Jonas § 84 Anm. 1b; Rittmann § 84 Anm. 4; ElsLothZ. 11, 421 (OLG. Colmar); 11, 486 (RG.); OLG. 22, 277 (München).

[14]) Jonas § 84 Anm. 1b; SeuffArch. 44, 346 (RG.).

[15]) Rittmann § 84 Anm. 5; Wochinger-Schwalb § 84 Anm. 5c.

[16]) Jonas § 84 Anm. 1e; Baumbach § 84 Anm. 2; Kollat § 84 Anm. 1e; Sydow-Busch-Krieg § 84 Anm. 1. A. M. Rittmann-Wenz § 84 Anm. 5: fällig mit Antragstellung. Ebenso wohl Wochinger-Schwalb § 84 Anm. 3.

[17]) § 84 Anm. 2.

[17a]) S. § 83 Fußnote 5b.

[18]) S. § 90 Anm. 5.

[19]) S. § 90 Anm. 12, 13.

F. Die Abhängigmachung der gerichtlichen Tätigkeit von der Zahlung des Auslagenvorschusses. 20

1. Geltungsbereich. Schon die §§ 379 Abs. 1, 402 ZPO. hatten für die Vernehmung von Zeugen und Sachverständigen die Möglichkeit geschaffen, die Beweisaufnahme von der Erlegung eines Auslagenvorschusses abhängig zu machen. Darüber hinaus läßt § 84 Abs. 1 Satz 2 GKG. diese Abhängigmachung in allen Fällen zu, in denen ein Auslagenvorschuß erhoben werden kann[20]), also z. B. bei dem Antrage auf öffentliche Zustellung, auf Vernehmungen oder Zustellungen im Auslande, auf Augenscheinseinnahme[20a]).

2. Die Abhängigmachung tritt nur kraft besonderer Anordnung ein. Zu ihr ist „das Gericht" zuständig d. h. das Prozeßgericht, nicht der beauftragte oder ersuchte Richter[21]). Der Einzelrichter steht im Rahmen seiner Zuständigkeit dem Prozeßgerichte gleich. Der Urkundsbeamte der Geschäftsstelle ist zur Abhängigmachung nach § 84 befugt, soweit ihm auf Grund des Entlastungsgesetzes vom 11. März 1921 richterliche Geschäfte übertragen sind[22]). 21

3. Gegen den Beschluß, der die Abhängigmachung anordnet, steht dem Vorschußpflichtigen die einfache Beschwerde, wenn die Abhängigmachung von dem Urkundsbeamten der Geschäftsstelle ausgeht, die Erinnerung offen[23])[24]). 22

III. Der Auslagenvorschuß im Konkursverfahren. 23

1. Die Eröffnung des Konkursverfahrens erfolgt nur auf Antrag, aber die Eröffnung ist keine einzelne Handlung i. S. des § 84 GKG., sondern die Einleitung des Konkursverfahrens überhaupt, von dem das Eröffnungsverfahren einen Abschnitt darstellt. Ein Auslagenvorschuß kommt danach nicht in Frage[25]). Das wird durch die Vorschrift des § 107 Abs. 1 Satz 2 KO. bestätigt. Die Bestimmung beruht auf der Novelle zur KO. vom 17. Mai 1893 und wird in der Begründung damit gerechtfertigt, „daß zu der Zeit, zu welcher über den Eröffnungsantrag zu entscheiden ist, der Stand der Masse sich häufig noch nicht genügend übersehen läßt". § 107 Abs. 1 Satz 2 KO. sieht vor, daß eine Abweisung des Eröffnungsantrags, weil nach dem Ermessen des Gerichts die Konkursmasse den Kosten des Verfahrens nicht entspreche, unterbleibt, „wenn ein zur Deckung der im § 58 Nr. 1, 2 bezeichneten Massekosten ausreichender Geldbetrag vorgeschossen wird"[26]). Es wird also hier auf die Gesamtkosten des Konkursverfahrens, nicht etwa besonders auf diejenigen Rücksicht genommen, die durch die Eröffnung entstehen, wie ja gleiches für § 107 Abs. 1 Satz 1 KO. zutrifft: die Auslagen des gesamten Konkursverfahrens unterliegen danach gleicher Behandlung. Für die Auslagen der Durchführung des Konkursverfah-

---

[20]) Es sind also Anm. 4, 17—19 zu beachten.

[20a]) Neben § 84 GKG. kommt noch § 911 ZPO. in Frage.

[21]) Jonas § 84 Anm. 1g; Baumbach § 84 Anm. 5; Kollat § 84 Anm. 1f; Sydow-Busch-Krieg § 84 Anm. 3; SeuffArch. 37, 470 (OLG. Hamburg); 39, 220 (OLG. Nürnberg); SächsOLG. 6, 525/8.

Das Prozeßgericht kann dem beauftragten oder ersuchten Richter weder die Abhängigmachung überhaupt noch die Bestimmung der Höhe des in Betracht kommenden Auslagenvorschusses überlassen. Jonas § 84 Anm. 1g.

[22]) Rittmann-Wenz § 84 Anm. 7; Baumbach § 84 Anm. 1 und 5. A. M. Wochinger-Schwalb § 84 Anm. 6.

[23]) Baumbach § 84 Anm. 1; Rittmann-Wenz § 84 Anm. 8. Wegen des Beschwerdegegenstandes s. § 38 Fußnote 23.

[24]) Wegen der Verrechnung des Vorschusses s. § 86 Anm. 6ff.

[25]) Jonas § 41 Anm. 4.

A. M. Baumbach § 84 Anm. 3; Kollat § 84 Anm. 3; Wochinger-Schwalb Vorb. z. VI. Abschn. Anm. 15; Sydow-Busch-Krieg § 84 Anm. 1.

[26]) Ein Fall des § 84 GKG. liegt nicht vor, denn, auch wenn hier das Gericht das Vorschießen eines Geldbetrages verlangt hat, ist es nicht in der Lage, den Betrag beizutreiben. Die Folge der Nichtleistung ist vielmehr lediglich die Abweisung des Eröffnungsantrags nach § 107 KO.

rens ist aber ein Auslagenvorschuß i. S. des § 84 GKG. deshalb ausgeschlossen, weil hier das Gericht durchaus von Amts wegen vorgeht[27]).

24 2. Auch für die Auslagen, die durch die Bestimmung eines besonderen Prüfungstermins entstehen, kann ein Auslagenvorschuß nicht erhoben werden: denn diese Terminsbestimmung erfolgt von Amts wegen[28]).

25 3. Dagegen ist ein Auslagenvorschuß möglich, wenn ein Gläubiger gemäß § 197 Abs. 2 KO. Sicherheitsmaßregeln gegen den Gemeinschuldner beantragt[29]). Für den Wiederaufnahmeantrag und das wiederaufgenommene Verfahren — § 198 Abs. 1 KO. wiederholt die Bestimmung des § 107 Abs. 1 Satz 2 KO. — gelten die Ausführungen in Anm. 23.

26 **IV. Der Auslagenvorschuß im Vergleichsverfahren zur Abwendung des Konkurses.** Ein Auslagenvorschuß kommt nicht in Frage[30]). Wenn auch die Eröffnung des Vergleichsverfahrens nur auf Antrag des Schuldners erfolgt, so gilt doch auch hier das in Anm. 23 Ausgeführte[31]). Dem § 107 Abs. 1 Satz 2 KO. entspricht § 22 Nr. 5 VglO. Es findet durchweg Amtsbetrieb statt.

27 **V. Der Auslagenvorschuß in Strafsachen.**

A. Wegen der Fälle der Erhebung eines Auslagenvorschusses gilt nichts grundsätzlich Abweichendes von dem in Anm. 2 ff. Erörterten. Dadurch, daß auf die Anträge des Privatklägers, Widerklägers oder Nebenklägers der Vorsitzende des Gerichts die Ladung von Zeugen und Sachverständigen anordnet, wird die Ladung der Auskunftspersonen keine Handlung von Amts wegen[32]). Ein „Antrag" ist auch hier die Benennung von Auskunftspersonen, mag sie in der Privat- oder Widerklage, in der Anschlußerklärung des Nebenklägers oder bei sonstiger Gelegenheit geschehen[33]).

28 B. Vorschußpflichtig sind

1. der Privatkläger,
2. der Widerkläger,
3. der Nebenkläger[33a]), der Berufung oder Revision eingelegt hat.

29 a) Die Vorschußpflicht besteht nur, wenn die gedachten Personen als Privat-, Wider- oder Nebenkläger den Antrag aus § 84 GKG. stellen, nicht wenn sie dies als Widerbeklagter, Privatbeklagter oder Angeklagter tun[34]). Wird der Antrag von beiden Eigenschaften aus gestellt, so ist § 84 nicht anwendbar, denn die jetzige Fassung des Gesetzes beseitigt die Zweifel, die früher in dieser Beziehung bestanden, dahin, daß der Beschuldigte niemals vorschußpflichtig ist[35]).

30 b) Der Widerkläger ist vorschußpflichtig ohne Rücksicht darauf, ob die Widerklage allein oder neben der Privatklage zur Entscheidung steht[36]).

---

[27]) Baumbach § 84 Anm. 3; Kollat § 84 Anm. 3; Wochinger-Schwalb Vorb. z. VI. Abschn. Anm. 15.

[28]) Jonas § 44 Anm. 3; Baumbach § 44 Anm. 1. A. M. Rittmann-Wenz § 84 Anm. 3; Kollat § 84 Anm. 3; Wochinger-Schwalb Vorb. z. VI. Abschn. Anm. 15; Sydow-Busch-Krieg § 44 Anm. 2, § 84 Anm. 1.

[29]) Rittmann-Wenz § 84 Anm. 3; Kollat § 84 Anm. 3.

[30]) Jonas § 84 Anm. 2; Sydow-Busch-Krieg § 84 Anm. 1.

[31]) A. M. hinsichtlich des Eröffnungsverfahrens Baumbach § 84 Anm. 3; Kollat § 84 Anm. 3; Sydow-Busch-Krieg § 84 Anm. 1.

[32]) Jonas § 84 Anm. 3.

[33]) Jonas § 84 Anm. 3; Baumbach § 84 Anm. 7; Rittmann-Wenz § 84 Anm. 4.

[33a]) Nicht auch die Verwaltungsbehörde in den Fällen des § 427 StPO. bzw. der §§ 432 Abs. 1, 437 Abs. 1 RAbgO. (vgl. § 66 Anm. 2).

[34]) Jonas § 84 Anm. 3; Rittmann-Wenz § 84 Anm. 4; Kollat § 84 Anm. 4. Es ist zu beachten, daß der Angeklagte gegenüber einem Mitangeklagten Nebenkläger sein kann.

[35]) Jonas § 84 Anm. 3; Rittmann-Wenz § 84 Anm. 4; Baumbach § 84 Anm. 7; Kollat § 84 Anm. 4; Sydow-Busch-Krieg § 84 Anm. 4.

[36]) Jonas § 84 Anm. 3; Sydow-Busch-Krieg § 84 Anm. 4.

C. Wegen des Betrags und der Fälligkeit des Auslagenvorschusses ist auf die Anm. 11ff. und Anm. 16 zu verweisen. 31

D. Wegen des Entfallens der Vorschußpflicht s. Anm. 17ff. Das Armenrecht kann nicht nur dem Privatkläger und dem Nebenkläger, sondern auch dem Widerkläger[37]) bewilligt werden. 32

E. Wegen der Abhängigmachung der gerichtlichen Tätigkeit von der Zahlung des Auslagenvorschusses ist auf Anm. 20ff. zu verweisen[38]). Auch Anm. 29 ist zu beachten. 33

F. Nach § 176 Abs. 1 StPO. kann demjenigen, der die gerichtliche Entscheidung über die Erhebung der Klage gemäß § 172 StPO. angerufen hat, vor der Entscheidung über den Antrag die Leistung einer Sicherheit für die durch das Verfahren über den Antrag und durch die Untersuchung der Staatskasse und dem Beschuldigten voraussichtlich erwachsenden Kosten durch Beschluß des Gerichts auferlegt werden. Ein Fall des § 84 GKG. ist hier ebensowenig wie nach §§ 107 Abs. 1 Satz 2, 198 KO., § 22 Nr. 5 VglO. gegeben: denn eine Beitreibung der zu leistenden Sicherheit ist nicht zugelassen, ihre Nichtleistung hat nur die Folge, daß das Gericht nach § 176 Abs. 2 StPO. den Antrag für zurückgenommen erklärt. 34

§ 85.

Ausländer, die als Kläger auftreten, haben unbeschadet der Verpflichtung zur Zahlung der Prozeßgebühr in erster Instanz sowie in der Berufungsinstanz*) einen Vorschuß in Höhe der doppelten Gebühr, in der Revisionsinstanz einen solchen in Höhe der einfachen Gebühr zu leisten.

Diese Verpflichtung tritt nicht ein:

1. wenn in dem Staate, dem der Kläger angehört, ein Deutscher im gleichen Falle in bezug auf Vorauszahlung oder Sicherstellung der Gerichtskosten einem Inländer gleichgestellt ist;
2. bei Klagen im Urkunden- und Wechselprozesse;
3. bei Widerklagen;
4. bei Klagen, die infolge einer öffentlichen Aufforderung erhoben werden;
5. bei Klagen aus Rechten, die im Grundbuch eingetragen sind;
6. wenn dem Kläger das Armenrecht bewilligt ist.

Die Verpflichtung besteht auch dann, wenn im Laufe des Rechtsstreits der Kläger die Eigenschaft eines Deutschen verliert oder die Voraussetzung, unter welcher der Kläger von der Verpflichtung befreit war, wegfällt.

---

[37]) A. Friedlaender GerS. 60, 425/6 Fußnote 2.

[38]) Gegen den Gerichtsbeschluß aus § 84 Abs. 2 GKG. findet die einfache Beschwerde nach § 304 StPO. statt. Rittmann-Wenz § 84 Anm. 8. Mit Recht empfiehlt Jonas § 84 Anm. 3, von der Abhängigmachung maßvoll Gebrauch zu machen.

May JW. 1928, 1846/7 hält es für zulässig, von dem Privatkläger in den höheren Instanzen einen Auslagenvorschuß „unter Setzung einer Frist und Androhung der Einstellung des Verfahrens für den Fall nicht rechtzeitiger Zahlung" einzufordern und bei Nichteinhaltung der Frist auf Grund des § 391 Abs. 2 StPO. das Rechtsmittel zu verwerfen. Dem kann nicht beigetreten werden. Von der vorherigen Zahlung des Auslagenvorschusses kann nur die Vornahme einer bestimmten, mit baren Auslagen verbundenen, in Antrag gebrachten Handlung abhängig gemacht werden. Eine solche einzelne Handlung ist der Fortbetrieb der Rechtsmittelinstanz nicht, man kann auch nicht von einem ihn betreffenden Antrag reden. Außerdem kann § 84 Abs. 2 Satz 2 nur dahin verstanden werden, daß die Nichtvornahme der fraglichen einzelnen Handlung die einzige Folge der Nichtleistung des Auslagenvorschusses ist.

*) In der Bekanntmachung vom 5. Juli 1927 steht hier „Berufsinstanz".

Unter den gleichen Voraussetzungen hat ein Ausländer, der als Privatkläger auftritt oder als Nebenkläger Berufung oder Revision einlegt, den doppelten Gebührenvorschuß (§ 83) zu zahlen.

Vor Zahlung des gemäß Abs. 1, 3, 4 zu erhebenden Vorschusses soll der Ausländer zur Verhandlung nicht zugelassen werden, sofern nicht glaubhaft gemacht wird, daß die Verzögerung dem Ausländer einen nicht zu ersetzenden Nachteil bringen würde.

Vorbemerkung.

§ 85 behandelt den Ausländervorschuß.

Übersicht.

1 **I. Allgemeines.** Die Bestimmungen des § 85 über den Ausländervorschuß betreffen bürgerliche Rechtsstreitigkeiten und Strafsachen. Für das Konkursverfahren und das Vergleichsverfahren zur Abwendung des Konkurses gelten sie nicht, da es in diesen Verfahren einen „Kläger" nicht gibt. In bürgerlichen Rechtsstreitigkeiten hat § 85 infolge der jetzigen Fassung des Abs. 2 Z. 1 nur noch geringe Bedeutung.

Der § 85 GKG. ä. F. lautete, wie folgt:

Ausländer, welche als Kläger auftreten, haben das Dreifache des im § 81 bestimmten Betrags als Vorschuß zu zahlen.

Diese Verpflichtung tritt nicht ein:
1. wenn nach den Gesetzen des Staates, welchem der Kläger angehört, ein Deutscher in gleichem Falle zu einer besonderen Vorauszahlung oder zu einer Sicherstellung der Gerichtskosten nicht verpflichtet ist;
2. im Urkunden- oder Wechselprozesse;
3. bei Widerklagen;
4. bei Klagen, welche in Folge einer öffentlichen Aufforderung angestellt werden;
5. bei Klagen aus Ansprüchen, welche in das Grund- oder Hypothekenbuch einer deutschen Behörde eingetragen sind;
6. wenn dem Kläger das Armenrecht bewilligt ist.

Die Verpflichtung besteht auch dann, wenn im Laufe des Rechtsstreits der Kläger die Eigenschaft eines Deutschen verliert, oder die Voraussetzung, unter welcher der Ausländer von der Verpflichtung befreit war, wegfällt.

Unter den gleichen Voraussetzungen haben Ausländer in den Fällen des § 83 Abs. 1 einen Gebührenvorschuß von 30 Mark zu zahlen.

Vor Zahlung des von einem Ausländer nach den vorstehenden Bestimmungen oder den Bestimmungen der § 83 Abs. 2, § 84 zu zahlenden Vorschusses ist die Vornahme jeder gerichtlichen Handlung abzulehnen, sofern nicht glaubhaft gemacht wird, daß die Verzögerung dem Ausländer einen nicht zu ersetzenden Nachteil bringen würde.

Die jetzige Fassung beruht auf dem Gesetze vom 21. Dezember 1922. Wegen der Änderung des Abs. 2 Z. 1 s. unten Anm. 35.

II. Ausländer. Die besondere Vorschußpflicht des § 85 liegt nur Ausländern ob. 2

A. Natürliche Personen. Ausländer ist jeder, der nicht die deutsche Reichsangehörigkeit besitzt[1]). 3

1. Die ausländische Staatsangehörigkeit kommt nicht in Betracht, wenn sie neben der Reichsangehörigkeit besteht (vgl. § 25 Abs. 2 Reichs- und Staatsangehörigkeitsges. v. 22. Juli 1913).

2. Ausländer sind auch die Staatenlosen[2]). Das ist freilich streitig. Aber der Ausländer ist grundsätzlich nach § 85 Abs. 1 vorschußpflichtig, und die Ausnahmebestimmung des Abs. 2 Z. 1 greift nur ein, wenn „in dem Staate, dem der Kläger angehört", ein Deutscher einem Inländer gleichgestellt ist, Voraussetzungen, die bei einem Staatenlosen nicht zutreffen können. Daran vermag die Tatsache nichts zu ändern, daß infolge der jetzigen Fassung des § 85 Abs. 2 Z. 1 die Vorschußpflicht des Ausländers, der eine bestimmte Staatsangehörigkeit besitzt, sich auf die Angehörigen weniger Staaten beschränkt: denn das kann sich jederzeit mit dem maßgeblichen ausländischen Rechte ändern. 4

3. Der Deutsche, der seinen Wohnsitz im Auslande hat, ist der Vorschußpflicht des § 85 nicht unterworfen[3]), das gleiche gilt von Personenverbänden, die ihren Sitz im Auslande haben und, ohne juristische Persönlichkeit zu besitzen, parteifähig sind, falls sie sich ausschließlich aus Deutschen zusammensetzen[4]). 5

---

[1]) Rittmann-Wenz § 85 Anm. 2; Kollat § 85 Anm. 1; Jonas § 85 Anm. 3; Wochinger-Schwalb § 85 Anm. 1; Baumbach ZPO. Anm. 2 zu § 110; Magnus Tabellen z. intern. R. I 96, 98; Sydow-Busch-Krieg § 85 Anm. 1.

[2]) Baumbach ZPO. Anm. 2 zu § 110; Kollat § 85 Anm. 1; Kann, Festschrift für Heinitz 337/8; JW. 1924, 327 (OLG. Dresden); Magnus, Tabellen z. intern. R. I 96, 98; Sydow-Busch-Krieg a. a. O. A. M. Jonas § 85 Anm. 3.

[3]) Jonas § 85 Anm. 4a; Wochinger-Schwalb § 85 Anm. 1; Sydow-Busch-Krieg a. a. O.; Kollat § 85 Anm. 1; Rittmann-Wenz § 85 Anm. 2; RGZ. 36, 395/6; JW. 1891, 472[22] (RG.).

[4]) Jonas § 85 Anm. 4a; Rittmann-Wenz § 85 Anm. 2; Kollat § 85 Anm. 1; RGZ. 36, 393; Sydow-Busch-Krieg a. a. O.; Baumbach ZPO. § 110 Anm. 2.

6 B. Juristische Personen. Ihre Staatsangehörigkeit richtet sich nach dem Hauptsitze[5]). Ist dieser im Auslande, so bleibt die juristische Person Ausländer, mag sie auch im Inlande eine Zweigniederlassung haben und deren Geschäftsbetrieb gerade dem vorliegenden Rechtsstreit zugrunde liegen[6])[7]).

7 **III. Der Ausländervorschuß in bürgerlichen Rechtsstreitigkeiten**[7a]).

A. Die Vorschußpflicht besteht nur für Ausländer, die als Kläger auftreten[7b]).

8 1. Gleichgültig ist, ob die Klage im gewöhnlichen Prozesse oder in einer besonderen Verfahrensart (Ehe- und Kindschaftssachen, Klage auf Anfechtung oder Wiederaufhebung einer Entmündigung, Urkunden- und Wechselprozeß) erhoben ist. Auch die Hauptintervention[8]), die Klagen des Wiederaufnahmeverfahrens[9]), die in der Zwangsvollstreckung vorgesehenen Klagen nach §§ 722, 731, 767, 768, 771 ZPO.[10]) gehören hierher. Es muß sich also um ein „Prozeßverfahren" (§ 20 Anm. 1) handeln.

9 2. Dagegen liegt bei Arrest und einstweiliger Verfügung[11]) und in den Fällen der §§ 33, 34 GKG.[12]) keine Klage vor, so daß auch von einem Kläger hier keine Rede sein kann. Das wird dadurch bestätigt, daß § 85 Abs. 1 die Vorschußpflicht „unbeschadet der Verpflichtung zur Zahlung der Prozeßgebühr" eintreten läßt, während in den gedachten Fällen gar keine Prozeßgebühr zum Ansatze kommt. Auch das Mahnverfahren und das Güteverfahren stellen kein Verfahren auf Klage dar, auch bei ihnen fehlt ein Kläger[13]), bis das Güteverfahren in das Streitverfahren übergeht oder nach Erhebung des Widerspruchs gegen den Zahlungsbefehl bzw. Erlassung des Vollstreckungsbefehls im Urkunden- oder Wechselmahnverfahren unter Vorbehalt der Ausführung der Rechte des Beklagten Verhandlungstermin beantragt oder gegen einen Vollstreckungsbefehl Einspruch eingelegt wird. Dabei ist es für die Anwendung des § 85 gleichgültig, ob der Gläubiger oder der Schuldner den Übergang des Güteverfahrens in das Streitverfahren herbeigeführt

---

[5]) Jonas § 85 Anm. 4a; Rittmann-Wenz § 85 Anm. 2; Sydow-Busch-Krieg § 85 Anm. 1; Baumbach ZPO. § 110 Anm. 2; Kollat § 85 Anm. 1; Kann Festschrift für Heinitz 327; RGZ. 38, 403.

In Betracht kommen auch ausländische Staaten. Aschaffenburg Recht 15, 330.

[6]) Jonas, Rittmann-Wenz, Baumbach, Sydow-Busch-Krieg, Kollat, RGZ. a. a. O.; OLG. 15, 172[8c] (Hamburg); LZ. 9, 1052 (LG. Kiel); ElsLothZ. 22, 33; 31, 741 (OLG. Colmar); BolzePr. 22 Nr. 712c.

[7]) Die Partei kraft Amts ist „Ausländer", wenn die Verwaltung des ihr unterstehenden Vermögens im Auslande geführt wird. Baumbach ZPO. Anm. 2 zu § 110; JW. 1922, 1595[5] (OLG. München).

[7a]) Wegen der Verrechnung des Vorschusses s. § 86 Anm. 10ff.

[7b]) Wenn ein Ausländer einen Anspruch einem Deutschen zur Einklagung in eigenem Namen abtritt und der Deutsche dann in eigenem Namen klagt, so ist weder der Deutsche, weil nicht Ausländer, noch der Ausländer, weil nicht Kläger, zur Entrichtung des Ausländervorschusses verpflichtet. Kann BuschsZ. 52, 76; Kann Festschrift für Heinitz 338.

Die Aussetzung des Verfahrens nach § 246 ZPO. erfolgt auf Antrag des Prozeßbevollmächtigten, nicht auf Antrag der Partei. Daher kommt ein Kostenvorschuß nach § 85 nicht deshalb in Frage, weil die verstorbene Partei Ausländer war. OLG. 35, 53 (Hamburg).

[8]) Jonas § 85 Anm. 4b; Wochinger-Schwalb § 85 Anm. 8; Sydow-Busch-Krieg § 85 Anm. 2.

[9]) Jonas § 85 Anm. 4b; Rittmann-Wenz § 85 Anm. 3; Kollat § 85 Anm. 2; Wochinger-Schwalb § 85 Anm. 8; Sydow-Busch-Krieg a. a. O.

[10]) Jonas, Wochinger-Schwalb, Sydow-Busch-Krieg a. a. O.

[11]) Rittmann-Wenz § 85 Anm. 1; Baumbach ZPO. § 110 Anm. 3; Kollat § 85 Anm. 2; Wochinger-Schwalb § 85 Anm. 6; Sydow-Busch-Krieg a. a. O.

[12]) Baumbach ZPO. Anm. 3 zu § 110; Wochinger-Schwalb § 85 Anm. 7.

[13]) Baumbach ZPO. Anm. 3 zu § 110; Rittmann-Wenz § 85 Anm. 1; Kollat § 85 Anm. 2; Sydow-Busch-Krieg a. a. O.

oder im Mahnverfahren die Terminsbestimmung beantragt hat[14]). Vgl. hiezu im einzelnen noch § 74 Anm. 3. Kein Verfahren auf Klage ist auch das Kündigungsverfahren gemäß §§ 1aff. des Mieterschutzgesetzes in der Fassung der Bekanntmachung vom 17. Februar 1928 (RGBl. I 25), bis es in den Aufhebungsstreit übergeht. Vgl. oben § 31 Anm. 20ff.

3. Vorschußpflichtig ist der Kläger in der ersten Instanz, ferner, wenn 10
er Berufungs- bzw. Revisionskläger ist, auch in der Berufungs- und Revisionsinstanz[14a]). Dagegen ist der Beklagte, wenn er Einspruch gegen ein Versäumnisurteil oder einen Vollstreckungsbefehl erhebt oder als Berufungs- oder Revisionskläger auftritt, nicht vorschußpflichtig[15]), ebensowenig der Kläger als Berufungs- oder Revisionsbeklagter[16]). Wegen der Widerklage s. Anm. 40.

4. Der dem Kläger beigetretene Nebenintervenient ist Kläger i. S. des 11
§ 85 GKG. nur, wenn er nach § 69 ZPO. als Streitgenosse gilt[17]).

5. Sind mehrere Personen Kläger, so sind nur diejenigen unter ihnen 12
vorschußpflichtig, die Ausländer sind[18]). Mehrere Ausländer haften als Gesamtschuldner (§ 87).

6. Gegen wen sich die Klage richtet, ob gegen einen Ausländer oder gegen 13
einen Deutschen, ist ohne Bedeutung[19]).

B. Die Vorschußpflicht entsteht mit der Einreichung der Klage[20]), mit 14
den in Anm. 9 genannten Tatbeständen, durch welche das Güteverfahren in das Streitverfahren oder das Mahnverfahren in das Prozeßverfahren übergeht[21]), mit dem Übergang des Kündigungsverfahrens in den Aufhebungsstreit, in der Berufungs- oder Revisionsinstanz mit der Einreichung der Berufungs- oder Revisionsschrift[22]).

C. Der Vorschuß beträgt[22a]) in der ersten Instanz das Doppelte der vollen 15
Gebühr, in der Berufungsinstanz das Doppelte und in der Revisionsinstanz das Einfache der gemäß § 28 GKG. erhöhten vollen Gebühr[23]). Wie § 85 ausdrücklich betont, bleibt die Pflicht zur Zahlung der Prozeßgebühr neben der Vorschußpflicht be-

---

14) Rittmann-Wenz § 85 Anm. 3; Kollat § 85 Anm. 2; Sydow-Busch-Krieg a. a. O.

A. M. offenbar Jonas § 85 Anm. 4c, der die Vorschußpflicht „mit Stellung des klägerischen Antrags auf Bestimmung des Verhandlungstermins nach Erhebung des Widerspruchs im Mahnverfahren" entstehen läßt. Allein Kläger ist der Gläubiger auch, wenn der Beklagte die Terminsbestimmung herbeiführt, und nur die Eigenschaft als Kläger verlangt § 85 für die Entstehung der Vorschußpflicht, eine dem § 74 Abs. 2 Satz 2 entsprechende Beschränkung fehlt hier.

14a) Legt er Berufung oder Revision bezüglich der Widerklage ein, so tritt er insoweit nicht als Kläger, sondern als Widerbeklagter auf. Rittmann-Wenz § 85 Anm. 3; Kollat § 85 Anm. 2; RheinArch. 92 I 182 (OLG. Köln); Sydow-Busch-Krieg § 85 Anm. 4.

15) Jonas § 85 Anm. 4b; Baumbach § 85 Anm. 1; Rittmann-Wenz § 85 Anm. 3; Sydow-Busch-Krieg § 85 Anm. 4; Kollat § 85 Anm. 2; Wochinger-Schwalb § 85 Anm. 5; RGZ. 31, 385; Recht 1903 Nr. 1498 (OLG. Frankfurt a. M.).

16) Jonas § 85 Anm. 4b; Rittmann-Wenz § 85 Anm. 3; Kollat § 85 Anm. 2; Recht 1907 Nr. 646 (RG.); Sydow-Busch-Krieg a. a. O.

17) Jonas § 85 Anm. 4b; Kollat § 85 Anm. 2; Rittmann-Wenz § 85 Anm. 3; Sydow-Busch-Krieg § 85 Anm. 2.

18) Jonas § 85 Anm. 4b; Kollat § 85 Anm. 2; Rittmann-Wenz § 85 Anm. 3; Sydow-Busch-Krieg § 85 Anm. 2. Vgl. auch JW. 1924, 327 5 (OLG. Dresden). A. M. Wochinger-Schwalb § 85 Anm. 12.

19) Jonas § 85 Anm. 4b.

20) Jonas § 85 Anm. 4c; Baumbach § 85 Anm. 1; Kollat § 85 Anm. 4.

21) Baumbach und Kollat a. a. O. Wegen Jonas vgl. Fußnote 14.

22) Jonas § 85 Anm. 4c; Kollat § 85 Anm. 4.

22a) Der Vorschuß ist zu zahlen, Hinterlegung von Wertpapieren genügt nicht. JW. 1912, 700 31 (RG.).

23) Jonas § 85 Anm. 4c; Rittmann-Wenz § 85 Anm. 4; Kollat § 85 Anm. 5; Wochinger-Schwalb § 85 Anm. 10; Sydow-Busch-Krieg § 85 Anm. 4.

stehen. Daß nach § 31 Abs. 2, § 31a Abs. 3 die Prozeßgebühr nur zur Hälfte erhoben wird, ist ohne Einfluß auf die Höhe des Ausländervorschusses.

16 Stehen Klage und Widerklage einander gegenüber, so wird der Vorschuß nur nach dem Werte der Klage berechnet[24]). Bei wechselseitig eingelegten Rechtsmitteln ist nur das vom Kläger erhobene zu berücksichtigen.

17 Ist der ausländische Kläger nur teilweise d. h. mit einem quantitativ ausscheidbaren Teile an dem Klageanspruche beteiligt, so ist nur dieser Teil der Berechnung des Vorschusses zugrunde zu legen. Ebenso, wenn der ausländische Kläger mehrere Ansprüche geltend macht, von denen einer der Vorschußpflicht unterliegt, der andere nicht.

18 D. Die Folgen der Nichtleistung des Ausländervorschusses.

1. Die Bestimmungen des § 74 Abs. 2 GKG. und der §§ 519 Abs. 6, 554 Abs. 7 ZPO. kommen neben der Vorschrift des § 85 GKG. zur Anwendung[25]).

19 a) Kommt der Kläger seinen Pflichten nach § 74 GKG. nicht nach, so soll die Terminsbestimmung nicht erfolgen oder auf die Klageerweiterung hin keine gerichtliche Handlung vorgenommen werden. Die Anwendung des § 85 spielt also, solange die Vorwegleistungspflicht nach § 74 Platz greift, keine Rolle.

20 b) § 85 wird erst von Bedeutung, wenn diese Pflicht erfüllt ist oder nach § 74 Abs. 4 entfällt oder den Kläger keine Vorwegleistungspflicht nach § 74 trifft, z. B., weil es der Schuldner ist, der nach vorangegangenem Mahnverfahren Terminsbestimmung beantragt oder Einspruch gegen den Vollstreckungsbefehl erhoben hat.

21 2. Vor Zahlung des Ausländervorschusses soll der Ausländer zur Verhandlung nicht zugelassen werden[25a]).

22 a) Ist dem § 74 hinsichtlich der Vorwegleistungspflicht des Klägers genügt, so kann auch dem Ausländer gegenüber die Terminsbestimmung bzw. eine gerichtliche Handlung auf die Klageerweiterung nicht versagt werden[26]). Versagt soll lediglich die Zulassung des Ausländers zur Verhandlung werden, bis auch der Ausländervorschuß bezahlt ist.

23 b) Die Vorschrift ist eine Soll-Bestimmung, über deren Bedeutung auf § 74 Anm. 36, 57 und Fußnote 65 zu verweisen ist[26a]).

24 c) Der ausländische Kläger soll nicht zur Verhandlung zugelassen werden, sein Erscheinen oder Verhandeln wird nicht beachtet, er gilt als nichterschienen oder nicht verhandelnd[27]). Der Gegner ist nicht gehindert, gegen ihn zu verhandeln und Versäumnisurteil auf Abweisung der Klage oder Zurückweisung des Rechtsmittels zu erwirken[28]). Auch zur „schriftlichen Verhandlung“ (§ 7 EntlVO.) ist der Ausländer

---

[24]) RheinArch. 92 I 182 (OLG. Köln); Rittmann-Wenz § 85 Anm. 6; OLG. 21, 396 (KG.).

[25]) Jonas § 85 Anm. 4d; Kollat § 85 Anm. 3; Wochinger-Schwalb § 85 Anm. 15; BuschsZ. 49, 275[31] (KG.).

[25a]) Tritt eine offene Handelsgesellschaft, die aus einem ausländervorschußpflichtigen und einem nichtvorschußpflichtigen Gesellschafter besteht, als Kläger auf, so wird zwar der Ausländervorschuß von dem Pflichtigen erhoben, eine Nichtzulassung zur Verhandlung kommt aber nicht in Frage, weil sie zugleich unzulässigerweise den Nichtvorschußpflichtigen treffen würde. JW. 1924, 327[5] (OLG. Dresden).

[26]) Jonas § 85 Anm. 4d; Kollat § 85 Anm. 3; Wochinger-Schwalb § 85 Anm. 15; Sydow-Busch-Krieg § 85 Anm. 13.

[26a]) Vgl. auch Recht 1907 Nr. 646 (RG.): keine Nichtigkeit bei Verstoß gegen § 85 Abs. 5 GKG.

[27]) Rittmann-Wenz § 85 Anm. 10.

[28]) Jonas § 85 Anm. 4d; Rittmann-Wenz § 85 Anm. 10; Kollat § 85 Anm. 3; Sydow-Busch-Krieg § 85 Anm. 13; Wochinger-Schwalb § 85 Anm. 15; Recht 1908 Nr. 3171 (OLG. Hamburg); SeuffArch. 55, 353[174] (OLG. Marienwerder).

Es kann auch bezüglich der Widerklage nach § 251a ZPO. vorgegangen werden. DJZ. 1925, 588 (KG.).

mangels Vorschußzahlung nicht zuzulassen. Eine Verwerfung des Rechtsmittels wegen Nichtzahlung des Ausländervorschusses (analog §§ 519b, 554a ZPO.) ist dagegen nicht vorgesehen[29]).

d) Ergibt sich erst im Laufe des Verfahrens, daß der Kläger ein vorschußpflichtiger Ausländer ist, so soll er nunmehr vor Erfüllung der Vorschußpflicht nicht mehr zur Verhandlung zugelassen werden[30]). Aus dem Wesen der Sollvorschrift folgt, daß die bis dahin vorgenommenen Prozeßhandlungen nicht unwirksam sind[31]). 25

e) Die Vorschußpflicht ist für die einzelnen Instanzen vorgesehen, die Höhe des Vorschusses nach den Instanzen verschieden bemessen. Danach muß angenommen werden, daß die Folge der Nichtleistung sich nicht über die Instanz hinauserstreckt. Wegen Nichtleistung des Ausländervorschusses der ersten Instanz kann deshalb die Zulassung zur Verhandlung in der Rechtsmittelinstanz nicht versagt werden[32]). 26

3. Die Nichtzulassung zur Verhandlung entfällt, wenn glaubhaft gemacht wird, daß die Verzögerung dem Ausländer einen nicht zu ersetzenden Nachteil bringen würde. 27

a) Der Nachteil muß unersetzlich[33]) sein, ein schwer zu ersetzender Nachteil genügt nicht[34]), wie nach § 74 Abs. 4. 28

b) Für die Glaubhaftmachung sind besondere Vorschriften nicht gegeben. 29

c) Die Vorschußpflicht bleibt bestehen[35]). 30

E. Rechtsbehelfe. 31

1. Wird vom Kläger der Ausländervorschuß angefordert, so steht ihm die Erinnerung und demnächst die Beschwerde nach § 4 GKG. offen[36]), sei es, daß er gegen die Anforderung überhaupt oder nur gegen die Höhe des Vorschusses angehen will.

2. Wird dem Kläger die Zulassung zur Verhandlung versagt, so kann er dagegen nach § 567 ZPO. Beschwerde erheben[37]). Wegen des Beschwerdegegenstandes s. § 38 Fußnote 23. 32

3. Wird der Ausländervorschuß nicht erhoben oder der Kläger zur Verhandlung zugelassen, so gibt dies, mögen die Maßnahmen erfolgen, weil nach Ansicht des Urkundsbeamten der Geschäftsstelle bzw. des Gerichts eine Vorschußpflicht nicht besteht oder die Glaubhaftmachung nach § 85 Abs. 5 a. E. als geführt angesehen wird oder weil die Bestimmungen des § 85 nicht genügend beobachtet werden, dem Gegner kein prozessuales Beschwerderecht[38]). Die Vorschriften des § 85 sind nur zum Schutze der Staatskasse bestimmt; werden sie nicht gewahrt, so liegt darin keine Verletzung von Parteirechten. 33

F. Ausnahmen von der Vorschußpflicht. 34

1. Die Vorschußpflicht tritt nicht ein, wenn in dem Staate, dem der Kläger angehört, ein Deutscher im gleichen Falle[39]) in bezug auf Vor-

---

[29]) Jonas § 85 Anm. 4d.

[30]) Jonas § 85 Anm. 4d.

[31]) Jonas a. a. O.

[32]) Jonas a. a. O. A. M. BuschsZ. 21, 344[16] (OLG. Colmar).

[33]) Das ist ein lediglich prozessualer Nachteil nicht, wenn er sich wieder beseitigen läßt. Recht 1903 Nr. 1500 (OLG. Frankfurt a. M.) läßt einen prozessualen Nachteil (Verwerfung des Einspruchs) nie genügen.

[34]) Jonas § 85 Anm. 4g; Rittmann-Wenz § 85 Anm. 10.

[35]) Jonas § 85 Anm. 4g.

[36]) Jonas § 85 Anm. 4f; Sydow-Busch-Krieg § 85 Anm. 15. Kollat § 85 Anm. 8 gibt nur wegen der Höhe des Vorschusses die Rechtsbehelfe des § 4 GKG., „gegen die Anordnung der Vorschußpflicht" Beschwerde aus § 567 ZPO. Ebenso Baumbach § 85 Anm. 1.

[37]) Jonas § 85 Anm. 4f; offenbar auch Wochinger-Schwalb § 85 Anm. 17.

[38]) Jonas § 85 Anm. 4e; SeuffArch. 49, 341[193] (RG.); Sydow-Busch-Krieg § 85 Anm. 15.

[39]) D. h. in einem gleichartigen Prozesse. Jonas § 85 Anm. 5 zu Nr. 1 Abschn. a; Baumbach ZPO. Anm. 6 zu § 110; RGZ. 83, 428; Sydow-Busch-Krieg § 85 Anm. 5.

auszahlung oder Sicherstellung der Gerichtskosten einem Inländer gleichgestellt ist.

35 a) Bis zur Novelle von 1922 lautete § 85 Abs. 2 Z. 1: „wenn nach den Gesetzen des Staates, welchem der Kläger angehört, ein Deutscher in gleichem Falle zu einer besonderen Vorauszahlung oder zu einer Sicherstellung der Gerichtskosten nicht verpflichtet ist." Damit war für das Entfallen der Vorschußpflicht die materielle Gegenseitigkeit verlangt, d. h. es genügte nicht, daß nach dem ausländischen Rechte in Beziehung auf Vorauszahlung oder Sicherstellung der Gerichtskosten kein Unterschied zwischen Inländern und Ausländern gemacht wurde, die Vorschußpflicht nach § 85 war vielmehr stets begründet, wenn das ausländische Recht überhaupt eine Vorauszahlung oder Sicherstellung der Gerichtskosten vorsah, die im gleichen Falle dem deutschen Rechte unbekannt war[40]). Die jetzt geltende Fassung des § 85 verlangt nur formelle Gegenseitigkeit, d. h. eine Vorschußpflicht ist nicht gegeben, wenn der Deutsche in dem betreffenden ausländischen Staate betreffs der Vorauszahlung oder Sicherstellung der Gerichtskosten dem Angehörigen des fraglichen Staates gleichbehandelt wird, mag dies gesetzlich bestimmt sein oder nur tatsächlich so gehandhabt werden[41]).

36 b) Gemäß § 293 ZPO. ist bei Beurteilung der Frage, ob die Voraussetzungen des § 85 Abs. 2 Z. 1 GKG. gegeben sind, das Gericht nicht auf die von den Parteien beigebrachten Nachweise beschränkt, es kann auch andere Erkenntnisquellen benutzen und zum Zwecke einer solchen Benutzung das Erforderliche anordnen.

37 c) Nach den vorliegenden Nachrichten[42]) ist bezüglich keines Staates bekannt, daß in ihm Deutschland gegenüber nicht die formelle Gegenseitigkeit verbürgt ist.

37a Die Gegenseitigkeit ist verbürgt[43]):

α) durch das Haager Zivilprozeß-Abkommen vom 17. Juli 1905 (RGBl. 1909, 409) gegenüber Belgien, Dänemark, Danzig, Finnland, Italien, Luxemburg, Niederlande, Norwegen, Portugal, Schweden, Schweiz, Spanien (mit span. Marokko), Tschechoslowakei, Ungarn, soweit der Kläger seinen Wohnsitz in einem der Vertragsstaaten hat;

β) durch besondere Verträge:
gegenüber Abessinien durch Art. III Freundsch.- u. HandelsVtg. v. 7. März 1905 RGBl. 1906, 470; gegenüber Argentinien durch Art. 8 Freundsch.-, Handels- u. SchiffsVtg. v. 19. Sept. 1857 (PrGS. 1859, 405; BayRegBl. 1859, 899) u. Argentinische Verfassung v. 25. Sept. 1860; gegenüber Bulgarien durch Art. 1 RechtsverkVtg. v. 22. Dez. 1926 (RGBl. 1927 II 416); gegenüber Frankreich durch Art. 1 Erklärung v. 15. Okt. 1927 (RGBl. II 895); gegenüber Griechenland durch Art. 5 HandelsVtg. v. 24. März 1928 (RGBl. II 240), noch nicht ratifiziert; gegenüber Italien durch Art. 4 HandelsVtg. v. 31. Okt. 1925 (RGBl. II 1020); gegenüber Kolumbien durch Art. 4 Freundsch.-, Handels- u. SchiffVtg. v. 23. Juli 1892 (RGBl. 1894, 47); gegenüber Mexiko durch Art. 13 Freundsch.-, Handels- u. SchiffVtg. v. 5. Dez. 1882 (RGBl. 1883, 247); gegenüber Nicaragua durch Art. 5 Freundsch.-, Handels-, Schiff- u. KonsVtg. v. 4. Febr. 1896 (RGBl. 1897, 171) und die Bek. v. 12. Sept. 1924 (RGBl. II 371); gegenüber Österreich durch Art. 2 RechtsverkVtg. v. 21. Juni 1923 (RGBl. 1924 II 55); gegenüber Paraguay durch Art. 2 MeistbegVtg. v. 21. Juli 1887 (RGBl. 1888, 178); gegenüber Polen durch Art. 2 RechtsverkVtg. v. 5. März 1924 (RGBl. 1925 II 139); gegenüber Tschechoslowakei durch Art. 3 RechtshilfeVtg. v. 20. Januar 1922 (RGBl. 1923 II 57); gegenüber Rußland (Union der Sozialistischen Sowjetrepubliken) durch Art. 12 Niederlassungsabkommen im Vertrage v. 12. Okt. 1925 (RGBl. 1926 II 1), falls der Kläger seinen Wohnsitz im Gebiete des einen oder anderen Teils hat;

---

[40]) RGZ. 51, 1 und 4.
[41]) Jonas § 85 Anm. 5 zu Nr. 1 Abschn. a.
[42]) Jonas § 85 Anm. 5 zu Nr. 1.
[43]) Das Folgende fußt auf Jonas § 85 Anm. 5 zu Nr. 1, Magnus Tabellen z. intern. R. I unter Berücksichtigung der späteren Änderungen.

γ) weil teils überhaupt keine Vorschußpflicht teils keine besondere für Ausländer besteht:
gegenüber Ägypten, Belgien, Chile, China, Costa-Rica, Estland, Frankreich, Griechenland, Großbritannien, Guatemala, Japan, Jugoslawien (mit Montenegro), Lettland, Lichtenstein, Litauen. Luxemburg, Monako, Persien, Portugal, Rumänien, Rußland, Türkei, Vereinigte Staaten von Amerika;

δ) gegenüber Brasilien wegen Gleichstellung der Ausländer mit den Inländern;

ε) gegenüber dem Memelgebiet gemäß § 5 der VO. des Vertreters der alliierten Mächte v. 12. Okt. 1920 (PrJMBl. 1920, 600).

Nachrichten fehlen bezüglich folgender Staaten[43a]): Afghanistan, 37b
Albanien, Bolivien, Ecuador, Haiti, Honduras, Liberia, Panama, Peru, Salvador, Siam, Uruguay, Venezuela.

Handelt es sich um Kläger, die Angehörige solcher Staaten sind, so ist der Ausländervorschuß zu erheben, wenn nicht von dem Kläger dargebotene Nachweise oder von Amts wegen gepflogene Ermittlungen ergeben, daß die Ausnahmebestimmung des § 85 Abs. 2 Z. 1 eingreift.

2. Die Vorschußpflicht entfällt ferner bei Klagen im Urkunden- und 38
Wechselprozesse. Dem Urkunden- und Wechselprozesse steht nach § 28 Abs. 3 Scheckges. der Scheckprozeß gleich[44]).

Nimmt der Kläger vom Urkunden-, Wechsel- oder Scheckprozesse Abstand (§ 596 39
ZPO.), so tritt damit die Pflicht zur Zahlung des Ausländervorschusses ein[45]). Dasselbe gilt in dem Nachverfahren nach § 600 ZPO. und bei vorangegangenem Urkunden- und Wechselmahnverfahren nach § 4 Z. 4 EntlVO., gleichgültig, ob der Kläger oder der Beklagte das Nachverfahren betreibt[46]).

3. Keine Vorschußpflicht besteht bei Widerklagen. Das gilt auch, wenn ledig- 40
lich die Entscheidung über die Widerklage in die Rechtsmittelinstanz erwächst. Wird dagegen die Widerklage nach § 145 ZPO. zum gesonderten Prozeß verwiesen, so beginnt damit die Vorschußpflicht[47]).

4. Eine weitere Ausnahme ist vorgesehen für Klagen, die infolge einer 41
öffentlichen Aufforderung erhoben werden. Es ist hierfür auf §§ 946 ff. ZPO. (Aufgebotsverfahren) zu verweisen.

5. Die Vorschußpflicht ist nicht gegeben bei Klagen aus Rechten, die im 42
Grundbuch eingetragen sind. „Grundbuch" ist nur ein deutsches Grundbuch. Im Grundbuch eingetragen werden, soweit nicht auf Grund der Übergangsvorschriften des EG.BGB. landesrechtliche Ausnahmen bestehen, nur die nach dem BGB. eintragungsfähigen dinglichen Rechte. Für den persönlichen Anspruch aus einer durch

---

[43a]) Jonas a. a. O. führt noch Cuba und San Domingo [Dominika] auf, s. dazu Magnus an den betreffenden Stellen, wo aber auch Vorschußpflicht angenommen wird. Salvador ist oben mit aufgeführt, da Magnus die Vorschußpflicht hier nur aus dem Mangel an Nachrichten darüber folgert, daß für Salvador keine Vorschußpflicht besteht. Persien fehlt oben entgegen den Tabellen von Magnus, da nach dessen Mitteilung das persische Recht keine Sicherheitsleistung wegen der Prozeßkosten kennt.

[44]) Jonas § 85 Anm. 5 zu Nr. 2; Rittmann-Wenz § 85 Anm. 6; Kollat § 85 Anm. 7b; Sydow-Busch-Krieg § 85 Anm. 6.

[45]) Jonas, Sydow-Busch-Krieg, Rittmann-Wenz, Kollat a. a. O.; Wochinger-Schwalb § 85 Anm. 13b.

[46]) Rittmann-Wenz a. a. O. Dagegen verlangen Jonas und Kollat a. a. O., daß der Kläger das Nachverfahren betreibt. Aber dadurch, daß der Beklagte das Nachverfahren in Gang bringt, ändern sich die Parteirollen nicht, der Kläger tritt auch dann als solcher im Verfahren auf. Wie der Text, offenbar auch Sydow-Busch-Krieg § 85 Anm. 6.

[47]) Jonas § 85 Anm. 5 zu Nr. 3; Rittmann-Wenz § 85 Anm. 6; Kollat § 85 Anm. 7c; Wochinger-Schwalb § 85 Anm. 13c; Sydow-Busch-Krieg § 85 Anm. 7.

Hypothek gesicherten Forderung besteht keine Vorschußfreiheit. Das Recht muß eingetragen, nicht nur vorgemerkt sein[48]).

43 6. Endlich ist der Kläger, dem das Armenrecht bewilligt ist, von dem Ausländervorschusse befreit. Einer Erörterung des § 114 Abs. 2 ZPO. bedarf es hier nicht, da erst die Bewilligung des Armenrechts, nicht schon der Anspruch auf solche Bewilligung befreiend wirkt.

G. Nachträgliches Eintreten der Vorschußpflicht.

44 1. Verliert der Kläger im Laufe des Rechtsstreits die Eigenschaft eines Deutschen (§§ 17 ff. RStAngehG.), so wird er vorschußpflichtig. Dasselbe gilt, wenn die Stelle des bisherigen deutschen Klägers jetzt ein Ausländer als Rechtsnachfolger einnimmt[49]).

45 2. Die Voraussetzungen der Ausnahmen nach § 85 Abs. 2 können nachträglich wegfallen:

a) durch Änderung der ausländischen Gesetzgebung oder tatsächlichen Übung bzw. der einschlägigen Verträge[50]),

b) durch Entziehung des Armenrechts oder Erlöschen desselben infolge des Todes des Klägers[51]).

c) Weitere Fälle sind bereits in Anm. 39, 40 erwähnt.

46 3. Mit der Erhöhung des Streitwerts durch Klageerweiterung erhöht sich auch die Vorschußpflicht des Ausländers. Dasselbe ist der Fall, wenn ohne Änderung des Streitgegenstandes innerhalb der Instanz der Streitwert (z. B. im Beschwerdewege) höher festgesetzt wird. Die Verhandlung, zu welcher der Kläger nicht zugelassen werden soll, ist dann die nächste und jede folgende Verhandlung.

Wird die Streitwertfestsetzung innerhalb der Instanz herabgesetzt, so ist der überhobene Teil des Vorschusses zurückzuzahlen.

47 IV. **Der Ausländervorschuß in Strafsachen**[51a]).

A. „Ein Ausländer, der als Privatkläger auftritt oder als Nebenkläger Berufung oder Revision einlegt", hat gemäß § 85 Abs. 4 GKG. „den doppelten Gebührenvorschuß (§ 83) zu zahlen". Die Fassung der Bestimmung weicht deutlich von der des Abs. 1 ab. Dieser bestimmt „unbeschadet der Verpflichtung zur Zahlung der Prozeßgebühr" den zu leistenden Ausländervorschuß. Abs. 4 legt dem Ausländer „den doppelten Gebührenvorschuß (§ 83)" auf, setzt also die Höhe des Vorschusses fest, die nach § 83 und § 85 zusammen zu zahlen ist. Nun schränkt § 85 die Ausländervorschußpflicht des Nebenklägers gegenüber der allgemeinen Vorschußpflicht nach § 83 Abs. 1 auf die Fälle ein, daß der Nebenkläger als solcher Berufung oder Revision einlegt, während § 83 auch des Wiederaufnahmeantrags des Nebenklägers gedenkt. Also wird man nicht annehmen können, daß das „Auftreten als Privatkläger" in § 85 über die Voraussetzungen der Vorschußpflicht des Privatklägers nach § 83 hinausgehen soll, vielmehr es dem § 83 gemäß zu verstehen haben.

48 B. Vorschußpflichtig ist

1. der Privatkläger

a) in der ersten Instanz stets,

b) im übrigen nur, wenn er als Privatkläger Berufung oder Revision einlegt oder die Wiederaufnahme des Verfahrens beantragt, also nicht, wenn lediglich der

---

[48]) Jonas § 85 Anm. 5 zu Nr. 5; Sydow-Busch-Krieg § 85 Anm. 9.

[49]) Jonas § 85 Anm. 6; Rittmann-Wenz § 85 Anm. 7; Kollat § 85 Anm. 1; Sydow-Busch-Krieg § 85 Anm. 11.

[50]) Jonas § 85 Anm. 6; Rittmann-Wenz § 85 Anm. 7; Wochinger-Schwalb § 85 Anm. 14.

[51]) Rittmann-Wenz § 85 Anm. 7; Wochinger-Schwalb § 85 Anm. 14.

[51a]) Wegen der Einwirkung der Übernahme der Verfolgung durch die Staatsanwaltschaft s. § 86 Anm. 15, wegen der Verrechnung des Vorschusses s. § 86 Anm. 14 ff.

Angeklagte oder ein Einziehungsbeteiligter das Rechtsmittel erhoben hat oder wenn der Privatkläger nicht als solcher, sondern als Widerbeklagter gegen die auf die Widerklage ergangene Entscheidung im Rechtsmittelwege vorgeht oder mit einem Wiederaufnahmeantrage ankämpft[52]).

2. Der Widerkläger ist niemals vorschußpflichtig[53]), 49

3. der Nebenkläger ist es nur, wenn er als solcher Berufung oder Revision 50
einlegt.

C. Der Vorschuß beträgt das Doppelte des an sich nach § 83 zu leistenden 51
Vorschusses, also regelmäßig 30 RM. für die Instanz. Erhöht sich der Betrag des nach § 83 verfallenden Vorschusses gemäß § 64, so wächst der Vorschuß des § 85 auf das Doppelte des aus § 64 errechneten Betrages an[54]).

D. Die Folgen der Nichtleistung des Ausländervorschusses. 52

1. Leistet der Privatkläger für die erste Instanz den Vorschuß des § 83, nicht auch den Mehrvorschuß nach § 85, so wird zwar dem Privatklageverfahren Fortgang gegeben, auch nach Eröffnung des Hauptverfahrens Termin zur Hauptverhandlung angesetzt, zu dieser Verhandlung aber der Privatkläger nicht zugelassen. Er gilt als nicht erschienen, was die Anwendung des § 391 Abs. 2 StPO. zur Folge hat. Dasselbe gilt, wenn es auf Wiederaufnahmeantrag des Privatklägers zur Erneuerung der Hauptverhandlung erster Instanz kommt. In der vom Privatkläger beschrittenen Berufungsinstanz bewirkt seine Nichtzulassung zur Verhandlung die Verwerfung seiner Berufung gemäß § 391 Abs. 3 StPO.[55]). In der Revisionsinstanz verliert mit der Nichtzulassung zur Verhandlung der Privatkläger zwar das Recht, nach § 351 Abs. 2 StPO. gehört zu werden, weitere Folgen treten aber ausweislich § 391 Abs. 2 und 3 StPO. nicht ein[56]).

2. Bezüglich des Nebenklägers gilt das über die Berufung und Revision 53
des Privatklägers Gesagte[57]).

E. Rechtsbehelfe. Es gilt das in Anm. 31—33 Ausgeführte. An die Stelle 54
der Beschwerde nach § 567 ZPO. tritt die Beschwerde nach § 304 StPO.

F. Ausnahmen von der Vorschußpflicht. In Betracht kommen nur 55
die Fälle des Abs. 2 Nr. 1 und 6. Über das einschlägige ausländische Recht liegen Zusammenstellungen nicht vor[58]). Es muß also im Einzelfalle ermittelt werden. Ist das nicht möglich, so greift die Ausländervorschußpflicht ein.

---

[52]) Rittmann-Wenz § 85 Anm. 8.

[53]) Jonas § 85 Anm. 7; Wochinger-Schwalb § 85 Anm. 13c; Sydow-Busch-Krieg § 85 Anm. 12.

[54]) Rittmann-Wenz § 85 Anm. 8, Kollat § 85 Anm. 5, Wochinger-Schwalb § 85 Anm. 11 wollen den Höchstbetrag des § 64 maßgebend sein lassen: das könnte aber im gegebenen Falle dazu führen, daß der Ausländervorschuß den Vorschuß nach § 83 gar nicht überstiege.
Jonas § 85 Anm. 7 berücksichtigt § 64 nicht.

[55]) Jonas § 85 Anm. 7; Rittmann-Wenz § 85 Anm. 10; Wochinger-Schwalb § 85 Anm. 15.

[56]) Rittmann-Wenz a. a. O.

[57]) Rittmann-Wenz § 85 Anm. 10 meint, zu einer Handhabung des § 85 Abs. 5 gegenüber dem Nebenkläger bestehe keine Möglichkeit, „da an das Ausbleiben des Nebenklägers in der Hauptverhandlung keine prozessualen Nachteile geknüpft sind". Das ist nicht richtig. § 391 Abs. 3 StPO. findet gemäß § 397 StPO. auch auf den Nebenkläger Anwendung. RGSt. 60, 284. Die Entsch. RGSt. 7, 376 betrifft, wie die Überschrift zutreffend klarstellt, nur das Verfahren erster Instanz.

[58]) Jonas § 85 Anm. 7. Die Haager Abkommen und die sonstigen Verträge betreffen Strafsachen nicht. Jonas a. a. O. A. M. DJZ. 1906, 1032 (BayObLG.).
Die Erklärung vom 1. Oktober 1879 (RGBl. 312) stellt fest, daß die nach dem früheren § 419 [jetzt § 379] StPO. für die Bewilligung des Armenrechts an Italiener erforderliche Gegenseitigkeit durch die italienische Gesetzgebung verbürgt ist. Der zugrunde liegende Notenaustausch ist ausweislich der Bekanntmachung vom 15. August 1920 (RGBl. 1577) erneut in Kraft gesetzt worden. Es werden also vermutlich auch die Voraussetzungen des § 85 Abs. 2 Z. 1 GKG. erfüllt sein.

§ 86.

Die Verpflichtung zur Zahlung der vorzuschießenden Beträge bleibt bestehen, auch wenn die Kosten des Verfahrens einem anderen auferlegt oder von einem anderen übernommen sind. Die Vorschrift des § 82 Abs. 2 findet entsprechende Anwendung.

Vorbemerkung.

§ 86 regelt das Verhältnis der Vorschußpflicht zu der auf § 79 beruhenden Haftung für die Kosten. Er gibt mit geringen Fassungsänderungen den § 90 GKG. ä. F. wieder. Satz 2 ist durch das Gesetz vom 21. Dezember 1922 neu angefügt worden.

Übersicht.

1 **I. Vorschußpflicht und Kostenschuld.** Die Vorschußpflicht nach §§ 83—85 ist auf eine endgültige Zahlung gerichtet[1]) und tritt der Haftung des Kostenschuldners nach §§ 77—80 durchaus selbständig gegenüber.

2 1. Die Auslagenvorschußpflicht erlischt nicht mit Vornahme der Handlung, deren bare Auslagen gedeckt werden sollten, die Vorschußpflicht der §§ 83, 85 nicht mit Beendigung der Instanz, für die der Vorschuß in Frage kommt[2]).

3 2. Die Auslagenvorschußpflicht erlischt nicht dadurch, daß die Instanz sich ohne eine unbedingte gerichtliche Entscheidung über die Kosten erledigt und die Kosten gegenüber dem nach § 77 haftenden Antragsteller der Instanz gemäß § 75 fällig werden[3]).

4 3. Die Vorschußpflicht bleibt als solche bestehen, auch wenn die Kosten des Verfahrens einem anderen auferlegt oder von einem anderen übernommen sind[4]).

---

[1]) Jonas § 86 Anm. 1; Kollat § 86 Anm. 1; Sydow-Busch-Krieg § 86 Anm. 3.

[2]) Rittmann-Wenz § 86 Anm. 1; Baumbach § 86 Anm. 2; JW. 1889, 209[18] (RG.); OLG. 3, 162 (Karlsruhe); Sydow-Busch-Krieg § 86 Anm. 1.

[3]) Rittmann-Wenz § 86 Anm. 1; Sydow-Busch-Krieg § 86 Anm. 3.

[4]) Mag diesem auch das Armenrecht bewilligt sein. SeuffArch. 37, 215 (RG.); 46, 89 (BayObLG.).

4. Kommen Vorschußpflichtige nach §§ 83—85 und Kostenschuldner nach 5
§§ 77—80 nebeneinander in Betracht, so haften sie nach § 82 als Gesamtschuldner. Die Staatskasse kann also gemäß § 421 BGB. nach ihrem Belieben von jedem der Schuldner die Leistung ganz oder zu einem Teile fordern[4a]). Wenn aber neben den Vorschußpflichtigen ein auf Grund des § 79 haftender Kostenschuldner tritt, so soll die Haftung des Vorschußpflichtigen nur geltend gemacht werden, wenn eine Zwangsvollstreckung in das bewegliche Vermögen des aus § 79 Haftenden erfolglos geblieben ist oder aussichtslos erscheint. Der Vorschußpflichtige wird also in diesem Falle ebenso Zweitschuldner, wie dies nach § 82 Abs. 2 der Antragsteller des § 77 wird. Im einzelnen ist auf Anm. 13—16 zu § 82 zu verweisen.

II. Verrechnung der Vorschüsse. 6

A. Verrechnung des Auslagenvorschusses.

1. Der Auslagenvorschuß ist auf die Auslagen zu verrechnen, zu deren Deckung er bestimmt ist[5]). Die Zweckbestimmung des Auslagenvorschusses ist aus Anlaß seiner Erhebung klargestellt worden, die Leistung ist der Anforderung gemäß geschehen, eine einseitige Abweichung der Staatskasse von jener Zweckbestimmung also unzulässig. Ist bei einer von beiden Parteien beantragten Beweisaufnahme der Auslagenvorschuß von der einen geleistet, so muß er auf Auslagen der fraglichen Beweisaufnahme verrechnet werden: es ist unzulässig, mit der Zahlung eine sonstige Kostenschuld des Zahlenden zu decken und die andere Partei als Vorschußpflichtigen für die Auslagen der Beweisaufnahme in Anspruch zu nehmen[6]). Noch viel weniger darf der Vorschuß auf Beträge verrechnet werden, für welche die Partei, die ihn geleistet hat, gar nicht vorschußpflichtig ist[7]).

2. Reicht der erhobene Auslagenvorschuß zur Deckung der Auslagen nicht aus, 7
so besteht die Vorschußpflicht fort, sie wandelt sich in eine Pflicht zur Nachzahlung des ungedeckten Teils der Auslagen um[8]).

3. Die Verrechnung muß erfolgen, sobald die Handlung, deren Aus- 8
lagen der Vorschuß decken soll, vollkommen vorgenommen und damit der Kreis der zu berücksichtigenden Auslagen geschlossen ist. Eine Hinausschiebung der Verrechnung über diesen Zeitpunkt[9]) braucht der Vorschußpflichtige sich nicht gefallen zu lassen[10]).

4. Ergibt die Verrechnung, daß der Auslagenvorschuß teilweise nicht verbraucht 9
ist, so ist ein solcher Überschuß zurückzuzahlen[11]). Die Gerichtskasse kann aber auch gegenüber dem Anspruch auf Rückzahlung mit einer fälligen anderweiten Kosten- oder Vorschußforderung gegen die betreffende Partei aufrechnen[12]).

[4a]) Daher kann, wenn der Vorschußpflichtige den Vorschuß erlegt hat, der Rest der Kosten von den zu ihrer quotenweisen Tragung Verurteilten so angefordert werden, als sei der Vorschuß nicht gezahlt. LZ. 1918, 958[20] (OLG. Hamburg). Natürlich darf insgesamt nicht mehr der Staatskasse zufließen, als der Gesamtbetrag der Kosten ausmacht.

[5]) Rittmann-Wenz § 84 Anm. 9; Jonas § 84 Anm. 3; Kollat § 84 Anm. 1g.

[6]) Jonas § 86 Anm. 3; OLG. 15, 175[8h] (Colmar); Sydow-Busch-Krieg § 86 Anm. 3.

[7]) Jonas § 86 Anm. 3; Rittmann-Wenz § 84 Anm. 9; Baumbach § 84 Anm. 4; Wochinger-Schwalb § 84 Anm. 12; BraunschwZ. 1917, 59 (OLG. Braunschweig).

[8]) Baumbach § 84 Anm. 4; Rittmann-Wenz § 84 Anm. 9; Sydow-Busch-Krieg § 86 Anm. 1.

[9]) Wie sie § 15 PrKassO. vorsieht.

[10]) Rittmann-Wenz § 84 Anm. 9; Baumbach § 84 Anm. 4. A. M. Kollat § 84 Anm. 1g.

[11]) Jonas § 86 Anm. 3; Rittman-Wenz § 84 Anm. 9; Baumbach § 84 Anm. 4; Kollat § 84 Anm. 1g.

[12]) Jonas, Rittmann-Wenz, Baumbach, Kollat a. a. O.; Wochinger-Schwalb § 84 Anm. 12.

10 B. Verrechnung des Ausländervorschusses in bürgerlichen Rechtsstreitigkeiten.

1. Der Ausländervorschuß ist auf alle Gebühren der Instanz zu verrechnen[13]). Was die Verrechnung auf die Auslagen der Instanz betrifft, so scheiden die Fälle des § 80 aus[14]), soweit der Kläger nicht zu den dort Genannten gehört, die in diesem Falle allein haften. Im übrigen ist der Vorschuß auch auf die Auslagen der Instanz zu verrechnen[15]). Allerdings wird der Ausländervorschuß nach dem Mehrfachen oder Einfachen der vollen Instanzgebühr berechnet, er ist aber, wie gerade die abweichende Bezeichnung in Abs. 4 zeigt, nicht lediglich ein Gebührenvorschuß[16]).

11 2. Die Verrechnung muß mit Beendigung der Instanz erfolgen[17]), wie der Vorschuß für die einzelne Instanz zu leisten ist. Bei Beendigung der Instanz ergibt sich der Umfang der Kosten, für welche der Vorschuß in Anspruch zu nehmen ist. Eine Hinausschiebung der Verrechnung bis zur rechtskräftigen Erledigung der Sache braucht der ausländische Kläger nicht zu dulden[18]). Gewiß besteht die Möglichkeit, daß auf erhobene Berufung oder Revision eine Zurückverweisung und damit eine Wiedereröffnung der bisherigen Instanz eintritt. Allein an sich ist die Instanz beendet, und auf bloße Möglichkeiten hin läßt sich die Verrechnung nicht verzögern. Lebt dann die Instanz wieder auf, so ist nötigenfalls der Vorschuß neuerdings zu erfordern.

12 3. Der nicht verbrauchte Teil des Vorschusses ist zurückzuzahlen, soweit nicht eine Aufrechnung mit einer fälligen anderweiten Kosten- oder Vorschußforderung gegen den Kläger stattfindet[19]).

13 4. Bei der Verrechnung ist zu beachten, daß nach § 90 Abs. 4, soweit einer Partei, der Gebührenfreiheit zusteht, Kosten des Verfahrens auferlegt oder von ihr übernommen werden, Gebühren überhaupt nicht zu erheben und erhobene zurückzuzahlen, also bei der Verrechnung auch keine Gebühren zu berücksichtigen sind[20]). Dasselbe gilt von Kosten, die nach § 6 GKG. niedergeschlagen werden[21]). Dagegen wirken die Niederschlagung eines Kostenbetrags wegen Armut[22]) und der gnadenweise Erlaß nur zugunsten desjenigen, mit Bezug auf den sie erfolgen[23]).

14 C. Verrechnung des Gebührenvorschusses in Strafsachen.

1. Der Vorschuß nach § 83 wird in Abs. 1 daselbst ausdrücklich als Gebührenvorschuß bezeichnet. Dieselbe Natur hat der Vorschuß des § 85 Abs. 4, den der ausländische Privatkläger oder Nebenkläger als „doppelten Gebührenvorschuß (§ 83)“ zu zahlen hat. Eine Verrechnung auf Auslagen kommt hier nicht in Frage[24]).

15 2. Der Vorschuß des Privatklägers ist auf jede in der Instanz entstehende Gebühr zu verrechnen, gleichgültig, ob bei Verurteilung des Beschuldigten zu einer Strafe die §§ 59, 49 ff. oder mangels einer Verurteilung die §§ 60 ff. zur Anwen-

---

13) Jonas § 86 Anm. 3; Rittmann-Wenz § 85 Anm. 9; Kollat § 85 Anm. 6.

14) Kollat § 85 Anm. 6.

15) Kollat a. a. O.

16) A. M. Jonas § 85 Anm. 1; Rittmann-Wenz § 85 Anm. 1, 9.

17) Rittmann-Wenz § 85 Anm. 9.

18) OLG. 25, 286 (Hamburg). A. M. Kollat § 85 Anm. 6.

19) Jonas § 86 Anm. 3; Rittmann-Wenz § 85 Anm. 9.

20) Jonas § 86 Anm. 3; Kollat § 86 Anm. 1b.

21) Jonas § 86 Anm. 3.

22) Jonas § 86 Anm. 3; Baumbach § 86 Anm. 3.

23) Jonas § 86 Anm. 3; Baumbach § 86 Anm. 3; Rehm BayZ. 10, 413. A. M. Kollat § 86 Anm. 1b: „es sei denn, daß der Gnadenerweis sich nur auf die Beseitigung der Haftung einer einzelnen Person bezieht.“

24) Soweit nicht eine Aufrechnung stattfindet, weil Vorschußpflicht nach § 84 besteht. Rittmann-Wenz § 83 Anm. 6; Kollat § 83 Anm. 1e.

dung kommen[25]). Der Privatkläger ist nur als solcher vorschußpflichtig. Übernimmt die Staatsanwaltschaft gemäß § 377 Abs. 2 StPO. die Verfolgung, so wird zwar der Privatkläger zum Nebenkläger (§ 377 Abs. 3 StPO.), aber der Nebenkläger ist nur unter den besonderen Voraussetzungen des § 83 Abs. 1 bzw. § 85 Abs. 4 GKG. vorschußpflichtig. Nur wenn der frühere Privatkläger die dort bezeichneten Handlungen vorgenommen hatte, die jetzt als Handlungen eines Nebenklägers zu bewerten sind, kann der Vorschuß auch auf die Gebühren des Offizialverfahrens verrechnet werden[25a]).

3. Der Vorschuß des Nebenklägers ist auf die Instanzgebühren zu ver- 16
rechnen, mag eine Kostenpflicht des Nebenklägers und demgemäß § 66 oder eine solche Kostenpflicht nicht in Betracht kommen[26]).

4. Die Verrechnung kann erst mit rechtskräftiger Erledigung der 17
Strafsache erfolgen[27]), da nach § 75 die dem verurteilten Beschuldigten zur Last fallenden Gebühren erst mit der Rechtskraft des Urteils fällig werden, vorher also sich auch nicht beurteilen läßt, ob nicht solche Gebühren in Frage kommen[28]).

5. Im übrigen ist auf Anm. 12, 13 zu verweisen[29]). 18

§ 87.

Besteht eine Partei aus mehreren Personen, so haften sie in Ermangelung einer gerichtlichen Entscheidung über die Kostenverteilung als Gesamtschuldner.

Vorbemerkung.

§ 87 regelt die Art der Haftung für den Fall, daß eine Partei aus mehreren Personen besteht. Der im § 87 benutzte § 90 ä. F. ließ mangels einer gerichtlichen Entscheidung über die Kostenverteilung Haftung nach Kopfteilen eintreten, was das Gesetz vom 21. Dezember 1922 in die Haftung als Gesamtschuldner geändert hat.

Übersicht.

---

[25]) Jonas § 86 Anm. 3; Rittmann-Wenz § 83 Anm. 6; Kollat § 83 Anm. 1e; Wochinger-Schwalb § 83 Anm. 6.
A. M. Baumbach § 83 Anm. 1: Verrechnung nur auf die dem Privatkläger zur Last fallenden Gebühren.

[25a]) Jonas § 86 Anm. 3 und Rittmann-Wenz § 83 Anm. 6 schließen die Verrechnung des Vorschusses auf Gebühren, die den Beschuldigten treffen, stets aus. Ebenso Baumbach § 83 Anm. 1.

[26]) Kollat § 83 Anm. 2 mit 1e; Rittmann-Wenz § 83 Anm. 6; Jonas § 86 Anm. 3. A. M. Baumbach § 83 Anm. 1: nur Verrechnung auf Gebühren, die dem Nebenkläger zur Last fallen. Ebenso Wochinger-Schwalb § 83 Anm. 6.

[27]) Baumbach § 83 Anm. 1; Rittmann-Wenz § 83 Anm. 6; Kollat § 83 Anm. 1e.

[28]) Sind mehrere Privatklageverfahren, die denselben Beschuldigten betreffen, miteinander verbunden worden (s. § 83 Fußnote 8a), so findet, wenn in jedem Verfahren vorher der Vorschuß des § 83 bezahlt worden ist, eine Rückerstattung an keinen der Privatkläger statt, da die Leistung des Vorschusses die Zahlung einer endgültigen Schuld ist. Jonas § 83 Anm. 5. Die Verrechnung aller Vorschüsse erfolgt auch hier erst nach Rechtskraft des Urteils.

[29]) Rehm BayZ. 1914, 413 (kein Fortfall der Vorschußpflicht des Privatklägers im Falle einer Amnestie).

IV. Vergleichsverfahren zur Abwendung des Konkurses (12).
V. Strafsachen (13—15).
1. Mehrere Anzeiger (13).
2. Mehrere Privat- oder Nebenkläger (14).
3. Kostenübernahme (15).

1 **I. Geltungsbereich des § 87.** § 87 gilt für bürgerliche Rechtsstreitigkeiten, für das Konkursverfahren und für das Vergleichsverfahren zur Abwendung des Konkurses. Im Strafverfahren gilt er im allgemeinen nicht für die Kostenzahlungspflicht: im Offizialverfahren gilt für mehrere Beschuldigte wegen der Gebühren § 51 GKG., wegen der Auslagen § 466 Abs. 2 StPO. in Verbindung mit § 88 GKG., im Privatklageverfahren ist § 471 Abs. 4 StPO. in Verbindung mit § 88 GKG. maßgebend, ebenso gemäß § 397 StPO. für mehrere Nebenkläger und für mehrere Antragsteller im Falle des § 472 StPO. Dagegen ist § 87 verwendbar im Falle der Haftung mehrerer Anzeiger für die Gebühr des § 57 Abs. 2 GKG. und hinsichtlich der Vorschußpflicht nach §§ 83, 85 Abs. 4 GKG.[1]).

2 **II. Bürgerliche Rechtsstreitigkeiten.**

1. In Betracht kommen alle Fälle der Streitgenossenschaft[2]), die gewöhnliche wie die notwendige, die von vornherein gegebene wie die durch nachträgliche Verbindung nach § 147 ZPO. entstandene. Die Verbindung wirkt aber nicht zurück, äußert vielmehr ihre Wirkung nur für die nach ihrem Eintritt fällig werdenden Kosten[3]).

3 2. Bei Eingreifen des § 77 tritt stets gesamtschuldnerische Haftung der Streitgenossen ein. Darüber, wie weit diese geht und wie weit der einzelne Streitgenosse haftet, s. § 77 Anm. 28, 29. Betrifft eine Gebühr nur einen der Streitgenossen, z. B. die Beweisgebühr, wenn nur ihn die Beweisanordnung angeht, so haftet der betreffende Streitgenosse insoweit allein[4]).

4 3. Bei Eingreifen des § 79 findet nur „in Ermangelung einer gerichtlichen Entscheidung über die Kostenverteilung" die gesamtschuldnerische Haftung statt.

5 a) Nach § 100 Abs. 1 ZPO. haften, wenn der unterliegende Teil aus mehreren Personen besteht, diese der obsiegenden Partei für die Kostenerstattung nach Kopfteilen, doch kann nach § 100 Abs. 2 ZPO. bei einer erheblichen Verschiedenheit der Beteiligung am Rechtsstreite nach dem Ermessen des Gerichts die Beteiligung zum Maßstab genommen werden. Hat ein Streitgenosse ein besonderes Angriffs- oder Verteidigungsmittel geltend gemacht, so sind gemäß § 100 Abs. 3 ZPO. die übrigen Streitgenossen für die durch dasselbe veranlaßten Kosten nicht verhaftet. Werden mehrere Beklagte als Gesamtschuldner verurteilt, so haften sie nach § 100 Abs. 4 ZPO. auch für die Kostenerstattung als Gesamtschuldner.

6 b) Enthält die Kostenentscheidung[4a]) eine Anwendung der Bestimmungen des § 100 Abs. 2 oder 3 ZPO., so gilt sie insoweit auch für die Haftung gegenüber der Staatskasse[5]). Soweit das nicht der Fall ist, gilt der Staatskasse gegenüber Gesamt-

---

[1]) Die Anwendung des § 87 schließen für das gesamte Strafverfahren aus: Jonas § 87 Anm. 1; Rittmann-Wenz § 87 Anm. 1; Baumbach § 87 Anm. 1; Sydow-Busch-Krieg § 87 Anm. 1; Kollat § 87 Anm. 1.
A. M. Wochinger-Schwalb § 87 Anm. 2.

[2]) Jonas § 87 Anm. 2; Rittmann-Wenz § 87 Anm. 4; Baumbach § 82 Anm. 1; Kollat § 87 Anm. 1b.

[3]) Jonas § 87 Anm. 2a; Baumbach § 87 Anm. 2; Kollat § 87 Anm. 1b.

[4]) Jonas und Baumbach a. a. O.; Kollat § 87 Anm. 4; Sydow-Busch-Krieg § 87 Anm. 3.

[4a]) Gemeint ist in § 87 entsprechend § 79 nur eine unbedingte Entscheidung. Baumbach § 87 Anm. 2.

[5]) Jonas § 87 Anm. 2b; Rittmann-Wenz § 87 Anm. 3; Baumbach § 87 Anm. 2; Kollat § 87 Anm. 2; Wochinger-Schwalb § 87 Anm. 3; Sydow-Busch-Krieg § 87 Anm. 2.

haft, mag auch im Verhältnis der Parteien zueinander Haftung nach Kopfteilen Platz greifen.

c) Das in Anm. 3 Satz 3 Gesagte gilt auch hier[6]). 7

d) Werden Kosten von mehreren Streitgenossen übernommen, so ist für den Umfang der Haftung der Inhalt der Erklärung maßgebend. Enthält diese keine Verteilung der Kosten auf die Beteiligten, so haften die Übernehmer als Gesamtschuldner[7]). 8

e) Als Gesamtschuldner haften auch mehrere zu derselben Partei gehörige Auslagenvorschußpflichtige oder mehrere ausländische, nach § 85 vorschußpflichtige Kläger. 8a

III. Konkursverfahren.

1. Wegen des Falles, daß mehrere Gläubiger die Eröffnung des Konkursverfahrens beantragen, s. § 41 Anm. 8. 9

2. Über den Fall der Anberaumung eines besonderen Prüfungstermins, falls er durch Anmeldungen mehrerer Gläubiger veranlaßt ist, s. § 44 Anm. 14. 10

3. Bei Beschwerdeentscheidungen und bei einer Kostenübernahme gilt das in Anm. 4—8 Gesagte. 11

IV. Vergleichsverfahren zur Abwendung des Konkurses. Bei Beschwerdeentscheidungen und bei einer Kostenübernahme gilt das in Anm. 4—8 Ausgeführte. 12

V. Strafsachen. Hierher gehören nur folgende Fälle: 13

1. Mehrere Anzeiger haften im Falle des § 469 StPO. (§ 57 Abs. 2 GKG.) als Gesamtschuldner (s. § 57 Fußnote 8a)[8]).

2. § 471 Abs. 4 Satz 1 StPO. betrifft nur die Kostenhaftung und hat durch § 88 GKG. keine Ausdehnung auf die Vorschußpflicht erfahren. Man wird deshalb anzunehmen haben, daß mehrere nach § 83 oder § 85 vorschußpflichtige Privat- oder Nebenkläger gemäß § 87 als Gesamtschuldner haften. 14

3. Bei einer Kostenübernahme durch mehrere auf derselben Parteiseite Stehende gilt das in Anm. 8 Gesagte. § 51 betrifft nur verurteilte Angeschuldigte. 15

§ 88.

Durch die §§ 74 bis 87 wird eine nach den Vorschriften des bürgerlichen Rechtes oder den Vorschriften der Zivilprozeßordnung § 100 Abs. 4, § 788, der Konkursordnung §§ 57 bis 60, 142 oder der Strafprozeßordnung § 466 Abs. 2, § 471 Abs. 4, § 472 begründete Verpflichtung zur Zahlung entstandener Gebühren und Auslagen nicht berührt.

Vorbemerkung.

§ 88 betrifft die aus dem bürgerlichen Rechte oder den Prozeßgesetzen sich ergebende Pflicht zur Kostenzahlung.

Übersicht.

[6]) Wochinger-Schwalb § 87 Anm. 2; Jonas § 87 Anm. 2b; Kollat § 87 Anm. 2; Rittmann-Wenz § 87 Anm. 3; Sydow-Busch-Krieg § 87 Anm. 3.

[7]) Jonas § 87 Anm. 2b; Kollat § 87 Anm. 3; Baumbach § 87 Anm. 3: Sydow-Busch-Krieg § 87 Anm. 3.

[8]) S. auch Wochinger-Schwalb § 87 Anm. 2; Jonas § 57 Anm. 2; Rittmann-Wenz § 57 Anm. 4.

1 **I. Allgemeines.** Nach § 88 wird eine nach den dort genannten Vorschriften begründete Verpflichtung zur Zahlung von Gebühren und Auslagen durch die §§ 74—87 „nicht berührt". Mit dieser Fassung ist nicht nur gesagt, daß die gedachten Vorschriften neben denen des GKG. bestehen bleiben, sie sind vielmehr durch § 88 als Ergänzung des GKG. so zu behandeln, als bildeten sie einen Teil des GKG.[1]). Daraus folgt:

2 1. Die Staatskasse kann die nach den fraglichen Bestimmungen haftenden Personen unmittelbar und in derselben Weise in Anspruch nehmen wie die nach §§ 77 ff. GKG. Haftbaren[2]).

3 2. Den in Anspruch Genommenen stehen die Wege des § 4 GKG. offen[3]).

4 **II. Haftung nach bürgerlichem Rechte.**

A. Einzelne Bestimmungen[4]).

1. Für die Haftung bezüglich der Verbindlichkeiten eines nicht rechtsfähigen Vereins, der nach § 50 Abs. 2 ZPO. passiv parteifähig ist, gelten die Vorschriften der §§ 54, 735 BGB.

5 2. Wegen der Haftung des Nießbrauchers an einem Vermögen kommt § 1086 BGB. zur Anwendung.

6 3. Für die Haftung des Erben eines Kostenschuldners sind die in den §§ 1967 ff., 2058 ff. BGB. enthaltenen Vorschriften maßgebend[5]), für die des Erbschaftskäufers die §§ 2382 ff. BGB.

7 4. Der Übernehmer eines Vermögens haftet nach § 419 BGB.[6]), derjenige, der ein Handelsgeschäft fortführt, nach §§ 25 ff. HGB.

8 5. Wegen der Haftung der Gesellschafter einer offenen Handelsgesellschaft sowie der persönlich haftenden Gesellschafter und der Kommanditisten einer Kommanditgesellschaft ist auf §§ 128, 171 HGB. zu verweisen.

---

[1]) Jonas § 88 Anm. 1; Sydow-Busch-Krieg § 88 Anm. 1; Baumbach § 88 Anm. 1; Kollat § 88 Anm. 1; Wochinger-Schwalb § 88 Anm. 1; RGZ. 16, 310; OLG. 29, 202 (Hamburg).

[2]) Jonas § 88 Anm. 1; Rittmann-Wenz § 88 Anm. 1; Baumbach § 88 Anm. 1; Kollat § 88 Anm. 1; Wochinger-Schwalb § 88 Anm. 1.

[3]) Jonas § 4 Anm. 3a; Baumbach § 4 Anm. 2; Kollat § 4 Anm. 5a; Wochinger-Schwalb § 4 Anm. 1; RGZ. 16, 293; 97, 175; HessRspr. 1913, 249 (OLG. Darmstadt). S. oben § 4 Anm. 7.

[4]) Vgl. auch § 77 Anm. 5, § 79 Fußnote 4.

[5]) Wegen der Art der Geltendmachung der Beschränkung der Haftung des Erben s. § 4 Fußnote 24.

[6]) ZfDJustAmtm. 1927, 230 (OLG. Jena).

B. Die Haftung des Ehemannes. 9

1. Gesetzliches Güterrecht.

Der Mann haftet für die Kosten des Rechtsstreits, in dem er ein zum eingebrachten Gute gehörendes Recht geltend macht (§§ 1387 Z. 1, 1388 BGB.). Führt die Frau einen Rechtsstreit, so haftet der Mann neben ihr als Gesamtschuldner für die Kosten, sofern nicht die Kosten dem Vorbehaltsgute zur Last fallen (§§ 1387 Z. 1, 1388 BGB.). Nach § 1416 BGB. fallen dem Vorbehaltsgute zur Last:

a) die Kosten eines Rechtsstreits zwischen den Ehegatten, soweit nicht der Mann sie zu tragen hat,

b) die Kosten eines Rechtsstreits zwischen der Frau und einem Dritten, es sei denn, daß das Urteil dem Mann gegenüber in Ansehung des eingebrachten Gutes wirksam ist; dies gilt jedoch nicht, wenn der Rechtsstreit eine persönliche Angelegenheit der Frau oder eine nicht unter die Vorschriften des § 1415 Nr. 1, 2 BGB. fallende Verbindlichkeit betrifft, für die das eingebrachte Gut haftet, und die Aufwendung der Kosten den Umständen nach geboten ist.

10 Solange im Falle a nicht über die Kosten rechtskräftig entschieden ist, läßt sich nicht sagen, ob und inwieweit der Mann sie nicht d. h. nicht endgültig zu tragen hat. Bis zu diesem Zeitpunkte haftet also der Mann[7]. Aber er haftet auch nur bis zu diesem Zeitpunkte. Ist die Verurteilung der Frau in die Kosten oder in einen Teil derselben rechtskräftig geworden, so ist die Haftung des Mannes erloschen[8]. Daß die Kosten vorher von ihm angefordert worden sind, vermag daran nichts zu ändern[9]. Die Kostenvorschußpflicht anders zu behandeln als die Kostenzahlungspflicht geht nicht an[10], weil jene wie diese sich nur auf dieselben Bestimmungen des BGB. stützen läßt: die Vorschüsse sind auch „Kosten eines Rechtsstreits"[11].

11 Die auf dem ehelichen Güterrecht beruhende Kostenzahlungs- und Vorschußpflicht des Mannes besteht ohne Rücksicht darauf, ob eingebrachtes Gut vorhanden ist oder nicht, sie erlischt mit rechtskräftiger Scheidung oder Nichtigerklärung der Ehe[12]. Sie ist, solange der Frau das Armenrecht bewilligt ist, ebenso wie die einschlägigen Pflichten der Frau gehemmt, da der Mann nicht in weiterem Umfange haftet als die Frau[13].

---

7) Jonas § 88 Anm. 2a; Rittmann-Wenz § 88 Anm. 2a; Sydow-Busch-Krieg § 88 Anm. 1; Baumbach § 88 Anm. 2; Kollat § 88 Anm. 2a; RGZ. 47, 74; OLG. 19, 250 (Hamburg); 25, 288 (Naumburg); 30, 46 (KG.); 30, 48 (Breslau); 32, 6 (Celle); Recht 1918 Nr. 1059 (OLG. Stuttgart). Nimmt die Ehefrau die von ihr erhobene Klage zurück und ergeht keine Entscheidung über die Kosten, so bleibt die Haftung des Mannes bestehen. JW. 1928, 921 7 (OLG. Königsberg).

8) Jonas, Rittmann-Wenz, Baumbach, Sydow-Busch-Krieg, Kollat a. a. O.; OLG. 18, 266 und 19, 250 (Hamburg); 25, 288 (Naumburg); 30, 46 (KG.); 30, 48 (Breslau); 32, 6 (Celle); 41, 51 (Breslau); 46, 169 (Hamm); JW. 1924, 1781 5 (OLG. Hamburg); 1926, 1611 5 (OLG. Frankfurt a. M.); 1927, 1326 16 (OLG. Hamm); KGBl. 1914, 128 (KG.); 1916, 98 (KG.); BadRpr. 1916, 141 (OLG. Karlsruhe); LZ. 1919, 1034 (OLG. Köln); ZfDGerGekr. 1908, 91 (OLG. Posen); ZfDJustAmtm. 1925, 185 (KG.); HöchstrRspr. 1928 Nr. 1057 (OLG. Frankfurt a. M.).

9) Jonas, Baumbach, Sydow-Busch-Krieg a. a. O.; OLG. 19, 250 (Hamburg); 30, 46 (KG.); 46, 169 (Hamm); HöchstrRspr. 1928 Nr. 1057 (OLG. Frankfurt a. M.).

A. M. OLG. 21, 226 (Hamburg); 30, 48 (Hamburg); 30, 48 (Breslau); KGBl. 1922, 99 (KG.).

10) Jonas, Rittmann-Wenz, Sydow-Busch-Krieg, Baumbach, Kollat a. a. O.; OLG. 19, 250 (Hamburg); JW. 1926, 1611 5 (OLG. Frankfurt a. M.).

A. M. JW. 1910, 942 20 (RG.); OLG. 25, 288 (Naumburg); 30, 46 (KG.); 30, 48 (Breslau); 41, 51 (KG.); KGBl. 1914, 128 (KG.); HessRspr. 20, 133 (OLG. Darmstadt); SchlHolstAnz. 1913, 77 (OLG. Kiel).

11) Jonas a. a. O.

12) JW. 1905, 299 30 (RG.).

13) Jonas § 88 Anm. 2f; Sydow-Busch-Krieg § 88 Anm. 1; Rittmann-Wenz § 88 Anm. 2a; Kollat § 88 Anm. 2a; Baumbach § 88 Anm. 2; OLG. 25,

12 Ein von der Frau geführter Rechtsstreit ist auch ein Strafverfahren, in dem die Frau als Privatklägerin oder Nebenklägerin auftritt[14]).

13 Für die Kosten eines Rechtsstreits der Frau haftet das eingebrachte Gut auch dann, wenn das Urteil dem Mann gegenüber in Ansehung des eingebrachten Gutes nicht wirksam ist (§ 1412 Abs. 2 BGB.).

14 Bei einem gegen die Frau gerichteten Strafverfahren haftet der Mann gemäß §§ 1387 Nr. 2, 1388 BGB. nur für die Kosten der Verteidigung der Frau, vorausgesetzt, daß die Aufwendung der Kosten den Umständen nach geboten ist oder mit Zustimmung des Mannes erfolgt. Wird der Frau ein Verteidiger gemäß §§ 140, 141 StPO. bestellt, so wird die Staatskasse wegen der dem Verteidiger nach § 150 StPO. gezahlten Beträge bei rechtskräftiger Verurteilung der Frau in die Verfahrenskosten auch den Mann in Anspruch nehmen können[15]).

15 2. Gütertrennung.

Eine Haftung des Mannes für Kostenbeträge, welche die Frau zu zahlen oder vorzuschießen hat, besteht nicht[16]).

16 3. Allgemeine Gütergemeinschaft.

Für die Kosten eines Rechtsstreits der Frau haftet nach § 1460 Abs. 2 BGB. das Gesamtgut auch dann, wenn das Urteil dem Gesamtgute gegenüber nicht wirksam ist. Infolgedessen haftet wegen dieser Kosten nach § 1459 Abs. 2 Satz 1 BGB. der Mann auch persönlich als Gesamtschuldner[17]). Diese Haftung erlischt nach Satz 2 ebenda mit Beendigung der Gütergemeinschaft, wenn die Verbindlichkeit im Verhältnisse der Ehegatten zueinander nicht dem Gesamtgute zur Last fällt. Wann dies der Fall ist, bestimmt sich nach §§ 1463 Nr. 3, 1464 BGB.

17 4. Errungenschaftsgemeinschaft.

Das Gesamtgut haftet nach §§ 1530 Abs. 1, 1532 BGB. für die Kosten eines Rechtsstreits, den die Frau nach dem Eintritte der Errungenschaftsgemeinschaft führt, wenn die Führung des Rechtsstreits mit Zustimmung des Mannes erfolgt oder ohne seine Zustimmung für das Gesamtgut wirksam ist (vgl. dazu §§ 1449—1451 BGB.). Insoweit haftet nach § 1530 Abs. 2 BGB. der Mann auch persönlich als Gesamtschuldner; die Haftung erlischt mit der Beendigung der Errungenschaftsgemeinschaft, wenn die Verbindlichkeiten im Verhältnisse der Ehegatten zueinander nicht dem Gesamtgute zur Last fallen (vgl. dazu §§ 1535, 1536, 1537 BGB.).

18 5. Fahrnisgemeinschaft.

Nach § 1549 BGB. kommen die für die allgemeine Gütergemeinschaft geltenden Vorschriften zur Anwendung.

19 C. Die Haftung des Inhabers der elterlichen Gewalt.

Nach § 1654 BGB. hat der Vater die Lasten des seiner Nutznießung unterliegenden Vermögens des Kindes zu tragen. Zu den Lasten gehören auch die Kosten eines Rechtsstreits, der für das Kind geführt wird, sofern sie nicht dem freien Vermögen zur Last fallen, sowie die Kosten der Verteidigung des Kindes[18]) in einem gegen

---

288 (Hamburg); 31, 215 (München); 32, 7 (Hamburg); ZfDJustSekr. 1912, 136 (OLG. Breslau).

A. M. ZfDJustSekr. 1912, 136 (OLG. Düsseldorf).

[14]) Jonas § 88 Anm. 2g; Baumbach § 88 Anm. 2; Kollat § 88 Anm. 2a.

[15]) Rittmann-Wenz § 88 Anm. 2a; Wochinger-Schwalb § 88 Anm. 412.

[16]) OLG. 30, 44 (München).

[17]) Eine vorgängige Verurteilung des Mannes ist nicht erforderlich. Kollat § 88 Anm. 2a; Bbl. 1926, 99 (OLG. Düsseldorf). Die Ehefrau kann aber nicht verlangen, daß die Gerichtskasse sich zunächst an den Mann halte. HansGZ. 1916 B. 64 (OLG. Hamburg).

Die Wirkung der Bewilligung des Armenrechts für die Frau ist die gleiche wie gemäß Anm. 11 nach gesetzlichem Güterrecht. HansGZ. 36 B. 196 (OLG. Hamburg).

[18]) Dazu gehören nicht die Gebühren von Zeugen, deren Ladung auf Antrag des Vaters gerichtsseitig angeordnet worden ist. Jonas § 88 Anm. 3; Kollat § 88 Anm 2b; PrJMVf. v. 24. Februar 1911 (PrJMBl. 116).

das Kind gerichteten Strafverfahren [19]). Die Haftung des Vaters tritt nur ein, wenn seiner Nutznießung tatsächlich unfreies Vermögen des Kindes unterliegt [20]). Die Haftung erlischt mit dem Wegfall der Nutznießung für die später entstehenden Kosten [21]). Auch hier ist eine von dem Kinde angestrengte Privatklage ein für dieses geführter Rechtsstreit [22]).

III. Haftung nach der Zivilprozeßordnung. 20

1. § 100 Abs. 3 und 4 ZPO. lauten:

„Hat ein Streitgenosse ein besonderes Angriffs- oder Verteidigungsmittel geltend gemacht, so sind die übrigen Streitgenossen für die durch dasselbe veranlaßten Kosten nicht verhaftet.

Werden mehrere Beklagte als Gesamtschuldner verurteilt, so haften sie auch für die Kostenerstattung, unbeschadet der Vorschrift des Abs. 3, als Gesamtschuldner. Die Vorschriften des bürgerlichen Rechts, nach denen sich diese Haftung auf die im Abs. 3 bezeichneten Kosten erstreckt, bleiben unberührt."

Nach § 87 GKG. haften Streitgenossen in Ermangelung einer gerichtlichen Entscheidung über die Kostenverteilung als Gesamtschuldner. Das gilt jedoch nicht, soweit Kosten durch ein besonderes Angriffs- oder Verteidigungsmittel eines Streitgenossen entstanden sind (vgl. § 87 Anm. 5, 6). Erstreckt sich indessen nach bürgerlichem Rechte die Haftung auch auf diese besonderen Kosten, wie dies nach § 767 Abs. 2 BGB. für das Verhältnis des Bürgen zum Hauptschuldner zutrifft, so erweitert sich insoweit auch die gesamtschuldnerische Haftung der Betreffenden gegenüber der Staatskasse [23]).

2. § 788 ZPO. bestimmt folgendes: 21

„Die Kosten der Zwangsvollstreckung fallen, soweit sie notwendig waren (§ 91), dem Schuldner zu Last; sie sind zugleich mit dem zur Zwangsvollstreckung stehenden Anspruch beizutreiben. Als Kosten der Zwangsvollstreckung gelten auch die Kosten der Ausfertigung und der Zustellung des Urteils.

---

[19]) Für dessen Kosten haftet der Vater nicht. Pieper DJZ. 16, 639; Jonas § 88 Anm. 3; Baumbach § 88 Anm. 2.

Zu den Kosten des Strafverfahrens gehören auch die Haftkosten. Eine Pflicht zu deren Erstattung durch den Unterhaltspflichtigen läßt sich aus dem Rechte des BGB. nicht begründen. Ermel DJZ. 13, 1217. Das Landesrecht kann aber eine solche Pflicht vorsehen. Etzel WürttZRV. 2, 196; Rittmann-Wenz § 88 Anm. 2b. Nach SchlHolst.-Anz. 1909, 192 hat der PrJMin. es für unzulässig erklärt, die Haftkosten im Verwaltungswege von dem Unterhaltspflichtigen beizutreiben.

[20]) Jonas § 88 Anm. 3; Baumbach § 88 Anm. 2; Sydow-Busch-Krieg § 88 Anm. 1; RGSt. 45, 407; RGZ. 97, 175; OLG. 27, 227 (München); ThürBl. 54, 168 (OLG. Jena); BayZ. 6, 410 (OLG. Zweibrücken); 8, 194 (RG.); ElsLothZ. 31, 314 (OLG. Colmar); ZfDGerSekr. 1906, 37 [11] (LG. München I); SeuffArch. 74, 163 (OLG. Hamburg); OLG. 7, 73 (KG.); 14, 253 (KG.); 24, 31 (Celle).

Auf den Umfang des unfreien Vermögens und die Höhe der Erträgnisse des Nutzgenußrechts kommt es nicht an. Kollat § 88 Anm. 2b; BayZ. 4, 25 (OLG. München); HansGZ. 31 B. 144 (OLG. Hamburg); SeuffBl. 75, 580 (OLG. München); SeuffArch. 74, 163 (OLG. Hamburg); PrJMBl. 1913, 451 (KG.).

A. M. Jonas und Baumbach a. a. O., die hinreichendes Vermögen erfordern.

Ohne Rücksicht auf Vorhandensein unfreien Kindesvermögens lassen haften: SeuffBl. 72, 166 (OLG. München); SächsOLG. 33, 346; HessRspr. 12, 290 (HessJMin.); Seuff.-Arch. 74, 371 (OLG. Stuttgart); ZfDGerSekr. 1907, 186 [2] (OLG. Breslau); OLG. 12, 326 (Celle); 21, 264 (Rostock); 21, 265 (Hamburg); 24, 31 (Naumburg).

Umfassendes Verzeichnis der Judikatur bei Staudinger BGB. Anm. III zu § 1654.

Die vom Texte abweichende Ansicht bei Walter-Joachim-Friedlaender RA.-GebO. § 1 Anm. 21 wird nicht mehr aufrechterhalten.

[21]) SeuffArch. 66, 475 (OLG. München); Jonas § 88 Anm. 3; Kollat § 88 Arm. 2b; Rittmann-Wenz § 88 Anm. 2b.

[22]) PosMSchr. 1907, 163.

[23]) Jonas § 88 Anm. 5; Rittmann-Wenz § 87 Anm. 3; Kollat § 87 Anm. 2.

Die Kosten der Zwangsvollstreckung sind dem Schuldner zu erstatten, wenn das Urteil, aus welchem dieselbe erfolgt ist, aufgehoben wird."

a) Infolge des § 788 ZPO. haftet der Vollstreckungsschuldner unmittelbar für die Kosten in den Fällen des § 33 Z. 4 und 5, § 34 Z. 2 GKG., wenn den gestellten Anträgen entsprochen wird, u. z. neben dem Antragsteller[24]), ferner im Falle des § 33 Z. 3 GKG. Außerdem kommt § 70 GKG. in Betracht[24a]).

b) Wird der Vollstreckungstitel aufgehoben, so sind dem Vollstreckungsschuldner die von ihm erhobenen Kosten seitens der Staatskasse zu erstatten[25]).

22 IV. **Haftung nach der Konkursordnung.** Die in § 88 GKG. angeführten Paragraphen der KO. lauten:

§ 57. Aus der Konkursmasse sind die Massekosten und Masseschulden vorweg zu berichtigen.

§ 58. Massekosten sind:

1. die gerichtlichen Kosten für das gemeinschaftliche Verfahren;
2. die Ausgaben für die Verwaltung, Verwertung und Verteilung der Masse;
3. die dem Gemeinschuldner und dessen Familie bewilligte Unterstützung.

§ 59. Masseschulden sind:

1. die Ansprüche, welche aus Geschäften oder Handlungen des Konkursverwalters entstehen;
2. die Ansprüche aus zweiseitigen Verträgen, deren Erfüllung zur Konkursmasse verlangt wird oder für die Zeit nach der Eröffnung des Verfahrens erfolgen muß;
3. die Ansprüche aus einer rechtlosen Bereicherung der Masse.

§ 60. Sobald sich herausstellt, daß die Konkursmasse zur vollständigen Befriedigung aller Massegläubiger nicht ausreicht, tritt eine verhältnismäßige Befriedigung derselben in der Weise ein, daß zunächst die Masseschulden, dann die Massekosten, von diesen zuerst die baren Auslagen und zuletzt die dem Gemeinschuldner und dessen Familie bewilligte Unterstützung zu berichtigen sind.

§ 142. In dem Prüfungstermine sind auch diejenigen Forderungen, welche nach dem Ablaufe der Anmeldefrist angemeldet sind, zu prüfen, wenn weder der Verwalter noch ein Konkursgläubiger hiergegen Widerspruch erhebt; anderenfalls ist auf Kosten des Säumigen ein besonderer Prüfungstermin zu bestimmen.

Auf nachträglich beanspruchte Vorrechte und sonstige Änderungen der Anmeldung findet die vorstehende Bestimmung entsprechende Anwendung.

Gläubiger, welche Forderungen nach dem Prüfungstermine anmelden, tragen die Kosten des besonderen Prüfungstermins.

Die §§ 57—60 KO. bedürfen keiner besonderen Erläuterung. Wegen § 142 KO. ist auf § 44 GKG. Anm. 1 und 14 zu verweisen.

23 V. **Haftung nach der Strafprozeßordnung.**

A. § 466 Abs. 2 StPO. lautet:

„Mitangeklagte, welche in bezug auf dieselbe Tat zu Strafe verurteilt sind, haften für die Auslagen als Gesamtschuldner. Dies gilt nicht von den durch die Strafvollstreckung oder die Untersuchungshaft entstandenen Kosten."

---

[24]) Jonas § 88 Anm. 6; Baumbach § 88 Anm. 4; Sydow-Busch-Krieg § 88 Anm. 2; Rittmann-Wenz § 88 Anm. 3b; Kollat § 88 Anm. 3b; Wochinger-Schwalb § 88 Anm. 5; OLG. 29, 202 (Hamburg); Recht 1917 Nr. 919 (OLG. Stuttgart).

Die Aufhebung der Vollstreckungsmaßregel gibt danach dem Vollstreckungsschuldner keinen Anspruch gegen die Staatskasse auf Rückerstattung der beigetriebenen Vollstreckungskosten. Schröder LZ. 1914, 1795.

Die Haftung des Vollstreckungsschuldners wird namentlich wichtig, wenn der Antragsteller unvermögend ist, das Armenrecht hat oder Gebührenfreiheit genießt.

[24a]) Vgl. oben § 33 Anm. 19, 26, 33; § 34 Anm. 36; § 70 Anm. 3.

[25]) Jonas § 88 Anm. 6.

1. § 466 Abs. 2 StPO. verlangt, daß Mitangeklagte in bezug auf dieselbe Tat verurteilt werden. Es fragt sich, wann solche Identität der Tat gegeben ist. 24

a) Sie liegt natürlich stets vor, wenn die Mitangeklagten als Mittäter oder der eine als Täter, der andere als Anstifter oder Gehilfe in bezug auf die Tat verurteilt sind. 25

b) Aber auf dieses enge Gebiet ist die Identität der Tat nicht beschränkt. Während eine Teilnahme im Sinne des StGB. an einem Fahrlässigkeitsdelikt ausgeschlossen ist, liegt i. S. des § 466 Abs. 2 StPO. dieselbe Tat vor, wenn mehrere Personen durch fahrlässige strafbare Handlungen einen Erfolg mitverursachen[26]). Ebenso können von mehreren Personen nicht gemeinschaftlich begangene Mißhandlungen eines anderen wegen des inneren Zusammenhangs der Handlungen als eine Tat erscheinen[27]). Überhaupt steht dieselbe Tat stets dann in Frage, wenn die Tätigkeit der mehreren Personen sich in derselben strafrechtlichen Richtung bewegt[28]). 26

c) Danach liegt dieselbe Tat vor:[28a]) bei der Haupttat und der sie betreffenden Begünstigung[29]), 27

bei Diebstahl oder Wildern und Hehlerei[30]),

bei gewerbsmäßigem Wildern und Hehlerei in bezug auf einen Einzelfall des Wilderns[31]),

bei Hehlerei desjenigen, der das gestohlene Gut vom Dieb erworben, und der Hehlerei desjenigen, der es von dem ersterwähnten Hehler überkommen hat[32]),

bei Verkauf und Kauf einer Wahlstimme[33]),

bei Brandstiftung in betrügerischer Absicht und dem auf Erlangung der Brandentschädigung gerichteten Betrugsversuch[34]),

bei fahrlässigem Falscheid und dem Vergehen nach § 160 StGB.[35]),

bei aktiver und passiver Bestechung[36]),

bei Annahme der an die Gewährung eines Vorteils geknüpften Aufforderung, einen Meineid zu leisten und dem Verbrechen nach § 159 StGB.[36a]),

bei Mord und Nichtanzeige des Mordvorhabens[36b]).

d) Dagegen genügt für die Identität der Tat nicht „der einheitliche Vorgang im historischen Sinne", falls die Tätigkeit der mehreren sich nicht in derselben strafrechtlichen Richtung äußert[37]). Deshalb liegt nicht dieselbe Tat vor: 28

bei Diebstahl und Mißhandlung des Diebes[38]),

---

26) RGSt. 8, 299.

27) RGSt. 11, 1.

28) RGSt. 21, 165; 44, 172; 50, 158; 53, 169; Recht 1906 Nr. 1714 (RG.); Baumbach § 51 Anm. 2; Rittmann-Wenz § 51 Anm. 3.

28a) Im folgenden sind auch die Entscheidungen zu § 57 Z. 3 StPO. verwertet.

29) RGSt. 12, 226; 58, 373; JW. 1886, 107 19 (RG.); Rittmann-Wenz § 51 Anm. 3; Kollat § 51 Anm. 2b; Wochinger-Schwalb § 51 Anm. 4a.

30) RGSt. 2, 217; 12, 226; 17, 116; 58, 373; SächsOLG. 27, 385; Recht 1909 Nr. 3890 (RG.); Jonas § 51 Anm. 3b; Baumbach § 51 Anm. 2; Rittmann-Wenz § 51 Anm. 3; Kollat § 51 Anm. 2b; Wochinger-Schwalb § 51 Anm. 4a.

31) RGSt. 36, 310. Vgl. Rittmann-Wenz § 51 Anm. 3.

32) RGSt. 42, 248.

33) RGSt. 17, 101.

34) RGSt. 44, 254.

35) RGRspr. 8, 294.

36) RGRspr. 8, 34; 9, 457; RGSt. 17, 116; Jonas § 51 Anm. 3b; Kollat § 51 Anm. 2b; Wochinger-Schwalb § 51 Anm. 4a.

36a) JW. 1923, 392 30 (RG.).

36b) RGSt. 53, 169.

37) RGSt. 11, 300; 21, 167.
Nicht genügend klar Jonas § 51 Anm. 3b und Kollat § 51 Anm. 2b, denen „Einheit des strafrechtlichen Vorganges in tatsächlicher Beziehung" genügt. Das gleiche gilt von Wochinger-Schwalb § 51 Anm. 4a, der „Einheit des strafrechtlichen Vorganges" verlangt.

38) RGSt. 11, 300.

bei Widerstand gegen die Staatsgewalt und Beleidigung des den Widerstand Begehenden[39]),

bei gewaltsamer Vornahme unzüchtiger Handlungen an einer Frauensperson und Diebstahl gegenüber dem Täter des Sittlichkeitsdelikts[40]),

bei gegenseitigen Beleidigungen[41]),

bei Straßenraub und Meineid, der die Untersuchung wegen Straßenraubs betrifft, wenn nicht der Meineidige sich zugleich der Begünstigung schuldig machte[42]),

bei Diebstahl und Erpressungsversuch gegen den Dieb[43]),

bei Erwiderung von Körperverletzungen mit Beleidigungen[44]),

bei gegenseitigen Körperverletzungen[45]), wohl aber, wenn mehrere sich an dem Sonderdelikt der Schlägerei (§ 227 StGB.) beteiligen, da dieses als ein einheitlicher Akt aufgefaßt wird[46]).

29 2. Die Mitangeklagten müssen in bezug auf dieselbe Tat zu Strafe verurteilt sein. Nicht erforderlich ist, daß dies durch dasselbe Urteil geschehen ist[47]).

30 3. Ist die Verurteilung der Mitangeklagten in bezug auf dieselbe Tat zu Strafe erfolgt[48]), so haften sie für die Auslagen als Gesamtschuldner. Eines besonderen Ausspruchs der Gesamthaft bedarf es nicht[49]).

31 4. Die Haftung als Gesamtschuldner ergreift alle Auslagen mit alleiniger Ausnahme der durch die Strafvollstreckung[50]) oder die Untersuchungshaft entstandenen Kosten.

32 a) Daß die Auslagen nur bezüglich eines Mitangeklagten entstanden sind[51]), fällt nicht in das Gewicht[51a]).

---

[39]) RGSt. 11, 300.
[40]) RGSt. 11, 300.
[41]) RGSt. 11, 300.
[42]) RGSt. 29, 32.
[43]) RGSt. 12, 190; 17, 116.
[44]) RGSt. 17, 116.
[45]) RGSt. 17, 116; 21, 164; 27, 266; RGRspr. 9, 234; JW. 1922, 1032[37] (RG.); Wochinger-Schwalb § 51 Anm. 4a.
[46]) RGSt. 9, 380; 11, 300; 17, 116; 27, 266; Rittmann-Wenz § 51 Anm. 3; Kollat § 51 Anm. 2b.
[47]) Jonas § 51 Anm. 3b; Baumbach § 51 Anm. 2; Rittmann-Wenz § 51 Anm. 3; Kollat § 51 Anm. 2a; Wochinger-Schwalb § 51 Anm. 4d; Recht 1909 Nr. 3890 (RG.).
[48]) Auf das Maß der Beteiligung des einzelnen kommt es nicht an. RGRspr. 7, 624; DJZ. 11, 1208 (RG.).
[49]) Jonas § 51 Anm. 3b; Baumbach § 51 Anm. 2; Rittmann-Wenz § 51 Anm. 3; Kollat § 51 Anm. 2a; Wochinger-Schwalb § 51 Anm. 4e; RGSt. 1, 93; 51, 81.
[50]) Sind mehrere Personen in bezug auf dieselbe öffentliche Beleidigung zu Strafe verurteilt und ist dem Beteiligten die Veröffentlichungsbefugnis zugesprochen worden, so bildet die Herbeiführung der Veröffentlichung einen Akt der Vollstreckung des Urteils (Walter-Joachim-Friedlaender RAGebO. Vorbem. zum 4. Abschnitt Anm. 9). Die Kostenhaftung ist für diesen Fall aber bereits durch § 200 Abs. 1 StGB. („auf Kosten des Schuldigen") geregelt, und die Regelung ist dahin aufzufassen, daß mehrere Beleidiger als Gesamtschuldner haften. RGSt. 37, 267. § 466 Abs. 2 Satz 2 StPO. kommt also auch dann nicht in Frage, wenn ausnahmsweise (vgl. Walter-Joachim-Friedlaender RAGebO. Vorbem. zum 4. Abschnitt Fußnote 9) die Strafvollstreckungsbehörde selbst die Herbeiführung der Veröffentlichung in die Hand nimmt. Dagegen wendet JW. 1924, 336[4] (LG. Köln) § 466 Abs. 2 Satz 2 StPO. entsprechend an.
[51]) Z. B. die Kosten von Beweisaufnahmen, die nur einen der Mitangeklagten betrafen, die Kosten des nur einem von ihnen bestellten Verteidigers.
[51a]) Ebenso SächsOLG. 27, 97; Jonas § 51 Anm. 3b; Wochinger-Schwalb § 51 Anm. 4c. Dagegen erstrecken Rittmann-Wenz § 51 Anm. 7, Baumbach § 51 Anm. 2 und Kollat § 51 Anm. 2e die Gesamthaft nicht auf die gedachten Verteidigerkosten. Ein Grund ist nicht ersichtlich. Daß § 150 Abs. 2 StPO. von dem Rückgriff „an den in die Kosten verurteilten Angeklagten" spricht, besagt gar nichts, da das Gesetz natur-

b) Immer aber kommen nur die Auslagen in Betracht, welche verurteilte Mitangeklagte betreffen. Besondere Auslagen, welche nur freigesprochene Angeklagte betreffen, sind vorab auszuscheiden[52]). 33

5. Ist von mehreren Mitangeklagten ein jeder in bezug auf eine andere Tat verurteilt worden, so hat jeder nur die Auslagen zu tragen, die durch das Verfahren wegen der Tat entstanden sind, bezüglich deren er verurteilt ist. Betreffen gewisse Auslagen gemeinsam verschiedene Taten, so haften insoweit die betreffenden Mitangeklagten als Gesamtschuldner[53]). 34

6. Sind Mitangeklagte teils in bezug auf dieselbe Tat, teils in bezug auf verschiedene Taten verurteilt worden, so ist in ersterer Beziehung § 466 Abs. 2 StPO. anzuwenden, nachdem in letzterer Beziehung Anm. 34 beobachtet worden ist[54]). 35

B. § 471 Abs. 4 StPO. bestimmt folgendes: 36

„Mehrere Privatkläger haften als Gesamtschuldner. Das gleiche gilt hinsichtlich der Haftung mehrerer Beschuldigter für die dem Privatkläger erwachsenen notwendigen Auslagen."

Nebenkläger werden gemäß § 397 StPO. wie Privatkläger behandelt.

C. § 472 StPO. lautet: 37

„Wird in dem Falle des § 175 der Angeschuldigte außer Verfolgung gesetzt oder freigesprochen, oder das Verfahren eingestellt, so finden auf den Antragsteller die Bestimmungen des § 471 Abs. 2 bis 5 entsprechende Anwendung. Das Gericht kann jedoch nach Befinden der Umstände den Antragsteller von der Tragung der Kosten ganz oder teilweise entbinden.

Vor der Entscheidung über den Kostenpunkt ist der Antragsteller zu hören, sofern er nicht als Nebenkläger aufzutreten berechtigt war."

Von Bedeutung ist hier nur die Erstreckung des § 471 Abs. 4 StPO. auf mehrere Antragsteller, die danach als Gesamtschuldner haften.

§ 89.

Die Landesjustizverwaltung kann anordnen, daß die Entrichtung von Kosten durch Marken zu erfolgen hat.

1. Über die Einziehung der Gerichtskosten im allgemeinen vgl. § 91 Anm. 1. § 89 gibt der LJV. eine einschlägige besondere Ermächtigung. 1

2. Die LJV. kann die Entrichtung von Kosten durch Marken vorsehen und deshalb über die in Betracht kommenden Marken Bestimmungen treffen. Es können besondere Kostenmarken eingeführt, aber auch andere bereits bestehende Marken für die Kostenentrichtung herangezogen werden. 2

3. Die LJV. kann die Markenverwendung auf bestimmte Fälle beschränken oder von solcher Beschränkung absehen. 3

4. § 97a Abs. 1 GKG. ä. F. bestimmte lediglich, daß die Entrichtung von Kosten nach näherer Anordnung der Landesjustizverwaltung durch Verwendung von Marken erfolgen könne. Nach dem auf dem Gesetze vom 21. Dez. 1922 beruhenden § 89 kann die Kostenentrichtung durch Marken zwingend vorgeschrieben werden. Solche Vorschriften sind im Zweifel nur dahin aufzufassen, daß die 4

---

gemäß hier an das Vorhandensein von Mitangeklagten nicht denkt. Es handelt sich um Auslagen nach § 72 Z. 6 GKG., die in keiner Weise einer besonderen Behandlung unterliegen.

[52]) Jonas § 51 Anm. 3b; Kollat § 51 Anm. 2b; Baumbach § 51 Anm. 2.

[53]) Jonas § 51 Anm. 3a; Rittmann-Wenz § 51 Anm. 4; Kollat § 51 Anm. 2c; Wochinger-Schwalb § 51 Anm. 4b; RGSt. 21, 164.

[54]) Jonas § 51 Anm. 3c; Rittmann-Wenz § 51 Anm. 3; Baumbach § 51 Anm. 2; Kollat § 51 Anm. 2c; RGSt. 29, 145; 30, 287.

Kassenstellen nicht verpflichtet sind, eine andere Berichtigung der Kostenschuld anzunehmen, nicht auch dahin, daß gleichwohl angenommene Barzahlungen keine Tilgung bewirken. Die Kostenentrichtung durch Marken kann aber auch lediglich zugelassen und als wünschenswert bezeichnet werden.

5 5. Die Benutzung der durch § 89 erteilten Ermächtigung empfiehlt sich wegen der Erleichterung der Buchführung der Kassenstellen und zur bequemeren Durchführung der Vorauszahlung von Kosten oder der Leistung von Vorschüssen.

Siebenter Abschnitt.

Schlußbestimmungen.

Vorbemerkung.

Der 7. Abschnitt enthält nur 2 Paragraphen, von denen § 90 die Gebührenfreiheit behandelt, während sich § 91 über den Beistand verhält, den die Behörden einander zum Zwecke der Einziehung der Gebühren und Auslagen zu leisten haben.

§ 90.

Von Zahlung der Gebühren sind befreit:

das Reich in dem Verfahren vor den Landesgerichten,

die Länder in dem Verfahren vor dem Reichsgerichte.

Die landesgesetzlichen Vorschriften, welche für gewisse Rechtssachen oder gewisse Personen in dem Verfahren vor den Landesgerichten Gebührenfreiheit gewähren, werden durch dieses Gesetz nicht berührt.

Für das Verfahren vor dem Reichsgerichte kann die Befreiung von Gebühren durch Verordnung der Reichsregierung mit Zustimmung des Reichsrats gewährt werden.

Soweit demjenigen, welchem die Gebührenfreiheit zusteht, Kosten des Verfahrens auferlegt oder von ihm übernommen werden, sind Gebühren überhaupt nicht zu erheben und erhobene zurückzuzahlen.

Vorbemerkung.

§ 90 behandelt die Gebührenfreiheit. Er gibt, abgesehen von den kleinen Fassungsänderungen in Abs. 1 und 3, den § 98 GKG. ä. F. wieder, nur hat das Gesetz vom 21. Dez. 1922 im Abs. 4 die Worte „oder von ihm übernommen werden" eingeschoben.

Übersicht.

I. Anordnung der Bestimmungen des § 90 (1).

II. Die Fälle der Gebührenfreiheit (2—4).

A. Reichsrecht (2—3).

1. Reich und Länder (2—2 a).
2. Verordnung vom 24. Dez. 1883 (3).

B. Landesrecht (4).

III. Die Bedeutung der Gebührenfreiheit für die gebührenfreie Partei (5—8).

1. Keine Auslagenfreiheit (5).
2. Freiheit von allen Gebühren, von allen Haftungsgründen, auch von Vorwegleistungspflicht (6—8).

IV. Die Bedeutung der Gebührenfreiheit für den Gegner der gebührenfreien Partei (9—11).

I. Anordnung der Bestimmungen des § 90. Im Abs. 1 des § 90 werden 2 Fälle der Gebührenfreiheit reichsrechtlich geregelt, die Normierung weiterer solcher Fälle durch das Reichsrecht (u. zw. im Wege der Verordnung) sieht Abs. 3 vor[1]), während Abs. 2 einschlägiges Landesrecht aufrechterhält. Die Bedeutung der Gebührenfreiheit für die befreite Partei ergibt sich bereits aus Abs. 1, die Wirkung für den Gegner behandelt Abs. 4, der sich auf die drei vorangegangenen Absätze bezieht[2]). 1

II. Die Fälle der Gebührenfreiheit. 2

A. Reichsrecht.

1. Nach § 90 Abs. 1 GKG. sind von der Zahlung der Gebühren befreit: das Reich in dem Verfahren vor den Landesgerichten, die Länder in dem Verfahren vor dem Reichsgerichte. Es müssen also das Reich oder die Länder in dem betreffenden Verfahren die Stellung einer Partei haben, in der sie durch das hierzu berufene Organ vertreten werden. Es genügt nicht, daß in dem Verfahren Interessen des Reichs oder der Länder von einer Stelle wahrgenommen werden, die nicht Reichs- oder Landesorgan ist.

Reichsorgan ist die „Deutsche Reichspost"[3]), die Reichsmonopolverwaltung für Branntwein[4]),

nicht die Reichsbank[5]), die „deutsche Reichsbahngesellschaft[6]), die Reichstreuhandgesellschaft[7]), die Reichskreditgesellschaft[7a]), die Versicherungsträger nach der RVO.

---

[1]) Natürlich kann das Reichsrecht auch im Wege des Gesetzes Gebührenfreiheit vorsehen. Hierher gehören (s. ferner unter Anm. 12) die Bestimmungen der RVO. §§ 115 Abs. 1, 117 und des AngestVersGes. §§ 318 Abs. 1, 319, wonach die öffentlichen Behörden den im Vollzuge dieser Gesetze an sie ergehenden Ersuchen der Versicherungs- und anderen öffentlichen Behörden sowie der Organe der Versicherungsträger und der Reichsversicherungsanstalt zu entsprechen haben und nur Erstattung der aus der Rechtshilfe erwachsenden baren Auslagen verlangen können. Demgemäß sind die auf Antrag der gedachten Stellen im Rahmen der genannten Gesetze eingeleiteten Offenbarungseidsverfahren zwecks Einziehung rückständiger Beiträge gebührenfrei. PrJMBl. 1898, 47/48 (KG., RG.); Jonas § 33 Anm. 19. S. oben § 33 Fußnote 33. Ebenso werden, wenn für solche Forderungen ein besonderer Prüfungstermin anberaumt wird, die Gebühren des § 44 GKG. nicht erhoben. ZfDGerSekr. 1906, 98 (LG. München); ZfDJustSekr. 1910, 79 (OLG. Colmar); Rittmann-Wenz § 44 Anm. 6; Wochinger-Schwalb § 44 Anm. 5.

Das Reichssiedlungsgesetz gibt für bürgerliche Rechtsstreitigkeiten — auch für das Verfahren vor der Aufwertungsstelle — keine Gebührenfreiheit. Recht 1928 Nr. 158 (RG.).

[2]) JW. 1898, 643[14] (RG.).

[3]) JW. 1926, 2112[4] (KG.); Rittmann-Wenz § 90 Anm. 2; Sydow-Busch-Krieg § 90 Anm. 2; Baumbach § 90 Anm. 2.

[4]) JW. 1926, 2112[4] (KG.); Baumbach § 90 Anm. 2; Jonas § 90 Anm. 1; Sydow-Busch-Krieg § 90 Anm. 2.

[5]) Jonas § 90 Anm. 2; Rittmann-Wenz § 90 Anm. 2; Baumbach § 90 Anm. 2; Kollat § 90 Anm. 2; Wochinger-Schwalb § 90 Anm. 6; Sydow-Busch-Krieg § 90 Anm. 2.

[6]) RGZ. 109, 91; JFGErg. 3, 216; Rittmann-Wenz, Kollat, Baumbach, Sydow-Busch-Krieg a. a. O. A. M. v. der Leyen Anm. zu JW. 1925, 1612[1]. Anders lag es bezüglich der „Deutschen Reichsbahn" RGZ. 109, 90; JW. 1925, 1665[11] (OLG. Stuttgart). A. M. JW. 1925, 1661[4] (OLG. Celle).

[7]) JW. 1925, 2493[3] (OLG. Celle), wo in nicht unbedenklicher Weise zugelassen wird, daß das Reich sich zu seiner Vertretung einer nicht behördlich, sondern kaufmännisch ausgebildeten Stelle bedient; Rittmann-Wenz § 90 Anm. 2; Sydow-Busch-Krieg § 90 Anm. 2.

[7a]) JurRundsch. 2 Nr. 419 (KG.); Sydow-Busch-Krieg § 90 Anm. 2.

und dem AngestVersGes.[8]), die Reichsknappschaft (§ 7 des Reichsknappschaftsgesetzes in der Fassung vom 1. Juli 1926 RGBl. I 369)[8a]).

2a § 90 Abs. 1 GKG. ist durch § 1 Abs. 3 des Reichsbesteuerungsgesetzes vom 15. April 1911 (RGBl. 187) dahin ergänzt worden, daß das Reich von der Zahlung aller Gerichtsgebühren befreit ist, also nicht nur im Verfahren vor den Landesgerichten.

3 2. Die auf Grund des Abs. 2 erlassene Verordnung vom 24. Dezember 1883 (RGBl. 1884, 1) lautet, wie folgt:

In dem Verfahren vor dem Reichsgericht sind von Zahlung der Gebühren befreit:

1. öffentliche Armen-, Kranken-, Arbeits- und Besserungsanstalten[8b]), ferner Waisenhäuser und andere milde Stiftungen[8c]), insofern solche nicht einzelne Familien oder bestimmte Personen betreffen oder in bloßen Studienstipendien bestehen;
2. öffentliche Volksschulen[8d]);
3. öffentliche[8e]) gelehrte Anstalten und Schulen, Kirchen[8f]), Pfarreien, Kaplaneien, Vikarien und Küstereien[9]), jedoch nur insoweit, als die Einnahmen derselben die etatsmäßige Ausgabe[10]), einschließlich der Besoldung oder des statt dieser überlassenen Nießbrauchs, nicht übersteigen, und dieses durch ein Zeugnis der denselben vorgesetzten Staatsbehörden bescheinigt wird. Insoweit aber in Rechtsstreitigkeiten derselben solche Ansprüche, welche lediglich das zeitige Interesse derjenigen berühren, welchen die Nutzung des betreffenden Vermögens für ihre Person zusteht, zugleich mitverhandelt werden, haben letztere die auf ihren Teil verhältnismäßig fallenden Gebühren zu tragen.

4 B. Landesrecht[11]).

Das Landesrecht bleibt unberührt, d. h. es gilt fort, soweit es bereits besteht, es kann neues erlassen und das bisherige geändert werden. Die Gebührenfreiheit kann für gewisse Rechtssachen (sachliche Gebührenfreiheit) oder für gewisse Personen (per-

---

[8]) KGJ. 43 B 320; PrJMBl. 1914, 529 (KG.); Jonas § 90 Anm. 2; Rittmann-Wenz § 90 Anm. 2; Baumbach § 90 Anm. 2; Kollat § 90 Anm. 2.

[8a]) Jonas § 90 Anm. 1.

[8b]) Nicht auch die Kommunalverbände als solche in Angelegenheiten der Armenpflege JW. 1895, 168 (RG.); Jonas § 90 Anm. 3; Sydow-Busch-Krieg § 90 Anm. 5; nicht ein Beamtenwohnungsverein ZfDJustAmtm. 1926, 141 (RG.); Jonas § 90 Anm. 3. Öffentliche Anstalten sind Anstalten, die im Eigentum oder unter Verwaltung des Staates oder einer Kommune stehen und bei denen jedermann unbedingt oder unter gewissen Voraussetzungen die Zulassung beanspruchen kann. KGJ. 23 B 33; OLG. 7, 237 (KG.); PrJMBl. 1882, 315 (RG.); Jonas § 90 Anm. 2, 3; Kollat § 90 Anm. 4.

[8c]) Milde Stiftungen sind Stiftungen, deren Zweck es ist, Hilfsbedürftigen unentgeltliche Zuwendungen zu machen. OLG. 7, 237 (KG.); KGJ. 37 B 3; PrJMBl. 1891, 24 (RG.); 1893, 311 (RG.); 1913, 153 (RG.); Jonas § 90 Anm. 2, 3; Kollat § 90 Anm. 4.

[8d]) Wegen des Begriffs „öffentlich" s. Fußnote 8b. Sind die Volksschulen keine juristischen Personen, so wirkt die Gebührenfreiheit zugunsten des Schulverbandes, dem die Unterhaltung der Schule obliegt. JW. 1928, 1496[12] (RG.) mit Anm. A. Friedlaender.

[8e]) Wegen des Begriffs „öffentlich" s. Fußnote 8b.

[8f]) Nur inländische Kirchengemeinden genießen Gebührenfreiheit. JurRundsch. 1926 Nr. 2070 (RG.); Jonas § 90 Anm. 3; Kollat § 90 Anm. 4. „Kirchen" sind nur die öffentlich aufgenommenen, nicht sonstige Religionsgesellschaften. KGJ. 36 B 15; JFGErg. 3, 218; Jonas § 90 Anm. 2, 3; Kollat § 90 Anm. 4.

[9]) Das gilt auch für den mit der Kirchengemeinde in keinem Zusammenhang stehenden Baufonds einer Ortskapelle, die zwar nicht zu pfarramtlichen Funktionen gewidmet ist, in der aber öffentlicher Gottesdienst abgehalten wird. RGZ. 64, 218; Jonas § 90 Anm. 2, 3; Sydow-Busch-Krieg § 90 Anm. 5.

[10]) Eine in sicherer Aussicht stehende, aber immerhin erst künftig eintretende Neubauausgabe ist keine etatsmäßige Ausgabe. RGZ. 64, 218.

[11]) Vgl. §§ 8, 115 Abs. 1 PrGKG.

sönliche Gebührenfreiheit) vorgesehen werden. An den reichsrechtlich normierten Fällen von Gebührenfreiheit kann das Landesrecht nichts ändern[11a]).

III. Die Bedeutung der Gebührenfreiheit für die gebührenfreie Partei. 5

1. Die Gebührenfreiheit befreit von der Zahlung der Gebühren, sie gibt keine Auslagenfreiheit[12]). Im Gegenteil werden im Falle der Gebührenfreiheit nach § 71 Abs. 1 GKG. Schreibgebühren für Ausfertigungen und Abschriften aller Art erhoben, während solche sonst nur für bestimmte Ausfertigungen und Abschriften in Ansatz kommen[13]).

2. Die Gebührenfreiheit befreit von der Zahlung der Gebühren. 6

a) Die Befreiung betrifft alle Gebühren.

b) Sie tritt ein ohne Rücksicht auf den Grund, der sonst die Pflicht zur Zahlung schaffen würde[14]). Es entfällt also die Zahlungspflicht desjenigen, der in bürgerlichen Rechtsstreitigkeiten das Verfahren der Instanz beantragt hat oder auf dessen Betreiben im Falle des § 30a Abs. 1 GKG. das schiedsrichterliche Verfahren eingeleitet worden ist (§ 77 GKG.). Nicht minder bleiben §§ 78, 78a GKG. außer Anwendung. Dasselbe gilt von § 79 GKG. Das war hinsichtlich der durch eine unbedingte gerichtliche Entscheidung auferlegten Kosten nie zweifelhaft, wohl aber bezüglich der übernommenen Kosten[15]). Allein da auch insoweit nach der jetzigen Fassung des Abs. 4 die Gebühren „überhaupt nicht zu erheben sind", kann die Erhebung auch nicht von der gebührenfreien Partei erfolgen[16]). Es fragt sich endlich, ob die Gebührenfreiheit auch Platz greift, wenn die Inanspruchnahme auf Grund der Haftungsvorschriften des bürgerlichen Rechts geschieht, wobei insbesondere die Haftung bei Vermögensübernahme oder bei Beerbung eine Rolle spielt. Die Haftungsbestimmungen des bürgerlichen Rechts sind durch § 88 GKG. zum Bestandteil des GKG. geworden, und es ist 7

[11a]) ZDJustAmtm. 1926, 141 (RG.).

[12]) RGZ. 75, 311; 78, 126; KGJ. 50 B 249; Jonas § 90 Anm. 4; Sydow-Busch-Krieg § 90 Anm. 1; Rittmann-Wenz § 90 Anm. 1; Baumbach § 90 Anm. 1; Kollat § 90 Anm. 5; Wochinger-Schwalb § 90 Anm. 1. Auch für den Reichssteuerfiskus gilt nach der RAbgO. nichts anderes. KGJ. 53, 278; Baumbach a. a. O.

[13]) Fallen im Verfahren vor dem Gerichte eines Landes der Staatskasse eben dieses Landes Auslagen zur Last, so kommt lediglich eine Verrechnung zwischen zwei Kassen desselben Staatsfiskus in Frage. Ob Zahlung einer Kasse an eine andere Kasse desselben Staatsfiskus erfolgen soll oder zu vermeiden ist, richtet sich nach den bestehenden Verwaltungsgrundsätzen. Ist sie nicht besonders vorgesehen, so wird solche Zahlung als bedeutungslose Operation zu vermeiden sein (Jonas § 90 Anm. 4; Rittmann-Wenz § 90 Anm. 1). Die Auslagen sind aber auch ohne Abführung des einschlägigen Betrags von Kasse zu Kasse seitens des Staatsfiskus durch die geschehene Aufwendung geleistet. Hat also der Staatsfiskus etwa sich Ausfertigungen oder Abschriften, die nur auf Antrag erteilt werden, geben lassen, ohne daß die Ausnahmevorschrift des § 71 Abs. 2 GKG. eingreift, so kann, wenn der Gegner unterliegt, im Kostenfestsetzungsverfahren die Erstattung der Schreibgebühren nach § 71 GKG. verlangt werden. Rittmann-Wenz § 90 Anm. 1. Vgl. Wochinger-Schwalb § 90 Anm. 2.

Das Gesagte gilt auch für die Auslagen, die im Verfahren vor dem Reichsgerichte dem Reiche zur Last fallen, während es nicht für das Verhältnis des Reichs- zum Landesfiskus gilt, da hier verschiedene juristische Personen in Frage stehen. KGJ. 50, 252; WarnRspr. 1918, 150 (RG.).

Stellt das Landesrecht den Landesfiskus nicht ausdrücklich von Gebühren frei, so ist bezüglich dieser das hinsichtlich der Auslagen Vermerkte in gleicher Weise zu beachten.

[14]) Rittmann-Wenz § 90 Anm. 1; Baumbach § 90 Anm. 1.

[15]) Für Gebührenfreiheit JW. 1921, 1258 (OLG. Rostock); 1922, 1218[7] (OLG. Frankfurt a. M.) [dagegen Anm. von A. Friedlaender]; 1923, 84 (KG.); Eger Eisenbahnr. Entsch. 41, 116 (LG. Münster i. W.), gegen solche SeuffArch. 65, 419 (OLG. München); 71, 205 (OLG. Kiel); OLG. 7, 222 (Celle); 21, 132 (München); 33, 176 (Darmstadt); ZfDGerSekr. 1906, 286 (OLG. Marienwerder); ZfDJustSekr. 1914, 19 (OLG. Karlsruhe).

[16]) Jonas § 90 Anm. 4d; Rittmann-Wenz § 90 Anm. 1; Baumbach § 90 Anm. 1; Kollat § 90 Anm. 1; Sydow-Busch-Krieg § 90 Anm. 7.

nicht einzusehen, weshalb eine Zahlungspflicht nach bürgerlichem Rechte eine stärkere Wirkung haben sollte als nach §§ 77—79 GKG. Auch die Haftung für die Gebühren nach bürgerlichem Rechte entfällt daher im Falle der Gebührenfreiheit[17]).

8 c) Mit der Pflicht zur Zahlung fällt auch die Pflicht zur Vorwegleistung fort[17a]).

9 **IV. Die Bedeutung der Gebührenfreiheit für den Gegner der gebührenfreien Partei.**

1. Werden demjenigen, welchem die Gebührenfreiheit zusteht, Kosten des Verfahrens auferlegt oder von ihm übernommen, so würde damit eine Haftung des Gegners aus § 77 GKG. oder seine Vorschußpflicht aus § 85 GKG. an sich noch nicht beseitigt, vielmehr nur nach §§ 82 Abs. 2, 86 Satz 2 GKG. die primäre in eine eventuelle Zahlungspflicht verwandelt werden. Darüber hinaus schreibt aber § 90 Abs. 4 GKG. vor, daß die Gebühren überhaupt nicht zu erheben und erhobene zurückzuzahlen sind[18]).

10 2. Will der Gegner von der Bezahlung angeforderter Gebühren im Falle des § 90 GKG. frei kommen, so muß er Erinnerung nach § 4 GKG. erheben, und desselben Rechtsbehelfs hat er sich zu bedienen, um die Zurückzahlung bereits entrichteter Gebühren oder Gebührenvorschüsse zu erreichen[18a]). Dagegen kann er nicht das Kostenfestsetzungsverfahren betreiben, um die Erstattung der gezahlten Beträge zu erlangen[19]): denn sonst müßte die gebührenfreie Partei eben doch die Gebühren zahlen, von deren Berichtigung sie gerade befreit ist.

11 3. Wie die Gebührenfreiheit für die befreite Partei keine Auslagenfreiheit mit sich bringt, so hat sie auch für den Gegner hinsichtlich der Zahlung der Auslagen keine Bedeutung. Gezahlte Auslagen und nicht verbrauchte Auslagenvorschüsse werden dem Gegner der gebührenfreien Partei nicht von der Staatskasse zurückgezahlt[19a]), ihre Erstattung durch die gebührenfreie Partei ist vielmehr im Kostenfestsetzungsverfahren herbeizuführen, falls dessen Voraussetzungen gegeben sind[20]).

12 **V. Die Stellung des Treuhänders nach dem Industriebelastungsgesetz.** § 51 Abs. 4 IndustrieBelG. vom 30. Aug. 1924 (RGBl. II 257) bestimmt bezüglich des von der Reparationskommission ernannten Treuhänders:

„Der Treuhänder ist von der Zahlung gerichtlicher Gebühren und Auslagen befreit. § 90 Abs. 4 des Gerichtskostengesetzes vom 21. Dezember 1922 (Reichsgesetzblatt 1923 I S. 12) gilt entsprechend."

13 1. Der Treuhänder ist von der Zahlung aller Gebühren oder Auslagen befreit, ohne Rücksicht auf den sonst eingreifenden Grund der Zahlungspflicht[21]).

---

17) A. M. JW. 1923, 615[6] (OLG. Düsseldorf) und Anm. v. M. Friedlaender dazu. Tritt an Stelle einer Partei, der persönliche Gebührenfreiheit zusteht, eine andere Partei in den Prozeß ein, die solche Befreiung nicht genießt, so kann sie, wenn in die Kosten verurteilt, sich auf jene eben nur persönliche Gebührenfreiheit nicht berufen. BuschsZ. 50, 229[37] (KG.) und Anm. v. M. Friedlaender; DRZ. 1926 Nr. 201 (OLG. Zweibrücken); Recht 1926 Nr. 654 (OLG. Celle).

17a) Jonas § 90 Anm. 4d; Rittmann-Wenz § 90 Anm. 1.

18) Werden die Gebühren nur zum Teil der gebührenfreien Partei auferlegt oder von ihr übernommen, so gilt § 90 Abs. 4 GKG. nur für den betreffenden Teil. Auf die von dem Gegner gezahlten oder vorgeschossenen Beträge ist dessen Gebührenschuld zu verrechnen; ein etwaiger Rest ist dem Gegner zurückzuzahlen. Rittmann-Wenz § 90 Anm. 8; Baumbach § 90 Anm. 3; Kollat § 90 Anm. 1.

18a) Vgl. JW. 1928, 1946[3] (KG.) mit Anm. Fürst.

19) JW. 1893, 309[15] (RG.); 1894, 122[20] (RG.); OLG. 13, 113 (Colmar); Jonas § 90 Anm. 4d; Baumbach § 90 Anm. 3; Kollat § 90 Anm. 1; Sydow-Busch-Krieg § 90 Anm. 7. Vgl. auch HessRspr. 1912, 274 (OLG. Darmstadt).

19a) JW. 1928, 1946[3] (KG.) mit Anm. Fürst.

20) JW. 1898, 288[37] und 643[14] (RG.); Jonas § 90 Anm. 4d; Baumbach § 90 Anm. 3; Kollat § 90 Anm. 5.

21) Vgl. oben Anm. 7.

2. Der Gegner, dem Gebühren oder Auslagen angefordert werden oder der sie bereits bezahlt hat, muß, wenn sie dem Treuhänder auferlegt oder von ihm übernommen sind, Erinnerung nach § 4 GKG. erheben, um von der Kostenforderung freizukommen oder die Zurückzahlung zu erwirken[22]). Eine Erstattung im Kostenfestsetzungsverfahren kommt dagegen nicht in Frage[23]). 14

§ 91.

Die Behörden haben einander zum Zwecke der Einziehung von Gebühren und Auslagen nach näherer Bestimmung der von der Reichsregierung mit Zustimmung des Reichsrats zu erlassenden Anweisung Beistand zu leisten.

Vorbemerkung.

§ 91 betrifft den behördlichen Beistand zum Zwecke der Einziehung der Gebühren und Auslagen. Er gibt den § 99 GKG. ä. F. mit den aus den Verfassungsänderungen folgenden Abweichungen wieder.

Übersicht.

1 **I. Die Einziehung der Gerichtskosten.** Die Regelung der Einziehung der Gerichtskosten unterliegt als Verwaltungsangelegenheit, soweit nicht das Reichsgericht in Betracht kommt[1]), der landesrechtlichen Regelung. Das Reichsrecht greift durch die Regelung der Frage ein, in welcher Weise die Behörden einander zum Zwecke der Einziehung von Gebühren und Auslagen Beistand zu leisten haben.

2 **II. Die Anweisung über die Beistandleistung.** Die in § 91 vorgesehene Anweisung ist am 23. April 1880 (RZBl. 278) ergangen[2]) und lautet unter Berücksichtigung der auf der VO. des Reichsministers der Justiz vom 1. Juni 1923 (RMinBl. 439) beruhenden Änderungen, wie folgt:

> § 1. Das Ersuchen ist von der Behörde (Kasse) zu erlassen, welcher die zwangsweise Beitreibung nach den landesgesetzlichen Bestimmungen obliegt.
>
> Die ersuchte Behörde hat nicht zu prüfen, ob die Kostenrechnung dem Zahlungspflichtigen mitgeteilt ist.
>
> § 2. In dem Ersuchen sind der Schuldner, die Rechtsangelegenheit und der Gesamtbetrag der beizutreibenden Kosten anzugeben. Die Vollstreckbarkeit des Kostenanspruchs ist zu bescheinigen.
>
> § 3. Das Ersuchen ist an diejenige Behörde[3]) zu richten, welche die zwangsweise Einziehung zu betreiben hätte, wenn die Kosten bei dem Amtsgerichte entstanden wären, in dessen Bezirk der Zahlungspflichtige seinen Wohnsitz oder Aufenthaltsort hat, oder, wenn die Gegenstände der Zwangsvollstreckung sich in einem anderen Bezirke befinden, an die zur Beitreibung von Gerichtskosten zuständige Behörde dieses Bezirks.
>
> Die Behörde betreibt die Einziehung und sorgt für Übersendung der eingezogenen Beträge an die ersuchende Behörde; sie vertritt dieselbe bei allen zur Einziehung oder Sicherstellung erforderlichen Maßregeln. Die Zwangs-

---

[22]) Vgl. oben Anm. 10.

[23]) Vgl. oben Anm. 10.

[1]) Für das Reichsgericht gilt die Dienstanweisung des Reichsministers der Justiz vom 31. März 1922 (RZBl. 155), geändert durch VO. vom 14. Januar 1926 (RMinBl. 31).

[2]) Sie findet gemäß § 75 KonsGG. auch Anwendung auf den Beistand zwischen den Konsulargerichtsbehörden und zwischen diesen und den inländischen Behörden.

[3]) Zusammenstellung der Behörden RMinBl. 1923, 441 ff., Nachträge dazu ebenda 1923, 887; 1924, 375; 1925, 1278; 1926, 3, 841, 966; 1928, 393.

vollstreckung ist in gleichem Umfange zulässig wie für eine Kostenforderung des Staats, welchem die ersuchte Behörde angehört[4]). Die endgültigen Entscheidungen über Stundungen oder Niederschlagungen verbleiben der ersuchenden Behörde.

§ 4. Alle Postsendungen, einschließlich Geld- und Wertsendungen, sind von der absendenden Behörde frankiert abzulassen.

Die ersuchende Behörde hat weder der ersuchten Behörde noch den Vollziehungsbeamten für das Einziehungs- und Beitreibungsverfahren[5]) Gebühren oder Auslagen zu erstatten.

§ 5. Sollen die Kosten des Strafverfahrens gleichzeitig mit den in diesem Verfahren festgesetzten Geldstrafen durch einen Gerichtsvollzieher beigetrieben werden, so kann die Vermittlung des Urkundsbeamten der Geschäftsstelle[5a]) (§ 162 Gerichtsverfassungsgesetz) auch für die Einziehung der Kosten in Anspruch genommen werden.

3 **III. Die Beistandleistung.**

1. Die Voraussetzungen der Beistandleistung sind in der zu II wiedergegebenen Anweisung erschöpfend geregelt. Das Landesrecht ist nicht befugt, weitere Erfordernisse aufzustellen[6]).

4 2. Die Anweisung enthält nichts über die Rechtsbehelfe im Falle einer Ablehnung des Ersuchens um Beistand. Es geht nicht an, wenn die ersuchte Behörde ein Amtsgericht ist, die Bestimmungen der §§ 157 ff. GVG. anzuwenden. Das GKG. verpflichtet zum Beistande, nicht zur Rechtshilfe, die Anweisung verlangt weder bezüglich der ersuchenden noch hinsichtlich der ersuchten Behörde, daß es sich um Gerichte handelt. Danach ist eine Anwendung des GVG. ausgeschlossen, und es kommt nur die Aufsichtsbeschwerde in Frage[7]).

---

[4]) Diese Bestimmung betrifft nur die Art der Ausführung der Zwangsvollstreckung, nicht die Voraussetzungen der Beistandleistung. RGRspr. 10, 393.

[5]) Darunter fallen auch Arrest- und Pfändungsbeschlüsse, Abnahme des Offenbarungseids, Eintragung und Löschung von Zwangshypotheken (KG. in ZfPrJustAmtm. 1927, 156), nicht Einziehung gepfändeter Forderungen vom Drittschuldner. Rittmann-Wenz § 91 Anm. 4, 5; Baumbach § 91 Anm. 1; Kollat § 91 Anm. 1; Wochinger-Schwalb § 91 Anm. 1.

[5a]) Die letzten 3 Worte sind an die Stelle des in der VO. stehenden Wortes „Gerichtsschreibers" gesetzt worden.

[6]) RGRspr. 10, 391; Jonas § 91 Anm. 3; Sydow-Busch-Krieg § 91 Anm. 3; Baumbach § 91 Anm. 1; Rittmann-Wenz § 91 Anm. 2; Kollat § 91 Anm. 1; Wochinger-Schwalb § 91 Anm. 1.

[7]) A. Friedlaender, Rechtshülfe im Verkehr mit den ordentlichen Gerichten nach deutschem Reichsrecht 93. A. M. RGRspr. 10, 391, wo ohne weitere Begründung § 160 GVG. angewendet wird; HansGZ. 1914 B. 49 (OLG. Hamburg).

II.

Übergangsrecht.

Übersicht.

A. Der Text der gesetzlichen Bestimmungen. 1

I. Artikel VIII des Gesetzes vom 21. Dezember 1922 (RGBl. 1923 I 1) enthält folgende Übergangsvorschrift:

Dieses Gesetz tritt am 15. Februar 1923 in Kraft.

Die Vorschriften der Artikel I bis VI[1]) finden auf die vor dem Inkrafttreten dieses Gesetzes anhängig gewordenen bürgerlichen Rechtsstreitigkeiten Anwendung, soweit nicht die Instanz vor dem Tage des Inkrafttretens beendigt war. Das gleiche gilt von der Vorschrift des § 4 der Zivilprozeßordnung in der Fassung des Gesetzes zur weiteren Entlastung der Gerichte vom 8. Juli 1922 (RGBl. I S. 569). Die Vorschrift im Artikel VI Abs. 2 des letztgenannten Gesetzes bleibt jedoch unberührt.

Die Vorschriften der Artikel I bis VI finden ferner Anwendung auf die bei Inkrafttreten dieses Gesetzes anhängigen Konkursverfahren, sowie auf diejenigen Strafsachen, in denen die über die Kosten ergehende Entscheidung nach diesem Zeitpunkt rechtskräftig geworden ist.

---

[1]) Art. I enthält die eigentlichen Änderungen des GKG.; Art. II die Änderungen der §§ 233 Abs. 1, 520 Abs. 3 (jetzt § 519 Abs. 6) und 554 Abs. 7 ZPO.; Art. III die Änderungen der §§ 503, 505 (jetzt 471, 473) StPO.; Art. IV eine Änderung des § 14 Abs. 1 BinnSchiffG. und des § 11 Abs. 1 FlößGes.; Art. V einige redaktionelle Änderungen der RAGebO., Art. VI die übliche Bestimmung, daß bei Verweisung anderer Gesetze auf die durch gegenwärtiges Gesetz veränderten Normen mit gewissen Vorbehalten das neue Recht an die Stelle des bisherigen trete.

Hinsichtlich der vor dem Inkrafttreten dieses Gesetzes entstandenen Auslagen bleiben jedoch die bisherigen Vorschriften in Kraft.

Soweit in bürgerlichen Rechtsstreitigkeiten die Bestimmung des Termins zur mündlichen Verhandlung oder der Erlaß des Zahlungsbefehls erst nach der Zahlung der erforderten Gebühr erfolgen soll, findet dieses Gesetz auf die vor seinem Inkrafttreten anhängig gewordenen Sachen keine Anwendung. Dies gilt entsprechend hinsichtlich der Anwendung der §§ 520 Abs. 3, 554 Abs. 7 der Zivilprozeßordnung. Insoweit bleiben die bisherigen Vorschriften in Kraft.

Soweit auf Grund der bisherigen Vorschriften Gebührenvorschüsse erfordert sind, bleibt die Zahlungspflicht bestehen. Die erforderten Vorschüsse werden auf die fälligen Gebühren verrechnet.

2 **II. Die weitere Verordnung zur Entlastung der Gerichte und über die Gerichtskosten vom 13. Dezember 1923 (RGBl. I 1186) lautet:**

Artikel I (interessiert hier nicht).

Artikel II: Für die Erhebung der Gerichtskosten gilt folgendes:

Gebühren, Auslagen und Vorschüsse werden in Gold berechnet.

In Reichswährung geleistete Zahlungen sind nach dem Tage der Zahlung in Gold umzurechnen. Als Tag der Zahlung gilt bei Zahlung durch Postanweisung oder Zahlkarte der aus dem Tagesstempel der Aufgabepostanstalt ersichtliche Tag der Einzahlung, bei Zahlung durch Postscheck oder Postüberweisung der Tag, der sich aus dem Tagesstempel des Postscheckamts auf dem der Kasse ausgehändigten Abschnitt ergibt. Im übrigen gilt als Tag der Zahlung der Tag des Zahlungseingangs.

Bis auf weiteres ist für die Umrechnung der vom Reichsminister der Finanzen bekannt gegebene Goldumrechnungssatz (§ 2 der Durchführungsbestimmungen zur Aufwertungsverordnung vom 13. Oktober 1923, RGBl. I S. 951) maßgebend. Der Reichsminister der Justiz ist ermächtigt, einen anderen Umrechnungssatz zu bestimmen.

Artikel III.

A. Nr. 1—8 enthalten Änderungen des GKG., die nicht mehr interessieren.

9. In Reichswährung entstandene bare Auslagen (§ 72) sind unter Aufrundung auf volle 10 Goldpfennig in Gold umzurechnen. Maßgebend für die Umrechnung ist der Umrechnungssatz (Art. II Abs. 4) im Zeitpunkt der Verauslagung.

B. Die im § 14 Abs. 1 des Gesetzes, betreffend die privatrechtlichen Verhältnisse der Binnenschiffahrt (RGBl. 1898, S. 868; 1923 I, S. 1, 744), und im § 11 Abs. 1 des Gesetzes, betreffend die privatrechtlichen Verhältnisse der Flößerei (RGBl. 1895 S. 343; 1923 I, S. 1, 744), bestimmten Höchstsätze werden auf 30 Goldmark festgesetzt.

Artikel IV. Der Wert des Streit- oder Beschwerdegegenstandes ist in Gold zu bestimmen.

Bei Ansprüchen, die eine in Reichswährung bestimmte Geldsumme betreffen, bestimmt sich der Wert des Streit- oder Beschwerdegegenstandes nach dem Umrechnungssatz (Art. II Abs. 4) im Zeitpunkt der Einreichung der Klage oder der Einlegung des Rechtsmittels. Bei Ansprüchen dieser Art erhöht sich der Wert des Streit- oder Beschwerdegegenstandes nicht dadurch, daß der Kläger wegen einer nach dem genannten Zeitpunkt eingetretenen Geldentwertung den Klageantrag erweitert.

Im Konkursverfahren gilt die Vorschrift des Absatzes 2 Satz 1 mit der Maßgabe entsprechend, daß der Umrechnung im Falle des § 41 des Gerichtskostengesetzes der Umrechnungssatz im Zeitpunkt des Antrags, in den Fällen der §§ 42, 44 daselbst der Umrechnungssatz im Zeitpunkt der Eröffnung des Verfahrens zugrunde zu legen ist.

Artikel V. Die Verordnung tritt am 1. Januar 1924 in Kraft.

Sie findet auf anhängige Rechtssachen Anwendung hinsichtlich der Gebühren, die nach dem Inkrafttreten dieser Verordnung fällig geworden sind, sowie der Auslagen, die nach diesem Zeitpunkt entstanden sind. Sind auf Gebühren oder Auslagen dieser Art vor dem Inkrafttreten dieser Verordnung Vorschüsse erfordert, so sind diese in Gold umgerechnet in Anrechnung zu bringen. Maßgebend für die Umrechnung ist der Umrechnungssatz (Art. II Abs. 4) und, sofern die Zahlung vor dem 1. September 1923 geleistet ist, das Goldzollaufgeld im Zeitpunkt der Zahlung, sofern jedoch die Zahlung vor dem Inkrafttreten dieser Verordnung noch nicht geleistet ist, der Umrechnungssatz (Art. II Abs. 4) am Tage des Inkrafttretens dieser Verordnung.

In anhängigen bürgerlichen Rechtsstreitigkeiten, die eine in Reichswährung ausgedrückte Geldsumme betreffen, bestimmt sich der Wert des Streit- oder Beschwerdegegenstandes hinsichtlich der nach dem Inkrafttreten dieser Verordnung fällig werdenden Gebühren nach dem Umrechnungssatz (Art. II Abs. 4) im Zeitpunkt des Inkrafttretens dieser Verordnung.

Gebühren, die vor dem Inkrafttreten dieser Verordnung fällig geworden sind, werden, sofern sie nicht vor diesem Zeitpunkt bereits erfordert sind, in Gold umgerechnet. Das gleiche gilt hinsichtlich der vor diesem Zeitpunkt entstandenen, nicht durch Vorschüsse gedeckten Auslagen. Bei der Umrechnung ist der Umrechnungssatz (Art. II Abs. 4)am Tage des Inkrafttretens dieser Verordnung zu Grunde zu legen. Die sich hiernach ergebenden Gesamtbeträge sind auf volle 50 Goldpfennig nach unten abzurunden; Beträge unter 50 Goldpfennig werden nicht erhoben. Die Vorschriften dieses Absatzes finden auch auf Rechtssachen Anwendung, in denen die Instanz vor dem Inkrafttreten dieser Verordnung beendigt war.

III. Art. V der Zivilprozeßnovelle vom 13. Februar 1924 (RGBl. I 135) ent- 3
hielt folgende Änderungen des GKG.:

1. Im § 21 werden zwischen die Worte „erhoben" und „die" die Worte eingefügt „die nach Lage der Akten erlassen werden (Zivilprozeßordnung §§ 251 a, 331 a) sowie für Urteile".

2. § 30 Satz 2 erhält folgende Fassung:

„Das gleiche gilt, wenn das Rechtsmittel vor Bestimmung des Termins zur mündlichen Verhandlung zurückgenommen wird."

3. Hinter § 30 wird folgende Vorschrift eingestellt:

§ 30 a.

„Für das Verfahren über Anträge auf Vollstreckbarerklärung eines Schiedsspruchs oder eines von einem Schiedsgerichte vermittelten Vergleichs (Zivilprozeßordnung §§ 1042, 1044 a) wird die volle Gebühr (§ 8) erhoben."

4. Hinter § 31 wird folgende Vorschrift eingestellt:

§ 31 a.

„Für das Güteverfahren wird die Hälfte der Gebühr (§ 8) erhoben. § 29 findet entsprechende Anwendung.

Das Verfahren bleibt gebührenfrei, wenn ein Mahnverfahren vorausgegangen ist.

Für das dem Güteverfahren nachfolgende Prozeßverfahren wird, unbeschadet der Vorschriften im § 29, die Prozeßgebühr (§ 20 Nr. 1) nur zur Hälfte erhoben."

5. Im § 34 werden als Nr. 3 folgende Vorschriften eingestellt:

„3. für das Verfahren über Anträge auf Erteilung der Vollstreckungsklausel bei Vergleichen, die vor einer Gütestelle der im § 495 a Abs. 1 Nr. 1 der Zivilprozeßordnung bezeichneten Art geschlossen sind (§ 797 a der Zivilprozeßordnung)."

6. § 36 erhält folgende Fassung:

„Wird in einem Rechtsstreit ein Vergleich vor dem Gerichte geschlossen, so wird ein Viertel der Gebühr (§ 8) erhoben, insoweit der Wert des Vergleichsgegenstandes den Wert des Streitgegenstandes übersteigt."

7. Hinter § 74 wird folgende Vorschrift eingestellt:

§ 74 a.

„Der Termin zur Güteverhandlung soll, sofern nicht dem Antragsteller Gebührenfreiheit zusteht oder die Voraussetzungen für die Bewilligung des Armenrechts vorliegen, erst nach Zahlung der erforderten Gebühr bestimmt werden, es sei denn, daß glaubhaft gemacht wird, daß dem Antragsteller die alsbaldige

Zahlung der Gebühr mit Rücksicht auf seine Vermögenslage Schwierigkeiten bereiten würde. § 74 Abs. 2 Satz 2 gilt entsprechend.

Der Eintritt in das Streitverfahren oder die Anberaumung eines Termins hierzu ist erst nach Zahlung der erforderten Prozeßgebühr zulässig. Dies gilt nicht, wenn der Antrag auf Eintritt in das Streitverfahren oder auf Anberaumung eines Termins hierzu von dem Antragsgegner gestellt ist."

Artikel VII Abs. 1 derselben VO. bestimmte dann:

Die Artikel I bis VI der Verordnung treten am 1. Juni 1924 in Kraft. Sie finden auf die zur Zeit ihres Inkrafttretens anhängigen Rechtsstreitigkeiten mit folgenden Maßgaben Anwendung:

(Folgen rein prozessuale Übergangsvorschriften).

4 **IV. Die weitere VO. über die Gerichtskosten und die Gebühren der Rechtsanwälte vom 27. Juni 1924 (RGBl. I 662) lautet:**

Art. I.

Die im § 71 Abs. 4 des Gerichtskostengesetzes (RGBl. 1923 I S. 12, 1186) bestimmte Schreibgebühr wird auf 0,20 Goldmark festgesetzt.

Art. II (betrifft die Schreibgebühren der Rechtsanwälte).

Art. III:

Die Verordnung tritt am 10. Juli 1924 in Kraft.

Artikel VIII Abs. 4 des Gesetzes zur Änderung des Gerichtskostengesetzes vom 21. Dezember 1922 (RGBl. 1923 I S. 1) findet entsprechende Anwendung.

5 **V. Artikel V des Gesetzes vom 28. Januar 1927 (RGBl. I 53) lautet:**

(1) Dieses Gesetz tritt am 1. April 1927 in Kraft.

(2) Es findet auf die vor seinem Inkrafttreten anhängig gewordenen Rechtssachen Anwendung, soweit nicht die Instanz vor diesem Zeitpunkt beendet war. Als Ende der Instanz im Sinne dieser Vorschrift gilt in bürgerlichen Rechtsstreitigkeiten, sofern die Instanz mit einem Urteil abschließt, hinsichtlich der Gerichtskosten der Zeitpunkt der Verkündung und hinsichtlich der Anwaltsgebühren der Zeitpunkt der Zustellung und, wenn ein Rechtsmittel gegen das Urteil nicht stattfindet, der Zeitpunkt der Verkündung. Hinsichtlich der vor Inkrafttreten dieses Gesetzes entstandenen Schreibgebühren bleiben die bisherigen Vorschriften in Kraft.

(3) (betrifft nur die Kosten der Rechtsanwälte).

6 **B. Natürliches und gesetzliches Übergangsrecht.**

1. Die Gesetzgebung hat auf dem Gebiete des Gerichtskostenrechtes in den letzten 1½ Jahrzehnten außerordentlich häufig gewechselt. Daraus ergibt sich ohne weiteres die Wichtigkeit der Übergangsbestimmungen. In früherer Zeit hat der Gesetzgeber es mehrfach unterlassen, positive Vorschriften zum Übergangsrecht zu geben, so daß die Lösung der dabei auftauchenden schwierigen Fragen ausschließlich der Wissenschaft überlassen blieb. In den neueren Gesetzen ist dagegen regelmäßig eine möglichst einfache positive Regelung angestrebt.

Wir sprechen in den Fällen, in denen das Übergangsrecht der Wissenschaft überlassen wurde, von natürlichem, bei positiver Regelung von gesetzlichem Übergangsrechte[1]).

7 2. Das natürliche Übergangsrecht spielt zurzeit wegen der positiven gesetzlichen Regelung eine geringe Rolle. Es braucht daher auf seine Probleme im einzelnen nicht näher eingegangen zu werden. Trotzdem kommen Fälle vor, in denen es von Wichtigkeit sein kann, zu wissen, worum es sich handelt.

Tritt während Schwebens eines Zivilprozesses ein neues Gesetz in Kraft, das die Gerichtskosten mindert, ohne Übergangsvorschriften zu enthalten, so ist es klar, daß Pauschgebühren, z. B. Prozeßgebühren, die bereits entstanden (wenn auch nicht fällig geworden) sind, in voller Höhe bestehen bleiben, da erworbene Rechte

---

[1]) Die Unterscheidung findet sich auch bei Walter-Joachim-Friedlaender RAGebO.[8] Anh. I zum I. Abschnitt Anm. 1 ff. Vgl. ferner neuerdings Sonnen JW. 1928, 2119.

nach allgemeinen Rechtsgrundsätzen nicht angetastet werden. Anderseits teilt das Gerichtskostenrecht die Eigenschaft des Prozeßrechts, daß es von seinem Inkrafttreten ab (für die Zukunft) sofort wirksam wird, u. zw. auch für laufende Prozesse. Werden also die Gerichtskosten erhöht, so muß eine vorher schon angefallene Pauschgebühr sich ebenfalls erhöhen, wenn auch nach Inkrafttreten des neuen Rechts eine die Pauschgebühr auslösende Tätigkeit von neuem ausgeübt wird (das Verfahren, für das die Prozeßgebühr erhoben wird, nimmt seinen Fortgang; es wird von neuem Beweis angeordnet, nachdem dies früher bereits geschehen war usw.). Auslagen (wie Schreibgebühren usw.) unterliegen nach natürlichem Übergangsrechte den Normen, die zur Zeit ihrer Entstehung (z. B. der Herstellung des Schreibwerkes) gelten. Aber es gibt außer diesen relativ einfachen auch sehr verwickelte Probleme des natürlichen Übergangsrechts; z. B. die Frage, wie es zu halten sei, wenn das Gebührensystem sich grundlegend ändert, wenn nach altem Recht Einzelakte besteuert wurden und nach neuem Rechte das ganze (noch fortdauernde) Verfahren mit einer Einheitsgebühr belegt wird oder umgekehrt. Oder nach altem Recht ist eine Verhandlungsgebühr entstanden; das neue Recht hat diese Gebühr beseitigt und eine Prozeßgebühr eingeführt. In solchen Fällen wird man etwa die Frage stellen müssen, ob es dem Zwecke des Gesetzes entspricht, die verschiedenartigen Gebühren zu häufen oder ob eine teilweise Aufsaugung anzunehmen ist.

3. Das gesetzliche Übergangsrecht der letzten Zeit hat für das Gerichtskosten- 8
und Anwaltsgebührenrecht eine zum Typus gewordene Übergangsbestimmung geschaffen, die seitdem fast in allen Gesetzen wiederkehrt: danach sollen jeweils die Vorschriften des neuen Gesetzes auf anhängige Rechtssachen Anwendung finden, soweit nicht die Instanz bei seinem Inkrafttreten bereits beendet war.

Wir werden diese typische Übergangsvorschrift im folgenden eingehend zu besprechen haben. Sie bildet auch den wesentlichsten Inhalt der Übergangsbestimmung des neuesten Gesetzes (vom 28. Januar 1927). Dagegen haben wir andere Übergangsvorschriften, die heute nicht mehr von wesentlicher praktischer Bedeutung sind, hier nur im Text zusammengestellt und abgedruckt: insbes. die speziellen Übergangsnormen des Ges. vom 21. Dez. 1922 und die ganz andersartigen Vorschriften der GerEntlVO. vom 13. Dez. 1923 (RGBl. I 1186), welche die Goldrechnung an Stelle der Papiermarkrechnung setzte. Sollten heute noch Gerichtskostenfragen aus dem Übergangsrecht dieser Gesetze vorkommen, so soll der Praktiker wenigstens den Text zur Hand haben; bei Einzelfragen, die kaum Schwierigkeiten bereiten dürften, wären die Kommentare von Jonas (1. Aufl. S. 259 ff.) und Rittmann-Wenz (8. Aufl. S. 9 ff.) zu Rate zu ziehen.

Das Übergangsrecht der Zivilprozeßnovelle vom 13. Februar 1924 (in Kraft 9
seit 1. Juni 1924) enthält in Art. VII die Bestimmung, daß die Vorschriften der Art. I—VI auch auf anhängige Sachen Anwendung finden. Diese Bestimmung bezieht sich also auch auf Art. V der VO., welcher einige Änderungen des GKG. enthält (s. o. Anm. 3). Praktisch hat aber die Übergangsvorschrift für das Gerichtskostenrecht nur geringe Bedeutung; denn die neuen Bestimmungen des Art. V beziehen sich größtenteils auf Verfahrensarten, die es vor dem 1. Juni 1924 noch gar nicht gab: das Güteverfahren, die Erteilung der Vollstreckungsklausel aus einem vor der landesrechtlichen Gütestelle geschlossenen Vergleich, das Beschlußverfahren wegen Vollstreckbarerklärung eines Schiedsspruchs usw. Gleichwohl können Zweifel entstehen, wenn ein nach altem Recht anhängiges Prozeßverfahren in ein Beschlußverfahren nach § 1042 ZPO. übergeleitet wird oder ein Berufungsverfahren in ein Beschwerdeverfahren: gilt hier unter wörtlicher Anwendung des Art. VII die Gebühr des § 30 a (jetzt Abs. 2) für das ganze Verfahren einschließlich des vorausgehenden Prozeßverfahrens als einzige Gebühr und im zweiten Falle der § 38 Abs. 2 für die Beschwerdeinstanz einschließlich des vorausgehenden Berufungsverfahrens (das vielleicht schon ein zweites — nach Rückverweisung durch das Reichsgericht — war)? Das würde bei Erfolg oder Zurücknahme der „Beschwerde" zur völligen Gebührenfreiheit dieses ganzen Verfahrens

führen. Dies war sicherlich nicht die Absicht des Gesetzes. Beim Übergang von einem Verfahren in ein ganz andersartiges kann die ausschließlich für dieses zugeschnittene Gebührenbestimmung nicht auf jenes andere Verfahren rückwirkend Anwendung finden. Bei Inkrafttreten des neuen Gesetzes war ein Prozeß anhängig, kein Beschlußverfahren. Die nur für dieses bestimmte Gebühr fällt mit der tatsächlichen Eröffnung des Beschlußverfahrens an und die früher im Prozeßverfahren schon entstandene Prozeßgebühr ist darauf anzurechnen. Wollte man Art. VII wörtlich anwenden, so müßte man selbst die Gebühren einer früheren Instanz des Prozeßverfahrens in der Gebühr des § 38 GKG. aufgehen oder in Wegfall kommen lassen, da ja Art. VII die sonst übliche Klausel von der Instanzbeendigung nicht enthält: sie ist offensichtlich auf die eigentlichen Prozeßvorschriften und nicht auf das Kostenrecht zugeschnitten[1a]).

10 **C. Die typische Übergangsvorschrift (insbesondere Art. V der Novelle vom 28. Januar 1927).**

Entsprechend der typisch gewordenen Übergangsvorschrift (= ÜV.) lautet Art. V Abs. 2 Satz 1 der Novelle vom 28. Januar 1927:

> (Dieses Gesetz) findet auf die vor seinem Inkrafttreten anhängig gewordenen Rechtssachen Anwendung, soweit nicht die Instanz vor diesem Zeitpunkt beendet war.

Mit diesem Satz der typischen ÜV. wird zum Ausdruck gebracht, daß die neuen kostenrechtlichen Bestimmungen nicht nur vom Inkrafttreten des Gesetzes ab *für die Zukunft* Anwendung finden, sondern rückwirkend: nämlich, „soweit nicht die Instanz beendet war". Ermäßigt sich also die Prozeßgebühr durch das neue Gesetz, so mindert sich auch die bereits in der schwebenden Instanz entstandene Prozeßgebühr auf den Betrag des neuen Rechts; ändert sich der Streitwert (z. B. auf Grund der Umgestaltung der §§ 10 und 11 GKG.), so wirkt diese Änderung zurück für die ganze noch anhängige „Instanz" usw.[2]). Diese Rückwirkung bezieht sich grundsätzlich nicht nur auf Gebühren, sondern auch auf Auslagen (was früher z. B. hinsichtlich der Reisekosten der Anwälte von Bedeutung war). Bezüglich der *Schreibgebühren* aber bestimmt Art. V Abs. 2 letzter Satz ausdrücklich die Geltung des natürlichen Übergangsrechts: die Schreibgebühren richten sich nach bisherigem Recht, wenn sie vor Inkrafttreten des neuen Gesetzes entstanden waren.

Was aber ist im Sinne dieser ÜV. unter Instanz und Instanzbeendigung zu verstehen?

11 **I. Das Ende der Instanz im Zivilprozeß.**

1. Auszugehen ist auch hier von dem Instanzbegriffe des *Prozeßrechts*. Instanz ist danach der Verfahrensabschnitt, in dem das Gericht einer bestimmten Stufe die ihm unterbreitete Rechtsschutzaufgabe zu erfüllen hat. In diesem Sinne (Instanz = Rechtszug) gebraucht auch die Sprache des täglichen Lebens das Wort: man spricht von erster Instanz, Berufungs-, Revisions- und Beschwerdeinstanz.

Dieser Verfahrensabschnitt (die Instanz) beginnt mit der einleitenden Prozeßhandlung (dem Antrag, der Klage, dem Rechtsmittel); er endigt mit der erstrebten Entscheidung oder ihrer Ablehnung oder mit dem Zeitpunkte, in dem feststeht, daß es zu einer Entscheidung nicht kommt (Zurücknahme, Vergleich, dauernder Stillstand usw.).

Der *kostenrechtliche Begriff der Instanz* ist aber nicht in allen Punkten identisch mit dem prozessualen. Vor allem ergeben sich Verschiedenheiten daraus, daß für das Gerichtskostenrecht vielfach das Verhältnis zwischen der antragstellenden Partei

---

[1a]) Vgl. hiezu *Walter-Joachim-Friedlaender* RAGebO. Anh. I zum I. Abschnitt Fußnote 2 und M. *Friedlaender* JW. 1925, 666; ferner über die prozessuale Frage, wie ein am 1. Juni 1924 schwebender Prozeß auf Vollstreckbarerklärung eines Schiedsspruchs behandelt werden *sollte*: RGZ. 110, 367; RG. JW. 1926, 816[18]; M. *Friedlaender* BuschsZ. 50, 184; *Kisch* JW. 1925, 2324[3]; OLG. Düsseldorf JW. 1925, 2345[17] und OLG. Hamburg JW. 1925, 2348[23] (beide mit Anm. *Kisch*).

[2]) So die allgemeine Meinung; vgl. *Jonas* 323; *Walter-Joachim-Friedlaender* Anh. I zum I. Abschnitt Anm. 6 (mit Belegen).

und dem Gericht, nicht das Verhältnis zwischen ihr und dem Gegner maßgebend ist: daher beginnt die Instanz überall mit der Einreichung der Klage, obwohl die prozessuale Rechtshängigkeit erst mit der Zustellung beginnt und es endigt die kostenrechtliche Instanz regelmäßig mit der Einreichung, nicht erst mit der Zustellung der Klage- und Rechtsmittelzurücknahme[3]).

2. Als Ende der Instanz, das für die Auslegung der typischen Übergangsvorschrift zu bestimmen ist, gilt nach der positiven Bestimmung des Art. V Abs. 2 Satz 2 des Gesetzes vom 28. Januar 1927 hinsichtlich der Gerichtskosten — wenn die Instanz mit einem Urteil abschließt — der Zeitpunkt der Verkündung, ganz gleich ob das Urteil im Parteibetriebe oder — wie das Ehescheidungsurteil — von Amts wegen zuzustellen ist. In den Fällen des § 7 EntlVO. tritt die Zustellung an sämtliche Parteien an die Stelle der Verkündung (§ 7 Satz 2 EntlVO.). 12

Mit dem Urteil ist das Endurteil gemeint, das aber auch ein Teilurteil sein kann (s. u. Anm. 24). Zwischenurteile und bedingte Endurteile (die methodologisch zu den Zwischenurteilen gehören) beendigen nicht notwendig die Instanz; dieselbe kann ihren Fortgang nehmen, z. B. dann, wenn nach erlassenem Grundurteile gemäß § 304 Abs. 2 ZPO. vor seiner Rechtskraft das Verfahren in derselben Instanz wegen der Höhe fortgesetzt oder wenn nach der Rechtskraft über die Höhe weiter prozessiert wird. Wird aber in höherer Instanz das Zwischenurteil aufgehoben und die Klage abgewiesen, so steht zwar jetzt erst fest, daß die erste Instanz beendet ist, aber sie gilt hinsichtlich der Gerichtskosten rückwirkend mit der letzten Prozeßhandlung als beendet; das ist in sinngemäßer Anwendung des Art. V Abs. 2 Satz 2 des Gesetzes vom 28. Januar 1927 die Verkündung des Zwischenurteils erster Instanz. Näheres s. bei §§ 9—15 Anm. 57[3a]). Tatbestandsberichtigungen, Streitwertfestsetzungen u. ä. kommen hier für die Frage der Instanzbeendigung so wenig in Betracht wie nach Endurteilen.

Auch Versäumnisurteile beendigen die Instanz nur bedingt, nämlich wenn sie unangefochten bleiben. Praktisch ist diese bedingte Beendigung als eine vorläufig erfolgte zu behandeln, d. h. die veränderten (also jetzt regelmäßig: die verminderten) Gebühren kommen erst zur Anwendung, wenn sich ergibt, daß die Instanz ihren Fortgang nimmt (durch Einspruch, Ladung nach Rechtskraft des bedingten Urteils oder nach rechtskräftiger Zurückweisung der prozeßhindernden Einrede usw.[4])[4a]).

13 Auch bei Beendigung der Instanz durch Endurteil kann sich später ergeben, daß die Beendigung nur eine scheinbare war: so wenn das Urteil aufgehoben, die

---

[3]) Jonas § 25 Anm. 1 b, oben § 25 Anm. 11; § 29 Anm. 5; § 30 Anm. 11 a.

[3a]) A. M. (keine Rückwirkung der Instanzbeendigung): OLG. Zweibrücken BayZ. 1928, 197.

[4]) Daß die hier behandelten Fragen im Anwaltsgebührenrecht anders liegen, ist oben bei §§ 9—15 Anm. 57 Fußnote 91 bereits hervorgehoben und begründet worden.

[4a]) Wochinger-Schwalb (Art. VIII des Ges. vom 21. Dez. 1922 Anm. 1 A S. 10 ff.) nimmt an, daß der Einspruch nur dann die Instanz fortsetze, wenn er zulässig ist, was auch bei Zurücknahme eventuell nachträglich zu prüfen sei. Diese Lehre, die offenbar Mißbräuchen steuern will, ist bedenklich. Wird über die Frage der Rechtskraft weiter prozessiert, so kann man nun einmal nicht sagen, daß der Prozeß beendigt sei. Und wie, wenn z. B. nach Einspruch Beweis erhoben und dann erst die Unzulässigkeit „entdeckt" wurde? Sollten Mißbräuche vorkommen und die Absicht, in fraudem legis zu handeln, erkennbar sein, so kann dem im Einzelfalle auch im öffentlichen Recht entgegengetreten werden.

Gilt das Gesagte auch dann, wenn ein Dritter (etwa der gleichnamige Vater des Beklagten, dem das Versäumnisurteil versehentlich zugestellt wurde) den Prozeß aufnimmt (z. B. Einspruch einlegt)? Vgl. den vom OLG. Köln in JW. 1928, 742[20] entschiedenen Fall. Die Frage ist grundsätzlich zu bejahen. Man muß beachten, daß der Dritte ja in solchen Fällen irgendeine, meist von den Parteien oder dem Gerichte gegebene, Veranlassung hat, den Prozeß für den seinigen zu halten und daß er ihn deshalb aufnimmt, nicht weil er seinerseits einen neuen Rechtsstreit anfangen will. Auch der (unberechtigte) Streitbeitritt eines Nebenintervenienten ist Fortsetzung des Rechtsstreits. — Der grundsätzliche Gesichtspunkt ist richtig erkannt von OLG. München BayZ. 1928, 180 VIII.

Sache in die Vorinstanz zurückverwiesen und dort die Weiterführung der Sache betrieben wurde (§ 27 Abs. 2 GKG.). Ebenso bei Vorbehaltsurteilen, wenn später das Nachverfahren eingeleitet wird. Dagegen ist eine Berichtigung des Tatbestandes, des Urteiles selbst im Falle des § 319 ZPO., ein Kostenfestsetzungs- und Wertfestsetzungsverfahren u. ä. ohne Einfluß auf die Instanzbeendigung im Sinne der typischen Übergangsvorschrift (s. o. Anm. 12).

Das Gesagte gilt nicht nur im eigentlichen Prozeßverfahren, sondern auch in anderen mit einem Urteil endigenden Verfahrensarten, wie dem Verfahren wegen Arrests oder einstweiliger Verfügung, wenn auf Grund mündlicher Verhandlung entschieden wird.

14 3. Die Instanz endet im Prozeßverfahren ferner durch gerichtlichen Vergleich[4b]) oder durch Zurücknahme der Klage, des Rechtsmittels usw., wobei kostenrechtlich schon die Einreichung der Zurücknahme genügt (vgl. § 29 Anm. 4, 5), endlich durch anderweite Erledigung (§ 75 GKG.). Unter den letzteren Begriff fällt vor allem das tatsächliche, endgültige Beruhen des Rechtsstreits überhaupt oder doch der betreffenden Instanz. Ergibt sich solches im Laufe der Zeit (was regelmäßig durch Rückfrage seitens des Gerichts festzustellen ist), so gilt die Instanz mit der letzten Prozeßhandlung des Gerichts oder einer Partei gegenüber dem Gericht als beendet[5]). Eine solche Prozeßhandlung, auf welche die Rückbeziehung erfolgt, kann auch die ausdrückliche Anordnung des Gerichts, daß das Verfahren beruhe, oder ein Aussetzungsbeschluß sein. Ist die Rechtshandlung ein Urteil (z. B. ein Zwischenurteil), so gilt die Verkündung des Urteils — nach Analogie des Art. V Abs. 2 Satz 2 des Ges. vom 28. Januar 1927 — als Ende der Instanz, auch wenn etwa weitere ergänzende Akte wie Tatbestandsberichtigung, Kostenfestsetzung usw. gefolgt sind, die eben für sich allein nach dem Sinn der erwähnten Vorschrift nicht mehr als Fortsetzung der Instanz gelten sollen (s. o. Anm. 12).

15 Die Anzeige eines zur Beendigung des Prozesses bestimmten außergerichtlichen Vergleichs an das Gericht bewirkt ebenfalls die Beendigung der Instanz, die übrigens tatsächlich (durch Beruhen des Verfahrens) schon früher eingetreten sein kann. Vgl. hiezu § 23 Anm. 12 ff.

16 4. Im Verfahren wegen Arrests und einstweiliger Verfügung endet die Instanz zunächst mit Erlassung des Beschlusses auf Abweisung des Gesuchs oder mit Erlassung des Arrests oder der einstw. Verfügung. Geschieht dies durch Urteil, so beendet dessen Verkündung die Instanz. Geschieht es durch Beschluß, so lebt die beendete Instanz durch Widerspruchseinlegung wieder auf. Ein Kosten- oder Wertfestsetzungsverfahren hat auch hier keinen Einfluß auf das Ende der Instanz. Das Arrestverfahren ist auch hinsichtlich der Instanzbeendigung stets gesondert vom Hauptprozeß zu behandeln: es ist ein eigener Rechtsstreit. Inwieweit die besonderen Phasen des Arrestverfahrens als eigene Instanzen gelten, ergibt sich aus den §§ 32, 35 GKG., auf welche hier verwiesen wird (vgl. auch Vorb. zu §§ 32—35).

17 Das Mahnverfahren ist eine besondere Instanz. Es endigt regelmäßig mit dem Erlaß des Vollstreckungsbefehls oder mit Erhebung des Widerspruchs. Der Antrag auf Terminsanberaumung oder der Einspruch leiten dann das anschließende Güte- oder Prozeßverfahren ein[6]).

18 Das Güteverfahren, das ebenfalls eine besondere „Instanz" darstellt, endigt regelmäßig mit dem „Gütevergleich", mit Zurückweisung des Antrags durch Beschluß (§ 499 b ZPO.), mit der Bescheinigung der Erfolglosigkeit des Verfahrens (§ 499 c ZPO.) und mit dem Übergang ins Streitverfahren (§§ 499 e und f Abs. 2 ZPO.).

19 Das Beweissicherungsverfahren endigt mit der Durchführung der Be-

---

[4b]) Bei tatsächlicher Fortsetzung des gleichen Verfahrens, z. B. zwecks Anfechtung des gerichtlichen Vergleichs wegen arglistiger Täuschung, nimmt auch hier die Instanz ihren Fortgang. So § 25 Anm. 6 und (zutreffend) OLG. München BayZ. 1928, 180 VIII.

[5]) Jonas § 25 Anm. 1a und S. 324.

[6]) § 31 Abs. 2; Jonas 324.

weisaufnahme. In den übrigen Fällen der §§ 33 und 34 GKG. endigt die Instanz regelmäßig mit dem Abschluß des betreffenden gerichtlichen Verfahrens, wobei auch hier § 35 zu beachten ist (vgl. Vorbem. zu §§ 32—35 und die Anm. zu §§ 33, 34).

Das Verfahren über Anträge auf Vollstreckbarkeit eines Schiedsspruchs oder eines Schiedsgerichts-Vergleichs (§ 30a Abs. 2) endet regelmäßig mit Erlaß des entscheidenden Beschlusses. 20

Das Beschwerdeverfahren ist stets eine selbständige Instanz, die regelmäßig mit der Zustellung der Beschwerdeentscheidung an die Parteien endet. 21

Auch in den unter 4 (Anm. 16—21) besprochenen Fällen können, soweit es die Natur des betreffenden Verfahrens gestattet, die in Anm. 14 erwähnten Beendigungsgründe (insbes. die Zurücknahme des Antrags, die anderweite Erledigung durch Beruhen des Verfahrens usw.) in Betracht kommen; ferner kann die scheinbar beendete Instanz wieder aufleben. 22

5. Alle Sondervorschriften des Gerichtskostenrechts über den Umfang und die Sonderung der Instanzen (z. B. § 27) gelten auch für das Übergangsrecht. 23

6. Teilweise Beendigung der Instanz ist möglich und sie kommt in der Praxis häufig vor. Das Gesetz (Art. V Abs. 2 Satz 1) sagt ausdrücklich, das neue Recht finde Anwendung, soweit nicht die Instanz vor seinem Inkrafttreten beendet war[7]). Erging also z. B. bei einer Klage auf 30000 RM. vor dem 1. April 1927 nach Beweiserhebung Teilurteil auf 20000 RM., so war die Instanz bezüglich dieses Betrages bei Inkrafttreten des neuen Gesetzes beendet. Wird nachher wegen der restlichen 10000 RM. nach nochmaliger streitiger Verhandlung Urteil erlassen, so ist folgendermaßen zu rechnen: 24

Die 3 Gebühren (Prozeß-, Beweis- und Urteilsgebühr) aus 20000 RM. betrugen nach altem Recht je 260 RM.

Die Prozeß- und die Urteilsgebühr aus 10000 RM. betragen nach neuem Recht je 130 RM.

Nach Analogie des § 14 Abs. 2 GKG. dürfen aber die beiden Prozeß- und Urteilsgebühren (da immerhin für die Gesamtkostenberechnung auch die teilweise beendete Instanz mit dem weiteren Verfahren „eine Instanz" bildet) zusammen nicht mehr betragen als je eine Gebühr nach altem Recht aus 30000 RM., d. h. je 360 RM.

Die gesamten Gebühren betragen also:

Prozeßgebühren: 360 RM., Beweisgebühr: 260 RM., Urteilsgebühren: 360 RM. Summe 980 RM.

Wird die Ergänzung eines Urteils nach § 321 ZPO. beantragt, so war die Instanz auch hier durch das erste Urteil teilweise abgeschlossen. Wird die Ergänzung zugelassen, so werden die beiden Urteile wie zwei Teilurteile behandelt; es wird also das erste, wenn es vor dem maßgebenden Zeitpunkt erging, nach altem Recht, das Ergänzungsurteil, wenn es nachher erging, nach neuem Recht behandelt. § 14 Abs. 2 GKG. findet Anwendung. Wird der Antrag unter dem neuen Recht zurückgewiesen, so wird für das Ergänzungsverfahren die volle Gebühr nach neuem Recht — ohne Anwendung von § 14 Abs. 2 — erhoben[8]). 25

Ein Fall der teilweisen Erledigung liegt begrifflich auch vor, wenn nach vollständiger Erledigung der Hauptsache (einschließlich Zinsen usw.) nur noch die Kosten des Rechtsstreites den Gegenstand des Verfahrens bilden[9]). 26

7. Erhöht sich infolge Anwendung der neuen Vorschriften der nach § 74ff. GKG., §§ 519 Abs. 6, 554 Abs. 7 ZPO. vorweg zu entrichtende Betrag, so kann eine Nachforderung niemals die dort vorgesehenen Verwirkungsfolgen haben[10]). 27

---

[7]) Vgl. im einzelnen: Walter-Joachim-Friedlaender Anh. I zum I. Abschnitt Anm. 18 (mit der anwaltsrechtlichen Literatur und Rechtsprechung).

[8]) Vgl. § 26 Anm. 8.

[9]) Vgl. Walter-Joachim-Friedlaender Anh. I zum I. Abschnitt Anm. 18.

[10]) Vgl. RG. JW. 1925, 767; RGZ. 109, 349 usw.

Verringert sich die Gebühr, so braucht der Kläger usw. nur den verminderten Betrag zu bezahlen und er genügt hiermit seiner Vorleistungspflicht auch dann, wenn ihm schon früher unter Fristsetzung der höhere Betrag des früheren Rechts bekannt gegeben worden war.

28 **II. Das Ende der Instanz im Konkursverfahren. — Vergleichsverfahren.**

1. Das Konkursverfahren bildet eine Instanz, die mit der Erlassung des Aufhebungs- oder Einstellungsbeschlusses endet. Das Beschwerdeverfahren bildet einen als besondere Instanz aufzufassenden, selbständigen Abschnitt des Verfahrens. Die Anordnung von Sicherheitsmaßregeln nach § 197 Abs. 2 KO. fällt nicht mehr in die Instanz des abgeschlossenen Konkursverfahrens; das wiederaufgenommene Verfahren bildet gleichfalls eine neue Instanz[11]).

2. Die am 1. Oktober 1927 in Kraft getretene Vergleichsordnung ist an die Stelle der Verordnung über die Geschäftsaufsicht getreten.

Da nach § 101 Abs. 3 VglO. die schwebenden Geschäftsaufsichtsverfahren nach den bisherigen Vorschriften erledigt und nicht etwa in das Vergleichsverfahren übergeleitet werden, kommen hier kostenrechtliche Übergangsfragen nicht in Betracht.

29 **III. Das Ende der Instanz im Strafverfahren.**

Nach § 75 Abs. 2 GKG., der wörtlich mit dem bis zur Novelle von 1922 gültig gewesenen § 96 GKG. übereinstimmt, werden in Strafsachen die Gebühren und Auslagen, die dem verurteilten Beschuldigten zur Last fallen, erst mit der Rechtskraft des Urteils fällig. Die Tatsache der rechtskräftigen Verurteilung des Beschuldigten ist im Offizialverfahren, da nach § 49 die rechtskräftig erkannte Strafe den Maßstab für die Höhe der Gerichtsgebühren aller Instanzen gibt, hinsichtlich der Frage entscheidend, ob eine Gebühr und in welcher Höhe eine solche in Ansatz kommt. Im Privatklageverfahren bestimmt die Verurteilung oder Nichtverurteilung, ob § 59 oder die §§ 60ff. zur Anwendung kommen. Für die Hauptmasse der Fälle ist damit klar, daß die kostenrechtliche Instanz in Strafsachen erst mit der Rechtskraft der Kostenentscheidung endet. Nicht anders ist es mit den wenigen übrig bleibenden Fällen. Im Falle des § 469 StPO. (§ 57 Abs. 2 GKG.) kann gerade die sofortige Beschwerde zu einer veränderten Auffassung der Sachlage und demgemäß zu einem Vorgehen führen, das eine Verurteilung des Beschuldigten zur Folge hat. Die Anfechtung der Entscheidungen nach § 470 StPO. (§ 58 GKG.) kann die Frage betreffen, ob der Antrag zurückgenommen oder ob die Straftat ein Antragsdelikt ist, also auch zu einer dem Beschuldigten ungünstigen materiellen Entscheidung führen, nicht anders die Anfechtung von Entscheidungen, in denen auch über die Kosten nach § 472 StPO. (§ 57 Abs. 1 GKG.) befunden wurde. Entscheidungen endlich, die nach § 176 Abs. 2 oder nach § 174 Abs. 1 StPO. ergehen, sind gemäß §§ 172 Abs. 3, 304 Abs. 3 StPO. alsbald rechtskräftig. In Strafsachen ist nach all dem die kostenrechtliche Instanz mit dem Eintritt der Rechtskraft der über die Kosten ergehenden Entscheidung als beendet anzusehen[12]), wie dies Art. VIII Abs. 3 der Novelle von 1922 ausdrücklich feststellte.

Das Wiederaufnahmeverfahren bildet eine besondere Instanz. Dasselbe gilt von der Beschwerdeinstanz, soweit der Beschwerdeführer nicht der Beschuldigte ist; diese Einschränkung ergibt sich aus § 69 Abs. 2 GKG.

---

[11]) Jonas S. 325 Anm. 3.
[12]) Jonas S. 325 Anm. 4.

III.

Nebengesetze zum Gerichtskostengesetze.

1. Patentgesetz

in der Fassung der Bekanntmachung vom 7. Dezember 1923 (RGBl. II 437).

§ 33.

Gegen die Entscheidung des Patentamts (§§ 29, 30) ist die Berufung zulässig. Die Berufung geht an das Reichsgericht. Sie ist binnen sechs Wochen nach der Zustellung bei dem Patentamt schriftlich anzumelden und zu begründen. Mit der Anmeldung der Berufung ist eine Gebühr nach Maßgabe des Tarifs zu zahlen; erfolgt die Zahlung nicht, so gilt die Berufung als nicht angemeldet.

In dem Verfahren vor dem Reichsgerichte werden Gebühren und Auslagen nach den Vorschriften des Gerichtskostengesetzes erhoben. Die Gebühren werden nach den für das Verfahren in der Revisionsinstanz geltenden Sätzen berechnet. Ein Gebührenvorschuß ist nicht zu zahlen. Die für die Anmeldung der Berufung gezahlte Gebühr wird auf die reichsgerichtlichen Gebühren angerechnet; sie wird nicht zurückgezahlt.

Durch das Urteil des Gerichtshofs ist nach Maßgabe des § 31 auch über die Kosten des Verfahrens zu bestimmen.

Im übrigen wird das Verfahren vor dem Gerichtshof durch ein Regulativ bestimmt, welches von dem Gerichtshof zu entwerfen ist und durch Verordnung des Reichspräsidenten unter Zustimmung des Reichsrats festgestellt wird.

Übersicht.

I. Allgemeines. Unter gewissen Voraussetzungen kann nach § 10 PatG. ein 1
Patent für nichtig erklärt und nach § 11 PatG. zurückgenommen werden. Das bezügliche Verfahren wird nach § 28 PatG. nur auf Antrag eingeleitet. Zuständig ist das Patentamt, gegen dessen Entscheidung gemäß § 33 PatG. die Berufung an

das Reichsgericht geht. Das Verfahren vor diesem ist durch die Verordnung vom 6. Dezember 1891 (RGBl. 389)[1]) geregelt. Wie das Verfahren vor dem PatA., so ist auch das Verfahren von dem RG. im wesentlichen ein verwaltungsrechtliches Amtsverfahren.

2 **II. Die Anwendung des GKG.** Nach § 33 Abs. 2 GKG. werden in dem Verfahren vor dem Reichsgerichte „Gebühren und Auslagen nach den Vorschriften des Gerichtskostengesetzes erhoben. Die Gebühren werden nach den für das Verfahren in der Revisionsinstanz geltenden Sätzen berechnet." Daß die für bürgerliche Rechtsstreitigkeiten geltenden Bestimmungen maßgebend sein sollen, ist offenbar als selbstverständlich vorausgesetzt, und die Verweisung auf die „für das Verfahren in der Revisionsinstanz" geltenden Sätze zeigt, daß die für das „Prozeßverfahren" (§ 20 GKG.) in Betracht kommenden Gebührenbestimmungen gemeint sind.

3 **III. Die einzelnen Gebühren.**

1. Die Prozeßgebühr gilt das Verfahren im allgemeinen ab, soweit es hinter dem Zeitpunkte liegt, mit dem es „vor dem Reichsgerichte" anhängig ist[1a]). Die Berufung geht zwar „an das Reichsgericht", die Einreichung der Berufungsschrift hat aber bei dem PatA. zu erfolgen, das nach § 2 Abs. 1 VerfVO. die nicht form- oder fristgerechte Berufung als unzulässig zu verwerfen hat. Mit der Anmeldung der Berufung ist nach § 33 Abs. 1 PatG. eine Gebühr zu zahlen, die in dem dem Reichsgesetze über die patentamtlichen Gebühren vom 26. März 1926 (RGBl. II 181) beigefügten Gebührentarife unter I 5 „für die Anmeldung der Berufung" vorgesehen ist. Diese Gebühr wird nach § 33 Abs. 2 PatG. demnächst „auf die reichsgerichtlichen Gebühren angerechnet". Man wird danach annehmen können, daß das Verfahren „vor dem Reichsgerichte" erst beginnt, wenn die vom PatA. vorgelegten „Verhandlungen nebst den Akten erster Instanz" bei dem Reichsgerichte eingehen (§ 4 VerfVO.), während das Vorangegangene durch die Gebühr „für die Anmeldung der Berufung" abgegolten ist.

4 Von den in § 30 GKG. vorgesehenen Fällen der Ermäßigung der Prozeßgebühr wird der dort in Satz 1 geregelte kaum vorkommen, es müßte denn sein, daß das PatA. es übersehen haben sollte, gemäß dem gedachten § 2 VerfVO. die Berufung selbst als unzulässig zu verwerfen[2]). Häufiger wird der Fall des § 30 Satz 2 GKG. praktisch werden: Zurücknahme der Berufung vor Bestimmung des Termins zur mündlichen Verhandlung. Aber hier zeigt sich, daß die Vorschriften des GKG. auf das Berufungsverfahren in Patentsachen zum Teil nicht oder nicht mehr passen. Die Bestimmung des Termins zur mündlichen Verhandlung hat im Berufungs- und Revisionsverfahren der ZPO. regelmäßig eine ganz besondere Bedeutung, die ihr im Berufungsverfahren vor dem RG. in keiner Weise zukommt. Hier können auch im Regelfall schon vor Anberaumung des Termins umfangreiche Beweiserhebungen und Ermittelungen stattgefunden haben, und es erscheint daher unbillig, in solchen Fällen die Gerichtskosten bei Zurücknahme vor der Terminsbestimmung erheblich zu ermäßigen, nach der Terminsbestimmung aber unberührt zu lassen. Gleichwohl geht es nicht an, hier bei Anwendung des Gesetzes von dessen Wortlaut abzuweichen. Auch im Zivilprozeß kann es vorkommen, daß vor der Terminsbestimmung über die Zulässigkeit des Rechtsmittels Erhebungen, sogar Beweiserhebungen[3]) gepflogen werden,

---

[1]) Im folgenden als VerfVO. bezeichnet.

[1a]) Trägt der Berufungskläger nach § 2 Abs. 2 der VerfVO. auf Entscheidung des RG. über die Verwerfung der Berufung durch das Patentamt an, so ist für diese Tätigkeit des RG. keine Gebühr vorgesehen.

Über das Verfahren, wenn eine Partei Wiedereinsetzung in den vorigen Stand gegen Versäumung der Frist zur Einlegung der Berufung und zur Zahlung der Berufungsgebühr beantragt, s. RGZ. 119, 19.

[2]) Vgl. Isay Patentgesetz[4] § 33 Anm. 1 und RG. im Blatt für Patent-, Muster- und Zeichenwesen 10, 14. — § 30 GKG. findet natürlich nur Anwendung, wenn die Berufung durch Beschluß als unzulässig verworfen wird.

[3]) Stein-Jonas § 519 b Anm. III B 1 b.

und auch in diesen Fällen ist § 30 anwendbar; außerdem wäre es kaum möglich, ein der Terminsbestimmung im Zivilprozeß entsprechendes anderes Kriterium für das Berufungsverfahren in Patentsachen zu finden.

2. Bei der Beweisgebühr ist zu beachten, daß nach § 5 Abs. 1 VerfVO. das 5
RG. „nach freiem Ermessen die zur Aufklärung der Sache erforderlichen Verfügungen" trifft, während § 5 Abs. 2 von „Beweiserhebungen" spricht. Auch § 7 Abs. 3 gebraucht das Wort „Beweisaufnahme". Man wird hiernach annehmen müssen, daß die Beweisgebühr des § 20 Nr. 2 GKG. nur dann anfällt, wenn eine Beweisaufnahme im Sinne der ZPO. vom RG. angeordnet wird, wobei es insbesondere — wie bei Auslegung des § 20 Nr. 2 GKG. — auf die Anwendung der in der ZPO. zugelassenen „Beweismittel" ankommt (vgl. auch § 3 Abs. 2, § 7 Abs. 1 VerfVO.). Vgl. im übrigen GKG. § 20 Anm. 20ff.

3. Wegen der Urteilsgebühr kommt in Betracht, daß zwar nach § 6 Abs. 1 6
VerfVO. das Urteil des RG. nach Ladung und Anhörung der Parteien ergeht. Es ist aber auch § 8 Abs. 2 VerfVO. zu berücksichtigen, demzufolge, wenn in dem Termine keine der Parteien erscheint, das Urteil „auf Grund der Akten" ergeht. Ein Versäumnisurteil gibt es nicht, das Urteil ist deshalb stets als kontradiktorisches zu werten.

4. Die Gebühren kommen „nach den für das Verfahren in der Revisionsinstanz 7
geltenden Sätzen", also gemäß § 28 GKG. in Höhe des doppelten Betrages der vollen Gebühr zur Erhebung.

5. Der Streitwert bemißt sich nach dem Werte, welchen das Patent in der 7a
Hand eines Gewerbetreibenden hat[4]).

6. Auf die Gebühren kommt die in Anm. 3 erwähnte patentamtliche Ge- 8
bühr für die Anmeldung der Berufung zur Anrechnung. Sie beträgt 150 RM. und wird auch dann nicht teilweise erstattet, wenn die im Verfahren vor dem RG. erwachsenen Gebühren weniger als 150 RM. ausmachen.

IV. **Auslagen.** Die Bestimmungen des GKG. sind anwendbar. 9

V. **Fälligkeit der Gebühren.** 10

1. Die Fälligkeit tritt ein bei der Prozeßgebühr mit dem Eingange der vom PatA. übersandten Berufungsschrift bei dem RG. (§ 74 Abs. 1 GKG.), bei der Beweisgebühr mit der Beweisanordnung, die auch formlos erfolgen kann, bei der Urteilsgebühr mit der Verkündung des Urteils (§ 12 VerfVO.).

2. Eine Abhängigmachung der Tätigkeit des RG. von vorgän- 11
giger Gebührenzahlung kommt nicht in Frage, sie würde der Bestimmung des § 33 Abs. 2 Satz 3 PatG. widerstreiten. Die §§ 519 Abs. 6, 554 Abs. 7 ZPO. sind nicht anwendbar.

VI. **Kostenschuldner.** Die §§ 77, 79 GKG. finden Anwendung. 12

VII. **Kostenvorschüsse.** 13

1. Gebührenvorschüsse schließt § 33 Abs. 2 PatG. ausdrücklich aus, § 85 GKG. ist also nicht anwendbar.

2. Die Erhebung eines Auslagenvorschusses nach § 84 GKG. kommt 14
etwa in Frage, wenn es sich um Erhebung von Beweisen handelt, die von den Parteien angetreten sind.

2. Bewilligung von Zahlungsfristen und ähnliche Verfahren.

a) Verordnung über die gerichtliche Bewilligung von Zahlungsfristen vom 7. August 1914 (RGBl. 359) in der Fassung der Bekanntmachung vom 20. Mai 1915 (RGBl. 290) mit den auf Art. I der Verordnung vom 8. Juni 1916 (RGBl. 451) und Art. III des Reichsgesetzes vom 29. Juni 1921 (RGBl. 797) beruhenden Änderungen.

---

[4]) S. §§ 9—15 GKG. Fußnote 436.

§ 6.*)

Wird durch Endurteil über die Bewilligung einer Zahlungsfrist entschieden oder in einem Vergleich eine Zahlungsfrist bewilligt, so bleiben für die Berechnung der Gerichts- und Anwaltsgebühren die nur auf die Zahlungsfrist sich beziehenden Verhandlungen und Entscheidungen außer Betracht.

In den Fällen der §§ 3, 4 und 5 können die Kosten ganz oder teilweise dem Schuldner auferlegt werden, auch wenn seinem Antrag stattgegeben wird. Die Gerichts- und Anwaltsgebühren betragen zwei Zehnteile des Satzes des § 8 des Gerichtskostengesetzes und des § 9 der Gebührenordnung für Rechtsanwälte. Der Wert des Streitgegenstandes ist von dem Gerichte nach freiem Ermessen, höchstens jedoch auf den zwanzigsten Teil der Forderung festzusetzen.

b) **Verordnung über die Folgen der nicht rechtzeitigen Zahlung einer Geldforderung** vom 18. August 1914 (RGBl. 377) in der Fassung der Bekanntmachung vom 20. Mai 1915 (RGBl. 290), abgeändert durch die Verordnung vom 8. Juni 1916 (RGBl. 451).

§ 1 Abs. 3.

Die Vorschriften des § 1 Abs. 1 Satz 2, 3, Abs. 2 Satz 2 sowie die Vorschriften des § 4 und des § 6 Abs. 2, 3 der Verordnung über die gerichtliche Bewilligung von Zahlungsfristen (RGBl. S. 290) gelten entsprechend.

c) **Verordnung über die Bewilligung von Zahlungsfristen an Kriegsteilnehmer** vom 8. Juni 1916 (RGBl. 452).

§ 3 Abs. 2

stimmt wörtlich mit § 6 Abs. 2 Satz 2 und 3 der Verordnung zu a überein.

d) **Reichsgesetz zum Schutze gegen die Folgen der Verkehrserschwerung** vom 3. März 1919 (RGBl. 281).

§ 3 Abs. 2

stimmt wörtlich mit § 6 Abs. 2 Satz 2 und 3 der Verordnung zu a überein.

e) **Schutzgesetz für die durch die Abtretung der ehemals preußischen Teilgebiete Polens betroffenen Schuldner** vom 27. Juni 1922 (RGBl. I 533).

§ 4 Abs. 2

stimmt wörtlich mit § 6 Abs. 2 Satz 2 und 3 der Verordnung zu a überein.

Die unter 2 zusammengestellten Bestimmungen gelten formell noch, haben aber kaum mehr praktische Bedeutung, von ihrer näheren Erläuterung wird deshalb abgesehen. Für vorkommende Fälle mag auf Walter-Joachim-Friedlaender RAGebO. § 91 Anm. 36—41, 79 verwiesen werden.

3. **Verordnung über die Todeserklärung Kriegsverschollener** vom 18. April 1916 (RGBl. 296) in der Fassung der Verordnung vom 9. August 1917 (RGBl. 703) und des Reichsgesetzes vom 20. Februar 1925 (RGBl. I 15).

§ 23.

Für das Verfahren nach den Vorschriften dieser Verordnung werden Gerichtsgebühren nicht erhoben.

*) Der frühere Absatz 1 ist durch Art. III des Reichsgesetzes vom 29. Juni 1921 gestrichen, die früheren Abs. 2 und 3 sind jetzt Abs. 1 und 2.

Wird ein Ausschlußurteil gemäß § 16 aufgehoben, so können die dem Antragsteller erwachsenen außergerichtlichen Kosten (§ 91 der Zivilprozeßordnung) demjenigen auferlegt werden, der das Ausschlußurteil erwirkt hat. Auch kann angeordnet werden, daß derjenige, der die Todeserklärung erwirkt hat, die Kosten erstattet, die gemäß § 971 der Zivilprozeßordnung dem Nachlaß des für tot Erklärten zur Last fallen.

Die in § 23 vorgesehene Gebührenfreiheit betrifft das eigentliche Aufgebotsverfahren zum Zwecke der Todeserklärung einschließlich des Verfahrens in der Beschwerdeinstanz im Falle der Ablehnung der Erlassung des Aufgebots, das Verfahren über die gegen das Ausschlußurteil erhobene Anfechtungsklage (§ 12 der VO.) in allen Instanzen, das Verfahren über den Antrag des Verschollenen, der die Todeserklärung überlebt hat, auf deren Aufhebung (§ 13 der VO.) einschließlich der Beschwerdeinstanz (§ 16 der VO.) und das Verfahren über den Antrag auf Berichtigung des im Ausschlußurteile festgestellten Zeitpunkts des Todes (§ 18 der VO.) einschließlich der Beschwerdeinstanz (§ 20 Abs. 3 der VO.).

4. **Verordnung zur Ausführung des Vertrags über Rechtsschutz und Rechtshilfe zwischen dem Deutschen Reiche und der Republik Österreich** vom 21. Juni 1923 (Reichsgesetzbl. 1924 II S. 55), vom 26. April 1924 (RGBl. II 91).

Art. IV.

Für das Verfahren über Anträge auf Bewilligung der Zwangsvollstreckung gemäß Artikel 20 des Vertrags wird die volle Gebühr (§ 8 des Gerichtskostengesetzes) erhoben. Die Gebühr erhöht sich auf das Doppelte, wenn durch Urteil entschieden wird (Artikel 28 des Vertrags).

Abs. 1 gilt auch für das Beschwerdeverfahren (Artikel 26, 27 des Vertrags).

Übersicht.

I. Gegenstand des Verfahrens. Das Verfahren der Bewilligung der Zwangs- 1
vollstreckung betrifft rechtskräftige Entscheidungen der bürgerlichen Gerichte der Republik Österreich ohne Unterschied der Benennung der Entscheidungen, jedoch mit Ausnahme von Arresten und einstweiligen Verfügungen (Art. 19 Abs. 1 des Vertrags). Als bürgerliche Gerichte gelten auch die Sondergerichte und diejenigen Schiedsgerichte, die ohne Rücksicht auf einen Schiedsvertrag vermöge einer besonderen staatlichen Anordnung zur Entscheidung privatrechtlicher Ansprüche zuständig sind (Art. 19 Abs. 2 des Vertrags). Den rechtskräftigen Entscheidungen werden gleich behandelt:

1. die vor einem bürgerlichen Gericht im streitigen Verfahren abgeschlossenen Vergleiche und die gerichtlich bestätigten Vermögensauseinandersetzungen und Dispachen,

2. die gerichtlichen oder notariellen Urkunden, in denen sich der Verpflichtete der Zwangsvollstreckung unterworfen hat (Art. 32 der Vertrags).

2 **II. Der Gang des Verfahrens.**

1. Das Verfahren, für welches das Amtsgericht zuständig ist (Art. 20 des Vertrags), beginnt mit dem Antrage des Gläubigers. Über diesen Antrag wird durch Beschluß entschieden (Art. 24 Abs. 1 Satz 1 des Vertrags), geeignetenfalls nach vorgängiger Anhörung des Schuldners (Art. 24 Abs. 2 Satz 1 und 2 des Vertrags). Auch kann mündliche Verhandlung angeordnet werden, und dies muß geschehen, wenn in den Fällen des Art. 23 des Vertrags die erforderlichen Nachweise für Tatsachen, die bei dem Gerichte nicht offenkundig sind, durch öffentliche oder öffentlich beglaubigte Urkunden nicht geführt werden können (Art. 24 Abs. 2 Satz 3 und 4 des Vertrags). Die Entscheidung ergeht aber auch in diesen Fällen in der Form des Beschlusses[1]).

3 2. Gegen den Beschluß, durch den über den Antrag auf Bewilligung der Zwangsvollstreckung entschieden wird, findet, mag er dem Antrage entsprechen oder die Bewilligung versagen, die sofortige Beschwerde statt (Art. 26 Abs. 1 des Vertrags). Spricht er die Bewilligung der Zwangsvollstreckung aus, so ist in den Fällen des Art. 26 Abs. 2 Satz 1 des Vertrags auch der Widerspruch zulässig. Sowohl mit der sofortigen Beschwerde wie mit dem Widerspruch können die im Art. 27 des Vertrags gedachten Einwendungen geltend gemacht werden.

4 3. Über den Widerspruch ist nach mündlicher Verhandlung durch Urteil zu entscheiden (Art. 28 Abs. 1 des Vertrags). Das Urteil unterliegt der Anfechtung mittels Berufung nach den Bestimmungen der ZPO.

5 **III. Die Gebühren für das Verfahren in der ersten Instanz.**

1. Das Verfahren erster Instanz wird stets durch **einen** Gebührensatz abgegolten, nur ist dessen Höhe nicht immer gleich. Regelmäßig wird die einfache volle Gebühr erhoben, dagegen die doppelte volle Gebühr, wenn durch Urteil entschieden wird.

6 2. Die volle Gebühr ist mit Einreichung des Antrags fällig. Die Zurücknahme des Antrags ist kostenrechtlich ohne Einfluß. Die Gebühr gilt nicht nur das Verfahren bis zum Erlasse des Beschlusses über den Antrag auf Bewilligung der Zwangsvollstreckung ab, gleichgültig, ob ihm eine mündliche Verhandlung vorausgeht oder nicht, ob in der Verhandlung Beweis erhoben wird oder nicht, auch das Widerspruchsverfahren fällt noch unter die volle Gebühr: die mündliche Verhandlung über den Widerspruch kann ja ohne Urteil enden. Im Falle der Widerspruchserhebung wird auch die Anordnung nach Art. 28 Abs. 2 des Vertrags (einstweilige Einstellung der Zwangsvollstreckung usw.) durch die volle Gebühr mitvergütet. Erst die Verkündung des Urteils bewirkt, daß die volle Gebühr sich auf das Doppelte erhöht[1a]).

3. Betrifft das Urteil nur einen Teil des Streitwerts, der für den Beschluß maßgebend war, sei es, daß der Widerspruch nur einem Teile galt oder daß er sich teilweise ohne Urteil erledigte, so kommt für die Erhöhung nur der Streitwert des Urteils in Frage. Dabei muß aber ebenso, wie im entsprechenden Falle bei § 32 GKG.[1b]), die Bestimmung des § 14 Abs. 2 GKG. berücksichtigt wer-

---

[1]) Dagegen läßt Stein-Jonas ZPO. § 723 Anm. IV 5d in dem gedachten Falle der obligatorischen mündlichen Verhandlung ein Urteil ergehen.

[1a]) Wie ist es, wenn dem Standpunkte von Stein-Jonas (s. Fußnote 1) folgend, das Gericht in den Fällen der obligatorischen mündlichen Verhandlung (Art. 24 Abs. 2 Satz 4 des Vertrages) durch Urteil entscheidet? Art. IV der AusfVO. nimmt in Abs. 1 Satz 2 ausdrücklich auf Art. 28 des Vertrages Bezug, sieht also nur für den dort geregelten Fall der urteilsmäßigen Entscheidung über den Widerspruch die doppelte Gebühr vor. Sollte daher die Ansicht von Stein-Jonas auch zutreffen, so ist doch eine Ausdehnung des Art. IV Abs. 1 Satz 2 AusfVO. auf den fraglichen Fall nicht statthaft.

[1b]) S. oben Anm. 6 zu § 32 GKG.

den. Betrifft also der Beschluß einen Streitwert von 10000 RM., das Urteil nur einen Teilbetrag von 9000 RM., so kämen an sich zum Ansatze

die volle Gebühr aus 1000 RM. = 30 RM.,
die doppelte „ „ 9000 RM. = 240 RM.

Insgesamt kämen also in Ansatz 270 RM.,

während die doppelte Gebühr aus 10000 RM. nur 260 RM. beträgt. Auf diesen Betrag muß sich daher die Summe ermäßigen, da ebenso wie im Arrestverfahren der ZPO. Beschluß- und Widerspruchsverfahren eine Instanz bilden und auch im Widerspruchsverfahren der Schuldner nicht angreifender Teil ist.

4. Aus dem eben Gesagten folgt, daß Kostenschuldner nach § 77 GKG. für die volle wie für die doppelte Gebühr nur der antragstellende Gläubiger ist[2]), während für die Haftung nach § 79 GKG. die in dem Urteil getroffene Entscheidung maßgebend ist. 8

IV. **Die Beschwerdegebühr.** 9

1. Die Gebühr des Art. IV Abs. 2 wird „für das Beschwerdeverfahren" erhoben. Beschränkungen entsprechend § 38 Abs. 2 GKG. sind nicht getroffen, die Beschwerdegebühr kommt also in allen Fällen der Beschwerde zum Ansatz.

2. Die Gebühr erwächst stets in Höhe der vollen Gebühr. Eine Erhöhung auf den doppelten Betrag ist ausgeschlossen, da über die Beschwerde nie durch Urteil entschieden wird. 10

3. Die Beschwerdegebühr ist mit der Einreichung der Beschwerde fällig. Die Zurücknahme des Rechtsmittels ist kostenrechtlich bedeutungslos. 11

4. Kostenschuldner ist der Beschwerdeführer (§ 77 GKG.)[3]). Daneben kommt nach § 79 GKG. und zwar als Erstschuldner (§ 82 Abs. 2 GKG.) derjenige in Betracht, dem die Beschwerdeentscheidung die Kosten der Beschwerde auferlegt. 12

V. **Berufungsinstanz.** Besondere Bestimmungen fehlen. Da das erstinstanzliche Verfahren durch einen Gebührensatz abgegolten wird, so kann nicht wohl angenommen werden, daß in der Berufungsinstanz die Gebühren des § 20 GKG. maßgebend sein sollen. Bei Arresten und einstweiligen Verfügungen ist ja nach § 32 GKG. auch in der Berufungsinstanz wie in der ersten Instanz nur ein Gebührensatz vorgesehen. Auch die Vorschriften des § 28 GKG. über die Erhöhung der Gebühren werden nicht anzuwenden sein, wie ja auch für Arreste und einstweilige Verfügungen die besondere Vorschrift des § 32 Abs. 4 GKG. besteht. Ebenso wie in der ersten Instanz kommt also, wenn durch Urteil entschieden wird, das Doppelte, sonst das Einfache der vollen Gebühr, u. zw. stets ohne Erhöhung, in Ansatz. 13

VI. **Streitwert.** Der Streitwert im Bewilligungsverfahren ist derselbe, der bei Anwendung deutschen Rechts für die Entscheidung des österreichischen Gerichts oder den ihr gleichgestellten Akt in Betracht kommt. Wird die Bewilligung nur für einen Teil der Entscheidung des österreichischen Gerichts usw. nachgesucht, so ist nur dieser Teil maßgebend. Wegen der für die Wertbemessung maßgebenden Zeitpunkte sind § 4 ZPO. und § 9 Abs. 2 GKG. zu beachten; Anfangszeitpunkt ist die Einreichung des Bewilligungsantrags. Für die Behandlung der Nebenforderungen ist § 4 ZPO. zur Anwendung zu bringen. 14

VII. **Auslagen.** Art. IV enthält nichts über Auslagen, es kann aber nicht zweifelhaft sein, daß auch insoweit das GKG. anwendbar ist. 15

---

[2]) Vgl. oben Anm. 12 zu § 32 GKG.

[3]) Über die Schwierigkeiten, die der Staatskasse gegenüber dem lediglich aus § 77 GKG. haftenden Kostenschuldner entstehen, s. Kraemer BuschZ. 53, 313.

5. Arbeitsgerichtsgesetz

vom 23. Dezember 1926 (RGBl. I 507).

§ 12.

Gebühren und Auslagen.

Im Verfahren vor den Arbeitsgerichten wird eine einmalige Gebühr nach dem Werte des Streitgegenstandes erhoben. Sie beträgt bei einem Streitwert

bis zu zwanzig Reichsmark einschließlich . . . . . eine Reichsmark,
von mehr als zwanzig Reichsmark bis zu sechzig Reichsmark einschließlich . . . . zwei Reichsmark,
von mehr als sechzig Reichsmark bis zu einhundert Reichsmark einschließlich . . . . drei Reichsmark,

und von da ab für jede angefangene hundert Reichsmark je drei Reichsmark bis zu höchstens fünfhundert Reichsmark. Schreibgebühren kommen nicht in Ansatz.

Wird der Rechtsstreit im ersten oder in einem höheren Rechtszug durch einen vor dem Gericht abgeschlossenen oder dem Gerichte mitgeteilten Vergleich beendet, so werden in diesem Rechtszug keine Gebühren erhoben, auch wenn eine streitige Verhandlung vorausgegangen war. Wird der Rechtsstreit durch Versäumnisurteil oder auf Grund eines Anerkenntnisses oder einer Zurücknahme der Klage beendet und hat keine streitige Verhandlung stattgefunden, so wird in diesem Rechtszug nur die Hälfte der sonst fälligen Gebühren erhoben; bei Beendigung des Rechtsstreits im ersten Rechtszug auf Grund eines Anerkenntnisses oder einer Zurücknahme der Klage ohne streitige Verhandlung werden keine Gebühren erhoben.

Gebühren und Auslagen werden erst fällig, wenn das Verfahren in dem Rechtszuge beendet oder das Ruhen des Verfahrens angeordnet ist. Kostenvorschüsse werden nicht erhoben; das gilt auch für die Zwangsvollstreckung.

In den Fällen des § 2 Nr. 5, des § 93 Abs. 4 und der §§ 102 und 107 in Verbindung mit § 93 Abs. 4, des § 98 Abs. 3 und des § 99 werden Gebühren und Auslagen nicht erhoben.

Vergleiche in einem anhängigen Rechtsstreit sind stempelfrei.

Im übrigen gelten für die Gebühren und Auslagen im arbeitsgerichtlichen Verfahren die Vorschriften des Gerichtskostengesetzes entsprechend.

Übersicht.

I. Allgemeines. Sieht man von Abs. 4 ab, der für gewisse Verfahren Kostenfreiheit anordnet, so gelten lediglich für das Verfahren erster Instanz Abs. 1 und Abs. 2 Satz 2 Halbsatz 2, während der Rest des § 12 alle Instanzen betrifft. Abs. 6 bestimmt grundsätzlich die entsprechende Anwendung der Vorschriften des GKG. für das arbeitsgerichtliche Verfahren aller Instanzen, die vorangehenden Absätze enthalten die Ausnahmen von diesem Grundsatze. 1

II. Geltungsbereich. § 12 ArbGG. kommt stets zur Anwendung, wenn eine Arbeitsgerichtsbehörde angegangen wird und *nur* wenn das der Fall ist[1]). Ob das arbeitsgerichtliche Verfahren für den betreffenden Anspruch *vorgesehen* ist, ist für die Anwendbarkeit des § 12 ArbGG. ebenso gleichgültig, wie die Frage, ob eine Sache mit Recht oder Unrecht vor die ordentlichen Gerichte gebracht ist, für die Anwendung des GKG. nicht in das Gewicht fällt. 2

III. Stempelfreiheit von Vergleichen. 3

Nach Abs. 5 sind „Vergleiche in einem anhängigen Rechtsstreit" stempelfrei. Da der nicht über den Streitgegenstand hinausgehende Vergleich bereits nach § 2 Abs. 3 GKG. einem Stempel nicht unterliegt, muß § 12 Abs. 5 ArbGG. eine weitergehende Bedeutung haben. Die Stempelfreiheit ist demnach nur davon abhängig, daß der Vergleich in einem anhängigen Rechtsstreit abgeschlossen wird; sie greift auch dann ein, wenn der Vergleichsgegenstand über den Streitgegenstand hinausgeht[2]) oder in dem Vergleich das streitige Rechtsverhältnis durch ein anderes gleichzeitig geregeltes ersetzt wird.

IV. Kostenerhebung. 4

1. Der *Kostenansatz* geschieht durch den Beamten bzw. Urkundsbeamten der Geschäftsstelle des Instanzgerichts. Dabei ist zu beachten, daß nach § 61 Abs. 1 ArbGG.

---

[1]) *Jonas* § 12 ArbGG. Anm. II 1.
[2]) *Jonas* § 12 ArbGG. Anm. II 8; *Wenz* ZfDJustAmtm. 1928, 162. A. M. *Baumbach* ArbGG. § 12 Anm. 18.

das Urteil des Arbeitsgerichts — nicht auch der höheren Gerichte s. § 64 Abs. 3 ArbGG. — den Betrag der Kosten, soweit er sofort ermittelt werden kann, festzusetzen hat und diese Entscheidung endgültig ist, soweit nicht die ihr zugrunde liegende Entscheidung über die Kosten des Rechtsstreits abgeändert wird.

5 2. Für die Erinnerungen gegen den Kostenansatz (vgl. aber auch Anm. 4) ist § 4 GKG. maßgebend. Bei dem Arbeitsgericht entscheidet gemäß § 53 Abs. 1 ArbGG. der Vorsitzende allein. Gegen seine Entscheidung geht die Beschwerde an das Landesarbeitsgericht (§ 78 ArbGG.). Eine weitere Beschwerde gibt es nicht, ebensowenig eine Beschwerde gegen den nicht auf Beschwerde gefaßten Beschluß des LArbGer.

6 3. Die §§ 5, 6 GKG. finden Anwendung.

7 4. Von der die Kostenmarken betreffenden Vorschrift des § 89 GKG. kann die LJV. nur im Einvernehmen mit der obersten Landesbehörde für die Sozialverwaltung Gebrauch machen (§§ 15, 34 ArbGG.)[3].

8 **V. Der Wert des Streitgegenstandes.**

1. Die ZPO. kennt die Festsetzung des Wertes des Streitgegenstandes zum Zwecke der Entscheidung über die Zuständigkeit des Gerichts und die Festsetzung des Wertes des Beschwerdegegenstandes zum Zwecke der Entscheidung über die Zulässigkeit des Rechtsmittels. Diese Festsetzungen sind nach § 17 GKG. auch für die Berechnung der Gebühren maßgebend, jedoch nur „unbeschadet der Vorschriften der §§ 10, 13" GKG., also nicht, soweit nach den eben gedachten Paragraphen oder sonstigen Bestimmungen die Wertfestsetzung zum Zwecke der Erhebung der Gerichtskosten besonderen Vorschriften folgt (vgl. § 17 GKG. Anm. 10, 11). § 18 GKG. sieht in Ermangelung jener bindenden Festsetzungen besondere Wertfestsetzung vor.

8a 2. Nach § 61 Abs. 2 ArbGG. setzt das Arbeitsgericht den Wert des Streitgegenstandes im Urteil fest und kann nach Abs. 3 ebenda, falls nach dem Werte des Streitgegenstandes die Berufung nicht stattfindet, sie im Urteil zulassen, wenn der Rechtsstreit grundsätzliche Bedeutung hat. Demgemäß bestimmt § 64 Abs. 1 ArbGG., daß die Berufung gegen die Urteile der Arbeitsgerichte stattfindet, „wenn der vom Arbeitsgerichte festgesetzte Wert des Streitgegenstandes den Betrag von dreihundert Reichsmark übersteigt oder wenn das Arbeitsgericht die Berufung wegen der grundsätzlichen Bedeutung des Rechtsstreits zugelassen hat". Entsprechend lautet § 72 Abs. 1 Satz 1 ArbGG. betreffs des Stattfindens der Revision. Nach § 69 Abs. 2 ArbGG. setzt das Landesarbeitsgericht den Wert des Streitgegenstandes im Urteil neu fest, falls er sich nach der Verkündung des Urteils des Arbeitsgerichts geändert hat.

8b Diese einen Teil des Urteils bildenden Festsetzungen des Streitwertes stellt das Gesetz in bezug auf das Stattfinden von Berufung und Revision auf eine Stufe mit der urteilsmäßigen Zulassung der Rechtsmittel durch den Unterrichter; es handelt sich also zweifellos um eine Wertfestsetzung mit Bezug auf die Frage der Zulässigkeit des Rechtsmittels[4]). Für diese Festsetzung sind deshalb die Bestimmungen der ZPO. maßgebend[5]). Gemäß § 17 GKG. in Verbindung mit § 12 Abs. 6 GKG. wird die gedachte Festsetzung grundsätzlich auch für die Berechnung der gerichtlichen Gebühren als maßgebend zu erachten sein[6]).

---

[3]) Jonas § 12 ArbGG. Anm. II 7.

[4]) Daran ändert die Tatsache nichts, daß „nicht der Streitwert der Klage, sondern der Wert des durch das Urteil erledigten Anspruchs" (Dersch-Volkmar ArbGG. § 61 Anm. 6c; ebenso LArbGer. Breslau HöchstrRspr. 1928 Nr. 538; Block Arbeitsgericht 1927, 350) bestimmt wird.

[5]) Aschaffenburg Arbeitsgericht 1927, 395/6; Dersch-Volkmar ArbGG. § 61 Anm. 6c.

A. M. Baumbach ArbGG. § 61 Anm. 8, der GKG. der ZPO. vorgehen läßt.

[6]) Dersch-Volkmar ArbGG. § 12 Anm. 4; Jonas § 12 ArbGG. Anm. II 3a; Baumbach ArbGG. § 12 Anm. 4. A. M. Aschaffenburg Arbeitsgericht 1927, 397.

Dies gilt nicht, soweit bei der urteilsmäßigen Festsetzung die §§ 5, 9 ZPO. statt der für die Kostenberechnung maßgebenden §§ 13[6a]), § 10 Abs. 3 GKG. zur Anwendung gebracht sind[7]). Das gleiche ist betreffs der Kosten der Unterinstanz der Fall, wenn das Urteil ein Teilurteil ist. Die Vorschrift des § 9 Abs. 2 GKG.[8]) kann nur dann zur Unverbindlichkeit der urteilsmäßigen Wertfestsetzung für die Gebührenberechnung führen, wenn zur Zeit der Verkündung des Endurteils — dieser Zeitpunkt ist für die Wertfestsetzung im Urteile maßgebend[8a]) — der Streitwert geringer ist als zur Zeit der Erhebung der Klage bzw. der Einlegung des Rechtsmittels[9]).

3. Soweit eine urteilsmäßige Wertfestsetzung nicht vorliegt[9a]) oder für die Kosten- 8c
berechnung nicht bindend ist[10]), **erfolgt die Wertfestsetzung besonders durch Beschluß** nach den Vorschriften des GKG., das auch für die Anfechtung maßgebend ist.

VI. Gebührentarif. 9

1. Im Verfahren vor den Arbeitsgerichten, also im Verfahren des ersten Rechtszuges, beträgt die volle Gebühr bei einem Streitwerte

bis zu 20 RM. einschließlich	1 RM.,
von mehr als 20 RM. bis zu 60 RM. einschließlich	2 RM.,
von mehr als 60 RM. bis zu 100 RM. einschließlich	3 RM.

Bei höheren Werten ist der Streitwert auf volle 100 RM. aufzurunden, die Gebühr beträgt 3 vom Hundert. Die Höchstgebühr ist 500 RM., sie kommt in Betracht, sobald der Streitwert 16600 RM. übersteigt[11]).

Lautet die urteilsmäßige Wertfeststellung unrichtigerweise nur dahin, daß die Berufungs- oder Revisionssumme überschritten oder nicht erreicht sei, so ist nur diese Feststellung maßgebend. Jonas § 12 ArbGG. Anm. 3a.

6a) Wegen § 13 GKG. siehe allerdings Dersch-Volkmar ArbGG. § 61 Anm. 6c.

7) Jonas, Dersch-Volkmar a. a. O.; Radke AnwBl. 1928, 149 und die dort angeführte Entsch. des LArbG. Berlin.

8) Vgl. dazu oben Anm. 11 zu § 17 GKG.

8a) Jonas § 12 ArbGG. Anm. II 3b.

9) Der Fall wird nicht leicht eintreten, er ist aber denkbar, wenn etwa der Lohn in fremder Währung ausbedungen ist. Vgl. auch Reinberger Arbeitsgericht 1927, 164.

9a) Das kann der Fall sein, weil es gar nicht zum Urteil kommt oder weil in diesem die Wertfestsetzung unterblieben ist.

Wegen der Frage, ob ein solcher bei dem Urteile unterlaufener Mangel gemäß § 319 oder § 321 ZPO. behoben werden kann, s. Dersch-Volkmar ArbGG. § 61 Anm. 6a; JW. 1928, 305[13] (LArbG. Berlin); Block Arbeitsgericht 1927, 352; ZfDJustAmtm. 1928, 87 (RArbG.); JW. 1928, 1951[1] (RArbG.) mit Anm. Oppermann; aber auch Baumbach ArbGG. § 61 Anm. 4.

10) Vgl. über solche Fälle auch Reinberger Arbeitsgericht 1927, 163. Soweit die urteilsmäßige Wertfestsetzung für die Gerichtskosten verbindlich ist, bindet sie auch die beteiligten Rechtsanwälte. Dies gilt auch für die Berufungsanwälte hinsichtlich der Festsetzung im Urteil des ArbGer. (die gegenteilige, in Walter-Joachim-Friedlaender RAGebO. § 91 Anm. 111 aufgestellte Ansicht wird aufgegeben). Eine Anfechtung der urteilsmäßigen Wertfestsetzung durch Beschwerde steht den Rechtsanwälten nicht zu, da die Festsetzung überhaupt nicht anfechtbar ist. LArbG. Altona BenshSamml. 112; Dersch-Volkmar § 61 Anm. 6c; Reinberger Arbeitsgericht 1927, 162; Block ebenda 351, 352; Aschaffenburg ebenda 398/9; JW. 1928, 1611[1] (RArbG.) und 1952[2] (RArbG.) mit Anm. Oppermann. A. M. Baumbach ArbGG. § 61 Anm. 8B, der Beschwerde zuläßt.

11) Die volle Gebühr des § 12 ArbGG. stimmt bis zu einem Streitwert von 1000 RM. mit der vollen Gebühr nach § 8 GKG. überein, von da an übersteigt sie diese. Bei einem Streitwert von 10000 RM. beläuft sich die volle Gebühr nach § 12 ArbGG. auf 300 RM., während nach dem GKG. die volle Gebühr 130 RM., die doppelte Gebühr 260 RM. und die dreifache Gebühr 390 RM. betragen.

9a 2. Vor den Landesarbeitsgerichten und dem Reichsarbeitsgerichte gelten §§ 7, 8 GKG.

10 **VII. Die Gebühren.**

A. Erstinstanzliches Verfahren.

1. Soweit überhaupt Gebühren erhoben werden, tritt die eine Gebühr des § 12 ArbGG. an die Stelle der Gebühren des § 20 GKG., ersetzt also die Prozeßgebühr, Beweisgebühr und Urteilsgebühr des GKG. Dagegen kann nicht angenommen werden, daß auch die für gesonderte Instanzen vorgesehenen Einzelgebühren durch die Gebühr des § 12 ArbGG. ersetzt sein sollen, hier kommt vielmehr nach § 12 Abs. 6 ArbGG. das Recht des GKG. zur Anwendung. Das wird von Bedeutung für die Fälle des § 33 Z. 1, 4 und 5 GKG.[12]), soweit nicht § 61 Abs. 4 Satz 2 ArbGG. eingreift[12a]), für die Fälle des § 34 GKG., soweit die Tätigkeit aus Anlaß von Anträgen über vorläufige Einstellung der Zwangsvollstreckung nach Maßgabe der zur Anwendung kommenden Bestimmungen der ZPO. oder des § 58 Abs. 4 Satz 4 ArbGG. dem Arbeitsgericht zusteht[13]), endlich für den Fall des § 39 GKG.[14]) Wegen des Arrests und der einstweiligen Verfügung sowie wegen des Mahnverfahrens s. Anm. 20, 21, wegen der Frage der Anwendbarkeit des § 36 GKG. s. Anm. 17[14a]).

Zurückverweisung an die untere Instanz und Verweisung an ein anderes Arbeitsgericht begründen keine neue erste Instanz. Wird eine Sache vom Arbeitsgericht an das ordentliche Gericht oder umgekehrt verwiesen, so muß, da § 48 Abs. 1 ArbGG. die §§ 11, 276 ZPO. insoweit für anwendbar erklärt, auch § 27 Abs. 1 GKG. für maßgebend erachtet werden: das Verfahren vor dem Arbeitsgericht und das Verfahren vor dem ordentlichen Gericht werden kostenrechtlich als eine Instanz behandelt, die im Verfahren vor dem einen Gerichte entstandenen Gebühren sind auf die für das Verfahren vor dem anderen Gerichte entstehenden Gebühren anzurechnen, ohne daß übrigens eine Zurückzahlung von Teilbeträgen in Frage käme[15]). Eine besondere Instanz bilden das Mahnverfahren und Arrest und einstweilige Verfügung (s. unten Anm. 20, 21). Soweit die ordentlichen Gerichte bei der Sicherung des Beweises vor Rechtshängigkeit oder in der Zwangsvollstreckung tätig sind, ist das GKG. maßgebend[15a]).

---

[12]) Rittmann-Wenz § 33 Anm. 36; Baumbach RKostenges. § 33 GKG. Anm. 9 betr. der Ziffern 1 und 5. Baumbach setzt eine halbe Gebühr aus § 12 ArbGG. an, s. dagegen Anm. 20. Dagegen nimmt Baumbach ArbGG. Abgeltung durch die Gebühr des § 12 ArbGG. an.

[12a]) Dersch-Volkmar ArbGG. § 61 Anm. 11, § 62 Anm. 4 C c.

[13]) Rittmann-Wenz § 34 Anm. 13. A. M. Baumbach RKostenges. § 34 GKG. Anm. 4; Jonas § 12 ArbGG. Anm. III 1.

[14]) Rittmann-Wenz § 39 Anm. 9; Baumbach ArbGG. § 12 Anm. 1 E, RKostenges. § 39 GKG. Anm. 1. Baumbach entnimmt auch hier § 39 GKG. nur die Quote und wendet im übrigen den Gebührensatz des § 12 ArbGG. an. S. dagegen unten Anm. 20.

[14a]) Nicht anwendbar ist § 31 a GKG. Allerdings sieht § 54 ArbGG. obligatorisch eine „Güteverhandlung" vor, sie ist aber in ihrer Stellung zum Prozeßverfahren wesentlich von dem „Güteverfahren" der ZPO. verschieden. Das Güteverfahren der ZPO. geht dem Prozeßverfahren voraus, die Güteverhandlung des ArbGG. bildet bereits einen Teil des Prozeßverfahrens, denn, wie § 54 Abs. 1 Satz 1 ArbGG. sagt, beginnt mit ihr die mündliche Verhandlung. Die Güteverhandlung wird mit durch die Gebühr des § 12 ArbGG. abgegolten. Vgl. zu dem Gesagten Dersch-Volkmar ArbGG. § 54 Anm. 1; Baumbach ArbGG. § 54 Anm. 1 und 2, RKostenges. § 31 a GKG. Anm. 1 a. E.

[15]) Jonas § 12 ArbGG. Anm. VII.

[15a]) Baumbach ArbGG. § 12 Anm. 2.

Wird gemäß § 58 Abs. 1 a. E. ArbGG. die Beweisaufnahme einem Amtsgerichte übertragen, so liegt ein Fall der Rechtshilfe vor, auf den gemäß § 13 Abs. 2 ArbGG. die Vorschriften des GVG. Anwendung finden. Eine Gebühr für die Beweiserhebung kennt das GKG., von dem hier nicht anwendbaren § 24 GKG. abgesehen, nicht, auch sieht § 164 GVG. als Kosten, welche die ersuchte der ersuchenden Behörde zu erstatten hat, nur die im Abs. 1 daselbst genannten Auslagen vor. Die Schreibgebührenfreiheit (s. Anm. 29) gilt

2. Regelmäßig wird die volle Gebühr erhoben, unter Umständen min- 11
dert sich die Gebühr auf die Hälfte des Betrages oder die Gebührenerhebung fällt ganz fort.

a) Wird der Rechtsstreit durch Versäumnisurteil beendet und 12
hat keine streitige Verhandlung[15b]) stattgefunden, so wird nur die halbe Gebühr erhoben. Die Herabminderung ist von vornherein ausgeschlossen, wenn vor dem Erlasse des Versäumnisurteils streitig verhandelt ist, sie kommt in Wegfall, wenn der Einspruch gegen das Versäumnisurteil zu einer streitigen Verhandlung führt. Diese erfordert das Stellen widersprechender Sachanträge. Der Erlaß eines zweiten Versäumnisurteils ändert an der Herabminderung der Gebühr nichts[16]). Als Versäumnisurteil ist auch ein sog. unechtes Versäumnisurteil anzusprechen, wie ein klageabweisendes Urteil nach § 331 Abs. 2 ZPO. usw.[17]). Das Urteil nach Aktenlage auf Antrag der allein erschienenen Partei wird dem Versäumnisurteil nicht gleichbehandelt[18]). Ist Versäumnisurteil über 180 RM. ergangen, wird in Höhe von 60 RM. Einspruch eingelegt und insoweit streitig verhandelt, so verfällt aus 120 RM. die halbe Gebühr mit 3 RM. und aus 60 RM. die volle Gebühr mit 2 RM., zusammen 5 RM., während die volle Gebühr aus 180 RM. 6 RM. betragen hätte. Betrifft dagegen bei einem Versäumnisurteil über 100 RM. der Einspruch nur 70 RM. und kommt es insoweit zur streitigen Verhandlung, so würden an sich verfallen

aus 30 RM. die halbe Gebühr mit	1 RM.,
aus 70 RM. die volle Gebühr mit	3 RM.
Das ergäbe insgesamt an Gebühren	4 RM.

Gemäß § 14 Abs. 2 GKG. können aber nur 3 RM. in Ansatz kommen, da so viel die volle Gebühr aus 100 RM. beträgt.

b) Wird der Rechtsstreit auf Grund eines Anerkenntnisses oder 13
einer Zurücknahme der Klage ohne streitige Verhandlung beendet, so werden keine Gebühren erhoben. Das Anerkenntnis nach § 307 ZPO. genügt, ein Anerkenntnisurteil braucht nicht zu ergehen[19]). Vor dem Anerkenntnisse darf eine streitige Verhandlung nicht stattgefunden haben. Daß gleichzeitig mit dem Anerkenntnisse der Kostenpunkt streitig gemacht und darüber kontradiktorisch verhandelt wird, ist ohne Bedeutung[20]).

Die Wirkung der Klagezurücknahme wird nicht durch einseitigen Sachantrag, 14
sondern nur durch die vorgängige streitige Verhandlung, also durch Stellung widersprechender Sachanträge ausgeschlossen. Die Zurücknahme der Klage wird danach durch ein vorangegangenes Versäumnisurteil nicht in ihrer Wirkung berührt[21]). Als Zurücknahme der Klage genügt deren Anzeige zu den Akten[22]), solange nicht ihre Unwirksamkeit mangels Zustellung oder zufolge eines Willensmangels sich ergibt; stellt sich diese Unwirksamkeit heraus, so ist damit dargetan, daß in Wahrheit eine

---

nicht für die Amtsgerichte, wohl aber hat das ArbG. auch von den durch die Amtsgerichte im Wege der Rechtshilfe aufgenommenen Sitzungsprotokollen schreibgebührenfreie Abschriften zu erteilen.

15b) Die EntlVO. gilt im Verfahren vor den Arbeitsgerichten nicht (§ 46 Abs. 2 Satz 4 ArbGG.), eine schriftliche Verhandlung kommt also hier nicht in Frage.

16) Jonas § 12 ArbGG. Anm. III 2d; Baumbach § 12 Anm. 9.

17) A. M. Baumbach a. a. O.

18) Baumbach a. a. O.

19) Dersch-Volkmar ArbGG. § 12 Anm. 8b; Baumbach ArbGG. § 12 Anm. 10; Wenz ZfDJustAmtm. 1928, 163.

20) Jonas § 12 ArbGG. Anm. III 2b. A. M. Baumbach ArbGG. § 12 Anm. 10, 12.

21) Jonas § 12 ArbGG. Anm. III 2a.

22) Baumbach ArbGG. § 12 Anm. 11. A. M. Dersch-Volkmar ArbGG. § 12 Anm. 8a. Es ist aber gar nicht einzusehen, weshalb für den kostenrechtlichen Begriff der Zurücknahme hier etwas anderes gelten soll als nach § 29 GKG. Vgl. oben § 29 GKG. Anm. 5.

Zurücknahme der Klage nicht erfolgt ist. Das Kostenurteil aus § 271 Abs. 3 ZPO. hebt die Wirkungen der Klagezurücknahme nicht auf[22a]).

15 Der Verzicht auf den Klageanspruch wird vom Gesetze nicht erwähnt, er wird aber unbedenklich dem Anerkenntnisse gleich zu behandeln sein[23]).

16 Die Gebührenerhebung entfällt auch, wenn bezüglich des einen Teils des Klageanspruchs ein Anerkenntnis erfolgt und der andere Teil sich durch Klagezurücknahme erledigt. Ist Versäumnisurteil über 300 RM. ergangen, legt der Beklagte Einspruch ein, erkennt er in Höhe von 200 RM. den Klageanspruch an und ergeht in Höhe von 100 RM. kontradiktorisches Urteil, so kommt statt der ursprünglich verfallenen 4,50 RM. jetzt lediglich die volle Gebühr aus 100 RM. mit 3 RM. in Ansatz.

17 c) Wird der Rechtsstreit im ersten Rechtszug durch einen vor dem Gericht abgeschlossenen oder dem Gerichte mitgeteilten Vergleich beendet, so werden in diesem Rechtszug keine Gebühren erhoben, auch wenn eine streitige Verhandlung vorausgegangen war. Der Vergleich beseitigt also das Anfallen von Gebühren soweit, aber auch nur soweit, als er den Anspruch oder die Ansprüche erledigt, die den Gegenstand des Rechtsstreits bilden. Der Begriff des Vergleichs muß hier ebenso aufgefaßt werden wie bei § 23 GKG. (s. daselbst Anm. 4 ff.)[24]). Das Gleiche gilt von den Erfordernissen der Mitteilung des außergerichtlichen Vergleichs (§ 23 GKG. Anm. 13, 14). Ob der Vergleich lediglich den Streitgegenstand oder darüber hinaus einen weiteren Vergleichsgegenstand betrifft, macht keinen Unterschied[25]). Im Verfahren vor den ordentlichen Gerichten rechtfertigt sich die besondere Gebühr des § 36 GKG. dadurch, daß bei Erweiterung der Klage auf den Vergleichsgegenstand die Prozeßgebühr sich entsprechend erhöhen würde. Wenn dagegen vor dem Arbeitsgerichte der den Streitgegenstand übersteigende Teil des Vergleichsgegenstands durch Klageerweiterung rechtshängig gemacht und nun der erhöhte Streitgegenstand verglichen wird, so tritt volle Gebührenfreiheit ein. Also muß auch der über den Streitgegenstand hinausreichende Vergleich volle Gebührenfreiheit zur Folge haben, und für eine Gebühr nach § 36 GKG. ist kein Raum[26]).

18 Wird bei einem Streitwerte von 500 RM. nach streitiger Verhandlung Teilurteil über 300 RM. erlassen und dann über 200 RM. ein Vergleich geschlossen, so kommt lediglich die volle Gebühr aus 300 RM. mit 9 RM. zur Erhebung[26a]).

19 Der Vergleich muß den Rechtsstreit im ersten Rechtszug beenden. Das ist nicht der Fall, wenn dieser Rechtszug bereits durch Verkündung des unbedingten Endurteils kostenrechtlich beendet war, als der Vergleich geschlossen wurde[27]). Dagegen ist für einen die Gebührenfreiheit bewirkenden Vergleich Raum, wenn der anscheinend abgeschlossene Rechtszug sich durch die Zurückverweisung der Sache oder durch die Erhebung des Einspruchs gegen das Versäumnisurteil als tatsächlich nicht abgeschlossen erwiesen hat[28]). Vgl. im übrigen wegen der Einzelheiten der Instanzbeendigung die Anm. zu § 23 GKG.

20 3. Das Mahnverfahren ist auch im arbeitsgerichtlichen Verfahren zulässig[29]).

[22a]) Jonas a. a. O.

[23]) Jonas § 12 ArbGG. Anm. III 2b; Dersch-Volkmar ArbGG. § 12 Anm. 8b; Baumbach ArbGG. § 12 Anm 11 (Gleichstellung mit Klagezurücknahme).

[24]) Jonas § 12 ArbGG. Anm. III 2c.

[25]) Jonas a. a. O.; Baumbach ArbGG. § 12 Anm. 8, RKostengeſ. § 36 GKG. Anm. 4.

[26]) Jonas, Baumbach a. a. O. A. M. Rittmann-Wenz § 36 Anm. 3; Wenz ZfDJustAmtm. 1928, 162.

[26a]) Vgl. Jonas a. a. O.; Dersch-Volkmar ArbGG. § 12 Anm. 7.

[27]) Jonas a. a. O.; Baumbach ArbGG. § 12 Anm. 8.

[28]) Jonas, Baumbach a. a. O.

[29]) Dersch-Volkmar ArbGG. § 46 Anm. 6; Baumbach ArbGG. § 47 Anm. 1; Gräffner Arbeitsgericht 1927, 297; Sammlg. arbeitsr. Entsch. [Arbeitgeberverbände] 1928 Nr. 6 (LArbG. Berlin).

Der Gebührentarif des § 12 Abs. 1 ArbGG. kann aber für dieses Verfahren nicht als gültig angesehen werden, da sonst das arbeitsgerichtliche Mahnverfahren erheblich teurer wäre als das Mahnverfahren vor den ordentlichen Gerichten, was der Tendenz des ArbGG. nach Verbilligung der Rechtsprechung widerspräche[30]). Eine Kombinierung des ArbGG. mit dem GKG. dahin, daß diesem der Gebührensatz, jenem der Gebührentarif zu entnehmen wäre[31]), verbietet sich, weil die Wahl des Gebührensatzes naturgemäß im Hinblick auf den anzuwendenden Tarif erfolgt ist. Es bleibt also nur die Anwendung des § 31 Abs. 1 GKG. übrig[32]). Schließt sich an das Mahnverfahren das Streitverfahren an, so ist § 31 Abs. 2 GKG. dahin entsprechend anzuwenden, daß auf die nach § 12 ArbGG. zu erhebende Gebühr die Gebühr des § 31 Abs. 1 GKG. angerechnet wird[32a]).

4. Daß Arreste und einstweilige Verfügungen auch im arbeitsgerichtlichen Verfahren nach Maßgabe der ZPO. zulässig sind, wird in § 62 Abs. 2 ArbGG. ausdrücklich gesagt. Zuständig kann das Arbeitsgericht nur als Gericht der Hauptsache sein (§§ 919, 937 Abs. 1 ZPO.), während als Gericht, in dessen Bezirke der mit Arrest zu belegende Gegenstand oder die in ihrer persönlichen Freiheit zu beschränkende Person bzw. bei einstweiligen Verfügungen der Streitgegenstand sich befindet, nur das betreffende Amtsgericht (§§ 919, 942 Abs. 1 ZPO.) in Frage kommt[33]). Auch hier lassen sich nur die Kostenvorschriften des GKG. (also des § 32 GKG.) anwenden[34]). Zu den in Anm. 20 angeführten Gründen kommt hier noch die Erwägung hinzu, daß eine verschiedenartige kostenrechtliche Behandlung, je nachdem das Arbeitsgericht oder das Amtsgericht tätig wird, kaum dem Willen des Gesetzes entsprechen dürfte[35]). 21

B. Verfahren in den höheren Instanzen. 22

Vorauszuschicken ist, daß — wie schon erwähnt — in den höheren Instanzen die Staffel des § 8 GKG., nicht die des § 12 Abs. 1 ArbGG. gilt.

1. Berufungs- und Revisionsinstanz.

a) Die mit der Erhöhung gemäß § 28 GKG. in Ansatz kommenden Gebühren richten sich nach § 20 GKG. (Prozeßgebühr, Beweisgebühr, Urteilsgebühr) und den ergänzenden Bestimmungen.

b) Erledigt sich der Rechtszug durch Versäumnisurteil[36]) und hat in dem betreffenden Rechtszug keine streitige Verhandlung stattgefunden, so kommen die gemäß § 28 GKG. erhöhten Gebühren nur zur Hälfte in Ansatz. 23

Streitige Verhandlung im Sinne des § 12 Abs. 2 ArbGG. kann (vgl. § 64 Abs. 2 ArbGG.) auch eine schriftliche Verhandlung nach § 7 EntlVO. sein. Da erst mit dem Erlaß einer gerichtlichen Entscheidung feststeht, daß das Gericht mit der schriftlichen Verhandlung einverstanden ist, ohne dieses Einverständnis aber die schriftliche Verhandlung als solche prozessual keine Bedeutung hat, so gilt auch hier die schriftliche Verhandlung nur dann der mündlichen Verhandlung gleich, wenn das Gericht daraufhin irgendeine Entscheidung erläßt. Beraumt es mündliche Verhandlung an, so ist das

---

30) Jonas § 12 ArbGG. Anm. V 2.

31) So Baumbach ArbGG. § 12 Anm. 1, § 47 Anm. 1 B am Ende.

32) Jonas a. a. O.; Dersch-Volkmar § 12 Anm. 14 II; Wenz ZfDJustAmtm. 1928, 164.

32a) Jonas, Wenz a. a. O. S. auch Mieterschutzges. § 1 o Abs. 4.

33) Dersch-Volkmar ArbGG. § 62 Anm. 4 II F; Jonas § 12 ArbGG. Anm. V 1. Dagegen hält Baumbach ArbGG. § 62 Anm. 7 C stets das Arbeitsgericht für zuständig.

34) Dersch-Volkmar ArbGG. § 12 Anm. 14 II; Jonas a. a. O.; Rittmann-Wenz § 32 Anm. 19; Wenz ZfDJustAmtm. 1928, 164. Dagegen gibt Baumbach Reichskostenges. § 32 GKG. Anm. 6 die Gebühr des § 12 ArbGG. in den Abstufungen des § 32 GKG.

35) Jonas a. a. O.

36) Wegen der Einzelheiten vgl. Anm. 12.

keine Entscheidung im ebengedachten Sinne, sondern Ablehnung derselben[36a]). § 8 EntlVO. stellt die schriftliche Verhandlung der mündlichen gebührenrechtlich gleich, und das muß nicht nur für die Kosten dieser Verhandlung selbst, sondern auch für ihre sonstigen kostenrechtlichen Wirkungen gelten. Zu diesen gehören auch die Bestimmungen des § 12 Abs. 2 ArbGG. Dagegen steht die nichtstreitige Verhandlung der streitigen im Sinne des § 12 ArbGG. nicht gleich, auch wenn sie sonst in einzelnen Beziehungen ihr gleichgestellt ist. Das trifft für das Urteil nach Aktenlage zu, das zwar die Urteilsgebühr nach § 21 GKG. begründet, aber nicht eine streitige Verhandlung im kostenrechtlichen Sinne ersetzen kann.

23a Auf die Hälfte herab mindern sich „die sonst fälligen Gebühren". Das ist hauptsächlich die Prozeßgebühr. Aber auch die Beweisgebühr kann in Frage kommen z. B. bei Erlassung eines Beweisbeschlusses im Wege der Entscheidung nach Lage der Akten oder bei Anwendung der §§ 272b, 523 ZPO.

23b Gegen welche Partei das Versäumnisurteil ergeht, ist gleichgültig[37]). Betrifft das Versäumnisurteil nur einen Teil des für den Rechtszug maßgebenden Streitgegenstandes, so werden in dieser Höhe nur die halben Gebühren in Ansatz gebracht.

Beispiele[37a]): 1. Streitwert des Rechtszuges der Berufung 500 RM., Versäumnisurteil über 200 RM., kontradiktorisches Urteil über 300 RM.

volle Prozeßgebühr (3/2) von 300 RM. . . .	13,50 RM.
halbe „ (3/4) „ 200 RM. . . .	4,50 RM.
	18,00 RM.

Die volle Prozeßgebühr (3/2) von 500 RM. hätte 22,50 RM. betragen.

2. Streitwert des Rechtszugs der Berufung 2100 RM., Versäumnisurteil über 100 RM., kontradiktorisches Urteil über 2000 RM.

volle Prozeßgebühr (3/2) von 2000 RM. . . .	75,00 RM.
halbe „ (3/4) „ 100 RM. . . .	2,30 RM.
Die Summe ergäbe:	77,30 RM.,

also mehr als die volle Prozeßgebühr (3/2) von 2100 RM., die . . . . 76,50 RM. beträgt. Hierauf ist gemäß § 14 Abs. 2 GKG. die gedachte Summe zu ermäßigen[38]).

24 c) Die Erledigung des Rechtszugs durch **Anerkenntnis**[39]) ohne Stattfinden streitiger Verhandlung in diesem Rechtszuge bewirkt Ermäßigung der gemäß § 28 GKG. erhöhten Gebühren auf die Hälfte, also auf 3/4 des Satzes des § 8 GKG. Bei Teilanerkenntnis ist auf die vorige Anmerkung zu verweisen. Der **Verzicht** auf den Anspruch ist auch hier dem Anerkenntnisse gleich zu behandeln[40]).

25 d) Die **Klagezurücknahme**[41]) vor streitiger Verhandlung in dem betreffen-

[36a]) Walter-Joachim-Friedlaender RAGebO. § 13 Anm. 39.

[37]) Jonas § 12 ArbGG. Anm. IV 2c.

[37a]) Bei den folgenden Beispielen ist der Einfachheit halber nur die Prozeßgebühr berücksichtigt.

[38]) Nach Baumbach ArbGG. § 12 Anm. 9 ermäßigt sich „der überschießende Teil der Prozeßgebühr" auf die Hälfte, d. h. also die Prozeßgebühr wird gesondert für den gesamten Streitwert (2100 RM.) und für den vom Versäumnisurteil nicht betroffenen Teil (2000 RM.) festgestellt, der überschießende Betrag der höheren Prozeßgebühr (76, 50—75,00 = 1,50 RM.) halbiert (= 0,75 RM.) und der niederen Prozeßgebühr zugezählt (75 + 0,75 = 75,75 RM., abgerundet auf 75,80 RM.). Diese Rechnungsweise verstößt gegen § 14 GKG.

[39]) Vgl. Anm. 13.

[40]) Vgl. Anm. 15.

[41]) Vgl. Anm. 14.

den Rechtszuge hat die Ermäßigung der gemäß § 28 GKG. erhöhten Gebühren[41a]) auf die Hälfte, also auf 3/4 des Satzes des § 8 GKG. zur Folge. Bei teilweiser Rücknahme gilt das in Anm. 23b Gesagte entsprechend.

Für die Zurücknahme der Rechtsmittel und deren beschlußmäßige Verwerfung als unzulässig gilt § 30 GKG. unverändert. 26

e) Bei Beendigung des Rechtsstreits durch einen vor dem Gerichte abgeschlossenen oder dem Gerichte mitgeteilten Vergleich[42]) werden in dem betreffenden Rechtszuge, in dem er geschlossen oder mitgeteilt wird, keine Gebühren erhoben, auch wenn eine streitige Verhandlung vorausgegangen war. Auch eine Gebühr nach § 36 GKG. kommt nicht in Frage. Bei einem Teilvergleich kommen die in Betracht kommenden Gebühren nur nach dem Streitwerte in Ansatz, der von dem Vergleiche nicht betroffen wird. Wird der Vergleich nach der Zurückverweisung geschlossen, so bleiben die Gebühren der oberen Instanz unverändert bestehen[43]). 27

2. Beschwerdeinstanz. § 38 GKG. gilt unverändert. 28

VIII. Auslagen. 29

1. Im Verfahren vor den Arbeitsgerichten kommen Schreibgebühren nicht in Ansatz. Die Bestimmung enthält keinerlei Beschränkung, auch gilt § 299 Abs. 1 ZPO. unverändert im arbeitsgerichtlichen Verfahren, die Parteien können sich also uneingeschränkt[44]) und gemäß § 12 Abs. 1 Satz 3 ArbGG. schreibgebührenfrei Ausfertigungen, Auszüge und Abschriften aus den Akten erteilen lassen. Die Schreibgebührenfreiheit gilt „im Verfahren vor den Arbeitsgerichten", also nur solange die Sache in erster Instanz anhängig ist. Läßt sich eine Partei in der höheren Instanz aus den Akten des Arbeitsgerichts Abschriften erteilen, so kommen Schreibgebühren nach Maßgabe des GKG. in Ansatz[45]).

2. Bezüglich der anderen Auslagen gelten im Verfahren vor den Arbeitsgerichten die Vorschriften des GKG. unverändert. 30

3. Vor den Landesarbeitsgerichten und dem Reichsarbeitsgericht kommen die Vorschriften des GKG. uneingeschränkt zur Anwendung. 31

IX. Fälligkeit der Kosten[45a]). 32

1. Gebühren und Auslagen werden erst fällig, wenn das Verfahren in dem Rechtszug beendet oder das Ruhen des Verfahrens angeordnet ist.

41a) Eine Urteilsgebühr wäre etwa denkbar, wenn das Gericht entgegen § 251a ZPO. ohne vorausgegangene mündliche Verhandlung ein Zwischenurteil nach Lage der Akten erläßt, das die Instanz nicht beendigt, und dann die Klagezurücknahme erfolgt.

42) Vgl. Anm. 17—19.

43) Jonas § 12 ArbGG. Anm. IV 2c.

44) Dagegen erstreckt Jonas § 12 ArbGG. Anm. III 3 die Gebührenfreiheit nur auf „die Erteilung solcher Ausfertigungen und Abschriften, deren die Parteien im Rahmen ihrer Rechtsverfolgung oder -verteidigung bedürfen", wobei doch wohl § 299 Abs. 1 ZPO. unbeachtet geblieben ist. Wie Jonas auch Baumbach RKostengeſ. § 72 GKG. Anm. 9, Dersch-Volkmar ArbGG. § 12 Anm. 6, Wenz ZfDJustAmtm. 1928, 168.

45) Jonas a. a. O.

45a) Die Bewilligung des Armenrechts findet nicht nur im Verfahren vor LArbG. und RArbG. sondern auch im Verfahren vor den Arbeitsgerichten (§ 46 Abs. 2 Satz 1 ArbGG.) nach den Bestimmungen der §§ 114 ff. ZPO. statt, ebenso bemessen sich die Wirkungen in bezug auf die Kostenzahlungspflicht nach diesen Vorschriften. Den durch § 10 ArbGG. mit Parteifähigkeit ausgestatteten Gebilden kann, falls sie nicht juristische Personen, vielmehr Vereinen ohne Rechtsfähigkeit oder Gesellschaften gleichzustellen sind, das Armenrecht ebenso bewilligt werden, wie dies im Zivilprozeß bei Vereinen ohne Rechtsfähigkeit für zulässig erachtet wird. Im Verfahren vor den Arbeitsgerichten ist eine Beiordnung eines RA. als Armenvertreter wegen § 11 Abs. 1 ArbGG. unmöglich. Wenn ein Rechtsstreit, in dem einer Partei ein Armenanwalt beigeordnet war, durch Verweisung von einem ordentlichen Gericht an ein Arbeitsgericht gelangt, so ist die Tätigkeit des Armenanwalts beendigt, seine Gebühren und Auslagen sind fällig. Über die Erstattung der Kosten durch die Staatskasse hat die Geschäftsstelle des verweisenden Gerichts zu entscheiden

33 a) Diese von dem GKG. abweichende Regelung gilt für alle Instanzen.

34 b) Sie gilt auch insoweit, als die Gebühren sich nicht nach § 12 ArbGG., sondern nach dem GKG. bemessen (s. oben Anm. 10, 20, 21)[46]).

35 c) Dagegen ist sie nicht maßgebend, soweit die ordentlichen Gerichte (abgesehen vom LArbG. und RArbG.) zuständig sind, also auch bezüglich der Zwangsvollstreckung, die durch die Amtsgerichte erfolgt[47]).

36 2. Beendigung des Verfahrens in dem Rechtszug.

a) Die Beendigung tritt ein durch den Erlaß des unbedingten Endurteils, nicht auch des Teilurteils[48]) oder des Zwischenurteils über den Grund des Anspruchs[49]), nicht des bedingten Endurteils[50]). Maßgebend ist die Verkündung, nicht die Zustellung des Urteils[51]). Nach § 61 Abs. 1 ArbGG. ist der Betrag der Kosten, soweit er sofort ermittelt werden kann, im Urteile des Arbeitsgerichts festzustellen. Also muß bei Verkündung des Endurteils die Fälligkeit der Kosten jedenfalls eingetreten sein, wenn auch nach § 50 ArbGG. das Urteil des Arbeitsgerichts von Amts wegen zuzustellen ist. Gilt das Gedachte für das Urteil im ersten Rechtszuge, so ist nicht anzunehmen, daß im zweiten und dritten Rechtszuge etwas anderes gelten sollte. Nur kann bei dem Landesarbeitsgerichte nach § 64 Abs. 2 ArbGG. gemäß § 7 EntlVO. an die Stelle der Verkündung die Zustellung der Urteilsformel treten. Auch der Erlaß des Versäumnisurteils beendet zunächst das Verfahren des Rechtszugs, der Einspruch läßt den Rechtszug wieder aufleben. Ebenso beendet der Erlaß des Zahlungsbefehls[51a]), des Arrestbefehls oder der einstweiligen Verfügung den Rechtszug[51b]). Der Widerspruch gegen Arrestbefehl oder einstweilige Verfügung läßt die Instanz wiederaufleben, während das dem Mahnverfahren folgende Streitverfahren als neuer Rechtszug zu behandeln ist.

37 b) Die Beendigung des Rechtszugs tritt ferner durch Vergleich oder durch Zurücknahme der Klage ein. Es kann insoweit auf die Anm. 8—11 zu § 75 GKG. verwiesen werden.

38 c) Die Beendigung kann endlich dadurch erfolgen, daß das Verfahren endgültig nicht mehr betrieben wird[52]). Insoweit ist auf Anm. 12 zu § 75 GKG. zu verweisen.

39 3. Der Beendigung des Verfahrens in dem Rechtszuge stellt das Gesetz die Anordnung des Ruhens des Verfahrens gleich.

40 4. Aus der Regelung des Fälligkeitszeitpunkts folgt, daß die Bestimmungen des § 74 GKG. über die Vorwegleistungspflicht im arbeitsgerichtlichen

---

(vgl. Walter-Joachim-Friedlaender RAGebO. Anh. II zum 1. Abschnitt Anm. 21). § 116 ZPO. ist auch im Verfahren vor dem ArbG. anwendbar (a. M. ArbGer. Berlin in JW. 1928, 1897[1], mit Recht bekämpft in den zugehörigen Anm. von Franke und Volkmar; s. aber auch Meilicke BuschsZ. 53, 364 ff.). Andere als die in § 116 ZPO. genannten Personen können nicht beigeordnet werden. Geschieht es doch, so fehlt für einen Anspruch auf Ersatz ihrer Kosten aus der Staatskasse jede Handhabe. JW. 1928, 1168[3] (LArbG. Erfurt).

[46]) Jonas § 12 ArbGG. Anm. II 4.

[47]) Jonas a. a. O.; Baumbach ArbGG. § 12 Anm. 15.

[48]) Dersch-Volkmar ArbGG. § 12 Anm. 10.

[49]) A. M. Baumbach ArbGG. § 12 Anm. 15.

[50]) Dersch-Volkmar a. a. O. A. M. Baumbach a. a. O.

[51]) Dersch-Volkmar a. a. O. A. M. Baumbach a. a. O.

[51a]) Wenz ZfDJustAmtm. 1928, 164 nimmt Fälligkeit an, wenn der Vollstreckungsbefehl erteilt oder Widerspruch erhoben wird.

[51b]) Wenz ZfDJustAmtm. 1928, 164 läßt die Zustellung maßgebend sein.

[52]) Der Fall kann gegeben sein, wenn im Falle eines Verzichts auf den Klageanspruch oder eines Anerkenntnisses der Gegner von Erwirkung eines Urteils absieht. Instanzbeendend wirkt dann aber nicht der Anspruchsverzicht oder das Anerkenntnis, sondern das endgültige Nichtbetreiben des Prozesses. A. M. Dersch-Volkmar ArbGG. § 12 Anm. 10.

Verfahren unanwendbar sind[53]), mag es sich um die Gebühren des § 12 ArbGG. oder um solche nach GKG. handeln. Aber auch die Vorschriften der §§ 519 Abs. 6, 554 Abs. 7 ZPO. finden keine Anwendung[54]), weil in dem für die Fristsetzung in Frage kommenden Zeitpunkte die Fälligkeit der Gebühren noch gar nicht eingetreten ist, also auch Zahlung nicht verlangt werden kann.

X. Kostenschuldner. Die §§ 77 Abs. 1, 79, 81, 82, 87, 88 GKG. finden Anwendung. § 86 GKG. bleibt außer Betracht, da (s. Anm. 42) Kostenvorschüsse nicht erhoben werden. 41

XI. Kostenvorschüsse. 42

1. Nach § 12 Abs. 3 Satz 2 ArbGG. werden Kostenvorschüsse nicht erhoben. Es gibt also keine Auslagenvorschüsse nach § 84 GKG.[55]) oder nach §§ 379, 402 ZPO.[56]) und keinen Ausländervorschuß nach § 85 ZPO.[57]). Im Verfahren vor dem LArbG. und dem RArbG. entfällt auch die Anwendbarkeit des § 76 Abs. 2 GKG.[58]), der im Verfahren vor den Arbeitsgerichten ja schon nach § 12 Abs. 1 Satz 3 ArbGG. unanwendbar ist.

2. Die Nichterhebung von Kostenvorschüssen gilt nach § 12 Abs. 3 Satz 2 Halbsatz 2 ArbGG. auch für die Zwangsvollstreckung. Auslagenvorschüsse sind in der Zwangsvollstreckung an sich selten, wenn auch nicht unmöglich, man denke etwa an einen Fall des § 791 ZPO. Von Bedeutung ist die Vorschrift für die Erzwingung des Offenbarungseides: die Aufnahme des Schuldners in das Gefängnis ist nicht von der vom Gläubiger zu bewirkenden Vorauszahlung des einmonatlichen Betrags der Verpflegungskosten abhängig, wie dies sonst nach § 911 ZPO. der Fall ist[59]). 43

3. Nach § 21 GVGebO. kann der Gerichtsvollzieher die Übernahme eines Geschäfts von der Zahlung eines zur Deckung der baren Auslagen und des vermutlichen Betrags der Gebühren hinreichenden Vorschusses abhängig machen, sofern nicht das Geschäft von Amts wegen angeordnet oder für eine zum Armenrechte zugelassene Person auszuführen ist. Nach § 9 Abs. 2 Satz 2 ArbGG. dürfen die Gerichtsvollzieher Gebührenvorschüsse nicht erheben. Dagegen können sie, soweit die gedachten Ausnahmen nicht eingreifen, die Übernahme eines Auftrags von Leistung eines Auslagenvorschusses abhängig machen[60]). 44

XII. Kostenfreie Verfahren. 45

1. Gebühren und Auslagen werden nach § 12 Abs. 4 ArbGG. nicht erhoben

a) in folgenden in § 2 Nr. 5 ArbGG. aufgeführten Fällen des Betriebsrätegesetzes:

für die Entscheidung über das Erlöschen der Mitgliedschaft in Betriebsvertretungen (§§ 39, 56 Abs. 2, § 60),

für die Entscheidung über die Auflösung von Betriebsvertretungen (§§ 41, 44, § 56 Abs. 2),

---

[53]) Jonas § 12 ArbGG. Anm. II 4; Baumbach RKostenG. § 74 GKG. Anm. 1 B; Rittmann-Wenz § 74 Anm. 16.

[54]) Jonas § 12 ArbGG. Anm. IV 1, II 4; Dersch-Volkmar ArbGG. § 64 Anm. 3 I.

[55]) Jonas § 12 ArbGG. Anm. II 5; Baumbach ArbGG. § 12 Anm. 14; Rittmann-Wenz § 84 Anm. 11; Dersch-Volkmar ArbGG. § 12 Anm. 10.

[56]) Jonas, Baumbach, Dersch-Volkmar a. a. O.

[57]) Jonas, Dersch-Volkmar a. a. O.; Rittmann-Wenz § 85 Anm. 13; Wenz ZfDJustAmtm. 1928, 168. A. M. Baumbach a. a. O.

[58]) Jonas, Dersch-Volkmar a. a. O.; Baumbach RKostenG. § 76 GKG. Anm. 1.

[59]) Jonas § 12 ArbGG. Anm. II 5; Dersch-Volkmar ArbGG. § 12 Anm. 11.

[60]) Jonas § 12 ArbGG. Anm. II 5; Dersch-Volkmar ArbGG. § 9 Anm. 7 b; Wenz ZfDJustAmtm. 1928, 168; ebenso wohl Baumbach ArbGG. § 9 Anm. 8.

für die Berufung vorläufiger Betriebsvertretungen (§ 43 Abs. 2, § 44 Abs. 4, § 56 Abs. 2, § 60),

für die Entscheidung über Bildung und Auflösung gemeinsamer Betriebsvertretungen (§§ 52, 53),

für die Festsetzung von Strafen nach § 134 b der Gewerbeordnung (§ 80 Abs. 2),

für die Entscheidung über das Vorliegen eines Verstoßes gegen vereinbarte Richtlinien über die Einstellung von Arbeitnehmern (§§ 82, 83),

für die Entscheidung von Streitigkeiten über die Errichtung, Zusammensetzung und Tätigkeit von Betriebsvertretungen und aus Wahlen zu ihnen (§ 93),

für die Ersetzung der Zustimmung von Betriebsvertretungen zur Kündigung oder Versetzung ihrer Mitglieder (§§ 97, 98),

b) bei Ablehnung von Mitgliedern des Schiedsgerichts, der Gütestelle und der Schiedsgutachterstelle (§ 93 Abs. 4, §§ 102, 107 ArbGG.),

c) bei Niederlegung des Schiedsspruchs (§ 98 Abs. 3 ArbGG.),

d) bei Vollstreckbarerklärung eines Schiedsspruchs oder eines vor dem Schiedsgerichte geschlossenen Vergleichs (§ 99 Abs. 1 ArbGG.).

46 2. In den Fällen des § 2 Nr. 5 ArbGG. (s. Anm. 45 unter a) findet gegen die im Beschlußverfahren ergangenen, das Verfahren beendenden Beschlüsse der Arbeitsgerichte nach § 85 ArbGG. die Rechtsbeschwerde statt. Daß es sich bei den Fällen des § 2 Nr. 5 ArbGG. im Gegensatze zu denen der Nr. 1—4 ebenda nicht um bürgerliche Rechtsstreitigkeiten, sondern um Fälle freiwilliger Gerichtsbarkeit handelt[61]), ist bedeutungslos. Die Rechtsbeschwerde gehört zum arbeitsgerichtlichen Verfahren, und auf dieses findet nach § 12 Abs. 6 ArbGG. das GKG. entsprechende Anwendung. Deshalb ist § 38 GKG. für die Rechtsbeschwerden maßgebend[62]). Der Fall liegt nicht anders als der des § 60 Abs. 2 BGB. (s. dazu § 38 GKG. Anm. 5).

47 In den Fällen der §§ 93 Abs. 4, 102, 107, 99 Abs. 1 ArbGG. ist ein Rechtsmittel ausdrücklich ausgeschlossen, im Falle des § 98 Abs. 3 ArbGG. liegt gar keine angreifbare Entscheidung vor. Etwa gleichwohl erhobene unzulässige Beschwerden unterfallen kostenrechtlich § 38 GKG.[63]).

48 3. Wird die Kündigungseinspruchsklage (§§ 86, 87 des Betriebsrätegesetzes) „der Betriebsvertretung" (s. dazu § 10 ArbGG.) abgewiesen, so bleiben nach § 63 Abs. 2 ArbGG. die Kosten außer Ansatz. Dasselbe wird zu gelten haben, wenn im gleichen Falle die Klage zurückgenommen wird[64]).

---

[61]) Jonas § 12 ArbGG. Anm. VI 3; Dersch-Volkmar ArbGG. § 12 Anm. 12.

[62]) A. M. Jonas § 12 ArbGG. Anm. VI 3; Dersch-Volkmar ArbGG. § 12 Anm. 12; Wenz ZfDJustAmtm. 1928, 165, die sämtlich Kostenfreiheit annehmen.

[63]) Jonas a. a. O.

[64]) ZfDJustAmtm. 1928, 88 (ArbG. Hindenburg).

IV.

Gebührentabellen.

1. Gebührentabelle zum Gerichtskostengesetze.

Wertstufe	Von mehr als RM.	bis einschließlich RM.	Volle Gebühr RM.	1/4 Gebühr RM.	1/2 Gebühr RM.	3/4 Gebühr RM.	1 1/2 Gebühr RM.	Doppelte Gebühr RM.	Dreifache Gebühr RM.	Wertstufe
1		20	1	0,50	0,50	0,80	1,50	2	3	1
2	20	60	2	0,50	1	1,50	3	4	6	2
3	60	100	3	0,80	1,50	2,30	4,50	6	9	3
4	100	200	6	1,50	3	4,50	9	12	18	4
5	200	300	9	2,30	4,50	6,80	13,50	18	27	5
6	300	400	12	3	6	9	18	24	36	6
7	400	500	15	3,80	7,50	11,30	22,50	30	45	7
8	500	600	18	4,50	9	13,50	27	36	54	8
9	600	700	21	5,30	10,50	15,80	31,50	42	63	9
10	700	800	24	6	12	18	36	48	72	10
11	800	900	27	6,80	13,50	20,30	40,50	54	81	11
12	900	1 000	30	7,50	15	22,50	45	60	90	12
13	1 000	1 100	32	8	16	24	48	64	96	13
14	1 100	1 200	34	8,50	17	25,50	51	68	102	14
15	1 200	1 300	36	9	18	27	54	72	108	15
16	1 300	1 400	38	9,50	19	28,50	57	76	114	16
17	1 400	1 500	40	10	20	30	60	80	120	17
18	1 500	1 600	42	10,50	21	31,50	63	84	126	18
19	1 600	1 700	44	11	22	33	66	88	132	19
20	1 700	1 800	46	11,50	23	34,50	69	92	138	20
21	1 800	1 900	48	12	24	36	72	96	144	21
22	1 900	2 000	50	12,50	25	37,50	75	100	150	22
23	2 000	2 100	51	12,80	25,50	38,30	76,50	102	153	23
24	2 100	2 200	52	13	26	39	78	104	156	24
25	2 200	2 300	53	13,30	26,50	39,80	79,50	106	159	25
26	2 300	2 400	54	13,50	27	40,50	81	108	162	26
27	2 400	2 500	55	13,80	27,50	41,30	82,50	110	165	27
28	2 500	2 600	56	14	28	42	84	112	168	28
29	2 600	2 700	57	14,30	28,50	42,80	85,50	114	171	29
30	2 700	2 800	58	14,50	29	43,50	87	116	174	30
31	2 800	2 900	59	14,80	29,50	44,30	88,50	118	177	31
32	2 900	3 000	60	15	30	45	90	120	180	32
33	3 000	3 100	61	15,30	30,50	45,80	91,50	122	183	33
34	3 100	3 200	62	15,50	31	46,50	93	124	186	34
35	3 200	3 300	63	15,80	31,50	47,30	94,50	126	189	35
36	3 300	3 400	64	16	32	48	96	128	192	36
37	3 400	3 500	65	16,30	32,50	48,80	97,50	130	195	37
38	3 500	3 600	66	16,50	33	49,50	99	132	198	38
39	3 600	3 700	67	16,80	33,50	50,30	100,50	134	201	39
40	3 700	3 800	68	17	34	51	102	136	204	40
41	3 800	3 900	69	17,30	34,50	51,80	103,50	138	207	41

Wertstufe	Von mehr als RM.	bis einschließlich RM.	Volle Gebühr RM.	1/4 Gebühr RM.	1/2 Gebühr RM.	3/4 Gebühr RM.	1 1/2 Gebühr RM.	Doppelte Gebühr RM.	Dreifache Gebühr RM.	Wertstufe
42	3 900	4 000	70	17,50	35	52,50	105	140	210	42
43	4 000	4 100	71	17,80	35,50	53,30	106,50	142	213	43
44	4 100	4 200	72	18	36	54	108	144	216	44
45	4 200	4 300	73	18,30	36,50	54,80	109,50	146	219	45
46	4 300	4 400	74	18,50	37	55,50	111	148	222	46
47	4 400	4 500	75	18,80	37,50	56,30	112,50	150	225	47
48	4 500	4 600	76	19	38	57	114	152	228	48
49	4 600	4 700	77	19,30	38,50	57,80	115,50	154	231	49
50	4 700	4 800	78	19,50	39	58,50	117	156	234	50
51	4 800	4 900	79	19,80	39,50	59,30	118,50	158	237	51
52	4 900	5 000	80	20	40	60	120	160	240	52
53	5 000	5 100	81	20,30	40,50	60,80	121,50	162	243	53
54	5 100	5 200	82	20,50	41	61,50	123	164	246	54
55	5 200	5 300	83	20,80	41,50	62,30	124,50	166	249	55
56	5 300	5 400	84	21	42	63	126	168	252	56
57	5 400	5 500	85	21,30	42,50	63,80	127,50	170	255	57
58	5 500	5 600	86	21,50	43	64,50	129	172	258	58
59	5 600	5 700	87	21,80	43,50	65,30	130,50	174	261	59
60	5 700	5 800	88	22	44	66	132	176	264	60
61	5 800	5 900	89	22,30	44,50	66,80	133,50	178	267	61
62	5 900	6 000	90	22,50	45	67,50	135	180	270	62
63	6 000	6 100	91	22,80	45,50	68,30	136,50	182	273	63
64	6 100	6 200	92	23	46	69	138	184	276	64
65	6 200	6 300	93	23,30	46,50	69,80	139,50	186	279	65
66	6 300	6 400	94	23,50	47	70,50	141	188	282	66
67	6 400	6 500	95	23,80	47,50	71,30	142,50	190	285	67
68	6 500	6 600	96	24	48	72	144	192	288	68
69	6 600	6 700	97	24,30	48,50	72,80	145,50	194	291	69
70	6 700	6 800	98	24,50	49	73,50	147	196	294	70
71	6 800	6 900	99	24,80	49,50	74,30	148,50	198	297	71
72	6 900	7 000	100	25	50	75	150	200	300	72
73	7 000	7 100	101	25,30	50,50	75,80	151,50	202	303	73
74	7 100	7 200	102	25,50	51	76,50	153	204	306	74
75	7 200	7 300	103	25,80	51,50	77,30	154,50	206	309	75
76	7 300	7 400	104	26	52	78	156	208	312	76
77	7 400	7 500	105	26,30	52,50	78,80	157,50	210	315	77
78	7 500	7 600	106	26,50	53	79,50	159	212	318	78
79	7 600	7 700	107	26,80	53,50	80,30	160,50	214	321	79
80	7 700	7 800	108	27	54	81	162	216	324	80
81	7 800	7 900	109	27,30	54,50	81,80	163,50	218	327	81
82	7 900	8 000	110	27,50	55	82,50	165	220	330	82
83	8 000	8 100	111	27,80	55,50	83,30	166,50	222	333	83
84	8 100	8 200	112	28	56	84	168	224	336	84
85	8 200	8 300	113	28,30	56,50	84,80	169,50	226	339	85
86	8 300	8 400	114	28,50	57	85,50	171	228	342	86
87	8 400	8 500	115	28,80	57,50	86,30	172,50	230	345	87
88	8 500	8 600	116	29	58	87	174	232	348	88
89	8 600	8 700	117	29,30	58,50	87,80	175,50	234	351	89
90	8 700	8 800	118	29,50	59	88,50	177	236	354	90
91	8 800	8 900	119	29,80	59,50	89,30	178,50	238	357	91
92	8 900	9 000	120	30	60	90	180	240	360	92
93	9 000	9 100	121	30,30	60,50	90,80	181,50	242	363	93
94	9 100	9 200	122	30,50	61	91,50	183	244	366	94
95	9 200	9 300	123	30,80	61,50	92,30	184,50	246	369	95
96	9 300	9 400	124	31	62	93	186	248	372	96
97	9 400	9 500	125	31,30	62,50	93,80	187,50	250	375	97

Wertstufe	Von mehr als RM.	bis einschließlich RM.	Volle Gebühr RM.	1/4 Gebühr RM.	1/2 Gebühr RM.	3/4 Gebühr RM.	1 1/2 Gebühr RM.	Doppelte Gebühr RM.	Dreifache Gebühr RM.	Wertstufe
98	9 500	9 600	126	31,50	63	94,50	189	252	378	98
99	9 600	9 700	127	31,80	63,50	95,30	190,50	254	381	99
100	9 700	9 800	128	32	64	96	192	256	384	100
101	9 800	9 900	129	32,30	64,50	96,80	193,50	258	387	101
102	9 900	10 000	130	32,50	65	97,50	195	260	390	102
103	10 000	10 100	130,50	32,70	65,30	97,90	195,80	261	391,50	103
104	10 100	10 200	131	32,80	65,50	98,30	196,50	262	393	104
105	10 200	10 300	131,50	32,90	65,80	98,70	197,30	263	394,50	105
106	10 300	10 400	132	33	66	99	198	264	396	106
107	10 400	10 500	132,50	33,20	66,30	99,40	198,80	265	397,50	107
108	10 500	10 600	133	33,30	66,50	99,80	199,50	266	399	108
109	10 600	10 700	133,50	33,40	66,80	100,20	200,30	267	400,50	109
110	10 700	10 800	134	33,50	67	100,50	201	268	402	110
111	10 800	10 900	134,50	33,70	67,30	100,90	201,80	269	403,50	111
112	10 900	11 000	135	33,80	67,50	101,30	202,50	270	405	112
113	11 000	11 100	135,50	33,90	67,80	101,70	203,30	271	406,50	113
114	11 100	11 200	136	34	68	102	204	272	408	114
115	11 200	11 300	136,50	34,20	68,30	102,40	204,80	273	409,50	115
116	11 300	11 400	137	34,30	68,50	102,80	205,50	274	411	116
117	11 400	11 500	137,50	34,40	68,80	103,20	206,30	275	412,50	117
118	11 500	11 600	138	34,50	69	103,50	207	276	414	118
119	11 600	11 700	138,50	34,70	69,30	103,90	207,80	277	415,50	119
120	11 700	11 800	139	34,80	69,50	104,30	208,50	278	417	120
121	11 800	11 900	139,50	34,90	69,80	104,70	209,30	279	418,50	121
122	11 900	12 000	140	35	70	105	210	280	420	122
123	12 000	12 100	140,50	35,20	70,30	105,40	210,80	281	421,50	123
124	12 100	12 200	141	35,30	70,50	105,80	211,50	282	423	124
125	12 200	12 300	141,50	35,40	70,80	106,20	212,30	283	424,50	125
126	12 300	12 400	142	35,50	71	106,50	213	284	426	126
127	12 400	12 500	142,50	35,70	71,30	106,90	213,80	285	427,50	127
128	12 500	12 600	143	35,80	71,50	107,30	214,50	286	429	128
129	12 600	12 700	143,50	35,90	71,80	107,70	215,30	287	430,50	129
130	12 700	12 800	144	36	72	108	216	288	432	130
131	12 800	12 900	144,50	36,20	72,30	108,40	216,80	289	433,50	131
132	12 900	13 000	145	36,30	72,50	108,80	217,50	290	435	132
133	13 000	13 100	145,50	36,40	72,80	109,20	218,30	291	436,50	133
134	13 100	13 200	146	31,50	73	109,50	219	292	438	134
135	13 200	13 300	146,50	36,70	73,30	109,90	219,80	293	439,50	135
136	13 300	13 400	147	36,80	73,50	110,30	220,50	294	441	136
137	13 400	13 500	147,50	36,90	73,80	110,70	221,30	295	442,50	137
138	13 500	13 600	148	37	74	111	222	296	444	138
139	13 600	13 700	148,50	37,20	74,30	111,40	222,80	297	445,50	139
140	13 700	13 800	149	37,30	74,50	111,80	223,50	298	447	140
141	13 800	13 900	149,50	37,40	74,80	112,20	224,30	299	448,50	141
142	13 900	14 000	150	37,50	75	112,50	225	300	450	142
143	14 000	14 100	150,50	37,70	75,30	112,90	225,80	301	451,50	143
144	14 100	14 200	151	37,80	75,50	113,30	226,50	302	453	144
145	14 200	14 300	151,50	37,90	75,80	113,70	227,30	303	454,50	145
146	14 300	14 400	152	38	76	114	228	304	456	146
147	14 400	14 500	152,50	38,20	76,30	114,40	228,80	305	457,50	147
148	14 500	14 600	153	38,30	76,50	114,80	229,50	306	459	148
149	14 600	14 700	153,50	38,40	76,80	115,20	230,30	307	460,50	149
150	14 700	14 800	154	38,50	77	115,50	231	308	462	150
151	14 800	14 900	154,50	38,70	77,30	115,90	231,80	309	463,50	151
152	14 900	15 000	155	38,80	77,50	116,30	232,50	310	465	152
153	15 000	15 100	155,50	38,90	77,80	116,70	233,30	311	466,50	153

Wertstufe	Von mehr als RM.	bis einschließlich RM	Volle Gebühr RM.	1/4 Gebühr RM.	1/2 Gebühr RM.	3/4 Gebühr RM.	1 1/2 Gebühr RM.	Doppelte Gebühr RM.	Dreifache Gebühr RM.	Wertstufe
154	15 100	15 200	156	39	78	117	234	312	468	154
155	15 200	15 300	156,50	39,20	78,30	117,40	234,80	313	469,50	155
156	15 300	15 400	157	39,30	78,50	117,80	235,50	314	471	156
157	15 400	15 500	157,50	39,40	78,80	118,20	236,30	315	472,50	157
158	15 500	15 600	158	39,50	79	118,50	237	316	474	158
159	15 600	15 700	158,50	39,70	79,30	118,90	237,80	317	475,50	159
160	15 700	15 800	159	39,80	79,50	119,30	238,50	318	477	160
161	15 800	15 900	159,50	38,90	79,80	119,70	239,30	319	478,50	161
162	15 900	16 000	160	40	80	120	240	320	480	162
163	16 000	16 100	160,50	40,20	80,30	120,40	240,80	321	481,50	163
164	16 100	16 200	161	40,30	80,50	120,80	241,50	322	483	164
165	16 200	16 300	161,50	40,40	80,80	121,20	242,30	323	484,50	165
166	16 300	16 400	162	40,50	81	121,50	243	324	486	166
167	16 400	16 500	162,50	40,70	81,30	121,90	243,80	325	487,50	167
168	16 500	16 600	163	40,80	81,50	122,30	244,50	326	489	168
169	16 600	16 700	163,50	40,90	81,80	122,70	245,30	327	490,50	169
170	16 700	16 800	164	41	82	123	246	328	492	170
171	16 800	16 900	164,50	41,20	82,30	123,40	246,80	329	493,50	171
172	16 900	17 000	165	41,30	82,50	123,80	247,50	330	495	172
173	17 000	17 100	165,50	41,40	82,80	124,20	248,30	331	496,50	173
174	17 100	17 200	166	41,50	83	124,50	249	332	498	174
175	17 200	17 300	166,50	41,70	83,30	124,90	249,80	333	499,50	175
176	17 300	17 400	167	41,80	83,50	125,30	250,50	334	501	176
177	17 400	17 500	167,50	41,90	83,80	125,70	251,30	335	502,50	177
178	17 500	17 600	168	42	84	126	252	336	504	178
179	17 600	17 700	168,50	42,20	84,30	126,40	252,80	337	505,50	179
180	17 700	17 800	169	42,30	84,50	126,80	253,50	338	507	180
181	17 800	17 900	169,50	42,40	84,80	127,20	254,30	339	508,50	181
182	17 900	18 000	170	42,50	85	127,50	255	340	510	182
183	18 000	18 100	170,50	42,70	85,30	127,90	255,80	341	511,50	183
184	18 100	18 200	171	42,80	85,50	128,30	256,50	342	513	184
185	18 200	18 300	171,50	42,90	85,80	128,70	257,30	343	514,50	185
186	18 300	18 400	172	43	86	129	258	344	516	186
187	18 400	18 500	172,50	43,20	86,30	129,40	258,80	345	517,50	187
188	18 500	18 600	173	43,30	86,50	129,80	259,50	346	519	188
189	18 600	18 700	173,50	43,40	86,80	130,20	260,30	347	520,50	189
190	18 700	18 800	174	43,50	87	130,50	261	348	522	190
191	18 800	18 900	174,50	43,70	87,30	130,90	261,80	349	523,50	191
192	18 900	19 000	175	43,80	87,50	131,30	262,50	350	525	192
193	19 000	19 100	175,50	43,90	87,80	131,70	263,30	351	526,50	193
194	19 100	19 200	176	44	88	132	264	352	528	194
195	19 200	19 300	176,50	44,20	88,30	132,40	264,80	353	529,50	195
196	19 300	19 400	177	44,30	88,50	132,80	265,50	354	531	196
197	19 400	19 500	177,50	44,40	88,80	133,20	266,30	355	532,50	197
198	19 500	19 600	178	44,50	89	133,50	267	356	534	198
199	19 600	19 700	178,50	44,70	89,30	133,90	267,80	357	535,50	199
200	19 700	19 800	179	44,80	89,50	134,30	268,50	358	537	200
201	19 800	19 900	179,50	44,90	89,80	134,70	269,30	359	538,50	201
202	19 900	20 000	180	45	90	135	270	360	540	202
203	20 000	21 000	185	46,30	92,50	138,80	277,50	370	555	203
204	21 000	22 000	190	47,50	95	142,50	285	380	570	204
205	22 000	23 000	195	48,80	97,50	146,30	292,50	390	585	205
206	23 000	24 000	200	50	100	150	300	400	600	206
207	24 000	25 000	205	51,30	102,50	153,80	307,50	410	615	207
208	25 000	26 000	210	52,50	105	157,50	315	420	630	208
209	26 000	27 000	215	53,80	107,50	161,30	322,50	430	645	209

Wertstufe	Von mehr als RM.	bis einschließlich RM.	Volle Gebühr RM.	1/4 Gebühr RM.	1/2 Gebühr RM.	3/4 Gebühr RM.	1 1/2 Gebühr RM.	Doppelte Gebühr RM.	Dreifache Gebühr RM.	Wertstufe
210	27 000	28 000	220	55	110	165	330	440	660	210
211	28 000	29 000	225	56,30	112,50	168,80	337,50	450	675	211
212	29 000	30 000	230	57,50	115	172,50	345	460	690	212
213	30 000	31 000	235	58,80	117,50	176,30	352,50	470	705	213
214	31 000	32 000	240	60	120	180	360	480	720	214
215	32 000	33 000	245	61,30	122,50	183,80	367,50	490	735	215
216	33 000	34 000	250	62,50	125	187,50	375	500	750	216
217	34 000	35 000	255	63,80	127,50	191,30	382,50	510	765	217
218	35 000	36 000	260	65	130	195	390	520	780	218
219	36 000	37 000	265	66,30	132,50	198,80	397,50	530	795	219
220	37 000	38 000	270	67,50	135	202,50	405	540	810	220
221	38 000	39 000	275	68,80	137,50	206,30	412,50	550	825	221
222	39 000	40 000	280	70	140	210	420	560	840	222
223	40 000	41 000	285	71,30	142,50	213,80	427,50	570	855	223
224	41 000	42 000	290	72,50	145	217,50	435	580	870	224
225	42 000	43 000	295	73,80	147,50	221,30	442,50	590	885	225
226	43 000	44 000	300	75	150	225	450	600	900	226
227	44 000	45 000	305	76,30	152,50	228,80	457,50	610	915	227
228	45 000	46 000	310	77,50	155	232,50	465	620	930	228
229	46 000	47 000	315	78,80	157,50	236,30	472,50	630	945	229
230	47 000	48 000	320	80	160	240	480	640	960	230
231	48 000	49 000	325	81,30	162,50	243,80	487,50	650	975	231
232	49 000	50 000	330	82,50	165	247,50	495	660	990	232
233	50 000	51 000	335	83,80	167,50	251,30	502,50	670	1 005	233
234	51 000	52 000	340	85	170	255	510	680	1 020	234
235	52 000	53 000	345	86,30	172,50	258,80	517,50	690	1 035	235
236	53 000	54 000	350	87,50	175	262,50	525	700	1 050	236
237	54 000	55 000	355	88,80	177,50	266,30	532,50	710	1 065	237
238	55 000	56 000	360	90	180	270	540	720	1 080	238
239	56 000	57 000	365	91,30	182,50	273,80	547,50	730	1 095	239
240	57 000	58 000	370	92,50	185	277,50	555	740	1 110	240
241	58 000	59 000	375	93,80	187,50	281,30	562,50	750	1 125	241
242	59 000	60 000	380	95	190	285	570	760	1 140	242
243	60 000	61 000	385	96,30	192,50	288,80	577,50	770	1 155	243
244	61 000	62 000	390	97,50	195	292,50	585	780	1 170	244
245	62 000	63 000	395	98,80	197,50	296,30	592,50	790	1 185	245
246	63 000	64 000	400	100	200	300	600	800	1 200	246
247	64 000	65 000	405	101,30	202,50	303,80	607,50	810	1 215	247
248	65 000	66 000	410	102,50	205	307,50	615	820	1 230	248
249	66 000	67 000	415	103,80	207,50	311,30	622,50	830	1 245	249
250	67 000	68 000	420	105	210	315	630	840	1 260	250
251	68 000	69 000	425	106,30	212,50	318,80	637,50	850	1 275	251
252	69 000	70 000	430	107,50	215	322,50	645	860	1 290	252
253	70 000	71 000	435	108,80	217,50	326,30	652,50	870	1 305	253
254	71 000	72 000	440	110	220	330	660	880	1 320	254
255	72 000	73 000	445	111,30	222,50	333,80	667,50	890	1 335	255
256	73 000	74 000	450	112,50	225	337,50	675	900	1 350	256
257	74 000	75 000	455	113,80	227,50	341,30	682,50	910	1 365	257
258	75 000	76 000	460	115	230	345	690	920	1 380	258
259	76 000	77 000	465	116,30	232,50	348,80	697,50	930	1 395	259
260	77 000	78 000	470	117,50	235	352,50	705	940	1 410	260
261	78 000	79 000	475	118,80	237,50	356,30	712,50	950	1 425	261
262	79 000	80 000	480	120	240	360	720	960	1 440	262
263	80 000	81 000	485	121,30	242,50	363,80	727,50	970	1 455	263
264	81 000	82 000	490	122,50	245	367,50	735	980	1 470	264
265	82 000	83 000	495	123,80	247,50	371,30	742,50	990	1 485	265

Wertstufe	Von mehr als RM.	bis einschließlich RM.	Volle Gebühr RM.	1/4 Gebühr RM.	1/2 Gebühr RM.	3/4 Gebühr RM.	1 1/2 Gebühr RM.	Doppelte Gebühr RM.	Dreifache Gebühr RM.	Wertstufe
266	83 000	84 000	500	125	250	375	750	1 000	1 500	266
267	84 000	85 000	505	126,30	252,50	378,80	757,50	1 010	1 515	267
268	85 000	86 000	510	127,50	255	382,50	765	1 020	1 530	268
269	86 000	87 000	515	128,80	257,50	386,30	772,50	1 030	1 545	269
270	87 000	88 000	520	130	260	390	780	1 040	1 560	270
271	88 000	89 000	525	131,30	262,50	393,80	787,50	1 050	1 575	271
272	89 000	90 000	530	132,50	265	397,50	795	1 060	1 590	272
273	90 000	91 000	535	133,80	267,50	401,30	802,50	1 070	1 605	273
274	91 000	92 000	540	135	270	405	810	1 080	1 620	274
275	92 000	93 000	545	136,30	272,50	408,80	817,50	1 090	1 635	275
276	93 000	94 000	550	137,50	275	412,50	825	1 100	1 650	276
277	94 000	95 000	555	138,80	277,50	416,30	832,50	1 110	1 665	277
278	95 000	96 000	560	140	280	420	840	1 120	1 680	278
279	96 000	97 000	565	141,30	282,50	423,80	847,50	1 130	1 695	279
280	97 000	98 000	570	142,50	285	427,50	855	1 140	1 710	280
281	98 000	99 000	575	143,80	287,50	431,30	862,50	1 150	1 725	281
282	99 000	100 000	580	145	290	435	870	1 160	1 740	282

Die weiteren Wertstufen steigen um je 1000 RM. und die volle Gebühr um je 5 RM.

Formeln für die Berechnung nach Aufrundung auf volle 1000 RM.:

volle Gebühr $1/2\,\% + 80$ RM.,
1/4 Gebühr $1/8\,\% + 20$ RM.,
1/2 Gebühr $1/4\,\% + 40$ RM.,
3/4 Gebühr $3/8\,\% + 60$ RM.,
1 1/2 Gebühr $3/4\,\% + 120$ RM.,
doppelte Gebühr $1\,\% + 160$ RM.,
dreifache Gebühr $1\,1/2\,\% + 240$ RM.

Bei Berechnung der 1/4 und 3/4 Gebühr ist zu beachten, daß, wenn die Wertstufe mit einem ungeraden Vielfachen von 1000 endet, die Aufrundung des errechneten Betrags auf volle 10 Reichspfennige erforderlich ist.

2. Gebührentabelle zum Arbeitsgerichtsgesetze.

Wertstufe	Von mehr als RM.	bis einschließlich RM.	Volle Gebühr RM.	Halbe Gebühr RM.	Wertstufe	Von mehr als RM.	bis einschließlich RM.	Volle Gebühr RM.	Halbe Gebühr RM.
1		20	1	0,50	54	5 100	5 200	156	78,00
2	20	60	2	1,00	55	5 200	5 300	159	79,50
3	60	100	3	1,50	56	5 300	5 400	162	81,00
4	100	200	6	3,00	57	5 400	5 500	165	82,50
5	200	300	9	4,50	58	5 500	5 600	168	84,00
6	300	400	12	6,00	59	5 600	5 700	171	85,50
7	400	500	15	7,50	60	5 700	5 800	174	87,00
8	500	600	18	9,00	61	5 800	5 900	177	88,50
9	600	700	21	10,50	62	5 900	6 000	180	90,00
10	700	800	24	12,00	63	6 000	6 100	183	91,50
11	800	900	27	13,50	64	6 100	6 200	186	93,00
12	900	1 000	30	15,00	65	6 200	6 300	189	94,50
13	1 000	1 100	33	16,50	66	6 300	6 400	192	96,00
14	1 100	1 200	36	18,00	67	6 400	6 500	195	97,50
15	1 200	1 300	39	19,50	68	6 500	6 600	198	99,00
16	1 300	1 400	42	21,00	69	6 600	6 700	201	100,50
17	1 400	1 500	45	22,50	70	6 700	6 800	204	102,00
18	1 500	1 600	48	24,00	71	6 800	6 900	207	103,50
19	1 600	1 700	51	25,50	72	6 900	7 000	210	105,00
20	1 700	1 800	54	27,00	73	7 000	7 100	213	106,50
21	1 800	1 900	57	28,50	74	7 100	7 200	216	108,00
22	1 900	2 000	60	30,00	75	7 200	7 300	219	109,50
23	2 000	2 100	63	31,50	76	7 300	7 400	222	111,00
24	2 100	2 200	66	33,00	77	7 400	7 500	225	112,50
25	2 200	2 300	69	34,50	78	7 500	7 600	228	114,00
26	2 300	2 400	72	36,00	79	7 600	7 700	231	115,50
27	2 400	2 500	75	37,50	80	7 700	7 800	234	117,00
28	2 500	2 600	78	39,00	81	7 800	7 900	237	118,50
29	2 600	2 700	81	40,50	82	7 900	8 000	240	120,00
30	2 700	2 800	84	42,00	83	8 000	8 100	243	121,50
31	2 800	2 900	87	43,50	84	8 100	8 200	246	123,00
32	2 900	3 000	90	45,00	85	8 200	8 300	249	124,50
33	3 000	3 100	93	46,50	86	8 300	8 400	252	126,00
34	3 100	3 200	96	48,00	87	8 400	8 500	255	127,50
35	3 200	3 300	99	49,50	88	8 500	8 600	258	129,00
36	3 300	3 400	102	51,00	89	8 600	8 700	261	130,50
37	3 400	3 500	105	52,50	90	8 700	8 800	264	132,00
38	3 500	3 600	108	54,00	91	8 800	8 900	267	133,50
39	3 600	3 700	111	55,50	92	8 900	9 000	270	135,00
40	3 700	3 800	114	57,00	93	9 000	9 100	273	136,50
41	3 800	3 900	117	58,50	94	9 100	9 200	276	138,00
42	3 900	4 000	120	60,00	95	9 200	9 300	279	139,50
43	4 000	4 100	123	61,50	96	9 300	9 400	282	141,00
44	4 100	4 200	126	63,00	97	9 400	9 500	285	142,50
45	4 200	4 300	129	64,50	98	9 500	9 600	288	144,00
46	4 300	4 400	132	66,00	99	9 600	9 700	291	145,50
47	4 400	4 500	135	67,50	100	9 700	9 800	294	147,00
48	4 500	4 600	138	69,00	101	9 800	9 900	297	148,50
49	4 600	4 700	141	70,50	102	9 900	10 000	300	150,00
50	4 700	4 800	144	72,00	103	10 000	10 100	303	151,50
51	4 800	4 900	147	73,50	104	10 100	10 200	306	153,00
52	4 900	5 000	150	75,00	105	10 200	10 300	309	154,50
53	5 000	5 100	153	76,50	106	10 300	10 400	312	156,00

Wertstufe	Von mehr als RM.	bis einschließlich RM.	Volle Gebühr RM.	Halbe Gebühr RM.
107	10 400	10 500	315	157,50
108	10 500	10 600	318	159,00
109	10 600	10 700	321	160,50
110	10 700	10 800	324	162,00
111	10 800	10 900	327	163,50
112	10 900	11 000	330	165,00
113	11 000	11 100	333	166,50
114	11 100	11 200	336	168,00
115	11 200	11 300	339	169,50
116	11 300	11 400	342	171,00
117	11 400	11 500	345	172,50
118	11 500	11 600	348	174,00
119	11 600	11 700	351	175,50
120	11 700	11 800	354	177,00
121	11 800	11 900	357	178,50
122	11 900	12 000	360	180,00
123	12 000	12 100	363	181,50
124	12 100	12 200	366	183,00
125	12 200	12 300	369	184,50
126	12 300	12 400	372	186,00
127	12 400	12 500	375	187,50
128	12 500	12 600	378	189,00
129	12 600	12 700	381	190,50
130	12 700	12 800	384	192,00
131	12 800	12 900	387	193,50
132	12 900	13 000	390	195,00
133	13 000	13 100	393	196,50
134	13 100	13 200	396	198,00
135	13 200	13 300	399	199,50
136	13 300	13 400	402	201,00
137	13 400	13 500	405	202,50
138	13 500	13 600	408	204,00

Wertstufe	Von mehr als RM.	bis einschließlich RM.	Volle Gebühr RM.	Halbe Gebühr RM.
139	13 600	13 700	411	205,50
140	13 700	13 800	414	207,00
141	13 800	13 900	417	208,50
142	13 900	14 000	420	210,00
143	14 000	14 100	423	211,50
144	14 100	14 200	426	213,00
145	14 200	14 300	429	214,50
146	14 300	14 400	432	216,00
147	14 400	14 500	435	217,50
148	14 500	14 600	438	219,00
149	14 600	14 700	441	220,50
150	14 700	14 800	444	222,00
151	14 800	14 900	447	223,50
152	14 900	15 000	450	225,00
153	15 000	15 100	453	226,50
154	15 100	15 200	456	228,00
155	15 200	15 300	459	229,50
156	15 300	15 400	462	231,00
157	15 400	15 500	465	232,50
158	15 500	15 600	468	234,00
159	15 600	15 700	471	235,50
160	15 700	15 800	474	237,00
161	15 800	15 900	477	238,50
162	15 900	16 000	480	240,00
163	16 000	16 100	483	241,50
164	16 100	16 200	486	243,00
165	16 200	16 300	489	244,50
166	16 300	16 400	492	246,00
167	16 400	16 500	495	247,50
168	16 500	16 600	498	249,00
169	16 600		500	250,00

V.

Sachregister.

Die im Sachregister befolgte Anführungsweise ergibt sich aus nachstehenden Beispielen:

E = Einleitung.
§ 4[3] = Anm. 3 zu § 4 des Gerichtskostengesetzes.
§ 49 F. 2 = Fußnote 2 zu § 49 des Gerichtskostengesetzes.
Vorb. IV[2] = Anm. 2 der Vorbemerkung zum IV. Abschnitt des Gerichtskostengesetzes.
Anh. III[6] = Anm. 6 des Anhangs zum III. Abschnitt des Gerichtskostengesetzes.
Ü[2] = Anm. 2 zum Übergangsrecht (S. 503 ff.).
P[5] = Anm. 5 zum § 33 des Patentgesetzes (S. 513 ff.).
Ö[2] = Anm. 2 zu Art. IV der AusfVO. zum Deutsch-Österreichischen Vertrage über Rechtschutz usw. (S. 517 ff.).
A[6] = Anm. 6 zum § 12 des Arbeitsgerichtsgesetzes (S. 520 ff.).

A.

B.

E.

G.

H.

J.

L.

M.

N.

O.

S.

W.

Z.

FSC
www.fsc.org
MIX
Papier | Fördert
gute Waldnutzung
FSC® C083411

Kolibri 360 GmbH
Ferdinand-Jühlke-Straße 7
99095 Erfurt, Deutschland
produktsicherheit@kolibri360.de